Gewerbe- und Industrie-Kommentar
(GJK.)
Unter besonderer Berücksichtigung der Rechtsprechung
des Reichsgerichts
herausgegeben von
Senatspräsidenten und Räten des Reichsgerichts
unter Führung des
Senatspräsidenten Dr. h. c. H. Koenige

Band V, 1.

Patentgesetz
und Gebrauchsmusterschutzgesetz

Kommentar

unter Berücksichtigung der schon vorgeschlagenen und
weiter beantragten Abänderungen des Patentgesetzes

von

Dr. jur. Eduard Pietzcker
Reichsgerichtsrat i. R.

(Erster Halbband)
(§§ 1–12 Pat.G.)

Berlin und Leipzig 1929.
Walter de Gruyter & Co.
vormals G. J. Göschen'sche Verlagshandlung – J. Guttentag, Verlagsbuchhandlung – Georg Reimer – Karl J. Trübner – Veit & Comp.

Vom Gewerbe- und Industrie-Kommentar als Gesamtwerk in Einzelbänden brachte der erste Band aus der Feder des Reichsgerichtsrats Dr. h. c. Erich Brodmann das Gesetz, betr. die Gesellschaften mit beschränkter Haftung, der zweite Band das Scheckgesetz von Reichsgerichtsrat Rich. Michaelis, der dritte Band das Warenzeichenrecht von Senatspräsident am RG. Dr. Alfred Hagens, der vierte Band das Aktienrecht von Reichsgerichtsrat Dr. h. c. Erich Brodmann. Der hohe Schatz des Wissens und die große praktische Erfahrung, die in den Senaten des höchsten deutschen Gerichtshofes im Laufe der Jahrzehnte zu einem *Κτῆμα εἰς ἀεὶ* geworden sind, haben sich schon Geltung und Anerkennung in Buchform verschafft, so bei dem BGB-Kommentar der Reichsgerichtsräte und bei dem Ebermayerschen Strafgesetz-Kommentar. An diese Werke knüpft der GJK. in Idee und Plan an; sein Inhalt geht mehr in die Einzelheiten des wirtschaftlichen Lebens hinein und will also ein Reichsgerichtsräte-Kommentar nicht nur über gewerbliches und industrielles Recht, sondern auch für das Gewerbe und die Industrie sein.

Die Kommentare der einzelnen in diesem Gesamtwerk erläuterten Gesetze erscheinen insoweit als selbständige Bücher, als sie in sich abgeschlossene Bände bilden und ohne Bezugnahme auf Nachbarbände brauchbar sind. Trotz des Erscheinens in selbständig käuflichen Einzelbänden bleibt aber das ganze Unternehmen ein Werk von enger Zusammengehörigkeit — nicht nur weil sein Verfasserkreis auf Herren vom Reichsgericht beschränkt ist, sondern auch weil die Themata der einzelnen Bände einander ergänzen werden.

Gewerbe- und Industrie-Kommentar
(GIK.)

Unter besonderer Berücksichtigung der Rechtsprechung des Reichsgerichts

herausgegeben von

Senatspräsidenten und Räten des Reichsgerichts

unter Führung des

Senatspräsidenten Dr. h. c. H. Koenige

Band V, 1.

Patentgesetz
und Gebrauchsmusterschutzgesetz

Kommentar

unter Berücksichtigung der schon vorgeschlagenen und weiter beantragten Abänderungen des Patentgesetzes

von

Dr. jur. Eduard Pietzcker

Reichsgerichtsrat i. R.

(Erster Halbband)

(§§ 1–12 PatG)

Berlin und Leipzig 1929.

Walter de Gruyter & Co.

vormals G. J. Göschen'sche Verlagshandlung – J. Guttentag, Verlagsbuchhandlung – Georg Reimer – Karl J. Trübner – Veit & Comp.

Roßberg'sche Buchdruckerei
in Leipzig

Vorwort.

Wie bei den übrigen Werken des „Gewerbe- und Industrie-Kommentars" war auch für den vorliegenden Kommentar zum Patentgesetz ursprünglich in Aussicht genommen, im wesentlichen nur die Rechtsprechung des Reichsgerichts zur Darstellung zu bringen. Es hat sich herausgestellt, daß das unmöglich ist, wenn eine wissenschaftliche zusammenhängende systematische Erläuterung des Patentrechts gegeben werden soll. Die Rechtsprechung des Reichsgerichts ist zwar erheblich umfangreicher, als die bisherigen Veröffentlichungen der Urteile erkennen lassen. Aber sie schließt sich naturgemäß an die einzelnen zur Entscheidung stehenden Streitfälle an und bietet deshalb vielfach Ausführungen, die auf den einzelnen Fall zugeschnitten sind. Zur systematischen Zusammenfassung war es erforderlich, auch die in der Rechtslehre und in einzelnen Aufsätzen sich findenden Erörterungen zu berücksichtigen. Immerhin ist von dem ursprünglichen Plan so viel übriggeblieben, daß auf Vollständigkeit der Zitate kein Nachdruck gelegt ist. Die Rechtsprechung des Reichsgerichts aus den letzten 25 Jahren ist, auch soweit nicht veröffentlicht, im ganzen Umfange berücksichtigt. Von den Veröffentlichungen des Schrifttums ist nur das angeführt, was irgendwie neue beachtenswerte Gedanken bringt und nicht zu sehr aus einseitiger Interesseneinstellung hervorgegangen ist.

Wenig Wert ist darauf gelegt, die Regeln und Kategorien des Patentrechts in die gleichartigen des bürgerlichen Rechts einzuordnen und zu versuchen, beide einander anzugleichen. Alle derartigen Versuche haben gezeigt, daß sie zu geringem Erfolge führen. Das Patentrecht folgt in fast allen Teilen seinen eigenen Gesetzen. Statt alles weiteren sei auf die Ausführungen zum § 6 über Patentverkäufe und Lizenzen verwiesen.

Großer Wert ist darauf gelegt, den Inhalt der Rechtsregeln scharf herauszuarbeiten und gegen Nachbargebiete abzugrenzen. Ebenso erwies es sich als notwendig, die Rechtsanwendung eingehend darzustellen. Gerade für das Patentrecht erscheint das von besonderer Wichtigkeit, da Recht und Technik überall ineinander übergreifen. Es ist deshalb sehr zahlreiche Kasuistik angeführt. Nur dadurch gewinnen die abstrakten Regeln wirkliches Leben. Die „Beispiele" sind niemals erdacht, konstruiert, sondern sämtlich aus der Praxis, meistens aus der Rechtsprechung des Reichsgerichts entnommen.

Auf die Bestimmungen des Entwurfs vom 4. Februar 1928 zur Abänderung des Patentgesetzes ist überall verwiesen, wenngleich in Aussicht zu stehen scheint, daß er in einzelnen Punkten umgestaltet werden wird. Für den Fall, daß nur dem Erfinder ein Anspruch auf Patenterteilung zugestanden werden sollte, ist in der Erläuterung zum § 3 schon das Nötige gesagt.

Die englische und nordamerikanische Rechtsprechung ist zu allen in diesem Kommentar behandelten Punkten verglichen, meistens auch die französische, die freilich geringere Ausbeute liefert. Angeführt ist die ausländische Rechtsprechung nur insoweit, als in ihr neue oder abweichende Gesichtspunkte zu finden sind, die für Deutschland Interesse haben können.

Abkürzungen.

Blatt = Blatt für Patent-, Muster- und Zeichenwesen.
GewR = Gewerblicher Rechtsschutz und Urheberrecht.
MuW = Markenschutz und Wettbewerb.
IndR = Zeitschrift für Industrierecht.
RG = Reichsgericht.

Vier- und mehrstellige Zahlen ohne Benennung sind Patentnummern.

Aktenzeichen und Urteilsdaten ohne Bezeichnung des Gerichts beziehen sich auf Entscheidungen des Reichsgerichts.

Paragraphen ohne Benennung des Gesetzes sind Paragraphen des Patentgesetzes.

Verfassernamen ohne Angabe von Buchtiteln oder Fundort bezeichnen Kommentare.

dad. gek. heißt: dadurch gekennzeichnet.

Patentgesetz.

Vom 7. Dezember 1923, RGBl II S. 437 (mit Änderungen vom 26. März 1926, RGBl II S. 181).

Erster Abschnitt.
Patentrecht.

§ 1. Patente werden erteilt für neue Erfindungen, welche eine gewerbliche Verwertung gestatten.

Ausgenommen sind:

1. Erfindungen, deren Verwertung den Gesetzen oder guten Sitten zuwiderlaufen würde;
2. Erfindungen von Nahrungs-, Genuß- und Arzneimitteln sowie von Stoffen, welche auf chemischem Wege hergestellt werden, soweit die Erfindungen nicht ein bestimmtes Verfahren zur Herstellung der Gegenstände betreffen.

§ 2. Eine Erfindung gilt nicht als neu, wenn sie zur Zeit der auf Grund dieses Gesetzes erfolgten Anmeldung in öffentlichen Druckschriften aus den letzten hundert Jahren bereits derart beschrieben oder im Inland bereits so offenkundig benutzt ist, daß danach die Benutzung durch andere Sachverständige möglich erscheint.

Die im Ausland amtlich herausgegebenen Patentbeschreibungen stehen den öffentlichen Druckschriften erst nach Ablauf von drei Monaten seit dem Tage der Herausgabe gleich, sofern das Patent von demjenigen, welcher die Erfindung im Ausland angemeldet hat, oder von seinem Rechtsnachfolger nachgesucht wird. Diese Begünstigung erstreckt sich jedoch nur auf die amtlichen Patentbeschreibungen derjenigen Staaten, in welchen nach einer im Reichsgesetzblatt enthaltenen Bekanntmachung die Gegenseitigkeit verbürgt ist.

§ 3. Auf die Erteilung des Patents hat derjenige Anspruch, welcher die Erfindung zuerst nach Maßgabe dieses Gesetzes angemeldet hat. Eine spätere Anmeldung kann den Anspruch auf ein Patent nicht begründen, wenn die Erfindung Gegenstand des Patents des früheren Anmelders ist. Trifft diese Voraussetzung teilweise zu, so hat der spätere Anmelder nur Anspruch auf Erteilung eines Patents in entsprechender Beschränkung.

Ein Anspruch des Patentsuchers auf Erteilung des Patents findet nicht statt, wenn der wesentliche Inhalt seiner Anmeldung den Beschreibungen, Zeichnungen, Modellen, Gerätschaften oder Einrichtungen eines anderen oder einem von diesem angewendeten Verfahren ohne Einwilligung desselben entnommen und von dem letzteren aus diesem Grunde Einspruch erhoben ist. Hat der Einspruch die Zurücknahme oder Zurückweisung der Anmeldung zur Folge, so kann der Einsprechende, falls er innerhalt eines Monats seit Mitteilung des hierauf bezüglichen Bescheids des Patentamts die Erfindung seinerseits anmeldet, verlangen, daß als Tag seiner Anmeldung der Tag vor Bekanntmachung der früheren Anmeldung festgesetzt werde.

§ 4. Das Patent hat die Wirkung, daß der Patentinhaber ausschließlich befugt ist, gewerbsmäßig den Gegenstand der Erfindung herzustellen, in Verkehr zu bringen, feilzuhalten oder zu gebrauchen. Ist das Patent für ein Verfahren erteilt, so erstreckt sich die Wirkung auch auf die durch das Verfahren unmittelbar hergestellten Erzeugnisse.

§ 5. Die Wirkung des Patents tritt gegen denjenigen nicht ein, welcher zur Zeit der Anmeldung bereits im Inland die Erfindung in Benutzung genommen oder die zur Benutzung erforderlichen Veranstaltungen getroffen hatte. Derselbe ist befugt, die Erfindung für die Bedürfnisse seines eigenen Betriebs in eigenen oder fremden Werkstätten auszunutzen. Diese Befugnis kann nur zusammen mit dem Betriebe vererbt oder veräußert werden.

Die Wirkung des Patents tritt ferner insoweit nicht ein, als die Erfindung nach Bestimmung der Reichsregierung für das Heer oder für die Flotte oder sonst im Interesse der öffentlichen Wohlfahrt benutzt werden soll. Doch hat der Patentinhaber in diesem Falle gegenüber dem Reiche oder dem Staate, welcher in seinem besonderen Interesse die Beschränkung des Patents beantragt hat, Anspruch auf angemessene Vergütung, welche in Ermangelung einer Verständigung im Rechtsweg festgesetzt wird.

Auf Einrichtungen an Fahrzeugen, welche nur vorübergehend in das Inland gelangen, erstreckt sich die Wirkung des Patents nicht.

§ 6. Der Anspruch auf Erteilung des Patents und das Recht aus dem Patente gehen auf die Erben über. Der Anspruch und das Recht können beschränkt oder unbeschränkt durch Vertrag oder durch Verfügung von Todes wegen auf andere übertragen werden.

§ 7. Die Dauer des Patents ist achtzehn Jahre; der Lauf dieser Zeit beginnt mit dem auf die Anmeldung der Erfindung folgenden Tage. Bezweckt eine Erfindung die Verbesserung oder sonstige weitere Ausbildung einer anderen, zugunsten des Patentsuchers durch ein Patent geschützten Erfindung, so kann dieser die Erteilung eines Zusatzpatents nachsuchen, welches mit dem Patente für die ältere Erfindung sein Ende erreicht.

Fällt das Hauptpatent durch Erklärung der Nichtigkeit, durch Zurücknahme oder durch Verzicht fort, so wird das Zusatzpatent zu einem selbständigen Patente; seine Dauer bestimmt sich nach dem Anfangstage des Hauptpatents.

§ 8. Für jedes Patent ist vor der Erteilung die erste Jahresgebühr (§ 24 Abs. 1), mit Beginn des zweiten und jedes folgenden Jahres der Dauer des Patents eine weitere Jahresgebühr nach Maßgabe des Tarifs zu entrichten.

Zusatzpatente (§ 7) sind von den Gebühren für das zweite und jedes folgende Jahr der Dauer des Patents ausgenommen. In den Fällen des § 7 Abs. 2 tritt jedoch, sobald die Gebührenzahlung für das Hauptpatent fortfällt, für das selbständig gewordene Zusatzpatent die Gebührenpflicht ein, wobei sich der Fälligkeitstag und der Jahresbetrag der Gebühr nach dem Anfangstage des bisherigen Hauptpatents bestimmt.

Die für das zweite und die folgenden Jahre zu zahlende Gebühr ist innerhalb zweier Monate nach der Fälligkeit zu entrichten. Nach dem Ablauf der Frist kann die Gebühr nur unter Zahlung des tarifmäßigen Zuschlags entrichtet werden. Das Patentamt gibt dem Patentinhaber Nachricht, daß das Patent erlischt, sofern nicht bis zum Ablauf eines Monats nach Zustellung die Gebühr nebst Zuschlag gezahlt wird (§ 9).

Einem Patentinhaber, welcher seine Bedürftigkeit nachweist, können die Gebühren für das erste und zweite Jahr der Dauer des Patents bis zum dritten Jahre gestundet und, wenn das Patent im dritten Jahre erlischt, erlassen werden.

Die Zahlung der Gebühren kann vor Eintritt der Fälligkeit erfolgen. Wird auf das Patent verzichtet oder dasselbe für nichtig erklärt oder zurückgenommen, so erfolgt die Rückzahlung der nicht fällig gewordenen Gebühren.

§ 9. Das Patent erlischt, wenn der Patentinhaber auf dasselbe verzichtet oder wenn die Gebühren nicht rechtzeitig nach Zustellung der amtlichen Nachricht (§ 8 Abs. 3) bei der Kasse des Patentamts oder zur Überweisung an dieselbe bei einer Postanstalt im Gebiete des Deutschen Reichs eingezahlt sind.

§ 10. Das Patent wird für nichtig erklärt, wenn sich ergibt:

1. daß der Gegenstand nach §§ 1 und 2 nicht patentfähig war,
2. daß die Erfindung Gegenstand des Patents eines früheren Anmelders ist,
3. daß der wesentliche Inhalt der Anmeldung den Beschreibungen, Zeichnungen, Modellen, Gerätschaften oder Einrichtungen eines anderen oder einem von diesem angewendeten Verfahren ohne Einwilligung desselben entnommen war.

Trifft eine dieser Voraussetzungen (1 bis 3) nur teilweise zu, so erfolgt die Erklärung der Nichtigkeit durch entsprechende Beschränkung des Patents.

§ 11. Verweigert der Patentinhaber einem andern die Erlaubnis zur Benutzung der Erfindung auch bei Angebot einer angemessenen Vergütung und Sicherheitsleistung, so kann, wenn die Erteilung der Erlaubnis im öffentlichen Interesse geboten ist, dem andern die Berechtigung zur Benutzung der Erfindung zugesprochen werden (Zwangslizenz). Die Berechtigung kann eingeschränkt erteilt und von Bedingungen abhängig gemacht werden.

Das Patent kann, soweit nicht Staatsverträge entgegenstehen, zurückgenommen werden, wenn die Erfindung ausschließlich oder hauptsächlich außerhalb des Deutschen Reichs oder der Schutzgebiete ausgeführt wird. Die Übertragung des Patents auf einen andern ist insofern wirkungslos, als sie nur den Zweck hat, der Zurücknahme zu entgehen.

Vor Verlauf von drei Jahren seit der Bekanntmachung der Erteilung des Patents kann eine Entscheidung nach Abs. 1, 2 gegen den Patentinhaber nicht getroffen werden.

§ 12. Wer nicht im Inland wohnt, kann den Anspruch auf die Erteilung eines Patents und die Rechte aus dem Patente nur geltend machen, wenn er im Inland einen Vertreter bestellt hat. Der letztere ist zur Vertretung in dem nach Maßgabe dieses Gesetzes stattfindenden Verfahren sowie in den das Patent betreffenden bürgerlichen Rechtsstreitigkeiten und zur Stellung von Strafanträgen befugt. Der Ort, wo der Vertreter seinen Wohnsitz hat, und in Ermangelung eines solchen der Ort, wo das Patentamt seinen Sitz hat, gilt im Sinne des § 23 der Zivilprozeßordnung als der Ort, wo sich der Vermögensgegenstand befindet.

Unter Zustimmung des Reichsrats kann durch Anordnung der Reichsregierung bestimmt werden, daß gegen die Angehörigen eines ausländischen Staates ein Vergeltungsrecht zur Anwendung gebracht werde.

Zweiter Abschnitt.

Patentamt.

§ 13. Die Erteilung, die Erklärung der Nichtigkeit und die Zurücknahme der Patente erfolgt durch das Patentamt.

Das Patentamt hat seinen Sitz in Berlin. Es besteht aus einem Präsidenten, aus Mitgliedern, welche die Befähigung zum Richteramt oder zum höheren Verwaltungsdienste besitzen (rechtskundige Mitglieder) und aus Mitgliedern, welche in einem Zweige der Technik sachverständig sind (technische Mitglieder). Die Mitglieder werden, und zwar der Präsident auf Vorschlag des Reichsrats, vom Reichspräsidenten ernannt. Die Berufung der rechtskundigen Mitglieder erfolgt, wenn sie im Reichs- oder Staatsdienst ein Amt bekleiden, auf die Dauer dieses Amtes, andernfalls auf Lebenszeit. Die Berufung der technischen Mitglieder erfolgt entweder auf Lebenszeit oder auf fünf Jahre. Im letzteren Falle finden auf sie die Bestimmungen im § 16 des Gesetzes, betreffend die Rechtsverhältnisse der Reichsbeamten, vom 31. März 1873 keine Anwendung.

§ 14. In dem Patentamt werden

1. Abteilungen für die Patentanmeldungen (Anmeldeabteilungen),
2. eine Abteilung für die Anträge auf Erklärung der Nichtigkeit oder auf Zurücknahme von Patenten (Nichtigkeitsabteilung),
3. Abteilungen für die Beschwerden (Beschwerdeabteilungen)

gebildet.

In den Anmeldeabteilungen dürfen nur solche technische Mitglieder mitwirken, welche auf Lebenszeit berufen sind. Die technischen Mitglieder der Anmeldeabteilungen dürfen nicht in den übrigen Abteilungen, die technischen Mitglieder der letzteren nicht in den Anmeldeabteilungen mitwirken.

Die Beschlußfähigkeit der Anmeldeabteilungen ist durch die Anwesenheit von mindestens drei Mitgliedern bedingt, unter welchen sich zwei technische Mitglieder befinden müssen.

Die Entscheidungen der Nichtigkeitsabteilung und der Beschwerdeabteilungen erfolgen in der Besetzung von zwei rechtskundigen und drei technischen Mitgliedern. Zu anderen Beschlußfassungen genügt die Anwesenheit von drei Mitgliedern.

Die Bestimmungen der Zivilprozeßordnung über Ausschließung und Ablehnung der Gerichtspersonen finden entsprechende Anwendung.

Zu den Beratungen können Sachverständige, welche nicht Mitglieder sind, zugezogen werden; dieselben dürfen an den Abstimmungen nicht teilnehmen.

§ 15. Die Beschlüsse und die Entscheidungen der Abteilungen erfolgen im Namen des Patentamts; sie sind mit Gründen zu versehen, schriftlich auszufertigen und allen Beteiligten von Amts wegen zuzustellen.

§ 16. Gegen die Beschlüsse der Anmeldeabteilungen und der Nichtigkeitsabteilung findet die Beschwerde statt. An der Beschlußfassung über die Beschwerde darf kein Mitglied teilnehmen, welches bei dem angefochtenen Beschlusse mitgewirkt hat.

§ 17. Die Bildung der Abteilungen, die Bestimmung ihres Geschäftskreises, die Formen des Verfahrens, einschließlich des Zustellungswesens, und der Geschäftsgang des Patentsamts werden, insoweit dieses Gesetz nicht Bestimmungen darüber trifft, durch Verordnung des Reichspräsidenten unter Zustimmung des Reichsrats geregelt.

§ 18. Das Patentamt ist verpflichtet, auf Ersuchen der Gerichte über Fragen, welche Patente betreffen, Gutachten abzugeben, sofern in dem gerichtlichen Verfahren voneinander abweichende Gutachten mehrerer Sachverständiger vorliegen.

Im übrigen ist das Patentamt nicht befugt, ohne Genehmigung der Reichsregierung außerhalb seines gesetzlichen Geschäftskreises Beschlüsse zu fassen oder Gutachten abzugeben.

§ 19. Bei dem Patentamt wird eine Rolle geführt, welche den Gegenstand und die Dauer der erteilten Patente, sowie den Namen und Wohnort der Patentinhaber und ihrer bei Anmeldung der Erfindung etwa bestellten Vertreter angibt. Der Anfang, der Ablauf, das Erlöschen, die Erklärung der Nichtigkeit und die Zurücknahme der Patente sind in der Rolle zu vermerken.

Tritt in der Person des Patentinhabers oder seines Vertreters eine Änderung ein, so wird dieselbe, wenn sie in beweisender Form zur Kenntnis des Patentamts gebracht ist, ebenfalls in der Rolle vermerkt. Solange dieses nicht geschehen ist, bleiben der frühere Patentinhaber und sein früherer Vertreter nach Maßgabe dieses Gesetzes berechtigt und verpflichtet.

Die Einsicht der Rolle, der Beschreibungen, Zeichnungen, Modelle und Probestücke, auf Grund deren die Erteilung der Patente erfolgt ist, steht, soweit es sich nicht um ein im Namen der Reichsverwaltung für die Zwecke des Heeres oder der Flotte genommenes Patent handelt, jedermann frei.

Das Patentamt veröffentlicht die Beschreibungen und Zeichnungen, soweit deren Einsicht jedermann freisteht (Patentschriften), und regelmäßig erscheinende Übersichten über die Eintragungen in der Rolle, soweit sie nicht nur den regelmäßigen Ablauf der Patente betreffen (Patentblatt).

Dritter Abschnitt.

Verfahren in Patentsachen.

§ 20. Die Anmeldung einer Erfindung behufs Erteilung eines Patents geschieht schriftlich bei dem Patentamt. Für jede Erfindung ist eine besondere Anmeldung erforderlich. Die Anmeldung muß den Antrag auf Erteilung des Patents enthalten und in dem Antrag den Gegenstand, welcher durch das Patent geschützt werden soll, genau bezeichnen. In einer Anlage ist die Erfindung dergestalt zu beschreiben, daß danach die Benutzung derselben durch andere Sachverständige möglich erscheint. Am Schlusse der Beschreibung ist dasjenige anzugeben, was als patentfähig unter Schutz gestellt werden soll (Patentanspruch). Auch sind die erforderlichen Zeichnungen, bildlichen Darstellungen, Modelle und Probestücke beizufügen.

Das Patentamt erläßt Bestimmungen über die sonstigen Erfordernisse der Anmeldung.

Bis zu dem Beschluß über die Bekanntmachung der Anmeldung sind Abänderungen der darin enthaltenen Angaben zulässig. Gleichzeitig mit der Anmeldung ist für die Kosten des Verfahrens eine Gebühr nach Maßgabe des Tarifs zu entrichten.

§ 21. Die Anmeldung unterliegt einer Vorprüfung durch ein Mitglied der Anmeldeabteilung.

Erscheint hierbei die Anmeldung als den vorgeschriebenen Anforderungen (§ 20) nicht genügend, so wird durch Vorbescheid der Patentsucher aufgefordert, die Mängel innerhalb einer bestimmten Frist zu beseitigen.

Insoweit die Vorprüfung ergibt, daß eine nach §§ 1, 2, 3 Abs. 1 patentfähige Erfindung nicht vorliegt, wird der Patentsucher hiervon unter Angabe der Gründe mit der Aufforderung benachrichtigt, sich binnen einer bestimmten Frist zu äußern.

Erklärt sich der Patentsucher auf den Vorbescheid (Abs. 2 und 3) nicht rechtzeitig, so gilt die Anmeldung als zurückgenommen; erklärt er sich innerhalb der Frist, so faßt die Anmeldeabteilung Beschluß.

§ 22. Ist durch die Anmeldung den vorgeschriebenen Anforderungen (§ 20) nicht genügt oder ergibt sich, daß eine nach §§ 1, 2, 3 Abs. 1 patentfähige Erfindung nicht vorliegt, so wird die Anmeldung von der Abteilung zurückgewiesen. An der Beschlußfassung darf das Mitglied, welches den Vorbescheid erlassen hat, nicht teilnehmen.

Soll die Zurückweisung auf Grund von Umständen erfolgen, welche nicht bereits durch den Vorbescheid dem Patentsucher mitgeteilt waren, so ist demselben vorher Gelegenheit zu geben, sich über diese Umstände binnen einer bestimmten Frist zu äußern.

§ 23. Erachtet das Patentamt die Anmeldung für gehörig erfolgt und die Erteilung eines Patents nicht für ausgeschlossen, so beschließt es die Bekanntmachung der Anmeldung. Mit der Bekanntmachung treten für den Gegenstand der Anmeldung zugunsten des Patentsuchers einstweilen die gesetzlichen Wirkungen des Patents ein (§§ 4 und 5).

Die Bekanntmachung geschieht in der Weise, daß der Name des Patentsuchers und der wesentliche Inhalt des in seiner Anmeldung enthaltenen Antrags durch das Patentblatt einmal veröffentlicht wird. Mit der Veröffentlichung ist die Anzeige zu verbinden, daß der Gegenstand der Anmeldung einstweilen gegen unbefugte Benutzung geschützt sei.

Gleichzeitig ist die Anmeldung mit sämtlichen Beilagen bei dem Patentamt zur Einsicht für jedermann auszulegen. Auf dem durch § 17 des Gesetzes bestimmten Wege kann angeordnet werden, daß die Auslegung auch außerhalb Berlins zu erfolgen habe.

Die Bekanntmachung kann auf Antrag des Patentsuchers auf die Dauer von höchstens sechs Monaten, vom Tage des Beschlusses über die Bekanntmachung an gerechnet, ausgesetzt werden. Bis zur Dauer von drei Monaten darf die Aussetzung nicht versagt werden.

Handelt es sich um ein im Namen der Reichsverwaltung für die Zwecke des Heeres oder der Flotte nachgesuchtes Patent, so erfolgt auf Antrag die Patenterteilung ohne jede Bekanntmachung. In diesem Falle unterbleibt auch die Eintragung in die Patentrolle.

§ 24. Innerhalb der Frist von zwei Monaten nach der Veröffentlichung (§ 23) ist die erste Jahresgebühr (§ 8 Abs. 1) einzuzahlen. Nach dem Ablauf der Frist kann die Gebühr nur unter Zahlung des tarifmäßigen Zuschlags entrichtet werden. Das Patentamt gibt dem Patentsucher Nachricht, daß die Anmeldung als zurückgenommen gelten wird, sofern nicht bis zum Ablauf eines Monats nach der Zustellung die Gebühr nebst Zuschlag bezahlt wird. Erfolgt die Einzahlung nicht binnen dieser Frist, so gilt die Anmeldung als zurückgenommen.

Innerhalb der Frist von zwei Monaten nach der Veröffentlichung kann gegen die Erteilung des Patents Einspruch erhoben werden. Der Einspruch muß schriftlich erfolgen und mit Gründen versehen sein. Er kann nur auf die Behauptung gestützt werden, daß der Gegenstand nach §§ 1 und 2 nicht patentfähig sei oder daß dem Patentsucher ein Anspruch auf das Patent nach § 3 nicht zustehe. Im Falle des § 3 Abs. 2 ist nur der Verletzte zum Einspruch berechtigt.

Nach Ablauf der Frist hat das Patentamt über die Erteilung des Patents Beschluß zu fassen. An der Beschlußfassung darf das Mitglied, welches den Vorbescheid (§ 21) erlassen hat, nicht teilnehmen.

§ 25. Bei der Vorprüfung und in dem Verfahren vor der Anmeldeabteilung kann jederzeit die Ladung und Anhörung der Beteiligten, die Vernehmung von Zeugen und Sachverständigen sowie die Vornahme sonstiger zur Aufklärung der Sache erforderlicher Ermittlungen angeordnet werden.

In dem Beschlusse, der über die Erteilung des Patents gefaßt wird, sind auf Antrag die durch eine Anhörung oder eine Beweisaufnahme verursachten Kosten dem unterliegenden Beteiligten aufzuerlegen; die §§ 92, 95, 96 der Zivilprozeßordnung gelten entsprechend. Über diese Kosten ist auf Antrag auch dann Bestimmung zu treffen, wenn die Anmeldung oder der Einspruch ganz oder teilweise zurückgenommen wird; in solchen Fällen ist der Zurücknehmende als Unterliegender anzusehen. Eine Bestimmung nach Satz 1, 2 kann auch dann getroffen werden, wenn ein Antrag nicht gestellt ist. Die Anfechtung eines Beschlusses nur hinsichtlich des Kostenpunkts ist unzulässig; das gleiche gilt von der Anfechtung eines nur über den Kostenpunkt ergehenden Beschlusses.

§ 26. Gegen den Beschluß, durch welchen die Anmeldung zurückgewiesen wird, kann der Patentsucher, und gegen den Beschluß, durch welchen über die Erteilung des Patents entschieden wird, der Patentsucher oder der Einsprechende innerhalb eines Monats nach der Zustellung Beschwerde einlegen. Mit der Einlegung der Beschwerde ist für die Kosten des Beschwerdeverfahrens eine Gebühr nach Maßgabe des Tarifs zu zahlen; erfolgt die Zahlung nicht, so gilt die Beschwerde als nicht erhoben.

Ist die Beschwerde an sich nicht statthaft oder ist dieselbe verspätet eingelegt, so wird sie als unzulässig verworfen.

Wird die Beschwerde für zulässig befunden, so richtet sich das weitere Verfahren nach § 25. Die Ladung und Anhörung der Beteiligten muß auf Antrag eines derselben erfolgen. Dieser Antrag kann nur abgelehnt werden, wenn die Ladung des Antragstellers in dem Verfahren vor der Anmeldeabteilung bereits erfolgt war.

Soll die Entscheidung über die Beschwerde auf Grund anderer als der in dem angegriffenen Beschlusse berücksichtigten Umstände erfolgen, so ist den Beteiligten zuvor Gelegenheit zu geben, sich hierüber zu äußern.

Das Patentamt kann nach freiem Ermessen bestimmen, inwieweit einem Beteiligten im Falle des Unterliegens die Kosten des Beschwerdeverfahrens zur Last fallen, sowie anordnen, daß dem Beteiligten, dessen Beschwerde für gerechtfertigt befunden ist, die Gebühr (Abs. 1) zurückgezahlt wird. Das gleiche gilt, wenn die Beschwerde, die Anmeldung oder der Einspruch ganz oder teilweise zurückgenommen wird.

§ 27. Ist die Erteilung des Patents endgültig beschlossen, so erläßt das Patentamt darüber durch das Patentblatt eine Bekanntmachung und fertigt demnächst für den Patentinhaber eine Urkunde aus.

Wird die Anmeldung nach der Veröffentlichung (§ 23) zurückgenommen oder wird das Patent versagt, so ist dies ebenfalls bekanntzumachen. Die eingezahlte

Jahresgebühr wird in diesen Fällen zur Hälfte erstattet. Mit der Versagung des Patents gelten die Wirkungen des einstweiligen Schutzes als nicht eingetreten.

§ 28. Die Einleitung des Verfahrens wegen Erklärung der Nichtigkeit oder wegen Zurücknahme des Patents erfolgt nur auf Antrag.

Im Falle des § 10 Nr. 3 ist nur der Verletzte zu dem Antrag berechtigt.

Im Falle des § 10 Nr. 1 ist nach Ablauf von fünf Jahren, von dem Tage der über die Erteilung des Patents erfolgten Bekanntmachung (§ 27 Abs. 1) gerechnet, der Antrag unstatthaft.

Der Antrag ist schriftlich an das Patentamt zu richten und hat die Tatsachen anzugeben, auf welche er gestützt wird. Mit dem Antrag ist eine Gebühr nach Maßgabe des Tarifs zu zahlen. Erfolgt die Zahlung nicht, so gilt der Antrag als nicht gestellt.

Wohnt der Antragsteller im Ausland, so hat er dem Gegner auf dessen Verlangen Sicherheit wegen der Kosten des Verfahrens zu leisten. Die Höhe der Sicherheit wird von dem Patentamt nach freiem Ermessen festgesetzt. Dem Antragsteller wird bei Anordnung der Sicherheitsleistung eine Frist bestimmt, binnen welcher die Sicherheit zu leisten ist. Erfolgt die Sicherheitsleistung nicht vor Ablauf der Frist, so gilt der Antrag als zurückgenommen.

§ 29. Nachdem die Einleitung des Verfahrens verfügt ist, fordert das Patentamt den Patentinhaber unter Mitteilung des Antrags auf, sich über denselben innerhalb eines Monats zu erklären.

Erklärt der Patentinhaber binnen der Frist sich nicht, so kann ohne Ladung und Anhörung der Beteiligten sofort nach dem Antrag entschieden und bei dieser Entscheidung jede von dem Antragsteller behauptete Tatsache für erwiesen angenommen werden.

§ 30. Widerspricht der Patentinhaber rechtzeitig, oder wird im Falle des § 29 Abs. 2 nicht sofort nach dem Antrag entschieden, so trifft das Patentamt, und zwar im ersteren Falle unter Mitwirkung des Widerspruchs an den Antragsteller, die zur Aufklärung der Sache erforderlichen Verfügungen. Es kann die Vernehmung von Zeugen und Sachverständigen anordnen. Auf dieselben finden die Vorschriften der Zivilprozeßordnung entsprechende Anwendung. Die Beweisverhandlungen sind unter Zuziehung eines beeidigten Protokollführers aufzunehmen.

Die Entscheidung erfolgt nach Ladung und Anhörung der Beteiligten.

§ 31. In der Entscheidung (§§ 29, 30) hat das Patentamt nach freiem Ermessen zu bestimmen, zu welchem Anteil die Kosten des Verfahrens den Beteiligten zur Last fallen.

§ 32. Die Gerichte sind verpflichtet, dem Patentamt Rechtshilfe zu leisten. Die Festsetzung einer Strafe gegen Zeugen und Sachverständige, welche nicht erscheinen oder ihre Aussage oder deren Beeidigung verweigern, sowie die Vorführung eines nicht erschienenen Zeugen erfolgt auf Ersuchen durch die Gerichte.

§ 33. Gegen die Entscheidung des Patentamts (§§ 29, 30) ist die Berufung zulässig. Die Berufung geht an das Reichsgericht. Sie ist binnen sechs Wochen nach der Zustellung bei dem Patentamt schriftlich anzumelden und zu begründen. Mit der Anmeldung der Berufung ist eine Gebühr nach Maßgabe des Tarifs zu zahlen; erfolgt die Zahlung nicht, so gilt die Berufung als nicht angemeldet.

In dem Verfahren vor dem Reichsgerichte werden Gebühren und Auslagen nach den Vorschriften des Gerichtskostengesetzes erhoben. Die Gebühren werden nach den für das Verfahren in der Revisionsinstanz geltenden Sätzen berechnet. Ein Gebührenvorschuß ist nicht zu zahlen. Die für die Anmeldung der Berufung gezahlte Gebühr wird auf die reichsgerichtlichen Gebühren angerechnet; sie wird nicht zurückgezahlt.

Durch das Urteil des Gerichtshofs ist nach Maßgabe des § 31 auch über die Kosten des Verfahrens zu bestimmen.

Im übrigen wird das Verfahren vor dem Gerichtshof durch ein Regulativ bestimmt, welches von dem Gerichtshof zu entwerfen ist, und durch Verordnung des Reichspräsidenten unter Zustimmung des Reichsrats festgestellt wird.

§ 34. In betreff der Geschäftssprache vor dem Patentamt finden die Bestimmungen des Gerichtsverfassungsgesetzes über die Gerichtssprache entsprechende Anwendung. Eingaben, welche nicht in deutscher Sprache abgefaßt sind, werden nicht berücksichtigt.

Vierter Abschnitt.
Strafen und Entschädigung.

§ 35. Wer wissentlich oder aus grober Fahrlässigkeit den Bestimmungen der §§ 4 und 5 zuwider eine Erfindung in Benutzung nimmt, ist dem Verletzten zur Entschädigung verpflichtet.

Handelt es sich um eine Erfindung, welche ein Verfahren zur Herstellung eines neuen Stoffes zum Gegenstand hat, so gilt bis zum Beweise des Gegenteils jeder Stoff von gleicher Beschaffenheit als nach dem patentierten Verfahren hergestellt.

§ 36. Wer wissentlich den Bestimmungen der §§ 4 und 5 zuwider eine Erfindung in Benutzung nimmt, wird mit Geldstrafe oder mit Gefängnis bis zu einem Jahre bestraft.

Die Strafverfolgung tritt nur auf Antrag ein. Die Zurücknahme des Antrags ist zulässig.

Wird auf Strafe erkannt, so ist zugleich dem Verletzten die Befugnis zuzusprechen, die Verurteilung auf Kosten des Verurteilten öffentlich bekanntzumachen. Die Art der Bekanntmachung, sowie die Frist zu derselben ist im Urteil zu bestimmen.

§ 37. Statt jeder aus diesem Gesetze entspringenden Entschädigung kann auf Verlangen des Beschädigten neben der Strafe auf eine an ihn zu erlegende Buße erkannt werden. Für diese Buße haften die zu derselben Verurteilten als Gesamtschuldner.

Eine erkannte Buße schließt die Geltendmachung eines weiteren Entschädigungsanspruchs aus.

§ 38. In bürgerlichen Rechtsstreitigkeiten, in welchen durch Klage oder Widerklage ein Anspruch auf Grund der Bestimmungen dieses Gesetzes geltend gemacht ist, wird die Verhandlung und Entscheidung letzter Instanz im Sinne des § 8 des Einführungsgesetzes zum Gerichtsverfassungsgesetze dem Reichsgericht zugewiesen.

§ 39. Die Klagen wegen Verletzung des Patentrechts verjähren rücksichtlich jeder einzelnen dieselbe begründenden Handlung in drei Jahren.

§ 40. Mit Geldstrafe wird bestraft:

1. wer Gegenstände oder deren Verpackung mit einer Bezeichnung versieht, welche geeignet ist, den Irrtum zu erregen, daß die Gegenstände durch ein Patent nach Maßgabe dieses Gesetzes geschützt seien;
2. wer in öffentlichen Anzeigen, auf Aushängeschildern, auf Empfehlungskarten oder in ähnlichen Kundgebungen eine Bezeichnung anwendet, welche geeignet ist, den Irrtum zu erregen, daß die darin erwähnten Gegenstände durch ein Patent nach Maßgabe dieses Gesetzes geschützt seien.

Einleitung.

Inhalt.

Bemerkungen zur geschichtlichen Entwicklung des Patentrechts.

Anm. 1. Das Patentrecht hat sich in einer für die Industrie und für die Volkswirtschaft bedeutsamen Weise zuerst in England entwickelt. Freilich sind, ehe diese Entwicklung einsetzte, schon auf dem Kontinent richtige Patente in der Form von Privilegien oder Monopolen erteilt worden. Ottaviano de Petrucci hatte ausgangs des 15. Jahrhunderts erfunden, Notendruck mit beweglichen Metalltypen herzustellen, und schon 1498 ist ihm vom Senat zu Venedig ein zwanzigjähriges, nachher noch verlängertes Privileg auf die Ausübung seiner Erfindung erteilt. Auch in Deutschland wurden schon im 16. Jahrhundert mannigfache Patente erteilt, 1500 und 1502 auf eine neue Wasserkunst für Bergwerke, 1512 auf nasse Pochwerke beim Aufbereitungsprozeß der Erze, beide in Sachsen, usw., vgl. Hoffmann, IndR 1915 S. 85, 89, 109. Aber alle diese Ansätze haben nicht zu einer fortschreitenden Entwicklung geführt. In England waren in der zweiten Hälfte des 16. Jahrhunderts in überreichlichem Maße Monopole auf die Herstellung und besonders auch auf den Verkauf von Gütern aller Art, zum Teil auch von Lebensmitteln, an die Günstlinge der Herrscher verliehen worden. Das hatte zu einer öffentlichen Kalamität geführt: der Preis von Salz war dadurch von sechzehn Pence auf fünfzehn Schilling, also fast auf das Zwölffache gestiegen. Eine durchgreifende Änderung erfolgte im Jahre 1623, der erste große Einschnitt in der Entwicklung des Patentrechts. Der Inhalt des damals erlassenen Gesetzes war ein doppelter. Es wurde angeordnet, daß Streitigkeiten über Monopole nicht mehr von der berüchtigten Sternkammer, sondern von den ordentlichen Gerichten abgeurteilt werden sollten, und es wurde festgesetzt, welcher Art Monopole der König gewähren dürfe. Das Parlament beschloß, daß alle Monopole ungesetzlich sein sollten mit Ausnahme der den Erfindern für die Ausübung ihrer Erfindung auf vierzehn Jahre gewährten oder zu gewährenden Privilegien. Dieser Parlamentsbeschluß erhielt die Sanktion des Königs. Das ist das berühmte Statut von 1623, das teilweise noch heute in Geltung ist. Danach war die Verleihung von Privilegien auf ein vernünftiges Maß zurückgeführt, aber die Sachlage blieb so, daß die Verleihung der Erfindungsprivilegien ein freiwilliger Akt des Königs war. Der Herrscher konnte sie verleihen oder nicht, nach seinem Befinden, und zu Bedingungen, die ihm gut schienen. Immerhin war klar ausgesprochen, daß die verliehenen Erfindungsprivilegien gesetzmäßig und unanfechtbar seien, und damit war der Grund für den Aufbau des Patentrechts gelegt. Der zweite große Einschnitt fand Ende des 18. Jahrhunderts statt: es setzte sich die Meinung durch, daß die Patenterteilung nicht Sache des Beliebens des Herrschers sei, sondern daß der Erfinder bei Erfüllung gewisser Bedingungen ein Recht auf Patentgewährung habe. In England erfolgte dieser Umschwung allmählich; er trat zutage in der veränderten Auffassung, von der die Gerichtsurteile ausgingen; er wurde nicht gesetzlich festgelegt. Der Grundsatz, daß die Behörden ein diskretionäres Ermessen (discretion) bei Patenterteilung auszuüben haben, wird noch heute aufrechterhalten und angewandt, Rep. of Patent Cases, Bd. 44 (1927), S. 298. In Frankreich offenbarte sich die neue Meinung in dem Patentgesetze von 1791, in den Vereinigten Staaten in den Gesetzen von 1790, 1793 usw. Endlich ist zu bemerken, daß um 1800, und zwar in Verbindung mit dem erwähnten Umschwung besonders in England und Nordamerika eine Theorie über das Wesen der Patente und das subjektive Patentrecht hervortrat, die sog. Kontraktstheorie, das Patent ist ein Vertrag zwischen Staat und Erfinder, welche Theorie auf die Praxis in jenen Ländern einen sehr bedeutenden Einfluß ausgeübt hat (vgl. § 1 A 4).

In Deutschland wurden in der ersten Hälfte des 19. Jahrhunderts zögernd und nicht mit großer Wirkung Verordnungen über das Patentwesen erlassen, so in Preußen das Publikandum vom 14. Oktober 1815, in Bayern Bestimmungen von 1825 bis 1842 und sodann weiter in den meisten deutschen Staaten. Am 21. September 1842 wurde zwischen den zum Zoll- und Handelsverein verbundenen Regierungen eine Übereinkunft erzielt, nach der zwar die Patentgesetzgebung Sache der einzelnen Staaten blieb, aber gewisse Grundsätze aufgestellt wurden, die dabei maßgebend sein sollten; Patente sollten nur für solche Gegenstände erteilt werden, die wirklich neu und eigentümlich sind; auch neue Verbesserungen bekannter Gegenstände sollten patentiert werden dürfen; die Einfuhr solcher Gegenstände, die mit den patentierten übereinstimmen, und der Verkauf derselben sollte nicht verboten werden. In den Verfassungen des Norddeutschen Bundes und des Deutschen Reichs wurde schließlich das Patentwesen zur Bundes- und Reichssache erklärt und danach am 25. Mai 1877 das erste Reichspatentgesetz erlassen.

Freilich war bei diesen Bestrebungen ein nicht unbedeutender Widerstand zu überwinden. Als Kuriosum sei angeführt, daß der Bundeskanzler am 10. Dezember 1868 die Aufhebung sämtlicher Patentgesetze beim Bundesrat beantragt hatte. Das kommt uns heute unverständlich vor. Von Interesse sind auch heute noch die Gedanken, von denen sich die Gegner leiten ließen. Grundsätzlich: Patente sind unverträglich mit der freien Bewegung der Gewerbetätigkeit. Gewerbepolitisch: sie halten den Fortschritt der Industrie auf, statt ihn zu fördern. Die Belästigung und die Hemmung der Industrie durch die Patente ist von größerer Bedeutung für die Allgemeinheit, als die Belohnung des Erfinders. Ohne Patente werden die Erfindungen eher Gemeingut. Vom Standpunkt der Gerechtigkeit: der Anspruch des Erfinders auf ein Monopol für seine Erfindung ist rechtlich unhaltbar. Die Erfindung ist nach dem heutigen Stande der Industrie nicht das Werk eines einzelnen, sondern die reife Frucht der gesamten Entwicklung. Die Belohnung dagegen, die durch das Patent gewährt wird, fällt demjenigen zu, der sich zuerst einer technischen Idee bemächtigt, während die Männer der Wissenschaft, aus deren Arbeiten sie hervorgegangen ist, leer ausgehen. — Nicht leugnen läßt sich, daß besonders der letztere Einwand nicht ohne Grund ist; daß jedoch jene Argumente in ihrem Endziel durchaus fehlgehen, hat die Entwicklung gezeigt.

Das Gesetz vom 25. Mai 1877 wurde durch ein neues Patentgesetz vom 7. April 1891 ersetzt. Die Änderungen betrafen nicht die eigentlichen Grundlagen des alten Gesetzes, wohl aber mannigfaltige Einzelheiten, teilweise von immerhin größerer Bedeutung. Weiter wurde durch Gesetz vom 6. Juni 1911 der § 11 abgeändert; es wurde die Einrichtung der Zwangslizenz eingeführt, die nach und nach an Bedeutung zugenommen hat.

Während des Krieges sind Verordnungen vom 10. September 1914 (RGBl S. 403) und vom 13. April 1916 (RGBl S. 278) betr. Wiedereinsetzung in den vorigen Stand, sowie eine Verordnung vom 9. März 1917 (RGBl S. 221) betr. Einrichtung von Prüfungsstellen erlassen. Eine Verordnung vom 8. März 1917 (RGBl S. 222) regelte die Zahlung der Gebühren. Am 27. April 1920 wurde ein Gesetz erlassen betr. Verlängerung der Patentdauer und Wiedereinsetzung in den vorigen Stand (RGBl. S. 675). Das Gesetz vom 9. Juli 1923 (RGBl II S. 297) setzte die Patentdauer allgemein auf 18 Jahre fest und gab einen neuen Gebührentarif. Die Gebühren sind endgültig festgesetzt durch das Gesetz vom 26. März 1926. — Der Text des durch die erwähnten Gesetze und Verordnungen abgeänderten Gesetzes ist veröffentlicht worden am 7./12. Dezember 1923 (RGBl II S. 437). Jedoch enthält dieser Text nicht die Übergangsbestimmungen, namentlich nicht die Bestimmungen der Verordnung vom 8. März 1917, so daß er nicht in allen Punkten das geltende Recht wiedergibt. Das geltende Recht ist Blatt 30 (1924) S. 178ff dargelegt.

Das Ausführungsgesetz zum Versailler Vertrag (RGBl 1919 S. 1530) regelt in den §§ 15—17 die Nachkriegsverhältnisse.

Anm. 2. Die Patentgesetzgebung will gewissen Erfindungen (nicht Erfindungen aller Art) Schutz angedeihen lassen. Ehe in die Erörterung der gesetzlichen Bestimmungen eingetreten wird, muß festgestellt werden: was ist eine Erfindung? Die Beantwortung dieser Frage hat Schwierigkeiten gemacht. Im Jahre 1886 wurde vom Bundesrat ein Untersuchungsausschuß zur Prüfung der Lage des Patentwesens im Deutschen Reiche eingesetzt. Er versuchte eine Begriffsbestimmung der Erfindung zu geben, wobei folgende Meinungen zutage traten. Dambach: Schaffung und Hervorbringung eines neuen, bisher noch nicht vorhandenen Gegenstandes oder Produktionsmittels zu materiellen Gebrauchszwecken. Kohler: Eine auf einer neuen Kombination der Naturkräfte ruhende Schöpfung des Menschengeistes zur Erreichung eines bestimmten Resultats. Klostermann: Ein Geisteserzeugnis, das entweder in einem Gegenstande des Gebrauchs oder in einem neuen Hilfsmittel zur Herstellung von Gebrauchsgegenständen beruht. Reuleaux: Eine Einrichtung oder ein Erzeugnis auf gewerblichem Gebiete, welche bezüglich eines Stoffes oder eines Werkzeugs oder eines Verfahrens oder einer Zusammensetzung der zur technischen Wirkung vereinigten Teile von bestehenden Einrichtungen und Erzeugnissen durch weitergehende Wirkung abweicht.

Keine dieser Begriffsbestimmungen wurde als befriedigend angesehen (und deshalb keine derselben ins Gesetz aufgenommen), weil man nach ihnen im Einzelfalle doch nicht mit Sicherheit sagen könne, ob etwas eine neue Erfindung sei oder nicht. Man folgerte daraus, daß eine Begriffsbestimmung unmöglich sei. Ohne Frage ist dieser Schluß unrichtig. Denn wenn man weiß, was eine Erfindung ist, dann kann man auch die entscheidenden Merkmale in einem Satze zusammenfassen und damit eine Begriffsbestimmung geben. Etwas ganz anderes ist es, ob die Begriffsbestimmung ermöglicht, im Einzelfalle mit Sicherheit festzustellen, ob die zu beurteilende Vorkehrung eine neue Erfindung ist oder nicht. Das kann nicht der Fall sein, denn das Wesen der Erfindung schließt Ermessens- und Gradurteile ein (heute ungenau Werturteile genannt), die von Schätzungen abhängig sind; es muß beurteilt werden, ob der Unterschied vom Bekannten genügend groß, der Fortschritt, der der Technik gebracht wird, genügend erheblich ist, ob die Erfindung von jedem durchschnittlichen Fachmann hätte gemacht werden können usw. Bei der Notwendigkeit derartiger Schätzungen kann von einer objektiv allgemeingültigen Beurteilung eines Erfindungstatbestandes, die sich mit Sicherheit aus der Begriffsbestimmung der Erfindung folgern ließe, keine Rede sein.

Später hat sich das Patentamt mit der Begriffsbestimmung eingehend beschäftigt, wobei es sich naturgemäß auf technische Erfindungen beschränkt hat. Schanze hatte 1896 definiert: Patentfähig sind neue Erfindungen, deren Ausführung in das Gebiet der mechanischen und chemischen Be- und Verarbeitung von Rohstoffen fällt. Das Patentamt definierte demgegenüber 1906, daß die Erfindung einen gewerblichen Fortschritt durch die Verwendung technischer, den Kräften der Natur entnommener Mittel zur Darstellung bringen müsse. Bei wiederholter Überlegung gelangte man dazu, daß die Einführung des Stoffes als des unmittelbaren Objektes der erfinderischen Tätigkeit doch anschaulicher und zuverlässiger sei, als die rein instrumentale Fassung (Verwendung technischer Mittel). Deshalb definierte man 1913: Einwirkung auf den Stoff zur Lösung eines technischen Problems, oder: Befriedigung eines Bedürfnisses der menschlichen Kultur im Wege der Lösung eines technischen Problems durch die Besonderheit der Hantierung mit dem Stoff. Es blieb der Zweifel, ob die damals beliebte Einschränkung auf das Gebiet der unbelebten Natur genügend zum Ausdruck gekommen sei. Als am meisten befriedigend wurde schließlich im Patentamt eine im Jahre 1914 gegebene Definition angesehen (Blatt 20 [1914] S. 257f), nach welcher eine Erfindung „praktischen Zwecken dienende, willkürliche Einwirkungen der äußeren menschlichen Machtmittel auf leblose Dinge zum Gegenstand haben" muß.

Gegenüber diesen Definitionen ist folgendes zu bemerken. Wenn man die Hantierung mit dem Stoff hervorheben will, so muß man bedenken, daß diese Hantierungen in vielfacher Art erfolgen können: Änderung der Stoffe ihrer Substanz oder Zusammensetzung nach (chemische Verfahren, Legierungen, Mischungen usw.); Gewinnung von Naturstoffen, z. B. von Petroleum aus petroleumführenden Schichten; Änderung der Formgebung (raumgestaltete Maschinen, Anordnungen usw.); Hervorbringung von Wirkungen nicht stofflicher Art durch Stoffe (elektrische, magnetische, optische Erscheinungen usw.). Alle diese verschiedenen Arten unter einem gemeinsamen, anschaulichen und charakteristischen Oberbegriff zusammenzufassen, wird kaum möglich sein, denn die angeführten Beispiele zeigen schon, daß die Hantierung mit dem Stoff zwar in manchen Fällen das Charakteristische ist, in manchen Fällen aber nicht. Wenn eine andersartige Koppelung zweier Schwingungskreise in der drahtlosen Telegraphie oder eine andere Führung des Lichtstrahlenbündels im Feldstecher erfunden wird, so spielt die Hantierung mit dem Stoff dabei gar keine Rolle, wenn natürlich auch beides, die Koppelung usw., sich nur durch körperliche Mittel erreichen läßt. Diesem Gedanken werden am besten noch gerecht die abstrakten Definitionen von Pauli, GewR 8 (1903) S. 291: Erfindung ist ein richtiger Gedanke zur Lösung eines technischen Problems auf eine an sich unbekannte Weise, oder die von Kloeppel: Erfindungen sind gewerblich verwertbare Erzeugnisse und Verfahren, durch die eine neue technische Wirkung, oder eine bekannte technische Wirkung auf neue Weise angestrebt (erzielt?) wird. Praktischen Nutzen bringen alle diese Bemühungen um die Definition einer Erfindung nicht.

Häufig wird gesagt, jede (technische) Erfindung enthalte eine Kombination von Naturkräften (Kohler, Handbuch S. 106, 115). Diese Ausdrucksweise ist nicht glücklich. Wenn ein neuer Hammer erfunden wird — welche Kombination von Naturkräften liegt vor? In Betracht kommen kann nur die Undurchdringlichkeit des Stoffes (daß der Nagel nicht in den Hammer eindringt), die Starrheit des Stoffes (daß der Hammer nicht nachgibt) und die Gesetze des nicht elastischen Stoßes; das sind keine Naturkräfte. Der Ausdruck soll den Gegensatz zum Schutz von Gebrauchsmustern kennzeichnen, bei denen allein die Raumform in Betracht kommt, ohne Rücksicht darauf, welche Wirkung mit ihrer Anwendung erzielt wird. Der Gegensatz wird aber mit jenem Ausdruck nicht zutreffend bezeichnet.

Anm. 3. Zum Begriff der Erfindung gehört in erster Reihe, daß ein **schöpferischer Gedanke** vorliegt — was nicht in allen der oben angeführten Begriffsbestimmungen genügend zum Ausdruck gekommen ist. Dadurch unterscheidet sich die Erfindung von der Entdeckung. Die Entdeckung schafft nicht, sondern sie klärt auf. Eine Begriffsbestimmung der Entdeckung zu geben, ist untunlich. Die verschiedensten Dinge können entdeckt werden, der Nordpol, das Radium, ein mathematischer Lehrsatz; jede Begriffsbestimmung der Entdeckung muß allgemein und deshalb inhaltsleer ausfallen. Die Entdeckung enthüllt etwas Bestehendes, sie offenbart, sie ist Erkenntnis; „sie wirft Licht auf etwas, was bereits bestand, aber nicht bekannt war". Die Erfindung kann auch ihrerseits zum Ausgangspunkt haben, daß etwas Bestehendes erkannt wird, z. B. eine neue Wirkung der Naturkräfte. Aber es muß etwas hinzukommen, und dies ist das dem Begriffe der Erfindung Eigentümliche. Hinzukommen muß eine Verwendung des Entdeckten für praktische Zwecke, in der Regel eine Anweisung für das Handeln der Menschen. Diese Verwendung und Anweisung muß neu und nützlich sein. Deshalb sagt man, die Erfindung ist Schöpfung, Neuschöpfung, sie ist produktiv, sie setzt die erkannte Lösung eines technischen Problems zu einem praktischen Zweck in Beziehung. Es handelt sich also um den bekannten geistigen Gegensatz zwischen Kontemplation und Aktivität. Entdeckung ist kontemplative Erkenntnis, wenn auch unter Umständen durch tätige Forschung erworben (und zwar Erkenntnis höherer Art, nur bei solcher spricht man von Entdeckung), Erfindung ist Erkenntnis verbunden mit zielstrebiger Aktivität, nämlich mit dem tätigen Bestreben, das Erkannte menschlichen Zwecken dienstbar zu machen.

Jede Erfindung weist also zwei Momente auf, neue Erkenntnis und, darauf aufgebaut, neue Verwendung dieser Erkenntnis zu praktischen Zwecken. „Jede Erfindung kann mehr oder weniger von einer Entdeckung enthalten. Aber daraus folgt nicht, daß jede Entdeckung eine Erfindung ist. Sie kann die Seele einer Erfindung sein, sie kann aber nur patentiert werden, wenn die Seele einen Körper bewohnt" (Curtis, Nordamerik. Patentrecht, 4. Aufl. S. 185). Für Vorstehendes vgl. eingehend Osterrieth, Wissenschaftl. Eigentum, S. 11—47 in der Sammlung Recht und Staat 1925 Heft 36.

Das Schöpferische der Erfindung kann entweder in der Erkenntnis, oder in deren Verwendung, der „Anweisung", liegen, unter Umständen in beiden. Wird erkannt, daß eine Legierung den elektrischen Strom besonders gut leitet, so liegt hierin das Schöpferische und Verdienstvolle. Die Anweisung, die Legierung zur Herstellung von Leitungsdrähten zu benutzen, liegt auf der Hand. Bei der großen Masse der Erfindungen ist die Sache umgekehrt. In der Regel ist die abstrakte Erkenntnis gering, die Schwierigkeit liegt in der Ausführung; so ist es in der Regel bei den zahllosen Erfindungen zur Verbesserung von Teilen bereits bekannter Maschinen. Immerhin liegt aber auch der kleinsten Erfindung eine Erkenntnis zugrunde, daß nämlich gerade diese unbedeutende Umänderung praktische Erfolge zeitige, und deshalb hat man gemeint, einen logischen Gegensatz zwischen Entdeckung und Erfindung überhaupt leugnen zu sollen; der Unterschied liege nur in dem Zwecke: Entdeckung sei Erkenntnis um ihrer selbst willen, Erfindung sei Erkenntnis zu praktischen Zwecken. Sachlich soll damit nichts anderes gesagt sein, als was vorstehend entwickelt ist; methodologisch ist aber die Gleichsetzung doch nicht zu billigen, denn im Gegensatz zur Entdeckung liegt bei der Erfindung sehr häufig der Nachdruck nicht auf der neuen Erkenntnis, sondern auf deren praktischer Ausführung. Bei Eindeckern (Flugzeugen) lag die Erkenntnis nahe, daß es vorteilhaft sei, die Tragfläche unter dem Flugkörper anzubringen; Schwierigkeiten machte nur die Ausführung, wie es nämlich möglich sei, diese Anbringung mit den Anforderungen an Stabilität, Festigkeit, Steuerfähigkeit usw. zu vereinigen.

In vorstehendem ist als das Charakteristikum einer Erfindung die technische Anweisung bezeichnet worden. Anweisung ist nicht im Sinne von Befehl zu verstehen, sondern im Sinne von Unterweisung; deshalb spricht man gleichbedeutend auch von der „Lehre“ oder der „Regel“ eines Patentes. Bei Verfahrenserfindungen liegt der Sinn der Anweisung zutage: es wird gelehrt, in bestimmter Weise zu handeln, um ein bestimmtes Ziel zu erreichen. Ebenso bei Arbeitsmitteln: es wird gelehrt, die Vorrichtung gemäß ihrer Funktionswirkung zu einem bestimmten Zwecke zu verwenden. Weniger klar ist die Sache bei reinen Sachpatenten, Erfindungen von Gebrauchsgegenständen und Stoffen. Es wird erfunden, daß ein besonders zusammengesetztes Glas besonders hohen Brechungsexponenten hat und daraufhin wird diese Glasart patentiert. Welche Anweisung liegt vor? Es könnte sich nur um die Anweisung handeln, das Glas herzustellen oder es zu verwenden. Es ist aber nichts als eine Sache, ein Stoff patentiert; von der Herstellung ist nicht die Rede, weil sie selbstverständlich ist, ebensowenig von der Verwendungsart. Trotzdem sagt man, es liege die Anweisung vor, wer ein Glas mit hohem Brechungsexponenten braucht, der setze es nach der Regel jener Erfindung zusammen. Jedoch muß zugegeben werden, daß diese Deutung etwas Gequältes hat. Das tritt bei Gegenständen und Stoffen hervor, die vielseitige Verwendung ermöglichen. Es wird ein neues Gewebe aus Baumwolle und Papierflachgarn erfunden. Der Erfinder sagt nichts weiter als, ich habe einen neuen Stoff erdacht, der nützliche Verwendung gestattet; jeder möge ihn verwenden, wozu er will. In solchen Fällen liegt der Kern der Erfindung nur in der Darbietung eines neuen körperlichen Gegenstandes; alles weitere ist Korollarium. In den meisten Fällen, wie schon erwähnt bei allen Erfindungen von Verfahren und Arbeitsmitteln, liegt die Sache anders. In diesen Fällen liegt in der Tat eine ausdrückliche Anweisung vor. Aus diesem Grunde mag es gerechtfertigt sein, wenn man meistens einschränkungslos bei jeder Erfindung der Kürze halber von ihrer Anweisung spricht, wie auch in diesem Kommentar vielfach geschieht. Zur Einbürgerung des Begriffs der Anweisung hat ohne Frage die Bequemlichkeit und Anschaulichkeit dieser Ausdrucksweise beigetragen.

Wenn man das Schöpferische der Erfindung in der neuen wertvollen Anweisung findet, so betrachtet man die Erfindung in ihrem fertigen Zustande unter Analysierung ihres Inhaltes. Man kann sie auch von einem anderen Standpunkte aus betrachten, nämlich genetisch, nach ihrem Werdegange, als Setzung und Lösung einer Aufgabe (vgl. § 1 A 64). Es ist klar, daß die genetische Betrachtungsweise für die Erörterung der Patentfähigkeit einer Erfindung, und zwar auch was die Erfindungshöhe angeht (A 26ff), nicht ausschlaggebend sein kann. Für die Patentfähigkeit ist maßgebend, wie die fertige Erfindung beschaffen ist, nicht wie sie entstanden ist.

Über die Psychologie des Erfindens enthält das Schrifttum viele Ausführungen, die freilich nicht alle zutreffend erscheinen. Zwei extreme Meinungen: viele Praktiker sagen, die überwiegende Zahl der Erfindungen werde im praktischen Betriebe, in Laboratorien, in denen planmäßig unter Arbeitsteilung geforscht werde, gemacht. Das Erfinden könne auf solche Weise „gelehrt“ werden. Die entgegengesetzte Meinung sagt, Erfindung sei Genie, Phantasie, Gedankenblitz. Das Rätsel löst sich dahin, daß es Erfindungen verschiedener psychologischer Art gibt. Die Mehrzahl der chemischen Erfindungen beruht heute auf geduldigem, systematischem Ausprobieren. Als W. Siemens feststellen wollte, welche Goldverbindungen sich zum galvanischen Vergolden eigneten, probierte er alle Goldsalze durch und fand zwei geeignete, Goldzyanüre und unterschwefligsaure Goldsalze (vgl. sein preuß. Patent vom 29. März 1842, W. Siemens, Technische Arbeiten, Bd. II S. 1). Bei dieser Erfindung wird der Plan, das Prinzip des Ausprobierens keine Schwierigkeiten gemacht haben. Bei manchen anderen Erfindungen, die ihrem äußeren Anscheine nach gleichfalls auf Ausprobieren beruhen, kann aber auch der leitende Gedanke, die Systematik des Probierens hohe Erfindungskraft aufweisen, so daß Patentfähigkeit geboten ist.

Anm. 4. Mit der logisch-analytischen Zergliederung der Erfindung hat man sich vielfach beschäftigt. Kohler unterscheidet genetisch, Handbuch § 53: Spekulation (Gedanke, die Elektrizität zum Nachrichtenverkehr zu benutzen); Problem (durch ein Buchstabenzeichen auf der einen Seite ein gleiches auf der anderen Seite elektrisch hervorzubringen); Lösungsidee (schematischer Mechanismus eines Telegraphenapparates); Durchführungsidee (Ausarbeitung des herzustellenden Apparates). Zu bemerken ist einmal, daß diese Einteilung nur für große Erfindungen gilt; die gewöhnlichen Verbesserungserfindungen haben sicherlich mit Spekulation, meistens auch mit einem allgemeineren Problem nichts zu schaffen; andererseits daß viele Erfindungen genetisch überhaupt nicht auf die angegebene Weise entstehen, sondern auf Ausprobieren, auf gelegentlichen Beobachtungen, auf Zufall beruhen. — Robinson (Bd. I § 87) unterscheidet als Inhalt der Erfindung (nicht genetisch, sondern rein analytisch) idea of end und idea of means; letzteres ungefähr gleichbedeutend mit Lösungsidee oder Durchführungsidee. Idea of end ist schwerer zu übersetzen. Es will im wesentlichen das besagen, was man heute Stellung der Aufgabe oder Problem nennt. Robinson versteht unter idea of end nicht die subjektive Aufgabenstellung des Erfinders, sondern objektiv die Angabe des durch die Erfindung tatsächlich gelösten Problems, wie es sich aus der Erfindung nach ihrer Vollendung entnehmen läßt.

Anm. 5. Die Einrede, daß nicht eine Erfindung, sondern eine nicht patentfähige Entdeckung vorliege, wird in der Praxis nicht selten gemacht (vgl. vor allem das ältere Urteil Patentblatt 1890 S. 369f). In der Regel ist die Entscheidung nicht schwer, da die Unterschiede, wie gezeigt, zutage liegen. Hauptsächlich in den Fällen, daß an einem Arbeitsmittel eine neue Brauchbarkeit, ein neuer Verwendungszweck, in einem Vorgange eine neue Gesetzmäßigkeit aufgefunden wird, können Schwierigkeiten entstehen (vgl. hierfür § 1 A 90, 87), weiter in den Fällen, daß einer Anmeldung oder einem Patente ältere Vorrichtungen als neuheitsschädlich entgegengehalten werden, die die gleiche Bauart aufweisen, aber nicht zu den Zwecken des Patents benutzt worden sind (§ 2 A 7).

Anm. 6. Zum Begriff der Erfindung gehört weiter, daß die Anweisung, die technische Lehre neu ist. Der Begriff der Neuheit ist zum § 2 eingehend entwickelt.

Drittes Erfordernis einer Erfindung ist die Ausführbarkeit. Eine Erfindung, die mit den der Technik augenblicklich zur Verfügung stehenden Mitteln nicht in die Wirklichkeit umgesetzt werden kann, ist nicht ausführbar. Als Abbe ein Idealsystem einer Linsenzusammenstellung für optische Apparate durch theoretische Rechnung herausfand, ließ sich die Sache nicht ausführen, weil die nötigen Glassorten noch nicht herstellbar waren, also keine fertige Erfindung. Ebenso wenn zu einer Zeit, als man reines Thorium noch nicht herstellen konnte, gelehrt wurde, die Strümpfe für Gasglühlicht mit einer Lösung oder Mischung von reinem Thorium und anderen seltenen Erden zu versehen.

Viertes Erfordernis ist die Wiederholbarkeit. Mit diesem nicht sehr bezeichnenden Ausdruck ist folgende Selbstverständlichkeit gemeint. Wenn seinerzeit ein Chemiker sich bemühte, die Synthese des Indigo zu finden, und bei seinen Versuchen wirklich einmal den gewünschten Farbstoff erhielt, aber nicht erkannte, wie er zu dem Erfolge gelangt war, dann war er nicht in der Lage, das Experiment zu wiederholen. Er hatte noch nichts erfunden, denn er hatte noch nichts erkannt.

Nicht zum allgemeinen Begriff der Erfindung — wohl aber zur Patentfähigkeit einer Erfindung — gehören u. a. die Brauchbarkeit und die gewerbliche Verwertbarkeit. Es gibt Erfindungen, die nicht brauchbar sind, z. B. Auers erstes Gasglühlicht, das für verhältnismäßig hohe Kosten ein ungenügendes gelbes Licht lieferte. Ebenso gibt es Erfindungen, die der gewerblichen Verwertbarkeit ermangeln (vgl. hierfür § 1 A 11).

Zusammengefaßt: Technische Erfindung ist eine Anweisung zu technischem Handeln, die schöpferisch, neu, ausführbar und wiederholbar ist. (Wann eine solche Erfindung patentfähig ist, das wird in den Anmerkungen zu § 1 erörtert.)

In dem Vorstehenden ist bereits darauf hingewiesen, daß zum Begriffe einer Erfindung ein **Zweckmoment** gehört. Die Erfindung will die Nutzanwendung der neuen Erkenntnis verwirklichen, sie will sozialen Bedürfnissen dienen. Das ist der Zweck jeder Erfindung, soweit sie nicht etwa den guten Sitten widerspricht. Dies Zweckmoment berührt sich nahe mit dem für die Patentfähigkeit vielfach aufgestellten Erfordernisse der Nützlichkeit (vgl. § 1 A 17f). **Anm. 7.**

Es muß sich um soziale Bedürfnisse handeln, d. h. um Bedürfnisse einer Klasse, einer Gruppe, wenigstens einer größeren Anzahl von Menschen. Ob das Bedürfnis im eigentlichen Sinne billigenswert ist, verschlägt nicht.' Es darf nur nicht sittenwidrig oder gesetzwidrig sein. Es kann also nicht ein Bedürfnis anerkannt werden, etwa altem Hackfleisch den Anschein von frischem Fleisch zu geben, wohl aber, Baumwollfäden eine glatte glänzende Oberfläche zu verleihen, so daß sie Seidenfäden ähneln. Bedürfnisse des Luxus, des Spieltriebs (nicht aber von verbotenen Spielen), der Unterhaltung, der Zerstreuung, der Mode, auch einer Modetorheit u. dgl. genügen. Ob es sich um ein gegenwärtiges Bedürfnis handeln muß, oder ob auch ein zukünftiges genügt, ist im einzelnen zweifelhaft. Ein noch nicht hervorgetretenes, aber durch die Erfindung gewecktes Bedürfnis genügt immer. Zweifelhafter ist es natürlich mit Erfindungen, die erst wirksam werden können, wenn eine noch nicht vorhandene Vorbedingung erfüllt sein wird, z. B. Isolierung einer Leitung für mehrere Millionen Volt. Auch hier wird man nicht zu ängstlich sein dürfen (§ 1 A 17ff).

Das Erfordernis eines sozialen Zweckes tritt besonders bei chemischen Erfindungen hervor. Es kann nicht die Herstellung jeder beliebigen, vielleicht wissenschaftlich bedeutsamen chemischen Verbindung patentiert werden, sondern nur einer solchen, deren soziale, wirtschaftliche Verwendung im Bereiche einer nicht zu entfernten Möglichkeit liegt. Das Erfordernis des sozialen Zweckes geht also weiter, als die im § 1 geforderte gewerbliche Verwertbarkeit. Diese ist schon dann gegeben, wenn eine gewerbliche Verwendung nach der Art der Erfindung in abstracto möglich, d. h. denkbar ist (vgl. § 1 A 11). Die Befriedigung eines sozialen Bedürfnisses dagegen muß nicht nur denkbar, sondern in praxi gegeben sein.

Der soziale Zweck braucht nicht technischer Art zu sein, Musikinstrumente, Apparate für Gesellschaftsspiele, Heilapparate. Die Erfindung selbst, Aufgabe und Lösung, müssen dagegen technischer Art sein.

Das Wort Zweck wird im Patentrecht nicht selten auch in anderem Sinne gebraucht, nämlich im Sinne der erstrebten Lösung eines technischen Problems. In einer großen Zahl von Patenten wird im Anspruch oder in der Beschreibung angegeben, welchem technischen Zweck die erfundene Maßnahme dienen soll. Man hat vorgeschlagen, den technischen Zweck als „Aufgabe" zu bezeichnen. Doch hat das keinen Erfolg gehabt. Der technische Zweck ist von dem sozialen Zweck scharf zu trennen, denn beide unterliegen verschiedenen Rechtsregeln. Sozialer Zweck: hartes Wasser zum Trinken und Waschen brauchbar zu machen; technischer Zweck: die Kalk- und Eisenverbindungen, die die Härte verursachen, aus dem Wasser zu entfernen. Der technische Zweck muß erreicht sein, sonst ist die Erfindung nicht „brauchbar" (§ 1 A 17ff). Der soziale Zweck braucht dagegen nicht immer, jedenfalls nicht vollständig und nicht nachweisbar erreicht zu sein. Die naheliegende Erwartung, daß durch die Erfindung ein soziales Bedürfnis befriedigt wird, genügt. Nur wenn zutage liegt, daß sich irgendein vom Gesetze gebilligtes Bedürfnis auf die angegebene Weise überhaupt nicht befriedigen läßt, ist keine Erfindung im Sinne des Gesetzes gegeben.

Eine Erfindung kann unter Umständen allein schon darin liegen, ein soziales Bedürfnis zu erkennen, also einen sozialen Zweck zu setzen, ohne daß die technische Ausführung irgendeine Schwierigkeit bietet. Man spricht in solchem Falle, nicht sehr bezeichnend, von erfinderischer Aufgabenstellung (§ 1 A 77).

Wenn von gesetz- oder sittenwidrigen Erfindungen gesprochen wird, so liegt die Gesetz- oder Sittenwidrigkeit in der großen Mehrzahl der Fälle in dem sozialen Zweck (§ 1 A 129).

Alles Vorstehende ist im wesentlichen, bis auf geringe Ausnahmen, heute anerkannt. Schwierigkeiten sind dabei nicht hervorgetreten. Sehr schwierig und von großer praktischer Bedeutung sind dagegen die Fragen, die sich mit der patentrechtlichen Maßgeblichkeit des technischen Zweckes befassen: ist es eine patentfähige Erfindung, wenn die Verwendung einer bekannten Vorrichtung zu einem neuen Zwecke gefunden wird? ist dem Patentinhaber die Verwendung seiner Vorrichtung zu einem neuen, von ihm nicht erkannten Zwecke geschützt? welche Folgen hat die Angabe des Verwendungszwecks im Patente? (hierüber vgl. A 88ff).

Gegenstand der Erfindung.

Anm. 8. Großer Streit besteht darüber, was als Gegenstand der Erfindung zu bezeichnen ist. Zum Teil ist dieser Streit nur Sache der Nomenklatur.

1. Handelt es sich um ein Verfahren, so ist Gegenstand der Erfindung ein Gedankenbild, der Plan, die Regel, die dem Verfahren zugrunde liegt. Irgend etwas Körperliches, das man als Gegenstand der Erfindung bezeichnen könnte, ist in diesem Falle nicht gegeben. Der Patentschutz der Verfahrenserfindung kann sich allerdings auch auf körperliche Gegenstände, nämlich die unmittelbaren Verfahrenserzeugnisse, erstrecken (§ 4 Satz 2; § 4 A 9).

2. Handelt es sich um eine Maschine, eine Vorrichtung, eine Anordnung, so können Zweifel auftauchen. Sprachlich ist es möglich, sowohl den zugrunde liegenden Plan, die Regel, als auch die körperliche Vorrichtung oder Anordnung als Gegenstand der Erfindung zu bezeichnen. Als an einem Apparat zum Schärfen der Schleifflächen von Holzzerfaserern die Schärfflächen auswechselbar gestaltet waren, sagte das RG: die Auswechselbarkeit der Schärfflächen, nicht die Befestigungsart bildet den Patentgegenstand (IndR 1914 S. 116). Man hätte statt der abstrakt gedachten Eigenschaft der Auswechselbarkeit auch die konkrete Vorrichtung zum Auswechseln als Gegenstand der Erfindung bezeichnen können.

3. Noch zweifelhafter ist die richtige Auffassung, wenn ein neuer Stoff oder eine neue Stoffzusammensetzung erfunden ist, z. B. ein Staubabsorbierungsmittel, bestehend aus Öl und Zement. Man kann sowohl das Mischungsrezept, als auch den hergestellten Stoff als Erfindungsgegenstand ansehen.

4. Bei gar nicht seltenen Erfindungen, auch wenn sie nicht Verfahrenserfindungen sind, ist ein körperliches Substrat der wirklichen Erfindung überhaupt nicht vorhanden. Das ist der Fall z. B. bei der Erfindung eines technischen Prinzips, z. B. der Schlickschen Erfindung, bei großen Maschinen mit mehr als drei Kurbeln auf einer Welle die Massenverteilung in bestimmter Weise vorzunehmen (§ 1 A 103). Erfunden war damit nur eine Konstruktionsregel, nichts irgendwie Körperliches. Andererseits auch eine Erfindung, aus einem komplexen Maschinengetriebe einzelne Mittelglieder

„auszulassen“ (§ 1 A 97). In diesen und ähnlichen Fällen kann nur die Regel als Gegenstand der Erfindung angesehen werden.

Diese Beispiele zeigen, daß nur in denjenigen Fällen, in denen ein körperliches Substrat der Erfindung vorhanden ist, die Frage nach dem Gegenstand der Erfindung zweifelhaft sein kann. Einer näheren Erörterung bedürfen alle diese Fälle nicht, weil es sich bei ihnen nur um eine Frage der Nomenklatur ohne praktische Bedeutung handelt. Von großer praktischer Bedeutung ist dagegen die richtige Auffassung in folgenden Fällen.

5. § 4 bestimmt, daß der Patentinhaber ausschließlich befugt ist, den „Gegenstand der Erfindung“ gewerbsmäßig herzustellen usw. Im Sinne dieser Bestimmung ist, wenn z. B. eine Auslassung oder ein Verfahren erfunden ist, die zugrunde liegende Regel Gegenstand der Erfindung. Es darf mithin der erfundene Plan eines (chemischen) Verfahrens nicht von einem Dritten benutzt werden. Von „Herstellen“ kann bei Verfahren allerdings nicht die Rede sein; man kann ein Verfahren nicht herstellen. Ist andererseits ein körperliches Gebilde, eine Maschine, ein Stoff erfunden, so ist dieses körperliche Gebilde Gegenstand der Erfindung im Sinne des § 4. Im gleichen Sinne kommt es bei der Feststellung der Identität von Patenten auf den „Gegenstand“ an (vgl. § 3 A 11ff).

6. Nach der herrschenden Meinung ist zu unterscheiden zwischen dem Gegenstand der Erfindung und dem — unter Umständen weitergehenden — Umfang des Patentschutzes. In diesem Sinne ist Gegenstand der Erfindung die konkrete Sache oder das konkrete Verfahren, das der Erfinder offenbart hat und das im richtig abgefaßten Patentanspruch gekennzeichnet werden muß. Im Gegensatz dazu steht der Schutzbereich, der angibt, was nach dem Erfindungsgedanken oder nach der Äquivalenz der Mittel über den konkreten Gegenstand hinaus weiter Schutz genießt.

7. Hin und wieder wird im Schrifttum diejenige Maschine oder Vorrichtung, an welcher ein einzelner Bestandteil neu erfunden oder verbessert ist, als Gegenstand der Erfindung bezeichnet. Gegenstand der Erfindung soll in diesem Sinne etwa die Glühbirne sein, wenn eine neue Art der Aufhängung der Glühfäden erfunden ist, — der Webstuhl, wenn eine neue Art der Auswechselung der Spulen erfunden ist. Gegenstand ist in diesem Sinne also etwas ganz anderes, als was den wirklichen Inhalt der Erfindung bildet (vgl. u. a. Schanze, Industrierechtl. Abh. Bd. I S. 275, 338). Diese Begriffsbestimmung wird aus § 4 hergeleitet, weil nämlich die Herstellung einer Glühbirne mit der neuen Aufhängung der Fäden, eines Webstuhls mit der neuen Auswechselbarkeit der Spulen verboten ist. Dieser Schluß erscheint nicht zwingend; vielleicht tut man besser, das Wort Gegenstand nicht in diesem Sinne zu gebrauchen, um Verwirrung mit den unter Nr 5 und 6 bezeichneten Bedeutungen zu vermeiden.

Patentgesetz.

§ 1.

Patente werden erteilt für neue Erfindungen, welche eine gewerbliche Verwertung gestatten.

Ausgenommen sind:

1. Erfindungen, deren Verwertung den Gesetzen oder guten Sitten zuwiderlaufen würde;

2. Erfindungen von Nahrungs-, Genuß- und Arzneimitteln, sowie von Stoffen, welche auf chemischem Wege hergestellt werden, soweit die Erfindungen nicht ein bestimmtes Verfahren zur Herstellung der Gegenstände betreffen.

Inhalt.

Abschnitt I.

Anm. 1. Das Wort **Patent** in der hier in Betracht kommenden Bedeutung ist aus dem Englischen entnommen. **Litterae patentes**, öffentliche Briefe hießen die Urkunden, in denen die englischen und andere Herrscher Privilegien und Monopole verliehen. In der englischen Rechtssprache ist der Ausdruck **letters patent** noch heute üblich. In Deutschland scheint sich das Wort Patent in dem Sinne von Erfindungsprivileg nicht vor dem 19. Jahrhundert eingebürgert zu haben.

Was heißt nach dem Sprachgebrauch des Gesetzes ein Patent? Die Begriffsbestimmung begegnet Schwierigkeiten. Die Patenturkunde kann nicht gemeint sein, denn die Urkunde heißt Patentschrift, auch kann nicht wohl eine Urkunde nach § 9 „erlöschen". Das Gesetz sagt, daß ein Patent „erteilt" wird (§ 1), daß es eine „Wirkung" hat (§ 4), daß Rechte „aus dem Patente" entstehen (§ 6), daß es eine Dauer hat (§ 7), daß es „erlischt" (§ 9), daß es für „nichtig erklärt" wird (§ 10), daß es „zurückgenommen" wird (§ 11), daß es „übertragen" wird (§ 11). Zu allen diesen Redewendungen paßt nur die Auffassung, daß das Patent eine dem Inhaber gewährte Rechtsstellung, ein ihm übertragener Komplex von Rechten ist.

Anm. 2. Unter welchen Oberbegriff fällt die Patentberechtigung?

Ob das Patentrecht zu den Individualrechten oder zu den sog. Immaterialgüterrechten gehört, darüber ist viel gestritten. Die Entscheidung hängt davon ab, wieweit man den Kreis der Individualrechte (Persönlichkeitsrechte) ausdehnen will. Die Frage ist ohne jede praktische Konsequenz. Im übrigen vgl. Anhang I.

Man kann das subjektive Patentrecht heutzutage nicht wohl als Privileg und Monopol ansehen. Diese Ausdrücke geben nicht den Inhalt der Berechtigung an, sondern sie kennzeichnen dieselbe als durch eine besondersartige Verleihung entstanden, als eine Ausnahme gegenüber dem allgemein geltenden Rechte. Das trifft auf die heutigen Patente nicht mehr zu. Engländer und Nordamerikaner bezeichnen gleichwohl ihre Patente überwiegend noch heute als **privileges** und **monopolies**, ebenso die Franzosen. Auch das Reichsgericht hat mehrfach die Berechtigung aus dem Patent als Privileg bezeichnet (RG 54, 5; 63, 142). In letzterer Entscheidung ist das Patent weiter als Spezialgesetz und Bd. 65, 304 als Rechtsnorm bezeichnet. Auch diese Ausdrücke treffen das Wesen der Sache nicht; sie sind offenbar nur gewählt, um zu begründen, daß die inzwischen erfolgte Vernichtung eines Patents in einem Patentverletzungsprozeß noch in der Revisionsinstanz berücksichtigt werden dürfe. Diese Art der Begründung ist nicht zutreffend, wenngleich die Entscheidung selbst gesetzespolitisch geboten erscheint. Von Interesse ist, daß ein so gewiegter Patentrechtler wie Bolze anfangs das subjektive Patentrecht für ein „sanktioniertes" (und wohl auch erweitertes) Erfinderrecht hielt, im Laufe der Zeit aber von dieser Meinung abkam und es als Privileg ansah (Festschrift der Juristischen Gesellschaft für die Universität Leipzig, S. 1ff). Ganz schlüssig ist übrigens seine Deduktion nicht. Auch wenn man, wie Bolze, alles Gewicht darauf legt, daß das Patentamt bei der Patenterteilung ein diskretionäres Ermessen auszuüben hat (richtiger wohl: Schätzungsurteile zugrunde zu legen hat), so folgt daraus doch noch nicht, daß die Patenterteilung den ausnahmeartigen Charakter der Privilegiengewährung hat. Auch die Zwangslizenz, die in hohem Grade vom Ermessen abhängt, ist kein Privileg. — Richtiger Auffassung nach ist das Patent ein nach feststehenden Grundsätzen innerhalb des normalen Rechtssystems für den Einzelfall verliehenes Recht von ausschließendem Charakter.

Anm. 3. Man hat vielfach angenommen, daß die Erteilung eines Patents sich in der Gewährung eines Verbietungsrechts den Dritten gegenüber erschöpfe, und daß deshalb die eigene Berechtigung aus dem Patente nur ein „Reflex" dieses Verbietungsrechts sei. Kohler hat dem entgegengehalten, daß diese Auffassung das Wesen der Sache nicht erschöpfe. Es sei übersehen, daß dies Verbietungsrecht der Herrschaft des Patentinhabers unterworfen sei; er könne Dritte davon dispensieren, könne es vererben, übertragen, verpfänden. Das Wesentliche sei also nicht das Verbietungsrecht selbst, sondern die Herrschaft über dieses Recht. Das führe zu der Auffassung, daß die Patentberechtigung einen positiven Kern habe. — Zwingend ist diese Logik nicht. Rein logisch läßt sich sehr wohl sagen, dem Patentinhaber sei eben ein so gestaltetes Verbietungsrecht gewährt, von dem er dispensieren könne, das er vererben, übertragen, verpfänden könne. Gleichwohl hat sich die Auffassung Kohlers in der

Rechtslehre durchgesetzt. Ihr gegenüber führen manche Praktiker an, einerseits bedürfe es keines Patents und nicht der Annahme eines positiven Rechts für den Erfinder, damit er selbst seine eigene Erfindung ausführen könne; andererseits sei noch niemals eine Rechtsfolge zutage getreten, die sich nicht auf ein übertragbares, vererbbares Verbietungsrecht zurückführen lasse. In letzterem Punkte muß ihnen Recht gegeben werden. Der gleichen Auffassung huldigt die Rechtslehre derjenigen Völker, die die Dinge vom rein realen Gesichtspunkt aus ansehen. „Des Erfinders Recht, seine Erfindung zu benutzen, entspringt nicht aus dem Patentrecht; es ist sein natürliches Recht. Wie der höchste Richter Taney sagte: was das Patent gewährt, besteht allein in dem Rechte, jeden von dem Gebrauch der Erfindung ohne die Erlaubnis des Patentinhabers auszuschließen; das ist alles, was er durch das Patent erhält" (Fed. Rep. Bd. 120, S. 274). Ebenso Earl of Halsbury, Laws of England Bd. 22 Ziff. 266 A a: das Patent gibt dem Patentinhaber nicht das Recht, die Erfindung zu benutzen; dies Recht hätte er in gleichem Maße, wenn es keine Patente gäbe; was das Patent verleiht, ist das Recht, andere vom Gebrauche der Erfindung auszuschließen. Ebenso viele englische Gerichtssprüche. — Die deutschen Dogmatiker erwidern, der Streit lasse sich nicht auf dem Gebiete des Patentrechts schlichten. In der Theorie der subjektiven Privatrechte herrsche die gleiche Meinungsverschiedenheit, einerseits die Theorie der imperativen Rechtsnormen: das Eigentum erschöpfe sich darin, daß dem Dritten verboten wird, den Eigentümer im Genusse des Rechtsgutes zu stören; andererseits die Theorie, daß das subjektive Recht eine positive Herrschaft zum Inhalt habe: das Eigentum verleihe dem Eigentümer die gesetzlich garantierte Berechtigung, mit der Sache nach seinem Willen zu verfahren. Je nachdem die Entscheidung auf dem allgemeinen Gebiete falle, müsse sie auch auf dem Gebiete des Patentrechts fallen. — In Deutschland hat die Auffassung Kohlers die Herrschaft errungen. Ob die letzte Klarstellung aller erwähnter Fragen bereits erfolgt ist, dürfte immerhin zweifelhaft sein.

In der historischen Übersicht ist bereits darauf hingewiesen, daß es eine Lehre gibt, nach der das Patent ein Vertrag zwischen Staat und Patentinhaber ist. In Deutschland hat diese Auffassung wenig Anklang gefunden, etwas mehr in Frankreich (Perpigna, Renouard, Pouillet) und Italien (Cotarelli, Guiliozzi). Von erheblichem Einfluß ist sie in England und in Nordamerika, und deshalb muß auf die Sache näher eingegangen werden. Es wird daselbst ganz scharf ausgesprochen, das Patent ist ein synallagmatischer Vertrag zwischen dem Volk (d. h. dem Staat) und dem Erfinder, oder: ein Patent muß als das aufgefaßt werden, was es in Wahrheit seinem Wesen nach ist, nämlich als ein Kontrakt oder ein Handel zwischen dem Erfinder und der Allgemeinheit (Curtis bei Robinson § 40 A. 3). Diese Auffassung verdient hinsichtlich ihrer Form nach deutscher Rechtsanschauung keinen Beifall. Denn die in der Patenterteilung liegende Ausübung der Staatshoheit ist kein Handel und kein Vertragsschluß. Aber die Form erschöpft das Wesen der Sache nicht. Was jener Auffassung zugrunde liegt, ist das Folgende. Man nimmt an, daß dem Erfinder für die ihm gewährte Patentberechtigung eine Gegenleistung obliegt, nämlich die klare Darlegung und Offenbarung der Erfindung, so daß die Allgemeinheit von ihr nach Ablauf der Schutzfrist Gebrauch machen kann. Leistung und Gegenleistung stehen zueinander im Verhältnis von Äquivalenten, do ut des. „Das Recht der Allgemeinheit ist, unmittelbar in den Besitz einer vollständigen Kenntnis der Erfindung gesetzt zu werden, und die Pflicht des Erfinders ist, diese Kenntnis mitzuteilen. Das Recht des Erfinders ist, die ausschließliche Benutzung und Ausnutzung seiner Erfindung während der Schutzdauer zu genießen, und die Pflicht der Allgemeinheit ist es, ihm diese zu gewährleisten", Robinson. Diese Grundsätze gelten noch heute in England und Nordamerika. Der Patentschutz wird nicht als eine rein gewerbepolitische Maßregel zur Hebung der Industrie angesehen, bei der nur nebenbei die Ordnungsvorschrift aufgestellt ist, daß der Erfinder seine Erfindung umgrenzen muß, damit man weiß, wie weit sich der Schutz erstreckt. Der Gesichtspunkt ist vielmehr ein ganz anderer. Die Pflicht der genauen Offenbarung der Erfindung wird als eine Hauptverpflichtung des Anmelders angesehen; nur insoweit er dieser Verpflichtung nachkommt, verdient er Schutz und hat er ein Recht auf Schutz. Mit diesem Erfordernis wird es sehr ernst genommen. In Deutschland gibt es — das muß offen zugestanden werden — manche Patente und gerade sehr wichtige Patente, nach denen ein durchschnittlicher Fachmann nicht arbeiten kann, weil sie Einzelanweisungen, Zahl- und Maßangaben, auch den Hinweis, in welchem Punkte einer zusammengesetzten Maßnahme die eigentliche Erfindung liegt, vermissen lassen. Man hilft sich damit, daß man sagt, der Technik seien immerhin wertvolle Fingerzeige gegeben. Das war in England und auch in Nordamerika jedenfalls bis zum Kriege nicht in gleicher Weise möglich. Man wird zugestehen müssen, daß jene strengere Anschauung auf offenen und billigen Grundsätzen beruht, und die deutsche Rechtsprechung wird sich bewußt bleiben müssen, daß diese Grundsätze in Ländern herrschen oder herrschten, die große Industrien haben, die auf jahrhundertlange Praxis in Patentsachen zurückblicken und die die Blüte ihrer Industrien gerade mit auf Anm. 4.

die Handhabung des Patentrechts zurückführen. Eine andere Frage ist freilich, ob in Deutschland in den jetzigen Zeiten mit Rücksicht auf Enteignungsmöglichkeiten von Patenten jene Grundsätze sich in allen Fällen streng durchführen lassen werden.

Wenn somit die Vertragstheorie in England und Amerika von wohltätigem Einflusse gewesen ist, so ist sie im letzten Ende theoretisch doch unbegründet, und zwar nicht nur der Form nach, worauf schon hingewiesen ist, weil in Wahrheit von einem Vertrage keine Rede sein kann, sondern auch ihrem Wesen nach, rechtsphilosophisch und gesetzespolitisch, wie unten in A 8 dargelegt werden wird.

Hinzuzufügen ist, daß Engländer und Nordamerikaner das Patent auch als Eigentum bezeichnen. „Ordnungsmäßig erteilte Patente sind Eigentum und müssen geschützt werden wie jedes andere Eigentum." Diese Anschauung will nur einen rechtfertigenden Grund für den Patentschutz geben; sie ist ohne Einfluß auf Lehre und Leben geblieben. Sie hat sich übrigens nicht aus (oder in Wechselwirkung mit) der europäischen Lehre vom geistigen Eigentum entwickelt, sondern dient nur der philosophischen Grundlegung des Patentschutzes.

Anm. 5. 1. Gehört das Patentrecht zum öffentlichen Recht oder zum Privatrecht? Einmal läßt sich diese Frage erst beantworten, wenn eine klare Grenzscheide zwischen öffentlichem und privatem Recht festgelegt ist. Daran fehlt es noch durchaus; es scheint im Gegenteil, als wenn die Grenze sich mehr und mehr verwischt. „Das private Sozialrecht ist seiner inneren Struktur nach mit dem öffentlichen Recht und zuletzt mit dem Staatsrecht verwandt" (Gierke). Die Unterscheidung wird daraus zu entnehmen sein, ob der Hauptnachdruck auf der Regelung der Rechtsverhältnisse zwischen dem einzelnen und der Allgemeinheit oder der Rechtsverhältnisse von Privaten zu Privaten ruht. Zweitens läßt sich die Frage für das Patentrecht überhaupt nicht beantworten, denn dasselbe regelt ebensowohl die Rechtsverhältnisse zwischen den Privaten als auch die Rechtsverhältnisse eines Privaten zur Allgemeinheit. Das Patentrecht umfaßt also sowohl bürgerliches Recht als auch öffentliches Recht; zu ersterem gehören die §§ 4, 5, 6 und teilweise 11, zu dem letzteren §§ 1, 2, 3, 7, 10, teilweise 11; vgl. übrigens Engländer, Dogmatische Jahrbücher 71, 19ff.

2. Ist der Akt der Patenterteilung konstitutiver oder deklarativer Natur? Ersteres wird von der herrschenden Meinung bejaht; wohl mit Recht. Dem unbefangenen Verständnis entspricht die Auffassung, daß durch den Beschluß des Patentamts dem Erfinder das Patentrecht „verliehen" wird; weniger natürlich erscheint die Auffassung, das Patentamt erkläre, daß der Erfinder diejenigen Bedingungen erfüllt habe, unter denen das Gesetz ihm Patentschutz zusage — oder der Beschluß sei die Voraussetzung, unter welcher der Erfinder, sein gesetzliches Recht „zum Patent" ausübe. Auch daß derjenige, der nicht selbst erfunden hat, aber von einer Erfindung gehört hat, ohne daß seine Kenntnis durch rechtswidrige Entnahme vermittelt ist, ein unanfechtbares Patent erlangen kann, stimmt besser zu der Annahme eines konstitutiven Aktes. Hier kann man nicht sagen, daß das subjektive Patentrecht aus dem Erfinderrecht entwachsen sei. Übrigens ist die ganze Frage ohne wesentliche praktische Bedeutung. Ob man das Patentamt sagen läßt: ich erkläre, daß der Anmelder die gesetzlichen Bedingungen erfüllt hat, und verleihe ihm den gesetzlichen Patentschutz, oder aber ich erkläre, daß der Anmelder die Bedingungen erfüllt hat, und er genießt nun nach dem Gesetz Patentschutz; das kommt, jedenfalls im Erfolge, auf dasselbe hinaus. Der Unterschied wäre nur dann von Bedeutung, wenn je nach der einen oder anderen Annahme verschiedenartige rechtliche Folgerungen zu ziehen wären; das ist im Patentrechte nicht der Fall, die rechtlichen Folgen sind sämtlich ohnehin im einzelnen festgelegt.

3. Daß ein Patent weder als Spezialgesetz, noch als Rechtsnorm bezeichnet werden darf (RG 63, 142; 65, 304) ist bereits oben A 2 bemerkt.

4. Ist die Patentverleihung ein Akt der Verwaltung oder der Gerichtsbarkeit? Die herrschende, obwohl stark bestrittene Meinung spricht sich für die Annahme eines Verwaltungsaktes aus. Nicht entgegensteht, daß das Patentamt nicht nach Ermessen und nicht nach Zweckmäßigkeitsgründen die Erteilung bewilligen oder versagen kann, denn das kommt auch bei reinen Verwaltungsakten vor, z. B. bei Enteignungsverfügungen, Defektenfeststellungen nach Reichsbeamtengesetz (§§ 134ff), Feststellung der Ansprüche auf Wildschadenersatz in Preußen u. dgl. Andererseits spricht ebensowenig entscheidend gegen die Annahme eines Aktes der Gerichtsbarkeit, daß die Verleihung nicht privatrechtlichen Charakter hat, denn das kommt auch bei gerichtlichen Verfügungen vor, z. B. § 1914 BGB, Bestellung eines Pflegers für ein öffentlich gesammeltes Kapital usw. — Da Einspruchsverfahren und Nichtigkeitsverfahren entschieden die Kennzeichen von Verwaltungsstreitverfahren tragen, wird man auch die Erteilung als richterliche Verwaltungstätigkeit ansehen können.

5. Gibt es ein (publizistisches) Recht auf Patenterteilung? Mit großer Energie bestritten von Kohler und Laband; die Bestimmungen des Gesetzes sollen nur Anweisungen an die Behörden sein, denen kein subjektives Recht gegenübersteht. Die herrschende Meinung steht auf anderem Standpunkt. Es ist nicht einzusehen, weshalb das Recht des Erfinders,

nach imperativen Normen und ohne diskretionäres Ermessen der Behörden ein Patent zu verlangen, nicht als subjektives Recht bezeichnet werden dürfte. Übrigens ist zuzugeben, daß die Grenze zwischen subjektivem Recht und „Reflex des objektiven Rechts" fließend ist (Fleiner, Institutionen, 3. Aufl § 11 S. 166).

Einer näheren Erörterung bedarf die rechtsphilosophische und die gesetzes- Anm. 6. politische Grundlage des Patentrechts. Diese Erörterung ist von sehr erheblicher — nicht nur dogmatischer, sondern auch praktischer — Bedeutung; denn sie beeinflußt im hohen Maße die gesamte Einstellung der Rechtsprechung gegenüber patentrechtlichen Streitfragen.

Die in Deutschland herrschenden Anschauungen lassen sich in zwei große Klassen einreihen. Die eine begründet den Patentschutz auf ethisch-urheberrechtliche Erwägungen; sie sieht es als ein Gebot der Gerechtigkeit an, dem Erfinder Schutz zu gewähren, ihm eine Belohnung für die Offenbarung seiner Erfindung zuteil werden zu lassen, indem man ihm nach natürlicher Billigkeit ein wenigstens zeitweise ausschließliches Recht auf die Früchte seiner Geistesschöpfung zuspricht. Diese Lehre geht also von der Person des Erfinders aus. Die andere Anschauung, vielfach volkswirtschaftliche Theorie genannt, geht von den Interessen der Allgemeinheit aus und rechtfertigt den Patentschutz aus Rücksicht auf die öffentliche Nützlichkeit, indem man annimmt, daß er die Erfindertätigkeit anregt und damit das gewerbliche Leben fördert. Diese beiden Lehren laufen, wie ersichtlich, parallel mit den allgemeinen Rechtstheorien. Auch diese gehen von zwei verschiedenen Anschauungen aus; die eine leitet das Recht aus Geboten der Gerechtigkeit her, die andere aus Erfordernissen der Zweckmäßigkeit, wobei die erstere mit der Aureole eines sittlichen Ideals, die zweite mit dem Beigeschmack banausischer Nützlichkeit behaftet ist. Was das Patentrecht angeht, so entsprechen viele seiner Bestimmungen — und zwar nach der Gesetzgebung aller Länder — nur wenig den Geboten idealer Gerechtigkeit, rechtfertigen sich vielmehr nur aus der Notwendigkeit, das gewerbliche Leben nach den Interessen der Allgemeinheit klar und übersichtlich zu regeln. Das zeigt sich in manchen Punkten. Harren gewisse technische Aufgaben ihrer Lösung, so arbeiten mehr oder weniger alle größeren Fabriken dieses Zweiges der Technik daran. Diese und jene führen die Lösung mit viel Mühe und Aufwand von Kosten weiter, ohne doch das Ziel ganz zu erreichen. Ein Dritter, der dann den letzten Schritt tut, erhält das Patent und kann all seine Vorgänger und Mitbewerber, die vielfach mehr geleistet haben als er, von dem Gebiete auf 18 Jahre ausschließen. Wie wollen ethisch-urheberrechtliche Erwägungen rechtfertigen, daß der Dritte ausschließlich benutzen darf, was jene anderen erarbeitet haben? Ähnlich liegt die Sache, wenn zwei Erfinder gleichzeitig dieselbe Erfindung machen. Derjenige erhält das ausschließliche Recht, der zuerst zum Patentamt geht. Der andere verliert den Lohn seiner Arbeit. Er darf nicht einmal für sein eigenes Gewerbe ausführen, was er selbst erfunden hat. Das widerspricht geradezu allen urheberrechtlichen Anschauungen. Folgende Überlegung läßt die Unbilligkeit dieser Regelung besonders hervortreten. Wenn auf dem Gebiete des literarischen Urheberrechts die Dichtung und das Musikwerk von ihren Urhebern nicht verfaßt wären, so würden sie nicht vorhanden sein. Ganz anders auf dem Gebiete der technischen Erfindungen. Wenn die Erfindung von ihrem Urheber nicht gemacht wäre, so würde sie, wie mit vollster Bestimmtheit gesagt werden kann, nach gewisser Zeit unter dem Zwange der Anforderungen der Technik von einem anderen gemacht werden. Das ist überall in der Welt anerkannt, wird aber in der deutschen Rechtslehre vielfach nicht genügend berücksichtigt; Pouillet, 6. Aufl Introduction S. XVI; Earl of Halsbury, Laws of England, Bd. 22, S. 127: Wenn Milton das verlorene Paradies nicht geschrieben hätte, würde es niemals geschrieben worden sein; wenn Watt die Anwendung von Dampf unter hohem Druck nicht erfunden hätte, würde ein anderer es erfunden haben. Dieser Gedanke ist neuerdings in Deutschland — angeblich von Nernst — so ausgedrückt worden: Wir hätten die Fallgesetze auch ohne Galilei und die Planetengesetze ohne Kepler, aber wir hätten keine Beethovensche Symphonie ohne Beethoven. Der technische Erfinder hat also nur das Verdienst der Prävention. Trotzdem schließt er alle anderen von der Betätigung ihrer Fähigkeiten auf lange Jahre aus. Man kann nicht einwenden, es handle sich in den angeführten Fällen um Regelungen, die nicht das Wesen des Patentrechts beträfen, sondern nur dessen äußerliche Anordnung. Das trifft nicht zu. Was wäre ein Patentrecht ohne die Bestimmung, daß derjenige, der den „letzten Schritt" tut, den Punkt auf das i setzt, das Patent erhält? Das Patentrecht kann nicht aus allgemeinen Theorien von Gerechtigkeit oder Urheberrecht hergeleitet werden (und noch viel weniger nach solchen Theorien im einzelnen geregelt werden); das Patentrecht ist lediglich Sache der Staatsräson. Es ist auch nicht etwa aus der Gesellschaft hervorgegangen. Eigentum mag aus den Bedürfnissen der Gesellschaft ohne Rücksicht auf den Staat hervorgehen. Wenn der Staat das Eigentum zerstört, so läßt die Gesellschaft es neu entstehen. Ganz anders der Patentschutz. Dieser ist nie aus der Gesellschaft heraus entstanden. Er läßt sich nur mit den Machtmitteln des Staates aufrechterhalten und ist eine bewußt geschaffene, nicht selbst gewachsene Einrichtung des Staates. Er wird abgewogen nach zwei Gesichtspunkten; der eine: welcher Schutz muß den Erfindern gewährt werden, damit möglichst viel nützliche Erfindungen gemacht werden? Der andere: die Beschränkung der Industrie zugunsten der Erfinder darf nicht so weit gehen, daß dadurch der Allgemeinheit mehr Schaden gebracht wird, als die Erfindungen Nutzen bringen. Diese aus der Staatsräson hervorgegangenen Erwägungen regulieren das Patentrecht. Nichts wäre verkehrter, als wenn man mit Rücksicht auf Theorien von ethisch-urheberrechtlichem Charakter einseitig die Interessen der Erfinder berücksichtigen, oder als wenn man andererseits aus Furcht vor monopolartigen Einrichtungen den Ansporn zu Erfindungen abstumpfen wollte.

Einschaltend ist zu bemerken, daß unter „Urheberrechtstheorie" zwei ganz verschiedene Gedanken verstanden werden, wodurch vielfache Verwirrungen entstehen. Die Urheberrechtstheorie im vorstehend bezeichneten Sinne fordert, daß aus Gründen der Gerechtigkeit jeder Schöpfer eines Geisteswerkes Schutz genieße. Das ist, was vorstehend als ethisch-urheberrechtliche Theorie bezeichnet ist. Diese steht in konträrem Gegensatz zur volkswirtschaftlichen Theorie, nach welcher für die Begründung und den Umfang des Schutzes Rücksichten auf das allgemeine Volkswohl maßgebend sind. Urheberrechtstheorie im anderen Sinne will etwas ganz anderes. Sie fordert, daß der Schutz — einerlei wann er einzutreten hat und wie weit er zu bemessen ist — gerade nur dem Urheber und nicht einem anderen, z. B. dem sog. Erfindungsbesitzer, zuteil wird. Diese Auffassung steht nicht im konträren Gegensatz zur volkswirtschaftlichen Theorie. Denn auch die letztere will nur dem wahren Urheber Patentschutz verleihen. Urheberrechtstheorie in diesem zweiten Sinne bewegt sich also nur auf dem Gebiete der Regelung des Anmelde- und Patenterteilungsverfahrens. Diese zweite Auffassung kommt für die hier anzustellende Erörterung nicht in Betracht, vgl. für sie § 3 A 2 c.

Anm. 7. Um jedes Mißverständnis auszuschließen: die vorstehenden Bemerkungen wollen die rechtsphilosophische Begründung, die Daseinsberechtigung des Patentrechts darlegen. Sie wollen dabei die Bedeutsamkeit urheberrechtlicher Gesichtspunkte in keiner Weise leugnen, sie wollen aber daneben als völlig gleichberechtigt volkswirtschaftliche Gesichtspunkte, die Rücksicht auf die allgemeine Wohlfahrt aufstellen; der Grad der Berücksichtigung der Erfinderinteressen soll nach den Interessen der Allgemeinheit bemessen werden. Historisch haben, das läßt sich nicht verkennen, bei der Schaffung des deutschen Patentrechts ethisch-urheberrechtliche Theorien stark mitgewirkt, besonders auf seiten der Theoretiker. Aber von Anfang an und in immer steigendem Maße haben sich die Rücksichten auf den Nutzen für die Allgemeinheit durchgesetzt. Schon die Motive zum Entwurf des Patentgesetzes von 1877 sagen auf S. 16: als allgemeiner Gesichtspunkt hat der Gestaltung des Entwurfs . . . die Voraussetzung zugrunde gelegen, daß auch für die Regelung des Schutzes der Erfindungen die allgemeinen Verkehrsinteressen, mit welchen das Interesse des Erfinders keineswegs immer zusammentrifft, in erster Reihe stehen. Mit Unrecht hat man diese Bemerkung als erfindungsfeindlich bezeichnet. Kein Industrieller, der eigene Patente ausnutzen will, und dem fremde Patente entgegenstehen, glaubt heutzutage, daß eine vernünftige Regelung nur nach urheberrechtlichen Gesichtspunkten gefunden werden kann. Das ist gleich anfangs mit großer Kraft und Klarheit vertreten worden von Werner Siemens, der unser Patentrecht in erster Reihe mit geschaffen hat. Er war Großindustrieller und gleichzeitig sehr bedeutender Erfinder, kannte also die Sache von beiden Seiten aus eigenster Anschauung (vgl. L. Fischer, W. Siemens und der Schutz der Erfindungen, Berlin 1922). Die Dogmatik hat die entwickelten Gesichtspunkte bisher wenig in Betracht gezogen; sie möge aus ihnen folgern, daß Patentrecht und literarisches Urheberrecht auf ganz verschiedener Grundlage aufgebaut sind und daß deshalb eine analoge Behandlung beider, auch gerade in Fragen allgemeiner Art, nur mit großer Vorsicht vorgenommen werden darf. Der entscheidende Gesichtspunkt ist der folgende. Das literarische Schriftwerk ist rein individuell, ebenso das Musikwerk, das Bildwerk. Die technische Erfindung ist nicht individuell; es ist schon darauf hingewiesen: hätte dieser Erfinder sie nicht gemacht, so hätte ein anderer sie gemacht, wenn auch vielleicht später; das wird dadurch bewiesen, daß, wenn ein dringendes Bedürfnis der Technik hervortritt, wesentlich gleiche Erfindungen nicht selten haufenweise zutage treten. Das Patent hindert also die Allgemeinheit, das zu tun, was sie ohne die geschützte Erfindung demnächst aus eigenem hätte tun können; das literarische Urheberrecht hindert nur die Diebe. Ähnliche Gedanken entwickelt Gierke, Deutsches Privatrecht I 854. — Vor allem muß die Rechtsprechung beachten, daß die Interessen der Allgemeinheit in gleicher Stärke zu berücksichtigen sind, wie die Interessen der Erfinder. Das Patentrecht ist ein Ausschnitt aus der Gewerbepolitik. Es ist deshalb nicht angängig, Streitfragen über die Erteilung und Bemessung des Patentschutzes einseitig im Hinblick auf die Person des Erfinders zu entscheiden. Es ist stets im Auge zu behalten, daß das, was dem Erfinder wohlwollend zugute gerechnet wird, der Allgemeinheit entzogen wird. Im Auslande, besonders in England und Nordamerika, finden diese Gesichtspunkte volle Beachtung. In zahllosen nordamerikanischen Entscheidungen wird ausgesprochen, die Rechtsprechung habe zwar dafür zu sorgen, daß der Erfinder einen vollen Lohn seiner Erfindung erhalte, wenn sie sich bewähre, aber ebensosehr auch dafür, daß die Allgemeinheit nicht durch ungebührliche Ausdehnung des erteilten Schutzes mit unberechtigten Monopolen belastet werde. Auch in anderen Punkten tritt dort die Rücksicht auf das allgemeine Wohl stark zutage. Beispielsweise sei verwiesen auf Sektion 4920 des amerikanischen Patentgesetzes: ein Patent wird für unwirksam erklärt, wenn die Beschreibung zum Zwecke der Täuschung des Publikums weniger als die ganze Wahrheit über die patentierte Erfindung enthält, oder mehr enthält, als zur Herbeiführung der erstrebten technischen Wirkung nötig ist. Und diese Regel, eine Irreführung der Allgemeinheit zu verhindern, wird in der Rechtsprechung aufs schärfste angewandt. So sind in dem Falle Fed. Rep. Bd. 78, S. 913ff, 921ff lange Untersuchungen angestellt, ob eine Täuschung des Publikums dadurch beabsichtigt war, daß in der Patentbeschreibung das Wort Nitrat an Stelle von Nitrit gebraucht und an Stelle eines Gedankenstrichs ein Bindestrich gesetzt war (wodurch allerdings der Sinn des Satzes geändert wurde). Die Täuschungsabsicht ist verneint, weil die erste Verwechslung auf Unwissenheit des Patentanwalts und die zweite auf einem Druckfehler beruhte. Trotzdem ist das Patent für unwirksam erklärt, weil der Patentinhaber nach Ausgabe der Patentschrift für Richtigstellung hätte sorgen müssen. Dies mag nach unseren Rechtsempfindungen formell und erheblich zu weit gegangen scheinen. In Deutschland ist seit 15 Jahren das Gegenteil eingetreten. Der favor iudicis hat sich den Interessen des Erfinders erheblich zugeneigt, wie insbesondere zu § 4 (sog. Auslegung der Patente) näher ausgeführt ist. Da alle Entwicklung, auch die des Rechts, in auf- und abgehenden Kurven erfolgt, ist zu hoffen und zu erwarten, daß in Zukunft auch die Interessen der Allgemeinheit mehr in den Vordergrund treten werden.

Vielfach wird gesagt, der Patentschutz sei der Lohn des Erfinders für die Offenbarung der Ergebnisse seiner erfolgreichen Arbeit; der Erfinder sei der Lehrer der Nation. **Anm. 8.** Das stimmt mit der heutigen Wirklichkeit nicht überein. Es mag sein, daß bei der Einführung des Patentschutzes der Grundsatz von dem Recht auf den Arbeitsertrag eine mitwirkende Rolle gespielt hat. Es ist schon darauf hingewiesen, daß der Patentschutz dem Patentinhaber nicht nur den Lohn seiner eigenen Arbeit gewährt, sondern daß er weiter geht und auch verhindert, daß andere unabhängige Erfinder den Lohn für die Arbeit genießen, die sie ihrerseits geleistet haben. Aber davon abgesehen ist die heutige Wirklichkeit anders, als jene Lohntheorie annimmt. Der größte Teil der patentierten Erfindungen ist von Anfang an wertlos und verschwindet nach wenigen Jahren ohne Sang und Klang. Ihren Urhebern gebührte kein Lohn, denn sie hatten nichts Wertvolles geleistet. Die Offenbarung war nutzlos; die Allgemeinheit hatte niemals ein Interesse daran, die Erfindung nach Ablauf des Patents ausüben zu können. Der Begriff der Belohnung versagt also in all diesen vielen Fällen. Andere Erfindungen bringen zwar zunächst einen Fortschritt, sind also anfangs von einem gewissen Wert, werden aber in kurzer Zeit überholt. Das Patent verfällt sodann, weil die Zahlung der sich steigernden Gebühren unrentabel wird. Das kommt so häufig vor, daß damit von Anfang an gerechnet werden muß. Auch von diesem Gesichtspunkt aus versagt wenigstens zum Teil der Begriff des Lohnes, denn auch in diesen Fällen liegt kein Vorteil für die Allgemeinheit darin, daß ihr die Erfindung in der Patentschrift offenbart wird. Solange das Patent besteht, darf nicht sie, sondern nur der Inhaber die Erfindung ausnutzen. Wenn es erlischt, ist die Erfindung überholt und interesselos. Der Begriff der Belohnung versagt also auch hier. Nur ganz wenige Patente erleben die Altersgrenze und erweisen sich dadurch als dauernd wertvoll. Was für so wenige Patente zutrifft, kann nicht dazu dienen, den Patentschutz im allgemeinen zu rechtfertigen. Die Rechtfertigung liegt auf einem ganz anderen Gebiet. Die Patente spielen die Rolle des Hechtes im Karpfenteich; sie verhindern Stagnation, regen den Fortschritt an. Der Staat sagt den Erfindern: wenn eure neuen Gedanken sich bei der Prüfung einigermaßen aussichtsvoll erweisen und ihr sie ausreichend offenbart, dann erhaltet ihr Schutz; seht zu, was ihr damit werdet. Die große Schar der Erfinder macht von dieser Gelegenheit Gebrauch, weil sie hofft, Geld damit zu verdienen — wenn das auch in Wirklichkeit nur einigen wenigen gelingt. Die Industrie ist gezwungen, weiterzuarbeiten, ihre Maschinen und Verfahren zu verbessern, denn jeder muß fürchten, wenn er es nicht tut, dann tut es ein anderer und verschließt ihm das Gebiet auf 18 Jahre. Diese vom Patentschutze hervorgebrachte Wirkung ist gesund, denn sie fördert wie nichts anderes den Fortschritt der Industrie; sie gibt in erster Reihe den rechtfertigenden Grund für das Bestehen des Patentschutzes.

Aus dem Vorstehenden geht hervor, daß gleichfalls die englische und amerikanische Vertragstheorie (vgl. § 1 Anm 4) wie der Form nach, so auch dem inneren Wesen der Sache nach nicht das Richtige trifft. Ein synallagmatischer Vertrag beruht auf dem Austausch von Äquivalenten, do ut des. Aber die meisten Erfinder bieten nichts Wertvolles, nichts, woraus die Allgemeinheit jemals Nutzen ziehen könnte. Wenn man die Patentgewährung im Einzelfalle vom Gesichtspunkte do ut des aus ansehen wollte, dann wäre sie ein wenig aussichtsreiches Geschäft des Staates. Die Vertragstheorie ist denn auch nur aufgestellt, um zu begründen, daß der Patentanmelder seine Erfindung, die die Gegenleistung darstellen soll, klar und deutlich offenbaren muß. In dieser Richtung hat sie segensreich gewirkt, wie a. a. O. dargelegt.

Anm. 9. Daß die Regelung des Patentschutzes von volkswirtschaftlichen und deshalb öffentlich-rechtlichen Gesichtspunkten mit bestimmt werden muß, wird ja auch schließlich niemand leugnen wollen. Nur über den Grad der Maßgeblichkeit der öffentlichen Interessen und der privaten Interessen kann im Ernste gestritten werden. Die Berücksichtigung der öffentlichen Interessen hat sich in unserem Patentrecht schon vielfach durchgesetzt. Beispielsweise seien angeführt: Erfindungen, deren Verwertung den Gesetzen oder guten Sitten zuwiderlaufen würden; Erfindungen von Nahrungs-, Genuß- und Arzneimitteln, auch von chemisch hergestellten Stoffen (§ 1, 1 u. 2); das Recht des Vorbenutzers auf Weiterbenutzung — weil es dem allgemeinen Interesse widerspricht, wenn bereits bestehende Gewerbebetriebe vernichtet werden (§ 5 Abs 1); die Wirkung des Patents tritt nicht ein, wenn die Erfindung im Interesse der öffentlichen Wohlfahrt benutzt werden soll (§ 5 Abs 2); Zwangslizenz im öffentlichen Interesse zugunsten von Privaten (§ 11 Abs 1); Rücknahme des Patents, wenn die Erfindung hauptsächlich außerhalb des Deutschen Reiches ausgeführt wird (§ 11 Abs 2). In all diesen Fällen ist der urheberrechtliche Gesichtspunkt im Interesse der Allgemeinheit durchbrochen. Die Rechtsprechung scheint nun vielfach anzunehmen, daß damit alle Fälle aufgezählt seien, in denen die allgemeine Volkswohlfahrt zu berücksichtigen sei. Das ist mit nichten der Fall. Das Interesse der Allgemeinheit muß bei sämtlichen Streitfragen berücksichtigt werden, die wie fast alle Fragen des Patentrechts eine Beschränkung der freien Tätigkeit der Allgemeinheit enthalten. Das trifft besonders für folgende Fälle zu: bei der sog. Auslegung der Patente (§ 4 A 66ff); bei dem Erfordernis der Klarlegung und Offenbarung der Erfindung; bei der Beurteilung der Fragen, inwieweit bekannte Maßnahmen der freien Technik durch ein zu weit erteiltes Patent beschlagnahmt werden können; bei der Frage des Umfangs des Vorbenutzungsrechts; bei den Fragen der Papiererfindung, der Sperr- und Wegelagererpatente usw. Alle diese Fragen können nicht nach logischen Herleitungen, nicht ausschließlich nach den Interessen der Erfinder beantwortet werden, sondern nach dem, was das gemeine Wohl erfordert. Dazu bietet das Patentgesetz die erwünschte und notwendige Handhabe, weil es sich, vielleicht mit alleiniger Ausnahme des § 2 von artikulierten und kasuistischen Einzelbestimmungen fernhält. Die ganze Quintessenz des Patentrechts besteht darin, das Maß der subjektiven Rechte der Erfinder gegen die Interessen der Allgemeinheit abzuwägen. Deshalb ist die rechtsphilosophische und gesetzespolitische Grundlage des Patentrechts von so außerordentlicher Bedeutung für die Praxis.

Ähnliche Grundsätze wie die vorstehenden sind bereits vertreten worden u. a. von Damme, Kaendler, Haeberlein, im wesentlichen auch schon von Kohler, Handbuch § 2, und neuerdings besonders von L. Fischer, Betriebserfindungen, S. 25ff, in gewisser Weise auch von H. Isay.

Von Interesse ist, daß das englische Patentgesetz seine rechtspolitische Begründung, wenigstens zu einem Teile, selbst anführt. In section 27, subsection 2 a. E. heißt es: es soll berücksichtigt werden, daß Patente für neue Erfindungen gewährt werden nicht nur, um die Erfinder zu ermutigen, sondern auch; um sicherzustellen, daß neue Erfindungen in England soweit als möglich ohne ungebührliche Verzögerung in dem vom Verkehr erforderten Maßstabe ausgeführt werden.

Anm. 10. Nicht streng zu dem hier erörterten Thema gehört die Frage, wie sich die Industrie, besonders die Großindustrie, zum Patentschutze stellt. Da aber in tatsächlicher Beziehung manche Anknüpfungspunkte zu vorstehendem vorliegen, erfolgt ein kurzer Hinweis. Für die Großindustrie wird vielfach verkündet, sie habe an dem gesamten Patentschutze kein großes Interesse. Das wird aber sehr cum grano salis zu verstehen sein. Für einige Fälle mag es zutreffen. Wenn ein großes Unternehmen die unter hohem Druck stattfindenden chemischen Gasreaktionen ausbaut (Ammoniaksynthese, Kohlenwasserstoffe, Methylalkohol, Formaldehyd und was sich dem noch anschließen wird), so wird ihm das wegen der Schwierigkeit der Apparatur, der Reinigung der Gase, der Auffindung der besten Katalysatoren in den nächsten Zeiten kaum jemand nachmachen können, einerlei ob Patente genommen sind oder nicht. Ähnlich bei der Herstellung schwieriger synthetischer Farben, deren Nachahmung im Auslande jedenfalls zum Teil noch nicht recht gelungen zu sein scheint. Patente mögen unter Umständen sogar schädlich sein; französische Chemiker haben an der Hand der von einer deutschen Fabrik genommenen Patente versucht, ein berühmtes Heilmittel für eine Tropenkrankheit nachzumachen. Auffallend ist freilich, daß alle diese Fabriken doch unaufhörlich zahlreiche Patente nehmen. Die Entwicklung der ausländischen Industrie hat ja nun auch ergeben, daß z. B. die Ammoniaksynthese in teilweise umgestalteter Verfahrensform auch im Auslande gelungen ist. Jedenfalls läßt sich aber der Wert der Patente für Erfindungen, deren Wesen in der Formgebung liegt, auf keinen Fall bestreiten. Maschinen, Apparate, Vorrichtungen sind bei weitem leichter nachzuahmen als chemische Prozesse auf neuen Gebieten. Wenn die Gasturbine erfunden ist, wird es den Unternehmungen, die viel Geld hineingesteckt haben, nicht gleichgültig sein, ob sie Patente erhalten können oder nicht.

Nicht zu verschweigen ist weiter ein Hinweis, wie es sich in Wirklichkeit mit den Patenten verhält, die die Großindustrie nimmt. Es gibt in Deutschland nur wenig große Patente, nach denen ein Sachverständiger in Wahrheit arbeiten kann. Entweder sie offenbaren die nötigen Einzelheiten und Handgriffe nicht (man pflegt dann zu sagen, sie geben wertvolle Fingerzeige), oder sie offenbaren nur einen Teil des Weges (z. B. zu einem Zwischenprodukte), oder sie verquicken Wichtiges und Wertvolles mit Unbrauchbarem, oder es werden verschiedene Patente auf eine große Zahl von Mitteln genommen, von denen sich in Wahrheit nur eins bewährt, oder sie schreiben Mittel vor, die zu teuer sind, oder nicht in genügender Menge zur Verfügung stehen (Osmium bei der Ammoniaksynthese).

Endlich: zu welchem Zwecke nehmen die großen Fabriken Patente? Sicherlich hin und wieder, um danach zu arbeiten. Sehr häufig aber zu ganz anderen Zwecken, z. B. um Konkurrenzfabriken zu verhindern, die patentierten Wege zu beschreiten, um sich selbst die Gebiete für die Zukunft offenzuhalten usw. Derartigen Patententnahmen kann, wenn angemessene Grenzen nicht überschritten werden, ein vom Rechte durchaus gebilligtes Bestreben zugrunde liegen (vgl. auch § 10 A 15). Man sieht, wie häufig das Patent in gar keiner Weise eine Belohnung für die Offenbarung einer wertvollen Arbeit ist, wie es aber immer Stagnation hindert und dadurch den Fortschritt fördert.

Der praktische Nutzen des Patentschutzes der Industrie ist im Auslande früher und überzeugter erkannt als in Deutschland. Es sei aus einem älteren amerikanischen Buche (Simonds, Abriß der Patentgesetzgebung, New York 1883, S. 7) zitiert: es ist klar . . ., daß kein mächtigerer Faktor das hervorragende materielle Gedeihen der Vereinigten Staaten herbeigeführt hat, als weise Patentgesetzgebung und deren wohlwollende Auslegung durch die Gerichte. Ein Präsident des Patentamts hat nach sorgfältiger Untersuchung geschätzt, daß die Hälfte der gesamten Kapitalinvestierung in der Industrie auf der Grundlage von Patenten geschehen ist. Eine spätere offizielle Schätzung nimmt an, daß zwei Drittel der Industrie Nordamerikas sich auf Patente stützt. Man könnte glauben, daß der Vorteil der Patenterteilungen sich auf die Patentinhaber während der Dauer ihrer Patente beschränkt; das ist aber nicht der Fall; die Allgemeinheit hat größere Vorteile, als die Patentinhaber, infolge der Verbilligung der Preise der Erzeugnisse. — Das wird dann an der Hand der Einführung von automatischen, menschliche Arbeit ersparenden (labor saving) Maschinen nachgewiesen, die in Amerika seit langem eine so große Rolle spielen.

Abschnitt II.

Gewerbliche Verwertbarkeit, Brauchbarkeit.

Welche Erfindungen können patentiert werden? In der Einleitung ist bereits **Anm. 11.** darauf hingewiesen, was zum allgemeinen Begriffe einer Erfindung gehört. Eine Erfindung muß schöpferisch, neu, ausführbar, wiederholbar sein. Von diesen Erfordernissen ist die Neuheit im § 2 des Gesetzes behandelt. Für die Patentfähigkeit einer Erfindung stellt § 1 weitere Erfordernisse auf: sie muß gewerblich verwertbar sein, sie darf nicht gegen Gesetz oder gute Sitten verstoßen. Noch weitere Erfordernisse ergeben sich aus dem Sinne des Gesetzes: Brauchbarkeit, Erfindungshöhe, Fortschritt.

Ehe an die Erörterung dieser einzelnen Erfordernisse herangetreten wird, ist darauf hinzuweisen, daß das Gesetz die verschiedenen Kategorien patentfähiger Erfindungen nicht aufzählt. Das amerikanische Gesetz erklärt für patentfähig Verfahren, Maschinen, Erzeugnisse, Zusammensetzungen von Stoffen und Verbesserungen dieser Dinge; das französische Gesetz industrielle Erzeugnisse, Arbeitsmittel (einschließlich Verfahren) und gewisse neue Anwendungen bekannter Mittel. Eine derartige Katalogisierung der patentfähigen Erfindungen ihrem Inhalte nach fehlt im deutschen Gesetz (auch im englischen). § 1 spricht nur allgemein von Erfindungen; im § 4 Satz 2 sind Verfahrenspatente erwähnt. Praktische Folgen für den Umkreis der patentfähigen Erfindungen ergeben sich aus dieser Verschiedenartigkeit der Gesetzesfassungen nicht.

Das Gesetz verlangt, daß die Erfindung eine **gewerbliche Verwertung** gestattet. Der Ausdruck gewerbliche Verwertung ist mehrdeutig und deshalb unglücklich gewählt. Er will nicht besagen, daß die Ausführung der Erfindung wertvolle Erfolge, besonders finanzielle Erfolge erzielen muß, sondern er will besagen, daß die Erfindung gewerbliche Verwendung zulassen muß. Der Ausdruck findet sich schon im G. vom 25. 5. 1877. In der Begründung zum § 1 heißt es: „Der Entwurf beschränkt die Patentfähigkeit auf solche Erfindungen, welche eine gewerbliche Verwertung gestatten. Eine derartige Verwendung kann bestehen entweder in der gewerbsmäßigen Herstellung des erfundenen Gegenstandes, oder in seinem

Gebrauche innerhalb eines gewerblichen Betriebs." Verwertung und Verwendung sind also gleichbedeutig gebraucht. Nach dem Bericht der XI. Kommission des Reichstags über den neuen Entwurf von 1891, 8. Legislaturperiode, 1. Session 90/91 war der Antrag gestellt worden, Verwendung statt Verwertung zu sagen. Bei der Beratung wurde dieser Antrag nicht erörtert, und die Kommission hat schließlich leider davon abgesehen, die Veränderung vorzunehmen. Trotzdem bleibt es dabei, daß unter Verwertung nichts anderes als Verwendung verstanden ist. Zwei Punkte sind hervorzuheben. Wie die soeben angeführte Begründung des Gesetzentwurfs von 1877 bereits richtig dargelegt hat, bedeutet gewerbliche Verwendung, daß die erfundene Sache entweder in einem Gewerbebetriebe hergestellt oder daß sie innerhalb eines gewerblichen Betriebs benutzt werden kann. Kohler hat denselben Sinn dahin ausgedrückt, das Erfundene muß Produkt (Erzeugnis) des Gewerbes oder aber Mittel (Arbeitsmittel) des Gewerbes sein. Die erwähnte Zweiteilung findet sich erst in Kohlers Handbuch S. 172; in seiner eingehenden Erörterung über die „Gewerblichkeit" in GrünhutsZ 25, 209 ist sie noch nicht erwähnt. Nicht erforderlich ist, daß einzelne besondere Verwendungsmöglichkeiten der Erfindung dargetan werden. Es genügt, daß die Erfindung nach ihrer Art und nach den Bedürfnissen der Technik Aussicht bietet, irgendwelche technische Verwendung zu finden (RG MuW 16, 91). Es kommt also darauf an, daß die Erfindung ihrer Art nach geeignet ist, auf die bezeichnete Weise in einem Gewerbe Verwendung zu finden. Der zweite Punkt ist: es muß sich um ein technisches Gewerbe und um die Verwendung als technisches Arbeitsmittel handeln. Der Ausdruck Technik ist dabei nicht zu pressen, und es ist zu beachten, daß die Technik immer mehr Gebiete erobert. Verwendung von Zyanamiden zum Düngen ist im Sinne des Gesetzes gewerblich verwendbar; ebenso ein Verfahren zum Diagnostizieren bösartiger Geschwülste (unten A 15, 3). Warum sollte man es nicht eine Technik nennen, wenn in Pferden die Bildung von Serum hervorgerufen, dies entnommen und sterilisiert wird? Über diese Fragen vgl. Reik, GewR 33 (1928), 151ff. Die Regel heißt also richtig: Gewerbliche Verwertbarkeit einer Erfindung liegt vor, wenn das Erfundene seiner Art nach geeignet ist, entweder in einem technischen Gewerbe hergestellt zu werden oder technische Verwendung in einem Gewerbe zu finden. In diesem Sinne (daß also die Herstellung oder die Verwendung technisch sein muß) ist demnach zu sagen, daß eine patentfähige Erfindung von technischer Natur ist.

Nach diesen Grundsätzen sind neu erfundene Rechenmethoden nicht patentfähig; sie können zwar Anwendung im Handelsgewerbe finden, aber keine technische Anwendung. Gleichfalls nicht patentfähig ist aus demselben Grunde entgegen den interessanten Ausführungen von Wobsa, GewR 19, (1914) S. 1 die Aufstellung eines Diagramms, d. i. die zeichnerische Darstellung des Verhältnisses zweier voneinander abhängiger Variabeln, wenn auch durch ein Diagramm die Konstruktion von Maschinen erleichtert werden mag — dabei handelt es sich um eine geistige, nicht um eine technische Verwendung. Fried, GewR 32 (1927), 857 gibt eine Anzahl von Patentansprüchen wieder, die zeigen, daß es auch geistigen Tätigkeiten gelingt, sich im Patentamt Patentfähigkeit zu erringen, wenn sie in körperlicher Ausstattung, Tabellenform oder dgl. auftreten. Das Patentamt sollte nur schärfer sagen, daß allein die körperliche Form für den einzelnen Rechenzweck geschützt ist. — Maßregeln, rein wirtschaftlicher oder organisatorischer Natur sind nicht patentfähig. Bei der Wäsche von roher Kohle wirkt feiner Kohlenstaub ungünstig, weshalb man ihn vor der Wäsche durch Windsichter entfernt. 275654 schlägt vor, ihn in dieser Weise zunächst abzusondern, dann aber der gewaschenen Kohle wieder hinzuzusetzen. Letzteres ist keine technische, sondern eine wirtschaftliche Maßregel; das Patent ist vernichtet (I 89/1916, Urt. vom 28. 2. 17). — Chemische Analysen können dagegen im Sinne des Gesetzes gewerblich verwertbar sein (vgl. § 1 A 105). Pilenko, Recht des Erfinders, S. 302 wendet ein, es gebe eine Menge erfundener Dinge, die neu seien und technisch hergestellt würden, trotzdem aber nach der herrschenden Meinung nicht patentiert werden könnten, z. B. eine besondere Art von Kassabüchern, Abreißkalender mit besonderem Aufdruck u. dgl. Der Einwand ist nicht berechtigt. Die erwähnten Dinge werden zwar technisch hergestellt, aber die Neuheit und die Verwendung liegt bei ihnen nicht in der Technik; deshalb sind sie nicht patentfähig. Sonst könnte jedes Buch mit neuem Inhalt patentiert werden. Wäre der Abreißkalender technisch neu, so könnte er schutzfähig sein, vgl. Blatt 7 (1901), 119.

Zum technischen Gewerbe gehören auch Telegraphie, gewöhnliche, drahtlose, sog. längs Leitungen, Telephonie, optische und akustische Maßnahmen, Röntgentechnik usw., so daß die Erfindungen auf diesen Gebieten patentfähig sind.

Anm. 12. **Einzelheiten.** Patentfähig sind: 39334 eine besondere Art von Relieflandkarten mit wegnehmbaren Städten und Gebirgen usw.; Anbringung von Spiegeln in Kinoräumen, die es ermöglichen, daß bei winkeligen Räumen diejenigen Zuschauer, die keinen Blick auf die Bühne haben, die Vorführung in Spiegeln erblicken; es handelt sich dabei nicht um — nicht patentfähige — Baupläne, sondern um eine wirkliche technische Vorrichtung; es liegt die Lösung eines Problems auf baukonstruktivem Gebiete vor, die schutzfähig ist, Blatt 20 (1914) 257ff. Ebenso Blatt 27 (1921), 187: patentfähig ist die bautechnische Anordnung der Wohnräume eines Hauses zu einander oder der Treppe zu den Wohnräumen. Nicht patentfähig dagegen ist ein Plan für die eigenartige Gruppierung der Gebäude zur besten Ausnutzung eines Baugeländes, da es hier an einer technischen Problemlösung fehlt, Blatt 12 (1906), 6. Die Idee eines neuen Spieles kann die Grundlage eines Patentschutzes sein, wenn die Spielidee in einem eigentümlichen Apparat zum Ausdruck kommt (MuW 12, 526), ein Taifunrad; Apparate für Zauberkünstler, Blatt 3 (1897), 225; desgleichen eine Maschine, das Starten beim Pferderennen anzuzeigen; die neue Verwendung einer mathematischen Konstruktion zu einem technischen Zweck, Herstellung von Paraboloidspiegeln, Blatt 1894 S. 59. Von Interesse ist das Patent 385750; es schützt einen Buchungsblock, auf welchen mittels loser Blätter die Abrechnung über verbrauchte Elektrizitäts-, Gas- und Wassermengen vorgenommen werden soll. Es handelt sich nicht nur um einen Aufdruck geeigneter Rubriken auf formularmäßigen Blättern, sondern um eine besondere Zusammenfügung verschieden gestalteter loser Blätter, die die Abrechnung erleichtern soll. Deshalb ist das Patent durch Entscheidung des Patentamts vom 4. 9. 24 mit Recht aufrechterhalten.

Nicht patentfähig sind: ein neues System, auf Landkarten Ebenen und Gebirge graphisch kenntlich zu machen — im Gegensatz zu den erwähnten Relieflandkarten — Blatt 2 (1896), 60; die Einrichtung eines Signalbuchs in der Weise, daß die verschiedenen typischen Mitteilungen numeriert und dann die jeweils zutreffenden Nummern durch optische Signale übermittelt werden, Blatt 5 (1899), 238; Verfahren zur Bemalung von Tischplatten zu Reklamezwecken, Blatt 4 (1898), 122; Anweisungen an Arbeiter, wie in einer bestimmten Technik erfolgreicher als bisher zu arbeiten ist, Blatt 13 (1907), 128; analytische Verfahren, für die keine praktische Verwendung aufgezeigt wird, z. B. ein Verfahren festzustellen, ob und in welcher Menge eine Flüssigkeit Eiweiß enthält (zweifelhaft!; vgl. § 1 A 105).

Die auswärtigen Rechte gehen zum Teil weiter. In England ist ein Verfahren, Gegenstände abwechselnd mit farbigen, helleren und dunkleren Streifen zu versehen, um sie für Kriegszwecke unsichtbar zu machen, nicht für patentfähig erachtet, RPC 37 (1920), 109.; desgleichen nicht ein Verfahren, in der Notenschrift die Kreuze und die b durch verschiedene Färbung der Notenköpfe zu ersetzen, wohl aber die Herstellung einer Skala, um in der Photographie die Belichtungsdauer leicht ablesen zu können, ebenda S. 247. Eine neue Methode für Reklamen, ein neues Schema für geschäftlichen Briefwechsel werden nicht patentiert, Fl. Moulton, Kap II S. 18; andererseits ist patentiert worden, beim Druck einer Zeitung in der Mitte einen Längsstreifen unbedruckt zu lassen, um das Falten der Zeitung zu erleichtern, ebenda S. 255 Note 9. — In Nordamerika wird die Patentfähigkeit weiter ausgedehnt, (Michaelis S. 31). Der Bauplan eines Hauses (vgl. § 1 A 52), eine neue Art Verkaufsgegenstände aufzustellen ist zwar nicht patentfähig (Robinson, § 166 S. 63). Aber Frachtbriefe, Whisttabellen, Umsteigebillets mit neuem Aufdruck, besonders eingerichtete Register für Schuldverschreibungen und Coupons sind patentiert worden. Auch in Deutschland haben sich Bestrebungen geltend gemacht, die Patentfähigkeit so weit wie in Amerika auszudehnen (Mitt 14, 33). Anm. 13.

Auch Erfindungen der Landwirtschaft sind von der Patentfähigkeit nicht auszuschließen. Die Begründung zum Gesetz von 1877 hatte die „Aufstellung neuer Methoden des Ackerbaues und des Bergbaues" für nicht patentfähig erklärt. Das ist ohne Zweifel nicht zu beanstanden, denn allgemeine Regeln, Arbeitspläne u. dgl. etwa für Fruchtfolge, für Vornahme verschiedenartiger Düngungen usw. sind zweifellos nicht schutzberechtigt. Die Erfindung wirklicher technischer Maßnahmen zum Zwecke des Ackerbaues muß aber patentfähig sein. Dagegen hatte sich früher kräftiger Widerspruch erhoben, der aber im Abflauen begriffen ist. 214301 schützte Verfahren und Vorrichtung zum Säen von Getreide und zum Behäufeln von Saat. In diesem Falle erkannte die Nichtigkeitsabteilung, daß die Erfindung an sich patentfähig sein könnte, vernichtete aber das Patent wegen offenkundiger Vorbenutzung. Nachträglich hat das Patentamt seinen Standpunkt geändert. Es war eine Anmeldung bekannt gemacht betr. Verfahren der Getreideumpflanzung an der Saatstelle, dad. gek., daß mit dem Durchschneiden der Wurzeln der Getreidepflanzen und der Lockerung der Erde ein Herabdrücken der Pflanzen verbunden wird, damit das Wiederanwachsen ermöglicht und eine Erdbedeckung der Wurzelkrone erreicht wird. Auf erhobenen Einspruch ist das Patent versagt, weil nur eine allgemeine Methode in Frage stehe. Das Patentamt hat hinzugefügt, daß Argumente aus den biologischen Verhältnissen des Pflanzenlebens und der Unsicherheit des Erfolgs der menschlichen Tätigkeit bei solchen Vorgängen gleichfalls häufig zur Versagung führen müßten (Mitt 1915 S. 5, 65). Dieser letztere Entscheidungsgrund ist nicht zu billigen. Landwirtschaftliche Patente sind auf keinen Fall grundsätzlich zu versagen. Bedenken formaler Art, daß man den erstrebten Erfolg nicht mit Sicherheit gewährleisten könne, müssen zurücktreten. Denn einesteils ist das für viele Fälle unrichtig, andernfalls hindert es nicht Anm. 14.

die Patentfähigkeit. Es ist erforderlich, daß die Landwirtschaft aus dem Kreise oberflächlicher Empirie und roher Faustregeln heraustritt. Dahinzielende Bestrebungen müssen vom Patentrecht gefördert werden. Das geschieht, wenn demjenigen der Lohn eines Patents zuteil wird, der Mühe und Kosten für die Verbesserung des landwirtschaftlichen Betriebs aufwendet. Seine Grenze darf das alles wieder allein in dem Interesse der Allgemeinheit finden. Ist die Erfindung so wichtig, daß Freigabe für die Allgemeinheit geboten erscheint, dann muß nach § 5 Abs 2 (in weniger wichtigen Fällen durch Zwangslizenz) Abhilfe geschaffen werden.

In Frankreich ist ein vielbesprochenes Patent erteilt auf ein Verfahren, den Stamm von Korkeichen in bestimmter Weise zu umkleiden, um bessere Korkrinde zu erzielen (Pouillet, Nr. 9, 13ff).

Neuerdings hat auch das Haager Übereinkommen vom 6. 11. 25 die Möglichkeiten von Patenten auf dem Gebiete der industries agricoles im Art 1 anerkannt — worunter nicht etwa nur Industrien zu verstehen sind, die landwirtschaftliche Erzeugnisse verarbeiten oder landwirtschaftliche Geräte herstellen, vielmehr auch der landwirtschaftliche Betrieb selbst.

Nach den entwickelten Grundsätzen sind auch technische Beeinflussungen der animalischen Natur grundsätzlich patentfähig. Das Patentamt hat hiergegen vielfachen Widerspruch erhoben und hat ausgesprochen, daß nur Einwirkungen auf die unbelebte Natur patentfähig seien. Diese Auffassung wird daraus zu erklären sein, daß Einwirkungen auf Tiere und Pflanzen in solcher Art, daß man von einem Gewerbe nach Art der Technik sprechen kann, bisher nicht häufig gewesen sind. Das ändert sich aber zusehends, und das Patentamt hat denn auch jene Beschränkung immer dann fallen lassen müssen, wenn die Technik die belebten Gebiete der Natur erobert. So nimmt es zwar an, daß Verfahren zur Tiererzeugung, Züchtung, Kreuzung, zur Steigerung natürlicher Funktionen der Tiere, z. B. der Milchabsonderung, nicht patentfähig sind, Blatt 20 (1914), 258, muß davon aber doch wieder Verfahren zur Serumgewinnung ausnehmen. Ebenso hat es bei Einwirkungen auf die belebte Natur die Patentfähigkeit dann anerkennen müssen, wenn das Verfahren sich eines Werkzeugs oder chemischer oder physikalischer Mittel, Licht, Wärme, Elektrizität bedient. Damit ist also die Patentfähigkeit der Beeinflussung physiologischer Funktionen zwar nur für einzelne Fälle, für diese aber doch grundsätzlich anerkannt. So sind patentiert worden: 71928, Verfahren zur Verhinderung des Schwärmens von Bienen; 78619, Verfahren zur gefahrlosen Erzeugung von Maden; 120133, Verfahren zur Veredelung von Weinreben; 162683, Verfahren, Regenwürmer an die Oberfläche zu scheuchen. Es scheint, als ob das Patentamt neuerdings überhaupt seine bisherigen Bedenken fallen läßt. 1926 ist patentiert 424767, Verfahren zur Erhöhung des Bodenertrags; 436405, Verfahren zur Vernichtung von Unkraut; 437085, Nasenklemme zum Abgewöhnen des Köppens (Krippensetzens) bei Pferden. 402388, 408265 und weitere Patente schützen Brutapparate usw.

Naturprodukte können, wie auf der Hand liegt, durch Sachpatent nicht geschützt werden. Die Art der Gewinnung kann, soweit sie in einem technischen Gewerbe erfolgt, geschützt werden, wofür es nur des Hinweises auf die vielen Patente für Bergbau, Petroleumgewinnung usw. bedarf. Können Kunstprodukte, die mit Naturprodukten identisch sind, durch Sachpatent geschützt werden? Bei chemischen Produkten ist Sachpatent nach § 1 Ziff 2 unzulässig; aber etwas künstlicher Schaumgips, künstliche Diamanten? In Nordamerika ist die Frage nach langen Schwankungen verneint. Das Sachpatent auf künstliches Alizarin ist wegen Mangels an Neuheit vernichtet, weil Alizarin bereits aus der Krappwurzel gewonnen war (Robinson § 187 Note). Dem wird auch für das deutsche Recht zuzustimmen sein; denn da chemische Produkte von vornherein fortfallen, bleiben nur Produkte übrig, die nicht in ihrer stofflichen Zusammensetzung, sondern in ihren physikalischen Eigenschaften verändert sind, diese entziehen sich aber dem Schutze durch Sachpatent. Daß die Herstellung geschützt werden kann, versteht sich von selbst.

Anm. 15. Verfahren zur Beeinflussung des menschlichen Körpers sind nicht patentfähig. Auch hier ist das Interesse der Allgemeinheit entscheidend. Dieses erheischt, daß Bestrebungen, den Körper des Menschen zu heilen, nicht in den Strudel des geschäftlichen und auf Gewinn bedachten Treibens hineingerissen, sondern der Allgemeinheit zur Verfügung gestellt werden. Selbstverständlich ist, daß es sich hierbei überhaupt nur um technische (mechanische, chemische, elektrische) Beeinflussungen handelt. Allgemeine Methoden zur Krankenbehandlung sind schon an sich nicht patentfähig. Alles Vorstehende bezieht sich auf Verfahrensarten.

1. Unbestritten ist, daß Apparate und Geräte zur Heilbehandlung patentfähig sind: 297087 Vorrichtung zur Beseitigung von Gehstörungen infolge von Nervenlähmung oder anderer Gebrechen; 259659, pneumatische Kammer zur Heilbehandlung mittels erhöhtem oder vermindertem Luftdrucks. Dies letztere Patent ist vom Reichsgericht wegen mangelnder Neuheit vernichtet; die Patentfähigkeit an sich ist nicht beanstandet (Urt vom 16. 5. 1914, I 66/1914).

2. Unbestritten patentfähig ist weiter die Herstellung gewisser Stoffe, die zur Krankenheilung dienen können. So wird die Herstellung von Serum stets patentiert. Hierhin gehört auch die Patentierung eines Verfahrens zur Züchtung von Tuberkelbazillen, die aus tuberkulös erkrankten Schildkröten entnommen werden, zum Zwecke der Herstellung eines Heilmittels für Tuberkulose des Menschen, das vor einigen Jahren vielumstrittene Mittel von Friedmann, 336051, Blatt 30 (1924), 6f. Über die Patentierung von Arzeneien vgl. § 1 A 137.

3. Fraglicher ist, ob gewisse vorbereitende Methoden, besonders zum Diagnostizieren von Krankheiten, patentfähig sind. 156389 schützt ein Verfahren zum Durchleuchten von Körperteilen mittels Röntgenstrahlen. Neuerdings ist ein Mittel zum Diagnostizieren bösartiger Geschwülste patentiert, soweit die Reaktion außerhalb des menschlichen Körpers mit Blut, das dem Kranken entnommen ist, vor sich gehen soll; das Patent ist in Gestalt eines Verfahrenspatents, Herbeiführung der Reaktion, erteilt; versagt ist das Patent auf das Verfahren, dem Kranken das Mittel einzuspritzen, damit die Reaktion im Körper stattfindet, GewR 30 (1925), 298.

4. Die eigentliche Krankenheilung und Behandlung selbst ist dagegen auf keinen Fall patentfähig, wie allgemein anerkannt wird. So ist in England die Anmeldung eines Verfahrens zum Ausziehen von Metallen aus lebenden Körpern, vorzugsweise zum Ausziehen von Blei aus dem Körper von Personen, die an Bleivergiftung leiden, mittels bekannter elektrischer Apparate zurückgewiesen, weil die Erfindung nichts mit Handel und Gewerbe zu tun habe (Heimann, MuW 14, 211). Das Patentamt hat ebenso den Patentschutz versagt für ein Verfahren zur Geraderichtung schiefgewachsener Zähne, Blatt 12 (1906), 215. Desgleichen hat es Patentschutz versagt, als für eine an sich bekannte Maßregel eine therapeutische Verwendung gefunden war, Anwendung eines Verfahrens der Sauerstoffentwicklung zur Herstellung von Heilbädern, Blatt 11 (1905) S. 4. Dagegen ist unter Abweichung von der Regel patentiert worden: 150666, Verfahren zur Entfernung von magnetisierbaren Fremdkörpern aus dem Auge. Dies Patent hätte nicht erteilt werden sollen.

Nach Mitteilungen aus dem Patentamte sind daselbst folgende Grundsätze für die Patentierung zur Berücksichtigung empfohlen. Nicht patentfähig sind: 1. Regeln geistiger Natur, die keine technische Verwendung finden, Spielregeln, Lehrmethoden, Kurven, Skalen, Tierdressuren; 2. alle Arten der Behandlung des menschlichen Körpers; 3. Tiererzeugung, Züchtung, Steigerung natürlicher Funktionen der Tiere, Ausnahme Serumgewinnung; 4. Verfahren zum Töten von Tieren; 5. Behandlung lebender Pflanzen; 6. landwirtschaftliche Kulturverfahren. Bei 4—6 sind jedoch ausgenommen Verfahren unter Anwendung eines Werkzeugs, sowie chemischer oder physikalischer Mittel, Licht, Wärme, Elektrizität. Besonders sind nicht gewerblich verwertbar: a) Erfindungen, die nur für die Eigenwirtschaft des Erfinders bestimmt sind; b) rein wissenschaftliche Untersuchungsmethoden, Meßverfahren; c) Erfindungen, die nur technische Spielereien darstellen; d) Erfindungen, die nur zur behördlichen Verwendung bestimmt sind, Denaturierungsverfahren der Zollbehörden. **Anm. 16.**

Gegen die Nr 1 und 2 ist nichts einzuwenden. Inwieweit im übrigen nicht in allen Punkten gefolgt werden kann, ergibt sich aus den vorstehenden Anmerkungen.

In den vorstehenden Anmerkungen ist von der gewerblichen Verwertbarkeit die Rede gewesen, die nach der ausdrücklichen Gesetzesvorschrift Voraussetzung für die Patentfähigkeit einer Erfindung ist. Weitere Voraussetzungen, die nicht ausdrücklich vorgeschrieben sind, ergeben sich aus dem Sinne des Gesetzes: Brauchbarkeit, Erfindungshöhe, Fortschritt. Zunächst die Brauchbarkeit. **Anm. 17.**

Brauchbarkeit darf nicht verwechselt werden mit Ausführbarkeit, gewerblicher Verwertbarkeit, Ertragsfähigkeit (Rentabilität). Eine Verwechselung besonders mit gewerblicher Verwertbarkeit findet sich häufig. Eine Erfindung ist ausführbar, wenn sie sich mit den vorhandenen technischen Mitteln verwirklichen läßt, wenn es z. B. Glassorten mit dem nötigen Brechungsexponenten wirklich gibt, um eine berechnete Linsenkomposition für optische Zwecke herstellen zu können (Einleitung A 6). Eine Erfindung ist gewerblich verwertbar, wenn sie ihrer Art nach fähig ist, in einem Gewerbebetriebe technisch hergestellt zu werden oder als technisches Arbeitsmittel zu dienen (§ 1 A 11). Eine Erfindung ist ertragsfähig, wenn ihre Ausführung Gewinn abwirft (§ 1 A 25).

Unter „Brauchbarkeit" werden nach Sprachgebrauch zwei verschiedene Erfordernisse verstanden: einerseits Leistungsfähigkeit, andererseits Verwendbarkeit des Erzeugnisses im sozialen Leben im Sinne von Nützlichkeit. Das ist zuerst in englischen Urteilen hervorgetreten, während man es in Deutschland weniger beachtet hat. „Der Beweis der Brauchbarkeit ist geführt, wenn (erstens) das Ziel, das der Erfinder erreichen will, durch seine Erfindung wirklich erreicht wird, und wenn (zweitens) weiter dieses Ziel praktisch von Nutzen ist" (Rep. of Pat. Cases 9, 417). Die Erfindung muß also erstens fertig sein, sie muß arbeiten, sie muß erreichen, was der Erfinder erreichen will, und sie muß zweitens ein soziales Bedürfnis befriedigen, muß nützlich sein. Diese Unterscheidung ist bedeutsam, weil beide Momente verschiedener rechtlicher Beurteilung unterliegen. Daß die Erfindung ein technisches Problem wirklich löst, wenn auch vielleicht unvollkommen, ist im strengen Sinne des Wortes erforderlich, andernfalls ist sie nicht patentfähig. Anders ist es mit der Befriedigung eines sozialen Bedürfnisses; hier genügt es, wenn eine derartige Nützlichkeit plausibel ist, es kann sich im gewissen Umfange um zukünftige Bedürfnisse handeln usw. (Einleitung A 7). (Noch in anderem hier nicht in Betracht kommenden Sinne wird von Brauchbarkeit gesprochen, wenn man sagt, dem Patentinhaber seien alle Brauchbarkeiten seiner Erfindung geschützt; damit ist technische Nutzanwendung, Zweckverwendung gemeint, § 1 A 90).

Anm. 18. Sowohl in der Umgangs- als in der Rechtssprache nennt man eine Erfindung **unbrauchbar**, wenn sie im praktischen Leben keine Verwendung finden kann, also **unnütz** ist (Damme-Lutter S. 194). Bekanntes outriertes Beispiel: eine Maschine zum Köpfen von Fliegen. Man sollte in diesem Sinne statt von unbrauchbar besser von unnütz sprechen; doch wird der Ausdruck Nützlichkeit in Deutschland wenig gebraucht, anstatt dessen der abstrakte, blasse Ausdruck Befriedigung eines sozialen Bedürfnisses, der schon eine Definition geben will. Beide Begriffe bedeuten dasselbe. Daß eine Erfindung, um patentfähig zu sein, ein soziales Bedürfnis befriedigen muß, ist überall anerkannt, wie Einleitung A 7 dargelegt; vgl. auch Patentamt, Blatt 20 (1914), 259 Sp. 1: nicht patentfähig sind Erfindungen, deren technischer Effekt auf eine technologische Spielerei hinausläuft, oder aus sonstigen Gründen für die Bedürfnisse des Kulturlebens gleichgültig ist. — Nur selten wird ein Patent wegen eines Mangels in dieser Richtung verweigert oder vernichtet. Wer sollte Mühe und Kosten auf eine Erfindung verwenden, für die im praktischen Leben kein Bedarf besteht. Von Interesse ist, daß es in England und Nordamerika früher mit dem sozialen Zweck in der Theorie streng genommen wurde. Erfindungen mußten new and useful (neu und nützlich) sein. „Eine reine Kuriosität, ein wissenschaftlicher Vorgang, der Staunen erregt, aber keinen praktischen Nutzen bringt, nichtige Kleinigkeiten, die weder den Fortschritt der Menschheit fördern, noch deren Besitztümer vermehren, sind nicht patentfähig" (Robinson § 339). Dies strenge Erfordernis ist mit der Zeit stark abgeschwächt worden. Denn mit der Herstellung „nichtiger Kleinigkeiten" befassen sich große Industrien, denen der Patentschutz nicht versagt werden kann. Robinson selbst machte schon die Einschränkung, daß auch das kleinste Maß von Nützlichkeit genügen müsse (§ 341). Weiter in England Fl. Moulton S. 79: der Ausdruck Nützlichkeit wird in sehr beschränktem Sinne gebraucht. In Frage kommt nur, ob die Erfindung arbeitet und das leistet, was der Erfinder zu leisten verspricht. Wenn das der Fall ist, so ist die Frage nach dem praktischen Nutzen (für die Allgemeinheit) unwesentlich. Zu berücksichtigen ist nur, ob die Erfindung praktikabel ist, nicht aber, ob das Erzeugnis für Handel und Gewerbe wirklich Nutzen bringt, oder zum allgemeinen besten dient, oder auch nur, ob es den Zweck erfüllt, einem sozialen Bedürfnis Genüge zu tun. Ganz ähnlich Hall, infringement of patents (Patentverletzung), § 385. Hier ist also das Erfordernis der Nützlichkeit gänzlich auf das Erfordernis der Leistungsfähigkeit herabgedrückt. Das geht nun freilich entschieden zu weit. Daß ein sozialer Nutzen gegeben oder plausibel sein muß, von diesem Erfordernis kann nicht abgewichen werden. — Von Interesse ist folgende Entscheidung: Erfunden war die Herstellung von Tropin aus Dihydrobenzyldimethylamin. Im Einspruchsverfahren wurde geltend gemacht, die Erfindung sei unnütz, denn man könne das Ausgangsmaterial nur wieder umgekehrt aus Tropin herstellen. Das Patent wurde erteilt (60900) — sicherlich mit Recht. Das Patentamt hat GewR 1893, 382f ausgeführt: Das Verfahren, um dessen Patentfähigkeit es sich handle, müsse gewerblich verwertbar sein. Das liege vor. Daß es gewerblich nützlich sei, verlange das Gesetz nicht. Es komme nicht darauf an, daß die Voraussetzung für die gewerbliche Verwertbarkeit zur Zeit noch nicht gegeben sein möge. — Letzterem ist nicht in dieser Schärfe zuzustimmen; richtig ist die Bemerkung des Einsenders, größte Liberalität bei der Beurteilung sei geboten, wenn zweifelhaft sei, ob die Erfindung eine soziale Nützlichkeit aufweise.

Anm. 19. Von Brauchbarkeit wird auch im Sinne von **Leistungsfähigkeit** gesprochen; die Erfindung muß in technischer Beziehung das leisten, was sie zu leisten verspricht. An Brauchbarkeit in diesem Sinne ist zu denken, wenn bei Verkäufen von Patenten oder bei Lizenzerteilung gefordert wird, daß der Veräußerer für Brauchbarkeit der Erfindung einzustehen habe; Nützlichkeit und Ertragsfähigkeit des Patents kommt hierfür nicht in Betracht, unterliegt vielmehr der eigenen Beurteilung des Käufers (§ 6, A 12). — Ein Patent, in dem das gesetzte Ziel überhaupt nicht erreicht wurde: 91806 schützte ein Verfahren zur Reinigung des Alkohols von dem beigemischten Aldehyd. Man soll das Gemisch in einem hohen Gefäß verdampfen und die Aldehyddämpfe oben absaugen, während die Alkoholdämpfe sich an den Wänden kondensieren. Es hat sich gezeigt, daß sich die Dämpfe auf diese Weise nicht trennen. Also keine Brauchbarkeit. — Andere Erfindungen, die das erstrebte Ziel nicht in genügender Weise erreichen: ein Patent wollte für die Strahlentelephonie auf Grund einer mathematischen Formel berechnen lassen, wie groß der elektrische Widerstand des Mikrophons sein müsse, um günstigste Erfolge zu erzielen. Das Patent ist vernichtet, u. a. deshalb, weil die mathematische Berechnung nur einen ganz rohen Annäherungswert ergibt und man praktisch doch immer auf Ausprobieren angewiesen bleibt, Blatt 21 (1915) S. 213. — 244211 schützt eine Ausgestaltung der Schraubenflügel an Flugzeugen, um schädliche Vibrationen der Flügel zu vermeiden. Das Reichsgericht führt aus: die im Patente angeführte Regel gebe eine gewisse Anleitung, wie — neben der Einhaltung anderer Forderungen, z. B. richtiger Lage des Schwerpunktes — verfahren werden könne, um die Vibrationen zu vermeiden. Jedoch bedürfe es immer im einzelnen Falle noch des praktischen Ausprobierens, sowie der Einhaltung anderer Forderungen. Danach sei die Brauchbarkeit der im Patente gegebenen Regel und damit die Patentfähigkeit zu verneinen (Urt vom 26. 10. 14, I 83/1914). — Ähnlich Blatt 16 (1910) S. 295 (299), rohe und deshalb unzuverlässige Verhältniszahlen der Elemente einer Mischung sind unbrauchbar.

a) Der zur Patentfähigkeit erforderliche Grad der Brauchbarkeit ist je nach der Art der Erfindung veränderlich. Im Urt RG 75, 400 ist das Patent auf eine Entschirrungsvorrichtung vernichtet, weil sie nicht zuverlässig arbeitete. Als die gleiche Zuverlässigkeit von einem (der Länge nach zusammenklappbaren) Taschenschirm verlangt wurde, wies das Reichsgericht das zurück. Die Klägerin brauche nicht dafür aufzukommen, daß sich ein absolut zuverlässiger Taschenschirm herstellen lasse. Das Berufungsgericht lehne sich im Ausdrucke an die (eben genannte) Entscheidung an, übersehe aber dabei die besondere Lage des dort abgeurteilten Falles. Jene Entscheidung betreffe einen Entschirrungsapparat. Bei Entschirrung von durchgehenden Pferden handele es sich um Leben und Tod oder doch schwerste Gefährdung der Wageninsassen. Das Verlangen absoluter Zuverlässigkeit lasse sich hier aus dem Zwecke einer sicheren Entschirrung zur Abwendung großer Not herleiten. So weitgehende Anforderungen könnten dagegen nicht an einen Taschenschirm gestellt werden, bei dessen Gebrauche Güter von erheblich geringerem Wert in Frage ständen . . . (IndR 1919, 12). — Ähnliche Grundsätze sind hinsichtlich eines Patentes für einen Guttaperchaersatz entwickelt, Blatt 17 (1911), 250; auch Blatt 6 (1900), 368: eine brauchbare Erfindung ist eine solche, die regelmäßig, wenn auch nicht unbedingt stets . . . den beabsichtigten Erfolg herbeiführt. — Stets braucht nur derjenige Erfolg erreicht zu werden, der für die Zwecke, denen das Patent dienen will, erforderlich ist; 355610 schützt Nadeln für zahnärztliche Zwecke dad. gek., daß sie aus einer Chromnickelstahl-Legierung hergestellt sind. Die Nichtigkeitsabteilung äußerte in ihrer Entscheidung vom 12. 5. 27, die Nadeln brauchten nicht absolut widerstandsfähig gegen chemische Einflüsse zu sein, sondern nur . . . gegen die Einflüsse der menschlichen Körperflüssigkeiten.

b) Liegt Brauchbarkeit im hier verstandenen Sinne vor, wenn das Patent zwar nicht das Problem löst, das es lösen will, dafür aber ein anderes technisch wertvolles Ergebnis erzielt? Der allgemeine Sprachgebrauch wird in solchem Falle eine (andere) Brauchbarkeit nicht leugnen. Die Frage bedarf keiner allgemeinen Beantwortung; in folgenden Fällen wird sie praktisch. Stellt sich schon im Erteilungsverfahren heraus, daß nur eine andere Brauchbarkeit vorliegt, so wird das Patent gemäß der in Wahrheit vorhandenen Brauchbarkeit erteilt, wofern der Anmelder zustimmt und die Abänderung nach § 20 formell zulässig ist. Die Priorität muß solchenfalls von der Abänderung datieren. Stellt sich nach Erteilung des Patentes heraus, daß die Erfindung nicht das erstrebte Ziel erreicht, wohl aber ein anderes Ziel, so kommt es darauf an, ob das Wesen der Erfindung, der Inhalt der technischen Anweisung verändert wird (vgl. § 1 A 66). Wenn die Identität nicht gewahrt ist, so muß auf Antrag im Nichtigkeitsverfahren das Patent vernichtet werden; auch erstreckt sich solchenfalls der Schutzbereich des Patentes, falls dies nicht mehr vernichtet werden kann, nicht auf die andere Brauchbarkeit (vgl. § 1 A 66). Wird dagegen nur ein anderer Vorzug sichtbar (§ 1, A 68), so ist die Identität der Erfindung gewahrt.

c) Über die Fragen, ob die Erkenntnis der Brauchbarkeit zur Patentfähigkeit erforderlich ist, vgl. § 1 A 82; ob und wann eine neuaufgefundene Brauchbarkeit geschützt werden kann, vgl. § 1 A 90.

d) Erfindungen, die den Naturgesetzen widersprechen, können nicht brauchbar sein und sind deshalb nicht patentfähig. Ein Patent auf ein Perpetuum mobile gibt es nicht. Allerdings ist ein solches vor kurzem in England erteilt worden. Auf einem Automobil sollte ein Gewicht angebracht werden, das hin und her zu schwingen vermochte. Durch die Fahrt sollte es in Schwingungen versetzt werden; diese sollten auf die Achse übertragen werden und dadurch den Wagen vorwärtstreiben. Die beiden ersten (technischen) Instanzen lehnten das Patent ab, die dritte (juristische) Instanz bewilligte es: es seien neuerdings so viele Naturgesetze umgestoßen worden, daß man nicht sagen könne, ob die Erfindung nicht doch brauchbar sei (Rep. of Pat. Cases 41, 1924, 537).

e) Viele Konstruktionselemente, Bestandteile von Vorrichtungen usw. sind im eigentlichen Sinne des Wortes nur dann brauchbar, wenn sie mit anderen Elementen oder Teilen zusammenwirken. Z. B. wird man das Gitter einer Verstärkerröhre an und für sich allein nicht brauchbar nennen können; denn an sich ist es nichts weiter als ein nutzloses Drahtgeflecht oder eine Spirale. Wann ein solches Element allein für sich als brauchbar patentiert werden kann, darüber vgl. § 1 A 52 sowie eingehender § 20.

Schrifttum: Ephraim, GewR 7 (1902), 266.

Anm. 20. Erfindungen müssen fertig sein, wenn sie brauchbar sein sollen.

Wann ist eine **Erfindung fertig!** An und für sich ist die Antwort einfach: wenn alle Teile des Erfindungskomplexes empirisch so klar erkannt sind, daß bei einfacher Technik der Werkführer, bei schwieriger Technik der Ingenieur oder Chemiker nach den Vorschriften des Patentes arbeiten und das Ziel erreichen kann. Das ist überzeugend dargelegt in folgendem Urteile.

Daraus folgt, ... daß es weiterer Forschungen bedarf, um ein gewerblich verwertbares (brauchbares) Verfahren für die Behandlung eines bestimmten Erzes mit Zyanidlösung zu finden. Die Beklagte meint nun zwar, diese Untersuchungen und Forschungen böten dem Sachverständigen ... keine Schwierigkeiten ... Kann auch hiervon soviel zugegeben werden, daß ein Verfahren, welches auf Materialien verschiedenster Art Anwendung finden soll, nicht erst dann für den Sachverständigen hinreichend beschrieben ist, wenn für jeden einzelnen der Stoffe der Gang der Prozedur, die Quantitäts- und Zeitverhältnisse so genau angegeben wird, daß es eigener Gedankentätigkeit für den Techniker, der das Verfahren in Anwendung bringen will, überhaupt nicht mehr darauf, so muß doch gefordert werden, daß die Grundsätze, nach denen das Verfahren bei Stoffen verschiedener Art abzuändern und nach denen bei Abmessung der verschiedenen Agentien zu verfahren ist, ersichtlich gemacht werden. Die Auffindung dieser Grundsätze den Technikern zu überlassen, die eine angebliche Erfindung benutzen wollen, heißt Aufgaben für andere Erfinder zu stellen; aber mit der Aufstellung solcher Aufgaben ist noch keine Erfindung gemacht. (Bolze 20, Nr. 120.)

Erheblich weniger strenge Anforderungen stellt folgendes Urteil: erfunden und patentiert war ein Verfahren, große Stücke Wolframkarbid von gleichmäßiger Beschaffenheit im Kohlerohrwiderstandsofen herzustellen. Das Verfahren an sich wurde im Nichtigkeitsstreit für patentfähig erachtet. Es ergab sich aber, daß es weiterer Maßregeln bedurfte, um die innere Gleichmäßigkeit der Stücke sicher zu erreichen. Hierzu äußerte sich das Reichsgericht: daß, um gleichmäßige Erzeugnisse zu erzielen, noch die Zeit des Abkühlens von Wichtigkeit ist, mag richtig sein. Das Fehlen einer Angabe hierüber macht aber die Benutzung der Erfindung nicht unmöglich; diese Maßnahme konnte dem Ausprobieren überlassen bleiben. (I 54/1921, Urt vom 15. 2. 22.)

Das letzte Urteil regt die konkrete Frage an: was kann dem Ausprobieren des Ausführenden überlassen bleiben, ohne daß dadurch die Fertigkeit der Erfindung in Frage gestellt wird? In England ist man darin grundsätzlich streng: ein Patent, das dem Publikum die Ausgaben und Mühen weiterer Proben und Versuche aufbürdet, ist ohne Frage hinfällig, Rep. of Pat. Cases 9, 247 f. Nur geringe Ausnahmen von dieser Regel werden zugelassen. Besonders für Erfindungen auf neuen und schwierigen Gebieten werden die Anforderungen gemildert: es ist nicht nötig, daß ein Sachverständiger ohne jede Probe und ohne jeden Versuch die Erfindung ausführen kann; Versuche können häufig auch bei klarster Beschreibung erforderlich werden, wenn es sich um neue oder schwierige Gebiete handelt, Rep. of Pat. Cases 6, 277. In Deutschland ist man in solchen Fällen recht weit gegangen, manches Mal wohl zu weit. Lehrreich die Ausführungen eines Urteils über die Erfindung des Kreiselkompasses, vgl. § 1 A 111: Im Anspruch 2 ist nicht eine unfertige Erfindung zu erblicken. Es genügt, daß dem Fachmann hierin Material geliefert ist, mit dem er durch Anstellung der erforderlichen Proben und Versuche zur Erreichung des Erfolges zu gelangen vermochte. Ob es hierzu langwieriger Arbeiten und schwieriger Versuche bedurfte, ist gleichgültig, sofern nur nicht noch eine besondere erfinderische Tätigkeit nötig war. (Es handelte sich um die verwickelte Bauart des Kreiselkompasses.) — Noch weiter gehen die Erörterungen desselben Urteils zum ersten Patentanspruch. Dieser enthielt den allgemeinen Erfindungsgedanken und wurde angegriffen, weil er nur die Stellung einer Aufgabe, nicht deren Lösung enthalte. Das Reichsgericht sagte: es sei in dem Anspruche schon eine wichtige technische Anleitung vorhanden; möge zur Ausbildung geeigneter technischer Konstruktionen auch noch ein gewisses Maß schöpferischer Tätigkeit aufzuwenden sein, so seien doch technische Fingerzeige zur Lösung der Aufgabe gegeben. — Weiter wird anerkannt, daß bei Gattungserfindungen die Anwendung der Erfindung auf die einzelnen Körper der Gattung dem Ausprobieren vorbehalten bleiben kann; häufig erfordern die Einzelanwendungen gewisse Umgestaltungen, die nicht alle in dem Patente angeführt werden können, wie schon in dem obigen Urteil Bolze 20 Nr. 120 angedeutet ist. Ebenso Blatt 11 (1905) S. 123, 125, Sp. 1: das Fehlen von Zahlenangaben für verschiedene Einzelanwendungen hindert nicht die Brauchbarkeit; die Ergänzung kann dem Ausprobieren überlassen bleiben. — Mitt. 1914, 12, Sp. 1: es braucht zur Patentfähigkeit nicht ausprobiert zu werden, ob der Zusatz von Zirkon zur Emailherstellung für alle Emailsätze verschiedener Art brauchbar ist.

Die Frage der Fertigkeit und des Ausprobierens ist in vielen weiteren Urteilen erörtert. Blatt 10 (1904), 77: selbst erhebliche Versehen in der Zeichnung (Verwechseln des positiven und negativen Pols) hindern Brauchbarkeit und Fertigkeit der Erfindung nicht, wenn sie leicht richtig gestellt werden können. Weiter I 312/1917, Urt vom 24. 4. 18: eine Bereicherung der Technik (liegt darin), daß das angegriffene Patent zuerst für das in Rede stehende Umwandlungsverfahren ... den Weg gewiesen hat, um das Verfahren mittels einer einfachen Vorrichtung sicher durchführen zu können. Die Vorrichtung ist freilich noch nicht in ihren Einzelheiten technisch durchgebildet, und es besteht die Wahrscheinlichkeit, daß sich das angewandte Rohr schnell verstopfen wird. Immerhin bezeichnet das Patent eine geeignete Grundlage für die Schaffung einer auch höheren Ansprüchen genügenden Vorrichtung. — Weiter: bei Verfahrenspatenten ist es nicht Aufgabe der Patentschrift, eine zur Ausführung des Verfahrens geeignete Maschine zu beschreiben; der Anmelder genügt seiner Offenbarungspflicht, wenn er die zeitliche Aufeinanderfolge der für die Erfindung wesentlichen Vorgänge des Verfahrens darlegt, I 215/1917, Urt vom 15. 6. 18. — Ein Patent schützt ein neues Verfahren zur Verhüttung von Schwefelbleierzen mittels Zusatzes von Kalk. Wieviel Kalk hinzugesetzt werden muß, ist nicht angegeben. Die Menge des Kalkes je nach der Art des Erzes kann dem Ausprobieren überlassen bleiben, Blatt 11 (1905), 125 Sp. 1.

Die Beispiele zeigen, daß sich nicht für alle Fälle strenge Regeln aufstellen lassen. Am ehesten sind genaue Zahlenangaben noch entbehrlich, wenn es sich um die Anwendung einer neuen Maßnahme auf eine größere Zahl von Substraten handelt. Immer ist vorauszusetzen, daß das Ausprobieren nicht eine neue erfinderische Kraft erforderlich macht. Maßnahmen, die überhaupt erst Brauchbarkeit der Erzeugnisse herbeiführen, dürfen auf keinen Fall in der Patentschrift auch nur teilweise ausgelassen werden.

Die Brauchbarkeit und Fertigkeit einer Erfindung wird nicht dadurch beeinträchtigt, daß in einem Patente nur die Verbesserung einer einzelnen Seite einer Vorrichtung beschrieben wird, wofern die übrigen Vorkehrungen, die zur vollen Brauchbarkeit der Vorrichtung erforderlich sind, vom Sachverständigen nach dem Stande der Technik leicht hinzugefügt werden können. Das ist der Sinn folgender Entscheidung. 286645 schützte eine Sicherungsvorrichtung an Pumpenanlagen für Benzin. Die geschilderten Vorteile der Sperre des Beklagten genügen, um die Patentwürdigkeit zu begründen, selbst wenn sie gegen gewisse von dem Patent nicht berücksichtigte Gefahren nicht den Schutz bietet, den andere Einrichtungen dagegen gewähren. Sie erhebt nicht den Anspruch, die Anlage gegen alle Gefahren zu sichern, die während des Pumpbetriebes (durch die Benzindämpfe) entstehen können; sie will nur die Fördermöglichkeit bei Verschluß der Schutzgasquelle verhüten. Daß der Beklagte neben seiner Sperre nicht auch noch die anderen Vorrichtungen zur Beseitigung von Gefahr anbringen könne, die das Patent nicht im Auge hat, hat die Klägerin nicht behauptet; I 128/1916, Urt vom 15. 11. 16.

Einzelheiten der Lehre von der Brauchbarkeit sind noch zu erörtern. **Anm. 21.**

Brauchbarkeit liegt vor, wenn die Erfindung das Ziel erreicht, das sie erreichen will. Wie ist es, wenn sie das Ziel nicht ganz erreicht? Im allgemeinen gilt die besonders in Nordamerika betonte Regel „des letzten Schrittes"; „der letzte Schritt, der das Ziel erreicht, zählt", erst er führt Patentfähigkeit herbei, auch wenn der letzte Erfinder sich viele frühere Erfindungen zunutze gemacht hat, die das Ziel noch nicht ganz erreichten; Macomber S. 64 und § 864; Robinson Bd. 1 S. 429, Note. Ebenso in Deutschland: auch wenn der Erfinder alles, was in diesen Veröffentlichungen kund gegeben war, benutzt und nur den Punkt über dem I hinzugefügt hat, hat er eine patentfähige Erfindung gemacht, I 126/1896; Urt vom 14. 7. 96.

Von dieser Regel gibt es aber Ausnahmen. Ist das, was noch fehlt, allgemein bekannt, wenn auch vielleicht durch Zufall dem Erfinder nicht bekannt, so ist die Erfindung brauchbar, fertig und patentfähig; gleiches muß gelten, wenn das Fehlende zwar nicht allgemein bekannt war, aber von dem durchschnittlichen Sachverständigen ohne Schwierigkeiten ergänzt werden kann.

231822 schützt eine Vorrichtung an selbsttätigen Entladewagen, aus denen die Ladung durch Öffnen einer Seitenklappe sebsttätig herausfällt. Die Vorrichtung soll gleichzeitig das Öffnen und Schließen der Seitenklappe und auch das Entriegeln und Verriegeln derselben besorgen. Es hat sich herausgestellt, daß das Verriegeln nicht so zuverlässig geschieht, daß die Seitenklappe den Druck der Ladung aushalten kann. Das Reichsgericht hat gesagt: die gewerbliche Verwertbarkeit (gemeint ist die Brauchbarkeit) ist zu bejahen. Dahingestellt kann bleiben, ob der Anmelder die Vorrichtung als fest sperrend angesehen hat oder ob er nur für den Mechanismus ... Schutz gesucht hat, ohne sich mit der Festigkeit der Verriegelung zu beschäftigen. Selbst wenn man ersteres annehmen wollte, so würde zwar die Vorrichtung ... einer weiteren Ausgestaltung bedurft haben. Hierzu war aber eine über das gewöhnliche fachmännische Können hinausgehende Tätigkeit nicht notwendig. Bei jedem Fachmanne ... stellte sich von selbst die Überlegung ein, daß die Vorrichtung durch eine Sperre ergänzt werden müsse. Dazu standen ihm geeignete und bekannte Mittel zur Verfügung ... Es besteht danach kein Grund, die Brauchbarkeit der Erfindung in Zweifel zu ziehen RG I 156/1916, Urt vom 14. 11. 17.

Anm. 22. **Unvollkommenheit der erfundenen Maßnahmen** hindert nicht die Brauchbarkeit und die Patentfähigkeit, wofern nur das erstrebte Ziel überhaupt erreicht wird. Es schadet nicht, wenn die erfundene Maschine noch verbesserungsfähig ist, wenn das erfundene Verfahren umständlich, zeitraubend, kostspielig ist, wenn es geringe Ausbeute liefert usw. Das ist allgemein anerkannt und bedarf keiner weiteren Ausführung. Der angegebene Grundsatz gilt besonders, wenn neue Gebiete von der Technik in Angriff genommen werden.

232174 schützte eine Einrichtung zur Erzeugung schneller elektrischer Schwingungen aus Gleich- und Wechselstrom für drahtlose Telegraphie. Merkmale der Erfindung sind die Verwendung großer flächenförmiger Elektroden mit geringem Abstand. Das Patentamt sagt: die Angriffe gegen die praktische Brauchbarkeit verkennen, daß einer Erfindung die gewerbliche Verwertbarkeit nicht deshalb abgesprochen werden kann, weil sie in der zunächst angegebenen Form nicht allen Anforderungen genügt hat, die ein sich entwickelnder Betrieb im Verlaufe der Zeit an sie stellen mußte, wenn nur die zuerst angegebene Form auf kurze Zeit durch dieselben Mittel und Vorgänge wirkte, die auch bei den späteren Verbesserungen noch die notwendige Grundlage bilden. Als solche ist aber die Flächenform bei geringem Abstande der Elektroden bei allen neueren Funkenstrecken vorhanden. Ähnlich das Reichsgericht: die geschützte Funkenstrecke ist eine Kombination aus der von Wien angegebenen Strecke und der ebenfalls bekannt gewesenen großen Flächenform der Elektroden. Diese Kombination ermöglicht eine besonders rasche Folge der Funken. Sie ist an sich wertvoll und patentwürdig, wenn sie auch ihren vollen Wert erst durch weitere Zutaten, insbesondere durch die Beobachtung des bestgeeigneten Koppelungsgrades erhält (I 137/1917, Urt vom 5. 12. 17).

Für weitere Fälle vgl. RG MuW 10 S. 244, 245, Sp. 2 (Unvollkommenheit, die die Brauchbarkeit hindert, steht der Patentfähigkeit entgegen); Blatt 16 (1910), 260.

Anders liegt die Sache nur dann, wenn in einem durchforschten Gebiete ein neues Verfahren oder ein neues Arbeitsmittel aufgezeigt wird, dessen Neuheit gegenüber den älteren gerade in seiner vollkommeneren Wirkungsweise liegen soll. In solchem Falle sind an die Vollkommenheit selbstverständlich strengere Anforderungen zu stellen.

Ebenso ist selbstverständlich, daß bei Verbesserungspatenten die Erfindung wirklich bessere Ergebnisse liefern muß, als die bekannten Maßnahmen.

Läßt sich eine Erfindung, die ihr Ziel erreicht, im Groß- oder Dauerbetriebe nicht oder nicht rentabel ausführen, so hindert das die Brauchbarkeit nicht. Das bekannteste Beispiel hierfür ist die Erfindung von Witt 34395, der Salzsäure aus Salmiak durch Erhitzen mit Phosphorsäure herstellen wollte. Es zeigte sich im Großbetriebe, daß keine Tiegelmasse vorhanden war, die der Einwirkung der Phosphorsäure bei größerer Hitze auf längere Zeit widerstehen konnte. Deshalb ließ sich die Erfindung nicht rentabel verwenden. Brauchbar war sie trotzdem; Witt, Deutsche chem. Industrie usw., S. 47f. Vgl. auch: der Ausbau des Verfahrens für den fabrikmäßigen Betrieb braucht sich nicht aus der Patentschrift zu ergeben, I 388/1917.

Anm. 23. **Beschränkte Anwendungsmöglichkeit** hindert die Brauchbarkeit der Erfindung nicht.

261035 schützt ein Verfahren zur Verbutterung von Rahm (Sahne) bestehend in einer nach bestimmten Temperaturgraden geregelten Behandlung des Rahms. Im Nichtigkeitsverfahren war eingewandt: unter Verhältnissen, die für dies Verfahren besonders günstig seien, möge es sich bewähren; unter den auf den meisten Molkereien herrschenden Verhältnissen sei es ergebnislos. Das Reichsgericht führte aus: jedenfalls in einer erheblichen Anzahl von Molkereibetrieben lasse sich nach dem Verfahren mit gutem Erfolge arbeiten. Es sei ein erfinderisches Verdienst, für ein hinreichend großes Anwendungsgebiet einen neuen sicheren Weg gezeigt zu haben, auf dem sich eine vorteilhafte Butterausbeute, sowohl was Menge, als was Qualität angeht, gewinnen läßt (I 24/1917, Urt vom 25. 4. 17).

Anm. 24. Liegt Brauchbarkeit vor, wenn den Vorteilen der Erfindung **Nachteile gegenüberstehen?** Die Vorteile und die Nachteile können beide technischer Natur sein; die Lage kann auch so sein, daß einer Verbesserung eine Verteuerung, oder einer Verbilligung eine Verschlechterung der Erzeugnisse gegenübersteht. Sind die Vorteile groß, die Nachteile klein, so kann die Brauchbarkeit nicht zweifelhaft sein. Sind beide annähernd gleich, so macht die Entscheidung Schwierigkeiten. Das Patentamt hat Blatt 24 (1918), 89 zwei Möglichkeiten unterschieden: wirken die Nachteile dem erstrebten Erfolge unmittelbar entgegen, so liege Patentfähigkeit nur dann vor, wenn die neuerfundenen fördernden Einflüsse größer seien, als die damit verknüpften hemmenden. Ständen Vorteile und Nachteile nicht in derartiger unmittelbarer Beziehung, so komme es darauf an, ob und wie weit der wirtschaftliche Gebrauchswert durch die Nachteile gemindert werde. — Einfacher ausgedrückt: sind Vorteile und Nachteile beide technischer Natur, so wird die Patentfähigkeit nicht gehindert, wenn nicht die Sachlage so ist, daß die Erzeugnisse durch die Nachteile derart verschlechtert werden, daß die Brauchbarkeit aufgehoben wird; kann man die Erzeugnisse wegen eines in einer bestimmten Richtung vorhandenen Nachteiles nicht gebrauchen, so nützt es nichts, daß sie in anderer Richtung Vorteile aufweisen, vgl. auch MuW 12 S. 465 (466 a. E.). Ist aber die Anwendung trotz einiger Nachteile möglich, so muß wegen der Vorteile patentiert werden, und es kann der Praxis überlassen bleiben, ob sie sich mit den Nachteilen abfindet, vgl. Fortschritt in „einer" Richtung, § 1 A 44. Ebenso die englische Rechtsprechung, Rep. of Pat. Cases 17 237: das neu erfundene Mittel braucht nur in einigen Richtungen besser zu sein, nicht in allen. — Soweit es auf die wirtschaftlichen Vorteile oder Nachteile ankommt, so gilt folgendes: sind die Erzeugnisse technisch besser, so liegt Patentfähigkeit vor, auch wenn sie erheblich teurer sind; alles Weitere muß auch hier der Praxis überlassen bleiben. Sind die Erzeugnisse billiger, aber schlechter, ein sehr häufiger Fall, so muß gleichfalls Patentfähigkeit angenommen werden, falls sie nicht so schlecht sind, daß ihre Brauchbarkeit aufgehoben wird. Wenn erfunden wird, eine Fabrikation vom Handbetrieb auf den Maschinenbetrieb umzustellen, dabei aber soviel Ausschuß entsteht, daß die Unbrauchbarkeit auf der Hand liegt, so handelt es sich nicht um eine unvollkommene Erfindung, sondern um eine Erfindung, die in ihrem jetzigen Zustande unnütz, also nicht patentfähig ist, Blatt 16 (1910), 260. Im Übrigen vgl. Neumann, GewR 24 (1919), 117. Wohlverstanden gilt alles unter dieser Nr 4 Vorgetragene nur, wenn die Erfindung sich mit anderen schon vorhandenen Erfindungen desselben Gebietes vergleichen läßt. Eröffnet die Erfindung ein neues Gebiet, dann kann von dem Ausgleich zwischen Vorteilen und Nachteilen nicht die Rede sein. Die Erfindung ist dann gemäß A 22 patentfähig, wofern nur überhaupt ein technisch einigermaßen brauchbares Ergebnis erzielt wird.

Daß die Brauchbarkeit nicht in Frage gestellt wird, wenn die Erfindung ihr Ziel nicht durch ihre alleinige Wirkung zu erreichen vermag, sondern nur im Verein mit anderen Maßnahmen, die im Patent erwähnt oder selbstverständlich sind, wird häufig mit Recht betont und geht schon aus den vorstehenden Darlegungen genügend hervor. Ein Ventil kann patentiert werden, wenngleich es nur mit den übrigen Teilen einer Dampf- oder Gasmaschine zusammenwirken kann. — Katalysatoren für die Ammoniaksynthese sind vielfach patentiert, wenngleich sie nur mit Druck und Hitze zusammen brauchbare Ergebnisse liefern. — Selbstverständlich ist, daß bekannt sein muß, welche Mittel hinzuzutreten haben.

Ertragsfähigkeit (Rentabilität) gehört nicht zum Begriffe der Brauchbarkeit und ist zur Patentfähigkeit nicht erforderlich, denn ob eine Erfindung trotz der Kostspieligkeit ihrer Verwendung sich nicht schließlich doch durchsetzen wird, läßt sich im voraus nicht übersehen. Sehr wichtige Erfindungen sind anfangs ertraglos geblieben. Alles dies ist allgemein bekannt. Anm. 25.

284973 schützt ein neues Verfahren zur Entzuckerung der Melasse. Im Nichtigkeitsverfahren wurde u. a. eingewandt, das Verfahren arbeite unwirtschaftlich. „Nicht darauf kommt es an," bemerkt das Reichsgericht, „ob das Verfahren an sich rentabel ist, sondern darauf, ob der Industrie ein neuer Weg gewiesen wird, den zu beschreiten sie aus irgendwelchen Gründen Anlaß hat und ohne den sie nicht oder nicht gleich leicht zu demselben Ziele gelangen könnte" (I 99/1916, Urt vom 14. 3. 17).

Wenn also voraussichtliche oder bereits festgestellte Ertraglosigkeit die im übrigen vorvorhandene Patentfähigkeit der Erfindung nicht hindert, oder beseitigt, so kann umgekehrt die vorhandene Ertragfähigkeit unter Umständen — das Vorhandensein der übrigen Erfordernisse der §§ 1 und 2 vorausgesetzt — die Patentfähigkeit begründen. Der „Fortschritt", der zur Patentfähigkeit gehört, kann inneralb der Grenzen, die § 1 A 36 dargelegt sind, ein wirtschaftlicher sein. Zwar muß die Neuerung technisch sein, aber ihr Fortschritt kann wirtschaftlich sein. Ist die Ertragfähigkeit so groß, daß die Erzeugnisse der Erfindung billiger verkauft werden können, so kann damit dem Erfordernisse des Fortschritts genügt sein, vgl. Blatt 12 (1906), 221 Sp. 1.

Abschnitt III.

Patentwürdigkeit.

Eine weitere Voraussetzung der Patentfähigkeit einer Erfindung ist die Patentwürdigkeit. Dieser Begriff spielt in der Rechtsprechung eine große Rolle; im Schrifttum ist er verhältnismäßig wenig erörtert. Patentwürdig ist nicht gleichbedeutend mit patentfähig; Patentwürdigkeit ist eine einzelne der Voraussetzungen der Patentfähigkeit. Eine Erfindung Anm. 26.

ist patentwürdig, wenn sie zu ihrer Konzeption mehr als das gewöhnliche fachmännische Können erfordert. Gleichbedeutende Ausdrücke: es muß die Erfindungshöhe vorliegen; es muß ein erfinderischer Schritt getan sein; die Erfindung darf nicht naheliegend gewesen sein. Das entscheidende ist: zu der Betätigung des gewöhnlichen, fachmännischen Könnens muß ein weiteres, etwas darüber Hinausgehendes, nicht Handwerksmäßiges, auf einer höheren Geistestätigkeit Beruhendes hinzukommen. Eine nähere Beschreibung dieses Plus, eine sachliche Begriffsbestimmung läßt sich nicht geben. Das Reichsgericht hält ausnahmslos daran fest, daß eine derartige Betätigung höherer Geisteskräfte für die Patentfähigkeit einer Erfindung notwendig ist: es geht nicht an, den Begriff der Erfindung als erfüllt anzusehen, ohne daß etwas offenbart ist, was über die gewöhnliche fachmännische Tätigkeit hinausgeht. Der Technik müssen neue Wege gewiesen oder Lehren gegeben sein, zu denen der Fachmann nicht ohne weiteres in Verfolg seiner gewöhnlichen Arbeit gelangen konnte, I 16/1917, Urt vom 10. 10. 17. Der allmähliche, in kleinen Schritten vorwärtsgehende Fortschritt der Technik ist also nicht patentwürdig. Neuerdings ebenso RG Blatt 30 (1924), 224. Zu bemerken ist, daß die Erfindungshöhe nicht gerade in der Überwindung technischer Schwierigkeiten bei Ausführung der Erfindungsidee zu liegen braucht; auch schon die Idee, in einer bestimmten Richtung oder auf einem neuen Wege nach Vervollkommnung zu suchen, kann Erfindungshöhe erweisen, wenn der Anlaß dazu „nicht nahe lag". Dieselben Regeln gelten in Nordamerika. Man unterscheidet zwischen „Erfindung, als dem Erzeugnis originellen Nachdenkens, und andrerseits den zutage liegenden, handwerksmäßigen Veränderungen, die dem ausgetretenen Pfade mechanischer Erfahrung folgen", Robinson, Bd. 1 § 109, Note; ganz ähnlich Engländer und in beschränktem Maße auch Franzosen.

Bereits in der Einleitung A 3 ist dargelegt, daß jedes Erfinden geistige Schöpferkraft der Norm nach erfordert. Daselbst sind Bemerkungen zur qualitativen Charakterisierung der Schöpferkraft hinzugefügt worden. Hier, bei Erörterung der Erfindungshöhe, handelt es sich um die Festsetzung, ein wie großes Maß von Schöpferkraft quantitativ erforderlich ist, um eine Erfindung patentfähig erscheinen zu lassen. Gegenüber einem anscheinend nicht auszurottenden Mißverständnisse ist von Anfang an zu betonen (und wird immer wieder betont werden), daß es nicht darauf ankommt, in welcher Weise dieser einzelne Erfinder diese Erfindung gemacht hat, ob durch Zufall, ob im Schlaf, ob durch jahrelange Arbeit. Es kommt vielmehr darauf an, ob sich die Erfindung von dem bereits bekannten um mehr unterscheidet, als der Norm nach einem durchschnittlichen Sachverständigen bei herkömmlicher Arbeitsweise erreichbar war. Bei herkömmlicher Arbeitsweise: entscheidend kann selbstverständlich nicht sein, ob die Erfindung dem durchschnittlichen Fachmanne durch jahrelange Bemühungen vielleicht doch erreichbar war.

Aus dem Vorstehenden ergibt sich, daß ein subjektiver Maßstab nicht angelegt werden darf; sonst müßte dem beweglichen, leicht arbeitenden Geiste Schutz für eine Erfindung versagt werden, die dem schwerfälligen Geiste zu schützen wäre. Auch der subjektive Erkenntnisstand des einzelnen Erfinders ist ganz gleichgültig. Das Reichsgericht hat im Urt vom 19. 1. 07, I 297/1906, mit Recht ausgeführt: allerdings sei die Eingebung der Idee dadurch begünstigt, daß der Erfinder Spezialist für die Erbauung von (gewissen ähnlichen Apparaten) war.... derartige Umstände spielen bei vielen Erfindungen eine große Rolle, sie mögen den subjektiven Wert des Erfindungsgedankens schmälern, berühren aber den Begriff der Erfindung nicht. — Es ist also unzutreffend, wenn man wie häufig geschieht, die Erfindungshöhe als subjektives Erfordernis der Patentfähigkeit hinstellt und im Gegensatz zu den objektiven Erfordernissen setzt. Auch die Erfindungshöhe ist nach objektivem Maßstab zu bemessen ohne Rücksicht auf die subjektive Geistesrichtung und -fähigkeit des Erfinders oder auf die Genesis der Erfindung. Allerdings enthält die Beurteilung der Erfindung in gewissen Richtungen sogenannte Werturteile, die auf subjektiven Geistesrichtungen des Beurteilers beruhen können; das hat aber mit der Subjektivität des Erfinders jedenfalls nichts zu tun. — Mit Recht hat L. Fischer, GewR 33 (1928), 414 darauf hingewiesen, daß in manchen Fällen an einer einheitlichen Erfindung mehrere Personen miteinander oder nacheinander arbeiten — der eine erkennt die bisherigen Mißstände und stellt die Aufgabe, sie zu vermeiden, der andere führt das ins Werk —, daß dann unter Umständen die Tätigkeit keiner der Personen als wirklich schöpferisch zu bewerten ist — die Aufgabe trat aus dem Fabrikbetriebe ohne weiteres hervor, die konstruktive Ausführung war unschwierig —, daß aber trotzdem objektiv eine Erfindung von erheblicher Bedeutung vorliegen kann, deren Patentfähigkeit nicht zu bezweifeln ist. Auch dieses Beispiel zeigt klar, daß es für die Patentwürdigkeit der fertigen Erfindung nicht auf die qualitative Art der Geistestätigkeit des Erfinders ankommt.

Es ist getadelt worden, daß das Reichsgericht die Beurteilung der Erfindungshöhe mehrfach von der subjektiven Einstellung des Erfinders abhängig gemacht habe, und daß Erfindungshöhe verneint sei, wenn die Erfindung dem Erfinder „nahegelegen" habe. Der Ausdruck naheliegend ist in der ganzen Welt gebräuchlich; im Englischen heißt der Ausdruck: obvious to persons skilled in the art, vgl. z. B. Robinson § 78, Note 1. Zuzugeben ist, daß hin und wieder Ausdrücke, die sich in Urteilen des Reichsgerichts vereinzelt finden, einen anderen Anschein erwecken könnten. In dem Urteil MuW 11, 527, ist die Erfindungshöhe verneint, weil die Erzielung der erstrebten Vorteile nicht auf einem erfinderischen synthetischen Denken, sondern auf einer rein analytischen, nach den gewöhnlichen Gesetzen der Logik vor sich gehenden Denkoperation beruht habe. Es wird sich nicht bestreiten lassen, daß auch analytische Denkoperationen hervorragend patentwürdig sein können; Erfindungen können auch durch logischen Scharfsinn hervorgebracht werden, brauchen nicht auf Phantasie, Intuition oder dgl. zu beruhen. — Auch in dem Beispiel der Anwendung von Dreschmaschinen zum Zerreißen von Papier und ähnlichen Zwecken, § 1 A 32, Nr. 16, sind Ausdrücke gebraucht, die auf die Genesis der Erfindung Wert zu legen scheinen. Eine Abweichung von der sonst gleichmäßigen Rechtsprechung, die nur auf den objektiven Tatbestand Wert legt, ist in diesen Urteilen nicht zu finden; die Ausdrucksweise war durch die Besonderheit des Einzelfalles veranlaßt. Die Richtung der herrschenden Rechtsprechung geht klar daraus hervor, daß die Patentfähigkeit von Zufallserfindungen, die also den Erfinder überhaupt keine geistige Anstrengung gekostet hatte, niemals bezweifelt ist. Gareis, 1890 S. 55: so ist das Pulver und so ist das Porzellan auf einem Wege gefunden, welcher nicht eingeschlagen war, um Produkte dieser Art herzustellen. Wenn bei diesen Arbeiten den Naturkräften unbeabsichtigt die Bedingungen dargeboten wurden, unter welchen die neuen brauchbaren Körper entstanden, und die glücklichen Erfinder hierdurch in die Lage versetzt wurden, die durch menschliche Tätigkeit darstellbaren Bedingungen für die Entstehung jener neuen Körper festzustellen . . ., so hat noch niemand gezweifelt, daß in solchen Fällen Erfindungen vorliegen. — Aus den angeführten Gründen kann es namentlich auch erfinderisch sein, wenn durch systematisches Ausprobieren, das — mit Unrecht — den Anschein erwecken kann, als ob es keiner Geisteskraft bedürfe, neue Erzeugnisse oder Ergebnisse erzielt werden, vgl. Einleitung, A 3 a. E.

Die Feststellung der Patentwürdigkeit erfordert nach vorstehenden Erörterungen einen Vergleich der neuangemeldeten Erfindung mit dem bereits Bekannten. Zum Vergleich ist — entgegen einer früher herrschenden Meinung — nach der jetzt geltenden Auffassung nur das heranzuziehen, was nach den Vorschriften des § 2 bekannt geworden ist, also z. B. nicht, was aus der ausländischen Praxis zu entnehmen ist, vgl. § 1 A 40.

Das Patentamt ist vielfach andere Wege gegangen als das Reichsgericht. In den Entscheidungen Blatt 19 (1913), 297; 21 (1915), 246, hat es für allein entscheidend erklärt, ob ein technischer Fortschritt vorliege, und zwar verlangt es einen erheblichen technischen Fortschritt, GewR 21 (1916), 59. Das Patentamt hält es für ein individualpsychologisches Argument, wenn man erörtere, ob die Erfindung für den Fachmann auf der Hand gelegen habe, und dabei die soziale Nützlichkeit, die fortschrittliche Bedeutung der Erfindung außer acht lasse. Letzteres ist ein unbegründeter Vorwurf; daß der Fortschritt nicht außer acht bleiben darf, ist § 1 A 35 ff. dargelegt. Auch von der Praxis ist mehrfach eingewandt worden, die Schätzung der Erfindungshöhe müsse notwendig ganz subjektiv ausfallen und entbehre jeder objektiven Bestimmtheit; der durchschnittliche Sachverständige, ein Normalgeschöpf mit Durchschnittspsychologie und durchschnittlichen geistigen Hemmungen, sei eine Fiktion des Patentamtes, L. Fischer, Betriebserfindungen S. 7 f. Diese Kritik ist unberechtigt. Was der durchschnittliche Fachmann leisten kann, ist mit Leichtigkeit auszumachen, wenn man einen Ingenieur von durchschnittlichen Fähigkeiten, der in dem zur Erörterung stehenden besonderen Zweige der Technik nicht bewandert ist, mit der Lösung des Problems beauftragt, das die zu patentierende Erfindung gelöst hat; so ist das englische Gericht in einem ähnlichen Falle vorgegangen, vgl. hierfür und für den Begriff des durchschnittlichen Fachmannes § 2 A 38. Wie in der deutschen, so ist auch in der amerikanischen und englischen Patentpraxis der Mann skilled in the art, der competent workman ein seit langen Jahren eingeführter Begriff, der sich durchaus bewährt hat. Bei allen diesen Bemängelungen ist die Frage der Subjektivität unzutreffend aufgefaßt. Jedes Werturteil ist insofern subjektiv, als es von der Auffassung, von der Schätzung des Urteilenden abhängt. In diesem Sinne subjektiv ist allerdings das Werturteil, ob Erfindungshöhe, „naheliegend für den Fachmann“ gegeben ist. Genau in demselben Sinne und in demselben Grade subjektiv ist aber auch das Werturteil, ob ein erheblicher Fortschritt vorliegt. Ein Mißverständnis schleicht sich ein und die Erörterung wird auf ein ganz anderes Gebiet hinübergespielt, wenn man von „individualpsychologischen Argumenten“ spricht. Denn das soll doch die Sache so darstellen, als wenn es auf die individuelle Psyche des Erfinders ankomme. Davon ist mit keinem Worte die Rede, wie bereits genügend betont. Genau so irreführend ist es, wenn man glaubt, das Urteil, es liegt ein erheblicher Fortschritt vor, sei objektiver als das Urteil, die Erfindung war für das durchschnittliche fachmännische Können nicht erreichbar. Beide sind subjektiv in dem Sinne, daß sie von der Schätzung des Urteilers abhängen; beide sind objektiv in dem Sinne, daß es auf die Psyche des Erfinders nicht ankommt. Anm. 27.

Man könnte den ganzen Streit über die Erfindungshöhe begraben, wenn beide Meinungen auf dasselbe hinausliefen. Aber das ist eben nicht der Fall. Bei großen Erfindungen ist kein Unterschied vorhanden, denn große Erfindungen werden immer patentiert, Erfindungshöhe ist immer gegeben. Aber bei mittleren und kleineren Erfindungen tritt ein Unterschied hervor. Soll jeglicher kleine Fortschritt ohne Rücksicht auf Erfindungshöhe zur Patentierung genügen, dann muß man alles patentieren bis an die Grenze des Gebrauchsmusters, und die deutschen Patente wären diskreditiert. Soll stets Erheblichkeit des Fortschritts gefordert werden, dann kann man zahlreiche Erfindungen nicht patentieren, deren praktischer Fortschritt einstweilen gering ist, die aber Scharfsinn aufweisen, und die Keime zu größerem in sich tragen, von denen also zu erwarten ist, daß ihr Erfinder sie bei Schutzgewährung vervollkommnen und ausbauen wird, die Patentschutz mithin durchaus verdienen. Dies Ergebnis läßt sich nur erreichen, wenn man jeglichen Fortschritt für genügend erklärt, aber immer Patentwürdigkeit, d. i. Erfindungshöhe daneben verlangt. — „Muß hiernach der Angriff des Klägers gegen die Neuheit (der Erfindung) als mißlungen angesehen werden, so bleibt nur noch zu prüfen, ob die Anordnung als erfinderisch bewertet werden kann und ob sie einen technischen Fortschritt herbeigeführt hat" (Urt vom 7. 2. 14, I 362/1912).

In Vorstehendem ist die Patentwürdigkeit aus neuer, nicht naheliegender Erkenntnis, also aus einer Verstandestätigkeit hergeleitet. In einzelnen Fällen haben andere Arten geistiger Betätigung zur Annahme von Patentwürdigkeit geführt. Gemäß den Grundsätzen über die sog. erfinderische Aufgabenstellung ist es hin und wieder als patentwürdig angesehen, wenn jemand es zum ersten Male unternimmt, ein hervorgetretenes soziales Bedürfnis zu befriedigen (vgl. § 1 A 77). Hier liegt also das Verdienst in der Initiative. In anderen Fällen hat man es als patentwürdig angesehen, wenn jemand die Kühnheit besitzt, zum ersten Male Maßnahmen, die bisher als aussichtslos galten, in die Praxis einzuführen. — In derartigen Lagen ist aber große Vorsicht vonnöten; im allgemeinen läßt sich nicht sagen, daß Initiative und Wagemut geeignet sind, als Grundlage für Patentierungen den Verstand zu ersetzen (A 28 Ziff 11).

Anm. 28. **Kasuistik.** In vielen der von A 93 an behandelten Einzelfälle ist das Vorliegen der Erfindungshöhe (neben Fortschritt) der streitige springende Punkt, so bei den Fällen der Konstruktion, der Übertragung, der Anwendung, der Herstellung aus neuem Stoffe, der Veränderung von Gestalt und Größe, der Überwindung von Vorurteilen. In dieser Anmerkung soll noch auf einzelne Erfindungstypen hingewiesen werden, bei denen Zweifel über die Erfindungshöhe aufgetaucht sind.

1. Erfindungshöhe ist so gut wie immer vorhanden, wenn das Bedürfnis nach der erfundenen Vorrichtung bereits längere Zeit hervorgetreten war, ohne daß jemand dem Bedürfnisse hätte Genüge tun können. Dieser Grundsatz ist allgemein anerkannt; vgl. Blatt 9 (1903), 253; Gareis, Bd. 6 S. 123. Erfindungshöhe kann deshalb auch dann gegeben sein, wenn eine Erfindung schon „in der Luft" gelegen hatte, also wenn Anlaß zu dieser Erfindung schon immer gegeben war. „Was jetzt leicht zu erkennen ist, war nicht immer leicht zu erfinden." Die maßgebenden Grundsätze sind gut zusammengefaßt in einem neuen amerikanischen Urteil Fed. Rep. 2. Reihe Bd. 20 S. 313: Wieder und wieder haben die Gerichte betont, daß das, was auf der Hand gelegen zu haben scheint, wenn die Erfindung erst gemacht ist, dennoch häufig aus erfinderischer Kraft hervorgegangen ist. Deshalb wird in geeigneten Fällen mehr auf die historische Entwicklung, die zu der Erfindung geführt hat, als auf die ex post anzustellende Beurteilung der Erfindung Wert gelegt. Wenn die jetzt angewandten Mittel für den Erfolg wesentlich sind und wenn niemand längere Zeit hindurch auf ihre Anwendung verfallen war, dann ist es unerheblich, daß die Mittel an sich immer schon zur Hand waren und daß die Abänderung der neuen Erfindung gegen bereits bekannte Vorrichtungen gering ist.

2. In der Regel weist es Erfindungshöhe auf, wenn erkannt wird, daß von mehreren zur Erreichung eines technischen Zieles sich darbietenden Arbeitsmitteln oder Verfahren eines besser wirkt, als die übrigen. Denn wenn das bisher in der Praxis nicht erkannt war, so ist anzunehmen, daß es mehr als des durchschnittlichen Sachverstandes bedurfte, um es zu erkennen, besonders wenn bestimmte Ausgestaltungen der Mittel oder des Verfahrens erforderlich werden, Blatt 17 (1911), 291. Die Auswahl des besten Mittels ist erfinderisch, wenn besondere Erfolge erzielt werden und die Auswahl oder die Anwendung des Mittels Geisteskraft erfordert. Wohl zu bemerken ist aber: wurde das Mittel neben anderen bereits in der Praxis angewandt, so ist die bloße Erkenntnis, daß gerade dieses vorteilhafter wirkt, nicht patentfähig. Da die Auswahl des besten Mittels häufig einen Streitpunkt bildet, seien folgende Beispiele angeführt. I 119/1917:, Urt vom 2. 3. 18: andere Möglichkeiten für die Anordnung der Zähler (als die zwei vorstehend beschriebenen) kommen ... nicht in Frage. Es kann aber nicht als eine Erfindung anerkannt werden, wenn das angefochtene Patent von jenen beiden Möglichkeiten diejenige vermied, auf die der Fachmann ernstlich nicht

kommen konnte, und diejenige wählte, die sich ohne weiteres ergab. Weiter folgende englische Urteile. Rep. of Pat. Cases 26, 710: eine deutsche Firma beanspruchte ein Patent, gewisse Teile an dynamoelektrischen Maschinen aus nichtmagnetisierbarem Stahl wie Nickelstahl herzustellen. Einem Einsprechenden war patentiert, jene Teile aus Messing oder Phosphorbronze herzustellen. Die Anmeldung wurde zurückgewiesen. Es gebe nur wenige geeignete nicht magnetisierbare Metalle, hauptsächlich Messing, Phosphorbronze, Nickelstahl. Es sei nicht erfinderisch, aus jener Zahl neben den bereits angewandten zwei Legierungen die dritte übrig bleibende auszuwählen. Rep. of Pat. Cases 26, 101: angemeldet war, Wolframdrähte für Glühlampen in einem inerten Gase durch Gleichstrom zu erhitzen und zu sintern. Man hatte schon zum gleichen Zwecke Erhitzung in einem inerten Gase oder auch im Vakuum vorgenommen, aber unterschiedslos mit Gleichstrom oder mit Wechselstrom. Der Anmelder sah die Erfindung darin, daß er vorschrieb, gerade dann, wenn man ein inertes Gas verwenden wolle, Gleichstrom zu benutzen. Die Anmeldung wurde zurückgewiesen: herauszufinden, daß im Vakuum der Wechselstrom gut wirke, im inerten Gase dagegen nur Gleichstrom, sei Entdeckung, aber nicht Erfindung.

3. Liegt Erfindungshöhe vor, wenn, nachdem eine neue wissenschaftliche Erkenntnis hervorgetreten ist, diese in die Praxis umgesetzt, also darauf hin eine neue Vorrichtung konstruiert, ein neues Verfahren ausgearbeitet wird? Es kommt darauf an, ob entweder der Gedanke an sich, die wissenschaftliche Erkenntnis in der Praxis anzuwenden, oder aber die praktische Ausgestaltung Schwierigkeiten machte, die der durchschnittliche Sachverständige nicht überwinden konnte. Das ist vom Reichsgericht verneint in dem Falle **IndR 4, 284**. Weiter folgende Beispiele:

Bekannt war, Nitrozellulose zu denitrieren. Nicht beobachtet war, daß denitrierte Zellulose ihre faserige Struktur verloren hat und amorph und homogen geworden ist, so daß sie sich eignet, zu Glühfäden für elektrische Glühlampen verarbeitet zu werden. Letzteres ist eine Erfindung, Bolze 11 Nr 103.

Wenn man vom verwickelten Laboratoriumsversuch über Schwierigkeiten hinweg zu einem technischen Verfahren gelangt, liegt Erfindungshöhe vor (Wehnelt Unterbrecher), Blatt 10 (1904), 77.

Das Thermitverfahren von Goldschmidt lehrte, daß Sauerstoffträger mit feingepulvertem Aluminium sehr starke Hitze entwickeln. Die Anwendung dieser Erkenntnis auf die Herstellung von Sprengstoffen, indem Aluminium zu salpetersaurem Ammonium hinzugefügt wird, ist eine Erfindung (I 439/07, Urt vom 24. 6. 1911).

Andererseits: Lange hatte wissenschaftlich festgestellt, daß bei Telephonkabeln die Drallängen benachbarter Doppeladern verschieden seien oder aber die Drallphasen um 90° verschoben sein müssen, um schädliche gegenseitige Beeinflussungen der Drähte zu verhindern. Die Umsetzung dieser Erkenntnis in die Praxis, also die Erbauung einer Maschine, die jene Anforderungen erfüllte, war nicht erfinderisch, weil in der Seiltechnik bereits Maschinen bekannt waren, die ohne Schwierigkeit jenen Anforderungen entsprechend umgestaltet werden konnten (I 207/17, Urt vom 19. 6. 18). Vgl. im übrigen die zutreffenden Ausführungen Gareis, Bd. 3 S. 42 und Schanze, Industrierechtl. Abh. Bd. 1 S. 179, und folgende Ausführungen des Patentamts, BeschwAbt vom 15. 5. 13 (Patent 261819): auch die Anwendung bekannter Regeln kann zur Erteilung eines Patents führen, wenn sie zielbewußt verfolgt wird und durch sie ein neuer technischer oder wirtschaftlicher Erfolg erreicht wird. Die Erfolge von Erfindungen beruhen häufig letzten Endes auf der scharfsinnigen Anwendung theoretischer Regeln, die in das Praktische übersetzt sind.

Mit besonderer Betonung ist jedoch hervorzuheben, daß in allen diesen Fällen sehr eingehende Prüfung nötig ist. Es darf nicht dazu kommen, daß, wenn ein Wissenschaftler eine Ansicht vorsichtig, selbst fragend oder zweifelnd geäußert hat, derjenige ein Patent erhält, der damit zuerst zum Patentamt läuft, und dann die Früchte der geistigen Tätigkeit eines anderen für sich allein auf 18 Jahre beschlagnahmt. Wer einen wichtigen theoretischen Gedanken in kleine Münze umsetzt, hat keineswegs immer ein patentwürdiges Verdienst. In der Regel läßt man sich mit dem Erfahrungssatz begnügen, daß von der theoretischen Erkenntnis oder auch vom Laboratoriumsversuch bis zur Praxis ein weiter Weg sei. Das trifft manches Mal zu, manches Mal aber auch nicht. Bündiger, als bisher vielfach geschehen, wird der Nachweis gefordert werden müssen, welche Schwierigkeiten zu überwinden waren und wie sie überwunden sind. Mit der Aneignung fremder Gedanken darf es nicht zu leicht genommen werden. Zweifel erweckt die Entscheidung MuW 19, 230. M. Wien hatte einen Aufsatz über Schwingungen gekoppelter Sender veröffentlicht und darauf hingewiesen, daß es auf eine bestimmte Weise gelingen möge, wenig gedämpfte Schwingungen zu erzielen. Gemäß diesen Anregungen hatte eine Fabrik praktische Versuche angestellt, die sofort zum Ziele führten, hatte ein Patent erwirkt und dabei angeführt, daß der richtige Grad der Koppelung, die „kritische Koppelung", von Bedeutung sei, worauf gleichfalls Wien schon hingewiesen hatte. Das Reichsgericht hat dem Patent den Schutz eines weitreichenden allgemeinen Erfindungsgedankens zugebilligt. Ob das ohne jedes Bedenken ist, läßt sich bezweifeln, da alles auf Gedanken Wiens beruhte.

4. Liegt Erfindungshöhe vor, wenn, wie man zu sagen pflegt, die Erfindung erst vom Prüfer oder erst vom Sachverständigen im Nichtigkeitsverfahren gemacht wird? Zunächst ist streng zu scheiden: häufig handelt es sich in den Fällen, die hierzu angeführt werden, nur darum, daß der Prüfer oder der Sachverständige die Vorteile oder Vorzüge der bereits fertigen Erfindung erkannt haben. Hierauf kommt nichts an. Auch noch im Nichtigkeitsverfahren können andere Vorzüge zugrunde gelegt werden, als der Erfinder erkannt hatte (vgl. § 10 A 9). Die Erkenntnis der wahren Vorzüge ist kein integrierender Bestandteil der Erfindung. Hat aber wirklich einmal erst der Prüfer die Erfindung gemacht, so kommt dies dem Anmelder zugute, wenn ihm daraufhin dies Patent erteilt wird, RG Blatt 8 (1902), 115. (Die daselbst aus der mangelnden Bekanntmachung gezogene Folgerung wird heute nicht mehr anerkannt.) Sollte dagegen erst nach Patenterteilung, etwa im Nichtigkeitsverfahren, ein Sachverständiger die Erfindung gemacht, d. h. die richtige technische Anweisung gegeben haben, so muß das außer Spiel bleiben, denn Nichtigkeitsbehörden und Gerichte haben das Patent so hinzunehmen, wie es erteilt ist. Sie können es nicht nachträglich zugunsten des Erfinders verbessern, können nicht eine unzureichende oder unrichtige technische Anweisung in eine zutreffende verwandeln. Was dagegen der Prüfer tut, geht, wenn der Anmelder es sich gefallen läßt, zu dessen Gunsten, falls es vorteilhaft ist, und zu dessen Lasten, falls es unvorteilhaft ist (vgl. § 20).

5. Patentwürdigkeit verschiedener technischer Einzelmaßnahmen. In zahllosen amerikanischen Urteilen ist hervorgehoben, daß es nicht patentwürdig ist (von ganz seltenen Fällen abgesehen), Teile von Vorrichtungen, die bisher aus zwei oder mehreren Einzelteilen hergestellt wurden, jetzt aus einem Stück herzustellen, oder umgekehrt. Der Gedanke, so zu verfahren, liegt für die heutige Technik auf der Hand; die Ausführung macht keine Schwierigkeiten. — Bei manchen Maschinen empfiehlt es sich, Teile, die leicht einem Verschleiß unterliegen, auswechselbar zu gestalten. Ob das patentwürdrig ist, darüber schwankt die deutsche Rechtsprechung. Patentfähigkeit ist vom Reichsgericht verneint Blatt 11 (1905) S. 126: der Gedanke, gewisse Teile auswechselbar zu machen, ist allgemein bekannt. Entgegengesetzt IndR 14, 116 (Auswechselbarkeit von Schärfflächen) und Beispiel 28 in A 34 (Düsen bei Dampfstrahl-Gassaugeapparaten). Im allgemeinen wird die Frage zu verneinen sein. Patentwürdigkeit liegt nur dann vor, wenn die Konstruktion Schwierigkeiten macht; der Gedanke selbst liegt heutzutage jedem Techniker nahe. Gleiche Beurteilung tritt ein, wenn eine Vorrichtung Schneidmesser enthält, die sich abstumpfen, wenn Walzen herausnehmbar gestaltet werden usw. — In Nordamerika wird weiter die „Adjustierbarkeit" als nicht erfinderisch angesehen, d. h. die Idee, eine Vorrichtung so zu gestalten, daß sie sich den Erfordernissen des Augenblicks, des zu bearbeitenden Materials anpassen läßt usw.; diese Aufgabe zu stellen, ist selbstverständlich; dagegen kann ihre Ausführung unter Umständen erfinderisch sein. Patentfähig ist deshalb nicht eine einfache Einrichtung, die schräge Lage einer rotierenden Trommel zum Trocknen von stofflichem Material je nach Erfordernis zu vergrößern oder zu verkleinern. — Bei Vorrichtungen, die periodisch gereinigt oder ergänzt oder ersetzt werden müssen, ist im allgemeinen der Gedanke nicht mehr erfinderisch, sie gruppenweise anzuordnen, so daß im Interesse der Kontinuierlichkeit des Betriebs die eine Gruppe in Tätigkeit bleiben kann, während die andere gereinigt wird.

6. Nicht selten tritt die Neigung hervor, alles, was auf feineren oder schwierigeren Gebieten geschieht, für erfinderisch zu halten. Das ist unberechtigt. Nicht alle Arbeiten der Feinmechanik sind um deswillen erfinderisch, weil sie häufig schwierig sind. Man muß die Dinge vom Standpunkt des Feinmechanikers aus ansehen.

7. Ersatz von Handarbeit durch Maschinenarbeit ist an sich nicht erfinderisch, denn danach strebt jeder Techniker. Auch der Umstand, daß das maschinelle Verfahren schneller und billiger arbeitet, bewirkt nicht Patentfähigkeit, denn das ist in der Regel so. Es muß die erfinderische Überwindung von Schwierigkeiten in der maschinellen Ausführung hinzukommen. Zweifelhaft deshalb folgende Entscheidung des Reichsgerichts:

Beim Gießen von Stahl in Gußformen entstehen, wenn der geschmolzene Stahl erkaltet, schädliche Blasen aus Kohlenoxydgas. Deren Entstehung wurde durch Rühren von Hand verhindert. 286702 schützte einmal die Bauart eines maschinell betriebenen Rührwerks, zweitens aber auch den allgemeinen Gedanken, die Aufgabe, das Rühren maschinell zu betreiben. Letzteres hat das Reichsgericht im Nichtigkeitsverfahren gebilligt mit der Begründung, das erfinderische Verdienst des Beklagten bestehe in der Erkenntnis, daß eine vollkommene Entfernung der Blasen (in großen Gußformen) nur durch maschinellen Betrieb, der schnelleres und kräftigeres Umrühren ermöglicht und die Arbeiter vor dem Aufspritzen flüssiger Metallteile schützt, erreicht werden kann. — Jene abstrakte „Erkenntnis" lag doch kaum fern; die Ausführung war das schwierige (I 88/1916, Urt vom 1. 11. 16).

8. Die neue Anwendung eines bekannten Maschinenelementes in einer bekannten Maschine kann erfinderisch sein, wenn die Anwendung dieses Elements in dieser Maschine dem Sachverständigen nicht nahelag.

Daß die Anwendung eines bekannten Maschinenelements bei einer bekannten Maschine auf einer Erfindung beruhen kann, ist anerkannten Rechts. Daß vorliegendenfalls die Anwendung eines bekannten Getriebes auf die ebenfalls bekannte Schwellenbohrmaschine nicht so nahegelegen haben kann, wie der Kläger es hinstellt, zeigt die Entwicklung, die der Kläger selbst dieser von ihm erfundenen Maschinenart gegeben hat. Wenn demjenigen, der als Pioniererfinder auf diesem Gebiete gelten darf, nicht eingefallen ist, die erwünschte Vereinfachung durch Anwendung des dafür geeigneten, allgemein bekannten Getriebes herbeizuführen, so muß dieser Einfall bei einem anderen als erfinderisch gelten (Patentamt [Nichtigkeitsabteilung] Entsch vom 2. 12. 13).

9. Ersatz eines Arbeitsmittels durch sein technisches Äquivalent ist grundsätzlich nicht erfinderisch. Denn die technischen Äquivalente eines Arbeitsmittels sind aus jedem Handbuche zu ersehen. Anders mag die Sache unter Umständen liegen, wenn das neue Arbeitsmittel als technisches Äquivalent noch nicht bekannt gewesen sein sollte. Zweifelhaft wird die Frage nach der Erfindungshöhe, wenn das Ersatzmittel im Einzelfalle besser wirkt. Ist die bessere Wirkung unerheblich, nur in einem Grade vorhanden, mit dem man als möglich von vornherein rechnen mußte, so liegt kein erfinderischer Schritt vor. Ist dagegen der Vorteil hervorragend, so ist Erfindungshöhe gegeben. Letzterenfalls kommen die Grundsätze über die Auswahl des besten Mittels zur Anwendung (vgl. oben Ziff 3). Beispiel: Patentamt Blatt 26 (1920), 108. Ferner Damme-Lutter S. 187: Verbindung von Holzplatten durch Nut und Feder oder Loch und Zapfen sind technisch äquivalent. Sind die Holzplatten so dünn und klein, daß sie durch die Nut unzulässig geschwächt werden, so kann der Ersatz durch Loch und Zapfen erfinderisch sein; Patent 144570. Groß ist die Erfindungshöhe freilich nicht. Für weitere Fälle, in denen der Ersatz durch technische Äquivalente patentfähig ist, vgl. § 4 A 61 a. E.

10. Die sog. kinematische Umkehrung ist in der Regel nicht erfinderisch, Blatt 8 (1902) S. 154, doch gibt es manche Ausnahmen. Für die Umkehrung bei Maschinen ist die Lage in vielen Fällen durch die Lehren der Mechanik klargestellt; vgl. z. B.: für die Umformung der Teigstücke in die kugelige Form ist notwendig, daß zwischen zwei Flächen eine Relativbewegung stattfindet. Welche der beiden Platten sich bewegt, ist gleichgültig ... Es handelt sich um die Umkehrung eines zwangläufigen Parallelkurbelgetriebes; nach den Lehren der Zwangslaufmechanik ist ein solches Getriebe umkehrbar; dadurch kommt keine neue Wirkung zum Vorschein (NichtAbt Entsch vom 28. 4. 27; vgl. auch die zutreffenden Ausführungen Gareis Bd. 3 S. 31; weiter z. B. IndR 1915, 172). Selbstverständlich ist, daß, wenn es sich nicht um eine derartige Umkehrung mechanischer Bewegungen handelt, Patentwürdigkeit gegeben sein kann. Bei der Herstellung von Bindgarn aus Papier verfuhr man in der Weise, daß man die Papierbahn in Streifen zerschnitt, diese anfeuchtete und sodann aufrollte. Entgegen dieser üblichen Maßregel ist patentiert worden: die Papierbahn zuerst anzufeuchten und sie erst dann unter Spannung aufzurollen und gleichzeitig in Streifen zu schneiden; das Ergebnis war vorteilhafter, deshalb Patentfähigkeit (Urt vom 16. 12. 1922, I 672/1921). — Keine Patentfähigkeit, wenn keine bessere Wirkung: bei der Parallelschaltung von Synchrongeneratoren verfuhr man allgemein so, daß man zunächst parallel schaltete und dann erst das Magnetfeld anregte; der Vorschlag umgekehrt zu verfahren, ist als nicht patentfähig erachtet, weil kein besseres Ergebnis erzielt wurde (Österr Patentblatt 1921, 18).

11. Hin und wieder findet man als Ersatz der Erfindungshöhe angeführt, daß zur Vornahme der neuen Erfindung eine gewisse Kühnheit gehört habe. Dabei muß man Vorsicht walten lassen. Wagnis ist kein Grund der Patentmöglichkeit. Sicherlich aber zutreffend in folgender Verbindung: das von Linde erfundene Verfahren zur Herstellung von Sauerstoff aus flüssiger Luft übernimmt die in der modernen Spiritusrektifikation ausgearbeiteten Grundsätze. Es gehörte eine gewisse Kühnheit zu diesem Schritte, den auch Lindes Vorgänger keineswegs unternommen hatten ... Die Möglichkeit konnte theoretisch geahnt werden; die Verwirklichung erforderte eine erfinderische Tat (I 271/12; Urt vom 26. 4. 13).

12. Man darf sich nicht zu leicht bereitfinden lassen, die Erfindungshöhe bei einer Erfindung schon um deswillen zu bejahen, weil sie Erfolg im praktischen Leben gehabt hat. Es besteht vielfach die Neigung, niemals ein Patent auf eine erfolgreiche Erfindung zu vernichten. Das ist durchaus unberechtigt. Der Erfolg ist sehr häufig auf ganz andere Momente zurückzuführen als auf ein erfinderisches Verdienst. In Amerika wird ausnahmslos die Regel befolgt: der Erfolg gibt zwar häufig ein Anzeichen für erfinderisches Verdienst, wenn andere Beweismomente hinzutreten; niemals aber einen überzeugenden Beweis für sich allein.

13. Daß zur Beurteilung der Erfindungshöhe nur dasjenige Maß von Erkenntnis und derjenige Stand der Technik herangezogen werden dürfen, die zur Zeit der Anmeldung der Erfindung vorlagen, ist selbstverständlich. Es ist nicht selten eine schwierige und heikle Aufgabe, sich in den Geist jener Zeiten zu versetzen. Allgemein anerkannt ist, daß die Erfüllung dieser Aufgabe von der größten Bedeutung ist. Für die Feststellung des Standes der Technik, von dem aus die Erfindungshöhe zu beurteilen ist, gelten die Bestimmungen des § 2, wie bei der Erörterung des Fortschritts dargelegt ist (§ 1 A 40). Ausländische Praxis, sowie inländische, bloß mündliche Kundgebungen sind also bei der Beurteilung der Erfindungshöhe nicht zu berücksichtigen.

Anm. 29. Auf dem hier vertretenen Standpunkte, daß zur Beurteilung jeder Erfindung Erfindungshöhe gehört, stehen, soweit bekannt, alle großen Industrieländer, vielleicht teilweise mit Ausnahme Frankreichs. Es muß qualitativ mehr geleistet sein, als jeder Fachmann leisten kann. Demgegenüber ist die Größe des technischen Fortschritts weniger von Bedeutung (vgl. A 44), wenn nur überhaupt ein Fortschritt vorhanden ist. Robinson § 78 Note 1: nicht jede Verbesserung ist eine Erfindung; letztere muß das Ergebnis der erfinderischen Geisteskräfte sein und muß mehr in sich tragen, als was für jeden Fachmann auf der Hand liegt; § 341 Note 1: der Grad der Nützlichkeit ist gleichgültig.

Aus einem Beschluß des norwegischen Amtes für gewerblichen Rechtschutz vom 17. 3. 17: es erforderte keine besondere Gedankenarbeit, um die richtigen Schlüsse für die Brauchbarkeit des Materials zu Unterseekabeln mit Selbstinduktion zu ziehen, nachdem seine Ableitung bekannt war. Die Benutzung von Dr. Breisigs Formel erfordert keine besondere Tätigkeit gegenüber dem, was ein gewöhnlicher Fachtechniker leisten kann; daraufhin ist in Norwegen das nachgesuchte Patent für Benutzung eines neuen Materials für Unterseekabel versagt. Auch Holland hat das für diese Erfindung nachgesuchte Patent versagt (Beschluß vom 4./14. 1. 15), weil „unter diesen Umständen die Benutzung des Materials als für den Fachmann naheliegend erachtet werden muß".

Diejenigen, die für Deutschland das Erfordernis der Erfindungshöhe leugnen, führen an, daß in Nordamerika und in England die Theorie zwar das Vorliegen von Erfindungshöhe fordern möge, daß aber die Praxis sich nicht zu viel um diese Theorie kümmere. Das ist nicht zutreffend. Für Amerika sicherlich nicht, wie jeder Blick in die dortigen Entscheidungssammlungen zeigt, vgl. z. B. US Bd. 113, S. 59, Urteil des höchsten Gerichtshofs: obgleich die Erfindung von großem Nutzen gewesen ist, so liegt doch nicht Patentwürdigkeit vor, da irgendeine klare und positive erfinderische Geistestätigkeit über bloß mechanische Geschicklichkeit hinaus nicht ersichtlich ist. Auch die englische Praxis macht vollkommen Ernst mit jenem Erfordernis. Roberts, Grant and Validity of British Patents, gibt eine größere Anzahl der wichtigsten englischen Entscheidungen ausführlich wieder. Die Vernichtung von Patenten wegen mangelnder Erfindungshöhe ist durchaus nicht selten, vgl. S. 323, 329, 332, 391, 398, 431 (hier trotz großen kaufmännischen Erfolges) usw. Interessant ist, daß es in England bis vor 40—50 Jahren mit der Erfindungshöhe in den unteren Instanzen ziemlich leicht genommen wurde; noch 1881 äußerte ein Richter: wenn ein Ding neu und nützlich ist, dann liegt in 999 von 1000 Fällen eine schutzwürdige Erfindung vor (Roberts S. 280). Das Oberhaus verfolgte aber eine viel strengere Tonart; Lord Davey erklärte in einer Entscheidung 1896: wenn man meint, daß ein Artikel, der neu ist, schon deshalb geschützt werden kann ohne Rücksicht darauf, ob seine Herstellung das Ergebnis einer erfinderischen Tätigkeit ist, so stimme ich dem nicht zu, ich meine, das entspricht nicht dem Gesetze (Roberts S. 393). Ähnlich die soeben angeführten Entscheidungen. — Am wenigsten wird in Frankreich das Erfordernis der Erfindungshöhe anerkannt, wenigstens in der Theorie, (Pouillet Nr 15). In der Praxis bricht der Unterschied zwischen Erfindung und mechanischer Geschicklichkeit vielfach durch, Pouillet Nr 43 ter (6. Aufl).

Anm. 30. Wann nun im einzelnen Patentwürdigkeit in vorstehendem Sinne anzunehmen ist, das läßt sich nur durch Beispiele beleuchten. Es läßt sich nicht vermeiden, die Beispiele sogar zu häufen. Denn es wird gegen die herrschende Rechtsprechung der Vorwurf erhoben, daß sie es mit den Anforderungen an die Erfindungshöhe zu leicht nehme, wodurch einerseits die freie Bewegung der Industrie ungebührlich eingeschränkt, andererseits die Wertschätzung der deutschen Patente im In- und Auslande beeinträchtigt werde. Diese Vorwürfe traten schon vor dem Kriege hervor und haben seit Kriegsbeginn — besonders gegenüber den Vorprüfern und Prüfern des Patentamts — beträchtlich zugenommen. So hat noch neuerdings wieder die Industrie- und Handelskammer zu Essen, also ein zweifellos sachverständiges Organ, in ihrem „Tätigkeitsbericht" für 1925 S. 60 geäußert: . . . hinzukommt, daß stark darüber geklagt wird, daß zur Zeit sich beim Reichspatentamt die Neigung herausgestellt hat, die Prüfung angemeldeter Erfindungen auf Neuheit in den Vordergrund treten zu lassen, an die Erfindungseigenschaften, die Erfindungshöhe, aber immer geringere Anforderungen zu stellen. Hierdurch ist namentlich auch die Zahl der wegen ihrer langen Dauer ganz besonders zu beachtenden Patentrechte außergewöhnlich stark gestiegen. — Ebenso hat der

Verein deutscher Maschinenbauanstalten im Rundschreiben an seine Mitglieder 1920 die Zuvielpatentierung bemängelt, besonders die zu leicht gewährte Patentierung von „Übertragungen". Diese Mahnungen erscheinen als berechtigt, wenn man Patente wie das folgende betrachtet. 369771 schützt eine Aufhängevorrichtung für die Oberleitung von Grubenbahnen, dad. gek., daß bei der Einstellung der miteinander in Berührung kommenden Flächen diese gerauht sind. Am Hängenden befindet sich ein senkrechtes Eisenband, ebenso an der Drahtleitung ein aufrechtstehendes. Sie werden in verstellbarer Höhe durch eine Vorrichtung zusammengepreßt. Es ist wirklich patentiert worden, die Berührungsflächen zum Zwecke des besseren Haftens zu rauhen.

A. Patentwürdigkeit im allgemeinen.

Aus der Zeit bis 1912 seien nur einige Beispiele angeführt.

1. Blatt 7 (1901), 144: für patentwürdig ist erklärt das Stroboskop, eine Vorrichtung darin bestehend, daß Bilder auf elastischem Karton radial auf einer drehbaren Welle befestigt und beim Drehen der Welle durch einen Anschlag je einen Augenblick zurückgehalten werden, so daß die Bilder rasch nacheinander nach Art eines Kinos erscheinen. Erfindungshöhe ist angenommen, trotzdem einerseits bekannt war, Bewegungsvorgänge durch Abblättern eines Bilderbuchs zu zeigen, und andererseits, Annoncen, die auf einer Walze befestigt waren, durch Drehen der Walze nacheinander zu zeigen.

2. Blatt 12 (1906), 35: Erfindungshöhe ist verneint bei einer Vorrichtung zum Glätten und Abrunden der Stirnflächen von Zementdachziegeln, dad. gek., daß bei Zurückziehung der Platte, durch welche die Seitenflächen des Ziegels geglättet werden, gleichzeitig mit derselben Platte die Abrundung an der Stirnfläche geglättet wird, indem der angemessen gestalteten Platte eine drehende Bewegung erteilt wird. Bisher erfolgte das Glätten der Abrundung durch ein besonderes Glätteisen, das über die Abrundung des Formkastens geführt wurde. Das Reichsgericht hat ohne näheres Eingehen auf die Technik kurz erklärt, es habe sich nicht überzeugen können, daß die sehr einfache Vorrichtung auf einem Erfindungsgedanken beruhe, noch daß ein erheblicher technischer Fortschritt erzielt werde.

3. Blatt 12 (1906), 256: Erfindungshöhe ist verneint bei einem Verfahren zur Herstellung von Margarine, dad. gek., daß eine Emulsion von Eigelb und Glukose oder einer anderen Zuckerart der fertigen Margarine oder den Ausgangsmaterialien zugesetzt wird. Der Zusatz von Eigelb war bekannt; Zuckerarten enthält die Margarine immer schon an sich, z. B. in der zugesetzten Milch. In der Zusetzung einer Emulsion der beiden Stoffe ist nur ein naheliegender Handgriff zu finden, selbst wenn die Margarine mit der Emulsion besser sein sollte, als Margarine, der nur Eigelb zugesetzt wird.

4. Blatt 12 (1906) S. 308: in der Abänderung des Gehäuses eines ringförmigen Farbekissens einer Schreibmaschine, damit man sich beim Auswechseln des Farbekissens nicht die Finger beschmutzt, ist kein erfinderischer Schritt zu erblicken.

5. Blatt 15 (1909) S. 278 (Patentamt): es war bekannt, daß sich im Boden vielfach Stoffe finden, die, wenn oxydiert, wasserlöslich werden, sich deshalb im Grundwasser auflösen und dieses zum Gebrauch ungeeignet machen, während die Stoffe unschädlich, weil unlöslich, bleiben, wenn sie andauernd vom Grundwasser bedeckt sind und deshalb von der Luft nicht oxydiert werden können. Ein Erfinder schlug vor, aus diesen Gründen den Grundwasserspiegel unter Anwendung bekannter Mittel andauernd so hoch zu halten, daß jene Stoffe ständig überflutet werden. Das Patent ist versagt, weil von jener Erkenntnis bis zu dem vorgeschlagenen Mittel kein erfinderischer Schritt nötig war, vielmehr das Mittel sich aus der Erkenntnis ohne weiteres ergab.

Gegen alle diese Entscheidungen wird nichts einzuwenden sein. Es werden erheblichere Anforderungen an die Erfindungshöhe gestellt, z. B. in den Fällen 2 und 3, aber keineswegs unberechtigterweise.

Es scheint, daß von etwa 1912 an diese Anforderungen hin und wieder nachgelassen **Anm. 31.** haben, insbesondere bei sog. Übertragungspatenten, d. h. bei Erfindungen, nach denen eine für ein bestimmtes technisches Gebiet bekannte Vorrichtung oder Maßnahme auf einem anderen Gebiet angewendet, auf dieses Gebiet „übertragen" werden soll. Es sollen in folgendem zunächst Entscheidungen angeführt werden, die nicht mit Übertragungen zu tun haben. Auf diesem Gebiete liefert die reichsgerichtliche Rechtsprechung keine sehr große Ausbeute an zweifelhaften Fällen.

B. Patentwürdigkeit im allgemeinen seit etwa 1912.

6. 240078 drehbarer Plattenkondensator. Ein solcher besteht aus dünnen, dicht übereinander befindlichen Metallplatten, die sich nicht berühren dürfen, vielmehr möglichst genau den gleichen Abstand voneinander haben müssen. Bis zum Patent

stellte man zunächst die Platten her und brachte sie in gleichen Abständen an einer Metallsäule an. Das Patent gibt die Anweisung, man solle Platten und Säule durch Fräsen aus einem Metallblock herausarbeiten. Die Nichtigkeitsklage wandte ein, das sei lediglich eine andere fabrikatorische Maßnahme, die zudem schon bei der Herstellung von Klinkenstreifen und selbsttätigen Wählern für Fernsprechämter bekannt gewesen sei. Das Reichsgericht erkannte an, daß die Erfindung keine große sei, hielt sie aber für patentwürdig, weil die Arbeitsweise, besonders hinsichtlich der Genauigkeit der Abmessungen Vorteile habe. Bei Klinkenstreifen und Wählern bestehe die Gefahr des Durchschlagens von Funken nicht, die bei Kondensatoren vermieden werden müsse. Die Fräsmethode sei derzeit noch nicht so ausgebildet gewesen, daß ein Erfolg wahrscheinlich erschien. (Die Herstellung der Kondensatoren aus Spritzguß ist dagegen nicht patentwürdig erachtet, vgl. unten Nr 9.) (I 94/1917, Urt vom 5. 12. 1917.)

7. 225303 schützt die Zusammenfügung mehrerer selbstangetriebener Transportautos zu Straßenzügen, deren einzelne Fahrzeuge durch Kuppelung gesteuerte Lenkachsen besitzen. Bei solchen tritt leicht der Übelstand des Schlingerns ein. Bekannt war, die Schlingerbewegung durch eine automatisch wirkende Bremsvorrichtung der einzelnen Fahrzeuge auszugleichen. Die automatische Bremse trat erst in Wirkung, wenn das Schlingern bereits begonnen hatte. Das genannte Patent ist im Nichtigkeitsverfahren insoweit aufrechterhalten, als die Bremse von Hand zu bedienen war, weil man dann die Bremse schon anziehen konnte, sobald das Schlingern nur erst drohte. — Die Erfindungshöhe dürfte sehr klein sein (I 179/1917, Urt vom 26. 4. 19).

In folgenden Fällen ist die Patentwürdigkeit verneint.

8. Die Erfindung, einen — insbesondere auf Reisen zu verwendenden — Schwammbehälter so herzustellen, daß der Behälter im übrigen dicht schließt, daß aber der Boden entfernt werden kann, und die Öffnung dann durch ein Netz abgeschlossen wird, um ein Trocknen des Schwammes zu ermöglichen, ist nicht patentwürdig (IndR 1915, 57).

9. Das angefochtene Patent enthält nichts weiter, als die Anweisung, einen elektrischen Kondensator in derjenigen Ausgestaltung, die er in den letzten Jahren erhalten hatte, nicht mehr in der Weise herzustellen, daß er aus einem Metallblock herausgefräst wird, sondern ihn im Wege des Spritzgußverfahrens zu formen. Das Wesen des Spritzgusses war aber damals bereits in Druckschriften derart beschrieben, daß es jedem Sachverständigen klar sein mußte, daß man alle möglichen Gebilde der Feintechnik auf diesem Wege herstellen könne. Deshalb keine Patentwürdigkeit. — Vgl. andererseits oben Nr 6 (I 117/1918, Urt vom 29. 1. 19).

10. Bei Fernsprechkabeln (Doppelleitungen) müssen, wie durch wissenschaftliche Veröffentlichungen bereits bekannt war, um Induktion zu verhüten, entweder die Drallänge benachbarter Doppeladern verschieden sein, oder es müssen bei gleicher Drallänge die Drallphasen um 90° gegeneinander verschoben sein. Nun waren in der Drahtseilerei Maschinen bekannt, durch welche in einem Arbeitsvorgange gleichzeitig die Einzeladern zu Litzen verdrillt und diese dann zu Kabeln verseilt wurden. Die Einrichtung einer solchen Maschine in der Weise, daß den ersterwähnten Grundsätzen (Verschiebung der Drallphasen) genügt wird, läßt sich mit einfachen technischen Mitteln (Änderung in den Zahnrädern) bewerkstelligen und ist deshalb keine Erfindung, auch wenn Maschinen mit derartiger Einrichtung noch nicht gebaut waren (I 207/17, Urt vom 19. 6. 18).

11. 227248 schützte ein Verfahren zur Herstellung von Kunststeinen, dad. gek., daß kieselsäurehaltige Puzzolane, Traß usw. mit Kalkhydrat gemischt werden. Solche Mischungen waren bereits im Schrifttum erwähnt und sind deshalb, wenn sie auch nicht besonders empfohlen wurden, nicht mehr patentwürdig. In Frage könnte kommen, ob das Patent im Nichtigkeitsverfahren aufrechtzuerhalten sein sollte, wenn ein unerwartet großer Erfolg erzielt wird. Letzteres wird verneint und das Patent deshalb vernichtet (I 95/1914, Urt vom 1. 7. 14).

12. 244211 schützte die Gestaltung von Schraubenflügeln für Flugzeuge, um schädliche Vibrationen zu vermeiden. Der vordere Rand der Flügel soll erheblich stärker sein und auf eine längere Strecke nach rückwärts gebogen werden, als der hintere Rand nach vorn gebogen wird. Diese Regel gibt eine gewisse Anleitung, wie — neben der Einhaltung anderer Forderungen, z. B. richtige Lage des Schwerpunkts — verfahren werden kann, um die Vibrationen zu vermeiden. Jedoch bedarf es einerseits immer noch im einzelnen Falle des praktischen Ausprobierens, sowie daneben der Einhaltung anderer Forderungen; andererseits kann man auch durch andere Gestaltung der Flügel zum Ziele gelangen. Patentwürdigkeit verneint (I 83/1914, Urt vom 26. 10. 14).

C. Zahlreicher sind die Entscheidungen seit 1912, bei denen eine **Übertragung** einer für ein bestimmtes Gebiet bereits bekannten Vorrichtung oder Maßnahme auf ein anderes Gebiet in Frage kommt. In solchem Falle wird Patentwürdigkeit angenommen, wenn es sich um entlegene Gebiete handelt, wenn die Übertragung Schwierigkeiten machte, wenn sie einen besonderen Erfolg erzielt, und in ähnlichen Fällen; vgl. für das Nähere § 1 A 94. Patentwürdigkeit ist verneint in folgenden Fällen: Anm. 32.

13. 253682 schützte ein Verfahren zur nassen Verarbeitung steiniger, nicht schlämmbarer harter Stoffe zur Zementherstellung, dad. gek., daß das vorzerkleinerte Gut eine Siebvorrichtung mit Schleudervorrichtung passiert, in der das grobe Korn von dem durch die Siebmaschen gehenden Schlamm getrennt wird. Bisher hatte man Siebe mit Schleuderwerk bei der nassen Verarbeitung nicht angewendet, vielmehr nur einfache Siebe. Die Erfindung ist also neu und bringt einen technischen Fortschritt. Es liegt aber keine Erfindungshöhe vor. Zentrifugalsieber, die nach dem gleichen Prinzip arbeiten, waren lange bekannt. Auch war es bei der trockenen Vermahlung in der Zementindustrie schon bekannt, Windsichter zwischen den Mahlvorrichtungen einzuschalten. Danach ist es nicht ein erfinderischer Schritt, sondern eine gewöhnliche fachmännische Maßnahme, auf die nasse Vermahlung (ein nahe verwandtes Gebiet) eine ganz ähnliche Vorrichtung (ein Schleudersieb) zu übertragen (I 273/1913, Urt vom 7. 3. 14).

14. Die Übertragung von Vorrichtungen, die bei Dampflokomotiven bekannt waren, auf elektrische Lokomotiven ist nicht patentwürdig (I 47/1912, Urt. vom 4. 1. 13).

15. 268399 schützte bei Unterbrennerkoksöfen mit Einrichtung zur wechselweisen Beheizung durch heizstarke und heizschwache Gase eine Vorrichtung, dad. gek., daß die eine der beiden neben den Düsensteinen liegenden Kammern in lösbare Verbindung mit der Schwachgasleitung steht. Das Patent ist vernichtet; dieselbe Vorrichtung war für Koksöfen mit Regenerativsystem bekannt. Die Übertragung auf Koksöfen mit Rekuperativsystem enthält keinen Erfindungsgedanken, sondern lediglich eine fachmännische Maßnahme (I 284/1914, Urt vom 10. 7. 15).

16. Maschinen zum Zerreißen von Papier sind patentiert (301399), die in genauem Anschluß an bekannte Vorrichtungen von Dreschmaschinen mit Stiftendreschtrommel und von Maschinen zum Zupfen von Roßhaaren, Seegras u. dgl. gebaut sind. Das Patent ist im Nichtigkeitsverfahren vernichtet. Allerdings läßt sich nicht verkennen, daß der Zweck des Papierzerreißens von dem des Dreschens oder Zupfens grundsätzlich verschieden ist und daß die Erteilung eines Patents für eine Übertragung erfolgen kann, wenn die übertragene Vorrichtung einem neuen Zwecke dienstbar gemacht wird. Notwendige Voraussetzung bleibt aber, daß der Schritt erfinderischer Art ist. Im vorliegenden Falle hatte man zum Zerreißen des Papiers zunächst eine Dreschmaschine benutzt. Man erkannte, daß die Papierfetzen zu groß ausfielen. Darauf hat man die Dreschtrommel mit einer größeren Zahl von Zähnen versehen, und nun erwies sich die Dreschmaschine ohne weitere Änderung als brauchbar. Deshalb keine Erfindungshöhe, da man in der Weise verfahren ist, daß auf rein handwerksmäßigem Wege und mit geringer Überlegung sich die Neuerung ergeben hat. — Hier sind also strengere Anforderungen gestellt; auch widerspricht die Heranziehung der subjektiven Entstehung der Erfindung den sonst befolgten Grundsätzen, vgl. oben A 26 (I 160/1918, Urt vom 17. 5. 19).

Anerkannt ist die Patentwürdigkeit einer Übertragung in folgenden Fällen: Anm. 33.

17. 258901 schützt eine Vervollkommnung der hüttenmäßigen Gewinnung von Zink, dad. gek., daß die Rückstände, ehe sie ins Freie gelangen, ein die untere Verlängerung der Muffel bildendes Gefäß zu passieren haben, durch dessen hohle Wandungen ein Kühlmittel strömt, wodurch eine plötzliche und starke Abkühlung der Rückstände erreicht wird. Ähnliche Kühlvorrichtungen waren schon anderweit, z. B. bei der Kohlendestillation bekannt. Die Übertragung ist patentwürdig, weil für die Zinkverhüttung eigenartige Vorteile erreicht werden. Besonders werden die Schlacken durch die rasche Abkühlung verhindert zusammenzubacken und dadurch den Betrieb durch Verstopfung der unteren Öffnungen zu stören. Dieser Vorteil ist zwar in der Patentschrift nicht erwähnt, aber er ergab sich für den Fachmann ohne weiteres und ist für die Zinkverhüttung von Bedeutung (I 71/1918, Urt vom 9. 4. 19).

18. Im Tunnelbau war bekannt, in wasserhaltigem Gestein einen Vortriebszylinder zu benutzen, der, wenn der Tunnelbau fortschritt, vorgetrieben wurde, um die Arbeiter gegen Wasser und Gase zu schützen. Ähnliche Verfahren waren im Bergbau bekannt, freilich nicht in der Art, daß ein Zylinder dauernd vorgetrieben wurde. Der Petroleumabbau ist technisch noch nicht genauer durchgebildet. Die Verwendung eines solchen Vortriebszylinders zur Petroleumförderung ist patentwürdig, weil eine Übertragung

auf ein neues Gebiet und in einer den Erfordernissen dieses Gebiets angepaßten Umgestaltung stattfindet (I 77/1919, Urt vom 8. 10. 21).

19. Bei Generatoröfen war bekannt, anstatt des unteren Bodens einen Drehrost mit vorspringenden Absätzen anzubringen, der beim Drehen das im Innern des Ofens festsitzende Gut lockerte, so daß es auf und durch den Rost fiel. Ebenso war bei Brennöfen für Kalk die Anbringung eines solchen Drehrostes bekannt. Die Übertragung auf Zementbrennöfen ist patentwürdig. Der Zement sintert und backt zu großen harten Klumpen zusammen, was bei Generator- und Kalköfen nicht entfernt in gleichem Maße der Fall ist. Der Drehrost und die Zähne (Brechwerkzeuge) müssen also bei Zementöfen erheblich stärker konstruiert sein. Niemand war bisher auf den Gedanken gekommen, einen Zementofen mit solchem Rost zu bauen; die Erfindung hat die teuren Rotieröfen für Zement vielfach entbehrlich gemacht. Sonach ist Erfindungshöhe gegeben (I 56/16, Urt vom 7. 7. 16).

20. 222690 schützt ein Verfahren zum Schweißen von Gußeisen mit der Sauerstoffflamme, dad. gek., daß man der geschmolzenen Schweißstelle Ferrosilizium und Graphit, oder Gußeisen mit höherem Silizium- und Kohlenstoffgehalt zusetzt, um den Guß an der Schweißstelle feilenweich zu erhalten. Beim Schweißen von Eisen ergibt sich der Übelstand, daß die Schweißstelle so hart wird, daß sie nicht mit der Feile bearbeitet werden kann. Dies tritt immer ein, wenn als Schweißmaterial (kohlenstoffarmes) Schmiedeeisen oder Stahl benutzt wird. Beim Schweißen mit dem elektrischen Lichtbogen hatte die Hinzufügung von Kohlenstoff, der das Eisen weich macht, gute Erfolge gehabt. Die Übertragung dieser Erfahrung auf das Schweißen mit der Sauerstoffflamme, sei es, daß Graphit hinzugesetzt oder daß als Schweißmittel kohlenstoffreiches Eisen verwendet wird, ist patentwürdig, da beide Schweißarten wesentlich verschieden sind und der Erfolg nicht vorauszusehen war, weil z. B. beim elektrischen Schweißen mit kohlenstoffreicherem Gußeisen allein ohne weitere Hinzufügung von Kohlenstoff ein günstiger Erfolg nicht erzielt wurde (I 308/1914, Urt vom 24. 3. 15).

21. Aus einem französischen Patent war bekannt, Gegenstände aus Ton oder Glas zu dekorativen Zwecken mit farbigem Zelluloid zu überziehen, indem man auf das Zelluloid ein Lösungsmittel bringt (Azeton), das Zelluloid sodann aufklebt und eine Nachbehandlung mit Dämpfen von zelluloidlösenden Flüssigkeiten eintreten läßt. 228421 will geklebte Faserstoffbahnen herstellen. Die Schichten sollen mit trockenem oder fast trockenem pulverförmigen Zelluloid bedeckt und dann den Dämpfen von zelluloidlösenden Flüssigkeiten ausgesetzt werden, so daß sie zusammenkleben. Das Reichsgericht spricht aus, daß die Übertragung von dem Gebiet der Verzierung von keramischen Gegenständen auf das Gebiet des Zusammenklebens von Faserstoffbahnen an sich nicht schutzwürdig sei, daß aber das Verfahren insofern anders sei, als nach dem französischen Patent das Zelluloid nicht in Pulverform aufgetragen, vielmehr als Paste aufgestrichen oder in Form von Plättchen aufgeklebt werden. Deshalb ist das deutsche Patent aufrecht erhalten (I 92/1914, Urt. vom 24. 6. 14).

22. Zum Aufspeichern von Azetylengas verwendet man Behälter, die mit porösem Material, z. B. Kieselgur, gefüllt sind. Dadurch wird die Explosionsgefahr vermindert. Durch zufälliges Schütteln sollen jedoch in dem Material Hohlräume entstehen, in denen sich das Azetylengas ansammelt, wodurch die Explosionsgefahr wieder vergrößert wird. Um das Entstehen von Hohlräumen zu verhindern, soll nach 211279 die Masse mit Faserstoffen, z. B. Asbest, durchsetzt werden. Das Patent ist angefochten, da das Durchsetzen poröser Massen mit Faserstoffen zu dem angegebenen Zwecke bekannt gewesen sei, z. B. bei der Herstellung von Dynamit. Dies ist vom Reichsgericht als richtig anerkannt, trotzdem ist das Patent aufrechterhalten, weil die Übertragung auf ein fernliegendes Gebiet erfolgte und niemand in 6—7 Jahren hierauf verfallen war (I 132/1914, Urt. vom 3. 10. 14).

Anm. 34. In folgenden Fällen ist die Patentwürdigkeit einer Übertragung gleichfalls anerkannt, doch dürfte die Entscheidung zweifelhafter sein, als in den vorstehend ausgeführten Fällen.

23. Patentiert war an Druckmaschinen mit sich vor- und rückwärts bewegendem Druckzylinder eine bestimmte Abrollung des gedruckten Bogens auf die Beförderungsorgane, und zwar für Druckmaschinen mit oberer Bogenanlage. Bekannt war dieselbe Abrollung an Druckmaschinen mit unterer Bogenanlage. Die Übertragung ist für patentwürdig erachtet, weil sie weitere konstruktive Änderungen an der Maschine nötig machte; der Druckzylinder mußte eine größere Schwingung machen, als bisher üblich, und die Bänderführung für die Abrollung des Bogens mußte geändert werden (I 78/1919, Urt. vom 9. 6. 20, GewR 1920, 144).

24. Bei Kardangelenken war es bekannt, die Dichtung des Gelenks gegen Staub durch einen Filzring zu beschaffen. Die Übertragung dieser Vorrichtung auf Kugel-

zapfengelenke (z. B. an Automobilen) ist für patentwürdig erachtet; der erfinderische Schritt lag in der Überwindung der Besorgnis, daß bei den kleinen Kugelzapfengelenken der Filz vom Schmiermittel durchtränkt oder durchsogen und dadurch unbrauchbar werden würde (I 154/1918, Urt. vom 8. 10. 1919).

25. 239643 schützt ein Verfahren zur Herstellung von Wellrohren durch achsiale Pressung eines zonenweise erhitzten Rohres dad. gek., daß die Fläche zwischen der beheizten Zone und der zunächst liegenden fertigen Welle gekühlt wird. Der Erfindungsgedanke liegt in folgendem: Ist eine Welle fertiggestellt und wird nun der benachbarte Teil des Rohres durch Stichflamme erhitzt, um gleichfalls in Wellenform gepreßt zu werden, so kommt es vor, daß die fertige Welle durch die sich ausbreitende Hitze wieder deformiert wird. Um dies zu verhindern, soll die Umgebung der fertigen Welle gekühlt werden. Das gleiche Verfahren war für die Herstellung gebogener Rohre (z. B. kreisförmig gebogener) schon bekannt. Patentamt und Reichsgericht haben die Übertragung auf die Herstellung wellenförmig gestalteter Rohre für patentwürdig erachtet, weil ein gewelltes Rohr ein völlig anderes Gebilde sei, als ein gebogenes. Es sei eine Erfindung, daß man auf diese Weise auch eng gewellte Rohre herstellen könne, was zuvor nicht möglich gewesen sei. — Sehr fernliegend scheint auch diese Übertragung trotz allem nicht gewesen zu sein. (I 187/1914, Urt vom 22. 1. 1915, Blatt 1915, 121).

26. Lange dünne Ketten aus Metalldraht zur Fabrikation von Damengeldtaschen u. dgl. wurden früher wie folgt hergestellt. Man nahm Volldraht, zerschnitt ihn, bog die einzelnen Kettenglieder und hängte sie ineinander. Nun mußten die einzelnen Glieder verlötet werden. Man trug auf die Kette eine Boraxlösung und ließ das Wasser verdampfen. Die Kette wurde steif, da die einzelnen Glieder durch den Boraxniederschlag miteinander verklebt wurden. Durch Reiben und Scheuern lockerte man die Kette und entfernte dadurch auch die außen befindlichen Krusten. Nur in den Fugen blieb der zum Löten nötige Borax zurück. Jetzt wurde in die Fugen ein Plättchen Lötmetall eingeführt. Sodann überzog man die Kette mit einem lötwidrigen Mittel (Caput mortuum), damit Lötmetall, das aus den Fugen hervordringen würde, nicht die Glieder zusammenlöten konnte. Endlich wurde der Strang durch die Lötflamme gezogen; das Lötmetall schmolz und verlötete die Fugen der einzelnen Glieder. Allmählich kam sogenannter Lötdraht auf, das ist röhrenförmiger Draht, dessen innerer Hohlraum mit Lötmetall gefüllt ist. Es bedurfte dann des Einführens von Lötmetall in die Fugen der Kettenglieder nicht mehr. 218034 schützte nun die Anwendung des beschriebenen vorbekannten Verfahrens (Überziehen erst mit Borax, dann mit einem lötwidrigen Mittel) auf Ketten aus Lötdraht. Die Übertragung wurde für patentwürdig erachtet, weil bei der Verwendung von Lötdraht die Gefahr des Steiflötens viel größer ist, als beim Volldraht, da das Lot von innen herausquillt und nicht, wie beim Volldraht, jedes Mal als Stücklot passend angebracht werden kann. — Groß dürfte der erfinderische Schritt nicht gewesen sein; die Gebiete liegen recht nah aneinander. Außerdem wurde später der Schutzumfang des Patentes noch erheblich ausgedehnt. (I 323/1914, Urt. vom 30. 1. 1915).

27. Dünne Metallblätter werden zum Einwickeln von Schokolade, Seife usw. gebraucht. Zinnfolie (Stanniol) ist schmiegsam, zerreißt aber leicht. Um letzteres zu verhindern war es vorbekannt, sie mit Papier zu hinterkleben. Die Übertragung des Hinterklebens auf Aluminiumfolie ist für patentwürdig erachtet. Aluminiumfolie ist zwar nicht leicht zerreißbar, aber brüchig. Daß die Brüchigkeit durch Hinterkleben mit Papier beseitigt wird, ist als ein neuer und patentwürdiger Erfindungsgedamke angesehen (I 159/1914, Urt vom 17. 3. 15).

28. Bei Dampfstrahl-Gassaugapparaten war eine Vorrichtung bekannt, die Düsen leicht herausnehmbar zu gestalten, um sie von Naphthalin, das sich ansetzte, zu reinigen. 239385 schützt eine gleiche Vorrichtung für Injektoren zum Speisen von Dampfkesseln, um die Düsen leicht von Kesselstein reinigen zu können. Ein Sachverständiger hatte sich zweifelnd über die Patentwürdigkeit ausgesprochen. Das Reichsgericht bejahte sie, weil die Übertragung nicht nahe gelegen habe, vgl. oben A 28, Ziff. 5. (I 21/1914, Urt. vom 10. 6. 14).

Vergleiche hierzu andererseits Blatt 1905, 126, Entsch des Reichsgerichts: Der Gedanke, einen der Abnützung besonders ausgesetzten Teil in einer Weise herzustellen, welche die leichte Entfernung und Ersetzung des Abgenützten durch einen neuen Teil gestattet, war längst und allgemein bekannt. Dieser Gedanke hatte bereits auf den verschiedensten Gebieten der Technik in den verschiedensten Ausführungsformen Ausdruck gefunden. In der Auswechselbarkeit einzelner Teile kann darum nicht mehr erblickt werden, als ein Konstruktionsmittel, welches jedem Sachverständigen in geeigneten Fällen ohne weiteres zu Gebote steht. — Der Unterschied zwischen 1905 und 1914 liegt zutage.

Von besonderem Interesse sind vielfach die Entscheidungen auf neu bearbeiteten oder stark in der Entwicklung begriffenen Gebieten, z. B. in der drahtlosen Telegraphie. Doch sind die Tatbestände fast ausnahmslos zu verwickelt, um in Kürze wiedergegeben zu werden; es sei z. B. verwiesen auf das Urteil Blatt 30 (1924), 220.

Abschnitt IV.

Fortschritt.

Anm. 35. In vorstehendem ist dargelegt, daß eine Erfindung, um patentfähig zu sein, ein in der sozialen Wirtschaft verwendbares Ergebnis erzielen muß, und zwar auf technischem Wege, nicht auf kaufmännischem oder organisatorischem Wege, sowie daß sie genügende Erfindungshöhe aufweisen muß. In derselben Richtung bewegt sich eine weitere, wichtige Voraussetzung der Patentfähigkeit. Wird zu zehn bekannten Herstellungsarten eines Erzeugnisses eine neue Herstellungsart erfunden, die nichts Besseres bietet, so ist die Erfindung für die Allgemeinheit interesselos und verdient keinen Schutz. Es muß also ein Vorteil oder ein Vorzug der neuen Erfindung gegenüber dem bisher Bekanntgegebenen sein; das ist das Erfordernis des Fortschrittes. Fortschritt ist eine der wichtigsten Voraussetzungen der Patenterteilung, denn nur wer das Wissen und Können des Gewerbes fördert, verdient Patentschutz. Identischer, vielfach gebrauchter Ausdruck: Bereicherung der Technik. Für chemische Erfindungen wurde früher verlangt, es müsse ein neuer technischer Effekt vorliegen; hierüber vgl. § 1 A 134. Darunter wurde verstanden, Fortschritt liege nur dann vor, wenn das fertige Erzeugnis neue, wertvolle Eigenschaften aufweise. Diese Anschauung ist heute verlassen; Fortschritt wird auch darin gefunden, daß das Herstellungsverfahren bei gleichem Erzeugnis besser, billiger, zuverlässiger arbeitet. Der vielfach gebrauchte Ausdruck, es müsse ein überraschender Erfolg vorhanden sein, ist nicht empfehlenswert, er spielt unnötigerweise die Entscheidung auf das subjektive Gebiet hinüber und paßt überhaupt nur für große Erfindungen. Es ist untunlich, die Patentfähigkeit nach einem so schwankenden Maßstab zu beurteilen, da das Vorliegen einer Überraschung von dem Grade der Einsicht des Beurteilers abhängt.

Von einigen Seiten wird das Erfordernis des Fortschritts geleugnet. Wirth weist darauf hin, daß Bessemerstahl, Elektrostahl, Auerlicht, synthetischer Kautschuk zunächst keinen praktischen Fortschritt gebracht hätten. Die genannten Erfindungen haben sich allerdings anfangs nicht rentabel oder nicht konkurrenzfähig erwiesen und sind deshalb zunächst nicht im großen ausgeführt worden. Aber für die Patentfähigkeit kommt es auf Rentabilität und Konkurrenzfähigkeit nicht an. Daß es einen Fortschritt für die Technik bedeutet, wenn sie lernt, Kautschuk zu synthetisieren, Stahl im elektrischen Ofen zu bereiten usw., wird sich nicht bezweifeln lassen; vgl. auch die in A 44 noch näher anzuführende Entscheidung des RG. Mitt 1913, 30ff.: Auch zur Zeit der Anmeldung mußte in der Eröffnung dieser neuen Möglichkeit (der Geschwindigkeitsregulierung des Rotors), wenn auch ein unmittelbar praktischer Vorteil noch nicht gegeben war, ein gewerblicher Fortschritt erblickt werden, denn es war ohne weiteres anzunehmen, daß die Technik bei Durcharbeitung der Erfindung bald Wege finden würde, wo sich Vorteile damit erzielen ließen.

Das Vorliegen eines Fortschritts ist nicht davon abhängig, ob der Unterschied des neuerfundenen vom Bekannten groß oder klein ist, ob also etwa an einer bekannten Vorrichtung kleine Abänderungen vorgenommen sind — wenn diese nur eine Verbesserung des Verfahrens oder des Erzeugnisses zur Folge haben. Das tritt besonders häufig bei den neuzeitlichen schnelllaufenden, sogenannten arbeitsparenden (labour saving) Maschinen hervor, bei denen, wie bekannt, geringe Abänderungen der Bauart große Änderungen in der Wirkung hervorrufen; vgl. auch Urt vom 10. 6. 14, I 78/1914: vielmehr muß auch darin das besondere Kennzeichen eines erfinderischen Denkens erblickt werden, daß es verhältnismäßig nur unerheblicher Modifikationen älterer Bauarten bedurfte, um einen erheblichen und nach Lage der Sache überraschenden technischen Fortschritt herbeizuführen.

In § 1 A 49 ist dargelegt, daß der strikte Nachweis eines Fortschrittes im Erteilungsverfahren nicht erfordert werden kann. Es genügt hinsichtlich der Intensität des zu verlangenden Nachweises, daß ein Fortschritt plausibel ist, und weiter, daß ein Fortschritt bei zusammengesetzten Verfahren oder Vorrichtungen nur in einer einzelnen Richtung, in einzelnen Teilen vorliegt — wenn nicht etwa gleichzeitig überwältigende Nachteile in anderen Richtungen die Erfindung mit Sicherheit aussichtslos erscheinen lassen.

Anm. 36. Der Fortschritt kann auf verschiedenem Gebiet liegen, hauptsächlich auf technischem oder wirtschaftlichem. In der Regel liegt er auf dem Gebiete der eigentlichen Technik: neues Ergebnis, besseres Ergebnis, Vervollkommnung des Verfahrens oder der Arbeitsmittel. Früher wurde vielfach verlangt, daß ausnahmslos ein technischer Fortschritt vorhanden sein müsse. Diese Anschauung ist heute — in Deutschland, wie in den übrigen Industrieländern — verlassen; Fortschritt wirtschaftlicher oder sozialer Art genügt. Zu beachten ist, daß auch der wirtschaftliche Fortschritt auf einer technischen Neuerung beruhen muß; es genügt nicht, daß er auf kaufmännischen oder organisatorischen Neuerungen beruht.

Fortschritt wirtschaftlicher Art zeigt sich in folgenden Fällen.

a) Er liegt vor, wenn das Erzeugnis verbilligt wird, und zwar, wie soeben erwähnt, durch technische Neuerung. Hauptfälle: Verbilligung durch geringeren Energieverbrauch, durch geringere Herstellungskosten der Maschinerie oder Apparatur, durch geringeren Verschleiß usw. Daß derartige Verbilligung als Fortschritt Patentfähigkeit bewirken kann, ist heute überall anerkannt, nach langem Schwanken jetzt auch in England und Nordamerika. Der Anführung von Beispielen bedarf es nicht. Die Verbilligung muß derart sein, daß man damit rechnen kann, daß das Erzeugnis den Verbrauchern zu billigerem Preise zur Verfügung gestellt werden wird; eine geringe Verbilligung, die nur dem Fabrikanten zugute kommt, genügt nicht. Nicht selten ist mit der Verbilligung der Herstellung schlechtere Qualität des Erzeugnisses verknüpft. Wann in solchen Fällen Patentfähigkeit vorliegt, ist in den Erörterungen über Brauchbarkeit, § 1 A 24, dargelegt.

b) Wirtschaftlicher Fortschritt kann gegeben sein, wenn es gelingt, Erzeugnisse aus Rohstoffen herzustellen, die im eigenen Lande vorhanden sind, oder Verfahren zu erfinden, die hinderliche Monopole oder Patente, namentlich Sperr- und Wegelagererpatente, durchbrechen. Besonders im Kriege haben derlei Fälle eine erhebliche Rolle gespielt, z. B. Papiergarn für Kleidung, Säcke, Bindfaden. Die Technik wurde nicht eigentlich bereichert, da die Ersatzmittel in der Regel nicht besser wirkten, trotzdem ist Patentfähigkeit anerkannt, z. B. Patentamt Blatt 26 (1920) S. 51, Ersatz von Sparmetallen.

c) Wirtschaftlicher Fortschritt kann in der Aufarbeitung und Nutzbarmachung von Abfallstoffen liegen. Zwei Beispiele: 301984 schützt die Nutzbarmachung von Hochofengasen, indem man Methan und andere Kohlenwasserstoffe ausfrieren läßt und das übrigbleibende Stickstoff-Wasserstoff-Gemisch zur Ammoniaksynthese verwendet. Das Verfahren beruhte auf lauter bekannten Maßnahmen. Deshalb bezeichnete ein berühmter Chemiker als Gutachter die Erfindung zunächst als einen Einfall chemisch-wirtschaftlicher Art, dessen Patentfähigkeit er bezweifelte, überzeugte sich dann aber doch von dem wirtschaftlichen Erfolge der Erfindung, worauf das Patent im Nichtigkeitsverfahren aufrechterhalten wurde (MuW Jahrg. 25 S. 39). — Andererseits: das Kriegspatent 307393 schützte die Erzeugung von Ferromangan aus niedrigprozentigen, manganhaltigen Schlacken, besonders Hochofenschlacken, im Elektroofen. Das Patent ist vom Reichsgericht vernichtet, weil bekannt war, daß manche Schlacken mehrere Prozente Mangan enthielten, auch die vorgeschlagene Verarbeitung nichts wesentlich Neues enthielt, sonach alles nur auf die Wirtschaftlichkeit des Verfahrens hinauslief, diese aber nicht dargetan, vielmehr sehr unwahrscheinlich war. Aus diesem Grunde könne auch nicht etwa die Aufgabenstellung als patentbegründend angesehen werden (Urt vom 5. 2. 22, I 233/1920).

d) Wenn es sich um wichtige, neubearbeitete Gebiete handelt, und die bekannten Verfahren die zum Ziele führen, gering an Zahl sind, kann schon die bloße Aufzeigung eines neuen Weges patentfähig sein, auch wenn dieser besondere Vorteile nicht aufweist. So hat das Patentamt im Jahre 1905, als die Bindung des Stickstoffs der Luft noch nicht zufriedenstellend gelungen war, die Auffindung eines neuen Katalysators für die Bindung mittels Kalziumkarbids patentiert, ohne die Vorteile zu prüfen, Blatt 11 (1905), 180. Anders selbstverständlich, wenn zu zehn vorhandenen Wegen ein nutzloser elfter gefunden wird. Für Kriegspatente vgl.: durch den Mangel an Baumwollstoffen hatte sich ein dringendes Bedürfnis nach einem Ersatz für Tuchfilter herausgestellt. Dies Bedürfnis ist durch die geschützte Einrichtung in vorzüglicher Weise befriedigt worden. Dieser Fortschritt ist unter den durch den Krieg geschaffenen Verhältnissen selbst für den Fall anzuerkennen, daß die Wirkung des Tuchfilters im dauernden Betriebe doch die Leistungen des geschützten Filters übertreffen sollte (Urt vom 16. 4. 12, 21; I 413/1920).

In neuerer Zeit ist die Meinung vertreten, daß der Fortschritt im letzten Grunde stets wirtschaftlicher Natur sei. Hierüber verbreiten sich Aufsätze von Wirth und Momber, GewR 28 (1923) S. 73 und 187. Wirth S. 82: Es gibt keinen Wert im Patentrecht außer dem wirtschaftlichen Wert. — Das dürfte in dieser Allgemeinheit zu weit gehen. Wenn Fabriken Patente nehmen, so lassen sie sich allerdings von wirtschaftlichen Rücksichten leiten, sie wollen Geld verdienen. Aber diese Rücksicht ist nicht für den Staat maßgebend. Der Staat erteilt Patente, damit die allgemeine Volkswohlfahrt gefördert wird, damit durch bessere Technik soziale Bedürfnisse besser befriedigt werden. Diese sozialen Bedürfnisse brauchen nicht wirtschaftlicher Natur zu sein. Man denke an Erfindungen zur Förderung der Kunst, neue Maltechnik, neue Musikinstrumente, an Erfindungen von Vorrichtungen zur Krankenbehandlung, Herstellung von Serum, Kriegstechnik usw. Wirtschaftliche Rücksichten sind also für Patenterteilung vielfach nicht maßgebend. Viele Patente werden erteilt, bei denen durchaus zweifelhaft ist, ob der Fabrikant wirtschaftliche Vorteile erzielen wird. Fortschritt ist immer schon dann gegeben, wenn die Technik neues lernt, das nicht geradezu überflüssig ist.

Anm. 37. Patente werden auch dann erteilt, wenn ein rein sozialer Fortschritt vorliegt, ohne daß es auf neue Technik oder auf neue Wirtschaftlichkeit ankommt. Zwei Typen sind hervorgetreten: Patentfähigkeit wird angenommen, wenn die bloße Befriedigung eines neu erkannten oder neu hervorgetretenen Bedürfnisses, sei es auch mit Mitteln der alten Technik, verdienstvoll erscheint. Dabei liegt also die eine Alternative der sog. erfinderischen Aufgabenstellung vor, vgl. § 1 A 77. Die Technik wird hier nicht bereichert, denn die technischen Maßnahmen liegen auf der Hand, wenn nur erst erkannt ist, daß ein soziales Bedürfnis vorliegt, das der Befriedigung harrt.

Viel wichtiger ist die Befriedigung eines andersartigen sozialen Bedürfnisses, Schutz bei gefahrdrohenden Fabrikationsweisen, sei es Schutz der Umgebung der Fabriken, vor allem aber Schutz der in der Fabrikation beschäftigten Arbeiter. Vorkehrungen zu diesem Zwecke sind patentfähig, wie allgemein anerkannt ist. Freilich wird durch die Patentierung die wünschenswerte Verbreitung solcher Erfindungen gehindert, ein Übelstand, der durch erleichterte Erteilung von Zwangslizenzen an derartigen Patenten wenigstens etwas ausgeglichen werden muß, vgl. § 11 A 9. Eine beim ersten Anblick auffällige Entscheidung des Patentamtes findet sich GewR 30 (1925), 244. Die Höherlegung der Schreibwalze einer Schreibmaschine ist patentiert, weil dadurch die schreibende Person gezwungen wird, sich gerade zu halten und ihre Gesundheit nicht durch Krummsitzen zu schädigen. Vgl. weiter 64447: Schleuder bei Herstellung von Schießwolle, durch die verhindert wird, daß nitrose, giftige Dämpfe die Arbeiter stark belästigen, Blatt 1901, Ergänzungsband S. 31. 227961 schützt ein Druckminderventil bei Autogenschneidbrennern. Obwohl Unfälle bei einer gewissen Schutzvorrichtung bisher nicht bekannt geworden sind, ist doch die Möglichkeit des Ausbrennens der Ventilgummiplatte nicht mit vollständiger Sicherheit ausgeschlossen. Das will die neue Erfindung verbessern. Daraufhin ist das Patent erteilt.

Anm. 38. Daß ein Fortschritt, der nur rein wissenschaftlicher, nicht gewerblicher Art ist, zur Patentfähigkeit nicht genügt, ist allgemein anerkannt, und besonders für das Gebiet der Chemie von Wichtigkeit; vgl. PA Blatt 12 (1906) S. 325:

> Es ist zweifellos, daß die Auffindung der Sulfoxylsäure, bzw. ihrer Formaldehydverbindung einen wissenschaftlich hochzuschätzenden Fortschritt darstellt. So wichtig indes die Auffindung einer neuen Säure des Schwefels und ihrer Derivate für die chemische Wissenschaft ist, so muß doch berücksichtigt werden, daß das Gewerbe als solches kein Interesse daran hat, daß die Reihe der Schwefelverbindungen um ein neues Glied bereichert wird. Sein Interesse beginnt erst dann, wenn dieser neue Körper Eigenschaften hat, die eine nützliche Verwendung gestatten. —

Je mehr sich die Technik auf wissenschaftlicher Grundlage aufbaut, desto mehr wird der wissenschaftliche Fortschritt auch schon einen technischen Fortschritt einschließen.

Endlich kann der Fortschritt unter Umständen auch in der Befriedigung des Schönheitssinnes liegen, weil es Gegenstände gibt, die gerade hierauf abzielen und diese Gegenstände in der Technik hergestellt werden, wofür Patentschutz nicht versagt werden kann. 72827 schützte ein beidrechtes Bildgewebe, dad. gek., daß Setzchenille verwandt wurde. Ein Nichtigkeitsurteil des Reichsgerichts sagt: die Erfindung hat zu einem wesentlichen technischen Fortschritt geführt. Daß dieser Fortschritt seine Wirkung auf den Gebieten des Schönheitssinnes äußert, zu dessen Befriedigung das hergestellte Gewebe mit bestimmt ist, steht seiner Bedeutung für die Technik nicht im Wege (Urt vom 28. 9. 95, I 135/1895). — Ebenso verhält es sich mit Merzerisieren (Baumwollgarnen Seidenglanz verleihen), Oberflächenbehandlung von Metallen, Teilen der graphischen Technik usw.

Anm. 39. Im einzelnen kann der Fortschritt in folgenden Richtungen liegen.

Er kann sich bewegen auf den Gebieten entweder der Wahl des Ausgangsstoffes oder des Verfahrens, oder der Arbeitsmittel — hier kann der Fortschritt in der Gestaltung oder Zusammensetzung der Arbeitsmittel oder in der Betriebsart der Vorrichtung liegen — oder des Arbeitserzeugnisses.

Der Qualität nach kann der Fortschritt bestehen:

1. in der Herstellung eines wertvollen und seiner Art nach neuen Arbeitserzeugnisses, z. B. einer nach neuen Grundsätzen gebauten Maschine, einer neuen synthetischen Farbe usw. In solchem Falle ist Neuheit immer und Erfindungshöhe der Regel nach ohne weiteres gegeben. Erfindungen dieser Art sind — außer auf einigen Gebieten der Chemie — verhältnismäßig selten.

2. in der wertvollen Vervollkommnung eines seiner Art nach bekannten Arbeitserzeugnisses. Die ist die große Masse der Erfindungen. Neuheit ist begrifflich gegeben; Erfindungshöhe ist im Einzelfalle zu prüfen. Der Unterschied zwischen Neuartigkeit und Vervollkommnung des Erzeugnisses ist patentrechtlich bedeutungsvoll. Er wird in Nordamerika streng beachtet. Dort wird die Erfindung, wenn das Erzeugnis qualitativ neu ist, als Pioniererfindung bezeichnet. Nach amerikanischer Rechtsauffassung ist der Schutzbereich einer paten-

tierten Pioniererfindung in diesem Sinne erheblich weiter, als der einer bloßen Verbesserungserfindung. Es ist angeregt worden, diese Auffassung auch in Deutschland in Rücksicht zu ziehen, um zu verhindern, daß jeder kleineren Erfindung ein großer Schutzbereich beigelegt wird, der zur Folge hat, daß der allgemeine Fortschritt der Technik gehemmt wird § 4 A 60 a. E.

3. Neuheit des Verfahrens bringt nicht immer Fortschritt mit sich. Fortschritt liegt nur vor, wenn als Folge der Neuheit des Verfahrens entweder das Arbeitserzeugnis neu und wertvoll ist, oder wenn es besser ist als das bisher erreichte, oder wenn das Verfahren an sich wertvoll ist, sie es in technischer Richtung, wenn es einfacher, schneller, zuverlässiger arbeitet, sei es in wirtschaftlicher Richtung, wenn es zum Vorteil der Allgemeinheit billiger arbeitet, wenn es die Technik von der Benutzung ausländischer Stoffe freimacht, wenn es ein Monopol durchbricht usw.

4. in der Wahl oder der Betriebsart der Arbeitsmittel kann Fortschritt gleichfalls dann liegen, wenn die zu 3. erörterten Bedingungen erfüllt sind.

5. unter der gleichen Voraussetzung kann die Verwendung eines bekannten Stoffes, Verfahrens oder Arbeitsmittels zu einem neuen Zweck fortschrittlich sein, vgl. § 1 A 89.

6. besonders in der Erfindung, ein Erzeugnis in Massenfabrikation herzustellen, kann patentfähiger Fortschritt gefunden werden: im Kriege ist patentiert worden, Sohlenschoner massenweise herzustellen (I 188/1919, Urt vom 21. 9. 21). Fortschritt kann desgleichen liegen im Ersatz von Handarbeit durch Maschinenarbeit, in der Übertragung aus dem Laboratorium in fabrikmäßige Herstellung usw. Fraglich kann in derartigen Fällen die Erfindungshöhe sein, § 1 A 28 Ziff. 7. Auch die Überwindung von Vorurteilen enthält einen Fortschritt, § 1 A 106.

Die Beurteilung, ob Fortschritt vorliegt, beruht auf einem Vergleich der Vorzüge und Vorteile der neuen Erfindung mit dem, was bisher in der Technik erreicht war. Das Urteil ist also, wie man heute sagt, ein Werturteil und als solches von der subjektiven Auffassung des Beurteilers in gewissem Grade abhängig, ebenso wie die Beurteilung der Erfindungshöhe, § 1 A 26, und zum Teil auch der Neuheit, § 2 A 2, 4. Hinsichtlich der Art der Vergleichung erhebt sich die Frage, ob alles, was auf beliebige Weise bekannt geworden ist, zum Vergleiche heranzuziehen ist, oder aber nur dasjenige, was gemäß § 2 durch öffentliche Druckschriften oder durch eine im Inlande vorgenommene offenkundige Vorbenutzung bekannt geworden ist. Die Bedeutung dieses Unterschiedes liegt darin, daß nach der ersten Alternative auch zu berücksichtigen ist, was nur durch öffentliche Vorträge private Mitteilungen usw. offenkundig geworden ist, und was aus der ausländischen Praxis, soweit diese keine druckschriftliche Kundbarmachung erfahren hat, zu entnehmen ist. Die Beschränkungen des § 2 müssen auch hier gelten. Zwei Gründe sind entscheidend. Dem Bedürfnisse einer klaren und übersichtlichen Regelung des praktischen Lebens würde es widersprechen, für die Beurteilung des Fortschrittes einen anderen Begriff des Standes der Technik zugrunde zu legen, als für die Beurteilung der Neuheit. Vor allem aber zweitens: der für die Neuheit maßgebende Begriff des Standes der Technik ist vom Gesetze eingeschränkt worden, um zu ermöglichen, daß Erfindungen patentiert werden können, die vor mehr als hundert Jahren, nachher aber nicht wieder veröffentlicht sind, und um möglichste Klarheit über den Stand der Technik zu schaffen. Deshalb hat der Gesetzgeber angeordnet, daß das, was nur durch mündliche Mitteilungen oder nur durch ausländische Technik bekannt geworden ist, für die Patentierung noch als neu zu gelten hat. Dieser Zweck würde vereitelt werden, wenn man das, was die eine Hand gibt, mit der anderen Hand wieder nehmen wollte. Man kann also eine Erfindung nicht wegen Mangels an Fortschritt für patentunfähig erklären, wenn das Gesetz die Frage der Neuheit so geordnet hat, daß diese Erfindung patentfähig sein soll. Genau dasselbe gilt für die Prüfung der Erfindungshöhe, die ebenfalls durch eine Vergleichung mit dem vorbekannten festzustellen ist. **Anm. 40.**

In häufigen Fällen, besonders z. B. bei Übertragungen, findet man gesagt, Patentfähigkeit, liege vor, wenn entweder ein wertvoller Erfolg erzielt sei, oder Schwierigkeiten bei der Ausführung zu überwinden waren. Diese Parallelstellung von Erfolg und Überwindung von Schwierigkeiten wird nicht logisch sein. Erfolg bedeutet Fortschritt; Überwindung von Schwierigkeiten kommt für die Erfindungshöhe in Betracht, enthält aber nicht immer Fortschritt und genügt deshalb allein zur Patentfähigkeit nicht. Wird zu zehn vorhandenen Herstellungsverfahren unter Überwindung von Schwierigkeiten eine elfte gefunden, so mag damit die Erfindungshöhe gegeben sein, Patentfähigkeit liegt aber nur dann vor, wenn außerdem noch ein Fortschritt vorhanden ist, wenn etwa der neue Weg aus irgendwelchen Gründen Vorzüge darbietet. Sonach ist allerdings die Negative unanfechtbar: es liegt keine Erfindung vor, weil weder Schwierigkeiten zu überwinden waren, noch ein technischer Fortschritt erzielt ist; es hätte sogar nur der Verneinung eines von beiden bedurft. Aber die Positive, es liegt Patentfähigkeit vor, wenn entweder Schwierigkeiten zu überwinden waren, oder ein Fortschritt erzielt ist, ist unrichtig; es bedarf der Bejahung beider Momente. **Anm. 41.**

Anm. 42. Gehört zur Patentfähigkeit, daß der Fortschritt vom Erfinder erkannt ist? Die Rechtsprechung hat geschwankt. Früher wurde die Frage bejaht, RG 20, 40 (in dieser Entscheidung ist die Rede vom Erfindungsgedanken, gemeint ist Erkenntnis des Fortschrittes). Der Umschwung trat im Jahre 1906 ein. Heutzutage wird kein Gewicht darauf gelegt, daß der Erfinder diejenigen Vorzüge seiner Erfindung erkannt hat, in denen ein Fortschritt zu erblicken ist. Es genügt, daß ein Sachverständiger sie aus der Patentschrift entnehmen kann. Hierüber vgl. § 1 A 68, woselbst auch Ausnahmen von dieser Regel angeführt sind.

Anm. 43. Drei Fragen bedürfen weiterer Erörterung.

a) Das Verhältnis des Begriffes des Fortschrittes zu ähnlichen Begriffen ist festzustellen. Verwechselungen sind an der Tagesordnung. Wird eine Neuerung erfunden, die brauchbar ist, so wird häufig angenommen, daß damit Fortschritt gegeben sei. Das ist nicht ohne weiteres der Fall. Neuerungen, die immerhin brauchbar sind, können nutzlos sein, wenn sie gegenüber dem Vorbekannten keine weiteren Vorteile bieten. Die Erfindung ist dann zwecklos und nicht patentfähig — von Ausnahmen abgesehen, wo etwa schon überhaupt die Eröffnung eines neuen Weges Interesse für die Allgemeinheit bietet, A 134d. Fortschritt schließt immer Neuheit ein, Neuheit aber nicht immer Fortschritt. Dieser Grundsatz findet besonders bei der Erörterung chemischer Erfindungen Anwendung, § 1 A 134e. — Fortschritt und Nützlichkeit haben begrifflich nichts miteinander zu tun. Werden Neuerungen in der Herstellung von Lärminstrumenten, Cri-cri, Karnevalsscherzartikeln, Sachen aus nitrierter Zellulose, die Explosionsgefahr mit sich bringen, erfunden, so kann ein technischer Fortschritt erzielt sein, aber Nützlichkeit liegt nicht oder nur selten vor. Ob solche Neuerungen patentfähig sind, hängt davon ab, wie man sich zu dem Erfordernis der Nützlichkeit stellt, § 1 A 18. In der Regel wird Patentfähigkeit angenommen, weil beachtliche Teile der Industrie sich mit der Herstellung solcher Artikel beschäftigen. — Die Rechtslehre nimmt zum Teil an, jeder größere Fortschritt, offenbare erfinderische Tätigkeit, schließe also Erfindungshöhe ein; ein kleinerer Fortschritt sei nur ein Ausfluß gewöhnlicher — nicht patentfähiger — handwerksmäßiger Geschicklichkeit. Diejenigen, die das Erfordernis der Erfindungshöhe leugnen, schließen daraus, daß man nur einen erheblichen Fortschritt zu fordern brauche, weil damit dasselbe erreicht werde, wie mit dem Erfordernis der Erfindungshöhe. Umgekehrt schließen diejenigen, die von einem besonderem Erfordernis des Fortschrittes absehen wollen, aus jener Gleichstellung, daß die Erfindungshöhe schon ohne weiteres einen erheblicheren Fortschritt mit sich bringe. Alles dies ist nicht zutreffend. Liegt ein erheblicher Fortschritt technischer Art vor, so wird man allerdings nicht leicht die Erfindungshöhe bestreiten können. Anders aber, wenn es sich um einen erheblichen Fortschritt wirtschaftlicher Art, eine Verbilligung des Erzeugnisses oder dgl. handelt. Dann kann sehr wohl, wenn z. B. ein billiger Ausgangsstoff neu auf den Markt gekommen ist, die Lage so sein, daß die Erfindungshöhe und damit die Patentwürdigkeit geleugnet werden muß. Ein mehrfach angeführtes Beispiel: als Aluminium vor nicht langer Zeit in großem Umfange hergestellt wurde, konnte die Verwendung dieses Metalles in vielen Gewerben einen großen Fortschritt bedeuten; patentfähig war sie nicht, weil die Verwendung trotz des großen Fortschrittes keine Erfindungshöhe aufwies, vielmehr auf der Hand lag, nachdem Aluminium in Massen hergestellt wurde. Andererseits kann trotz geringfügigen praktischen Fortschrittes eine derartige Erfindungshöhe vorliegen, daß Patentschutz im öffentlichen Interesse dringend geboten ist. Von diesem wichtigen Punkte war schon § 1 A 27 die Rede und wird in der nächsten Anmerkung weiter die Rede sein. Gleichstellung von Erfindungshöhe und erheblichem Fortschritt darf also nicht stattfinden; sowohl Erfindungshöhe als auch Fortschritt wird zur Patentfähigkeit erfordert.

Anm. 44. b) Erheblichkeit des Fortschritts. Die im Schrifttum überwiegend vertretene Meinung fordert, daß der Fortschritt, den die Erfindung offenbart, erheblich sei. Das Patentamt steht auf demselben Standpunkt, GewR. 21 (1916), 59. In der reichsgerichtlichen Rechtsprechung findet sich hin und wieder, wenn im Nichtigkeitsverfahren Patente aufrechterhalten werden, erwähnt, daß ein erheblicher oder wesentlicher oder bedeutsamer Fortschritt vorliege; umgekehrt wird bei Vernichtung eines Patents darauf hingewiesen, daß der Fortschritt geringfügig sei. Ein Grundsatz aber, daß stets ein wesentlicher Fortschritt vorhanden sein müsse, ist — wenigstens seit längeren Jahren — nicht aufgestellt worden. (Der Fortschritt braucht nicht einen ganz besonders hohen Grad zu erreichen, MuW Jahrg. 27/28, S. 131.) Das konnte auch nicht geschehen, denn in den § 1 A 31, 34 unter Ziff 7, 27 usw. angeführten Fällen kann von einem wesentlichen Fortschritt kaum die Rede sein. Im Gegenteil hat das Reichsgericht in manchen Fällen ausdrücklich anerkannt, daß der Fortschritt überhaupt oder wenigstens zunächst nur gering sei, und hat trotzdem die Patente aufrechterhalten. Das kommt besonders häufig vor, wenn sich Erfindungen auf neuen Gebieten bewegen, mit deren technischer Durcharbeitung erst begonnen wird.

Blatt 6 (1900), 21 ff: Die größere oder geringere Bedeutung dieser Wirkung ist nicht ausschlaggebend für die Schutzfähigkeit der Erfindung, mit deren Hilfe sie erzielt ist.

232174 schützte eine Einrichtung zur Erzeugung schneller elektrischer Schwingungen für drahtlose Telegraphie. Die Brauchbarkeit — und damit der Fortschritt — der Erfindung wurde angegriffen. Die Angriffe sind zurückgewiesen. Das Patentamt sagte: Die Angriffe gegen die praktische Brauchbarkeit verkennen, daß einer Erfindung die gewerbliche Verwertbarkeit (soll heißen die Brauchbarkeit) nicht deshalb abgesprochen werden kann, weil sie zunächst in der angegebenen Form nicht allen Anforderungen genügt hat, die ein sich entwickelnder Betrieb im Verlaufe der Zeit an sie stellen mußte, wenn nur die zuerst angegebene Form auf kurze Zeit durch dieselben Mittel und Vorgänge wirkte, die auch bei den späteren Verbesserungen noch die Grundlage bilden. Ähnlich das Reichsgericht: Die geschützte Funkenstrecke ermöglicht eine besonders rasche Folge der Funken. Sie ist an sich wertvoll und patentwürdig, wenn sie auch ihren vollen Wert erst durch weitere Zutaten, insbesondere durch die Beobachtung des bestgeeigneten Koppelungsgrades erhält. (I 137/1917, Urt vom 5. 12. 17.)

240178 schützt eine neue erfundene Herstellung drehbarer Plattenkondensatoren. Das Reichsgericht erkannte an, daß die Erfindung keine große sei, hielt das Patent im Nichtigkeitsverfahren aber aufrecht, weil die Arbeitsweise, besonders hinsichtlich der Genauigkeit der Abmessungen Vorteile habe. Siehe Genaueres über dies Patent § 1 A 31, Ziff 6. (I 94/1917, Urt vom 5. 12. 17).

Vor mehr als zehn Jahren wurden für die drahtlose Telegraphie die bekannten Kontaktdetektoren erfunden, die gegenüber den bisher üblichen Vorrichtungen (Kohärer) auf einem neuen Prinzip beruhten. 178871 schützte eine wellenempfindliche Kontaktstelle zum Empfangen elektrischer Schwingungen, dad. gek., daß eine oder beide Kontaktteile aus einem in Stückform verwendeten Material bestehen, das elektrolytische Eigenschaften besitzt. Das Reichsgericht hat ausgeführt: Durch die Erfindung wird auf eine neue Klasse wellenempfindlichen Materials hingewiesen, das besonders zur Benutzung von Detektoren geeignet ist. Dem Sachverständigen wurde damit die Anweisung gegeben, nach anderen äquivalenten Materialien zu forschen, und es wurde für weitere Fortschritte die Bahn eröffnet. Darüber hinaus wurde für spätere Erfinder eine neue, in dem angefochtenen Patente freilich noch nicht offenbarte Kenntnis nahegelegt, nämlich dahin, daß man derartige Materialien, weil sie an sich wellenempfindlich sind, nicht ohne nur äußere Stromquelle, sondern auch ohne eine mit dem Materiale selbst in Form eines Elementes gebildete Stromquelle, also überhaupt ohne dauernden Strom für Detektoren werde verwenden können (I 106/17, Urt vom 6. 7. 18).

Das Hervorragende an vorstehendem Patent war also der Ausblick, den es für die Zukunft eröffnete.

153730 schützte ein Verfahren zur Regelung von Wechselstrommaschinen mit Gleichstromanker. Das Reichsgericht führte aus: Auch zur Zeit der Anmeldung mußte in der Eröffnung dieser neuen Möglichkeit (der Geschwindigkeitsregulierung des Rotors), wenn auch ein unmittelbarer praktischer Vorteil noch nicht gegeben war, ein gewerblicher Fortschritt erblickt werden, denn es war ohne weiteres anzunehmen, daß die Technik bei Durcharbeitung der Erfindung bald Wege finden würde, wo sich Vorteile damit erzielen lassen. Es lag auch von vornherein nahe, daß man versuchen müsse, in Anwendung der neuen Methode, wie es auch tatsächlich gelungen ist, zu einer besseren Überwindung des Nachteils übermäßiger Funkenbildung zu gelangen (Mitt. 1913 S. 30).

Sollte wirklich zur Zeit die praktische Verwendbarkeit des Patents infolge der Schmierölfrage beeinträchtigt sein, so liegt doch bereits in den beiden obengenannten Vorteilen eine wesentliche Bereicherung der Technik, welche möglicherweise künftig noch größer sein wird, wenn es gelingt, bei Maschinen, die mit stark überhitztem Dampf arbeiten, die Schmierölfrage in befriedigender Weise zu lösen (I 128/1915, Urt vom 25. 3. 16).

Das letzte Beispiel zeigt, daß unter Umständen (siehe weiter unten) genügend ist, wenn ein Fortschritt nur in einer einzelnen Richtung gegeben ist, wobei freilich immer vorausgesetzt wird, daß die Erfindung schon „brauchbar“ ist, § 1 A 17 f. — In allen angeführten Fällen war ein gegenwärtiger praktischer Fortschritt von größerer Erheblichkeit für die Technik noch nicht vorhanden. Trotzdem sind die Patente aufrecht erhalten. In den § 1 A 34 angeführten Fällen, die von geringer Erfindungshöhe zeugten und geringen Fortschritt aufwiesen, mag es zweifelhaft erscheinen, ob Patentierung angezeigt war. Aber in den vorstehenden Beispielen würde der Fortschritt der Industrie nicht gefördert, sondern aufgehalten, wenn Patentierung versagt wäre, weil der gegenwärtige greifbare, praktische Fortschritt noch nicht erheblich war. Die Erfindung wäre nicht veröffentlicht, die Industrie hätte nicht an der Vervollkommnung arbeiten können. Deshalb ist es ausgeschlossen, Erheblichkeit des Fortschritts allgemein als Erfordernis der Patentfähigkeit hinzustellen. Damit ist natürlich keineswegs gesagt, daß nicht in manchen besonderen Fällen doch ein erheblicher

Fortschritt vorliegen muß. Das muß dann gefordert werden, wenn die Erfindungshöhe klein ist; auch dann, wenn der Fortschritt nur in einer Richtung besteht, und zweifelhaft ist, ob seine Verwirklichung nicht noch weitere Veränderungen der Vorrichtung oder des Verfahrens nach sich ziehen muß, über die noch keine Klarheit herrscht, vgl. § 1 A 35 a. E.; gleiches gilt auch dann, wenn der Fortschritt in der Verbilligung besteht; eine nur geringe Verbilligung, die ohne Einfluß auf die Verbreitung des Erzeugnisses ist, vielmehr nur dem Fabrikanten zugute kommt, verdient keinen Patentschutz.

Wenn Wirth, GewR 28 (1923), 74 meint, daß der Fortschritt nicht notwendig erheblich und unmittelbar zu sein braucht, so entspricht das also in der Tat den Grundsätzen der Rechtsprechung des Reichsgerichts.

Anm. 45. Es ist vorstehend dargelegt, daß nicht ein erheblicher, nicht ein unmittelbarerer praktischer und nicht ein wirtschaftlicher Fortschritt vorhanden zu sein braucht. Kommt nun noch hinzu, daß auch an den Beweis des Fortschrittes keine hohen Anforderungen zu stellen sind (§ 1 A 49), so könnte man meinen, daß für die Fortschrittsprüfung nicht viel übrigbliebe. Das wäre jedoch durchaus verkehrt. Nur auf Grund einer Verneinung des Fortschrittes können Erfindungen ausgeschieden werden, wie wenn zu mehreren bereits bekannten Herstellungsverfahren ein neues, vielleicht geistreiches, aber nicht vorteilhafteres Verfahren gefunden wird, u. dgl. Vgl. auch folgende Fälle:

RG Blatt 5 (1899), 195: Anwendung größerer Mengen von schwefliger Säure zum Bleichen von Zucker; den etwaigen Vorteilen stehen größere Nachteile gegenüber, deshalb keine „Nützlichkeit".

Bolze 10 Nr. 162: 10115 vernichtet, weil es eine „unzweckmäßige Neuerung" enthielt.

RG Blatt 11 (1905), 11, kleine Erfindung, Sammelmappen: der Fortschritt stellt sich als so unerheblich dar, daß keine Patentfähigkeit vorliegt.

Ein Erfinder wollte an Automobilrädern die Verbindung zwischen Speichen und Felge nur durch Spannung der Felge, nicht durch Schweißen oder Nieten herstellen, 287052. Das Patent ist vernichtet. Der Sachverständige hat in der geschützten Verbindung eine ständige Gefahr für Wagen und Insassen erblickt, es liegt deshalb „keine Bereicherung der Technik" vor (I 555/1921, Urt vom 3. 3. 22).

Durch das angefochtene Patent ist die Technik nicht in irgendeiner Weise bereichert, noch ein Fortschritt herbeigeführt. Es handelt sich um eine belanglose Änderung des durch die älteren Patente geschützten Verfahrens. PA (NichtAbt), Entsch vom 18. 6. 21 (I 569/21).

Vgl. auch IndR Jahrg. 9 S. 134 und MuW Jahrg. 27/28 S. 127.

Anm. 46. Nicht selten kommt es vor, daß die wirkliche Bedeutung einer Erfindung, die zunächst geringen praktischen Fortschritt bringt, erst in späterer Zeit hervortritt, nämlich dann, wenn die Technik sich in anderen neuen Bahnen bewegt, wenn andere Erfindungen hinzutreten u. dgl. Das bekannteste Beispiel hierfür ist die Erfindung von Witt 26012, Benzidinfarbstoff. Witt hatte eine neue Klasse von Farbstoffen entdeckt, unter denen sich eine unscheinbare und nicht vielversprechende Benzidinverbindung befand. Nachträglich stellte sich heraus, daß gerade dieser Benzidinfarbstoff die sehr wichtige Eigenschaft hatte, Baumwolle ohne Beize waschecht zu färben. Hätte man bei Patentierung den Nachweis eines erheblichen technischen Fortschrittes erfordert, so wäre das Herstellungsverfahren dieses wichtigen Farbstoffes ungeschützt geblieben. — Ähnlich war es mit der patentierten Herstellung des Phenylhydrazins, durch das die Technik erst dann erheblicher gefördert wurde, als es einige Jahre später zur Herstellung von Antipyrin verwendet wurde, GewR 7 (1902), 266. Bei solcher Sachlage erhebt sich die Frage, ob es der Gerechtigkeit entspricht, dem ersten Erfinder den Patentschutz zuzuwenden, obgleich dieser seine Bedeutung erst durch die Erfindung eines anderen erlangt. Immerhin hat der erste Erfinder einen Teil des Weges, der zu dem schließlichen großen Erfolge führt, zurückgelegt, und es bleibt fraglich, ob die zweite Erfindung gemacht worden wäre, wenn sich damals das Erzeugnis des ersten Erfinders nicht schon dargeboten hätte. Es ist deshalb gerechtfertigt, auch den ersten Erfinder nicht leer ausgehen zu lassen, vielmehr zwei Patente zu erteilen, von denen das zweite in gewisser Weise tatsächlich abhängig ist, § 3 A 19. Hindert der Inhaber des ersten Patentes die Ausführung der zweiten Erfindung, so muß durch Zwangslizenz geholfen werden.

Anm. 47. c) **Sehr erheblicher Fortschritt.** Ist ein sehr erheblicher technischer Fortschritt erzielt, so ändert das die Beurteilung der Erfindung in gewisser Weise. Der sehr erhebliche Fortschritt hat die Kraft, andere Schwächen der Erfindung zu verdecken. Es findet eine Art Ausgleich zwischen dem, was in anderen Beziehungen fehlt, und dem hervorragenden Fortschritt statt. Ein gewisses Maß der Verdienstlichkeit der Erfindung ist zur Patentierung erforderlich. Dies Maß kann durch kleinen Fortschritt neben großer Erfindungshöhe, aber auch durch großen Fortschritt neben kleiner Erfindungshöhe erreicht werden, vgl. RG I 276/1924, Urt vom 15. 11. 24: „Man könnte zwar daran denken, die an die Patentwürdigkeit zu stellenden Anforderungen zu ermäßigen, wenn die Erfindung einen besonders großen technischen Fortschritt gebracht hätte, aber letzteres ist nicht der Fall." Ebenso wie bei hervorragendem Fortschritt die Erfindungshöhe nicht geleugnet wird, wird man nicht leicht eine Vorwegnahme durch Papierpatente zugestehen, man wird über technische Unvollkommenheiten hinwegsehen — alles von dem Standpunkte aus, daß große Erfindungen auf jeden Fall ausreichend patentiert werden müssen.

227248 schützt ein Verfahren zur Herstellung von Kunststeinen, dad. gek., daß kieselsäurehaltige Puzzolane, Traß usw. mit Kalkhydrat vermischt werden. Solche Mischung war bereits im Schrifttum erwähnt, freilich nicht besonders empfohlen. Das Reichsgericht legt dar, es komme danach in Frage, ob das Patent nicht trotzdem unter der Voraussetzung aufrechtzuerhalten sei, daß ein unerwartet großer Erfolg mit dem Verfahren erzielt würde. Das wird dann in tatsächlicher Ausführung verneint (I 95/1914, Urt vom 1. 7. 14).

Die Patentinhaberin hat, indem sie sich als erste die Aufgabe stellte, bei Hängeseilbahnen die einseitig aufgehängten Wagen ... so brauchbar zu gestalten, daß sie auch dem Personenverkehr volle Sicherheit gewähren, und indem sie diese Aufgabe ... erstmals löste, sich um den Fortschritt auf dem Gebiete der zweigleisigen Drahtseilhängebahnen ein so erhebliches Verdienst erworben, daß schon aus diesem Grunde die Patentwürdigkeit ... anerkannt werden muß, ohne daß noch das Maß der geistigen oder technischen Schwierigkeit untersucht zu werden braucht, das für einen Sachverständigen aufzuwenden war, um von dem entgegengehaltenen Patente zu der Konstruktion des angegriffenen Patentes zu gelangen (I 20/1913, Urt vom 5. 4. 13).

Mochte der Fortschritt des technischen Gedankens auch nur ein geringer und naheliegender sein, so ist doch wegen des sehr erheblichen gewerblichen Fortschrittes der Neuerung der Charakter der Erfindung nicht zu versagen (Bolze 4 Nr 204).

Angesichts des außerordentlich großen technischen Fortschrittes kann beim angegriffenen Patent die Erfindungshöhe umso weniger bestritten werden, als ... (I 142/1916, Urt vom 6. 12. 16).

Unter diesen Umständen vereinfacht sich die Frage nach der Erfindungshöhe wesentlich; die Feststellung eines technischen Fortschrittes von der hier erkennbaren Größe muß bei der Bewertung der Erfindungshöhe von vornherein zugunsten der letzteren entscheidend ins Gewicht fallen. (Patent 310092, NichtAbt, Entsch. vom 9. 4. 26).

Wie in diesem Zusammenhang erwähnt sein mag, wird im Schrifttum darüber Klage geführt, daß in Deutschland manche sehr bedeutende Erfindungen nicht oder nicht in ausreichender Weise patentiert worden seien, Telephon, Edisons Kohlenfadenglühlampen (sehr beschränkter und unzureichender Schutz), Teslas Drehfeldmotor (unwirksamer Schutz), Marconis Senderantenne (angeblich aus unverständlichem Grunde nicht ausreichend patentiert), Pneumatik für Fahrräder; aus neuerer Zeit könnte hinzugefügt werden Röntgenröhre mit Glühkathode von Coolidge. Bei derartigen Kritiken laufen freilich Irrtümer unter. Man beschwert sich darüber, daß die biegsamen Gilletteklingen in Deutschland, im Gegensatz zu England, nicht geschützt seien, GewR 28 (1923), 56. Dabei wird übersehen, daß auch in England das Patent im Verletzungsstreit vernichtet ist, Rep. of Pat. Cases 26, 760; 30, 465.

Von den Erfindungen mit sehr großem technischen Fortschritt sind die sog. Pioniererfindungen zu unterscheiden. Das sind nach deutscher Auffassung Erfindungen, die — ohne daß es auf die Größe des augenblicklichen technischen Fortschrittes ankommt — neue Bahnen auf unangebauten Gebieten eröffnen. Über diese vgl. § 1 A 107.

Zusammenhang der Voraussetzungen der Patentfähigkeit. Es sind im Vorstehenden die einzelnen Voraussetzungen der Patentfähigkeit, die sämtlich erfüllt sein müssen, für Normalfälle dargelegt. Hin und wieder kommt es vor, daß das, was in der einen Richtung fehlt, durch ein Übermaß in der anderen Richtung ersetzt werden kann, vgl. schon vorstehende Anmerkung. Das kommt darauf hinaus, daß ein gewisser Grad der Gesamtverdienstlichkeit von der Erfindung erreicht sein muß. Fehlbeträge in der augenblicklichen praktischen Brauchbarkeit können durch einen zutage tretenden hohen Grad von Scharfsinn, der eine Wichtigkeit der Erfindung für die Zukunft verspricht, aufgewogen werden; das ist der Sinn des § 1 A 44 angeführten Urt Mitt. 1913, 30. — Kleine Erfindungshöhe kann durch großen Fortschritt, kleiner Fortschritt durch große Erfindungshöhe ersetzt werden. Das ist für den Fall eines sehr erheblichen Fortschrittes bereits § 1 A 47 dargelegt worden. Hier ist zu betonen, daß dieser Grundsatz allgemein gilt. Auch geringe Neuheit, geringe Abweichungen gegenüber einer bereits bekannten Vorrichtung können Patentfähigkeit bewirken, wenn sie eine neue Wirkung hervorbringen, wie das bei schnellaufenden, sog. arbeitsparenden Maschinen häufig eintritt, oder wenn sie die neue Vorrichtung für neue Zwecke verwendbar machen, § 2 A 3. Sind dagegen sämtliche Voraussetzungen nicht ausreichend erfüllt, so muß das Patent versagt werden. Also keine Patentfähigkeit, wenn die Abweichungen vom Vorbekannten geringfügig sind, wenn die neue Anordnung zwar eine geschickte Hand verrät, aber die Brauchbarkeit **Anm. 48.**

nur unerheblich gesteigert ist, nur ein Quentchen Erfindungshöhe vorliegt. Das ist der Sinn des Urt GewR 28 (1923), 44, der in der Fußnote a. a. O. S. 73 nicht recht gewürdigt zu sein scheint.

Abschnitt V.

Beweisfragen, fremde Rechte.

Anm. 49. **Beweisfragen.** Die allgemeine Regel ist, daß der Anmelder eines Patentes den Beweis erbringen muß, daß die Erfordernisse der Patentfähigkeit vorliegen. Doch gilt dies weder für alle Erfordernisse, noch muß immer ein strenger Beweis geführt werden.

Brauchbarkeit im Sinne von Leistungsfähigkeit und Ausführbarkeit müssen und können streng nachgewiesen werden. Der Erfinder muß dartun, daß die Erfindung ausgeführt werden kann — d. h. mit den Mitteln, die der Technik zur Verfügung stehen —, und daß sie den angegebenen technischen Erfolg wirklich erreicht. Bei vielen Erfindungen z. B. chemischen, ist die Sache durch Vorlegung des Erzeugnisses ohne weiteres zu erledigen. Bei komplizierten Maschinen u. dgl. muß es genügen, daß der Erfolg nach physikalischen Gesetzen zu erwarten ist; Vorführung einer fertigen Maschine kann in solchen Fällen nicht gefordert werden.

Daß die Erfindung gewerblich verwendbar ist, muß der Anmelder nachweisen. Der Beweis ist um deswillen in der Regel unschwer zu führen, weil nur die Eignung der Erfindung, gewerblich verwendet zu werden, nachgewiesen zu werden braucht, § 1 A 11. Einzelne besondere Verwendungsmöglichkeiten brauchen nicht nachgewiesen zu werden; es genügt der allgemeine Nachweis, daß die Erfindung nach ihrer Art und nach den Bedürfnissen der Technik die Möglichkeit bietet, technische Verwendung zu finden, RG MuW 1916, 91.

Daß die Erfindung zur Befriedigung eines sozialen Bedürfnisses dient, braucht gleichfalls nur in der Allgemeinheit glaubhaft gemacht zu werden, § 1 A 17. „Ob und in welchem Maße diese Neuerungen den vom Erfinder erwarteten praktischen Zweck haben werden (gemeint ist: sich in der Praxis durchsetzen werden), kann nur durch die Praxis endgültig entschieden werden; es muß die Erkenntnis genügen, daß solche technische Verbesserungen durch Mittel, die einen Erfolg nicht ausschließen, angestrebt werden“, RG Blatt 1881, 221.

Die Neuheit der Erfindung muß vom Anmelder nachgewiesen werden. Das geschieht, indem er den Stand der Technik zur Zeit seiner Anmeldung darlegt. Die Prüfung dieser Darlegung, die Prüfung „auf Neuheit“, ist die vornehmste Aufgabe der Erteilungsbehörde. Es kann in der Regel nur geprüft werden, ob die Erfindung schon in öffentlichen Druckschriften, besonders in vorveröffentlichten Patentschriften, beschrieben ist. Ob eine offenkundige Vorbenutzung stattgefunden hat, entzieht sich in vielen Fällen der Kenntnis des Patentamtes; die Mitbewerber müssen ihre Einwendungen durch Einspruch geltend machen. In positiver Weise läßt sich der Beweis der Neuheit nicht führen; es genügt, wenn keine neuheitsschädlichen Tatsachen auffindbar sind.

Das Vorliegen des Fortschrittes ist wiederum Sache der Beurteilung. Der Anmelder muß darlegen, welche Vorteile für die Industrie er von seiner Erfindung erwartet. Das Patentamt wird in der Leugnung eines Fortschrittes vorsichtig sein müssen. Einerseits genügt in manchen Fällen ein auch nur kleiner Fortschritt, besonders bei scharfsinnigen, neue Wege einschlagenden Erfindungen; andererseits ist die Beurteilung auf Fortschritt eine schwierige Sache: unscheinbare Erfindungen haben nicht selten großen Erfolg und fördern die Industrie erheblich; viel häufiger noch ist der umgekehrte Fall, eine Erfindung scheint große Aussichten zu haben, ist aber in wenigen Jahren vergessen. Man kann deshalb nicht den bündigen Nachweis verlangen, daß die Erfindung einen wirklichen, dauernden Fortschritt bringt. Aus dieser Überlegung haben sich zwei Regeln entwickelt. Es genügt einerseits, daß ein Fortschritt glaubhaft gemacht wird, also plausibel ist. Es genügt andererseits, daß ein Fortschritt wenigstens in einer einzelnen Richtung vorliegt — wenn nicht etwa Nachteile in anderen Richtungen von vornherein so völlig überwiegend zutage treten, daß die Erfindung mit Sicherheit aussichtslos erscheint, vgl. unter Brauchbarkeit § 1 A 24. Beispiel aus der Rechtsprechung: nicht zu untersuchen ist, wie im ganzen die Vorteile und Nachteile des (vorbekannten) Schmelzverfahrens und des (in dem angegriffenen Patente geschützten) Fällungsverfahrens gegeneinander abzuwägen sind. Zur Aufrechterhaltung des Patentes genügt es, daß der Erfinder der Technik ein neues Verfahren dargeboten hat, mittels dessen gute Aluminatsilikate hergestellt werden können, und das in bestimmter Richtung vor dem alten Verfahren Vorteile bietet (I 29/1915, Urt vom 22. 1. 16).

Das Vorliegen der Erfindungshöhe kann vom Anmelder nicht bewiesen werden; die Entscheidung darüber ist Sache der Beurteilung durch die Erteilungsbehörde. Allerdings kann und wird in Zweifelsfällen der Anmelder darauf hinweisen, inwiefern seine Erfindertätigkeit die Kraft eines durchschnittlichen Sachverständigen überschritten hat. Für die Beweisfragen im Nichtigkeitsverfahren vgl. § 10 A 4.

Mit dem Vorstehenden ist die Erörterung derjenigen positiven Erfordernisse, die das Gesetz und die Rechtsprechung für die Patentfähigkeit einer Erfindung im § 1 aufgestellt haben, erschöpft. Es ist darauf hinzuweisen, daß die gesetzlichen Begriffsbestimmungen der patentfähigen Erfindungen in Nordamerika, England und Frankreich von der Deutschen abweichen. Nordamerika: die Erfindungen müssen neu und nützlich sein und zum Gegenstand haben ein Verfahren, eine Maschine, ein Erzeugnis, eine Zusammensetzung von Stoffen oder eine Verbesserung dieser Dinge. England: Patente werden gewährt für eine neue manufacture; manufacture bedeutet Erzeugnis, Verfahren und auch Arbeitsmittel; so wird der Ausdruck wenigstens heutzutage ausgelegt. Frankreich: patentiert werden neue industrielle Erzeugnisse, neue Arbeitsmittel (zu denen auch die Verfahren gehören) und die neue Anwendung bekannter Mittel, um ein industrielles Erzeugnis oder Ergebnis zu erzielen. Es ist zu beachten, daß durch die Rechtsprechung der verschiedenen Länder die Regeln über die Patentfähigkeit einander mehr und mehr angeglichen werden, weil die Erfordernisse der Industrien überall die gleichen sind. Für Näheres hierüber vgl. den Artikel des Verfassers über Patentfähigkeit im rechtsvergleichenden Handwörterbuch. Anm. 50.

Abschnitt VI.

Patentkategorien.

Bis vor kurzem unterschied man allgemein drei Patentkategorien: 1. Patente auf Sachen, „Sachpatente", 2. Patente auf Arbeitsmittel, 3. Patente auf Arbeitsverfahren. Neuerdings ist von H. Isay eine vierte Kategorie hinzugefügt: Patente auf Anordnungen; über diese vgl. A 61. Strengen logischen Anforderungen entspricht die Einteilung nicht. Zwar unterscheiden sich Sachpatente und Verfahrenspatente grundsätzlich nach dem Wesen der geschützten Erfindung: einerseits ein körperlicher Gegenstand, andererseits eine Handlung, die in der Einwirkung auf ein Substrat besteht. Ihnen stehen die Arbeitsmittel nicht als gleichwertige Klasse gegenüber, vielmehr bilden sie eine Unterabteilung der Sachen; es sind Sachen, deren Eigenart in einem bestimmten Funktionszweck besteht. Manche Erfindungsgegenstände können demgemäß mehreren Kategorien angehören. Die „Anordnung" einer elektrischen Schalttafel ist auch „Arbeitsmittel" der Stromverteilung und „Sache" als Fabrikationserzeugnis. Die Kreise der Kategorien überschneiden sich zum Teil. Anm. 51.

Sachpatente schützen Sacherfindungen, erfundene Sachen. Die Sache mit ihren Eigenschaften wird rein als existentes Ding, also ihrer Existenz nach geschützt. Inhalt der Erfindung ist weder die Erzeugungsart, in welchem Verfahren sie hergestellt wird, noch die Verwendungsart, zu welchem Zwecke sie gebraucht werden soll. So auch in Belgien, Picard u. Olin Nr 59: Das Erzeugnis ist ein Ding, das seinen Wert in sich hat und nicht als Mittel, ein Ziel zu erreichen, einen Effekt hervorzubringen, vgl. auch A 53 a. E. Voraussetzung der Patentierung ist allerdings, daß die Sache irgendwie hergestellt werden kann — sonst fehlt es der Sacherfindung an „Ausführbarkeit"; ebenso ist Voraussetzung der Patentierung, daß sie irgendeinem Zwecke dienen kann — sonst fehlt es der Sacherfindung an „sozialem Gebrauchswert". Aber Inhalt der Erfindung ist das alles nicht. Geschützt ist also die Gestaltung eines Gegenstandes, die Formgebung, die Zusammensetzung eines Stoffes u. dgl. In diesem Sinne wird in diesem Kommentar von „reiner Sacherfindung" gesprochen.

Schon an dieser Stelle ist ein Hinweis zu geben, dessen Berechtigung noch nicht allgemein anerkannt ist. Das Verhältnis der reinen Sacherfindungen zu der Gesamtzahl der patentierten Erfindungen verändert sich fortdauernd zuungunsten der ersteren. Je weiter die Technik fortschreitet und je mehr das Patentrecht in das Wesen der Erfindungen einzudringen versucht, desto mehr tritt hervor, daß in vielen Fällen nicht die Gestaltung oder Zusammensetzung des erfundenen Gegenstandes das allein Bedeutungsvolle und Patentwürdige ist, sondern daß daneben seine Zweckverwendung das Charakteristikum ist. Als elektrische Lampen erfunden wurden, war es selbstverständlich und deshalb nicht weiter beachtlich, daß sie Beleuchtungszwecken dienen sollten. Als aber Lampen mit ganz verschiedenartigen Strahlenarten erfunden wurden, differenzierten sie sich danach, welche Art von Räumen beleuchtet werden — oder ob die ausgesandten Strahlen etwa medizinischen oder gar chemischen Zwecken dienen sollten. Als die ersten Verstärkerröhren erfunden wurden, war es selbstverständlich, daß sie ankommende drahtlose Wellen verstärken sollten; heute ist es entscheidend, ob sie zum Empfangen oder zum Senden gebraucht werden sollen. Ähnlich bei Metallegierungen. Immer eingehender stellt die Wissenschaft fest, in welchen Verhältnissen zwei oder mehr Metalle miteinander legiert werden können. Immer weniger Metallegierungen können also noch als neu durch Sachpatent geschützt werden; nur die neue Zweckverwendung auf Grund neu hervorgetretener Eigenschaften bleibt patentfähig, § 1 A 140. Die Zweckverwendung wird immer mehr zur Hauptsache und demgemäß nimmt die Geltung des alten Satzes, dem Erfinder sind alle Brauchbarkeiten seiner Erfindung geschützt, immer mehr ab — ohne daß das freilich von der Patentlehre schon viel bemerkt worden ist. Vgl. hierüber § 1 A 90. Wenn man sich eines schlagwortartigen Ausdruckes bedienen will (ohne zu befürchten, daß die Auffassung dadurch verknöchert), so läßt sich sagen: die statische Auffassung der Erfindung tritt zurück, die dynamische (oder funktionelle) gewinnt die Überhand.

Man findet vielfach im Anschluß an Hartig erwähnt, daß der adäquate sprachliche Ausdruck für eine Sacherfindung ein Substantiv, für ein Verfahren ein Verb ist.

Anm. 52. Es bedarf der näheren Erörterung, welche Arbeitserzeugnisse oder Sachen durch Sachpatente geschützt werden können. Schutzfähig durch Sachpatent sind:

1. Alle raumgestalteten Gebilde und Vorrichtungen, also Gebrauchsgegenstände, Maschinen, Werkzeuge, Geräte usw.

2. Viele Stoffe, einerlei ob fest, flüssig oder gasförmig. Ausnahmen: Nahrungs-, Genuß- und Arzneimittel sowie Stoffe, die auf chemischem Wege hergestellt werden; jedoch kann das Herstellungsverfahren patentiert werden, und dann genießen die Stoffe, soweit sie unmittelbar durch dieses Verfahren hergestellt sind, den gleichen Schutz, den ein Sachpatent verleiht, so daß der Gebrauch der Erzeugnisse auch in dritter gutgläubiger Hand objektiv eine Verletzung enthält. Dagegen erstreckt sich der Schutz nicht auf die Stoffe, soweit sie in einem anderen Verfahren hergestellt sind. Für das nähere vgl. § 1 A 130 und § 4 A 9. Es gibt Zwischenstufen zwischen raumgestalteten Erzeugnissen und Stoffen. Garne sind z. B. gestaltete Gebilde (Dicke, Festigkeit, Drill, Zwirnung der Fäden), werden aber andererseits weiter verarbeitet wie Stoffe. Der Begriff des „Stoffes" ist von Wichtigkeit außer für § 1 Abs. 2 auch für § 35 Abs. 2. Über den Begriff vgl. neuerdings Danziger, GewR 30 (1925), 285.

3. Legierungen, Mischungen, Lösungen, vgl. § 1 A 139ff.

Nicht durch Sachpatent können geschützt werden:

4. Naturprodukte, z. B. eine neue entdeckte „seltene Erde", und zwar auch dann nicht, wenn der Stoff, aus dem das Naturprodukt besteht, künstlich hergestellt wird. Letzteres ist selbstverständlich, wenn die Herstellung auf chemischem Wege erfolgt. Es gilt aber auch dann, wenn dem Stoffe auf mechanischem Wege eine besondere Modifikation verliehen wird. Deshalb könnte künstlich hergestellter kristallisierter Kohlenstoff, künstlicher Schaumgips nicht durch Sachpatent geschützt werden.

5. Stoffe, denen ein besonderer mechanischer oder physikalischer Zustand verliehen ist, z. B. kolloidal (in allerfeinster Verteilung) zerstäubtes Metall, „ziehbar" gemachtes Wolfram, das also eine physikalische Zustandsänderung vermutlich durch Umlagerung der Moleküle und Vergrößerung der Einzelkristalle erlitten hat, rostfreies Eisen (sofern letzteres nicht aus einer Legierung besteht), künstlich „aktivierter" Stickstoff; ebenso, wenn es gelänge, künstlich die Magnetisierbarkeit von Eisen, die elektrische Leitfähigkeit von Aluminium zu erhöhen. Diese Regel rechtfertigt sich dadurch, daß in all diesen Fällen der Stoff seinem Wesen und seiner Zusammensetzung nach derselbe geblieben ist. Nur einzelne Eigenschaften sind geändert, mithin ist keine neue Sache entstanden, also kein Sachpatent. Die gegebene Patentform für solche Fälle ist das Verfahrenspatent: Verfahren, Metalle kolloidal zu zerstäuben, Wolfram ziehbar zu machen usw. — Diese Regel gilt in England und in Nordamerika nicht. Ein Patent auf „mechanisch bearbeitetes Wolfram" wird dort als rechtsbeständig angesehen, Fed. Rep. Bd. 267 S. 838. In einer ganz neuen amerikanischen Entscheidung, Fed. Rep. 2. Reihe Bd. 17 S. 90ff, in welcher in erster Instanz das Patent auf ziehbares Wolfram vernichtet worden ist, ist die Zuverlässigkeit der Patentierung nicht in Zweifel gezogen; die Vernichtung ist (mit einer auffälligen Begründung) wegen Mangels an Neuheit erfolgt.

6. Hervorbringungen, die nicht Körper oder Stoffe sind, z. B. elektrische Ströme, Telasströme, Lichtwellen, Wellen der drahtlosen Telegraphie, Röntgenstrahlen, Elektronenströme oder dgl. Das ist theoretisch begründet, weil alle diese Erscheinungen keine Sachen sind; es ist noch vielmehr praktisch erforderlich, weil dergleichen natürliche Kraftäußerungen nicht einem Einzigen ausgeliefert werden können, vgl. Samter, Physik. Chemie und Patentrecht, S. 14ff.

7. Nicht durch Sachpatent können geschützt werden unbewegliche Sachen, RG Blatt 4 (1898), 153. Diese von der herrschenden Meinung aufgestellte Regel ist zutreffend. Es ist auch niemals eine unbewegliche Sache selbst patentiert worden. Wohl aber können patentiert werden: 1. Konstruktionspläne für Gebäude, Blatt 20 (1914) S. 257; 27 (1921) 187; andererseits 12 (1906), 6; Näheres § 1 A 12. 2. Teile, die für Gebäude verwandt werden sollen; Schienen für Tresormauerwerk, RG 50 S. 124; Weichenzungenstücke für Straßenbahngleise Blatt 5 (1899), 214; weiter RG 41, 65; 44, 76. — Urt vom 23. 3. 21, I 300/1920: das Reichsgericht hat ausgesprochen, daß der Gebrauchsmusterschutz sich auf unbewegliche Sachen oder wesentliche Bestandteile derselben nicht erstreckt, RG 41, 65. Die (streitige) Vorrichtung wird aber nach ihrer Einfügung nicht wesentlicher Bestandteil des Brauereigebäudes, da sie leicht herausnehmbar bleibt und nach allgemeiner Verkehrsanschauung nicht einen körperlich unselbständigen Gebäudeteil bildet, § 93 BGB, Komm RGR § 93,

A 2. — In Zweifel gezogen ist, ob eine Backofenfeuerung, die teilweise in Mauerwerk herzustellen war, schutzfähig ist; jedenfalls konnte nach den Ausführungen zu 1 der Konstruktionsplan patentiert werden. Die angeführten Urteile beziehen sich auf Gebrauchsmusterschutz, doch gilt in dem hier in Rede stehenden Punkt dasselbe für die Patentierungsmöglichkeit. 3. Patentiert werden können die Herstellungsverfahren von Gebäuden u. dgl., besonders gewisser unter der Erde befindlicher Bauten, Abtäufung von Schächten, Bauart von Tunneln. Hier erhebt sich dann die Frage, ob die Schächte und Tunnel als unmittelbare Erzeugnisse des Verfahrens geschützt sind, welche Frage zu verneinen ist, vgl. Bolze, Entwurf einer Patentnovelle, S. 167ff. und A 9 zu § 4.

8. Selbstverständlich ist, daß technische Ergebnisse, die nicht körperlicher oder stofflicher Natur sind, sog. „Resultate", nicht durch Sachpatent geschützt werden, also nicht eine bisher unerreichte Tragweite von Geschützen, nicht Verhinderung der Ansetzung von Kesselstein u. dgl. Vgl. hierüber § 1 A 100 (Resultate und Funktionen).

9. Werden an bekannten Stoffen, Vorrichtungen, Arbeitsmitteln neue Eigenschaften oder neue Brauchbarkeiten entdeckt, so kann nicht ein Sachpatent erteilt werden. Das klingt und ist selbstverständlich. Es wird aber nicht immer beachtet. Als entdeckt wurde, daß mittels Cer-Eisen Benzindämpfe entzündet werden können, konnte der Entdecker nicht ein Sachpatent auf Cer-Eisen erhalten, obgleich diese Verwendung bisher die einzig mögliche ist. Jener Grundsatz gilt besonders für sämtliche Legierungen, Mischungen, Lösungen, wird aber auch bei diesen hin und wieder nicht genügend beachtet; so ist nach der Entscheidung RG 85, 96 die Herstellung einer Legierung ohne Einschränkung durch Sachpatent patentiert worden, obgleich nur eine einzelne Eigenschaft an derselben, die Magnetisierbarkeit, entdeckt war, vgl. § 1 A 141. Das Gegebene ist in solchen Fällen ein Verwendungspatent, a. a. O.

10. Nicht streng in vorstehenden Gedankengang gehört, aber der Vollständigkeit halber ist zu erwähnen, daß Körper und Stoffe nicht patentiert werden können, deren Herstellung unbekannt ist. Erfindet jemand eine Legierung, deren Komponenten nicht auf bekanntem Wege zusammengeschmolzen werden können, sondern nur auf noch nicht erforschten Umwegen, so kann nicht ein Sachpatent erteilt werden. Es fehlt in solchem Falle an der Ausführbarkeit, es liegt also überhaupt keine Erfindung vor — solange nicht der Erfinder sein Geheimnis der der Herstellung offenbart. Sind mehrere Herstellungsverfahren möglich, so genügt die Angabe eines derselben.

Eine schwer zu beantwortende Frage ist, ob und wann einzelne Konstruktionsteile und -elemente durch Sachpatent geschützt werden können. Erforderlich wird sein, daß sie nicht nur für eine einzelne Gesamtvorrichtung brauchbar sind; deshalb sind Ventile, Kondensatoren, Transformatoren usw. ohne Zweifel schutzfähig. Zweifelhaft ist aber, ob sie wirklich sog. selbständigen Gebrauchswert haben müssen. Das Patentamt geht neuerdings darin sehr weit. In 429860 ist ein nachstellbares Achslager, in 429671 eine elastische Lagerung geschützt, dad. gek., daß eine elastisch gemachte Hülse . . . in die Gehäusenabe eingesetzt ist. Das mag zutreffend sein, weil derartige Lagerungen vielfach vorkommen. Vielleicht auch unbedenklich 429642 gelenkige Wellenkuppelung mit kreuzförmigem Zwischenstück, gek. durch besondere Ausgestaltung des letzteren. Aber 422064, Anode für Kathodengeneratoren: das ist doch ein völlig unselbständiges Element, das nur in einer ganz speziellen Verbindung Verwendung finden kann. Näheres zu diesen Fragen bei § 20.

Arbeitsmittel. Das sind Mittel der verschiedensten Art, durch die in einem Verfahren **Anm. 53.**
auf ein Substrat eingewirkt wird, die also zur Ausführung eines Verfahrens behilflich sind. Ihnen wohnt also ein Funktionszweck inne. Sehr viele Verfahrensarten bedienen sich der Arbeitsmittel; nicht alle: bei chemischen Verfahren pflegt man z. B. die Reagenzien nicht als Arbeitsmittel zu bezeichnen. Von einem Erzeugnispatent, also einem reinen Sachpatent, unterscheidet sich das Patent auf ein Arbeitsmittel dadurch, daß bei letzterem noch das Moment einer bestimmten Verwendung in der Technik hinzutritt, das durch die Funktion (Wirkungsart) des Arbeitsmittels bedingt ist. Man kann die Arbeitsmittel passend in natürliche und künstliche einteilen. Natürliche: Druck, Hitze, Abkühlung, Elektrizität (Elektrolyse, Herstellung von Stickstoff — Sauerstoffverbindungen im elektrischen Bogen), Magnetismus (Hebung metallischer Lasten durch magnetische Kraft) usw. Künstliche: Maschinen, Apparate Geräte, Werkzeuge usw. Diese Unterscheidung ist von praktischer Bedeutung. Wechsel in den natürlichen Arbeitsmitteln bedingt in der Regel ein neues Verfahren; wenn Lebensmittel bisher nur durch Hitze sterilisiert wurden und nun durch Hitze und Druck sterilisiert werden, so ist das ein neues Verfahren. Wechsel in den künstlichen Arbeitsmitteln bedingt sehr häufig nicht ein neues Verfahren; wenn unter Druck gearbeitet wird, so sind es nicht neue Verfahren, wenn man denselben Druck durch Gewichtsbelastung, oder durch Hebelkraft, oder durch komprimierte Luft, oder auf hydraulischem Wege ausübt. Ebenfalls von praktischer Bedeutung ist die Unterscheidung, ob die Arbeitsmittel automatisch wirken, z. B. Spinnereimaschinen, Rotationsdruckmaschinen, oder ob ihr Arbeitsgang von Menschenhand gesteuert wird, z. B.

Anlegung verschieden hoher Spannung an das Gitter einer Verstärkerröhre. Natürliche Arbeitsmittel können selbstverständlich nicht durch Sachpatent geschützt werden. Nur die Verwendung der Naturkraft kann patentiert werden, also ist nur ein Verfahrenspatent möglich, z. B.: Verfahren Milch zu sterilisieren, dad. gek. daß Hitze nicht über 60° und Druck bis zu 2 Atmosphären angewandt wird. Anders bei künstlichen Arbeitsmitteln: Vorrichtungen zum Enthülsen von Getreide, dad. gek....

Es kann sich fragen, wie weit der Umkreis der Arbeitsmittel auszudehnen ist. Meistens spricht man nur von solchen Vorrichtungen als Arbeitsmitteln, die in der richtigen Technik angewandt werden, also Maschinen, Geräte, Werkzeuge u. dgl. Darüber hinaus wird man auch solche Vorrichtungen als Arbeitsmittel anzusehen haben, die nicht in der eigentlichen Technik angewandt werden, also etwa landwirtschaftliche Maschinen, Mikroskope, Vorrichtungen für den Hausstand, Gaskochapparate. Auch bei diesen liegt das Charakteristikum darin, daß ihre Funktionsverwendung, der Wirkungszweck die Hauptrolle spielt, neben ihrer Gestaltung und ihrer Zusammensetzung. Dadurch unterscheiden sie sich von den reinen Sachpatenten, und hieraus ergeben sich die Regeln, die zu § 4 für Arbeitsmittel entwickelt werden. Zutreffend hat man gesagt: während bei reinen Sacherfindungen der Gebrauch oder die Anwendung Selbstzweck ist (Kleider, Schmuck, Glühlampen), hat bei Arbeitsmitteln die Anwendung einen weiteren Zweck, Herstellung eines Erzeugnisses. Schwieriger ist die Frage zu beantworten, ob etwa Katalysatoren, soweit sie an chemischen Umsetzungen selbst nicht teilnehmen, sondern dieselben mechanisch beeinflussen, als Arbeitsmittel zu bezeichnen sind. Bei ihnen spielt ihre Funktionswirkung eigentlich die einzige Rolle und zwar so sehr, daß auf sie in der Regel die Lehre von der Äquivalenz keine Anwendung findet. Es mag zunächst ungewohnt erscheinen, Katalysatoren als Arbeitsmittel anzusehen. Doch ist schließlich kein Grund vorhanden, wenn eine Mischung von Eisen- und Alkaliverbindungen auf Asbest niedergeschlagen und zur Synthese von Gasen verwandt wird, das nicht als ein richtiges Arbeitsmittel gelten zu lassen.

Vielfache Schwierigkeiten haben sich in der Rechtslehre ergeben, in welcher Weise Patente auf Arbeitsmittel zu erteilen sind, ob nämlich die Beschreibung der räumlichen Gestaltung und Zusammensetzung einer Maschine im Stillstande ausreichend ist, oder ob ihre Wirkungsweise im Arbeitsgange geschildert werden muß, und ob auf die Kausalitätsverhältnisse der Bewegungen der einzelnen Teile einzugehen ist. Diese Fragen werden zu § 20 behandelt.

Anm. 54. **Arbeitsverfahren.** Verfahren ist die Art der menschlichen technischen Tätigkeit, durch die auf ein Substrat eingewirkt und ein Erzeugnis oder Ergebnis hervorgebracht wird. Das Charakteristikum eines Verfahrens ist die Einwirkung auf irgend etwas. Nur ein Akzessorium ist, daß die Einwirkung in der Regel eine gewisse Zeit in Anspruch nimmt. Manche sehen den zeitlichen Verlauf als das ausschlaggebende Merkmal des Verfahrens an, vgl. jedoch A 59. Das, worauf eingewirkt wird, kann etwas Körperliches sein, Stoffe, besonders Rohstoffe, aber auch etwas Unkörperliches, Magnetismus, Elektrizität, Licht- und Schallwellen, also Bewegungsarten; deshalb ist der allgemeine Ausdruck Substrat gebraucht. Das Hervorgebrachte können Erzeugnisse oder Ergebnisse sein. Die Erzeugnisse können wiederum körperlicher Art sein, Maschinen, Geräte, feste oder flüssige Stoffe, Gase, aber auch unkörperlicher Art, Elektrizität, Magnetismus, Wellen. Die Ergebnisse sind entweder Lageveränderungen der Masse im Raum, z. B. Heben von Lasten durch Magnetismus, Entstaubung der Luft in Fabriken, Trockenlegung feuchter Wände, oder Zustandsänderungen der Materie, Schmelzen, Kristallisieren, Härtung von Metallen, kolloidale Zerstäubungen von Metallen u. dgl.

Falls dasjenige erzielt wird, was vorstehend als Erzeugnis bezeichnet ist, spricht man von Herstellungserfindungen.

Verfahren sind logisch eindeutig bestimmt durch das zu behandelnde Substrat und die Art der Einwirkung auf dasselbe; denn wenn diese zwei Momente in zwei Verfahren gleich sind, d. h. wirklich in allen Teilen und in allen Modifikationen gleich, dann sind auch die Erzeugnisse oder Ergebnisse stets gleich. Für die rechtliche Beurteilung der Patentfähigkeit eines Verfahrens genügt jedoch die Angabe jener beiden Momente in der Regel nicht. Es bedarf auch noch der ausdrücklichen Angabe des Erzeugnisses oder Ergebnisses (RG 22, 17ff); nur dann lassen sich Neuheit, gewerbliche Verwendbarkeit, Brauchbarkeit, Fortschritt beurteilen. Außerdem ergeben viele Verfahren, besonders chemische Umsetzungen, verschiedene Erzeugnisse; bei der Sodaherstellung entsteht Soda und Salzsäure (nach einem anderen Verfahren Soda und Chlorkalzium); der Erfinder muß also sagen, was er nutzbar gewinnen will. Deshalb sind alle drei Momente anzugeben.

Das Substrat braucht nicht streng individualisiert zu sein; es kann auch eine Klasse von Körpern oder Stoffen sein, generische Patente (§ 1 A 101). Auch die Art der Behandlung braucht nicht streng individualisiert zu sein, Oxydation, Hydratation usw. durch verschiedenartige Mittel. Daß die Angabe des Erzeugnisses allein das Verfahren nicht eindeutig charakterisiert (Gareis Bd. 8 S. 203), ist klar, denn dasselbe Erzeugnis kann in verschiedenen Verfahren, häufig auch aus verschiedenen Ausgangsstoffen hergestellt werden. Neuheit des Erzeugnisses oder Ergebnisses bedingt Neuheit des Substrats, oder der Behandlung, oder beider. Neuheit des Verfahrens im patentrechtlichen Sinne liegt der Regel nach auch dann vor, wenn — nicht die Behandlungsart, sondern nur — das Substrat ist, d. h. wenn das Substrat noch nicht in dieser Weise behandelt worden war (§ 2 A 5b). Die Neuheit des Verfahrens, der „erfinderische Punkt", kann also im Substrat, in der Verfahrensart, oder im Erzeugnis liegen, auch in zweien dieser Momente oder in allen dreien.

Von Interesse ist, daß gemäß der oben erwähnten logischen Betrachtungsweise ein älteres deutsches Urteil einen Streitfall angesehen und entschieden hat. Es war ein Patent angemeldet auf Herstellung von Trioxynaphtalin. Im Erteilungsverfahren stellte sich heraus, daß nicht dieser, sondern ein ganz anderer Stoff, nämlich Oxytoluylsäure, durch das patentierte Verfahren entsteht. Der Nichtigkeitskläger beantragte, die Priorität erst von dem Zeitpunkt der Offenbarung des richtigen Erzeugnisses zu datieren. Die Nichtigkeitsabteilung hat diese Einwendung für unbegründet erklärt, weil das Verfahren an sich erfinderisch sei und die Angabe des Erzeugnisses nur dazu diene, den technischen Fortschritt klarzustellen, Blatt 2 (1896) S. 297. Die Berechtigung dieser Entscheidung ist zweifelhaft (§ 1 A 81). Genau entgegengesetzt ein amerikanisches Urteil, das ein Patent schon um deswillen vernichtet hat, weil die patentierte Farbe mit reduzierenden Agenzien nicht den in der Patentbeschreibung angegebenen Stoff, sondern einen anderen (alpha-Naphthylendiamin) hervorbringe, worin eine unzutreffende Kennzeichnung des Erzeugnisses zu finden sei (Fed. Rep. Bd. 78, S. 919f). Die Vernichtung ist hier also erfolgt, weil hinsichtlich einer Reaktion des fertigen Erzeugnisses, die mit der Erfindung selbst gar nichts zu tun hatte, ein Irrtum vorlag. Das Richtige wird in der Mitte zwischen beiden Entscheidungen liegen. Unschädliche Irrtümer in der Angabe des Erzeugnisses eines im übrigen genau bestimmten Verfahrens werden die Rechtswirksamkeit des Patents nicht beeinträchtigen (§ 1 A 81).

Wichtig ist die Unterscheidung von physikalisch-mechanischen Verfahren einerseits und chemischen Verfahren andererseits. Beide unterliegen zum Teil verschiedener rechtlicher Behandlung; in der Mitte zwischen ihnen liegen Verfahren der physikalischen Chemie (§ 1 A 130f). Hierzu ist zu bemerken, daß besonders in der physikalischen Chemie nicht selten Verfahrensarten patentiert werden, bei denen der Nachdruck auf der Art des Verfahrens liegt, während das bestimmte Erzeugnis zurücktritt. Das Erfinderische liegt in einer besonderen Funktionswirkung des Verfahrens. Das ist namentlich bei den sog. allgemeinen Methoden der Fall. Natürlich darf das Erzeugnis oder Ergebnis nicht ganz unbestimmt gelassen werden. Wird eine neue Art der Schmelzelektrolyse erfunden, so ist von geringerer Wichtigkeit, auf welche der Alkalien das Verfahren mit Erfolg angewandt werden kann. Die patentrechtliche Behandlung solcher Verfahrensarten nähert sich, weil es in erster Reihe auf die allgemeine Funktionswirkung des Verfahrens ankommt, der der Arbeitsmittel, z. B. hinsichtlich der Ausdehnung des Schutzbereichs des Patents auf andere Gebiete und Zwecke (vgl. § 4 A 57f).

Wichtig ist auch die Unterscheidung zwischen einfachen und komplexen Verfahren. Einfaches Verfahren: den vorher aus Holz hergestellten Ladestock jetzt aus Eisen herzustellen. Komplexes Verfahren: ein Verfahren, das aus mehreren Stufen besteht, bei dem durch Auslegung festgestellt werden muß, in welcher der Stufen der erfinderische Punkt liegt.

Verhältnis der Sach- und Verfahrenspatente zueinander. Man hat darauf hingewiesen, daß die Unterscheidung zwischen Sach- und Verfahrenspatenten dem Wesen einer technischen Erfindung nicht gerecht werde; dieselbe Erfindung könne einem Sach- und einem Verfahrenspatent zugängig sein; man könne ebensowohl vom Mannesmannwalzverfahren, wie vom Mannesmannwalzwerk sprechen. Diese Bemerkung mag an sich zutreffend sein, sie führt aber patentrechtlich nicht weiter. Es handelt sich bei der genannten Unterscheidung nicht um ein reines Sachpatent, sondern um ein Patent auf ein Arbeitsmittel. Wie in A 59 auseinandergesetzt wird, ist die Art der Patentierung davon abhängig, ob das Verfahren oder das Arbeitsmittel neu ist. Sind beide neu, so können beide nebeneinander patentiert werden. Ist nur eins von ihnen neu, so kann nur diesem Patentschutz erteilt werden. Die Unterscheidung, was von beiden zu patentieren ist, erscheint notwendig. Sie zwingt den Anmelder zur Überlegung und Klarstellung, worin der Kernpunkt der Erfindung liegt. Das muß sein. Es wäre unleidlich, wenn ein ungeordneter Haufen technischer Tatsachen geschützt werden sollte. Die Industrie würde nicht wissen, was sie tun darf und was nicht. Härten werden dadurch ausgeglichen, daß, wenn nur eine unrichtige Rubrizierung vorliegt, dies im Nichtigkeitsverfahren ausgeglichen werden kann (vgl. § 10 A 23). Anm. 55.

Verhältnis von Verfahrenspatenten und Erzeugnispatenten. Ist eine Erfindung so beschaffen, daß das Verfahren neu und erfinderisch ist und ebenso das durch das Verfahren hergestellte körperliche Erzeugnis, so können Verfahren und Erzeugnis nebeneinander in demselben Patent in beigeordneten Ansprüchen geschützt werden. (Ist auch noch Anm. 56.

ein künstliches Arbeitsmittel, Maschine, Vorrichtung, Werkzeug neu, so kann auch dieses noch daneben patentiert werden.) Diese Grundsätze sind allgemein anerkannt; Schwierigkeiten in dieser Richtung sind nicht hervorgetreten. Die Schutzwirkung des Erzeugnispatents geht im allgemeinen weiter. Niemand darf das körperliche Erzeugnis gewerbsmäßig herstellen (auch nicht in einem abweichenden Herstellungsverfahren, was jedenfalls immer abhängig ist), er darf es nicht in Verkehr bringen, feilhalten, gebrauchen. Die Schutzwirkung des Verfahrenspatents steht insoweit zurück, als die durch das Verfahren hergestellten Erzeugnisse nur dann geschützt sind, wenn sie in dem geschützten Verfahren, also nicht auf andere Weise, hergestellt sind, und auch nur dann, wenn sie unmittelbar durch das Verfahren hervorgebracht worden sind. Deshalb ist es für den Erfinder angezeigt, neben dem neuen Verfahren auch das neue Erzeugnis patentieren zu lassen. In Ausnahmefällen kann der Schutz des Verfahrens weitergehen. Häufig wird gesagt: wenn das geschützte Verfahren auch auf andere ähnliche Stoffe angewandt werden kann und dadurch andere neue Erzeugnisse entstehen, dann sind diese neue Anwendung und ihre Erzeugnisse tatsächlich zugunsten des Patentinhabers beschlagnahmt, was beim Erzeugnispatent nicht der Fall ist. Das ist aber in dieser Allgemeinheit nicht richtig. Denn in vielen Fällen gilt die Anwendung desselben Verfahrens auf ein neues Substrat, z. B. auf einen anderen Stoff, patentrechtlich als ein anderes, abweichendes Verfahren, z. B. wenn patentiert ist, Magnesium durch Schmelzelektrolyse aus Chlormagnesium herzustellen und ein anderer es auf gleiche Weise aus Karnallit herstellt, usw. Jene Beschlagnahme tritt also nur dann ein, wenn die patentrechtliche Identität des Verfahrens durch die Anwendung auf ein neues Substrat nicht beeinträchtigt wird (vgl. § 2 A 5b).

In der Entscheidung Blatt 11 (1905), 98 hat das Patentamt erörtert, ob das frühere Patent auf ein Herstellungsverfahren mit dem späteren Patente auf die in diesem Verfahren hergestellten Erzeugnisse identisch sei. Es hat die Frage verneint; das Sachpatent auf die Erzeugnisse gehe weiter, weil es die Erzeugnisse auch dann schütze, wenn sie in einem anderen Verfahren hergestellt seien; deshalb könnten nach dem Patente auf das Herstellungsverfahren nachträglich auch noch die Erzeugnisse durch Sachpatent geschützt werden. Letzteres wird nicht zu bezweifeln sein, aber: ist das Patent auf das Herstellungsverfahren vorveröffentlicht, so sind die Erzeugnisse nicht mehr neu, weil sie in jenem Patente angegeben sein müssen. Das Erzeugnispatent muß also in solchem Falle mangels Neuheit versagt werden.

In einem neueren Urteil, Blatt 33 (1927), 153 hat das Reichsgericht ein Erzeugnispatent, Schuhkappe, dad. gek., daß sie aus Steifleinen . . . besteht, als Verfahrenspatent ausgelegt, nämlich als ein Patent auf die Verwendung von Steifleinen zur Herstellung von Schuhkappen. In diesem Falle mag solche Auslegung nicht bedenklich gewesen sein, weil es verschiedene Arten der Herstellung nicht geben wird. Im allgemeinen ist aber die Umdeutung eines Erzeugnispatents in ein Verfahrenspatent wegen der damit verbundenen Änderung des Schutzumfangs nicht zulässig.

Anm. 57. Einer gesonderten Erörterung bedarf folgende **Mischform zwischen Erzeugnis und Verfahren**: Patent auf ein Arbeitserzeugnis beschränkt auf eine bestimmte Art der Herstellung. Solche Patente finden sich hin und wieder: 8196, Patronenhülsen aus Zink oder Zinklegierungen, dad. hergestellt, daß das flüssige Zink . . . dem Drucke eines Stempels unterworfen wird. Das Reichsgericht hat Bd. 14 S. 78 ausgeführt, eine derartige Beschränkung eines Sachpatents sei rechtlich unzulässig. Das Gesetz kenne ein Patent auf ein mittels eines bestimmten Verfahrens oder einer bestimmten Maschine hergestellten Fabrikats nicht. Sei ein Fabrikat patentiert, so komme es nicht darauf an, in welcher Weise oder durch welche Maschine es hergestellt werde. — Grundsätzlich ist dem zuzustimmen. Zwar kann man nicht sagen, daß ein so beschränktes Patent geradezu dem Geiste des deutschen Patentrechts widerspreche. Chemischen Verbindungen wird der Schutz allgemein nur insoweit gewährt, als sie in dem bestimmten patentierten Verfahren hergestellt sind. Aber es liegt allerdings kein Grund vor, diese Beschränkung auch auf mechanische Verfahren und Erzeugnisse auszudehnen.

Ist einmal ein nach vorstehenden Grundsätzen unzulässig beschränktes Patent erteilt, ohne daß es noch angefochten werden kann, dann kann man im Verletzungsstreite nicht immer ohne weiteres die Beschränkung streichen, wie das RG a. a. O. S. 79 anscheinend will. Das kann geschehen, wenn das Erzeugnis neu ist. Ist aber das Erzeugnis, wie in dem Falle der Patronenhülsen, alt, dann kann es nicht geschützt werden. Läßt sich in solchem Falle das Patent nicht als Verfahrenspatent umdeuten, dann muß es vernichtet werden. Im Verletzungsstreit ergeben sich in dieser Richtung Schwierigkeiten.

Besonders in Unteransprüchen tritt eine derartige Beschränkung häufig hervor. Bei der Patentierung der bekannten Erfindung, Wolframfäden für Glühlampen durch andauernde mechanische Bearbeitung des Wolframs herzustellen, gewährte die Anmeldeabteilung einen Anspruch 2: **nach dem Verfahren gemäß Anspruch 1 hergestellte Glühkörper aus Wolframdraht.** Die Beschwerdeabteilung hat den Anspruch aus anderen Gründen ausgeschieden, Blatt 20 (1915), 7. Auch sonst findet sich, wenn im Hauptanspruch ein Herstellungsverfahren geschützt ist, im Unteranspruch Schutz auf ein Erzeugnis hergestellt nach dem Verfahren des Hauptanspruchs.

Hin und wieder, nicht allzu häufig, ist die Sachlage so, daß die Art der Herstellung in dem Erzeugnis selbst zutage tritt und ihm besondere Eigenschaften verleiht, daß also die Herstellung im Patentanspruch nur angeführt wird, um die Eigenschaften oder die Gestaltung des fertigen Erzeugnisses zu beschreiben. 284050 schützt einen (sog. goldenen) Mundstücksbelag für Zigaretten, dad. gek., daß er aus ganz dünnem Seidenpapier besteht, das mit einer das Bronzepulver in bekannter Weise luft- und wasserdicht einhüllenden Masse bestrichen wird (RG MuW Jahrg. 22 S. 44). Hier ist offenbar die Herstellungsweise nur angegeben, um das fertige Fabrikat zu kennzeichnen. Es liegt also keine Beschränkung des Erzeugnispatents im angegebenen Sinne vor. Ebenso ein Blatt 23 (1917), 99 angeführtes Patent mit dem Anspruch 2: Flachgarngewebe, dad. gek., daß Kette oder Schuß . . . aus dem Flachgarn nach Anspruch 1 hergestellt sind; auch MuW Jahrg. 26 S. 151: Bügel, dad. gek., daß die Klemmaugen ohne Recken des Bügels ausgeführt sind; endlich Bolze 4 Nr 201.

Derartige eigentlich nicht zu billigende Fassungen von Patentansprüchen scheinen neuerdings eine Spezialität der Industrie von sog. goldenen Mundstücken für Zigaretten zu werden. 380620 schützt einen Ersatz für Blattmetallrollen (für die Zigarettenindustrie) bestehend aus einem in der Weise gewonnenen Häutchen, daß man eine Lösung von Zelluloseester mit Metallpulver auf . . . rotierende Unterlegungen aufsprüht . . . und das so gebildete Häutchen abzieht. Der Nichtigkeitskläger wandte ein, erteilt sei ein Sachpatent, erfunden sei nur ein Verfahren; es sei also zuviel geschützt, denn den Worten nach würde auch ein auf andere Weise hergestellter Film unter das Patent fallen. Die NichtAbt. erklärte: es handle sich nicht um ein Sachpatent auf den Stoff schlechthin, auch nicht um seine Verwendung für Zigarettenbobinen, sondern nur um den auch für Zigarettenbobinen verwendbaren Stoff, soweit er in dem . . . Verfahren hergestellt sei . . . Ein Sachverständiger habe das Verfahren nicht aus dem fertigen Erzeugnisse entnehmen können. — Hier hat also das Patentamt anscheinend einen den obigen Grundsätzen widersprechenden Patentanspruch für zulässig erachtet. Freilich ist hinzugefügt, eine Umwandlung des Anspruchs in einen Verfahrensanspruch könne nicht in Frage kommen, da das auf eine Abänderung des Erfindungsgegenstandes hinauslaufen würde. — Letzteres kann zweifelhaft sein, vgl. § 10 A 23 (Entsch der NichtAbt. vom 1. 6. 27 [im RG nicht entschieden, I 261/1927]).

Verhältnis von Verfahrenspatenten zu Arbeitsmittelpatenten. Sind sowohl Arbeitsverfahren, als auch Arbeitsmittel jedes für sich gegenüber dem Stande der Technik neu, so können sie nebeneinander patentiert werden, und zwar in demselben Patent jedes in besonderem Anspruch. Darüber herrscht Einverständnis. **Anm. 58.**

Ein Patent kann gleichzeitig für einen Gegenstand und für ein Verfahren erteilt werden, wenn sowohl das empfohlene körperliche Arbeitsmittel, wie auch die damit zu bewerkstelligende Arbeit . . . neu ist. So hätte z. B. bei der Erfindung, Seidenglanz auf Baumwollgeweben mittels feingeriffelter Walzen zu erzeugen, sowohl das Arbeitsmittel, nämlich die feingeriffelten Walzen, wie auch die Anwendungsweise mit dem Endergebnisse der Erzeugung von Seidenglanz patentiert werden können, RG I 571/1906, Urt vom 1. 6. 07.

Ist auch noch das Arbeitserzeugnis neu, so kann auch dieses noch gleichzeitig an dritter Stelle patentiert werden. Zu wiederholen ist, daß die mehrfache Patentierung dann möglich ist, wenn sich Verfahren, Arbeitsmittel, Erzeugnis je von dem Stande der Technik erfinderisch unterscheiden, also auch dann, wenn man etwa aus der Beschreibung der Maschine die Arbeitsweise entnehmen kann, also Neuheit gegenüber dem Nebenanspruch nicht vorliegt. Was gegenüber dem Stande der Technik nicht neu ist, kann natürlich nicht patentiert werden. Nur mit dieser Einschränkung ist also das vielfach geäußerte Verlangen berechtigt, daß patentiert werden möge Verfahren und Vorrichtung zur Herstellung von . . . Beispiel: es ist bekannt, daß gummiertes Papier sich aufzurollen pflegt. Man wußte, daß dieser Übelstand dadurch beseitigt wird, daß man den Gummifilm in kleine Flächenteile bricht. 132241 schützte ein Verfahren, die Brechung vorzunehmen, und eine dazu geeignete Vorrichtung. Der Schutz für das Verfahren ist vernichtet, da dieses an sich bekannt war. Nur der Schutz für die neue Vorrichtung ist bestehen gelassen (I 28/1906, Urt vom 26. 5. 06; Warneyer 1912 Nr 446). Ein altes Verfahren ausgeübt mit einer neuen Maschine ist nicht schon deshalb ohne weiteres ein neues Verfahren. Nur wenn durch Benutzung der neuen Maschine die Einwirkung auf das Verfahrenssubstrat Abänderungen erleidet, kann unter Umständen ein neues patentfähiges Verfahren vorhanden sein.

Selbstverständlich ist, daß, wenn Erzeugnis und Vorrichtung zur Herstellung desselben gleichzeitig patentiert werden, sich der Schutz des Erzeugnisses nicht darauf beschränkt, daß es mit dieser Vorrichtung hergestellt ist (Bolze 2 Nr 328).

Die Grenzen zwischen Patenten auf Arbeitsverfahren und auf Arbeitsmittel können unter Umständen flüssig sein, z. B. wenn der wesentliche Inhalt eines neuen Verfahrens gerade in der Verwendung eines neuen Arbeitsmittels besteht, vgl. etwa RG Blatt 18 (1912) S. 276. In seltenen Fällen kann der Unterschied fast verschwinden: ein Patent schützt die Erzeugung von künstlichem Zug bei Feuerungen mittels Preßluft, dad. gek., daß . . . eine Kammer in das Abzugsrohr eingeschaltet ist. Wenn statt dessen das Arbeitsmittel geschützt, also gesagt wäre, Einschaltung einer Kammer im Abzugsrohr zur Erzeugung künstlichen Zuges, so würde sich das fast nur durch die Wortstellung unterscheiden (MuW Jahrg. 12 S.246). In derartigen Fällen nimmt das Reichsgericht an, daß ein Patent als Verfahrenspatent aufrechterhalten werden kann, wenn es als Patent auf ein Arbeitsmittel erteilt war, dieses sich aber im Nichtigkeitsverfahren als vorbekannt erweist — und umgekehrt. Nur dann wird eine solche Umdeutung versagt, wenn das Patentamt abändernde Anträge ausdrücklich zurückgewiesen hatte. Für Näheres vgl. § 10 A 23.

Die Schutzwirkung des Patents auf ein Verfahren geht in der Regel weiter, als die des Patents auf das in einem Verfahren angewandte Arbeitsmittel. Denn das Verfahrenspatent schützt die unmittelbar in dem Verfahren hergestellten Erzeugnisse im Gegensatz zum Patent auf das Arbeitsmittel, das solchen Schutz nicht verleiht. Auch hier kann die Sache anders liegen. Wenn die Verwendung des Arbeitsmittels nicht notwendig auf das eine Verfahren beschränkt ist, so kann es unter Umständen auch die Erzeugnisse eines anderen Verfahrens, für dessen Ausführung das Arbeitsmittel nicht zu entbehren ist, zugunsten des Patentinhabers mit Beschlag belegen.

Gareis 8, 276 hat das Reichsgericht entschieden, ein Anspruch auf eine Maschine, „soweit sie zu dem unter 1 geschützten Verfahren Anwendung findet", sei unzulässig. Diese Entscheidung geht den Worten nach zu weit. Die Anwendung einer Maschine in einem bestimmten Verfahren kann jedenfalls patentiert werden. Beschränkung eines Sachpatents in der angegebenen Form unterliegt allerdings den Bedenken, die § 1 A 57 angeführt sind.

Anm. 59. Weitere Erörterungen allgemeiner Art über den Unterschied zwischen Verfahrens- und Vorrichtungspatenten sind auszuschließen, besonders auch in der Richtung, wann eine neue Betriebsvorschrift für eine Vorrichtung patentfähig ist. — Ein auffälliges Patent lag der Entscheidung RG Gareis 9, 10, zugrunde. Es handelte sich um einen Regenerativbrenner. Der Hauptanspruch ist in der Weise eines Verfahrens gefaßt: man soll das Gas anzünden und dadurch veranlassen, daß die Luft und das Gas sich in dem Brenner so bewegen, wie seine Einrichtungen es ohne weiteres menschliches Zutun mit sich bringen. Das ist weder ein Verfahren, mit einer Vorrichtung in bestimmter neuer Weise umzugehen, noch eine Betriebsvorschrift, sondern in Wahrheit ein verkleidetes Sachpatent auf die Vorrichtung unter Beschreibung ihres Arbeitsganges. Das Reichsgericht hat den Anspruch auf das Verfahren trotzdem bestehen lassen. In dem Falle JW 1902, 399 Nr 38 handelte es sich um einen Brenner für Azetylengas. In dem einen Anspruch war die Einrichtung des Brenners durch Sachpatent geschützt, in dem anderen der Arbeitsgang des Brenners durch Verfahrenspatent. In diesem Falle ist der letzte Anspruch vernichtet, weil er nur Selbstverständliches gegenüber dem Sachpatent sage, soweit er nicht gar eine zweifelhafte wissenschaftliche Erklärung für die Wirkungsweise gebe. In einem dritten Urteile (I 509/1906, Urt vom 27. 4. 07; IndR Jahrg. 2 S. 137) ist ausgeführt: Verfahren sei jeder durch menschliche Tätigkeit hervorgerufene Vorgang; nichts stehe im Wege, in dem Arbeitsgange einer Gasglühlichtlampe als einem Vorgange, durch den man dem Glühkörper ein Gasluftgemisch zuströmen lasse und dieses anzünde, ein Verfahren zu erblicken. — Letzteres erscheint zweifelhaft, wie sich sogleich ergeben wird. In den genannten Urteilen tritt die grundsätzliche — nicht selten schwierige, aber notwendige — Unterscheidung zwischen Verfahrens- und Vorrichtungspatenten nicht hervor. Die Urteile gehen mehr oder weniger von dem Gesichtspunkte aus, daß jeder neue Vorgang, der in der Zeit verläuft, als Verfahren patentiert werden kann. Auch die herrschende Meinung nimmt, wie bereits A 54 erwähnt, an, daß das Charakteristikum des Verfahrens in dem zeitlichen Verlaufe bestehe. Das erscheint um deswillen nicht zutreffend, weil es auch Vorgänge gibt, die so gut wie momentan verlaufen, und weil es bei vielen Verfahren keine Rolle spielt, daß sie aus zeitlich aufeinanderfolgenden Stufen bestehen. Der zeitliche Verlauf ist nicht das grundlegende Charakteristikum des Verfahrens, sondern ein in seinem Ausmaße und in seiner Bedeutung stark wechselndes Akzessorium. Wenn man Eisen erhitzt und dann in kaltem Wasser abschreckt, so ist allerdings diese zeitliche Anordnung und damit der zeitliche Lauf von Bedeutung. Aber wenn zur Herbeiführung einer chemischen Reaktion Schwefelsäure und Natronlauge zusammengegossen und gemischt werden, so spielt die minimale Reaktionszeit keinerlei Rolle. Wird ein neues Verfahren erfunden, Explosivstoffe elektrisch zu zünden, so geht die ganze Sache einschließlich der menschlichen Handlung, der Herstellung des Kontakts, in einem kleinen Bruchteile einer Sekunde vor sich; niemand wird sagen, der Vorgang habe sein charakteristisches Kennzeichen darin, daß das Niederdrücken des Kontaktknopfes einen kleinsten

Zeitraum in Anspruch nehme. Das Charakteristikum des Verfahrens liegt in etwas anderem, nämlich darin, daß durch menschliche Betätigung eine Einwirkung auf ein Substrat, seien es körperliche oder unkörperliche Dinge, stattfindet (vgl. oben A 54). Kein Verfahren ohne Einwirkung. (Es wird eingewandt werden, daß auch Maschinen eine Einwirkung ausüben; trotz aller Geringschätzung, der logische Unterscheidungen heutzutage im Schrifttum auch des Patentrechts begegnen, wird man aber zugeben müssen, daß es ein grundlegender Unterschied ist, ob ein Gegenstand geschützt ist, der technische Wirkungen auszuüben vermag, oder ob die besondere Art einer Einwirkung, die durch menschliche Handlung betätigt wird, geschützt ist.) Die Art der Einwirkung und die Art des Substrats, das sind die Charakteristika des Verfahrens. Die Einwirkung braucht nicht immer unmittelbar zu erfolgen. Sie kann mittelbar erfolgen, vermittelt durch ein Arbeitsmittel. Einwirkung, die unmittelbar erfolgt, ist immer ein Verfahren und, wenn erfinderisch neu, als solches patentierbar. Wenn man nach und nach verschiedene chemische Reagenzien ohne Arbeitsmittel auf einen Stoff einwirken läßt, so ist das ein Verfahren. Ebenso liegt zweifellos ein Verfahren vor, wenn man sich bei der Einwirkung gewisser Vorrichtungen bedient, die durch menschliche Hand gesteuert werden müssen. Wenn man zur Verstärkung der drahtlosen Wellen in einer Verstärkerröhre an den Gitterkreis verschiedene Spannungen anlegt, also das Arbeitsmittel steuert, so ist das ein Verfahren. Wenn man beim Schweißen je nach Erfordernis des Augenblicks den Schweißbrenner an verschiedene Stellen führt und ihm mehr oder weniger Gas zuströmen läßt, so ist das gleichfalls ein Verfahren. Die Schwierigkeiten entstehen aber dann, wenn es sich um Vorrichtungen handelt, die automatisch wirken, wie die im Eingange dieser Anmerkung genannten Brenner und viele andere Vorrichtungen und Maschinen. Wenn der Mensch nichts weiter tut, als die Vorrichtung in Gang zu setzen, dann entsteht die Frage, ist das durch Sach- oder durch Verfahrenspatent zu schützen? Diese Frage hat in Amerika eine große Rolle gespielt. Man nimmt dort an, daß die „Funktion" einer Maschine nicht durch Verfahrenspatent geschützt werden kann, daß vielmehr nur ein Patent auf die Maschine möglich ist. Da diese Regel sich nicht durchführen ließ, ist man einen Schritt weiter gegangen: wenn die gleiche Einwirkung auf das Objekt sich nicht nur durch die einzelne bestimmte Maschine, sondern auch auf andere Weise, z. B. von Hand, hervorbringen läßt, dann soll ein Verfahrenspatent allerdings möglich sein, weil dann die Art der Einwirkung nicht fest mit der einzelnen Maschine verknüpft ist. Robinson hat schon 1880 in seinem Patentrecht Bd 1 § 172 Note 2, weitblickend wie immer, aber ohne praktischen Erfolg, darauf hingewiesen, daß diese Regel unrichtig ist. Entscheidend ist vielmehr, ob die Art der Einwirkung auf das Objekt neu und wichtig ist, oder ob das erfinderisch Neue bei gleicher Art der Einwirkung in der Vorrichtung liegt, durch die die Einwirkung ausgeübt wird. Das ist der entscheidende Punkt, ob Verfahrenspatent oder Vorrichtungspatent erteilt werden muß. Es ist nicht erforderlich, daß die Art der Einwirkung ihrem Wesen nach ganz neu ist, es genügt, wenn sie gegenüber dem vorbekannten eine Verbesserung enthält. Ist sowohl die Art der Einwirkung, als auch die Vorrichtung, durch die sie hervorgebracht wird, neu, dann sind „Verfahren und Vorrichtung" zu patentieren und zwar in selbständigen nebengeordneten Patentansprüchen, wobei nicht zu verlangen ist, daß Verfahren und Vorrichtung auch gegenüber einander neu sind, daß man also etwa die Art des Verfahrens nicht aus der Bauart der Vorrichtung entnehmen konnte. Aus diesen Gründen konnte ein Verfahrenspatent erteilt werden, als es neu war, der Leuchtgasflamme Sauerstoff, atmosphärische Luft zuzuführen, um größere Hitze, Rußfreiheit usw. zu erzielen. War das aber schon bekannt, so konnte nur noch die neue Arbeitsvorrichtung, der Bunsenbrenner, patentiert werden. Deshalb ist in der Mehrzahl der Fälle, keineswegs aber immer, maschinelle Bearbeitung nur durch Vorrichtungspatent zu schützen, denn wie auf das Werkstück eingewirkt werden soll, ist in der Regel bekannt, schwierig ist nur die richtige Ausführung durch die leblose Maschine. Deshalb ist der Satz des oben angeführten Urteils, Verfahren ist jeder durch menschliche Tätigkeit hervorgerufene Vorgang, für die Patentierungsfrage unzutreffend. Wenn man eine Münze in einen Automaten wirft, so wird ein (sich in der Zeit abspielender) Vorgang ausgelöst. Trotzdem kann nicht ein Verfahrenspatent erteilt werden. Aus Vorstehendem ergibt sich zugleich die Beantwortung der Frage, **wann eine Betriebsvorschrift patentiert werden kann**: ist die Vorrichtung bekannt und wirkt sie rein automatisch, so kann von einer patentfähigen Betriebsvorschrift keine Rede sein. Muß die Vorrichtung dagegen durch Menschenhand geleitet werden (Regulierung von Druck, Hitze, Dauer, Intensität, Reihenfolge der Einwirkung usw.), so kann eine neue Anweisung, mit der Vorrichtung umzugehen, patentiert werden, wenn neue Erfolge erzielt werden, RG Blatt 12 (1906), 44. Schrifttum: Stern-Oppenheimer § 1 Ziff 36 (zwei gute Beispiele); Wirth, Mitt 1920, 55 Sp. 2; Heimann, Mitt 1904, 71ff; Schrey, GewR 1893 S. 26, 53. — In der Baumwollspinnerei wird die zu losen Bändern vereinigte Baumwolle „gestreckt", was auf Maschinen mit Walzenpaaren geschieht. Der Anmelder hat auf Grund zielbewußter Versuche festgestellt, daß man bei dem bekannten Streckwerk, wenn dessen Gestaltung richtig gewählt wird, ohne Nachteile mit Geschwindigkeitsdifferenzen der Walzen arbeiten darf, die das Übliche weit überschreiten. Darin liegt ein erfinderisches Verdienst; die neue Betriebsvorschrift ist patentfähig (Urt vom 7. 11. 17, I 122/1917).

Die Wichtigkeit der vorstehenden Regeln ergibt sich daraus, daß nur, wenn ein Verfahren patentiert ist, die mechanischen unmittelbaren Erzeugnisse dinglich, d. h. auch in dritter gutgläubiger Hand, geschützt sind.

Zutreffend ist nach allem folgende Entscheidung:

Jede patentierte Erfindung ist auf Erzielung eines Arbeitsergebnisses gerichtet. Bei dem Gegenstandspatente stellt sich der Erfindungsgedanke in einem körperlichen Arbeitsmittel, bei dem Verfahrenspatente in der vorgeschriebenen Arbeitsart selbst dar. Ein Patent kann gleichzeitig für einen Gegenstand und für ein Verfahren erteilt werden, wenn sowohl das körperliche Arbeitsmittel (Werkzeug), wie auch die damit zu bewerkstelligende Arbeit . . . neu ist . . . Vorliegendenfalls stellt sich der Erfindungsgedanke ausschließlich in dem beschriebenen Werkzeuge, nämlich dem Hammer, dar. Die Anwendung desselben unterscheidet sich nicht von der des früher bekannt gewesenen Drucklufthammers. Eigentümlich ist nur die neue Steuerungsvorrichtung . . . Die Art der Umstellung des Steuerungsorgans beruht unmittelbar auf der Konstruktion; es bedarf dazu keines besonderen Verhaltens des Arbeiters bei Anwendung des Hammers. Hiernach kann, auch wenn man von dem Wortlaute des Patents absieht, keine Rede davon sein, daß das Patent für ein Verfahren erteilt sei (I 571/06, Urt vom 1. 6. 07).

Ebenso MuW Jahrg. 12 S. 246: 127563 schützte ein Verfahren zur Erzeugung von künstlichem Zug bei Feuerungen, dad. gek., daß Preßluft durch eine mit . . . Ausströmungsöffnungen versehene . . . Kammer in das Abzugsrohr geblasen wird. Das Reichsgericht erklärte: Mit Recht ist vom Patentamt angenommen, daß die Erfindung nicht sowohl in einem eigentümlichen Verfahren des Einblasens von Luft besteht, sondern in der hierfür bestimmten Vorrichtung.

Anm. 60. Die Fälle, daß neue Verfahren nur mit einer gleichzeitig neu erfundenen Vorrichtung ausgeführt werden können, sind mehrfach verschieden beurteilt. In dem Falle JW 1897, 636 war geschützt Verfahren und Vorrichtung zur Herstellung von Glas mit Drahtgittereinlage. Gesonderte Ansprüche auf das Verfahren und auf die Vorrichtung waren bewilligt. Da der Patentinhaber erklärt hatte, daß sein Verfahren nur mit seiner Vorrichtung ausgeführt werden könne, wurde der Anspruch 1 dahin verändert, daß nur die Herstellung „mittels der in Anspruch 2 beschriebenen Vorrichtung" geschützt sei. Aus ähnlichen Gründen ist im Falle Bolze 22 Nr 122 ein Verfahrenspatent beschränkt auf: Verfahren „mit der in der Patentschrift beschriebenen Maschine" Perlenband herzustellen, dad. gek. . . .

Diesen beiden Urteilen wird nicht zuzustimmen sein. Wenn ein neues Verfahren bislang nur mit einer gleichzeitig erfundenen Vorrichtung ausgeführt werden kann, so hätte gleichwohl das Verfahren unbeschränkt geschützt werden können, wenn die Möglichkeit der Ausführung dadurch klargestellt war, daß eine dienliche Vorrichtung angegeben war. So wie das Reichsgericht die Ansprüche gefaßt hat, kann jeder das neue erfundene Verfahren benutzen, wenn er zur Ausführung desselben eine andersartige Maschine erfindet — was nicht der Billigkeit entspricht.

Interessanter ist das wichtige Patent 289126: Geschützt ist ein Apparat zur Zerlegung von Flüssigkeitsgemischen in zwei Kompenenten, gek. durch die gleichzeitige Anwendung von drei Kolonnen in geschlossenem Kreislauf, von denen in der einen durch eine geeignete andere Flüssigkeit die eine Komponente herausgelöst wird, während in den anderen die neue Lösung fraktioniert destilliert wird, so daß das Lösungsmittel zu neuer Verwendung rein wiedergewonnen wird. — Die Nichtigkeitsabteilung des Patentamts führte aus: das Eigentümliche der Erfindung sei, daß sie nicht lediglich durch die Art des Aufbaues des Apparats gekennzeichnet werde, sondern zugleich wesentlich auch durch die Art seiner Benutzung, so daß sie zwischen den reinen Vorrichtungs- und der reinen Verfahrenserfindungen mitten inne stehe. Im Urteil des RG (I 47/1921) ist dieser Punkt nicht erörtert worden. — Es liegt zutage, daß neben der Vorrichtung auch das Verfahren, mit ihr in der bestimmten Weise umzugehen, hätte patentiert werden können, denn dies Verfahren war gegenüber dem Stande der Technik neu, wenn es sich auch vielleicht aus der Bauart des Apparats hätte entnehmen lassen.

Anm. 61. Eine vierte Patentkategorie ist von H. Isay eingeführt worden, die der Anordnungen. Isay führt aus (Studien, Festschrift für Kohler, S. 87): wenn man einen elektrischen Motor in verschiedener Weise an das Stromnetz schalte, so lasse sich das weder als Verfahren, noch als Erzeugnis ansehen; es sei auch nicht eine neue Vorrichtung, vielmehr sei der Motor als Vorrichtung alt, nur seine Verbindung mit dem Netze, die Schaltung, sei neu. Das Charakteristische liege vielmehr in der räumlichen Nebeneinanderanordnung der einzelnen Dinge. Keine der drei üblichen Kategorien passe also. Die neue Kategorie trete den Verfahrenserfindungen an die Seite. Zu ihr gehörten außer Schaltungen auch andere Anordnungen, z. B. bei gewissen Turbinen die Art der räumlichen Anordnung der Turbine auf den Wellen (zur Verminderung der Umdrehungsgeschwindigkeit der Welle). — Die Aufstellung dieser neuen Kategorie hat Beifall gefunden. Zuzugeben ist auch ohne weiteres, daß in der Tat die drei Kategorien nicht recht passen. Eine Schalttafel läßt sich zwar als Vorrichtung auffassen. Aber es handelt sich hier nicht um den körperlichen Gegenstand, die Schalttafel, sondern um das Schema der Schaltung. Die Schaltung bietet Analogien mit der neuen Betriebsart einer Vorrichtung; letztere wird häufig als Verfahrensart geschützt, und es wäre vielleicht nicht ganz von der Hand zu weisen, auch die Schaltung als Verfahren zu schützen, nämlich als eine neue Art, den Strom zu leiten, zwei Schwingungskreise miteinander zu koppeln usw. In der Mehrzahl der Fälle werden Schaltungen heute als Anordnungen geschützt, wie die „Auszüge aus den Patentschriften" erweisen. Unklar ist nun aber, wie weit der Begriff der Anordnung ausgedehnt werden soll. Isay will darunter auch die Parsonsche Turbinenbauart begreifen. Diese kann aber ohne weiteres als neue Maschine aufgefaßt und deshalb durch Sachpatent geschützt werden. Ebenso z. B. etwa Brenner, in denen die Brenngase automatisch gemischt und geführt werden. Will man einen scharfen Begriff der Anordnung aufstellen, so wird nichts übrigbleiben, als darunter Vorkehrungen zu verstehen, durch welche Kräfte in gewisser Weise „gerichtet" werden, also ihre Wirkung in gewisse Richtungen geleitet wird, ohne daß sie selbst als Bewegungsmechanismen dienen. Doch kann fraglich sein, ob nicht auch das noch zu weit geht. — Leider wird neuerdings das Wort Anordnung in viel weiterem Sinne gebraucht, wobei es seine Eigenheit einbüßt: 251229, Anordnung zum Tragen der Spulen von elektrischen Transformatoren, wobei jede Spule . . . mit einer Mehrzahl von Tragstücken versehen ist. Das ist ganz klar nichts anderes als eine gewöhnliche Vorrichtung.

Erweiterung des Kreises der patentfähigen Kategorien. — Über die vorstehend dargelegten, bei der Erörterung der Anordnungen zutage getretenen Gedankengänge wird noch nicht das letzte Wort gesprochen sein; sie müssen in größerem Zusammenhange erweitert werden. — Bekanntlich ist in England und noch viel mehr in Amerika die Patentlehre davon ausgegangen (und hält zum Teil noch heute daran fest), daß nur körperliche Gegenstände — in gewissem Umfange auch Verfahren — patentfähig seien. Noch heute wird daselbst vielfach grundsätzlich gelehrt, es müsse irgend etwas „Greifbares" (something tangible), ein verkäuflicher Gegenstand, eine Maschine vorhanden sein, um ein Patent erteilen zu können. Natürlich hat sich dieser Grundsatz auf die Dauer nicht aufrechterhalten lassen. Je mehr die Industrie fortschritt und je mehr die Lehre in die Tiefe zu dringen versuchte, desto mehr stellte sich heraus, daß das Verdienstliche und Schutzwürdige nicht in der Form des einzelnen Gegenstandes liege, sondern in dem Geist, in dem Gedanken, der sich in der einzelnen Form verkörperte. Dem sich daraus ergebenden Bedürfnisse nach einer Umgestaltung der Grundlage des Patentschutzes trug man dadurch Rechnung, daß man einerseits unwesentliche Abänderungen der Form in den Schutz einbezog (Lehre vom Schutz der Äquivalente), und daß man andererseits geradewegs dazu überging, den Gedanken selbst für geschützt zu erklären. Das hat sich sogar in Nordamerika durchgesetzt, freilich hier nur auf große Erfindungen beschränkt, etwas weitergehend in England, vor allem aber in Deutschland. In Deutschland ist heute anerkannt, daß der „Erfindungsgedanke" in besonderem Anspruch selbständigen Schutz genießen kann. Damit ist die Regel durchbrochen, daß nur die genannten drei Kategorien von Erfindungen, Sachen, Arbeitsmittel, Verfahren, geschützt werden können. Geschützt wird vielmehr in solchen Fällen eine Regel, nicht die Vorstellung irgendeiner bestimmten Form, sondern ein abstrakter Gedanke. Das hat sich ganz besonders in bestimmten Einzelfällen gezeigt. Das berühmte Patent von Schlick schützte die Regel, nach welcher große, schwere Maschinen, besonders Schiffsmaschinen, gebaut werden sollten, um schädliche Erschütterungen und Beanspruchungen des Schiffskörpers zu vermeiden. Interessant ist die Stellungnahme der Nichtigkeitsbehörden: das Patentamt erklärte vollkommen richtig, es werde Schutz für ein Bauprinzip verlangt, und fügte hinzu, ein solches sei nicht schutzfähig; das Reichsgericht stellte sich mit Bewußtsein auf den entgegengesetzten Standpunkt und erklärte das Bauprinzip für schutzfähig (Näheres § 1 A 103). Auch in England ist anläßlich eines Rechtsstreits über eine Schuhmaschine ausdrücklich erklärt worden, daß ein derartiges technisches Prinzip (idea) unter Umständen, nämlich bei sehr großen Erfindungen, geschützt werden könne (§ 1 a. a. O.). — Gleiches zeigt sich bei dem Schutze sog. allgemeiner Methoden. Auch hier wird nicht ein einzelnes Verfahren mit bestimmtem Erzeugnis geschützt, sondern vielmehr die Regel, nach der unter gewissen Umständen gearbeitet werden kann (§ 1 A 102). — Immerhin findet in diesen Fällen das geschützte Prinzip doch noch Anwendung auf Maschinen oder Verfahren, also auf Gegenstände einer der üblichen Kategorien. Das gab die Möglichkeit, z. B. in dem Falle der Regel von Schlick den Anspruch dahin zu formulieren, daß eine Maschine geschützt wurde, gek. durch die Anordnung ihrer Teile nach der erwähnten Regel, obgleich in Wahrheit nicht eine Maschine, sondern ein technisches Prinzip patentiert wurde. — Das liegt nun in dieser Hinsicht bei dem Schutze von elektrischen Schaltungen zum Teil anders.

Anm. 62.

Auch hier wird die Regel, das Schema der Schaltung patentiert, also das Prinzip, nach dem im Einzelfalle die Schaltung eingerichtet werden muß. Das tritt z. B. bei der Rückkoppelung nach dem Patent von Meißner hervor; die Koppelung kann im einzelnen in verschiedener Weise vorgenommen werden; für den Schutz maßgebend ist allein das technische Prinzip der Koppelung. Das Besondere liegt hier aber in dem (weniger wichtigen) Umstande, daß man eine Koppelung zweier Schwingungskreise allerdings nicht als ein Arbeitsmittel oder als ein Verfahren, höchstens allenfalls als eine Betriebsart bezeichnen kann. — Der Kernpunkt der vorliegenden Ausführungen liegt darin: es tritt mehr und mehr die Möglichkeit und das Bedürfnis hervor, nicht nur einzelne Dinge oder Verfahren, sondern in geeigneten Fällen technische Regeln zu schützen, wodurch dann ganze Gattungen von Vorrichtungen und Verfahren, bei denen die Anwendung der Regel sich erforderlich erweist, dem Patentinhaber ausgeliefert werden. Hieraus ergibt sich die Notwendigkeit, daß man in diesem allgemein gestalteten Schutz auf keinen Fall zu weit gehen darf. Mit Recht hat das zu § 1 A 103 angeführte englische Urteil deshalb betont, daß solche Regeln nur dann geschützt werden können, wenn sie von ganz hervorragender Bedeutung sind. Das muß auch schon bei dem Schutz von Erfindungsgedanken, wie er in Deutschland üblich ist, bedacht werden. Es darf nicht sein, daß man aus jeder kleinen oder mittleren Erfindung einen weitgehenden, möglichst umfassenden Erfindungsgedanken entwickelt, denn dadurch würde der Fortschritt der Industrie in bedenklicher Weise gehemmt. Das ist des näheren in der A 68 zu § 4 dargelegt.

Abschnitt VII.
Allgemeine Begriffe und Regeln.

Anm. 63. In den vorstehenden A 11—62 sind diejenigen Erfordernisse erörtert, denen nach § 1 des Gesetzes Genüge getan sein muß, damit eine Erfindung durch Patent geschützt werden kann. Es sind außerdem weitere Erfordernisse erörtert, die das Gesetz zwar nicht ausdrücklich aufstellt, die aber von Rechtsprechung und Rechtslehre aus dem Begriff der Erfindung entwickelt sind, welcher Begriff im Gesetze nicht definiert ist, sondern als bekannt vorausgesetzt wird. Zwei weitere Erfordernisse, daß die Erfindung neu sein muß und nicht mit dem Gegenstande eines früher angemeldeten Patents identisch sein darf, bleiben der Erläuterung der §§ 2 und 3 vorbehalten. Der wichtigste Punkt, welcher Schutz einer patentierten Erfindung zuteil wird, ist im § 4 geregelt. — Erfahrungsgemäß kehren nun bei der Erörterung der Patentfähigkeit nach § 1, der Neuheit, der Identität, des Schutzbereichs gewisse patentrechtlich bedeutsame Momente, Kategorien, Begriffe immer wieder, die einer zusammenfassenden Klarstellung bedürfen. Eine Darlegung dieser Momente nach den verschiedenen Richtungen macht erhebliche Schwierigkeiten, weil Vorarbeiten nur für wenige Punkte vorliegen. Dringend ist zu wünschen, daß die nachstehenden Betrachtungen erweitert und vertieft werden mögen, und daß daraus eine Art allgemeiner Teil des Patentrechts, besser vielleicht eine Methodenlehre der patentrechtlichen Beurteilung von Erfindungen hervorgeht. Es ergibt sich aus Vorstehendem, daß sich schon an dieser Stelle ein Übergreifen auf die später zu erläuternden §§ 2—4 nicht vermeiden läßt.

Anm. 64. **Die Entstehung der Erfindung im Kopfe des Erfinders.** Jede Erfindung, auch die unbedeutendste, beruht auf irgendeiner Erkenntnis, wie schon in der Einleitung A 3 erörtert ist; die Erkenntnis kann bestehen in der Vorstellung eines brauchbaren Gegenstandes oder Stoffes, so bei reinen Sacherfindungen, oder in der Vorstellung der Wirkung, die ein Gegenstand auszuüben vermag, so bei Arbeitsmitteln, oder in der Vorstellung, daß durch den Verlauf eines Vorganges zu einem Erzeugnis oder Ergebnis zu gelangen ist, so bei Verfahrenserfindungen (vgl. § 1 A 51—54). Welchen Inhalt diese Erkenntnis haben muß, damit die Erfindung patentiert werden kann, davon soll hier nicht die Rede sein; das wird unten in A 78 ff dargelegt werden. Hier handelt es sich darum, ob es von patentrechtlicher Bedeutung ist, auf welche Art und Weise der Erfinder zu seiner Erkenntnis gelangt ist. Die Erkenntnis kann erlangt sein durch reine Gedankenoperation, durch Intuition, durch Experimente, durch systematisches Ausprobieren, durch reinen Zufall usw. — Als Grundsatz gilt, daß die Art der Entstehung der Erkenntnis patentrechtlich ohne Erheblichkeit ist. — Für die Frage der Identität zweier Erfindungen ist das ohne weiteres klar. § 3 schreibt vor, daß ein Patent zu versagen ist, wenn die Erfindung Gegenstand des Patentes eines früheren Anmelders ist. Es braucht nicht weiter dargelegt zu werden, daß hier also nur die fertige Erfindung, nicht die Erfindung in ihrer Entstehung in Betracht kommt. — Auch für die Frage nach der Patentfähigkeit ist die Art der Entstehung der Erkenntnis ohne Bedeutung. Alle in den §§ 1 und 2 aufgestellten Erfordernisse betreffen die fertige Erfindung, so daß Erfordernis der Neuheit, der Brauchbarkeit, des Fortschrittes usw. Zweifel sind überhaupt nur möglich bei dem Erfordernis der Erfindungshöhe, der sog. Patentwürdigkeit. Aber auch in dieser Richtung ist zu verneinen, daß je nach der Entstehung der Erfindungserkenntnis im Einzelfalle eine verschiedene Beurteilung einzutreten hat. Früher haben hin und wieder die Meinungen in dieser Beziehung geschwankt. Man hat in einigen Fällen angenommen, daß Erfindungshöhe zu leugnen sei, wenn der Erfinder rein durch analytische Schlußfolgerung oder etwa durch bloßes Ausprobieren zu seiner Erfindungserkenntnis gelangt ist. Das ist jedoch nicht richtig, wie sich in A 26ff. dargelegt findet. Erfindungshöhe liegt vor, wenn sich die fertige Erfindung, einerlei wie man zu ihr gelangt ist, von dem Bekannten um mehr unterscheidet, als ein durchschnittlicher Fachmann zu leisten imstande ist. Für alles weitere ist auf die soeben angeführten Anmerkungen Bezug zu nehmen. — Auch für die Auslegung eines Patents und die Bestimmung des sog. Schutzbereiches ist die Entstehung der Erfindungserkenntnis ohne Erheblichkeit. Man könnte daran denken, daß es von Bedeutung sein müsse, welches Ziel sich der Erfinder im Anfange seiner Bemühungen gesetzt, welche Aufgabe er gestellt hat; das ist jedoch nicht der Fall. Auch für die Auslegung kommt es nur darauf an, was der Erfinder geleistet hat, nicht darauf, was er gewollt, aber nicht erreicht hat. Was er gewollt hat, ist nichts weiter als ein für die Auslegung des Patentes unerhebliches Motiv. Allerdings spricht man häufig davon, der Erfinder habe sich die und die Aufgabe gestellt. Das ist aber nur dann von patentrechtlicher Erheblichkeit, wenn die gestellte Aufgabe auch wirklich gelöst ist. Nicht selten erreicht ein Erfinder etwas ganz anderes, als was er sich zum Ziele gesetzt hatte. Deshalb kann die Betonung der Aufgabenstellung des Erfinders leicht zu Mißverständnissen führen, wie das § 1 A 69ff weitläufig erörtert ist. — Noch in anderer Richtung wird manches Mal versucht, die Entstehung der Erfindung ins Feld zu führen. Ein beklagter Verletzter beruft sich nicht selten — möglicherweise wahrheitsgemäß — darauf, er sei auf völlig legale Art zu seiner Erfindung gekommen. Er sei von einer vorbekannten Vorrichtung ausgegangen und habe etwas gleichfalls Bekanntes hinzugefügt, habe also in keiner Weise beabsichtigt, ein bestehendes Patent nachzumachen oder zu umgehen. Das mag alles wahr sein, nützt aber dem Beklagten nichts. Es kommt für die Verletzung nur darauf an, ob das Resultat seiner Bemühungen mit einem bestehenden Patent kollidiert. Dafür sind einige Beispiele in der A 14 zu § 4 angeführt.

In einem Rechtsstreite hatte der Beklagte geltend gemacht, daß der Erfinder die Erfindung des Patentes einige Monate vor der Anmeldung in einem Aufsatze vollen Umfanges vorveröffentlicht habe, so daß das Patent beschränkt auszulegen sei und ihm die behauptete Verletzung nicht zur Last falle; er berief sich auf das Zeugnis des Erfinders dafür, daß es keiner weiteren Arbeit bedurft habe, um von der Erkenntnis des Aufsatzes zu der des Patentes zu gelangen. Das Reichsgericht äußerte: auf diesen Beweisantrag ist nicht einzugehen, da es unerheblich ist, welchen Arbeitsgang (der Erfinder) eingeschlagen hat und ob es ihm schnell oder weniger schnell gelungen ist, die Erfindung zu machen (Urt vom 21. März 1914, I 41/1913).

Die Wirkung einer patentierten Erfindung. Als Wirkung bezeichnet man das, was **Anm. 65.** durch einen Vorgang kausal hervorgebracht wird, für unsere Fälle also, was durch eine menschliche Handlung, durch die Ausführung der technischen Anweisung der Erfindung, kausal hervorgebracht wird. — Selbstverständlich ist bei den meisten Erfindungen die Wirkung das in technischer und wirtschaftlicher Beziehung Wichtigste; um der Wirkung willen werden Erfindungen gemacht. Auffällig könnte es deshalb erscheinen, daß bei der patentrechtlichen Beurteilung von Erfindungen die erreichte Wirkung vielfach nicht den Ausschlag gibt. Das rührt daher, daß nicht die Erreichung der Wirkung durch Patent geschützt wird, sondern die Art und Weise, wie sie erreicht wird, die Mittel, durch die sie erreicht wird. Wollte man anders verfahren, so würde das den Fortschritt der Industrie nicht fördern, sondern hemmen. Große Gebiete der Industrie würden einem einzelnen ausgeliefert, wenn man dem, der ein Ziel erreicht, ein Recht auf alle Wege zuspräche, die zu dem Ziele führen. Aus dieser volkswirtschaftlichen Rücksicht, nicht auf Grund logischer Deduktionen, ist überall bestimmt, daß dem Erfinder nicht ein Recht auf jegliche Hervorbringung der von ihm erreichten Wirkung, sondern nur auf die Art und Weise, wie gerade er sie erreicht hat, zuerteilt wird. Allerdings hat ein besonderes Verdienst, wer zum ersten Male eine lange vergeblich erstrebte Wirkung herbeiführt: deshalb wird einem solchen „Ersterfinder" ein Recht auf alles zugestanden, was sich nur der Form nach, nicht aber grundsätzlich auf anderen Bahnen bewegt. Mit dieser Beschränkung ist also die Art der erzielten Wirkung doch von Bedeutung für die Weite des ihm verliehenen Patentschutzes. — Auch bei der Bestimmung des Patentbereiches nach sog. patentrechtlichen Äquivalenten wird die Weite des Schutzes häufig allein oder wenigstens mehr nach der „Wirkung" der Mittel, als nach ihrer technologischen Ähnlichkeit bemessen. Die Definition der patentrechtlichen Äquivalenz geht geradezu dahin, daß es nur auf die Gleichheit der Wirkung, nicht auf die „technologische" Analogie der Mittel ankommt. Das kann dazu führen und hat dazu geführt, daß auf diesem Wege der Schutzbereich auf alles erstreckt ist, was die gleiche Wirkung ausübt, also im geraden Gegensatz zu der im Eingange aufgestellten Regel (§ 4 A 35). Gegen diese Rechtsprechung hat sich vielfacher Widerspruch erhoben (§ 4 A 60).

Passend unterscheidet man, ob die Wirkung technischer Art oder sozial-wirtschaftlicher Art ist. Beide unterscheiden sich patentrechtlich in manchen Beziehungen. Technische Wirkung: die Anbringung eines Schwungrades bewirkt, daß die Maschine stoßfrei arbeitet, daß die Kurbel den toten Punkt leicht überwindet. Sozial-wirtschaftliche Wirkung: die Erfindung von Fahlberg bewirkte, daß Sacharin in großer Ausbeute hergestellt und deshalb billig verkauft werden konnte. — Die technische Wirkung gehört vielfach unmittelbar zum Inhalt der Erfindung, bildet einen integrierenden Teil der Erfindung; die Anbringung eines Schwungrades hat den einzigen Zweck, daß die Maschine ruhig und stoßfrei läuft; ohne diese Wirkung wäre die Verwendung des Schwungrades sinnlos. In viel loserer Beziehung zur Erfindung steht die wirtschaftliche Wirkung: würde nach der Vorschrift von Fahlberg das Sacharin nicht billiger verkäuflich sein, so wäre doch möglich, daß seine Erfindung andere Vorzüge aufwiese und deshalb patentfähig bliebe. — Technische und wirtschaftliche Wirkung sind nicht selten miteinander verquickt und voneinander abhängig: die Bauart von Turbinen nach Parson bewirkte, daß die Umdrehungsgeschwindigkeit der Welle auf ein brauchbares Maß verringert wurde und in weiterer Folge, daß die Turbine deshalb zum Antrieb von Schiffen verwandt werden konnte. Letztere Wirkung ist wirtschaftlicher Art; würde sie fortfallen, so bliebe immer noch möglich, daß die Turbine aus anderen Gründen wegen ihrer technischen Wirkung patentfähig wäre.

Die Wirkung spielte früher in der Gestalt des „technischen Effektes", besonders bei chemischen Erfindungen, eine große Rolle. Man verstand darunter, daß es erforderlich sei, daß das chemische Erzeugnis neue wertvolle Eigenschaften aufweisen müsse. Gegenüber einer Lehre, die für alle Fälle das Vorliegen dieses technischen Effektes für die Patentfähigkeit chemischer Erfindungen forderte, wurde mit Recht geltend gemacht, daß Patentfähigkeit auch schon dann gegeben sei, wenn bei Gleichheit der Erzeugnisse das Verfahren billiger, schneller, zuverlässiger arbeitet. Es genügt also das Vorliegen einer wirtschaftlichen Wirkung, um Patentfähigkeit annehmen zu können, auch für chemische Erfindungen.

Die Art der Wirkung ist, wie schon erwähnt, von besonderer Bedeutung für die Frage nach der Äquivalenz zweier Arbeitsmittel. Äquivalente sind „gleichwirkende" Mittel. Verbesserte Wirkung hindert die Äquivalenz nicht, wenn sie gering ist. Ist sie so erheblich, daß dadurch der Charakter der Erfindung von Grund auf verändert wird, so finden die Regeln über Äquivalenz keine Anwendung. Solchenfalls tritt Patentfähigkeit ein, ja es kann sogar die Sache so liegen, daß das Patent auf die verbesserte Erfindung nicht einmal als abhängig anzusehen ist (§ 3 A 23,6). Verschlechterte Wirkung hindert in aller Regel die Äquivalenz nicht; nur in seltenen Fällen liegt es anders (§ 4 A 38).

Auch für Kombinationen ist der Begriff der Wirkung von Bedeutung. Eine patentfähige Kombination ist gegeben, wenn zwei Arbeitsmittel oder Verfahren derart neben und miteinander angewandt werden, daß sie erstens miteinander zum selben Zwecke kooperieren, und daß sie zweitens eine einheitliche Wirkung hervorbringen (vgl. § 1 A 115ff). Die Einheitlichkeit der Wirkung ist hier das Entscheidende.

Rückschluß aus der Art der Wirkung. Gleichheit der Wirkung besagt in der Regel patentrechtlich nichts Entscheidendes; auch ganz abweichende Erfindungen können, wie zu Tage liegt, dieselbe Wirkung hervorrufen, sowohl in technischer, wie in wirtschaftlicher Beziehung. Höchstens kann Gleichheit der Wirkung adminikulierend neben anderen Beweismomenten auf Gleichheit der Erfindung hindeuten. IndR 1907, 126 Sp. 2: der Rückschluß aus dem Ergebnis auf das Verfahren ist in dieser Allgemeinheit keineswegs begründet. — Blatt 17 (1915), 15: nicht ohne weiteres fällt in den Schutzbereich eines Patentes, was dieselbe Wirkung nebenbei erreicht; wenigstens teilweise und greifbare Übereinstimmung in den technischen Mitteln ist erforderlich, um Benutzung der geschützten Erfindung annehmen zu können. — Verschiedenheit der Wirkung läßt dagegen einen Rückschluß auf die Andersartigkeit der Erfindungen zu. Es ist unmöglich, daß zwei gleiche technische Maßnahmen verschiedenartige Wirkungen hervorrufen. Die Verschiedenartigkeit der Wirkung beweist vielmehr, daß in der Technik der Erfindungen, in der Gestaltung, in dem Substrat, in der Betriebsart usw. Unterschiede gegeben sind.

Für die Frage der Patentfähigkeit ergibt sich aus dem Vorhandensein einer verbesserten Wirkung, daß „Fortschritt" gegeben ist. Fortschritt braucht nicht immer in einer verbesserten Wirkung zu liegen; er kann auch in anderen Eigenschaften einer Erfindung gegeben sein. Besteht der Fortschritt in der Verbilligung der Erzeugnisse oder des Verfahrens, so kann man das zwar, wie oben angeführt, eine Wirkung wirtschaftlicher Art nennen; aber der Fortschritt kann auch darin gefunden werden, daß monopolisierende Patente durchbrochen werden, daß Erzeugnisse des eigenen Landes anstatt fremdländischer verarbeitet werden usw. In solchen Fällen kann man nicht wohl von einer Wirkung der Erfindung sprechen. — Jedenfalls erfüllt bessere Wirkung, wenn sie nicht ganz unerheblich ist, für die Patentfähigkeit das Erfordernis des Fortschrittes. — Da verbesserte Wirkung den oben gekennzeichneten Rückschluß auf neue Technik zuläßt, beweist sie auch die Neuheit der Erfindung.

Aus dem Vorstehenden ergibt sich schon, daß verbesserte Wirkung die Annahme der Identität zweier Erfindungen ausschließt, wie bei der Erörterung von Identitätsfragen mit Recht stets besonders scharf betont wird, § 3 A 14 Ziff. 4.

Was die Frage des Schutzbereiches einer patentierten Erfindung angeht, so wird vielfach betont, daß verschlechterte Wirkung nicht aus dem Schutzbereich eines Patentes herausbringt, § 4 A 14 Ziff. 4. Diesen Erfolg hat auch nicht immer eine verbesserte Wirkung: es ist möglich, daß die neue Erfindung eine Verbesserung durch Zutaten hervorbringt, trotzdem aber den Erfindungsgedanken des früheren Patentes benutzt; das sind die zahlreichen Fälle der Abhängigkeit, § 3 A 19ff. Auch ist schon darauf hingewiesen, daß trotz besserer Wirkung Äquivalenz der Mittel vorhanden sein kann.

Schwierigkeiten bereitet die Frage, unter welchen Umständen eine in dem Patente an- Anm. 66. gegebene Wirkung der Erfindung derart zum Inhalt der Erfindung gehört, daß die Identität der Erfindung aufgehoben wird, wenn nicht die angegebene Wirkung, sondern eine andere Wirkung eintritt. Nach dem Patent ist geschützt die Erzeugung eines neuen Gewebes, das beim Waschen nicht einschrumpft, die Herstellung von unzerbrechlichem Glas, die Bauart einer feuerfesten Zimmerdecke. Es zeigt sich, daß das Glas nicht unzerbrechlich ist, aber einen hervorragenden Brechungsexponenten hat, daß die Decke nicht feuerfest, aber besonders tragfähig ist. Können die Patente daraufhin aufrecht erhalten werden? In der übernächsten Anmerkung wird dargelegt, daß es im allgemeinen nicht erforderlich ist, die Vorteile einer Erfindung im Patent anzugeben; hier handelt es sich darum, daß das Patent gerade auf das Vorliegen einer einzelnen, besonderen, vorteilhaften Wirkung gerichtet ist. Maßgebende Grundsätze hierüber sind in der deutschen Rechtsprechung nicht aufgestellt. In England ist die Frage vielfach erörtert: man ist zu der strengen Regel gelangt, daß die behauptete vorteilhafte Wirkung vorhanden sein muß, widrigenfalls das Patent unwirksam ist. Rep. of Pat. Cases Bd. 9 S. 417: entscheidend ist, ob durch die technische Anweisung diejenigen Wirkungen, die der Anmelder behauptete erreichen zu können, wirklich erreicht werden. Ebenso Frost, 2. Aufl. S. 144: die Frage ist, kann die Erfindung, wenn sie von einem Fachmanne ausgeführt wird, wirklich das vollbringen, was sie angibt vollbringen zu können? ... Das Patent ist nichtig, wenn die Erfindung nicht zu dem Zwecke brauchbar ist, den der Erfinder in Absicht hatte. — In Deutschland gibt es, wie erwähnt, grundsätzliche Erörterungen über diese Frage nicht. Die Entscheidung ist allein davon abhängig, welche Bedeutung man einer derartigen ausdrücklichen Erklärung der Patentschrift beimessen will. Die Zweifel liegen in folgendem. Hat jemand eine Zusammensetzung von Glas erfunden, von der er glaubt, daß sie das Glas unzerbrechlich macht, so wird die Zusammensetzung des Glases neu sein, von der bisherigen abweichen: denn wenn die Sache so läge, daß an einer schon bekannten Zusammensetzung die Eigenschaft der Unzerbrechlichkeit neu aufgefunden wäre, so würde das eine Entdeckung, nicht eine Erfindung sein, ein Patent wäre nicht erteilt worden. Nun fragt sich, soll das Patent, das auf eine neue Zusammensetzung erteilt ist, die in einer bestimmten Richtung wertvoll ist, vernichtet werden, weil der Erfinder die Wirkung unrichtigerweise in einer anderen Richtung gesucht hat. Für den Verkehr mit patentierten Gegenständen ist die Entscheidung zweifellos. Wird Glas mit der Zusicherung, daß es unzerbrechlich ist, verkauft, so braucht sich der Käufer nicht damit abspeisen zu lassen, daß das Glas andere gute Eigenschaften aufweist. Ebenso auch, wenn das Patent selbst unter der genannten Zusicherung verkauft wäre. Aber bei der Frage der Nichtigkeit kommt in Betracht, daß die Erfindung doch immerhin einen, wenn auch nicht erkannten, Wert besitzt. Dabei spielt nun noch der Grundsatz hinein (vgl. A 68), daß die Vorteile der Erfindung im Patente nicht angegeben zu sein brauchen, welcher Grundsatz freilich einige Einschränkungen leidet. — Dieser Kommentar steht ohne Bedenken auf dem Standpunkt, daß der Erfinder grundsätzlich an dem festgehalten werden muß, was er ausdrücklich gesagt und selbst als seine Aufgabe hingestellt hat. Auf keinen Fall kann zur Aufrechterhaltung eines derartigen Patentes eine andersartige, nachträglich gefundene Wirkung herangezogen werden, wenn zu ihrer Aufdeckung soviel Geisteskraft erforderlich ist, wie zu einer Erfindung gehört, wenn sie also von dem durchschnittlichen Fachmanne nicht erkannt werden konnte. Lag dagegen die Annahme nahe, daß, wenn die eine Wirkung nicht erzielt wurde, doch die andere erzielt werden könnte, weil beide Wirkungen nahe verwandt sind und im wesentlichen durch gleiche oder ähnliche Ursachen hervorgerufen werden können, dann mag die neue Wirkung dem Erfinder zugute gerechnet werden; dann wird man annehmen können, daß die im Patent bezeichnete Wirkung nur „beispielsweise" genannt sei. Das wird namentlich auch der Fall sein können, wenn es sich um Unterschiede dem Grade oder dem Maße nach handelt, wenn also etwa die behauptete Wirkung nicht zu voll erreicht wird. Handelt es sich aber, wie in den oben angeführten Beispielen, um Wirkungen ganz verschiedener Art und hat die besondere behauptete, aber nicht vorhandene Wirkung gerade den Grund für die Patentierung abgegeben, dann wird das Patent nicht aufrecht erhalten werden können, weil der offenbarten Erfindung nicht eine Erfindung mit anderem Inhalt untergelegt werden kann. Es kommt also darauf an, in wieweit der technische und patentrechtliche Nachdruck gerade auf der Erreichung der behaupteten Wirkung ruht. Besonders ist das auf neu bearbeiteten Gebieten der Fall. Neuerdings spielt in der Technik die Herstellung sog. aktivierter Kohle eine erhebliche Rolle, die imstande ist, unter Umständen Flüssigkeiten oder auch Gase zu adsorbieren. Richtet sich ein Patent darauf, mittels der in neuer Weise hergestellten Kohle aus Flüssigkeitsgemischen gewisse unerwünschte Bestandteile durch Adsorption zu entfernen, stellt sich sodann heraus, daß sie diese Wirkung nicht hat, daß sie aber wohl imstande ist, aus Gasgemischen eine einzelne Komponente durch selektive Adsorption zu entfernen, so kann das Patent daraufhin nicht aufrechterhalten werden. Andererseits: richtet sich ein Patent darauf, eine Turbine zum Antrieb von Lokomotiven geeignet zu machen, vermag sie das aber nicht zu leisten, kann jedoch als Schiffsantrieb dienen, so wird das Patent, wenn die Bauart der Turbine an sich erfinderisch neu ist, immerhin aufrechterhalten werden können. Hier liegt der Nachdruck darauf, daß das erstrebte technische Resultat erreicht wird, die Welle in gemäßigte, nutzbar zu machende Umdrehung zu versetzen, während der einzelne Verwendungszweck sozialer Art zurücktritt. Ganz sind freilich auch hier nicht alle Zweifel zu unterdrücken.

Anm. 67. **Funktionen.** Die spezifische Wirkungsweise eines Arbeitsmittels oder eines Verfahrens in einer Erfindung heißt seine Funktion. Ein automatischer Stromregler übt die „Funktion" aus, daß er der Arbeitsmaschine nur so viel Strom zugehen läßt, als sie für den vorliegenden Arbeitszweck braucht. Funktion unterscheidet sich von Wirkung. Funktion einer Maschine ist die Art der Umwandlung der der Maschine mitgeteilten Bewegung. Dieselbe Maschine übt immer dieselbe Funktion aus gemäß dem ihr innewohnenden Bewegungssystem. Die Wirkung kann ganz verschieden sein, je nachdem die Maschine verschiedene Arbeitssubstrate bearbeitet. Eine rotierende, mit Stiften besetzte Trommel übt immer die Funktion aus, daß sie dagegen gehaltene Stoffe mittels ihrer Stifte auseinander zerrt oder schneidet. Die Wirkungen, die sie erzielt, können ganz verschieden sein. Sie kann Getreide enthülsen, Werg oder Roßhaar zupfen oder auflockern, Nitrierpapier zerreißen, zusammenhängende Tonmassen zerkleinern. Die Bestimmtheit der Funktion ist mit dem Wesen, der Einrichtung, dem Gesetz des Bewegungsmechanismus unabänderlich verknüpft: eine Kurbel wandelt eine hin und hergehende Bewegung in eine Drehbewegung um, wie und wo man sie auch anwenden mag. Ein Zahnradgetriebe überträgt die Drehbewegung einer Welle auf eine andere Welle. Das sind also Funktionen im vorstehend beschriebenen Sinne. — Man braucht den Ausdruck Funktion aber auch noch in ganz anderem Sinne; man fragt, ob die Funktion einer Vorrichtung in der einen Erfindung dieselbe ist, wie in einer anderen Erfindung, woraus schon ohne weiteres hervorgeht, daß Funktion hier etwas anderes bedeuten muß. Hier versteht man unter Funktion die Anwendungsart der Vorrichtung. Dafür hat sich der nicht glücklich gewählte Ausdruck „funktionelle Bedeutung" der Vorrichtung eingebürgert. — 124503 schützte eine Schlauchverbindung, bestehend aus Gummiring mit Metallring und Bajonettverschluß; der Gegner benutzte nach seinem Patent 216760 gleichfalls einen Gummiring mit Metallring, aber nicht einen Bajonettverschluß; jene Ringvorrichtungen hatten dieselbe „funktionelle Bedeutung", weshalb Abhängigkeit vorlag, Blatt 19 (1913) 125. — Gewisse Schilde an der Lafette des Beklagten hatten eine andere funktionelle Bedeutung, als die Schutzschilde des Patentes des Klägers, deshalb keine Verletzung, MuW Jahrg. 8 S. 84. — Diese und viele andere Fälle haben das gemeinsam, daß die verschiedene „Funktion" des Mittels (oder Verfahrens) diesen nicht unabänderlich eigentümlich ist, sondern von der verschiedenartigen Anwendung im Einzelfalle herrührt. Funktion bedeutet also hier die Anwendungs- und die dadurch bedingte Wirkungsart eines Arbeitsmittels.

Der aufgezeigte Unterschied hat sich natürlich auch in den übrigen Industrieländern bemerkbar gemacht, ist freilich, soweit ersichtlich, nirgends scharf erfaßt worden. Walker (Nordamerika), law of Patents, 5. Aufl. §§ 352f: Äquivalenz liegt nur vor, wenn das eine Ding seine Funktion in wesentlich gleicher Weise ausübt, wie das andere ... Im rein wissenschaftlichen Sinne übt eine Schraube ihre Funktion immer in einer wesentlich anderen Weise aus, als ein Hebel, aber in derselben Weise wie ein Keil. Schrauben und Keile sind gleicherweise schiefe Ebenen, während ein Hebel eine ganz verschiedene Elementarkraft ist. (Hier also Funktion im ersten Sinne.) Wenn aber ein Hebel und eine Schraube ausgewechselt werden können und dann dieselbe Funktion mit wesentlich gleichem Ergebnis ausüben, dann sagt man, daß sie dieselbe Funktion in einer wesentlich gleichen Weise leisten. (Hier also Funktion im zweiten Sinne.)

Im Patentrecht spielt die Funktion eines Arbeitsmittels oder eines Verfahrens (möge es sich um Funktionen in dem einen oder dem anderen vorgenannten Sinne handeln) in drei Richtungen eine Rolle.

1. Es gilt die Regel, Funktionen sind nicht patentfähig, gewöhnlich gekoppelt mit der gleichen Regel für „Resultate": Resultate und Funktionen sind nicht patentfähig. Diese Regel findet sich in Deutschland wenig angeführt, desto mehr in allen übrigen Industrieländern.

Sie will besagen: Resultate, die nicht in einem körperlichen Erzeugnis, sondern in einem zustandsartigen Ergebnis bestehen, können nicht durch Sachpatent geschützt werden; man kann also nicht ein Patent erhalten auf eine größere Reichweite von Geschützen, auf Trockenlegung von Mauern usw. Ebensowenig kann — was hier interessiert — die Funktion, d. h. die Arbeitsweise eines Mittels abgezogen von dem Mittel patentiert werden. Man kann also nicht patentieren maschinelles Glätten von Furnieren, feinstes (kolloidales) Zerstäuben von Metallen usw. Vielmehr kann man nur die Mittel, Vorrichtungen oder Verfahren patentieren, die eine solche Wirkung auszuüben vermögen. Für alles Nähere vgl. § 1 A 65 Abs 1; A 100.

2. Die Auffindung einer neuen Funktion, die ein bekanntes Arbeitsmittel oder ein bekanntes Verfahren auszuüben vermag, ist stets eine Entdeckung. Es fragt sich, wann sie eine Erfindung, eine „Funktionserfindung" ist, die patentiert werden kann. Die herrschende Meinung nimmt an, daß Funktionserfindungen nur dann patentfähig sind, wenn zugleich das Mittel oder das Verfahren, das die neu entdeckte Funktion ausübt, umgestaltet wird. Ein Patent will den Widerstandsverlust an elektrischer Energie in Spulen vermindern. „Zu seiner Bekämpfung soll das Mittel der Verseilung der Drähte der Spulen dienen. Dies ... technische Mittel kann aber nicht als neu angesehen werden, weil eine für die erstrebte Wirkung genügende Verdrallung der Einzelfäden von jeher aus Gründen der Herstellung üblich gewesen ist. Alle, die aus Einzelfäden hergestellte Spulen benutzten, haben, wenn auch unbewußt, die durch die einfache Verseilung herbeigeführten Vorteile genossen, und es ist anzunehmen, daß der Vorteil auch in Zukunft in gleicher Weise selbst dann der Technik zu Teil geworden wäre, wenn das Patent die neue wissenschaftliche Erkenntnis nicht offenbart hätte", Urt vom 14. 10. 14, I 68/1912. — Hier ist die neu entdeckte Funktion nicht als patentfähig erachtet, weil eine Neugestaltung des Verfahrens oder der Vorrichtung nicht gegeben war. — Anders in folgenden Fällen: als entdeckt wurde, daß Kalkstickstoff außer zu den Zwecken, zu denen es bisher verwandt worden war, auch zum Düngen geeignet sei, war diese Entdeckung eine patentfähige Funktionserfindung, weil bisher noch niemand Kalkstickstoff auf das Feld gebracht hatte. — Als entdeckt wurde, daß in der Abfallauge der Papierherstellung nach Mitscherlich wertvolle Stoffe vorhanden waren, ist insoweit eine patentfähige Funktionserfindung angenommen, als zur Herstellung oder Gewinnung jener Stoffe ein neues Verfahren vorgeschlagen war. — Über diese Fälle und alles weitere, namentlich auch über die Zweifel, die sich gegen die angeführte Regel erheben, vgl. § 1 A 85.

3. Gleichheit oder Verschiedenartigkeit der Funktionen ist von erheblicher Bedeutung für die Lehre von den Äquivalenten und dem sog. Teilschutz der Elemente einer Kombination. In der Regel wird gelehrt, daß ein Patent verletzt wird, wenn ein Arbeitsmittel desselben durch sein Äquivalent ersetzt wird. Es muß aber hinzugefügt werden, daß das Äquivalent in der Nachbildung auch dieselbe Funktion ausüben muß, wie im Patent. Es genügt nicht, daß sich in der patentierten Erfindung und in der Nachahmung äquivalente Mittel vorfinden, sie müssen vielmehr auch zu den gleichen technischen Zwecken verwandt werden. Deshalb ist in zahllosen Urteilen die Frage der Äquivalenz davon abhängig gemacht, ob das Ersatzmittel dieselbe Funktion ausübt, dieselbe „funktionelle Bedeutung" hat. Noch viel mehr als in der deutschen Rechtsprechung wird dies Erfordernis in England und Nordamerika hervorgehoben. Für alles weitere zu diesen Punkte vgl. § 4 A 35 a. E.

Von gleicher Wichtigkeit ist es — nicht in allen, aber in vielen Fällen — für den Schutz der Elemente von Kombinationen, ob die Elemente in der Nachbildung dieselbe Funktion ausüben. Es kommen hier im wesentlichen dieselben Gesichtspunkte zur Anwendung, die soeben für die Frage der Äquivalenz gestreift worden sind. Näheres zu dieser Frage § 4 A 62. — Endlich ist zu bemerken, daß es für den Rechtsbestand eines Patentes in vielen Fällen ohne Erheblichkeit ist, ob die Funktion des Verfahrens oder der Vorrichtung richtig erkannt ist. Für die sog. Auslegung, den Schutzbereich eines Patentes ist es dagegen in der Regel von großer Bedeutung, wenn die Funktion im Patent unrichtig erkannt und dargestellt ist; hierfür vgl. § 1 A 81.

Auch an dieser Stelle ist darauf hinzuweisen, daß bei der Beurteilung von Arbeitsmitteln und Verfahren der Begriff der Funktion (in beiderlei dargelegtem Sinne) anfängt, immer größere Bedeutung zu gewinnen. Die gegenständliche Betrachtung tritt zurück, die funktionelle Betrachtung gewinnt vielfach die Oberhand. Am deutlichsten tritt das bei elektrischen Vorgängen in die Erscheinung. Die Gegenstände sind meistens dieselben, Spulen, Magnete, Schalter usw. Wie man sie zusammenfügt, welche Wirkung sie dementsprechend ausüben, wie man sie anwendet, sie schaltet — das ist, worauf es ankommt.

Vorteile. Vorteile sind Eigenschaften einer Erfindung, die entweder in technischer oder in wirtschaftlicher Richtung Vorzüge gegenüber dem Vorbekannten aufweisen. Der Vorzug kann in der Wirkung der Erfindung liegen, vgl. die vorigen Anmerkungen, er braucht aber nicht in der Wirkung zu liegen; auch andere Eigenschaften der Erfindung können vorteil- **Anm. 68.**

haft sein, z. B. wenn gelehrt wird, ein Erzeugnis aus Rohstoffen herzustellen, die im Inlande erreichbar sind, die nicht monopolisiert sind oder dgl. Blatt 12 (1906), 220: Verwendung billigen Quarzsandes.

Die Feststellung des Vorteils einer Erfindung beruht auf dem Vergleich der Erfindung mit früheren gleichartigen Vorkehrungen. Daraus folgt, daß von Vorteilen nicht gesprochen werden kann, wenn eine Erfindung ein ganz neues Gebiet eröffnet.

Wohl im Auge zu behalten ist die selbstverständliche Überlegung, daß Vorzüge und Vorteile, gerade wie Wirkungen, nur eine Folgeerscheinung sind, nämlich die Folge der anderen Ausgestaltung des Verfahrens oder der Vorrichtung, der Betriebsart oder der Zweckverwendung. Deshalb ist es im Grunde nicht richtig, die Vorteile zweier Erfindungen miteinander zu vergleichen; verglichen werden müssen vielmehr die Veränderungen der technischen Anweisung, von denen die Vorteile die Folge darstellen. Erheblichkeit der Vorteile beweist die Wichtigkeit jener Veränderungen. Deshalb läßt Verschlechterung oder Verbesserung einen sicheren Rückschluß auf Veränderung der Technik zu; dagegen sagt Gleichheit der Vorteile nichts darüber, ob etwa Identität der Erfindungen oder Verletzung eines Patentes vorliegt.

Die Hauptfrage ist auch hier wieder: gehören die Vorteile der Erfindung zum Inhalt der Erfindung? Je nachdem, ob die Frage zu bejahen oder zu verneinen ist, ergibt sich, ob der in der Patentschrift angegebene Vorteil den Patentschutz auf die Erreichung dieses besonderen Vorteils beschränkt, oder ob, wenn sich etwa dieser Vorteil als nicht vorhanden herausstellt, andere nachträglich aufgefundene Vorteile zur Aufrechterhaltung des Patentes dienen können. Die Rechtsprechung hat in dieser Richtung geschwankt; anfänglich wurde die Heranziehung von Vorteilen abgelehnt, sofern dieselben nicht in der Patentschrift aufgezeigt waren. Das ist zuerst mit Entschiedenheit ausgesprochen RG 20, 40f. Daselbst ist die Frage verneint, ob bei der Feststellung des Erfindungsgedankens eine erst nach Patentanmeldung und Erteilung zutage getretene Eigenschaft des patentierten Gegenstandes in Betracht komme. Ebenso folgende Entscheidungen: Ein Patent auf die Herstellung von Farbmalz ist vernichtet, trotzdem nachträglich geltend gemacht wurde, daß es dem Biere einen besonders guten Geschmack verleihe, Blatt 1 (1895) S. 89, 92; ebenso ein Patent auf eine Kugelmühle trotz nachträglich behaupteter besserer Arbeitsleistung, Bolze Bd. 21 Nr. 128. Einzuschalten ist, daß in der Lehre von Anfang an zum Teil abweichende Anschauungen vertreten wurden, vgl. z. B. Robolski, Theorie und Praxis, S. 24: Dem Jäger ist seine Beute nicht streitig zu machen, wenn er eine Taube zu schießen glaubt und einen Fasan trifft. In der Rechtsprechung trat ein Umschwung im Jahre 1906 in dem Urteile Blatt 12 (1906) 136 ein: das Urteil hielt zwar noch den Satz aufrecht, daß Vorteile, die der Erfinder nicht erkannt hatte, ihm nicht zugerechnet werden könnten. Es macht aber eine Ausnahme für den Fall, daß die Vorteile offensichtlich sind und von jedem Fachmann erkannt werden können. In diesem Urteile ist zum erstenmal ein Patent wegen nachträglich zutage getretener Vorteile aufrechterhalten. In der weiteren Entwicklung wurde dann sogar immer weniger betont, daß es von Wichtigkeit sei, ob die Vorteile offensichtlich seien, vgl. Mitt 1913, 109; Blatt 23 (1917), 11. Weiter: 258901 schützt eine Vervollkommnung der hüttenmäßigen Herstellung von Zink, dad. gek., daß die Rückstände ehe sie ins Freie gelangen, beim Austritt aus der Muffel in einem Gefäß plötzlich stark abgekühlt werden. Die Vorzüge dieser Vorrichtung wurden im Nichtigkeitsverfahren hin und her erörtert. Das Reichsgericht erkannte schließlich als Fortschritt an, daß die Schlacken infolge der raschen Abkühlung nicht zusammenbacken und den unteren Ausgang der Muffel nicht verstopfen; dieser Vorteil sei zwar in der Patentschrift nicht erwähnt, aber es genüge, daß er für den Fachmann ersichtlich sei; I 71/1918, Urt vom 9. 4. 1919. Ebenso MuW Jahrg. 24 S. 176: das Berufungsgericht hatte angenommen, der Vorteil, daß Reibungselektrizität an Zelluloid rascher erzeugt werden könne, als an Glas, sei unerheblich, weil der Erfinder es auf Hervorhebung und Schutz dieses Vorteils nicht abgesehen habe. Das Revisionsurteil betont demgegenüber: die Rechtsprechung gehe dahin, daß der Schutz sich auf das erstrecke, um was die Technik tatsächlich bereichert worden sei. Ein Patent könne aufrecht erhalten werden, wenn der in der Patentschrift angegebene Vorteil tatsächlich nicht vorliege, dafür aber ein anderer, der die Erteilung des Patentes ebenso gerechtfertigt hätte. — Es gilt also heute (in Deutschland, wie im Auslande) der Grundsatz, daß die Vorteile in der Patentschrift nicht angeführt zu werden brauchen. — Weitere Beispiele: geschützt ist ein Gratabschneider für die Herstellung von Ziegelsteinen; im Patent sind technische Vorteile aufgeführt; aufrechterhalten ist das Patent wegen des nicht aufgeführten Vorteiles, daß die Sicherheit der Arbeiter gewährleistet wird, GewR 27 (1922), 32. — 270324 schützt die Herstellung von Filtermassen zur Wasserreinigung; als Vorteil ist im Patent angegeben, daß nur auf die geschützte Weise sich eine brauchbare Filtermasse herstellen lasse. Das Reichsgericht führt aus, das sei nicht der Fall; aber dadurch könne das Patent nicht zu Fall gebracht werden; es komme nicht nur das Verfahrensergebnis, sondern, ohne daß das ... besonders betont zu sein brauche, auch ein Vorteil des Verfahrensganges in Betracht, Urt vom 22. 1. 16, I 29/1915. Ebenso Nordamerika: der patentbegründete Vorteil des elektrischen Widerstandes aus einer bestimmten Metallegierung beruht allein auf der längeren Lebensdauer des Widerstandes; davon hatte der Erfinder nichts erkannt, es ist erst im Laufe der Zeit hervorgetreten, Fed. Rep. Bd. 212 S. 424.

Nun gilt die angeführte Regel aber keineswegs ausnahmslos.

1. Auch heute wird allgemein anerkannt, daß Vorteile dann nicht zugunsten des Erfinders berücksichtigt werden können, wenn es zu ihrer Erkenntnis eines erfinderischen Schrittes bedurfte; das ist namentlich in den Urteilen zutage getreten, in denen dem Erfinder nicht zugute gerechnet worden ist, wenn bei chemischen Verfahren neben dem anerkannten und verwerteten Stoff gleichzeitig unentdeckt ein anderer, gleichfalls wertvoller Stoff entsteht, § 1 A 83, 85.

2. Der angegebene Grundsatz findet fast nur dann (jedenfalls hauptsächlich dann) Anwendung, wenn der Vorteil sozialwirtschaftlicher Art ist. Anders liegt die Sache dann, wenn es sich nicht um einen Vorteil handelt, der neben der Erfindung liegt, sondern um eine vorteilhafte Wirkung technischer Art, die recht eigentlich zum Inhalte der Erfindung gehört, wie das in A 65 auseinandergesetzt ist, wenn also die Erfindung gerade nur auf einen besonderen und bestimmten Vorteil abzielt und um dieses willen patentiert worden ist. In solchen Fällen kann, wenn jener Vorteil nicht vorhanden ist, nicht etwa zur Aufrechterhaltung des Patentes ein anderer Vorteil untergeschoben werden. Das ist besonders in England anerkannt, vgl. Terrell 7. Aufl. S. 138: wenn die Erzielung eines besonderen Vorteils das ganze Wesen der Erfindung ausmacht, so muß er in der Patentschrift (und zwar in richtiger Weise) angeführt werden. Dieser Ausspruch wird von Wirth, Mitt. 1921 S. 131 getadelt. Es mag sein, daß die Ausdrucksweise nicht ganz leicht verständlich ist; was gemeint ist, ist aber richtig. Die Regel ist entnommen aus dem Urteile Rep. of Pat. Cases Bd. 23 S. 750, Ausführungen des bekannten Richters Fl. Moulton. Patentiert war eine Vorrichtung zum Fischfang in tiefen Gewässern mittels Angel. Was in der Beschreibung als neu angeführt war, erwies sich als alt; in der Zeichnung war dagegen eine neue Art der Anbringung der Angelleine dargestellt. Behauptet wurde im Prozeß, daß gerade diese Art der Anbringung einen Vorteil habe, daß man nämlich an Bord des Schiffes den Ruck beim Anbeißen merken könne. Der Richter äußerte, es sei gleichgültig, ob man das einen Vorteil oder eine Wirkung nennen wolle; aus dem Patente lasse sich nicht erkennen, daß jene besondere Art eine besondere Wirkung habe, und daß die Erfindung gerade in diesem Punkte liege; deshalb sei der Patentschutz gegen das Vorbekannte nicht genügend abgegrenzt. — Diese Auffassung ist zu billigen. Ist die Sachlage so, daß bei einer zusammengesetzten Erfindung irgendeine Einzelheit vorhanden ist, über deren Bedeutung von selbst nichts erhellt, so muß ihr Vorteil oder ihre Wirkung bezeichnet sein, wenn sie zur Aufrechterhaltung eines im übrigen nichtigen Patentes herangezogen werden soll. Andernfalls liegt keine genügende Offenbarung der Erfindung vor. — Besonders klar wird das aus der Betrachtung von Fällen, in denen die Erfindung an sich nutzlos erscheint und erst durch die Angabe eines speziellen Vorteiles, den sie hervorbringt, einen Sinn gewinnt. Andauerndes Hämmern von Wolframmetall ist an sich nutz- und sinnlos. Eine sinnvolle Erfindung wird daraus erst dann, wenn man weiß, daß es die physikalischen Eigenschaften des Wolframs derart umgestaltet, daß das Metall sich in der Kälte zu Draht ziehen läßt. — In solchen Fällen muß die vorteilhafte Wirkung der Maßregel angegeben sein, und zwar richtig angegeben sein; es wäre unzulässig, das Patent bei unrichtiger Angabe auf Grund eines anderen später aufgefundenen Vorteiles aufrecht zuerhalten. Es bedarf nicht der näheren Darlegung, daß hier der Vorteil in anderer viel engerer Verbindung mit der Erfindung steht, als wenn es sich darum handelt, ob ein neues Verfahren etwa weniger Kraft verbraucht oder aber weniger Bruch und Ausschuß liefert. Eine Probe aufs Exempel läßt sich in der Regel gewinnen, wenn man fragt, ob das als Vorteil Bezeichnete unmittelbar zur technischen Anweisung gehört.

Diese Unterscheidung ist von Wichtigkeit namentlich in zwei Richtungen: 1. bei der Entgegenhaltung einer bekannten Maßnahme als neuheitsschädlich. Man findet Urteile, in denen einer Entgegenhaltung die Neuheitsschädlichkeit abgesprochen wird, weil sie andere Vorteile aufweist; andere Urteile besagen das Gegenteil. — Geschützt war die Verwendung von Eigelb zur Herstellung von Margarine; vorbekannt war, daß so hergestellte Margarine zum Backen geeignet sei, das Patent lehrte, daß sie auch zum Braten geeignet sei, weil sie schäumt und spritzt, wie Butter. Das Reichsgericht äußerte: die Eigenschaften, durch die sich das Erzeugnis des neuen Verfahrens von älteren Erzeugnissen abhebt, liegen außerhalb des Erfindungsbereiches. Ist das Verfahren bekanntgegeben (d. h. vorveröffentlicht), so kann nichts darauf ankommen, ob die Vorzüge des damit gewonnenen Produkts vollzählig aufgeführt sind; Blatt 12 (1906), 256. Also neuheitsschädliche Vorwegnahme. — Andererseits: durch die vorliegende Erfindung wird der Vorteil erreicht, daß selbst bei undichten Drosselventilen ... ein höherer Druck als der gewollte nicht auftreten kann. Um annehmen zu können, daß eine solche Einrichtung Gegenstand des früheren Patentes gewesen ist, genügt es nicht, daß die in der Patentschrift beschriebene Einrichtung tatsächlich geeignet ist, dem erwähnten Zweck mit den gleichen Mitteln zu dienen, sondern es muß erkennbar sein, daß der Anmelder Schutz für eine Erfindung beansprucht hat, die zur Erreichung dieses Zweckes bestimmt war; Urt. vom 6. 11. 1901, I 205/1901. Hier also keine Vorwegnahme, weil der Vorteil bei der früheren Erfindung nicht erkannt oder nicht angegeben war. — Die gleiche Unterscheidung ergibt sich 2. bei Verletzungsfragen. Gleichheit der Vorteile beweist nicht, daß die frühere patentierte Erfindung verletzt ist, denn auch ganz verschiedene Erfindungen können dieselben Vorteile darbieten. Verschiedenheit in den Vorteilen kann dadurch hervorgerufen werden, daß die Erfindungen im ganzen Umfange verschieden sind; sehr häufig liegt es aber anders: bei den Verschiedenheiten in den Vorteilen ist es auch sehr wohl möglich, daß die zweite Erfindung den Erfindungsgedanken der ersten ganz oder teilweise benutzt und nur vorteilhafte Hinzufügungen oder vorteilhafte Veränderungen in unwesentlichen Teilen enthält, Fälle der Abhängigkeit. Beispiele: geschützt waren Seeminen, deren Bauart eine sichere Explosion der Mine bei Anstoß eines Schiffes gewährleistete. Verletzung durch eine andere Form einer Mine wurde verneint, weil deren Bauart in wesentlichen Teilen abwich. Der Patentinhaber machte weiter geltend, seine Bauart habe den Vorteil, daß die Mine durch die Explosion von Nebenminen nicht zum Detonieren gebracht werde, und diesen „Vorteil benutze" auch der Beklagte. Das Reichsgericht äußerte: dieser Gedanke sei in der Patentschrift nicht einmal angedeutet. Über einen solchen Verwendungszweck offenbare die Patentschrift nichts. Der Beklagte verletze das Patent deshalb nicht, wenn er seinerseits eine Einrichtung zum Schutz gegen die unerwünschte Einwirkung explodierender Nachbarminen getroffen habe, Urt vom 14. 4. 1920; I 116/1919. Hier ist die Sache also so angesehen, daß jener Vorteil nicht zum Inhalt der technischen Anweisung des Patents gehörte. — Andererseits: lief in betreff eines einzelnen angeblichen Vorteils (der in der Patentschrift der Erfindung zugeschrieben war) ein Irrtum unter . . ., so wird der von dem bestehenden Patente gewährte Patentschutz nicht beeinträchtigt. Ebensowenig treten die Beklagten aus dem Schutzbereiche heraus, wenn sie auf einen oder anderen der mit dem Patente an sich verbundenen Vorteile verzichtet haben sollten (MuW Jahrg. 13 S. 440 ff).

In allen übrigen Punkten macht die Entscheidung keine Schwierigkeiten. Bei Identitätsfragen sagt Gleichheit der Vorteile nichts, denn ganz verschiedene Erfindungen können gleiche Vorteile darbieten. Verschiedenheit der Vorteile beseitigt dagegen in jedem Falle die Idendität (§ 3 A).

Bei der Frage der Patentfähigkeit beweist das Vorliegen von Vorteilen, wenn diese nicht ganz unbedeutend sind, daß „Fortschritt" gegeben ist.

Anm. 69.

Aufgabe, Problem.

Aufgabe. In den Erörterungen über den sozialen Zweck der Patente Einleitung A 7 ist bereits darauf hingewiesen, daß dieser von dem technischen Zweck scharf unterschieden werden muß. Der soziale Zweck besteht in der Befriedigung eines sozialen Bedürfnisses, welches Bedürfnis nicht technischer Art zu sein braucht, z. B. die Herstellung von Musikinstrumenten, die Ausarbeitung von Verfahren für Laboratorien, Vorrichtung für Heilzwecke u. dgl. Technischer Zweck besteht in der Herbeiführung einer technischen Wirkung, die in weiterer Folge die Befriedigung eines sozialen Bedürfnisses ermöglicht. Sozialer Zweck: hartes Wasser zu enthärten, so daß es als Trinkwasser dienen kann. Technischer Zweck: Zusammensetzung einer Filtermasse, die die hartmachenden Kalk-, Magnesia- oder Eisensalze beim Filtrieren aus dem Wasser entfernt.' Um den Unterschied äußerlich kenntlich zu machen, ist empfohlen, den technischen Zweck als Aufgabe zu bezeichnen. Diese Bestrebung hat nur zum Teil Erfolg gehabt. Es gibt zahlreiche Patente, in denen eine Maßregel vorgeschlagen wird zum Zwecke — dann folgt Angabe des technischen Zweckes, z. B. 248038, Filterpressenrost, dad. gek., daß die Rippen . . . Erhöhungen aufweisen zum Zwecke, die Pressung der benachbarten Filterschicht auf den Rand zu beschränken. — Allerdings wird schon seit geraumer Zeit in Rechtsprechung und Schrifttum vielfach von der „Aufgabe eines Patents" gesprochen. Besonders Isay, 4. Aufl § 1 A 13 und vielfach, und Damme-Lutter, S. 446 haben entscheidenden Wert auf die Feststellung der Aufgabe einer Erfindung gelegt. Die ausgedehnte Verwendung des Begriffs und Wortes „Aufgabe" geht jedenfalls zum Teil aus einem äußerlichen Momente hervor, daraus nämlich, daß die Bestimmung der Aufgabe in bequemer Weise die Anschaulichkeit sichert und eine handliche Grundlage für die Betrachtung einer Erfindung abgibt. Dazu ist aber zweierlei zu bemerken. Der Ausdruck ist erstens so, wie er gebraucht wird, terminologisch nicht glücklich gewählt, denn er ruft den Anschein hervor, als habe sich der Erfinder von vornherein ein bestimmtes Ziel gesteckt, das er erreichen wollte. Das trifft für manche Erfindungen zu, aber keineswegs für alle. Viele Erfindungen gehen aus gelegentlichen Beobachtungen hervor, viele, besonders chemische Erfindungen, aus planmäßigem Durchforschen bestimmter Klassen von Verbindungen, um zu sehen, ob die erzeugten Stoffe vielleicht irgendeine nutzbringende Verwendung zulassen usw. Aufgabe darf also nicht als gewollte Geistesrichtung des Erfinders aufgefaßt werden; sie bezeichnet vielmehr den erreichten technischen Erfolg der Erfindung, angeschaut aus der Zeit vor Vollendung der Erfindung. Die Aufgabe enthält also eine objektive Charakteristik der fertigen Erfindung, nicht eine subjektive Charakteristik dessen, was der Erfinder wollte. Der zweite schon hier hervorzuhebende Punkt ist folgender. Wenn der Begriff Aufgabe einen bestimmten, für die rechtliche Charakterisierung der Erfindung bedeutsamen Sinn haben soll, muß er in dem soeben angegebenen Sinne gebraucht werden. Sehr häufig wird er aber in viel weiterem und deshalb unbestimmtem Sinne gebraucht. Man hört häufig sagen, der Erfinder hat sich die Aufgabe gestellt, den Betrieb zu verbilligen. Das ist ein bloßes Motiv, aber keine Aufgabe (vgl. nächste Anmerkung).

Bestrebungen rein wirtschaftlicher oder rein sozialer Art stellen niemals eine Aufgabe im patentrechtlich relevanten Sinne dar. Das wird vielfach nicht genügend beachtet. Einerseits: haben zwei Erfinder sich die gleiche Aufgabe der Verbilligung gestellt, so können doch ihre Erfindungen patentrechtlich ganz verschieden sein, wenn sie nämlich die Lösung auf prinzipiell abweichenden Wegen erzielen. Andererseits: hat der eine sich die Aufgabe der Verbilligung gestellt, der andere die einer Verbesserung der Erzeugnisse, so können doch ihre Erfindungen identisch sein, wenn sie nämlich ihre verschiedenen Zwecke durch dieselben Mittel erreichen, die gleichzeitig beide Erfolge herbeiführen. — Bestrebungen wirtschaftlicher Art sind nur Motiv. Die Aufgabe liegt dagegen in der gewollten Herbeiführung derjenigen technischen Vorkehrungen, Bauart oder Betriebsart einer Vorrichtung, Einrichtung eines Verfahrens, derjenigen technischen Anweisung, die die wirtschaftlichen oder sozialen Vorteile im Gefolge hat. Gleichgültigkeit des Motivs: es ist gleichgültig, welche Zwecke der angebliche Verletzer verfolgte und ob er dieselben Vorteile erstrebte, wie das angeblich verletzte Patent, bessere Lichtwirkung, höhere Stromausbeute; die Frage der Patentverletzung ist lediglich nach objektiven Momenten, nicht nach der subjektiven Auffassung des Täters zu beurteilen (MuW Jahrg. 1913 S. 584ff). — Genau so, wenn die „Aufgabe" in der Vermeidung gewisser bisher vorhandener Mißstände erblickt wird. — Es soll selbstverständlich nichts dagegen gesagt werden, daß man Aufgabe in diesem weiteren Sinne gebraucht; es soll aber darauf hingewiesen werden, daß solche „Aufgaben" nicht geeignet sind, Identität, Neuheit, Fortschritt einer Erfindung zu kennzeichnen. Anm. 70.

Wenn man den subjektiven Einschlag vermeiden will, der dem Worte Aufgabe nach Sprachgebrauch nun einmal beiwohnt, so spricht man besser von dem **Problem**, mit dem sich die Erfindung beschäftigt. Es ergibt sich dann, daß zwei Voraussetzungen erfüllt sein müssen. Das Problem muß bisher ungelöst sein. Es muß also, um das festzustellen, der Stand der Technik herangezogen werden. Zweitens muß, wenn die Aufgabe bedeutungsvoll sein soll, das Problem durch die Erfindung auch wirklich gelöst sein. Ob das der Fall ist, läßt sich nur aus der Wirkung der angegebenen Lösungsmittel entnehmen. Ihre Wirkung entscheidet also über den Umfang der (gelösten) Aufgabe, sie selbst gehören nicht zum Begriff der Aufgabe. Anm. 71.

Ein Erfinder stellt sich die Aufgabe, einen Maschinenbetrieb zu verbilligen. Seine Maschinen sind billiger herzustellen, aber es zeigt sich im Betriebe, daß sie mehr Kraft verbrauchen. Eine Verbilligung tritt also nicht ein, die gestellte Aufgabe ist nicht gelöst. Gleichzeitig zeigt sich aber, daß die neuen Maschinen bessere Erzeugnisse liefern. Was ist nun die patentrechtlich erhebliche Aufgabe, die wirklich gestellte, aber nicht gelöste Aufgabe, oder aber die wirklich gelöste Aufgabe, von der der Erfinder nichts wußte? Hat es bei solcher Lage einen Sinn, den zufällig erreichten Erfolg als Aufgabe zu bezeichnen? Man sage deshalb nicht, der Erfinder hat sich die Aufgabe gestellt . . ., sondern die Erfindung löst das Problem . . .

Die Aufgabe bezeichnet nach Vorstehendem nur das Problem, das durch die Erfindung gelöst wird. Deshalb ist die bloße **Aufgabe an sich niemals patentfähig.** Der erste Grundsatz des Patentrechts ist, daß nicht das Ziel, das Resultat geschützt wird, sondern die Mittel, mit denen Ziel und Resultat erreicht werden. Der innere Grund hierfür liegt darin, daß das Bedürfnis des gewerblichen Lebens zwar erfordert, daß der Patentschutz, wenn eine einzelne konkrete Lösung gefunden ist, sich unter Umständen auf das zugrunde liegende Lösungsprinzip, falls dies neu ist, erstreckt. Das Gewerbe würde aber unzulässig gefesselt, wenn sich der Schutz auf alle anderen, möglichen, noch nicht erfundenen Lösungsprinzipien erstreckte. Zu weit gehen deshalb Damme-Lutter, S. 446: wenn jemand zum ersten Male eine automatische Waage gebaut hat, würde nach ihrer Meinung niemand eine ganz anders konstruierte automatische Waage bauen dürfen. Dadurch würde die Industrie nicht gefördert, sondern gehemmt. Der Grund, daß die Aufgabe nicht patentfähig ist, ist also nicht ein logischer, sondern ein wirtschaftspolitischer. — Der angegebene Grundsatz geht so weit, daß die Aufgabe auch dann nicht in einem gesonderten Patentanspruch geschützt werden darf, wenn die Lösung in einem anderen Nebenanspruch geschützt wird; das ergibt sich aus den in A 73 anzuführenden Anm. 72.

Beispielen. — Eine scheinbare Ausnahme findet sich bei der sog. erfinderischen Aufgabenstellung. Es wird mehrfach angenommen, daß in solchem Falle die Lösung, wenn sie auf der Hand liegt, nicht angegeben zu werden braucht, so daß also dann in der Tat jegliche Lösung eines Problems geschützt wäre. Wie es sich in Wahrheit damit verhält, darüber vgl. unten A 77.

Anm. 73. Da nur die Lösung, also der **Erfindungsgedanke,** nicht aber die **Aufgabe** patentfähig ist, bedarf es der Erörterung, wann das eine, wann das andere vorliegt. Die Entscheidung ist im besonderen Grade vom Ermessen abhängig, so daß viele Entscheidungen ergangen sind, die einander mehr oder weniger zu widersprechen scheinen. Die theoretische Grundlage ist klar: der Erfindungsgedanke gibt außer dem Problem auch das Prinzip der Lösungsmittel an, die Aufgabe nur das Problem. Fest steht, daß die Lösung nicht in allen Einzelheiten offenbart zu werden braucht; was für den Fachmann selbstverständlich ist, braucht nicht gesagt zu werden. Daraus entsteht in vielen Fällen die Frage, ob nun die Lösung so genau angegeben ist, daß mehr als eine bloße Aufgabe vorliegt. Klar und überzeugend in dieser Richtung das Urteil RG Gareis Bd. 7 S. 10f. Weiter ein bekanntes Beispiel: es lag das soziale Bedürfnis vor, beim Gasglühlicht eine Vorrichtung anzubringen, durch die beim Öffnen des Gashahns automatische Zündung erfolgte. Die Bedingungen, die erfüllt werden mußten, lagen zutage. Die Zündmasse mußte über dem Lampenzylinder angebracht werden, so daß das aufsteigende Gas sich entzündete, sie mußte sodann aus dem Bereich der Flamme und der heißen Gase wieder entfernt werden, damit sie nicht verdarb. Der Anspruch 1 des Patents 101995 lautete: selbsttätig wirkende Vorrichtung zur Entfernung der Zündpille aus dem Flammenbereiche, dad. gek., daß die lebendige Kraft der von der Flamme aufsteigenden heißen Gase zur Inbetriebsetzung einer die Zündpille bewegenden Vorrichtung benutzt wird; Anspruch 2 schützte eine Ausführungsform in Gestalt eines Flügelrades. — Es wurde erörtert, ob der Anspruch 1 nicht schon eine die Lösung genügend spezialisierende, wertvolle Anweisung enthalte. Schließlich ist der Anspruch vernichtet, weil er nur die Stellung der Aufgabe enthalte. Die präzise Aufgabenstellung sei allerdings das Hauptmoment; es seien aber verschiedene Lösungsmittel vorhanden, die sich nicht von selbst aufdrängten. Deshalb sei die Aufgabe nicht patentfähig, RG Blatt 10 (1904), 330. — Allein es hätte doch der genaueren Untersuchung bedurft, ob nicht schon das Lösungsprinzip gegeben war. Das muß in dem späteren Urteil, das im Verletzungsstreite ergangen ist, angenommen sein, denn hier ist ausgeführt, daß der Schutzbereich sich auch auf den allgemeinen Erfindungsgedanken erstrecke, der im Nichtigkeitsverfahren als bloße Aufgabe vernichtet war. (Das Verletzungsurteil ist hinter dem Nichtigkeitsurteil abgedruckt.) Im Verletzungsstreit durfte nur ein wahrer und vollständiger Erfindungsgedanke geschützt werden, ein solcher ist also als in der Patentschrift genügend offenbart angesehen — übrigens nach heutiger Anschauung mit Recht (vgl. § 1 A 110). — Um bei Schreibmaschinen einen Wechsel der Farbbandzone (schwarzes oder rotes Farbband) herbeizuführen, boten sich, wie das Reichsgericht ausführt, zwei Wege. Entweder es wurde ein besonderer Hebel zum Umschalten angeordnet, oder es wurde für jede Farbbandzone eine besondere Taste benutzt. Der Beklagte stellte sich die „Aufgabe", das Verfahren einfacher zu gestalten. Die Aufgabe wird dadurch gelöst, daß nur eine einzige Taste zum Wechseln benutzt wird, und daß diese Taste von selbst sofort wieder in ihre Ruhelage zurückkehrt. „Daß hierin nicht nur die Stellung einer Aufgabe, sondern zugleich ihre Lösung liegt, muß unbedenklich angenommen werden, denn dem Konstrukteur bot sich ohne eigene erfinderische Tätigkeit die Möglichkeit dar, den Erfindungsgedanken praktisch auszuführen" (Urt vom 13. 5. 14, I 61/1914). — Ein lehrreiches Beispiel gibt Seifert, IndR 7 (1912), 255. Jemand hatte einen hydraulisch wirkenden Apparat zur Prüfung von Rauchgasen gebaut und geschützt erhalten. Er behauptete, sein Erfindungsschutz erstrecke sich auf alle selbsttätig und hydraulisch wirkenden Apparate. Das ist davon abhängig, ob in der Anweisung, den Apparat selbsttätig und hydraulisch wirkend zu bauen, schon ein Erfindungsgedanke, ein Lösungsprinzip, oder aber nur eine bloße Aufgabe lag. Vorliegendenfalls bedurfte es noch vieler schwieriger und für den Fachmann nicht auf der Hand liegender Überlegungen; deshalb bloße Aufgabe, aber kein für die Bestimmung des Schutzbereichs genügender Erfindungsgedanke. In anderen Fällen kann es anders liegen, z. B. wenn bei einfachen Vorrichtungen vorgeschrieben wird, den Druck von Hebeln oder Schrauben durch hydraulischen Druck zu ersetzen; damit kann unter Umständen alles gesagt sein. — Bei der Feststellung, ob bloße Aufgabe oder schon Erfindungsgedanke, darf natürlich nicht formalistisch verfahren werden. 326274 schützt eine Wasserturbine, dad. gek., daß die radiale Schaufellänge so bemessen ist, daß ... Das Reichsgericht sagt, das sei zwar nach den Worten des Anspruchs eine reine Aufgabe; das Patent könne aber aufrechterhalten werden, weil die näheren Angaben der dazu erforderlichen Bauart in der Beschreibung angegeben seien (MuW Jahrg. 26, S. 383 Ziff. 5). — Das steht allerdings nicht ganz im Einklang mit den bisher befolgten schärferen Grundsätzen. — Ähnlich LeipzZ Bd. 8 S. 476 Nr 10: Anspruch 1 gibt nicht nur die Aufgabe, sondern auch die Mittel zur Lösung, freilich nur in allgemeiner Form, die dann in der Beschreibung in den Einzelheiten ergänzt wird. Beansprucht ist hier also nicht jede Lösung, sondern eine besondere Art der Lösung, die ihrem Prinzip nach angegeben ist.

Aus dem Vorstehenden erhellt zur Genüge, daß die Entscheidung der Frage, ob Aufgabe oder Erfindungsgedanke, allein von der Kenntnislage, von dem Stande der Technik abhängt, also in Zweifelsfällen durch Sachverständigengutachten zu entscheiden ist.

Maßgeblichkeit des Problems in patentrechtlicher Beziehung. Ist das Problem alt, so ist das für die Frage der Patentfähigkeit an sich unerheblich; es kommt darauf an, ob die Lösungsmittel neu sind. Ist das Problem neu, so liegt eine Patentfähigkeit dann immer vor, wenn die Aufgabestellung selbst erfinderisch ist; dann ist es gleichgültig, ob die Lösungsmittel bekannt sind. Ist dagegen trotz Neuheit des Problems nicht schon die Aufgabestellung erfinderisch, dann kommt es gleichfalls wieder auf die Art der Lösung und der Lösungsmittel an. Hinsichtlich der Identität nach § 3 kann das richtig bestimmte Problem entscheidend sein: ist das Problem einer zweiten Anmeldung abweichend, so liegt niemals Identität vor (§ 3 A 14 Ziff. 2). Ist das Problem gleich, so fehlt es trotzdem an Identität, falls die zweite Lösung erfinderisch neu ist, nach richtiger Anschauung aber auch schon dann, wenn die Ausführungsform in erheblicher Weise abweicht (§ 3 A 14 Ziff 3). Bei gleichem Problem liegt also die Entscheidung über die Identität in der Lösungsart. — Der bei weitem schwierigste Punkt betrifft die Bestimmung des Schutzbereichs im Hinblick auf das gelöste Problem. Im allgemeinen gilt die Regel, daß Erfindungen, die ein anderes Problem lösen, nicht in den Schutzbereich eines früheren Patents fallen. Anders ist die Lage jedoch dann, wenn für den Fachmann auf der Hand lag, daß die vom Patente vorgeschlagene Lösung auch für das Problem der neuen Anmeldung Geltung haben müsse; das wird nur dann vorkommen, wenn die beiden Probleme nahe miteinander verwandt sind; für das Nähere vgl. § 4 A 57f. Anm. 74.

Im Verletzungsstreite kann nicht mehr eingewandt werden, daß ein Anspruch nur eine Aufgabe enthalte, Blatt 17 (1911), 272; dieser Einwand betrifft den Bestand — nicht die Auslegung — des Patents und ist deshalb dem Nichtigkeitsverfahren vorbehalten.

Ein weiteres Beispiel für die Unmaßgeblichkeit der Aufgabe: 134 828 schützt einen Firstund Gratanschlußstein für sog. Klosterdächer (Dächer mit besonderen Ziegeln), 262 914 einen Firstentlüftungsziegel für ... Muldenfalzziegel. Im Verletzungsstreit äußerte das Reichsgericht: wenngleich der Beklagte mit seinem Patente eine von dem Patente des Klägers verschiedene Aufgabe löst, so benutzt er doch bei seiner Lösung gleichwohl den Erfindungsgedanken, der dem letztgenannten Patente zugrunde liegt, denn er schafft in der muldenförmigen Ausgestaltung der Firstanschlußsteine eine ebene Auflagefläche für die Firststeine. — Die Aufgabe ist verschieden, das Lösungsmittel dasselbe, es ist Abhängigkeit des zweiten Patents angenommen (Urt vom 18. 12. 18, I 163/1918; vgl. zu diesem Urteile § 1 A 90, 6).

Da die abweichenden (richtig bestimmten) Aufgaben zweier Erfindungen für deren Identität maßgebend sein, also insoweit rechtlich bedeutungsvoll werden können, muß noch darauf hingewiesen werden, daß bei der Bestimmung der Aufgabe nicht selten dieselben Schwierigkeiten entstehen, die auch bei der Bestimmung des Erfindungsgedankens hervortreten (§ 4 A 56 im Eingang). **Wie weit erstreckt sich die Aufgabe?** Wie eng muß sie sich an die konkrete Erfindung anschließen? Wieviel umfassender darf sie sein? — Was gemeint ist, kann nur durch Beispiele klargestellt werden. — Bei Verbrennungskraftmaschinen, die nachts außer Betrieb gesetzt werden, will man beim Wiederanlassen die noch vorhandene Wärme des Kühlwassers verwerten. Ist das schon das maßgebende Problem? oder muß es beschränkt werden, etwa dahin, daß das kalte gasförmige Triebmittel zur Verwirklichung jenes Gedankens durch das warme Wasser hindurchgeleitet wird, um es zu erwärmen, wie 291797 vorschlägt? Je nachdem man das eine oder das andere annimmt, entscheidet sich, ob der Vorschlag des späteren Patents 293 548, nicht das Triebmittel durch das warme Wasser hindurchzuleiten, sondern das warme Wasser durch die Räume der Maschine zu deren Anwärmung hindurchzuführen, dieselbe oder eine andere Aufgabe hat. Da die technische Ausführung keine Schwierigkeiten machte, ist die Entscheidung über den Umfang des Problems für die Beurteilung der Abhängigkeitsfrage maßgebend. Das Patentamt muß angenommen haben, daß zwei verschiedene Probleme vorlagen, sonst hätte es nicht beide Erfindungen patentieren können, da die zweite Erfindung in ihrer technischen Ausführung nichts Erfinderisches darbot; das Reichsgericht (Urt vom 5. 1. 18, I 305/1917) hat angenommen, daß das Endziel beider Patente gleich oder ähnlich sei, daß die Einrichtungen aber grundsätzlich und planmäßig abwichen, so daß die Identitätsklage, die zur Entscheidung stand, abzuweisen sei. Nach dem Stande der Technik sind die hervorgehobenen Zweifel nicht zu lösen, da der Gedanke, das warme Kühlwasser zum Anwärmen zu verwenden, vorher überhaupt noch nicht aufgetaucht war. Man wird in diesem Falle annehmen müssen, daß die Probleme voneinander abwichen, trotzdem der erste Erfinder immerhin zuerst auf jenen Gedanken gekommen war. — Anm. 75.

Ähnliche Fragen haben in der ausländischen Praxis aus Anlaß der Erfindung von automatischen Waagen eine große Rolle gespielt. Der erste Erfinder hatte die Anordnung der Waage so getroffen, daß der Wiegemechanismus in Bewegung gesetzt wurde, sobald eine Person die Plattform betrat; die Anzeigevorrichtung dagegen blieb in Ruhe; sie trat erst in Tätigkeit, wenn die Münze eingeworfen wurde. Wie ist das Problem, das durch diese Erfindung gelöst wurde, zu umgrenzen? Jede Art von automatischen Waagen? Also auch die Anordnung, daß nicht nur die Anzeigevorrichtung, sondern auch der Wiegemechanismus bis zum Einwurf der Münze gesperrt blieb? Auch die Anordnung, daß Wiege- und Anzeigevorrichtung beide sofort in Tätigkeit traten, der Zeiger jedoch bis zum Einwurf der Münze äußerlich durch eine Scheibe verdeckt blieb? In England ist die Aufgabe auf die ersterwähnte Alternative beschränkt worden; die Anordnung, den Wiegemechanismus bis zum Einwurf der Münze gesperrt zu lassen, und die Anordnung, Wiege- und Anzeigevorrichtung sofort in Tätigkeit zu setzen, den Zeiger jedoch bis zum Einwurf der Münze zu verdecken, sind also als andere Probleme angesehen. Im Schrifttum sind teilweise weitergehende Anschauungen vertreten worden (vgl. propr. industr. Bd. 5 S. 5, 49, 83, 131; Bd. 8 S. 8). In diesem Falle ergeben sich also, trotzdem die erste Erfindung ein bis dahin ungelöstes Problem, und zwar ein technisches Problem löste, Zweifel, wie weit dies technische Problem zu umgrenzen ist, welche Zweifel nicht in überzeugender Weise aus rechtlichen Grundsätzen heraus bestimmt entschieden werden können. Maßgebend sind vielmehr für die Entscheidung Erwägungen volkswirtschaftlicher Art, einerseits Größe des Verdienstes der ersten Erfindung, andererseits Rücksichten auf nicht zu starke Einengung der Industrie.

Dieselben Fragen werden § 4 A 67ff näher erörtert, worauf zu verweisen ist.

Anm. 76. **Erfinderische Aufgabenstellung.** Mehrfach ist schon darauf hingewiesen, daß das Verdienstvolle einer Erfindung häufig nicht in der Auffindung der Mittel liegt, die zur Lösung eines Problems dienen, sondern in der Aufstellung des Problems, durch dessen Lösung ein volkswirtschaftliches Bedürfnis befriedigt wird. Zwei verschiedene Typen sind zu unterscheiden. Entweder: das soziale Bedürfnis ist fühlbar und dringend vorhanden; Wege, ihm Genüge zu tun, sind bisher nicht aufgefunden; das Verdienst besteht in der Herausarbeitung des genauen technischen Problems, durch dessen Lösung das Bedürfnis befriedigt werden kann. Oder aber: das Bedürfnis wird dumpf gefühlt; das Verdienst besteht darin, daß jemand zum ersten Male unternimmt, ihm Genüge zu tun; das Verdienst liegt hier in der Initiative. — Das Gemeinschaftliche beider Arten liegt darin, daß es nicht darauf ankommt, ob die Lösungsmittel alt oder neu sind, da die Patentfähigkeit in anderen Punkten, in der exakten Stellung der Aufgabe oder in der Initiative begründet ist. — Zunächst der erste Typus.

Dieser Typus ist von großer Bedeutung und umfaßt Erfindungen ersten Ranges. Das Charakteristische ist, daß das technische Problem, dessen Aufstellung nicht auf der Hand liegt, scharf erfaßt wird, und daß dessen Lösung innerhalb des Bereichs des Möglichen liegen muß, also mit den der Technik zur Verfügung stehenden Mitteln ausgeführt werden kann. — In der neuen Technik spielt die Trennung von Stoffgemengen durch Einbringung in Wasser eine große Rolle. Auf diese Weise trennt man u. a. aus Ascherückständen die noch brauchbare Kohle von der Schlacke. Die Kohle schwimmt oben und wird von dort entfernt, die Schlacke sinkt zu Boden. Es stellte sich heraus, daß das Verfahren unter Umständen versagte, nämlich dann, wenn die Kohle längere Zeit unter Wasser blieb und sich voll Wasser saugte. Daraus ergab sich das Problem, die Vorrichtungen so zu bauen, daß die Kohle beim Einbringen möglichst an der Oberfläche blieb, auf dem Wasser schwamm. Die Erkenntnis, daß dies das Problem war, dessen Lösung zum Ziele führen mußte, die Aufstellung dieses Leitgedankens war die Hauptsache; die Bauart der Vorrichtung machte zwar auch noch einige Schwierigkeiten, spielte aber die zweite Rolle. — Bei der Ammoniaksynthese (Herstellung des Ammoniaks aus seinen Bestandteilen, Wasserstoff und Stickstoff) werden außer Druck und Hitze gewisse Metalle verwandt, die als Katalysatoren dienen, also die Reaktion beschleunigen. Nachdem eine Zeitlang einzelne Metalle angewandt waren, stellte man sich die Aufgabe, als Katalysatoren zwei Metalle zu benutzen, von denen eines mit Wasserstoff, das andere mit Stickstoff leicht reagiert, wovon man gesteigerte Wirkung erwartete. Das sind die jetzt so berühmt gewordenen Mischkatalysatoren. Diese Aufgabenstellung war erfinderisch, denn sie zeigte einen neuen Weg, der bisher nicht beschritten war. Einerlei war es demgegenüber, ob die einzelnen Metalle, z. B. Lithium und Manganverbindungen, bereits als Katalysatoren bekannt waren, 294 447, 275343 und viele andere Patente. — Während bei sog. Wärmespeichern, d. h. Behältern zur Aufbewahrung heißen Dampfes, für den man augenblicklich keine Verwendung hat, in der Regel so verfahren wurde, daß man den Dampf in großen Kesseln unter Druck verwahrte, wobei sich nur ein geringer Nutzeffekt ergab, stellte sich ein Erfinder die Aufgabe, die Druckverhältnisse so zu regeln, daß der Dampf zu Wasser kondensiert wurde. Das Wasser verwandelte sich im Bedarfsfalle, wenn man den Druck verminderte, wieder in Dampf. Weit größere Mengen ließen sich auf diese Weise verwahren. — In all diesen Fällen war, wie zutage liegt, die Aufgabenstellung erfinderisch, so daß Patentfähigkeit auch dann gegeben war, wenn die Lösungsmittel bekannt oder bereits patentiert gewesen sein sollten. Die Erfassung des technischen Problems war die Hauptsache. In vielen derartigen Fällen handelt es sich um große Erfindungen von hervorragender Erfindungshöhe.

Die angeführten Beispiele ergeben, daß der Ausdruck erfinderische Aufgabenstellung eigentlich gar nicht charakteristisch ist, nicht den springenden Punkt trifft. Das Entscheidende liegt nicht darin, daß noch eine Aufgabe bleibt, die gelöst werden muß, das Entscheidende liegt vielmehr in dem, was vorhergegangen ist, in dem Gedankengange, der auf die noch bleibende Aufgabe führt. Das Entscheidende ist die Aufstellung des Leitgedankens.

Für diese Fälle ist es richtig, wenn gesagt worden ist, daß die Aufgabenstellung die halbe Lösung sei (Kohler, ArchBürgR 36, 14).

Zu beachten ist, daß auch in diesen Fällen die erfinderische Aufgabenstellung nur den Grund für die Patentfähigkeit der Erfindung abgibt, daß dagegen auch hier die Aufgabe selbst nicht in gesondertem Anspruche patentiert werden kann. Als Gegenstand des Patents geschützt werden kann nur der Erfindungsgedanke, d. h. die Lösung des Problems durch die mindestens ihrem Prinzipe nach anzugebenden Lösungsmittel. Der erfinderische Charakter der Problemstellung bewirkt nur, daß ein Patent erteilt werden kann, wenn auch die Lösungsmittel an sich alt sind.

Noch in ganz anderen und viel weniger interessanten Fällen spricht man von erfinderischer Anm. 77.
Aufgabenstellung, dann nämlich, wenn der springende Punkt der Erfindung nicht in grundsätzlichen oder konstruktiven technischen Schwierigkeiten beruht, sondern darin, daß jemand zum ersten Male unternimmt, ein soziales Bedürfnis zu befriedigen.

Beispiele: 267488 schützt einen Lastenaufzug mit fester Führung (d. h. an der Außenseite von Häusern an einem Mast laufend zur Hebung von Baumaterialien bei Neubauten oder bei der Ausbesserung höherer Stockwerke), dessen Neuerung darin bestand, daß die Lasten in die Fensteröffnungen eingeschwenkt werden können. Dadurch soll vermieden werden, daß die Lasten beim Herunterfallen die Vorübergehenden gefährden, oder daß die Arbeiter durch Herausbeugen aus den Fenstern sich selbst gefährden. Das Erfinderische wurde in der Stellung der Aufgabe gefunden, da ähnliche Vorrichtungen an andersartigen Aufzügen bereits bekannt waren (I 121/1916, Urt vom 8. 11. 16).

Bekannt waren Vorrichtungen, beim Füllen von Behältern im Großbetriebe, wenn ein bestimmtes Gewicht erreicht war, entweder ein Klingelzeichen zu geben, damit die Füllung von Hand gestoppt wurde, oder den Fülltrichter auf den nächsten Behälter zu richten. 191036 schützt eine selbsttätige Waage mit einer das Gut aus beliebiger Entfernung zuführenden Fördervorrichtung, dad. gek., daß beim Einspielen der Waage ein elektrischer Strom geschlossen wird, der die Förderung zum Stillstand bringt. Das Reichsgericht führte aus: allein in der Stellung der Aufgabe ist der ... Erfindungscharakter zu sehen ... Für den Fachmann hat die selbsttätige Beeinflussung der Fördervorrichtung von der Wage aus nicht nahegelegen ... Erfindung liegt deshalb vor, mögen auch die Mittel, deren sich das Patent zur Lösung der Aufgabe bedient, ... für andere Zwecke oftmals angewendet sein und daher nicht als erfinderisch gelten können (I 250/1913, Urt vom 22. 11. 13).

Weitere Fälle: viele Kriegserfindungen, die technisch unbedeutend waren, die aber dem plötzlich entstandenen Bedürfnis rasch genügten, z. B. Herstellung von Sohlenschonern im Massenbetrieb usw. Erfassung und Befriedigung des sozialen Bedürfnisses, einen (in der Küche stehenden) Kochherd mit einem (ein Zimmer heizenden) Regulierofen zu verbinden (Gareis Bd. 8 S. 40); geeignete Ausrüstungsgegenstände und Bekleidungsarten, als Radfahren und anderer Sport aufkamen, Blatt 1901, Ergänzungsband S. 74f.

Das Verdienstliche liegt in diesen Fällen zum Teil darin, daß das Bedürfnis bisher dumpf gefühlt war, jetzt aber klar erkannt und befriedigt wird, Fall des Lastenaufzugs; zum Teil darin, daß bei neu auftretendem Bedürfnis rasche Befriedigung erzielt wird. Besonders in den letzteren Fällen ist genaue Prüfung auf Erfindungshöhe sehr notwendig.

Auch hier paßt der Ausdruck Aufgabenstellung nicht recht. Eine technische Aufgabe lag gar nicht vor; was man zu tun hatte, war eine Selbstverständlichkeit. Das Verdienstliche lag in der Erkenntnis des Bedürfnisses und in der tatkräftigen Veranstaltung seiner Befriedigung. Vielfach wird gelehrt, daß die alleinige Aufgabenstellung ohne Angabe der Lösungsmittel patentiert werden könne, wenn die Lösung völlig auf der Hand liege. Ein solcher Fall ist, soweit ersichtlich, niemals vorgekommen; er wird auch kaum jemals vorkommen, denn weshalb sollte der Anmelder die auf der Hand liegenden Mittel, aus denen er also kein Geheimnis zu machen braucht, nicht anführen? Man nimmt stets Bezug auf den bekannten Fall der Anbringung einer Fußstütze an Nähmaschinen. Ein Blick in das Nichtigkeitsurteil, Blatt 2 (1896), 5, und vor allem in das Verletzungsurteil, Bolze Bd. 18 Nr 104 zeigt, daß der Anmelder in Wahrheit ganz genau und in mehreren Ausführungsformen angegeben hatte, wie er seine Stütze anbringen wollte. Sollte einmal ein Anmelder die naheliegenden Mittel anzugeben unterlassen haben, so wird die Erteilungsbehörde ihn zur Nachholung auffordern.

Erkenntnis der Erfindung.

Anm. 78. Soweit die **Erkenntnis** der Erfindung für die Patentfähigkeit in Frage kommt, erheben sich zwei Hauptfragen, an die sich weitere Unterfragen angliedern.

I. Welche Erkenntnis muß der Erfinder vom Wesen seiner Erfindung haben, damit sie patentiert werden kann?

II. Unter welchen Umständen und Bedingungen kann eine neue Erkenntnis als Grundlage für ein Patent dienen?

I. Der Erfinder muß vom Wesen seiner Erfindung so viel erkannt haben, wie nötig ist, damit er sie mit Sicherheit ausführen kann; nicht mehr und nicht weniger. Er muß genau und im einzelnen wissen, wie man handeln muß, um zu dem erstrebten Ziele zu gelangen, muß sich des ursächlichen Zusammenhangs zwischen seiner Handlung und dem Ziele bewußt sein. Die zur Patentfähigkeit erforderliche Erkenntnis hat sich also darauf zu erstrecken, wie (bei Sachpatenten) die Vorrichtung, der Gebrauchsgegenstand, der Stoff gebaut oder zusammengesetzt ist, und wie (bei Verfahrenspatenten) die technischen Maßnahmen, die einzelnen Handgriffe ausgeführt werden müssen. Bei Vorrichtungen, Maschinen muß außerdem erkannt sein, wie man mit ihnen verfahren muß, also ihre Betriebsart. In allen übrigen Punkten, den Einzelheiten der Wirkung, der Erklärung ihrer Wirkung mögen Zweifel herrschen. Sie sind unschädlich. Bei den meisten Maschinen ist freilich auch ein solcher Zweifel nicht einmal möglich, da ihre Wirkung zutage liegt und im Betriebe beobachtet werden kann. Immerhin gibt es Ausnahmen, z. B. etwa bei Vorrichtungen der drahtlosen Telegraphie u. dgl., auch bei der unten in A 79 erwähnten Milchtrocknungsmaschine usw. Viel häufiger können Zweifel bei Verfahren, namentlich bei chemischen Verfahren hervortreten. Die Einzelheiten der Reaktionen, die Zwischenstadien vieler verwickelter chemischer Verfahren sind überhaupt noch unbekannt. Es empfiehlt sich deshalb nicht, die Forderung aufzustellen, der Erfinder müsse die „Kausalreihe" erkannt haben. Die Reihe der einzelnen Ursachen und Folgen braucht er vielmehr, wie sich aus obigen Ausführungen ergibt, gerade nicht erkannt zu haben. Er braucht nur zu wissen, was man zu tun hat, um die Erfindung mit Sicherheit erfolgreich zur Ausführung zu bringen. Mit anderen Worten: Die der Erfindung zugrunde liegende Regel zu technischem Handeln muß empirisch klar erkannt sein. Ist den angegebenen Anforderungen an die notwendige Erkenntnis nicht genügt, hat der Erfinder also Zweifel, wie zu verfahren ist, oder liegen in solcher Richtung sogar positive Irrtümer vor, dann ist die Erfindung nicht vollendet: das Patent muß versagt, evtl. im Nichtigkeitsstreite vernichtet werden.

Eine technische Regel kann nur geben, wer sich des ursächlichen Zusammenhangs zwischen seinem Tun und dessen Wirkung bewußt ist. Es kann wohl sein, daß jemand diese Erkenntnis zufällig erlangt; sie braucht auch keine wissenschaftliche zu sein; ebensowenig ist es erforderlich, daß der Erfinder weiß, worin die Neuheit seines Erfindungsgedankens liegt oder weshalb ihm die Eigenschaft einer Erfindung zukommt. Aber ohne die Erkenntnis eines ursächlichen Zusammenhangs liegt eine Erfindung nicht vor (Mitt 1928, 37).

Geschützt war ein Selbstzünder für Gasglühlichtbrenner. Derselbe wirkt nur, wenn ein platinhaltiger Streifen vom Kopfe des Glühkörpers bis an dessen unteren Rand geführt wird. Die Tränkung des Glühkörpers mit einer Lösung von Platinsalzen war im Patent vorgesehen. Es fehlte aber die notwendige Erkenntnis, daß die Salze gerade in einem ununterbrochenen Streifen vom Kopfe des Glühkörpers bis zu dessen unterem Rande reichen mußten. Deshalb war nach der Vorschrift des Patents nicht mit Sicherheit zu arbeiten, und das Patent konnte nicht aufrechterhalten werden. RG Blatt 6 (1900), 370.

Anm. 79. Da die Regel zu technischem Handeln nur empirisch erkannt zu sein braucht, schadet es nicht, wenn die **wissenschaftliche Erkenntnis** des Wesens der Erfindung unrichtig ist, wenn z. B. die Wirkung auf eine unrichtige Ursache zurückgeführt wird, vgl. RG JW 1924, 182; auch RG Blatt 1891, 377: es ist für die Entscheidung nicht von Belang, daß der Patentinhaber die von ihm erreichte Wirkung anderen Bestandteilen seiner Erfindung zuschreibt, die nach dem Gutachten des Sachverständigen nur nebensächlich erscheinen. — Zwei Beispiele:

264992 schützt ein Verfahren zum Trocknen von Milch und anderen Flüssigkeiten, dad. gek., daß die Flüssigkeit durch Zentrifugalwirkung oder Druck in dünner Schicht in freier Luft ausgebreitet und so der Einwirkung eines . . . Dampfstroms ausgesetzt wird. In der Beschreibung wird ausgeführt, daß die Milch nicht zerstäubt, sondern in einer dünnen zusammenhängenden Schicht ausgebreitet wird. Ein Gutachter stellte fest, daß die dünne Schicht nicht zusammenhängt, daß vielmehr die Milch in einzelnen kleinen Tropfen nebelartig aufgelöst wird. Das Patentamt hatte daraufhin das Patent vernichtet, weil das beschriebene Verfahren nicht ausführbar sei. Das Reichsgericht hielt das Patent aufrecht: es handle sich nur um eine unrichtige, wissenschaftliche Erkenntnis, um eine unzutreffende Würdigung eines physikalischen Vorgangs, die nicht schädlich sei. Die technische Ausführung des genau beschriebenen Verfahrens werde nicht gehindert. Das Verfahren, Milch in dieser Weise in der Luft schwebend zu trocknen, sei neu und erfolgreich (RG I 325/1917, Urt vom 2. 7. 19).

Es sind Gärbottiche patentiert bestehend aus einem Aluminiumbehälter, der zur Versteifung mit einem Eisenmantel umgeben ist. Zwischen beiden soll eine Schutzschicht aus Asphalt oder Hartgummi oder einem anderen Isoliermaterial eingefügt werden, um das Auftreten von elektrischen Strömen zwischen Eisen und Aluminium zu verhindern, die den Gärungsvorgang schädlich beeinflussen. In Wahrheit treten aber keine elektrischen Ströme auf, sondern die Schicht wirkt als Wärmeisolator, so daß in dem Bottich eine gleichmäßige Temperatur herrscht. Die unrichtige Annahme über die Wirkung der Isolierschicht steht der Rechtsbeständigkeit des Patents nicht entgegen (RG I 233/1919, Urt vom 23. 6. 20; ebenso RG MuW Jahrg. 22 S. 170ff).

Die Unschädlichkeit eines derartigen wissenschaftlichen Irrtums für die Rechtsbeständigkeit des Patents ist allgemein anerkannt; für die Bestimmung des Schutzbereichs kann sie schädlich sein (A 81).

Unter **besonderen** Umständen kann ein **wissenschaftlicher Irrtum** dennoch auch für den Bestand des Patents schädlich wirken. Das ist dann der Fall, wenn seine Verlautbarung bewirkt, daß die technische Anweisung in einem unrichtigen Lichte erscheint und zu falschen praktischen Maßnahmen verleitet, so daß eine Irreführung entsteht. Selbstverständlich kann das nur vorkommen, wenn die technische Anweisung in sich nicht klar und zweifelsfrei ist, sondern der Ergänzung aus dem Wesen der Erfindung bedarf. Das ist in folgenden Entscheidungen zutage getreten. **Anm. 80.**

Im Patent 331931 war u. a. eine zur Zeit der Anmeldung (1913) neue Methode angegeben, Röntgenröhren mit höchstem Vakuum zu betreiben. Die Methode war nur in den allgemeinsten Umrissen dargestellt, das ihr zugrunde liegende wissenschaftliche Prinzip war unzutreffend angegeben. Die Sachlage war so, daß die vom Erfinder benutzte Bauart der Röhren nur schwache, technisch nicht brauchbare Röntgenstrahlen gab und auch eine Verbesserung für einen dritten Sachverständigen nicht erreichbar war, weil das unrichtig erkannte und mitgeteilte wissenschaftliche Prinzip ihn anleitete, die Fehler an ganz anderer Stelle zu suchen, als wo sie wirklich lagen. Das angegriffene Patent ist daraufhin in diesem Punkte vernichtet (I 269/1924, Urt vom 31. 1. 25).

Ebenso I 32/1917, Urt vom 15. 1. 19: Dem Patentsucher gebührt nicht das Verdienst einer Erfindung, sondern dasjenige, eine Entdeckung gemacht zu haben (nämlich daß bei gewissen Bogenlampen eine bestimmte Maßregel neben anderen Wirkungen auch das Beschlagen der Glasglocke mit Metalldämpfen verhindert). Eine wirkliche Belehrung, um zu einem praktisch brauchbaren Ergebnis zu gelangen, vermag die beteiligte Technik aus dem angefochtenen Patente nicht zu schöpfen, da der Patentanmelder die Ursachen für die entdeckte Erscheinung verkannt und deshalb ganz unrichtige Vorschläge gemacht hat.

Andererseits Patent 297131: Es ist nur „eine unklare und wohl auch unwahrscheinliche theoretische Vorstellung von den Vorgängen im Mischraum zum Ausdruck gebracht, die patentrechtlich nicht schadet, da sie den, der die im übrigen klare Verfahrensvorschrift des Patents anwenden will, nicht irrezuführen geeignet ist" (RG I 242/1918, Urt vom 5. 7. 19).

a) Wenn der Mangel einer Erkenntnis, der nicht die technische Anweisung betrifft, hinsichtlich der Patentfähigkeit mit Ausnahme der in der letzten Anmerkung dargestellten Fälle unschädlich ist, so kann doch das **Vorhandensein der Erkenntnis** in anderer Weise günstige Folgen haben. **Anm. 81.**

Es war bekannt, daß Cer mit Eisenzusatz pyrophor ist, d. h. eine Legierung bildet, die durch Schlagen oder Ritzen mehr oder weniger lebhafte Funken gibt (Taschenfeuerzeuge). Es war sodann erfunden und durch 154807 patentiert, daß das Optimum der Funkenbildung bei etwa 30% Eisenzusatz eintritt. Im Nichtigkeitsverfahren hatte das Reichsgericht ausgesprochen, daß das bloße Auffinden dieses Optimums kein erfinderisches Verdienst aufweise, und daß das Patent deshalb gänzlich zu vernichten wäre, wenn das nach der prozessualen Lage möglich sein würde. (Der Nichtigkeitskläger hatte gegen die das Patent nur einschränkende Entscheidung des Patentamts keine Berufung eingelegt.) Nachträglich stellte sich heraus, daß bei starker Unterschreitung der 30% die Funkenbildung so schwach war, daß das Benzin des Feuerzeugs nicht mehr entzündet wurde, also keine Brauchbarkeit vorlag. Daraufhin änderte das Reichsgericht im Verletzungsstreite seinen Standpunkt und erklärte, daß der Erfinder in Wahrheit nicht nur das Optimum durch einfaches, nicht patentfähiges Ausprobieren gefunden, sondern die Grundlage für die gewerbliche Verwendbarkeit (soll heißen Brauchbarkeit) offenbart habe, und daß, wenn das schon im Nichtigkeitsverfahren bekannt gewesen wäre, die Rechtsbeständigkeit des Patents nicht hätte in Zweifel gezogen werden können (RG 86, 415ff).

In diesem Falle hätte also die anfangs mangelnde Erkenntnis über die Grenzen einer brauchbaren Zusammensetzung zur Vernichtung des Patents führen können. Weiter kann, namentlich bei chemischen Patenten die genaue Erkenntnis des Chemismus, z. B. der Zwischenreaktionen, verhindern, daß das erfundene Verfahren als analog mit bereits bekannten Verfahren und deshalb als patentunfähig angesehen wird (§ 1 A 133f). Auch den Schutzumfang des Patents kann die richtige wissenschaftliche Erkenntnis günstig, die unrichtige schädlich beeinflussen. In dem in A 79 angeführten Falle der Gärbottiche hatte der Erfinder erklärt, durch die von ihm vorgeschlagene Anbringung einer Isolierschicht solle das Auftreten von elektrischen Strömen verhindert werden; in Wahrheit diente die Schicht aber nur als Wärmeisolator. Seine unrichtige Angabe hat bewirkt, daß die von einem Dritten vorgenommene ähnliche Anbringung einer Schicht nicht als verletzend angesehen worden ist, weil sie nicht als elektrischer Isolator diente, wenngleich sie einen Wärmeisolator darstellen mochte (RG I 233/1919, Urt vom 23. 6. 20). Ebenso RG GewR 21 (1916), 87: wenn die Patentschrift sich über das Neue der geschützten Erfindung so unzutreffend ausdrückt, daß ein Fachmann annehmen konnte, die Maßnahmen der Beklagten fielen nicht unter das Patent, und auch die Beklagte dieses gutgläubig angenommen hat, so kann zwar die Unterlassungsklage gegeben sein, aber Schadensersatz kann mangels Fahrlässigkeit nicht gefordert werden.

b) Schwierigkeiten entstehen bei chemischen Verfahrenspatenten hin und wieder dann, wenn zwar das Verfahren zutreffend angegeben, aber das Enderzeugnis unrichtig erkannt und bezeichnet ist.

Geschützt war ein Verfahren zur Herstellung kristallisierter Guajakolsulfosäure. Letztere hatte man bisher nicht kristallisiert, sondern nur in Breiform, also unrein herstellen können. Es stellte sich sodann heraus, daß das nach dem Patente erhaltene Erzeugnis nicht die genannte Säure, sondern ihr Natriumsalz war. Daraufhin ist das Patent vernichtet; es liege nicht ein wissenschaftlicher Irrtum vor, sondern ein Irrtum in sachlicher Beziehung hinsichtlich des Endprodukts (RG Blatt 10 [1904], 241).

Es hat den Anschein, als ob diese Entscheidung mit den oben gegebenen Grundsätzen übereinstimmt; dennoch ist die Sache nicht unzweifelhaft. Die Patentinhaberin behauptete, man könne nach ihrem Verfahren in der Tat kristallisierte Guajakolsulfosäure erhalten. Es sei aber bei der Ausarbeitung des Verfahrens unbemerkt ein Versehen vorgekommen; um das Auskristallisieren der Säure zu erleichtern, habe man Chlornatrium hinzugesetzt und nicht bemerkt, daß sich nun das Natriumsalz der Säure bildet. Es scheint, daß diese Behauptung nicht unbeachtlich war. Der springende Punkt des Patents war die Bildung kristallisierter, also reiner, nicht, wie bisher hergestellt, breiiger unreiner Säure. Ziemlich gleichgültig war, ob sie an Natrium gebunden war; aus dieser Verbindung konnte man sie ausscheiden. Materiell war also die Erfindung in Ordnung, formell allerdings nicht. Es fragt sich, ob es wegen eines den Erfindungsgedanken nicht berührenden Versehens angezeigt war, die Erfindung schutzlos zu lassen. — In anderen Fällen ist auch anders erkannt. In dem Falle Blatt 7 (1901), 134 hatte der Erfinder des bekannten Veilchenriechstoffes Jonon geglaubt, einen einheitlichen chemischen Körper vor sich zu haben. Das Reichsgericht hat entschieden, daß das Patent aufrechtzuerhalten sei, wenn sich auch herausstellen sollte, daß es sich in Wahrheit um ein Gemisch von zwei verschiedenen isomeren Körpern handle. Hier ist also ein Irrtum über die Zusammensetzung des Erzeugnisses nicht als Grund für die Vernichtung des Patents erachtet. Im Falle Blatt 2 (1896), 279 war ein Patent auf Herstellung von Trioxynaphthalin angemeldet. Es wurde während des Erteilungsverfahrens erkannt, daß nicht dieser Stoff, sondern ein ganz anderer Stoff, Oxytoluylsäure, in dem beschriebenen Verfahren entsteht. Im Nichtigkeitsverfahren wurde beantragt, die Priorität des Patents erst von dem Zeitpunkt der Offenbarung der richtiggestellten Erkenntnis zu datieren. Das Patentamt hat jedoch als Priorität den Zeitpunkt der ursprünglichen Anmeldung festgesetzt, weil das erfinderische Verfahren nach wie vor dasselbe geblieben sei und die Angabe des Erzeugnisses nur dazu diene, den technischen Fortschritt klarzustellen. Die Richtigkeit dieser Entscheidung ist allerdings zweifelhaft, weil die Angabe des Erzeugnisses zum notwendigen Inhalt einer Verfahrenserfindung gehört (§ 1 A 54). Das Richtige wird sein, die Entscheidung davon abhängen zu lassen, ob der Irrtum das hergestellte Erzeugnis in seinem chemischen und technischen Kern trifft; der Irrtum ist unschädlich, wenn er das Wesen der Erfindung nicht berührt und einigermaßen leicht erkennbar ist. Die ausländische, besonders die amerikanische Praxis befolgt allerdings viel strengere, formalistische Grundsätze, wie z. B. aus dem im § 1 A 7 angeführten Urteil hervorgeht, woselbst das Patent auf ein chemisches Erzeugnis vernichtet ist, weil eine Reaktion des fertigen Erzeugnisses unrichtig angegeben war, obgleich deren Angabe gar nicht notwendig war.

Bisher ist von Erkenntnissen die Rede gewesen, die den Kern der Erfindung, die technische Lehre betreffen. Es ist weiter zu erörtern, ob der Erfinder die **Qualifikation seiner Erfindung,** gewerbliche Verwendbarkeit, Neuheit, Fortschritt, Vorzüge, Erfindungshöhe usw. richtig und zutreffend erkannt haben muß. Die Frage ist grundsätzlich zu verneinen. Am klarsten ist das für die Erfindungshöhe, denn diese ist lediglich Sache der objektiven Kritik. Das gleiche gilt aber auch für die übrigen Erfordernisse, die nicht zum technischen Inhalt der Erfindung gehören, sondern nur Voraussetzung der Patentierungsmöglichkeit sind. **Anm. 82.**

Nach § 2 Abs 1 ist die subjektive Kenntnis oder Unkenntnis des Anmelders für die Neuheit einer Erfindung ohne Bedeutung: worauf es ankommt, ist nur, ob die Einrichtung in einer öffentlichen Druckschrift beschrieben ist. RG Blatt 12 (1906), 44; ebenso Mitt 1913, 110 (Fortschritt).

In dem Urteile des RG MuW Jahrg. 16, S. 91 ist dargelegt, daß auch die gewerbliche Verwendung in der Technik nicht erkannt zu sein braucht, wenn sie nur in Wirklichkeit vorhanden ist.

Hat der Erfinder hinsichtlich dieser Qualifikationen falsche Vorstellungen, erkennt aber das Patentamt, daß die Erfordernisse vorliegen, so muß das Patent erteilt werden. Das zeigt, daß die Erkenntnis dieser Daten nicht zum Begriffe der Erfindung gehört. Selbstverständlich und damit vereinbar ist, daß, wenn das Patentamt das Vorliegen dieser Erfordernisse bezweifelt, der Anmelder sie nachweisen oder glaubhaft machen muß. Deshalb kann auch in dieser Beziehung eine zur Patentfähigkeit an sich nicht erforderliche Kenntnis dienlich sein, um Fortschritt, Neuheit, Erfindungshöhe usw. nachzuweisen. Aus Vorstehendem ergibt sich bereits, daß auch ein positiver Irrtum hinsichtlich der Qualifikation der Erfindung die Patentfähigkeit nicht hindert, vgl. RG Blatt 23 (1917), 11.

Es ist bereits erwähnt worden, daß die **„Vorteile"** einer Erfindung vom Erfinder nicht erkannt zu sein brauchen, und daß also ein Irrtum über die wahren Vorteile weder im Erteilungsverfahren, noch im Nichtigkeitsverfahren schadet. Dieser Punkt ist im Schrifttum mehrfach behandelt (Hüfner, MuW Jahrg. 17, S. 103 ff; Wirth, GewR 21 (1916), 1 ff); er bedarf einer näheren Erörterung; vgl. für das folgende § 1 A 68. Unter dem Begriff Vorteil oder Vorzug werden zweierlei verschiedene Dinge verstanden. Vorteile im eigentlichen Sinne sind nicht Inhalt der Erfindung, nicht Charakteristika, vielmehr nur Voraussetzung der Patentfähigkeit. Vorteil in diesem Sinne liegt vor, wenn eine Maschine rasch und billig arbeitet, wenn sie sich nicht leicht abnutzt, wenn ihre Wirkung zuverlässig ist usw. Hat sie diese Vorzüge in höherem Maße, als die bisher bekannten ähnlichen Maschinen, so ist damit das Erfordernis des technischen Fortschritts erfüllt. Es ist also dadurch eine der gesetzlichen Voraussetzungen der Patentfähigkeit gegeben. „Die Hervorhebung jener Vorteile des (verwendeten Stoffes) in der Patentschrift dient dazu, die Herstellung des Futtermittels unter Verwendung (jenes Stoffes) als patentwürdig darzutun. Lief in betreff eines einzelnen angeblichen Vorteils ein Irrtum unter, so wird der von dem bestehenden Patente gewährte Patentschutz nicht beeinträchtigt," MuW Jahrg. 13, S. 440 f. Vorteile dieser Art brauchen also nicht richtig erkannt zu sein, es genügt für die Patentfähigkeit, daß sie vorhanden sind. Die Erfindung ist in solchen Fällen auch abgesehen von ihrem Vorteil in sich abgeschlossen und sinnvoll, die Vorteile liegen neben der technischen Anweisung, so bei der Neugestaltung einer Vorrichtung oder eines Verfahrens, das zu einem bestimmten Erzeugnis führt. Vorteile in diesem Sinne sind allerdings Voraussetzung der Patentfähigkeit (aber eben nur dies), sie erfüllen das Erfordernis des Vorhandenseins eines „Fortschritts". — Aber auch in ganz anderen Fällen spricht man von „Vorteil". Geschützt ist, Wolframmetall andauernd durch Hämmern oder Walzen mechanisch zu bearbeiten. Das ist an sich eine nutzlose Arbeit. Zu einer sinnvollen Erfindung wird es erst dann, wenn man weiß, daß es auf diese Weise gelingt, das Wolfram in der Kälte ziehbar zu machen, so daß man es zu Draht für Glühbirnen verarbeiten kann. In solchen Fällen gehört die Erkenntnis zur technischen Anweisung, zur Identifizierung der Erfindung. Hier muß also Erkenntnis und zwar gerade Erkenntnis des wirklich erreichten Resultats vorliegen. Würde durch das Hämmern ein anderes nicht erkanntes Resultat erreicht, z. B. leichtere Schmelzbarkeit, so wäre das eine andere Erfindung, eine andere technische Anweisung; das Patent könnte daraufhin im Nichtigkeitsverfahren nicht aufrechterhalten werden. Alles dies ist in den Patentrechten sämtlicher Industrieländer anerkannt. Überall gilt zwar die allgemeine Regel: Vorzüge und Vorteile der Erfindung brauchen nicht erkannt und in der Patentschrift nicht angegeben zu werden. Aber es wird die oben gekennzeichnete **Anm. 83.**

Ausnahme gemacht, die z. B. im englischen Rechte dahin ausgedrückt wird: Vorzüge müssen erkannt und angeführt sein, wenn gerade sie den einzigen Grund der Patentierung, das ganze Wesen der Erfindung bilden. Beispiele und alles Nähere in A 68 zu § 1.

Selbstverständlich wäre es erwünscht, wenn man für die gekennzeichneten verschiedenen Kategorien verschiedene Ausdrücke verwenden wollte, also z. B. bei den Vorteilen, die Teil der technischen Anweisung bilden, von Wirkung oder Funktion sprechen würde; aber das wird sich nicht durchsetzen lassen, denn es ist nun einmal Sprachgebrauch zu sagen, der Vorteil dieser Erfindung liegt darin, daß das Wolfram ziehbar, das Glas unzerbrechlich, die Zimmerdecke feuerfest ist.

Inwiefern unentdeckte Vorteile einer entgegengehaltenen Erfindung für die Neuheitsprüfung von Bedeutung sind, dafür vgl. § 2 A 7 Ziff 4.

Zwei Bemerkungen sind hinzuzufügen.

1. Bis etwa zum Jahre 1906 ging die Rechtsprechung andere Wege. Vorteile wurden, auch wenn sie nicht integrierender Bestandteil der Erfindung waren, zugunsten des Erfinders doch nur dann berücksichtigt, wenn er sie erkannt und offenbart hatte (vgl. hierfür die von Hüfner a. a. O. angeführten Beispiele). „Dieser (nachträglich geltend gemachte) Vorzug könnte, wenn er bestände, für die Aufrechterhaltung des Patents nicht in Betracht kommen ... Wenn sich ... eine Verbesserung des Geschmacks des Darrmalzes gezeigt haben sollte, so ist dieser Vorzug durchaus nebenher hervorgetreten und weder Gegenstand der Patenterteilung gewesen, noch hat er es sein sollen," Blatt 1 (1895), 89. Heutzutage ist diese Anschauung verlassen, wie in A 68 zu § 1 eingehend dargelegt.

2. Weiter ist zu betonen, daß die mangelnde oder unrichtige Erkenntnis der Vorzüge für die Patentierung nur dann nichts schadet, wenn die wahren Vorzüge von einem durchschnittlichen Sachverständigen ohne besondere Schwierigkeiten erkannt werden konnten. Vorteile, zu deren Auffindung es eines weiteren erfinderischen Schrittes bedarf, sind dem ersten Erfinder nicht zugute zu rechnen, Blatt 12 (1906), 136. Daß die richtige Erkenntnis der Vorzüge für die Weite des Schutzbereichs von erheblicher Bedeutung sein kann, ist A 81a dargelegt.

Anm. 84. Wird eine **Gattungserfindung** zum Patent angemeldet, also eine Erfindung, nach der ein Verfahren oder ein Arbeitsmittel auf eine ganze Klasse von Körpern oder Stoffen angewendet werden soll, so ist angenommen worden, daß die Erfindung nur soweit reicht, als die Anwendbarkeit auf die einzelnen Arten der Gattung erkannt ist (R. Isay, MuW Jahrg. 8, S. 185). Das wird nicht in strengem Sinne richtig sein. Vielmehr können Gattungspatente in solchem Umfange erteilt werden, als nach dem bisherigen Ergebnis der Wissenschaft die Anwendbarkeit der Erfindung plausibel ist; es bedarf nicht der klaren Erkenntnis aller einzelnen Anwendungsfälle (vgl. hierfür § 1 A 101).

Die nach den vorstehenden Darlegungen erforderliche Erkenntnis muß, da sie zum Inhalt der Erfindung gehört, schon zur Zeit der Anmeldung vorhanden sein. Ist sie erst später während des Erteilungsverfahrens erfaßt oder offenbart, so bestimmt sich die Priorität erst nach diesem späteren Zeitpunkte.

Anm. 85. II. In den vorstehenden Anmerkungen ist erörtert, inwieweit die Erkenntnis des wesentlichen Inhalts und der Qualifikation der Erfindung bei Patentierung derselben nötig oder förderlich ist. Jetzt ist weiter zu fragen, **unter welchen Umständen eine neue Erkenntnis als Grundlage der Patentierung dienen kann.** Daß jeder patentfähigen Erfindung eine neue Erkenntnis zugrunde liegt, ist selbstverständlich, Einleitung A 3. Aber nicht jede neue Erkenntnis genügt, um Patentfähigkeit herbeizuführen. Es muß nach der herrschenden Meinung aus der neuen Erkenntnis eine neue Anweisung zu technischem Handeln hervorgehen. Die Anweisung braucht nicht in allen Fällen auf eigentlich technischem Gebiete zu liegen, so z. B. wenn gelehrt wird, Zyanamide zum Düngen zu verwenden; es ist zweifelhaft, ob man das Düngen als Technik bezeichnen kann. Aber es muß doch immer eine neue Art, zu praktischen Zwecken tätig zu werden, gegeben sein. Alle diese Fälle machen hinsichtlich der Patentierungsmöglichkeit keine Schwierigkeiten; die Möglichkeit ist überall zu bejahen. Danach rechtfertigt sich die bekannte Regel: neue Erkenntnis bildet die Grundlage für ein Patent, wenn auf sie eine neue Anweisung zu technischem oder wenigstens zu praktischem Handeln aufgebaut ist.

Es fragt sich aber, ob man nicht weiter gehen muß. In der Einleitung A 3 ist schon darauf hingewiesen, daß in manchen Fällen die auf einer wichtigen neuen Erkenntnis aufgebaute neue Anweisung eine Selbstverständlichkeit ist, so daß das Erfinderische nicht in ihr erblickt werden kann. Als gefunden wurde, daß gewisse Chrom-Nickel-Stahllegierungen nicht rosten, lag in Wahrheit die Erfindung in dieser Erkenntnis, nicht erst in der Anweisung, die Legierung zur Herstellung von Gegenständen zu verwenden, die nicht rosten dürfen. Diese Fälle bieten jedoch nur methodologisches Interesse und bedürfen deshalb keiner näheren Erörterung. Von praktischem Interesse sind andere Fälle. Das sind die Fälle, in denen eine neue Funktion eines bekannten Verfahrens oder Arbeitsmittels entdeckt wird. Es handelt sich darum, ob die Erfindung dieser neuen Funktion eine patentfähige Erfindung ist, oder ob man auch hier, um zur Patentfähigkeit zu gelangen, irgendeine nominell abweichende Anweisung hinzufügen muß. Daß auf irgendeine Weise Patentfähigkeit gegeben sein muß, wenn das Neue technischen Wert aufweist, ist in solchen Fällen außer Zweifel, z. B. wenn gefunden wird, daß ein chemisches Verfahren neben dem Stoff, zu dessen Herstellung es bisher verwendet wurde, einen zweiten wertvollen Stoff liefert, den man bisher nicht erkannt und mit der Abfallauge fortgegossen hat. Oder wenn entdeckt werden würde, daß der Betrieb einer Vakuumröhre neue Strahlen liefert, die eine neue praktische Anwendung finden können. Es ist nochmals zu betonen, daß es sich hier um Fälle handelt, die keine neue Technik darbieten; es bleibt alles beim alten, es wird nur gefunden, daß eine neue Wirkung eintritt, die neue Verwendung finden kann. Nach der herrschenden Lehre genügt das nicht zur Patentfähigkeit. Man verlangt, daß auch noch eine Änderung in der Technik eintritt. Man sagt, es läge sonst nur eine Entdeckung, keine Erfindung vor; auch sei das neue Verfahren gegen das alte nicht „abgrenzbar".

Beides ist unrichtig und bedarf der Korrektur.

Zunächst **Verfahrenserfindungen.** Es war bekannt, Kesselspeisewasser durch Hobelspäne zu filtrieren, um schädliche körperliche Verunreinigungen auszuscheiden. Es wurde neu erkannt, daß durch diese Prozedur das Kesselspeisewasser, wie nötig oder wenigstens vorteilhaft ist, auch entgast wird. Das ist also die Auffindung einer neuen Funktion eines bekannten Verfahrens. Liegt Patentfähigkeit vor? Das Reichsgericht hat GewR 28 (1923), 41 ausgesprochen, es sei keine patentfähige Erfindung, die bekannte Filtrierung vorzunehmen, um das Kesselwasser von dem in ihm gelösten Gasen zu befreien; diese Entgasung sei immer schon, wenn auch unerkannt, eingetreten, so daß ein neues, gegen das frühere abgrenzbares Verfahren nicht gegeben sei, vielmehr nur eine Entdeckung dieser bisher unerkannten Wirkungsweise vorliege. Diese Entscheidung und ihre Begründung ist unanfechtbar. — Ebenso I 238/1914; Urt. vom 9. 12. 14: das entgegengehaltene britische Patent erzielte mit seiner Schaltung bereits (unerkannt) die Wirkung, die das angefochtene Patent mit derselben Schaltung erzielen will (Erhaltung der Schwingungsenergie). Letzteres enthält daher keine neue technische Erfindung, sondern höchstens die wissenschaftliche Darlegung, daß man schon mit der durch das britische Patent an die Hand gegebenen Schaltung, außer den dort bezeichneten Vorteilen, bei ungedämpften Schwingungen noch einen neuen, bisher nicht erkannten Vorteil erzielt. Diese theoretische Erkenntnis bietet aber keine Grundlage für die Erteilung eines Patentes. — Weiter I 68/1912; Urt. vom 14. 10. 14: neu ist in dem angefochtenen Patente der Hinweis auf einen dritten Widerstandsverlust . . . Zu seiner Bekämpfung soll das Mittel der Verseilung dienen . . . Dies . . . technische Mittel kann aber nicht als neu angesehen werden, weil eine für die Wirkung genügende Verdrallung der Einzelfäden von jeher aus Gründen der Herstellung üblich gewesen ist. Alle, die aus Einzelfäden hergestellte Spulen benutzten, haben, wenn auch unbewußt, die durch die einfache Verseilung herbeigeführten Vorteile genossen, und es ist anzunehmen, daß der Vorteil auch in Zukunft in gleicher Weise selbst dann der Technik zuteil geworden wäre, wenn das Patent die neue wissenschaftliche Erkenntnis nicht geoffenbart hätte.

Anders liegen aber die bekannten Fälle des Martiusgelb und der Erfindungen von Mitscherlich. Mitscherlich hatte ein Verfahren erfunden, aus Holz durch Behandlung mit Chemikalien Papierstoff herzustellen. Er fand später, daß in der sich dabei ergebenden Abfallauge wertvolle Stoffe enthalten sind, Gerbstoffe, Essigsäure und zu Alkohol vergärbare Bestandteile. Die Gewinnung dieser Stoffe wurde ihm patentiert. Gegenüber einem früheren ähnlichen Patente ist im Nichtigkeitsverfahren sein Patent auf Gewinnung von Essigsäure und von Gerbstoff aufrechterhalten, und zwar mit der Begründung, daß das bereits bekannte Verfahren „mit weiteren, wenn auch an und für sich bekannten Verfahrensmomenten mittels einer neuen, originellen Konzeption kombiniert" und so ein neues Herstellungsverfahren erfunden sei, Gareis Bd. 6 S. 90. Dagegen ist das Verfahren zur Bereitung einer vergärbaren Flüssigkeit vernichtet mit der Begründung, es sei nur entdeckt, daß die Abfallauge zu Alkohol vergärbar sei, ein besonderes Verfahren werde aber nicht angegeben. Ganz ähnlich Gareis, Bd. 8 S. 194ff, Martiusgelb. Dieser Standpunkt ist unbefriedigend. Es ist nicht befriedigend, daß ein Verfahren zur Herstellung eines wertvollen zu Alkohol vergärbaren Stoffes nicht patentiert werden kann, weil mittels desselben Verfahrens schon andere Stoffe hergestellt sind. Wie hilft sich die Praxis aus diesem Dilemma heraus? Indem sie an die Abänderung und Abgrenzung des geforderten neuen Verfahrens so geringe Anforderungen stellt, daß in Wahrheit von einer neuen Technik nicht die Rede sein kann. Die Kombination „mittels einer neuen, originellen Konzeption" ist darin erblickt (Gareis Bd. 6 S. 43), daß die Flüssigkeit unmittelbar zum Gerben benutzt oder die Gerbsäure aus der Lösung gefällt, und daß die Essigsäure durch Verdichtung der Dämpfe beim Abdampfen der Lauge gewonnen wird (S. 44). Das sind also lauter Selbstverständlichkeiten. Die Forderung eines technisch neuen und dadurch „abgrenzbaren" Verfahrens ist umgangen oder de facto fallengelassen. Man sollte überlegen, ob nicht offen und ehrlich ohne Verschleierung patentiert werden könnte:

die Gewinnung von Gerbstoff und Essigsäure durch das an sich bekannte Verfahren der Holzpapierherstellung mittels schwefligsaurer Salze. Ähnliches scheint das Reichsgericht, Gareis Bd. 8 S. 197 schon angenommen zu haben. Eine Patentierung der oben erwähnten Filtrierung und Entgasung des Kesselwassers läßt sich freilich auf diese Weise nicht erreichen. Das liegt in der Natur der Sache, denn man kann unter keinen Umständen den Kesselbesitzern verbieten, ihr Kesselwasser zu filtrieren, wie sie bisher getan haben, mögen sie untrennbar damit auch den Vorteil der Entgasung erreichen. Wohl aber kann man den Papierfabrikanten verbieten, mittels des Verfahrens von Mitscherlich Essigsäure oder Gerbstoffe herzustellen. Hier kann die eine Funktion, Herstellung der Papiermasse, benutzt werden, ohne die andere Funktion, Herstellung von Essigsäure, auszunutzen. Vgl. für alles dies auch § 2 A 7 Ziff. 4.

Vorstehendes ist wie erwähnt nicht anerkannt. Wer eine neue, gesondert zu benutzende Funktion eines Verfahrens entdeckt, tut also gut, seine Entdeckung auszuarbeiten, die günstigsten Herstellungsbedingungen zu ermitteln, Unterschiede gegen das übliche Verfahren herauszusuchen usw.

Anm. 86. Bisher ist von Verfahrenserfindungen die Rede gewesen. Ähnliche Zweifel ergeben sich bei der Aufdeckung **neuer Funktionen von Vorrichtungen** oder dgl., also von Erfindungen, die bereits durch Sachpatente geschützt sind. Es wird erfunden, eine viereckige Rahmenantenne über Eck (mit einer Spitze nach unten) aufzustellen, um durch die schräge Lage der Seiten einen schädlichen Einfluß der Erdströme auszuschalten. Es stellt sich später heraus, daß in einer älteren norwegischen Patentschrift schon eine in dieser Weise aufgestellte viereckige Rahmenantenne abgebildet war, ohne daß dieser ältere Erfinder von Erdströmen etwas wußte. — Es wird erfunden, bei Schüttelrutschen ein bestimmtes Verhältnis zwischen Kurbelradius und Kurbelstange einzuhalten, weil dann die Wirkung am größten ist. Es stellt sich heraus, daß in einem Lehrbuch bereits eine Schüttelrutsche mit solchem Verhältnis abgebildet war, aber rein zufällig. Für diese und weitere Beispiele vgl. § 2 A 7 u. 19. Von Neuheit der Formgebung ist nicht zu sprechen, denn genau dieselbe Formgestaltung war in den Erfordernissen des § 2 bereits vorveröffentlicht. Im Falle der Rahmenantenne hat das Reichsgericht ausgeführt: Allerdings ist in den Zeichnungen der älteren norwegischen Patentschrift gleichfalls eine geneigte Anordnung der Drahtführung dargestellt ... Der Sachverständige vermag aber aus dieser Patentschrift trotz der zeichnerischen Darstellung nichts dafür zu entnehmen, daß die Anordnung gewählt sei, um die durch Erdströme verursachten Verluste zu vermeiden. Auch von der Klägerin selbst wird in der Klage zugegeben, daß die norwegische Patentschrift nichts über die Wirkungen und Vorteile der schrägen Drahtführung enthält. Hiernach kommt Vorveröffentlichung der Erfindung nach § 2 nicht in Frage; I 776/1922; Urt vom 29. 3. 14. Das Rechtsgefühl sagt ohne weiteres, daß die Entscheidung richtig ist; Patentfähigkeit war gegeben. Es ist aber wohl zu bemerken, daß hier eine reine Funktionserfindung patentiert ist. Irgendeine neue Technik, eine neue Gestaltung, eine neue Art der Benutzung, etwas gegen das Vorbekannte „Abgrenzbares" liegt nicht vor. Man gestaltet und benutzt die Rahmenantenne genau so, wie schon das frühere Patent gelehrt hatte. Man hat nur erkannt, daß diese Gestaltung und Benutzung eine unerkannte Wirkung, eine unerkannte Funktion ausübt. Ob man gut getan hätte, auf diese Funktionserfindung ein reines Sachpatent zu erteilen, wenn man bei der Prüfung der Anmeldung von der norwegischen Patentschrift Kenntnis gehabt hätte, das bleibe an diesem Ort dahingestellt. Hervorzuheben ist aber, daß hier eine neue Funktion patentiert ist, ohne daß man auch nur irgendwie den Versuch gemacht hat, bei der Erteilung oder bei den späteren gerichtlichen Verfahren irgendeine neue Technik zu subintelligieren. Das zwingt zu der Überlegung, ob man nicht auch bei den in der vorigen Anmerkung behandelten Verfahrenserfindungen in gleicher Weise vorgehen sollte. Bei beiden ist der springende Punkt derselbe: es ist eine neue Funktionswirkung einer bekannten Vorrichtung oder eines bekannten Verfahrens erkannt worden. Im übrigen sieht man deutlich, daß hier eine Entwicklung der Patentlehre eingesetzt und teilweise schon zu Erfolgen geführt hat. In vielen Fällen ist, je mehr die Technik sich differenziert, nicht mehr der Gegenstand oder das Verfahren das wichtige, sondern vielmehr, wozu man sie verwendet, welche ihrer Eigenschaften man benutzt. Das ist schon § 1 A 51 erwähnt und ist § 1 A 67 noch stärker hervorgehoben.

Anm. 87. Einer besonderen Erörterung bedürfen die Fälle, in denen für ein bekanntes, empirisch angewandtes — freies oder patentiertes Verfahren oder Arbeitsmittel die **Gesetzmäßigkeit** entdeckt wird, also die mechanisch-physikalischen oder chemischen Zusammenhänge aufgefunden werden. Selbstverständlich ist, daß es zur Patentfähigkeit nicht genügt, wenn bloß gefunden wird, daß ein Vorgang von der Temperatur oder von den Mengenverhältnissen der Stoffe abhängig ist oder daß zwei Variable voneinander abhängig sind; vielmehr bedarf es so genauer Angaben, in der Regel Zahlenangaben, daß die Technik danach arbeiten kann. In diesen Fällen handelt es sich also nicht um eine eigentlich neue Technik; Verfahren oder Arbeitsmittel sind nicht im ganzen Umfange neu; nur die inneren Zusammenhänge, die Einzelwirkungen u. dgl. werden aufgedeckt, woraus dann eine neue Spezialisierung der Anweisung folgen kann. Hierher gehören die nicht seltenen Fälle, daß bei irgendeiner bestimmten Temperatur, bei einem bestimmten Mengenverhältnis entweder eine besonders vorteilhafte Wirkung oder sogar eine qualitative Änderung der Wirkung eintritt. Wenn man die Wirkung, wie in Wissenschaft und Technik häufig geschieht, in einem Ordinatensystem als Kurve darstellt, so handelt es sich um diejenigen Punkte, an denen die Kurve einen „Knick" bildet. Es wird also nicht ein in seinen mechanischen oder chemischen Zusammenhängen neues Verfahren aufgedeckt; neu ist nur die Anweisung, daß es vorteilhaft ist, gewisse besondere Bedingungen einzuhalten. Da eine derartige neue Anweisung erfinderisch und von erheblicher Bedeutung sein kann, ist Patentfähigkeit geboten. — Während es sich in der letzten Anmerkung darum handelte, eine bereits bekannte Vorrichtung gerade dann anzuwenden, wenn man einen neuen Zweck erreichen wollte, handelt es sich hier darum, bei der bekannten Anwendung einer Vorrichtung zur Herbeiführung eines besonders guten Erfolges bestimmte Bedingungen einzuhalten. In solchen Fällen sind bei der Frage nach der Patentfähigkeit zwei Regeln zu beachten.

1. Handelt es sich nur um wissenschaftliche Erkenntnis, ohne daß aus ihr eine neue Anleitung für die Technik folgt, so ist Patentfähigkeit nicht gegeben.

Es waren schon früher Zyanverbindungen zur Abscheidung von Gold und Silber aus ihren Erzen angewandt worden. 47358 schützte diese Abscheidung, indem es neu anführte, daß das Verfahren auf der besonderen Affinität der Zyanverbindungen zu den Edelmetallen beruhe. Eine neue Anweisung zum Handeln wurde nicht gegeben; aus diesem Grunde ist das Patent vernichtet (die eigentliche Grundlage des Zyanidverfahrens zur Goldgewinnung, daß verdünnte Zyanidlauge nur Gold und Silber, nicht aber die unedleren Metalle wie Kupfer aufnimmt, daß man also auf solche Weise edle und unedle Metalle trennen kann, war in diesem Patent nicht offenbart). Bolze Bd. 20 Nr 119.

2. Ist bereits empirisch eine Maßnahme mit Sicherheit gehandhabt worden, so kann nicht nachträglich das wissenschaftliche Prinzip, die Gesetzmäßigkeit patentiert werden. Kann man nach der neuen Erkenntnis nicht besser arbeiten, als man bisher empirisch gearbeitet hatte, dann ist keine Patentfähigkeit gegeben, es liegt nur eine Entdeckung vor; Bl 13 (1907), 112 Sp. 2; LeipzZ. Bd. 1 S. 436 Nr 7.

Beide Regeln sind selbstverständlich, allgemein anerkannt und bedürfen keiner näheren Erklärung.

Auch in der Einschränkung durch diese beiden Regeln entstehen aber noch Schwierigkeiten. Es erhebt sich in vielen Fällen die Frage: was darf denn nun die Allgemeinheit tun, die bisher schon dieselben Verhältnisse promiscue und zufällig angewandt hat, darf sie nicht weiter tun, was sie bisher getan hat? und, davon abhängig, die weitere Frage: wie und was ist zu patentieren? Die Beantwortung ist deshalb schwierig, weil die Kreise dessen, was bisher getan ist, und dessen, was das Patent lehrt, sich schneiden und teilweise decken.

Um anschaulich zu werden, zunächst Beispiele.

Quecksilberdampflampen lassen, wenn die elektrische Belastung und damit die Temperatur gesteigert wird, die Ökonomie des Beleuchtungseffektes von einer bestimmten Grenze an sinken. Wird dann die Belastung noch weiter getrieben, so erhöht sich plötzlich die Ökonomie wieder erheblich und geht über den bis dahin erreichten Effekt hinaus. Eine Lampe so zu bauen und zu betreiben, daß diese starke Belastung erreicht werden kann, ist der Gegenstand des Patentes 182113, dessen Anspruch lautet: Verfahren zum Betriebe von Quecksilberdampflampen, dad. gek., daß die elektrische Belastung ... (über die Periode der Abnahme der Ökonomie hinaus) ... weiter gesteigert wird. Es waren nun bereits Lampen aus Quarz gebaut, die so hohe Belastung vertrugen und mit so hoher Belastung benutzt wurden. Das Patent ist von der Nichtigkeitsabteilung aufrechterhalten: es habe zum ersten Male die Erkenntnis des Zusammenhanges zwischen elektrischer Belastung und Ökonomie offenbart; das sei eine neue und patentfähige Erfindung. (Entsch der NichtAbt vom 25. 3. 12).

289207 schützt ein Verfahren zur Herstellung von Wasserstoff aus Wasserdampf und Eisenspänen, dad. gek., daß Späne von Gußeisen Verwendung finden. Diese sollten in bestimmter Weise hergestellt werden. Es ist festgestellt, daß aus Gußeisenspänen (im Gegensatz zu Spänen aus Flußeisen und Stahl) Wasserstoff in hervorragender Reinheit und in guter Ausbeute zu erhalten ist. Behauptet wurde vom Gegner des Patentes, daß, wenn man ohne weitere Bezeichnung Eisendrehspäne kauft, sich unter diesen in der Regel 80 bis 90% Gußeisenspäne befinden. Dies wurde vom Gericht als richtig unterstellt. Da nun die Herstellung von Wasserstoffgas aus Eisendrehspänen in allgemeiner Übung stand, hatte man also immer schon Material mit 80 bis 90% Gußeisenspänen verwandt. Trotzdem ist das Patent aufrechterhalten. Denn die Regel, die das

Patent gebe, daß gerade Gußeisenspäne mit Vorteil zu benutzen sind, sei nicht bekannt gewesen. Das Patent habe das Verdienst, eine neue bestimmte und wirksame Regel aufgestellt zu haben RG I 323/1917 (Urt vom 16. 1. 18).

244 554 gab die Vorschrift, Legierungen aus Aluminium und Magnesium zum Zwecke der Verbesserung ihrer Eigenschaften Temperaturen über 420° auszusetzen, und sie sodann nach etwaigen leichteren Formgebungen durch Lagern eine Zeitlang selbsttätiger Veredlung zu überlassen. Das Charakteristische der Vorschrift war, die Legierung in der angegebenen Weise zu erhitzen, sodann eingreifendere Arbeiten zu vermeiden und sie lagern zu lassen. Die vorgeschriebene Art der Erhitzung war bereits bekannt; auch Lagerung nach der Erhitzung (bis zum Verkaufe) hatte sich aus den Verhältnissen immer schon von selbst ergeben. Das Patent ist aufrechterhalten worden mit der Begründung, das frühere Lagern sei regellos gewesen, während jetzt eine genauere Regel aufgestellt sei (I 148/1916 Urt vom 20. 12. 16. Vgl. auch das zweite Nichtigkeitsurteil MuW Bd. 13 S. 62).

Gegenüber derartigen Patenten erhebt sich die Frage, darf man wie bisher weiter Quecksilberdampflampen hoch belasten, Späne mit 80 bis 90% Gußeisen zur Wasserstoffherstellung benutzen, Aluminiumlegierungen erhitzen und dann bis zum Verkaufe lagern lassen? Diese Fragen sind von erheblicher praktischer Bedeutung, denn Patente, in denen die Einhaltung von Vorschriften gelehrt wird, die bisher schon ohne Bewußtsein ihrer Bedeutung eingehalten wurden, gibt es in großer Anzahl. Im Nichtigkeitsverfahren wird nach der herrschenden Rechtsprechung die Frage, was man gegenüber dem Patente tun darf, nicht erörtert. Im Verletzungsstreite geht dann die Sache unter Umständen so, daß man sagt: das Patent besteht nun einmal, es kann nicht durch Auslegung inhaltsleer gemacht werden, die Einrede der freien Technik gibt es nicht — und so gelangt man zu Ergebnissen, die hin und wieder den berechtigten Interessen der Allgemeinheit nicht genügen.

Die Frage, wie in derartigen Fällen der Schutzbereich des Patents gegen die bisher übliche Technik abzugrenzen ist, ist natürlich in der Rechtsprechung schon aufgetaucht. Ein Beispiel: 146243 schützt ein Verfahren, fertigen Zementbeton ohne Beeinträchtigung seiner Bindekraft aufzubewahren. Das Patent schägt die Anwendung von Kälte vor. Das Reichsgericht hat ausgesprochen: bei dem Patent steht ein planmäßiges Verfahren in Frage zur Abkühlung der Betonmaterialien und zur Kühlhaltung des fertigen Betons zum Zwecke einer Verzögerung der Abbindung. Die Abkühlung und Kühlhaltung wird zweckmäßig und am einfachsten durch Besprengen mit recht kaltem Wasser und durch die Wirkung von verdunstendem Wasser ins Werk gesetzt. Da nun bei der Herstellung von Beton auch vor dem Patente in erheblichem Maße Wasser hat verwendet werden müssen, da ferner auch Wasser bei Berührung mit der Luft immer verdunstet, so ergaben sich gewisse Schwierigkeiten für die Abgrenzung des Verfahrens von der nach wie vor gemeinfreien, früher üblichen Arbeitsweise. Um diese Grenze zu bezeichnen, hat sich schon das Landgericht des Begriffes der Planmäßigkeit bedient ... Wird der Ausdruck ... in diesem Sinne verstanden, so läßt sich hiergegen kein begründeter Einwand erheben. — Es wird dann dargelegt, daß der Beklagte nicht in diesem Sinne planmäßig vorgegangen ist (I 174/1915, Urt vom 23. 4. 16).

Dieser Grundsatz, daß nicht planmäßig nach der Vorschrift des Patents vorgegangen werden darf, ist sicherlich zutreffend. Aber er hilft nicht für alle Fälle weiter. Sehr häufig läßt sich nicht mit irgendwelcher Sicherheit feststellen, ob eine Maßregel planmäßig vorgenommen ist, oder nicht. In dem Verletzungsstreit über das Lagernlassen der Aluminiumlegierungen ist es als planmäßig angesehen, wenn die Legierungen zwei Stunden liegen blieben, ehe sie weiter manipuliert wurden (I 440/1925, Urt vom 25. 8. 26). Offenbar geht das sehr weit. Man kann nicht die ganze Industrie zwingen sich umzustellen und die bisher geübte Art der Lagerung aufzugeben, bloß weil eine Erfindung gemacht und patentiert ist, die sich vom bereits Bekannten und bereits Geübten nicht recht abgrenzen läßt, weil sie sich davon nur um einen kleinen Schritt entfernt. Das muß zu Lasten des Erfinders gehen. Es sind deshalb in derartigen Fällen an die Beweisführung, daß eine Verletzung des Patents vorliegt, strenge Anforderungen zu stellen. Vor allem muß im Erteilungs- und Nichtigkeitsverfahren untersucht werden, wie bisher verfahren ist; stellt sich schon dabei heraus, daß eine Abgrenzung nicht möglich ist, dann ist das Patent zu versagen. So auch Kohler, Handbuch S. 428: ein Erfindungsgebrauch liegt nicht vor, wenn man die Natur gewähren läßt — sollte auch die Natur von sich aus gewisse Prozesse erzeugen, auf die mit Vorbedacht die Erfindung gerichtet ist usw. Seine Worte klingen, als ob sie eigens auf das Lagernlassen zugeschnitten wären.

Die vorstehenden Ausführungen über den Konflikt zwischen bisheriger Verfahrensweise und neu entdeckter Gesetzmäßigkeit gelten nur für den Fall, daß das Verfahren Gemeingut war, zum mindesten allgemein bekannt war. Ist es nur von einzelnen Fabriken, nur hin und wieder geübt, so kann die neue Gesetzmäßigkeit unbedenklich patentiert werden; jene Fabriken sind auf das Vorbenutzungsrecht angewiesen.

Dasselbe Ergebnis folgt auch aus den Grundsätzen, die das Reichsgericht über den Schutzbereich von Patenten auf Erfindungsgedanken und Erfindungsprinzipien entwickelt hat. Steht eine Ausführungsform bereits in freier Anwendung und wird nachträglich das ihr zugrunde liegende Prinzip patentiert, so bleibt jene Ausführungsform frei; das ist in den in A 112 a. E. angeführten Urteilen des Reichsgerichts klar ausgesprochen. Was einmal in freier Anwendung steht, kann unter keinen Umständen noch von einem späteren Patent erfaßt werden. Daraus folgt: wenn die aus der neuentdeckten Gesetzmäßigkeit hervorgehende Anleitung sich von dem, was bereits in freier Übung steht, nicht abgrenzen läßt, so kann sie nicht patentiert werden.

Die Zweckbestimmung der Erfindungen.

Die rechtliche Bedeutung der Zweckbestimmung einer Erfindung ist einer der schwierigsten, weil ungeklärtesten Gegenstände des Patentrechtes. Allen Erfindungen wohnt eine soziale Zweckbestimmung inne, denn nur wenn ein sozialwirtschaftliches Bedürfnis erfüllt wird, liegt überhaupt eine patentfähige Erfindung vor. Die bei weitem größte Anzahl der Erfindungen hat aber auch einen technischen Zweck, d. h. es soll durch sie eine technische Wirkung erreicht werden, die sie erst geeignet macht — allein oder in Verbindung mit anderen hinzukommenden Maßnahmen —, ein soziales Bedürfnis zu erfüllen. Dieser technische Zweck tritt nur bei einigen Erfindungen weniger klar hervor, so bei manchen Gebrauchsgegenständen, Schmuck, Kleidern, Musikinstrumenten, der Herstellung von Arzeneien usw. Die Unterscheidung zwischen sozialem und technischem Zweck ist für die hier zu erörternden Punkte von Wichtigkeit und muß festgehalten werden. Das ganze Gebiet wird beherrscht von zwei Fragen: kann eine Zweckbestimmung Patentfähigkeit bewirken? Wie wirkt die Zweckbestimmung einer Erfindung auf den Schutzumfang des Patentes? — Die Antwort auf die erste Frage ist leicht, auf die zweite schwer. **Anm. 88.**

Anerkannt ist heute, daß **Patentfähigkeit** schon in dem bloßen Gedanken liegen kann, bekannte Vorrichtungen oder Verfahren **zu einem neuen Zweck zu verwenden.** Sind dabei technische Schwierigkeiten zu überwinden, so kann die Patentfähigkeit überhaupt nicht in Zweifel gezogen werden, wie keiner näheren Darlegung bedarf. Das gleiche gilt aber auch, wenn keine Schwierigkeiten vorhanden sind. Die Erfindung liegt dann in dem Gedanken der neuen Zweckverwendung. — Urt vom 17. 5. 19, I 160/1918: allerdings läßt sich nicht verkennen, ... daß die Erteilung eines Patents auf eine Neuerung erfolgen kann, wenn deren technische Bedeutung lediglich darin besteht, daß ein bereits bekanntes Verfahren oder eine bereits bekannte Vorrichtung einem anderen technischen Zwecke dienstbar gemacht wird. Notwendige Vorbedingung für die Patenterteilung bleibt aber, daß der Schritt erfinderischer Art ist. — Es handelte sich um folgendes: die Verwendung einer Vorrichtung (bestehend aus umlaufenden, mit Stiften besetzten Trommeln) zum Dreschen von Getreide war bekannt; ihre Verwendung, um Nitrierpapier zu zerreißen, war patentiert; das Patent wurde angegriffen, im Nichtigkeitsurteil ist der angeführte Grundsatz aufgestellt. — Früher wurde dieser Grundsatz nicht allgemein anerkannt, man schwankte vielfach, ob nicht nur eine Entdeckung vorliege, Kent § 1 A 118. — Gleiche, jetzt überwundene Zweifel bestanden auf dem nah verwandten Gebiete der „Übertragung", § 1 A 94. — Ähnlich: eine neue Art, mit einer bekannten Vorrichtung umzugehen, um sie einem neuen Zwecke dienstbar zu machen, kann eine patentfähige Erfindung sein, weil damit eine neue Regel für technisches Handeln aufgestellt wird, Bl 12 (1906), 44. Hier lag der Zweck nicht in der Anwendung auf einem neuen Gebiete, sondern es handelte sich um ein neues Umgehen mit einer bestimmten Art von Ventil, womit eine neue Wirkung erstrebt wurde. — So auch Entsch. der BeschwAbt, Mitt 1916, 102: nicht patentfähig wäre es, wenn die Einrichtung einer für ein bestimmtes Gebiet bestimmten Schleuder für ein anderes Gebiet nutzbar gemacht wird, um den gleichen Zweck zu erreichen. So liegt der Fall hier aber nicht. Die angemeldete Schleuder ist durch ein früheres Patent vorbekannt. Sie dient dort aber einem ganz anderen Zweck. In der (neuen) Zweckbestimmung, beim Schleudern von Fasergut eine Verminderung des Reibungswiderstandes herbeizuführen, liegt das Erfinderische. — Hervorzuheben ist, daß manche Erfindungen erst durch eine bestimmte Zweckbestimmung sinnvoll und patentfähig werden. Wolfram zu hämmern ist an sich ein nutzloses Beginnen. Sinnvoll und patentfähig wird es erst, wenn man damit den Zweck verfolgt, die physikalischen Eigenschaften des Metalls so umzugestalten, daß es sich in der Kälte zu Glühdrähten für elektrische Glühlampen ziehen läßt. — Das Mischen zweier organischer Substanzen ist nur dann patentfähig, wenn es etwa zu dem Zweck geschieht, eine therapeutische Wirkung zu erzielen oder (Urt vom 21. 2. 12, I 350/1908) zu dem Zweck, daß die eine Substanz die andere konservieren soll. — Bisher sind Zweckverwendungen angeführt, die im wesentlichen technischer Art waren. Das gleiche gilt für Zweckverwendungen sozialer Art, z. B. Zweckverwendung von Zyanamiden zum Düngen, Verwendung von Explosivstoffen zur Lockerung von Kulturboden, von Giften zur Vertilgung von Ungeziefer usw. **Anm. 89.**

Da hin und wieder noch Zweifel an der Patentfähigkeit der neuen Zweckverwendung oder wenigstens an der Konstanz der Rechtsprechung geäußert werden, sei noch verwiesen auf die Urt Bl 3 (1897) 225 (Zaubervorrichtung mit hohlen Füßen patentiert zum neuen Zwecke des Hindurchgreifens durch die Füße, 227, Sp 1) und Bl 6 (1900), 302 (Benutzung bekannter Kohlentürme zu einem neuen Zwecke), sowie auf folgendes Urt vom 20. 10. 17, I 46/1917: es war bekannt, Breie von tierischen Organen mit anderen Stoffen zu versetzen und zu trocknen, um ihre biologischen Eigenschaften zu erhalten. Erfunden wurde, ein solches Präparat zu benutzen, um für Bäder Sauerstoff aus Sauerstoffträgern abzuspalten. Das Reichsgericht erklärte, der Anmelder erblicke das Wesen seiner Erfindung in der Anwendung der bereits bekannten Präparate zu dem neuen Zwecke, nämlich zur Herstellung von Sauerstoffbädern. In der Rechtsprechung des Reichsgerichts sei es bereits anerkannt worden, daß die Grundlage für die Erteilung eines Patents auch in der Verwendung einer schon bekannten Einrichtung zu einem neuen Zwecke gefunden werden könne, sofern diese Art der Verwendung Erfindungseigenschaften besitze, RG 85, 99.

Zu betonen ist, daß es zulässig sein muß, ein Patent auf eine neue Zweckverwendung auch dann zu erteilen, wenn das neu zu verwendende Verfahren oder die Vorrichtung bereits ihrerseits patentiert sind. So ist in dem A 91, 8) angeführten Falle zunächst patentiert worden, Milch u. dgl. in einem neuen Verfahren zum Trocknen in heißer Luft zu vernebeln 264 992, sodann ist patentiert, dasselbe Verfahren zu einem anderen Zwecke zu benutzen, nämlich zum Eindicken oder Verdampfen von Lösungen 296 388. Das beruhte nicht etwa auf einem Versehen. Vielmehr hat das Reichsgericht in den Nichtigkeitsurteilen gegen die beiden Patente vom 2. 7. 19 ausdrücklich anerkannt, daß das Verfahren an sich neu war, sowie daß die Verfahren der beiden Patente vollständig gleich sind, und hat auch das zweite Patent in der Verwendung des Verfahrens auf Lösungen usw. mit Ausnahme von Milch aufrechterhalten. — Als die verbesserte Liebenröhre patentiert wurde, diente sie nur zum Empfangen von drahtlosen Zeichen. Als später erfunden wurde, sie zum Senden zu benutzen, hätte das patentiert werden können. Andernfalls wäre diese große neue Erfindung dem Inhaber des ersten Patentes in den Schoß gefallen, trotzdem sie von einem anderen gemacht war. Das hätte der Gerechtigkeit widersprochen. (In Deutschland ist, soweit bekannt geworden, dieser Fall nicht zur Sprache gekommen, weil die zweite Erfindung während des Krieges in Amerika gemacht war. — Abhängigkeit liegt in solchem Falle allerdings vor.)

Eine Einschränkung ist bei allem Vorstehenden freilich zu machen. Zwar können sich auch ziemlich geringfügige Änderungen, wenn sie zu einer neuen Zweckverwendung tauglich machen, dadurch als bedeutsam erweisen, die Annahme einer Verletzung hindern und zu eigener Patentfähigkeit führen. Nicht Abt Entsch vom 22. 12. 27 (I 147/1928, Berufung zurückgezogen): wenn in einem amerikanischen Patente ein Vorwärmer angegeben werde, der ähnliche quadratische Rippen aufweist, wie das Patent, so dienten diese doch einem ganz anderen Zwecke. Deshalb sei in der Bauart des angefochtenen deutschen Patentes doch noch eine Erfindung zu erblicken, da hier die Rippen nicht als „Wärmepolster" wirkten, wie bei dem amerikanischen Patente, sondern die Vorrichtung gegen hohe innere Drücke widerstandsfähig machen sollten. — Mehr als geringe Änderungen sind also bei neuer Zweckverwendung nicht erforderlich. Aber irgend etwas wahrnehmbar Neues, irgend etwas sich vom Bekannten äußerlich Unterscheidendes, worauf Schutz verliehen werden kann, muß immer hervortreten. Es darf nicht alles beim alten bleiben. Man sagt gewöhnlich, es muß eine neue Regel für menschliches Handeln gegeben werden. Es ist erforderlich, nicht gerade, daß die Technik der Anwendung neu gestaltet wird, wohl aber daß zum mindesten eine neue Regel gegeben wird, wann eine einzelne von mehreren bereits bekannten Anwendungsarten vorzunehmen ist. Es genügt also nicht, daß der Erfinder sagt, handle so weiter wie du bisher gehandelt hast, du erreichst dann den und den bisher nicht erkannten Vorteil; das ist nur eine Entdeckung. Vielmehr muß zum mindesten gesagt sein: von den bisher schon bekannten Verfahrensarten wende gerade diese an, wenn du den und den Zweck erreichen willst. — Diese Unterscheidung kann fließend sein, muß aber dennoch genau beachtet werden. Einige Beispiele für jede der beiden Alternativen. Bei (elektrischen) Spulen war aus Gründen der Herstellung schon immer die Drähte der Spulen verseilt worden. Der neue Erfinder sagt, die Drähte müssen in dieser Weise verseilt werden, um größeren elektrischen Widerstandsverlust zu vermeiden. Das ist nur eine nicht patentfähige Entdeckung; Näheres hierüber § 2 A 7 Ziff. 4. — Bei der Herstellung von Stahltrossen war schon immer so verfahren, daß eine Lage von Drähten rechts herum, die darüber befindliche links herum gewickelt wurde. Der Erfinder sagte, verfahre in dieser Weise, dann erreichst du den Vorteil, daß die Trosse sich nicht, wie sonst geschieht, durch starke Beanspruchung auf Zug aufwickelt. Auch dies nur eine Entdeckung; Näheres hierüber § 2 A 34 a. E. Das ist auch der Sinn der Entscheidung über die Entgasung von Kesselspeisewasser, GewR 28 (1923), 41. Vgl. für derartige Fälle auch § 1 A 85. Weshalb in solchen Fällen nicht patentiert werden kann, liegt zutage. Man kann den Leuten nicht verbieten, weiter zu tun, was sie bisher getan haben. Der einzige Unterschied liegt in der subjektiven Sinnesrichtung. Das ist keine objektive Abgrenzung. — Entgegengesetzt in folgenden Fällen. In einem älteren Patente war — vielleicht aus Zufall, jedenfalls ohne daß das in die Praxis eingeführt war — eine viereckige Antenne so gezeichnet, daß sie über Eck (mit einer Ecke nach unten) aufgestellt war. Der spätere Erfinder sagte, stelle viereckige Antennen über Eck auf, wenn du den schädlichen Einfluß von Erdströmen vermeiden willst. Das ist für eine patentfähige Erfindung erachtet, § 1 A 86. — 398 516 schützt einen verseilten Leiter für Hochspannungsströme, bei dem die Einzelleiter in Form eines Mantels um eine Seele von großem Durchmesser angeordnet sind zu dem Zwecke, die Ausstrahlung der hochgespannten Elektrizität, die sog. Koronabildung, zu vermeiden. Dieselbe Gestaltung eines Leiters fand sich in der Zeichnung des Patents 140 154; hier handelte es sich nicht um Hochspannungsströme, vielmehr um eine Leitung für elektrische Bahnen. Ein erfahrener Sachverständiger erklärte, unmöglich könne diese Leiterform jetzt noch patentiert werden, da sie genau vorbeschrieben sei. Das Reichsgericht erwiderte, die neue Regel, jene Form gerade bei Hochspannungsströmen zu verwenden, um Koronaverluste zu vermeiden, sei nicht vorweggenommen, Urt vom 28. 3. 28, I 188/1927. — Es genügt also nicht zur Patentfähigkeit, daß man genau dasselbe tun soll wie bisher, sei es auch um einen neuen Zweck zu erreichen, sondern es muß irgendeine sachliche Änderung gegeben sein, wenn auch nur, daß gelehrt wird, für diesen Zweck gerade dies schon sonst angewandte Mittel zu verwenden. Freilich zeigen die Beispiele auch, daß die Übergänge fließend sein können.

Für die Frage, wann die Zweckverwendung im Patentanspruche angegeben werden muß, vgl. § 20.

Zusammenfassung: neue Zweckverwendung ist erfinderisch, wenn entweder der Gedanke der neuen Verwendung erfinderisch ist, oder wenn die Ausführung des Gedankens Schwierigkeiten macht, die nur durch erfinderische Kraft zu überwinden sind.

Wie wirkt die Zweckbestimmung einer Erfindung auf den Schutzumfang eines Patents? **Anm. 90.** Allgemein wird gelehrt, in Deutschland wie in allen übrigen Industrieländern, daß eine patentierte Erfindung für alle Verwendungszwecke geschützt sei; man kleidet das in die Worte, alle „Brauchbarkeiten" der Erfindung sind dem Patentinhaber geschützt. Die Rechtsprechung aller Länder hat aber ergeben, daß diese Regel in ihrer Allgemeinheit ungenau, ja unrichtig ist, wenn das auch in der Theorie so gut wie nirgends anerkannt wird. Das Gutachten des Reichsgerichts aus 1914 sagt S. 18: es würde die größte Ungerechtigkeit sein, den Erfinder an ... denjenigen Gebrauchszweck zu binden, (der) ihm zunächst vorgeschwebt (hat). Mit fast ebensoviel Grund könnte man sagen: es würde die größte Ungerechtigkeit sein, dem Patentinhaber ein Recht auf alle neuen Gebrauchsmöglichkeiten zuzusprechen, die später gefunden werden. Als die (verbesserte) Liebenröhre erfunden und geschützt war, wurde sie zum Empfang drahtloser Zeichen benutzt. Sollte der Patentinhaber ein ausschließliches Recht auf die später von anderen gemachte Erfindung haben, sie zum Senden der Zeichen zu benutzen?

Wie ist jene Regel entstanden? Sie hat sich in England und in Nordamerika herangebildet und ist von dort nach Deutschland übernommen. Sie beruht auf den Eigentümlichkeiten der patentrechtlichen Auffassung jener Länder, besonders zu Zeiten, als die Industrie noch unentwickelt war. Ursprünglich lag in England und in Nordamerika die Auffassung ganz fern, daß irgend etwas, wie ein Erfindungsgedanke, geschützt sein könne. Noch heute wird dort der Schutz eines „Prinzips" im weitesten Umfange als außerhalb der Möglichkeit stehend zurückgewiesen. Sogar die Möglichkeit des Schutzes eines Verfahrens war bis gegen 1900 in Amerika nicht ohne Beschränkung anerkannt. Vielmehr ging die Auffassung ursprünglich ganz streng dahin, daß nur der körperliche Gegenstand geschützt sei, das Ding, das man in die Hand nimmt und mit dem man arbeitet. Deshalb gilt noch heute die Regel, daß der Erfindung irgend etwas Körperliches, Greifbares „tangible", zugrunde liegen müsse. Von dieser Auffassung aus war es durchaus erklärlich, daß man sagte, was der Patentinhaber mit seinem geschützten Gegenstande anfangen will, das ist seine Sache. Geschützt ist ihm der Hammer, der Pflug; wozu er oder ein anderer ihn gebrauchen will, ist gleichgültig. Das ließ sich aber mit der höheren Entwicklung der Industrie nicht aufrechterhalten. „Es erfordert häufig ... ebensoviel von dem besonderen intuitiven Genie, das für große Erfinder charakteristisch ist, die Idee zu fassen, daß eine in einem Zweige der Technik gebräuchliche Vorrichtung auch in einem andern nützlich verwendet werden kann — als erforderlich wäre, um die Vorrichtung de novo zu erfinden", höchster Gerichtshof Bd. 155 S. 597. So ist es gekommen, daß die Zweckverwendung eines patentierten Gegenstandes anfängt, in manchen Fällen die Hauptrolle zu spielen. Die schwierige Frage ist, wann ist das der Fall?

Die Antwort lautet: Es kommt darauf an, ob der Nachdruck allein auf der Ausgestaltung der Vorrichtung oder des Verfahrens ruht, oder ob die Verwendung der Vorkehrung zu einem bestimmten Zwecke von gleicher Bedeutung ist. Mit anderen Worten: Es kommt darauf an, ob die Zweckverwendung einen integrierenden Teil der technischen Regel bildet, die das Patent aufstellt, also zum Inhalte der Erfindung gehört. Ist letzteres nicht der Fall, so sagt man, die Verwendung sei nur „beispielsweise" angeführt. Ähnlich Danziger, Mitt 1914, 4. — Mit dieser Regel ist in ihrer Abstraktheit nicht viel anzufangen; es bedarf der Klarstellung durch praktische Fälle, wann das eine oder das andere zutrifft. Dabei ist aber zu bemerken, daß die Auffassungen vielfach vom Ermessen abhängen und im Flusse begriffen sind. Es läßt sich nicht sagen, daß schon feste Regeln gebildet sind. „Gefühl ist alles." Die Entscheidungen widersprechen sich zum Teil, wie nicht zu leugnen ist. Es können deshalb im folgenden nur ungefähre Leitregeln gegeben werden.

1. Die Zweckverwendung braucht im Anspruch nicht mit besonderen Worten angegeben zu werden. 232 172 schützt eine Ätze für Flachdruckpressen; das besagt, geschützt ist eine Lösung die zu dem Zwecke verwendet werden soll, um die Platten oder Walzen für Flachdruck zu ätzen. Eine Nutenplatte für Zündholzmaschinen ist geschützt, d. h. eine Platte mit Nuten, die zur Aufnahme der Zündhölzer während des Fabrikationsaktes verwendet werden soll.

2. Von vornherein auszuscheiden sind die Fälle, in denen die Zweckverwendung überhaupt keine Zweifel erregen kann, weil eine Verschiedenartigkeit der Zweckverwendung nicht in Frage kommt. Damit scheidet ein großer Teil der „reinen" Sacherfindungen aus, z. B. Kleider, Schmuck, die meisten Gebrauchsgegenstände, auch alle spezialisierten Maschinen, von denen ohne weiteres feststeht, daß sie nur einem einzigen Zwecke dienen können, z. B. landwirtschaftliche Maschinen usw. Es sind dies also Fälle, in denen die „Funktion" überhaupt keine Rolle spielt, Schmuck usw., oder bei denen Verschiedenartigkeit der Funktion nicht in Frage kommen kann.

3. Weiter scheiden diejenigen Fälle aus, in denen der Benutzer der patentierten Erfindung die Wirkung der Erfindung unabsichtlich, ohne seinen Willen und nur nebenbei herbeiführt. Die Regeln, denen solche Fälle unterliegen, sind § 4 A 12 eingehend auseinandergesetzt. Es liegt überhaupt nicht der Zweck vor, die Erfindung zu benutzen; es kann also von einer abweichenden Zweckverwendung nicht die Rede sein, IndR Jahrg. 8, S. 213, Sp. 1 oben.

4. Auch diejenigen Fälle kommen nicht in Betracht, in denen die Verwendung von vornherein ganz außerhalb der Erfindung liegt. Der Hauptfall: ist das Herstellungsverfahren eines Erzeugnisses patentiert, so hat es mit diesem Herstellungsverfahren nichts zu tun, wozu der eine oder der andere das nach dem Verfahren hergestellte Erzeugnis verwenden will. Hiervon gibt es nur eine Ausnahme: wenn das patentierte Verfahren darauf gerichtet ist, ein gerade für einen bestimmten Zweck brauchbares Erzeugnis herzustellen.

Im sächsischen Kohlenbergbau war bekannt, vor dem Waschen den Kohlenstaub bis zu 0,25 mm Korngröße durch Windsichter abzusondern, weil derselbe sich beim Waschen mit Ton vermengt und dadurch unbrauchbar wird. Der abgeschiedene Kohlenstaub wurde dann für sich verfeuert, zum Teil auch der gewaschenen Feinkohle wieder hinzugefügt. Später wurde das Patent 275654 auf ein in wesentlichen Punkten gleiches Verfahren (Absonderung des Kohlenstaubes bis zu 0,25 mm Korngröße vor dem Waschen) erteilt, zu dem im Patentanspruche betonten Zweck, den Kohlenstaub nach dem Waschen der Feinkohle wieder hinzuzufügen, um auf diese Weise die Ausbeute an Feinkohle zu vergrößern. — Allein die technische Anweisung des Patents bestand nur in der Lehre, den Staub vor dem Waschen abzusondern. Der im Patent angegebene Zweck, wie mit dem Staube schließlich weiter zu verfahren sei, enthielt keine Qualifikation der technischen Anweisung, lag vielmehr in Wahrheit außerhalb der technischen Erfindung. Das Patent ist deshalb, wenn auch ohne Betonung dieses Gesichtspunktes, mit Recht vernichtet worden, weil es durch die geschilderte Übung des sächsischen Kohlenbergbaues vollständig vorweggenommen war (Urt vom 28. 2. 17, I 89/1916). — **Anders** in folgendem Fall. 270 324 schützt die Herstellung eines gut basenaustauschenden Aluminatsilikats **für die Zwecke der Wasserreinigung**, dad. gek., daß man Natriumaluminatlösungen mit Natriumsilikat versetzt und in Gegenwart anderer löslicher Natriumsalze zum Kochen erhitzt. Das Erzeugnis sollte nach der ausdrücklichen Vorschrift des Patents dem Zwecke dienen, hartes Wasser trinkbar zu machen, indem es ihm die Stoffe entzog, die die Härte des Wassers verursachen. Genau dasselbe chemische Verfahren war bereits in einem englischen Patente vorbeschrieben; jedoch sollte hier das Erzeugnis in einem anderen chemischen Verfahren weiter verarbeitet werden. Entgegen der Entscheidung des Patentamts hat das Reichsgericht verneint, daß eine Vorwegnahme vorliege; es sei in dem englischen Patente nicht erkannt, daß das Erzeugnis dem Zwecke der Wasserenthärtung dienen könne. — In diesem Falle war also die Zweckbestimmung des Erzeugnisses der patentierten Herstellung integrierender Teil der technischen Anweisung; die Herstellung war darauf zugeschnitten, einen Stoff zu erzeugen, der sich gerade zur Wasserenthärtung verwenden ließ. Das war bei dem englischen Patente nicht der Fall; die Brauchbarkeit zu diesem Zwecke war nicht erkannt; deshalb keine neuheitsschädliche Vorwegnahme (Urt vom 22. 1. 16, I 29/1915). Von starkem Interesse und kennzeichnend für die hier zur Erörterung stehende Frage ist, daß das Patentamt in seiner Nichtigkeitsentscheidung vom 11. 9. 14 die Rechtslage gerade umgekehrt angesehen hatte: es hatte ausgeführt, das geschützte Verfahren sei ein Herstellungsverfahren, so daß es nur auf das Erzeugnis selbst ankomme; wozu es verwendet werde, darauf erstrecke sich der Schutz nicht. — In der Regel kommt es bei Herstellungsverfahren allerdings nicht auf den Verwendungszweck des Erzeugnisses an; insoweit ist dem Patentamt recht zu geben. Aber es fragt sich, ob nicht hinsichtlich Neuheit, Identität und dann auch für Verletzungsfragen eine andere Beurteilung einzutreten hat, wenn der Patentanspruch ausdrücklich den Verwendungszweck angiebt „zum Zwecke der Wasserreinigung". Jedenfalls für diesen Streitfall muß das bejaht werden, denn die Tauglichkeit zum Wasserreinigen ist nicht allein von der patentierten chemischen Zusammensetzung abhängig, auch noch physikalische Eigenschaften spielen eine Rolle. — Eine weitere Frage entsteht: wäre es eine Verletzung, wenn ein anderer das patentierte Verfahren zur Enthärtung von Speisewasser für Dampfkessel anwenden würde? Die Frage beantwortet sich nach der Regel von der Gleichartigkeit der Zwecke (unten A 91 a. E.).

5. Es gibt eine nicht unerhebliche Zahl von Erfindungen, denen die Zweckbestimmung inhärent ist, die nur um deswillen patentiert werden können, weil sie den vorgesetzten Zweck erreichen. 232172 schützt, wie erwähnt, eine Ätze . . . für Flachdruckpressen, bestehend aus einer Lösung von saurem Kaliumphosphat und anderen Salzen in Wasser. Der Zweck liegt zutage; die Lösung soll verwandt werden, um die Walzen usw. der Pressen zu ätzen. Die Lösung bietet an sich selbst nichts erfinderisch Neues; die gelösten Salze sind bekannt. Die Erfindung liegt nur darin, daß gerade diese Salze die Eigenschaft haben, als Ätze dienen zu können. Es ist klar, daß, wenn ein anderer erfände, dieselbe Lösung zu einem anderen Zwecke zu verwenden, dies eine andere selbständige, unabhängige Erfindung wäre. — Ein anderes Beispiel sei wiederholt: Wolfram zu hämmern ist an sich ein nutzloses Beginnen; Sinn und Patentfähigkeit gewinnt es erst dadurch, daß es die Konstitution des Wolframs so verändert, daß letzteres sich in der Kälte ziehen läßt und deshalb zu Glühdrähten für Glühlampen verarbeitet werden kann. Es wäre eine andere unabhängige Erfindung, wenn ein anderer Wolfram hämmerte zu dem Zwecke und mit der Wirkung, daß es etwa elastischer oder leichter schmelzbar würde. — In derartigen Fällen ist der Zweck unlösbar mit der Erfindung verknüpft und beschränkt deshalb das Patent auf die Erreichung des vorgesetzten Zweckes. Der Grund davon liegt darin, daß erst die Erreichung des vorgesetzten Zweckes Erfindungscharakter verleiht.

6. In einer anderen auf dem entgegengesetzten Ende stehenden Gruppe von Fällen ist es für Verletzungsfragen bedeutungslos, daß die neue Verwendung einen anderen Zweck verfolgt. Auch diese Fälle sind schon in A 89 erwähnt. Grundsätzlich rechtlich unerheblich ist die Verfolgung eines neuen Zweckes dann, wenn sie nicht irgendwie äußerlich in die Erscheinung tritt, weder in der Gestaltung einer Vorrichtung, noch in der Handhabung eines Verfahrens, vielmehr alles beim alten bleibt und nur die Sinnesrichtung des handelnden Menschen sich ändert. Das kann nur dann der Fall sein, wenn die patentierte Erfindung eine Mehrheit von Wirkungen ausübt, das Patent eine bestimmte Wirkung verfolgt und die neue Zweckverwendung eine andere der immer schon vorhandenen Wirkungen erstrebt. Die geänderte Zweckverfolgung bleibt dann ein subjektives Internum, sie wirkt nur als ein anderes Motiv, äußerlich ändert sich nichts. Derlei Fälle sind nicht selten. — 134882 schützt First- und Gratanschlußsteine für Klosterdächer; das Patent des Beklagten 262914 Firstentlüftungsziegel . . . für Muldenfalzziegel. Der erste will Firstziegel herstellen, die bei Klosterdächern (einer besonderen Art von Ziegeldächern) den Anschluß an die Dachziegel ermöglichen; der zweite will Firstziegel herstellen, die eine Entlüftung des Dachraumes bewirken. Beide Arten von Ziegeln sind in den erfinderischen Teilen identisch; die Zweckverwendung ist verschieden. Das Reichsgericht hat angenommen, daß das zweite Patent von dem ersten abhängig ist, und hat ausgeführt: wenngleich der Beklagte mit seinem Patent eine von dem Patente des Klägers verschiedene Aufgabe löst, so benutzt er doch bei seiner Lösung gleichwohl den Erfindungsgedanken, der dem Patente (des Klägers) zugrunde liegt, denn er schafft ebenfalls in der muldenförmigen Ausgestaltung der Firstanschlußsteine eine ebene Auflagefläche für die Firststeine. — Es ist von „Aufgabe" die Rede; gemeint ist der abweichende Verwendungszweck, der unerheblich ist, weil die Vorrichtung und die Art ihrer Anwendung dieselbe bleibt (Urt vom 18. 12. 18, I 163/1918). — 167455 will Tonmassen bearbeiten durch Walzen von verschieden großer Umfangsgeschwindigkeit, dad. gek., daß beide Walzen während der Drehung entgegengesetzt seitlich hin- und herbewegt werden zum Zwecke, daß Walzgut seitlich auseinanderzureißen. Der Beklagte bewegt seine Walzen gleichfalls genau ebenso seitlich gegeneinander, aber zu dem Zwecke, daß sie sich nicht in der Mitte, woselbst sich das meiste Walzgut befindet, aushöhlen, daß vielmehr die Abnutzung in der ganzen Länge der Walzen gleichmäßig stattfindet. Die Maßnahme des Beklagten ist trotz seines anderen Zweckes für verletzend erachtet. Das Reichsgericht hat hinzugefügt: wenn der Beklagte sich die Verhinderung des Hohllaufens der Walzen zum Ziele gesetzt hat, so will er doch zugleich

eine möglichst innige Mischung der Tonmassen erreichen (Urt vom 10. 7. 18, I 50/1918). — Diesen Fällen stehen einige in der vorigen Anmerkung erwähnten Fälle gleich, Verseilung von Spulen, Anordnung der Drähte in Stahltrossen; wäre hier die erste Zweckverwendung patentiert, so würde die zweite in den Schutzbereich des Patents fallen, da sowohl die Bauart der Vorrichtungen, als deren technische Verwendung gleich sind. Derartiges hindert also nicht nur die Patentfähigkeit (vorige Anmerkung), sondern bringt auch nicht aus dem Schutzbereich eines bestehenden Patents heraus — wenigstens der Regel nach.

Hin und wieder ist gegenteilig entschieden. 262785 schützt ein Verfahren zum Reinigen der Kühlrohre von Oberflächenkondensatoren, indem das Kühlwasser mit vergrößerter Beschleunigung durch die Rohre getrieben werden soll, um Schlamm usw. zu entfernen. Der Beklagte hatte, wenn Überfluß an Kühlwasser vorhanden war, dasselbe ebenfalls beschleunigt durch die Rohre getrieben, um die Kühlwirkung auszunutzen; Identität alles Äußerlichen lag also vor. Die gegen den Beklagten erhobene Verletzungsklage ist abgewiesen, weil er nicht den Zweck des Patents verfolgte. „Es ist nicht gerechtfertigt, wenn der Kläger die Feststellung einer Patentverletzung nicht allein für den Fall begehrt, daß die ... Wassergeschwindigkeit für den Zweck der Rohrreinigung ausgenutzt wird, sondern für alle Fälle, in denen aus irgendwelchen Betriebsgründen ... die Umlaufsgeschwindigkeit erhöht ... oder die Kühlwassermenge verstärkt wird; in allen solchen Fällen, in denen die reinigende Wirkung nur als eine nicht bezweckte Nebenwirkung auftritt, kann von einer Verletzung nicht die Rede sein (Urt vom 27. 10. 20, I 73/1920). — Hier also keine Verletzung, trotzdem das Verfahren äußerlich genau dasselbe war, und in gewissem Umfange auch dieselbe Wirkung erzielt wurde. Wie ist der Unterschied in den Entscheidungen zu erklären? In den nächsten Absätzen werden noch gleiche Abweichungen hervortreten; es wird dort versucht werden, die Antwort zu geben, soweit sie sich geben läßt.

Anm. 91. 7. Die vorstehenden Bemerkungen betrafen besonders geartete Fälle; für die **große Masse der Regelfälle** gilt das folgende. — Man muß unterscheiden zwischen Vorkehrungen, die einen vollen selbständigen Gebrauchswert haben, und solchen, die nur in Verbindung mit anderen Elementen, als Teile eines größeren Komplexes, eine abgeschlossene Wirkung erzielen können. (Die allgemeine Bedeutung dieser Unterscheidung wird neuerdings in der Patentlehre vielfach übersehen; sie ist von Wichtigkeit für die Patentfähigkeit und die Art der Patentierung, § 20, wie für die Bestimmung des Schutzbereichs, § 4 A 62e, f; so auch hier.) Vorkehrungen der ersteren Art sind ihrer Natur nach selbständig; sie können überall verwandt werden, wo es darauf ankommt, die ihnen spezifisch eigene Wirkung zu erzielen; daraus folgt, daß es nicht von entscheidender Bedeutung ist, ob sie gerade in Verbindung mit irgendeiner bestimmten Vorrichtung oder Maschine patentiert sind, ihre Zweckverwendung ist im Verhältnis zu ihrer Bauart, zu ihrem Wirkungsgesetz eine Nebensache; deshalb liegt in der Regel eine Verletzung des Patents vor, wenn sie zu einem anderen Zwecke verwandt werden. Ein automatischer Regler für den elektrischen Strom, ein Ventil, ein Oberflächen- (Dampf-) Kondensator können überall verwandt werden, wo die ihnen eigene Wirkung erwünscht ist. Deshalb fällt es nicht aus dem Schutzbereich heraus, ob das Ventil an Gasmaschinen oder an Dieselmaschinen, ob der Stromregler an verschiedenen Arbeitsmaschinen oder an verschiedenen Stromerzeugern verwandt wird. In dem Falle Mitt 1916, 102 ist eine Schleudertrommel für Fasergut patentiert, weil der Verwendungszweck neu war. Die Trommel selbst war bereits patentiert. Die neue Verwendung geschah zu dem bisher nicht verfolgten Zwecke, eine Verminderung des Reibungswiderstandes herbeizuführen, so daß die geschleuderte Faser nicht beschädigt wurde. Es kann kein Zweifel sein, daß dies neue Patent von dem älteren abhängig ist. Eine Schleudertrommel ist ein in sich abgeschlossenes Gebilde; daß man sie zum Schleudern der verschiedensten Gegenstände gebrauchen konnte, war von vornherein klar. Für solche Fälle ist deshalb der vielgenannte Satz gültig: dem Patentinhaber sind alle Brauchbarkeiten seiner Erfindung geschützt — freilich mit der erheblichen Einschränkung, daß, wenn die Aufdeckung der neuen Brauchbarkeit erfinderische Kraft erfordert, nur Abhängigkeit vorliegt.

Ähnlich verhält es sich mit manchen Patenten auf Stoffe, auch auf neue Legierungen, für welche vgl. RG 85, 98ff; über dies Urteil siehe freilich § 1 A 141.

8. Nun kann aber das Patent, auch wenn es sich um ein abgeschlossenes selbständiges Gebilde handelt, eine Selbstbeschränkung auf eine einzelne Zweckverwendung enthalten. In solchen Fällen beginnen die Zweifel. — Durch Gebrauchsmuster geschützt waren Wölbesteine für feuer- und schwammsichere Decken. Der Beklagte verwandte die Steine für andere Zwecke. Verletzung ist bejaht; die Angabe hat nicht die Bedeutung, daß ... die Verwendung für jeden anderen Zweck jedermann freistehe, Blatt 5 (1899), 308. — Durch Gebrauchsmuster geschützt ist ein Gardinenband mit Schnurschlingen, die fest mit dem Bande verbunden sind. Der Beklagte stellt ein Knopfband in ähnlicher Gestaltung her, bei dem die Schlingen zum Durchstecken von Knöpfen dienen. Verletzung ist bejaht, da die Form dieselbe

ist; der angegebene Zweck „für Gardinen", nicht zum „Anknöpfen", ist unerheblich; Blatt 9 (1903), 43. Hier tritt zum ersten Male die Regel von der „Gleichartigkeit der Zwecke" hervor. Offenbar waren die Abweichungen in der Verwendung ganz gering und konnten gegenüber der Neuheit der Gegenstände nicht von Bedeutung sein, wenn auch die Erfindungshöhe jedenfalls im zweiten Beispiele selbst sehr klein war. — 264992 schützt ein Verfahren zum Trocknen von „Milch u. dgl." durch Vernebelung der Milch in heißer Luft. Ein anderer benutzt dasselbe Verfahren zum Eindicken oder Eindampfen von Lösungen usw. Kein Zweifel, daß Verletzung trotz des abweichenden Zweckes vorliegt, falls das patentierte Verfahren oder die Vorrichtung an sich neu waren. Auch hier nur geringe Änderung in der Zweckverwendung (das zweite Verfahren war übrigens auch patentiert worden 296388, also Abhängigkeit dieses Patents; Urt vom 2. 7. 19, I 325, 365/1917). Fälle der mechanischen Technik — an sich möglicher Art —, in denen die Wichtigkeit der neuen Zweckverwendung die Wichtigkeit eines patentierten neuen mit vollem Gebrauchswert begabten Gegenstandes so sehr überragt, daß keine Verletzung vorliegt, sind einstweilen nicht hervorgetreten.

Ganz anders liegt nun aber in dieser Richtung die Sache bei vielen Patenten der Chemie oder der physikalischen Chemie. Hier spielt die Zweckverwendung nicht selten eine entscheidende Rolle (zutreffend RG 22, 17). Am klarsten ist das bei den Katalysatoren. Zahlreiche Mischkatalysatoren (Mischungen von zwei Metallen oder dgl.) sind für die Ammoniaksynthese patentiert. Sie können, weil Mischungen (§ 1 A 145), durch Sachpatent geschützt werden. Würde die gleiche Mischung für die Herstellung z. B. von Methylalkohol als Katalysator verwandt, so wäre das eine andere unabhängige Erfindung. Ebenso wenn ein Verfahren für die Schmelzelektrolyse von Natrium patentiert wäre und ein anderer finden würde, daß dasselbe Verfahren sich auch für die Herstellung von Kalzium eignet. In solchen Fällen sind die Verfahrensarten individuell, z. B. für die Herstellung von Kalium nicht ohne weiteres geeignet. — 225282 schützt ein Verfahren zum Entlaugen von Gewebe, das beim Merzerisieren mit Natronlauge getränkt ist, dad. gek., daß man es — vor der Einwirkung von Dampf — mit laugehaltigem Wasser benetzt. Der Zweck dieser Benetzung war, die Bildung schädlicher Oxyzellulose zu verhindern. (Das hat zwar in der Urteilsbegründung keinen klaren Ausdruck gefunden, ergibt sich aber aus den Vorarbeiten zum Urteil.) Der Beklagte hat auf eine Vorrichtung Schutz erhalten (215045; spätere Priorität trotz der kleineren Nummer), durch die in gleicher Weise das Gewebe mit laugehaltigem Wasser benetzt wird. Er hat als Zweck die Wiedergewinnung der zum Merzerisieren gebrauchten Lauge angegeben; er kann und will aber die Bildung von Oxyzellulose nicht verhindern, weil nach seiner Einrichtung die Flüssigkeitsschicht auf dem Gewebe dazu zu dünn ist. Wegen der abweichenden Zweckbestimmung ist Abhängigkeit seines Patents verneint (Urt vom 11. 11. 14, I 150/1914). — Freilich gibt es auch auf diesem Gebiete Vorrichtungen, bei denen eine andere Anschauung Platz greifen muß. Zahlreiche Patente sind auf Diaphragmen für die Elektrolyse von Flüssigkeiten erteilt. Bei diesen war vorauszusehen, daß sie verschiedenartige Verwendung finden können. Deshalb wird Verletzung oder Abhängigkeit gegeben sein, wenn ein patentiertes Diaphragma für die Elektrolyse von Lösungen neu verwendet wird, für die es bisher noch nicht verwendet worden ist. Es wird immer darauf ankommen, wie stark die Neuheit und die Bedeutung der ersten Erfindung gegenüber der neuen Verwendung ist und wieweit eine zweite Verwendungsmöglichkeit vorauszusehen war.

9. Von wesentlich anderen Gesichtspunkten aus ist die Rechtslage anzusehen, wenn nicht eine Erfindung mit vollem eigenen Gebrauchswert patentiert ist, sondern eine Vorkehrung, die ihrem Wesen nach nur darauf zugeschnitten ist, mit anderen Vorkehrungen zusammen, also als Teil eines größeren Komplexes zu wirken. Zu denken ist vor allem an ein einzelnes Konstruktionselement einer Maschine, eines Mechanismus. Es liegt auf der Hand, daß eine solche Vorkehrung in viel engerem Zusammenhange mit der Vorrichtung, dem Verfahren steht, für das sie erdacht ist. Das ist in allen Ländern anerkannt; es ist scharf formuliert z. B. in einem englischen Urteil Rep. of Pat. Cases Bd. 11 S. 574: es gibt kein Patent für die äußere Form des Elements eines Mechanismus außerhalb des Gebrauchs, für den es bestimmt ist. — Zahlreiche Entscheidungen sind in Deutschland über derartige Fälle ergangen.

158033 schützt ein Verfahren zur Befestigung von Leitvorrichtungen in Turbinen, dad. gek., daß die Leitapparate nicht am Gehäuse, sondern an eingebauten Zwischenkörpern angebracht sind und daß die letzteren an möglichst neutralen Stellen des Gehäuses befestigt sind. Der im Anspruch angegebene Zweck war, die durch die Erwärmung gegebenen Ausdehnungen der Teile so zu leiten, daß die bewegten und die unbewegten Teile bei Erwärmung und der dadurch hervorgerufenen Ausdehnung sich nicht gegenseitig hindern. Der Beklagte hatte an seiner Turbine eine ähnliche Vorkehrung angebracht, aber zu einem anderen Zwecke. Das Reichsgericht äußerte: im ganzen genommen wird also der Zweck des Patents vom Beklagten keineswegs erreicht, und zwar auch nicht zu einem Teile . . . Mit Recht (ist) . . . darauf hingewiesen, daß die Merkmale der Konstruktion, die, folgerichtig im Sinne des Patents durchgeführt, dessen Bedingungen erfüllen würden, hier einen ganz anderen Zweck haben, nämlich den . . . die Turbinen möglichst kurz und gedrungen zu halten . . . Da es sich hierbei . . . um eine bekannte Einrichtung handelt, bei der der Zweck des vorliegenden Patents bestenfalls nur ganz unvollkommen erreicht wird, so durfte auch aus diesem Grunde angenommen werden, daß die Konstruktion nicht in den Bereich des Patents einbezogen werden sollte (Urt vom 4. 3. 14, I 217/1913). — 147687 schützt die Reinigung der Durchgangsöffnungen von Kondenswasserstauern für Dampfheizungen ohne Unterbrechung des Betriebs. Der Beklagte bezweckt mit seiner äußerlich ähnlichen Vorrichtung nicht eine Reinigung, sondern vielmehr die eigentümliche Bauart eines Kondenswasserstauers, die dem jeweiligen Bedürfnisse durch Veränderung der Drosselungsöffnungen entgegenkommen soll. Durch diese Veränderungen erfolgt zum Teil von selbst eine Reinigung. Darin liegt keine Aneignung der patentierten Erfindung; mag deren Zweck auch zum Teil mit erfüllt werden, Blatt 17 (1911), 15. — 183563 schützt einen (doppelwandigen) Gärbehälter aus Metall dad. gek., daß Innenmantel und Außenmantel . . . aus Metall bestehen und durch Hartgummi oder andere den elektrischen Strom nicht leitende Stoffe isoliert sind. Der Beklagte schützt seinen (einfachwandigen) Gärbottich gegen das umgebende Mauerwerk durch einen Goudron- (Teer-) Anstrich, der gleichfalls den elektrischen Strom nicht leitet; aber die Zwecke waren verschieden; der Kläger glaubte, daß elektrische Ströme zwischen den beiden Metallmänteln entständen und auf den Gärvorgang schädlich wirkten, was er durch die nicht leitende Zwischenschicht verhindern wollte; der Beklagte hatte seinen Aluminiumbottich in Mauerwerk gesetzt und wollte durch den Goudronanstrich schädliche Einflüsse des alkalischen Mauerwerks auf das Aluminium hindern. Weil er einen Anstrich anwandte, der Elektrizität nicht leitet, wurde er vom Kläger wegen Patentverletzung in Anspruch genommen. Die Klage ist wegen des abweichenden Zweckes abgewiesen (Urt vom 23. 6. 20, I 233/1919). — Bei diesen letzten Beispielen tritt hervor, daß die aus der neuen Zweckverwendung sich ergebende technische Wirkung erheblich andersartig ist, ein Moment, das gegen die Einbeziehung der Verwendung in den Schutzbereich des Patents spricht.

Es folgen zwei Urteile mit ähnlichem, einfachem Tatbestand, die zu entgegengesetzten Entscheidungen geführt haben. — 203057 schützt u. a. eine Ausführungsform (einer Seemine mit Glasaufsatz, der beim Anstoße eines Schiffes zerbricht und der Zündflüssigkeit Eintritt ins Innere der Mine gestattet), dad. gek., daß im Innern der Fortleitungsrohre Siebe zum Festhalten der Glastrümmer angeordnet sind. Auch der Beklagte hatte ähnliche siebartig durchlöcherte Ebonitplatten. Deren Zweck war, einerseits eine Spiralfeder zu halten und andererseits Kurzschluß zwischen dieser Feder und dem Element zu verhindern. Wegen dieser Verschiedenartigkeit der Zwecke hat das Reichsgericht Verletzung verneint und geäußert: allerdings sammelten sich auch bei der Anordnung des Beklagten die Glassplitter auf der Platte. Dabei handelte es sich aber lediglich um eine Nebenwirkung, die nicht vermieden werden könne, für den ordnungsmäßigen Gang der Vorrichtung aber bedeutungslos sei (Urt vom 14. 4. 20, I 116/1919). — Hier ist also ebenso entschieden wie in den vorigen Beispielen; eine neue unselbständige Einrichtung, die aber anderen Zwecken dient, weshalb keine Verletzung vorliegt. Anders GewR 20 (1915), 168. 248038 schützte einen Filterpressenrost für Bier . . ., dad. gek., daß die Rippen in der Nähe des Rahmens Erhöhungen aufweisen zum Zweck, die Pressung der benachbarten (d. h. anliegenden) Filterschicht auf ihren Rand zu beschränken. Auch die Einrichtung des Beklagten hat Erhöhungen an den Rippen; Pressung der Filterschichten kam nach der Bauart nicht in Frage; der Zweck war, die Schichten zu stützen und das Austreten von Faserteilchen zu verhindern. Das Reichsgericht führte aus, die Vorrichtung des Patents sei völlig neu; der Schutzbereich umfasse „daher" jegliche Verwendung der Vorrichtung bei ihrem bestimmungsgemäßen Gebrauch. Daß als Zweck angegeben werde, der Rost solle die Pressung der benachbarten Filterschichten auf den Rand beschränken, ändere hieran nichts. Damit werde nur erklärt, worin in erster Linie der technische Fortschritt erblickt werde. Wenn der Erfinder andere Brauchbarkeiten der Vorrichtung nicht erkannt hätte, würde das den Umfang des Schutzbereichs nicht schmälern. Die Gestaltung des Rostes der Beklagten sei wesentlich gleich, ihre Wirkungsweise allerdings etwas anderes. Verletzung liege trotz der anderen Funktion vor. — Von Interesse sind die abweichenden Urteile der Vorinstanzen a. a. O. S. 165ff, in denen Verletzung verneint wurde, weil die Erhöhungen bei dem Beklagten die erwähnte andere Funktion ausübten. — Der Gegensatz in der Anschauungsweise liegt zutage. Was ist der Grund? Wenn im letztgenannten

Urteil angeführt ist, die Bauart des Patents sei völlig neu, so kann das nicht entscheidend sein; denn das war in allen übrigen Beispielen auch der Fall. Anzunehmen wird sein, daß maßgebend gewesen ist einmal die äußerlich gleiche Gestaltung der Vorrichtungen und zweitens der Umstand, daß der Unterschied in Zweck und Wirkung verhältnismäßig nicht bedeutend war, Regel von der „Gleichartigkeit der Zwecke". Übrigens scheint die Entscheidung im Reichsgericht selbst nicht als ganz sicher angesehen zu sein. In einem späteren Streite über dasselbe Patent und dieselbe Verletzung (I 274/1914, Urt vom 25. 1. 15) hat das Reichsgericht den Anspruch auf Schadensersatz abgewiesen und geäußert: daß die Frage der objektiven Patentverletzung höchst zweifelhafter Natur war, wird (vom Berufungsgericht) mit Recht schon daraus gefolgert, daß zwei Instanzen anders entschieden hatten. — Der Gegensatz dieses Urteils gegen die übrigen läßt sich in der Tat nicht verkennen. Er zeigt, daß in der Bedeutung einer veränderten Zweckverwendung manches vom Ermessen abhängig ist.

10. Für die in dieser Anmerkung behandelten Regelfälle ergeben sich aus den angeführten Beispielen folgende Leitsätze über die Bedeutung einer neuen Zweckverwendung in Verletzungsfragen. Es sind dies also Leitsätze, keine feste Regeln. Sie geben an, welche Folgerungen aus den einzelnen typischen Tatbestandsmomenten zu ziehen sind. Da viele Fälle solche Momente mit entgegengesetzten Folgerungen aufweisen, muß in jedem einzelnen Falle entschieden werden, auf welcher Seite das Übergewicht liegt.

a) Ist eine neue Vorrichtung mit selbständigem vollem Gebrauchswert geschützt, so spricht eine Vermutung dafür, daß alle neuen Zweckverwendungen unter das Patent fallen.

b) Enthält das Patent auf die soeben erwähnte neue Vorrichtung eine Selbstbeschränkung auf eine einzelne Zweckverwendung, so tritt jene Vermutung nicht ein. Dann sind gegeneinander abzuwägen auf der einen Seite die Bedeutung und Größe der Sacherfindung und die etwa von Anfang an vorauszusehende Möglichkeit verschiedener Verwendung derselben, auf der anderen Seite die Bedeutung der neuen Zweckverwendung, Ähnlichkeit der Zwecke oder aber überwiegende Bedeutung des neuen Zweckes.

c) Schützt das Patent neue unselbständige Elemente einer komplexen Vorrichtung, so tritt gleichfalls jene Vermutung nicht ein; die verschiedenen Momente sind wie zu b gegeneinander abzuwägen.

d) Bringt die neue Zweckverwendung eine wesentlich andere Wirkung hervor, so spricht eine Vermutung dafür, daß die Verwendung nicht unter das Patent fällt.

e) Unterscheidet sich die neue Zweckverwendung in ihrer äußerlichen Verkörperung in nichts vom Patent, handelt man also ebenso wie nach dem Patent, nur mit einem anderen Zweck als Motiv, so fällt die Verwendung der Regel nach unter das Patent.

f) Bei Erfindungen der Chemie und der physikalischen Chemie spricht eine Vermutung dafür, daß die Verwendung nicht unter das Patent fällt. Anders, wenn es sich dabei um mechanisch wirkende Arbeitsmittel handelt, etwa um Diaphragmen, Kompressoren usw.

g) Nach keiner der beiden Seiten läßt sich verwerten, ob die neue Zweckverwendung patentiert ist.

In Zweifelsfällen wird meistens den schließlichen Ausschlag zu geben haben die Größe der technischen und wirtschaftlichen Bedeutung des Patents einerseits, der neuen Zweckverwendung andererseits.

Im Vorstehenden ist die Bedeutung einer abweichenden Zweckverwendung dargelegt. Anm. 92. Andererseits kann die **Gleichheit des Zweckes trotz vorhandener Abweichungen** in der Gestaltung, der Betriebsart usw. von Einfluß sein. Erreicht die vom Patentinhaber beanstandete Form denselben Zweck, wie das Patent, so wird die Verletzung häufig nicht dadurch aufgehoben, daß die Form in der Ausgestaltung, sei es einer Vorrichtung, sei es eines Verfahrens abweicht; sicherlich nicht, wenn die Abweichung gering ist: ein amerikanisches Patent schützt eine Legierung von Nickel und einem Metall der Chromgruppe für (elektrische) Widerstände. Das Patent wird durch die Verwendung der gleichen Legierung unter Hinzufügung eines geringen Betrags von Eisen und Mangan verletzt, falls letztere nur in solchen Mengen hinzugefügt werden, daß die Widerstandswirkung nicht verändert wird (Fed. Rep. Bd. 212, S. 422). — Unter Umständen ist die Verletzung auch durch größere Abänderungen nicht beseitigt. Erreicht auch der Beklagte den Zweck, den das Patent sich vorgesetzt hatte, so kann dieser Umstand zeigen, daß die Abweichungen in der Gestaltung des Verfahrens oder der Vorrichtung oder in der Betriebsart nicht von erheblicher Bedeutung sind. — 113430 schützt eine Röntgenröhre mit einer durch Wasser gekühlten Antikathode, dad. gek., daß die Antikathodenplatte den Boden eines Glasgefäßes bildet, welches das Kühlmittel (Wasser) aufnimmt zum Zwecke, während der Arbeit eine elektrische Verbindung der Antikathode mit der Erde durch einen zu- und abfließenden Kühlmittelstrom zu vermeiden. (Bei Kühlung mit fließendem Wasser tritt unter Umständen Kurzschluß ein und die Röhre wird durchschlagen.) Der beklagte Verletzer schmilzt die Antikathode nicht nach der Vorschrift des Patents in das Glasgefäß ein, schmilzt in dasselbe vielmehr eine kurze Kupferröhre ein, auf die er die Antikathode auflötet. Das Reichsgericht hat anerkannt, daß die Anordnung des Beklagten eine Verbesserung enthalte und daß sie deshalb, wenn von dem Zwecke abgesehen werde, nicht unter das Patent fallen würde. Aber der Zweck könne nicht außer Augen gelassen werden, und deshalb liege Verletzung vor, da ein Gefäß mit stehendem Wasser zum gleichen Zwecke benutzt werde (Urt vom 15. 2. 13, I 126/1912). — 217122 schützt eine Schaltungsanordnung für selbsttätige Fernsprechsysteme, dad. gek., daß ein dritter Leitungsdraht angebracht ist. Das Reichsgericht hat ausgelegt, das Patent sei dahin zu verstehen, daß durch diesen Draht ein Dauerstrom geschickt werden solle. Der Beklagte schickt nicht während der ganzen Dauer eines Gesprächs Strom hindurch, sondern nur zu Anfang und zu Ende jedes Gesprächs je einen Stromstoß. Der vom Patent verfolgte Zweck war, durch den dritten Draht einen Strom zu schicken, damit dieser einen Elektromagneten beeinflusse, der die vom Vorwähler ausgesuchte Leitung gegen Störungen durch andere Teilnehmer so lange sperrt, als das Gespräch dauert. Dieser Zweck wird auch durch die zwei Stromstöße des Beklagten erreicht; deshalb ist angenommen, daß der Beklagte in den Schutzbereich des Patents eingreift. Die Anbringung einer dritten Leitung war an sich bekannt; nur die geschilderten Betriebsarten waren — immerhin nicht unerheblich — verschieden; wegen der Gleichheit des erstrebten Zweckes ist ein Eingriff in das Patent als vorliegend erachtet (Urt vom 31. 5. 24, I 176/1923). — Andererseits MuW Jahrg. 13 S. 548: 149437 schützt eine Einrichtung zur Beleuchtung mit elektrischen Glühlampen. Das Reichsgericht hat angenommen, daß die Einrichtung des Beklagten sich erheblich unterscheidet und hat ausgeführt: fallen die von dem Beklagten hergestellten Lampen nicht unter das Patent, so ist es völlig gleichgültig, welche Zwecke der Beklagte dabei verfolgte und ob er auch die Vorteile des Patents, bessere Lichtwirkung, höhere Stromausbeute, herbeiführen wollte und erzielt hat. — Hier ist also der Unterschied der beiden Einrichtungen für so groß erachtet, daß die Gleichheit des Zweckes demgegenüber nicht verfängt. — Endergebnis: Gleichheit des Zweckes neben äußerlichen Abweichungen kann die Frage der Verletzung zugunsten des Patents verschieben.

Abschnitt VIII.

Einzelne Erfindungen.

Anm. 93. **Konstruktion im technischen** Sinne ist die Ausarbeitung der Einzelanweisungen, die nötig sind, um den technischen Plan einer Vorrichtung, einer Maschine in die Wirklichkeit umzusetzen. Diese Arbeit wird in den Konstruktionsbureaus geleistet. Sie haben die Einzelanweisungen festzustellen, Formgebung, Größenverhältnisse, die Wahl des Materials zu bestimmen, die Werkstattzeichnungen herzustellen. Für die Ausarbeitung der Einzelheiten eines Verfahrens ist in der Technik der Ausdruck Konstruktion weniger gebräuchlich. In der Regel übersteigt diese Arbeit nicht die Fähigkeiten eines Ingenieurs von Durchschnittsmaß, des Konstrukteurs. Dadurch ist es gekommen, daß im Patentrecht unter Konstruktion nur dasjenige verstanden wird, was der Durchschnittstechniker leisten kann, also eine Arbeit, die nicht der Aufwendung erfinderischer Kraft bedarf. — Nun kann die Sache auch ganz anders liegen. Die Durchkonstruktion eines Flugzeugs, einer Röntgenröhre kann so schwierig sein, daß sie nur dem erfinderischen Kopfe gelingt. Ebenso auf chemischem Gebiete. Bosch (Zeitschrift für Elektrochemie 1918, S. 361) hat darauf hingewiesen, welche großen Schwierigkeiten zu überwinden sind bei der Handhabung großer Mengen gasförmiger Körper, beim Auskristallisieren großer Mengen von Lösungen, bei der Trennung fester, flüssiger, gasförmiger Körper. Derartige Technik, die man für rein konstruktiv halten möchte, wächst sich vielfach zu einem Wissenszweige aus, der hohe Geisteskräfte in Anspruch nimmt. In allen solchen Fällen liegt in der Bewältigung konstruktiver Schwierigkeiten zweifellos ein erfinderisches Verdienst, das unter Umständen von erheblicher Höhe sein kann, und das Patentschutz genießen muß. Das Angeführte zeigt schon, daß die Grenze zwischen Erfindung und Konstruktion mit der Zeit wechseln kann. Wer zum ersten Male ein Verfahren ersonnen hat, aus Gasmischungen, die dauernd in Röhren zirkulieren, den geringen Gehalt an einem in der Gasmischung entstandenen, neuen Produkt herauszuschaffen, hat zweifellos eine patentfähige Erfindung gemacht. Ist diese Manipulation Allgemeingut geworden, dann liegt in ihrer Anwendung auf ähnliche Fälle nur noch eine Konstruktion. Besonders auf neuartigen Gebieten tritt diese Grenzverschiebung häufig hervor. In der Patentlehre wird vielfach darüber geklagt, daß der Begriff der Konstruktion unklar sei. Ein Hauptteil der Verwirrung rührt daher, daß im Einzelfalle nicht ersichtlich ist, ob Arbeit des Konstruktionsbureaus gemeint ist, also eine ihrer Art nach spezialisierte Arbeit, die zwar in der Regel nicht erfinderisch ist, unter Umständen aber erfinderisch sein kann, oder aber eine Arbeitsleistung, von der positiv ausgesagt werden soll, daß sie keinen erfinderischen Charakter hat. Das muß natürlich klargestellt werden. Es ist dringend zu wünschen, daß diese in der patentrechtlichen Sprache nun einmal leider vorhandenen verschiedenen Bedeutungen des Ausdrucks Konstruktion scharf auseinandergehalten werden. Ob im Einzelfalle die konstruktive Arbeit erfinderisch ist, kann natürlich nicht nach Rechtsregeln entschieden werden, sondern ist Sache der Feststellung durch Sachverständige.

Als Sache der Konstruktion werden in der Regel angesehen: die Auswahl des geeigneten Materials (A 98), Formgebung und Dimensionierung (A 99), der Ersatz einzelner Teile durch ihre technischen Äquivalente (A 28, 9), Übertragung einer Maßnahme aus einem anderen Gebiete (A 94), kinematische Umkehrung (A 28, 10), Anwendung analoger chemischer Verfahren (A 135) usw. Unter besonderen Umständen kann aber in all diesen Fällen Patentfähigkeit gegeben sein. Davon wird in den A 94ff gehandelt.

A. **Übertragung.** Darunter wird verstanden, Arbeitsmittel oder Verfahren auf einem neuen Gebiete zu verwenden, die auf einem anderen Gebiete bereits verwandt worden sind. **Anm. 94.** Der Ausdruck ist unglücklich gewählt, weil er zu eng ist. Denn unter Übertragung kann man nach Sprachgebrauch nur eine bewußte und gewollte Übertragung verstehen. Die für diese geltenden Regeln finden aber auch dann Anwendung, wenn der Erfinder nicht wußte, daß sein Arbeitsmittel oder sein Verfahren bereits auf einem anderen Gebiete Verwendung gefunden hatte. Ein Ausdruck, der beides umfaßt, hat sich im deutschen Patentrecht nicht eingebürgert. Die Engländer gebrauchen dafür die Ausdrücke double use oder analogous use (doppelter oder analoger Gebrauch); doch wird damit in der Regel nur eine Übertragung bezeichnet, die nicht patentfähig ist. Übertragen werden können nur Arbeitsmittel und Arbeitsverfahren; die Übertragung eines Arbeitserzeugnisses ist begrifflich ausgeschlossen. Zahlreiche Beispiele von Übertragungen finden sich § 1 A 32 Nr 13—28 angeführt.

Daß es sich um eine Übertragungserfindung handelt, wird im Patentanspruch nicht zum Ausdruck gebracht, wohl aber nicht selten in der Patentbeschreibung. Der Anspruch wird gefaßt, als ob die Vorkehrung nicht schon auf einem anderen Gebiete bekannt wäre.

Im Folgenden wird erörtert werden, wann eine derartige Übertragung patentiert werden kann. Zwei Punkte sind vorweg zu bemerken. 1. Ist die übertragene Maßnahme mehr oder weniger allgemein bekannt gewesen, gleichwohl aber bisher nur auf einem bestimmten Gebiete angewandt worden, z. B. irgendein bekannter Bewegungsmechanismus, dann liegt überhaupt keine Übertragung vor; es wird in solchem Falle nicht aus jenem anderen Gebiet übertragen, sondern aus dem allgemein zugänglichen Erfahrungsschatz geschöpft. Natürlich kann unter Umständen auch derartiges patentierbar sein (nur nicht als Übertragung). „Daß die Anwendung eines bekannten Maschinenelements bei einer bekannten Maschine auf einer Erfindung beruhen kann (wenn nämlich Fortschritt und Erfindungshöhe gegeben sind), ist anerkannten Rechtes" (PA Entsch vom 2. 12. 13, vgl. § 1 A 28 Ziff. 8). — 2. Möglich ist weiter, daß die übertragene Maßnahme ihrerseits bereits patentiert war. In solchem Falle ist ein Übertragungspatent nur dann zulässig, wenn die Anwendung auf dem neuen Gebiete nicht schon in den Schutzbereich des älteren Patents fällt, also wenn die Übertragung auf das neue Gebiet erfinderische Kraft erforderte oder wenn bei der Übertragung technische Schwierigkeiten zu überwinden waren (vgl. § 4 A 48). Ist die bereits patentierte Maßnahme bei der Übertragung verbessert, so ist stets ein (abhängiges) Verbesserungspatent möglich. War in dem älteren Patente nur die Anwendung einer damals bereits bekannten Maßnahme geschützt, so kann die Anwendung der Maßnahme auf einem anderen Gebiete, falls sie erfinderisch ist, patentiert werden; das Patent ist dann unabhängig, § 4 A 62d. — Daß die Übertragung einer patentierten Vorkehrung auf ein anderes Gebiet patentfähig sein kann, zeigt ein weiter unten C d angeführtes „Beispiel" 124 859 schützt die Vorrichtung einer Walzendruckmaschine für Gewebe; die Übertragung der Vorrichtung auf das Gebiet des Illustrationspapierdrucks ist später durch 278 721 geschützt worden, welches Patent im Nichtigkeitsverfahren aufrechterhalten ist.

B. Die herrschende Rechtsprechung erkennt eine Übertragung als patentfähig an:

1. wenn schon die Stellung der Aufgabe, die Übertragung vorzunehmen, erfinderisch war. Das ist besonders der Fall, wenn die Übertragung aus einem fernliegenden Gebiete erfolgte, wofür häufig kennzeichnend ist, ob die beiden Gebiete von derselben Art von Sachverständigen beherrscht werden. Keine erfinderische Übertragung, wenn ein bekanntes Verfahren und eine Vorrichtung, Sahne zur Herstellung von Speiseeis zum Gefrieren zu bringen, verwandt wird, um Fische durch Kälte zu präservieren; wenn Einrichtungen einer Dampflokomotive auf elektrische Lokomotiven übertragen werden u. dgl. Diese Gebiete sind nah verwandt.

2. wenn Schwierigkeiten bei der Übertragung zu überwinden sind. Das ist besonders dann häufig der Fall, wenn auf dem alten Gebiete das Prinzip des Mechanismus bekannt war und die Übertragung eine neue Ausführungsform erforderlich macht. Diese Umarbeitung muß aber erfinderische Eigenschaft besitzen und darf nicht so sein, daß jeder Ingenieur von Durchschnittsbefähigung sie leisten kann;

3. wenn die Übertragung auf dem neuen Gebiete einen nicht vorhersehbaren, erheblicheren Erfolg herbeiführt. Dazu ist folgendes zu bemerken. Neuer Erfolg liegt auf dem Gebiete des Fortschritts, während bei Übertragungen die zweifelhafte Frage in der Regel die der erfinderischen Qualität ist, wie bei Ziff 1 und 2 der Fall. Allerdings wird häufig anzunehmen sein, daß zur Übertragung Erfindergeist erforderlich war, wenn ein durch die Übertragung herbeigeführter großer Fortschritt bisher nicht verwirklicht worden war. So ist in England angenommen, daß die Übertragung eines für das Löten von Aluminium bekannten Flußmittels (das die schädlichen Oxyde des Metalls entfernt) auf das Schweißen von Aluminium erfinderisch war, weil das Schweißen desselben sich damals noch nicht mit befriedigendem Erfolge ausführen ließ (Rep. of Pat. Cases 1922, 296). Andererseits: LeipzZ 2, 602 Ziff 40 ist ein Fall angeführt, in dem eine Übertragung, weil sie aus verwandtem Gebiet erfolgte und nahelag, für nicht erfinderisch und nicht patentfähig erklärt ist, trotzdem sie sich auf dem neuen Gebiet vorteilhaft erwies.

Ganz ähnliche Grundsätze wie vorstehend 1—3 hat in Nordamerika der leitende Fall Potts gegen Creager (U. S. Bd. 155 S. 597) aufgestellt. Ebenso das englische Recht (Fl. Moulton S. 25); mit manchen Beschränkungen auch ähnlich das französische Recht (Pouillet Nr 44f).

C. Trotz dieses consensus gentium sind weitere Bemerkungen anzufügen.

a) Keine Übertragung liegt vor, wenn die Wirkungsweise, die Funktion der übertragenen Vorkehrung auf dem neuen Gebiete eine andere ist. Also keine Übertragung, wenn ein Verfahren, Stoffe mit Zinnchlorür zu behandeln, auf dem alten Gebiet als Reduktionsmittel (um Sauerstoff zu entziehen) benutzt wurde und auf dem neuen Gebiet benutzt werden soll, um die Stoffe mit Zinn zu verbinden. Ebensowenig Übertragung, wenn die Ummantelung eines Apparats mit Ebonit auf dem alten Gebiete dazu diente, ihn elektrisch zu isolieren, und auf dem neuen Gebiete dazu dienen soll, ihn vor der schädlichen Einwirkung von Säuredämpfen zu schützen. Beide Male liegen Funktionsänderungen vor. Anders, wenn eine Maschine, die gebaut war, um Roßhaar, Seegras u. dgl. zu zupfen, jetzt zu dem Zwecke verwandt wird, Papier zu zerreißen (§ 1 A 32 Nr 16). Hier liegt keine Änderung in der technischen Wirkungsweise der Maschine; sie wird nur auf einen anderen Stoff angewandt, deshalb ist Übertragung gegeben.

b) Weiter ist es keineswegs so, daß jedesmal, wenn eine Übertragung Schwierigkeiten macht, schon deshalb eine patentfähige Erfindung vorliegt. Es muß weiter auch Fortschritt, Neuheit, Erfindungshöhe gegeben sein. Bietet die Übertragung keinen Fortschritt technischer oder wirtschaftlicher Art, so ist sie nicht patentfähig, einerlei ob sie Schwierigkeiten machte, aus entlegenen Gebieten erfolgte usw.

c) Weist die Übertragung Fortschritt auf, so kann die Erfindung schon aus anderen Gründen — ohne Rücksicht auf ihren Charakter als Übertragung — patentfähig sein, z. B. wenn die übertragene Vorrichtung mit einer anderen Vorrichtung kombiniert wird und diese Kombination an sich schutzfähig ist, Blatt 2 (1896), S. 239, Sp. 1.

d) Hinsichtlich der Erfindungshöhe einer Übertragung ist weiter folgender wichtiger Punkt, der in vielen Fällen entscheidend ist, zu beachten. Die Sache kann so liegen, daß auf dem neuen Gebiete an die Eigenschaften und Wirkungen der übertragenen Vorkehrung dieselben Anforderungen gestellt werden, wie auf dem alten Gebiete. Es ist klar, daß dann das Vorliegen von Erfindungshöhe vielfach zweifelhaft sein kann. Man wird in solchen Fällen nicht allzu leicht dazu übergehen dürfen, Erfindungshöhe nur um deswillen zu bejahen, weil die Vorkehrung bisher nur auf einem nicht nah verwandten Gebiete benutzt wurde. Eine gewisse Übersicht über Gebiete, die analoge Anforderungen stellen, muß heutzutage auch dem durchschnittlichen Sachverständigen zugetraut werden. Allerdings ist die Beurteilung Sache des einzelnen Falles: auf dem Gebiete der Gasgeneratoren ist das Gebiet der möglichst großen Wärmeausnutzung weitgehend durchgeführt. Dagegen war die Bauart von Gasringöfen zum Brennen von keramischen Gegenständen, Kohleelektroden u. dgl. in dieser Hinsicht weit zurückgeblieben. Die Hitzekanäle wurden noch vielfach an der Außenseite der Brennöfen geführt, so daß wertvolle Wärme nach außen verloren ging. Die Umgestaltung der Bauart gemäß den bei Generatoröfen u. dgl. entwickelten wärmetechnischen Prinzipien ist in diesem Falle noch für patentfähig erklärt worden (Urt vom 23. 3. 27, I 360/1925). — Die Sache liegt anders, wenn auf dem neuen Gebiete andere Anforderungen gestellt werden, und nun gefunden wird, daß die Vorkehrungen des alten Gebiets nach ihrer Art auch diesen Anforderungen genügen; in solchen Fällen wird man geneigt sein, ohne weiteres Erfindungshöhe anzunehmen. Ein bekannter Brenner für Leuchtgas wurde auf das Brennen von Azetylen übertragen; die Anforderungen waren erheblich andere, weil Azetylen stark rußt, deshalb Erfindungshöhe (JW 1902, 399); ebenso ist die Übertragung einer Vorrichtung an Rotationsmaschinen für mehrfarbigen Zeugdruck (124859) auf Rotationsmaschinen für mehrfarbigen Illustrationsdruck (278721) für erfinderisch erachtet, weil hier die Anforderungen an Präzision des Druckes erheblich gesteigerte sind (I 42/21, Urt vom 4. 11. 22).

D. Gutes Beispiel einer Übertragung: eine Maschine, die zum Zerkleinern von Getreidekörnern bestimmt war, wird verwandt, um Tonmassen zu zerreißen, RG Blatt 23 (1917), 20; weiter Blatt 20 (1914), 132.

Beispiele der Würdigung von Übertragungen: das Patentamt hat in der Übertragung eines bekannten Verfahrens eine Erfindung erblickt, weil man nicht ohne weiteres habe schließen können, daß das Übertragene sich auf dem neuen Gebiete bewähren werde, und weil die Übertragung einen wesentlichen technischen Erfolg erzielt habe. Beides genügt nicht, um eine patentfähige Erfindung anzunehmen. Vielmehr ist eine Übertragung nur dann erfinderisch, wenn gewisse Schwierigkeiten zu überwinden waren, und wenn diese Überwindung ein erfinderisches Verdienst enthält, und in der Art, wie sie überwunden werden, ein erfinderisches Verdienst zu finden ist (RG JW 1906, 363).

Hier ist — der jetzigen Anschauung widersprechend — nicht anerkannt, daß schon in dem Übertragungsgedanken (oben B 1) eine Erfindung liegen kann.

Es ist bekannt, freie Kohle in einer sauerstofffreien, Wasserstoff und Stickstoff enthaltenden Atmosphäre zu vergasen (zu Zyan). Die Übertragung dieses Verfahrens, um gesinderte Glühfäden aus Wolfram für elektrische Glühbirnen von dem enthaltenen Kohlenstoff zu befreien, ist schutzwürdig, da man nicht wissen konnte, ob nicht die physikalischen Eigenschaften des Wolframs dadurch beeinträchtigt würden (I 237/1913. Urt vom 24. 1. 14).

Die erfolgreiche Übertragung einer Maßregel, die sich auf dem alten Gebiet nicht bewährt hatte, auf das neue Gebiet kann erfinderisch sein (RG Blatt 20 (1914), 132).

Die Übertragung der an Explosionsgasmaschinen bekannten Einrichtung von Doppelkolben auf Dieselmotoren lag nicht nahe, trotzdem beide Maschinengattungen eng miteinander verwandt und im allgemeinen die Einrichtungen der einen auch auf die andere anwendbar sind. Aber Gasmaschinen mit Doppelkolben waren zur Zeit der Anmeldung des angegriffenen Patents aus dem Markte verschwunden, hatten also keinen Erfolg gehabt. Deshalb war die Erkenntnis, daß jene Einrichtung gerade für Dieselmotoren vorteilhaft sei, erfinderisch (I 22/1916, Urt vom 1. 11. 17).

Ebenso ist die Übertragung einer in einem verwandten Gebiete nicht allgemein angewandten, vielmehr ziemlich unbekannt gebliebenen Maßregel als schon an sich erfinderisch angesehen, Blatt 21 (1915), 121.

Bei einer Übertragung aus einem ganz nahe verwandten Gebiete, verschiedene Arten von Registrierkassen, ist nur die neue konkrete Form für erfinderisch erachtet, Blatt 17 (1911), 274 Sp. 1.

Endlich ist zu bemerken, daß ein Patent auf die Übertragung eines Verfahrens, nicht eines Arbeitsmittels, den unmittelbaren Erzeugnissen akzessorisch dinglichen Schutz verleiht (vgl. § 4 A 9 Ziff. 1).

Über die Auslegung von Übertragungspatenten vgl. § 4 A 48.

A. Der Begriff der **Anwendungspatente** ist weder in der Rechtsprechung, noch im **Anm. 95.** Schrifttum scharf bestimmt. Eine Anwendungserfindung liegt — zur Unterscheidung von ähnlichen Begriffen — dann vor, wenn es sich um die Verwendung von Stoffen oder Verfahren, seltener von Vorrichtungen in einer neuen Gebrauchsart auf einem praktischen Gebiete handelt. Die Gebrauchsart kann technisch sein, Verwendung synthetischer Farben zum Färben von Wolle, sie braucht es aber nicht zu sein, Verwendung von Zyanamiden zum Düngen, Verwendung gewisser synthetischer Farbstoffe zum Abtöten von Bazillen.

Die „Anwendung" unterscheidet sich also von der Übertragung. Von Übertragung spricht man, wenn eine Vorrichtung, ein Arbeitsmittel, ein Verfahren, das bisher innerhalb eines technischen Verfahrens, innerhalb einer Maschine oder einer zusammengesetzten Vorrichtung verwendet wurden, jetzt in einem anderen technischen Verfahren, einer anderen Maschine oder Vorrichtung Verwendung finden soll (§ 1 A 94). Verwendung zu neuem Zwecke ist der höhere Oberbegriff, der neue Anwendung, Übertragung und noch weiteres (z. B. eine neue Betriebsart einer Maschine) umfaßt (§ 1 A 88f).

Anwendungspatente werden vielfach über die Achsel angesehen; man meint, daß die neue Anwendung eines Stoffes oder einer Vorrichtung häufig keine neuen erheblichen Werte schaffe. Das ist unberechtigt: 152260 Anwendung von Kalkstickstoff zum Düngen war ein außerordentlich bedeutendes und wertvolles Patent. Außer dem eben genannten sind in den letzten Jahren in der Rechtsprechung hervorgetreten u. a. Patente auf Anwendung von Cereisen als Zündsteine für Feuerzeuge, Anwendung von Holzmehl und anderen Stoffen zum Ausstreuen von Backformen, Anwendung von Metallegierungen zu gewissen Gebrauchszwecken, z. B. 304 126 Herstellung von rostfreien Gegenständen durch Verwendung einer an sich bekannten Stahllegierung, u. dgl.

Ist erfunden, einen Stoff zur Herstellung eines körperlichen Gegenstandes oder einer Sache zu verwenden, so wird sehr häufig nicht die Verwendung patentiert, sondern vielmehr der Gegenstand durch Sachpatent geschützt, z. B. Halter für Glühfäden in Glühlampen, dad. gek., daß er aus Molybdän besteht; ebenso 291724 Masse zum Ausstreichen von Gußformen aus Kohlenstoff, Ton usw., dad, gek., daß sie aus (Generatorstaub) besteht. — In Wahrheit liegt die Erfindung in der Verwendung des Molybdäns, des Generatorstaubs. Das Sachpatent wird gewählt, weil man annimmt, daß es weitergehenden Schutz gewähre. Das ist aber ein Irrtum. Auch das Verfahrenspatent auf die Verwendung verleiht den unmittelbaren Erzeugnissen dinglichen Schutz genau wie ein Sachpatent (§ 4 A). Die Eventualität, daß das Erzeugnis nur, wenn gerade in dem patentierten Verfahren hergestellt, Schutz genießt, spielt hier keine Rolle, da eben hier jegliche Verwendung des Stoffes zur Herstellung von Gegenständen durch das Verfahrenspatent geschützt ist (§ 4 A).

B. Die Voraussetzungen des Patentschutzes einer neuen Anwendung sind die folgenden:

1. Die Anwendung muß den Voraussetzungen der §§ 1 und 2 Genüge tun. Sie darf nicht gegen das Gesetz verstoßen; es darf sich nicht um die Anwendung von Chemikalien zur Heilbehandlung des Menschen handeln (§ 1 A 137 a. E.) usw.

2. Die Anwendung muß auf den Gebieten stattfinden, die in den Anmerkungen über gewerbliche Verwertbarkeit gekennzeichnet sind (§ 1 A 11ff). Es genügt also z. B. Anwendung in der Landwirtschaft und Tierzucht, es genügt nicht Anwendung zu rein künstlerischen oder wissenschaftlichen Zwecken, wohl aber in der künstlerischen und wissenschaftlichen Technik.

3. Die Art der Anwendung selbst kann technisch neu sein; sie braucht aber nicht technisch neu zu sein; es genügt, wenn der Gedanke, den besonderen Stoff gerade zu diesem besonderen Zwecke anzuwenden, neu ist. Diese Regel ist in Deutschland allgemein anerkannt und wird allgemein befolgt. Die Verwendung von Kalkstickstoff zum Düngen und von Holzmehl für Backformen war in der Technik nicht neu; man düngte und streute aus wie mit jedem anderen Mittel; nur der Gedanke, jene Stoffe zu diesem Zwecke zu benutzen, war neu. — In England und Nordamerika gilt die entgegengesetzte Regel: die Technik muß neu sein, oder es muß durch die Anwendung ein neues körperliches Erzeugnis hervorgebracht werden. Die nachgesuchten Patente auf die Anwendung von Harnstoffnitrat zum Düngen, auf einen an sich bekannten chemischen Stoff zum Abtöten von Insekten, auf die Anwendung von Cyclohexan als Triebmittel für Hochkompressionsverbrennungsmaschinen sind versagt, weil keine neue Technik vorliege (Mitt 1922, 7; Rep. of Pat. Cases Bd. 31 S. 58; Bd. 32 S. 348; Bd. 38 S. 397). Diese Rechtsprechung wird, wie erwähnt, damit begründet, daß die Anwendung zu einem neuen Zwecke nur dann patentfähig sei, wenn ein neues Erzeugnis erzielt oder das Verfahren umgestaltet und verbessert werde. Es soll also nicht genügen, daß durch die Anwendung ein neues unkörperliches Ergebnis hervorgebracht wird, etwa vorteilhaftere Ausnutzung eines neuen Triebmittels für Motoren. Diese Rechtsprechung erscheint nicht empfehlenswert, denn sie dient nicht zur Förderung der Industrie. Wenn man für bisher unverwertbare Abfallstoffe eine nützliche Anwendung findet, so kann darin eine hohe erfinderische Tat liegen. Neuerdings ist unter Aufrechterhaltung jener Grundsätze in England ein Verfahren zum Schutze der Wolle gegen Mottenfraß durch Verwendung zum Teil bekannter chemischer Stoffe patentiert. Als Grund für die Bejahung der Patentfähigkeit wurde angeführt: in diesem Falle liege eine bleibende Wirkung vor, und es entstehe ein neuer verkaufbarer Artikel, mottenechtes Tuch, GewR 30 (1925), 31.

4. Ein Anwendungspatent darf nicht um deswillen versagt werden, weil die neu anzuwendende Sache patentiert ist. Dem steht nicht etwa die Regel entgegen, daß dem Patentinhaber alle Brauchbarkeiten seiner Erfindung geschützt seien, denn diese Regel gilt nur beschränkt (§ 1 A 90). Das Anwendungspatent kann nur dann versagt werden, wenn die neu erfundene Anwendung bereits Teil des Sach- oder Herstellungspatents ist. Solche Fälle sind nicht häufig. In der Regel liegt die Sache anders. War die Herstellung von Kalkstickstoff geschützt (und damit der nach diesem Verfahren hergestellte Kalkstickstoff selbst geschützt), so kann trotzdem dessen neue Anwendung zum Düngen geschützt werden, da diese Anwendung nicht schon in jenem Verfahren offenbart und ihrerseits erfinderisch war. Die Regel, daß die erfinderisch neue Anwendung eines patentierten Dinges selbst wieder patentfähig ist, muß mit aller Schärfe betont werden, da sie manchmal bestritten wird. Wurde die Gitterröhre patentiert, war aber nur ihre Verwendung zum Empfangen bekannt, so muß ihre neu erfundene Verwendung zum Senden patentiert werden können, trotzdem an sich ein Sachpatent den Gebrauch der Sache einschließt. Andernfalls würde der Patentinhaber die von einem anderen erfundene Verwendung zum Senden für sich beschlagnahmen, was aller Gerechtigkeit Hohn sprechen würde (vgl. § 1 A 89). Die Rechtslage ist dann so, daß der Inhaber des Anwendungspatents die Anwendung des Kalkstickstoffs zum Düngen nicht ausführen kann, wenn er sich nicht Ware verschafft, die sich berechtigt im freien Verkehr befindet. Es liegt also sog. unechte Abhängigkeit (§ 3 A 19) des Anwendungspatents vor. Es liegt keine echte Abhängigkeit vor,

denn das Anwendungspatent macht nicht von dem Erfindungsgedanken des Hauptpatents Gebrauch, weil es sich mit der Herstellung des geschützten Erzeugnisses überhaupt nicht befaßt.

5. Bei manchen Anwendungspatenten liegt das erfinderische Verdienst nicht eigentlich in der Anwendung, sondern in einer Entdeckung, der Entdeckung derjenigen Eigenschaften, die die neue Anwendung ermöglichen. Als entdeckt wurde, daß eine an sich bekannte Stahllegierung besonders rostfrei, säurebeständig usw. ist, lag hierin die Erfindung. Patentiert worden ist, wie oben angeführt, die selbstverständliche Verwendung der Legierung zur Herstellung von Gegenständen, die rostfrei, säurebeständig sein sollen. Der Zwang, die Anwendung zu patentieren, liegt in der herrschenden Regel, daß nicht abstrakte Erkenntnis, sondern nur technische Anweisung patentiert werden kann. In Fällen, wie den vorliegenden, führt die Regel zu Ergebnissen, die dem Wesen der Sache nicht gerecht werden.

6. Nur eines Hinweises bedarf die Möglichkeit, die Anwendung desselben Stoffes, derselben Vorrichtung zu verschiedenen Zwecken in gesonderten Patenten zu schützen. 355610 Nadeln . . . für zahnärztliche Zwecke, dad. gek., daß sie aus einer Chromnickelstahllegierung hergestellt sind; Entsch der NichtAbt vom 12. 5. 27: die Verwendung der Stahllegierung für Schußwaffen usw. legte noch nicht den Schluß nahe, daß sie auch für zahnärztliche Zwecke brauchbar seien (und dem chemischen Einflusse der Körperflüssigkeiten widerstehen könnten); vgl. auch Blatt 32 (1926), 118 Sp 2.

Der **Hauptstreit**, der über die Anwendungspatente schon seit Jahrzehnten geführt **Anm. 96.** wird, betrifft folgendes. Die Farbenfabriken können auf neue synthetische Farben kein Sachpatent, sondern nur ein Herstellungspatent erhalten. Dies schützt nun nach § 4 Satz 2 auch den Farbstoff, so daß dieser von Unbefugten in Deutschland nicht zum Färben gebraucht werden darf, falls er nicht auf andere als die patentierte Weise hergestellt ist. Aber er kann im Auslande zum Färben benutzt werden, und es können dann die gefärbten Zeugstoffe ungehindert in Deutschland vertrieben werden, denn sie sind nicht unmittelbare Erzeugnisse des Herstellungsverfahrens der Farbe im Sinne des § 4. Die Farbenfabriken wünschen deshalb, neben ihren Herstellungspatenten auch Patente auf die Anwendung der Farbstoffe zum Färben zu erhalten, wodurch der Vertrieb der im Auslande gefärbten Stoffe als unmittelbare Erzeugnisse des patentierten Färbens in Deutschland nach § 4 verboten wäre. Das Patentamt versagt dergleichen Patente. Es erkennt an, daß ein Patent auf die Anwendung zum Färben zu erteilen ist, wenn das Färben selbst eine neue Technik aufweist, also in dem Färbereiverfahren eine neue zweite Erfindung liegt. Solche Fälle sind aber selten und, nachdem das Küpenverfahren allgemein bekannt ist, vor der Hand kaum noch zu erwarten. In allen übrigen Fällen wird das Patent auf das Färben versagt. Als Grund wird angeführt, daß das Herstellungspatent nur dann erteilt werden könne, wenn eine nützliche Verwendung des hergestellten Stoffes dargetan sei. Das Färbevermögen gehöre mithin schon zur Grundlage des Herstellungspatents; deshalb könne es nicht mehr gesondert patentiert werden, denn es sei unzulässig, auf dieselbe Erfindung zwei Patente zu erteilen, Blatt 12 (1906), 325; ähnlich Blatt 11 (1905) S. 120, 121. Diese Schlußfolgerung ist nicht überzeugend. Die Anwendung zum Färben ist nicht Inhalt der Herstellungserfindung; sie ist nur Voraussetzung der Patentfähigkeit jener Erfindung. Man kann also nicht sagen, daß die Herstellungserfindung mit der Anwendung identisch sei, und daß aus diesem Grunde die Anwendung nicht gesondert geschützt werden könne. In vielen anderen Fällen hat denn auch das Patentamt seinen Grundsatz nicht befolgt, vielleicht unbewußt. Geschützt ist ein Verfahren zum Gerben von Häuten, darin bestehend, daß man (gewisse Stoffe) in solcher Menge zusammenbringt, daß eine . . . Lösung entsteht, und in diese die Häute einlegt (Mitt 1921, 108). Allerdings handelt es sich hier um eine Lösung oder Mischung, für die ein Sachpatent möglich gewesen wäre. Aber das tut nichts zur Sache. Entscheidend ist vielmehr, daß das Patentamt geschützt hat, 1. die Substanzen zusammenzubringen, so daß eine Lösung, das Gerbemittel, entsteht, und 2. in diese Lösung die Häute zum Gerben einzulegen. Das ist also ein Herstellungsschutz verbunden mit dem Anwendungsschutz. — Ähnlich Urt des RG Blatt 7 (1901), 429: ein Patent auf Herstellung von Harzsäureestern und auf Verwendung derselben zur Herstellung von Lacken ist aufrechterhalten, obgleich eine andere Verwendung von Harzsäureestern nicht bekannt ist und man also nicht sagen kann, daß eine neue gesonderte Verwendungstechnik erfunden ist. — Nicht viel anders auch die Entsch des PA Blatt 23 (1917), 99: Es war eine besondere Art von Garn (Papierflachgarn) erfunden und patentiert; aus diesem Garn wurde ein Gewebe hergestellt, das die aus der Art des Garnes hervorgehenden Eigenschaften aufweist. In der Begründung des Patentamts ist ausgeführt, die Verwendung des Garnes zur Herstellung von Säcken und Geweben könne zwar nicht mehr patentiert werden, wohl aber das Gewebe, das aus dem Garn hergestellt sei. Inhaltlich ist auch hiermit die Verwendung des Garnes geschützt worden. — So auch 420680, Anspruch 1: Gesinterte harte Metallegierung . . . für . . . Ziehsteine, dad. gek., daß dieselbe aus Wolframkarbid . . . und einem Hilfsmetall (Eisen) . . . bis höchstens 10% besteht; 2: Verfahren zur Herstellung der Metall-legierung nach Anspruch 1 (folgt Beschreibung des Verfahrens). Auch hier ist im ersten Anspruch die Verwendung der Metallegierung zur Herstellung von Ziehsteinen (wenn nicht den Worten nach, so doch) dem Sinne nach geschützt und im zweiten Anspruch das Herstellungsverfahren. — Weiter: 31794 schützte im ersten Anspruch einen Kühlapparat, im zweiten die Anwendung desselben zum Erwärmen von Flüssigkeiten. Letzteres war nicht etwa eine neue Erfindung mit neuer Technik, sondern nur eine auf der Hand liegende Anwendung des Apparats; jeder weiß, daß Wärmeaustauschapparate sowohl zum Kühlen warmer Flüssigkeiten, als zum Erwärmen kühler Flüssigkeiten gebraucht werden können. — Entscheidend für die Farbenpatente ist: der Inhalt der Erfindung besteht in dem gesamten Komplex, daß nämlich ein farbiger Stoff hergestellt wird, der von der Textilfaser aufgenommen wird. sich an der Luft nicht verändert, durch Wasser nicht herausgelöst wird usw. Dem muß das Patentrecht gerecht werden. Wenn man sich von der Rücksicht auf formelle Äußerlichkeiten fernhält, ist deshalb ein Patent zulässig, das im Hauptanspruch die Herstellung der Farbe und im Nebenanspruch die Anwendung zum Färben schützt. Das einzige materielle Bedenken, auf das unter anderen Isay hinweist, daß nämlich bei Erteilung eines Anwendungspatents der Stoff selbst, also jegliche Herstellung desselben entgegen dem Willen des § 4 de facto geschützt sei, ist damit ausgeschieden, denn ein solches Patent würde sich streng auf den in dem bestimmten Herstellungsverfahren erzeugten Stoff und dessen Anwendung beschränken, genau so wie das in dem oben erwähnten Patent auf das Gerbemittel, nur mit etwas anderen Worten, geschehen ist.

Das Reichsgericht hat sich über die vorstehend erörterten Fragen noch nicht grundsätzlich ausgesprochen.

Für das Technische vgl. besonders die Aufsätze von Karsten, Zeitschr. f. angew. Chemie 1910 S. 1454f und von Weidlich, ebenda, 1912 S. 1096f.

Anm. 97. Die **Weglassung** entbehrlicher Teile in Maschinen, Vorrichtungen oder Verfahren kann — in nicht häufigen Fällen — schutzfähig sein. Schutzfähigkeit ist nur dann gegeben, wenn die Erkenntnis, daß der wegzulassende Teil entbehrlich ist, erfinderische Kraft fordert, und wenn die Weglassung einen technischen oder wirtschaftlichen Fortschritt mit sich bringt.

Bekanntes Beispiel: Bei elektrisch angetriebenen Glockenläutewerken war es üblich, die Verbindung zwischen Motor und Glocke durch das Zwischenglied eines Reibrädergetriebes herzustellen. Patentiert ist ein Läutewerk, bei dem dieses Zwischenglied weggelassen und Motor und Glocke zwangsläufig verbunden sind. Man glaubte allgemein, daß die Verbindung nachgiebig gestaltet werden müsse, was durch die Reibungskuppelung bewirkt wurde. Die Patentierung der Weglassung ist damit gerechtfertigt, daß es Erfindungshöhe aufwies, zu erkennen, daß eine unmittelbare Verbindung des Elektromotors mit der Glocke brauchbar war, also geeignete Schwingungen der Glocke hervorrief; der Fortschritt lag in der Verbilligung und in der Vereinfachung der Vorrichtung, Blatt 20 (1914), 320.

Auch bei chemischen Verfahren kann eine Weglassung patentfähig sein. Es war bekannt, Gold aus seinen Erzen mittels einer Mischung von Zyankali und kohlensaurem Ammoniak zu extrahieren. In England ist die Weglassung des kohlensauren Ammoniaks, also die Extraktion allein mit Zyankali patentiert. In Deutschland ist das gleiche Patent zunächst erteilt, später jedoch vernichtet; aber nicht, weil die Weglassung an sich nicht patentfähig sei, sondern weil in diesem Falle in der Weglassung kein Fortschritt liege (Bolze Bd 20 Nr 119). Vgl. weiter 252275: Ausführungsform darin bestehend, daß im Falle der Erzeugung ammoniakreicher Gasgemische von der Anordnung, welche eine Wärmeübertragung von dem ammoniakhaltigen Druckgas an das wieder eintretende ammoniakfreie Druckgas ermöglicht, abgesehen wird. — 202778 schützt eine Vorrichtung zur Gewinnung von Sauerstoff aus atmosphärischer Luft, dad. gek., daß die vollständige Verdampfung der . . . sauerstoffreichen Flüssigkeit in einem einzigen Behälter erfolgt . . . Bis dahin wurde eine partielle Verdampfung zwischengeschaltet. Diese läßt das Patent fort: es bedurfte der erfinderischen Überlegung, im Widerspruch mit der herrschenden Auffassung solche Versuche vorzunehmen oder sogar Apparate mit nur einem Verdampfer zu bauen, deren Erfolg damals völlig unsicher erscheinen mußte. Der Erfinder hat danach der Technik einen neuen Weg gewiesen, um mittels eines vereinfachten Verfahrens und eines Apparats von größerer Einfachheit ohne technische Nachteile Sauerstoff aus verflüssigter Luft von derselben Reinheit zu gewinnen, wie mit dem älteren, komplizierteren Apparate (I 242/1911, Urt vom 7. 5. 13).

Ist eine Weglassung patentiert, so ist eine Nachbildung patentverletzend, in der das nach dem Patente wegzulassende Glied so verkleinert oder so umgestaltet ist, daß es keine Funktion mehr äußert, Blatt 26 (1920), 33.

In amerikanischen Urteilen wird betont, daß man eine Weglassung nicht zu leicht für patentfähig halten darf, „Patentfähigkeit kann in einer Verbesserung gefunden werden, die einen Mechanismus durch Ausmerzung einiger seiner Elemente vereinfacht mit dem Ergebnis, daß Übelstände verschwinden, die durch jene Elemente hervorgerufen wurden." Der höchste Gerichtshof: es mag vielleicht wahr sein, daß hin und wieder die Auslassung von Teilen eines Mechanismus Erfindungshöhe erreicht, aber das wird nur ausnahmsweise und unter besonderen Umständen der Fall sein (Macomber § 694).

Die Herstellung einer bekannten Vorrichtung **aus neuem Stoff** ist in der Regel nicht patentfähig, weil es meistens an Erfindungshöhe fehlt. Die Eigenschaften der meisten Stoffe sind in der Wissenschaft so weit bekannt, daß die Auswahl des günstigsten in der Regel das Können des durchschnittlichen Sachverständigen nicht übersteigt. Nur in Ausnahmefällen liegt es anders, etwa wenn es sich um neue Gebiete handelt, wie z. B. bei der Entwicklung der Röntgenröhren, oder wenn die Eigenschaften einzelner Stoffe noch nicht erforscht sind. Hierfür vgl. RG 48, 25f. Die interessantesten Fälle, die dem Reichsgericht in der letzten Zeit vorgelegen haben, sind die folgenden, bei denen abweichende Entscheidungen fremder Gerichte angeführt werden sollen. Anm. 98.

212895 schützt Halter für Wolframglühfäden in elektrischen Glühbirnen, dad. gek., daß er aus Molybdän besteht. Das Reichsgericht hat ausgeführt: die an einen solchen Halter zu stellenden Anforderungen sind sehr erhebliche. Er muß federnd sein, er darf nur von großer Feinheit sein, die Hitzebeständigkeit muß groß sein, die Fabrikation billig. Allen diesen Anforderungen genügt ein Halter aus Molybdän, und zwar besser als ein Halter aus einem anderen schwer schmelzbaren Metall. Diese Erkenntnis ist erst durch die zielbewußten und eingehenden Ausprobierungen der Patentinhaberin gewonnen, und hierin liegt das erfinderische Verdienst, dessen Patentwürdigkeit nicht bestritten werden kann, da die Technik erheblich bereichert ist (I 310/1914, Urt vom 23. 1. 15).

Dagegen hat das österreichische Patentamt anders entschieden: die Patentinhaberin behaupte selbst nur, daß sie aus den . . . bekannten Materialien das beste . . . ausgewählt habe; derartige Erprobungen seien zu den handwerksmäßigen Maßnahmen jedes Fachmanns zu zählen.

274256 schützt Seekabel mit Isolation, dad. gek., daß zur Isolation eines Leiters mit gleichmäßig oder punktförmig verteilter Selbstinduktion Balata verwendet wird. Die bis dahin verwandten Substanzen hatten einen zu großen „Ableitungswert", wodurch große Energieverluste verursacht wurden. Balata weist diesen Übelstand in viel geringerem Grade auf. Das Reichsgericht führte aus: Auf die guten Isolierungseigenschaften der Balata sei zwar schon hingewiesen, aber man habe doch das Material als nicht vollwertigen Ersatz der Guttapercha angesehen. Das Patent habe zum ersten Male die geringe Ableitung des Materials erkannt und benutzt. Darin liege ein erfinderisches Verdienst (I 16/1917, Urt vom 10. 10. 17).

In holländischen und norwegischen Entscheidungen ist dagegen ausgeführt, die Untersuchung der Balata auf ihren Ableitungswert habe zwar einen technischen Erfolg gehabt, aber sie gehöre zu den Arbeiten technisch wissenschaftlicher Untersuchungen, die wohl das Wissen bereichern, jedoch nicht zu einem Patent berechtigen, weil sie für den Fachmann nahegelegen hätten.

Diese fremden Entscheidungen erscheinen reichlich engherzig. In Österreich ist das Patent erteilt (IndR Jahrg. 11 S. 19).

Als vor längeren Jahren in der drahtlosen Telegraphie an Stelle der bis dahin üblichen Fritter die Kontaktdetektoren erfunden wurden, äußerte das Reichsgericht zu dem Patente 178871: Die Erfindung gehe dahin, daß der Schwingungskreis mit der geschützten Kontaktstelle auf Wellen anspreche, ohne daß eine besondere elektromotorische Kraft benutzt werde. Damit sei auf eine neue Klasse von wellenempfindlichem Materiale, nämlich auf Kristalle mit elektrolytischen Eigenschaften, hingewiesen, aus denen man mit erheblichem Vorteile Kontaktstellen für Detektoren anfertigen könne (I 160/1917, Urt vom 6. 7. 18).

Bekannt sind außerdem die Patente auf Glühfäden für elektrische Glühlampen aus Osmium, Tantal, Wolfram usw., desgleichen die Herstellung der Glühkathoden und Antikathoden in Röntgenröhren aus Wolfram mit oder ohne Thor usw. Die Unterschiede aller dieser Fälle gegen die Frage, ob man einen Maschinenteil besser aus Stahl oder aus Kupfer herstellt, liegen zutage (vgl. auch JW 1896, 110).

Von Interesse ist die sehr umfangreiche amerikanische Rechtsprechung zu diesem Punkt. Sie ähnelt der deutschen und hält sich nicht so ängstlich zurück wie die angeführten Entscheidungen aus Holland und Norwegen. Robinson § 237: jede Änderung des Materials, die eine neue Funktion der Vorrichtung herbeiführt, ist eine neue und unabhängige Erfindung. Jede Änderung des Materials, die bewirkt, daß die bekannten Funktionen mit größerer technischer Vollkommenheit oder mit wirtschaftlichem Vorteile ausgeführt werden, ist gleichfalls schutzwürdig, aber nur, wenn Erfindungshöhe vorliegt. Jede andere Änderung, die die Funktionen und die Art ihrer Wirkungsweise unberührt läßt, weist kein erfinderisches Verdienst auf, und ist nur Ausübung mechanischer Geschicklichkeit. — Weiter Fed. Rep. Bd. 119 S. 505: es ist nicht erforderlich, daß die Änderung die Entdeckung und Nutzbarmachung einer unbekannten und unerwarteten Eigenschaft des neuen Materials enthält. Letzteres bewirkt zwar sicherlich Patentfähigkeit, ist aber nicht unumgängliches Erfordernis . . . Wenn durch die Änderung des Materials ein Erfolg erzielt wird, den man bisher lange vergeblich angestrebt hatte, dann ist Patentfähigkeit gegeben.

Anm. 99. **Veränderungen der Gestalt oder der Größe** einer Vorrichtung sind in der Regel nicht patentfähig. Patentfähig sind sie nur dann, wenn durch die Veränderung eine Erweiterung des Anwendungskreises, eine Verbesserung der Wirkung oder irgendein anderer technischer Vorteil erreicht wird. Steigerung der Wirkung, die nur im Verhältnis der Vergrößerung der Dimensionen der Vorrichtung steht, genügt nicht. Hervorzuheben ist folgendes: In der A 93 zu § 1 ist schon dargelegt, daß die Bewältigung großer Massen von Material häufig Schwierigkeiten macht; Auskristallisieren großer Quantitäten von Flüssigkeiten ist schwierig, ebenso die Handhabung großer Gasmengen. In solchen Fällen kann die Vergrößerung der Dimensionen der Vorrichtungen, bei der jene Schwierigkeiten überwunden werden, patentfähig sein. Ähnlich folgender Fall: Wolframkarbid ist einer der härtesten Stoffe, die es gibt, und findet zunehmende Verwendung, z. B. zur Herstellung von Düsen zum Ziehen von Drähten. Es konnte zunächst nur in kleinsten Stücken, Kügelchen von geringem Durchmesser, hergestellt werden. Die Herstellung erfolgt im elektrischen Ofen. 286184 schützt ein Verfahren der Herstellung von beliebig großen Stücken Wolframkarbid, dad. gek., daß ein Wolframoxyd . . . mit Kohle im Kohlenrohrwiderstandsofen . . . bis zum vollständigen Erreichen des Schmelzflusses erhitzt wird. Das Patent wurde angegriffen, weil alle einzelnen Maßnahmen bekannt gewesen seien. Das Reichsgericht hat nach Einholung eines Gutachtens ausgeführt, nach dem angefochtenen Verfahren gelinge es in der Tat, beliebig große Stücke von gleichmäßiger Beschaffenheit und von gleichmäßiger Härte auf einmal zu erschmelzen. Gegenüber dem kleinen Ofen einer amerikanischen Patentschrift liege die Erfindung in der Vergrößerung des Maßstabes. Diese Vergrößerung habe den erwähnten neuen, bis dahin noch nicht erreichten Erfolg gebracht, und bei den extrem hohen Temperaturen, die das Arbeiten erfordere, müsse die Übersetzung vom Laboratoriumsmaßstab in den einer Fabrik als eine weit über die fachmännischen Maßnahmen hinausgehende erfinderische Tat bewertet werden (I 54/1921, Urt vom 15. 2. 22). — Freilich muß verlangt werden, daß in solchen Patenten die Handgriffe, die zum Erfolge führen, genügend beschrieben werden; daran hat das genannte Patent es einigermaßen fehlen lassen. — Ebenso ist die Übertragung einer für eine Luftpumpe bestimmten Luftfilteranlage in die Größenverhältnisse einer solchen Anlage für Turbodynamos und Kompressoren als patentfähig angesehen (I 413/1920, Urt vom 16. 4. 21). — Desgleichen ist die Verkleinerung von Vorrichtungen patentiert worden; vgl. GewR 32 (1927), 117. Weiter: die Sicherung von elektrischen Hausleitungen geschieht durch Patronen, in denen ein dünner Draht bei Überlastung der Leitung schmilzt und damit die Leitung unterbricht. Hat die Sicherung einmal funktioniert, so muß die Patrone ersetzt werden. Erwünscht ist eine „selbsttätige" Sicherung, bei der ein Ersatz nicht erforderlich ist. Solche Sicherungen gibt es in großen Dimensionen bei Starkstromanlagen. Bei kleinen Dimensionen ergibt sich die Schwierigkeit, daß der bei Stromunterbrechung entstehende Lichtbogen nicht rasch genug zum „Abreißen" gebracht werden kann und dann zerstörend wirkt. Herstellung einer selbsttätigen Sicherung in kleinem Ausmaße, die diesen Übelstand vermeidet, ist erfinderisch, Entsch der NichtAbt vom 25. 2. 26 (I 231/1916; im RG verglichen).

Selbstverständlich handelt es sich bei allem vorstehenden nur um gleichmäßige Vergrößerung oder Verkleinerung aller Dimensionen. Wird ein Teil der Vorrichtung im Verhältnis zu den übrigen Teilen vergrößert, um eine bessere Gesamtwirkung zu erzielen, so ist die Schutzmöglichkeit überhaupt nicht in Zweifel zu ziehen, RG 99, 212; Blatt 2 (1896), 239, „andere Proportionen". Durch die Vergrößerung eines einzelnen Bestandteils kann die Funktionswirkung einer Vorrichtung eine ganz andere werden, wie keiner näheren Darlegung bedarf.

Anm. 100. In den meisten ausländischen Patentrechten wird mit Hervorhebung die Regel betont, daß **Resultate** und **Funktionen** nicht patentfähig sind. Diese Regel wird in Deutschland als selbstverständlich angesehen und deshalb wenig erörtert. Die Grenzen der beiden Begriffe sind schwankend.

1. Resultate. Unter Resultaten sind die Ergebnisse eines Verfahrens zu verstehen, die nicht in einem körperlichen Erzeugnis bestehen, vielmehr etwa in Änderungen eines Zustandes, Steigerung der Leistungsfähigkeit, Beseitigung von technischen Mißständen, u. dgl. Die Regel will besagen, daß nicht die Erreichung derartiger Ergebnisse an sich, sondern nur die Verfahren oder Mittel, durch die sie erreicht werden, patentfähig sind. Patentierung eines Resultats wäre Patentierung einer Wirkung, eines Effekts, die nicht zulässig ist (§ 1 A 65).

Die Lehre ist besonders in Frankreich entwickelt. Dort wird das allerverschiedenste unter „Resultat" verstanden. Als Beispiele werden angeführt: Vergrößerung der Tragfähigkeit von Schußwaffen (also eine Steigerung der Leistungsfähigkeit), telephonische Übermittlung von Nachrichten (eine allgemeine Idee), Verhinderung der Kesselsteinbildung (eine technische Aufgabe), das gleichzeitige Scheren und Rauhen von Wollstoffen, die Verbilligung technischer Verfahren, die Trockenlegung von Kellerräumen, die Änderung physikalischer Eigenschaften von Stoffen (Härte, Dehnbarkeit) usw. Die Regel besagt also, daß die unmittelbaren Ergebnisse eines Verfahrens, soweit sie nicht in körperlichen Erzeugnissen bestehen, nicht durch Sachpatent geschützt werden können. In diesem Umfange hat die Regel einen guten Sinn, wenn sie auch eine Selbstverständlichkeit ausdrückt. Viele Beispiele gibt Pouillet Nr 26—27; am klarsten Mainié Nr 72. Anmeldung von „Resultaten" zum Patent kommt auch in Deutschland vor. Angemeldet wurde eine Erfindung zum „Aufbereiten" von Kohlen, d. h. zum Sortieren der Kohlen nach ihrer Größe und zum Ausscheiden der in ungewaschenen Kohlen enthaltenen Schieferteile. Das geschieht durch fließendes Wasser in Rinnen und durch sog. Stromapparate; das Wasser führt die spezifisch leichten Kohlen mit sich und läßt die schweren Schieferteile zurück. Der angemeldete Anspruch ging auf ein Verfahren, dad., gek., daß man eine vollkommene Sortierung der Kohlen und Ausscheidung des Schiefers erreicht, und daß nur eine geringe (schädliche) Reibung der Kohlen aneinander stattfindet. Damit wurde die Patentierung eines „Resultats" erstrebt, und deshalb konnte der Anspruch nicht in dieser Form gewährt werden.

2. Funktionen sind nicht patentfähig. Die Regel kann mißverständlich aufgefaßt werden. Funktion heißt die Wirkungsweise eines Verfahrens oder eines Arbeitsmittels (§ 1 A 67). Eine solche Wirkungsweise wird jeden Tag patentiert, z. B. Herstellung von Ätznatron auf elektrolytischem Wege; andauernde, abgestufte mechanische Bearbeitung von Wolfram mittels eines Hämmerwerks. Derartiges kann also mit der Regel nicht gemeint sein. Sie will vielmehr sagen, daß patentfähig nur die Wirkungsweise eines besonderen Verfahrens oder eines besonderen Arbeitsmittels ist, nicht aber die Wirkungsweise abstrakt genommen und ohne Berücksichtigung der Mittel, durch die sie hervorgerufen wird. In diesem Sinne ist die Regel besonders in Nordamerika entwickelt worden. Nach deutscher Auffassung ist sie aber nicht in vollem Umfange gültig. Vielmehr kann nach deutschem Recht patentiert werden, wenn durch die neu erfundene Einwirkung auf einen Körper, die „Funktion", ein neues technisches Resultat hervorgebracht wird, und wenn weiter für den Fachmann nicht auf der Hand lag, daß durch die angegebenen Mittel diese Einwirkung hervorgebracht werden kann. In solchen Fällen wird also eine durch beliebige Arbeitsmittel hervorgerufene Wirkung auf gewisse Körper, d. h. also die allgemeine Funktion, patentiert. Das ist z. B. in dem Falle geschehen, wo erfunden war, Wolframmetall durch andauerndes mechanisches Bearbeiten (Hämmern, Walzen, Ziehen) in der Kälte ziehbar zu machen. In sochem Falle stellt sich die sog. Funktion als ein „Verfahren" im technischen Sinne dar, das patentiert werden kann, selbst wenn die Art der Ausführungsmöglichkeit bekannt ist oder wenigstens für den Fachmann auf der Hand liegt. Ein entgegengesetztes Beispiel, das unter die Regel von der Patentunfähigkeit einer Funktion fällt, würde vorliegen, wenn etwa ein Verfahren angemeldet wäre, Holzfourniere maschinell zu glätten. Hier sind die Arbeitsmittel, mit denen die Glättung ausgeführt wird, die Hauptsache; sie müssen also angegeben werden. Vgl. Gareis Bd. 8 S. 264: Das Patentamt hat den Anspruch dahin gefaßt, daß die (im einzelnen beschriebene) Ausbreitung mittels maschineller Vorrichtung gewonnen wird. Eine solche Fassung ist völlig unzulässig. Eine Erfindung hat niemals die Tragweite, daß ein bekannter Erfolg überhaupt durch eine Maschine erzielt werde. — Es ist nicht vonnöten, auf den nicht sehr klaren Begriff einer Funktionserfindung in vorstehendem Sinne, der zwar im Auslande, kaum aber in Deutschland eine Rolle spielt, näher einzugehen. Von großer Wichtigkeit ist aber, darauf hinzuweisen, daß man von Funktionserfindungen noch in ganz anderem Sinne spricht. Alles was als Arbeitsmittel oder als Verfahren einen technischen Erfolg herbeiführt, tut das, indem es eine spezifische Wirkung ausübt. Diese spezifische (d. h. dem Arbeitsmittel eigentümliche) Wirkungsweise, die spezifische Funktion eines Arbeitsmittels oder eines Verfahrens ist im Patentrecht, wie sich immer mehr herausstellt, nach verschiedenen Richtungen von erheblicher Bedeutung. Wird eine neue Funktion eines bekannten Arbeitsmittels gefunden, so ist das immer eine Entdeckung; es kann aber auch eine patentfähige Erfindung darin liegen (§ 1 A 67). Nach der anderen Seite hin kann die Funktion eines Arbeitsmittels oder Verfahrens, die ein Erfinder erkannt hat und ausnutzen will, entscheidend sein für den Schutzumfang seines Patents. Funktionserfindung in diesem Sinne, also Auffindung einer neuen spezifischen Funktion eines bestimmten Mittels, ist ein ganz klarer und sehr wertvoller Begriff.

Gattungspatente (generische Patente). Gattungserfindungen sind Erfindungen, nach **Anm. 101.**
denen ein Arbeitsverfahren oder ein Arbeitsmittel nicht nur auf einen einzelnen Körper

oder Stoff, sondern auf eine Klasse oder Gruppe von Körpern oder Stoffen angewandt werden soll. In der Mehrzahl der Fälle handelt es sich dabei um chemische Patente. Beispiele: Herstellung einer schwarzen Farbe mittels eines und desselben Verfahrens aus einer beliebigen Sulfosäure eines beliebigen Radikals, also aus der ganzen Gruppe von Sulfosäuren. Herstellung von Farbstoffen durch Verbindung von Diazokörpern (d. h. also von beliebigen Diazokörpern) mit einer bestimmten Säure, weiterer Diazotierung usw. (83572, Blatt 6 [1900], 366ff).

Die Ausgangsstoffe können Klassen von Hunderten von chemischen Verbindungen bilden. Daß Gattungserfindungen patentfähig sind, ist allgemein anerkannt. Zweifel bestehen darüber, wieweit der Anmelder nachweisen muß, daß seine Erfindung wirklich auf jedes einzelne Glied der beanspruchten Klasse zutrifft. Zwei Gesichtspunkte sind gegeneinander abzuwägen. Der Erfinder hat ein berechtigtes und schutzwürdiges Interesse daran, daß ihm nicht nur diejenigen Ausgangskörper patentiert werden, für die er seine Erfindung hat ausprobieren können. Bei großen Klassen ist die Ausprobierung aller eine Unmöglichkeit. Andererseits muß mit Rücksicht auf die Allgemeinheit vermieden werden, daß eine ganze Klasse patentiert wird, wenn sich nachher herausstellen kann, daß die Erfindung z. B. nur auf eine bestimmte Unterklasse zutrifft. Interessante Entscheidungen sind in den Fällen der bereits angeführten Beispiele ergangen. Das Patent 83572 ist teilweise vernichtet. Ausgeführt wurde, der Anspruch des Patents umfasse etwa 100000 Kombinationsprodukte. Ausprobiert seien nur 35. Damit sei nicht bewiesen, daß alle übrigen möglichen Fälle sich ebenso verhalten würden, wie diese 35. Das Patent sei deshalb auf die 35 Fälle zu beschränken, Blatt 6 (1900), 368. Die Begründung weist auf den bekannten Fall des Kongorots (Gareis Bd. 7 S. 48ff) hin. In diesem Falle ist ein Gattungspatent aufrechterhalten, trotzdem nur eine einzige Farbe der ganzen Gattung, eben das Kongorot, ausprobiert war. Diese Entscheidung wird damit gerechtfertigt, daß es sich hier um eine Erfindung von außerordentlicher Wichtigkeit gehandelt habe — es sei zum ersten Male erfunden, Baumwolle ohne Beige echt rot zu färben —, und daß es deshalb angezeigt gewesen sei, dem Erfinder wegen der Größe seiner Erfindung das ganze Gebiet offenzuhalten. Überzeugend ist dieser Grund nicht eigentlich; Patente können nicht nach diskretionärem Ermessen aufrechterhalten werden. Die Entscheidung hätte, wie im ersten Falle, darauf abgestellt werden können, ob das gleiche Verhalten der einzelnen Glieder der Gattung plausibel war; vgl. hierfür auch die Kritik des Urteils von Bolze, Entwurf einer Patentnovelle, 1890 S. 52. Endlich der oben erwähnte Fall des Naphthol-Schwarz. Es handelte sich um ein amerikanisches Patent, das in zwei Entscheidungen (Fed. Rep. Bd. 69, S. 599ff und Bd. 78, S. 915ff) verschieden behandelt ist. In der zweiten Entscheidung ist ausgeführt: es sei erwiesen, daß die meisten Sulfosäuren kein Napththol-Schwarz lieferten; und nur einige seien geeignet. Deshalb müßte das Patent vernichtet werden. Es sei nicht angängig, das Patent auf die geeigneten Sulfosäuren zu beschränken, denn (S. 921) nach der Meinung der Majorität des Gerichts würde das dem Patente einen neuen Inhalt geben. — Man sieht, wie verschiedene Wege die Rechtsprechung geht. Die amerikanische Entscheidung ist engherzig und nicht empfehlenswert. Bedenken gegen die Art der Begründung der deutschen Entscheidung in Sachen Kongorot sind bereits angeführt. Für weitere Beispiele aus der amerikanischen Praxis vgl. Mitt 21, 45. Gesunde Grundsätze sind daselbst S. 46 mitgeteilt, die aus einer Entscheidung in Sachen Ellis entnommen sind und die auch für das deutsche Recht maßgebend sein werden. Es ist unnötig, sämtliche Glieder der beanspruchten Klasse zu untersuchen; Untersuchung einer angemessenen Anzahl genügt. (Dazu ist hinzuzufügen, daß, wenn die Klasse mehrere Untergruppen enthält, die möglicher- oder wahrscheinlicherweise verschieden reagieren, Vertreter jeder Untergruppe geprüft werden müssen.) Die dann zu patentierende Klasse oder Gruppe ist ihrem Umfange und ihrer spezifischen Art nach genau zu kennzeichnen. Wird im Nichtigkeitsverfahren nachgewiesen, daß der Anspruch zu weit ist — wofür der Angreifer beweispflichtig ist —, so wird er je nachdem auf eine beschränktere Untergruppe oder auf die einzelnen untersuchten Körper oder Stoffe beschränkt. Das hindert nicht, daß im Verletzungsstreite Äquivalente des beschränkten Anspruchs (in der Chemie äquivalente oder analoge Verfahren) als in den Schutzbereich des eingeschränkten Patents fallend, mit geschützt sind. Fallen diese äquivalenten oder analogen Verfahren aus irgendwelchen Gründen nicht in den Schutzbereich (etwa weil einige ihrer Repräsentanten hätten ausprobiert werden müssen) und werden sie später von anderer Seite zum Patent angemeldet, so ist ihre Patentfähigkeit gegenüber jenem Patente besonders genau zu prüfen.

Das Vorstehende gilt in gleicher Weise für mechanische und physikalische Erfindungen.

Eine vortreffliche Erörterung generischer Patente findet sich in dem Urteile Bolze Bd. 12 Nr 116: glaubte der Erfinder, allgemeine Gesetze gefunden zu haben, welche gestatteten, klassenweis zu gruppieren, so mußten sich diese Gesetze bewähren ... eine allgemeine und ausnahmslose Regel hat der Patentträger nicht gefunden (Harzsäureester).

Gattungspatente für Verfahren verleihen den unmittelbaren Erzeugnissen dinglichen Schutz (§ 4 A 9).

Allgemeine Methoden. Die Erfindung einer allgemeinen Methode liegt vor, wenn ein Verfahren nicht nur auf einen einzigen Körper oder Stoff und auch nicht nur auf eine bestimmt angegebene Klasse von Körpern oder Stoffen (Gattungserfindung), sondern auf eine ihrer Art und ihrer Zahl nach unbestimmt gelassene Menge von Körpern angewandt werden soll, oder wenn die Arbeitsmittel des Verfahrens unbestimmt gelassen werden. Es gibt also zwei Gruppen von allgemeinen Methoden: entweder die zu bearbeitenden Körper oder aber die Arbeitsmittel sind unbestimmt. Ziemlich übereinstimmend wird gelehrt, allgemeine Methoden — sei es chemischer, oder mechanisch-physikalischer Art — seien nicht patentfähig, da es ihnen an der Bestimmtheit des Verfahrens fehle. Dieser Satz ist in seiner Allgemeinheit unrichtig. Er ist aus formalistischer Engherzigkeit hervorgegangen und ist in der Wirklichkeit längst verlassen, vgl. auch von Boehmer, GewR 7 (1902), 133. Wenn das hier betont wird, so ist ebenso scharf der Gegensatz zu betonen. Derartige Methoden sind nicht etwa allgemein und ausnahmslos patentfähig. Die Kunst besteht darin, die richtige Grenze zu ziehen. Diese Grenze ist in der Entwicklung der letzten Jahre zugunsten der Patentfähigkeit verschoben worden. Das ist zweifellos mit Recht geschehen. Freilich liegen auch schon einige Übertreibungen vor. — Zu bemerken ist, daß die patentfähigen allgemeinen Methoden sich sehr häufig, wenn auch keineswegs ausschließlich, auf dem Gebiete der sog. physikalischen Chemie bewegen, also etwa auf dem großen Gebiete der Elektrochemie, der Natur und Technik der (flüssigen und festen) Lösungen, der Legierungen, der Gasgemische, der Katalysatoren usw. — Beispiele: Anm. 102.

1. Unbestimmtheit der zu bearbeitenden Körper oder Ausgangsstoffe.

297933 Verfahren zur Herstellung organischer Verbindungen durch chemische Lichtreaktionen, dad. gek., daß die Strahlen der Osramhalbwattlampe zur Einwirkung gebracht werden.

302735 Verfahren zur kathodischen Herstellung von festen Peroxydverbindungen dad. gek., daß man einem alkalischen, Sauerstoff enthaltenden Elektrolyten geeignete lösliche Verbindungen hinzusetzt, die mit dem an der Kathode entstandenen Wasserstoffsuperoxyd schwer lösliche Peroxydverbindungen zu bilden vermögen.

333575 Verfahren zur Einengung und Reinigung wässeriger Lösungen von Kolloiden mittels des elektrischen Stromes, dad. gek., daß man die Lösungen unter Hinzufügung von Säuren oder Basen der Einwirkung des elektrischen Stromes zwischen Diaphragmen unterwirft.

255195 Verfahren zur Herstellung chemischer Verbindungen aus Gasgemischen, wobei diese durch Komprimieren unter Zusatz brennbarer ... Stoffe hoch erhitzt und die entstandenen Produkte vor dem Wiederzerfallen durch Einpressen abkühlender ... Stoffe geschützt werden, dad. gek., daß die brennbaren und die abkühlend wirkenden Stoffe in einem Vorraum ... derart vorgeschichtet gelagert werden, daß sie beim Öffnen des Ventils in der ... erforderlichen örtlichen und zeitlichen Eintrittsfolge schnell in den Reaktionsraum hineinströmen.

228784 Verfahren zur Analyse von Gasen oder Gasgemischen, bei dem das zu untersuchende Gas ... mit einer Reaktionssubstanz zusammengebracht wird, dad. gek., daß die Wärmetönung gemessen wird, welche entsteht, wenn das zu bestimmende Gas mit dem festen oder flüssigen Reaktionsmittel zusammengebracht wird. — Im Nichtigkeitsverfahren (Mitt 1913, 97) ist der Schutz beschränkt auf die in der beschriebenen Weise vorzunehmende Untersuchung der Rauchgase von Feuerungen usw., da nur insoweit gewerbliche Verwendbarkeit nachgewiesen war. Die Allgemeinheit der Methode ist im übrigen nicht angetastet.

2. Unbestimmtheit der Arbeitsmittel.

Die vorstehend angeführten Erfindungen arbeiten zum Teil schon mit unbestimmten Arbeitsmitteln, 225195 Zusatz brennbarer Stoffe, 228784 festes oder flüssiges Reaktionsmittel. Vor allem folgende Entscheidung des Patentamts in der Sache, die MuW Jahrg. 16 S. 91 mitgeteilt ist. 250706 schützte ein Verfahren zur Herstellung hydratisierter Zelluloseester, dad. gek., daß man die aus nichthydratisierter Zellulose gewonnenen Ester einbasischer Fettsäuren so lange mit hydrolytisch wirkenden Mitteln behandelt, bis sie in Azeton löslich sind. Das Patentamt führte aus: Das Patent beruht nicht auf der Anwendung einzelner bestimmter Mittel zur Herbeiführung einer bestimmten Wirkung, sondern auf einem in sehr allgemeiner Anwendbarkeit klar erkannten Verfahren. Das technische Mittel ist die teilweise Hydratation. Der Patentschutz steht dem Erfinder auf den allgemeinen Gedanken zu. Die Ausdrücke Hydratisierung, Reduktion, Oxydation, Verseifung, Hydrolyse sind in der Regel genügend klar. Eine Einschränkung auf einzelne Mittel ist dann nicht nötig, wenn nicht der Erfolg gerade von der Anwendung bestimmter Mittel abhängt. Gemeint sind vorliegendenfalls solche Mittel, die infolge eines Wassergehalts Zerlegung oder Verseifung herbeizuführen vermögen. Anwendbar sind beispielsweise Salzsäure, Salpetersäure, Phosphorsäure, Zinkchlorid. Alle einzelnen Mittel namhaft zu machen, ist unmöglich. Daß manche hydrolytisch wirkenden Mittel nicht anwendbar sind, widerspricht nicht (Entsch des PA vom 7. 10. 15).

Die vorstehenden Beispiele zeigen schon, daß den allgemeinen Methoden die Patentfähigkeit nicht generell um deswillen versagt werden kann, weil sie nicht genügend bestimmt seien. Sind sie nach ihrer Arbeitsweise unbestimmt, so können sie allerdings nicht patentiert werden. Aber darum handelt es sich nicht. Vielmehr handelt es sich darum, ob Methoden, die nach ihrer Funktion, nach ihrer Wirkung und ihren hervorgerufenen Reaktionen bestimmt sind, die aber auf die verschiedensten Objekte angewandt oder mit den verschiedensten Mitteln ausgeführt werden können, in ihrer Allgemeinheit ohne Beschränkung auf bestimmte Objekte oder auf bestimmte Mittel geschützt werden können. Die Lösung dieser Frage ist kaum in Angriff genommen; es soll versucht werden, einige leitende Gesichtspunkte hervorzuheben. Berührungspunkte mit den sog. „Funktionserfindungen" liegen zutage (§ 1 A 67).

1. Über den Fall, daß die Arbeitsmittel unbestimmt gelassen sind, ist nichts Wesentliches weiteres zu sagen, als in der letztangeführten Nichtigkeitsentscheidung des Patentamts dargelegt ist. Ist eine bekannte Arbeitsart in der patentierten Anwendung im allgemeinen wirksam (Oxydation, Reduktion, Hydrolyse usw.), so bedarf es nicht der Aufzählung der einzelnen wirksamen Mittel, die zur Herbeiführung jener Prozesse dienlich sind. Auch schadet es nicht (weder bei der Patenterteilung, noch im Nichtigkeitsverfahren, noch im Verletzungsstreit), wenn einzelne Mittel, die im allgemeinen zu jenen Prozessen dienlich sind, im Einzelfalle nicht verwendet werden können. Die unwirksamen Mittel dürfen nur nicht so zahlreich sein, daß von einer Anwendung der Methode in ihrer Allgemeinheit nicht mehr gesprochen werden kann. Handelt es sich dagegen um eine Maßnahme, die im allgemeinen nicht mit beliebigen Mitteln aus einer bestimmten Klasse durchgeführt werden kann, bei der es vielmehr in der Regel auf die spezifische Eignung des einzelnen Mittels ankommt, dann kann nicht die Methode in ihrer Allgemeinheit, sondern nur die Anwendung der einzelnen geeigneten Mittel geschützt werden. Das wird z. B. bei der Polymerisation der Fall sein; vor allem ist es bei der katalytischen Beschleunigung der Fall. Allerdings gibt es Klassen von Katalysatoren, die mehr oder weniger sämtlich für bestimmte Prozesse dienlich sind, z. B. Palladium, Platin, Nickel für die Verbindung von Fetten mit Wasserstoff; aber das ist doch nur in so geringem Maße der Fall, oder ist wenigstens bisher in so geringem Maße durchforscht, daß man nicht allgemein patentieren kann, eine Reaktion katalytisch zu beeinflussen, vielmehr kommt es auf die einzelnen spezifischen Katalysatoren an (vgl. auch unten am Ende dieser Anmerkung).

2. Gewisse physikalische Verfahren, die auf einen unbestimmt großen Kreis von Körpern angewendet werden können, sind ohne weiteres patentfähig, so ein Verfahren, alle Körper bis zu Nr 9 der Härteskala staubfein zu pulverisieren, oder ein Verfahren, beliebige viskose Flüssigkeiten in kaltem Zustande zu filtrieren. Dieser Punkt bedarf keiner näheren Erörterung. Derartige physikalische oder mechanische Verfahrenserfindungen sind häufig und werden anstandslos patentiert, vgl. 113946, bei welchem Patent auch schon chemische Vorgänge hineinspielen: Verfahren zum kontinuierlichen und selbsttätigen Ausscheiden eines oder mehrerer in einer Flüssigkeit gelöster oder chemisch gebundener Körper, dad. gek., daß die Flüssigkeit mit einer anderen Flüssigkeit von verschiedenem spezifischem Gewichte, die sich mit ersterer nicht verbindet, den oder die auszuscheidenden Körper aber leichter löst oder chemisch bindet, in automatischer und stets gleicher Weise innig gemischt wird, wobei beide Flüssigkeiten in gleichmäßigem Strome zufließen und dann nach erfolgtem Austausch wieder automatisch getrennt werden . . .

3. Gleichfalls allgemein patentfähig erweisen sich diejenigen Verfahren der physikalischen Chemie, in denen zur Ausübung einer bereits bekannten Wirkung ein neues bestimmtes Arbeitsmittel allgemein angewendet werden soll. So konnte, als die Wirkungen der Quecksilberquarzlampe noch nicht bekannt waren, deren Gebrauch zur Anwendung ultravioletter Strahlen allgemein patentiert werden. Aus dem gleichen Grunde ist in dem oben angeführten Patente 297933 die Verwendung der Osramhalbwattlampe zu photochemischen Reaktionen mit Recht allgemein geschützt — Neuheit, Fortschritt usw. natürlich immer vorbehalten. Dasselbe gilt, wenn es sich nicht um die Anwendung eines Arbeitsmittels, sondern um eine bestimmte Ausgestaltung eines bereits bekannten allgemein anwendbaren Verfahrens handelt (vgl. das oben angeführte Patent 225195).

4. Nicht patentfähig ist ein Verfahren der Chemie oder der physikalischen Chemie in seiner Allgemeinheit, wenn es nicht auf alle Körper in gleicher Art und Weise angewandt werden kann, sondern in den Einzelfällen besondere, nicht ganz unwesentliche abändernde Ausgestaltungen nötig macht, denn solchenfalls fehlt es an der einheitlichen Identität des Verfahrens. Unter Umständen können auch schon sachlich begründete Zweifel in

dieser Richtung, die der Anmelder nicht aufklärt, die Patentierung als allgemeine Methode verbieten, vgl. namentlich Bolze, Bd. 20 Nr. 120; Blatt 6 (1900) S. 366 ff.

5. Nicht patentfähig ist ein Verfahren der Chemie oder der physikalischen Chemie, das nicht in allen Fällen zu gleichen oder analogen Erzeugnissen führt. Denn dann ist der Chemismus des Verfahrens verschieden, je nachdem es auf verschiedene Stoffe angewandt wird; höchstens die äußerlichen Handgriffe werden gleich sein; das hindert die Erteilung eines allgemeinen Patents.

Mit Vorstehendem ist der Kreis der patentfähigen allgemeinen Methoden schärfer umgrenzt. Zusammengefaßt ergibt sich als wichtigste Voraussetzung: Die Art der Einwirkung auf die verschiedenen Substrate muß im wesentlichen gleich sein, und ebenso müssen die hervorgebrachten Erzeugnisse körperlicher Art oder die Ergebnisse unkörperlicher Art gleich oder analog sein. Ferner muß trotz der Allgemeinheit der Mehtode eine gewisse Bestimmtheit entweder in den Körpern, auf die die Methode angewandt werden soll, oder in der Methode oder den Arbeitsmitteln selbst vorhanden sein. Das ist besonders für die Patentierung von katalytischen Beschleunigungen wichtig, die jetzt eine so große Rolle spielt. Man kann nicht etwa patentieren: Beschleunigung von chemischen Reaktionen durch Anwendung mehrerer Katalysatoren, von denen der eine eine besondere Affinität zu dem einen Reagens, der andere zu dem anderen Reagens hat. Das ist nach den beiden angegebenen Richtungen zu unbestimmt und ist nicht mehr als allgemeiner Leitgedanke. Es muß zum mindesten die Gattung der Reaktionen, die beschleunigt werden sollen, abgegrenzt werden.

Einige Beispiele werden zeigen, daß heutzutage hin und wieder allgemeine Methoden mit übertriebener Reichweite patentiert werden. Die Beispiele sind aus dem aufs Geratewohl herausgegriffenen „Verzeichnis" der Patente von 1913, Klasse 12k entnommen. 249447 schützt die Herstellung von Ammoniak aus Wasserstoff und Stickstoff, gekennzeichnet durch die Verwendung von Katalysatoren aus Eisen und Alkalien usw. Das Zusatzpatent 258146 schützt eine Abänderung, die darin besteht, daß an Stelle der Alkalien „andere Beimengungen" verwandt werden — offensichtlich den Worten nach zu unbestimmt und zu weitgehend. Das weitere Zusatzpatent 262823 schützt andererseits die Ersetzung des Eisens durch andere „befähigte Kontaktsubstanzen". Das scheint erheblich zu weit zu gehen, denn wenn man die Zusatzpatente wörtlich nimmt, so kann sowohl das Eisen, als das Alkali durch jede beliebige andere Substanz, die sich später dienlich erweisen wird, ersetzt werden. Weiter aus dem Verzeichnis 1914: 272738 schützt die Herstellung von Persäuren aus Aldehyden und Sauerstoff, dad. gek., daß man die Reaktion durch Katalysatoren beschleunigt. Also der allgemeine Gedanke, eine bestimmte Reaktion katalytisch zu beschleunigen, ist hier in der Tat für patentfähig erachtet. Sehr allgemein auch 425518: Verfahren zur Bestimmung der Bestandteile eines Gasgemisches von mindestens drei Gasen unter Ausnutzung von verschiedenen Temperaturabhängigkeiten irgendeiner physikalischen Eigenschaft der Gase des Gemisches ... 411155 schützt ein Verfahren zur Durchführung von chemischen Umsetzungen, dad. gek., daß man ein Gemisch der Reagentien über geschmolzenes Metall hinwegführt („Auszüge aus Patentschriften", 1925 Bd. 1 S. 732). Dies Patent ist nach obigen Ausführungen unzulässig. Daß man chemische Reaktionen auf geschmolzenen Stoffen unter Umständen mit Vorteil vornehmen kann, ist an sich bekannt, z. B. in der Herstellung von Bisulfat. Die Kunst besteht darin, die geeigneten Schmelzstoffe für die in Frage stehende Reaktion auszusuchen. Die patentierte Erfindung konnte also nur einen spezifischen Charakter haben; deshalb war es bedenklich, ein allgemeines Patent zu erteilen.

Sind **Prinzipien** patentfähig? Die Frage läßt sich erst beantworten, wenn feststeht, **Anm. 103.** was unter Prinzipien verstanden werden soll. Robinson hat zuerst für die amerikanische Praxis darauf hingewiesen, daß das Wort in ganz verschiedener Bedeutung gebraucht wird, §§ 134 bis 144. Er unterscheidet erstens Prinzip in dem Sinne einer „physikalischen Naturkraft", deren sich eine Erfindung bedient, und zweitens in dem Sinne des Prinzips einer bestimmten Lösungsart oder bestimmter Lösungsmittel eines Problems. So verdienstvoll dieser Hinweis für seine Zeit war, so erschöpft er doch die Sache nicht völlig. Nähere Überlegung ergibt folgende Unterscheidungen. Nur selten und nur in uneigentlichem Sinne spricht man von Prinzip im Sinne der Wirkung einer Naturkraft: Elektrizität, hydraulischer Druck, photochemische Wirkung. Hierüber ist kein Wort zu verlieren; daß derartige Äußerungen einer Naturkraft an sich nicht patentiert werden können, wird von niemandem bestritten. Nur die Anwendung der Naturkraftwirkung im besonderen Falle kann patentiert werden: Anwendung des hydraulischen Druckes zur Lösung eines bestimmten Problems, Anwendung des elektrischen Stromes, um bestimmte chemische Verbindungen zu dissoziieren usw. Etwas anderes sind die sogenannten wissenschaftlichen Prinzipien, das sind wissenschaftliche Urteile, Lehrsätze, Gesetze abstrakter Natur. Auch diese sind selbstverständlich nicht patentfähig, auch dann nicht, wenn sie unmittelbar in der Praxis angewandt werden können, z. B. das Gesetz für die zur Elektrolyse bestimmter Verbindungen erforderliche Elektrizitätsmenge, oder der Satz, daß die Löslichkeit von Salzen vermindert wird, wenn man der Lösung eine weitere Menge der Säure des gelösten Salzes hinzufügt, was zum Auskristallisieren gelöster Salze verwandt werden kann. Andererseits ist unbestritten patentfähig das, was man gewöhnlich als allgemeinen Erfindungsgedanken bezeichnet, aber auch als Prinzip der Lösung eines Problems bezeichnen kann, z. B. das Prinzip der Konstruktion einer automatischen Wage, entweder in der Art, daß die gesamte Wiegevorrichtung erst in Tätigkeit gesetzt wird, wenn man die Plattform betritt und eine Münze einwirft, oder aber in der Art, daß zwar die Wiegevorrichtung schon durch Betreten der Plattform in Tätigkeit versetzt wird, die Anzeigevorrichtung aber verdeckt bleibt bis die Münze eingeworfen ist. Hier handelt es sich also um die Prinzipien der Lösungen eines ganz speziellen Problems. Zwischen beiden Extremen gibt es ein großes Gebiet, auf dem es sich um die Lösungsprinzipien nicht desselben Problems, sondern verwandter Probleme handelt. Das sind die sogenannten technischen Prinzipien. Sind diese patentfähig? Sie spielen schon heute eine erhebliche Rolle und werden an Bedeutung noch zunehmen. Der älteste und bekannteste Fall, das Patent von Schlick, Blatt 4 (1898), 169 ff., ausführlicher Schanze, Industrierechtl. Abh. Bd. 1, S. 199: 80974 Kraftmaschine mit mehr als drei Kurbeln an einer Welle, gekennzeichnet durch eine derartige Anordnung ihrer bewegten Teile, daß deren Massenwirkungen auf das Fundament nach einer bestimmten Regel ausgeglichen werden. Sehr schwere schnellaufende Maschinen, z. B. die Maschinen großer Dampfer, üben starke, schädliche Kräfte auf die Befestigung am Schiffskörper und damit auf letzteren selbst aus. Schlick gab das technische Prinzip an, nach dem solche Maschinen zu bauen seien, um die schädlichen Massenwirkungen auszugleichen. Das Patentamt vernichtete das Patent, weil nur eine Konstruktionsregel vorliege, eine solche aber nicht patentfähig sei. Das Reichsgericht erachtete die Angabe „der maßgebenden Konstruktionsregel" für patentfähig. Ähnlich 300591: Laufrad für ... Wasserturbinen, dad. gek., daß zwischen zwei benachbarten Schaufeln keine Zelle vorhanden ist, derart, daß die wahre Länge ... einer Schnittlinie kürzer ist, als die kleinste Schaufelteilung. Auch hier die Angabe eines technischen Prinzips zur Konstruktion von Wasserturbinen, deren Einrichtungen im übrigen beliebig getroffen werden können. Weiter: 244211 hat eine Anleitung zur Konstruktion von Schraubenflügeln für Flugzeuge, um schädliche Vibrationen der Flügel zu vermeiden. Das RG (I 83/1914) äußerte, es werde damit eine Konstruktionsregel nach einer Richtung hin gegeben, neben welcher aber noch manchen anderen Anforderungen zu genügen sei, z. B. der richtigen Lagerung des Schwerpunktes des Flügels. Die Beispiele ließen sich beliebig vermehren. Alles dies sind also Konstruktionsprinzipien allgemeinerer Art, nach denen man bei Gestaltung der angeführten Gegenstände, wenn man gewisse Übelstände vermeiden will, verfahren kann. Bei Verfahrenserfindungen werden technische Prinzipien noch viel allgemeinerer Art geschützt, vgl. die bei den allgemeinen Methoden, § 1 A 102 angeführten Patente. Diese technischen Prinzipien, die patentfähig sind, unterscheiden sich scharf von dem sog. Erfindungsgedanken. Letzterer gibt das Prinzip, den Schematismus, die allgemeine Regel zur vollständigen Lösung eines ganz speziellen Problems, zur Herstellung einer bestimmten Vorrichtung, zur Ausübung eines bestimmten Verfahrens an. Die technischen Prinzipien dagegen geben eine allgemeine Regel an, welche bei beliebigen Arten einer größeren Gattung zu beachten ist, um gewisse einzelne Erfolge zu erreichen. Der Unterschied gegen die sog. wissenschaftlichen Prinzipien, die unmittelbare technische Anwendung dulden, kann dagegen unter Umständen fließend sein, weil ja auch die technischen Prinzipien vielfach auf wissenschaftlicher Grundlage beruhen. In Deutschland ist die Patentfähigkeit der technischen Prinzipien ausführlicher nur in den bereits erwähnten Urteilen über das Schlicksche Patent erörtert. Die gleichen Fragen unterlagen vor wenigen Jahren der Beurteilung der englischen Gerichte, R. P. C. Bd. 35, S. 33. Das Technische des Falles ist nicht interessant, wohl aber die Urteilsbegründung. Patentiert war die allgemeine Regel, bei Maschinen zur Anfertigung von Lederschuhen während der maschinellen Befestigung des Oberleders an der Sohle den Schuh maschinell in in einer solchen Lage zu halten, daß der Arbeiter den Schuh schräg von oben erblickt, die Gefälligkeit der Arbeit beurteilen und falls nötig verbessern kann. Die Maschine soll einen großen Erfolg gehabt haben, Geschützt war nicht die besondere Einrichtung der Maschine, sondern die „Idee", eine beliebige Schuhmaschine so einzurichten, daß der Schuh in der genau bezeichneten, vorteilhaften Lage gehalten wird. Da es sich um die Erfindung einer großen amerikanischen Schuhfabrik handelte, brachte sie den Prozeß bis vor das house of Lords. Das Patent wurde in allen drei Instanzen für nichtig erklärt. Der auch in Deutschland bekannte Viscount Haldane begründete (a. a. O. S. 46) seine Meinung wie folgt. Es handelt sich nicht um einen Anspruch auf Mittel zur Verwirklichung einer Idee, sondern um die Patentierung der Idee selbst, den Schuh in eine bestimmte Lage zu bringen. Ein so weit gehender Patentanspruch ist nicht an sich unmöglich. Eine neue „Idee" von weitreichender Neuheit kann — neben einer Ausführungsform — patentiert werden, wenn es sich dabei um ein neu erfundenes „Prinzip" handelt. Aber das Prinzip selbst muß neu sein. Ein neues Prinzip lag vor, als erfunden wurde, die Luft, die den Hochöfen zugeführt wird, aus Gründen der

Wärmeökonomie vorher zu erhitzen (ein englisches Schulbeispiel für solche Fälle). In solchen Fällen drückt sich die Idee in jeder einzelnen praktischen Ausführungsform aus. Das neue Prinzip muß zwei Bedingungen erfüllen. Es muß die Technik befähigen, etwas zu vollbringen, was sie ohne seine Hilfe überhaupt nicht vollbringen konnte, und es darf nicht mit bereits bekannten Methoden zur Erreichung von dergleichen Zielen kollidieren. — Es wird dann ausgeführt, daß diese Bedingungen im Streitfalle nicht erfüllt sind. Die Idee, einen Schuh bei der Fabrikation in einer der Besichtigung zugänglichen Lage zu halten, sei an sich nicht neu. Nur die Art der Lage (genügende Schrägstellung) und die Mittel der Ausführung seien vervollkommnet. Man wird auch nach deutscher Anschauung den entwickelten Grundsätzen zustimmen müssen. Wenn ein technisches Prinzip patentfähig sein soll, kann es zwar als Desideratum bekannt gewesen sein (Schlicksche Massenausgleichung), aber es muß an der Verwirklichungsmöglichkeit gefehlt haben. Außerdem muß es sich um eine Regel von grundsätzlicher Bedeutung handeln, nicht bloß um praktische Handgriffe, die bei verschiedenen Maschinen oder Verfahren angewendet werden können. In letzterer Hinsicht ist ein von Schanze angeführtes Beispiel von Interesse, GewR 3 (1898) 167. Beim Färben, Entschweißen, Entfetten, Waschen, Bleichen, Karbonisieren werden die Wollen, Garne, Zeuge usw. in der Regel in der Lauge hin und her bewegt, wobei sie nicht selten Schaden leiden. Es wurde erfunden, anstatt des Hin- und Herbewegens die Flüssigkeit mehrfach durch die Textilien hindurchzudrücken und wieder anzusaugen. Ist das allgemein für sämtliche genannten Verfahren neben gleichzeitiger Angabe einer Ausführungsform patentfähig? Schanze bejaht die Frage. Gleichwohl ist die Sache nicht unzweifelhaft. Wenn die neue Idee nicht von grundlegender Bedeutung ist, vielmehr nur eine mehr handwerksmäßige Maßregel, einen praktischen Handgriff darstellt, der allerdings bei verschiedenen Verfahrensarten angewandt werden kann, so ist die Patentfähigkeit zu verneinen. Nur die Anwendung im einzelnen Falle kann dann patentiert werden. Insofern ist der mitgeteilten englischen Begründung zuzustimmen. — Ein weiterer Fall, der von erheblicher Bedeutung ist. Wenn im vorstehenden von Prinzipien die Rede gewesen ist, so waren das technische Prinzipien, aufgebaut auf wissenschaftlicher Erkenntnis. Wissenschaftliche Erkenntnis selbst kann nicht patentiert werden. Das ist in folgendem Falle hervorgetreten. Ein Erfinder hatte die Anlaufsverhältnisse von Fahrzeugpropellern wissenschaftlich ergründet und darauf hin eine Anlaßvorrichtung konstruiert, die ihm patentiert war. Ein anderer machte sich jene Erkenntnis zunutze und baute eine andere Anlaßvorrichtung, die jener ersten nach Ansicht des Gerichtes nicht äquivalent war. Patentverletzung ist verneint, österr. Patentblatt 1919, 125. Sicherlich ist die wissenschaftliche Ergründung des ersten Erfinders nicht schutzfähig, und es ist nicht zu beanstanden, wenn ein anderer auf Grund jener Erkenntnis zu einer abweichenden technischen Ausführung gelangt. In solchen Fällen ist dem ersten tatsächlich nicht zu helfen.

Hypothesen sind nicht schutzfähig, denn sie sind nur Erkenntnis und noch dazu nicht sichere **Anm. 104.** Erkenntnis, sondern vermutete. Sie haben nur wissenschaftliches Interesse. Führen sie zu einem greifbaren Erfolge, so kann nur dieser Erfolg, falls er technisch verwendbar ist, patentiert werden. Die Wissenschaft spricht von einer besonderen Art von Hypothesen, den sogenannten Arbeitshypothesen. Das sind mehr oder weniger plausible Annahmen, auf Grund deren weitergeforscht werden soll, um zu sehen, ob sie sich bewahrheiten und zur Aufklärung dienen. Sie sind also eine Richtschnur zum Weiterforschen. Auch in der Technik wird nach derartigen Arbeitshypothesen weitergeforscht. Patentfähig sind sie natürlich nicht. Nur wenn sie einen technischen Erfolg erzielen, ist dieser schutzfähig.

Sind **chemische Analysen** patentfähig? Allgemein anerkannt ist, daß Analysen im **Anm. 105.** Sinne von Vorkehrungen, durch welche Stoffe, die miteinander gemischt oder chemisch verbunden sind, voneinander geschieden werden sollen, schutzfähig sind, z. B. fraktionierte Destillation; ebenso RG Mitt. 1925, 169: Trennung der Hochofengase in Kohlenstoffverbindungen und in ein Stickstoff-Wasserstoff-Gemisch. Das ist selbstverständlich. Fraglich ist aber, ob Analysen, durch welche nur festgestellt werden soll, aus welchen Komponenten ein Gemisch oder eine chemische Verbindung besteht, patentiert werden können. Das wurde früher vielfach ausnahmslos verneint, weil sie nur der Erkenntnis dienten, nicht aber irgendein Erzeugnis herstellten. Diese Auffassung darf als heute überwunden gelten. Chemische Analysen sind dann schutzfähig, wenn sie Anwendung in der Technik finden. Wenn z. B. durch Analyse festgestellt wird, ob wertvolles vegetabilisches Öl mit minderwertigem mineralischem Öl vermischt und verfälscht ist, so muß das schutzfähig sein. Denn es dient nicht nur kaufmännischen Zwecken, damit der Käufer nicht für minderwertige Ware teure Preise bezahlt, sondern es dient technischen Zwecken, damit nicht das minderwertige Rohprodukt zur Herstellung von Erzeugnissen, Seife, Lack oder dgl. verwendet wird, die dann ihrerseits unbrauchbar sind. Das Patentamt, das früher auf einem anderen Standpunkt gestanden hatte, hat neuerdings die Patentfähigkeit technischer Analysen anerkannt, GewR 30 (1925), 299, Sp. 2. Das Reichsgericht hat ein Verfahren zur Analyse der Rauchgase von Feuerungen, durch welche die richtige Ausnutzung der Kohlen festgestellt wird, ohne weiteres als patentfähig anerkannt, obgleich auch diese Analyse zunächst nur eine Erkenntnis bringt (Mitt. 1913, 97). Ein weiteres Beispiel: 199062 Verfahren zur Prüfung von Trinkwasser (Erkennung eines Gehaltes an salpetriger Säure durch Rotfärbung des Wassers mittels Sulfosäuren des Amidonaphtols), also eine reine Analyse.

Anm. 106. **Überwindung von Vorurteilen.** „Imaginäre Hindernisse bedürfen nicht der Überwindung, sondern nur der Bravierung; die Durchbrechung der Einbildung, der technischen Verstocktheit ist sehr verdienstlich, aber keine Erfindung“, so sagt Kohler, Forschungen S. 31. Diese Ansicht ist heute größtenteils verlassen. Sie geht erheblich zu weit. Ist die Erfindung, deren Grundlage die Überwindung eines Vorurteiles ist, brauchbar und zeigt sie Fortschritt, d. h. erzielt sie ein neues wertvolles Erzeugnis, so liegen alle Voraussetzungen für Patenterteilung vor. Daß Erfindungshöhe gegeben ist, wenn das Vorurteil einigermaßen festgewurzelt war, läßt sich auf keinen Fall bestreiten. Fraglich kann also nur sein, ob dem Erfordernis der Neuheit Genüge getan ist. Das kann in der Tat dann zweifelhaft sein, wenn die Erfindungsidee bekannt war, aber nicht ausgeführt wurde, weil man Schwierigkeiten in der Herstellung vorauszusehen glaubte, oder etwa mangelnde Brauchbarkeit, mangelnden Absatz befürchtete. Neuheit kann in derartigen Fällen darin gefunden werden, daß die Schwierigkeiten der Herstellung aus dem Wege geräumt werden, oder daß die Möglichkeit einer nützlichen Zweckverwendung neu erkannt wird, sei es daß eine an sich neue Anwendung aufgefunden wird, sei es, daß die befürchteten Nachteile aus dem Wege geräumt oder als in Wahrheit nicht hinderlich erkannt werden. Darin kann, wenn auch nicht in allen Fällen, so doch unter manchen Umständen, eine verdienstliche Erfindung zu erblicken sein.

Man hatte bis vor 15 Jahren für Gewehre Geschosse von ogivaler, kulpiger (nicht sehr schlank zulaufender) Form bevorzugt. Man wußte zwar, daß spitze Geschosse den Luftwiderstand besser überwinden, aber man befürchtete allgemein, daß das Geschoß im Fluge pendeln und sich überschlagen werde. Der Erfinder ist dieser Anschauung entgegengetreten und hat ein Spitzgeschoß mit sehr wertvollen Eigenschaften (Treffsicherheit, Durchschlagskraft) hergestellt. Das ihm erteilte Patent 204660 ist aufrechterhalten, Blatt 18 (1912), 138.

Ähnlich liegt der bereits angeführte Fall, § 1 A 98, der Umhüllung von Seekabeln mittels eines neuen Stoffes, Balata. Bisher waren Seekabel mit Guttapercha umhüllt worden, trotzdem sich gewisse Mißstände ergeben hatten. Die Balata hatte man als einen minderwertigen Ersatz für Guttapercha angesehen. Der Erfinder brach mit dieser Anschauung und zeigte, daß Balata gerade für diese Zwecke wertvolle Eigenschaften (geringe Ableitung) aufweist (I 16/1917, Urt vom 10. 10. 17).

Der Beklagte hat daher ein bestehendes Vorurteil gegen die Anwendung der unveränderten Belageisenform überwunden und hat ihre Eigenvorzüge im Gegensatz zu den übrigen Sachverständigen auf diesem Gebiete erkennen müssen. Darin offenbart sich ein erfinderisches Denken (I 39/1917; Urt vom 19. 12. 17, a. E.).

Immerhin darf man nicht zu weit gehen, wenn die neuangemeldete Vorrichtung, deren Brauchbarkeit behauptet wird, aber bisher bestritten wurde, an sich bereits völlig bekannt war. Edison hatte sich schützen lassen, bei der Herstellung von Glühbirnen den Kupferdraht mittels eines kurzen Zwischenstückes aus Platindraht durch das Glas hindurchzuführen, und zwar so, daß die Verbindungsstelle von Kupfer und Platin in der Glaswand lag. Man hatte das bisher in der Massenherstellung vermieden, weil man glaubte, die starke Ausdehnung des Kupfers in der Wärme werde, wenn die Birne sich beim Brennen erhitzt, die Glaswandung sprengen. Edison widerlegte das Vorurteil durch die Tat. Dennoch ist ein Patent in Amerika in der ersten Instanz vernichtet, weil die Einrichtung bereits genau bekannt und beschrieben sei. Fed. Rep. Bd. 161 S. 549; die zweite Instanz hat das Patent allerdings bestehen lassen; sie nahm an, daß die Erfindung nicht in allen Teilen vorweggenommen sei, Fed. Rep. Bd. 167 S. 977.

Anm. 107. **Pioniererfindungen** sind Erfindungen, die als Pioniere in unbekanntes Gelände vordringen, Bahnbrecher, die neue, bisher unbearbeitete Gebiete der Technik in Angriff nehmen. In Deutschland ist man mit dem Gebrauch dieses Ehrentitels sparsamer als in Nordamerika und England. Als Pioniererfindungen sind z. B. aus den letzten Jahrzehnten zu nennen: Verstärkerröhren für Empfänger und später auch für Sender bei der drahtlosen Telegraphie, die drahtlose Telephonie längs Leitungen, das Patent von Meißner, die Erfindung rostfreien Stahls usw. In Nordamerika sieht man es schon als Pioniererfindung an, wenn durch eine Maschine oder durch ein Verfahren ein seiner Art nach neues Erzeugnis hervorgebracht wird; als zum ersten Male eine Maschine zum Herstellen von Drahtnetzen aus Drahtmaschen zur Einzäunung von Gärten usw. gebaut wurden, hat man das als einen Pionier bezeichnet. In zwei Richtungen hauptsächlich unterliegen Pioniererfindungen einer besonderen Beurteilung. Das wichtigste ist, daß wegen der Bedeutung der Erfindung der Schutzumfang des Patentes (im Verletzungsrechtsstreit) besonders weit ausgelegt wird. Äquivalente und Ausführungsformen des Erfindungsgedankens werden in besonders ausgedehntem Kreise von dem Patentschutz erfaßt. Diese Regel, die sich aus sich selbst rechtfertigt, hat sich in allen Industrieländern durchgesetzt; für deutsches Recht vergleiche § 4 A 56, 4. — Der zweite wichtige Gesichtspunkt betrifft die Art der Patentierung von Pioniererfindungen. Einerseits muß auch schon bei der Patenterteilung und in der Fassung der Patentansprüche zum Ausdruck gebracht werden, daß einen ausgiebigen Schutz genießen soll, wer neue Gebiete eröffnet. Bei Pioniererfindungen ist das erfinderische Verdienst immer groß, die Erfindungshöhe immer bedeutend. Es kann aber vorkommen, daß der augenblickliche praktische Nutzen für die Technik noch nicht erheblich ist, sei es, daß noch Schwierigkeiten technischer Art zu überwinden sind, oder Wirtschaftlichkeit und Konkurrenzfähigkeit noch nicht gegeben ist. Bedenken dieser Art müssen zurücktreten, vgl. § 1 A 44. Ebensowenig dürfen Nebensächlichkeiten, die von Dritten auf dem neuen Gebiete gefunden werden, derart patentiert werden, daß die Ausarbeitung der Hauptsache durch den Pioniererfinder etwa lahmgelegt wird. Das Korrelat zu diesen Gesichtspunkten bildet das folgende. Die Patentierung darf nicht in solcher Weise vorgenommen werden, daß etwa das ganze neue Gebiet demjenigen Erfinder, der zuerst in den Randdistrikt vorgedrungen ist, auf achtzehn Jahre ausgeliefert und die Mitarbeit aller übrigen gehemmt wird. Also: reichlicher Schutz gegenüber Konkurrenzerfindungen, aber nicht Auslieferung des ganzen Gebietes an einen einzelnen.

Ein bekanntes Beispiel für weitgehenden Schutz einer Pioniererfindung bietet das Kongorotpatent 28753. Es war eine Farbe erfunden, die zum ersten Male Baumwolle ohne Beize echt zu färben vermochte. Die Bedeutung der Erfindung war nicht in Zweifel zu ziehen. Daraufhin ist das Patent nicht nur auf die einzelne erfundene und ausprobierte rote Farbe erteilt, sondern auf eine ganze Gattung von Körpern, die jener Farbe analog gebaut waren. In diesem Umfange ist das Patent auch im Nichtigkeitsverfahren aufrechterhalten worden, obgleich behauptet worden war, daß alle übrigen nach dem geschützten Verfahren herzustellenden Körper unbrauchbar zum Färben seien. (Gareis Bd. 8 S. 48.)

Abschnitt IX.
Erfindungsgedanke.

159873 schützt einen Fahrpreisanzeiger bei Taxameterdroschken. Die Fahnenstange, das Schaltrad, das den Kontrollapparat in Bewegung setzt, und ein Sperrad sind mit einer Welle fest verbunden und können deshalb nur gleichzeitig in Bewegung gesetzt werden. Das Reichsgericht hat den Inhalt der Erfindung dahin entwickelt, daß die genannten drei Teile zwangsläufig miteinander in Verbindung gebracht sein müßten. Daß sie sämtlich auf einer Welle fest angebracht seien, sei nur eine einzelne Ausführungsform jenes Gedankens; jede andere zwangsläufige Verbindung der drei Teile falle auch unter das Patent (IndR Jahrg. 12 S. 72). Die Zwangsläufigkeit kann man also das Prinzip des Mechanismus nennen. Gewöhnlich gebraucht man anstatt dessen in diesem Sinne den Ausdruck Erfindungsgedanken. Nicht völlig klar ist, ob dieser Ausdruck nur dann anzuwenden ist, wenn der Erfinder selbst das Prinzip des Mechanismus erkannt hat, oder auch dann, wenn erst später von dritter Seite gefunden wird, daß die konkrete Form nur eine einzelne Ausführung eines allgemeineren Prinzips sei. Bei letzterer Annahme würde also der Erfindungsgedanke ein Gedanke sein, den der Erfinder nicht gehabt hat. Für die Zwecke der bevorstehenden Erörterung bedarf dieser Zweifel keiner Lösung. Denn hier soll nur erörtert werden, ob und unter welchen Bedingungen der Erfindungsgedanke patentiert, d. h. ausdrücklich im Anspruch als geschützt bezeichnet werden kann. Das kann nur in Frage kommen, wenn der Erfinder den Erfindungsgedanken wirklich selbst erfaßt hat. Wie weit im übrigen der Erfindungsgedanke durch den Schutz der Ausführungsform stillschweigend mitgeschützt ist, dafür vgl. § 4 A 29f, 56f. **Anm. 108.**

Wann kann ein derartiger Erfindungsgedanke patentiert werden? Zur Beantwortung muß zunächst der Begriff des Erfindungsgedankens bestimmt werden. Hiervon wird eingehend § 4 A 29ff gehandelt; an dieser Stelle sind nur die Hauptgesichtspunkte anzuführen. **Anm. 109.**

Der Erfindungsgedanke enthält zweierlei Aussagen. Er muß erstens angeben, welches Problem durch die Erfindung gelöst ist. Er muß zweitens angeben, auf welchem Wege und durch welche Mittel die Lösung erfolgen soll, und zwar — dies ist das Charakteristikum des Erfindungsgedankens — werden Weg und Mittel nicht in ihrer konkreten Form, sondern nach ihrem Prinzip angegeben. Sind zwei Lösungen desselben Problems ihrem Prinzip nach voneinander verschieden, so handelt es sich nicht um denselben, sondern um verschiedene Erfindungsgedanken. Nicht jeder Erfindung liegt ein allgemeinerer Erfindungsgedanke zugrunde. Es gibt viele Erfindungen, die sich ihrem Wesen und ihrer Natur nach von vornherein nur auf eine einzige konkrete Form beschränken. Derartige Erfindungen zeigen sich in der Chemie häufig, nämlich immer dann, wenn die gewünschte Reaktion nur durch ein einziges

Reagenz herbeigeführt werden kann. Physikalisch-mechanische Fälle: Herstellung des Halters für Glühfäden in Glühbirnen gerade aus Molybdän; Entfärbung grünen Glases gerade durch Selen. Für die hier zu erörternde Möglichkeit, einen Erfindungsgedanken in einem besonderen Anspruche zu patentieren, ist also festzuhalten, daß dasjenige technische Problem, das gelöst werden soll, genau angegeben sein muß und daß außerdem Lösungsweg und Lösungsmittel ihrem Prinzip nach genau bestimmt sein müssen.

Weiter ist zu bemerken, daß bei manchen Erfindungen, denen wohl ein allgemeiner Erfindungsgedanke zugrunde liegen mag, die Patentierung dieses Gedankens gleichwohl aus äußerlichen Gründen nicht möglich ist, nämlich dann, wenn die wissenschaftliche Forschung noch nicht soweit fortgeschritten ist, um den Erfindungsgedanken erkennen zu können. Als zum ersten Male erfunden wurde, einen Detektor zum Empfange drahtloser Wellen ohne äußere Stromquelle herzustellen, den Stahl-Kohledetektor, kannte man den allgemeinen Gedanken dieser Erfindung noch nicht, so daß also Patentierungsmöglichkeit des Gedankens nicht gegeben war. Gleiches gilt für diejenigen Fälle, in denen der prinzipielle Gedanke wenn auch ungefähr, so doch noch nicht mit genügender Sicherheit erkannt war, namentlich für die Fälle, in denen man noch schwankte, welches von mehreren an sich möglichen Prinzipien das richtige sei. Bei den soeben erwähnten Detektoren war lange Zeit hindurch nicht klargestellt (und ist auch heute wohl noch nicht völlig klargestellt), ob die Wirkungen elektrochemischer oder elektrothermischer Art sind. Hätte man den Erfindungsschutz auf die eine Alternative aufgebaut und würde sich später die andere als zutreffend erweisen, so würde aus dem Schutzbereich des Patents alles herausfallen, außer den im Patente beschriebenen konkreten Ausführungsformen; die Ausführungsformen des richtigen, aber nicht angegebenen Prinzips würden ungeschützt sein (§ 1 A 80f).

Die Notwendigkeit der Patentierungsmöglichkeit des Erfindungsgedankens steht heute außer Frage. Das gewerbliche Leben verlangt unweigerlich, daß, jedenfalls bei großen Erfindungen, dem Erfinder nicht nur für die einzelne im Patente mitgeteilte konkrete Form Schutz gewährt wird, sondern auch darüber hinaus für den zugrunde liegenden prinzipiellen Gedanken. Wird der Erfindungsgedanke patentiert, so ist damit der volle Umfang der gemachten Erfindung zweifelsfrei klargestellt. Dem Erfinder sind die Früchte seiner Arbeit, soweit dies überhaupt möglich ist, sichergestellt, er ist nicht mehr von späterer Auslegung seines Patentes abhängig. Auch dem gewerblichen Leben ist damit gedient. Die Gewerbetreibenden können genau sehen, was sie tun dürfen und was sie zu lassen haben.

Anm. 110. **Geschichtlicher Rückblick.** Die Überzeugung von der Zulässigkeit, den Erfindungsgedanken durch besonderen Anspruch zu schützen, hat sich nur allmählich durchgesetzt. Früher leugnete man teils die Möglichkeit, teils unterschied man Erfindungsgedanken nicht scharf von Aufgabe und spekulativer Idee. Schon vor 1900 ist, wie Schanze, GewR 3 (1898), 167, angibt, ein Patent auf einen allgemeineren Erfindungsgedanken erteilt (Luftfänger). Auch schon das Patent 122376 aus 1900 enthält in Anspruch 1 den Erfindungsgedanken, in Ansprüchen 2 und 3 Ausführungsformen, Blatt 12 (1906), 42. Aber man ist von dieser Praxis wieder abgegangen. In dem viel erörterten Falle der automatischen Selbstzündung von Gasflammen derart, daß nach erfolgter Zündung die Zündpille durch die lebendige Kraft der aufsteigenden heißen Gase aus dem Bereiche dieser Gase entfernt wird, um sie vor Verderb zu schützen, ist der allgemeinere Anspruch, sich der Wirkung der aufsteigenden Gase dazu bedienen, vernichtet, weil er nur eine Aufgabe oder eine spekulative Idee enthalte. Daß das nicht richtig ist, ist bereits oben A 73 erwähnt. Offenbar hatte nach jetzigen Anschauungen der Referent, der in dem Anspruche einen wertvollen und schutzfähigen Erfindungsgedanken erblickte, recht und die ihn überstimmende Mehrheit unrecht. (Eine konkrete Ausführungsform war nebenbei angegeben.) Dabei gelangte man dann noch zu dem sonderbaren und höchst verwirrenden Ergebnis, daß der Inhalt des vernichteten allgemeineren Gedankens nun nicht etwa schutzlos sein sollte, vielmehr im Verletzungsverfahren wiederum als geschützt angesehen werden konnte, vgl. hierfür Nichtigkeits- und Verletzungsurteil Blatt 10 (1904), 330ff und weiter ebenda S. 216 gegen Ende des Urteils. Man wollte also den grundlegenden Erfindungsgedanken schützen, durfte das aber nicht zum Ausdruck bringen, vgl. hierzu die Protokolle des Augsburger Kongresses von 1914, 144.

Anm. 111. a) Diese Anschauungen sind heute gänzlich verlassen: Heute gilt die Regel, daß der Erfindungsgedanke geschützt werden kann, **wenn im Patente gleichzeitig eine Ausführungsform angegeben wird.** Zweierlei ist dabei hervorzuheben. Erfindungsgedanke ist in dem oben entwickelten Sinne aufzufassen: er muß das technische Prinzip der Lösung aufzeigen; es genügt also nicht eine Aufgabenstellung, denn sie gibt nicht die Lösung an; es genügt nicht eine sog. spekulative Idee, denn sie gibt nicht ein technisch bestimmtes Prinzip an. Zweitens: die Erfüllung der erwähnten Bedingung, Angabe einer Ausführungsform, ist zwingend. Einzige — nicht unzweifelhafte — Ausnahme: erfinderische Aufgabenstellung, über welche vgl. § 1 A 77. Ist in einem früheren Patente eine Ausführungsform geschützt und erlangt der Erfinder in einem späteren Patente einen weiteren Schutz auf den Erfindungsgedanken, A 112, so braucht er allerdings nicht noch einmal eine andere Ausführungsform anzugeben.

Beispiele: 241096 schützt im ersten Anspruch eine Vorrichtung zur Dämpfung der Schwingungen eines Kreiselkompasses, dad. gek., daß an dem beweglichen System des Kreiselkompasses eine Masse derart verschiebbar angeordnet ist, daß eine erhebliche zeitliche Differenz zwischen den Verschiebungen der Masse innerhalb des beweglichen Systems und den Elevationen der Kreiselachse zustande gebracht wird; Anspruch 2 beschreibt eine Ausführungsform. Anspruch 1 wurde angefochten, weil er nur die Stellung einer Aufgabe enthalte. Das Reichsgericht erklärte: In Anspruch 1 finde sich die zur Lösung der Aufgabe wichtige technische Anleitung ... eine zeitliche Differenz eintreten zu lassen; möge auch zur Ausbildung geeigneter Konstruktionen noch ein gewisses Maß schöpferischer Tätigkeit aufzuwenden sein, so seien doch dem Fachmann durch die Angabe der Phasenverschiebung wichtige technische Fingerzeige zur Lösung der Aufgabe gegeben ... In Anspruch 1 finde sich die erfinderische Grundidee ausgesprochen, von der jede Einzellösung beherrscht sein müsse, während Anspruch 2 eine einfache, glückliche Lösung der Aufgabe offenbare. Eine solche Formulierung entspreche der Rechtsprechung des Reichsgerichts um so unbedenklicher, als damit von vornherein Klarheit über den Schutzumfang des Patents geschaffen werde (I 159/1915, Urt vom 29. 3. 16; ähnlich GewR 13 [1908], 222f).

228652 schützt einen Kontaktzünder für Granaten zum Gebrauch gegen Luftballons u. dgl. Der die Zündung bewirkende über die Granate herausragende Teil soll so beweglich sein, daß er zwar nicht beim Fluge des Geschosses durch den Luftwiderstand, wohl aber durch jeden auch nur etwas größeren Widerstand in Bewegung gesetzt wird und die Zündung verursacht. Dies ist der Inhalt des Anspruchs 1. Weitere Ansprüche schützen Einzelheiten der Ausführung. Das Reichsgericht hat anerkannt, daß im Anspruch 1 das Wesen der Erfindung „nur in ganz allgemeinen Umrissen" angegeben sei, hat aber trotzdem keinen Anlaß genommen, den Anspruch zu vernichten (I 261/1912, Urt vom 2. 7. 13).

Förderrutschen werden in Bergwerken gebraucht, um die gebrochene Kohle nach einem Punkte zu schaffen, wo sie in Förderwagen verladen wird. Sie werden durch einen Antrieb in der Richtung der Förderung vorwärts bewegt und während das Gut noch in der Vorwärtsbewegung beharrt, rasch unter ihm wieder zurückgezogen. Dann beginnt wieder die Vorwärtsbewegung, und so kommt es, daß sich das Fördergut in der Rutsche ständig vorwärts bis an seinen Bestimmungsplatz bewegt. 283524 schützt im Anspruch 1 eine Förderrutschenmaschine, dad. gek., daß der Antrieb beim Anheben der Rutsche durch das gesteuerte Druckmittel erfolgt, während in entgegengesetzter Richtung ein Druckmittel ständig wirkt. Die weiteren Ansprüche schützen Ausführungsformen. Der Anspruch 1 wurde im Nichtigkeitsverfahren angefochten. Das Reichsgericht ging davon aus, daß im Anspruch 1 nur das „allgemeine Prinzip" offenbart sei, hat den Anspruch aber ohne Bedenken bestehen lassen (I 340/1920, Urt vom 12. 10. 21).

Im übrigen sind unter anderem die zahlreichen Fälle zu vergleichen, in denen, besonders im Maschinenbau, nur das technische Prinzip der Bauart geschützt ist (§ 1 A 103).

b) Falls der Erfindungsgedanke geschützt wird, muß eine praktische Ausführungsform desselben im Patente angegeben werden. Nach deutschem Recht ist es nicht erforderlich, daß der Erfinder gerade die beste, ihm bekannte Ausführungsform mitteilt. Es genügt, daß er irgendeine taugliche Ausführungsform angibt. Bekanntlich ist das englische und das nordamerikanische Recht in diesem Punkte strenger. Beispiele: Dynamit besteht aus Nitroglyzerin, das von einem porösen Stoffe aufgesogen wird. Das hierauf erteilte Patent von Nobel wurde angegriffen. Der englische Richter erklärte: Nobel hat in seinem Patente mehrere Auffaugemittel angeführt. Er hat aber nicht das beste von allen, Kieselgur, angeführt. Hätte er bei Anmeldung von den überwiegenden Vorzügen der Kieselgur Kenntnis gehabt, so wäre sein Patent anfechtbar, weil er das Publikum nicht richtig unterrichtet hätte, Rep. of Patent Cases Bd. 13 S. 195. Wenn ein Erfinder zur Ausführung seines Erfindungsgedankens zwei Verfahren kennt und nur das schwierigere und teurere mitteilt, das einfachere und billigere aber für sich behält, so handelt er gegen den guten Glauben, der von ihm verlangt wird, und sein Patent ist nichtig, Terrell S. 115. — Die Ausführungsform, die neben dem Erfindungsgedanken anzugeben ist, kann in einem Unteranspruche geschützt werden. Wenn sie nicht nur eine praktische Ausgestaltung jenes Gedankens enthält, sondern selbst erfinderische Qualität aufweist, kann sie auch in einem selbständigen Nebenanspruch geschützt werden.

c) Hin und wieder findet sich, daß nicht eine im einzelnen ausgeführte konkrete Ausführungsform angegeben wird, sondern nur der Typus einer solchen. Bis zu welcher Grenze ist das zulässig? Darüber verbreitet sich das soeben angeführte Urteil über den Kreiselkompaß vom 29. 3. 16.

241096 schützte die Anbringung einer beweglichen Masse zum Zwecke der Dämpfung der Schwingungen des Kreiselkompasses, also einen allgemeinen Erfindungsgedanken. Im Anspruch 2 ist eine Ausführungsform dahin beschrieben, daß die bewegliche Masse eine Flüssigkeit sei, die in zwei durch eine enge Röhre verbundenen Gefäßen enthalten ist, und wenn sie infolge eintretender Niveauverschiebungen durch die Röhre hindurch tritt, eine Verzögerung durch Drosselung erfährt. Das Reichsgericht sagt: In dem Anspruch 2 ist nicht eine unfertige Erfindung zu erblicken. Es genügt, daß dem Fachmann hierin Material geliefert ist, mit dem er durch Anstellung der erforderlichen Proben und Versuche zur Erreichung des Erfolges zu gelangen vermochte. Ob es hierin langwieriger Arbeiten und schwieriger Versuche bedurfte, ist gleichgültig, sofern nur nicht noch eine besondere erfinderische Tätigkeit nötig war (Urt vom 29. 3. 16, I 159/1915).

Es fragt sich, ob hierin, wenn diese Ausführungen als allgemeiner Grundsatz gemeint sind, nicht zu weit gegangen ist. Grundsätzlich muß verlangt werden, daß die Ausführungsform, die die Möglichkeit beweisen soll, den Gedanken in die Tat umzusetzen, so genau beschrieben wird, daß dieser Beweis geführt ist, daß also ein Techniker danach bauen kann; es dürfen nicht neue Rätsel aufgegeben werden.

d) Der Erfindungsgedanke kann (neben einer zu beschreibenden Ausführungsform) auch dann geschützt werden, wenn die Konstruktion jeglicher Ausführungsform erfinderische Geistestätigkeit erfordert. Derartiges kommt auf schwierigen Gebieten nicht selten vor, drahtlose Telegraphie und Telephonie, automatische Telephonzentralen, Kreiselkompaß, Turbinen usw. Ein Zweifel könnte darin gefunden werden, daß in solchen Fällen der Erfindungsgedanke praktisch nicht viel weiter hilft, weil zur Verkörperung weitere Erfindungskraft erforderlich ist. Allein gerade auf den schwierigsten Gebieten ist die Auffindung eines tauglichen Erfindungsgedankens besonders verdienstvoll und eines Schutzes würdig. Das ist anerkannt durch das mehrerwähnte Urteil über den Kreiselkompaß: „möge auch zur Ausbildung geeigneter Konstruktionen noch ein gewisses Maß schöpferischer Tätigkeit aufzuwenden sein". Die erfinderischen Ausführungsformen können dann ihrerseits patentiert werden; diese Patente sind von dem Patent auf den Erfindungsgedanken abhängig.

Anm. 112. Kann ein Erfindungsgedanke noch geschützt werden, **wenn eine Ausführungsform bereits bekannt oder geschützt ist?** Die Frage ist verneint in dem Urteile des Reichsgerichtes GewR 13 (1908), 223. Die Verneinung geht jedoch in dieser Allgemeinheit zu weit. Wenn es eines erfinderischen Schrittes bedarf, um aus einer vorbekannten Ausführungsform das allgemeinere technische Prinzip zu entwickeln, so ist dieser Erfindungsgedanke schutzfähig; ebenso Schanze, GewR 3 (1898), 179. Dieser Grundsatz rechtfertigt sich durch sich selbst und wird befolgt, wenngleich er selten ausgesprochen wird. Beispiele:

Als die Detektoren für die drahtlose Telegraphie erfunden wurden, mußte zunächst an den Detektor durch eine äußere Quelle eine Hilfsspannung gelegt werden. Bald wurde entdeckt, daß bei dem Stahl-Kohle-Detektor die Hilfsspannung unnötig sei. Einige Zeit danach wurde das Patent 178871 erteilt: Wellenempfindliche Kontaktteile zum Empfangen elektrischer Schwingungen, dad. gek., daß die Kontaktteile aus einem ... Materiale bestehen, das elektrolytische Eigenschaften besitzt. Dies war also der Erfindungsgedanke (wobei dahin gestellt bleiben kann, ob er wissenschaftlich zutrifft) gegenüber dem vorbekannten Stahl-Kohle-Detektor. Das Reichsgericht erkannte an, daß der Stahl-Kohle-Detektor durch das Patent „vollständig gedeckt" werde, legte aber dar, daß das Patent auf eine ganze Klasse von Körpern hinweise, die ohne Hilfsspannung wellenempfindlich seien, und ließ das Patent daraufhin bestehen (Urt vom 6. 7. 18, I 160/1917).

Der Gegenstand des Anspruchs 1 ist der allgemeine Gedanke, bei Bremsen die Einlaß- und Auslaßvorrichtung für das Druckmittel durch veränderliche Federbelastung derart zu beeinflussen, daß sich der Bremsdruck stets selbsttätig einstellt. Der Gegenstand des entgegengehaltenen Patents erschöpft sich in einer baulichen Anordnung bestimmter Teile, bei denen allerdings in gewissem Sinne ... der Erfindungsinhalt des angegriffenen Patents zur Anwendung gelangt. Der allgemeine Erfindungsgedanke des angegriffenen Patents ist nicht Gegenstand des ganz beschränkten Inhalts des entgegengehaltenen Patents. Die Nichtigkeitsklage ist daraufhin abgewiesen (Entsch der NichtAbt vom 19. 6. 19).

In der Kunstseidefabrikation wird die gelöste Zellulose in eine Fällflüssigkeit geleitet, in der der Faden erstarrt. Man hatte bereits bis zu 100 Grad erhitztes Wasser als Fällflüssigkeit benutzt. Später wurde erkannt, daß das heiße Wasser dienlich sei, um die in dem Wasser gelöste schädlich wirkende Luft auszutreiben. Deshalb schützte 303 047: Verfahren ... eine Flüssigkeit zu verwenden ..., der durch Evakuieren, Erwärmen oder dgl. die gelösten Gase vorher entzogen sind. Dieser Erfindungsgedanke ist im Nichtigkeitsverfahren trotz der Entgegenhaltung, daß die Benutzung erwärmten Wassers bereits bekannt sei, für patentfähig erachtet (Urt vom 15. 6. 21, I 53/1921).

In diesen und ähnlichen Fällen bleibt die bereits **patentierte oder vorbenutzte, veröffentlichte Ausführungsform** nebst glatten Äquivalenten **von dem Patente auf den Erfindungsgedanken unberührt;** es liegt weder Identität, noch auch Abhängigkeit vor. Das ist vielfach anerkannt.

H. hatte ein Verfahren erfunden, aus flüssiger Luft Sauerstoff herzustellen. Er hatte darauf ein Patent erhalten, das wieder erloschen war. Linde erhielt später ein Patent ebenfalls auf die Herstellung von Sauerstoff aus flüssiger Luft, 173620. Sein geschützter Erfindungsgedanke beruhte auf der Übertragung gewisser aus der Spiritusrektifikation bekannter Grundsätze. Das Reichsgericht erklärte: Wenn sich später etwa herausstellen sollte, daß auch schon H. diese Grundsätze anwandte, so würde doch das von ihm ersonnene längst bekannt gewordene Verfahren (und die Bauart seines Apparats) von dem Schutz des Patents Linde nicht ergriffen werden, was auch dem präsumtiven Willen der Erteilungsbehörde entspreche (Urt vom 27. 6. 14, I 17/1914).

In dem oben erwähnten Falle des Stahl-Kohle-Detektors wurde, wie gezeigt, nachträglich das Erfindungsprinzip (Verwendung elektrolytischer Materialien) patentiert. Das Reichsgericht erkannte an, daß jener Detektor vollständig durch den Anspruch 1 des (im Nichtigkeitsverfahren angefochtenen) prinzipiellen Patents gedeckt werde. Es wurde hinzugefügt: selbstverständlich ist, daß der Detektor des älteren, inzwischen längst verfallenen Patents (gemeint ist der Stahl-Kohle-Detektor), wenn er auch durch den Wortlaut des angefochtenen Anspruchs gedeckt erscheint, nach wie vor ohne Rücksicht auf diesen ausgeführt werden darf (Urt vom 6. 7. 18, I 160/1917).

Diese Urteile sind wichtig auch für den später (§ 4 A 50) zu erbringenden Nachweis, daß der Patentschutz keineswegs alle vorbekannten Ausführungsformen erfaßt.

Ist dagegen die Sachlage so, daß im zweiten Patente (auf den Erfindungsgedanken) der Schutz einer neuen Maßnahme **ausdrücklich im Anspruch** auf eine Ausführungsform oder auf ein Gebiet erstreckt ist, auf dem dieselbe Maßnahme bereits durch ein früheres Patent geschützt war, so daß also die (ausdrücklich beanspruchten) Gegenstände beider Patente teilweise identisch sind, dann muß im Nichtigkeitsverfahren Beschränkung des zweiten Patents eintreten. In der drahtlosen Telegraphie war eine bestimmte Maßnahme allgemein sowohl für die konduktive, als für die induktive Verbindung der zwei Schwingungskreise der Empfangsstation geschützt, während dieselbe Maßnahme für die konduktive Verbindung bereits patentiert war; daraufhin ist das zweite Patent beschränkt worden. „Wohl aber ist die Nichtigkeitsklage nach § 10 Ziff 2 dann wenigstens zum Teil begründet, wenn bestimmte Ausführungsformen des angefochtenen Patents den Gegenstand eines älteren Patents bilden" (I 223/1917, Urt vom 6. 3. 18).

Von Interesse ist ein Blick auf die **ausländische Praxis.** In **England** werden Erfindungsgedanken seit langen Jahren patentiert, wenn gleichzeitig eine Ausführungsform beschrieben wird (vgl. vorstehend A 110 b). In dem Patentstreit über den Gasmotor von Otto sagte der Richter: wenn ein neues Prinzip oder eine neue Idee für ein Verfahren oder für ein Erzeugnis gefunden ist und dann eine praktische Verkörperung und Verwirklichung des Prinzips aufgezeigt wird, dann liegt Patentfähigkeit vor, obgleich die Idee allein, und vielleicht auch, wegen Mangels an Neuheit, die zur Ausführung nötige Vorrichtung allein nicht patentfähig sein würde (vgl. Frost, law and practice, Kap 2 S. 38). Das sind also im wesentlichen die gleichen Grundsätze, die in Deutschland gelten. Der erste Patentanspruch schützte einen reinen Erfindungsgedanken: Verfahren, in die Zylinder einer Gasexplosionsmaschine eine Mischung von brennbarem Gas mit Luft und dann getrennt davon weitere Luft einzuführen zum Zwecke, die Explosion nicht zu plötzlich eintreten zu lassen (Law Times Bd. 46 S. 36). **Anm. 113.**

Anders in **Nordamerika.** Man sträubte sich lange Zeit, etwas anderes zu patentieren als die zur Ausführung des Erfindungsgedankens nötigen Mittel — die also neu sein mußten — und gelangte zu einem vernünftigen Patentschutz dadurch, daß man, je nach der Bedeutung der Erfindung, den Kreis der Äquivalente jener Mittel weiter oder enger zog. Gegen diese Auffassung kämpfte besonders Robinson an, der auch in diesem Punkte seiner Zeit weit voraus war (vgl. aus seinem Kommentar § 130, § 134 Note 3 und vor allem § 143 Note 2). Diese Bestrebungen haben auch Erfolg gehabt. Die Entwicklung ist aber nicht dahin gegangen, daß nun, wie in Deutschland, im Anspruch stets ein klares, seinem Inhalte und seinem Umfange nach bestimmtes technisches Prinzip geschützt wird. Das liegt daran, daß nach amerikanischer Auffassung der Anspruch nicht die Aufgabe hat, die Erfindung definitionsartig in kurzen Ausdrücken ihrem Inhalte nach zu beschreiben. Die Inhaltsangabe der Erfindung erfolgt dadurch, daß der Anspruch hierfür auf die Patentbeschreibung Bezug nimmt, **substantially as described.** Der Anspruch soll nur angeben, was als neu und erfinderisch beansprucht wird, wobei das Beanspruchte in beliebiger Weise, also auch ohne Beschreibung des technischen Inhalts, gekennzeichnet werden kann, wenn nur klar wird, was beansprucht werden soll. So gelangt man in Nordamerika zu Ansprüchen, die viel allgemeiner lauten, als irgendein deutscher Anspruch, z. B. in dem berühmten Falle, als eine Maschine zum Anbringen und Befestigen von Knöpfen an Knöpfstiefeln erfunden war: die Kombination eines Zuführungsmechanismus (für die Knöpfe) und einer Vorrichtung, um einen Draht durch die Augen der Knöpfe zu ziehen, und einer Vorrichtung zum Befestigen der Ösen an dem Zeugstoff (mittels des Drahtes), U. S. Bd. 129 S. 263. Im Urteile des höchsten Gerichtshofs wird ausgeführt, daß damit der Kombinationsgedanke geschützt sei, was zur Folge hat, daß niemand ähnliche Vorrichtungen mit derselben funktionellen Wirkung miteinander kombinieren darf. Insofern ist also ein Erfindungsgedanke, nämlich der der Kombination, patentiert, wobei freilich sehr zweifelhaft bleibt, ob der Gedanke dieser Kombination im vorliegenden Falle wirklich erfinderisch oder nicht vielmehr selbstverständlich war. Aber das technische Prinzip der drei Maschinen, das ja viel wichtiger und schwieriger war, findet sich im Anspruch nicht angegeben. Bei Erfindungen, die einfach zu beschreiben sind, kann es auch anders sein. In dem gleichfalls viel besprochenen Falle Tilghman gegen Proctor (U. S. Bd. 102 S. 709) lautete der Patentanspruch: die Herstellung von Fettsäuren und Glyzerin aus Fetten durch die Einwirkung von Wasser bei hoher Temperatur und Druck. Wenngleich dieser Anspruch hinsichtlich der Temperatur und des Druckes etwas mager ausgefallen ist, so enthält er doch einen wirklichen Erfindungsgedanken, der als solcher auch in dem angeführten Urteile anerkannt ist, und zeigt also, daß auch in Nordamerika Erfindungsgedanken im Patentanspruch ausdrücklich unter Schutz gestellt werden können.

Im französischen Recht scheinen keine Erörterungen über Patentierung von Erfindungsgedanken angestellt zu werden; man findet nur längere Darlegungen, daß wissenschaftliche Prinzipien nicht patentfähig sind, z. B. Pouillet Nr 60 und 449.

Abschnitt X.

Kombinationen.

Anm. 114. Über die **Begriffsbestimmung der Kombination** hat man in Deutschland viel gestritten, ohne zu einem allseitig anerkannten Ergebnis zu kommen. Von manchen Seiten wird der eigenartige Charakter der Kombination geleugnet; man will den Begriff Kombination ausmerzen. Man hat gesagt, eine jede Erfindung sei eine Kombination von einzelnen Elementen. Offenbar mit Unrecht, denn wenn man einen Ladestock aus Eisen herstellt oder wenn ein Halter für Glühfäden in elektrischen Glühlampen erfunden wird, dad. gek., daß er aus Molybdän besteht, 212895, — wo liegt da die Kombination? Die Glühlampe mag eine Kombination aus mehreren Elementen sein, vielleicht auch der Halter, aber der entscheidende Erfindungsgedanke, den Halter aus einem neuen Metall herzustellen, hat mit einer Kombination nichts zu tun. Man hat weiter gesagt, für die Kombination seien keine besonderen Regeln in Geltung außer etwa für den Fall, daß die Elemente neu seien, wobei an den sog. Teilschutz der erfinderisch neuen Elemente gedacht ist. Allein das Charakteristische der Kombination zeigt sich vielmehr gerade dann, wenn die Einzelelemente nicht neu sind: bringt das Zusammenwirken mehrerer bereits bekannter Elemente eine quantitativ oder qualitativ neuartige und einheitliche Wirkung hervor, dann ist der Gedanke, diese Elemente zusammenwirken zu lassen, schutzfähig. Das kennzeichnet am deutlichsten die Eigenart der Kombination. Deshalb liegt kein Anlaß vor, den Begriff der Kombination aufzugeben, — um so weniger, als der Begriff in der Lehre und Rechtsprechung aller Industrieländer in blühender Anwendung steht (vgl. auch unten A 126).

Anm. 115. Kombination heißt die gemeinsame Verwendung mehrerer Arbeitsmittel oder mehrerer Verfahren zur Herbeiführung eines einheitlichen technischen Erfolgs, einerlei ob die Arbeitsmittel und Verfahren bereits bekannt sind oder nicht. Bei der vorliegenden Erörterung handelt es sich darum, festzustellen, wann ein solches Zusammenwirken patentfähig ist, und zwar ohne Rücksicht darauf, ob die einzelnen zusammenwirkenden Teile, die „Elemente" der Kombination, oder deren einzelne Anwendung patentfähig ist. Nur die Gemeinschaftlichkeit des Zusammenwirkens steht in Frage. Wann ist diese patentfähig? Drei Haupttypen patentfähiger Kombinationen sind hervorgetreten.

1. Nach der herrschenden Ansicht liegt Patentfähigkeit jedenfalls dann vor, wenn der Erfolg des Zusammenwirkens technisch wertvoller (also quantitativ oder qualitativ größer, besser, billiger, leichter erreichbar usw.) ist, als die Addition der Erfolge des Einzelwirkens der Elemente wäre. Das wird von der herrschenden Meinung aller Länder anerkannt. In Deutschland pflegt man zu sagen: die Wirkung der Kombination muß größer sein, als die Summe der Einzelwirkungen der Elemente. In Nordamerika sagt man, der Effekt müsse das Multiplikationsprodukt der Effekte der Elemente sein. Ähnlich in England: durch das

Zusammenwirken der Elemente können besondere Vorteile erhalten oder besondere Erzeugnisse erzielt werden, die sich aus der Verwendung der einzelnen Elemente nicht entnehmen ließen; dann liegt eine patentfähige Kombination vor (Fl. Moulton S. 41). Hiergegen ist eingewandt, so etwas gebe es nicht, denn nach naturwissenschaftlichen Grundsätzen sei es unmöglich, daß zwei Elemente eine größere Wirkung hervorriefen als die Summe der Einzelwirkungen, Neumann, Ind R Jahrg. 5, S. 181 u. manche Kommentare. Selbstverständlich ist diese Einwendung unbegründet. Sie denkt nur an die Addition mechanischer Kräfte, denkt aber nicht daran, daß es viele Tatbestände gibt, bei denen es sich um etwas ganz anderes handelt. Das bekannte Merzerisieren von Baumwolle erfolgt, indem man die Baumwollfäden spannt und dann in gespanntem Zustande in Alkalilauge bringt. Spannung allein oder Lauge allein nützen wenig oder nichts. Bei der Synthese von Ammoniak aus Wasserstoff und Stickstoff kommen Druck, Hitze und Katalysatoren zur Anwendung. Anwendung von einem oder auch von zweien dieser Arbeitsmittel nützt wenig oder gar nichts; alle drei zusammen schaffen Ammoniak erst in praktisch verwendbarer Menge. Ähnlich in vielen anderen Fällen, wenn die eine Kraft die Richtung für die andere Kraft gibt, wenn das eine Element die Bahn für die Wirkung des anderen Elements freimacht, wenn reaktionsstörende Zwischenprodukte andauernd fortgeschafft werden müssen usw.

Genau dasselbe kann auch bei Apparaten und Maschinen stattfinden. Apparate: jede Linsenkombination ist ein Beweis; Objektiv und Okular kombiniert liefern nicht nur mehr, sondern qualitativ etwas anderes, als beide Linsen unverbunden liefern können. Maschinen: bei der Hechelmaschine bedarf es 1. des Brechens und 2. des Klopfens und zwar möglichst in mehrfachem Wechsel, um die Flachsfaser von den Holzteilen zu befreien.

2. Allerdings ist nun aber die Sachlage so, daß die Summen- oder Multiplikationsregel nicht das ganze Gebiet der patentfähigen Kombinationen umschreibt. Es gibt viele Kombinationspatente, bei denen von einer Überschreitung der Summe der Einzelwirkungen im soeben erwähnten Sinne überhaupt nicht die Rede sein kann. Bei den unter 1 erwähnten Fällen war die Lage so, daß die Art der Gesamtwirkung durch die gleichzeitige und dauernd nebeneinander erfolgende Wirkung zweier Arbeitsmittel oder Verfahren bedingt wurde. Kombination liegt auch dann vor, wenn zwei Arbeitsmittel oder Verfahren zeitlich nacheinander wirken und dabei dann getrennte Unterprobleme lösen, z. B. Verwandlung des Stoffes A in B, des Stoffes B in C usw. (vgl. etwa MuW Jahrg. 11 S. 110 und viele andere Urteile). 35211 schützt die Herstellung von Sacharin. Das Verfahren bestand aus vier oder fünf Stufen; man gelangte vom Ausgangsstoffe zum Stoffe A, weiter zu B und schließlich zum Sacharin. Die Einzelelemente wirkten also nicht gleichzeitig nebeneinander, vielmehr stufenweise, zeitlich nacheinander. Überall ist anerkannt, daß eine patentfähige Kombination auch bei solcher stufenweisen Einwirkung vorliegen kann. Dazu ist aber nötig, daß die sämtlichen Stufen auf dasselbe technische Endziel lossteuern, daß man also von A nach B gelangen will, um nach C und schließlich zum Saccharin gelangen zu können. Hier wirkt jedes Teilverfahren so, wie es auch für sich allein wirken würde. Von einer Überschreitung der Summe der Einzelwirkungen kann in solchen Fällen nicht die Rede sein. Das Entscheidende ist das geistige Band, das die Einzelstufen zur Erreichung des gemeinsamen Zieles zusammenhält. Die Einzelwirkungen sind so ausgesucht und so bemessen, daß sie ein einheitliches Ganze bilden: deshalb eine Kombination. Die Reihenfolge der verschiedenen Einwirkungen ist dabei häufig von Bedeutung; bei chemischen Verfahren selbstverständlich so gut wie immer; aber auch bei mechanischen Verfahren. „Die Erfindung besteht weder in der Verwendung von Röhrenverstärkern schlechthin, noch in der Verstärkung bereits gleichgerichteter Wellen, sondern darin, daß die verstärkten Wellen gleichgerichtet werden. Gerade durch diese Aufeinanderfolge von Verstärkung und Gleichrichtung wird erst die erstrebte Wirkung erreicht (Entsch PA NichtAbt vom 28. 5. 19). Selbstverständlich wirken auch bei Maschinen die Elemente häufig zeitlich nacheinander (MuW Jahrg. 1911 S. 110).

3. Noch ein weiterer typischer Fall ist hervorgetreten, bei dem die Frage nach der Überschreitung der Summe der Einzelwirkungen sinnlos ist. Das ist der täglich vorkommende Fall zusammengesetzter Maschinen. Ob alle Maschinen als Kombinationen zu betrachten sind, ist eine schwierige Frage, die später in A 121 erörtert wird. Hier genügt es zu erwähnen, daß es jedenfalls gewisse Maschinen mit selbständigen Bestandteilen gibt, die Kombinationen sind. Beispiele: Wurstmaschinen (viel angeführter englischer Fall (Rep of Pat. Cases Bd. 7 S. 62), bei dem übrigens die Erfindungshöhe geleugnet ist); die eine Vorrichtung hackt das Fleisch, die andere füllt es in Därme; Sägemühle: die eine Vorrichtung schiebt den Baumstamm vorwärts, die andere sägt ein Stück ab. Das Entscheidende ist die, wie man heute mit Recht sagt, „Funktionsverschmelzung", die Verbindung von Elementen mit gemeinsamer, sich gegenseitig unterstützender Wirkung zur Erreichung eines einheitlichen technischen Endziels. — Analog Fälle wie der folgende: eine Papierschneidemaschine schneidet eine Papierbahn in schmale Streifen, wie sie für Telegraphenpapier gebraucht werden. Die Papierbahn ist auf

einer Walze aufgerollt, wird abgerollt, geschnitten und auf einer zweiten Walze wieder aufgewickelt. Befindet sich auf der ersten Walze nur noch wenig Papier, auf der zweiten demgemäß schon viel, so ist die Peripheriegeschwindigkeit der ersten klein, der zweiten groß, das Papier wird gespannt und zerreißt. Diesem Übelstande will das Patent 300683 abhelfen. Es wendet zwei Mittel in Kombination an; es ordnet zwischen den beiden Walzen eine sog. Reibungskuppelung an, die nachgiebig ist, und lagert die zweite Walze, gleichfalls in nachgiebiger Weise, in einem Schwunghebel. Dadurch wird das Zerreißen vermieden. Das ist die neue Wirkung; jedes Mittel allein würde nicht genügend nützen; freilich liegt nach den Grundsätzen der Mechanik nur eine Summierung vor, aber es wird ein neues Resultat erreicht, das Zerreißen des Papiers wird mit Sicherheit vermieden (I 314/1919, Urt vom 5. 10. 21).

Diese drei Haupttypen stellen patentfähige Kombinationen dar. Ob und wann auch eine patentfähige Kombination vorliegt, wenn nicht ein technisch einheitliches Resultat, sondern nur ein wirtschaftlicher Vorteil erzielt wird, darüber vgl. unten A 123.

Zur vorläufigen Erörterung des Begriffs der Kombination ist auf Tatbestände hinzuweisen, in denen eine Kombination sicherlich nicht vorliegt, wenn das auch zunächst nur gefühlsmäßig gesagt werden kann. Keine Kombination, wenn ein Verfahren oder ein Arbeitsmittel mehrere Eigenschaften aufweist, mehreren Anforderungen genügt, nach mehreren Gesichtspunkten gestaltet worden ist. „Kombination ist eine Kombination von Gegenständen, nicht von Eigenschaften" (Wirth, Erfindung und Nachahmung, S. 205). Vereinigung mehrerer „Merkmale" — im Sinne von Eigenschaften — ist also keine Kombination, obgleich man häufig das Gegenteil liest. Ein Keil ist als Kombination hingestellt worden, weil seine Funktion in der Wirkung zweier zueinander geneigter Flächen bestehe. Offenbar unzutreffend, denn die Gestaltung eines Werkzeugs ist keine Kombination. Aus demselben Grunde ist es unrichtig, wenn ein Greifer, dessen Achse gegen die Nadelbahn schräg gestellt ist, als Kombination bezeichnet wird (JW 1897, 636), der Greifer und seine Stellung sind keine Kombination. Ebensowenig ist eine Kombination die Zufuhr von Luft, die zwar erhitzt, der aber nicht durch offenes Feuer der Sauerstoff entzogen ist. Eine Vorrichtung nebst der hinzugefügten Vorschrift, mit ihr in einer bestimmten Weise umzugehen, läßt sich bei gar keiner Auffassungsmöglichkeit als Kombination ansehen (MuW Jahrg. 25 S. 121). Ob es eine Kombination ist, ein Gummistück für Stiefelabsätze 1. unsymmetrisch zu gestalten, 2. in bestimmter Weise zu befestigen, ist MuW Jahrg. 14 S. 179 mit Recht dahingestellt gelassen, d. h. verneint. Alle diese Fälle werden nicht zweifelhaft sein.

Anm. 116. Eine **Kombination** liegt dann vor, wenn nach der Erfindung **mehrere Arbeitsmittel oder Verfahren gemeinschaftlich zu einem einheitlichen Zwecke miteinander wirken sollen.** Sind diese Voraussetzungen nicht erfüllt, wirken also etwa an einer Maschine mehrere Einzelteile ganz unabhängig voneinander, so liegt eine Aggregation vor. Ehe des näheren auf den Begriff der Kombination eingegangen wird, ist ein Blick auf die ausländische Lehre zu werfen, aus welcher das Reichsgericht in den 80er Jahren die Grundsätze über die Patentfähigkeit der Kombination entnommen hat. Ein englischer Richter hat neuerdings (Rep. of Pat. Cases Bd. 25 S. 657) scharf und klar definiert: Unter Kombination versteht man nicht jede beliebige Zusammenstellung von Teilen, sondern nur von solchen Teilen, die miteinander auf dasselbe technische Ziel hinarbeiten, und dieses Ziel muß ein einheitliches sein, es darf nicht aus Einzelergebnissen jedes Teiles bestehen. Ebenso in der nordamerikanischen Rechtsprechung (Fed. Rep. Bd. 2 S. 74): eine bloße Zusammenfügung von alten Teilen, ohne daß irgendein neues Ergebnis aus ihrer vereinigten Wirkung hervorgeht, ist nicht patentfähig. Die Teile müssen in ihrer Wirkungsweise kooperieren und durch ihre verbundene Wirkung ein neues Ergebnis erzielen . . . Es genügt nicht, daß sie nebeneinander oder gleichzeitig wirken, sondern sie müssen auf ein gemeinschaftliches Ziel, auf ein einheitliches Ergebnis hinwirken. — Sind diese Voraussetzungen nicht erfüllt, dann spricht man von aggregation oder juxtaposition; diese sind nicht patentfähig. Die französische Lehre ist viel weniger klar, Pouillet Nr 53 hält jede juxtaposition für patentfähig, die Urteile Nr 54 stellen dann aber doch wieder weitergehende Anforderungen.

Genau dieselben Anforderungen, wie in England und Amerika, werden vom Reichsgericht an die Kombinationen gestellt. Man fordert erstens Zusammenwirken, nicht getrenntes Wirken, gegenseitiges Beeinflussen und Unterstützen der Elemente; man spricht heute zutreffend von „funktioneller Verschmelzung". Man fordert zweitens technische Einheitlichkeit des Zieles. Die deutschen Grundsätze sind vom Reichsgericht eingehend in dem Urteile Blatt 2 (1896), 112 entwickelt.

Das Charakteristikum der einzelnen Kombinationen beruht in dem sog. Kombinationsgedanken. Kombinationsgedanke ist die Idee, zwei Elemente gerade von solcher Funktionswirkung einheitlich zu solchem Ziele zusammenwirken zu lassen. Das „Gesetz" des Zusammenwirkens ist das Entscheidende, wie Robinson Bd. 1 S. 408f darlegt. Von der Neuheit und der

Erfindungshöhe dieses Kombinationsgedankens hängt die Patentfähigkeit der Kombination ab. In der Regel weisen neue Kombinationsgedanken Erfindungshöhe auf, weil in der Regel die Idee, neue Funktionsträger zusammenwirken zu lassen und durch dies Zusammenwirken ein neues Ziel zu erreichen, nicht ganz einfach zu fassen ist. Es kommen aber auch andere Fälle vor (vgl. MuW Jahrg. 12 S. 245) und weiter: eine in sich geschlossene Umschaltvorrichtung, die in die übrige Schaltanordnung eingefügt ist, ist keine patentfähige Kombination, denn sie bringt keine neue Wirkung hervor, auch hat die Bauart der geschlossenen Umschaltvorrichtung an sich nichts Neues, Blatt 32 (1926), 147 Sp. 2.

Das **Ziel**, das durch die Kombination erreicht werden soll, muß ein einheitliches sein. **Anm. 117.**
Bei Herstellungsverfahren kann es in einem neuen oder einem verbesserten Erzeugnis bestehen. Das neue Ziel braucht aber nicht in einem neuen Erzeugnis zu bestehen. Es kann auch darin liegen, daß das Verfahren vorteilhafter, schneller und billiger arbeitet, was manchmal verkannt wird. 323037 schützt ein Filterelement, besonders für Brauereizwecke; vier Einzelvorrichtungen sind kombiniert, welche Kombination für patentfähig erachtet wurde, weil der Filterapparat einfache Konstruktion aufwies, leichter zusammensetzbar war, bequemer gereinigt werden konnte; also kein Vorteil in den Erzeugnissen (I 107/1921, Urt vom 5. 5. 23). Ähnlich in vielen anderen Urteilen. Das einheitliche Ziel kann unter Umständen, wie aus den letzten Beispielen schon hervorgeht, auch ein wirtschaftliches sein; hierüber vgl. eingehend unten A 123. Der Begriff der Einheitlichkeit des Zieles ist nicht zu eng aufzufassen. Es genügt, wenn der Gebrauchswert der Kombination nach verschiedenen Richtungen hin durch das Zusammenwirken der Elemente verbessert wird. 108477 läßt an explosionssicheren Gefäßen mehrere Vorrichtungen anbringen, von denen ein Teil das Hineinschlagen von Flammen in das Gefäß verhindern, der andere das Austreten etwaiger Explosionsgase ohne Sprengung des Gefäßes ermöglichen soll (I 39/1913, Urt vom 30. 6. 13). Trotz der Verschiedenheit der Funktionen ist das Ziel ein einheitliches, also eine richtige Kombination.

Die **Elemente** der Kombination müssen **zusammenwirken.** Um anschaulich zu werden, **Anm. 118.**
ein Beispiel: Zusammenwirken der Elemente findet nicht statt, wenn an einer Taschenuhr erstens das Gehäuse und zweitens die Lager des Werkes verbessert werden; beide Verbesserungen haben nichts miteinander zu tun. Es kann vorkommen, daß die Arbeit der Elemente sich gegenseitig beeinflußt; wenn eine Vorrichtung aus einem Kurbelgetriebe und einem Schwungrad kombiniert ist, so regelt das Schwungrad die Bewegung der Kurbel. Gegenseitige Beeinflussung ist aber nicht notwendig; mit Recht sagen die Amerikaner, es würde nicht viele Kombinationen geben, wenn der Begriff erforderte, daß das eine Element die Arbeitsart der anderen veränderte (Fed. Rep. Bd. 53 S. 367). Es genügt also, wenn die Arbeit der Elemente unverändert bleibt, aber sie müssen „kooperieren", d. h. in derselben technischen Organisation zu demselben bestimmten Endergebnis mitwirken. Zuzugeben ist, daß die Grenze fließend sein kann. So hat in Amerika neuerdings ein Berufungsgericht ausgesprochen (freilich nur beispielsweise), Verbesserungen am Kinnhalter und an den Saiten einer Geige ließen sich als Kombination ansehen (Fed. Rep. Bd. 207 S. 954). Das ist sehr zweifelhaft. Ist die Sachlage so, daß die Elemente sich zwar nicht in ihrer Arbeit gegenseitig beeinflussen, aber daß ihre Einrichtungen mit Rücksicht aufeinander getroffen werden müssen, so zeigt das ihren organisatorischen Zusammenhang und beweist das Vorliegen einer Kombination. Beim Flugzeug können nicht Höhen- und Seitensteuer beliebig verändert werden, sondern müssen im Einklang stehen mit der Schwerpunktslage, mit der Stärke des Motors usw. Die einzelnen Teile bedingen sich organisatorisch: also liegt eine Kombination vor.

Ein lehrreiches Beispiel für die entwickelten Grundsätze. Erfunden war, einen Bleistift **Anm. 119.**
an einem Ende mit einem kleinen Stück Radiergummi zu verbinden, um beim Schreiben oder Zeichnen Versehen ausmerzen zu können. In Deutschland ist das Patent auf diese Erfindung verweigert; in Amerika war es gewährt, jedoch hat der höchste Gerichtshof es für unwirksam erklärt (U. S. Bd. 92, S. 347, 357). Als Grund ist angeführt: die Elemente seien getrennt, kein neuer Effekt werde erzielt, kein gemeinsames Wirken finde statt, der einzige Vorteil bestehe darin, daß, wer schreibe, stets Radiergummi zur Hand habe. Drei Richter waren entgegengesetzter Meinung; leider haben sie nicht angegeben, weshalb sie Patentfähigkeit annahmen. Unbefangene Auffassung wird Patentfähigkeit leugnen, es liegt eine nicht patentfähige Aggregation vor. Ein anderes scheinbar ähnliches, in Wirklichkeit grundlegend verschiedenes Beispiel. Auf einer Präpariernadel ist eine Lupe befestigt (Mitt 1913, 29). Diese Zusammenfügung ist patentfähig, beide Elemente wirken gemeinsam, indem immer gerade die Stelle, an welcher die Präpariernadel ansetzt, durch die Lupe verdeutlicht wird. Dem Bleistift mit Gummi würde es gleichstehen, wenn mit der Nadel etwa eine Pinzette verbunden wäre. Zwischen diesen Fällen liegt das Patent 269096 auf eine Taschenlampe in Verbindung mit einem Schreibblock (RG 101, 235). Die Benutzung des Schreibblocks ist wenigstens in bestimmten Fällen, bei Dunkelheit, nur mittels der Beleuchtungs-

vorrichtung möglich. Weitere Beispiele: Verneint ist eine Kombination in folgenden Entscheidungen. MuW Jahrg. 1911/12 S. 110: Drei einzelne Verbesserungen an selbständigen Maschinenteilen, die nicht zusammenwirken und kein einheitliches besseres Resultat ergeben. Patentblatt 1893, 163: An einer Wäschetrocknungsmaschine zwei getrennte Veränderungen, die nicht auf dasselbe technische Ziel hinarbeiten. Blatt 11 (1905), 125: Mehrere Abänderungen an einem Vergaser, die nicht im Zusammenhange stehen. GewR 14 (1909), 174 Sp. 1: zwei nicht mit „einheitlichem Erfolge" wirkende Vorrichtungen sind keine Kombination. Kombination ist bejaht: Blatt 12 (1906), 116: mehrere Veränderungen an dem Schloß eines Jagdgewehrs. LeipzZ 1908, 170, Ziff. 3: Abänderungen an dem Regler einer Gaskraftmaschine, so daß er gleichzeitig die Menge, die Mischungsart und den Zeitpunkt der Zündung des Gasgemisches beeinflußt.

Anm. 120. Im Eingange ist angeführt, daß die Kombination in einem Zusammenwirken von Verfahren oder Arbeitsmitteln besteht. Das bedarf hinsichtlich der Arbeitsmittel einer Ergänzung. Arbeitsmittel im strengen Sinne sind Vorrichtungen, die zu technischen Zwecken verwendet werden. Man spricht von Kombinationen aber auch bei zusammengesetzten Gegenständen, die bloßen Gebrauchszwecken dienen. Als Kombinationen sind angesehen zusammengesetzte elektrische Bogenlampen, feuerfeste Decken, die aus lauter bekannten Konstruktionsteilen bestehen, Grammophone, die die nützlichen Teile anderer Grammophone mit besonderem Effekt vereinigten, Viehfutter zusammengesetzt aus Torf und Melasse, bei dem der Torf das Kalium der Melasse neutralisiert usw. Immer muß aber auch hier die Sachlage so sein, daß die Elemente demselben Gebrauchszwecke dienen und daß die Gebrauchsart wertvoller gestaltet wird. Es kann sich nur um Elemente mit ausgesprochener Funktionswirkung handeln. Einen Maulkorb, wie Blatt 2 (1986), 320 angedeutet, als Kombination aufzufassen, ist unzulässig.

Anm. 121. Die Elemente müssen eine gewisse **Selbständigkeit** aufweisen. Es ist unzulässig, eine Vorrichtung um deswillen als Kombination anzusehen, weil sie aus einzelnen Schrauben, Rädern usw. besteht. Sie muß aus irgendwie selbständigen Teilen bestehen, wie eine Sägemühle aus einer Vorrichtung zum Sägen und einer Vorrichtung zum Vorschieben der Baumstämme. Das Element muß ein Mechanismus mit einer irgendwie abgeschlossenen Wirkung sein; bei Nähmaschinen z. B. der Transporteur; bei Gasmaschinen der Zylinder nebst Kolben, andererseits die Steuerung, weiter die Ventile, die Zündung. Ebenso bei Verfahren: beim Merzerisieren von Baumwolle sind die Spannung des Garns und das Eintauchen in Lauge Kombinationselemente. Bei Gebrauchsgegenständen: Speisetisch verbunden mit einer Ausziehvorrichtung. Deshalb ist es unrichtig, wenn die Gegner der Kombinationskategorie sagen, jeder Gegenstand bilde schon an sich eine Kombination. Zuzugeben ist, daß die Übergänge fließend sein können. Das ist besonders der Fall, bei den Kombinationen, die in der nächsten Anmerkung behandelt werden.

Anm. 122. Nicht erforderlich ist, daß jedes der Elemente außerhalb der Kombination, also an sich selbst, einen **selbständigen Gebrauchswert** hat. Bei der Verstärkerröhre, die aus einer gewöhnlichen Röhre und einem Gitter kombiniert ist, ist das Gitter (oder die Spirale) außerhalb der Röhre ein nutzloses Drahtgeflecht. Die Praxis des Patentamts spricht in solchen Fällen von Teilen, die erfinderisch sind, aber keine selbständig brauchbaren Erfindungsgegenstände darstellen (vgl. Schanze, Komb. Patent S. 73), was ganz zutreffend erscheint, gleichwohl mehrfach beanstandet ist (Isay, LeipzZ 4, 886f). Derselbe Gesichtspunkt ist in Amerika hervorgetreten (Fed. Rep. Bd. 135, S. 763): manche Unterkombinationen sind zwar neu, aber für sich allein nicht brauchbar, vielmehr verrichten sie ihre spezifischen Funktionen nur in der Maschine, von der sie ein Teil sind ... Eine solche Unterkombination braucht (zur Patentfähigkeit) nicht für sich allein wirksam zu sein, denn man schreibt Brauchbarkeit mit Recht auch solchen Dingen zu, die nur im Verein mit anderen Vorrichtungen ein nützliches Ergebnis hervorbringen.

Elemente ohne selbständigen Gebrauchswert können nicht in Unteransprüchen durch Sachpatent, also als Gegenstände geschützt werden. Früher geschah das hin und wieder. Das Urteil Gareis Bd. 9 S. 130 behandelt ein Patent auf einen Hebelapparat für zentrale Weichen ... stellung. Die Ansprüche lauten 1. Anordnung des Weichenverschlusses, 2. Schubstangen in ihrer horizontalen Lage als Träger der Verschlußelemente. Es ist klar, daß die Schubstangen nicht als Sache geschützt sind, sondern daß nur ihre Anordnung in dem Hebelapparat geschützt ist. — Zahlreiche Beispiele für Elemente ohne selbständigen Gebrauchswert finden sich § 4 A 62 angeführt. — Hervorzuheben ist also, daß es für die Patentfähigkeit der Kombination nicht darauf ankommt, ob die Elemente selbständigen Gebrauchswert haben oder nicht; dieser Unterschied ist aber für den Umfang des sog. Eigenschutzes der Elemente von erheblicher Bedeutung (§ 4 A 62e ff).

Anm. 123. **Kombination und wirtschaftlicher Erfolg.** Schanze hat in seinem Buche (Komb. Patent S. 44 und 50) betont, daß die gesteigerte Kombinationswirkung nicht technischer Art zu sein braucht. Daraufhin hat sich Kohler bestimmen lassen, in etwas summarischer Weise zuzugeben, daß der Erfolg bloß wirtschaftlicher Art zu sein braucht (ArchBürgR 36, 13f). Das ist aber nur mit Einschränkung richtig. Der Erfolg kann allerdings wirtschaftlicher Art sein, daneben muß aber immer das vorstehend geschilderte Zusammenwirken der Elemente stattfinden (oben A 118). Hervorgehoben ist bereits, daß die Kombinationswirkung nicht notwendig in der Neuheit oder Verbesserung der Erzeugnisse zu liegen braucht; sie kann auch darin liegen, daß das Verfahren vereinfacht, verkürzt, verbilligt wird, was natürlich ein wirtschaftliches Moment in sich trägt (vorstehend A 117). Das ist gleichfalls in allen Industrieländern anerkannt, z. B. Terrell, 6. Aufl S. 53. Nicht richtig ist aber, daß jede Zusammenstellung zweier Elemente, die das Erzeugnis oder Verfahren verbilligt, stets eine patentrechtliche Kombination darstellt; vgl. Blatt 11 (1905), 125 a. E. Wenn man an einer Taschenuhr die Form des Uhrglases und die Lager des Werkes so verändert, daß die Uhr billiger verkauft werden kann, so ist das noch keine Kombination. 90963 schützt Neuerungen in der Räucherei von Fischen; erstens sollen die bloßliegenden Weichteile der Fische mit Pergament bedeckt werden, um das Eindringen von Fäulnisbakterien zu hindern; zweitens sollen die Fische nicht an Bändern aufgehängt, sondern auf Gestelle gelegt werden, damit sie nicht ins Feuer fallen können, Blatt 12 (1906), 137. Beides trägt zum wirtschaftlichen Erfolge bei, trotzdem keine Kombination, denn es fehlt an dem technischen Zusammenwirken der beiden Maßnahmen.

Zusammenfügungen von Elementen, die die Voraussetzungen des Kombinationsbegriffs **Anm. 124.** nicht erfüllen, nennt man Aggregate. Gibt es **patentfähige Aggregate?** Die Frage wird von manchen Seiten bejaht (Schanze a. a. O. S. 43ff). Durch die Bejahung wird die wichtige Unterscheidung zwischen patentfähigen Kombinationen und Aggregaten wieder ins ungewisse gerückt. Patentfähigkeit soll bei Aggregaten vorliegen, wenn entweder ihre Zusammenfügung an sich einen erfinderischen Schritt enthält, oder wenn die Zusammenfügung Schwierigkeiten macht. Das ist nicht zu billigen. Die Anbringung eines Gummistückchens an einem Bleistift wird auch dann nicht patentfähig, wenn die Verbindung beider Teile Schwierigkeiten macht. Überwindung von Schwierigkeiten ist immer nur eine einzelne Voraussetzung der Patentierungsmöglichkeit, kann aber nicht das Fehlen anderer Voraussetzungen wettmachen. Es fehlt am technischen Fortschritt. Das Zusammenfügen von Gummi und Bleistift bringt technisch gar nichts Neues; es ist eine reine Bequemlichkeitsmaßregel. Eine solche zu schützen ist nicht Aufgabe des Patents. Aus demselben Grunde läßt sich die Patentfähigkeit auch nicht darauf stützen, daß der Gedanke, gerade diese Zusammenfügung vorzunehmen, neu oder vielleicht sogar geistreich war. Patente auf Aggregate werden in allen Industrieländern versagt; mit äußerster Schärfe in England und Nordamerika, wie allgemein bekannt ist. Ebenso in Österreich (Adler-Reik, Patentgesetz, S. 13 Ziff. 116); gleichfalls in Frankreich nach der Rechtsprechung, besonders Mainié Nr 510ff; vereinzelte Ausnahmen finden sich angeführt bei Pouillet Nr 53ff, ebenso einige deutsche Schriftsteller mit abweichender Meinung. Es ist aber zu bedenken einmal im Interesse der Klarheit, daß die ganze Unterscheidung zwischen Kombinationen und Aggregationen wieder ins ungewisse gestellt wird, und deshalb ihre Berechtigung verliert, wenn man einige Aggregationen doch wieder für patentfähig erklären will, und zweitens, daß weder durch die Schwierigkeit der Zusammenfügung, noch durch die Eigenartigkeit des Aggregationsgedankens die Erfordernisse des Zusammenwirkens zu einem einheitlichen Ziel ersetzt werden können.

Daß die Rechtsprechung des Reichsgerichts auf einem anderen Standpunkte steht, läßt sich nicht annehmen, wenn im Auge behalten wird, daß es, wie überall so auch hier; fließende Übergänge gibt. In A 117 ist ein Patent angeführt, das explosionssichere Gefäße schützt; die eine kombinierte Einzelvorrichtung gestattet den Explosionsgasen den Austritt, die andere verhindert das Hineinschlagen von Flammen. Hier liegt noch eine Kombination vor, weil beide Vorrichtungen dasselbe Ziel fördern: Explosionsschaden zu vermeiden. Ähnlich auch bei dem früher viel erörterten Rolladen, der fest schließt, den Eintritt der Sonnenstrahlen verhindert, Luft und Licht aber durchläßt (Bolze Bd. 2 Nr 308). In beiden Fällen immerhin noch Förderung desselben einheitlichen Zieles, wenn auch in leise differenzierten Richtungen. Der Unterschied gegen Fälle, in denen richtige Aggregationen vorliegen, ist nicht zu verkennen, z. B. bei Gewehren die Anbringung eines neuen Visiers und eines neu gestalteten Kolbens.

Nach den gleichen Grundsätzen beurteilt das Reichsgericht die Vornahme **mehrerer** **Anm. 125.** **unabhängiger Verbesserungen** an zusammengesetzten Gegenständen, welche Fälle zu Schwierigkeiten Anlaß gegeben haben. Einzelverbesserungen an verschiedenen Teilen, die nicht zusammenwirken, sind nicht Kombinationen. Das will also sagen: Wenn diese Verbesserungen (oder Umgestaltungen) vorbekannt sind, so kann ein Patent nicht erteilt werden, auch wenn der Gebrauchswert der Vorrichtung als ganzes dadurch gesteigert wird. MuW Jahrg. 1911/12, S. 110: drei einzelne Verbesserungen an selbständigen Maschinenteilen, die kein einheitliches, besseres Resultat ergeben. Patentblatt 1893, 163: an einer Wäschetrocknungsmaschine zwei getrennte Verbesserungen, die nicht auf dasselbe technische Ziel hinarbeiten. Blatt 11 (1905), 125:

mehrere Abänderungen an einem Vergaser, die nicht im Zusammenhange stehen. Blatt 2 (1896), 114: Abänderungen, die nicht kooperieren. Ebenso in Österreich: Öst. Patentblatt 1905, 639. — Gewisse Zweifel können sich in folgender Richtung ergeben: wenn die Vorrichtungen, an denen die Verbesserungen vorgenommen werden, zusammenwirken und deshalb eine Kombination bilden, könnte man dann nicht auch ihre Umgestaltungen als Kombination ansehen? Dagegen spricht allerdings mit erheblicher Überzeugungskraft, daß ein neuer Kombinationsgedanke in der Regel nicht vorliegen wird, weil ja schon die zu verbessernden Gegenstände kombiniert waren. Anders mag es unter Umständen sein, wenn die Vorrichtungen von Grund aus umgestaltet werden; dann kann in der Tat eine neue Kombination hervorspringen.

Anm. 126. Aus den bisherigen Erörterungen ergibt sich, daß die von einigen Seiten bestrittene **Berechtigung des Begriffs der Kombination** nicht zu bezweifeln ist. Im allgemeinen bewirkt es keine Patentfähigkeit, wenn man zwei Mittel zusammenarbeiten läßt; besonders gilt das, wenn beide Mittel alt sind. Wenn man eine Arbeitsmaschine durch eine Kraftmaschine antreiben läßt, so ist diese Verbindung eine Selbstverständlichkeit und also nichts Patentfähiges. Die Regeln über die Kombination lehren, unter welchen Bedingungen in einer solchen Verbindung zum Zusammenarbeiten entgegen jener allgemeinen Regel eine patentfähige Kombination liegen kann. Das ist dann der Fall, wenn die Antriebsvorrichtung gemäß den Bedingungen der Arbeitsmaschine ausgesucht oder konstruiert wird. Bei einer Stanzmaschine ist es im Interesse guter Arbeitsleistung wünschenswert, daß die Stanze langsam und mit großer Kraft niedergedrückt, dagegen rasch und ohne überflüssige Kraftvergeudung wieder gehoben wird. Wenn man eine Stanze mit einem Elektromotor, der jenen Erfordernissen, womöglich automatisch, genügt, so ist das, wenn es zum ersten Male und in erfinderischer Weise geschieht, eine Kombination. Wenn man nach 372809 ein Getriebe für Werkzeugmaschinen aus einem Flüssigkeitsgetriebe und einem Rädervorgelege zusammensetzt, so ist das, da beide Vorrichtungen an sich bekannt sind, nichts Patentfähiges. Wenn man aber nach der Regel jenes Patents zur Erreichung eines besonders guten Ergebnisses die Sache so einrichtet, daß die Übersetzungen des Rädervorgeleges kleiner sind, als der Regelbereich des Flüssigkeitsgetriebes, dann liegt eine Kombination vor, weil ein Zusammenwirken zu einem einheitlichen Ziel, nämlich zu einer besseren Arbeitsleistung, stattfindet. Man kommt in der Lehre wie in der Rechtsprechung nicht darum herum, die Eigenheiten des Zusammenwirkens mehrerer Mittel zu untersuchen. Das ist der Grund, weshalb der Begriff der Kombination für die Patentfähigkeit bedeutsam ist und in allen Industrieländern für bedeutsam erachtet wird. Ob man sich dabei den Ausdruck Kombination ersparen will, ist Sache des Beliebens; ein Grund dafür ist nicht gegeben.

Es liegt zutage, daß es für die Qualifikation des Zusammenwirkens eine Frage zweiter Ordnung ist, ob die Elemente alt oder neu sind. Diese Frage spielt nicht für die Patentfähigkeit, sondern erst dann eine Rolle, wenn es sich darum handelt, wieweit der Schutzbereich eines Kombinationspatents geht (darüber vgl. § 4 A 62). Hinzuzufügen ist an dieser Stelle nur, daß erfinderisch neue Elemente mit selbständigem Gebrauchswert natürlich selbständig patentfähig sind. Nach der Anschauung des Patentamts kann der Schutz der neuen Elemente nicht in dem Kombinationspatent erteilt werden; es soll eines weiteren Patents dazu bedürfen. In diesem Kommentar wird die entgegengesetzte Meinung vertreten (4 A 72). Das Reichsgericht legt das Patent auf eine Kombination dahin aus, daß durch dieses gleichzeitig auch die neuen Elemente geschützt sind, wenn das auch im Patente nicht zum Ausdruck gekommen ist — wofern das Patentamt den Einzelschutz nur nicht geradezu abgelehnt hatte, vgl. RG Blatt 15 (1909), 117.

Anm. 127. Aus den mitgeteilten Regeln, die das Patentamt befolgt, ergibt sich, daß es **im Erteilungsverfahren** die Elemente auf erfinderische Neuheit nicht prüft. Anders nur dann, wenn Unteransprüche auf die Elemente angemeldet sind. Über das einzelne vgl. § 20. In dem Beschlusse des PA Blatt 18 (1912), 322 ist ausgesprochen, daß eine Prüfung der Elemente auf erfinderische Neuheit nicht stattzufinden habe; hinzugefügt ist, eine „gewisse" Prüfung der Elemente sei auch in solchem Falle nicht ausgeschlossen. Dies ist beanstandet worden (Mitt 1921, 21). Allein mit Unrecht. Eine Prüfung der Elemente auf Brauchbarkeit innerhalb der Kombination u. dgl. muß in der Tat stattfinden. Ist ein Element nur zum Schein hinzugefügt, was nicht selten vorkommt, z. B. bei Metallegierungen, um ein Patent zu erhalten, so muß dieses Element aus dem Patente ausgeschlossen werden. Es liegt dann entweder gar keine Kombination vor, oder eine Kombination aus weniger Gliedern.

Anm. 128. Von Kohler aufgestellt und von Schanze (Komb. Patent S. 65) empfohlen ist weiter der Begriff eines **Totalitätspatents.** Er ist gegeben, wenn die Elemente einer Kombination erfinderisch sind, aber nicht selbständig geschützt werden, entweder weil sie an sich nicht geschützt werden können (z. B. das Gitter in einer Verstärkerröhre), oder weil sie vom Anmelder in ihrer Schutzfähigkeit nicht erkannt sind, oder weil ein besonderer Schutz nicht beantragt ist. Übrigens haben bei den Anhängern jenes Begriffs die Anschauungen über seinen Umfang gewechselt. Er hat keinen Eingang in die Praxis gefunden. Nähere Erörterungen erübrigen sich deshalb. Es muß jedoch die A 62 a. E. zu § 4 verglichen werden.

Abschnitt XI.

Erfindungen, die den Gesetzen oder guten Sitten zuwiderlaufen.

Erfindungen, deren Verwertung den Gesetzen oder guten Sitten zuwiderlaufen würde, sind nicht patentfähig. Der Zeitpunkt der Patenterteilung ist für die Frage, ob ein Gesetzesverstoß vorliegt, maßgebend, nicht der Zeitpunkt der Anmeldung, Blatt 26 (1920), 53. Die Gesetzes- oder Sittenwidrigkeit kann in der Ausführung der Erfindung, der Herstellung des Erzeugnisses, oder in der Zweckbestimmung, der Verwendung des Erzeugnisses, liegen. Anm. 129.

Daß die Ausführung dem Gesetze widerspricht, kommt seltener vor. Es kann der Fall sein, wenn sich als Zwischenprodukte explosive Stoffe bilden, die nicht genügend beherrscht werden können und die Arbeiter gefährden, oder wenn giftige Stoffe angewandt werden oder sich bilden, die die Gesundheit beeinträchtigen, die Nachbarschaft verpesten oder dgl. (vgl. § 1 A 37).

Die Zweckbestimmung der Erfindung kann dem Gesetz widersprechen, wenn Mittel zum Hasardspiel, Abtreibungsmittel u. dgl. erfunden werden. Es genügt nicht die Möglichkeit, daß die Erfindung zu gesetzwidrigen Zwecken mißbraucht wird, sondern es muß sich um die gewollte Zweckbestimmung handeln, oder die gesetzwidrige Verwendung muß so nahe liegen und so überwiegend zu befürchten sein, daß die Angabe eines anderen Zweckes nur als Vorwand erscheint. Waffen, Gifte sind nach Vorstehendem patentfähig, da deren gesetzwidrige Verwendung einen Mißbrauch darstellen würde, desgleichen Explosivstoffe; diese teils durch Sachpatent, teils durch Herstellungspatent, je nachdem sie aus Mischungen oder aus chemischen Verbindungen bestehen (§ 1 A 145).

Die Zweckbestimmung widerspricht den guten Sitten, wenn sie den Anstandsgefühl aller gerecht und billig Denkenden zuwider ist. Deshalb sind Mittel zur Hinderung der Konzeption nicht patentfähig. Das wird freilich vielfach bestritten, aber mit Unrecht. Die Patentierung soll im Interesse der Allgemeinheit die Industrie fördern. Das Interesse der Allgemeinheit erfordert nicht, daß die Herstellung derartiger Mittel von Staats wegen begünstigt wird. Vollends unzutreffend ist der Grund, daß das Patentamt keine sittliche Zensur zu üben habe. Der Staat ist keine Einrichtung, bei der die linke Hand nicht wissen darf, was die rechte tut, so daß das Patentamt Mittel zu patentieren habe, deren Vertrieb die Polizei verhindern muß. Ebenso in England; die höchste Instanz für die Erteilung von Patenten, der solicitor general, erklärte: ich lasse dahingestellt, ob der Gebrauch eines empfängniswidrigen Mittels mit der Moral vereinbar ist, ich wünsche aber mit der Patentierung derartiger Mittel nichts zu tun zu haben, Rep. of Pat. Cases Bd. 44 (1927), S. 298.

Mittel, die einer Ware den Anschein geben, als ob sie wertvoller, aus besseren Rohstoffen hergestellt sei, widersprechen dann den guten Sitten, wenn sie auf Täuschung des Publikums ausgehen. Die bekannten Mittel, die verdorbenem Fleische das Aussehen von frischem Fleisch geben, sind sittenwidrig. Nicht sittenwidrig ist es, wenn man durch Merzerisieren der Baumwolle Seidenglanz verleiht. Selbstverständlich ist, daß die Konservierung von Lebensmitteln durch solche Agentien nicht patentfähig ist, die sich schädlich erweisen, wenn sie während längerer Zeit oder in größerem Umfange genossen werden. Zusatz von aufgeschlossener Zellulose zu Backwaren — mit dem angegebenen Zwecke, das Gebäck längere Zeit frisch zu erhalten — ist als dem Nahrungsmittelgesetz widersprechend angesehen, da Zellulose geringen Nährwert hat, Blatt 26 (1920), 52.

Abschnitt XII.

Chemische Erfindungen, Nahrungsmittel, Arzneien, Legierungen usw.

Das Gesetz bestimmt: ausgenommen (von der Regel, daß Patente für gewisse neue Erfindungen erteilt werden) sind . . . 2. Erfindungen . . . von Stoffen, welche auf chemischem Wege hergestellt werden, soweit die Erfindungen nicht ein bestimmtes Verfahren zur Herstellung der Gegenstände betreffen. Dieser Satz ist schlecht gefaßt. Grammatikalisch betrachtet würde er bedeuten, daß die Stoffe . . . patentiert werden können, soweit die Erfindung in deren Herstellungsverfahren besteht. Das Gesetz will aber, wie allgemein angenommen wird, sagen, daß die genannten Stoffe nicht patentiert werden können, sondern daß nur das Herstellungsverfahren patentiert werden kann. Der Schutzbereich des Verfahrens erstreckt sich nach § 4 unter gewissen Bedingungen auch auf die Erzeugnisse (§ 4 A 9). Anm. 130.

Die Bestimmung, daß chemische Verbindungen nicht durch Sachpatent geschützt werden können, ist mehrfach angegriffen. Jedoch ist die gesetzliche Bestimmung wohlbegründet (Witt, Deutsche chem. Industrie, S. 11ff). Zunächst ist der Stoffschutz nicht ausgeschlossen, sondern nur beschränkt: chemische Stoffe genießen, wenn sie in dem patentierten Verfahren hergestellt sind, dinglichen Schutz genau ebenso, wie wenn ein Sachpatent verliehen wäre, d. h. sie stellen auch in der Hand eines gutgläubigen Dritten eine Patentverletzung dar. Außerdem wäre der unbeschränkte Stoffschutz volkswirtschaftlich nicht empfehlenswert. Es würde jeglicher Antrieb fehlen, das Herstellungsverfahren zu verbessern, da jede Verbesserung dem Patentinhaber zufallen würde. Mit Recht weist weiter Kühling, Zeitschr. f. angew. Chemie 32 (1919), 188 darauf hin, der Stoffschutz würde die unerwünschte Folge haben, daß dem Patentinhaber die Eigenschaften des Stoffes vorbehalten blieben, die erst nachträglich entdeckt würden — trotzdem diese Eigenschaften von weit größerer Bedeutung sein können, als die, die der Patentinhaber erkannt hat. — Bezeichnend ist, daß auch das neue englische Patentgesetz von 1919 den Stoffschutz für Chemikalien abgelehnt hat, section 38 A: die Patentschrift soll keine Ansprüche für den Stoff selbst enthalten, außer wenn er hergestellt ist durch die beschriebenen und beanspruchten, besonderen Verfahrensarten oder durch ihre zutage liegenden chemischen Äquivalente.

Anm. 131. Das Gesetz spricht von einem bestimmten Herstellungsverfahren. Was damit gemeint ist, ist streitig, vgl. Ephraim, GewR 17 (1912) S. 289, 296. Richtiger Auffassung nach will das Gesetz festsetzen, daß das Herstellungsverfahren nach Ausgangsstoff, Arbeitsverfahren und Erzeugnis angegeben sein muß, wie das übrigens für alle Verfahrenspatente gilt (§ 1 A 54). Zutreffend hatte der Verein zur Wahrung der Interessen der chemischen Industrie in seiner Generalversammlung vom September 1884 verlangt die scharf präzisierte Beschreibung eines einzigen, von unzweifelhaft bezeichneten Materialien ausgehenden und bis zu genau beschriebenen Endprodukten führenden Verfahrens. Unter Arbeitsverfahren sind hier die sog. natürlichen Arbeitsmittel eingeschlossen, Druck, Hitze, Elektrizität u. dgl., denn diese sind alle integrierende Bestandteile des Verfahrens selbst (im Gegensatz zu den künstlichen Mitteln, Maschinen, Geräte, Apparate, die nicht zum Verfahren gehören). Unter Ausgangsstoffen sind die sämtlichen Stoffe zu verstehen, die miteinander in Reaktion treten. In dieser Weise muß das Verfahren abgegrenzt und individualisiert sein; doch ist hinzuzufügen, daß es sich überall nicht um einzelne Stoffe, sondern auch um Stoffarten handeln kann, Gattungspatente.

Anm. 132. **Herstellung auf chemischem Wege.** Was ein chemisches Herstellungsverfahren ist, läßt sich schwer so genau definieren, daß alles erfaßt wird, was unter diesen Begriff fällt. Einen guten, vorläufigen Anhalt gibt: chemische Verfahren sind diejenigen Verfahren, die in der Wissenschaft der Chemie erörtert werden. In der Chemie werden z. B. als solche Vorgänge diejenigen bezeichnet, „bei denen die Zusammensetzung der Körper eine wesentliche Veränderung erleidet", Krafft, Anorg. Chemie. Präziser kann man sagen, chemische Vorgänge sind solche, bei denen Umsetzungen nach Äquivalentverhältnissen stattfinden. Die chemischen Vorgänge stehen im Gegensatz zu physikalischen (mechanischen) Vorgängen. Die Wissenschaft erkennt an, daß die Übergänge zwischen beiden fließend sind. Eine Hauptschwierigkeit besteht in der Beantwortung der Frage, ob die Ausnahme des Gesetzes zutrifft, wenn ein Vorgang teils chemischer, teils physikalisch-mechanischer Art ist. Entscheidend muß sein, wie die technisch-wirtschaftliche Auffassung den Vorgang oder das Erzeugnis ansieht. Wird eine Verbindung von Wolfram und Kohlenstoff (Wolframkarbid) aus äquivalenten Mengen dieser Elemente zusammengeschmolzen, so ist das ein chemisches Herstellungsverfahren. Ist dagegen das Metall in erheblichem Überschuß vorhanden, so nimmt man an, daß eine Legierung entsteht, die patentfähig ist (§ 1 A 139ff). Das Entscheidende hierzu ist, daß die Eigenschaften des Enderzeugnisses den Eigenschaften solcher reinen Legierungen, bei denen keine chemischen Umsetzungen stattgefunden haben, gleich sind, so daß nach technisch-wirtschaftlicher Auffassung das Erzeugnis den bloßen Metallmischungen oder ihren festen Lösungen analog angesehen wird. — Liegt eine Kombination von chemischen und mechanischen Verfahren vor, so kommt es darauf an, in welchem Teile die Erfindung liegt. Ein von Kühl angeführtes Beispiel: bei Formaminttabletten liegt die Erfindung in der chemischen Herstellung des Stoffes, die mechanische Formgebung ist nebensächlich, das ganze untersteht den Regeln für chemische Erfindungen. Ein englischer Fall: ein Stoff (Phthalsäureanhydrid) wird chemisch hergestellt; jemand hatte erfunden, ihn mechanisch (durch Sublimieren) zu reinigen und verlangte ein Patent auf den gereinigten Stoff; das Stoffpatent wurde versagt, weil die eigentliche Herstellung des Stoffes chemischer Art sei. Auch in Deutschland ist bei mechanischer Nachbehandlung eines chemischen Stoffes kaum jemals ein Sachpatent erteilt. Selbstverständlich kann ein Sachpatent nicht gewährt werden, wenn die mechanische Mischung einer chemischen Verbindung mit einem indifferenten Körper nur zu dem Zwecke vorgenommen wird, um Patentierung des Erzeugnisses zu erzwingen. — Produkte einer Destillation werden so gut wie niemals durch Sachpatent geschützt, jedoch aus verschiedenen Gründen. Entstehen bei der Destillation neue Stoffe (Destillation von Kohle, Holz), so liegt ein chemischer Prozeß vor. Dient die Destillation aber etwa nur dazu, um Gemische von Flüssigkeiten zu trennen, so handelt es sich zwar um einen mechanischen Vorgang, Fraktionierung, aber die getrennten Erzeugnisse sind nicht neu, weshalb Patentierung nicht erfolgen kann. — Im Schrifttum ist die Frage viel behandelt, ob ein Sachpatent auf das Enderzeugnis möglich ist, wenn letzteres sowohl chemisch, als auch physikalisch hergestellt werden kann. Dieser Zweifel ist noch nicht gelöst; derartige Fälle kommen selten vor. Vielfach wird betont, daß im Zweifel, ob chemische oder mechanisch-physikalische Herstellung, ein Sachpatent auf das Erzeugnis zulässig sei. — Schrifttum: Ephraim, Patentrecht für Chemiker; ders. im GewR 17 (1912), 289 (296); Kühl, Patentrecht und chem. Industrie; Kloeppel im GewR 8 (1903), 154.

Zwischen Chemie und Physik steht die physikalische Chemie. In wieweit Vorgänge auf diesem Gebiete patentfähig sind, darüber vgl. vor allem Samter, Physikalische Chemie und Patentrecht, und im GewR 19 (1914), 131 ff. Es ist zu bemerken, daß auf dem Gebiete der physikalischen Chemie mehrfach Patente ganz allgemeiner Art erteilt werden. Es ist z. B. fraglich, ob man das auf S. 12 der erstgenannten Schrift erwähnte Patent von Svedberg, das stark an eine allgemeine Methode anklingt, billigen kann. Auch das a. a. O. angeführte Verfahren zum Abscheiden von Salzen aus ihren Lösungen, dad. gek., daß man in die Lösungen einen Überschuß der in den Salzen enthaltenen Säure einbringt, ist einerseits eine ganz allgemeine Arbeitsmethode, deren Patentfähigkeit zweifelhaft ist, andererseits ist das zugrunde liegende wissenschaftliche Prinzip längst bekannt.

Kann nach vorstehenden Regeln Kunstseide patentiert werden, oder nur ein Verfahren, solche herzustellen? Kunstseide wird meistens hergestellt, indem man Zellulose in einem Lösungsmittel löst, die Lösung durch eine feine Düse preßt und in Wasser irgendwie erstarren läßt. Soweit bekannt, bleibt die Zellulose dabei chemisch unverändert; es würde also ein rein mechanisches Herstellungsverfahren vorliegen und ein Sachpatent auf das Erzeugnis könnte an sich erteilt werden. Bei anderen Herstellungsverfahren von Kunstseide treten dagegen chemische Umsetzungen ein, z. B. im Nitrozelluloseverfahren. Daraus würde dann die Frage hervorgehen, wie zu patentieren ist, wenn ein Erzeugnis sowohl auf chemischem als auf mechanischem Wege hergestellt werden kann. Einer Beantwortung dieser Frage ist man überhoben. Kunstseide ist auf keinen Fall patentfähig; sie fällt, auch wenn ohne chemische Umsetzungen hergestellt, unter die im § 1 A 52 Ziff. 5 genannten Stoffe, denen ein besonderer mechanischer oder physikalischer Zustand verliehen ist. Diese sind, wenigstens nach deutschem Recht, nicht patentfähig, wie a. a. O. ausgeführt.

Daß Gegenstände, die aus einer chemischen Verbindung bestehen, durch Sachpatent geschützt werden können, ist unstreitig, z. B. ein Tiegel bestehend aus einer kieselsauren Verbindung; ebenso sind Verwendungspatente zulässig, z. B. Verwendung einer Aluminiumverbindung als Filtermasse. Daß Glühstrümpfe aus Thor-Cer nicht patentiert sind (Bolze Bd. 23 Nr 135), rührt daher, daß hier die Formgebung als nebensächlich angesehen wurde (vgl. Formaminttabletten A 132). Übrigens hätte das Patent aufrechterhalten werden können; das RG hat angenommen: wenngleich eine Legierung vorliegen sollte, so sei doch ein Sachpatent ausgeschlossen, weil die Verbindung des Thor mit dem minimalen Zusatz Cer chemischer Art sei — welcher Schluß der heutigen Anschauung widerspricht, A 139.

Wann liegt **Neuheit** einer chemischen Verbindung vor? Die Antwort lautet hier genau **Anm. 133.** so, wie bei den Legierungen, A 140. Es kommt nicht darauf an, ob die Verbindung schon einmal in der Praxis hergestellt ist oder nicht. Entscheidend ist, ob sich nach der Kenntnislage der Chemie zur Zeit der Anmeldung aus Analogieschlüssen oder aus anderen Gründen als einigermaßen sicher voraussetzen ließ, daß eine solche Verbindung möglich und herstellbar sein müsse. Ließ sich das voraussetzen, dann bietet die Verbindung an sich nichts Neues; patentfähig ist sie (ihre Herstellung) dann nur, wenn sie unerwartete Eigenschaften aufweist, also insofern von dem abweicht, was sich erwarten ließ und wenn diese Eigenschaften eine nützliche Verwendung in der Technik zulassen. War dagegen die Existenzmöglichkeit der Verbindung nicht vorauszusehen, dann liegt das Erfordernis der Neuheit schon in der Stoffzusammensetzung vor. Gewerbliche Verwendbarkeit ist natürlich wie immer Voraussetzung. In solchen Fällen erhebt sich aber die weitere Frage: inwieweit muß Fortschritt vorhanden sein? Genügt hier der Fortschritt in der wissenschaftlichen Erkenntnis, daß eine neue chemische Zusammensetzung zutage tritt, oder muß (wie im ersten Falle) eine besondere nützliche unerwartete Verwendungsmöglichkeit nachgewiesen werden? Letzteres ist nicht erforderlich. Der Fortschritt braucht nicht gerade gewerblicher Art zu sein. Neu aufgefundene Stoffzusammensetzungen sind, wenn nur überhaupt irgendeine gewerbliche Verwendbarkeit gegeben ist, wegen der möglichen Folgen so wichtig, daß sie Patentfähigkeit herbeiführen müssen. Weiteres über Fortschritt findet sich in der nächsten Anmerkung.

In wenige Worte zusammengefaßt: hat jemand eine neue chemische Verbindung entdeckt, deren Existenzmöglichkeit zweifelhaft war, so ist das patentfähig — irgendeine gewerbliche Verwendbarkeit vorausgesetzt. Hat jemand eine chemische Verbindung zum ersten Male hergestellt, deren Möglichkeit niemand bezweifelte, so ist nur, wenn sie unerwartete Eigenschaften aufweist, Patentfähigkeit gegeben.

Anm. 134. Schwierigkeiten bei der Beurteilung der Patentfähigkeit von chemischen Herstellungsverfahren bieten weiter einerseits gewerbliche Verwertbarkeit, Brauchbarkeit und (auch noch über das bereits Mitgeteilte hinaus) Fortschritt, andererseits Erfindungshöhe. Für das Folgende vgl. hauptsächlich Witt, Chem. Homologie und Isomerie; derselbe, Deutsche chem. Industrie in ihren Beziehungen zum Patentwesen; Kloeppel, Patentrecht, S. 30ff; Ephraim, Patentrecht für Chemiker.

a) **Gewerbliche Verwertbarkeit** im eigentlichen Sinne liegt bei chemischen Erfindungen in der Regel vor. Das Gesetz erfordert nur, daß die Erfindung, hier also das Herstellungsverfahren oder der hergestellte Stoff, seiner Art nach geeignet ist, in der Technik verwendet zu werden (§ 1 A 11). Das wird sich bei chemischen Erfindungen nur selten leugnen lassen (vgl. unten c).

b) Früher wurde für die Patentfähigkeit von chemischen Erfindungen weiter das Erfordernis aufgestellt, daß ein „technischer Effekt" erzielt sein müsse. Man verstand darunter meistens, daß der entstehende Stoff neue technisch verwendbare Eigenschaften aufweisen müsse. Man wandte den Ausdruck aber auch dann an, wenn durch ein Verfahren ein anderer Stoff hergestellt wurde, als nach den damaligen wissenschaftlichen Erfahrungen zu erwarten war. Der Ausdruck wird heute kaum noch gebraucht. Es trifft auch nicht zu, daß Neuheit und Fortschritt gerade in der Art des erzeugten Stoffes liegen müsse; zur Patentfähigkeit genügt es auch schon — wie bei allen Verfahrenserfindungen —, daß das Verfahren schneller, billiger, zuverlässiger arbeitet als die bisher bekannten Verfahren, wenngleich das Enderzeugnis dasselbe ist; darauf ist bereits hingewiesen.

c) Nicht patentfähig ist eine chemische Erfindung, wenn sie bloß wissenschaftliches Interesse hat, eine technische Anwendung aber einstweilen außerhalb des Bereiches der Möglichkeit liegt, vgl. PA Bl 12 (1906), 325, Herstellung von Sulfoxylsäure, für die eine gewerbliche Verwendung nicht gefunden ist. Dieses Erfordernis darf jedoch nicht übertrieben werden. Ist es denkbar, daß die technische Anwendung im Laufe der nächsten zu erwartenden Entwicklung der Technik sich ergeben wird, so wird Patentierung des Herstellungsverfahrens nicht zu versagen sein, vgl. Einleitung § 7 u. § 1 A 17.

d) Patentfähig kann es auch schon sein, wenn für eine bekannte chemische Verbindung irgendein neues Herstellungsverfahren erfunden wird, ohne daß dies Verfahren selbst erfinderisch zu sein braucht. Das ist dann der Fall, wenn die Allgemeinheit ein Interesse an der Auffindung eines neuen Verfahrens hat, etwa wenn das alte Verfahren Reagenzien erfordert, die aus dem Auslande beschafft werden müssen usw., vgl. § 1 A 36.

e) In der vorigen Anmerkung ist anläßlich der Erörterung der Neuheit bereits darauf hingewiesen, daß die Herstellung einer neuen Verbindung dann nicht ohne weiteres patentfähig ist, wenn an der Existenzmöglichkeit der Verbindung nach dem Stande der Wissenschaft nicht zu zweifeln war. Zur Patentfähigkeit gehört in solchem Falle vielmehr, daß die Verbindung Wirkungen und Vorteile aufweist, die nicht vorauszusehen waren; damit ist dann das Erfordernis des **Fortschritts** gegeben. Bei der allgemeinen Darlegung des Begriffes des Fortschritts, § 1 A 44, ist bereits darauf hingewiesen, daß der Fortschritt keineswegs immer ein erheblicher zu sein braucht. Das ist früher hin und wieder nicht genügend beachtet worden, obwohl es gerade für chemische Verbindungen zutrifft. Witt, chem. Homologie, S. 74ff, weist auf einen derartigen Fall hin. Angemeldet war ein Verfahren zur Darstellung gewisser Azofarbstoffe. Die Anmeldung wurde auch in der Beschwerdeinstanz zurückgewiesen mit der Begründung: in der Aufsuchung von bisher nicht benutzten Körpern, die . . . in eine Azofarbstoff-Reaktion eingeführt werden, kann auch dann keine Erfindung erblickt werden, wenn geringe Änderungen in den Eigenschaften der Farbstoffe, wie die mehr oder weniger große Säureechtheit, eine ausgedehntere technische Verwertung voraussetzen lassen. Witt erhebt keinen Widerspruch dagegen, daß in solchem Falle ein besonderer Vorteil der Farbe vorhanden sein muß. Er wendet sich aber dagegen, daß es als Fortschritt nicht genüge, daß die neue Farbe nicht bloß aus alkalischer, sondern auch aus saurer Lösung Baumwolle anfärbe; ein hervorragender Fortschritt sei nicht erforderlich. Dem muß ohne weiteres zugestimmt werden. Unter besonderen Umständen kann es sogar schon genügen, daß überhaupt ein neuer Farbstoff gefunden wird. Daß neben dem Fortschritt Erfindungshöhe vorhanden sein muß, ist für alle Fälle gewiß. An letzterer fehlt es in der Regel, wenn eine Verbindung erzielt wird, deren Möglichkeit vorauszusehen war und die keine unerwarteten Eigenschaften aufweist; das wird näher in A 135 dargelegt.

f) Für die Patentfähigkeit von Zwischenprodukten gelten keine anderen als die dargelegten Regeln. Schanze, MuW Jahrg. 10 S. 76 verlangt liquide, wenn auch nicht unmittelbare Brauchbarkeit und Isolierbarkeit des Zwischenproduktes. Boehmer, GewR 8 (1903), 285 weicht in manchen Punkten ab. Daß das Zwischenerzeugnis schon jetzt eine Anwendung in der Technik bieten muß, ist nur innerhalb der oben unter c angeführten Grenzen richtig. Zunächst braucht es nicht für sich allein, sondern nur in Verbindung mit anderen Stoffen oder Verfahren eine brauchbare Verwendung zu zeigen. Daß es isolierbar sein müsse, also sich nicht etwa beim Entstehen sofort selbsttätig in andere Körper verwandeln darf, wird zwar vielfach gelehrt, ist aber unrichtig. Zutreffend weist Kühl, Patentrecht und chem. Industrie, S. 111 darauf hin, daß es möglich sein müsse, ein Patent für ein neues Verfahren zu erteilen, den ganz unbeständigen Wasserstoff in statu nascendi herzustellen, der beim Entstehen sehr reaktionsfähig ist, diese seine Eigenschaft aber sofort verliert. Es ist kein Grund ersichtlich, ein solches Patent zu versagen. Natürlich kann Wasserstoff in jener Modifikation nicht dinglichen Schutz als unmittelbares Erzeugnis nach § 4 genießen, weil er sich sofort umwandelt. Erforderlich ist also nur, daß das Zwischenprodukt trotz seiner Unbeständigkeit technische Anwendung finden kann. Weiter muß es aus seinen etwaigen Verbindungen abscheidbar sein; läßt es sich dagegen nur von Verunreinigungen nicht trennen, so schadet das nicht, wenn seine Verwendbarkeit dadurch nicht gehindert wird. Marktfähig braucht es nicht zu sein; haltbar nur in dem Maße, daß Verwendungsmöglichkeit gegeben ist. Gareis Bd. 8 S. 207: Zwischenprodukte können nur patentiert werden, wenn die Möglichkeit ihrer gewerblichen Verwertbarkeit (soll heißen Verwendbarkeit) dargelegt wird. Fortschritt und Erfindungshöhe sind wie in allen übrigen Fällen zu beurteilen. — Ist ein Teilverfahren — und damit dessen Zwischenerzeugnis — schutzfähig, wenn das letztere ausschließlich in einem in demselben Patente geschützten Weiterverarbeitungsverfahren Verwendung finden kann? Die Frage ist anläßlich des Jononpatentes vom Reichsgericht im Verfahren über eine einstweilige Verfügung bejaht, im Verletzungsstreite dagegen verneint, Blatt 5 (1899), 8; Blatt 7 (1901), 131 ff. Die Schutzfähigkeit des Zwischenproduktes, das nur zu einem einzigen, gleichzeitig patentierten Weiterverarbeitungsverfahren benutzt werden kann, ist wiederum verneint, Gareis Bd. 8 S. 194. Dies Urteil ist vielfach angegriffen; verteidigt ist es von Bolze, Entwurf einer Patentnovelle, S. 53 f. Die herrschende Meinung bejaht die Frage. Allein es ist folgendes zur Erwägung zu verstellen. Zweifellos ist die Herstellung des Zwischenproduktes patentfähig, wenn die Eigenart des Herstellungsverfahrens Schwierigkeiten macht, die nur durch Erfindungskraft zu überwinden waren. Das ist allgemein anerkannt und innerlich berechtigt. Auch dann ist die Herstellung patentfähig, wenn das Zwischenprodukt an sich Neuheit aufweist, also etwa chemische Bindungen enthält, die bisher nicht beobachtet waren, deren Vorhandensein die chemische Erkenntnis bereichert, wobei immer vorausgesetzt ist, daß das Produkt Anwendung in der Technik finden kann. Die Schwierigkeiten der Beurteilung entstehen aber dann, wenn weder das Verfahren an sich, noch das Erzeugnis an sich Neues bietet, wenn also die Existenzmöglichkeit der resultierenden Verbindung von niemanden bezweifelt werden konnte, wenngleich die Verbindung in der Praxis noch nicht hergestellt sein mochte, weil kein Bedürfnis nach ihrer Verwendung zutage getreten war. Für solchen Fall nimmt die herrschende Meinung an, daß Patentfähigkeit vorliegt, wenn das Erzeugnis einen besonderen Nutzen bietet, den man nicht erwartet hatte, Eigenschaften zeigt, die nicht vermutet werden konnten. Ob das der Fall ist, dafür ist die bisherige Kenntnislage maßgebend. Hierbei taucht nun die schwierig zu beantwortende Frage auf, ob eine solche nützliche Eigenschaft des Erzeugnisses auch schon darin liegen kann, daß seine Weiterverarbeitung zu einem Enderzeugnis gelingt, das nützliche Verwendung in der Technik finden kann. Diese Frage muß verneint werden. Kann das Zwischenprodukt keine unmittelbare Verwendung in der Technik finden, so befriedigt es selbst kein soziales Bedürfnis. Der Nachdruck, das Verdienstvolle, das Fördernde liegt dann erst in dem Gedanken der Weiterverarbeitung. Das ist die Schöpfung, die eines Patents würdig ist. Die Herstellung eines Zwischenprodukts, dessen Existenzmöglichkeit niemand bezweifeln kann, und das keinen Nutzen bringt, ist eine gleichgültige Sache. Das schöpferische Verdienst liegt in dem, was darauf folgt. Deshalb läßt sich, falls die Verhältnisse wie geschildert liegen, die Patentfähigkeit der Herstellung des Zwischenproduktes nicht bejahen. Ebenso in klarer Erkenntnis der rechtserheblichen Momente das bereits genannte Urt Blatt 7 (1901), 136 Sp 1. — Die Gegner berufen sich darauf, daß zur Patentfähigkeit das Vorhandensein irgendeiner Brauchbarkeit genüge und daß diese Brauchbarkeit eben in der Möglichkeit der Weiterverarbeitung zu finden sei. Das kann aber nicht anerkannt werden. Wer einen Stoff weiter verarbeiten kann, erlangt nicht schon deshalb das Recht auf alleinige Herstellung des Stoffes. Der schon genannte Boehmer, GewR 8 (1903), 285, bejaht die Patentfähigkeit der Herstellung des Zwischenprodukts gleichfalls nur für den Fall, daß die Möglichkeit seiner chemischen Zusammensetzung nicht nach Analogie erschlossen werden konnte. — Daß das einheitliche Gesamtverfahren vom Rohstoff über das Zwischenprodukt zum neuen Enderzeugnis als Ganzes patentiert werden kann, unterliegt keinem Zweifel.

Erfindungshöhe. Das Vorliegen von Erfindungshöhe wird in der Regel an der Hand der Erscheinungen der Homologie und der Isomerie erörtert, wobei freilich nicht immer erkannt wird, daß es sich in diesen Fällen gerade um das Vorliegen der Erfindungshöhe handelt (klar erkannt ist dieser Gesichtspunkt in dem Zwischenbescheide des Patentamts, der von Witt, Chem. Industrie, S. 101, mitgeteilt ist). Homologie liegt vor, wenn eine Reihe von chemischen Anm. 135.

Verbindungen nach demselben Schema zusammengesetzt sind, so daß das prozentuale Verhältnis der Komponenten das gleiche bleibt. Homolog sind z. B. Verbindungen, bei denen auf n Atome Kohlenstoff immer 2 n + 2 Atome Wasserstoff kommen. Isomerie liegt vor, wenn mehrere chemische Verbindungen zwar je die gleiche Anzahl Atome der Komponenten enthalten, wenn aber die Atome zueinander in anderer Konstellation gelagert sind. Homologe und mehrfach auch isomere Reihen von Körpern weisen in der Regel eine gleichmäßig fortschreitende Abänderung ihrer Eigenschaften auf, wie die Wissenschaft festgestellt hat. Deshalb gilt es in der Regel mangels Erfindungshöhe nicht als patentfähig, wenn gemäß den wissenschaftlich festgestellten Grundsätzen homologe Körper gegeneinander ausgetauscht werden. Ein überzeugendes von Witt S. 70 erwähntes Beispiel: Butyltoluol liefert, wenn es nitriert wird, künstlichen Moschus. Es wäre nicht patentfähig, wenn erfunden würde, daß das homologe Butylxylol gleichfalls, wenn es nitriert wird, nach Moschus riecht. Unter Umständen tritt aber hin und wieder eine technisch bedeutsame Änderung der Eigenschaften ein: die Auffindung solcher Änderung wird als patentwürdig erachtet. Wie Witt anführt, wäre das der Fall, wenn die Butylxylol-Verbindung nach Rosen röche. — Auch bei ganz anderen Verbindungen, als den genannten, gilt der Grundsatz, daß es nicht patentwürdig ist, einen neuen Körper zu erfinden, der nur die wissenschaftlich voraussehbare Änderung seiner Eigenschaften aufweist. Das ist vielfach anerkannt: Mitt. 14 S. 11 Sp. 2: die Annahme, daß Zirkon zum Herstellen von Email brauchbar sei, weil die bekannten Metalle Zinn und Titan brauchbar sind, war nicht sicher, deshalb Patentfähigkeit. Patentblatt 1893, 687: im Analogieverfahren ist nur dann eine Erfindung zu erblicken, wenn ein nicht zu erwartendes, besonderes Resultat gefunden wird. — Blatt 2 (1896), 279: ob ... nicht vielmehr ein nicht als Erfindung anzuerkennendes sogenanntes Analogieverfahren anzunehmen gewesen wäre, weil man in dem Ersatz ... nichts das Gebiet der gewöhnlichen technischen Maßnahmen Übersteigendes zu sehen gehabt hätte, ist ... nicht entschieden worden. — Blatt 9 (1903), 186: die Beschwerdeabteilung erachtet die angemeldete Erfindung als patentfähig, weil die Entstehung der hier beschriebenen Verbindung nicht mit Sicherheit vorauszusehen war. Ebenso auf dem Gebiete der Legierungen; Blatt 25 (1919), 58 Sp. 1: wenn die genauen Mischungsverhältnisse zwar noch nicht praktisch verwirklicht waren, aber anzunehmen war, daß diese Legierung möglich sei, so ist sie nur dann patentfähig, wenn besondere nicht vorauszusehende Wirkungen erzielt werden. — 177940 schützte die Herstellung von Eisenpräparaten, dad. gek., daß Eisenverbindungen mit Chinasäure gemischt werden. Das Reichsgericht hat das Patent vernichtet; die entstehende Verbindung sei zwar noch niemals hergestellt worden, aber es sei anzunehmen gewesen, daß sie entstehen und sich verhalten werde, wie andere Eisensalze mit organischen Säuren, z. B. mit Zitronen- oder Weinsäure; deshalb keine Erfindungshöhe (I 501/1909, Urt vom 22. 5. 11, vgl. aber A 137 **d** 2).

Die Isomerie ist bereits erwähnt und definiert. Von der Zusammensetzung 4 Äquivalente C, 8 Äquivalente H, 2 Äquivalente O gibt es z. B. 5 isomere Körper, Buttersäure, Isobuttersäure usw. Gesetzmäßigkeiten im chemischen Verhalten gibt es bei der Isomerie nur in viel geringerem Umfange als bei den homologen Reihen. Immerhin sind solche aufgefunden z. B. für die Naphthalinderivate.

Zu wiederholen ist gegenüber manchen schon erwähnten Kritiken, daß in den älteren Urteilen die Forderung des technischen Effektes hauptsächlich dann aufgestellt wurde, wenn die normale Wirkung wegen Homologie oder anderer Voraussehbarkeit nichts Erfinderisches geboten hätte. In dieser Beschränkung kann jene Forderung nicht als unberechtigt angesehen werden. Unberechtigt ist sie nur insoweit, als in geeigneten Fällen das erfinderisch Neue nicht im Erzeugnis zu liegen braucht, sondern auch in der Art der Herstellung, der Verbesserung des Verfahrens liegen kann.

Anm. 136. Hinsichtlich der **Äquivalente** gelten für chemische Erfindungen dieselben Regeln, wie sonst. Der Ersatz eines Reagens durch sein bekanntes Äquivalent ist nicht patentwürdig. Es ist nur zu bemerken, daß es ein scharf abgrenzbares Gebiet der technischen Äquivalente in der Chemie kaum gibt. Anorganische und organische Säuren kann man nicht irgendwie allgemein als Äquivalente ansehen; dafür sind sie in zu vielen Fällen nicht austauschbar. Häufiger können schon Schwefel- und Salzsäure einander ersetzen, aber doch auch nicht so regelmäßig, daß man allgemein von ihrer Ersetzbarkeit sprechen könnte. Vielmehr tritt auf dem Gebiete der Chemie an Stelle der technischen und der patentrechtlichen Äquivalenz der Begriff der bekannten oder voraussehbaren Äquivalenz. Als bekannterweise äquivalent kann man die Mittel ansehen, die Wasser entziehen, oder die Oxydation herbeiführen, oder die die Verbindung mit Wasserstoff erleichtern, obgleich auch diese keineswegs stets beliebig austauschbar sind. Besonders zu betonen ist: in vielen Fällen kann dasselbe Endresultat durch völlig verschiedene Mittel herbeigeführt werden, ohne daß Äquivalenz vorliegt. Man kann Malachitgrün durch Einwirkung ganz verschiedener Reagenzien auf denselben Ausgangsstoff herstellen; die Mittel sind nicht äquivalent; deshalb sind die verschiedenen Verfahren patentfähig, Ephraim, Patentrecht, S. 377, und Witt, Chem. Industrie, S. 23—27. Letzterem kann aber nicht darin zugestimmt werden, daß alle Mittel, die dasselbe Ergebnis erzielen, chemisch äquivalent sind und deshalb ihre Anwendung ausnahmslos nicht patentfähig ist, S. 27. Für viele Fälle trifft es allerdings zu, vgl. folgendes Urteil: 281146 schützt die Verseifung von Kohlenwasserstoffen, z. B. Vaselinöl, indem dieselben zunächst in der Wärme mit Natriumsuperoxyd oder Wasserstoffsuperoxyd behandelt werden, worauf die Verseifung unschwer erfolgt. Bekannt war bereits die Behandlung mit Baryumsuperoxyd. Die Mittel wirken sämtlich in gleicher Weise oxydierend. Wegen der Gleichwertigkeit der Mittel und mangels eines besseren Erfolges der Vorschrift des Patentes ist das Patent vernichtet (Urt vom 14. 10. 16, I 10/1916).

Das Gesetz schreibt vor, daß Patente nicht erteilt werden für Erfindungen **von Nahrungs-, Genuß- und Arzneimitteln,** sowie von Stoffen, welche auf chemischem Wege hergestellt werden, soweit die Erfindungen nicht ein bestimmtes Verfahren zur Herstellung der Gegenstände betreffen. **Anm. 137.**

a) Die Bestimmung ist ihrem Wortlaute nach wenig klar gefaßt. Zunächst ist nicht ersichtlich, ob der mit „soweit" eingeleitete Nebensatz sich nur auf chemische Stoffe oder auch auf Nahrungsmittel usw. beziehen soll. Letzteres ist der Fall, wie sich aus der Entstehung des Textes ergibt. Im Entwurf des Patentgesetzes vom 25. 5. 77, waren die chemischen Stoffe nicht erwähnt; der genannte Satz (soweit usw.) fand sich bereits vor, mußte sich also auf Nahrungsmittel usw. beziehen. Im jetzigen Gesetz ist insoweit eine Änderung nicht beabsichtigt; vgl. Patentblatt 1891, 163.

Das Gesetz will also sagen: Nahrungsmittel usw. können nicht durch Sachpatent geschützt werden. Werden sie durch ein neu erfundenes bestimmtes Verfahren hergestellt, so kann dies Verfahren patentiert werden.

Was mit „Bestimmtheit" des Verfahrens gemeint ist, ist wiederum unklar. Das Wort „bestimmt" ist von der Reichstagskommission eingefügt (vgl. Reichstag, I. Session 1877, Drucksache Nr 144, Kommissionsbericht S. 9). Was die Kommission unter dem Worte verstanden hat, darüber hat sie in ihrem Bericht keinen Aufschluß gegeben. In letzterem ist von einer „individuellen neuen Methode der Herstellung" die Rede, wodurch die Meinung nicht geklärt wird. Der Gesetzestext ist offensichtlich hervorgegangen aus einem Antrage von Caro in der Enquete von 1886, vgl. Stenogr. Berichte S. 97 ff. Nach diesem sollte „bestimmtes Verfahren" ein einzelnes individualisiertes Verfahren aus dem Kreise mehrerer zum gleichen Ziele führender Verfahren bedeuten. Das wird der authentische Sinn des Ausdrucks sein. Danach genügt es nicht, daß bei chemischen Verfahren nur die Arbeitsweise angegeben wird, denn dann könnten je nach Wahl des Ausgangsstoffes die verschiedensten Erzeugnisse beschlagnahmt sein, was gerade vermieden werden sollte. Das chemische Verfahren muß also nach Ausgangsstoff, Arbeitsweise und Enderzeugnis gekennzeichnet werden, was übrigens auch für jedes nicht chemische Verfahren verlangt werden muß (vgl. § 1 A 54, und für die Erklärung des Gesetzestextes auch § 1 A 131). — Übrigens gilt dies alles nur der Regel nach; bei allgemeinen Methoden können bestimmte Enderzeugnisse der Natur der Sache nach nicht angegeben werden (vgl. § 1 A 102).

b) Nahrungsmittel sind Mittel, die durch Eintritt in den Stoffwechsel des menschlichen Organismus der Ernährung des Menschen dienen. Auch Nahrungsmittel, die nur in kleinen Dosen genossen werden, z. B. Sanatogen, gehören hierher. Enthalten derartige Präparate auch Stoffe, die medizinisch wirken, so können sie, wenn die letztere Wirkung die bedeutungsvollere ist, zu den Arzneimitteln zu rechnen sein. Viehfutter gehört nicht hierher; niemand nennt Viehfutter ein Nahrungsmittel.

c) Genußmittel sind Mittel, die in den menschlichen Körper aufgenommen werden, um auf die Geschmacks-, Geruchs- und vielleicht auch auf die Gefühlsnerven einzuwirken, z. B. Tabak, Kaffee, gewürzte Saucen u. dgl. Was in den Körper nicht aufgenommen wird, gehört nicht hierher, also nicht Riechstoffe, Zahnpasta, Pomade usw. Daraus ergibt sich, daß die Kosmetika, die keinen medizinischen Heilwert haben, von der vorliegenden Bestimmung nicht erfaßt werden. Haben Genußmittel erheblicheren Nährwert, so sind sie Nahrungsmittel.

d) Arzneimittel sind Mittel, die in den menschlichen Körper aufgenommen werden, um Krankheiten zu verhüten, zu lindern, zu heilen. Wie die Aufnahme in den Körper erfolgt, ob durch Essen, Einspritzen, Einreiben, ist gleichgültig. Auch Anästhetika, Narkotika u. dgl. gehören hierher. Ferner werden Desinfektionsmittel, die nicht in den Körper eindringen sollen und dürfen, z. B. Sublimat, hierher gerechnet, nicht aber Verbandstoffe. Manches über die Ausdehnung des Begriffes der Arzneimittel ist streitig. Heinemann, Zeitschr. für angewandte Chemie Bd. 34 (1921), S. 361 will Prophylaktika (Mittel, die noch nicht bestehende Krankheiten verhindern sollen) und Desinfektionsmittel, auch wenn sie eingenommen werden, nicht unter die gesetzliche Ausnahme fallen lassen.

Die vorstehend erwähnten Mittel können also nicht durch Sachpatent geschützt werden; nur wenn sie in einem neu erfundenen Verfahren hergestellt werden, kann das Verfahren patentiert werden.

Hinsichtlich der Patentfähigkeit der Herstellung von Arzneimitteln sind mehrere Fragen hervorgetreten, die für die deutsche Industrie zum Teil von erheblicherer Bedeutung sind.

1. Zur Neuheit des Verfahrens ist nicht erforderlich, daß die Verfahrensart, der Chemismus an sich neu ist; es genügt, daß eine bekannte Verfahrensart auf einen neuen Ausgangsstoff angewandt wird, vgl. entsprechend § 2 A 5.

2. Ist Patentfähigkeit gegeben, wenn durch mechanisches Mischen bekannter Stoffe ein Erzeugnis mit neuer therapeutischer Wirkung gefunden wird? Das Patentamt verneint diese Frage. Das bekannte Mittel Migränin wird hergestellt, indem Antipyrinbase, zitronensaures Antipyrin und Koffein zusammengemischt werden. Das Patentamt hat die Patentierung abgelehnt. Nach seiner Meinung ist die Patentierung unzulässig, weil auf ein Arzneimittel ein Sachpatent nicht erteilt werden darf, und weil andererseits das Herstellungsverfahren nicht erfinderisch neu ist, so daß auch ein Verfahrenspatent nicht erteilt werden kann. Das entspricht nicht den Bedürfnissen der Praxis. Die vom Patentamt vermißte „Bestimmtheit" des Verfahrens liegt ohne Zweifel vor, da Ausgangsstoffe, Verfahrensart und Enderzeugnis genau angegeben sind. Fraglich kann nur sein, ob das Verfahren als neu angesehen werden kann. Zuzugeben ist, daß das erfinderische Neue nicht in dem Verfahren, sondern in dem Enderzeugnis mit seinen neuen Eigenschaften liegt. Trotzdem muß das Verfahren als neu gelten. Für die Neuheit desselben kann es nicht entscheidend darauf ankommen, ob ein chemisches oder ein mechanisches Verfahren vorliegt. Läßt man drei bekannte Stoffe chemisch miteinander in bekannter Weise reagieren und erweist sich das Enderzeugnis als neu und wertvoll, so wird das Verfahren als neu angesehen, obgleich das einzige Neue in den Eigenschaften des Erzeugnisses liegt. Dieselbe Auffassung muß auch für ein mechanisches Zusammenbringen bekannter Stoffe gelten, vorausgesetzt immer, daß das Enderzeugnis neu und wertvoll ist, nämlich gegenüber den summierten Wirkungen der einzelnen Komponenten eine gesteigerte Wirkung darbietet. Es erscheint nicht angezeigt, eine Erfindung schutzlos zu lassen, die ihrem inneren Wesen nach alle Erfordernisse einer patentfähigen Erfindung erfüllt. — Von Interesse ist folgendes Urt vom 22. 5. 11, I 501/1909: 177940 schützte ein Verfahren zur Herstellung von Eisenpräparaten, dad. gek., daß kolloidhaltige Stoffe . . . und Eisenverbindungen . . . mit Chinasäure gemischt werden. Die Chinasäure soll bessere Wirkung haben, als z. B. die Mischung mit Zitronen- oder Weinsäure. Das Reichsgericht sagt, die angeblich günstigeren therapeutischen Wirkungen der Chinasäure könnten für die Aufrechterhaltung des Patents nicht verwertet werden, denn es handele sich hierbei um Wirkungen der Chinasäure als Arzneimittel: Arzneimittel könnten aber nicht Gegenstand eines Patents sein. — Dieser Art der Begründung wird nicht zugestimmt werden können; geschützt war ein Verfahren, Herstellungen von Arzneimitteln sind aber patentfähig; deshalb konnte der Wert des Erzeugnisses für die Patentfähigkeit des Verfahrens herangezogen werden. Zweifel konnten höchstens daraus entnommen werden, daß eine Mischung vorlag; daraus hat das Urteil aber mit Recht keinen Einwand hergeleitet, Anm. 145.

3. Größere Schwierigkeiten macht eine letzte Frage.

Ist es patentfähig, wenn an einem bekannten Stoffe eine therapeutische Wirkung aufgefunden wird? Es bleibt nichts übrig, als die Frage zu verneinen. Natürlich ist es leicht, Grenzfälle zu erdenken, in denen diese Antwort ad absurdum geführt zu werden scheint. Sicherlich kann die Verwendung eines bekannten Stoffes, um bestimmte Bazillen in der Glasschale zu töten, patentiert werden. Die Verwendung desselben Stoffes, um dieselben Bazillen im menschlichen Körper zu töten, soll nicht patentfähig sein? Man könnte weiter einwenden daß die Antwort wirkungslos ist; man würde eben die Verwendung patentieren lassen, um die Bazillen zu töten, ohne die therapeutische Wirkung zu erwähnen. Abgesehen davon, daß im letzteren Falle die Verwendung zur Heilbehandlung des Menschen frei sein würde, läßt sich die Frage überhaupt durch Anführung vereinzelter Fälle nicht erledigen. Der Sinn des Gesetzes geht dahin, die Herstellung von Medikamenten zu schützen, die Verwendung zum Heilen aber freizugeben. Da die Entdeckung, daß ein bekannter Stoff Heilwirkung auszuüben vermag, nach der Struktur des Patentgesetzes nicht geschützt werden kann, wäre eine Patentierung nur derart möglich, daß eben die Verwendung als therapeutisches Mittel geschützt würde. Das ist aber gerade das, was nach dem Sinn und Zweck des Gesetzes nicht stattfinden soll. Es muß deshalb bei der im Eingange gegebenen Antwort verbleiben.

Anm. 138. Endlich ist zu erwähnen, daß das Patentamt (IndR Jahrg. 6 S. 37) die Patentierung von Heilmitteln für Tiere (ebenso von Heilverfahren für Tiere) abgelehnt hat. Die Begründung stützt sich hauptsächlich auf den Sprachgebrauch anderer Gesetze. Was § 367, 3 StGB angeht, so dürfte die Herstellung und der Verkauf von Arzneien (für Tiere) ohne polizeiliche Erlaubnis von anderen Gesichtspunkten aus zu beurteilen sein, als die Patentierung. Die Zusammenstellung mit Nahrungs- und Genußmitteln im Patentgesetz spricht erheblich dafür, daß bei dem einen, wie bei den anderen nu ran Mittel gedacht ist, die für den Menschen bestimmt sind. Auch liegt kein Bedürfnis vor. die Heilbehandlung der Tiere aus dem Kreise der nach Gewinn trachtenden Wettbewerbsbestrebungen herauszunehmen. Heilmittel für Tiere sind deshalb als patentfähig anzusehen.

Metallegierungen haben sich in der Industrie hervorragende Bedeutung errungen, die von Tag zu Tag zu wachsen scheint. Es ist hauptsächlich zu erinnern an die vielen Eisenlegierungen und an die neueren Aluminiumlegierungen (mit Magnesium usw.). Die Patentfähigkeit der Legierungen ist deshalb etwas eingehender zu erörtern — ein Gebiet, das in manchen Teilen noch wenig angebaut ist. Mischungen und Lösungen treten an Wichtigkeit weit zurück. **Anm. 139.**

1. Legierungen können durch Sachpatent geschützt werden. Dieser Grundsatz wird von Patentbehörden und Gerichten allgemein befolgt; von ihm abzugehen liegt trotz mancher Einwendungen kein Grund vor. Auch in England und Amerika werden Legierungen durch Sachpatente geschützt, vgl. z. B. englisches Patent 23861 von 1903, Anspruch 1: eine Metall-legierung bestehend aus Eisen, Nickel und Chrom. Die Einwendungen fußen auf folgenden Überlegungen. Die neuere Forschung will festgestellt haben, daß bei manchen Legierungen chemische Umsetzungen stattfinden. Schmilzt man Gold und Kupfer zusammen, so mischen sich beide in beliebigen Verhältnissen. Jedes Kristallindividuum enthält Gold und Kupfer im selben Verhältnis. Man spricht deshalb von festen Lösungen: Gold ist im Kupfer gelöst, wie Kochsalz in Wasser. Daß solche Lösungen durch Sachpatent geschützt werden können, ist außer Streit. (Ebenso verhält es sich bei den wichtigen Legierungen Eisen—Mangan, Eisen—Nickel, Kobalt—Nickel usw.). Anders liegt der Falle einer Kupfer-Silber-Legierung. Kupfer und Silber mischen sich nicht in beliebigen Verhältnissen. Man findet in der Schmelze deshalb gesondert Kupfer- und Silberkristalle nebeneinander, die je mit dem anderen Metall gesättigt sind. Auch hier ist die Zulässigkeit eines Sachpatentes unbestritten. Endlich aber ein dritter Fall, bei dem der Zweifel einsetzt. Schmilzt man Kupfer mit Antimon zusammen, so bilden sich außer Kupferkristallen, die etwas Antimon in fester Lösung enthalten, auch Kristalle, die aus Kupfer und Antimon von bestimmter chemischer Zusammensetzung ($Cu_3 Sb$) bestehen, und diese letzteren werden als chemische Verbindungen angesehen. Weil für solche ein Sach-patent nicht erteilt werden kann, wird mehrfach angenommen, daß bei derartigen Legierungen nur das Herstellungsverfahren geschützt werden könne. Dem ist jedoch nicht beizustimmen. Es würde zur Folge haben, daß, wenn dem Kupfer nur ganz wenig Antimon hinzugefügt wird, so daß eine feste Lösung entsteht, ein Sachpatent zulässig wäre, nicht dagegen, wenn mehr Antimon hinzugefügt wird — ein unhaltbarer Zustand, der nicht zur Regelung, sondern zur Verwirrung des praktischen Lebens führen würde. Entweder keine Legierung ist durch Sachpatent schutzfähig, oder alle neuen Legierungen sind es. Nun beruht der Grund für die Bestimmung, daß der Schutz chemischer Erfindungen durch Sachpatent unzulässig ist, darauf, daß man der chemischen Industrie die Möglichkeit offenhalten wollte, neue, vorteilhaftere Herstellungsarten der Verbindungen aufzufinden. Dieser Gesichtspunkt trifft für Legierungen in aller Regel nicht zu. Denn der größte Teil aller Legierungen wird nur auf eine einzige Weise, nämlich durch einfaches Zusammenschmelzen hergestellt. Deshalb ist ein Sachpatent zulässig. Ausnahmsweise gibt es einige Legierungen, zu deren Herstellung ein Umweg eingeschlagen werden muß. Aber es kommt selten vor, daß bei diesen wirklich verschiedene Wege gangbar sind, so daß man der Industrie die Auffindung eines neueren, besseren Weges offenhalten müßte. Es entspricht deshalb dem Geiste des deutschen Patentrechtes, wenn auch nach der neueren metallographischen Erkenntnis vielleicht nicht immer den Worten des § 1, Legierungen, auch wenn sie chemische Metallverbindungen enthalten, durch Sachpatent zu schützen. Bleibt die Rechtsprechung, wie anzunehmen, hierin konstant, so können die von manchen Seiten befürchteten Unsicherheiten nicht eintreten. Das Reichsgericht hat auffallenderweise wenig Gelegenheit gehabt, sich über vorstehende Fragen auszusprechen. Namentlich ist der schwierigste Fall, daß Legierungen nur aus Metallverbindungen bestehen, noch nicht zur Erörterung gelangt. Dagegen nimmt das Reichsgericht an, daß Metallegierungen, die teils aus chemischen Metallverbindungen, teils aus unverbundenen Metallen bestehen — der bei weitem häufigste Fall — durch Sachpatent geschützt werden können. Das folgt aus dem unten A 144 angeführten Urteil, nach dem Legierungen aus unverbundenen Metallen und Metallkohlenstoffverbindungen (Metallkarbiden) schutzfähig sind. Beide Fälle sind zweifellos gleich zu behandeln. Besteht das Erzeugnis dagegen nur aus Metallkohlenstoffverbindungen, so wird man Schutzfähigkeit nicht annehmen können, denn Wolframkarbid, Titankarbid usw. muß patentrechtlich ebenso behandelt werden, wie z. B. Siliziumkarbid. Es muß also hier die Hauptregel eintreten: kein Sachpatent, weil ausschließlich eine chemische Verbindung; ebenso Österr. Patentblatt (Patentamt) 1924, 72.

2. In gewissen Fällen kann die Herstellung von Legierungen durch Verfahrens-patent geschützt werden. Das ist dann der Fall, wenn die Legierung nicht durch beliebiges Zusammenschmelzen der Komponenten hergestellt werden kann, sondern wenn, wie bereits erwähnt, dazu besondere Umwege eingeschlagen werden müssen. Beispiele:

Aluminium und Silizium (Silumin) können nicht ohne weiteres zusammengeschmolzen werden, deshalb ist ein Herstellungspatent zulässig. 23546 schützt ein Verfahren zur Erhöhung der Legierfähigkeit des Titans bei seiner Verwendung in Form von Titanlegierungen, dad. gek., daß das Titan in Form einer Eisen-Titan-Aluminium-Legierung mit etwa 10% Aluminium angewandt wird.

Ähnlich 304551 Verfahren zur Herstellung von Legierungen des Wolframs mit Edelmetallen, dad. gek., daß von den beiden Metallen wenigstens das eine in Form einer Zwischenlegierung mit Nickel, Eisen oder Aluminium verwendet wird — und viele entsprechende Patente aus Klasse 40. In solchen Fällen ist dann die Sachlage so, daß die Legierung als unmittelbares Erzeugnis des Verfahrens dinglichen Schutz nach § 4 genießt, daß sich der Schutz jedoch nur auf solche Legierungen erstreckt, die auf dem patentierten Wege hergestellt sind, vgl. § 4. Benutzt ein anderer die gleiche Legierung, die auf andere Weise zusammengeschmolzen ist, so verletzt er das auf das Verfahren erteilte Patent nicht, Blatt 25 (1919), 56f.

3. Unter Umständen kann die Verwendung einer Legierung geschützt werden; hierüber vgl. nächste Anmerkung.

Anm. 140. Wann ist die **Legierung neu?** Die Frage ist bisher nicht grundlegend erörtert. Das Gebiet der Legierungen ist heutzutage in vielen Teilen eingehend durchforscht, namentlich soweit Legierungen aus zwei der gebräuchlicheren Metalle in Frage kommen. Nicht durchforscht sind die Legierungen mit seltener vorkommenden Metallen und nur teilweise durchforscht die Legierungen von drei oder mehr Metallen (vgl. Tammann, Lehrbuch der Metallographie, S. 382). Neuheit ist gegeben 1. wenn auf unerforschten Gebieten neue Legierungen gefunden werden, deren Möglichkeit bisher nicht feststand, die nicht nur wissenschaftliches Interesse bieten, sondern technisch wertvolle Anwendung leiden; 2. auf erforschten Gebieten, für die also wissenschaftlich bereits festgestellt ist, in welchen Verhältniszahlen sich die Metalle überhaupt zusammenschmelzen lassen, ohne sich wieder zu trennen, ist Neuheit nicht schon dann gegeben, wenn genau dieselbe Legierung nicht bereits praktisch ausgeführt war. Vielmehr ist, wenn die Möglichkeit der Legierung wissenschaftlich festgestellt war, die Art des Unterschieds der Eigenschaften der neuen Legierung gegenüber bekannten und erprobten Legierungen desselben Gebiets entscheidend. Ist die Änderung der Eigenschaften derart, daß sie voraussehbar war, bewegt sie sich auf einer bereits bekannten Linie, sind nur graduelle Unterschiede vorhanden, dann liegt keine Neuheit vor. Das ist in Deutschland anerkannt in dem Falle der Rübelbronze, Blatt 25 (1919), 58 Sp. 1: Wenn die genauen Mischungsverhältnisse zwar noch nicht praktisch verwirklicht waren, aber anzunehmen war, daß diese Legierung möglich sei, so ist sie nur dann patentfähig, wenn besondere nicht vorauszusehende Wirkungen erzielt werden. Der gleiche Grundsatz wird in Nordamerika befolgt: graduelle, einigermaßen voraussehbare Unterschiede bewirken keine Neuheit und Patentfähigkeit (vgl. A 142). 3. Neuheit ist auch dann gegeben, wenn an einer bereits bekannten und erprobten Legierung eine neue technisch wertvolle Eigenschaft gefunden wird. Doch kann dann die Legierung nicht durch Sachpatent geschützt werden, vielmehr ist ein Verwendungspatent zu erteilen. Man wußte, in welchen Verhältnissen sich Mangan und Antimon legieren lassen. Nun wurde entdeckt, daß bei bestimmten Verhältnissen der Komponenten die Legierung erheblich magnetisierbar war. Ein Sachpatent hätte nicht erteilt werden dürfen. Die Erfindung bestand nur darin, daß an der bekannten Legierung eine neue Eigenschaft entdeckt wurde. Ein Sachpatent würde dahin führen, daß, wenn ein zweiter an derselben — bekannten — Legierung eine andere technisch verwendbare Eigenschaft entdeckte, diese neue Entdeckung dem Inhaber des Sachpatents in den Schoß fallen würde, was offenbar aller Gerechtigkeit widersprechen würde. Bekannt war, daß Kupfer und Gold sich in allen Verhältnissen zusammenschmelzen lassen. Als gefunden wurde, daß x % Gold und y % Kupfer besondere Härte aufwiesen, hätte also nur die Verwendung dieser Legierung zu Zwecken patentiert werden können, für die es auf die Härte der Komposition ankommt. Viele Patente sind in dieser Weise erteilt worden. Als gefunden wurde, daß eine Legierung von Cer und Eisen in bestimmten Verhältnissen pyrophore Eigenschaft hat, ist, weil die Möglichkeit einer solchen Legierung bekannt war, das Patent 154807 auf die Verwendung einer pyrophoren Legierung von Cer und Eisen mit etwa 30 % Eisen zum Zünden von Gasen (in Taschenfeuerzeugen) erteilt worden (RG 86, 413). Ebenso 304126: Herstellung von rostfreien Gegenständen, dad. gek., daß eine an sich bekannte Metallegierung verwendet wird, Blatt 32 (1926), 117 — und neuerdings manche ähnliche Patente. Mehrere selbständige Verwendungszwecke können in besonderen Patenten geschützt werden (a. a. O. S. 118 Sp. 2).

Je mehr die Durchforschung des Gebiets der Metallegierungen fortschreitet, desto mehr wird also die Zahl der noch durch Sachpatent schutzfähigen Legierungen abnehmen. Das ist auch nicht weiter bedenklich. Zwar verlangt die Technik den Schutz von Legierungen durch Sachpatente. Aber diese Forderung richtet sich nur dagegen, daß bei Legierungen, die chemische Metallverbindungen enthalten, etwa nur Herstellungspatente erteilt werden können. Insoweit ist die Forderung berechtigt. Sie darf aber nicht dahin ausgedehnt werden, daß bei Auffindung neuer Eigenschaften bereits bekannter und womöglich schon ausgeführter Legierungen Sachpatente erteilt werden sollen. Das würde dem Sinn der gemachten Erfindung widersprechen und würde die Industrie nicht fördern, sondern hemmen.

Zuzugeben ist, wie bereits § 1 A 95 Ziff 3 bemerkt, daß unter Umständen bei der Erteilung derartiger Verwendungspatente eine gewisse Inkonzinnität auftritt. Die Erfindung liegt z. B. darin, daß gewisse Chrom-Nickel-Stahlverbindungen rostfrei sind. Das ist der Inhalt der bekannten Erfindung von Krupp. Daß man diese Erfindung ausnutzt für die Herstellung von Gegenständen, die rostfrei sein sollen, ist selbstverständlich. Trotzdem kann aber nach der Anschauung des Patentrechts (und zwar des Patentrechts aller Länder) nicht die Auffindung der wertvollen Eigenschaft, sondern nur die selbstverständliche Verwendung der Eigenschaft patentiert werden. Dieser Mißstand tritt übrigens nicht bei allen Anwendungspatenten hervor. Als z. B. erfunden wurde, Kalkstickstoff zum Düngen oder Holzmehl zum Ausstreuen von Backformen zu verwenden, da lag das Neue in der Anwendung. Das ist bei dem erwähnten Kruppschen Patent auf den rostfreien Stahl anders. Trotzdem wird die Patentierung in der gleichen Weise vorgenommen.

Weitere Einzelheiten sollen an der Hand der Entscheidung RG 85, 96ff erörtert werden. **Anm. 141.** Heusler hatte entdeckt, daß u. a. eine Legierung aus Mangan, Kupfer, Aluminium magnetisierbar ist. 144584 schützte diese Entdeckung in folgender Fassung: Verfahren zur Darstellung magnetisierbarer Manganlegierungen, dad. gek., daß in Mangan oder Manganlegierungen Aluminium . . . eingeführt wird, so daß die Legierung mindestens 3 % Aluminium und nicht weniger als 9 % Mangan enthält. Ob eine solche Legierung bereits beschrieben oder hergestellt war, ist nicht aufgeklärt. War sie bekannt, so hätte ein Sachpatent nicht erteilt werden können; aber auch die Zulässigkeit des erteilten Herstellungspatents erscheint für solchen Fall zweifelhaft, denn in der Herstellungsart lag nichts Neues, und andererseits wurde durch das Herstellungspatent doch wieder der unzulässige Schutz nach § 4 bewirkt, weil eine andere Herstellungsart als das einfache Zusammenschmelzen nicht gegeben war. Man hätte also wohl richtiger schützen müssen: Verwendung einer Legierung, bestehend aus mindestens 9 % Mangan, mindestens 3 % Aluminium und Kupfer zu Zwecken, bei denen es auf Magnetisierbarkeit der Komposition ankommt. Damit wäre das Wesen der Erfindung getroffen. War dagegen die Legierung noch unbekannt, dann hätte ein Sachpatent erteilt werden sollen, da in der Herstellungsart nichts Neues lag. — Das erteilte Patent scheint nicht mittels Nichtigkeitsverfahrens angegriffen zu sein. — Im Verletzungsstreite (RG 85, 96) handelte es sich darum, daß eine Firma eine derartige Legierung hergestellt und verkauft hatte unter der Bedingung, sie nicht zu magnetischen Zwecken zu benutzen. Das Reichsgericht stellte sich auf den Standpunkt, daß das eine Patentverletzung darstelle, da das Patent die Herstellung der Legierung allgemein und trotz der Selbstbeschränkung des Anspruchs nicht nur zu Zwecken der Magnetisierbarkeit schütze. Über diesen Punkt vgl. § 1 A 140. In dem nicht abgedruckten Teile des Berufungsurteils handelte es sich weiter um folgendes. Die Beklagte hatte eingewandt, daß Legierungen aus Mangan und Aluminium, auch unter Zusatz von Kupfer, in allen möglichen Zusammensetzungen bekannt gewesen seien. Dafür war Beweis angetreten. Das Reichsgericht ist auf die Beweisantretung nicht eingegangen, weil die Patentschrift keinen Zweifel biete, der die Heranziehung des Standes der Technik nötig mache, vielmehr offensichtlich die Herstellung der Legierung allgemein und nicht nur zu Zwecken der Magnetisierung schützen wolle. Auch in dieser Richtung könnte eine andere Auffassung nicht von der Hand zu weisen sein, wenn die Legierung bereits beschrieben war und das Neue nur in der Auffindung der Magnetisierbarkeit lag.

Den hier entwickelten Grundsätzen gemäß hat das holländische Patentamt ein Patent **Anm. 142.** gewährt: Verfahren zur Erzeugung von widerstandsfähigen Gegenständen . . ., gekennzeichnet durch die Verwendung einer Legierung aus Zink, Kupfer und Aluminium in bestimmten Verhältnissen (vgl. IndR Jahrg. 1919, S. 88). Noch einfacher und umfassender hätte man sagen können: Verwendung einer Legierung bestehend aus Zink usw. in solchen und solchen Mischungsverhältnissen zu Zwecken, bei denen es auf Härte (oder Widerstandsfähigkeit oder Dehnbarkeit usw.) der herzustellenden Gegenstände ankommt.

Von Interesse ist auch die amerikanische Entscheidung Fed. Rep. Bd. 160 S. 84ff. Es handelte sich um ein Sachpatent für eine Legierung von weniger als 7 % Zinn und mehr als 20 % Blei, der Rest aus Kupfer bestehend. Die Legierung sollte als Lagermetall dienen. Das Gericht stellte fest, es sei bekannt gewesen, daß man den Zinngehalt erniedrigen müsse, wenn man, wie für Lagermetall wünschenswert, den Bleigehalt erhöhen wolle. Jedoch dürfe, wie gleichfalls bekannt gewesen sei, der Zinngehalt nicht gar zu stark ermäßigt werden, weil dann die Legierung zu weich werde. Da die Legierung an sich bekannt gewesen sei, könne sie nicht mehr patentiert werden, und auch die Feststellung, daß man mit dem Zinngehalt unter 7 % heruntergehen könne, bringe nichts Neues und nichts Patentfähiges, wenn auch solche Legierungen für die angegebenen Zwecke gut geeignet sein möchten. Das Patent ist also zutreffenderweise wegen mangelnder Neuheit der Legierung versagt. — Mit Recht führt das Gericht weiter aus, daß die Sache nur dann anders liegen würde, wenn der Gehalt von 7% Zinn einen *kritischen Punkt* darstelle und eine Unterschreitung dieses Gehalts die Eigenschaften der Legierung durchgreifend ändere. Davon sei aber hier keine Rede. — Dieser letztere Punkt ist wichtig und vom Gericht zutreffend beurteilt. Liegt ein „kritischer Punkt" vor, also ein Punkt der Mengenverhältnisse der Komponenten, in dem sich die technisch bedeutsamen Eigenschaften der Legierung durchgreifend, *plötzlich* und in einer bisher nicht bekannten Weise ändern, so ist Neuheit und Patentfähigkeit gegeben, die übrigen Erfordernisse, Fortschritt, Erfindungshöhe usw. vorausgesetzt. Demgemäß wird in der neueren amerikanischen Rechtsprechung der Grundsatz streng befolgt: ändern sich die bekannten Eigenschaften einer Legierung *stufenweise (graduell)*, wenn die Zusammensetzung stufenweise geändert wird, und ist das Erzeugnis von den früheren Erzeugnissen nur dem Grade nach verschieden, dann tritt keine Patentfähigkeit ein, mag auch die angemeldete Legierung für einen bestimmten Zweck besonders geeignet sein, vgl. Fed. Rep. 2. Reihe Bd. 6 S. 930; Bd. 10 S. 673 („weißes Gold"). Dieselben Grundsätze ergeben sich für die Patentfähigkeit chemischer Erfindungen, nur daß hier ein Sachpatent unmöglich ist.

Ein Patent auf eine Legierung aus Nickel und einem Metall der Chromgruppe, die als (elektrischer) Widerstand dienen soll, wird verletzt durch eine gleiche Legierung unter Hinzufügung von Eisen und Mangan, falls die Hinzufügung so gering ist, daß die für die Verwendung als Widerstand erheblichen Eigenschaften nicht verändert werden (Fed. Rep. Bd. 212 S. 422).

Anm. 143. Wichtige und zutreffende Erörterungen über die Frage, innerhalb welcher *Grenzen* die Mengenverhältnisse der Komponenten *schwanken* können, ohne daß das Patent die nötige Bestimmtheit einbüßt, hat das Patentamt in einer Entscheidung vom 4. 10. 23, Blatt 32 (1926), 116, gegeben: es ist ... zuzugeben, daß Grenzzahlen für die Zusammensetzung von Legierungen, außer etwa bei Fragen des Eutektikums, fast immer etwas Willkürliches haben. Trotzdem sind solche Grenzzahlen vielfach nicht zu entbehren. Es muß auch dem Erfinder das Recht zugestanden werden, die Grenzen so weit zu stecken, daß er wirklich einen vollen Schutz genießt. Dabei ist es dann selbstverständlich und nicht zu umgehen, daß diejenigen Werte, die sich den Grenzen nähern, die Wirkungen, deren Erzielung Aufgabe der Erfindung ist, in geringerem Maße zeitigen, als den optimalen Werten entspricht. Wenn z. B. ein Patentanspruch die untere Grenze einer Komponente zu 6% angibt, so liegt es auf der Hand, daß nicht bei 6,1% der volle Erfolg, bei 5,9% dagegen keinerlei Erfolg eintritt. Im Einzelfalle muß es dem Richter im Verletzungsstreite überlassen bleiben zu entscheiden, ob unter Würdigung der erzielten Wirkung bei einer geringen Über- oder Unterschreitung der Grenzen ein Eingriff in das Patent anzuerkennen ist oder nicht. Daß die in dem angefochtenen Patente angegebenen Grenzzahlen derart unrichtig seien, um daraufhin das Patent zu vernichten oder einzuschränken, ist nicht glaubhaft gemacht ... Auch kann es dem angegriffenen Patente nicht zum Verhängnis werden, daß es ... die optimalen Verhältniszahlen nicht angibt ... Es wird weiter ausgeführt, diese seien je nach den verschiedenen Verwendungszwecken verschieden. Hierzu vgl. auch die bekannten Auseinandersetzungen über Cereisen (RG 86, 416ff).

Von Interesse ist desgleichen ein neues amerikanisches Urteil über den neuzeitlichen Schnelldrehstahl Stellit. Derselbe besteht u. a. aus Kobalt, Chrom und Wolfram oder, statt des Wolframs, einem anderen Metall der Chromgruppe. Diese Legierungen an sich waren bekannt und deshalb nicht patentfähig; nach Annahme des Gerichts konnten aber neue Verhältniszahlen der Komponenten patentiert werden. Nun waren für Kobalt und Chrom die Verhältniszahlen nicht angegeben, der Zusatz des dritten Metalls war auf 5—60% bestimmt. Mit großem Zögern und gewundener Begründung hat der Gerichtshof das gerade noch für eine genügend bestimmte und neue Angabe des Verhältnisses angesehen. Eine andere Legierung, die außer Kobalt und Chrom 26,90% Wolfram und weiter 14,17% Nickel und 1,29% Kohlenstoff enthielt, ist als nicht verletzend angesehen, da Nickel und Kohlenstoff von erheblichem Einfluß auf die Eigenschaften der Legierung seien. Fed. Rep. 2. Reihe Bd. 8 (1925/26) S. 765 (771ff).

Dasselbe Urteil weist S. 768 Ziffer 5 auf die verschiedenen Patentkategorien hin, die bei der Patentierung von Legierungen in Frage kommen können: Patente auf die Herstellung der Legierungen, ... auf die Legierungen selbst (Sachpatente), auf deren Verwendung zu bestimmten Zwecken, auf die Erzeugnisse, die aus den Legierungen angefertigt werden.

Anm. 144. In Vorstehendem ist von Metallegierungen die Rede gewesen, das heißt von Gemengen und Verbindungen mehrerer Metalle. Einer Erörterung bedürfen noch die Verbindungen von *Metallen mit Kohlenstoff*, das sind die sog. *Metallkarbide*, deren Bedeutung in der Technik in den letzten Jahren erheblich zugenommen hat. Im allgemeinen gelten für diese dieselben Grundsätze, wie für Metallegierungen. Sie werden ja auch vielfach Legierungen genannt und ähneln den wirklichen Metallegierungen in physikalischen Eigenschaften, Herstellungsart, Nutzanwendung. Wird dem geschmolzenen Metall so viel Kohlenstoff zugesetzt, daß gerade nur das Karbid entsteht, dann wird ein Sachpatent nicht möglich sein, weil dann eine chemische Verbindung auf chemischem Wege entstanden ist. Aus diesem Grunde konnte das bekannte Kalziumkarbid nicht durch Sachpatent geschützt werden, ebensowenig Wolframkarbid, Eisenkarbid usw. Es sind nur Herstellungs- oder Anwendungspatente möglich. Ist aber ein Überschuß an Metallen vorhanden, dann ist ein Sachpatent möglich; es tritt dann die Analogie mit dem wirklichen Metallegierungen ein. Deshalb ist das Patent 307764 vom Patentamt und vom Reichsgericht aufrechterhalten; denn es sollte den Metallen (Wolfram, Eisen, Titan, Cer) nur so wenig Kohlenstoff zugesetzt werden, daß nicht alle Metalle in Karbid übergeführt wurden, vgl. Mitt 1924, 14; Blatt 30 (1924), 107. Natürlich muß der Metallüberschuß technisch bedeutungsvoll sein; er darf nicht nur zu dem Zwecke vorgeschrieben sein, um Patentfähigkeit herbeizuführen. Es wird hierdurch zwar in die Frage nach der Patentfähigkeit der Karbide eine gewisse Unsicherheit hineingetragen, doch ist die Unsicherheit nicht allzu bedenklich, und sie läßt sich angesichts des § 1 Abs 2 Ziff 2 nicht vermeiden. Nach den angegebenen Regeln waren also auch diejenigen neuen Schnelldrehstähle aus Kobalt, Chrom und Wolfram patentfähig, denen so viel Kohlenstoff zugesetzt wurde, daß Wolframkarbid entstand, das in die Matrix der übrigen Metalle eingebettet wird.

Vgl. auch neuerdings 420689 gesinterte harte Metallegierung, dad. gek., daß sie aus Wolframkarbid mit 3—7% Kohlenstoffgehalt und einem Zusatz von niedrig schmelzendem Metall (Eisen) bis höchstens 10% besteht. Das Patent ist von der Nichtigkeitsabteilung aufrechterhalten; danach muß angenommen werden, daß die Zusammensetzung noch nicht bekannt war.

Analoge Verbindungen, die kein Metall enthalten, man denke an analoge Verbindungen wie Borkarbid, Karborund, unterstehen den für chemische Verbindungen bestehenden Regeln; ein Sachpatent ist für alle Fälle ausgeschlossen. Dagegen sind wiederum Gemenge oder Verbindungen von Metallen mit anderen Metalloiden (z. B. Phosphorbronze, Chromsilizid) analog den Metallegierungen zu behandeln.

Mischungen können durch Sachpatent geschützt werden. Ein Verfahrenspatent wird nur **Anm. 145.** ausnahmsweise möglich sein, da die Art der Herstellung der Mischung in der Regel nichts erfinderisch Neues bietet. Ist die Mischung bekannt, so kann nur noch ein neuer Verwendungszweck geschützt werden. Auch Mischungen chemischer Stoffe können geschützt werden, aber nur dann, wenn gerade in der Zusammensetzung der Mischung Neuheit und Fortschritt liegt. Es ist zu beachten, daß auf diese Weise nicht etwa das Verbot der sachlichen Patentierung chemischer Stoffe umgangen wird, indem man dem wirksamen Mittel eine gleichgültige Komponente hinzumischt. Für die Patentierung kommen besonders in Frage Mischungen mit therapeutischer Wirkung, also Arzneimittel, für welche vgl. § 1 A 137d; desgleichen hauptsächlich Explosionskörper, die aus Mischungen bestehen. Manche Explosivstoffe bestehen aus Mischungen, z. B. Schießpulver u. dgl. Andere sind chemische Verbindungen, z. B. Nitrozellulose und alle übrigen Nitrokörper, ebenso Chlorate, Perchlorate usw., auch wenn diese, wie üblich, hinzugemischte Stoffe, Kohlenstoffträger, enthalten. Das Mischen zweier organischer Stoffe, von denen der eine den anderen konservieren soll, ist ein „Verfahren", das patentiert werden kann (Mischung von getrocknetem Eidotter mit geröstetem Kakao; die brenzlichen Stoffe des letzteren sollen das Eidotterpulver konservieren); Urt vom 22. 2. 12, I 350/1908.

Lösungen. Es kommen in Betracht Lösungen von festen, flüssigen oder gasförmigen **Anm. 146.** Stoffen in Flüssigkeiten, auch Gasgemische, weiter Lösungen von festen Stoffen, sog. feste Lösungen. Alle diese sind grundsätzlich durch Sachpatent schutzfähig. Auch Verfahrens- (Herstellungs-) Patente kommen vor, da die Vornahme der Auflösung nicht selten Schwierigkeiten bietet, z. B. in der Lackfabrikation, Lösung von Kopalharzen in fetten Ölen. Hinsichtlich der Neuheit kommen dieselben Grundsätze in Betracht, die für Legierungen entwickelt sind. Man kann nicht eine Lösung chemischer Salze in Wasser patentieren, da deren Löslichkeit bekannt ist; wohl aber kann die Verwendung wässeriger Lösungen von Salzen zu einzelnen Zwecken geschützt werden. Freilich neigen die Patentbehörden dazu, in solchen Fällen den Anspruch nicht auf die Verwendung abzustellen, sondern vielmehr der Form nach ein Sachpatent zu erteilen (vgl. § 1 A 95). So ist patentiert worden 232172 Ätze für Flachdruckpressen, dad. gek., daß sie aus der Lösung bestimmter Salze besteht. Gemeint ist Verwendung einer Lösung von saurem Kaliumphosphat und anderen Salzen in Wasser zum Ätzen bei Flachdruckpressen. Vgl. ferner 78142 Verfahren zur Herstellung reiner Zuckerlösungen, GewR 24 (1919), 119. — Wenn Lösungen sich beim Stehen ohne äußeres Zutun verändern, wie z. B. aus einer Lösung von Zyangas in Wasser eine Lösung von oxalsaurem Ammoniak entsteht, so hindert das nicht, daß für die ursprüngliche Lösung ein Sachpatent zulässig ist, wenn auch das Umwandlungsprodukt eine chemische Verbindung darstellt.

§ 2

Eine Erfindung gilt nicht als neu, wenn sie zur Zeit der auf Grund dieses Gesetzes erfolgten Anmeldung in öffentlichen Druckschriften aus den letzten hundert Jahren bereits derart beschrieben oder im Inlande bereits so offenkundig benutzt ist, daß danach die Benutzung durch andere Sachverständige möglich erscheint.

Die im Ausland amtlich herausgegebenen Patentbeschreibungen stehen den öffentlichen Druckschriften erst nach Ablauf von drei Monaten seit dem Tage der Herausgabe gleich, sofern das Patent von demjenigen, welcher die Erfindung im Ausland angemeldet hat, oder von seinem Rechtsnachfolger nachgesucht wird. Diese Begünstigung erstreckt sich jedoch nur auf die amtlichen Patentbeschreibungen derjenigen Staaten, in welchen nach einer im Reichsgesetzblatt enthaltenen Bekanntmachung die Gegenseitigkeit verbürgt ist.

Im Gesetzentwurf betr. Abänderung des Patentgesetzes vom 4. 2. 28 ist in Aussicht genommen 1. daß im Abs 1 das Wort „hundert" durch „fünfzig" ersetzt wird; 2. daß der Abs 2 durch folgende Vorschrift ersetzt wird: Ist die Erfindung bereits Gegenstand einer früheren Anmeldung desselben Anmelders oder seines Rechtsvorgängers gewesen, so steht der auf Grund dieser Anmeldung ausgegebene Abdruck der Beschreibung und Zeichnung (§ 23 Abs 3 Satz 3) erst nach Ablauf von sechs Monaten seit seiner Ausgabe den öffentlichen Druckschriften gleich; dasselbe gilt von Veröffentlichungen, die den Abdruck wiedergeben oder auf ihm beruhen. — Der Vorschlag 1 wird voraussichtlich im Reichstage angenommen werden; hinsichtlich des Vorschlags 2 ist das zweifelhaft.

Übersicht.

Allgemeines über den Begriff der Neuheit.

a) Analyse des Begriffs der Neuheit. Neu ist, was vom Bestehenden und Bekannten abweicht. Man hat den Begriff Neuheit in drei Unterbegriffe zerlegen wollen, Eigenart (das, was seinem Wesen nach besonders ist), Ursprünglichkeit (was selbst ersonnen ist), Neuheit im eigentlichen Sinne (was vom Bestehenden abweicht). Allein Eigenartiges und Selbstersonnenes braucht nicht immer neu zu sein. Man hat deshalb wohl in Wahrheit sagen wollen, daß zur Patentfähigkeit einer Erfindung außer der Neuheit auch noch Eigenart und Ursprünglichkeit gehören. Damit wäre man den Erfordernissen nahe gekommen, die in der Regel (und auch in diesem Kommentar) als Neuheit, Fortschritt, Erfindungshöhe bezeichnet werden. **Anm. 1.**

b) Ob Neuheit zum Begriffe der Erfindung gehört, oder ob es auch Erfindungen gibt, die nicht neu sind, darüber ist früher viel gestritten. Die Frage läuft nach der Lage unseres Rechts auf einen Wortstreit hinaus, da nur neue Erfindungen patentierbar sind, und bedarf deshalb keiner Erörterung.

c) Der Maßstab ist im übrigen ein objektiver. Es kommt darauf an, ob die Erfindung für die Allgemeinheit neu ist, nicht darauf, ob sie für den Erfinder neu war.

d) Neuheit kommt auch noch in anderen Richtungen, als für die Prüfung auf Patentfähigkeit in Betracht, z. B. § 35, neuer Stoff. In diesen Fällen ist der Begriff der Neuheit ein anderer. Der in den folgenden Anmerkungen zu entwickelnde Begriff der Neuheit gilt also, wenigstens in vollem Umfange, nur für die Prüfung der Neuheit im Erteilungs- und im Nichtigkeitsverfahren nach § 10 Ziff 1.

Ist eine Erfindung nach § 2 nicht neu, so pflegt man zu sagen: sie ist vorweggenommen.

Abschnitt I.
Materielle Neuheit.

Ehe in die Einzelerörterung des Gesetzes eingetreten wird, ist auf folgenden wichtigen Punkt hinzuweisen. Man kann, wie bereits in voriger Anmerkung angegeben, definieren: neu ist, was vom Bekannten abweicht. Die Definition ist etwas allgemein, aber zutreffend. Will man an der Hand dieser Definition einen Tatbestand, eine Erfindung auf Neuheit prüfen, so ergeben sich sofort zwei Fragen. Die erste: was gilt als bekannt? Alles, was irgend jemand in einem fernen Lande zu längst vergangener Zeit irgendwie veröffentlicht hat? Die zweite Frage: alles, was den Anspruch auf Neuheit erhebt, muß abweichen. In welchem Umfange? In welcher Art? Ist es neu, wenn an einem Gerät eine belanglose Abänderung vorgenommen, z. B. der Griff an anderer Stelle angebracht wird? Ist in solchem Falle das Gerät neu? Das Gesetz gibt hierauf keine Antwort; es befaßt sich nur mit der Beantwortung der ersten Frage. Es will Zweifel, die zu Weiterungen führen, abschneiden und bestimmt deshalb, nur wenn etwas in ganz bestimmter Weise bereits veröffentlicht oder benutzt ist, gilt es nicht mehr als neu. Man kann das, um einen einfachen Ausdruck zu haben, den formellen Begriff der Neuheit nennen. Ebenso wichtig ist aber die zweite vom Gesetze nicht behandelte Frage, der materielle Begriff der Neuheit, Quantität und Qualität der Abweichung. Dieser zweite Punkt soll zunächst erörtert werden. Zu bemerken ist, daß die erwähnte notwendige Unterscheidung bereits 1878 von André klar hervorgehoben (Patentblatt 1878 S. 271, 272), seither aber wenig beachtet ist. **Anm. 2.**

Die Frage der **Größe und Art der Abweichung** einer angemeldeten Erfindung von dem bereits Bekannten ist für die Patenterteilung von Wichtigkeit, weil genau identische Offenbarungen kaum jemals vorkommen; kleinere Abweichungen sind stets vorhanden. Es ist eine Lehre hervorgetreten, die behauptet, die angemeldete Erfindung müsse mit der vorher offenbarten — evtl. deren technische Äquivalente eingeschlossen — genau übereinstimmen. Nur dann liege Mangel an Neuheit vor. Seien die Abweichungen größer, dann sei Neuheit vorhanden; es handle sich dann aber weiter darum, ob nach § 1 genügende Erfindungshöhe ge- **Anm. 3.**

geben sei. Eine andere Lehre sieht die Neuheit als zerstört an, wenn der Durchschnittssachverständige aus dem Veröffentlichten den Inhalt der neu angemeldeten Erfindung ohne Schwierigkeiten entnehmen konnte. Der Streit, welcher von beiden Anschauungen richtig ist, wäre von Bedeutung, wenn, je nachdem die eine oder die andere gebilligt würde, verschiedene Rechtsfolgen in bezug auf die Patentfähigkeit zu ziehen wären. Das ist nicht der Fall. Zwar haben einige Schriftsteller behauptet, bei der Prüfung auf Erfindungshöhe und auf Neuheit sei ein verschiedener „Stand der Technik" zugrunde zu legen, das soll heißen, für die Prüfung der Erfindungshöhe komme auch die auswärtige Technik und die inländische Kundbarmachung durch Vorträge, Vorlesungen, Ausstellungen u. dgl. in Betracht; mit anderen Worten: wenn in Deutschland angemeldet werde, was in der englischen Praxis bereits ausgeführt sei, so sei das zwar patentrechtlich neu, aber nicht patentwürdig. Diese Lehre hat jedoch keinen Beifall gefunden (Mitt 1912, 125). Sie verdient auch keinen (vgl. § 1 A 40). Was hätte es für einen Zweck, wenn das Gesetz, was es bei der Neuheit gibt, bei der Erfindungshöhe wieder nimmt? Unterliegen aber Neuheit und Erfindungshöhe denselben Prüfungsgrundsätzen, dann ist die Entscheidung zwischen jenen beiden Lehren weniger wichtig; denn es ist schließlich gleichgültig, ob man einer Erfindung, die sich von dem Vorbekannten nur um das unterscheidet, was jeder Durchschnittssachverständige ohne weiteres finden kann, den Patentschutz versagt, weil sie nicht neu ist, oder weil sie zwar neu ist, aber keine Erfindungshöhe aufweist. Das Ergebnis ist immer: was sich von dem nach § 2 Vorbekannten, d. h. von dem, was durch die im § 2 angegebenen Mittel bekannt geworden ist, nur durch solche Abänderungen unterscheidet, die ein Durchschnittssachverständiger (vgl. § 2 A 38) ohne erfinderischen Schritt vornehmen konnte, kann nicht mehr patentiert werden. Das ist der für die Frage der Neuheit bei der Prüfung auf Patentfähigkeit maßgebende Gesichtspunkt. Wegen dieses Zusammenhanges zwischen Neuheit und Erfindungshöhe ist es vielfach üblich, bei der Prüfung der Patentfähigkeit die Frage von vornherein auf das Vorliegen von Neuheit plus Erfindungshöhe, mit anderen Worten auf das Vorliegen einer erfinderischen Neuerung abzustellen, so schon Robolski, Theorie und Praxis, S. 27; ähnlich neuerdings Damme-Lutter, S. 180ff, nur daß hier nicht Erfindungshöhe und Neuheit, sondern Fortschritt und Neuheit verknüpft werden, also nach fortschrittlicher Neuheit gefragt wird. Man kommt auf diese Weise um eine genaue Definition des gesetzlichen Begriffs der materiellen Neuheit herum, an der schon die Motive zum Ges von 1877, S. 17 verzweifelten. Das ist auch methodologisch nicht weiter bedenklich. Denn schließlich ist es in den meisten Fällen rein Sache der Konvention, ob man z. B. einen Gegenstand als Ganzes neu nennen will, wenn er in einem seiner Teile abweicht.

Vorstehendes läßt sich gut an der Patentierungsmöglichkeit von Legierungen und chemischen Verbindungen verdeutlichen. Für deren Patentfähigkeit kommt es nicht darauf an, ob eine solche Legierung oder Verbindung schon einmal hergestellt oder die genaue in Frage stehende Zusammensetzung schon beschrieben ist. Entscheidend ist, ob die Existenzmöglichkeit der Verbindung nach dem Stande der wissenschaftlichen Erkenntnis vorauszusehen war (§ 1 A 133 u. 139f). Ist das der Fall, dann ist keine Patentfähigkeit gegeben (außer wenn die Verbindung überraschende wertvolle Eigenschaften aufweist). Soll man nun in solchen Fällen sagen, die Verbindung ist nicht neu, weil ihre Existenz nicht zu bezweifeln war, oder ihre Herstellung ist nicht erfinderisch? Beides ist eng miteinander verknüpft und geht ineinander über.

Die nahe Berührung der Prüfung auf Neuheit und auf Erfindungshöhe wird auch in der Lehre anderer Länder hervorgehoben. Amerika, Robinson § 222: Neuheit liegt vor, wenn die Erfindung aus dem bereits Bekannten nicht ohne erfinderische Geschicklichkeit hergeleitet werden konnte. England, Fl. Moulton, Patentgesetz, S. 21: Obgleich es scheinen könnte, daß die Frage der Neuheit und der erfinderischen Qualität nichts miteinander zu tun haben, sind sie gewöhnlich in jedem Rechtsstreit sehr nahe miteinander verknüpft. Man kann leicht sehen, daß ein realer Unterschied zwischen ihnen oft nicht vorhanden ist. In beinahe jedem Streitfalle ist nicht genau der patentierte Gegenstand vorveröffentlicht, und man streitet sich gewöhnlich über die Größe des Fortschritts gegen den bisherigen Stand der Technik.

Will man Neuheit ohne Rücksicht auf Erfindungshöhe definieren, so bleibt nichts übrig, als zu sagen (wie schon oben geschehen): neu ist, was vom Bekannten abweicht, einerlei ob viel oder wenig.

Anm. 4. In voriger Anmerkung ist dargelegt, daß man die Frage nach Neuheit einerseits, nach Erfindungshöhe andererseits in die Frage nach erfinderischer Neuheit zusammenfassen kann. Zur Beantwortung bedarf es immer der Erörterung, als ob sich das Neue vom Alten um mehr unterscheidet, als sich einem durchschnittlichen Sachverständigen ohne erfinderischen Schritt ohne weiteres darbot. Zur Patentfähigkeit gehört außerdem das Vorliegen eines Fortschritts. Alle drei Momente, Neuheit, Erfindungshöhe, Fortschritt, stehen unter sich in Wechselbeziehung (vgl. auch § 1 A 48). Aus dem Maß und Grade der Neuheit ist unter Umständen schon ein Schluß auf Erfindungshöhe und Fortschritt möglich. Liegt die Neuheit im Erfindungsgedanken, ist also ein anderes Problem oder ein prinzipiell anderer Lösungsweg gegeben, so liegt immer Neuheit, in der Regel auch Erfindungshöhe und Fortschritt vor. Liegt die Neuheit in dem Ersatze der Lösungsmittel, so ist, wenn ein Mittel durch sein technisches oder glattes Äquivalent (§ 4 A 35 f) ersetzt ist, in der Regel keine Erfindungshöhe und kein Fortschritt gegeben. Ist ein sehr großer Fortschritt erzielt, so kann die Neuheit nicht in Zweifel gezogen werden, auch Erfindungshöhe ist in der Regel anzunehmen (§ 1 A 47, 48). — Besonders hinzuweisen ist auf folgendes. Auch kleine Abänderungen in Maschinen oder Verfahren können große Bedeutung haben (so daß Neuheit zu bejahen und Vorwegnahme zu verneinen ist), wenn die Abänderungen verbesserte Wirkung hervorbringen. Das kommt besonders häufig und in hohem Maße bei schnellaufenden, sog. arbeitsparenden Maschinen vor. „Keine Vorwegnahme durch eine früher patentierte Maschine, obgleich sie schon bei leichter Änderung dieselbe Wirkung hätte hervorbringen können, wie die neuangemeldete Maschine — wenn die Erzielung dieser neuen Wirkung bisher nicht ins Auge gefaßt war." — Neuheit der Wirkung weist immer auf Neuheit der Gestaltung der Maschine oder des Verfahrens hin. Neue Wirkung zeigt, daß auch eine an sich geringfügige Änderung in der Gestaltung der Maschine von Bedeutung und also patentfähig ist. Deshalb liegt eine zur Patentfähigkeit genügende Neuerung immer schon dann vor, wenn durch eine kleine Abänderung bewirkt wird, daß eine Vorrichtung einem neuen Zwecke dienstbar gemacht werden kann (vgl. § 4 A 58).

Die Abgrenzung des Neuen gegen das Alte läßt sich unter Umständen nicht immer leicht treffen. Hin und wieder findet zwischen beiden ein allmählicher Übergang statt; besonders ist das bei Maß und Gradverhältnissen der Fall. Doch entstehen hier keine ernsten Schwierigkeiten. Der Anmelder hat nur insoweit auf Patentschutz Anspruch, als sich seine Erfindung deutlich von dem Bekannten unterscheiden läßt. Ergeben sich dabei unlösbare Zweifel, so geht das zu Lasten des Anmelders. In der Regel läßt sich aber eine Grenzlinie finden. Ist das einmal nicht der Fall, so muß das Patent versagt oder in beschränkterem Umfange erteilt werden. — Ernste Schwierigkeiten ergeben sich aber, wenn ein Verfahren oder eine Vorrichtung schon in bestimmter Weise angewandt war und die neue Erfindung die Regel aufstellt, sie in genau derselben Weise anzuwenden, aber zur Erreichung eines anderen Zweckes, einer anderen Wirkung, von der man bisher nicht wußte, daß sie sich auf diese Weise erreichen ließ. — Ältere Patente hatten empfohlen, beim Beizen von Eisen und Stahl der Beize einen Zusatz von Anthrazen hinzuzufügen, um den Beizvorgang zu beschleunigen und zu starken Angriff der Beize zu verhindern. 309264 schützte die Regel, u. a. den soeben genannten Stoff in gleicher Weise hinzuzusetzen, um die „Beizbrüchigkeit" des Metalls zu vermeiden. Die Nichtigkeitsabteilung erklärte in ihrer Entscheidung vom 9. 9. 26, der Beklagte habe als Erster Mittel zur Vermeidung der Beizbrüchigkeit beim Beizen mit Säuren angegeben und damit die Beiztechnik erheblich gefördert; das Patent ist aufrechterhalten. — Wie soll abgegrenzt werden, ob ein anderer, der das Mittel benutzt, den neuen oder den alten Zweck im Auge gehabt hat? In manchen Fällen ist das schlechterdings unmöglich. Näheres über diese Frage § 1 A 87 gegen Ende; vgl. auch unten A 6.

In den vorstehenden Anmerkungen ist grundsätzlich und abstrakt die Regel dargelegt, wie groß und welcher Art der Unterschied einer späteren Erfindung von einer früheren sein muß, damit sie patentrechtlich als neu gelten kann. Es bedarf noch der Erörterung, **in welchen Punkten einer Erfindung die Neuheit** vorhanden sein, wo sie lokalisiert sein kann, um Patentfähigkeit zu bewirken — nur in der Regel des Verfahrens, nur in der Gestalt, der Bauart, der Zusammensetzung einer Sache oder etwa auch in der Herstellung, in der Zweckbestimmung, in der Wirkung usw.? Die Antwort lautet verschieden, je nachdem die Erfindung der einen oder der anderen der Patentkategorien angehört. — Vorher ist zu bemerken: Neuheit des Problems bewirkt immer Neuheit des Lösungsgedankens und damit der Erfindung; sie zieht aber keineswegs immer Neuheit der Lösungsmittel nach sich, denn es können auch neue Probleme mit alten Mitteln gelöst werden. Auch in letzterem Falle ist die Erfindung wegen der Neuheit des gelösten Problems patentfähig, wenn die übrigen Erfordernisse gegeben sind. Anm. 5.

a) **Reine Sacherfindungen.** Bei Gebrauchsgegenständen liegt die Neuheit ausschließlich in der Gestaltung des Gegenstandes, bei Stofferfindungen ausschließlich in der Zusammensetzung, der Konstitution des Stoffes. Bei Sacherfindungen kommen neben der Sache selbst, also ihrer Gestaltung, häufig in anderem Zusammenhange auch Herstellung und Verwendung in Betracht. Diese spielen für die Bestimmung der Neuheit der Sache keine Rolle. Ist die Herstellung einer Sache neu, so berechtigt das nicht, die Sache, das Erzeugnis als neu zu patentieren, denn es können auch bekannte Sachen auf neuem Wege hergestellt werden. Noch viel weniger kommt die Verwendung in Betracht; es ist ohne weiteres klar, daß die Verwendung einer Sache mit ihrer Neuheit nichts zu tun hat. Patentfähigkeit der Sache ist allein von der Neuheit ihrer Eigenschaften abhängig.

b) **Verfahrenserfindungen.** Die Neuheit kann entweder in dem Substrat, auf das die Verfahrensart angewandt wird (§ 1 A 54), oder in der Verfahrensart selbst oder in beiden liegen. Ob die Arbeitsmittel neu sind, mit denen das Verfahren ausgeübt wird, ist ohne Bedeutung für die Neuheit des Verfahrens, wie unten näher ausgeführt wird. Zur Neuheit des Verfahrens gehören auch Änderungen in äußeren Umständen (stärkerer Druck, andere Temperatur, längere Einwirkung usw.). Die Neuheit des Verfahrens ist nicht entscheidend für die Neuheit des Erzeugnisses oder des Ergebnisses (§ 1 A 54), denn ein bekanntes Erzeugnis oder Ergebnis kann wie durch ein altes so auch durch ein neues Verfahren hervorgebracht werden: Herstellung von Soda durch das alte Verfahren von Leblanc oder nach dem ganz abweichenden neueren Ammoniakverfahren von Solvay. Andererseits läßt aber Neuheit des Erzeugnisses einen sicheren Schluß zu entweder auf Neuheit der Verfahrensart, oder auf Neuheit des Substrats, auf das das Verfahren angewandt wird.

Es könnte auffällig erscheinen, daß es ein neues Verfahren sein soll, wenn eine bekannte Verfahrensart auf neue Körper angewandt wird. Wenn das Walzen von Metallen allgemein bekannt ist, könnte man zweifeln, ob es ein neues Verfahren ist, wenn jemand zum ersten Male Aluminium oder Wolfram walzt. Die Frage ist von praktischer Bedeutung, denn nur, wenn es sich um ein neues Verfahren handelt und dies patentiert wird, sind die unmittelbar damit hergestellten Erzeugnisse nach § 4 dinglich geschützt. Die Frage muß nach der Struktur des deutschen Patentrechts bejaht werden. Es gibt keine andere Kategorie (Erzeugnisse, Arbeitsmittel), in die derartige Patente eingereiht werden könnten, als eben die Kategorie eines Verfahrenspatents. Wenn überhaupt ein Patent erteilt werden soll, muß es also ein Verfahrenspatent sein. Daß aber die Möglichkeit der Patentierung in solchen Fällen gegeben wird, ist notwendig. Andernfalls würde ein großer Teil der chemischen Erfindungen, nämlich alle diejenigen, in denen neue Ausgangsstoffe nach einer bekannten Methode behandelt werden, schutzlos bleiben, da die Erzeugnisse selbst nicht patentiert werden können (§ 1 A 130f). Die bezeichneten Verfahrensarten müssen also als neu gelten. Unzuträglichkeiten für die Patentierung können sich daraus nicht ergeben. Denn es muß außer der Neuheit noch Fortschritt und Erfindungshöhe vorhanden sein. Daran fehlt es, wenn z. B. zu der Zeit, als man anfing, Aluminium in großen Mengen herzustellen, irgendeine bekannte Behandlungsart auf Aluminium neu angewandt wurde — außer wenn in einem speziellen Falle technische Schwierigkeiten vorlagen, deren Überwindung Erfindungshöhe erforderte, wie beim Schweißen von Aluminium der Fall war, oder dgl. „... Es ist nicht richtig, daß die Anwendung eines bekannten Verfahrens auf einen neuen Gegenstand unter keinen Umständen eine Erfindung wäre. Bereitet die Anwendung besondere Schwierigkeiten, die bisher unüberwindlich erschienen, und führt sie zu ungeahnten technischen Erfolgen, so ist nicht einzusehen, was der Erteilung eines Patents im Wege stehen würde" (I 592/1907, Urt vom 29. 6. 08). Ebenso Bolze Bd. 7 Nr 155 für chemische Erfindungen: Erfindung liegt vor, wenn durch Anwendung eines bekannten Verfahrens auf einen neuen Körper „neue Bahnen" eingeschlagen werden (umfassender JW 1889, 174 Sp. 1 abgedruckt). Selbstverständlich liegt Neuheit nicht vor, wenn ein generelles Verfahren (§ 1 A 101), oder eine allgemeine Methode (§ 1 A 102) patentiert ist und nun das Verfahren zum ersten Male auf einen einzelnen Körper jener Gattung angewandt wird.

Eine weitere Frage: altes Verfahren ausgeübt mit neuen Arbeitsmitteln — kann das als neues Verfahren patentiert werden? Die Frage ist zu verneinen, so sagt die Logik. Denn die Behandlungsweise des Substrats ist grundsätzlich nicht davon abhängig, mit welchen Mitteln sie ausgeübt wird. In der Rechtsprechung findet sich hin und wieder eine andere Anschauungsweise. Man sieht es als ein anderes Verfahren an, wenn Bleche nicht durch Walzen, sondern durch Hämmern hergestellt werden. Man findet die Auffassung vertreten, daß das Verfahren in seinem Wesen allgemein durch das Arbeitsmittel bestimmt wird. „In keiner der Entgegenhaltungen ist eine bestimmte Angabe über den Grad der Überhitzung enthalten und zugleich eine so einfache Vorrichtung für die Durchführung des Verfahrens gezeigt worden, wie in der Patentschrift. Wird das Patent nach der strengen Wortfassung des Anspruchs auch nur durch ein Verfahren gekennzeichnet, so kann doch die in der Patentschrift dargestellte Vorrichtung nicht ganz außer Betracht bleiben, da sich gerade in ihr die Ausführung des Verfahrens verkörpert" (Urt vom 24. 4. 18, I 312/1917). — „Es ist zulässig, ein Ver- Verfahrenspatent dahin zu erteilen, daß eine bekannte Maschine zu dem neuen Verfahren angewandt wird (eine Trockenmaschine war bekannt, war aber nur zu anderen Zwecken angewandt; jetzt wurde sie zum Trocknen von Milch angewandt; das Verfahren war hinsichtlich der benutzten Temperatur neu; Urt vom 29. 6. 08, I 592/1907; ähnlich Bolze Bd. 9 Nr 99). — Die Äußerungen dieser Urteile sind nicht ganz scharf. Entscheidend dafür, ob ein Patent auf das Herstellungsverfahren erteilt werden kann, ist die Art der Einwirkung auf das Substrat. Ist diese bei der alten und bei der neuen Erfindung gleich, so liegt kein neues Verfahren vor, sondern nur die Vorrichtung ist neu. Ist die Art der Einwirkung bei den beiden

Erfindungen ungleich, so ist das Verfahren neu. Das läßt sich am genannten Beispiel des Walzens und Hämmerns von Blechen verdeutlichen. Das Walzen übt einen gleichartigen, stetigen Druck aus, das Hämmern dagegen einzelne Schläge. Die Einwirkung ist also wesentlich ungleich; deshalb ist das Hämmern gegenüber dem Walzen ein neues Verfahren und umgekehrt. Wird dagegen eine Kopierpresse durch Hebeldruck oder durch ein Zahnrad mit Zahnstange betätigt, so ist die Art des Druckes stets dieselbe, weshalb das Verfahrn gleich und nur die Vorrichtungen gegeneinander neu sind. — Ist trotz gleichbleibenden Verfahrens die Anwendung eines Arbeitsmittels erfinderisch neu, wie in dem vorstehend angeführten Urteile vom 24. 4. 1918, so kann also nicht das Herstellungsverfahren als neu patentiert werden, vielmehr ist, wie es der Wirklichkeit entspricht, die Anwendung des Arbeitsmittels zu dem bekannten Herstellungsverfahren zu patentieren (vgl. auch § 1 A 59). Recht häufig werden diese Grundsätze nicht befolgt.

c) **Arbeitsmittel.** Die Neuheit liegt entweder in der Gestaltung oder Zusammensetzung des Arbeitsmittels, oder in seiner Betriebsart, oder in seiner Anwendung auf ein neues Substrat. Auch hier entscheidet die Gleichheit oder Neuheit des Erzeugnisses oder Ergebnisses, insoweit man davon bei Arbeitsmitteln überhaupt sprechen kann, nicht über die Neuheit des Arbeitsmittels, denn dasselbe Erzeugnis kann durch verschiedene Arbeitsvorrichtungen hervorgebracht werden. Der Rückschluß von der Neuheit des Erzeugnisses auf die Neuheit des Mittels ist hier, anders als beim Verfahren, oben unter b, nicht sicher, denn es kann mit demselben Arbeitsmittel durch eine Veränderung des Verfahrens ein neues Erzeugnis erzielt werden. Über neue Betriebsart und neue Verwendung eines Arbeitsmittels vgl. A 6.

Einzelfragen.

1. **Neue technische Wirkung** einer Erfindung läßt immer den Rückschluß auf Neuheit der Erfindung zu, vgl. § 1 A 65. Neue Vorteile können aus einer neuen technischen Wirkung hervorgehen; dann ist der gleiche Rückschluß berechtigt. Sie können aber auch in einer bloßen Verbilligung der Herstellung beruhen; diese kann in einer Veränderung organisatorischer oder kaufmännischer Art liegen. Dann ist allerdings „Fortschritt" gegeben (§ 1 A 36), also ein anderes Erfordernis der Patentfähigkeit. Aber es braucht — was hier entscheidend ist — nicht die technische Anweisung verändert zu sein, so daß ein „Vorteil" nicht immer das Vorliegen des Erfordernisses der Neuheit im Sinne des § 2 beweist. **Anm. 6.**

2. Neuheit der Mittel bewirkt, wie schon in A 5b auseinandergesetzt ist, nicht immer Neuheit des Verfahrens, d. h. nicht Neuheit der Einwirkung auf das Substrat, § 1 A 54. Trotzdem kann, wenngleich das Verfahren dasselbe bleibt, in der Anwendung neuer Mittel Patentfähigkeit gegeben sein. Das ist dann der Fall, wenn die Allgemeinheit ein Interesse an der Anwendung der neuen Mittel hat, also etwa wenn die Mittel billiger, leichter erreichbar, ungefährlicher sind, oder wenn sie maschinellen Betrieb oder einen Dauerbetrieb gestatten — analog wie in derartigen Fällen auch ein neues Verfahren patentfähig sein kann, obwohl es einen technischen Fortschritt nicht mit sich bringt, § 1 A 36.

3. Die Neuheit braucht, wenn sie mit den Arbeitsmitteln verknüpft ist, nicht immer in der neuen Gestaltung, Bauart, Zusammensetzung der Mittel zu liegen; sie kann, wie schon A 5c angeführt, auch in deren Anwendung auf einem neuen Gebiete, ihrer Zweckverwendung, ihrer Betriebsart liegen. Zunächst Übertragungen. Bei Übertragungen sind nicht die übertragenen Vorrichtungen oder Verfahren an sich neu, neu ist vielmehr deren Anwendung auf dem anderen neuen Gebiete. Neuheit ist also bei jeder Übertragung gegeben. Für die Patentfähigkeit kommt es dann darauf an, ob gleichzeitig Fortschritt und Erfindungshöhe vorliegt (§ 1 A 94). Die Frage der Erfindungshöhe einer Übertragung wird im Erteilungsverfahren, soweit Anlaß dazu vorliegt, in der Regel erörtert. Anders manchmal im Nichtigkeitsverfahren. Werden Patente mit identischen Vorrichtungen entgegengehalten, so wird das häufig mit der Begründung zurückgewiesen, daß die Vorrichtungen an einer anderen Maschine verwandt worden seien. Das genügt nicht. Es kommt darauf an, ob die Maschinengattung so andersartig ist, daß die Übertragung sich als erfinderisch erweist. Beispiele: Unmittelbare Verbindung des Kondensators einer Dampfmaschine mit der Auslaßöffnung des Dampfzylinders zur restlosen Entfernung des Dampfes aus dem Zylinder ist für Gleichstrommaschinen geschützt durch 234959. Entgegengehalten wurde ein amerikanisches Patent, das eine gleichartige Verbindung beschrieb. Das Reichsgericht vermutete, daß das amerikanische Patent nur Wechselstrommaschinen im Auge hatte und fügte hinzu: Wäre jenes Patent so zu verstehen, so wäre die Vorwegnahme schon deshalb ausgeschlossen, weil die Patente sich dann auf verschiedene Maschinengattungen beziehen würden (I 3/1917, Urt vom 5. 11. 17). Hier ist die Frage der Erfindungshöhe der Übertragung nicht berührt. Anders folgender Fall: Ein besonders gebauter Brenner war offenkundig für die Zündflamme beim Auerlicht vorbenutzt. Ein gleicher Brenner wurde zum Brennen von Azetylengas patentiert. Neuheitschädliche

Vorbenutzung ist verneint, weil Azetylengas stark rußt und deshalb an den Brenner besondere Anforderungen stellt, die nur zufällig bei jenem Brenner schon erfüllt waren (JW 1902, 399). Hier war die Erfindungshöhe offensichtlich. — Ein amerikanischer Fall: Brutapparate werden in der Weise gebaut, daß andauernd warme, sauerstoffreiche Luft zugeführt und im Apparat durcheinander gewirbelt wird. Genau dieselbe Vorrichtung war schon zum Trocknen von Tabak angewandt; keine Vorwegnahme, sondern erfinderische Übertragung (Fed. Rep. 2. Reihe, Bd. 17 S. 456). — Entgegengesetzt folgender Fall: die Erkenntnis (des angegriffenen Patents) war keine neue und der Weg für die konstruktive Ausgestaltung war durch ein amerikanisches Patent völlig gewiesen. Daß es sich hierbei nicht um einen Koksofen, sondern um einen Herdofen mit Regenerativsystem handelt, muß bedeutungslos erscheinen, da die Bedingungen (bei beiden) dieselben sind. Das Patent ist vernichtet.

Ist das ältere Patent selbst ein Übertragungspatent, so ist die Übertragung auf ein zweites anderes Gebiet immer neu. Nur bei ganz nah verwandten Gebieten mag auch einmal die Neuheit geleugnet werden können. Auch in diesen Fällen liegt die Entscheidung in dem Vorhandensein von Fortschritt und Erfindungshöhe; vgl. hierzu § 4 A 48.

Die Frage der Neuheit bei Anwendungspatenten (§ 1 A 95) regelt sich nach vorstehendem; näheres unten Ziff. 4.

4. Neues Umgehen mit einer bekannten Vorrichtung, neue Zweckverwendung bringt immer die zur Patentfähigkeit erforderliche Neuheit mit sich; es kommt dann also auch hier darauf an, ob die weiteren Erfordernisse, Fortschritt und Erfindungshöhe, vorliegen. Die Neuheit der Zweckverwendung kann darin bestehen, entweder daß die Art und Technik der Verwendung, die Handhabung neu ist; oder aber sie kann auch schon darin liegen, daß die Idee der neuen Verwendung neu ist, daß etwa eine neue Regel aufgestellt wird, welches neue Ziel mit der an sich schon bekannten und jetzt technisch nicht veränderten Verwendung erreicht werden kann, zu welchem neuen Zwecke man also die Vorrichtung zu verwenden hat. Derartiges ist in der Regel patentfähig. Im Gegensatz dazu stehen die Fälle, in denen nur erkannt wird, daß man mit der bekannten Verwendung immer schon einen bisher unbeachtet gebliebenen Vorteil erreicht hatte, den die neue Erfindung jetzt ausnutzen will. Das wird nach der herrschenden Meinung als eine bloße Erkenntnis angesehen, die nicht patentfähig ist. Zweifel für gewisse Fälle sind angeregt worden § 1 A 85ff; Zweifel über manche Grenzfälle ergeben sich auch aus folgenden Urteilen.

242464 schützt eine Gleisrückmaschine, dad. gek., daß eine auf zwei Drehschemeln ruhende Brücke einen Rahmen aufweist, der in einer gewissen Weise wirkt. Die Vorrichtung diente dazu, die Gleise nach der Seite hin von der Stelle zu rücken. Im Nichtigkeitsverfahren wurde ein englisches Patent entgegengehalten, das eine gleichartige Brückenkonstruktion aufweist, die jedoch nur zum Anheben und Unterstopfen des Gleises dienen sollte. Neuheit der Erfindung wurde wegen des neuen Zweckes bejaht und daraufhin das Patent aufrechterhalten; Erfindungshöhe ist nicht geprüft (Urt vom 9. 5. 17, I 22/1917). — „Um annehmen zu können, daß eine solche Einrichtung (wie die jetzt patentierte) Gegenstand des früheren Patents gewesen ist, genügt noch nicht, daß die in der früheren Patentschrift beschriebene Einrichtung tatsächlich geeignet ist, dem erwähnten Zweck mit gleichen Mitteln zu dienen, sondern es muß erkennbar sein, daß der Anmelder Schutz für eine Erfindung beansprucht hat, die zur Erreichung dieses Zweckes bestimmt war". Das angefochtene Patent schützte eine Vorrichtung für Luftdruckbremsen an Eisenbahnen, die bestimmt war, den Luftdruck konstant zu halten; die gleiche Vorrichtung war bereits früher zu anderen Zwecken patentiert, es war jedoch damals nicht erkannt, daß man sie in der Art verwenden konnte, daß sie den Druck konstant hielt (Urt vom 6. 11. 01, I 205/1901). — In beiden Urteilen ist zwar nicht geprüft, ob die neue Verwendung erfinderisch war; sie muß es jedoch gewesen sein, denn sonst hätten die neuen Verwendungen nicht patentiert werden können, wenigstens nicht, wenn bekannt war, daß die Vorrichtungen in gleicher Bauart schon vorhanden waren; auch hätten bei Mangel von Erfindungshöhe die Patente im Nichtigkeitsverfahren nicht aufrechterhalten werden können. Das Charakteristische dieser und ähnlicher Fälle ist, daß eine neue Art der technischen Anwendung stattfindet.

Ganz anders liegen die Fälle, in denen eine neue Art der Verwendung nicht eintritt, sondern nur erkannt wird, daß durch die alte, immer schon in gleicher Weise geübte Verwendung ein Vorteil hervorgebracht wird, der sich bisher der Beachtung entzogen hatte. Darin liegt nur die Auffindung einer bisher nicht erkannten Funktionswirkung; es liegt eine Entdeckung vor; die Neuheit liegt nur in einer Erkenntnis. Ein Patent darf darauf nicht erteilt werden und muß eventuell im Nichtigkeitsverfahren vernichtet werden. Beispiele: ein Patent will den Widerstandsverlust an elektrischer Energie in Spulen vermindern. „Zu seiner Bekämpfung soll das Mittel der Verseilung der Drähte der Spulen dienen. Dies ... technische Mittel kann aber nicht als neu angesehen werden, weil eine für die erstrebte Wirkung genügende Verdrallung der Einzelfäden von jeher aus Gründen der Herstellung üblich gewesen ist. Alle, die aus Einzelfäden hergestellte Spulen benutzten, haben, wenn auch unbewußt, die durch die einfache Verseilung herbeigeführten Vorteile genossen, und es ist anzunehmen, daß der Vorteil auch in Zukunft in gleicher Weise selbst dann der Technik zu Teil geworden wäre, wenn das Patent die neue wissenschaftliche Erkenntnis nicht offenbart hätte" (Urt vom 14. 10. 14, I 68/1912). — GewR 28 (1923), 2 wird ein Patent erwähnt, das, soweit wenigstens daselbst angegeben, nur eine Entdeckung enthielt. Es war bekannt, gewisse Gase, Kohlensäure, Stickstoff, zu verwenden, um Benzin aus Benzingefäßen herauszudrücken, wenn das Benzin gebraucht werden sollte; die Gase dienten hierbei als Förderungs- und Druckmittel. Nach einem neuen Patente sollten die gleichen Gase in gleicher Weise verwandt werden; als Zweck wurde angeführt, sie seien infolge ihrer chemischen Eigenschaften geeignet, die Entstehung einer Explosion zu verhindern. Wenn die Technik der Verwendungsart keine Neuerung aufwies, hätte das Patent trotz der a. a. O. gegebenen Ausführungen nicht erteilt und nicht aufrechterhalten werden dürfen, da dann offensichtlich nur eine neue Erkenntnis, eine Entdeckung vorlag.

Zwischen diesen Fällen, deren rechtliche Beurteilung klar ist, liegen andere Fälle, bei denen Zweifel unter Umständen obwalten können. Es ist erfunden, eine viereckige Rahmenantenne über Eck (mit einer Spitze nach unten) aufzustellen, um durch die schräge Lage der Seiten einen schädlichen Einfluß der Erdströme auszuschalten. Es stellt sich später heraus, daß in einer älteren norwegischen Patentschrift schon eine in dieser Weise aufgestellte viereckige Rahmenantenne abgebildet war, ohne daß dieser ältere Erfinder von Erdströmen etwas wußte. Von Neuheit der Formgebung ist nicht zu sprechen, denn genau dieselbe Formgestaltung war in den Erfordernissen des § 2 bereits vorveröffentlicht. Das Reichsgericht hat ausgeführt: der Sachverständige vermag aus der norwegischen Patentschrift trotz der zeichnerischen Darstellung nichts dafür zu entnehmen, daß die Anordnung gewählt sei, um die durch Erdströme verursachten Verluste zu vermeiden ... Hiernach kommt Vorveröffentlichung der Erfindung nach § 2 nicht in Frage (Urt vom 29. 3. 24, I 776/1922). Das Charakteristische solcher Fälle ist, daß irgend eine neue Technik in der Anwendung nicht stattfindet; neu ist nur die Regel, daß man von der bekannten Vorrichtung gerade dann Gebrauch macht, wenn man ganz bestimmte neue Zwecke zu erreichen wünscht. Besser wäre es, wenn im Anspruch zum Ausdrucke gelangt wäre, daß es sich nur um eine Verwendung einer bekannten Vorrichtung zu besonderen Zwecken handelt. Doch scheitert das häufig daran, daß die Vorbenutzung im Erteilungsverfahren nicht bekannt ist. — In folgendem Falle erhob ein sehr erfahrener Sachverständiger Zweifel. 398516 schützt einen verseilten Leiter für Hochspannungsströme, bei dem die Einzelleiter in Form eines Mantels um eine Seele von großem Durchmesser angeordnet sind ... Der Zweck war, auf diese Weise die Ausstrahlung der hochgespannten Elektrizität aus dem Leiter, die sog. Korona, zu vermeiden. Dieselbe Gestaltung eines Leiters fand sich in der Zeichnung des Patentes 140154; hier handelte es sich nicht um Hochspannungsströme, jedenfalls war von Vermeidung einer Korona keine Rede, da der Leiter für elektrische Bahnen bestimmt war. Der Sachverständige erklärte, unmöglich könne die Leiterform jetzt noch als neu patentiert werden, da sie in einem früheren Patent schon genau beschrieben sei. Das Reichsgericht erwiderte, das frühere Patent habe dem Fachmann zu der Erfindung des jetzt angefochtenen Patentes (Vermeidung der Korona auf diese Weise) keine Anregung geben können; deshalb sei es nicht anzuerkennen, daß die Regel des neuen Patentes durch jene Zeichnung in allen Einzelheiten schon vorweggenommen sei (Urt vom 28. 3. 28; I 188/1927). Auch hier ist also die Neuheit der Erfindung in der neuen Zweckverwendung gefunden. Dem Einwand des Sachverständigen lag der richtige Gedanke zugrunde, daß die Bauart des Mittels an sich bekannt war und also nicht mehr patentiert werden konnte. Aber die neue Zweckverwendung war auch im Anspruch einigermaßen zum Ausdruck gekommen: Leiter für Hochspannungsströme. Freilich hätte das noch klarer hervorgehoben werden können.

Für die neue Betriebsart eines Arbeitsmittels vgl. die bekannte Entscheidung Blatt 12 (1906), 44.

Eingangs dieser Ziffer ist hervorgehoben, daß in Grenzfällen Zweifel entstehen können. Die Zweifel, zu denen die vorstehenden Urteile Anlaß geben, liegen in folgendem. Die angeführten Beispiele zeigen, daß Neuheit (und bei Vorliegen der weiteren Voraussetzungen Patentfähigkeit) gegeben ist, wenn die neue Verwendung durch irgendeine neue Handhabung äußerlich wahrnehmbar in die Erscheinung tritt; sie ergeben weiter, daß Patentfähigkeit nicht vorliegt, wenn im Gegensatz dazu alles beim alten bleibt und man ebenso verfährt, wie man bisher verfahren ist, nur daß eine bisher verborgen gebliebene Wirkung oder Eigenschaft ausgenutzt wird. Wie ist nun damit die Entscheidung über die über Eck gestellte Antenne zu vereinigen? Auch hier tut man nach der Vorschrift des Patents genau dasselbe wie früher, nur unter Ausnutzung einer bisher unerkannten Wirkung. Ebenso war es bei den verseilten Spulen, siehe oben. Das eine Mal ist Patentfähigkeit bejaht, das andere Mal verneint. Ein wirklicher Unterschied ist nicht auffindbar, auch nirgends angegeben. Vgl. hierfür § 1 A 85 f, 89.

5. Bewußte Benutzung und Ausbildung einer Vorrichtung, die bei einem älteren Patente mehr zufällig vorhanden war, bewirkt Neuheit (und kann erfinderisch sein). Bei Drehscheiben für Lokomotiven werden auf dem in der Mitte befindlichen Bock, Königsstuhl genannt, die radialen Eisenträger, auf denen sich die Schienen befinden, irgendwie beweglich gelagert. Ein amerikanisches Patent ließ anscheinend auch schon die Enden der Träger auf dem Königsstuhl lose aufliegen. Das angefochtene Patent 298729 hat das Aufliegen als Wälzungslager ausgebildet. „In dem angefochtenen Patent ist die Erkenntnis offenbart, daß dem Moment der Wälzung eine besondere Bedeutung zukomme, und gleichzeitig hat es eine besondere technische Durchbildung erfahren. Diese technische Weiterführung und Durchbildung des im amerikanischen Patente nur im Keime enthaltenen, aber vom Erfinder nicht erkannten und auch vom Fachmann ohne Anwendung einer erfinderischen Tätigkeit nicht erkennbaren Momentes einer besonders günstigen Ausgestaltung der Vertikalbewegung der Trägerenden durch Anbringung eines Wälzungslagers ist . . . hiernach nicht vorweggenommen (I 202/1920, Urt vom 20. 5. 22). Ebenso Blatt 2 (1896), 239: in einem vorveröffentlichten Patente, das andere Zwecke verfolgte, war eine bestimmte Dichtungsart von Pumpen nebensächlich erwähnt, ohne daß ihre Vorzüge angedeutet waren; das enthält keine Vorwegnahme, wenn später diese Dichtungsart bewußt ausgebildet wird.

Anm. 7. In der Regel liegt die Neuheit in der Technik, mag die Erfindung in der neuen Gestaltung einer Vorrichtung oder eines Verfahrens, oder aber in einer neuen Verwendung bestehen, denn auch die neue Verwendung bringt in der Regel eine neue Technik mit sich. Davon gibt es jedoch einige Ausnahmen. In Deutschland sind Bücher mit neuem Inhalt nicht patentfähig, wohl aber kann eine neue Art, Bücher einzubinden oder zu drucken, patentiert werden. Ebenso wenig können andere Schriftstücke mit neuem Inhalt durch Patent geschützt werden. Das ist besonders in Nordamerika zum Teil anders. Dort werden Whisttabellen, Frachtbriefe, Umsteigebilletts mit (inhaltlich) neuem Aufdruck patentiert (§ 1 A 13). Neue Whisttabellen haben mit irgendeiner neuen Technik überhaupt nichts zu tun.

In Deutschland sind folgende Ausnahmefälle, in denen die Neuheit nicht in der Technik liegt, hervorgetreten. 1. Gewisse Anwendungspatente, z. B. Verwendung von Zyanamidverbindungen zum Düngen, Verwendung gewisser synthetischer Farbstoffe, neuerdings auch ungefärbter Substanzen zum Abtöten von Bazillen; letzteres ebenso wie das Düngen gehört nicht zur eigentlichen Technik. 2. Einzelne Erfindungen, in denen der Fortschritt nicht auf technischem, sondern auf wirtschaftlichem Gebiete liegt, z. B. Nutzbarmachung von Abfallprodukten oder Schlacken in einer an sich bekannten Technik, „Einfälle wirtschaftlich chemischer Art". 3. Einzelne Erfindungen, in denen der Fortschritt in der Befriedigung eines neuen Bedürfnisses liegt, Fälle der sog. erfinderischen Aufgabenstellung, bei denen die Technik alt oder eine Selbstverständlichkeit ist (§ 1 A 77).

Abschnitt II.

Die gesetzliche Begriffsbestimmung der Neuheit.

Anm. 8. Der § 2 hat den Begriff der formellen Neuheit, vgl. § 1 A 2, soweit er für die Patentfähigkeit von Erfindungen in Betracht kommt, gegenüber dem, was der Sprachgebrauch neu nennt, erheblich erweitert, indem er als „nicht neu" nur dasjenige hinstellt, was auf bestimmte, im Gesetze festgestellte Art und Weise bekannt geworden ist. Manche Erfindungen können also als neu patentiert werden, die nach Sprachgebrauch nicht neu sind, nämlich alle die Erfindungen, die anders als durch Beschreibung in öffentlichen Druckschriften oder durch offenkundige Vorbenutzung im Inlande bekannt geworden sind. Es ergibt sich daraus in positiver Fassung gegenüber der negativen Fassung des Gesetzes folgendes: 1. was in der Technik des Auslandes, nicht aber des Inlandes benutzt und nicht in — inländischen oder ausländischen — öffentlichen Druckschriften beschrieben ist, gilt für die Patentierung als neu; 2. was in der inländischen Technik nicht offenkundig vorbenutzt ist, und anders als durch öffentliche Druckschriften (also z. B. durch Vorträge, Vorlesungen, andere mündliche Mitteilungen, in gewisser Beschränkung auch durch Ausstellungen) offenbart und bekannt geworden ist, gilt als neu; 3. was nur vor mehr als 100 (50) Jahren durch öffentliche Druckschriften offenbart und im Inlande nicht offenkundig benutzt ist, gilt als neu.

Anm. 9. Das Gesetz sagt also, daß eine Erfindung in gewissen Fällen als nicht neu gilt. Man hat früher darüber gestritten, ob die im § 2 aufgezählten Offenbarungsakte nur beispielsweise angeführt seien, so daß auch noch andere Offenbarungsakte neuheitshindernd wirken könnten. Das wird heutzutage mit Recht verneint; das Gesetz will abschließend regeln, wann eine Erfindung für die Patentierung neu ist und wann nicht, wenngleich zuzugestehen ist, daß die Motive des Entwurfs vom 1877, S. 17, § 2 Zweifel lassen. Ob das mit Recht eine Fiktion des

Gesetzes genannt wird, ist nur von klassifikatorischen Interesse. Jene Meinung, daß das Gesetz nur exemplifizieren wolle, ist also unrichtig, sie beruht aber auf einem nicht unbegründeten Einwurf gegen das Gesetz. Hält heute ein Professor einen öffentlichen Vortrag, so kann morgen einer seiner Zuhörer das Vorgetragene als neu zum Patent anmelden — eine auffällige gesetzliche Regelung. Das einzige Mittel dagegen würde in einer Nichtigkeitsklage oder zivilrechtlichen Klage des Professors wegen widerrechtlicher Entnahme liegen. Diese Unzuträglichkeiten können dazu führen, den Begriff der offenkundigen Vorbenutzung weit zu fassen, wie in A 32 erörtert ist. Eine weite Auslegung jenes Begriffes wäre noch durchaus damit vereinbar, daß das Gesetz nicht exemplifikatorisch verstanden sein will. Die erwähnten Unzuträglichkeiten haben sich nur aus den Vorschriften über die Vorveröffentlichung und über die Vorbenutzung im Inlande ergeben. Daß die Technik des Auslandes die inländische Neuheit nicht hindert, hat nie zu berechtigten Beanstandungen geführt.

Die Gesetzesworte „zur Zeit der auf Grund dieses Gesetzes erfolgten Anmeldung" **Anm. 10.** haben zu Zweifeln Anlaß gegeben. Man hat gemeint, daß nur der Zeitpunkt einer korrekten, vom Patentamt anerkannten Anmeldung in Betracht komme, nicht aber schon der Zeitpunkt einer unklaren oder ungenügenden Anmeldung, deren Klarstellung später gefordert und vorgenommen wird (RGStr 7, 415). Dafür ist auf die Motive zum Entwurf von 1877, S. 32, Bezug genommen, und es ist darauf hingewiesen, daß, wenn der Zeitpunkt einer nicht genügenden Anmeldung stets maßgebend sei, der Anmelder etwa inzwischen gemachte Erfindungen Dritter sich zunutze machen könne. Demgegenüber ist daran festzuhalten, daß, falls die Ergänzungen nur Gedanken enthalten, die schon aus der ersten Anmeldung unentwickelt entnommen werden konnten, die Priorität dieser letzteren entscheidend ist. Entscheidend ist, ob die erste Anmeldung ernstliche Fehler und Lücken im Wesen der Erfindung, also in der technischen Anweisung enthielt. Ergaben sich Zweifel hinsichtlich der Qualifikation der Erfindung, hinsichtlich Neuheit, Fortschritt, Erfindungshöhe, so ist das ohne Bedeutung. Ist aber das Technische nicht vollständig und nicht klar erkannt oder offenbart, müssen neue technische Veränderungen oder Ergänzungen vorgenommen werden, die nicht Sache reiner Konstruktion sind, dann begründet die erste Anmeldung keine Priorität, es kann sogar nicht einmal die Identität gewahrt sein. Das Reichsgericht hat Bd. 88, 209 anerkannt, daß die erste Anmeldung dann nicht maßgebend ist, wenn die Erfindung noch nicht fertig war, daß es aber nicht schadet, wenn die Offenbarung ihrer Fassung nach nicht klar genug ist, wenn Zeichnungen und Unterlagen fehlen, wenn einzelne Teile nicht genau genug beschrieben sind. — Allem diesen ist zuzustimmen. Bedenken erregen die letzten Sätze der Entscheidung, nach denen der Zeitpunkt der ersten Anmeldung immer dann maßgebend ist, wenn nur die Identität der Erfindung gewahrt bleibt. Das würde dahin führen, daß derjenige einen unberechtigten Vorteil erlangt, der mit einer unfertigen Erfindung zuerst zum Patentamte läuft und erst nachträglich die Erfindung im einzelnen ausarbeitet, wobei er sich die Gedanken anderer Erfindungen zunutze macht. Deshalb muß der Zeitpunkt entscheidend sein, in dem die Grundzüge der Technik der Erfindung nach den zu § 20 entwickelten Grundsätzen offenbart sind. Ebenso Lutter, GewR 23 (1918), 137; zutreffend auch Urt vom 3. 3. 13, I 310/1912: Dergleichen spätere Vervollständigungen der ersten Anmeldung können für die Priorität nur dann von Bedeutung sein, wenn sie sachlicher Natur sind und zugleich das Wesen der Erfindung berühren und das letztere ändern oder jetzt erst dem Sachverständigen verständlich machen. Vgl. weiter RG 63, 162; Gareis Bd. 5 S. 131 f.

Es genügt also nicht, daß die Erfindung neu war, als sie gemacht wurde; es kommt auf den Zeitpunkt der Anmeldung an. Andererseits schaden Veröffentlichungen oder Benutzungen, die erst nach der Anmeldung eintreten, nicht. Nach dem Unionsvertrage, bei Ausstellungen und bei widerrechtlicher Entnahme sind für die Feststellung der Priorität andere Zeitpunkte maßgebend (vgl. § 3 A 6).

Daß die Grundsätze des § 2 auch bei der Prüfung auf Fortschritt und Erfindungshöhe Anwendung finden, daß man also auch bei dieser Prüfung nicht von dem auszugehen hat, was nach Sprachgebrauch bekannt ist, sondern von dem, was nach § 2 als nicht neu gilt, ist bereits § 1 A 40 erörtert. **Anm. 11.**

Die einzelnen Bestimmungen des § 2.

Beschreibung in öffentlichen Druckschriften aus den letzten hundert(fünfzig) Jahren.

Die Erfindung muß in inländischen oder ausländischen öffentlichen Druckschriften beschrieben sein. **Anm. 12.**

Erstes Erfordernis ist, daß es sich um zwei gleiche Erfindungen handelt. Der Begriff der Nämlichkeit ist hier — ebenso wie bei der offenkundigen Vorbenutzung — ein anderer, und zwar ein weiterer, als bei der Vorpatentierung nach § 3. Hier ist der entscheidende Gesichtspunkt, ob ein durchschnittlicher Sachverständiger (§ 2 A 38) aus den Vorveröffentlichungen das Wesen der angemeldeten Erfindung entnehmen könnte. Dies ist § 2 A 3 dargelegt.

Zweites Erfordernis ist, daß eine Druckschrift vorliegt. Es genügt also nicht, daß die Veröffentlichung der Erfindung durch mündliche Mitteilungen, Verträge, Vorlesungen oder dgl. erfolgt ist, ebenso nicht, daß der Erfindungsgegenstand öffentlich zur Schau gestellt ist. Alles dies kann nur als Vorbenutzung und auch nur unter besonderen Umständen in Betracht kommen (§ 2 A 31, 37). Druckschriften sind Vervielfältigungen von Schriften, oder bildlichen Darstellungen mit oder ohne Text, die durch mechanische oder chemische Mittel hergestellt werden, insbesondere also durch die Buchdruckerpresse. Handschriftliche Vervielfältigungen sind nicht neuheitsschädlich. Wie es mit Vervielfältigungsarten zu halten ist, die zwischen Buchdruck und Handschrift liegen, ist zum Teil streitig. Das Richtige wird sein: Vorrichtungen, die eine erhebliche Anzahl von Exemplaren herzustellen vermögen, ersetzen den Buchdruck und sind diesem gleichzustellen, also Hektographen, Zyklostile u. dgl.; anders, was der handschriftlichen Herstellung ähnelt, z. B. Kopien mit der Kopierpresse, mit der Schreibmaschine usw. Doch gilt dies nur der Regel nach. Wenn während der Leipziger Messe andauernd Flugblätter mit technischen Beschreibungen, die mittels Schreibmaschine hergestellt sind, verteilt werden, so wird man diese schließlich den öffentlichen Druckschriften gleichstellen müssen.

Anm. 13. Öffentlich sind die Druckschriften, wenn sie dem Publikum, d. h. einer unbestimmten und unbegrenzten Personenmenge zugängig sind; das trifft für alle durch den Buchhandel vertriebenen Druckschriften zu, einerlei, ob sie im Inlande oder im Auslande erscheinen, und zwar auch dann, wenn die Schrift vergriffen ist und nicht wieder aufgelegt wird; es trifft für alle Zeitungen zu: ob die Zeitschrift verbreitet ist und einen größeren Leserkreis hat (RGStr 40, 407), ist für § 2 gleichgültig, weshalb derjenige, der seine Erfindung als Geheimnis ausbeuten will, sich gegen fremde Patentierung dadurch schützen kann, daß er sie in einer unbekannten Zeitung veröffentlichen läßt, wofür z. B. der Lörracher Anzeiger benutzt sein soll. Es trifft auch für Patentschriften zu, die, wie die deutschen, käuflich zu erhalten sind; auch wenn sie vergriffen sind und nicht wieder gedruckt werden. Eine Druckschrift, die nicht öffentlich vertrieben wird, wird doch dadurch zu einer öffentlichen, daß sie zur Einsichtnahme durch einen unbestimmten Personenkreis an einer zu solcher Einsichtnahme geeigneten Stelle ausgelegt wird, z. B. Schriften in öffentlichen Bibliotheken, Kataloge, die in Museen ausliegen u. dgl. Private Kataloge, Preislisten usw. sind öffentlich, wenn sie an einen größeren Kreis von Kunden verteilt werden. Verteilung von 900 bis 1000 Exemplaren ist für genügend erachtet (JW 1899, 542; Mitt 1904, 44). Ist der Kreis der Reflektanten ein kleiner, so wird auch eine geringere Anzahl genügen. Vertrauliche Mitteilungen, die nur wenigen bekannt gegeben werden und nach der Anweisung des Versenders nicht weiter verbreitet werden, sind nicht öffentlicher Art. „Die an Interessenten versandten Rundschriften nebst Zeichnungen sind keine öffentlichen Druckschriften, weil jeder einzelne Brief nur für seinen Empfänger bestimmt war. Daß die Rundschreiben der Reklame dienen sollten und beliebigen Personen zur Verfügung standen, ist nicht behauptet" (IndR. Jahrg. 10 S. 172). Die Rechtsprechung ist hinsichtlich derartiger Rundschreiben nicht einheitlich (Gareis, Bd. 3 S. 107; Bd. 4 S. 21). Überall kommt es darauf an, ob objektiv eine Verbreitung erfolgt ist; ob der Verfasser oder Versender öffentliche Verbreitung nicht wünschte, ist gleichgültig; deshalb ist es auch ohne Bedeutung, ob die Druckschrift den Vermerk trägt „als Manuskript gedruckt".

Anm. 14. In Deutschland geht die rechtliche Überzeugung dahin, daß es gleichgültig ist, ob die druckschriftliche Veröffentlichung der Erfindung rechtmäßig oder unrechtmäßig erfolgt ist. Auch wenn sie von anderer Seite wider den Willen des Erfinders oder des Verfassers der Druckschrift geschieht, oder wenn der Verfasser sich die Kenntnis der Erfindung widerrechtlich angeeignet hat, wirkt sie neuheitsschädlich, vgl. z. B. Gareis Bd. 2 S. 115. Das kann freilich für den Erfinder eine so außerordentliche Härte enthalten, daß die meisten auswärtigen Rechte eine Beschränkung jener Regel eintreten lassen. In England bestimmt das Gesetz von 1907, sect 41, 2 vernünftigerweise, daß ein Patent trotz Vorveröffentlichung rechtsbeständig ist, wenn der Patentinhaber nachweist, daß er der Erfinder ist, daß die Vorveröffentlichung ohne seinen Willen erfolgt ist, und daß er, als er von der Vorveröffentlichung erfuhr, seine Erfindung unverzüglich zum Patent angemeldet hat. Diese Bestimmung ist durch die sect 13 des Gesetzes von 1919 billigerweise dahin eingeschränkt, daß er die Erfindung vor der Anmeldung nicht schon gewerbsmäßig ausgeführt haben darf — was übrigens selbstverständlich ist. Die deutsche Rechtsprechung müßte überlegen, ob nicht auch bei uns in geeigneten Fällen eine derartige Milderung eintreten könnte. Der Täter selbst, der die Erfindung rechtswidrig veröffentlicht hat, kann sich seinerseits auf seine rechtswidrige Veröffentlichung als neuheitsschädlich natürlich nicht berufen, was für das Nichtigkeitsverfahren von Bedeutung ist, vgl. § 10 A 3 u. 24.

Anm. 15. In derartigen öffentlichen Druckschriften muß die Erfindung beschrieben sein, d. h. sie muß so genau mitgeteilt sein, daß ein durchschnittlicher Fachmann nach der Anweisung arbeiten kann. Nicht erforderlich ist, daß das Vorveröffentlichte in die Praxis übergegangen, „Gemeingut der Technik" geworden ist, Blatt 21 (1915), 32. Das Technische der Erfindung muß genau dargelegt sein. Spekulative Ideen genügen ebensowenig, wie hingeworfene, nicht durchgearbeitete Bemerkungen oder Plaudereien, Blatt 18 (1912), 139. Auch hingeworfene Bemerkungen in Patentschriften sind nicht neuheitsschädlich, wenn sie keine genügende technische Anweisung geben. Gleichfalls genügen nicht bloße Anregungen zu Versuchen, Andeutungen, wie man etwa zum Ziele gelangen könne. Vielmehr muß die Erfindung vollständig veröffentlicht sein. Bei verwickelten Vorrichtungen muß, soweit nötig, die Betriebsvorschrift angegeben sein, bei Verfahren, namentlich bei chemischen, das Erzeugnis oder Ergebnis, zu dem das Verfahren führt, bei rein technischen Vorkehrungen die soziale Anwendung, soweit es auf diese ankommt usw.

In einem Rechtsstreit, IndR Jahrg. 16 S. 76, über ein Patent betr. Geber und Empfänger von Unterwasserschallsignalen war dem Patente eine wissenschaftliche Veröffentlichung über derartige Apparate entgegengehalten. Der Verfasser hatte praktische Versuche angestellt, die keinen Erfolg hatten, hatte sodann eine andere Anordnung vorgeschlagen, die dem Prinzip des heutigen Patents entsprach, und hatte hinzugefügt, nur die Erfahrung könne lehren, ob diese Anordnung eine erfolgreiche Übermittlung der Signale ermöglichen werde. Das Reichsgericht erklärte, diese Veröffentlichung sei nicht neuheitsschädlich, da der Verfasser nichts Positives gebracht habe, vielmehr der Erfahrung, also erst anzustellenden Versuchen, die Klarstellung überlassen habe, wie und unter welchen Bedingungen Geber und Empfänger im Innern des Schiffes anzuordnen seien. — Das Erfordernis, daß die Vorveröffentlichung volle Klarheit schaffe, wird besonders in Nordamerika betont. Der höchste Gerichtshof hat geäußert, U. S. Bd. 85 S. 120: die frühere Erfindung muß vollständig sein und geeignet, das erstrebte Ziel zu erreichen; dafür ist der eine Vorwegnahme Behauptende beweispflichtig; jeder vernünftige Zweifel fällt gegen ihn ins Gewicht. Wenn die frühere Erfindung sich noch im Anfangsstadium befand, wenn sie auf Spekulation oder vorbereitenden Versuchen beruhte, wenn das Verfahren den Punkt der Vollendung nicht erreicht hatte, dann liegt keine Vorwegnahme vor. Das Gesetz verlangt Gewißheit, nicht Konjekturen. Wenn es sich um eine Maschine handelt, muß der Erfindungsgedanke in substantielle Form gekleidet sein, die seine Wirksamkeit und seine Brauchbarkeit klarstellt.

Vgl. weiter JW 1928, 335, Ziff. 5, 2: bei unklaren, mehrdeutigen Angaben einer Patentschrift kann allerdings daraus, daß der Gegenstand im Verkehr keine Verwendung gefunden habe, möglicherweise gefolgert werden, die streitige Lehre sei der Fachwelt nicht offenbart. — Urt vom 10. 6. 14, I 64/1914: in einem entgegengehaltenen Patente hatte der Erfinder gesagt: ich behalte mir vor, gegebenenfalls auch die Kapillarröhrchen fortzulassen. Das angegriffene Patent arbeitete ohne solche Röhrchen. Das Reichsgericht erklärte, es liege nur ein allgemeiner Vorbehalt, nicht der Vorschlag einer bestimmten Anordnung vor. Ein solcher Vorbehalt könne nicht das Recht verleihen, andere zu verhindern, ihrerseits Anordnungen dieser Art zu ersinnen und gewerblich zu verwerten. Geschützt werde immer nur die fertige Erfindung. — Dieser Ausspruch wird nicht ohne weiteres verallgemeinert werden dürfen; es wird darauf ankommen, ob und wie deutlich jener Erfinder zum Ausdruck gebracht hat, daß sein Vorbehalt eine brauchbare Maßnahme enthalte.

Über die Beschreibung mißlungener Versuche und unfertiger Erfindungen vgl. § 2 A 24 und weiter folgenden Fall. Dem Patente auf ein Eindeckerflugzeug wurde eine Beschreibung und Zeichnung aus einer vorveröffentlichten französischen Zeitschrift entgegengehalten, die sehr ähnliche Konstruktion aufwies. Es stellte sich heraus, daß das nach der Zeichnung gebaute französische Flugzeug nicht imstande gewesen war, sich vom Boden zu erheben, und zwar auch dann nicht, als ein starker Motor eingebaut worden war. Der Grund konnte nicht aufgeklärt werden. Es wurde angenommen, daß die Vorveröffentlichung nicht neuheitsschädlich sei, weil sie nur einen mißlungenen Versuch darstellte (I 493/1923, Urt vom 25. 2. 25). — Es war zwar nicht klar, ob der geschilderte Mißerfolg gerade auf ein Versagen derjenigen Konstruktionsteile zurückzuführen war, die in dem deutschen Patente in ähnlicher Weise erfunden und beschrieben waren. Da aber immerhin die Möglichkeit vorlag, daß gerade sie die Ursache des Mißlingens waren, mußte eine Vorwegnahme geleugnet werden.

In der Regel wird behauptet, daß Abmahnungen, in gewisser Weise zu verfahren, nicht neuheitsschädlich sind. Das gilt jedoch nicht für alle Fälle. Ist ein Verfahren oder eine Vorrichtung technisch genau vorbeschrieben, ist aber auf die damit verknüpften Nachteile hingewiesen, so ist die Erfindung gemacht, und ein Dritter kann sie sich nicht mehr patentieren lassen, wenn er geneigt ist, die Nachteile in Kauf zu nehmen. Die Sache kann allerdings anders liegen, wenn entweder den Nachteilen zu großes Gewicht beigelegt ist und der neue Anmelder dieses Vorurteil durchbricht oder wenn er zeigt, wie die Nachteile umgangen oder beseitigt werden können, vgl. auch § 1 A 106, Überwindung von Vorurteilen.

Über die Qualifikationen des Beschriebenen braucht in der Vorveröffentlichung nichts mitgeteilt zu sein. Es braucht nicht gesagt zu sein, daß es sich um eine Erfindung handle, oder daß das Beschriebene neu sei; ob auch nicht gesagt zu sein braucht, welche Vorteile z. B. wirtschaftlicher Art, die Erfindung mit sich bringt, muß nach der Lage des einzelnen Falles entschieden werden. Daß die Erfindung das in Rede stehende Problem löst, muß aus der Druckschrift zu entnehmen sein.

Vielfach wird angenommen, daß es nicht neuheitsschädlich sei, wenn das Prinzip einer Vorrichtung oder eines neuen Verfahrens als wissenschaftliche Erörterung oder als Ergebnis eines Laboratoriumsversuches mitgeteilt ist. Dabei ist jedoch große Vorsicht geboten. Es muß genau geprüft werden, ob die Umsetzung der wissenschaftlichen Erkenntnis in die Praxis wirklich noch Erfindungshöhe erfordert. Es darf nicht der Fall eintreten, daß derjenige, der ohne Mühe in die Praxis umsetzt, was der Wissenschaftler gelehrt hatte, das Patent davonträgt. Es scheint, als ob es hin und wieder mit diesem Erfordernis leicht genommen worden ist, vgl. MuW Jahrg. 19 S. 230 und § 1 A 28, 3).

Anm. 16. Theoretischer Streit wird mehrfach darüber geführt, ob in der Vorveröffentlichung die Erfindung erkannt und demgemäß bekanntgemacht sein müsse. In den weitaus meisten Fällen kann die Erkenntnis der Erfindung nicht in Zweifel gezogen werden. Wenn eine Vorrichtung, ein Verfahren mit den objektiven Erfordernissen der Neuheitsschädlichkeit vorveröffentlicht ist, so muß beschrieben sein und also dem Verfasser der Veröffentlichung bekannt gewesen sein, wie die Vorrichtung, das Verfahren gestaltet ist, welchem Zwecke sie dient, welche Wirkung sie ausübt. Zweifel entstehen nur darüber, ob der Veröffentlicher im einzelnen von der Kausalität Kenntnis gehabt hat. Es bedarf jedoch nur der empirischen Erkenntnis, daß die konkrete Vorrichtung, das konkrete Verfahren einen bestimmten Erfolg hervorzubringen vermag. Ergibt sich das aus der Vorveröffentlichung, so kann ein Mangel an Erkenntnis nicht geltend gemacht werden. Wirkliche Zweifel können nur in den Fällen entstehen, in denen eine neue Eigenschaft, Wirkung, Funktion des Arbeitsmittels oder des Verfahrens nachträglich hervorgetreten ist, von der in der Vorveröffentlichung nichts steht. In derartigen Zweifelsfällen kommt es dann nicht darauf an, was der Verfasser der Vorveröffentlichung seinerzeit erkannt hatte, sondern es kommt darauf an, was der durchschnittliche Fachmann heute, d. h. zur Zeit der Anmeldung der beanstandeten Erfindung, aus der Vorveröffentlichung entnehmen kann. Das ist entscheidend, denn man kann nicht heute patentieren, was sich heute jedem Fachmanne aus der Vorveröffentlichung offenbart. Entscheidend ist also die Kenntnislage zur Zeit der streitigen Anmeldung (MuW Jahrg. 27/28 S. 272 Sp. 1). Die Vorveröffentlichung kann jetzt etwas offenbaren, was seinerzeit dem Verfasser unbekannt war. Natürlich kann der Anmeldung nicht entgegengehalten werden, was sich erst nach ihrer Einreichung mittels inzwischen fortgeschrittener Kenntnis oder gar auf Grund der in der Anmeldung enthaltenen Offenbarung aus der alten Druckschrift ersehen läßt. Weiter ist hier, wie immer, maßgebend nicht die Erkenntnismöglichkeit der Koryphäe der Wissenschaft oder des eminenten Spezialisten, sondern die des durchschnittlichen Fachmanns. Jeder vernünftige Zweifel geht auch in dieser Richtung zu Lasten desjenigen, der die Vorwegnahme behauptet. Vgl. zu Vorstehendem auch § 1 A 78ff und § 2 A 34.

Anm. 17. Vor allem muß die Beschreibung aus sich selbst verständlich sein und alles Nötige enthalten. Bezugnahme auf andere öffentliche, genau zu bezeichnende Druckschriften im Sinne vorstehender Anmerkungen ist zulässig, nicht aber Bezugnahme auf Mitteilungen, die keine Druckschriften oder Abbildungen sind, oder auf Druckschriften, die nicht öffentlich sind. Findet sich in einer unvollständigen Beschreibung keine nach vorstehendem zulässige Bezugnahme auf andere Erkenntnisquellen, so ist die Beschreibung nicht neuheitsschädlich. Häufig kommt in der Praxis der Fall vor, daß einem Patente mehrere Druckschriften entgegengehalten werden derart, daß aus der einen das eine Merkmal, aus der zweiten ein anderes Merkmal zu entnehmen sei. Eine derartige mosaikartige Entgegenhaltung ist unzulässig (wie namentlich auch in der nordamerikanischen Rechtsprechung betont wird). Man darf nicht das Patent in einzelne Teile zerpflücken und dann zeigen, daß die einzelnen Teile an verschiedenen Stellen schon vorbeschrieben waren. Immerhin ist unter Umständen genaue Prüfung notwendig. Ist bei einer Kombination, die ein neues Element enthält, dies letztere in der einen Druckschrift und die Kombinationsart in einer anderen Druckschrift vorbeschrieben, so ist die Entgegenhaltung wirksam; ebenso in der Regel, wenn eine reine Aggregation patentiert ist und die Elemente in verschiedenen Druckschriften vorbeschrieben sind. „Wenn jemand eine neue Gummibereifung für Räder anmeldet, für die er aus einer früheren Patentschrift die Gestalt des Gummireifens, aus einer zweiten die Befestigungsart, aus einer dritten die Form des Radkranzes entnommen hat, so ist das mangels Neuheit nicht patentfähig (amerik. Fall, Fed. Rep. Bd. 116 S. 369). Die Entgegenhaltung mehrerer Druckschriften ist also nur dann unwirksam, wenn durch sie das geistige Band, das die Elemente in der neuen Erfindung zusammenhält, nicht offenbart ist. Vgl. Fed. Rep.

2. Reihe Bd. 20 S. 611: auf stark bearbeiteten Gebieten ist es nicht nötig, alle Elemente schon in einem Patente vereinigt zu finden, um Vorwegnahme annehmen zu können. Deshalb ist zu untersuchen, ob die Vereinigung Erfindungskraft erforderte.

Zweifel sind darüber entstanden, ob Vorveröffentlichungen in beliebiger Sprache neuheitsschädlich sind. Jedenfalls genügen Veröffentlichungen in allen Kultursprachen, auch in japanischer Sprache, auch in toten Sprachen. Allgemein wird man sagen können, daß es sich um Sprachen handeln muß, deren Verständnis mit den in Deutschland zur Verfügung stehenden Mitteln ohne schwierige linguistische Studien zu erreichen ist. **Anm. 18.**

Wann sind druckschriftlich vorveröffentlichte Zeichnungen oder Abbildungen (etwa aus technischen Zeitschriften, aus Katalogen, aus früheren Patentschriften) neuheitsschädlich? Man sagt, Zeichnungen sind die Sprache des Ingenieurs. Allein in sehr vielen Fällen bedürfen sie der Verdeutlichung durch Worte. Patentzeichnungen sind keine (ausführlichen) Konstruktionszeichnungen und brauchen das nicht zu sein (MuW Jahrg. 26 S. 383 Sp. 2). Häufig lassen Zeichnungen, wenn sie nicht durch wörtliche Erklärungen erläutert werden, nicht erkennen, ob irgendeine in ihnen dargestellte Einzelheit, die auf Grund von § 2 einer späteren Anmeldung entgegengehalten wird, wirklich von Wichtigkeit war, welchem Zwecke sie in der gezeichneten Vorrichtung dienen sollte, ob etwa nur auf Zufall beruhte, daß die Einzelheiten in der gewählten Form so dargestellt wurden. Das sind die Punkte, die bei Entgegenhaltung von Zeichnungen oder Abbildungen häufig Zweifel erwecken. Selbstverständlich ist, daß die frühere Zeichnung die streitige Maßnahme für den Durchschnittsfachmann klar erkennen lassen muß unter Berücksichtigung einer etwaigen Beschreibung. Ist die Zeichnung so undeutlich oder so klein, daß man nichts Sicheres aus ihr entnehmen kann, so ist sie nicht neuheitsschädlich. Weist die entgegengehaltene Zeichnung Abweichungen von der späteren Anmeldung auf, so ist das nach denselben Grundsätzen zu beurteilen, die für die Abweichung von Entgegenhaltungen allgemein maßgebend sind (§ 2 A 3). **Anm. 19.**

Es war erfunden worden, daß bei einem Kurbelantrieb für Förderrinnen das Verhältnis von Kurbelradius zu Kurbelstange von Wichtigkeit ist. Entgegengehalten wurde eine Zeichnung, in der das angegebene Verhältnis zufällig ebenso groß gewählt war, wie das Patent vorschlug, ohne daß aber die Vorteile gerade dieses Verhältnisses irgendwie erkannt waren. Neuheitsschädliche Vorwegnahme liegt nicht vor, denn man konnte aus der Zeichnung das, worauf es ankam, den erfinderischen Gedanken des Patents, nicht ersehen. (Der Streitfall ist im Reichsgericht durch Vergleich erledigt.) — Einer Partei war eine viereckige Form einer Rahmenantenne geschützt, die über Eck gestellt war, also mit einer Spitze nach unten, so daß die Seiten des Vierecks schräge zur Erdoberfläche liegen, um einen schädlichen Einfluß von Erdströmen auszuschließen. Entgegengehalten wurde eine norwegische Patentschrift, in der eine viereckige Antenne gleichfalls über Eck gestellt gezeichnet war. Ein Sachverständiger begutachtete, offenbar habe weder der norwegische Erfinder erkannt, noch habe ein Sachverständiger aus jener Zeichnung vor Anmeldung des angegriffenen Patents entnehmen können, daß gerade die gezeichnete Stellung ihrer Art nach Schutz vor dem Einfluß von Erdströmen gewähre. Ein Grund, weshalb der norwegische Erfinder neben vielen anderen auch gerade diese Stellung gewählt habe, sei nicht ersichtlich. Vorwegnahme ist daraufhin verneint (I 776/1922, Urt vom 29. 3. 24). — Schwieriger ist die Beurteilung folgenden Falles. Sicherungen für elektrische Leitungen werden häufig so gestaltet, daß in einen Sockel eine Patrone, die den Schmelzdraht enthält und nach Schmelzen des Drahtes bei Kurzschluß ausgewechselt werden kann, eingefügt wird. Um zu verhindern, daß eine für die Stromstärke der Leitung nicht passende Patrone eingefügt wird, ist die Öffnung des Sockels so gestaltet, daß gerade nur die richtigen Patronen hineinpassen. Zu dem Zwecke wird die Patrone an ihrem unteren Ende mit einem breiten Metallring ummantelt. Dies war zeichnerisch dargestellt. Ein späterer Erfinder wollte die Patrone davor schützen, daß sie zerbarst, wenn beim Schmelzen des Drahtes sich hohe Hitze entwickelte. Er umgab sie zu diesem Zwecke in ganz ähnlicher Weise mit einem breiten Metallring. Vorwegnahme mußte verneint werden. Das Urteil hat sich hauptsächlich darauf gestützt, daß nach dem Zwecke der zweiten Erfindung der Metallring große Festigkeit besitzen und dicht anliegen müsse, worauf es bei der ersten Erfindung nicht angekommen sei, da diese nur die Unverwechselbarkeit gewährleisten sollte. — Auch wenn die Zwecke der beiden Erfindungen eine verschiedene Ausgestaltung des Ringes gar nicht erfordert hätten, wäre Vorwegnahme doch schon aus dem Grunde zu verneinen gewesen, weil der Erfindungsgedanke in beiden Fällen ein durchaus anderer war (I 30/1918, Urt vom 30. 11. 21).

Der Unterschied zwischen den Fällen liegt zutage: in den ersten Fällen war die Ähnlichkeit rein zufällig. Die vorveröffentlichte Zeichnung hätte ebensogut ein anderes Verhältnis von Kurbelradius und Kurbelstange aufweisen können. Der Gedanke der zweiten Erfindung war also aus der Zeichnung überhaupt nicht zu entnehmen. Im letzten Falle war die Übereinstimmung nicht zufällig. Die gezeichnete Gestaltung war für die Zwecke der ersten Erfindung wesentlich. Die gleiche Gestaltung ist auch für die zweite Erfindung wesentlich, nur zu anderen Zwecken. In solchem Falle ist entscheidend, welches Gewicht dem neuen Zwecke beizulegen ist. Unter gewissen — nicht häufigen — Umständen kann die Sache so liegen, daß nur eine „neue Brauchbarkeit" der gezeichneten Gestaltung entdeckt ist. Unter solchen Umständen kann eine richtige Vorwegnahme gegeben sein. Für alles Nähere vgl. § 1 A 91 und § 2 A 6, 4).

Erwähnt muß werden, daß hin und wieder, besonders in Verletzungsstreitigkeiten, die Neigung hervorgetreten ist, alles, was sich in einer Patentzeichnung findet, als von dem Anmelder in seiner Bedeutung erkannt und demgemäß als geschützt anzusehen. Jedoch ist stets vorsichtige Prüfung an der Hand der Patentbeschreibung notwendig, ob nicht die Übereinstimmung mit der neuen Erfindung zufällig ist, vgl. RG GewR 30 (1925), 158f und folgendes Urteil: Vorrichtungen, die Staub aus der Luft, besonders in Fabriken, abscheiden, wirken in der Weise, daß Elektrizität aus Sprühelektroden in die strömende Luft getrieben wird, wodurch der Staub an eine gegenüberliegende Wand geschleudert wird, die als zweite Elektrode ausgebildet ist. 282737 empfiehlt als vorteilhaft, die Sprühelektrode zur negativen Elektrode zu machen. Vorveröffentlicht war eine Patentschrift, in deren Zeichnung sich neben der Sprühelektrode ein negatives Zeichen befand. Das Reichsgericht nahm an, daß das negative Zeichen willkürlich oder zufällig eingesetzt sei, weil die Beschreibung nichts darüber sagte, und verneinte deshalb die Neuheitsschädlichkeit (I 209/1921, Urt vom 2. 6. 23).

Häufig haben Zeichnungen nur schematischen Charakter, namentlich wenn es sich um elektrische Schaltungen handelt. Solche Zeichnungen pflegen nur das Wichtige, nur das, worauf es ankommt, wiederzugeben und dies nur in allgemeiner Form, die dem grundlegenden Gedanken erkennen läßt. In derartigen Fällen kann eher als sonst angenommen werden, daß das Dargestellte bewußt gewollt ist.

Im übrigen vgl. über die Bedeutung von Patentzeichnungen § 4 A 26.

Im vorstehenden ist nur die Frage behandelt, ob eine druckschriftlich vorveröffentlichte Zeichnung die Neuheit hindert. Eine ganz andere Frage ist, ob die Herstellung einer Zeichnung, die nicht vorveröffentlicht ist, eine Vorbenutzung der Erfindung bedeuten kann. Dies ist erörtert § 2 A 25.

Anm. 20. Patentschriften können einer späteren deutschen Patentanmeldung in zwei verschiedenen Richtungen entgegengehalten werden. Ist die neuangemeldete Erfindung durch ein früher angemeldetes deutsches Patent bereits geschützt, so kann ein Patent nicht mehr erteilt werden, Fall der Identität, der Vorpatentierung (§§ 3 u. 10 Ziff. 2). Anders im Falle der sog. „Vorwegnahme", der „Neuheitsschädlichkeit" (§§ 2 u. 10 Ziff. 1). Neuheitsschädlich können nur vorveröffentlichte Patente sein, und zwar einerlei, ob es sich um deutsche oder ausländische Patente handelt. Vorveröffentlicht ist eine Patentschrift, wenn sie vor Einreichung der Neuanmeldung veröffentlicht ist und dadurch im Sinne des Gesetzes „öffentlich" geworden ist. — Geheim- oder Kriegspatente werden nicht veröffentlicht, sind also vor ihrer Bekanntgabe nicht neuheitsschädlich. Die Neuheitsschädlichkeit eines vorveröffentlichten Patents bleibt auch dann bestehen, wenn das Patent später vernichtet wird. Voraussetzung ist in allen Fällen, daß die vorveröffentlichte Patentschrift den Erfindungsinhalt genügend klar und genau offenbart hat.

Die deutschen Patentschriften werden, mit Ausnahme der schon erwähnten Geheim- und Kriegspatente, sämtlich gedruckt und zum Kauf gestellt. Darin liegt die vom Gesetze erforderte Veröffentlichung. Sie wird dadurch nicht wieder aufgehoben, daß die Patentschrift vergriffen ist und nicht neu gedruckt wird. Die Auslegung einer Anmeldung nebst Beilagen nach § 23, ist, auch wenn der Anmelder alles druckschriftlich eingereicht hatte, nicht neuheitsschädlich, und zwar nicht so sehr um deswillen, weil die Auslegung am unrechten Orte erfolgt, als vielmehr, weil die Auslegung nur kurze Zeit, zwei Monate, dauert. Diese rechtliche Folgerung begegnet einem dringenden Bedürfnisse der Praxis. Andernfalls könnte, wenn die Zeichnungen druckschriftlich hergestellt sind und alles Wesentliche der Erfindung erkennen lassen, der Erfinder, wenn seine Anmeldung schließlich aus formalen Gründen zurückgewiesen wird, die Erfindung nicht als neu in anderer Form anmelden, hätte vielmehr jedes Schutzrecht verloren. Diese Anschauung hat freilich eine mißliche Folge. Nimmt ein Konkurrent von den ausgelegten Schriften, Zeichnungen usw. Kenntnis und meldet seinerseits die Erfindung in abgeänderter Form neu an, so kann ihm Mangel der Neuheit nicht entgegengehalten werden; der Ersterfinder muß sich in geeigneten Fällen mit der Einrede der Identität, sonst mit der Einrede der widerrechtlichen Entnahme begnügen. — Auch die Bekanntmachung einer Anmeldung in den Zeitungen nach § 23 oder die gleichfalls in den Zeitungen erfolgende Bekanntmachung der Erteilung eines Patents nach § 27, oder die gleichartige Bekanntmachung eines Gebrauchsmusters wirken in der

Regel nicht neuheitsschädlich, da sie so gut wie eine genügende Beschreibung der Erfindung enthalten, RG Blatt 11 (1905), 181; PA Blatt 15 (1909), 11. Ausnahmefälle: RG 40, 142; JW 1898, 673 Nr 44.

Bei ausländischen Patentschriften gilt hinsichtlich Auslegung und Bekanntmachung gegenüber deutschen Anmeldungen das eben Dargelegte. Die Patentschriften der größeren Staaten Europas, Nordamerikas, Japans, der europäischen Kolonien usw. werden heutzutage gedruckt; in England seit 1852, in Frankreich regelmäßig seit 1902, in Nordamerika in hinreichender Ausführlichkeit seit 1871.

Über Geheimpatente vgl. Hüfner, GewR 16 (1911), 266. Kriegspatente sind den Geheimpatenten analog zu behandeln.

Stellt sich heraus, daß die patentierte Erfindung unfertig oder nicht brauchbar ist, so wirkt die Patentschrift nicht neuheitsschädlich. I 221/1914, Urt vom 19. 5. 15: das entgegengehaltene Patent vermeidet zwar einen Übelstand (der bisherigen Praxis), bietet aber überhaupt keine brauchbare Konstruktion; die dort vorgesehene allmähliche Öffnung des Kontakts verursacht die Bildung eines Lichtbogens, die eine sehr schnelle Abnutzung zur Folge hat. — Vorwegnahme ist deshalb verneint.

Die Beschreibung einer Erfindung in einer öffentlichen Druckschrift ist dann nicht neuheitsschädlich, wenn die letztere länger als 100 Jahre vor der Anmeldung der neuen Erfindung veröffentlicht worden ist. Die Gesetzesbestimmung ist in sich klar und bedarf keiner Erörterung. Es ist kein Fall bekannt geworden, in dem die Bestimmung Anwendung gefunden hat (vgl. Bolze Bd. 21 Nr. 123). In dem neuen Entwurf einer Abänderung des Patentgesetzes ist vorgeschlagen, die Frist auf 50 Jahre zu verkürzen. **Anm. 21.**

Möglichkeit der Benutzung durch andere Sachverständige. Das Gesetz verlangt, die Erfindung müsse in der Vorveröffentlichung derart beschrieben sein, daß danach die Benutzung durch andere Sachverständige möglich erscheint. Wie genau und welcher Art die Beschreibung sein muß, ist bereits vorstehend A 15 dargelegt. Zur Beschreibung gehören auch Zeichnungen, Abbildungen u. dgl. (vorstehend A 19). **Anm. 22.**

Hinzuzufügen ist: die Vorveröffentlichung muß so genommen werden, wie sie sich darstellte. Nachträgliche notwendige Ergänzungen, Erläuterungen kommen nicht in Betracht. Diese können aber unter Umständen ihrerseits Vorveröffentlichungen sein, wenn sie in öffentlichen Druckschriften erfolgt sind und die weiteren gesetzlichen Erfordernisse erfüllen.

Zur Beurteilung, ob die Benutzung durch andere Sachverständige möglich erscheint, müssen diejenigen Kenntnisse berücksichtigt werden, die zur Zeit der neuen Anmeldung, nicht der Vorveröffentlichung, allgemein verbreitet sind (Kohler, Handbuch S. 186). Kenntnisse, die erst durch die neue Anmeldung vermittelt sind, kommen auch hier nicht in Betracht. Im übrigen vgl. für alle Einzelheiten unten A 35.

Papiererfindungen sind solche Erfindungen, die auf dem Papier veröffentlicht sind, aber in die Praxis keinen Eingang gefunden haben. Streit herrscht darüber, bis zu welcher Grenze solche Veröffentlichungen als neuheitsschädlich angesehen werden können. Zwei Gesichtspunkte stehen sich gegenüber, der erste dahingehend, daß das deutsche Gesetz keine Unterscheidung macht, ob die in Aufsätzen oder in Patentschriften veröffentlichten Erfindungen in der Praxis ausgeführt worden sind oder nicht. Nach dem anderen Gesichtspunkt wird betont, daß es volkswirtschaftlich und rechtlich unangemessen sei, eine wertvolle Erfindung zu Fall zu bringen, weil irgendwo an unbekannter Stelle oder etwa in dem großen Sammelbecken amerikanischer Patente etwas Ähnliches schon einmal beschrieben sei, ohne irgendeinen Erfolg zu erzielen oder die Technik zu fördern. Das Reichsgericht hat bisher nicht angenommen, daß reine Papiererfindungen unberücksichtigt zu bleiben hätten, weil es annimmt, daß der Wortlaut des § 2 dem entgegenstehe. Ist die alte Patentschrift unklar, so wirkt sie natürlich auf keinen Fall neuheitsschädlich; JW 1928, 335 Ziff 5: bei unklaren, mehrdeutigen Angaben einer Patentschrift kann allerdings daraus, daß der Gegenstand im Verkehr keine Verwendung gefunden habe, möglicherweise gefolgert werden, die streitige Lehre sei der Fachwelt nicht offenbart. — Es ist auf die ausländische Praxis hinzuweisen. Nordamerika hält Papiererfindungen für nicht neuheitsschädlich, aber nur innerhalb vernünftiger, keineswegs zu weit gesteckter Grenzen. „Die ganze Frage der Erfindungen, die nicht in eine nutzbringende Praxis umgesetzt sind, besonders also der sog. Papierpatente, ist eine schwierige, so daß in jedem Falle eine praktische Regel gerichtlicher Entscheidung nur durch eine eingehende und scharfe Analyse aller begleitenden Umstände herausgearbeitet werden kann" (Fed. Rep. Bd. 125 S. 293). Hier wird also eine Analyse aller begleitenden Umstände verlangt, und das ist in der Tat der springende Punkt. Systematische Erörterungen hierüber sind, soweit ersichtlich weder in Deutschland, noch im Auslande angestellt. Am meisten gibt noch Macomber, S. 10. Er sagt: Vorwegnahme durch ein bloßes Papierpatent ist ein Ding, das von den Berufungsgerichtshöfen verschieden beurteilt wird. Eine klare Beschreibung einer früheren identischen Erfindung, einerlei ob sie Papier geblieben ist oder nicht, wirkt neuheitsschädlich; aber wenn das Papier- **Anm. 23.**

patent ausgelegt und erklärt werden muß, dann hat es offenbar nicht dasselbe Gewicht, wie ein Patent, das seine praktische Brauchbarkeit durch Anwendung erwiesen hat. Und so muß es auch sein; theoretische Auslegung hat weniger Beweiskraft, als die Durchsetzung eines Erfindungsgedankens im Bereiche der Wirklichkeit. — Bestimmte Anhaltspunkte werden durch diese Ausführungen nicht gegeben. Der höchste Gerichtshof hat einmal geäußert (U. S. Bd. 104 S. 130): Ist der Mißerfolg früherer (wesensgleicher) Erfindungen darauf zurückzuführen, daß sie kleine Unvollkommenheiten aufweisen, die leicht durch gewöhnlichen Sachverstand zu beseitigen waren, dann sind sie neuheitsschädlich. — Entscheidend wird es auf den Grund ankommen, aus dem sich das Patent nicht hat durchsetzen können. Stand dem Patente wirklich nur die Neigung entgegen, beim Alten zu beharren, oder war der Grund, daß der Erfinder nicht das nötige Kapital fand, oder keine Reklame machte, dann mag Neuheitsschädlichkeit angenommen werden. Waren aber nicht solche äußerlichen Gründe vorhanden, sondern Gründe, die die Technik betrafen, z. B. weil die gegebenen Ausführungsformen nicht genügten, oder weil der Industriezweig in dem Lande des Patents noch nicht entwickelt war, oder weil die zu verwendenden Materialien unwirtschaftlich teuer waren, oder weil das soziale Bedürfnis noch nicht hervorgetreten war, dann werden ausländische Patente, die um Jahre zurückliegen, nicht neuheitsschädlich sein. Denn es ist immerhin ein patentwürdiges Verdienst, daß jemand eine Erfindung in die Praxis neu einzuführen unternimmt, die unter anderen vergangenen Umständen sich nicht zu bewähren vermochte. Besonders wird die „Übertragung" einer ausländischen Papiererfindung aus einem wenn auch verwandten Gebiete ohne Bedenken als patentfähig anzusehen sein. — Der bekannteste und bedeutsamste Prozeß über Papiererfindungen betraf die Herstellung von Zellulose aus Holz mittels doppelschwefligsauren Kalks nach Mitscherlich (Patent 4179). Über zehn Jahre früher hatte Tilghmann ein englisches Patent auf wesentlich dasselbe Verfahren erhalten. Daraufhin wurde Vernichtung des deutschen Patents beantragt. Das Reichsgericht (Gareis Bd. 6 S. 85) erklärte: der Beklagte hat mit Nachdruck die Tatsache geltend gemacht, daß auf Grund der Beschreibungen in der englischen Patentschrift in der langen Zeit bis zur Gewährung des ihm erteilten Patents 4179 keine Fabrik gegründet, auch in einem sorgfältigen, tüchtigen Werke über die Papierfabrikation jenes Patents nicht gedacht sei, während sogleich nach der Veröffentlichung der Schrift über das ihm erteilte deutsche Patent viele Fabriken zum Betriebe nach dem patentierten Verfahren eingerichtet seien. Diese Tatsache hat allerdings für geeignet erachtet werden müssen, die entwickelten Gründe einer besonders genauen Prüfung zu unterwerfen. Diese Prüfung hat indes das Gewicht der entwickelten Gründe (für die Identität beider Verfahren) nicht erschüttert. Es ist deshalb anzunehmen, daß jene Tatsachen sich auf Ursachen zurückführen, welche mit der Übereinstimmung ... der betreffenden Verfahrensweisen nicht zusammenhängen. Daraufhin ist das Patent, soweit es die Herstellung von Zellulose betraf, vernichtet. — Diese Entscheidung hat vielfachen Widerspruch hervorgerufen. Der springende Punkt ist in der mitgeteilten Begründung auch nicht getroffen. Es ist nicht der Versuch gemacht, aufzuklären, weshalb das englische Patent keinen Erfolg gehabt hatte. — In England führt ein kürzlich ergangenes Urteil, Rep. of Patent Cases Bd. 42 (1925), S. 173 noch wieder aus: Es ist behauptet, daß das entgegengehaltene Patent ein Papierpatent sei, wogegen das angegriffene Patent sich in der Technik nützlich erwiesen habe. Das ist sicherlich ein Umstand, von großem Gewicht, der die Neigung hervorrufen könnte, das neue Patent aufrechtzuerhalten. Wenn aber eine Vorwegnahme klar und deutlich das ganze der später patentierten Erfindung enthüllt, dann muß das spätere Patent vernichtet werden, auch wenn die Technik das frühere Patent nicht beachtet und nicht für wertvoll gehalten hat. — Daraufhin ist eine Anordnung zum Anlassen synchroner Generatoren für nicht neu und nicht patentfähig erklärt, weil sie in einer Patentzeichnung von Tesla aus 1891 vorbeschrieben war, trotzdem ihre Bedeutung erst bei der in der Neuzeit angewandten hohen Voltzahl hervorgetreten ist. — Ob nicht vielmehr eine Erfindung für patentfähig erklärt werden muß, wenn sie in der Anwendung auf neue technische Verhältnisse eine neue gesteigerte Bedeutung gewinnt, muß zum mindesten als zweifelhaft bezeichnet werden.

Abschnitt III.
Vorbenutzung.

Anm. 24. **Offenkundige, vor der Anmeldung erfolgte Benutzung der Erfindung im Inlande** ist neuheitsschädlich. Es muß also eine Erfindung gemacht sein, diese muß benutzt sein, die Benutzung muß vor der Anmeldung des in Frage stehenden Patents im Inlande erfolgt und offenkundig gewesen sein.

Der Begriff der Erfindung ist in den Anmerkungen zum § 1 erörtert. Daselbst ist A 20 dargelegt, daß nur eine fertige Erfindung in Frage kommen kann. Das bedarf auch hier der besonderen Hervorhebung. Demgemäß ist der häufig vorkommende Streit zu entscheiden, ob **Versuche,** die ein anderer offenkundig angestellt hat, neuheitsschädlich wirken oder nicht. War die Erfindung fertig und dienten die Versuche nur dazu, um ihr Wesen dritten Personen klarzulegen, so sind sie neuheitsschädlich. War aber die Erfindung noch nicht fertig und sollte durch die Versuche das Fehlende ermittelt werden, so hindern sie die Neuheit der später gemachten Erfindung nicht. Führen sie zum Erfolge, so werden sie neuheitsschädlich, aber erst von dem Augenblicke an, wo der Erfolg erzielt ist. Mißlingen sie und werden sie aufgegeben, so sind sie unschädlich. Dabei ist jedoch folgendes zu beachten. War bei den mißlungenen Versuchen eine neue Einrichtung getroffen, eine neue Vorrichtung benutzt, so kann, wenn auch der damals erstrebte Erfolg nicht erzielt wurde, doch die Einrichtung oder Vorrichtung an sich selbst offenkundig benutzt sein. Wird sie später in einem anderen Verfahren oder zu einem neuen Zwecke mit Erfolg benutzt, so kann sie jetzt durch Sachpatent nicht mehr geschützt werden, vielmehr handelt es sich dann darum, ob die Übertragung auf ein anderes Verfahren (§ 1 A 94) oder die Verwendung zu einem neuen Zwecke (§ 1 A 95) patentfähig ist. Das Mißlingen von Versuchen schließt also nicht aus, daß die dabei benutzten Arbeitsmittel je nach Lage der Sache vorbekannt werden. Weiter können mißlungene Versuche auch dann neuheitsschädlich sein, wenn ein Sachverständiger ohne weiteres erkennen konnte, daß nur irgendein Handgriff ungeschickt angefangen war oder dgl., RG Blatt 16 (1910), 199. Stellt sich heraus, daß die vorbenutzte Erfindung in Wahrheit unbrauchbar ist (§ 1 A 17f), so ist sie nicht neuheitsschädlich.

Über die Identität der offenkundig vorbenutzten mit der neu angemeldeten Erfindung ist dasselbe zu wiederholen, was bereits A 12 ausgeführt ist. Genaue Identität ist nicht erforderlich; es genügt, wenn der durchschnittliche Sachverständige die Anweisung der neuen Erfindung aus dem Vorbenutzten zu entnehmen vermag; dann ist Neuheit nicht vorhanden. Wann das vorliegt, ist aus den obigen Erörterungen über die materielle Neuheit (A 3ff) zu ersehen.

Die Vorschrift des Gesetzes, daß die Vorbenutzung im Inlande stattgefunden haben muß — also anders als bei der Vorveröffentlichung —, bedarf zur Zeit keiner Erörterung.

Was die einzelnen **Arten und Formen der Benutzung** angeht, die eine neuheitsschädliche Vorbenutzung enthalten, so nimmt die herrschende Meinung an, daß diese Benutzungsarten in jeder Beziehung identisch sind mit den in §§ 4, 5, 35, 36 geregelten Benutzungsarten, die in den A 2ff zu § 4 und A 3ff zu § 5 erörtert sind. Es ist zweifelhaft, ob das für alle Einzelheiten zutrifft (vgl. § 2 A 26). **Anm. 25.**

Nicht erforderlich ist, daß die Benutzung in einem Gewerbe oder gewerbsmäßig erfolgt ist. Jede Art der Benutzung genügt, z. B. zu Lehrzwecken, für Zwecke des eigenen, privaten Bedarfs, wie allgemein anerkannt ist. Auch auf den Umfang der Benutzung kommt es grundsätzlich nicht an (RG 3, 86); die einmalige Herstellung der Maschine genügt; nur muß sie zum praktischen Gebrauch bestimmt sein und nicht lediglich zu Versuchen, die dann aufgegeben werden oder doch erst die Brauchbarkeit der Erfindung erproben sollen (RG 101, 38). Wer die Vorbenutzung vorgenommen hat, ist gleichgültig; auch die eigene offene Vorbenutzung des Erfinders oder Anmelders wirkt neuheitsschädlich (vgl. unten A 27).

Viel erörtert ist die Frage, ob und wann in der Anfertigung von Zeichnungen und Modellen eine offenkundige Vorbenutzung liegt. (Diese Frage hat nichts mit der anderen Frage zu tun, wann druckschriftlich veröffentlichte Zeichnungen neuheitsschädlich sind, vgl. § 2 A 19. Hier handelt es sich um Zeichnungen, die nicht druckschriftlich veröffentlicht sind.) Zwei verschiedene Fälle sind zu unterscheiden.

☛ 1. Liegt allein für sich in der Anfertigung von Zeichnungen und Modellen eine Vorbenutzung? Die Frage ist grundsätzlich zu verneinen. Überzeugende Ausführungen gibt ein amerikanisches Urteil (Macomber § 72 S. 111f): es ist klar, daß die Kenntnis des Modells einer Maschine nicht die Kenntnis der Maschine selbst ist, ebenso wie die Kenntnis eines Modells der Brooklynbrücke nicht die Kenntnis der Brücke selbst ist. Aber diese Regel muß auf ein wirkliches Modell, wie dies Wort im gewöhnlichen Sprachgebrauch verstanden wird, eingeschränkt werden, also auf ein Muster, eine Kopie, eine Darstellung gewöhnlich in verkleinertem Maßstabe. Das Wort Modell bedeutet nicht die Herstellung des erfundenen Gegenstandes selbst, so wie er gebraucht werden soll. Handelt es sich um eine komplizierte Maschine, so enthält ein kleines Modell, mit dem nicht produziert werden kann, keine Vorwegnahme. Umgekehrt ist es, wenn ein Hufeisennagel, also der erfundene Gegenstand selbst, offenkundig hergestellt und benutzt (dem Patentamt eingereicht) wird. — Diese Grundsätze werden auch für Deutschland zu befolgen sein. Es ergibt sich aus ihnen, daß die bloße Herstellung von Zeichnungen, seien es auch Werkstattzeichnungen, oder von Modellen, die nicht mit dem erfundenen Gegenstande selbst identisch sind, keine neuheitshindernde Vorwegnahme enthält. Die Sache liegt hier also anders als bei der Frage, welche Art von Vorbenutzung ein Vorbenutzungsrecht entstehen läßt (vgl. § 5 A 3). Der Unterschied rührt daher, daß § 5 im Gegensatz zum § 2 nicht eine vollendete Benutzung, sondern nur Anstalten zu einer solchen fordert. — Das Reichsgericht hat seinen Standpunkt nicht ganz scharf präzisiert. In dem Urteile JndR Jahrg. 8 S. 170 ist angenommen, daß zur Vorbenutzung die Anfertigung eines gebrauchsfertigen Stückes gehört, was jedoch in der Entscheidung JndR Jahrg. 10 S. 158 eingeschränkt ist: es sei zweifelhaft, ob der Begriff der (neuheitsschädlichen) Vorbenutzung stets die wenigstens einmalige Herstellung des geschützten Gegenstandes voraussetze. Beim Herstellen, Inverkehrbringen, Gebrauchen werde das der Fall sein, nicht aber, wenn es sich um Feilhalten handelt, so wenn sich jemand in Rundschreiben mit Zeichnungen zur Herstellung des Gegenstandes erbiete. Zur Offenkundigkeit gehöre in derartigen Fällen, daß in einer für die Öffentlichkeit bestimmten, beliebig Interessenten erkennbaren Weise angeboten werde. Im Urteile RG 101, 38ff ist ausgeführt, 1. daß weder die Anfertigung eines Holzmodells für eine eiserne Maschine, noch 2. die Anstellung von Probeversuchen mit der fertigen Maschine, noch 3. das Montieren einer nicht offenkundig hergestellten und sodann auseinandergenommenen Maschine zum Zwecke der Aufstellung in einer Ausstellung eine Vorbenutzung enthalte. In dem Urteile Blatt 25 (1919), 43 wird angenommen, daß keine Vorbenutzung gegeben ist, wenn der Erfinder schematische Skizzen herstellt, diese dem Betriebsführer einer Zeche erläutert, um einen Auftrag zu erhalten, auf der Zeche einige Maße für seinen Apparat nimmt, aber schließlich doch keine eigentliche Offerte macht. — Selbstverständlich müssen in jedem Falle die Modelle so sein, daß sie den Gedanken der Erfindung erkennen lassen. Modelle die rein zufällig eine ähnliche Gestaltung aufweisen, wie die neue Erfindung, sind niemals neuheitsschädlich. Im Falle MuW Jahrg. 10 S. 177 konnte nach der Annahme des Reichsgerichts ein Sachverständiger vom Boden der damaligen Erkenntnis aus nicht annehmen, daß die Gestaltung des Modells vorteilhaft sei, würde sie vielmehr vermieden haben, da sie nur auf unvollkommener Fabrikationsweise beruhte. Deshalb ist Vorwegnahme durch Anfertigung des Modells verneint. Es gelten also in *diesem* Punkte dieselben Grundsätze, die in A 19 für druckschriftlich vorveröffentlichte Zeichnungen dargelegt sind, nur daß bei der Auslegung von Druckschriften die Kenntnislage zur Zeit der neuen Anmeldung in Betracht kommt, während davon bei der Anfertigung von Modellen oder Zeichnungen, die nicht mehr vorhanden oder nicht mehr zugänglich sind, keine Rede sein kann.

2. Von anderen Gesichtspunkten aus ist die Sache anzusehen, wenn es sich nicht um die Anfertigung von Zeichnungen und Modellen für sich allein, sondern um *Feilhalten und Anbieten an der Hand von Zeichnungen und Modellen* handelt. Dann liegt die Benutzung der Erfindung in dem Angebot, und die Modelle kommen nur für die Frage in Betracht, ob durch sie dem dritten Sachverständigen eine zuverlässige Kenntnis der Erfindung vermittelt wird. — Das Patentamt steht auf dem Standpunkt, daß Anbieten unter Vorlage von Zeichnungen niemals eine Vorbenutzung enthält, Blatt 21 (1915), 6. Ebenso nimmt es an, daß, wenn eine Erfindung durch Gebrauchsmusterschutz geschützt ist und dieser Musterschutz offenkundig feilgehalten wird, darin keine Vorwegnahme gegenüber einer späteren Anmeldung derselben Erfindung zum Patent liegt, Blatt 22 (1916), 75. Dies wird zu weit gehen, da nach der herrschenden Meinung das Feilhalten eine Benutzung enthält und das Vorlegen der Musterschutzurkunde eine genügende Kenntnis der Erfindung vermittelt. Das Reichsgericht erblickt dagegen in dem Feilhalten unter genügender Kundbarmachung eine Vorwegnahme, da nach seiner Anschauung die im § 2 und im § 4 gemeinten Benutzungsarten identisch sein sollen, § 4 aber das Feilhalten als eine Benutzungsart ansieht. Damit kreuzt sich freilich die andere Frage, ob Feilhalten auch ohne schon erfolgte Herstellung des Erfindungsgegenstandes überhaupt unter den § 4 fällt, welche Frage noch nicht endgültig bejahend beantwortet ist (§ 4 A 6).

Anm. 26. *Was im übrigen die einzelnen Vorbenutzungshandlungen* angeht, so läßt sich auf Grund des in der vorigen Anmerkung angeführten jetzt besser übersehen, wie es sich damit verhält. Die herrschende Lehre nimmt, wie bereits erwähnt, fast ausnahmslos an, daß als Vorbenutzung gerade nur die vier im § 4 aufgeführten Benutzungsarten zu verstehen sind. Das ist besonders von Kohler, Handbuch § 70, energisch bestritten worden. Rein theoretisch betrachtet ist Kohler im Recht. Allerdings führt es in der Regel nicht zu einer klaren Ordnung des gewerblichen Lebens, wenn derselbe Begriff (Benutzung) in verschiedenen Gesetzesbestimmungen (§ 2 und §§ 4, 35, 36) verschieden weit aufgefaßt werden müßte. Der Regel nach begreift derselbe Ausdruck denselben Begriff. Selbstverständliche Voraussetzung ist aber dabei, daß es sich um gesetzespolitisch gleich zu behandelnde Tatbestände handelt. Das ist hier nicht der Fall. § 4 will festsetzen, welche Arten der Benutzung einer patentierten Erfindung dem Dritten verboten sind. Das hat an sich schlechterdings gar nichts mit der Frage des § 2 zu tun, durch welche Benutzung einer Erfindung eine Vorwegnahme stattfindet, die gegenüber einer späteren gleichen oder ähnlichen Erfindung neuheitsschädlich wirkt, denn bei dieser Frage kommt es nur darauf an, ob die Vorbenutzung derart war, daß der durchschnittliche Sachverständige aus ihr den Inhalt der neuen Erfindung entnehmen konnte, was bei der Verletzung gar keine Rolle spielt. Deshalb läßt sich nicht sagen, daß im § 2 und im § 4 denknotwendig die gleichen Benutzungsarten gemeint sein müßten. Insoweit ist also Kohler zuzustimmen. Nicht zuzustimmen ist ihm aber, wenn er weiter schließt, daß unter die Vorbenutzung nach § 2 das Feilhalten und Anbieten einer Erfindung nicht falle. Das wird dem praktischen Leben nicht gerecht werden. Unmöglich kann angenommen werden, daß eine Erfindung noch als neu zu patentieren sei, wenn sie unter Klarlegung ihres Wesens seit Jahren zahllosen Reflektanten zum Kauf angeboten ist. RG Blatt 9 (1903), 229: Ein Verfahren ist vorweggenommen, wenn es gegen Entgelt mitgeteilt oder gegen Lizenz öffentlich ausgeboten wird, falls dabei genügende Kundmachung erfolgt. Ebenso in allen Industrieländern (**Frost** S. 118). Selbstverständlich ist, daß Angebot und Verkauf nur dann neuheitsschädlich wirkt, wenn dabei das Wesen der Erfindung kundlich gemacht wird (vgl. A 28). Aber Kohler nimmt mit Unrecht an, daß das durch Angebot und Verkauf niemals geschehen könne. Die vier Benutzungsarten des § 4 fallen also, wenn sie das Wesen der Erfindung kundbar machen, unter den Begriff der Vorbenutzung. Aber dies gilt nur der Regel nach. Einerseits gibt es Benutzungsarten, die verboten sind, aber keine Vorwegnahme durch Vorbenutzung enthalten. Das ist z. B. häufig der Fall, wenn es sich um Anmeldung eines Verfahrens handelt, dessen unmittelbare Erzeugnisse bereits offenkundig vertrieben waren, ohne daß man jedoch aus ihnen die Art des Verfahrens erkennen konnte. Ein Beispiel: es wird ein Verfahren angemeldet, Schwefelsäure besonders billig herzustellen. In diesem Verfahren hergestellte Schwefelsäure war bereits im Handel. Das ist nicht neuheitsschädlich, weil man aus der fertigen, offenkundig vertriebenen Schwefelsäure das Herstellungsverfahren nicht erkennen konnte (vgl. § 4 A 9 Ziff. 2) — obwohl nach Patenterteilung der Verkauf der von einem Dritten nach dem geschützten Verfahren hergestellten Schwefelsäure eine Patentverletzung enthält. Andererseits: es ist nach Patenterteilung einem Dritten nicht verboten, die Erfindung in öffentlichen Vorträgen an der Hand von Zeichnungen und Modellen zu erläutern, um sie allgemein bekanntzumachen. Geschieht dasselbe vor der Patenterteilung, so wirkt es neuheitsschädlich. — Eine gänzliche Gleichstellung der in den §§ 2 und 4 gemeinten Benutzungsarten ist also nicht angängig (vgl. § 4 A 11).

Hinzuzufügen ist, daß das Wort Benutzung im § 2 nochmals — und zwar diesmal in anderem Sinne vorkommt. Die Vorbenutzung muß nach § 2 so geschehen, daß die „Benutzung" der Erfindung durch andere Sachverständige möglich wird. Hier kann unter Benutzung nur Ausführung der Erfindung, nicht Feilhalten, Verkaufen oder dgl. verstanden sein, obgleich hin und wieder das Gegenteil behauptet wird. Es hätte keinen Sinn, zu sagen, eine Maschine muß so offenkundig benutzt sein, daß ein anderer Sachverständiger sie verkaufen kann.

Wer die Vorbenutzung vorgenommen hat, ist gleichgültig. Auch die eigene Anm. 27.
Vorbenutzung des Erfinders selbst wirkt neuheitsschädlich, wenn sie offenkundig war. Das ist allgemein anerkannt und bedarf nicht der Anführung von Belegen. Gleichgültig ist auch, ob die Vorbenutzung von einem Unberechtigten erfolgt ist. Diese Regel führt freilich zu den Unzuträglichkeiten, die oben in A 14 erörtert sind. Vgl. auch Österr. Patentblatt 1906, 737.

Vorbenutzung am Tage selbst der Anmeldung schadet nichts; der Tag gilt für die Frage der Neuheit als kleinste Einheit, Blatt 21 (1915), 169.

Die Vorbenutzung eines Arbeitsmittels schließt unter Umständen auch schon die Vorbenutzung des Verfahrens ein, zu dessen Ausführung das Arbeitsmittel dient (Gareis Bd. 13 S. 29), dann nämlich, wenn das Arbeitsmittel zur Ausführung des streitigen Verfahrens benutzt ist und das Verfahren daraus zu erkennen war.

Offenkundigkeit der Vorbenutzung. Eine Vorbenutzung ist offenkundig, wenn durch sie Anm. 28.
einem unbestimmt großen, nicht zu kleinen Kreise von Personen die zuverlässige Kenntnisnahme der Erfindung ermöglicht wird, und wenn diese Personen nicht zur Geheimhaltung verpflichtet sind.

Der Kreis der Personen muß unbestimmt groß sein. Er braucht nicht unbegrenzt zu sein. Eine Fabrikation kann offenkundig sein, auch wenn zum Fabrikationsraum nur die Kunden oder nur die Arbeiter einer benachbarten Fabrik Zutritt haben. Der Kreis darf jedoch nicht zu klein sein. Haben nur wenige vertrauenswürdige Personen Zutritt, so liegt keine Offenkundigkeit vor (vgl. MuW Jahrg. 27/28 S. 131 Sp. 1); Zahl und Art der Personen muß so sein, daß die Verbreitung der von ihnen erworbenen Kenntnis im Bereiche nicht zu entfernter Möglichkeiten liegt. Das ist das Entscheidende. Eine gewisse Wahrscheinlichkeit muß vorliegen, daß die Einrichtung zur Kenntnis technischer Kreise durch Mitteilung der Besucher einer Fabrik gelangen kann. — Die Kenntnisnahme muß ermöglicht sein; es ist nicht erforderlich, daß sie wirklich erfolgt ist. Sie ist unmöglich, wenn die Fabrikation in verschlossenen Behältern erfolgt (Gareis Bd. 6 S. 122), oder in solchen zeitlichen Zwischenräumen, daß die Besucher nur einen Teil der Herstellung sehen können, oder wenn es sich um so verwickelte Maschinen handelt (z. B. Webereimaschinen, Spinnereimaschinen), daß die Besucher beim flüchtigen Anschauen das Wesen der Sache nicht erkennen können oder dgl.; Blatt 21 (1915), 170 Sp. 1, 226 f; MuW Jahrg. 27/28 S. 215. Daß die Benutzung einer vollendeten Erfindung nach einiger Zeit aus irgendwelchem Grunde wieder aufgegeben wurde, hindert nicht die Neuheitsschädlichkeit. — Sind Maßregeln getroffen, die die Kenntnisnahme einer unbestimmten Personenzahl wirksam zu verhindern geeignet sind — Vorschriften, deren Befolgung von der Fabrikleitung vernachlässigt wird, genügen nicht —, so liegt keine Neuheitsschädlichkeit vor, wenn ein Unberechtigter sich trotzdem Kenntnis von der Erfindung verschafft hat. Zur Geheimhaltung verpflichtet sind diejenigen Personen, die auf Grund eines ausdrücklich ausgesprochenen oder auch nur aus der Sachlage hervorgehenden Vertrauensverhältnisses Kenntnis von der Erfindung erlangen. Bricht eine solche Person die Geheimhaltungspflicht, so liegt eine schädliche Vorwegnahme nicht vor; vielleicht etwas weitgehend Blatt 7 (1901), 12f; zutreffend RG 101, 38; Blatt 20 (1914), 276. Zur Geheimhaltung sind verpflichtet die kaufmännischen und gewerblichen Angestellten und Arbeiter eines Unternehmens, desgleichen Modelltischler, Handwerker und Fabrikanten, die eine neuerfundene Maschine herstellen oder ausbessern sollen, u. dgl. J. Seligsohn, Geheimnis- und Erfindungsbesitz, S. 17, hat zutreffend darauf hingewiesen, daß es zwei verschiedene Arten von Offenkundigkeit gibt. Sie ist unmittelbar, wenn einem unbeschränkten Kreise von Personen die Wahrnehmung der Benutzungshandlung möglich ist; sie ist mittelbar, wenn die Wahrnehmung nur einzelnen Personen möglich ist, diese aber tatsächlich, nach ihrer Auffassungsgabe, ihrem Bildungsgrade, in der Lage sind, ihre Wahrnehmungen Dritten mitzuteilen, und an der Mitteilung auch nicht rechtlich (etwa durch Schweigepflicht) oder durch eigene Gewissensbedenken gehindert werden. Daß die Mitteilung wirklich an Dritte erfolgt, ist nicht erforderlich. Schwierigkeiten macht die Frage, ob Offenkundigkeit auch dann zu verneinen ist, wenn die Wahrnehmungen entgegen der Schweigepflicht sofort der allgemeinen Öffentlichkeit mitgeteilt werden; in solchem Falle handelt es sich nicht um nachträgliche Kundbarmachung, vielmehr ist die Geheimhaltung von vornherein niemals gewahrt worden. Das ist der Unterschied, aus dem Zweifel hergeleitet worden sind. Doch wird den Zweifeln nicht zu viel Gewicht beizulegen sein. Konträrer Gegensatz der Offenkundigkeit ist das Geheimnis. Für dessen Begriff und Voraussetzungen sind die Kommentare und die Rechtsprechung zu § 300 StGB und zu § 17 UnlWG zu vergleichen; für das Verhältnis von Offenkundigkeit und Geheimnis vgl. Seligsohn § 5f.

Anm. 29. Die Einzelheiten der Kasuistik sind ohne grundsätzliches Interesse. Da aber die Frage der Offenkundigkeit zum täglichen Brot der Patentstreitigkeiten gehört, müssen einige Entscheidungen, besonders aus neuerer Zeit, angeführt werden.

a) Allgemeines.

Offenkundige Vorbenutzung liegt vor, wenn einem Kaufmann ein angefertigtes Stück, in dem die Erfindung sichtbar verkörpert ist, eingehändigt wird, um danach Aufträge zur Fabrikation zu sammeln (RG Blatt 6 [1920], 110).

Ein schriftliches Angebot an bestimmte Interessenten, auch mittels Rundschreiben, ist nicht schädlich. Denn die Einsicht in Geschäftsbriefe steht in der Regel nur dem Empfänger und etwaigen Vertrauenspersonen offen. (Letzteres ist in solcher Allgemeinheit zweifelhaft, insbesondere für Rundschreiben; die Frage läßt sich nur von Fall zu Fall entscheiden, vgl. Gareis Bd. 3 S. 107; Bd. 4 S. 21; MuW Jahrg. 27/28 S. 215; RG JndR Jahrg. 10 S. 172.)

Eine deutliche Zeichnung der Erfindung, die an die sieben in Deutschland vorhandenen Interessenten verschickt worden war, bewirkt noch keine Offenkundigkeit, weil der Kreis der Personen, denen die Erfindung auf diese Weise mitgeteilt ist, genau begrenzt und zu klein ist (Entsch. der NichtAbt vom 17. 3. 21).

Ein Verfahren kann in Verkehr gebracht und dadurch vorbenutzt sein, daß Gebrauchsanweisungen, die seine wesentlichen Eigenschaften beschreiben, im Kreise der Interessenten verbreitet werden (RG I 161/1916, Urt vom 6. 12. 16).

Ein Verfahren ist in Verkehr gebracht, wenn seine Erzeugnisse verbreitet werden und aus ihnen das Verfahren zu entnehmen ist. In der Entscheidung Mitt 1926, 128 hat das Patentamt, vielleicht etwas weitgehend, angenommen, daß das Verfahren aus dem Erzeugnis zu erkennen sei. Es genügt nicht zur Offenkundigkeit, daß man das Verfahren nur vermuten konnte. Jeder vernünftige Zweifel ist zugunsten der Neuanmeldung zu lösen. Über Verfahren und Maschinen siehe weiter unten.

Ist das Erzeugnis eines Verfahrens in den Handel gekommen, und war aus ihm zu ersehen, daß von mehreren an sich bekannten Verfahren eines zur Herstellung benutzt sein müsse, so gilt das wirklich angewandte Verfahren als offenkundig vorbenutzt (RG MuW Jahrg. 26 S. 296 Sp. 1).

Ein Verfahren zur Herstellung einer Druckform, durch die ein mit Tinte geschriebenes Schriftstück beliebig oft vervielfältigt werden kann, gek. durch die Zusammensetzung der Tinte, ist nicht vorweggenommen durch den Verkauf des Apparats nebst Tinte und Gebrauchsanweisung, da aus letzterer die Zusammensetzung der Tinte nicht zu erkennen war und Anlaß zur Untersuchung nicht vorlag (RG Urt vom 6. 12. 16, I 161/1916).

Die auf die Bestellung erfolgte Lieferung eines die Erfindung verkörpernden Gegenstandes, der an unzugänglicher Stelle, auf einem hohen Dache, angebracht wird, ist keine schädliche Vorbenutzung (NichtAbt Blatt 11 [1905], 121).

Offenkundige Vorbenutzung liegt dann vor, wenn die vorwegnehmende Konstruktion an Messern so verdeckt angebracht war, daß sie erst beim gewaltsamen Auseinandernehmen eines Messers zu erkennen war (Bolze Bd 4 Nr 207).

In derartigen Fällen wird zu berücksichtigen sein, ob Möglichkeit und auch Anlaß gegeben war, sich auf irgendeine Weise Einblick in die nicht ohne weiteres sichtbare Erfindung zu verschaffen; vgl. auch RG MuW Jahrg. 13 S. 496ff; Jahrg. 26 S. 296 Sp. 2 oben und folgende Ausführung: es folgt, daß, wenn der Sachverständige den Erfindungsgedanken (des entgegengehaltenen Patents) erst durch Untersuchung würde erkennen können, was an sich die Anwendung des § 2 nicht ausschließt, die Partei, die sich auf offenkundige Vorbenutzung beruft, die Umstände darzulegen hat, nach denen die Vornahme einer Untersuchung angezeigt gewesen wäre (I 161/1916, Urt vom 6. 12. 16).

Die Herstellung und der Verkauf einer einzigen neuerfundenen Maschine kann unter Umständen genügen, um offenkundige Benutzung anzunehmen. Der Absatz einer größeren Zahl ist aber zu verlangen, wenn es sich um Massenartikel handelt (RG Patentblatt 1884, 101 (103)).

Diese Entscheidung wird nicht den springenden Punkt hervorheben. Ist eine Röntgenröhre bestimmter Art in einem Exemplar geliefert und in einem medizinischen Institut benutzt, so wird kaum offenkundige Vorbenutzung anzunehmen sein. Das Gegenteil wird gelten, wenn eine neue Kuppelung für Eisenbahnwagen in wenigen Exemplaren geliefert und vom wechselnden Fahrpersonal ausgeprobt wird. Der Verkauf auch nur eines Stückes genügt dann, wenn dadurch die Möglichkeit allgemeiner Kenntnisnahme eröffnet wird.

Lieferung einer Maschine an einen Benutzer, der sie erst ausprobieren will, ist keine offenkundige Vorbenutzung, da die Erfindung noch nicht fertig ist (RG MuW Jahrg. 21 S. 55).

In allen Fällen, in denen es sich um die Ausprobierung einer Vorrichtung handelt (vgl. hierfür auch oben A 24), ist stets zu berücksichtigen, ob durch die Ausprobierung erst die Leistungsfähigkeit der Vorrichtung an sich festgestellt werden soll — in solchen Fällen ist die Erfindung in der Regel noch nicht vollendet — oder aber ob die Eignung der fertigen Erfindung für irgendeinen einzelnen besonders gearteten Betrieb festgestellt werden soll. In ersterem Falle ist Neuheitsschädlichkeit nicht gegeben, und zwar auch dann nicht, wenn die Versuche günstig ausfallen und deshalb eine Abänderung der Erfindung nicht nach sich ziehen (IndR Jahrg. 4 S. 174).

Eine Fabrikation, die im Großbetriebe vorgenommen ist, kann ein Vorbenutzungsrecht erzeugen (muß also wohl auch als Vorwegnahme gelten können), wenngleich das Motiv war, die Tauglichkeit des Verfahrens für den Großbetrieb zu erproben (RG Blatt 5 [1899], 136).

Dieser Entscheidung ist zuzustimmen, denn eine Erfindung kann vollendet sein — und sogar patentiert werden — selbst wenn ihre Ausführung im Großbetrieb noch Schwierigkeiten macht (§ 1 A 22 a. E.).

Das öffentliche Ausprobieren einer Erfindung kann zu einer offenkundigen Vorbenutzung werden, besonders wenn es über die für das Ausprobieren nötigen Grenzen fortgesetzt wird (RG MuW Jahrg. 25 S. 281 Sp. 1).

Offenkundige Vorbenutzung ist in folgendem Falle verneint: Ein Verfahren zur Herstellung von Kunstseide war bereits in einer Fabrik ausgeübt. Das Verfahren war vom Werkmeister zwei Lehrern an einer Fortbildungsschule eingehend gezeigt und erklärt. Es ist angenommen, daß diese trotz der Erklärung nicht befähigt waren, nähere Mitteilungen über den Gang des Verfahrens in Kreisen von Fachleuten zu verbreiten. Das gleiche ist für andere Besucher angenommen, die gelegentlich die Fabrikräume betraten und dabei die Bedeutung des neuerfundenen Teiles des Verfahrens (der Entlüftungsanlage) nicht erkennen konnten, insbesondere auch für 40 Mitglieder einer Färberschule (I 53/21, Urt vom 15. 6. 21).

Ist nicht die ganze als Vorwegnahme entgegengehaltene Vorrichtung offenkundig hergestellt, sondern nur ein Teil davon, aus dem die Einrichtung des ganzen nicht mit Sicherheit zu entnehmen ist, so liegt keine neuheitsschädliche Vorbenutzung vor (I 201/20, Urt vom 12. 2. 21).

Wenn die Besucher einer Fabrik nur einige Stufen des Verfahrens sehen, deren Zusammenhang aber nicht verstehen können — keine offenkundige Vorbenutzung (RG. MuW Jahrg. 13 S. 63 Sp. 1 oben).

Jemand hatte einen Apparat zur Legung von unterseeischen Kabeln erfunden. Er legte damit offenkundig Kabel auf dem Lande, um die Brauchbarkeit des Apparates darzutun. Neuheitsschädlichkeit ist verneint, weil es sich nur um Versuche gehandelt habe (Engl. Fall, **Frost**, Patentrecht, 2. Aufl. S. 110).

Offenkundige Vorbenutzung ist verneint, weil das Verfahren nur Ausländern vorgeführt war, während es vor inländischen Industriekreisen geheimgehalten wurde (RG I 51/83, Urt vom 29. 11. 84).

Werden Maschinen, die zur Ausführung eines Verfahrens dienen, offenkundig hergestellt, und läßt sich aus ihnen die Kenntnis des Verfahrens entnehmen, so ist damit auch das Verfahren offenkundig vorbenutzt (RG Patentblatt 1892, 305 [307]).

Zweifelhafte Entscheidung. Wenn man eine Maschine zum Reinigen von Zellstoff offenkundig herstellt (nicht etwa benutzt), so ist damit die Benutzung des Reinigungsverfahrens selbst nicht erfolgt. Zweifel äußert auch Kohler, Handbuch, S. 190.

Benutzung einer Maschine durch Herstellung derselben ist gegeben, sobald der Erfindungsgedanke erkennbar verkörpert ist, mag auch im übrigen die Maschine noch nicht fertiggestellt sein (Blatt 4 [1898], 209 Sp. 1).

Wird von einem Gebrauchsmuster, Zigarrenabschneider, ein Modell hergestellt, das weder die vorgesehene Feder, noch die Druckplatte, noch ein schneidendes Messer enthält, also ein ganz rohes und unvollkommenes Muster, so ist keine Vorbenutzung gegeben (RG JndR Jahrg. 8 S. 170).

Die Mitteilung einer Schaltung zweier Einphasentransformatoren ist neuheitsschädlich, weil keine „Einrichtung" vorliegt und deshalb in der Mitteilung der Anordnung eine Benutzung enthalten ist (höchst zweifelhaft) (Anmeldeabt MuW Jahrg. 9 S. 208).

Offenkundige Vorbenutzung liegt nicht vor, wenn der patentierte Gegenstand unverpackt auf öffentlichen Wegen transportiert wird, auf Bahnhöfen lagert und dergleichen. Es fehlt an der Benutzung. (Anders natürlich, wenn es sich um eine Erfindung handelt, deren Benutzung gerade beim Transport erfolgt.) (RG Blatt 31 [1925], 95.)

Im übrigen vgl. unten A 35 für die Frage, wenn eine Vorbenutzung mangels genügender Erkenntnis des Wesens der Maßnahmen des Vorbenutzers zu verneinen ist.

b) Verpflichtung zur Geheimhaltung.

Anm. 30. Offenkundigkeit ist Preisgabe der Neuerung an die Allgemeinheit. Der Regel nach sind Arbeiter und Angestellte einer Fabrik verpflichtet, über technische Maßnahmen, besonders über Neuerungen, neuangestellte Versuche u. dgl. Stillschweigen zu bewahren, auch ohne daß ihnen eine besondere Schweigepflicht ausdrücklich auferlegt wird. Diese Verpflichtung folgt aus dem Vertragsverhältnis. Deshalb ist Offenkundigkeit der Vorbenutzung nicht darin zu finden, daß die Maßnahmen und Neuerungen einer Fabrik zur Kenntnis ihrer Arbeiter und Angestellten gekommen sind; Blatt 24 (1918), 51 und die ständige Rechtsprechung, RG 86, 315; Blatt 21 (1915), 172 Sp. 1, S. 213f. usw. Ebenso Österr. Patentblatt (1921), 106.

Werden die Angestellten, die bei der Herstellung einer neuerfundenen Maschine beschäftigt waren, nachträglich von ihrer Schweigepflicht entbunden und machen sie sodann Dritten Mitteilungen über die Konstruktion der Maschine, so liegt nunmehr offenkundige Vorbenutzung vor (RG Blatt 3 [1897], 207; ähnlich GewR 6 [1901], 150).

Zweifelhaft! Die Meinungen im Schrifttum sind geteilt. Die Gegner machen geltend, daß eine Benutzung, die ursprünglich nicht neuheitsschädlich war, unmöglich — vielleicht erst nach Jahren — den entgegengesetzten Charakter annehmen kann. Dies Argument ist nicht von der Hand zu weisen; vgl. hierzu auch RG 101, 38f. und unten A 36 Ziff. 3.

Das Berufungsgericht führt aus, daß in Brauereien ein besonders häufiger Wechsel des Personals stattfinde und das Sudhaus besonders oft Interessenten und Besuchern gezeigt werde, so daß die Geheimhaltung eines Verfahrens, falls nicht besondere Vorsichtsmaßregeln getroffen würden, kaum möglich erscheine. Die Beklagte habe auch selbst nicht die Geheimhaltung des bereits angewandten Verfahrens behauptet, sondern lediglich unter Beweis gestellt, daß das Sudhaus fremden Personen nur mit Genehmigung des Besitzers zugänglich gewesen sei. Auch bei Bestehen einer solchen Anordnung sei es wahrscheinlich, daß die im Sudhaus arbeitenden Brauer doch Besuch von ihren Bekannten erhalten hätten; vor allem folge aus dem häufigen Wechsel des Personals, daß das Verfahren als so offenkundig benutzt anzusehen sei, daß seine Benutzung durch andere Sachverständige möglich erscheine. — Das Reichsgericht erklärt hierzu: Diese Ausführungen sind rechtlich nicht zu beanstanden; insbesondere lassen sie nicht ersehen, daß der Vorderrichter den Begriff der offenkundigen Vorbenutzung verkannt habe (RG I 40/20, Urt vom 2. 4. 21; ähnlich Patentblatt 1894, 1).

Die Entscheidung ist um deswillen wichtig, weil sie zugibt, daß in äußersten Fällen Neuheitsschädlichkeit auch dann vorliegt, wenn das große Publikum durch Bruch der Schweigepflicht von der Erfindung erfahren hat, trotzdem nach der allgemeinen Regel Bruch der Schweigepflicht keine Offenkundigkeit bewirkt. Ebenso Österr. Patentblatt 1913, 112; vgl. aber andererseits RG GewR Jahrg. 30 (1925), S. 125 Sp. 2.

Vorführung der Erfindung an jemand, der sie (im Interesse des Erfinders) ausprobieren soll, ist nicht öffentliche Vorbenutzung, sondern vertrauliche Mitteilung (Blatt 21 [1915], 169).

Offenkundigkeit liegt nicht vor, wenn die Erfindung Freunden und Bekannten und deren Angestellten gezeigt wird; auch nicht, wenn einem Dritten die Erlaubnis zum Nachbauen und Ausprobieren eines Apparates gegeben wird, weil dieser Dritte die Erfindung zu erwerben sucht; letzteres zeigt, daß ein Vertrauensverhältnis vorlag (Blatt 21 [1915], 170).

Versuche, die ein Techniker in der Werkstatt seines Vaters anstellt, sind nicht neuheitsschädlich (wenigstens nicht, wenn nicht jedermann ungehindert Zutritt hat) (MuW Jahrg. 26 S. 384f).

Keine Vorbenutzung, solange die herstellende Fabrik Vertrauensperson des Erfinders ist (RG 56, 56f).

Die Klägerin behauptet, sie habe ein Flugzeug gebaut, das zur Zeit der Anmeldung des Patents beinahe vollendet gewesen sei und mit dem angemeldeten identisch sei. Ihre Werkstätte sei von Marineingenieuren besucht, die über ihre Wahrnehmungen im Kameradenkreise gesprochen hätten. Offenkundigkeit ist verneint, da jene nicht von der Schweigepflicht entbunden waren. Mitteilungen, die auf Vertrauensbruch beruhen, begründen keine Offenkundigkeit (I 79/20, Urt vom 6. 11. 20).

Hat ein Erfinder Erfindungsgegenstände an einen Händler veräußert und sich dabei Erwirkung eines Musterschutzes vorbehalten, so mag darin unter Umständen Herstellung eines Vertrauensverhältnisses, also nicht schon eine neuheitsschädliche Handlung zu finden sein; das fällt aber jedenfalls dann fort, wenn der Händler die Gegenstände befugt weiter veräußert, ehe der Erfinder das Gebrauchsmuster angemeldet hat (I 495/24, Urt vom 29. 10. 25; ähnlich MuW Jahrg. 13 S. 145f).

Der Kläger, Erfinder einer Blechdose für Konservenschinken, hat nach einem Modell 25 Stück durch einen Klempnermeister anfertigen lassen, ohne diesem Geheimhaltungspflicht aufzuerlegen oder ihm mitzuteilen, daß er Musterschutz erwirken wolle. Darin liegt offenkundige Vorbenutzung (Urt vom 21. 1. 14, I 285/1913).

Bei militärischen Schießübungen pflegt im Interesse der Landesverteidigung im allgemeinen eine Geheimhaltung gegenüber dem Publikum beobachtet zu werden; immerhin wird aber doch eine so große Anzahl von Sachverständigen eingeweiht, daß das Moment der Offenkundigkeit . . . als erfüllt anzusehen ist. Es genügt hierfür, daß das Geschoß dem großen und nicht abgeschlossenen Kreise der mit seiner Handhabung betrauten Militärpersonen, sowie den zu seiner Herstellung beauftragten Industriellen bekannt geworden ist (RG Blatt 13 [1907], 112).

Es erscheint fraglich, ob das Reichsgericht heute noch ebenso erkennen würde.

Wenn den Fabrikarbeitern keine Schweigepflicht auferlegt ist, sie aber das Wesen der Erfindung nicht erkennen und deshalb nicht mitteilen können, liegt keine Offenkundigkeit vor (Mitt. 1901, 11).

Offenbarung durch Personen, die zur Geheimhaltung verpflichtet sind, wirkt nicht neuheitsschädlich. In folgendem Urteil ist davon eine Ausnahme gemacht. Die Anlage der Feuerzüge in Gasbrennöfen war durch 354948 geschützt. Der Erfinder hatte vor Anmeldung seines Patents derartige Öfen durch eine Firma bauen lassen, der er — wie er behauptet — Geheimhaltungspflicht auferlegt hatte. „Aber hier ist diese Pflicht . . . jedenfalls nicht erfüllt worden". Der Betriebsleiter hatte die Anlage der Feuerzüge mehrfach Sachverständigen erklärt, während der Ofen in Betrieb war. Das ist für neuheitsschädlich erachtet (I 360/25, Urt vom 24. 3. 27).

Streit ist, ob in der öffentlichen **Vorführung, Beschreibung** und **Erläuterung** eines Apparates oder eines Modells desselben oder eines Verfahrens (im Gegensatz zu einer rein mündlichen Erläuterung der Erfindung) eine Benutzung liegt. In dem Urteile des RG Blatt 12 (1906), 262 ist die Frage für den Fall bejaht, daß die Vorführung in der Absicht vorgenommen wird, die Erfindung bekannt zu machen; die Frage wäre danach zu verneinen, wenn Zwecke der Belehrung usw. verfolgt werden. Diese Unterscheidung ist angegriffen worden, weil es nicht auf die subjektive Absicht des Vorführenden ankommen könne. Letzteres mag an sich zugegeben werden — aber es kommt in Betracht, daß die Absicht nicht ein Internum bleibt, sondern sich in den Umständen der Vorführung widerspiegelt. Werden neue Koch- oder Backapparate, wie jetzt häufig geschieht, einem öffentlich geladenen Publikum vorgeführt und wird ihre Kon- **Anm. 31.**

struktion den Sachverständigen erkennbar gemacht, so ist das eine Benutzung der Erfindung. Entscheidend ist, daß der Apparat feilgehalten, empfohlen oder wenigstens in die Praxis eingeführt werden soll. Das Gegenteil gilt, wenn in einer wissenschaftlichen Vorlesung Apparate demonstriert und kritisiert werden.

Letzterenfalls gilt also das öffentlich Vorgetragene nicht als vorbekannt, RG Blatt 9 (1902), 227. Diese sich aus dem Gesetze ergebende Folge wird allerdings den Erfordernissen des Lebens nicht gerecht. Wenn ein Wissenschaftler eine Vorrichtung, ein Verfahren erfindet und seine Erfindung der Allgemeinheit vorzeigt und erläutert, dann kann ein Dritter sie zum Patent anmelden. Das erscheint unleidlich. Einspruch oder Klage wegen widerrechtlicher Entnahme bieten keinen ausreichenden Schutz, denn sie haben erfahrungsmäßig häufig keinen Erfolg. Auch kann man dem Wissenschaftler nicht zumuten, sich auf Patentstreitigkeiten mit ungewissem Erfolg und mit Kostenrisiko einzulassen. Das Gesetz oder die Rechtsprechung muß für Abhilfe sorgen, wie in Österreich zum Teil geschehen ist.

Ebenso streitig ist, ob es eine neuheitsschädliche Vorbenutzung ist, wenn Vorrichtungen oder Stoffe in Ausstellungen zur Schau gestellt werden. Um offenbare Ungerechtigkeiten der geschilderten Art zu vermeiden, werden die Gerichte nach Möglichkeit in solchen Fällen annehmen, daß ein Feilhalten der Erfindung oder des Erfindungsgegenstandes an der Hand von Modellen, Mustern, Proben vorliegt. Bei gewerblichen Ausstellungen wird das ja in der Regel auch zutreffen, ebenso bei Messen (MuW Jahrg. 12 S. 555; 27/28 S. 215). Aber wenn der Wissenschaftler seinen Apparat in einer Sammlung wissenschaftlicher Apparate oder dgl. ausstellt? Nach der herrschenden Lehre ist darin keine neuheitsschädliche Vorbenutzung zu finden.

Anm. 32. Man könnte auch schon bei dem jetzigen Stande des Gesetzes zu einer befriedigenden Regelung gelangen, wenn die Rechtsprechung sich von der unbegründeten Annahme freimachen könnte, daß alle diejenigen und nur diejenigen Maßnahmen neuheitshindernd wirken, die im § 4 aufgezählt sind. Diese Annahme ist unbegründet, weil § 2 und § 4 Tatbestände regeln (wann liegt Vorbenutzung vor? einerseits, und welche Handlungen enthalten eine Patentverletzung? andererseits), die gesetzespolitisch nicht gleich zu behandeln sind, vielmehr nichts miteinander zu tun haben. Sehr bezeichnend ist zu diesem Punkte die nordamerikanische Lehre. Man hatte in Nordamerika geradezu die Regel aufgestellt: was, wenn es nach der Patenterteilung liegt, eine Patentverletzung enthält, enthält eine Vorwegnahme (Antizipation), wenn es vor der Patenterteilung liegt (Macomber, S. 8). Diese Regel ist aufgegeben worden, weil man einsah, daß sie rechtspolitisch verkehrt ist. Wenn diese Einsicht auch in Deutschland durchdringen würde, dann würde man zu dem gesunden Ergebnis kommen, daß für den Begriff der Vorbenutzung das Hauptgewicht auf die Offenkundigkeit und die Möglichkeit der Nachbenutzung zu legen ist, und daß, wenn diese Wirkung erzielt wird, jede Hantierung mit dem Erfindungsgegenstand oder mit Modellen, Zeichnungen, Mustern die Neuheit zerstört. Man würde dann für die Hauptfälle der Kalamität entgehen, daß etwas, was die ganze Welt weiß, gesetzlich als nicht bekannt gilt. Bekanntgabe nur durch das Wort ohne Modelle, Zeichnungen, Muster bliebe allerdings unberührt; das ließe sich ertragen, weil bloß mündliche Beschreibung in den meisten Fällen die Nachbenutzung doch nicht genügend ermöglicht. Einige Ansätze in der geschilderten Richtung finden sich übrigens schon in der Rechtsprechung: Blatt 9 (1903) S. 229: Mitteilung eines Färbereiverfahrens an Färbereien, um diese zu veranlassen, die nötigen Farben von dem Mitteilenden zu kaufen, ist Benutzung des Färbereiverfahrens; Gareis Bd. 3 S. 168: Ausstellung einer Erfindung schließt deren Benutzung ein; ob diese offenkundig ist, hängt von der Benutzungsart ab.

Anm. 33. **Beweis der offenkundigen Vorbenutzung durch Zeugen.** Liegt eine behauptete offenkundige Vorbenutzung weit zurück und wird der Beweis nur durch Zeugen geführt, so sind deren Aussagen genau zu prüfen. Das ist besonders in der nordamerikanischen Rechtsprechung mit großer Schärfe hervorgehoben. Aus einem Urteil Fed. Rep. Bd. 106 S. 703: Das Gedächtnis der Menschen ist zu kurz und zu fließend, zu leicht beeinflußt durch Zufall und Interessen, um zuzulassen, daß die Erinnerung eines oder zweier Zeugen den Bestand wertvoller Patente in Frage stellen könne. Eine mündliche Bekundung früherer Ausführungen einer Erfindung, die nicht durch Urkunden oder dergleichen unterstützt wird, ist immer einem gewissen Verdacht ausgesetzt. Anders liegt die Sache dann, wenn die Bekundung wirklich geeignet ist, die frühere Benutzung über jeden vernünftigen Zweifel hinaus zu erheben. Der vorliegende Zeugenbeweis ist nicht von solcher Art. — Diese Grundsätze sind gesund; sie werden nach Lage des Falles auch vom Reichsgericht befolgt.

Anm. 34. Liegt eine neuheitsschädliche Vorbenutzung nur dann vor, wenn der Vorbenutzer das erkannt hat, was das Wesen der neuen Erfindung ausmacht?

Die herrschende Meinung bejaht die Frage nach der Notwendigkeit der Erkenntnis. Sie stützt sich auf den Wortlaut des § 2: eine Erfindung gilt nicht als neu, wenn sie . . . benutzt ist; sie, die Erfindung, muß benutzt sein; der Vorbenutzer muß sie also schon gemacht, das heißt erkannt haben. Überzeugend ist diese Schlußfolgerung nicht. Die Frage beantwortet sich leichter, wenn man aus der Unanschaulichkeit der abstrakten Begriffe heruntersteigt und die vorgekommenen Fälle ansieht.

Bei der Darstellung des Martiusgelb bildete sich unerkannt ein anderer, wertvoller, gleichfalls gelber Farbstoff. Auf die — ein wenig abgeänderte — Herstellung desselben wurde das Patent 10785 (Nitrosulfosäuren des Alphanaphthols) erteilt. Erkannt: es schadete nichts, daß der neue Stoff schon immer unerkannt entstanden war (Gareis Bd. 8 S. 198).

248178 schützte die Herstellung kautschukähnlicher Substanzen. Die Erfindung bestand darin, daß im Benzolvorlauf gewisse Kohlenwasserstoffe durch Natrium unschädlich gemacht wurden. Erkannt: es schadete nicht, daß in einem anderen ähnlichen Verfahren bereits unbewußt dieselben Kohlenwasserstoffe durch Natrium unschädlich gemacht waren (PA Entsch vom 16. 6. 14, I 318/1914).

317880 schützte eine Rahmenantenne, bei der eine Seite gegen die Horizontale geneigt war. Dadurch sollte die schädliche Einwirkung von Erdströmen beseitigt werden. Vorgeschrieben und vorbenutzt war die gleiche Gestaltung, ohne daß man von Erdströmen und deren Beseitigung damals etwas wußte. Erkannt: keine Vorwegnahme; die günstige Wirkung war nicht erkannt (I 776/1922, Urt vom 29. 3. 1924).

300671 schützte einen Saugfilter, bei dem das abfiltrierte Gut kuchenförmig auf dem Filtertuch liegenbleibt, um die Filterwirkung zu verstärken. Entgegengehalten wurde, daß man zwar bisher das Filtergut entfernt habe, aber doch immer schon eine 1 cm dicke Schicht habe liegen lassen. Erkannt: die unbeabsichtigte und ungeregelte Zurücklassung der Schicht könne nicht dem zielbewußten und absichtlichen Bilden und Erhalten der Schicht gleichgestellt werden (PA NichtAbt Entsch vom 31. 1. 18).

233345 schützte eine Erfindung, nach der auf rechnerischem Wege die Formel für Brillengläser gegen Astigmatismus ermittelt wird. Ein Konkurrent hielt entgegen, er habe bei seinen vielfachen Versuchen zur Herstellung derartiger Gläser auch schon solche, die jener Formel entsprächen, offenkundig hergestellt. Das Patentamt entschied: man könne zweifellos auch auf empirischem Wege dasselbe Ergebnis erreichen: dann habe das aber systematisch ausprobiert werden müssen. Das habe der Konkurrent nicht getan; er könne nur anführen, daß er gelegentlich, ohne Erkenntnis einer Regel, auch schon die gleiche Art hergestellt haben müsse. Das sei keine neuheitsschädliche Vorbenutzung (PA NichtAbt Entsch vom 4. 5. 15).

Patentiert war eine Einrichtung an Windsichtern. Entgegengehalten wurde: Monteure einer anderen Maschinenfabrik hätten entgegen den Konstruktionszeichnungen an ihren Windsichtern eigenmächtig eine ganz ähnliche Vorkehrung getroffen, um ruhigeres Arbeiten des Sichters herbeizuführen. Entschieden ist: Erfordernis sei, daß der Vorbenutzer den ursächlichen Zusammenhang zwischen der Anordnung und dem technischen Ergebnis erkannt habe und sich der technischen Bedeutung der Einrichtung bewußt geworden seien. Das liege hier nicht vor (RG Blatt 31 [1925], 224).

Mit dieser letzten Entscheidung ist der Fall MuW Jahrg. 26 S. 387 zu vergleichen, der manche Ähnlichkeit aufweist; daselbst ist angenommen, daß die Schweißer genügende empirische Erkenntnis des Zusammenhangs zwischen ihrer Handlung und der erzielten Wirkung gewonnen hatten.

Die Beispiele sollen zeigen, um was es sich bei der Erkenntnis eigentlich handelt. Wie die Vorrichtung gestaltet ist, wissen die Benutzer, denn sie haben sie gehandhabt; sie kennen ebenso die Regel des Verfahrens, denn sie haben sie angewandt. In diesen Punkten kann ihnen also die erforderliche Kenntnis nicht gefehlt haben — außer wenn es sich etwa um ganz verwickelte und schwerverständliche Sachen handelte, die von Arbeitern ins Werk gesetzt werden konnten, ohne daß diese von dem Wesen der Dinge etwas zu ahnen brauchten. Wenn man von derartigen seltenen Fällen absieht und weiter berücksichtigt, daß jedenfalls nur empirische Kenntnis vorzuliegen braucht, das heißt, daß nur der äußere Zusammenhang zwischen der Einrichtung des Arbeitsmittels oder der menschlichen Handlung bei einem Verfahren einerseits, und der technischen Wirkung andererseits erkannt zu sein braucht, dann kann für die große Mehrzahl der Fälle kein Zweifel sein, daß in den genannten Punkten ein Mangel der Erkenntnis kaum jemals vorkommen wird. Die Beispiele haben denn auch gezeigt, daß es sich so gut wie immer darum handelt, daß nicht die Gestaltung der Vorrichtung oder des Verfahrens u. dgl., sondern irgendeine *Funktion* der Vorrichtung oder des Verfahrens unentdeckt geblieben ist. Der Benutzer hatte nicht erkannt, daß sich in dem chemischen Verfahren ein neuer Farbstoff bildete, daß unter den vielen Brillengläsern, die er herstellte, gerade eins war, das bei Stigmatismus besonders geeignet war usw. Es war also nicht erkannt, daß neben der beobachteten Wirkung noch eine andere Wirkung eintrat. Wird diese andere Wirkung nun zum Patent angemeldet, dann kann sich allerdings die Frage nach dem Vorhandensein der notwendigen empirischen Kenntnis aufwerfen — kaum aber in anderen Fällen.

Nun ergibt sich jedoch, daß die Frage in den meisten Fällen gar keiner Beantwortung bedarf. Denn das Gesetz verlangt eine derartige offenkundige Vorbenutzung, daß die Benutzung durch andere Sachverständige möglich gemacht wird. In den meisten Fällen ist aber die Sachlage so, daß, wenn nicht einmal der Vorbenutzer selbst die in Rede stehende Funktionswirkung erkannt hat, noch viel weniger ein anderer, d. h. ein außenstehender Sachverständiger sie erkennen kann. Damit erledigen sich die meisten Streitfälle am einfachsten. Konnte der andere Sachverständige nicht erkennen, daß die über Eck gestellte Antenne die Wirkung der schädlichen Erdströme ausschaltete, oder daß sich neben dem Martiusgelb ein anderer Farbstoff bildete usw., so konnte er die in dem neuen Patente aufgestellte Regel nicht anwenden, und schon deshalb liegt dann keine Vorwegnahme vor. So wird die Sachlage in der Regel in Nordamerika angesehen: der Vorbenutzer hatte (beim Kupferbessemerverfahren) die Bildung einer für die Wände des Konverters unschädlichen Schlacke nur hin und wieder erreicht und lehrte deshalb die Technik nichts über die richtige Zusammensetzung des Flußmittels (Fed. Rep. 2. Reihe Bd. 7 S. 16).

Die Frage nach der Erkenntnis des Vorbenutzers selbst bedarf also nur dann einer Beantwortung, wenn zwar der andere Sachverständige den springenden Punkt erkennen konnte, der Vorbenutzer ihn aber aus irgendwelcher Ursache nicht erkannt hat. Daß in solchem Falle die neue Erfindung noch patentfähig sein sollte, trotzdem der Fachmann sie aus dem Vorbenutzten erkennen konnte, wird nicht anzunehmen sein. Man gelangt deshalb zu dem Schlusse, daß die Erkenntnismöglichkeit des Neuen aus dem Vorbenutzten durch dritte Fachleute entscheidend ist. Dies Ergebnis ist gesund: Vorwegnahme kann sich nicht danach regeln, was der Vorbenutzer sich gedacht hat, sondern was der Fachwelt bereits offenbart ist. Alle unsicheren Erörterungen, ob die Vorbenutzung ungeregelt war, und ob der Vorbenutzer sich der technischen Bedeutung seiner Maßnahme bewußt war, fallen damit fort.

Die entwickelten Grundsätze sind hin und wieder auch vom Reichsgericht anerkannt. Als ein Patent wegen Vorwegnahme durch eine ältere Patentschrift angegriffen wurde, brachte der Beklagte eine Bescheinigung des älteren Erfinders bei, daß er an so etwas, wie das neue Patent enthielt, nicht gedacht habe. Das Reichsgericht äußerte: wenn es nun auch nicht darauf ankommt, was der (ältere) Patentträger bei seiner Erfindung gedacht hat, sondern lediglich das entscheidend ist, was die beteiligten Sachkundigen der Patentschrift entnehmen konnten ... (Urt vom 20. 9. 16, I 91/1914).

Vgl. auch folgenden Fall: bei der Kunstseidefabrikation werden die aus der Spinnbrause austretenden, noch weichen Fäden in die strömende Fällflüssigkeit geleitet, in der sie nach und nach erstarren und durch den Strom der Flüssigkeit fortgeführt werden. Die Flüssigkeit durchfließt ein trichterförmiges Gefäß, fließt also in dem oberen weiten Teil, wo die Fäden noch weich sind, langsam, damit die Fäden nicht zerrissen werden, in dem unteren engen Teile, wo die Fäden schon erstarrt sind, rasch. Schon früher hatte man ein trichterförmiges Gefäß angewendet, aber nur um die Fäden zu sammeln und zusammenzufassen. Diese Anordnung wurde als neuheitsschädlich entgegengehalten. Das Reichsgericht äußerte in dem im Blatt 31 (1925), 219 nicht mit abgedruckten Teile des Urteils: auch schon in dem Trichter der älteren Anordnung habe eine allmähliche Steigerung der Geschwindigkeit des Flüssigkeitsstroms stattgefunden. „Daß diese Wirkung in der Patentschrift nicht ausdrücklich hervorgehoben und ihre Bedeutung von dem damaligen Anmelder vielleicht auch nicht voll erkannt worden ist, vermag nichts an der Tatsache zu ändern, daß auch bei jener Einrichtung der frische Faden zunächst in eine langsamer fließende Flüssigkeit hineingelangt und erst allmählich von einem schnelleren Strome fortgeführt wurde.“ Hier also ist kein Gewicht darauf gelegt, daß die neue besondere Wirkung, die zugleich eine besondere Ausgestaltung nach sich ziehen mußte, früher noch nicht erkannt war und noch nicht erstrebt wurde, vielmehr ist gebilligt, daß daraufhin das neue Patent einschränkend ausgelegt wurde. — Mögen in diesem Falle immerhin einige Zweifel möglich sein, ob die neue Erkenntnis nicht doch eine neue Anweisung brachte, so sind solche Zweifel unmöglich, wenn die neue Erkenntnis nur die Klarstellung von Vorteilen einer bekannten Maßregel oder Vorrichtung bringt. Es war aus irgendwelchen Gründen empfohlen worden, Stahltrossen so herzustellen, daß über einer Seele eine Lage von Drähten rechtsherum und darüber eine zweite Lage linksherum gewickelt wurde. Später ließ sich jemand patentieren, in dieser Weise zu verfahren, um die Neigung der einseitig gewickelten Trossen, sich bei Beanspruchung durch Zug aufzuwickeln, zu beseitigen. Das Patent ist mit Recht vernichtet, weil es nichts weiter lehrte, als daß die längst befolgte Maßregel einen weiteren Vorteil biete (Fed. Rep. Bd. 211 S. 976). Nur soweit es eine neue Regel für den Drall der Windungen aufstellte, ist es aufrechterhalten. Ähnliche Gesichtspunkte sind erörtert § 1 A 90f; § 2 A 6 Ziff 4.

Im Zusammenhang mit vorstehendem ist nochmals darauf hinzuweisen, daß in Amerika an den Beweis einer Vorbenutzung, namentlich einer lange Zeit zurückliegenden, außerordentlich scharfe Anforderungen gestellt werden. Mit welchem — man muß sagen — Mißtrauen Zeugenaussagen, die nicht durch Urkunden unterstützt sind, betrachtet werden, ist bereits in A 33 dargelegt. Auch die Art der Benutzung muß qualifiziert sein; sie darf nicht zufällig erfolgt sein; sie muß dauernd ausgeübt sein; die Maßnahmen und ihre Wirkung müssen verstanden sein; sie muß zu der allgemeinen Kenntnis beigetragen haben, contributing definitively to the sum of knowledge. Die Rechtsprechung findet sich zusammengestellt in dem neueren Urteil Fed. Rep. 2. Reihe Bd. 11 S. 770ff.

Nach anderen Grundsätzen als in dieser Anmerkung entwickelt, ist naturgemäß zu entscheiden, welche Erkenntnis der Vorbenutzer gehabt haben muß, um ein Vorbenutzungsrecht zu erwerben (hierfür vgl. § 5 A 7).

Möglichkeit der Benutzung durch andere Sachverständige. Das Gesetz verlangt, die Erfindung müsse so offenkundig benutzt sein, daß danach die Benutzung durch andere Sachverständige möglich erscheint. Nach der syntaktischen Fassung des Gesetzestextes könnte es scheinen, als ob der Folgesatz (so offenkundig . . . daß danach) eine Einschränkung des Erfordernisses der Offenkundigkeit enthielte, mit anderen Worten als ob die geforderte Offenkundigkeit nur in dem Umfange vorhanden zu sein braucht, daß einige Sachverständige von der Benutzung Kenntnis nehmen konnten. Das meint das Gesetz jedoch nicht. Die Vorbenutzung muß erstens offenkundig in dem in A 28—30 dargelegten Sinne und zweitens für Sachverständige erkennbar sein. Es genügt also nicht, wenn nur zwei Ingenieure einer benachbarten Fabrik Zutritt zu der Vorbenutzung gehabt haben, sondern diese muß einer unbestimmten Anzahl von Personen zugänglich gewesen sein. Nicht erforderlich ist, daß die Sachverständigen bei der Vorbenutzung selbst anwesend sein konnten; es genügt, wenn andere nicht zur Geheimhaltung verpflichtete Personen anwesend sein konnten, und diese imstande waren, den Sachverständigen auf Grund ihrer Wahrnehmungen die zur Ausführung der Erfindung nötigen Mitteilungen zu machen. **Anm. 35.**

Das Gesetz verlangt also eine besondere Qualifikation der Offenkundigkeit. Der Begriff der Offenkundigkeit bestimmt extensiv, daß ein nicht begrenzter Kreis von Personen Kenntnis nehmen kann. Die hier zu behandelnden Worte bestimmen intensiv, wie genau die mögliche Kenntnisnahme sein muß. Die Kundbarmachung muß so eingehend und so genau sein, daß andere Sachverständige die Erfindung ausführen können; das ist der Sinn des Gesetzes. Das Gesetz versteht unter Benutzung durch andere Sachverständige nicht etwa, daß andere Sachverständige in den Stand gesetzt werden, jede beliebige der im § 4 aufgeführten Benutzungsarten vorzunehmen. Es wäre absurd zu sagen, die Vorbenutzung müsse derart offenkundig sein, daß andere Sachverständige die Erfindung in Verkehr bringen oder feilhalten können. Ebensowenig kommt in Betracht, ob eine Vorrichtung, deren Herstellung patentiert ist, so offenkundig vorbenutzt ist, daß ein anderer Sachverständiger sie benutzen kann, vielmehr muß der Sachverständige in den Stand gesetzt werden, das zu tun, was den Inhalt der Erfindung ausmacht. Bei Verfahrenserfindungen muß er das Verfahren ausführen können, bei Maschinenerfindungen muß die Bauart der Maschine erkennbar geworden sein usw. Der Umfang des Begriffs der Nachbenutzung ist also ein ganz anderer, als der der Vorbenutzung, wie schon oben A 26 bemerkt.

Andere Sachverständige im Sinne des Gesetzes sind solche Sachverständige des in Betracht kommenden Zweiges der Technik, die der Erfindung unbekannt gegenüberstehen, also nicht Personen, die an der Ausarbeitung der Erfindung teilgenommen hatten, die schon mit der Erfindung gearbeitet hatten, denen bereits spezielle Mitteilungen über die Erfindung gemacht sind, ja nicht einmal solche Personen, die auf einem ganz besonderen Gebiete sich ganz besondere, nicht jedem Sachverständigen zugängige Kenntnisse erworben haben.

Im einzelnen gilt folgendes: **Anm. 36.**

1. Die Nachbenutzung muß möglich gewesen sein; ob sie vor der neuen Anmeldung bereits tatsächlich erfolgt war, ist gleichgültig.

2. Ob der andere Sachverständige zur Ausführung der Erfindung noch Überlegungen anstellen oder Versuche machen muß, ist ebenfalls gleichgültig; die Sachlage darf nur nicht so sein, daß zur Ausführung der Nachbenutzung noch weitläufige Forschungen erforderlich sind, die etwa gar noch erfinderische Kraft voraussetzen. Auch darf der Anlaß zur Vornahme der Überlegungen oder Versuche nicht ferngelegen haben. „Es folgt, daß, wenn der Sachverständige den Erfindungsgedanken erst durch Untersuchungen würde erkennen können, was an sich die Anwendung des § 2 nicht ausschließt, die Partei, die sich auf offenkundige Vorbenutzung beruft, die Umstände darzulegen hat, nach denen die Vornahme dieser Untersuchungen angezeigt gewesen wäre“ (I 161/1916, Urt vom 6. 12. 16).

3. Die Vorbenutzung muß objektiv so genommen und angesehen werden, wie sie sich zur Zeit ihrer Ausführung darbot. Es genügt nicht, wenn sie damals heimlich geschah, aber später offenkundig bekanntgemacht wurde. Sie muß schon bei ihrer Vornahme so offenkundig und so genau gewesen sein, wie gesetzlich erforderlich ist. Nachträgliche Kundbarmachungen können der Vorbenutzung nicht den Charakter der Offenkundigkeit beilegen, können vielmehr

nur als Vorveröffentlichung in Betracht kommen, wenn sie in öffentlichen Druckschriften erfolgt sind. Anders das Urteil GewR 6 (1901), 150, das aber jetzt überholt ist (vgl. RG 101, 38; Gareis Bd. 4 S. 48). Der andere Sachverständige muß aber die Vorbenutzung mit denjenigen technischen Kenntnissen ansehen, die zur Zeit der neuen Anmeldung, nicht zur Zeit der Vorveröffentlichung, allgemein verbreitet waren; Neuheit liegt nicht mehr vor, wenn man zur Zeit der Anmeldung das Angemeldete bereits aus früheren Vorbenutzungen ersehen konnte (Kohler, Handbbuch S. 186). Kenntnisse, die erst nach der neuen Anmeldung hervorgetreten oder gar durch die neue Anmeldung vermittelt sind, dürfen dabei natürlich nicht in Betracht kommen. Man muß sich also hüten, daß man bei der Prüfung nicht Gedanken oder Hinweise mitspielen läßt, die erst die neue Erfindung gegeben hat.

4. Es ist ohne Belang, ob die Vorbenutzung rechtlich nicht zulässig war. Das kommt insbesondere dann in Betracht, wenn eine abhängige Erfindung vorbenutzt ist, die also gegenüber dem Hauptpatent nicht hätte ausgeführt werden dürfen. Anders nur dann, wenn die rechtliche Unzulässigkeit der Nachbenutzung darauf beruht, daß die Vorbenutzung lediglich Vertrauenspersonen zur Kenntnis gelangt war, die ihre Geheimhaltungspflicht gebrochen haben. Dann liegt überhaupt keine Offenkundigkeit der Vorbenutzung vor.

5. Die Vorbenutzung wird, wenn eine Nachbenutzung tatsächlich nicht stattgefunden hat, nicht so weit zurückliegen dürfen, daß eine Nachbenutzung zur Zeit der Neuanmeldung nicht mehr möglich ist, weil die Erinnerung an die notwendigen Einzelheiten geschwunden sein muß. Dieser Grundsatz ist gesund, da vergessenen Dingen nicht ohne Not neuheitsschädliche Wirkung beizulegen ist.

6. Die Vorbenutzung darf nicht so kurze Zeit zurückliegen (zwei Stunden vor dem Tage der Neuanmeldung, Blatt 3 [1897], 225), daß eine Nachbenutzung überhaupt nicht möglich war. Bei Anwendung dieses Grundsatzes ist Vorsicht geboten.

7. Handelt es sich um komplizierte Vorrichtungen, Maschinen, Verfahren, so muß genau geprüft werden, ob diejenigen, die von der Vorbenutzung Kenntnis nahmen, das Wesen der Erfindung so genau erkennen konnten, daß sie selbst nachbenutzen oder anderen die nötigen Anleitungen zur Nachbenutzung vermitteln konnten. Offenkundige Vorbenutzung ummantelter Vorrichtungen oder Maschinen genügt also nicht (Gareis Bd. 6 S. 122).

8. Es ist zu erwähnen, daß manche Benutzungsarten ihrer Natur nach eine zur Nachbenutzung ausreichende Erkenntnis überhaupt nicht gestatten. Insbesondere ist das der Fall beim Verkaufen oder Feilhalten von stofflichen Erzeugnissen, deren Wesen und Zusammenstellung durch Analyse nicht aufgeklärt werden kann, z. B. bei manchen chemischen organischen Verbindungen, etwa Lacken, gewissen Gerbstoffen usw.

9. Seit langer Zeit ist die Frage streitig, ob die Kundbarmachung von Maschinen im Leerlauf die Nachbenutzung ermöglicht; ebenso ob es genügt, wenn eine Maschine in der Verarbeitung anderer Stoffe als der bestimmungsgemäßen vorgeführt wird, wenn man z. B. eine Häckselschneidemaschine Papierschnitzel schneiden läßt. Es kommt häufig vor, daß Maschinen auf Ausstellungen im Leerlauf gezeigt werden. Die Fragen lassen sich nicht allgemein beantworten. Zweifellos gibt es (trotz Kohlers anscheinendem Widerspruch) zahllose Erfindungen an Maschinen, die im Leerlauf ihrem Wesen und ihrem Erfolge nach vollkommen klargelegt werden, z. B. alle neuartigen Kraftübertragungen, Anordnung von Walzen in Druckmaschinen, neuartige Lagerung von Achsen u. dgl. Ebenso zweifellos gibt es Maschinen, deren Wirkung ohne wirkliche Arbeitsleistung nicht zu erkennen ist. Ob eine Knetmaschine gut arbeitet, kann man nur sehen, wenn ihr Brotteig oder anderes Material zum Kneten gegeben wird. Aber ist es nach dem Gesetze erforderlich, daß die Vorteile, die Erfolge der Maschine erkennbar gemacht werden müssen? § 2 sagt darüber nichts. Ist es berechtigt, daß ein Dritter die Maschine noch zum Patent anmelden kann, die vor jedermanns Auge in einer Ausstellung ihrer Bauart nach erkennbar im Leerlauf gezeigt ist? Dabei kommt vor allem in Betracht, daß bei druckschriftlicher Vorveröffentlichung einer Maschine auch nur ihre Bauart, nicht ihre Erfolge erkennbar sind und trotzdem Neuheitsschädlichkeit eintritt. Alle diese Erwägungen führen zu dem Ergebnis, daß jedenfalls dem Grundsatze nach der Leerlauf eine Nachbenutzung im Sinne des Gesetzes ermöglichen und deshalb neuheitsschädlich wirken kann.

Anm. 37. **Gesetz vom 18. 3. 1904** (RGBl 141). Erfindungen, Gebrauchsmustern . . ., die auf einer inländischen oder ausländischen **Ausstellung** zur Schau gestellt werden, wird ein zeitweiliger Schutz gewährt mit der Wirkung, daß weder die Schaustellung, noch eine anderweitige spätere Benutzung, noch eine spätere Veröffentlichung der Erfindung die Erlangung eines Patents oder eines Musterschutzes neuheitsschädlich hindern, sofern die Patent- oder Musterschutzanmeldung von dem Aussteller oder dessen Rechtsnachfolger binnen sechs Monaten nach Eröffnung der Ausstellung bewirkt wird. Die Anmeldung geht anderen Anmeldungen vor, die nach dem Tage des Beginns der Schaustellung eingereicht werden. Diese Bestimmung gilt nur für solche Ausstellungen, die durch eine Bekanntmachung des Reichsministers der Justiz im Reichsgesetzblatt bezeichnet werden.

Das Gesetz will Erfindungen, die auf Ausstellungen zur Schau gestellt werden, besonderen Schutz gegen Nachahmung verleihen. Der Schutz gilt auch zugunsten ausländischer Aussteller, denn das Gesetz ist im Anschluß an Art. 11 des Unionsvertrags erlassen. Art. 11 spricht zwar nur von internationalen Ausstellungen, aber das Gesetz beschränkt sich weder auf solche, noch auf deutsche Aussteller. Voraussetzung ist, daß die Ausstellung im Reichsgesetzblatt bezeichnet ist, und daß die Patentierung binnen sechs Monaten von der Eröffnung der Ausstellung (also nicht vom Beginne der Schaustellung) nachgesucht wird. Der Schutz wird durch zwei Anordnungen verwirklicht, wie bei jeder Zurückverlegung der Priorität üblich ist. Die Neuheit wird nach dem zurückverlegten Datum geprüft, nämlich nach dem Tage des Beginns der Schaustellung. Was später liegt, sowohl die Schaustellung, und zwar die eigene oder eine fremde, als auch druckschriftliche Veröffentlichungen und offenkundige Vorbenutzungen werden nicht in Betracht gezogen. Die zweite Anordnung geht dahin, daß identische Anmeldungen anderer, die nach dem Beginn der Schaustellung eingegangen sind, außer Rücksicht bleiben; sie werden abgewiesen, wenn die Anmeldung des Schaustellers innerhalb der Frist von sechs Monaten eingeht und das Patent hierauf erteilt wird. Zu beachten ist, daß der Lauf der Patentdauer und die Fälligkeit der Gebühren nach dem Tage der wirklichen Anmeldung, also nicht nach der zurückverlegten Priorität, berechnet werden.

Die genannten Vorteile kommen nur dem Aussteller zugute, nicht dem Erfinder, der nicht selbst ausgestellt hat. Hat ein Unberechtigter ausgestellt, so kann der Berechtigte gegebenenfalls nur auf dem Umwege der Rechtsbehelfe des § 3, evtl. mit Nichtigkeitsklage oder mittels Zivilklage gegen jenen vorgehen. Auch seine (des Erfinders) eigene Anmeldung, die nach § 3 erforderlich ist, wird dann, da widerrechtliche Entnahme gegeben sein wird, gemäß § 3 auf den Tag vor Bekanntmachung der Anmeldung des Unberechtigten festgesetzt. An einer Bestimmung, daß solchenfalls für den Berechtigten der Tag der Eröffnung der Ausstellung maßgebend ist, fehlt es. Der Erfinder hat keine Rechte, wenn der Schausteller seine Kenntnis von der Erfindung nicht ihm, sondern einem Dritten entnommen hat.

Erwerb eines Vorbenutzungsrechts in der Zwischenzeit von Beginn der Schaustellung bis zur Patentanmeldung des Schaustellers ist zulässig, falls der Benutzer in gutem Glauben handelt (vgl. § 3 A 6). Abhängigkeit eines Verbesserungspatents bemißt sich nach dem Beginne der Schaustellung. — Das durch das Gesetz verliehene Recht wird durch Einspruch geltend gemacht, evtl. durch Nichtigkeitsklage, wenn das Patent auf die Anmeldung des Anderen bereits vor der Anmeldung des Schaustellers erteilt sein sollte.

Neuerdings ist in Aussicht genommen, gesetzlich zu bestimmen, daß der Erwerb eines Vorbenutzungsrechts in dem erwähnten Zwischenraum nicht zulässig ist.

Der Absatz 2 des § 2 will verhindern, daß bei Erfindungen, die auch im Auslande angemeldet werden, die früher erfolgende Ausgabe der ausländischen Patentschrift neuheitsschädlich für die deutsche Patentierung wird. Gegenseitigkeit mit dem ausländischen Staate, die im Reichsanzeiger kundgegeben sein muß, ist Voraussetzung. Eine solche Bekanntmachung ist bisher nicht erfolgt; sie ist auch nicht zu erwarten, da die Bestimmungen des Unionsvertrags weitergehen und die Zulässigkeit von Nachanmeldungen innerhalb der Unionsfrist festsetzen. Einer Erörterung des Gesetzes bedarf es deshalb nicht.

In vorstehendem ist mehrfach von dem **Durchschnittsfachverständigen** die Rede gewesen. Anm. 38.
Auf dessen Begriff ist einzugehen.

Im englischen Recht ist in einer viel zitierten Entscheidung (Law Reports, Chancery Division Bd. 3 [1876] S. 543f, 568) der Begriff für mechanisch-technische Patente erörtert worden; im deutschen Schrifttum finden sich wenige eingehende Erörterungen. Es heißt daselbst: es gibt erstens wissenschaftlich durchgebildete Techniker, hervorragende Ingenieure. Zweitens gibt es wissenschaftliche Techniker, Leiter großer Fabriken ..., Personen, die Ingenieurwissenschaften studiert haben — nicht in dem Umfange, wie die erste Klasse, aber immerhin noch in nicht unerheblichem Umfange, so daß sie geeignet sind, die Fabrikation von komplizierten und nicht gewöhnlichen Maschinen zu leiten, ... zu denen auch gehobene Werkführer und Ingenieure zu rechnen sind, die erhebliche Intelligenz besitzen, die auch selbst Erfindungen machen könnten und befähigt sind, aus leisen Andeutungen zu entnehmen, was gemeint ist ... ja befähigt sind, fehlerhafte Beschreibungen zu verbessern. Die dritte Klasse besteht aus den gewöhnlichen gelernten Fabrikarbeitern, die so viel Geschicklichkeit und Intelligenz besitzen, wie vernünftigerweise von ihnen verlangt werden kann, sorgfältig — nicht achtlos — arbeitende Personen, die aber keine erhebliche wissenschaftliche Bildung besitzen. Nun — und das ist das Wichtige — entscheidet das Urteil, die Beschreibung eines Patents müsse, um eine Vorwegnahme darzustellen, so klar sein, daß die dritte Klasse danach den patentierten Gegenstand herstellen könne. Es ist in dem Prozeß die Probe aufs Exempel gemacht worden: zwei besonders intelligente gelernte Arbeiter sind beauftragt worden, nach den Angaben der vorveröffentlichten Druckschrift und Zeichnung den streitigen Gegenstand (einen Rollschlittschuh) herzustellen. Sie vermochten das nicht, wichen vielmehr in Einzelheiten ab, um zu einem brauchbaren Ergebnis zu kommen. Daraufhin wurde erkannt, daß neuheitsschädliche Vorwegnahme nicht vorliege.

Diese Grundsätze, die in Deutschland noch vielfach als geltendes englisches Recht angeführt werden, sind nun aber mit dem Fortschreiten der Industrie schon erheblich umgestaltet, und zwar in beiden Richtungen, in denen sie hauptsächlich in Betracht kommen. Die Genauigkeit der Patentbeschreibung, die zur Rechtsbeständigkeit des Patents erforderlich ist, braucht nicht mehr immer so zu sein, daß ein geschickter Arbeiter danach die Erfindung ausführen kann. „Wenn es sich um die Herstellung synthetischer Farben oder anderer Gegenstände hochtechnischer Art handelt, wird es genügen, wenn die Patentbeschreibung einen Fabrikleiter in den Stand setzt, den Arbeitern die nötigen Anweisungen zur Fabrikation zu geben" (Fl. Moulton, Kap. 5 S. 89), das heißt also, sie muß einem Sachverständigen von der Stellung eines Fabrikleiters verständlich sein. Was andererseits die Genauigkeit einer vorveröffentlichten Patentschrift angeht, damit sie als Vorwegnahme dienen kann, so sind schon seit langem ähnliche mildere Grundsätze angewandt. Das Oberhaus hat Rep. of Pat. Cases Bd. 9 S. 313, besonders S. 320 entschieden: Jeder Anmelder muß seine Erfindung so genau beschreiben, daß ein Arbeiter von normaler Geschicklichkeit danach arbeiten kann. Sonst ist sein Patent hinfällig. Aber auch ein hinfälliges Patent war doch immerhin vorveröffentlicht, und insofern kann seine Beschreibung genügen, um wissenschaftliche Leute zu befähigen, ohne weitere erfinderische Tätigkeit ihren Inhalt zu verstehen. Diese können dann den Arbeitern die nötige Unterweisung geben, die das Patent selbst ihnen nicht gab, und in solchem Falle enthält das Patent eine schädliche Vorwegnahme. — Von Interesse ist, auf welchem Umwege das englische Recht das Verständnis des Arbeiters ausschaltet, was an umgestaltende und weiter entwickelnde Auslegungen des römischen Prätors erinnert.

In Nordamerika ist entscheidend das Verständnis einer person skilled in the art, das ist also ein aus der praktischen Technik entnommener Sachverständiger.

Auch in Deutschland kommt es sowohl für die zur Rechtsbeständigkeit eines Patents erforderliche Genauigkeit der Beschreibung, als auch für die Beurteilung einer früheren Veröffentlichung als Vorwegnahme darauf an, was ein „durchschnittlicher" Sachverständiger aus der Beschreibung herauslesen kann. Das ist also eine Persönlichkeit, die in dem in Frage stehenden Gebiete die übliche Vorbildung genossen und praktische Erfahrung gesammelt hat, die aber keine erfinderische Veranlagung hat. Nur bei einfachen Fabrikationen (Herstellung von Nägeln, Schrauben, auch einfacher Produkte chemischer und ähnlicher Art, z. B. Leim u. dgl.) und solchen Gewerbezweigen, die noch nicht wissenschaftlich durchforscht sind, ist ein guter Werkmeister der maßgebende Sachverständige (vgl. für vorstehendes Patentblatt 1888 S. 326).

Selbstverständlich ist, aber kaum jemals betont wird, daß es nur darauf ankommt, was der gekennzeichnete durchschnittliche Sachverständige bei üblicher Arbeitsweise in angemessener Zeit erreichen kann. Gleichgültig ist, was ihm in mehrmonatiger angestrengter Arbeit gelingen mag. Das gilt sowohl für die Beurteilung der Erfindungshöhe, der Neuheit, der Möglichkeit der Nachbenutzung, als auch bei den Anforderungen an die Genauigkeit der Patentbeschreibung, bei der einiges Ausprobieren dem Sachverständigen immerhin noch zugemutet werden kann, vgl. § 1 A 20 (Fertigkeit der Erfindung).

Neuerdings sind gegen den Begriff des durchschnittlichen Sachverständigen Einwendungen aus Kreisen der Praxis erhoben (Ludwig Fischer, Betriebserfindungen, S. 7); das sei ein Phantasiegebilde mit durchschnittlicher, nicht bestimmbarer Veranlagung und mit durchschnittlichen Hemmungen. Allein mit Unrecht. Der Begriff steht in allen Ländern in blühender Anwendung; er ist unentbehrlich; er kann jederzeit verifiziert werden, wie das englische Gericht das in dem eingangs erwähnten Falle getan hat.

Hinzuzufügen ist, daß bei behaupteter Vorwegnahme ein Sachverständiger mit den Kenntnissen in Betracht kommt, die zur Zeit der Anmeldung der neuen Erfindung verbreitet sind. Diese Kenntnisse, nicht die zur Zeit der Vorveröffentlichung herrschenden, entscheiden, ob die neu angemeldete Erfindung noch erfinderisch neu ist (§ 2 A 35 Ziff. 3).

§ 3

Auf die Erteilung des Patents hat derjenige Anspruch, welcher die Erfindung zuerst nach Maßgabe dieses Gesetzes angemeldet hat. Eine spätere Anmeldung kann den Anspruch auf ein Patent nicht begründen, wenn die Erfindung Gegenstand des Patents des früheren Anmelders ist. Trifft diese Voraussetzung teilweise zu, so hat der spätere Anmelder nur Anspruch auf Erteilung eines Patents in entsprechender Beschränkung.

Ein Anspruch des Patentsuchers auf Erteilung des Patents findet nicht statt, wenn der wesentliche Inhalt seiner Anmeldung den Beschreibungen, Zeichnungen, Modellen, Gerätschaften oder Einrichtungen eines anderen oder einem von diesem angewendeten Verfahren ohne Einwilligung desselben entnommen und von dem letzteren aus diesem Grunde Einspruch erhoben ist. Hat der Einspruch die Zurücknahme oder Zurückweisung der Anmeldung zur Folge, so kann der Einsprechende, falls er innerhalb eines Monats seit Mitteilung des hierauf bezüglichen Bescheids des Patentamts die Erfindung seinerseits anmeldet, verlangen, daß als Tag seiner Anmeldung der Tag vor Bekanntmachung der früheren Anmeldung festgesetzt werde.

Im Gesetzentwurf betr. Abänderung des Patentgesetzes vom 4. 2. 28 ist vorgeschlagen, daß 1. im Abs 2 Satz 2 die Worte „vor Bekanntmachung" wegfallen, so daß als Tag der Anmeldung des Einsprechenden der Tag der früheren Anmeldung festzusetzen sein wird; 2. daß folgende Vorschriften als Abs 3 hinzugefügt werden: Der durch widerrechtliche Entnahme Verletzte kann von dem Patentsucher oder dem Patentinhaber verlangen, daß ihm der Anspruch auf Erteilung des Patents oder das Patent übertragen wird. Der Anspruch kann innerhalb eines Jahres nach der Bekanntmachung über die Erteilung des Patents (§ 27 Abs 1) durch Klage geltend gemacht werden, später nur dann, wenn der Patentinhaber bei dem Erwerbe des Patents nicht in gutem Glauben war. — Daß die sog. Patentvindikation auch gegen den gutgläubigen Patenterwerber durchdringt, entspricht schon der bisherigen Rechtsprechung (vgl. § 6 A 6). Neu ist dagegen die Vorschrift, daß die Vindikation gegen den gutgläubigen Erwerber nur innerhalb eines Jahres erhoben werden kann.

Übersicht.

Anm. 1. Darüber ist kein Zweifel, daß nach Gerechtigkeit und nach positivem Recht das Patent demjenigen gebührt, der die Erfindung gemacht hat, oder wem er es zuwenden will (Rechtsnachfolger, Beauftragtem usw.). Die Umsetzung dieses Grundsatzes in die Wirklichkeit erfolgt in verschiedenen Rechten auf verschiedene Weise. Einige Rechte lassen im Erteilungsverfahren in gewisser Weise von Amts wegen erörtern, wer der wahre Erfinder ist; andere Rechte bestimmen, daß das Patent demjenigen zunächst erteilt wird, der zuerst anmeldet. Das nordamerikanische Recht verlangt, daß der Anmelder beeidet, er sei nach seiner wahren Überzeugung der erste und ursprüngliche Erfinder. Das Patent wird also nur dem erteilt, der sich für den wahren Erfinder hält. Ähnlich das englische Recht: nach diesem kann ein Patent anmelden, wer für sich in Anspruch nimmt, der erste und wahre Erfinder der (angemeldeten) Erfindung zu sein. Entsprechende Bestimmungen finden sich in mehrfachen anderen Rechten. Das deutsche Recht steht auf einem anderen Standpunkte. Nach deutschem Recht wird das Patent demjenigen gewährt, der die Erfindung zuerst angemeldet hat; Richtigstellung, falls er nicht der wahre Erfinder ist, erfolgt nach den Bestimmungen des § 3. Ähnlich beim Gebrauchsmusterschutz §§ 1 f, anders beim Geschmacksmuster- und Kunstschutzgesetz. Das deutsche Patentrecht befolgt also das sog. Anmelderprinzip. Das Patentamt hat sich grundsätzlich von Amts wegen nicht darum zu kümmern, ob der erste Anmelder auch der wahre Erfinder ist. Diese Bestimmung fand sich schon im Entwurf zum Patentgesetz von 1877. Die Motive führten zur Begründung an, daß die Bestimmung in den meisten deutschen Staaten, sowie in Österreich, Frankreich, Italien, Belgien bereits gelte, daß die Bevorzugung des ersten Anmelders die Erfinder zur schnellsten Anmeldung, die im allgemeinen Interesse erwünscht sei, veranlassen werde, und daß Beweisschwierigkeiten vermieden würden, die sonst für den Fall, daß mehrere Personen entweder in gemeinsamer Arbeit oder unabhängig voneinander dieselbe Erfindung gemacht haben, entstehen müßten. Härten würden durch die Bestimmung über die widerrechtliche Entnahme (§ 3 Abs 2) beseitigt. Diese Regelung wurde in der vom Bundesrat 1886 eingesetzten Kommission von einigen Seiten bemängelt (Stenogr. Protokolle S. 12); aus Gründen des sittlichen Rechts sei dem Erfinder vor jedem anderen Bewerber der Vorzug einzuräumen. Die Mehrheit der Kommission billigte jedoch den Entwurf, weil dadurch jeder Zweifel über die Priorität in klarer Weise ausgeschlossen werde. Die Meinungen, ob Anmelderpatent oder Erfinderpatent, blieben weiterhin nach wie vor geteilt. Die Industrie hielt so gut wie einmütig das Anmelderpatent für wünschenswert; die Juristen und Theoretiker neigten sich überwiegend dem Gegenteil zu (vgl. Ergebnis einer Rundfrage, Schriften des Vereins Recht und Wirtschaft Bd. IV Heft 2 S. 1—31). Aus sozialen Rücksichten sah sodann der vorläufige Entwurf eines Patentgesetzes von 1913 (Blatt 19, 1913, hinter S. 264) die Bestimmung vor: auf die Erteilung des Patents hat der Erfinder Anspruch; unter mehreren Erfindern der, der die Erfindung zuerst anmeldet. Dieser Entwurf ist nicht Gesetz geworden. Für Fragen de lege ferenda vgl. Anhang 2.

Hinzuzufügen ist: von einigen Seiten (z. B. Wildhagen, Festgabe für das Reichspatentamt, S. 32) wird behauptet, es gehöre nicht zu den Voraussetzungen der Patenterteilung, daß (überhaupt) eine Erfindung gemacht sei. Die Behauptung stützt sich darauf, daß auch eine Maßnahme patentiert werden könne, die der Anmelder nicht selbst ersonnen, sondern aus einer vor mehr als 100 (50) Jahren erschienenen öffentlichen Druckschrift entnommen habe. Allein jene Behauptung dürfte doch zu weit gehen. Das Gesetz spricht in den §§ 2 und 3 ausdrücklich von gemachten Erfindungen. Das entspricht auch dem Wesen der Sache. Die Feststellung der zeitlichen Grenze von 100 (50) Jahren ist nur im Interesse der Vereinfachung der Neuheitsprüfung erfolgt, ist auch, wenigstens in Deutschland, ohne praktische Bedeutung geblieben; an der grundsätzlichen Einstellung des Gesetzes, daß nur „Erfindungen" patentiert werden, ist nichts geändert worden. — Über die Frage, ob der Anmelder selbst erfunden haben müsse, vgl. nächste Anmerkung unter c.

Das deutsche Patentgesetz stellt im § 3 in Übereinstimmung mit allen übrigen Rechten **Anm. 2.**
1. den Grundsatz an die Spitze, daß für **jede Erfindung nur ein einziges Patent** erteilt werden kann, und zwar auch dann, wenn etwa zwei Erfinder gleichzeitig dieselbe Erfindung gemacht haben. § 3 regelt außerdem zwei Zweifelsfragen, 2. wem von mehreren Erfindern das Patent zu erteilen ist, und 3. wie zu verfahren ist, wenn sich im Erteilungsverfahren herausstellt, daß der Anmelder nicht der wahre Erfinder ist. Über diese drei Punkte ist einleitend folgendes zu bemerken.

a) Der Grundsatz, daß für jede Erfindung nur ein Patent zu erteilen ist, ist durchbrochen durch Art 308 des Versailler Vertrags, hierfür vgl. Anhang zu § 3 A 12. Außerdem kann es ausnahmsweise vorkommen, daß mehreren Erfindern für dieselbe Erfindung Patente erteilt werden (vgl. unten A 4).

b) Die Entscheidung der Frage, wem von zwei Erfindern das Patent erteilt werden muß, ist dann zweifelsfrei, wenn der zweite erst anmeldet, nachdem der erste das Patent bereits erhalten hat. Der zweite hat dann keinen Anspruch mehr auf ein Patent. Zweifel können jedoch entstehen, wenn der zweite anmeldet, ehe der erste das Patent erhalten hat. § 3 bestimmt nun, daß auch in solchem Falle derjenige das Patent unentziehbar erhält, der zuerst angemeldet hat. Das ist also der Grundsatz der Prävention. Dieser Grundsatz findet sich im § 3 nicht wörtlich ausgesprochen; er ergibt sich aber daraus, daß dem Erfinder oder Erfindungsberechtigten im § 3 Rechte gegen einen früheren Anmelder nur dann verliehen sind, wenn jener Erstanmelder oder seine Vormänner ihm die Erfindung rechtswidrig entwandt haben, also nicht, wenn der Erstanmelder auch erfindungsberechtigt ist oder wenigstens Kenntnis von der Erfindung erhalten hat, die nicht durch rechtswidrige Entnahme aus den Verlautbarungen des Erfinders erworben oder vermittelt ist (vgl. auch § 3 A 28). Dieser Grundsatz ist keineswegs selbstverständlich. In manchen Ländern gilt er nicht. In Frankreich und in England zwar ist es wie im deutschen Recht, auch in Österreich, vgl. z. B. Frost, law and practice des engl. Patentrechts, Kap 1 S. 6: Wenn mehrere Erfinder dieselbe Erfindung gemacht haben, so ist nicht der der „wahre und erste Erfinder" im Sinne des Gesetzes, der sie zuerst gemacht hat, sondern der sie zuerst angemeldet hat. Anders ist es dagegen in Nordamerika; Robinson Bd. I § 390: Wer zuerst den Erfindungsgedanken erfaßt und ihn ohne Verzug ausgearbeitet hat, ist zum Patent berechtigt, auch wenn ihm ein anderer selbständiger Erfinder mit der Patentanmeldung zuvorgekommen ist. (Dabei ist zu bemerken: diese amerikanische Regelung hat den Vorzug, daß das „Rennen zum Patentamt" nicht begünstigt wird, hat aber den Nachteil, daß das richtige Datum der ersten Erfindung häufig nicht leicht festzustellen ist; doch wird diese Schwierigkeit dadurch beseitigt, daß die Erfinder ihre Erfindung sofort niederschreiben und das Datum beglaubigen lassen.)

Das Verhältnis dieser Bestimmung des § 3 zum § 2 liegt zutage. § 2 regelt den Fall, daß der Inhalt der neuen Anmeldung bereits bekannt (nicht mehr neu) war. § 3 regelt den Fall, daß der Gegenstand der neuen Anmeldung bereits früher zum Patent angemeldet war (und daß diese frühere Anmeldung zum Patent führt). Daraus folgt: die Umkreise beider Bestimmungen können sich teilweise überschneiden; ist das auf die frühere identische Anmeldung erteilte Patent veröffentlicht, ehe die zweite Anmeldung erfolgt, so trifft sowohl § 2 als auch § 3 zu.

c) § 3 stellt weiter einen Verfahrensgrundsatz auf: Wer eine Erfindung als erster angemeldet hat, ist einstweilen zur Patenterlangung legitimiert, ohne daß seine materielle Berechtigung von Amts wegen geprüft wird. Selbstverständlich will § 3 nicht etwa sagen, daß der erste Anmelder als Berechtigter präsumiert werde (Gierke, DPrR 1, 871 A 53; Osterrieth, gew. Rechtssch. S. 81; Seligsohn § 3 A 3). Das würde in vielen Fällen der Wahrheit ins Gesicht schlagen. Das Gesetz will vielmehr, wenn einem die Erfindung rechtswidrig entwandt ist, diesem überlassen, seine Rechte seinerseits geltend zu machen. Der Ausspruch, der erste Anmelder gelte ausschließlich als Erfinder (so RG 56, 265), läßt sich also nicht billigen. Das sog. Anmelderprinzip, das im § 3 Ausdruck gefunden hat, sagt gar nichts über die materielle Berechtigung, sondern regelt das Verfahren dahin, daß die materielle Berechtigung nicht von

Amts wegen, sondern im Parteibetriebe (Einspruch, Nichtigkeitsverfahren, unter Umständen ordentliches Prozeßverfahren) geprüft wird. Deshalb ist die Ansicht irrig, daß mit dem Erfinderprinzip der Sache der Wahrheit und der materiellen Gerechtigkeit besser gedient werde. Denn auch in den Ländern mit Erfinderprinzip verläuft das Verfahren de facto in der Regel nicht viel anders. In Nordamerika wird der Erfindereid verlangt. Dieser ist — außer in einigen Fragen der Angestelltenerfindungen — von keinem Nutzen. Im übrigen ist es auch in Nordamerika und in England so, daß der, dessen Rechte durch die Anmeldung beeinträchtigt werden, sich rühren muß und für das Bestehen seiner besseren Berechtigung die Beweislast hat. Genau wie nach deutschem Recht muß z. B. nach section 11 des englischen Gesetzes der, dem die Erfindung rechtswidrig entnommen ist, binnen zwei Monaten nach Bekanntmachung Einspruch (opposition) erheben. Das ist also nach Erfinder-, wie nach Anmelderprinzip in allen wesentlichen Punkten dasselbe — wie auch nur natürlich ist; denn diese Verfahrensregelung ist nicht aus äußeren Gründen willkürlich getroffen, sondern aus den Notwendigkeiten eines geordneten Verfahrens erwachsen. Die Erteilungsbehörde ist nicht in der Lage, die Berechtigung eines Anmelders zu prüfen, wenn der, dem er die Erfindung entnommen hat, sich nicht rührt. Es hat denn auch bei der in A 1 erwähnten, vom Verein Recht und Wirtschaft veranstalteten Umfrage kein einziger der Empfehler des Erfinderprinzips einen greifbaren Nutzen dieses Prinzips für die Erfinder aufzeigen können. — Daß § 3 in dem hier behandelten Teile eine Verfahrensvorschrift gibt, hat schon Robolski, Theorie und Praxis, S. 50 bemerkt und wird nicht dadurch gehindert, daß der Anmelder, falls kein Einspruch des Berechtigten erfolgt, Patenterteilung verlangen kann; zweifelnd RG 29, 55.

Anm. 3. Der Erstanmelder hat nach dem Gesetz **Anspruch auf Patenterteilung.** Der Anspruch ist ein publizistischer, wenn auch vermögensrechtlicher. Er kann nur im Wege des Anmeldeverfahrens, nicht mittels Klage oder dgl. verfolgt werden. Er ist veräußerlich und vererblich (§ 6 A 2). Er unterliegt der Zwangsvollstreckung und gehört zur Konkursmasse des Erfinders, Blatt 9 (1903), 138. Über die Rechtslage, wenn mehrere Personen gemeinschaftlich anmelden, vgl. § 20, ebenso über die erforderliche subjektive Qualifikation des Anmelders.

Die spätere Anmeldung begründet keinen Anspruch auf Patenterteilung, wenn die Erfindung Gegenstand des Patents (d. h. des deutschen Patents, MuW Jahrg. 24 S. 176 Sp. 1 f) eines früheren Anmelders ist. Das gilt auch dann, wenn das frühere Patent ein Geheimpatent ist, Blatt 15 (1909), 257. Jene Regel besagt, daß für die Priorität nicht der Zeitpunkt der Patenterteilung, sondern der Zeitpunkt der Anmeldung entscheidend ist. Hinzuzufügen ist, daß die Regel auch dann Anwendung findet, wenn der erste Anmelder mit dem zweiten identisch ist. Das ist für die Fälle von Bedeutung, wenn etwa dem Erfinder ein beschränktes Patent erteilt ist, und er nun versucht, in einer zweiten Anmeldung ein unbeschränktes Patent zu erhalten, und in ähnlichen Fällen.

Anm. 4. Natur, Bedeutung und Form der Anmeldung werden in den Anmerkungen zu § 20 behandelt. Hier ist zu erörtern, wer als **erster Anmelder** gilt.

Der Zeitpunkt einer Anmeldung wird vom Patentamt nach Tag, Stunde, Minute festgestellt. Der Augenblick der Anmeldung, nicht der Tag der Anmeldung ist für die Priorität entscheidend. Der Tag gilt also nicht, wie bei der offenkundigen Vorbenutzung nach § 2, als kleinste Einheit. Die Eingänge werden im Patentamt nach der Reihenfolge ihres Eingehens mit Nummern bezeichnet. Der Gegenbeweis gegen die Nummernbezeichnung (daß also ein Schriftstück mit höherer Nummer früher eingegangen ist), ist zulässig. So PA Blatt 10 (1904), 169. Anders PA Mitt 16, 80: es gebe keine gleichzeitig zugegangenen Anmeldungen, denn entscheidend sei, welche der etwa gleichzeitig eingegangenen Anmeldungen der Annahmebeamte zuerst in die Hand bekomme. Der Beschluß Blatt 10 S. 169 entscheide nur den Fall, daß beide Anmeldungen in einem und demselben Umschlage enthalten seien. — Allein darauf war in jenem Beschlusse gar kein Gewicht gelegt. Entscheidend für den Zeitpunkt des Eingangs ist der Augenblick, in welchem das Schriftstück der Annahmestelle zugegangen ist. Schriftstücke, die in einer und derselben Postbestellung zugehen, sind gleichzeitig zugegangen. Wenn auf diese Weise zwei identische Anmeldungen gleichzeitig eingehen, so muß jedem der Anmelder ein Patent erteilt werden. Es ist nicht angängig, beiden Anmeldern, wie vorgeschlagen ist, ein gemeinschaftliches Patent zu erteilen; das Patentamt hat nicht das Recht, beide Anmelder miteinander zu verknüpfen. Allerdings können dadurch für das Publikum Schwierigkeiten entstehen, etwa wenn der eine Anmelder einem Dritten eine Lizenz erteilt und der andere ihn wegen Verletzung in Anspruch nimmt. Doch kann über diese Fälle hinweggesehen werden, weil es jedenfalls nur äußerst selten vorkommen wird, daß wirklich zwei gleiche Anmeldungen genau zu derselben Zeit eingehen. — Streitig ist, wann ein in den Briefkasten des Patentamts gelegtes Schriftstück zugegangen ist, Blatt 13 (1907), 213. Man wird annehmen müssen, daß, was nach Schluß der Annahmestelle in den Briefkasten gelegt wird, als erst am nächsten Tage zugegangen gilt. Überhaupt kann nicht der Augenblick des Einlegens entscheidend sein, sondern der Augenblick, in welchem der Inhalt des Kastens zur Annahmestelle gelangt. Wer das darinliegende

Risiko nicht laufen will, darf sich des Kastens nicht bedienen; vgl. einerseits RG 76, 127, andererseits Sonnen, Jur. Rundschau 1927, 444; wenn das Patentamt dieselben Einrichtungen treffen würde, wie das Kammergericht, könnte eine andere Beurteilung eintreten. Übergabe eines Schriftstücks an einen Beamten der Annahmestelle außerhalb der Dienststunden und außerhalb des Dienstgebäudes kann nicht als Eingang beim Patentamt gelten (PA Mitt. 1903, 60).

Manchmal gilt als **Zeitpunkt der Anmeldung** im Sinne des § 3 nicht die Überreichung der Anmeldeschrift, sondern ein späterer Zeitpunkt. Das ist dann der Fall, wenn die Anmeldung in wichtigen Beziehungen fehlerhaft ist. Das Gesetz bestimmt, daß nur eine nach Maßgabe dieses Gesetzes erfolgte Anmeldung die Priorität verleiht. Die Anmeldung muß der Form nach die erkennbare — übrigens zu präsumierende — Willensäußerung enthalten, daß ein Patent erteilt werden möge. Der Antrag muß schriftlich gestellt und unterschrieben sein. Auch telegraphische Anmeldung genügt. Über die Form der Anmeldung vgl. die Bestimmungen über die Anmeldung von Erfindungen vom 21. 11. 19, Blatt 25 (1919), 101. Die vorstehend genannten Erfordernisse sind wesentlich; sind sie nicht beobachtet, so liegt keine gesetzliche Anmeldung vor, und es kann also von Priorität keine Rede sein. Unschädlich ist es, wenn andere formale Vorschriften von geringerer Wichtigkeit nicht befolgt sind. In den letzteren Fällen datiert die Priorität von der Anmeldung, wenn das Patentamt, wie fast ausnahmslos geschieht, Nachholung gestattet. Was sodann den materiellen Inhalt der Anmeldung betrifft, so ist das Nähere bereits § 2 A 10 dargelegt. Die Qualifikation der Erfindung, Neuheit, Fortschritt, Erfindungshöhe braucht in der Anmeldung nicht erörtert zu werden. Wenn das Vorliegen dieser Erfordernisse in der Anmeldung nicht nachgewiesen ist und das Patentamt nähere Angaben darüber verlangt, so hindert das nicht, daß die Priorität von der Anmeldung datiert. Anders aber, wenn das Technische nicht ordnungsmäßig offenbart ist, wenn z. B. ein Teil des Verfahrens oder wichtige Bestandteile einer erfundenen Maschine in der Anmeldung nicht angegeben sind. In solchen Fällen zählt die Priorität erst von der Zeit der Nachholung des Fehlenden. Eine dem Gesetze entsprechende Anmeldung liegt erst dann vor, wenn die Erfindung fertig ist und vollständig offenbart ist. Das Patentamt hat mehrfach geäußert, es genüge, wenn die Identität der angemeldeten und der in der Nachholung beschriebenen Erfindung gewahrt sei; ähnlich auch RG 88, 209. Das trifft nicht den springenden Punkt; es kommt nicht darauf an, ob die Identität gewahrt ist, sondern ob die Erfindung den Vorschriften des Gesetzes entsprechend genügend beschrieben ist (vgl. Gareis Bd. 5 S. 121, 126, 132). Andernfalls wäre es ein leichtes, sich für unfertige Erfindungen eine frühe Priorität zu sichern und sie nach Anmeldung fertig auszuarbeiten (vgl. für das Nähere § 2 A 10). **Anm. 5.**

In drei Fällen kann die Priorität früher liegen, als die Anmeldung. Erstens beim Schutz von Erfindungen auf Ausstellungen nach dem Ges vom 18. 3. 04 (vgl. § 2 A 37). Doch ist zu beachten, daß es sich hier nicht um eine völlige Zurückdatierung handelt. Das Gesetz schreibt nichts weiter vor, als daß alles, was nach dem Beginne der Schaustellung des Erfinders liegt, also Schaustellung, Benutzung, Veröffentlichung der Erfindung durch einen Dritten, der Erteilung des Patents an den Erfinder nicht entgegensteht, und daß die Anmeldung des Erfinders und Ausstellers anderen, nach dem Beginne der Ausstellung erfolgten Anmeldungen vorgeht, wenn der Aussteller seinerseits binnen sechs Monaten nach der Eröffnung der Ausstellung anmeldet. Die Neuheit der angemeldeten Erfindung ist nach dem Zeitpunkte des Beginns der Schaustellung des Erfinders (nicht nach dem der Eröffnung der Ausstellung) zu beurteilen. Dasselbe gilt für die Frage des Fortschritts und der Patentwürdigkeit. Nach Beginn der Schaustellung eingegangene identische Anmeldungen Dritter stehen hinsichtlich der Priorität zurück, können also nicht zum Patente führen. Aber ein Vorbenutzungsrecht kann nach Beginn der Ausstellung bis zur wirklichen Anmeldung der ausgestellten Erfindung von Dritten erworben werden, denn das Gesetz schreibt nur vor, daß die Erteilung des Patentschutzes nicht gehindert werden soll; damit ist vereinbar, daß ein Vorbenutzungsrecht entstehen kann. Wer die Kenntnis der Erfindung aus der Schaustellung entnommen hat, erwirbt kein Vorbenutzungsrecht, denn er hat rechtswidrig gehandelt (§ 5 A 6). Dem vorstehenden entsprechend beginnt der Lauf der Schutzfrist des dem Erfinder erteilten Patents trotz der Vordatierung nach richtiger Auffassung erst mit der erfolgten Anmeldung. Zweitens kann auf Grund des Unionsvertrags bei Voranmeldung in einem anderen Unionsstaate die Priorität früher liegen als die Anmeldung (hierüber vgl. Anhang zu § 3 A 2). Auch hier ist der Erwerb eines Vorbenutzungsrechts nach der deutschen Rechtsprechung zulässig, und zwar hier auch dann, wenn der Vorbenutzer durch die ihm bekannt gewordene Voranmeldung angeregt ist. Eine ausdehnende Auslegung zu diesem Punkte, die beim Ausstellungsgesetz immerhin in Frage kommen könnte, ist beim Unionsvertrage unzulässig (für das Nähere vgl. Anhang zu § 3, Unionsvertrag A 11h). Drittens kann die Priorität früher liegen als die Anmeldung, wenn der Erfinder gegen die unberechtigte Anmeldung eines anderen der ihm **Anm. 6.**

die Erfindung rechtswidrig entnommen hat, Einspruch einlegt und sodann seinerseits die Erfindung anmeldet (vgl. § 3 A 34). Er erhält dann, falls er obsiegt, die Priorität eines Tages vor der Bekanntmachung der Anmeldung seines Gegners. Er erhält also die Priorität einer bereits bestehenden deutschen Patentanmeldung; daraus folgt, daß in diesem Falle ein Vorbenutzungsrecht durch später liegende Handlungen nicht erworben werden kann. Die Zurückdatierung wirkt hier also in allen Beziehungen.

Soweit in Fragen der Abhängigkeit die Priorität in Betracht kommt, gilt das folgende. Hat A dem B rechtswidrig entnommen und auf das Entnommene ein Patent erwirkt, und hat sodann C ein abhängiges Patent erwirkt, so bleibt sein Patent selbstverständlich auch dann abhängig, wenn B dem A das von diesem erwirkte Patent entreißt. — Im Falle der Unionspriorität ist das von einem Dritten im Intervall entnommene kollidierende Patent gleichfalls abhängig, denn andernfalls würde das nachangemeldete Patent zum Teil seiner Wirksamkeit beraubt, was dem Sinne des Unionsvertrags widersprechen würde (Anhang zu § 3, Unionsvertrag A 11 d). — Im Falle der Ausstellungspriorität könnte die Lage zweifelhafter erscheinen, schon wegen der Ausdrucksweise des Gesetzes; doch wird schließlich auch hier dasselbe gelten müssen, da das Patent des Ausstellers durch ein inzwischen angemeldetes Verbesserungspatent eines anderen seines ganzen Wertes entkleidet werden könnte, wenn dieses nicht als abhängig zu gelten hätte.

Neuerdings ist in Aussicht genommen, gesetzlich zu bestimmen, daß ein Vorbenutzungsrecht weder nach dem Unionsvertrage, noch auf Ausstellungen im Intervall erworben werden kann (vgl. § 5 im Anfang).

Anm. 7. Wie ist die Lage, wenn das **erste Patent** bestanden hat, aber nicht mehr besteht? Die Entscheidung ist daraus zu entnehmen, ob das Gesetz das gleichzeitige Bestehen mehrerer Patente aus rechtspolizeilichen Gründen verhindern will oder ob durch die erste Patentierung nach den Grundsätzen des materiellen Rechts die weitere Patentierung vorweggenommen und unmöglich gemacht sein soll. Die Begründung des Gesetzentwurfs vom 25. 11. 90 hat sich zwar über diese Zweifelsfragen nicht theoretisch ausgesprochen, hat aber in praktischer Richtung ganz klar geäußert (S. 14 Abs 2): Vielmehr muß hinzukommen, daß die Anmeldung zur Erteilung eines Patents geführt hat und daß das Patent noch besteht. In striktem Gegensatz zu dieser Äußerung hat das Reichsgericht in der Entscheidung Blatt 6 (1900), 148 in ausführlicher Erörterung das Gegenteil verteidigt, weil durch die erste Patentierung alles vorweggenommen sei und kein Raum für weitere Patentierung bleibe, einerlei wie sich das Schicksal des ersten Patents gestalte. Diese Regel wird jetzt vom Reichsgericht ausnahmslos befolgt, Blatt 18 (1912), 276, auch vom PA Blatt 10 (1904), 327, und hat fast einhellige Billigung gefunden. Sie gilt für die Fälle, daß das erste Patent durch Zeitablauf, Verzicht, Nichtzahlung der Gebühren (§ 9), Zurücknahme nach § 11 u. dgl. erloschen ist. Ob sie auch dann gilt, wenn das erste Patent vernichtet ist, wird in der nächsten Anmerkung erörtert. Die Regel gilt natürlich nicht für den Fall, daß die erste Anmeldung sich auf irgendeine andere Weise erledigt hat, also ein erstes Patent gar nicht erteilt ist. Aus dem Vorgetragenen folgt weiter, daß auf die zweite Anmeldung ein Patent nicht erteilt werden darf, solange als noch nicht rechtskräftig entschieden ist, ob eine frühere inhaltsgleiche Anmeldung zum Patente führt.

Ein früheres Gebrauchsmuster steht der späteren Patentierung derselben Erfindung nicht entgegen (RG. 61, 399).

Anm. 8. Kann ein **vernichtetes** identisches Patent entgegengehalten werden? Die Frage ist bestritten, vgl. z. B. PA Blatt 10 (1904), 327. Es ist zu unterscheiden: ist das frühere Patent wegen widerrechtlicher Entnahme vernichtet (§ 10 Nr 3), so kann es entgegengehalten werden, denn die identische Erfindung war ihrem Wesen nach bereits patentiert. Ist das frühere Patent wegen Identität mit einem dritten früheren Patent vernichtet, so ist die Frage gegenstandslos, denn dann kann jedenfalls das dritte frühere Patent dem jetzt angegriffenen entgegengehalten werden (Fall des § 10 Nr 2). Schwierigkeiten macht die Frage, wenn die Vernichtung nach § 10 Nr 1 erfolgt ist. Ist sie wegen einer bloßen Qualifikation der Erfindung erfolgt (nicht neu, nicht fortschrittlich, nicht patentwürdig, sitten- oder gesetzwidrig), so kann das vernichtete Patent entgegengehalten werden, denn die Erfindung war durch das frühere Patent ihrem Wesen nach bereits offenbart. Ist aber die Vernichtung erfolgt, weil die Erfindung nicht brauchbar war, oder nicht wiederholbar, oder weil sie nicht genügend offenbart war, so ist die Entgegenhaltung unwirksam, denn es lag überhaupt noch nicht die Offenbarung einer patentfähigen Erfindung vor.

Anm. 9. Die herrschende Meinung nimmt an, daß der **Festsetzung des Prioritätsdatums** eine dreifache Funktion zukommt. Das Datum ist von Bedeutung 1. für die Beurteilung der Patentfähigkeit der Erfindung, Neuheit, Fortschritt usw., 2. für die Beurteilung der Identität nach § 3 Abs 1, 3. für den Beginn des Laufes der Schutzfrist. Man wird noch hinzufügen müssen: für die Fragen der Abhängigkeit und der Vorbenutzung nach § 5. Nun ist nach der herrschenden Anschauung die von dem Patentamte vorgenommene Festsetzung der Priorität in zwei Punkten unabänderlich maßgebend, und zwar erstens für den Beginn (und damit auch für das Ende) der Patentdauer (der Schutzfrist), sowie für den Zeitpunkt der Fälligkeit der Gebühren. Zweitens ist die Festsetzung insofern unabänderlich, als in den anschließenden Rechtsverfahren wegen Nichtigkeit, Verletzung usw. den Gerichten nicht gestattet ist, anzunehmen, daß die Priorität in Wahrheit früher liege als das Patentamt festgesetzt hat. Das wird zutreffend damit begründet, daß in der Festsetzung der Priorität stillschweigend eine rechtskräftig gewordene Abweisung eines Antrags auf Festsetzung einer früheren Priorität liege. Ist die Priorität auf den 1. Dezember festgesetzt, so muß das Gericht eine am 20. November vorgenommene Vorbenutzung nach § 5 als rechtzeitig anerkennen, auch wenn es der Meinung ist, daß das Patent richtiger vom 1. November hätte datiert werden müssen. Dagegen nimmt die herrschende Meinung — offenbar im Anschluß an Kohler, Handbuch, S. 338ff — an (vgl. RG 63, 161 a. E.), daß die Nichtigkeitsbehörden (und die ordentlichen Gerichte) nicht gehindert sind, ihren Entscheidungen zugrunde zu legen, daß die Priorität in Wahrheit später liege, als das Patentamt festgesetzt hat. Sie können also ein vom 1. November datierendes Patent vernichten, wenn es richtiger vom 1. Dezember zu datieren wäre und am 20. November eine offenkundige Vorbenutzung stattgehabt hat. Sie können die Fragen der Neuheit, des Fortschritts, der Vorbenutzung, der Voranmeldung, der Abhängigkeit nach dem Stande des 1. Dezember beurteilen. Was sie aber nicht können, ist, dem Patente bindend insgesamt eine andere (spätere) Priorität erteilen, als das Patentamt getan hat. Sie können also nicht durch Teilvernichtung aussprechen, das Patent datiert insgesamt vom 1. Dezember, weil erst am 1. Dezember eine ordnungsmäßige Anmeldung erfolgt ist (RG 63, 161). Das geht um deswillen nicht, weil die Festsetzung des Patentamts für die Fragen des Beginns der Patentdauer und der Fälligkeitstermine der Gebühren unabänderlich ist. Das Patent kann also in verschiedenen Beziehungen verschiedene Priorität haben. Es kann auch noch vorkommen, daß verschiedene Gerichte bei Streitigkeiten über Auslegung, Vorbenutzung nach § 5, Abhängigkeit verschiedene Daten für maßgebend erklären.

Die vorstehend entwickelten Grundsätze werden nicht immer klar befolgt. Bd. 79 S. 336 hat das Reichsgericht das Verlangen eines Patentinhabers, ihm gebühre eine frühere Priorität, als das Patentamt ihm bewilligt habe, aus materiellen Gründen zurückgewiesen, hat also nicht angenommen oder nicht beachtet, daß eine Zurückverlegung überhaupt unzulässig ist. Entgegengesetzt Gareis Bd. 5 S. 124f; zweifelnd Gareis Bd. 13 S. 28. Vernünftigerweise hat eine Anmeldeabteilung (IndR Jahrg. 1909 S. 187) angenommen, daß sie nicht in der Lage sei, ein Patent zu erteilen, wenn einem anderen bereits erteilten identischen Patente mit Unrecht eine frühere Priorität beigelegt sei.

Zu vergleichen folgende neuere Entsch der NichtAbt vom 1. 6. 27: Allerdings ist das die Erfindung kennzeichnende Verfahren erst (einige Zeit nach der Anmeldung) offenbart, aber da neuheitsschädliches Material aus der Zeit zwischen der Anmeldung und der Offenbarung nicht entgegengehalten ist, braucht der Stichtag nicht festgestellt zu werden. Die Feststellung einer neuen Priorität im Nichtigkeitsverfahren ist unzulässig.

Erfreulich ist die geschilderte Regelung mit ihren vielfachen Verwicklungen nicht. Es ist aber schwer eine bessere zu finden. Eins ließe sich unschwer machen. Man könnte den Nichtigkeitsbehörden das Recht geben, die ganze Priorität gegebenenfalls später zu verlegen. Dann wäre wenigstens in einer Richtung eine feste Grundlage für die Entscheidungen der ordentlichen Gerichte gelegt. Aber den Rechten Dritter könnte man im Nichtigkeitsverfahren doch nicht endgültig vorgreifen, könnte also nicht ausschließen, daß ein Abhängigkeitsbeklagter oder ein Vorbenutzungsberechtigter im späteren gerichtlichen Verfahren nachweist, daß die Priorität in Wahrheit noch später liege. Es wäre unbillig, diese mit ihren Einreden auf das so häufig im Sande verlaufende Einspruchsverfahren zu verweisen. Unmöglich kann man von jeder kleineren Fabrik verlangen, daß sie alle ausgelegten Anmeldungen zum Zwecke der Einspruchseinlegung prüft. Sie muß ihre Rechte noch dann geltend machen können, wenn sie von dem Patentinhaber in Anspruch genommen wird. Eine für alle Fälle gültige Prioritätsfeststellung durch die Nichtigkeitsbehörden ließe sich also doch nicht erreichen.

Gegen die dem Antrage des Anmelders nicht entsprechende Festsetzung der Priorität im Erteilungsbeschluß ist die Beschwerde nach § 26 gegeben. Jedoch kann nicht gegen eine Zwischenverfügung, in der die Priorität festgesetzt ist, Beschwerde eingelegt werden (etwa nach § 16), sondern erst gegen den endgültigen Erteilungsbeschluß, Blatt 21 (1915), 30. Der Prüfer kann bis zur Erteilung die Priorität anders festsetzen, als er bis dahin in Aussicht genommen hatte. Anm. 10.

Der spätere Anmelder hat nach dem Gesetze dann keinen Anspruch auf Patenterteilung, wenn seine Erfindung Gegenstand eines früheren Patentes ist, d. h. wenn beide Erfindungen identisch sind. Wann liegt **Identität** vor? Anm. 11.

Die Frage gliedert sich in zwei Unterfragen: Was muß zur Feststellung der Identität miteinander verglichen werden? und welcher Art muß die Gleichheit sein? Über die Beantwortung beider Fragen herrscht Verwirrung.

Im Vorwege ist zu bemerken und bei allem Nachfolgenden im Auge zu behalten, daß es sich hier nur um die Prüfung der Identität handelt. Das Erteilungsverfahren muß von Amts wegen die neue Anmeldung auch gleichzeitig auf Patentfähigkeit, Neuheit, Fortschritt, Erfindungshöhe prüfen. Ist ein entgegengehaltenes Patent vorveröffentlicht, d. h. vor der neuen Anmeldung veröffentlicht, so gehört es zum sogenannten Stande der Technik. Dann müssen die Abweichungen der neuen Anmeldung von dem Vorpatente hinsichtlich Neuheit usw. geprüft werden, und da diese Prüfung weiter geht, tritt dann die Identitätsprüfung zurück. Letztere ist also nur dann von praktischer Bedeutung, wenn das Vorpatent nicht vorveröffentlicht ist (und im Nichtigkeitsverfahren, wenn die fünfjährige Frist für Erhebung der Nichtigkeitsklage wegen mangelnder Patentfähigkeit abgelaufen ist). Häufig wird übersehen, daß die Prüfungen auf Patentfähigkeit und auf Identität im Erteilungsverfahren ineinanderspielen, so daß die Identitätsprüfung im Durchschnitt der Fälle nur eine geringe Bedeutung hat. Dieser Gesichtspunkt ist jetzt scharf hervorgehoben vom PA Blatt 32 (1926), 146, freilich nur für den Sonderfall, daß eine teilbare Erfindung teilweise vorpatentiert war und es sich nun um die Patentierung des anderen Teiles handelt. Der Grundsatz gilt aber für alle Fälle. — Das wird sehr häufig nicht berücksichtigt. Übersehen war z. B. in dem angeführten Falle Blatt 32 (1926), 146 von der Prüfungsstelle, daß der nicht identische Überschuß der Anmeldung über das frühere Patent noch auf Neuheit, Fortschritt, Erfindungshöhe geprüft werden mußte. Auch die Aufsätze von Ohnesorge, Mitt 1925, 157, Jansen, Mitt 1921, 78 berücksichtigen nicht oder nicht genügend, daß alle Erfindungen zweien Anforderungen genügen müssen, um patentiert werden zu können. Sie müssen erstens nicht identisch mit einem früheren Patente sein; sie müssen zweitens gegenüber dem Stande der Technik erfinderisch neu sein. Zum Stande der Technik gehört das entgegengehaltene Patent, wenn es vorveröffentlicht ist. Deshalb ist in solchem Falle, d. h. im Falle der Vorveröffentlichung, zur Patentfähigkeit der neuen Anmeldung auch noch erforderlich, daß sie gegenüber dem Vorpatente eine Erfindung darstellt (einen „erfinderischen Überschuß" aufweist); das hat aber mit der Identität nichts zu tun. Hierauf ist mit aller wünschenswerten Schärfe schon hingewiesen in den drei Urteilen RG Blatt 16 (1910), 187—192.

Weiter ist zu bemerken, daß nach der mit Recht herrschenden Meinung die Identitätsprüfung im Erteilungs- und im Nichtigkeitsverfahren nach denselben Gesichtspunkten erfolgt. Dadurch rechtfertigt es sich, wenn im folgenden im Rahmen des § 3 mehrfach Nichtigkeitsentscheidungen angeführt werden.

Anm. 12. I. Nach den Worten des Gesetzes muß die neue Erfindung Gegenstand eines früheren Patents sein. Was heißt Gegenstand des Patents im Sinne des § 3 (und des § 10)?

Die Rechtsprechung des Patentamtes (sowohl der Nichtigkeitsabteilung, als auch, soweit hervorgetreten, der Prüfungsstellen) ist klar und in sich folgerichtig. Gegenstand des Patentes ist das, wofür im Anspruch des Patents Schutz erbeten wird, und seine Äquivalente, BeschwAbt Blatt 26 (1920), 108. Mithin ist der Anspruch der neuen Anmeldung mit dem Anspruch des früheren, d. h. des früher angemeldeten Patents zu vergleichen. Es bleibt also außer Betracht, was über den Anspruch hinaus in der Beschreibung des alten Patents oder der neuen Anmeldung offenbart, zur Illustration angeführt, als weitere geeignete Ausführungsform bezeichnet ist u. dgl. Alles dies mag unter Umständen neuheitsschädlich sein, wenn das früher angemeldete Patent vorveröffentlicht ist; für die Frage nach der Identität ist es ohne Belang. Ebenso bleibt der Schutzbereich des früheren Patents außer Betracht, denn dieser erstreckt sich häufig weit über das hinaus, was als geschützt im Anspruch begehrt wird. Vgl. für vorstehendes die Entscheidungen des PA Blatt 13 (1907), 175; Blatt 16 (1910), 4; Mitt 1914, 22. Selbstverständlich ist, daß der Anspruch, wenn er unklar ist und also den „Gegenstand" des Patents nicht klar kennzeichnet, auszulegen ist. Zu dieser rein aufklärenden Auslegung können alle Mittel herangezogen werden, die imstande sind, Klarheit zu schaffen, also in dieser Richtung und Beschränkung auch der Inhalt der Patentbeschreibung und der Stand der Technik. Aber es darf in den Patentanspruch nichts Neues hineingetragen werden, was nicht schon, wenn auch unklar, in ihm enthalten ist. So die geschlossene Rechtsprechung des Patentamtes; Blatt 13 (1907), 175: Gegenstand eines Patents ist die Erfindung, wie sie im Patentanspruch zum Ausdruck kommt. Das will nicht besagen, daß es auf den Wortlaut desselben ausschließlich ankommt. Zweifellos ist es statthaft, und in vielen Fällen unabweislich, zur Gewinnung einer klaren Vorstellung von der Erfindung, die unter Patentschutz hat gestellt werden sollen, die Beschreibung ... heranzuziehen ... Zu diesen Auslegungsbehelfen liege aber kein Anlaß vor, wenn der Anspruch an sich klar sei. Vgl. ferner eine Entscheidung vom 12. 6. 24: Die Beklagte hat mit Recht Verwahrung dagegen eingelegt, daß ein Satz aus der Beschreibung (des wegen Identität entgegengehaltenen Patents) zur Auslegung des (an sich klaren) Patentanspruchs herangezogen werde. Gegenstand des früheren Patents ist die Erfindung nur insoweit, als sie im Patentanspruch zum Ausdruck gekommen ist. —

Nur eine Unklarheit bleibt in der Rechtsprechung des Patentamtes; man sieht nicht, ob es alle Äquivalente, also auch die gesamten patentrechtlichen Äquivalente, der Erfindung des früheren Patents bei der Identitätsprüfung berücksichtigen will.

Die Rechtsprechung des Reichsgerichts ist weniger einheitlich. In früherer Zeit verfolgte sie ähnliche Grundsätze. Blatt 5 (1899), 28 heißt es: Gegenstand des Patentes ist diejenige Erfindung, die nach dem Inhalte der Patentschrift unter gesetzlichen Schutz gestellt ist. Es sind aber nicht alle Ausführungen der Patentschrift Teile der geschützten Erfindung, sondern die geschützte Erfindung wird in dem durch die Beschreibung nach Inhalt und Tragweite zu erläuternden Patentanspruche wiedergegeben. Ferner Urt vom 28. 3. 14, I 48/1914: Dem Beklagten steht das Patent 125470 auf einen Gasmesser zu. Als identisch entgegengehalten wurde das Patent 99417 auf eine Gaspumpe. Das Reichsgericht weist die Nichtigkeitsklage nach § 10 Ziff. 2 ab, weil Gasmesser und Gaspumpe verschiedene Dinge seien, und fügt hinzu: Die Möglichkeit der Verwendung der Gaspumpe zur Bestimmung des Volumens (also die Verwendung als Gasmesser) ist wohl in der Beschreibung des entgegengehaltenen Patents angeführt, aber nicht zum Gegenstand des Patentschutzes gemacht. So auch noch im Jahre 1917, Urt vom 22. 9., I 111/1917: Bei der Identitätsklage nach § 10 Ziff. 2 kann nur der unmittelbare Gegenstand der zu vergleichenden Patente in Betracht gezogen werden; dagegen bleibt die Frage, inwieweit der Schutzbereich sich darüber hinaus gemäß der Tragweite der Erfindung auf nicht unmittelbar durch die Ansprüche gedeckte Gegenstände erstreckt, einem etwaigen Verletzungsverfahren vorbehalten. — Ebenso Urt vom 6. 3. 18, I 233/1917: allerdings kann es bei der hier vorliegenden Nichtigkeitsklage nach § 10, Ziff. 2 nicht genügen, wenn die den Gegenstand des angefochtenen Patents bildende Erfindung ganz oder zum Teil in dem entgegengehaltenen Patent (gemeint ist dessen Beschreibung) derart kundgegeben ist, daß Sachverständige sie hiernach ausführen können; wohl aber ist die Klage ... begründet, wenn bestimmte Ausführungsformen ... den Gegenstand eines älteren Patents bilden. — Daß Äquivalente der vorpatentierten Erfindung zu berücksichtigen sind, ist mehrfach anerkannt, Blatt 16 (1910), 187. Andererseits ist schon in einem Urt vom 5. 1. 18 I 305/1917 ausdrücklich dahingestellt gelassen, inwieweit überhaupt behufs Ermittlung des Gegenstands eines Patents im „Nichtigkeitsstreite gemäß § 10 Ziff 2 auf die Beschreibung des Patents zurückgegriffen werden darf". Diese andersartige Anschauung findet sich potenziert in dem Urt Blatt 31 (1925), 201: Die Patentschrift bildet ein einheitliches Ganzes, und es erscheint daher zulässig und geboten, etwaige Lücken, Unklarheiten oder Ungenauigkeiten, die sich in der Fassung des Patentanspruchs vorfinden, aus dem sonstigen Inhalte der Patentschrift zu ergänzen. Irrtümlich ist es daher, wenn das Patentamt, um den Gegenstand des klägerischen Patentes zu bestimmen, allein auf die Angabe des Patentanspruchs Gewicht legt und den übrigen Inhalt der Patentschrift unberücksichtigt läßt. Dieser muß vielmehr im Zweifel herangezogen werden, wenn der Erfindungsgegenstand des älteren Patents gegenüber einer späteren Anmeldung abgegrenzt werden soll. In einer neueren Entscheidung GewR 31 (1926), 340 hat das Reichsgericht freilich wieder ausgesprochen, daß der Gegenstand der Erfindung durch den Patentanspruch bestimmt werde. — Berücksichtigung des Schutzbereiches des Vorpatents ist vom Reichsgericht stets abgelehnt worden, vgl. statt alles weiteren Blatt 20 (1914), 320 und § 10 A 5.

Aus dem Schrifttum: Isay, Komm. § 3 A 14: Es kommt also weder auf die Erfindung an, welche dem älteren Patente zugrunde liegt, noch ... auf den Schutzumfang des früheren Patents. Maßgebend ist für den Gegenstand der Erfindung der Patentanspruch ... Dagegen ist die Beschreibung als solche kein Vergleichsobjekt, sonst würde sie die Bedeutung einer öffentlichen Druckschrift gewinnen.

Seligsohn, Damme-Lutter, Dunkhase wollen den Schutzumfang berücksichtigen.

Kisch, § 29, bei Note 9 hält den Erfindungsgegenstand des ersten Patents für maßgebend, soweit er wirklich Patentschutz erlangt hat.

Kent § 3 A 24: Nicht alles, was in einer Patentschrift erwähnt ist, ist um deswillen auch Gegenstand der Patenterteilung.

Stern-Oppenheimer § 3 A 31: Nur der Anspruch des ersten Patents, nicht dessen Schutzbereich kommt in Betracht.

Welcher dieser sehr verschiedenen Auffassungen ist der Vorzug zu geben? Die Entscheidung hierüber wäre ohne erhebliche Bedeutung, wenn es letzten Endes keinen Unterschied machte, ob ein Patent wegen Identität oder wegen Mangel einer erfinderischen Neuheit versagt oder vernichtet würde. Das ist aber, wie bereits mehrfach erwähnt, nicht der Fall, denn das Vorpatent kann, wenn es nicht vorveröffentlicht ist, bei der Neuheitsprüfung nicht berücksichtigt werden, und die Klage wegen mangelnder Patentfähigkeit kann nur binnen fünf Jahren nach Bekanntmachung des Patents, Identitätsklage dagegen zeitlich unbeschränkt erhoben werden. Dieser Kommentar steht auf dem Standpunkt, daß es jedenfalls dem Sinne des Gesetzes nicht entspricht, den Begriff der Identität über den Gegenstand des Anspruches **Anm. 13.**

hinaus zu weit auszudehnen. Dafür sind drei Gründe maßgebend. 1. Sollte bei der Identitätsprüfung der Schutzumfang des älteren Patents berücksichtigt werden, so müßte dieser Schutzumfang von der Erteilungsbehörde festgestellt werden. Das würde allen Grundsätzen, die in der Rechtsprechung darüber entwickelt sind, daß der Schutzumfang nur von den ordentlichen Gerichten festzustellen ist, widersprechen. Würde die Patenterteilungsbehörde den Schutzumfang des alten Patents weit bemessen, so müßte sie jede neue Anmeldung zurückweisen, die zwar von dem Gegenstand des alten Patents abweicht, aber noch in dessen Schutzbereich eingreift. Die Versagung der Patentierung einer neuen Anmeldung auf dieser Grundlage wäre irreparabel, auch wenn später in einem Verletzungsstreite der Schutzumfang jenes Patents weit enger bemessen würde. Es ist nicht wünschenswert, ohne Grund die Möglichkeit herbeizuführen, daß derartig abweichende Entscheidungen nebeneinander bestehen. 2. Wenn der Schutzbereich des älteren Patents im Erteilungsverfahren bei der Identitätsprüfung berücksichtigt werden würde, so würde diese Prüfung in Wahrheit zu einer Neuheitsprüfung werden. Der Schutzbereich bestimmt sich nach dem Erfindungsgedanken, also nach dem, was ein Fachmann aus dem Patente an allgemeiner gültigen Gedanken herauslesen kann. Gerade dies ist nun aber auch die Grundlage der Neuheitsprüfung. Die Unterschiede zwischen beiden würden also verwischt werden. 3. Die Berücksichtigung des Schutzumfanges würde dahin führen, daß jedenfalls ein großer Teil der auf fünf Jahre beschränkten Prüfung nach § 10 Ziff. 1 ohne zeitliche Begrenzung zulässig wäre. Das widerspricht ohne Frage dem Sinne des Gesetzes. — Allgemein ist zu sagen: Nach der weitergehenden, in manchen der angeführten neueren Urteile vertretenen Meinung will man die beiden Erfindungen ihrem ganzen Inhalte und Umfange nach miteinander vergleichen. Man erörtert an der Hand des Standes der Technik ihren Gedankeninhalt. Stellt sich dabei heraus, daß die zweite Erfindung nichts erheblich Neues bietet, so nimmt man Identität an; sind Abweichungen von Bedeutung gegeben, so ist die zweite Erfindung neu, d. h. nicht identisch. Sicherlich läßt sich ein solcher Standpunkt vertreten, und man könnte ihn billigen — wenn nicht die fünf Jahre des § 28 im Hintergrunde ständen. Der Standpunkt des Gesetzes ist aber ein anderer. § 3 sagt ganz klar, es kommt darauf an, ob die zweite Erfindung (nicht der ersten Erfindung gleich ist, sondern ob sie) der Gegenstand des früheren Patents ist. Diese Ausdrucksweise ist offenbar mit Bedacht gewählt. Man will verhindern, und zwar auch über fünf Jahre hinaus verhindern, daß gleiche Patente nebeneinander bestehen, wofür es auch keine Rolle spielt, ob etwa das frühere Patent vorveröffentlicht ist oder nicht. Das Gesetz will also die Möglichkeit eines Angriffes nach Ablauf der fünf Jahre auf genau umschriebene Fälle beschränken. Diesem Standpunkte entspricht es nicht, wenn man die Gleichheit des Erfindungsinhaltes für maßgebend hält — ohne Rücksicht darauf, wie und in welcher Weise die Patentierung erfolgt ist. Aus diesen Gründen müssen das bestehende und das neu beantragte Patent miteinander verglichen werden, d. h. der Prüfung muß der Anspruch des früheren Patentes zugrunde gelegt werden. Selbstverständlich ist, daß der Anspruch, wenn er unklar ist, aus der Beschreibung erläutert werden muß. Man kann auch noch die Konzession machen, daß rein versehentlich vorgekommene Lücken aus der Beschreibung ergänzt werden dürfen. Auch dann ist die Identität nicht gehindert, wenn selbstverständliche Einzelheiten, Bedingungen, Folgen im Patent erwähnt sind, in der neuen Anmeldung dagegen nicht, oder umgekehrt: „Unwesentlich ist, daß in dem älteren Patente noch eine weitere Bedingung, nämlich die Herabsetzung des Ohmschen Widerstandes im Detektorkreise, gesetzt ist. Denn auch bei dem angefochtenen Patente ist es selbstverständlich, daß der Ohmsche Widerstand nicht zu groß sein darf" (I 223/1917, Urt vom 6. 3. 18). — **Aber unzulässig ist es, etwas zu berücksichtigen, was sich nicht streng innerhalb des Rahmens des Anspruches, wie er formuliert ist, hält, sondern auf neuen Gesichtspunkten beruht, die im Anspruche keinen Ausdruck gefunden haben.** —

Inwieweit Äquivalente zu berücksichtigen sind, darüber vergleiche die nächste A Ziff. 3.

Anm. 14. II. Bisher ist die Frage beantwortet, was aus dem früheren Patente und der neuen Anmeldung miteinander zu vergleichen ist; jetzt folgt die Beantwortung der zweiten Unterfrage, **von welcher Art und von welcher Größe der Unterschied sein darf**, um noch Identität annehmen zu können. Den Kern, den maßgebenden Inhalt jeder Erfindung bildet die sog. technische Anweisung, d. i. die Angabe des Problems, das gelöst werden soll, die „Zielsetzung", und die Angabe der Mittel, mit denen das Problem gelöst werden soll. Maßgebend ist also der Unterschied in diesen beiden Richtungen. Abweichung im Problem zerstört die Identität immer; Abweichung in den Mitteln dann, wenn sie von wesentlicherer Bedeutung ist. Das wirkt sich im einzelnen wie folgt aus:

1. Die Gegenstände **verschiedener Patentkategorien** sind nicht identisch. Darüber herrscht im allgemeinen Einverständnis, RG Blatt 5 (1899), 28; 14 (1908), 260; Isay, § 3 A 14, 1. Nicht identisch ist also das Patent auf ein Erzeugnis mit dem auf das Arbeitsmittel, durch das es hergestellt ist, und grundsätzlich ebensowenig mit dem Herstellungsverfahren; über letzteren Punkt vgl. unten Ziff. 7. Nicht selten kommt es vor, daß ein Arbeitsmittel geschützt

ist oder angemeldet wird, während in Wahrheit die Erfindung in dem Verfahren liegt, worüber § 1 A 58 f zu vergleichen ist. In solchen Fällen hat das Reichsgericht mehrfach angenommen, daß Identität vorliegen kann, wenn nur ein Versehen im Ausdruck oder in der Rubrizierung vorliegt. Vgl. RG Blatt 7 (1901), 234; 18 (1912), 276; 19 (1913), 12. Ist jedoch die Sache so, daß das Verfahrenspatent ausdrücklich abgelehnt und nur das Patent auf ein Arbeitsmittel erteilt ist oder umgekehrt, so hat das Reichsgericht die Annahme der Identität nicht für zulässig erachtet, Blatt 19 (1913), 13. Über diese Fragen vgl. eingehender § 10 A 22.

Gegen die Verneinung der Identität von Patenten auf ein Verfahren und auf Vorrichtungen, die zur Ausführung des Verfahrens dienen, sind mehrfach Bedenken erhoben, zuletzt von Ohnesorge, GewR 33 (1928), 87. Sie erledigen sich unschwer. Ist das Mannesmannwalzverfahren patentiert, so muß gleichzeitig die dazu nötige Vorrichtung angegeben sein, denn sonst ist das Verfahren nicht „ausführbar". Ein anderer kann die Vorrichtung nicht mehr patentieren lassen, es liegt Identität vor. Ist das Walzwerk patentiert, so wird sich in aller Regel daraus ergeben, wie das Verfahren ausgeführt wird; es liegt gleichfalls Identität vor. Erfordert das Verfahren aber besondere Kunstgriffe, die der Anmelder der Vorrichtung verschwiegen hat, so kann ein anderer sich diese patentieren lassen; es liegt ersichtlich keine Identität vor. — Patentiert ist Erzeugung von künstlichem Zug bei Feuerungen mittels Preßluft, dad. gek., daß eine Kammer . . . in das Abzugsrohr eingeschaltet ist. Ein anderer kann sich nicht patentieren lassen: Anbringung einer Kammer im Abzugsrohr zur Erzeugung künstlichen Zuges; beides ist identisch und unterscheidet sich nur durch die Stellung der Worte. (Über dies Patent verhalten sich die abgedruckten Urteilsstellen Blatt 18 [1912], 276.) — Vorpatent auf Verfahren und Nachpatent auf die dazu gehörige Vorrichtung (und umgekehrt) sind also dann nicht identisch, wenn das zweite Patent irgendetwas enthält, was nicht schon Gegenstand des ersten Patents ist.

2. Auch darüber herrscht Einverständnis, daß Identität nicht vorliegt, wenn die Probleme, die das erteilte Patent löst und die neue Anmeldung lösen will, verschieden sind. Weitere Ausführungen hierüber erübrigen sich; die Art des Problems, das gelöst werden soll, bestimmt so sehr das Wesen der Erfindung, daß bei Verschiedenheit hierin von Identität keine Rede sein kann. Natürlich muß Problem im technischen Sinne verstanden werden. Das Wort „Aufgabe" wird auch in ganz anderem Sinne gebraucht (§ 1 A 69 ff). Hat A sich die Aufgabe gestellt, die Herstellungsweise zu verbilligen, und B die Aufgabe, die Erzeugnisse zu verbessern, und erreichen beide durch dieselben Mittel ein objektiv gleiches Ergebnis, so liegt trotz des Unterschiedes in der Geistesrichtung Identität vor. Man muß aber — im Gegensatz zu Isay (§ 3 A 14 S. 154) — noch einen Schritt weitergehen. Ist das Problem in beiden Fällen dasselbe, erfolgt aber die Lösung auf prinzipiell verschiedenen Wegen, so liegt gleichfalls Identität nicht vor. Da Verschiedenheit des Lösungsprinzips eine Verschiedenheit des Erfindungsgedankens mit sich bringt (§ 4 A 30), so ergibt sich ohne weiteres, daß auch bei Verschiedenheit des Erfindungsgedankens keine Identität gegeben ist. Zinnlorür ist ein bekanntes Desoxydationsmittel. Braucht man demgemäß Zinnklorür, um einem Stoffe Sauerstoff zu entziehen, so ist das nicht identisch mit der Anwendung desselben Reagens unter übrigens gleichen Verhältnissen, um einen Stoff mit Zinn zu verbinden. Erfindungsgedanken und Problem sind in beiden Fällen verschieden. Es wurde erfunden, Zinnfolie mit einer Gelatineschicht zu unterlegen, um sie ohne weitere Unterlage bearbeiten zu können; patentiert war bereits, gleiche Metallfolie mit Gelatine zu unterlegen, um sie für Zwecke des Prägedruckes auf andere Stoffe aufzukleben. Beide Erfindungen sind vom Patentamte für nicht identisch erklärt, da Wirkung und Aufgabe verschieden sind, Blatt 18 (1912), 182.

3. Wie ist es, wenn die Erfindungsgedanken gleich, aber die Lösungsmittel verschieden sind? Dieser Punkt bereitet Schwierigkeiten. Absolute Identität in allen Einzelheiten kann nicht verlangt werden, sonst würden zwei Erfindungen überhaupt niemals identisch sein. Man ist also darauf angewiesen, gewisse Abweichungen zuzulassen, und es kann sich nur darum handeln, wie weit man darin gehen will. Es ist vorgeschlagen worden, die Grenze da zu ziehen, wo in der neuen Gestaltung der späteren Anmeldung eine Erfindung zu erblicken ist. Danach wären alle abweichenden Lösungsmittel nicht erfinderischer Art identisch. Dieser Kommentar vermag dem nicht zuzustimmen; ebenso das Reichsgericht unten A 16. Es gibt — bei gleichen Erfindungsgedanken — Lösungsmittel, die in ihrer äußeren Gestaltung so sehr voneinander abweichen, daß von Identität nicht gesprochen werden kann, wenn dieses Wort überhaupt noch einen bestimmten Sinn behalten soll. Es ist dafür auf die in § 4 A 30 gegebenen Beispiele zu verweisen. Apparate zur Entstaubung der Luft werden in vielfachen Ausgestaltungen ausgeführt, die zum Teil voneinander nicht erfinderisch abweichen. Man führt die Luft durch Gefäße, die teils mit Haaren, teils mit Filzabfällen, mit keramischen Hohlkörpern, mit Ketten, mit besonders durchlöcherten Eisenblechen, alles mit oder ohne klebrige Substanzen, gefüllt sind. Es erscheint nicht zulässig, das alles für identisch zu erklären. Andererseits besteht kein Zweifel, daß Identität dann noch angenommen werden muß, wenn die geringstmögliche Abweichung

gegeben ist, nämlich wenn ein Element des älteren Patents durch sein technisches Äquivalent ersetzt ist, also etwa wenn das ältere Patent ein Zahnradgetriebe enthält, das in der neuen Erfindung durch einen bekannten, gleichwirkenden Mechanismus ersetzt ist. Aber man muß auch hier noch einen Schritt weiter gehen. Nicht nur wenn die neue Anmeldung die technischen Äquivalente der Mittel des Patents enthält, sondern auch wenn sie solche Äquivalente enthält, die man als glatte oder naheliegende Äquivalente bezeichnet hat, muß Identität angenommen werden. Dieser Begriff der glatten Äquivalente ist nicht ad hoc gebildet, er spielt vielmehr auch in anderen Richtungen, Patentfähigkeit, Schutzbereich, eine Rolle, vgl. § 4 A 36 eingehend. Technische Äquivalente sind solche Ersatzmittel, deren Gleichwirkung in den meisten oder in den hauptsächlichsten Richtungen allgemein bekannt ist, z. B. Zahnradgetriebe und Transmissionen mittels Lederriemen. Glatte Äquivalente sind solche Ersatzmittel, deren Gleichwirkung zwar nicht allgemein bekannt sein kann, aber für den vorliegenden Fall auf der Hand liegt. In Holzsägewerken hat man die Anordnung so getroffen, daß die Säge sich nicht nur senkrecht auf und ab bewegt, sondern Schlangenlinien oder Kurven beschreibt, wodurch die Sägewirkung erleichtert und erhöht wird. Zu dem Zwecke wird das obere Ende der Säge in einer Kurve geführt. Ein anderer traf die Anordnung so, daß die Kurve durch eine winklig gebrochene Linie ersetzt wurde. Das ist nicht ein technisches Äquivalent, denn in den meisten Fällen läßt sich die Führung in Kurven und in winklig gebrochenen Linien nicht gegeneinander ersetzen. Für den Fall der Führung der Säge wurde aber angenommen, daß die Möglichkeit des Ersatzes der Kurve durch eine gebrochene Linie für jeden Fachmann ohne weiteres auf der Hand lag. Verletzung wurde deshalb bejaht. Der amerikanische höchste Gerichtshof äußerte, eine Kurve werde in der Mathematik oft als eine Folge von sehr kurzen geraden Linien behandelt oder als eine gebrochene Linie, die ihre Richtung beständig ändert, U. S. Bd. 92 S. 431. Ähnlich z. B. Blatt 26 (1920), 108: Um die Wände eines Gefäßes nachgiebig zu gestalten, sind die Anbringung eines Kolbens und einer Membran (zwar nicht technische, aber glatte) Äquivalente und bewirken Identität der Vorrichtungen. Daß auch solche naheliegenden Äquivalente die Identität nicht hindern, ergibt sich aus der Überlegung, daß hier der Unterschied gegenüber dem Original nicht größer ist als bei dem technischen Äquivalent. Das ist der springende Punkt. Von diesem Gesichtspunkt aus erklären sich viele Entscheidungen, die zum Teil — mit Unrecht — bemängelt worden sind. Die Entscheidung Blatt 16 (1910), 191f hat ausgeführt:

> Zur Begründung der Nichtigkeitsklage aus Ziff 2 des § 10 ist absolute Identität der beiden Erfindungen nicht erforderlich, vielmehr ist die Ähnlichkeit innerhalb gewisser Grenzen mit zu berücksichtigen ... Es stehen sich zwei chemische Verfahren mit demselben Ausgangsmaterial und denselben Endprodukten gegenüber. Identität im strengen Sinne liegt aber nicht vor, weil die Mittel, mit denen, und die Art und Weise, wie mit ihnen das Endprodukt erzielt wird, verschieden sind. Es kann sich daher nur fragen, ob eine so weitgehende Ähnlichkeit der Mittel besteht, daß die Verfahren trotzdem als identisch erscheinen. Dies wäre dann anzunehmen, wenn das neue Verfahren, obwohl es in den älteren Anmeldungen nicht direkt beschrieben ist, sich doch für Sachverständige ohne weiteres als Äquivalent oder ebenfalls zum Ziele führend daraus ergibt. Sind jedoch für Sachverständige zunächst noch Untersuchungen erforderlich, so kann Identität nicht angenommen werden, wenngleich Neuheitsschädlichkeit vielleicht gegeben wäre. —

Hier ist also die Entscheidung darauf abgestellt, ob noch Untersuchungen erforderlich sind, in welchem Falle glatte Äquivalenz nicht gegeben ist. Ebenso die beiden vorgehend abgedruckten Entscheidungen, Blatt 16 (1910), 187ff, und auch die neuere Entsch A 16, 1. Beisp., in welcher Identität wegen der Abweichung der neuen Konstruktion sogar verneint ist, trotzdem letztere nahe gelegen haben möge. — Hervorzuheben ist als wichtig, wenn auch selbstverständlich: Zur Annahme der Identität genügt nicht, daß die Arbeitsmittel äquivalent sind, sie müssen auch in gleicher Anordnung und Wirkung vorhanden sein, mit anderen Worten, dieselbe „funktionelle Bedeutung" haben. Alle Schaltungen in der drahtlosen Telegraphie bestehen aus Spulen, Selbstinduktion, Kondensatoren, Widerständen, Tasten usw. Identität entscheidet sich allein nach ihrer Anordnung und Wirkung. Das wird bei Maschinen hin und wieder übersehen. Für weitere Beispiele vgl. § 4 A 35, 36.

4. Keine Identität liegt vor, wenn das Ersatzmittel nicht unbeträchtlich besser wirkt als das originale Mittel. Identität erfordert Gleichheit der Wirkung. In dem Urt MuW Jahrg. 12 S. 247, teilweise abgedruckt Blatt 18 (1912), 276, hat das Reichsgericht ausgeführt, völlige Äquivalenz sei zu fordern, wenn die Klage nach § 10 Ziff 2 durchdringen solle. Das Vorliegen dieser völligen Äquivalenz müsse verneint werden, weil die neue Vorrichtung mehrere, die alte nur eine Düse habe und dieser Unterschied in gewissen Fällen Vorteile (d. h. vorteilhaftere Wirkung) darbiete. Noch weiter geht ein Urt vom 15. 11. 1916, I 127/1916: Vorpatentiert waren Wärmeaustauschapparate mit Lamellen, die in dem Gefäße an einer Seite angebracht waren. Neuerfunden war ein Flüssigkeitserwärmer (auf demselben Prinzip beruhend), bei dem die Lamellen mit beiden Seiten der Gefäße verbunden waren, wo-

durch der Wärmeaustausch erleichtert und verbessert wurde. Das Reichsgericht äußerte, der Anschluß der Lamellen an beide Seiten sei zwar auch schon in der Beschreibung und den Zeichnungen des ersten Patents kundgegeben, aber das zweite Patent gebe die Lehre, daß man bei dieser Bauart einer Regelung der Geschwindigkeit des durchströmenden Gases entraten könne, was in dem ersten Patente nicht erkannt sei. — Wegen dieser Vorschrift einer vorteilhafteren Betriebsart ist also die Identität verneint. Es ist auf die Wichtigkeit dieser Regel, daß vorteilhaftere Wirkung die Identität aufhebt, hinzuweisen. Durch sie entscheidet sich ein großer Teil der Fälle, in denen die Identität streitig ist, von selbst. Sie ist allgemein anerkannt. PA Blatt 23 (1917), 99: (nur) gleichwertige Ausführungsformen sind identisch. — Ebenso RG I 148/1896, Urt vom 12. 12. 96 (teilweise abgedruckt Bolze, Bd. 23 Nr 145): Die Verschiedenheit der Ausführungsform würde allerdings nicht ausreichen, um die streitigen Anordnungen des Beklagten gegen die Vernichtung nach § 10 Ziff 2 zu schützen. Wäre die Wirkungsweise dieser Anordnung dieselbe, wie die der Anordnung des Klägers, so würde ein Unterschied des angefochtenen Patents von dem Gegenstande des klägerischen Patents nicht anzunehmen sein. Das Reichsgericht erachtet aber für dargetan, daß die Anordnungen des Beklagten anders auf das Sichtegut einwirken und sich infolgedessen für gewisse Arten besser eignen. Daraufhin ist Identität verneint. — Daß Verbesserungserfindungen, die also vorteilhaftere Wirkungen aufweisen, Abhängigkeit begründen können, liegt auf der Hand, hat aber mit Identität nichts zu tun.

5. Aus dem Vorgetragenen ergibt sich, wie es mit der **Identität von Erfindungsgedanken und Ausführungsform** zu halten ist. Die Rechtsprechung schwankt. Das PA hat Blatt 16 (1910), 5 entschieden: Beschreibung und Zeichnung sind bei Fragen der Vorpatentierung heranzuziehen, wenn das Vorpatent einen allgemeinen Erfindungsgedanken schützt und es sich darum handelt, welche Ausführungsformen in dem Vorpatente bereits aufgezeigt und dadurch mitgeschützt sind. Hier will also das Patentamt den Schutz auf die neuangemeldete Ausführungsform nur dann versagen, wenn die gleiche Ausführungsform im Vorpatent bereits geschildert war. Dagegen hat die BeschwAbt Blatt 26 (1920), 108 ein Patent versagt, weil eine andere Ausführungsform, die als äquivalent betrachtet wurde, bereits geschützt sei. Viel weiter geht das Urteil des RG Blatt 18 (1912), 276: Wenn im ersten Patent eine Form geschützt ist, deren Gattung aus dem Patente zu entnehmen ist, dann ist das Patent auf eine andere Form identisch. Hier ist also angenommen, daß zwischen Erfindungsgedanken und Ausführungsform stets Identität bestehr. — Ähnlich I 276/1913; Urt vom 22. 4. 14: (Der Erfindungsgedanke war im älteren Patente nicht ausgesprochen, sondern wurde vom Reichsgericht aus der Patentschrift entwickelt. Es wird sodann fortgefahren:) Dies ist der allgemeine Erfindungsgedanke des älteren Patents 196053 und bildet den Gegenstand desselben. Geht man hiervon aus, dann ergibt sich, daß durch den Gegenstand des angefochtenen Patents 191081 dem Fachmann nichts mehr gesagt wird, als was er auch schon aus dem Gegenstande des älteren Patents entnehmen mußte, daß also völlige Identität vorliegt. (Das jüngere Patent enthielt eine nicht unerheblich abweichende Ausführungsform desselnen Gedankens.) — In dem Urt Blatt 31 (1925), 201 hat das Reichsgericht gleichfalls zunächst den Erfindungsgedanken des entgegengehaltenen Patents entwickelt. Sodann wird fortgefahren: Hinsichtlich des allgemeinen Erfindungsgedankens liegt volle Übereinstimmung (des älteren und des jüngeren Patents) vor. Insoweit ist also das letztere gemäß § 10 Ziff 2 für nichtig zu erklären. Schließlich wird gezeigt, daß die Ausführungsform des neuen Patents Besonderheiten aufweist, und auf diese ist das Patent beschränkt worden. — Hier ist also überhaupt kein Wert mehr darauf gelegt, was im Anspruch steht; die Inhalte beider Patente sind frei entwickelt. Bei solcher Anschauung kommt man darauf hinaus, für identisch zu erklären, was in den Schutzbereich des ersten Patents fällt. — Überall hier ist Identität angenommen zwischen dem aus dem ersten Patent entwickelten Erfindungsgedanken und den späteren Ausführungsformen, soweit letztere nicht selbst erfinderisch sind. Ganz anders dagegen die drei Urteile Blatt 16 (1910), 287ff. Vgl. S. 190 Sp. 1: von einer Identität beider Konstruktionen oder auch nur von einer reinen Äquivalenz ihrer einzelnen sich entsprechenden Elemente kann hiernach keine Rede sein. Eine Grundidee ist beiden gemeinsam, die weitere Ausführung derselben ist jedoch völlig verschieden. Daraufhin ist die Identität verneint. Ebenso S. 192 Sp. 1: Identität liegt nicht vor, wenn bei Gleichheit der Grundidee die Ausführung im einzelnen erhebliche Abweichungen zeigt. Hier ist die Identität zwischen Grundidee (Erfindungsgedanken) und Ausführungsform glatt verneint.

Wie ist aus diesem verwirrenden Dilemma herauszukommen? Eine theoretisch und logisch nach allen Richtungen befriedigende Lösung gibt es nicht; das muß man sich klar vor Augen halten. Es kann sich nur darum handeln, praktische Leitregeln aufzustellen, die den Bedürfnissen des Gewerbes genügen. — Auszugehen ist davon, daß bei der Identitätsprüfung nicht die „Erfindung", die zu dem Vorpatente geführt hat, in Betracht kommt, sondern nur der „Gegenstand" des Vorpatents (A 13). Das ergibt sich klar aus § 3 und ist bis auf wenige abweichende Urteile anerkannt. Was Gegenstand ist, ist oben A 12f entwickelt. Unter Festhaltung dieses Gesichtspunkts ergibt sich das folgende. Schützt das Vorpatent eine Ausführungsform und wird der Erfindungsgedanke neu angemeldet (§ 1 A 112), so liegt niemals Identität vor, denn der Erfindungsgedanke greift weiter als die Ausführungsform. Ist im Vorpatent ein konkreter Gegenstand geschützt und wird eine neue konkrete Ausführungsform angemeldet, so ist es nicht zulässig, den Erfindungsgedanken des Vorpatents zu entwickeln und, wenn die neu angemeldete Form unter ihn fällt, sie für identisch zu erklären. Das will zwar das angeführte Urteil Blatt 18 (1912), 276, indem es annimmt, daß im Vorpatent zugleich die „Gattung" geschützt sei. Dem ist aber keineswegs zuzustimmen, denn damit wäre man in der Bestimmung des Schutzbereichs des Vorpatents mitten darin, was bei der Identitätsprüfung nicht angängig ist. Deshalb muß die angemeldete Form mit der vorpatentierten Form verglichen werden. Ergibt sich, daß sie technisch oder glatt (zutage liegend, nicht nur der Wirkung nach) äquivalent sind, so sind sie identisch, denn die Identität umfaßt auch die technischen und glatten Äquivalente (oben Ziff 3). Liegt dagegen eine erhebliche Abweichung in der Form, wenn auch möglicherweise Gleichheit der Wirkung vor, so ist keine Identität gegeben. Ob die neue Anmeldung zum Patente führt, hängt dann allein von der Prüfung auf Neuheit, Fortschritt, Erfindungshöhe gegenüber dem Stande der Technik ab. Nur auf diese Weise läßt sich erreichen, daß die Identitätsprüfung nicht über das, was das Gesetz will, ungemessen ausgedehnt wird.

6. **Übertragung** eines patentierten Mittels auf ein anderes Gebiet hindert stets die Identität.

> Es ergibt sich hieraus, daß der Anmelder des angegriffenen Patents, in dem er die für ... mehrfarbigen Zeugdruck vorbekannte Trockenvorrichtung auf eine Maschine für mehrfarbigen Illustrationsdruck **übertrug**, sich eine neue Aufgabe gestellt hat ... Es walten zwischen den beiden Maschinengattungen ... und zwischen den Bedingungen, unter denen sie arbeiten, wesentliche Unterschiede ob ... Schon aus diesen Erwägungen folgt, daß die Einrichtung des angegriffenen Patents nicht bereits den Gegenstand des älteren Patents gebildet hatte. Es braucht nicht zu der Frage Stellung genommen zu werden, inwieweit das angegriffene Patent von dem älteren abhängig ist, ob es einen ... erfinderischen Überschuß aufweist und ob es eine wesentlich technische Neuerung offenbart hat (I 42/1921, Urt vom 4. 11. 22).

Ebenso folgender Fall:

> Ein Antrieb für Gesteinsbohrmaschinen ist niemals identisch mit einem Antriebe für Förderrinnen (Schüttelrutschen), auch wenn äußerliche Ähnlichkeit vorliegt und Förderrinnen bei ihrem ersten Aufkommen mit Motoren für Gesteinsbohrmaschinen betrieben sein sollten (I 280/1920, Urt vom 11. 1. 22).
>
> Eine Kanalführung bei Ringgasöfen nimmt dieselbe Kanalführung bei Kammerringöfen nicht vorweg (I 344/1925, Urt vom 23. 3. 27).

Zwischen einem **Sachpatent auf eine neue Vorrichtung und einem Patente auf die neue Anwendung der Vorrichtung** liegt keine Identität vor.

7. Zweifel bestehen auch darüber, ob bei einem Patente auf ein **Herstellungsverfahren** und bei einer Neuanmeldung auf das **unmittelbare Erzeugnis** desselben Identität gegeben ist. In der Entscheidung Blatt 11 (1905), 98 hat das Patentamt die Anmeldung auf das unmittelbare Erzeugnis nicht für identisch erklärt, weil das Sachpatent auf das Erzeugnis einen weitergehenden Schutz gewähre als das Verfahrenspatent. Letzteres schützt das unmittelbare Erzeugnis nur dann, wenn es gerade in dem patentierten Verfahren hergestellt ist. Diese in dem früher patentierten Verfahren hergestellten Erzeugnisse sollen jedoch von dem neuen Erzeugnispatent nicht mit umfaßt werden, vielmehr dem Inhaber des Verfahrenspatents vorbehalten bleiben. Dabei ist aber zu bemerken, daß es an Neuheit fehlen wird, wenn das Verfahrenspatent vorveröffentlicht ist, weil in diesem das Erzeugnis beschrieben sein muß. Unter Umständen, besonders bei Anwendungspatenten, kann es anders sein. Ein Sachpatent auf rostfreie Gegenstände, dad. gek., daß sie aus Chromnickelstahl hergestellt sind, wäre identisch mit dem Verfahrenspatente auf die Anwendung von Chromnickelstahl zur Herstellung rostfreier Gegenstände.

Anm. 15. Zuzugeben ist, daß gewisse **Mißstände** entstehen können, wenn bei der Identitätsprüfung der Schutzumfang des Vorpatents nicht berücksichtigt wird. Es können dann zwei Patente erteilt werden, deren Schutzbereiche zum Teil ineinander übergreifen. Das wird der hauptsächliche Grund sein, weshalb von mehreren Seiten die Berücksichtigung des Schutzbereichs empfohlen wird. Auch hier ist zunächst wieder darauf hinzuweisen, daß aus den vielfach angeführten Gründen diese Mißstände nur dann eintreten, wenn das Vorpatent nicht vorveröffentlicht ist. Derartig ineinander übergreifende Patente können allerdings auch im Nichtigkeitsverfahren nicht wieder beseitigt werden, da auch dort der Schutzbereich des Vorpatents nicht geprüft werden soll. Jener Mißstand ist aber ohne ernste Erheblichkeit. Denn die herrschende Meinung erkennt mit Recht an, daß, wenn materiell unberechtigt ein zweites, mit einem vorhergehenden ganz oder teilweise identisches Patent erteilt ist, der Inhaber dieses älteren gegen den Inhaber des zweiten (auch nach Ablauf der fünfjährigen Frist des § 28) auf Unterlassung der kollidierenden Maßnahmen klagen kann (RG 33, 154; Blatt 8 [1902], 130; JW 1896, 710). Dadurch werden Unzuträglichkeiten beseitigt (vgl. § 10 A 11).

Zur Klarstellung der vom Reichsgericht befolgten Grundsätze dienen weiter folgende Urteile. **Anm. 16.**

Das Patent 315988 (Kältemaschine) war wegen Identität und widerrechtlicher Entnahme angegriffen. Das Reichsgericht führte aus: Das angegriffene Patent erstrebt nur Schutz für die konzentrische Lagerung der Verflüssigerachse und der Antriebswelle für den Kompressorkolben. Das entgegengehaltene frühere Patent spricht von exzentrischer Lagerung als besonderem Kennzeichen. Also liegt keine Identität vor. Ob die konzentrische Lagerung für den Fachmann auf Grund der Angaben des früheren Patents naheliegend war und keine Schwierigkeiten bot, ist für die Nichtigkeitsklage wegen Identität gleichgültig. Es macht auch keinen Unterschied, ob die Frist für die (nicht angestellte) Klage wegen mangelnder Neuheit verstrichen ist oder nicht. Gleichgültig ist auch, ob der Beklagte die Anregung zu seiner Einrichtung aus der Auslegung der Zeichnungen des früheren Patents entnommen hat (I 160/1921, Urt vom 30. 6. 23).

Hier hat das Reichsgericht den Unterschied in der Konstruktion, selbst wenn er nahegelegen haben sollte, als entscheidend gegen die Annahme der Identität sprechend ins Feld geführt.

Das Patentamt hat in derselben Sache den Erfindungsgedanken beider Patente für gleich erklärt und fuhr dann fort: „Daß die Abweichungen in der Ausführung erheblich sind, hat die Beklagte ... überzeugend nachgewiesen. Die Abweichungen genügen jedenfalls, um die Begriffe der Äquivalenz auszuschließen. Aus diesen Gründen war die auf Identität gestützte Nichtigkeitsklage auch im Patentamte abgewiesen (Entsch vom 30. 11. 20).

Aus einem anderen Urteile des Reichsgerichts (bereits teilweise angeführt): bei der Identitätsklage nach § 10 Ziff 2 kann nur der unmittelbare Gegenstand der zu vergleichenden Patente in Betracht gezogen werden; dagegen bleibt die Frage, inwieweit der Schutzbereich sich darüber hinaus gemäß der Tragweite der Erfindung auf nicht unmittelbar durch die Ansprüche gedeckte Gegenstände erstreckt, einem etwaigen Verletzungsverfahren vorbehalten. Gleichgültig für den Nichtigkeitsstreit ist es daher nicht nur, ob das jüngere Patent, weil es die dem älteren zugrunde liegende Erfindung mitbenutzt, von diesem abhängig ist, sondern auch, ob denkbarerweise die in dem älteren Patente gekennzeichnete Konstruktion einer besonderen, dort noch nicht beschriebenen Ausgestaltung fähig ist, bei der die jüngere Erfindung in Benutzung genommen wird (I 111/1917, Urt vom 22. 9. 17).

Identität von Kombinationen. Bei jeder Beurteilung von Kombinationen sind zwei Gesichtspunkte zu unterscheiden. Es handelt sich erstens um den Kombinationsgedanken und zweitens um die Elemente, in denen sich der Gedanke verkörpert. Kombinationsgedanke ist der Gedanke, mehrere Elemente mit bestimmten spezifischen Wirkungen zu einem einheitlichen Ziele zusammenarbeiten zu lassen (vgl. § 1 A 114—118). Kombinationen können sich also unterscheiden durch Abweichungen im Kombinationsgedanken oder durch Abweichungen in den Elementen. Weichen die Kombinationsgedanken voneinander ab, so liegt — ohne Rücksicht auf die Elemente — niemals Identität vor (Äquivalenz — die die Identität nicht hindert, oben A 14, 3) — kann hier nicht in Frage kommen, da es Äquivalenz eines Gedankens nicht gibt). Zeitigt die zweite Kombination ein anderes oder auch nur ein erheblich besseres Ergebnis als die erstangemeldete, so ist nach der herrschenden zutreffenden Meinung keine Gleichheit des Kombinationsgedankens und also keine Identität der Patente gegeben (RG JW 1900, 554). Zu bemerken ist schon an dieser Stelle, daß die Kombinationen a b und a b c den gleichen Kombinationsgedanken haben und also identisch sein können, falls c für die Kombination nutzlos und etwa nur zum Schein hinzugefügt ist (vgl. unten). Hinsichtlich der Abweichung in den Elementen gelten folgende Regeln. Ist a vorpatentiert, so ist die Kombination a b nicht identisch; das Patent a b ist aber abhängig. Ist a vorpatentiert und ebenso b vorpatentiert, so ist die Kombination a b gleichfalls nicht identisch, Hüfner, GewR 16 (1911), 369; das Patent a b ist von beiden Vorpatenten abhängig. Ist die Kombination a b vorpatentiert, so ist, wenn das Element a alt war, die weitere Anmeldung von a nicht identisch; das Patent auf eine Kombination ist niemals identisch mit dem Patent auf ein Einzelelement. Die Anmeldung von a ist aber unter der gegebenen Voraussetzung, daß a alt ist, selbstverständlich wegen mangelnder Neuheit zurückzuweisen. Daraus ergibt sich für das Nichtigkeitsverfahren folgendes: ist die Patentierung von a trotzdem irrtümlicherweise erfolgt, so kann die Nichtigkeitsklage wegen Identität nach § 10 Ziff 2 keinen Erfolg haben, und zwar auch dann nicht, wenn die Frist zur Erhebung einer Klage nach § 10 Ziff 1 (also wegen mangelnder Neuheit) nach Ablauf der fünfjährigen Frist erloschen ist. Auch Abhängigkeit des Patents auf a liegt **Anm. 17.**

in solchem Falle naturgemäß nicht vor. Ist dagegen in der patentierten Kombination a b das Element a neu, so daß es infolgedessen selbständigen Schutz, sog. Elementenschutz genießt, so ist die weitere Anmeldung von a identisch. Daraus ergibt sich, daß in einem solchen Falle, abweichend von der allgemeinen Regel, im Erteilungs- wie im Nichtigkeitsverfahren geprüft werden muß, ob in dem Vorpatente auf die Kombination a b das Element a Schutz genießt. Zweifelhaft mag sein, ob dies allgemein anerkannt ist; es rechtfertigt sich dadurch, daß es nicht angängig ist, ein Patent auf ein Element zu erteilen, das bereits Schutz, wenn auch in einer Kombination, genießt. Diese Regel liegt im Gedankengange des in der nächsten Anmerkung angeführten Urteils vom 6. 3. 18. Ist die Kombination a b geschützt, so ist die neue Kombination a c nicht identisch, wenn nicht etwa c nur das glatte Äquivalent von b ist, vielmehr der Kombinationsgedanke neu ist. Die Kombination a c kann aber abhängig von dem Vorpatent auf a b sein, dann nämlich, wenn in letzterem das Element a neu war und deshalb bereits Elementenschutz genießt. Es ergibt sich also die allgemeine Regel: Kombinationen aus verschiedenen Elementen sind nie identisch, wenn nicht das abweichende Element äquivalent ist. Kombination und Einzelelement sind gleichfalls nicht identisch, jedoch mit der einen Ausnahme, daß die Kombination mit neuem a vorpatentiert war und nun a für sich angemeldet wird.

Gleiches gilt bei Kombinationen aus mehr als zwei Elementen: ist a b c vorpatentiert, so ist a b identisch, wenn die Unterkombination a b in der Kombination a b c neu war usw.

Ist in der zweitangemeldeten Kombination ein Element nutzlos und nur zum Schein hinzugefügt, so gilt es als nicht vorhanden; z. B. vorpatentiert ist a b, neuangemeldet wird a b c mit nutzlosem c: Identität ist gegeben. Durch diese Regel wird verhindert, daß der zweite Anmelder dem Einwurf der Identität entgehen kann, indem er ein weiteres, die Wirkung nicht veränderndes Element hinzufügt.

Die Regel, daß bei Identitätsprüfung der Schutzbereich des Vorpatents nicht zu erörtern ist, gilt also bei Kombinationen nicht ausnahmslos. Das entspricht dem praktischen Bedürfnis und ist auch theoretisch dadurch gerechtfertigt, daß der Einzelschutz der Kombinationselemente gesetzespolitisch anders zu behandeln ist, als die Bestimmung des Schutzumfangs (nach dem Erfindungsgedanken) bei nichtkombinierten Erfindungen.

Anm. 18. Über die **Teilidentität** bestimmt das Gesetz, daß der spätere Anmelder Anspruch auf Erteilung eines Patents nur in entsprechender Beschränkung hat, wenn die Erfindung teilweise Gegenstand des früheren Patents ist. In gleicher Weise bestimmt § 10 Ziff 2, daß ein Patent zu beschränken ist, wenn es unter Mißachtung der teilweisen Identität in vollem Umfange gewährt worden ist. Der Begriff der Teilidentität ist in den §§ 3 und 10 derselbe. Der Begriff „Gegenstand des ersten Patents" ist oben in A 11 f eingehend erörtert. Stimmt mit diesem der Gegenstand des zweiten Patents teilweise überein, so liegt Teilidentität vor. Das ist z. B. der Fall, wenn neben dem Schutze einer Kombination auch Schutz eines Einzelelements in einem Unteranspruch verlangt wird, dies Element aber schon durch ein früheres Patent geschützt ist. Dann ist das Patent „in entsprechender Beschränkung" zu erteilen, d. h. es wird nur noch die Kombination patentiert. Daß zum Gegenstande des Vorpatents auch dessen glatte Äquivalente gehören, ist A 14 Ziff 3 dargelegt. Beispiel für vorstehendes:

> Das entgegengehaltene Patent bildet insofern die Grundlage des angefochtenen Patents, als es bei Verfolgung der gleichen Aufgabe einen wesentlichen Teil der dem letzteren zugrunde liegende Erfindung vorwegnimmt. Der Grundgedanke beider Patente ist derselbe. Das angefochtene Patent baut aber die Erfindung weiter aus, indem es neue Mittel hinzufügt, und so das Anwendungsgebiet erweitert ... Von einer Totalvernichtung kann somit keine Rede sein, da das angefochtene Patent über den Bereich des älteren Patents hinausgeht ... Die neuen Formen sind neben der im älteren Patente offenbarten Form Gegenstand des angefochtenen Patents. Sie sind auch nicht etwa Äquivalente der Form des älteren Patents, und lassen sich deshalb nicht etwa aus dem Gesichtspunkt der Äquivalenz schon als Gegenstand des älteren Patents bezeichnen. — Das angefochtene Patent ist daraufhin auf die „neuen Formen" beschränkt worden (I 223/1917, Urt vom 6. 3. 18).

In manchen Fällen ist eine teilweise Beschränkung (oder teilweise Vernichtung) nach der Natur der Erfindung nicht möglich, bei der Identität nach § 3 ebensowenig wie bei der Vorwegnahme nach § 2. Vorbekannt war eine besondere Filtrationsmethode, um körperliche Verunreinigungen aus dem Speisewasser für Dampfkessel zu entfernen. Neu angemeldet wird dieselbe Methode, um das Kesselwasser zu reinigen und um es außerdem von gelösten Gasen zu befreien. Diese Anmeldung kann nicht auf die Entgasung beschränkt werden. Beide Wirkungen treten stets untrennbar ein. Es liegt nur die nichtpatentfähige Entdeckung einer weiteren vorteilhaften Wirkung jener bekannten Methode vor, GewR 28 (1923), 41. — Weiter kann eine teilweise Beschränkung nicht stattfinden, wenn das übrigbleibende nicht neu, fortschrittlich, erfinderisch ist. Dann ist Möglichkeit der Patentierung nicht gegeben, weil die

Voraussetzungen der §§ 1 und 2 nicht erfüllt sind. Für das Nichtigkeitsverfahren besteht Streit, ob bei Teilidentität der übrigbleibende Rest für sich patentfähig sein muß (§ 10 A 19). Für das Erteilungsverfahren kann ein solcher Streit nicht entstehen, wie klar zutage liegt.

Wird Schutz für eine Kombination begehrt, so kann eine Beschränkung, weil ein einzelnes Element oder eine Unterkombination bereits patentiert ist, nicht erfolgen, denn die Kombination ist eine Einheit, beruhend auf dem Kombinationsgedanken, nach welchem gerade die bestimmten Elemente zu einem einheitlichen Ziele zusammenwirken sollen. Jede Beschränkung würde das Wesen der neuangemeldeten Kombination ändern. Nur wenn ein einzelnes Element offenbar nutzlos hinzugefügt ist, kann dieses gestrichen werden. Es kann aber in solchen Fällen, wie in der vorigen Anmerkung dargelegt, Abhängigkeit der Kombination gegeben sein.

Die Beschränkung kann in verschiedenen Formen erfolgen. Es kann eine quantitative Beschränkung vorgenommen werden, wenn die angemeldete Erfindung quantitativ teilbar ist, z. B. wenn mehrere Lösungswege angegeben werden, von denen einer schon vorpatentiert ist. Oder wenn an einer Vorrichtung mehrere Verbesserungen angegeben sind, von denen einzelne vorpatentiert sind. Die Beschränkung kann auch qualitativer Art sein, z. B. kann dem Anspruche eine weitere Voraussetzung, die erfüllt sein muß, hinzugefügt werden, wodurch der Umkreis der Gegenstände, die unter den Anspruch fallen, naturgemäß verkleinert wird, Mitt 1916, 106; Blatt 10 (1904), 216. Die Erfindung kann auf gewisse Verwendungsarten beschränkt werden, so hat ein Urt vom 9. 12. 14, I 238/1914, eine Empfangsanordnung für drahtlose Telegraphie auf den Schreibempfang beschränkt, weil der Telephonempfang bereits patentiert war usw.

Soweit ein beantragter Schutz im Erteilungsverfahren wegen Teilidentität teilweise zurückgewiesen ist, wird der abweisende Beschluß rechtskräftig und ist für das Nichtigkeitsverfahren und für den Verletzungsstreit bindend. Das trifft u. a. für den Fall zu, daß bei einer Kombinationserfindung der beantragte Schutz von Einzelelementen oder Unterkombinationen zurückgewiesen ist, GewR 21 (1916), 26. Gleiches gilt, wenn der Anmelder seinen Antrag auf Grund von Beanstandungen des Prüfers fallen läßt (vgl. hierüber eingehend § 4 A 41 f).

Der Inhaber des ersten Patents braucht, wenn ein zweites später erteiltes Patent mit dem seinen teilweise identisch ist, nicht im Wege des Nichtigkeitsverfahrens vorzugehen, er kann vielmehr auch, wenn ihm das dienlich erscheint, das zweite Patent bestehen lassen, und Abhängigkeit geltend machen (RG 33, 154; JW 1902, 222 Nr 32). In Wahrheit liegt zwar Abhängigkeit nicht vor; aber er kann in der Tat gegebenenfalls Feststellungs- und Unterlassungsklage vor den ordentlichen Gerichten erheben (vgl. A 21 und § 10 A 11).

Abschnitt III.
Abhängigkeit.

Abhängigkeit eines Patents von einem anderen Patente mit früherer Priorität ist ihrem Wesen nach verschieden von der Teilidentität. Das Patentgesetz hat die Abhängigkeit nicht geregelt. Der grundlegende Unterschied ist in den Entscheidungen RG 12, 127; 33, 151; 45, 75 klargestellt. Teilidentität liegt vor, wenn ein Teil dessen, was der zweite Anmelder für sich beansprucht, bereits Gegenstand des ersten Patents ist. Abhängigkeit liegt vor, wenn die zweite Erfindung zwar nicht (ganz oder teilweise) Gegenstand des älteren Patents ist, aber nicht ausgeführt werden kann, ohne in den Schutzbereich jenes Patents einzugreifen, d. h. ohne seinen Erfindungsgedanken zu benutzen. „Für die Frage der Abhängigkeit kommt es darauf an, welchen technischen Fortschritt das ältere Patent gegenüber dem Stande der Technik herbeigeführt hat, und ob das jüngere Patent sich diesen Fortschritt und die darin enthaltene Erfindung aneignet" (I 17/1915, Urt vom 7. 7. 15). Die Ausführung des abhängigen Patents enthält also eine Verletzung des älteren Patents. Der am häufigsten vorkommende Fall der Abhängigkeitserfindung ist die Verbesserung des Gegenstandes des ersten Patents. Der Verbesserer darf seine Erfindung nicht ausführen, weil er damit zugleich den Gegenstand des früheren Patents ausführen, also von dem Erfindungsgedanken des früheren Patents Gebrauch machen müßte. Schematismus der Abhängigkeitserfindung: der zweite Erfinder benutzt die ganze bereits geschützte Erfindung; Beispiel: der erste Erfinder hat einen Apparat erfunden, der zweite lehrt, ihn aus besonders geeignetem Material herzustellen. — Im Vorpatent ist eine Maschine geschützt, der ein allgemeiner Erfindungsgedanke zugrunde liegt; der zweite Erfinder baut eine abweichende Maschine, die aber denselben Erfindungsgedanken verkörpert; seine Erfindung ist abhängig. — Eine neugestaltete Maschine ist patentiert; der zweite erfindet, die Maschine in einem neuen Verfahren zu einem neuen Zwecke zu verwenden. Da er nach § 4 die geschützte Maschine nicht gebrauchen darf, ist seine Erfindung abhängig. — Ein Gegenstand ist patentiert, der Zweite erfindet ein neues Verfahren zur

Anm. 19.

Herstellung desselben. Das ist aus dem gleichen Grunde gemäß § 4 abhängig. Für die letzteren und weitere Beispiele vgl. RG 33, 151ff. — Zutreffend äußert Hartig, Studien, S. 254 über Abhängigkeit in vorstehend bezeichnetem Sinne: die Abhängigkeitspatente ... liefern die einzig mögliche praktische Lösung der doppelten Aufgabe, zu bewirken, daß an der Behandlung technischer Probleme sich viele Kräfte beteiligen können und daß doch auch dem ersten Erfinder, aus dessen Geiste die Grundidee geboren ... wurde, hierbei kein Unrecht geschieht.

Anm. 20. Scheinbar wird die Regel, daß Abhängigkeit nur dann vorliegt, wenn von dem Erfindungsgedanken eines älteren Patents Gebrauch gemacht wird, in einigen Fällen durchbrochen. Zuweilen wird auch von Abhängigkeit gesprochen, wenn die zweite Erfindung aus dem älteren Patente nicht dessen Erfindungsgedanken, sondern einen quantitativen Teil der geschützten Vorrichtung entnimmt. Solchenfalls ist normalerweise teilweise Nichtigkeit gegeben. Wenn aber der geschützte entnommene Teil in der neuen Erfindung mit einem anderen Elemente kombiniert ist, kann eine teilweise Vernichtung nicht stattfinden, und man spricht deshalb auch hier in modifiziertem Sinne von Abhängigkeit. — Vgl. folgende Entscheidung: Abhängigkeit erfordert nicht, daß die erste Erfindung ganz in Benutzung genommen wird. Es genügt auch schon teilweise Benutzung oder Benutzung mit Abänderungen ... Es genügt, wenn greifbare technische Teilerfolge, die zur Herbeiführung des technischen Endzwecks dienen und mittels erfinderischer Tätigkeit erzielt sind, bei der neuen Erfindung mit den gleichen technischen Mitteln hergestellt sind und zur Herbeiführung des Endzwecks benutzt werden (JW 1908, 347 Ziff. 16). — Weiter: Patent 134828 ist auf einen First- und Gratanschlußstein für sog. Klosterdächer (Dächer mit besonderen Ziegeln) erteilt, das Patent 262914 auf einen Firstentlüftungsziegel für ... Muldenfalzziegel. Im Verletzungsstreit (I 163/1918, Urt vom 18. 12. 18) äußerte das Reichsgericht: wenngleich der Beklagte mit seinem Patente eine von dem Patente des Klägers verschiedene Aufgabe löst, so benutzt er doch bei seiner Lösung gleichwohl den Erfindungsgedanken, der dem letztgenannten Patente zugrunde liegt, denn er schafft in der muldenförmigen Ausgestaltung der Firstanschlußsteine eine ebene Auflagefläche für die Firststeine. — Hier ist also Abhängigkeit angenommen, weil die Bauart, die Gestalt der Steine gleich war, wenngleich der Zweck, dem sie dienen sollten, und damit die Art ihrer Verwendung erheblich voneinander abwich. Offenbar wollte man wegen der Verschiedenheit der Zweckverwendung nicht von Identität oder von Teilidentität sprechen. Vgl. weiter RG 33, 154; vor allem JW 1902, S. 222 Ziff. 35; GewR 9 (1904), 305 Anm.

Anm. 21. **Verwandte Fälle.** Manche Fälle werden der Abhängigkeit analog behandelt, obgleich Abhängigkeit im strengen Sinne nach der vorstehend gegebenen Begriffsbestimmung nicht vorliegt. Zwei Typen sind zu unterscheiden. 1. Teilweise Abhängigkeit. Ein Verfahren ist geschützt; der zweite erfindet eine zur Ausführung des Verfahrens geeignete Maschine. Sein Patent ist nicht in vollem Umfange abhängig. Er darf die Maschine bauen, darf sie auch verkaufen, denn damit greift er nicht in das geschützte Verfahren ein. Er darf sie auch, wenn das möglich ist, zu einem anderen Verfahren verwenden; es verletzt also nicht jeglicher Verbrauch (vgl. hierfür z. B. Gareis Bd. 4 S. 111). Unbeschränkte Abhängigkeit ist in solchem Falle — mit Unrecht — angenommen RG JW 1897, 636 Nr 27. In diesem Falle war der Apparat zwar nur zu dem geschützten Verfahren verwendbar; aber er durfte gebaut und verkauft werden; die Erfindung konnte also nicht unbeschränkt als abhängig bezeichnet werden. Im Interesse einer einheitlichen Benennung ist es nicht empfehlenswert, derartige Verknüpfungen Abhängigkeit zu nennen (a. M. Adler, GrünhutsZ 27, 588 A 73). Es ist in diesen Fällen teilweise Abhängigkeit gegeben, weil nur diejenige Benutzungsart, die wirklich verletzt, verboten werden kann (vgl. unten A 22). 2. Unechte Abhängigkeit. Der Zweite benutzt einen Stoff, dessen Herstellung dem Ersten geschützt ist; der Zweite stellt einen Stoff her, der nicht patentiert ist, dessen Verwendung aber dem Ersten geschützt ist. Beide Erfindungen haben keinen inneren Zusammenhang; die eine fängt an, wo die andere aufhört (Haeuser, Zeitschr. f. GewR 1893, 10ff). Daß beide Erfindungen ihrem Inhalte nach überhaupt nicht miteinander kollidieren, dürfte klar sein. Hat der Erste die Herstellung eines Gegenstandes, der Zweite dessen neue Verwendung erfunden, so sind beide Erfindungen voneinander unabhängig. Nur insofern liegt eine Beschränkung der zweiten Erfindung vor, als der zweite Erfinder darauf angewiesen ist, sich in legaler Weise den geschützten Gegenstand für seine neue Verwendung zu verschaffen, was z. B. ohne Schwierigkeiten geschehen kann, wenn der erste Erfinder ihn in den Handel gebracht hat. Deshalb kann in solchen Fällen die zweite Erfindung nicht allgemein für abhängig erklärt werden. Nur wenn der zweite Erfinder den Gegenstand ohne Erlaubnis selbst herstellt oder sich ihn auf illegale Weise verschafft, kann ihm diese Handlungsweise verboten werden, sei es durch Unterlassungs- oder durch Feststellungsklage. Diese sog. unechte Abhängigkeit ist also in Wirklichkeit keine Abhängigkeit des Patents. Beispiel: Patentiert war das chemische Verfahren, Phenylhydrazin herzustellen; später wurde erfunden, diesen Stoff zu dem bekannten Antipyrin zu verarbeiten; das ist nicht abhängig.

Ebensowenig wenn ein Herstellungsverfahren geschützt ist und ein anderer die Herstellung eines dazu nötigen Arbeitsmittels oder Arbeitsstoffes erfindet; Blatt 19 (1913), 326.

Anerkannt ist, daß Abhängigkeit nur dann vorliegt, wenn die Ausführung des jüngeren Patents **notwendiger und unvermeidbarerweise** die Benutzung des älteren Patents mit sich bringt. Ist im ersten Patente eine Ausführungsform geschützt, ohne daß ein Erfindungsgedanke erkennbarerweise hervortrat, so ist das zweite Patent auf den Erfindungsgedanken dann nicht abhängig, wenn es weitere Ausführungsformen jenes Gedankens gibt, die mit dem ersten Patente nicht kollidieren. „Die bloße Möglichkeit, daß ein neueres Patent in einer Weise ausgeführt wird, die eine Verletzung eines älteren Patents enthält, kann nicht genügen, das erstere von dem letzteren für abhängig zu erklären", RG Blatt 17 (1911), 15. Das Urteil fährt fort: „Vielmehr würde hierzu erforderlich sein, daß wenigstens eine ausdrücklich vorgesehene Ausführungsform (des zweiten Patents) notwendig zu einer Patentverletzung führt." Diese letztere, auch vom OLG Hamm, GewR 31 (1926), 338 angenommene Schlußfolgerung geht jedoch zu weit. Ist der in dem jüngeren Patente geschützte Erfindungsgedanke neu, so kann dieses nicht im ganzen Umfange für abhängig erklärt werden, wenn nur eine einzelne Ausführungsform, einerlei ob sie in dem jüngeren Patente vorgesehen ist oder nicht, das ältere Patent verletzt. Nur die eine verletzende Form darf nicht ohne Zustimmung des Inhabers des älteren Patents ausgeführt werden, nur das Besondere dieser einzelnen Ausführungsform ist in solchem Falle abhängig. — Diese Erwägungen treffen auch auf die oben in A 20 behandelten Fälle der teilweisen Abhängigkeit zu. Anm. 22.

Im Anschluß hieran ist hervorzuheben, daß es für die Abhängigkeit eines Patents nur auf den Inhalt des Patents, auf seine technische Anweisung ankommt. Nicht selten kommt es vor, daß in Abhängigkeitsprozessen vorgebracht wird, der Beklagte führe seine Erfindung in einer Weise aus, die die Abhängigkeit seines Patents erweise. Das ist nicht entscheidend; häufig führt ein Fabrikant seine Erfindung anders aus, als sein Patent besagt; die Fabrikation gibt keine authentische Interpretation des Patents.

Einzelheiten. 1. Ob Abhängigkeit vorliegt, bemißt sich nach dem Schutzbereich des ersten Patents, der im Normalfalle auch die Ausführungsformen des zugrunde liegenden Erfindungsgedankens und die Äquivalente der angewandten Mittel umfaßt; die Abhängigkeit bemißt sich nicht nach dem Erfindungsgegenstand des ersten Patents. Diese Regel ist ohne weiteres klar; alles was in den Schutzbereich des ersten Patents fällt, ist dem ersten Erfinder geschützt und darf also von dem zweiten nicht benutzt werden. Anm. 23.

2. Ob die benutzten Teile oder Gedanken der ersten Erfindung verbessert oder umgestaltet sind, ist so lange gleichgültig, als nicht die Gleichheit des Erfindungsgedankens beider Patente beeinträchtigt wird.

3. Werden geschützte Verfahren oder Arbeitsmittel durch eine zweite Erfindung übertragen (§ 1 A 94) oder neu angewandt (§ 1 A 95), so ist die zweite Erfindung in der Regel abhängig.

4. Abhängigkeit kann auch zwischen einer jüngeren Erfindung, die nicht geschützt ist, und einem älteren Patente bestehen. Es ist auch möglich, daß eine ungeschützte ältere Erfindung von einem jüngeren Patente abhängig wird. Wenn das später angemeldete Patent zurückdatiert wird, kann das in Wahrheit zuerst angemeldete in Abhängigkeit geraten. Derartige Zurückdatierungen kommen vor bei widerrechtlicher Entnahme nach § 3, weiter nach dem Gesetz betreffend Ausstellungsschutz (§ 2 A 37) und nach dem Unionsvertrage (Anhang zu § 3 A 2). Für die Priorität ist zunächst entscheidend das vom Patentamt für jedes der beiden Patente festgesetzte Prioritätsdatum, das ist also in der Regel das Datum der Anmeldung. Inwieweit das festgesetzte Prioritätsdatum nachträglich im Rechtsstreite über die Abhängigkeit angefochten werden kann, darüber vgl. § 3 A 9. Es kommt für die Abhängigkeit nur auf die Priorität der Anmeldung, nicht aber auf das Datum der Vorveröffentlichung an.

5. Ein Patent kann von mehreren älteren abhängig sein, z. B. wenn es aus jedem derselben einen wesentlichen Teil, einen Erfindungsgedanken entnommen hat. Es kann auch von einem Gebrauchsmuster abhängig sein, und umgekehrt ein Gebrauchsmuster von einem Patente. Dagegen gibt es keine Nichtigkeit eines Patents wegen Identität mit einem Gebrauchsmuster (RG 61, 399). Beide können nebeneinander bestehen.

6. In älteren Entscheidungen ist mehrfach hervorgehoben, daß die Wirkung der Abhängigkeit dann nicht eintreten kann, wenn die neue Erfindung sich zwar in gewisser Weise an die ältere anlehnt, aber von so fundamentaler Bedeutung ist, daß demgegenüber dasjenige, was etwa aus der älteren Erfindung entnommen sein möchte, ganz zurücktritt, Blatt 2 (1896), 293; ähnlich auch Blatt 5 (1899), 26 (Auerlicht); JW 1900, 554.

7. Mehrfach ist betont worden, daß sich die Abhängigkeit nur für einen bestimmten Zeitpunkt feststellen lasse, sich aber später ändern könne, wenn das gegenseitige Verhältnis der beiden Patente wissenschaftlich näher aufgeklärt oder richtiggestellt werde. Die Beantwortung

dieser Frage ist davon abhängig, ob für die Auslegung eines Patents spätere berichtigte wissenschaftliche Erkenntnis in Betracht kommt. Die Anwendung auf die Abhängigkeit ergibt sich von selbst.

8. Von welchen Folgen bei Kaufverträgen über Patente und bei Lizenzverträgen eine nachträglich hervortretende Abhängigkeit des Patents ist, darüber vgl. § 6 A 11 und 21.

Anm. 24. **Wirkung der Abhängigkeit.** Dritten gegenüber hat das abhängige Patent dieselben Wirkungen wie ein unabhängiges. Der dritte Verletzter eines abhängigen Patents kann im Unterlassungsstreit nicht einwenden, daß dessen Inhaber seine Erfindung wegen Abhängigkeit nicht ausführen dürfe. Im Schadensersatzstreit kann die Sache dann anders liegen, wenn der Kläger den ihm entgangenen Gewinn geltendmachen will. Dann kann eingewandt werden, daß er wegen der Abhängigkeit nicht in der Lage gewesen wäre, aus seiner Erfindung Gewinn zu ziehen. — Zwischen den Inhabern des älteren und des abhängigen Patents ist die Sachlage so, daß der Inhaber des jüngeren seine Erfindung nicht ausführen darf ohne Zustimmung des Inhabers des älteren Patents, während dieser letztere ebensowenig die neue Verbesserung ausführen darf. Beide sind also darauf angewiesen, sich zu verständigen, sei es, daß der eine das Patent des andern kauft, sei es, daß der andere ihm eine Lizenz erteilt. In besonderen Fällen kann nach § 11 durch Zwangslizenz Abhilfe geschafft werden. Fällt das ältere Patent fort, so wird das jüngere unabhängig. Ist dagegen das jüngere Patent teilweise vernichtet worden, so bleibt es bei dieser Nichtigkeit, auch wenn das ältere Patent abläuft oder sonst erlischt.

Anm. 25. Die Abhängigkeit wird durch **zivilrechtliche Klage** vor den ordentlichen Gerichten geltendgemacht. Weder im Erteilungsverfahren, noch im Nichtigkeitsverfahren darf die Abhängigkeit geprüft und festgestellt werden. Die Kommission von 1886 war anderer Meinung; sie wollte die Entscheidung über die Abhängigkeit dem Patentamt im Erteilungsverfahren zuweisen. Man glaubte diese Willensmeinung im § 3 genügend zum Ausdruck gebracht zu haben. Die gleiche Auffassung wurde in den Motiven zum Gesetzentwurf von 1890/91 S. 13 unten, 14 vertreten. Das Reichsgericht hat jedoch im dem Urt Bd. 33, 158ff festgestellt, daß dieser Wille des Entwurfs im Gesetz keinen Ausdruck gefunden hat, und daß deshalb über die Abhängigkeit von den ordentlichen Gerichten zu entscheiden sei, da es sich nicht um das publizistische Verhältnis des Erfinders zum Staate, sondern um eine rein privatrechtliche Streitigkeit zwischen zwei Patentinhabern handle. Diese Meinung wird jetzt allgemein als richtig angenommen.

Die Abhängigkeitsklage ist grundsätzlich eine Feststellungsklage nach § 256 ZPO. Sie setzt nicht voraus, daß auf seiten des Beklagten ein Verschulden vorliegt; sie setzt gleichfalls nicht voraus, daß der Beklagte das ältere Patent bereits verletzt hat (vgl. auch RG 101, 138). Wohl aber muß, wenn eine Verletzung noch nicht stattgefunden hat, auf seiten des Klägers ein Interesse an alsbaldiger Feststellung gegeben sein. Dies liegt nicht schon dann ohne weiteres vor, wenn zwei Patente miteinander kollidieren, sondern erst dann, wenn durch das Verhalten des Beklagten das Recht des Klägers „gefährdet oder wenigstens die begründete Besorgnis einer Gefährdung gerechtfertigt" wird (RG 95, 306). An das Feststellungsinteresse dürfen aber keine zu hohen Anforderungen gestellt werden. Im letztgenannten Urteile ist mit Recht schon für genügend erklärt, daß auf seiten des Beklagten bei Verhandlungen vor Anstellung der Klage die Abhängigkeit bestritten worden ist, vgl. auch Blatt 25 (1919), 115. In der Tat ergibt sich der Beweis des Interesses an alsbaldiger Feststellung häufig schon aus der Sachlage. Hat jemand ein Patent genommen, so liegt der Schluß nahe, daß er es selbst ausführen oder durch andere ausführen lassen wird; deshalb ist Verletzungsgefahr bei einer Patententnahme in gewissem Umfange immer schon gegeben. Offensichtlich ist es für den, der eine Fabrikation nach seinem Patent beginnen will, von entscheidendem Interesse, möglichst bald zu erfahren, ob ein späteres ähnliches Patent von seinem Patente abhängig ist oder nicht. Diesem Bedürfnisse des Verkehrs muß die Rechtsprechung Rechnung tragen (RG Mitt 1921, 44). Ein gleiches Interesse liegt auf seiten des Inhabers des zweiten Patents vor, sobald er mit der Fabrikation beginnen will und zu dem Zwecke Kapital investieren muß. Die Abhängigkeitsklage kann außer von dem Inhaber des älteren Patents auch von dem Inhaber einer ausschließlichen Lizenz erhoben werden (RG 95, 306), falls das Benutzungsrecht in demjenigen Umfange, in welchem es ihm durch die Lizenz übertragen ist, durch einen Dritten verletzt wird. Hat der Lizenznehmer eine ausschließliche Gebrauchslizenz nur für einen bestimmten Bezirk erhalten, so wird er nicht ohne weiteres gegen den, der unberechtigt herstellt, vorgehen können. Daß die Abhängigkeitsklage auch gegen den Lizenznehmer des jüngeren Patents, falls dieser Anstalten trifft, die Erfindung auszuführen, erhoben werden kann, ist selbstverständlich. Die Gefährdung des Inhabers des älteren Patents wird nicht dadurch beseitigt, daß der Beklagte im Rechtsstreit erklärt, die Abhängigkeit nicht leugnen zu wollen; eine solche bloße Erklärung genügt nicht (vgl. § 4 A 77, 5; RG 95, 307).

In vorstehendem ist nur von der Feststellungsklage die Rede gewesen. Falls eine Verletzung durch den Inhaber des abhängigen Patents bereits begangen ist, oder falls sie in drohender Aussicht steht, kann auch die Unterlassungsklage erhoben werden. Über die Voraussetzungen dieser Klage vgl. die Ausführungen § 4 A 74f, denen an dieser Stelle nichts hinzuzufügen ist. Feststellungsklage und Unterlassungsklage können unter geeigneten Umständen auch gleichzeitig nebeneinander erhoben werden, RG GewR 26 (1921) S. 185, 186 Sp. 2.

Liegt nur teilweise oder beschränkte Abhängigkeit vor (oben A 21), so kann die Feststellungsklage nicht auf Abhängigkeit des Patents gerichtet werden, sondern nur darauf, daß die Benutzung einzelner Ausführungsformen des geschützten Erfindungsgedankens unberechtigt sei. Auch hier kann Unterlassungsklage erhoben werden, soweit deren Voraussetzungen vorliegen.

Der Zeitpunkt, der im Rechtsstreite für die Entscheidung, ob Abhängigkeit vorliegt, maß- **Anm. 26.**
gebend ist, ist der Zeitpunkt der letzten Tatsachenverhandlung. Ist die Abhängigkeit während der Dauer des Rechtsstreits fortgefallen, etwa durch Erlöschen des älteren Patents, so ist der Klaganspruch erledigt. Dieser Grundsatz ist nicht dahin aufzufassen, als ob das Abhängigkeitsverhältnis erst durch das Urteil in Kraft träte. Die Abhängigkeit entsteht von selbst, soweit zwei widerstreitende Patente erteilt sind. Das Urteil hat nicht konstitutive, sondern nur deklarative Bedeutung. Die Abhängigkeitsklage kann schon erhoben werden, sobald die jüngere Anmeldung nach § 23 bekanntgemacht worden ist.

Schrifttum über Abhängigkeit: Kohler, Handbuch, S. 156ff, 216f, 859ff; Adler in GrünhutsZ 27, 589ff.; Haeuser in Zeitschr. f. gew. R. 1893, 10ff; Bolze, Entwurf einer Patentnovelle, S. 134—150.

Abschnitt IV.

Widerrechtliche Entnahme.

Es ist auffallend, wie verhältnismäßig selten eine auf widerrechtliche Entnahme ge- **Anm. 27.**
stützte Klage oder ein derartiger Einspruch Erfolg hat, obgleich doch wertvolle Patente von den verschiedensten Seiten nachgearbeitet zu werden pflegen. Der Grund ist ein doppelter. Einmal bringt der Entnehmer in der Regel solche Abweichungen an, daß der Beweis der Identität schwer zu führen ist. Zweitens hat er in der Regel auf demselben Gebiete selbst schon gearbeitet, so daß auch aus diesem Grunde schwer nachzuweisen ist, daß er den Erfindungsgedanken nicht aus Eigenem geschöpft hat.

Zur widerrechtlichen Entnahme gehört, daß der Patentsucher den wesentlichen Inhalt seiner Anmeldung aus fremdem Besitzstande ohne Einwilligung entnommen hat.

Das Entnommene muß den **wesentlichen Inhalt** der **neuen** Anmeldung bilden. Dann hat der Geschädigte die Rechte des § 3 Abs 2. Natürlich darf der Anmelder ebensowenig unwesentliche Teile seiner Erfindung einem anderen ohne dessen Einwilligung entnehmen; doch hat jener dann nicht die Rechte des § 3; Schadensersatzklage kann in solchen Falle möglich sein, und wenn der entnommene, für die neue Anmeldung unwesentliche Teil dem Geschädigten patentiert war, auch eine Abhängigkeitsklage. Entnommen muß dasjenige sein, was in der früheren Beschreibung oder Ausführung neu war. Daß es erfinderisch neu war (also patentfähig), ist nicht erforderlich. Ist dagegen nur entnommen, was schon allgemein bekannt war, so liegt überhaupt keine rechtswidrige Entnahme vor (vgl. A 29). Ob das Neue, das sich in der älteren Beschreibung findet, ganz oder nur teilweise entnommen ist, ist gleichgültig; es kommt nur darauf an, daß der entnommene Teil den wesentlichen Inhalt der neuen Anmeldung bildet. Auch ist es gleichgültig, ob der Entnehmende geringfügige Abänderungen vorgenommen hat (Bolze Bd. 10 Nr. 178). — Ebenso RG Blatt 10 (1904), 296 Sp. 1: auf das Detail der Zeichnungen (aus denen entnommen sein sollte), kommt es überhaupt nicht an. Erheblich ist nur, daß daraus im allgemeinen die Konstruktion einer Formplatte . . . erkennbar war und erkannt wurde. — In einem Urt vom 14. 11. 14, I 177/1914, hat das Reichsgericht ausgeführt: die widerrechtliche Entnahme bildet einen selbständigen Löschungsgrund (eines Musterschutzes) und setzt nicht voraus, daß das widerrechtlich Entnommene neu und schutzfähig ist, vielmehr erscheint sie sachlich nur um so mehr begründet, wenn dies nicht der Fall ist, jedenfalls kann sie nicht aus diesem Grunde abgewiesen werden. Dagegen ist es Voraussetzung der Klage wegen widerrechtlicher Entnahme, daß gerade das, was Gegenstand des Schutzes ist, widerrechtlich entnommen wurde. Die bloße Abhängigkeit des angegriffenen Schutzes genügt nicht, um die Löschung des Gebrauchsmusters zu rechtfertigen. — Diese Ausführungen bedürfen einer gewissen Beschränkung. War die Maßnahme des Beklagten etwa allgemein bekannt, so wird sich kaum jemals annehmen und nachweisen lassen, daß er seine Maßnahme gerade seinem Gegner entnommen hat. Bei Maßnahmen, die der Gegner neu erdacht hatte, wenngleich sie nicht patentfähig sein sollten, also etwa bei geheimgehaltenen handwerksmäßigen Verfahren und Kunstgriffen, kann es allerdings anders liegen. Auch was über die Abhängigkeit gesagt ist, trifft nicht für alle Fälle zu. Ist dem Beklagten eine Vorrichtung geschützt, deren Erfindungsgedanken er entnommen hatte, so kann unter Umständen Abhängigkeit vorliegen, dennoch aber auch die Klage wegen widerrechtlicher Entnahme gegeben sein. Allerdings entstehen bei der Entnahme von Erfindungsgedanken nicht selten Schwierigkeiten. In der Sache Patentblatt 1882, 77 hatte das Patentamt entschieden: in dem Patente des Beklagten sei die besondere Ausführungsform eines Erfindungsgedankens geschützt; das sei nicht angreifbar, wenn auch der Erfindungsgedanke entnommen sein möge. Das Reichsgericht dagegen entschied S. 81: das Wesentliche, der Grundgedanke des angegriffenen Patents sei der Erfindungsgedanke; dieser sei entnommen, und dann sei es gleichgültig, ob in der Einzelausführung Abänderungen vorgenommen seien. — Grundsätzlich ist hier also bejaht, daß trotz abweichender Ausführungsform die Entnahme des Erfindungsgedankens zur Geltendmachung der Rechtsbehelfe nach § 3 und § 10 Ziff. 2 berechtigt. Als unzweifelhaft läßt sich das nicht bezeichnen, weil die Identität von Erfindungsgedanken und Ausführungsform immerhin fraglich ist (vgl. oben A 14 Ziff 5). Die Entnahme einer allgemeinen Idee, die nicht selbst patentfähig ist, ist keine Entnahme im Sinne des § 3 (RG 56, 56; Gareis Bd. 4 S. 141; Blatt 11 [1905], 286). Wenn erst die angegriffene Erfindung die sachgemäße Lösung einer Aufgabe bringt, so liegt keine Entnahme vor (MuW Jahrg. 12 S. 467, nur eine allgemeine Anregung und die Stellung der Aufgabe ist entnommen). War die ältere Erfindung noch nicht fertig, so ist der Regel nach von Entnahme keine Rede. Anders ist jedoch die Sachlage, wenn der erfinderisch neue Inhalt der früheren Erfindung bereits fertig vorlag und nur noch die technische Ausführung in Einzelheiten fehlte. In dem Falle Blatt 13 (1907), 106 hat das Reichsgericht entschieden: wenn die frühere Erfindung in der Verwendung eines neuen Stoffes in einem neuen Verfahren besteht und der Nachahmer zwar diesen Stoff benutzt, ihn aber in einem anderen Verfahren anwendet, so liegt keine rechtswidrige Entnahme vor. — Die Verbesserung einer früheren Erfindung ist keine rechtswidrige Entnahme, sondern bewirkt nur evtl. Abhängigkeit. Bolze Bd. 1 Nr 297: wenn für die Ausführung der Erfindung eines neuen Verfahrens die Benutzung eines Apparats wesentlich ist und dieser aus früheren Beschreibungen entnommen wird, so steht dem Verletzten die Nichtigkeitsklage wegen rechtswidriger Entnahme gegen das Verfahrenspatent zu. — Das ist sehr zweifelhaft. Es wird nur Abhängigkeit vorliegen. Auf keinen Fall kann der Verletzte das Verfahren, das er gar nicht erfunden hat, nach § 3 Abs 2 selbst anmelden.

Anm. 28. Die Anmeldung muß den **Beschreibungen, Zeichnungen, Modellen,** Gerätschaften, Einrichtungen oder dem Verfahren eines anderen entnommen sein. Diese Aufzählung umfaßt das ganze Gebiet der wörtlichen, zeichnerischen, bildlichen, plastischen Darstellung oder Ausführung der früheren Erfindung. Zu bemerken ist, daß die Beschreibung auch eine mündliche sein kann, RG Blatt 15 (1909), 11.

Anm. 29. Auffälligerweise ist im Gesetze nicht erwähnt, daß die Beschreibung usw. noch **nicht veröffentlicht** sein darf. Das wird unterblieben sein, weil es als selbstverständlich angesehen wurde. Hat der Erfinder seine Zeichnungen usw. in öffentlichen Druckschriften bekanntgemacht oder Arbeitsmittel und Verfahren offenkundig vorbenutzt, so gehören sie zum Allgemeingut der Technik. Dann liegt keine Entnahme vor. Entnommen werden kann nur, was noch neu ist (Gareis Bd. 1 S. 264). Im einzelnen ergeben sich Zweifel. Sind die Beschreibungen etwa in einem öffentlichen Vortrage bekanntgemacht, sind Arbeitsmittel und Verfahren nicht gerade offenkundig vorbenutzt, z. B. weil den Arbeitern Schweigepflicht auferlegt war, so erhebt sich die Frage, ob die widerrechtliche Entnahme durch jede Kundgebung verhindert wird, oder nur durch eine solche, die nach § 2 die Neuheit ausschließt. Die herrschende Meinung entscheidet sich im Sinne der zweiten Alternative: nur wenn die Neuheit nach § 2 zerstört ist, kann keine widerrechtliche Entnahme mehr stattfinden. Daraus folgt: ist eine Erfindung in einem öffentlichen Vortrage beschrieben, so liegt darin keine nach § 2 neuheitsschädliche Offenbarung; also ist der Zuhörer, der die fremde Erfindung zum Patente anmeldet, ein widerrechtlicher Entnehmer. Ebenso derjenige, der die Erfindung in der ausländischen Fabrikationspraxis kennengelernt hat. Nach der herrschenden Meinung liegt dagegen keine rechtswidrige Entnahme vor, wenn die Erfindung aus älteren veröffentlichten Patentschriften entnommen ist, da jene Patentschriften neuheitsschädlich wirken. In der Regel wird die Frage, ob in solchem Falle Entnahme vorliegt, nicht praktisch, weil der frühere Erfinder seinen Einspruch oder seine Nichtigkeitsklage auf mangelnde Neuheit oder auf Vorpatentierung stützen kann. Praktisch wird sie aber, wenn die Frist für die auf mangelnde Neuheit gestützte Klage versessen ist und das frühere Patent etwa ein ausländisches ist, also Vorpatentierung nach § 3 nicht vorliegt. Solchenfalls ist die Position des Entnehmers unangreifbar geworden, weil die Veröffentlichung in einer Patentschrift Neuheit und Geheimnis zerstört, so daß nach jener Regel keine Entnahme gegeben ist, während ihm stets die Nichtigkeitsklage noch droht, wenn er aus ausländischer Praxis, die niemals neuheitsschädlich wirkt, entnommen hat. — Entnahme aus einem Gebrauchsmuster fällt meistens unter § 3 Abs 2, weil die Veröffentlichung eines Gebrauchsmusters in der Regel nicht neuheitsschädlich ist (§ 2 A 20).

Entnahme. Der Inhalt der Anmeldung muß aus der Erfindungsdarstellung oder -ausführung eines anderen geschöpft sein. Der Begriff der Entnahme bildet also den Gegensatz zu dem der Eigenerfindung; wer selbst erfunden hat, hat nicht entnommen. Für das Vorliegen der Entnahme ist der Einsprechende (oder Nichtigkeitskläger) beweispflichtig. Es ist bereits eingangs darauf hingewiesen, daß dieser Beweis häufig schwierig zu führen ist. Das Gesetz verlangt nur, daß die Erfindung objektiv widerrechtlich entnommen ist, und daß die Kenntnis des neuen Anmelders mit der Entnahme in ursächlicher Verbindung steht (RG 2, 137). Das Gesetz erfordert nicht, daß der Anmeldende selbst widerrechtlich entnommen habe. Es genügt, wenn einer seiner Vormänner widerrechtlich entnommen hat und seine eigene Kenntnis auf diese Entnahme zurückzuführen und durch sie vermittelt ist. Auf ein subjektives Schuldmoment kommt es in keiner Weise an. Es ist gleichgültig, ob der Anmeldende oder seine Vormänner oder der Entnehmende gutgläubig oder fahrlässig oder arglistig sind oder gewesen sind. Gutgläubigen Erfindungserwerb gibt es nicht (Gareis Bd. 3 S. 190). Nur auf die objektive Widerrechtlichkeit kommt es an. Ist der Inhalt der Anmeldung nur teilweise entnommen, z. B. bei einer komplexen Erfindung nur eines der Elemente, so kann der Rest, wenn er für sich patentfähig ist, dem Anmeldenden patentiert werden, und ebenso kann in solchem Falle das Patent im Nichtigkeitsverfahren beschränkt aufrechterhalten werden. Ist dagegen der übrig bleibende Rest keine vollständige Erfindung mehr, so kann das Patent nicht erteilt und es muß im Nichtigkeitsverfahren im ganzen Umfange vernichtet werden (I 51/83, Urt vom 29. 11. 1884). Kohler, Handbuch, S. 266, und Gierke nehmen an, daß das auf eine rechtswidrig entnommene Erfindung erteilte Patent dann unanfechtbar wird, wenn es im Wege der entgeltlichen Veräußerung in die Hände eines gutgläubigen Dritten gelangt. Die herrschende Meinung widerspricht dem mit Recht; ebenso wie es keinen gutgläubigen Erfindungserwerb gibt, gibt es keinen gutgläubigen Patenterwerb, auch nicht wenn das Patent des Entnehmers inzwischen in die Patentrolle auf Namen des Dritten eingetragen ist (vgl. Urt vom 29. 5. 18, I 164/1917 in A 6 zu § 6 und weitere dort angeführte Urteile; Gareis Bd. 3 S. 190). Anm. 30.

In dem neuen Entwurf zur Abänderung des Patentgesetzes ist vorgeschlagen, dies letztere noch ausdrücklich auszusprechen: der durch widerrechtliche Entnahme Verletzte kann von dem Patentsucher oder dem Patentinhaber verlangen, daß ihm der Anspruch auf Erteilung des Patents oder das Patent übertragen wird. Der Anspruch kann innerhalb eines Jahres nach der Bekanntmachung über die Erteilung des Patents durch Klage geltend gemacht werden, später nur dann, wenn der Patentinhaber bei dem Erwerbe des Patents nicht in gutem Glauben war.

Nach den vorstehend dargelegten Grundsätzen ist der Umfang des Begriffes der Entnahme ein sehr weitgehender. Entnahme liegt nur dann nicht vor, wenn die Kenntnis des neuen Anmelders auf seiner eigenen oder seiner Vormänner Erfindung beruht. In allen übrigen Fällen muß seine Kenntnis unmittelbar oder durch Vermittlung seiner Vormänner von dem Ersterfinder herrühren, also diesem entnommen sein — vorausgesetzt natürlich, daß dieser sie nicht einem anderen zu beliebiger Verwendung überlassen hatte oder daß sie schon allgemein bekannt war. Einen dritten Weg einer — neutralen — Kenntnisnahme gibt es nicht.

Die Entnahme muß **objektiv widerrechtlich**, d. h. ohne die Einwilligung desjenigen, aus dessen Kundgebungen entnommen ist, erfolgt sein. Die Einwilligung kann ausdrücklich oder durch schlüssige Handlungen erteilt werden. Es wird angenommen, daß die Einwilligung nicht widerrufen werden kann, nachdem auf Grund davon angemeldet ist (JW 1907, 527). Jedoch ist das allein von dem zwischen den beiden Personen bestehenden Rechtsverhältnis abhängig. Jene Entscheidung will nur sagen, daß der Anspruch dessen, der einmal berechtigt angemeldet hat, gegen den Staat auf Erteilung des Patents nicht durch den nachträglichen Widerruf des anderen, der zunächst seine Einwilligung gegeben hatte, beseitigt werden kann. Ist dieser andere berechtigt zu widerrufen, so muß er gegen seinen Gegner auf Abtretung der Rechte aus der Anmeldung klagen. Irrtum des Anmeldenden oder seiner Vormänner über die erfolgte Einwilligung und damit über die Berechtigung zur Anmeldung ändert nicht die Widerrechtlichkeit; es kommt nicht auf die Gutgläubigkeit an, sondern nur darauf, ob objektiv eine Einwilligung vorlag. Über die Anfechtung der Einwilligung wegen Irrtums, Betrugs, Zwangs usw., kann nach richtiger Meinung nicht im Einspruchsverfahren oder im Nichtigkeitsverfahren entschieden werden, denn es handelt sich um private Rechte der Beteiligten. Es muß also im ordentlichen Verfahren geklagt werden; der Antrag muß darauf gehen, daß der Beklagte die Löschung des Patents veranlaßt, und kann unter Umständen auf Übertragung des Patents auf den Kläger gehen oder auf Übertragung der Rechte aus der Anmeldung. Die Einwilligung muß eine Einwilligung zur Anmeldung sein. Es genügt nicht, daß der Erfindungsberechtigte dem Anmeldenden die Einwilligung zur Veröffentlichung der Erfindung, zur Benutzung oder dgl. gegeben hatte. Widerrechtliche Entnahme liegt also auch dann vor, wenn der Erfindungsberechtigte seine Beschreibungen usw. dem Anmelder selbst gezeigt hatte, aber nur zur Prüfung, zur Benutzung u. dgl., nicht jedoch zur Anmeldung (RGStr 27, 55). Anm. 31.

Hatte der Erfindungsberechtigte sich vertraglich verpflichtet, die Erfindung in vollem Umfange dem Anmelder zu überlassen, so liegt darin eine zuverlässigerweise im voraus erteilte Einwilligung (Gareis Bd. 9 S. 557). Nachträgliche Genehmigung steht der Einwilligung gleich.

Anm. 32. Der **Einspruch** muß binnen einer Ausschlußfrist von zwei Monaten nach der Veröffentlichung der Anmeldung beim Patentamt erhoben werden (§ 24 Abs 2). Er muß mit tatsächlicher Begründung versehen sein; auch die Begründung muß binnen der zwei Monate vorgebracht werden. Eine neue Begründung kann nach Ablauf der zwei Monate nicht mehr nachgeschoben werden. Glaubhaftmachung der behaupteten Tatsachen ist an sich nicht erforderlich, ebensowenig formelles Beweiserbieten. Doch ist Angabe von Beweismitteln ratsam, da andernfalls das Patentamt unter Umständen nicht in der Lage ist, eine Beweiserhebung einzuleiten. Wird die Entnahme nachgewiesen, so ist das Patent zu versagen. Ergibt der Einspruch Tatsachen, nach denen die Patentfähigkeit der angemeldeten Erfindung zu verneinen ist, so wird die Anmeldung wegen mangelnder Patentfähigkeit, nicht aber auf Grund des Einspruchs wegen Entnahme zurückgewiesen, PA Blatt 14 (1908), 132. Die Folge ist, daß dann der letzte Satz des § 3 keine Anwendung findet, also keine Neuanmeldung mit vordatierter Priorität möglich ist. Der Einspruch kann auch vor der Veröffentlichung eingelegt werden. Enthält die Anmeldung Zusätze, die nicht entnommen sind und eine selbständige Erfindung darstellen, so können diese patentiert werden, RG Blatt 10 (1904), 294. Der Anspruch des Verletzten auf Versagung des Patents ist veräußerlich, vererblich und fällt in die Konkursmasse des Verletzten analog dem Nichtigkeitsantrage, RG Blatt 12 (1906), 192.

Anm. 33. Wer ist zur Erhebung des Einspruchs oder der Nichtigkeitsklage befugt? Nach dem Gesetze derjenige, dem die angemeldete Erfindung entnommen ist. Wenn also ein dritter Unbeteiligter dem Patentamte anzeigt, die angemeldete Erfindung sei gestohlen, so ist das ohne Folgen; das Patentamt hat nichts darauf zu veranlassen, muß vielmehr das Patent erteilen. Verletzter im Sinne des Gesetzes braucht nicht der Erfinder selbst zu sein; es kann auch ein Erfindungsberechtigter sein, ja sogar jemand, der von der Erfindung nur Kenntnis hat. Hat der Erfinder die Rechte an seiner Erfindung verkauft, so ist, wenn ein dritter Entnehmer anmeldet, der Käufer einspruchsberechtigt, und zwar auch dann, wenn die Entnahme vor dem Verkauf, also gegenüber dem Erfinder selbst erfolgt ist. Hat der Erfinder, z. B. als Angestellter, im Auftrage eines anderen erfunden, so ist der letztere einspruchsberechtigt, wenn die Erfindung automatisch auf ihn übergegangen oder ihm bereits ausdrücklich übertragen ist; findet ein automatischer Übergang nach den getroffenen Vereinbarungen nicht statt (RG 31, 56; 75, 227), so ist der Beauftragte einspruchsberechtigt, bis er die Erfindung auf den Auftraggeber überträgt. Daß auch der der sogenannte bloße Erfindungsbesitzer sich der Rechtsbehelfe des § 3 bedienen kann, entspricht dem Gesetze und ist überwiegend anerkannt; wer im übrigen als Beteiligter oder Verletzter zur Einspruchserhebung befugt ist, läßt sich am besten an einem von Dunkhase gegebenen Beispiele zeigen. Ein Professor der Zahnheilkunde hat eine zahntechnische Erfindung gemacht, die er im Kolleg vorträgt. Ein Student notiert das Wesen der Erfindung. Ein Zahntechniker, bei dem der Student wohnt, sieht unbefugt das Kollegienheft durch und meldet die Erfindung an. Wer ist einspruchsberechtigt? Zunächst ist der Student aktiv legitimiert, denn er war sogenannter Erfindungsbesitzer, und aus seiner Niederschrift ist die Anmeldung entnommen. Aber er ist nicht materiell berechtigt, denn der Professor hatte nicht seine Einwilligung zur Anmeldung durch den Studenten gegeben. Wenn also der Professor auch Einspruch erhebt, so wird dadurch der Einspruch des Studenten aus dem Felde geschlagen. Rührt sich dagegen der Professor nicht, so dringt der Einspruch des Studenten durch, denn von Amts wegen wird die materielle Berechtigung des letzteren nicht geprüft. Kann aber der Anmelder gegen den Einspruch des Studenten einwenden, daß letzterer nicht materiell berechtigt sei? Diese Frage war lange Zeit höchst bestritten. Die herrschende Meinung versagt dem Anmeldenden eine solche Einwendung; Kohler: Auch der bösgläubige Inhaber eines Hauses hat das Hausrecht. Entgegengesetzt ist entschieden Patentblatt 1880, 104; auch Dunkhase ist entgegengesetzter Ansicht (MuW Jahrg. 26, S. 305). Für die Verneinung spricht die Analogie des Satzes: **spoliatus ante omnia restituendus**. Immerhin ist die Frage nicht unzweifelhaft. Daß der Professor einspruchsberechtigt ist, liegt zutage, denn letzten Endes ist aus seiner Beschreibung die Anmeldung entnommen. — Von zwei unabhängigen Erfindern ist, wenn ein Dritter unberechtigt anmeldet, nur der einspruchsberechtigt, aus dessen Beschreibung die Anmeldung entnommen ist, mag auch der andere die Erfindung früher gemacht oder früher kundgegeben haben.

Anm. 34. Falls der Einsprechende obsiegt und noch nicht selbst angemeldet hatte, jetzt aber innerhalb eines Monats seit der Mitteilung des Patentamts von der Zurückweisung oder Zurücknahme anmeldet, so erhält er die Priorität eines Tages vor der Bekanntmachung der ersten Anmeldung. Seine Anmeldung datiert vom Beginne jenes Tages. Identische Anmeldungen, die später an diesem Tage eingehen, gelten als später eingegangen. Diese Priorität ist maßgebend für den Beginn der Schutzfrist, aber auch in jeder anderen Beziehung, also auch hinsichtlich Neuheit, Abhängigkeit, Vorbenutzung. Hierin liegt ein Unterschied gegen die Festsetzung der Priorität nach dem Unionsvertrage und der Priorität nach dem Gesetze betreffend Ausstellungen (vgl. § 3 A 9). Veröffentlichungen der Erfindung zwischen der älteren Anmeldung des Entnehmers und dem Tage vor ihrer Bekanntmachung wirken gegenüber der Anmeldung des Verletzten neuheitsschädlich. Dies wird anders werden, wenn der neue Gesetzesvorschlag, § 3 im Eingang, durchdringt, da nach diesem der Verletzte die Priorität des Tages der Anmeldung des Entnehmers erhalten soll. Die Anmeldung des Entnehmers muß entweder zurückgenommen oder zurückgewiesen sein, um der Anmeldung des Verletzten die Zurückdatierung gewähren zu können. Daß die Zurücknahme die Folge des Einspruchs ist, wird vermutet. Eine ältere Entscheidung des PA Blatt 10 (1904), 9 verlangte, daß, wenn zwei Einsprüche — wegen offenkundiger Vorbenutzung und wegen Entnahme — vorliegen, der neu anmeldende Verletzte nachweisen müsse, daß die Zurücknahme gerade durch den Einspruch wegen Entnahme verursacht sei. Das wird zu weit gehen; man wird im Zweifel annehmen können, daß die Zurücknahme auch mit durch den Einspruch wegen widerrechtlicher Entnahme verursacht ist. Ähnliche Zweifel können bei der Zurückweisung der Anmeldung nicht auftauchen, da der Beschluß sich über den Grund der Zurückweisung aussprechen muß. Ist die Zurückweisung ausdrücklich sowohl auf mangelnde Neuheit als auch auf Entnahme gestützt, so findet § 3 Anwendung, da dann die Zurückweisung klarerweise auch die Folge des Einspruchs wegen Entnahme ist. Allerdings wird es dem Neuanmelder nichts nützen, da seine Neuanmeldung in solchem Falle wegen des gleichzeitig festgestellten Mangels an Neuheit doch zurückzuweisen sein wird. Auch eine teilweise Zurückweisung oder Zurücknahme der unberechtigten Anmeldung fällt in den Rahmen des § 3. Selbstverständlich ist, daß der Inhalt der Neuanmeldung einerseits mit der zurückgenommenen oder zurückgewiesenen Erstanmeldung identisch sein, andererseits an sich selbst patentfähig sein muß. Kleinere Abweichungen schaden nicht (Bolze Bd. 10 Nr 178). Die Fristbestimmung des § 3 (ein Monat nach Mitteilung des Bescheides des Patentamtes) ist in sich klar und bedarf keiner Erörterung. Bereits mehrfach erwähnt ist, daß man in Aussicht genommen hat, die Festsetzung der Priorität der Neuanmeldung (auf einen Tag vor der Bekanntmachung der ersten Anmeldung) durch Gesetz abzuändern, § 3 im Eingang.

Endlich ist zu bemerken, daß dem Erfindungsberechtigten neben dem Einspruch mit vorzudatierender Neuanmeldung auch ein obligatorischer Anspruch auf Übertragung der Rechte des Entnehmers aus seiner Anmeldung oder später auf Übertragung eines ihm etwa erteilten Patents erwächst; so die ständige Rechtsprechung seit dem Urt RG 29, 50; vgl. auch Bolze, Zeitschr. f. gew. R. 1892, 163 f. Ob dieser Anspruch auch dem bloß Verletzten, der nicht selbst erfindungsberechtigt ist, also dem bloßen Erfindungsbesitzer zusteht, darüber vgl. § 10 A 18 a. E.

Wird die Übertragungsklage gegen einen dritten Erwerber des Patents gerichtet, so entsteht die zu § 6 A 6 erörterte Frage, ob die Klage auch dann Erfolg hat, wenn dieser dritte Erwerber gutgläubig ist. Die Frage ist zu bejahen, denn der Übertragende konnte nicht mehr Rechte übertragen, als ihm selbst zustanden; rechtswirksamen gutgläubigen Patenterwerb im Sinne des § 366 HGB gibt es nicht.

Aus einem Urteile des Reichsgerichts: Es kann gleichzeitig die Nichtigkeitsklage wegen widerrechtlicher Entnahme und eine Klage vor den ordentlichen Gerichten auf Übertragung des Patents, gleichfalls gestützt auf widerrechtliche Entnahme, angestrengt werden. Bei letzterer Klage handelt es sich um einen Anspruch aus unerlaubter Handlung; es ist also ein Verschulden des Beklagten nötig. Bei der Nichtigkeitsklage ist Verschulden nicht Voraussetzung. „Dem Ausgange beider Verfahren dahin, daß in dem einen auf Patentübertragung, in dem andern gleichzeitig auf Patentnichtigkeit erkannt wird, steht ein rechtliches Hindernis nicht entgegen." In dem Anspruch auf Patentübertragung liegt nicht ein Anerkenntnis, daß das Patent rechtswirksam sei, so daß deshalb die Nichtigkeitsklage etwa abgewiesen werden müsse, wie das Patentamt angenommen hatte (I 9/1918, Urt vom 27. 3. 18; vgl. auch Bolze, ArchZivPrax 79, 221). — **Aus diesem Urteil ist hier hervorzuheben, daß der Kläger, der einen obligatorischen Anspruch auf Patentübertragung geltend macht, ein Verschulden des Gegners seinerseits nachweisen muß; im übrigen vergleiche für dieses Urteil § 10 A 18.**

Beweislast. Von einer eigentlichen Beweislast im Sinne des Zivilprozeßverfahrens kann bei Geltendmachung der Rechtsbehelfe des § 3 nicht die Rede sein. Jedoch ergibt sich von selbst, daß das Patentamt unter Umständen in eine Beweiserhebung nicht eintreten kann, wenn der Verletzte ihm keine Beweismittel an die Hand gibt. Versagen die Beweismittel, so wird der Einspruch zurückgewiesen und das Patent dem Anmelder erteilt. Das gilt auch bei einem non liquet. Hat der Anmelder vor der Anmeldung Kenntnis von der Erfindung des Einsprechenden erhalten, so ergibt das im allgemeinen einen prima facie Beweis für die Entnahme. Dieser Beweis wird aber in der Regel wieder entkräftet, wenn der Anmelder nachweist, daß auch er sich schon ernstlich mit dem Problem der angemeldeten Erfindung beschäftigt hatte. **Anm. 35.**

Deshalb ist der Nachweis der rechtswidrigen Entnahme erfahrungsgemäß häufig so schwer zu führen.

Anm. 36. **Dritte** können sich nicht darauf berufen, daß ein Anmelder oder ein Patentinhaber die Erfindung einem anderen rechtswidrig entnommen habe. Weder ist das im Verletzungsstreite zulässig, noch kann der Dritte Einspruch einlegen oder Nichtigkeitsklage gemäß § 10 Ziff 3 erheben.

Anm. 37. Auch **Ausländer** haben die Rechtsbehelfe wegen rechtswidriger Entnahme, können also Einspruch einlegen oder auf Nichtigkeit klagen, wenn der Patentinhaber die Erfindung etwa dem von ihnen im Auslande geübten Verfahren entnommen hat, und zwar ohne einen Patentvertreter bestellen zu müssen (§ 12 A 3a).

Anm. 38. Ist der Inhalt der Anmeldung von einem Dritten **mehreren in Gemeinschaft stehenden Personen** entnommen, legen diese Einspruch ein und melden frist- und formgemäß neu an, so erhalten sie ein gemeinschaftliches Patent. Nach der herrschenden Meinung ist auch jeder einzelne für sich berechtigt, Einspruch namens der Gemeinschaft einzulegen. Die Neuanmeldung wird jedoch von allen gemeinschaftlich erfolgen müssen, wenn der einzelne Einsprechende dem Patentamte von dem Bestehen der Gemeinschaft Kenntnis gibt. Zieht ein einzelner seinen Einspruch zurück, so können die übrigen das Einspruchsverfahren fortsetzen und können also die Erteilung des Patents an den Entnehmer verhindern. Die übrigbleibenden sind dann zur Neuanmeldung aktiv legitimiert. Ob sie trotz Bestehens der Gemeinschaft zur Neuanmeldung materiell berechtigt sind, wird erst geprüft, wenn etwa der ausgeschiedene Genosse gegen die Neuanmeldung Einspruch einlegt. Geschieht das, so regelt sich ihre materielle Berechtigung nach Inhalt der Gemeinschaft. Hier entsteht solchenfalls die schwierige Frage, ob der Streit zwischen den Genossen als eine privatrechtliche Streitigkeit betreffend nur von den bürgerlichen Gerichten zu entscheiden ist, oder ob das Patentamt materiell zu entscheiden hat. Überwiegende Gründe sprechen dafür, zunächst das Patentamt entscheiden zu lassen und den einsprechenden Genossen die Austragung der Streitigkeit im bürgerlichen Verfahren vorzubehalten. Haben zwei Personen gemeinschaftlich angemeldet, von denen der eine selbständig erfunden, der andere aber dieselbe Erfindung einem Dritten rechtswidrig entnommen hatte, so kann das Patent nicht erteilt werden, weil die Entscheidung beiden gegenüber nur einheitlich erfolgen kann (PA, MuW Jahrg. 12 S. 362). Ganz unzweifelhaft ist das nicht; es ließe sich auch hören, daß die Anmeldung nur auf der selbständigen Erfindung des einen beruht, der sie dem Mitanmelder mitgeteilt hat, so daß dessen Entnahme keine Rolle spielt und nicht ursächlich ist.

Anm. 39. Es ist oben A 13 darauf hingewiesen, daß bei der Identitätsprüfung im Erteilungsverfahren wie im Nichtigkeitsverfahren der Schutzumfang des angegriffenen Patents nicht zu erörtern ist. Das Reichsgericht hat einmal angenommen, daß dieser Grundsatz bei rechtswidriger Entnahme keine Anwendung findet. Jenem Grundsatze entsprechend hatte das Patentamt entschieden, daß eine Nichtigkeitsklage wegen rechtswidriger Entnahme unbegründet sei, weil der Gegenstand des angegriffenen Patents mit der Erfindung des Klägers, die in dessen an den Beklagten gerichteten Briefen beschrieben war, nicht übereinstimmte und eine Auslegung des Schutzumfanges des angegriffenen Patents über den Gegenstand hinaus im Nichtigkeitsverfahren nicht möglich sei, sondern nur im Verletzungsstreite erfolgen könne. Das Reichsgericht hat diesen Grund mißbilligt und hat ausgeführt: diese Auffassung entspreche zwar der vom Reichsgericht im allgemeinen aufgestellten Regel. Bezüglich der auf widerrechtliche Entnahme gestützten Klage müsse jedoch etwas anderes gelten, denn für den Einwand der widerrechtlichen Entnahme sei im Verletzungsstreite kein Raum: ehe man feststellen kann, ob vom Patentanmelder etwas widerrechtlich entnommen und durch Patent geschützt ist, muß man wissen, wieweit der Schutz dieses Patents zu umgrenzen ist, da es nur so möglich ist, zu entscheiden, inwieweit das Patent zu vernichten ist und ob vielleicht nach Vernichtung des entnommenen Teiles noch ein patentfähiger Überschuß übrigbleibt (Urt vom 29. 3. 16, I 159/1915). — Es erscheint fraglich, ob diesem Urteile allgemeine Bedeutung zuzuerkennen ist. Daß die Vorbringung der rechtswidrigen Entnahme im Verletzungsstreite unzulässig sei, widerspricht den zu § 10 A 17 Ziff. 9 dargelegten Erwägungen. Vielmehr steht nichts im Wege, daß der, dem entnommen ist, im Verletzungsstreite geltend macht: der klagende Patentinhaber habe einen Teil seiner patentierten Erfindung oder das, worauf sein Patent jetzt im Wege der Auslegung ausgedehnt werden solle, ihm entnommen — woraus dann folgt, daß die Benutzung des Entnommenen keine Verletzung des Patents enthält.

Anm. 40. In vorstehenden Anmerkungen ist erörtert, was das Gesetz unter Entnahme versteht. Die Rechtsprechung wendet die Regeln über widerrechtliche Entnahme (also Möglichkeit von Einspruch, Nichtigkeitsklage, Übertragungsklage, A 34) auch auf eine Reihe von Fällen an, in denen von einer wirklichen Entnahme aus den Beschreibungen, Zeichnungen usw. eines anderen keine Rede ist. Folgende Fälle sind hervorgetreten, die viel größere Bedeutung haben als die Fälle wirklicher Entnahme, welch letztere sich in der Regel so schwer nachweisen läßt.

1. Nicht selten kommt es vor, daß ein **Besteller die zeichnerische Durchkonstruktion** einer bestellten Vorrichtung einer Maschinenfabrik überträgt. Werden von der Fabrik bei der Durchkonstruktion patentfähige Erfindungen gemacht, so gebühren sie im Zweifel dem Besteller. Meldet der Fabrikbesitzer sie zum Patente an, so begeht er eine rechtswidrige Entnahme (RG 100, 37f.). Ebenso RG MuW Jahrg. 17 S. 55: wird eine Umkonstruktion in einem solchen Falle nötig, so gebührt sie der Regel nach dem Besteller. Es entspricht nicht dem Sinne des Herstellungsvertrages, daß der Fabrikant auf die Umkonstruktion ein Patent erwirbt und so dem Besteller in den Arm fällt. (Ob der Lohn erhöht werden muß, wenn die gemachte Erfindung erheblichen Wert hat, ist im Urteil nicht erörtert.) So richtig dies ist, so darf doch nicht schematisch verfahren werden. Es muß unterschieden werden. Daß der Besteller an dem Gebrauche des bestellten Gegenstandes nicht durch ein Patent des Fabrikanten gehindert werden darf, ist selbstverständlich; ebenso wohl auch, daß er gleichartige Gegenstände selbst anfertigen oder von anderen Fabrikanten anfertigen lassen kann. Durchaus nicht so selbstverständlich ist, daß er seinerseits sich selbst die Erfindung des Fabrikanten patentieren lassen kann, so daß der Fabrikant gleiche Gegenstände nicht mehr herstellen, seine Erfindung nicht auf andere Vorrichtungen anwenden darf usw. Ob das dem Sinne des Bestellungsverfahrens entspricht, erfordert genaue Überlegung im Einzelfalle. Es liegt ja auf der Hand, daß dem Fabrikanten ein weit höheres Entgelt gebühren würde, wenn er in Zukunft in seiner Bewegungsfreiheit durch ein Patent des Bestellers auf seine eigene Erfindung behindert werden sollte. In manchen Fällen würde jene (nur im Zweifel anzuwendende) Regel zu absurden Ergebnissen führen. Läßt jemand eine Röntgenröhre nach eigenen Angaben anfertigen und macht der Fabrikant dabei Erfindungen von erheblichem wissenschaftlichen und technischen Wert, so ist es ja ganz ausgeschlossen, daß er diese dem Besteller der einen Röhre überlassen muß. Manche Urteile haben diese Gesichtspunkte außer acht gelassen und sich deshalb zu weitgehender Äußerungen bedient, so auch das angeführte Urt MuW Jahrg. 17 S. 55. Beschränkter und zutreffender Bolze Bd. 23 Nr 144; Neumann, GewR 25 (1920), 32; vgl. auch die Anführungen von Burlage, MuW Jahrg. 17 S. 40; RGStr 27, 55. — Hat der Besteller eigene Ideen überhaupt nicht angegeben, vielmehr die ganze Konstruktion dem Fabrikanten überlassen, so kann dieser seine Erfindung anmelden, muß aber Benutzung und Verkauf der bestellten Gegenstände dem Besteller gewährleisten. Vgl. für ähnliche Fragen auch § 5 A 10.

2. Hat ein **Angestellter** abgemacht, daß seine **dienstlichen Erfindungen** dem Fabrikbesitzer zufallen, so liegt rechtswidrige Entnahme vor, wenn er die Erfindungen selbst auf seinen Namen anmeldet. Anders, wenn vereinbart war, daß er seine Erfinderrechte dem Fabrikbesitzer erst übertragen müsse. In solchem Falle hat letzterer nur ein obligatorisches Recht auf Übertragung der Ansprüche aus der Anmeldung oder auf Übertragung des Patents. Jedoch ist im Zweifel automatischer Übergang anzunehmen (§ 6 A 2 und A 7 a. E.; RG Blatt 10 [1904] S. 187, 294 a. E.). Die rechtliche Möglichkeit, vertraglich zu bestimmen, daß die Rechte aus der Erfindung der ausführenden Fabrik auf den Besteller, des Angestellten auf den Ansteller selbsttätig übergehen, ist nicht zu bezweifeln und in vielen Urteilen anerkannt z. B. in dem bereits angeführten Urt MuW Jahrg. 17 S. 55; vgl. auch § 6 A 7, namentlich für die Frage, wie bestimmt die zukünftige Erfindung bezeichnet sein muß.

Vorstehende beiden Fälle werden allgemein als widerrechtliche Entnahme angesehen, so daß § 3 A 2 auf sie Anwendung findet. Zweifelhaft ist das in folgenden Fällen:

3. Ein Erfinder, der nicht Angestellter ist, hat mit seinem Gegenkontrahenten ausgemacht, daß seine demnächst zu vollendende Erfindung **automatisch dem Gegenkontrahenten zufallen** soll (vgl. § 6 A 2). Trotzdem meldet er die Erfindung auf seinen eigenen Namen zum Patent an. Ist das widerrechtliche Entnahme? Anscheinend bejaht von Seligsohn, § 3 A 23; Kohler, Handbuch, S. 250.

4. **Gesellschafter** haben abgemacht, daß ihre Erfindungen der Gesellschaft zufallen sollen. Ein Gesellschafter meldet auf seinen Namen an (Seligsohn § 3 A 25). Ähnlich wenn von mehreren Miterfindern einer allein anmeldet (Kohler S. 315f.).

5. Jemand, der die Erfinderrechte vom Erfinder erworben hat, meldet an, trotzdem der **Veräußerungsvertrag nichtig** ist.

Widerrechtliche Entnahme kann in diesen Fällen nur dann gefunden werden, wenn man deren Begriff so formuliert, wie das PA Blatt 10 (1904), 188 getan hat: Entnahme liegt schon dann vor, wenn jemand eine einem anderen gehörige Erfindung sich aneignet. Bedenken entstehen aus der Erwägung, ob das Erteilungsverfahren und das Patentamt die richtige Stelle ist, um schwierige zivilrechtliche Streitigkeiten zweier Prätendenten zu entscheiden, so mit Recht Kent, § 3 Nr 92. Die Sachlage ist wie folgt. Bei der Annahme rechtswidriger Entnahme ist die Lage des Angreifers (angeblich Verletzten) günstig. Er kann im Erteilungsverfahren Einspruch erheben. Unterliegt er mit diesem, so hat er noch die Wahl, ob er Nichtigkeitsklage nach § 10 Ziff 3 oder aber Zivilklage auf Übertragung des Patents erheben will (vgl. § 10 A 17 Ziff 2). Viel ungünstiger ist die Lage des Anmelders, angeblichen Entwenders.

Nehmen die Erteilungsbehörden rechtswidrige Entnahme an, so wird ihm das Patent versagt; eine Klage auf Patenterteilung steht ihm nicht zu; die Sache ist damit erledigt, jedenfalls für den Fall, daß sein Gegner nicht selbst anmeldet und ein Patent erhält. Selbst wenn er im Erteilungsverfahren obsiegt, müßte er sich nach Wahl seines Gegners darauf einlassen, seine Rechte vor den Nichtigkeitsbehörden zu verfechten. Er hätte also nicht die Möglichkeit, seine Sache vor den ordentlichen Richter zu ziehen. Das sind die Bedenken, die dagegen sprechen, den Begriff der widerrechtlichen Entnahme auf Fälle auszudehnen, in denen es sich in Wahrheit um zivilrechtliche Streitigkeiten handelt, und damit die Entscheidung über Privatrechte den Patentbehörden zu übertragen. Diese Bedenken treffen auf die vorstehenden Nr 3—5 zu, namentlich auf die Fälle mehrerer Gesellschafter, mehrerer Miterfinder, der Nichtigkeit oder Anfechtbarkeit eines Veräußerungsgeschäftes. (Über die Frage der Konkurrenz zwischen Nichtigkeits- und Vertragsklage s. § 10 A 18.) Neuerdings hat das RG 117, 50 in vorstehendem Sinne entschieden; vgl. auch die Bemerkungen zu diesem Urteil von Engländer (JW 1927, 1560), die freilich nur den Fall mehrerer Miterfinder in Betracht ziehen; ebenso Ruhfuß (MuW Jahrg. 22 S. 131), dieser mit anderer Begründung.

Anhang zu § 3. Unionsvertrag.

Übersicht.

Der Unionsvertrag regelt die Rechtsverhältnisse der Angehörigen verschiedener Staaten auf dem Gebiete des gewerblichen Rechtsschutzes, besonders des Patentschutzes. Er regelt nicht die Verhältnisse deutscher Staatsangehöriger untereinander. Es kann also nicht ein Deutscher für seine Anmeldung die Priorität gemäß seiner früheren zurückgewiesenen identischen deutschen Anmeldung verlangen, Blatt 20 (1914), 10. Der Vertrag ist am 20. 3. 83 in Paris geschlossen. Er ist revidiert am 14. 12. 00 in Brüssel und am 2. 6. 11 in Washington. Im November 25 ist im Haag eine Abänderung des bis dahin gültigen Vertrages beschlossen. Die neuen Bestimmungen weichen von den bisherigen nur wenig ab. Das Deutsche Reich ist dem Unionsvertrage erst am 21. 3. 03 mit Wirkung vom 1. 5. 03 ab beigetreten. Die Haager Beschlüsse sind neuerdings durch ein deutsches Gesetz vom 31. 3. 28 bestätigt (RGBl 1928 II, 175) und haben also jetzt in Deutschland Gesetzeskraft. Das Abkommen ist von Deutschland am 27. 5. 28 ratifiziert (RGBl II, 489). **Anm. 1.**

Die Bestimmungen des Unionsvertrages haben, da sie im RGBl 1903, S. 209ff veröffentlicht sind, die Kraft eines deutschen Gesetzes. Dies gilt jedoch nur für die im Vertrage unmittelbar getroffenen Anordnungen. Soweit die Staaten sich verpflichtet haben, Gesetze zu erlassen, Art 10b, 11, 12, gelten diese Gesetze für ihren örtlichen Geltungsbereich.

Das Deutsche Reich hat außerdem besondere Verträge betreffend patentrechtliche Angelegenheiten mit verschiedenen Staaten getroffen. Mit der Schweiz den Vertrag vom 26. 5. 02 (RGBl 1903, 181) und mit Österreich-Ungarn vom 17. 11. 08 (RGBl. 1908, 655). Diese Verträge haben durch den Beitritt Deutschlands zum Unionsvertrage an Bedeutung verloren. Aus dem Schweizer Vertrag kommt besonders Art V Satz 1 in Betracht (hinsichtlich der wegen Nichtausführung der Erfindung eintretenden Rechtsnachteile gilt die Ausführung in dem einen Lande als Ausführung in dem anderen, was weiter geht als Art V Satz 2 des Unionsvertrages); auch die Absätze 2 Schweiz und 1 UnionsV Art V stimmen nicht genau überein. Der Art VII des Vertrages mit Österreich (und mit Ungarn) ist durch die neuere Fassung des UnionsV überholt. Weiter ist ein Vertrag mit den Ver. St. von Nordamerika vom 23. 2. 09 (RGBl. 1909, 895) geschlossen und am 8. 5. 22 wieder in Kraft getreten (RGBl. 1922 II, 132), dessen Art I neben dem Unionsvertrag besteht. Mit Rußland sind am 12. 10. 25 auf die Dauer von vier Jahren Verträge geschlossen, die für das Patentrecht im wesentlichen den gleichen Inhalt haben wie der Unionsvertrag. — Vor dem Kriege bestanden weitere Verträge mit Serbien und Italien, die nicht mehr in Kraft sind. Nach dem Versailler Vertrag Art. 286 gilt der Unionsvertrag als während des Krieges erloschen, nachher aber wieder in Kraft getreten, jedoch nur insoweit, als seine Bestimmungen nicht durch die Bestimmungen des Versailler Vertrages abgeändert sind (vgl. unten A 12).

Die für das Patentrecht wichtigsten Bestimmungen des Unionsvertrages finden sich in den Art. 2 und 4. Art. 2: Alle Angehörigen der Unionsstaaten sollen in den übrigen Staaten der Union in betreff des gewerblichen Eigentums die Vorteile genießen, welche die betreffenden Gesetze jetzt oder in Zukunft den eigenen Staatsangehörigen gewähren ... Die Verpflichtung, einen Wohnsitz oder eine Niederlassung in dem Lande zu haben, wo der Schutz beansprucht wird, darf den Verbandsangehörigen nicht auferlegt werden.

Art. 4 bestimmt: Derjenige, der in einem der Staaten ein Gesuch um ein Erfindungspatent, ein Gebrauchsmuster ... hinterlegt, oder sein Rechtsnachfolger soll zum Zweck der Hinterlegung in den anderen Ländern während der unten bestimmten Fristen und unter Vorbehalt der Rechte Dritter ein Prioritätsrecht genießen. Demgemäß soll die hiernächst in einem der übrigen Unionsstaaten vor Ablauf dieser Fristen bewirkte Hinterlegung nicht unwirksam gemacht werden können ... durch eine andere Hinterlegung (Anmeldung), durch die Veröffentlichung der Erfindung oder deren Ausübung, durch das Feilbieten von Exemplaren des Musters oder Modells. Die erwähnten Prioritätsfristen sollen zwölf Monate für Erfindungspatente und Gebrauchsmuster ... betragen.

Die Staaten, die der Union angehören, werden Anfang jeden Jahres in der Propr. industr. und im deutschen Blatt für Patent ... wesen veröffentlicht; z. B. Blatt 33 (1927), 26.

Anm. 2. Der Unionsvertrag kann nicht und will nicht bewirken, daß allen Verbandsangehörigen in allen Verbandsländern hinsichtlich ihrer Erfindungen dieselben Rechte zustehen. Grundsätzlich läßt er das Selbstbestimmungsrecht der Länder bestehen. Die Länder, die keinen Schutz für Gebrauchsmuster kennen, brauchen deshalb solchen nicht einzuführen, trotzdem daß im Art. 1 (2 der alten Fassung) von modèles d'utilité die Rede ist; ebensowenig brauchen sie einen Schutz für Verfahren einzuführen, wenn sie solchen nicht kennen. Nur in einigen einzelnen Richtungen sind Bestimmungen getroffen, die auf innerstaatliche Geltung Anspruch machen. Hinsichtlich der Erfindungen geht der grundlegende Gedanke dahin, daß die Anmeldung in einem der Verbandsländer gewisse Wirkungen auf das Eintreten des Schutzes in den übrigen Ländern ausübt, derart, daß die Anmeldung dem Anmeldenden in den übrigen Ländern einen Schutz, der auf das Datum jener Anmeldung zurückverlegt wird, für die Frist von zwölf Monaten vorbehält. Es tritt eine „Sperre" für andere Anmelder ein, die Erfindung ist „verstrickt".

Erforderlich ist dazu eine **Anmeldung** in einem Verbandslande; ob zum Patent, oder zum Gebrauchsmuster, oder zum Geschmacksmuster, ist gleichgültig, wofern nur eine Erfindung vorliegt, die als solche im Lande der Nachanmeldung schutzfähig ist. Gleichgültig ist weiter, ob die Voranmeldung zum Patent führt, oder ob sie zurückgewiesen wird, oder ob ein zunächst erteiltes Patent später vernichtet wird. Dagegen ist erforderlich, daß die Anmeldung zur Zeit der Nachanmeldung nicht bereits rechtskräftig zurückgewiesen ist, denn dann liegt überhaupt keine Anmeldung mehr vor. Dies wird aus unzutreffenden Gründen bestritten; ebenso wie hier die englische Rechtsprechung (A 13 und Wertheimer, Jahrb. für internat. Rechtsverkehr 1912/13, 349).

Erforderlich ist weiter, daß die Anmeldung „vorschriftsmäßig" erfolgt. Vorschriftsmäßig bedeutet unter Einhaltung der Formvorschriften des Landes der Voranmeldung. Eine Anmeldung, die die Erfindung nicht genügend offenbart, was gleichfalls nach dem Rechte des Landes der Anmeldung zu beurteilen ist, ist nicht vorschriftsmäßig. Ob die Erfindung selbst hinsichtlich Neuheit Fortschritt, Erfindungshöhe usw. den Vorschriften des Anmeldungslandes entspricht, ist gleichgültig. Die Mängel der Anmeldung können nach dem Rechte so gut wie aller Länder nachträglich behoben werden. Ob diese Behebung erfolgen kann, so lange die Behörde des Anmeldungslandes sie zuläßt, oder ob sie binnen der Unionsfrist, d. h. binnen zwölf Monaten vom Tage der Anmeldung an erfolgen muß, um in dem Lande der Nachanmeldung die Priorität zu sichern, ist bestritten; richtiger Meinung nach muß die Frist von zwölf Monaten eingehalten werden, andernfalls würde die Entscheidung in dem Lande der Nachanmeldung auf die lange Bank geschoben werden, was den Interessen der Industrie dieses Landes entschieden widersprechen würde. Ebenso Damme, GewR 16 (1911), 154; anders Specht, GewR 17 (1912), 333. Von selbst ergibt sich, daß die Behebung der Mängel rechtzeitig genug geschehen muß, um die für die Nachanmeldung bestehende Frist zur Beibringung der „Prioritätsbelege" noch einhalten zu können. Hat die Behörde des Landes der Voranmeldung eine Entscheidung über die Vorschriftsmäßigkeit positiv oder negativ getroffen, so wird man diese als maßgebend ansehen; liegt keine solche Entscheidung vor, so müssen die Behörden des Landes der Nachanmeldung ihrerseits entscheiden.

Anm. 3. Streitig ist, ob in der Voranmeldung **beantragt** sein muß, daß auf die angemeldete Erfindung im ganzen Umfange **ein Patent erteilt** werde. In dieser Allgemeinheit ist die Frage zu verneinen, denn eine derartige Forderung ist im Vertrage nicht aufgestellt. Aber: in einer amerikanischen Voranmeldung war ein Teil der Erfindung als bereits bekannt und durch das frühere Patent eines Dritten geschützt bezeichnet; gerade dieser Teil wurde in Deutschland mit Prioritätsanspruch angemeldet. Das Patentamt hat den Prioritätsanspruch abgewiesen, weil dieser Teil in Amerika nicht zur Patentierung angemeldet sei, GewR 31 (1926), 115; andererseits Blatt 18 (1913), 131. Dagegen hat Isay, Komm., Anhang A 12, lebhaften Widerspruch erhoben. In der Mehrzahl der Fälle wird sich die Frage durch Heranziehung der Patentschrift des Dritten erledigen, denn der Voranmelder wird sich selten zu seinen ungunsten über die Vorwegnahme seiner Erfindung irren, es wird Neuheitsmangel vorliegen. Im übrigen wird aber dem Patentamt beizutreten sein. Es kommt nicht darauf an, was der Voranmelder dem Patentamt als bereits bekannt mitgeteilt hat, sondern was er als seine Erfindung beanspruchť hat. Art. 4 spricht klar vom dépôt d'une demande und bestimmt, daß der Voranmelder ein Prioritätsrecht genießen soll, um das dépôt (zu ergänzen: derselben demande) im anderen Lande vorzunehmen. Das was der Voranmelder als seine Erfindung unter Schutz gestellt wissen will, ist also das Entscheidende. Auf die Form des Anspruchs kommt es nicht an. Kann in dem Lande der Voranmeldung ein Verfahren nicht geschützt werden und läßt der Voranmelder sich deshalb das Erzeugnis schützen, so bleibt ihm unbenommen, sich im Lande der Nachanmeldung das Herstellungsverfahren schützen zu lassen, falls er dieses in der Voranmeldung offenbart hatte; ebenso umgekehrt, wenn ein Erzeugnis bestimmter Art nicht geschützt werden konnte und deshalb das Verfahren geschützt ist. Aber offenbar liegt die Sache anders, wenn er, wie im angeführten Falle, erklärt hatte, daß ein Teil des Verfahrens oder der Vorrichtung gar nicht seine Erfindung sei, daß vielmehr ein anderer diesen Teil erfunden und sich bereits habe unter Schutz stellen lassen. Dann kann ihm auf diesen Teil auch im Lande der Nachanmeldung nicht mehr Schutz gewährt werden. Über diese Fragen vgl. R. Isay, GewR 31 (1926), 14; Wirth, Mitt 1925, 176; Ephraim, Mitt 1926, 23; Osterrieth und Axster, Pariser Konv. S. 75. Ebenso wie hier das englische Recht. Im Gesetz von 1883 war für maßgebend erklärt die Erfindung, für die (auf Grund der Voranmeldung) Schutz erteilt war; nach dem abändernden Gesetze von 1885 ist maßgebend die Erfindung, für die Schutz erbeten (applied for) ist. Was aber nicht geschützt werden sollte, kann nicht mit Prioritätsanspruch nachgemeldet werden, wie aus den rulings des comptroller general 1912 A zu entnehmen ist (Rep. of Pat. Cases Bd. 29, Appendix hinter S. 360). Auch in dem 1919 neu eingeführten Abs e der sect. 11 ist nur von der Erfindung, for which protection has been applied for in einem fremden Staate, die Rede.

Ob nur die **erste Anmeldung** die Kraft hat, das Prioritätsrecht zu begründen, oder auch **die zweite und dritte Voranmeldung** (ob also, wer in England am 1. 2. 12 und in Italien am 1. 3. 12 angemeldet hat, die Wahl hat, bei der späteren deutschen Nachanmeldung die Priorität vom 1. 2. 12 oder vom 1. 3. 12 zu beantragen), ist streitig. Das Patentamt hielt früher die erste Voranmeldung für allein ausschlaggebend, vgl. Blatt 20 (1914), 10. In der Entscheidung IndR Jahrg. 1913 S. 183 hat es erklärt, daß dem Nachanmelder die erwähnte Wahl zustehe. Das Schrifttum hat sich überwiegend dem angeschlossen. Die Gegner wenden ein, daß damit die Prioritätsfrist beliebig weit erstreckt werden könne. Durch die Beschlüsse der Haager Konferenz vom 6. 11. 25 ist jetzt bestimmt, daß die Prioritätsfrist mit dem Tage nach der ersten ausländischen Anmeldung zu laufen beginnt (MuW Jahrg. 25 S. 63). Damit sind die Zweifel entgegen der herrschenden deutschen Meinung entschieden. **Anm. 4.**

Die Personen der Vor- und Nachanmeldung. Der Unionsvertrag ist ein zwischenstaatlicher Vertrag und regelt als solcher nicht die Rechtsverhältnisse zwischen den Angehörigen eines und desselben Staates. Daraus folgt, daß ein Deutscher, der zuerst im Auslande angemeldet hat, sich gegenüber einem anderen Deutschen, der früher als jener im Inlande anmeldet, nicht darauf berufen kann, daß ihm wegen seiner ausländischen Anmeldung eine frühere Priorität zustehe (Osterrieth-Axster, Pariser Konv. S. 69, 15). Ob es anders liegt, falls der Voranmelder im Auslande einen Wohnsitz oder eine Niederlassung hat, ist zweifelhaft. — Aus ähnlichem Grunde kann ein Ausländer, dessen erste Anmeldung in Deutschland zurückgewiesen ist, dessen wiederholte Anmeldung derselben Erfindung in Deutschland aber Erfolg hat, für die zweite Anmeldung nicht die Priorität der ersten verlangen, Blatt 20 (1914), 10. Das kann er übrigens schon aus dem Grunde nicht, weil eine zurückgewiesene Anmeldung kein Prioritätsrecht verleiht (oben A 2). **Anm. 5.**

Der Anmelder muß nach Art. 13 in einem beliebigen Unionsstaat entweder Angehörigkeit oder Wohnsitz oder Niederlassung besitzen. Es ist nicht erforderlich, daß die Voranmeldung in dem Heimatsstaate der Erfindung oder des Erfinders erfolgt, Blatt 16 (1910), 5. Angehörige von Staaten, die der Union nicht beigetreten sind, können die Unionspriorität aus eigener Voranmeldung nicht beanspruchen, wenn sie nicht in einem Unionslande Wohnsitz oder Niederlassung haben. Die Niederlassung braucht in allen Fällen nicht eine Hauptniederlassung zu sein, es genügt eine Zweigniederlassung, von der aus Geschäfte gemacht werden, nicht aber ein bloßes Bureau oder ein Lager.

Die Personen der Voranmeldung und der Nachanmeldung müssen **identisch** sein, PA Blatt 23 (1917), 121 Sp. 1. Es kommt auf die Identität der anmeldenden Personen an; es genügt nicht, daß der nicht identische Anmelder ein Recht auf die Erfindung hat, Blatt 13 (1907), 128; Blatt 12 (1906), 128. Identität liegt auch dann vor, wenn Rechtsnachfolge stattgefunden hat, also der eine Anmelder sein Recht von dem anderen herleitet. Alle Fragen über die Rechtsbeständigkeit der Abtretungen von Prioritätsrechten, die manchmal verwickelt erscheinen, regeln sich nach folgenden Grundsätzen. Das Prioritätsrecht kann immer nur in Verbindung entweder mit dem Rechte aus einer bereits erfolgten Anmeldung oder mit dem Rechte, demnächst eine Anmeldung unter Beanspruchung einer Priorität vorzunehmen, abgetreten werden. Der Voranmelder kann sein Recht aus seiner Anmeldung **Anm. 6.**

nach § 6 abtreten. Er kann gleichzeitig sein Recht auf Nachanmeldung mit Priorität, sei es für ein bestimmtes anderes Land, sei es für mehrere oder alle Länder abtreten. Er kann auch das Recht aus der Voranmeldung für sich behalten und nur das Recht auf weitere Nachanmeldungen nebst Prioritätsrechten abtreten. Hat jemand die Nachanmeldung mit Prioritätsanspruch schon vorgenommen (sei es der Voranmelder oder sein Zessionar), so kann er sein Recht aus der Nachanmeldung mit Prioritätsanspruch weiter abtreten. Selbstverständlich ist, daß es sich immer um dieselbe Erfindung handeln muß; Abtretung des Prioritätsrechts für eine andere, wenn auch ähnliche Erfindung ist unmöglich und nichtig. Immer muß die Abtretung innerhalb der Unionsfrist erfolgen, so daß der Nachanmelder schon bei der Nachanmeldung zur Geltendmachung des Prioritätsanspruchs legitimiert ist, Blatt 13 (1907), 128f. Der Zessionar braucht nicht ein Verbandsangehöriger zu sein.

Die Zulässigkeit und die Form derartiger Abtretungen richtet sich nach dem Rechte des Landes der Nachanmeldung. In England ist die Abtretung der Rechte aus einer Anmeldung nicht zulässig. Tritt ein Engländer trotzdem sein Recht auf Nachanmeldung mit Prioritätsanspruch an einen Deutschen ab, so wird die Abtretung in Deutschland, da sie nach deutschem Rechte zulässig ist, als rechtsgültig anerkannt und berechtigt zur deutschen Nachanmeldung. Die Abtretung erfolgt nach deutschem Rechte formlos, vgl. Blatt 12 (1906), 127ff.

Für die Abtretungsverträge gelten folgende tasächliche Vermutungen. Wird das Prioritätsrecht aus einer Voranmeldung ohne Beschränkung abgetreten, so erwirbt der Zessionar im Zweifel das Prioritätsrecht zur Anmeldung für alle Länder. Wird ein Recht auf Nachanmeldung abgetreten, so erwirbt der Zessionar im Zweifel gleichzeitig das Recht auf Geltendmachung der Priorität aus der Voranmeldung.

Für vorstehende Ausführungen vgl. weiter Hüfner, GewR 12 (1907), 130.

Anm. 7. Wenn **mehrere** Personen anmelden, so müssen die Voraussetzungen, die überhaupt erst zur Anwendung des Unionsvertrags berechtigen, Staatsangehörigkeit oder Wohnsitz oder Niederlassung in einem Verbandsstaate, bei allen Anmeldern gegeben sein, und zwar müssen sie sowohl zur Zeit der Voranmeldung, wie zur Zeit der Nachanmeldung vorliegen. Fehlen sie bei einem von ihnen zur Zeit der Voranmeldung und überträgt dieser sodann seine Rechte aus der Voranmeldung auf einen Genossen, bei dem die Voraussetzungen von Anfang gegeben waren, so genügt das nicht, um das Prioritätsrecht zu erwerben, Blatt 10 (1904), 259. Ist die Nachanmeldung von A eingereicht, die Voranmeldung gemeinschaftlich von A und B, so kann dem A die Priorität der Voranmeldung nicht gewährt werden, Blatt 23 (1917), 120f. Ist die ausländische Voranmeldung von A eingereicht, die deutsche Nachanmeldung von A und B gemeinschaftlich, so liegt zwar Identität der Personen nicht vor, aber da die Nachanmeldung gemeinschaftlich, also mit Einverständnis des A erfolgte, so ist in solchem Falle anzunehmen, daß er sein Prioritätsrecht mit auf B übertragen wollte, so daß also beide Nachanmelder prioritätsberechtigt sind, Blatt 16 (1910), 5f, während es im vorigen Falle an dem Einverständnis des dortigen Genossen B fehlte.

Anm. 8. **Prioritätsfrist.** Die Prioritätsfrist beträgt 12 Monate (sie beträgt 6 Monate für industrielle Zeichen und Modelle und für Fabrik- oder Handelsmarken). Wenn in der Voranmeldung ein Gebrauchsmuster beansprucht wird und die Nachanmeldung sich auf ein industrielles Zeichen oder Modell richtet, beträgt die Frist 6 Monate, wie die Haager Konvention im § 4e ausdrücklich festgesetzt hat. Für Patente kommt also nur die Frist von 12 Monaten in Betracht. Das Datum der Voranmeldung bestimmt sich nach dem Gesetze des Staates der Voranmeldung. Eine Entscheidung der Behörden dieses Staates wird als maßgebend anerkannt werden müssen. In jedem Falle gilt jedoch nur das Datum der wirklichen Voranmeldung, also der Hinterlegung (Einreichung) der Anmeldung, nicht aber etwa ein anderes Datum, falls solches für die Priorität des Landes abweichend festgesetzt wird, wie z. B. in Deutschland bei rechtswidriger Entnahme und bei Ausstellungen vorkommt. Hierfür vgl. PA Blatt 1881, 111; Blatt 12 (1906), 32. Für die Einhaltung der Frist kommt der Eingang der Nachanmeldung nebst Erklärung beim Patentamt, nicht die Aufgabe zur Post in einem Unionslande in Betracht (MuW Jahrg. 12 S. 490). — Daß für die Frist nur die erste der ausländischen Anmeldungen in Betracht kommt, ist A 4 a. E. dargelegt.

Bei der Berechnung der Frist gilt der Tag als kleinste Einheit; es wird also nicht, wie bei der deutschen innerstaatlichen Priorität, nach Stunden und Minuten gerechnet. Im übrigen erfolgt die Berechnung der Frist nach den Gesetzen des Staates der Nachanmeldung, in Deutschland also nach §§ 187ff BGB. Ist die Voranmeldung am 2. 1. 20 erfolgt, so ist die am 2. 1. 21 eingehende Nachanmeldung rechtzeitig. Ist der 2. 1. 21 ein Sonn- oder Feiertag, so ist auch der 3. 1. 21 noch rechtzeitig.

Wiedereinsetzung in den vorigen Stand gegen Versäumung der Unionsfrist ist vom Patentamt mehrfach für unzulässig erklärt (MuW Jahrg. 17 S. 183), ist aber nach richtiger Ansicht zu gewähren, falls die formalen Voraussetzungen vorliegen (vgl. auch Damme-Lutter S. 324 und PA Mitt 24, 18 Sp. 1 Abs 2).

Formalien der Nachanmeldung. Die Haager Konferenz hat im Art. 4d vorgeschrieben: wer die Priorität einer früheren Anmeldung in Anspruch nehmen will, muß eine Erklärung einreichen, die das Datum und das Land der früheren Anmeldung bezeichnet. Wann diese Erklärung erfolgen muß, bleibt der Landesgesetzgebung vorbehalten. — Nur auf ausdrücklichen Antrag wird in die Patenturkunde aufgenommen, daß der Anmelder eine ausländische Unionspriorität beansprucht. Eine Entscheidung, ob die Beanspruchung mit Recht erfolgt, wird der Regel nach im Erteilungsverfahren nicht getroffen. Diese Entscheidung erfolgt im Nichtigkeitsverfahren oder im Verletzungsstreit, evtl. in einem besonderen Feststellungsstreit. In einigen Fällen muß über die Berechtigung zur Unionspriorität freilich schon im Erteilungsverfahren entschieden werden, so wenn in der Zwischenzeit zwischen Vor- und Nachanmeldung die nämliche Erfindung angemeldet ist oder neuheitsschädliche Kundmachungen der Erfindung stattgefunden haben, auch wenn der Anmeldung eines Dritten eine Anmeldung oder ein Patent mit beanspruchter Unionspriorität im Einspruchsverfahren entgegengehalten wird. An diese Entscheidungen des Patentamts sind die Nichtigkeitsbehörden und die ordentlichen Gerichte nicht gebunden. Im Nichtigkeitsverfahren können die materiellen Voraussetzungen einer beanspruchten Unionspriorität nachgeprüft werden, z. B. Identität der Erfindungen, Identität der Personen, Innehaltung der Unionsfrist, nicht aber die Beobachtung der prozessualen Verfahrensvorschriften, z. B. die formelle Rechtzeitigkeit der Beanspruchung der Unionspriorität, die Zulässigkeit einer erfolgten Wiedereinsetzung, mit anderen Worten, nicht das Verfahren der Erteilungsbehörde, PA NichtAbt Blatt 32 (1926), 221ff. Anm. 9.

In Deutschland muß der Antrag auf Unionspriorität **gleichzeitig** mit der Nachanmeldung gestellt werden, Ges vom 31. 3. 13 (RGBl 236), Bekanntmachung des Reichskanzlers vom 8. 4. 13 (RGBl 241). In dem Gesetze wird von der „Prioritätserklärung über Zeit und Land der Voranmeldung" gesprochen; ebenso in der genannten Bekanntmachung. Daraufhin hat das Patentamt Blatt 23 (1917), 121f entschieden, daß der Tag und das Land der Hinterlegung in dem Antrag auf Prioritätserklärung genau und richtig angegeben werden müsse, widrigenfalls der Prioritätsanspruch für die Anmeldung verwirkt ist. Eine Nachholung oder Abänderung der Prioritätserklärung wäre danach unzulässig. Sind die Angaben falsch oder ungenau, so muß der Anmelder seine Anmeldung abweisen lassen oder zurückziehen und dann neu anmelden, was aber nur noch innerhalb der Prioritätsfrist geschehen kann. Über die Unzulässigkeit einer Berichtigung vgl. Blatt 21 (1915), 29. Diese harte und nicht praktische Regelung ist durch das Gesetz nicht geboten. Neuerdings hat das Patentamt die Berichtigung eines offenbaren Versehens bei der Angabe des Datums der Unionspriorität zugelassen (Mitt 1924, 15ff). Gegen die Ablehnung der Aufnahme der beanspruchten Priorität ist das Rechtsmittel der befristeten Beschwerde gegeben, jedoch nicht schon gegen einen ablehnenden Zwischenbescheid des Prüfers, sondern erst dann, wenn das Patent ohne Angabe der beanspruchten Priorität erteilt wird, Blatt 21 (1915), 29. — In dem Entwurf zur Abänderung des Patentgesetzes vom 4. 2. 28 wird vorgeschlagen, daß die Prioritätserklärung, welche Zeit und Land der Voranmeldung enthalten muß, binnen einer Frist von zwei Monaten, die mit dem Tage nach der Anmeldung beim Reichspatentamt beginnt, abzugeben ist; innerhalb dieser Frist kann die Erklärung geändert werden; wird sie nicht rechtzeitig abgegeben, so wird der Prioritätsanspruch verwirkt. Weiter soll, wenn die Beibringung von Belegen (Abschriften der Voranmeldung) gefordert wird, dafür eine Frist gesetzt werden, die frühestens drei Monate nach der Anmeldung endet. — Durch die letztere Vorschrift soll das Deutsche Recht den Beschlüssen der Haager Konvention angeglichen werden (Art 4d Abs 3).

Fremdsprachige Patentschriften müssen in Übersetzung beigebracht werden (Mitt 1924, 18). Einfache Bescheinigungen über auswärtige Anmeldungen wird das Patentamt auch in einer der allgemein bekannten fremden Sprachen lesen wollen. Jedenfalls wird es keine schädlichen Folgen aussprechen, ehe es zur Beibringung einer Übersetzung aufgefordert hat (vgl. die angeführte Entscheidung).

Erforderlich ist, daß die **Erfindungen** der Voranmeldung und der Nachanmeldung **dieselben** sind. Der Begriff der Identität wird hier im weitesten Sinne genommen. Die Patentansprüche brauchen nicht dieselben zu sein, wie schon oben A 3 dargelegt ist. Wenn z. B. im Lande der Voranmeldung der Anspruch auf ein Erzeugnis unzulässig ist und deshalb das Herstellungsverfahren beansprucht wird, so kann im Lande der Nachanmeldung ein Patent auf das Erzeugnis beansprucht werden, wenn das letztere bei der Voranmeldung genügend beschrieben war. Ansprüche auf Arbeitsmittel und Arbeitsverfahren können identisch im Sinne des § 4 sein; Mannesmann-Walzwerk und Mannesmann-Walzverfahren. Der „Gegenstand des Anspruchs" braucht nicht identisch zu sein; es genügt Identität der Erfindung (MuW Jahrg. 11 S. 162). Keine Priorität, wenn in der Voranmeldung das, was das Wesen der Nachanmeldung ausmacht, nicht zum Ausdruck gelangt ist, Blatt 13 (1907), 128 Sp. 2. Anmeldung zum Gebrauchsmusterschutz in dem einen Lande bewirkt Priorität für die Anmeldung derselben Erfindung zum Patent in dem anderen Lande (vgl. unten A 13 a. E.). Anm. 10.

Enthält die **Nachanmeldung** einen **Überschuß**, der in der Voranmeldung nicht offenbart war, so erhält dieser Überschuß nicht die Unionspriorität. Es ist also möglich, daß auf die Nachanmeldung ein Patent mit verschiedenen Prioritäten der Erfindungsteile gewährt wird. Die Haager Konvention hat hierüber keine Bestimmungen getroffen. Es ist möglich, daß Teilpriorität (nicht nur für quantitative Teile der Erfindung, sondern auch) für besondere Modifikationen oder Umgestaltungen eines einheitlichen Erfindungsgegenstandes gewährt wird, wofern nur überhaupt die Möglichkeit einer derartigen Trennung vorliegt. Beispiele für Teilprioritäten: 302894, auch Mitt 1905, 98.

Über die Beanspruchung verschiedenartiger Prioritäten vgl. Art. 4 letzter Absatz, Haager Fassung.

Anm. 11. **Wirkungen des Prioritätsrechts.** a) Die Charakterisierung des Prioritätsrechts begegnet Schwierigkeiten. Man hat es als Gestaltungsrecht bezeichnet. Das trifft insofern zu, als durch die bloße Erklärung des Berechtigten eine Veränderung seiner Rechtsposition bewirkt wird. Jedoch handelt es sich dabei nicht, wie sonst bei Gestaltungsrechten, um eine qualitative Veränderung des Rechtsinhalts, sondern nur um eine zeitliche Ausdehnung der Wirksamkeit des Rechts. Als subjektives Recht im Sinne eines ius quaesitum läßt sich das Prioritätsrecht jedenfalls nicht bezeichnen. Es ist seinem Wesen nach die Befugnis zur Umgestaltung des publizistischen Anspruchs auf Patenterteilung. Es ist ein Anspruch auf Bevorzugung. Diese Gesichtspunkte behandelt Duchesne, MuW Jahrg. 1925 S. 148ff.

b) Gemäß Art. 4 tritt eine nach der Voranmeldung eingegangene, inländische, identische Anmeldung eines Dritten gegen die Nachanmeldung zurück. Auf die Anmeldung des Dritten darf also nach Eingang der Nachanmeldung des Prioritätsberechtigten kein Patent mehr erteilt werden. Diese Bestimmung ergänzt den § 3 des Patentgesetzes. Ist das Patent trotzdem erteilt, so kann der Prioritätsberechtigte es mit der Nichtigkeitsklage zu Fall bringen, nachdem er sein Patent erhalten hat; andernfalls würde letzteres, wenigstens teilweise, unwirksam gemacht werden. Die Sachlage ist anders, als wenn ein Dritter ein bloßes Vorbenutzungsrecht erworben hätte. Die Sachlage ist auch anders als nach Art. 308 VersV und dem Berner Abkommen (unten A 12). Nach deutscher Auffassung will der Unionsvertrag das gleichzeitige Bestehen zweier inhaltsgleicher Patente verhindern. Das englische Recht läßt beide Patente nebeneinander bestehen (Terrell, 7. Aufl. S. 200d). Ob auch Dritte das im Intervall erteilte Patent nach § 10 Ziff 2 des deutschen Gesetzes angreifen können, ist eine ungelöste Frage; sie wird zu bejahen sein (Seligsohn, 6. Aufl. S. 523).

c) Die Neuheit der inländischen Nachanmeldung wird gemäß Art. 4 nach dem Tage der ausländischen Voranmeldung beurteilt. Wie Patentanmeldungen Dritter, die nach diesem Tage erfolgt sind, der Nachanmeldung nicht entgegenstehen, so wirken auch Veröffentlichungen irgendwelcher Art oder offenkundige Vorbenutzungen, die nach jenem Tage erfolgt sind, nicht neuheitsschädlich. Der Art. 4 beschränkt also den § 2 PG. Ob die Veröffentlichungen und Benutzungen von einem Dritten oder von dem Prioritätsberechtigten selbst vorgenommen sind, ist gleichgültig. In der ursprünglichen Fassung des Art. 4 wurde verlangt, daß sie „seitens eines Dritten" vorgenommen seien; das ist von der Brüsseler Konferenz gestrichen. Veröffentlichungen oder Benutzungen, die vor dem Datum der Unionspriorität liegen, aber etwa bei der ausländischen Patenterteilung nicht berücksichtigt sind, wirken gegenüber der Nachanmeldung neuheitsschädlich; der Art. 4 spricht nur von „inzwischen" erfolgten Kundmachungen. Die Neuheitsschädlichkeit jener Tatsachen ist nach deutschem Recht zu beurteilen. Vorstehendes gilt auch für die Beurteilung von Fortschritt und Erfindungshöhe.

d) Die Abhängigkeit der Nachanmeldung von einem anderen Patente bemißt sich nach der Unionspriorität. Andernfalls würde die Nachanmeldung im Sinne des Art. 4 „unwirksam" gemacht werden.

e) § 7 bestimmt, daß ein Zusatzpatent erteilt werden kann, wenn die Erfindung eines älteren Patents durch eine neue Erfindung verbessert oder ausgebildet wird. Ist für die Beantwortung der Frage, welches von zwei Patenten das ältere ist, die Unionspriorität maßgebend? Diese Frage entsteht z. B., wenn jemand zwei Patente angemeldet hat und beantragt, das erstangemeldete als Zusatz zum zweitangemeldeten zu erklären, das zwar später angemeldet ist, aber eine frühere Unionspriorität genießt. Die Antwort ist sehr zweifelhaft, weil Art. 4 nur den Zweck hat, die Versagung von Patenten zu verhindern. Hüfner bejaht die Frage, GewR 22 (1917), 217.

f) Der inländische Patentschutz tritt erst mit der Bekanntmachung der inländischen Nachanmeldung ein. Vorher erfolgte Benutzung der Erfindung durch einen Dritten ist keine Patentverletzung. Ebenso wird die inländische Patentdauer und die Fälligkeit der Patentgebühren nach dem Datum der inländischen Nachanmeldung berechnet. So die übereinstimmende Anschauung aller Verbandsstaaten mit Ausnahme von England, sect. 91 Ges von 1907/19; Osterrieth, Haager Konferenz S. 37 Art. 4 bis. Es findet also nicht etwa eine allgemeine Zurückbeziehung der Priorität der inländischen Nachanmeldung auf das beanspruchte Prioritätsdatum statt. Darin besteht ein Unterschied gegenüber der Zurückdatierung bei rechtswidriger Entnahme (§ 3 A 6).

g) Hat die inländische Anmeldung einen größeren Umfang als die ausländische Voranmeldung, so kann die Unionspriorität nur hinsichtlich des identischen Teils beansprucht werden (A 10). Daraus folgt, daß die Beurteilung der Neuheit des überschießenden Teils nach dem Datum der Nachanmeldung erfolgt, so daß alle Kundbarmachungen bis zum Datum der Nachanmeldung gegenüber dem überschießenden Teil neuheitsschädlich sind.

h) Lange Zeit war streitig und noch heute ist in der Rechtslehre streitig, ob in dem „Intervall" zwischen dem Datum der Voranmeldung und dem Datum der Nachanmeldung ein Vorbenutzungsrecht im Lande der Nachanmeldung erworben werden kann. Für Deutschland war die Sachlage klargestellt durch die Entsch RG 99, 145, die die Entstehung des Vorbenutzungsrechts für möglich erklärt hat; ebenso das österreichische Patentamt Blatt 27 (1921), 185. Die Entscheidung ist abhängig von der Auslegung der Worte sous réserve des droits des tiers im Abs 1 des Art. 4. Die Meinungen über die Auslegung sind geteilt. Nach der Meinung einiger kann ein Vorbenutzungsrecht jedenfalls dann nicht mehr erworben werden, wenn die Voranmeldung veröffentlicht worden ist (Jahrb. d. intern. V. 1904 Teil 1 S. 78 III). Irgendeine Gutgläubigkeit ist im Art. 4 — jedenfalls ausdrücklich — nicht zur Bedingung gemacht. Inwieweit Gutgläubigkeit erfordert wird, richtet sich also nach den Bestimmungen des Deutschen Rechts (§ 5 A 6). In einem Falle, in dem ein Deutscher die Erfindungsidee aus einem ausländischen Patente entnommen und danach die durch jenes Patent geschützten Gegenstände hergestellt hatte, hat das Reichsgericht erklärt, Gutgläubigkeit könne angenommen werden, wenn der Deutsche nicht damit habe zu rechnen brauchen, daß der Ausländer seine Erfindung in Deutschland zum Patent anmelden werde (JW 1927, 1557; ähnlich auch Jahrb. d. intern. V. 1904 Teil 1 S. 83ff, 87).

Auf der Haager Konferenz war beantragt worden zu bestimmen, daß ein Vorbenutzungsrecht im Intervall nicht entstehen könne; der Antrag ist jedoch nicht angenommen worden.

In Deutschland ist jetzt in Aussicht genommen, gesetzlich zu bestimmen, daß ein Vorbenutzungsrecht im Intervall nicht erworben werden kann (vgl. § 5 im Anfang).

In dem **Versailler Vertrag** Art. 308 ist eine besondere Regelung getroffen. Die Frist **Anm. 12.** zur Beanspruchung der Unionspriorität für Nachanmeldungen, die während des Krieges nicht erfolgen konnten oder nicht erfolgt sind, ist zugunsten der Angehörigen der vertragschließenden Staaten auf sechs Monate nach dem Inkrafttreten des Versailler Vertrags erstreckt. Der Art. 308 kommt für die Beziehungen zwischen Deutschland und den Vereinigten Staaten von Nordamerika nicht in Betracht, RG 107, 50; 114, 257; GewR 31 (1926), 105, und weiter unten nächster Absatz. Da der Versailler Vertrag auch nicht die Beziehungen zu den Neutralen regelt, wurde zur „Wiederherstellung der durch den Weltkrieg betroffenen gewerblichen Eigentumsrechte" am 30. 6. 20 das Berner Abkommen getroffen. In dessen Art. 1 und 2 ist die Anmeldefrist des Unionsvertrags auf sechs Monate nach dem Inkrafttreten dieses Abkommens verlängert. Sowohl im Art. 308, als in dem soeben erwähnten Art. 2 des Berner Abkommens sind die inzwischen gutgläubig erworbenen Rechte Dritter vorbehalten. Über gutgläubig erworbene Benutzungsrechte im Sinne dieser Bestimmungen vgl. RG 114, 257ff. Diese Rechte gehen weiter als das Vorbenutzungsrecht nach § 5. Hauptsächlich: es ist nicht erforderlich, daß eine tatsächliche Benutzung oder Anstalten dazu bereits stattgefunden haben. Erwerb des Rechts dazu genügt. Natürlich kann das Recht auch nach § 5 erworben werden. Soweit inzwischen Patente an Dritte erteilt sind, bleiben diese Patente also bestehen. Auch die von derartigen Patentinhabern erteilten Lizenzen bleiben bestehen. Es können danach mehrere gleichlautende Patente in Kraft sein. Der Inhaber des inzwischen erteilten Patents kann gegen Verletzer vorgehen, soweit letztere nicht etwa eine Lizenz von dem Inhaber des zweiten Patents erlangt haben. Auch Anmeldungen von Deutschen, die vor der Anmeldung des Ausländers erfolgt sind, aber noch nicht zur Patenterteilung geführt hatten, gewähren ein Weiterbenutzungsrecht, und zwar nicht erst von der öffentlichen Bekanntmachung der Anmeldung des Deutschen an. Das ergibt sich aus dem englischen und französischen Wortlaut der Verträge. Das Patentamt hat einmal, wie Isay Komm S. 629 mitteilt, entgegengesetzt entschieden, weil der Anspruch auf Erteilung eines Patents lediglich eine Anwartschaft auf das Schutzrecht begründet. Nun mag es zwar nicht zutreffen, daß es im englischen Recht derartige Anwartschaften nicht gebe, vgl. das englische sog. inchoate right, aber die droits de propriété industrielle umfassen ohne Frage auch schon die Rechte aus der Erfindung, einerlei ob sie durch Patent geschützt sind oder nicht, Blatt 28 (1922), 62 Sp. 2; engl. Entsch.

Die Beziehungen zwischen Deutschland und Nordamerika sind durch die sog. Nolan act vom 3. 3. 21, Blatt 27 (1921), 97f, und das entsprechende deutsche Ges vom 6. 7. 21 (RGBl 828) und die Bekanntmachung vom gleichen Datum (RGBl 844) geregelt. Nach diesen Bestimmungen ist die Gegenseitigkeit verbürgt, wie in Nordamerika anerkannt ist, Blatt 28

(1922), 19. Die Prioritätsfrist ist auch hier erstreckt auf eine Periode von sechs Monaten von der Bewilligung der Nolan act an. Auch nach diesen Bestimmungen bleiben die gutgläubig erworbenen Rechte Dritter „in Patenten oder Patentanmeldungen" in Kraft (Nolan act, sec. 1). Der Ausdruck „Benutzen" in der Bekanntmachung vom 6. 7. 21 umfaßt auch Feilhalten, Inverkehrbringen, Gebrauchen, ebenso wie die Nolan act, Art. 3; MuW Jahrg. 26 S. 95, Anm.

Anm. 13. **Ausländische Rechte.** In England und Nordamerika kann als Prioritätsdatum nur das der ersten ausländischen Anmeldung gewählt werden (Fl. Moulton S. 260 Note und Michaelis S. 175). — In England wird, wie oben in A 2, die Anschauung befolgt, daß die Voranmeldung zur Zeit der Nachanmeldung noch in Kraft sein muß. Wenn „die Voranmeldung keine Kraft oder Wirkungen mehr hat und der Anmelder keine Rechte mehr aus ihr herleiten kann", dann bewirkt sie keine Priorität (Rep. of. Pat Cases Bd. 7 S. 69). In England kann weiter ein Einspruch gegen eine Patenterteilung nicht von einem anderen Anmelder derselben Erfindung erhoben werden, der später angemeldet hat, wenngleich er eine frühere Unionspriorität besitzt. So entschieden in dem Falle Blatt 14 (1908), 4ff. Es bestehen dann also auch in diesem Falle, wie nach A 12, zwei identische Patente nebeneinander. Jene Entscheidung gilt noch heute (Terrell, 7. Aufl. S. 200d). Eine Ausnahme ist in sect. 11 Abs. e in Verbindung mit sect. 26 vorgesehen. Vgl. auch Kühnast GewR 28 (1923), 90. Nach deutscher Auffassung widerspricht das dem Sinne des Unionsvertrags, ebenso nach französischer, GewR 13 (1908), 250. — In England ist es, wie bekannt, zulässig, zunächst eine vorläufige Patentbeschreibung (provisional specification) und erst später die vollständige (complete) Spezifikation einzureichen. Es hat in der deutschen Rechtsprechung zu Schwierigkeiten geführt, von welchen der beiden Arten von Beschreibungen das Datum der Voranmeldung zu berechnen ist. Es steht in der deutschen Rechtsprechung jetzt fest, daß grundsätzlich das Datum der vorläufigen Beschreibung maßgebend ist, Blatt 19 (1913), 36. Enthält die vollständige Beschreibung einen Überschuß, so gilt für diesen Überschuß das Datum der Einreichung der vollständigen Beschreibung, Lutter, GewR 17 (1912), 327. Das ist allgemein anerkannt, PA Blatt 19 (1913), 36. Früher wurden auch in dieser Richtung Zweifel erhoben, PA MuW Jahrg. 10 S. 290. Des weiteren wurde behauptet, daß die Entscheidung der englischen Gerichte, ob in der vollständigen Beschreibung ein Überschuß vorhanden sei oder nicht, für Deutschland bindend sei (Stern, Mitt 1911, 104). Auch das ist heute überholt; die deutschen Gerichte haben diese Frage selbständig zu entscheiden (MuW Jahrg. 10 S. 290 Abs 1; Lutter a. a. O. S. 329f). — Sowohl in England (Mitt 1904, 67), als auch in Nordamerika, Blatt 16 (1910), 136, ist anerkannt, daß die Anmeldung eines deutschen Gebrauchsmusters für englische und nordamerikanische Patentanmeldungen das Prioritätsrecht gewährt; ebenso zwischen Deutschland und Österreich, GewR 7 (1902), 339.

Anm. 14. Der Unionsvertrag enthält weiter u. a. folgende das Patentrecht angehende Bestimmungen.

Art 3 stellt den Angehörigen der Verbandsländer die Angehörigen der Nichtverbandsländer gleich, falls sie in einem Verbandslande einen Wohnsitz oder eine wirksame und ernstliche, gewerbliche oder handeltreibende Niederlassung haben. Damit ist der Grundsatz der Gleichberechtigung ausgesprochen. Die genannten Ausländer können also in Deutschland Nichtigkeitsklagen und Verletzungsklagen erheben. Inlandsvertreter müssen sie nach § 12 bestellen. Die Frage der Sicherheitsleistung bei Erhebung von Nichtigkeitsklagen ist immer noch zweifelhaft und durch den Unionsvertrag nicht geregelt.

Art. 4 bis stellt den Grundsatz der Unabhängigkeit der gewerblichen Schutzrechte auf. Die Patente sind voneinander unabhängig sowohl in Hinsicht auf die Gründe der Nichtigkeit und des Erlöschens, als auch in Hinsicht auf die normale Dauer.

Art. 5 bestimmt, daß die Einführung der im Inlande patentierten Artikel aus dem Auslande nicht den Verfall des Patents zur Folge hat. Zur Abstellung von Mißbräuchen bei der Ausübung der durch das Patent verliehenen Alleinberechtigung kann jedes Land die ihm nötig scheinenden gesetzlichen Maßregeln ergreifen. Zurücknahme des Patents aus diesem Grunde kann nur dann ausgesprochen werden, wenn die Bewilligung einer Zwangslizenz zur Abstellung des Mißbrauchs nicht genügt. Derartige Maßregeln können nur ergriffen werden, wenn das Patent drei Jahre von seiner Erteilung an bestanden hat, und wenn der Patentinhaber keine genügende Entschuldigung (für Nichtausführung der Erfindung) beibringt (vgl. RG 116, 2).

Art. 5 bis bewilligt gewisse Nachholungsfristen für Zahlung der Gebühren.

Nach Art. 11 soll ein Ausstellungsschutz für internationale Ausstellungen vorgesehen werden, wie in Deutschland seit langem geschehen ist, § 2 A 37.

§ 4

Das Patent hat die Wirkung, daß der Patentinhaber ausschließlich befugt ist, gewerbsmäßig den Gegenstand der Erfindung herzustellen, in Verkehr zu bringen, feilzuhalten oder zu gebrauchen. Ist das Patent für ein Verfahren erteilt, so erstreckt sich die Wirkung auch auf die durch das Verfahren unmittelbar hergestellten Erzeugnisse.

Inhalt.

Abschnitt I.
Die dem Patentinhaber vorbehaltenen Benutzungsarten.

Anm. 1. **Einleitung.** Die Erörterung des § 4 gliedert sich in vier Abschnitte. 1. Die Benutzungsarten einer patentierten Erfindung, A 1—9. 2. Die verletzenden Benutzungsarten einer patentierten Erfindung, A 10—23. 3. Der dem Patentinhaber gewährleistete Umfang des Patentschutzes, A 24—73. 4. Die Schutzmittel gegen Patentverletzungen A 74—85.

Grundlage der Vorschrift des § 4 ist, daß eine patentierte Erfindung nur von dem Patentberechtigten benutzt werden darf. Bei jeder Erfindung ist zu unterscheiden, welches Problem sie löst und durch welche Mittel sie die Lösung erreicht. Dies scharf hervorgehoben und im einzelnen durchgeführt zu haben, ist das große Verdienst des Amerikaners Robinson. Daraus folgt, daß nur derjenige eine Erfindung benutzt, wer dasselbe Problem durch dieselben Mittel löst. Problem, Zweck, Ziel einerseits und die Mittel andererseits müssen grundsätzlich dieselben sein. Nun sind aber, wie sich im dritten Abschnitt ergeben wird, hin und wieder nicht nur diejenigen technischen Zwecke und sehr häufig nicht nur diejenigen Mittel durch den Bereich des Patents geschützt, die in der Patenturkunde wortdeutlich angegeben sind. Die Frage, wieweit über den wortdeutlichen Ausdruck der Patenturkunde hinaus der Schutzbereich des Patents geht, ist im § 4 nicht geregelt. § 4 Satz 1 regelt vielmehr nur, welches die *Formen* der Benutzung sind, die den Patentberechtigten vorbehalten bleiben und von Dritten nicht ausgeführt werden dürfen.

Das Gesetz zählt vier Handlungen auf, die sich als *Benutzungen* des *Gegenstandes* einer Erfindung darstellen. Das Wort „*benutzen*" wird im § 4 nicht gebraucht, wohl aber in den §§ 35 und 36. Viel bemerkt ist die nicht scharfe Ausdrucksweise des Gesetzes: wenn es sich um ein Verfahren handelt, kann nicht von „Herstellen" desselben die Rede sein. Es liegt nur eine Unebenheit der Ausdrucksweise vor, die keine schädlichen Folgen nach sich zieht. Was *Gegenstand* der Erfindung ist, ist bereits in der Einleitung A 8 erörtert. Es besteht darüber ein alter Streit (Schanze, Industrierechtl. Abh. I S. 280f), der sich nicht schlichten läßt, weil es sich dabei um eine Sache der Nomenklatur handelt. Für das Verständnis des § 4 genügt der Hinweis, daß bei Sachpatenten die dem Patente entsprechende Sache, bei Verfahrenspatenten die vom Patent gegebene Verfahrensregel gemeint ist. Das Nähere ist bei der Erörterung der einzelnen Benutzungsformen angeführt. Eine Erfindung kann mehrere Gegenstände haben, z. B. das Verfahren, das Arbeitsmittel, das Erzeugnis, die, wenn sie sämtlich neu sind, nebeneinander patentiert werden können. Von manchen Seiten wird angenommen, daß die Aufzählung insofern nicht vollzählig sei, als es auch eine mittelbare Benutzung einer Erfindung gebe, etwa wenn bei Verfahrenspatenten Stoffe oder Vorrichtungen zur Ausführung des Verfahrens einem Unberechtigten zu patentwidrigen Zwecken geliefert würden; hierüber vgl. unten A 19.

Seit einiger Zeit sind Bestrebungen hervorgetreten, bei einer Neufassung des § 4 die Aufzählung der vier Benutzungsarten zu beseitigen und jegliche Nutzung oder Ausnutzung der patentierten Erfindung zu verbieten, vgl. GewR 32 (1927), 511f. Der zur Zeit vorliegende neue Gesetzesentwurf hat diesen Bestrebungen keine Folge gegeben — nach der in diesem Kommentar vertretenen Auffassung mit Recht.

Die erste im § 4 genannte Benutzungsart ist die **Herstellung** des Erfindungsgegenstandes. **Anm. 2.** Es ist schon in A 1 erwähnt, daß von Herstellung nur bei Erzeugnissen, Arbeitsmitteln usw., nicht bei Verfahren gesprochen werden kann. Der Begriff der Herstellung bedarf an sich keiner Erläuterung. Er umfaßt die ganze Herstellungstätigkeit von ihrem Beginne an, nicht nur die schließliche Fertigstellung, die dem Ganzen die Vollendung gibt, RG Blatt 3 (1897), 229f; RGStr Blatt 12 (1906), 166 (mit ungenauer Überschrift). — Herstellung einer Vorrichtung verletzt auch dann, wenn die Vorrichtung dem Besteller erst nach Erlöschen des Patents geliefert werden soll. Abschluß eines Vertrags während der Patentdauer über eine Vorrichtung, die erst nach Erlöschen des Patents hergestellt und geliefert werden soll, verletzt nicht (RG 93, 174).

a) Benutzung kann unter Umständen schon vorliegen, wenn der Erfindungsgegenstand teilweise hergestellt wird. Vorbereitungshandlungen sind noch keine Benutzung durch Herstellung, so die Anfertigung von Skizzen, Werkstattzeichnungen, Modellen, Gußformen, der zur Herstellung nötigen Apparaturen usw., PA Blatt 6 (1900), 230f. Ist der Erfindungsgegenstand halb hergestellt, ohne daß der hergestellte Teil einen wirtschaftlichen Wert hat, und dann die weitere Herstellung aufgegeben, so liegt keine Benutzung der Erfindung vor, weil deren technischer oder wirtschaftlicher Erfolg auch nicht teilweise erzielt ist (RG JndR 1913, 170). Wird dagegen der hergestellte Teil des Erfindungsgegenstandes innerhalb einer anderen Konstruktion verwertet, so kann Benutzung der Erfindung gegeben sein, RGStr Blatt 5 (1899), 127. Wird ein einzelnes Element einer geschützten Kombination hergestellt, so liegt Benutzung der geschützten Erfindung dann vor, wenn das Element sog. Teilschutz genoß, d. h. erfinderisch neu war (vgl. § 4 A 62).

Eine erhebliche Rolle spielt die Anfertigung sogenannter neutraler Teile eines geschützten Gegenstandes. Es handelt sich hier um die Fälle, in denen das Hergestellte einen wirklichen Teil des geschützten Gegenstandes ausmacht, Gegensatz unten b. Neutrale Teile sind solche Teile, die nicht selbst geschützt sind und die zwar für den geschützten Gegenstand, aber auch für ungeschützte Gegenstände Verwendung finden können. Grundlegend war für lange Zeit das Urteil RG 40, 78 geworden. Die Herstellung wirklich neutraler Teile enthält keine Benutzung der Erfindung. Benutzung liegt nur dann vor, wenn das Hergestellte seiner objektiven Beschaffenheit nach für den Erfindungsgegenstand bestimmt, also etwa den Einrichtungen und Maßen desselben angepaßt ist und nicht ebensowohl für andere Gegenstände oder Zwecke verwendet werden kann. Der objektive Befund entscheidet, nicht die subjektive Absicht des Herstellers über die Verwendung des Hergestellten, so mit aller Schärfe unter Zurückweisung jeglicher Relevanz der Absicht des Herstellers, RG JndR Jahrg. 9 S. 134; ebenso RG Mitt 1913, 81, auch Mitt 1909, 63 Sp. 1. (In dem alten Urteile RG 22, 165 war Wert auf die Absicht des Herstellers gelegt, S. 167 unten, 168, doch war die Sachlage so, daß das Hergestellte der patentierten Vorrichtung angepaßt war, Tatbestand S. 166.) Neuerdings hat man jedoch an dem Erfordernis, daß es stets auf den objektiven Befund anzukommen habe, nicht mehr so streng festgehalten, hat vielmehr auch der subjektiven Seite erhöhte Bedeutung beigemessen (RG 111, 352f); ebenso auch Kohler, GewR 17 (1912), 34. Auch die nordamerikanische Praxis (**Walker**, Patentrecht, 5. Aufl. § 407, Macomber §§ 476ff), die die hier behandelten Tatbestände unter der Kategorie der Beihilfe zur Patentverletzung (contributory infringement) betrachtet, legt großes Gewicht auf die Absicht, weniger Gewicht dagegen auf die anderweite Verwendungsmöglichkeit des Hergestellten. „Die Beklagte hatte ein gesetzliches Recht, vorbekannte Teile des patentierten Mechanismus herzustellen und zu verkaufen, vorausgesetzt jedoch, daß sie das nicht zu dem Zwecke tat, etwaige Verletzungspläne der Käufer zu fördern" (Fed. Rep. Bd. 141 S. 73). Mit Recht wird andererseits immer betont, daß die Herstellung von Teilen dann keine Verletzung enthält, wenn sie nur dazu dienen sollten, eine erlaubte Reparatur des patentierten Mechanismus vorzunehmen (Fed. Rep. Bd. 77 S. 739). — Die neuere deutsche (wie die amerikanische) Praxis neigt also dazu, Beihilfe zur Verletzung anzunehmen, wenn der Hersteller oder Lieferer von neutralen Teilen die Absicht hatte, daß die Teile zu patentwidrigen Zwecken benutzt werden sollten und wenn sie dazu benutzt sind; in solchen Fällen ist es gleichgültig, ob sie an sich auch zur Benutzung zu anderen Zwecken geeignet waren. Aber es muß auch noch irgendein objektiver Tatbestand vorliegen dahingehend, daß die gelieferten Teile den patentwidrigen Zwecken irgendwie angepaßt, für sie objektiv bestimmt waren; man kann nicht den Lieferer von Schrauben, Nieten usw. haftbar machen, wenn er wußte, daß der Käufer sie für die Herstellung einer patentverletzenden Maschine verwenden wollte.

Dies letztere Moment ist von Ermessen im Einzelfall abhängig; mit Recht hat deshalb der Entwurf zur Abänderung des Patentgesetzes vom 4. 2. 1928 davon abgesehen, über die Herstellung von neutralen Teilen gesetzliche Bestimmungen vorzuschlagen.

In dem Urt JW 1926, 368 Ziff 2 ist die Anfertigung (nicht von Teilen, sondern) von Zubehör, Laufkatzen (Wagen) für eine patentierte Vorrichtung zur Kohlenförderung als teilweise Herstellung des Erfindungsgegenstandes angesehen; die Laufkatzen sind als „Teil" der Anlage bezeichnet, Verletzung ist bejaht.

Für Näheres über vorstehende Fragen vgl. analog § 4 A 18.

b) Eine Erfindung wird nicht benutzt, wenn ein Gegenstand hergestellt wird, der nicht einen Teil des Erfindungsgegenstandes bildet, sondern an dem der letztere angebracht werden soll, mag auch der Gegenstand der patentierten Vorrichtung angepaßt sein und mag auch der Patentinhaber das eine nicht ohne das andere verkaufen (vgl. auch unten A 15 a. E.). 57524 schützte einen selbständig eintretenden luftdichten Verschluß an Flaschen, in denen eine Flüssigkeit durch Erhitzung sterilisiert werden soll (Soxleth-Flaschen für Kindermilch). Die Herstellung der Flaschen mit abgeschliffenem Rande zur Auflegung der luftdicht schließenden Gummiplatte enthält keine Benutzung der Erfindung des Verschlusses (RG 32, 53; RGStr 26, 377). Anders natürlich, wenn der Gegenstand Teil der Kombination der patentierten Erfindung ist (vgl. vorstehend a). — Die angeführten Entscheidungen sind trotz Isay (§ 4 A 27) gerechtfertigt, denn es kann nicht im Belieben des Patentinhabers stehen, den ihm erteilten Schutz dadurch auszudehnen, daß er den geschützten Gegenstand nur in Verbindung mit einem anderen Gegenstande, für den jener bestimmt ist, verkauft.

c) Bei manchen Sachpatenten, bei denen die Herstellung des Erfindungsgegenstandes unbekannt ist, muß wenigstens eine einzelne Herstellungsart im Patente aufgezeigt werden, sonst würde es der Erfindung an „Ausführbarkeit" fehlen. Die Sacherfindung wird aber auch dann benutzt, wenn jemand den Erfindungsgegenstand in einem anderen Verfahren herstellt (Bolze Bd. 2 Nr. 328).

d) Oben ist erwähnt, daß die Kategorie der Herstellung auf Verfahrenserfindungen keine Anwendung findet. Durch das Verfahrenspatent werden aber auch die in dem Verfahren unmittelbar hergestellten Erzeugnisse mit dinglicher Wirkung geschützt. Deren Herstellung in dem geschützten Verfahren ist also eine Patentverletzung, weil das Verfahren benutzt ist.

e) Über Herstellung eines geschützten Gegenstandes zur Probe oder als Experiment vgl. unten A 7.

Anm. 3. **In Verkehr bringen.** Man hat gesagt, die vier Benutzungsarten des § 4 schilderten den Lebenslauf eines Erfindungsgegenstandes. Er wird hergestellt, er wird feilgeboten und in den Verkehr gebracht, er wird vom Käufer gebraucht. Hier handelt es sich um die zweite Stufe, und zwar stellt das Gesetz die Übergabe in den Verkehr voran vor dem Feilbieten.

a) Die Übergabe eines körperlichen Gegenstandes in den Verkehr. Man definiert, Übergabe in den Verkehr liege vor, wenn einem anderen die Verfügungsgewalt über den Gegenstand verschafft werde, RGStr im Blatt 12 (1906), 168. Mit Recht weisen Damme-Lutter, 3. Aufl., S. 474 darauf hin, daß diese Definition nicht auf alle Fälle paßt: ein Automat, der ortsfest auf öffentlicher Straße aufgestellt wird, wird dadurch in den Verkehr gebracht. Übergabe in den Verkehr kann also auch schon durch Freistellung zur Benutzung erfolgen. Ist somit nicht einmal stets die Übergabe an einen anderen erforderlich, so ist noch viel weniger erforderlich, daß das Eigentum übertragen wird; Miete, Leihe genügen; auch Verpfänden mit Übergabe, jedenfalls Verpfänden zur Nutzung, § 1213 BGB, Blatt 18 (1912), 219. Wer seinem Boten einen Gegenstand zur Ablieferung an einen Dritten übergibt, hat, wenn die Ablieferung nicht erfolgt, den Gegenstand noch nicht in Verkehr gebracht (RGStr 14, 35). Übergabe der vermieteten Sache an den Mieter bringt in Verkehr. Wenn der Eigentümer in seinem vermieteten Hause patentierte Gardinenhaken anbringt, bringt er diese in Verkehr (JW 1911, 250). Nur wer veräußert, bringt in Verkehr, nicht wer erwirbt. Übergabe an eine einzige Person genügt, auch wenn Rückgabe vereinbart ist, RGStr Blatt 21 (1915), 192; anders JW 1904, 127. Auch Übergabe auf Grund eines auflösend bedingten Kaufvertrages genügt, Blatt 21 (1915), 192. Die Entscheidung RGStr 36, 424 auf Grund des Gesetzes vom 19. 5. 91 wird auf das Patentrecht nicht anzuwenden sein. Wird einem Gläubiger das Eigentum an einer Maschine zur Sicherheit übertragen und leiht er sie gleichzeitig dem Schuldner zur Benutzung, so daß sie beim Schuldner verbleibt, so hat der Gläubiger sie nicht in Verkehr gebracht, Cohn, IndR Jahrg. 10 (1915), 1. Ebenfalls noch nicht in Verkehr gebracht hat, wer von einer patentierten Maschine rechtswidrig Zeichnungen entnimmt und mit Fabriken erfolglose Verhandlungen über Nachbau der Maschine anknüpft (RGStr 11, 242). Daß durch Anpreisungen, Angebote in Zeitungen oder in Katalogen usw. die Ware nicht in Verkehr gebracht wird, darüber herrscht Einverständnis; es kann aber darin Feilhalten liegen (A 6). Streitig ist, ob das gleiche für obligatorische Veräußerungsverträge ohne körperliche Übergabe gilt. Das Urteil IndR Jahrg. 1909 S. 211 (RGStr) verlangt die gegenwärtige Möglichkeit des Erwerbers, über die Sache zu verfügen. A. M. Kohler, Handbuch, S. 447 und andere. Überwiegend wird angenommen, daß die Sache in allen Fällen schon vorhanden, schon angefertigt sein muß (RGStr 11, 242); anscheinend abweichend RGStr im Blatt 12 (1906), 166. Übertragung des Eigentums an den Nießbraucher, des vollen Eigentums an einen bisherigen Miteigentümer bringt nicht in Verkehr. — Werden Muster einer in Deutschland patentierten Ware (Schieferplatten) in Deutschland Kaufreflektanten vorgezeigt, um einen Verkauf der im Auslande befindlichen Ware nach dem Auslande zu vermitteln, so ist die Ware (das Muster) — durch das Einführen des Musters oder durch das Vorzeigen? — in Deutschland in den Verkehr gebracht (RG 77, 248). Anders das OLG Hamburg: die Muster würden weder gebraucht, noch in den Güterumlauf versetzt, IndR Jahrg. 5 S. 260. Die richtige Entscheidung ist nicht unzweifelhaft; werden nicht Muster einer Ware, sondern Modelle oder Zeichnungen einer Vorrichtung vorgelegt, so wäre die Vorrichtung jedenfalls in Deutschland nicht in den Verkehr gebracht. Ist eine Ware bereits durch den Verkauf eines Unberechtigten in den Verkehr gebracht, so liegt Verletzung vor, wenn der Käufer sie weiter verkauft; das ist ein neuer Benutzungsakt, der wiederum eine Patentverletzung enthalten kann, Robolski, Theorie und Praxis, S. 205. Ist dagegen die Ware von einem Berechtigten, dem Patentinhaber, dem Lizenznehmer, einmal in den Verkehr gebracht, so befindet sie sich im freien Verkehr, und zwar auch dann, wenn jener die Erlaubnis zur Weiterveräußerung an Bedingungen geknüpft hatte, die nicht eingehalten werden (vgl. hierüber eingehend § 6 A 26f). Ob die Übergabe im eigenen oder im fremden Namen, für eigene oder fremde Rechnung erfolgt, ist überall gleichgültig; auch der Einkaufskommissionär, der die Ware seinem Auftraggeber übersendet, bringt sie in Verkehr (RG 45, 149).

Es fragt sich, wann Sachen, die sich im Auslande befinden, in den inländischen Verkehr gebracht werden. Das Beispiel der Vorzeigung von Mustern ist bereits erwähnt. Die Rechtsprechung hat weiter folgende Grundsätze entwickelt. Schickt jemand eine (in Deutschland patentierte) Maschine von Wien mit der Bahn an einen Besteller in Deutz, so hat er sie in Deutschland in Verkehr gebracht (Gareis, Bd. 6 S. 157). Ware, die aus Holland nach Hamburg geschickt, hier vom Eigentümer auf Lager genommen, umgepackt und nach dem Auslande verkauft wird, ist in Deutschland feilgeboten und in Verkehr gebracht (RGStr 10, 349). Ebenso, wenn die Ware im Hamburger Freihafengebiet zu Lager genommen ist (RGStr 21, 205); als Grund wird angegeben, die Ware sei in Deutschland in Bewegung gesetzt und transportiert worden. In all diesen Fällen hat die Verfügungsgewalt rechtlich oder wirtschaftlich gewechselt. Aber auch wenn dies nicht vorliegt, kann die Ware in Verkehr gebracht sein. Ware, die von einem Hamburger für Rechnung einer überseeischen Firma als deren Kommissionär oder für eigene Rechnung in Italien gekauft, von Italien nach Hamburg geschickt und von dort unverzollt in Originalverpackung mit nächstem Dampfer nach Übersee versandt ist, ist in den deutschen Verkehr gebracht (RG 45, 147). Schließlich: Ware wird von Basel an einen Spediteur in einer deutschen Stadt als Zollgut transit durch Deutschland zum Weiterversand nach Rußland geschickt; weil der Spediteur die Verfügung über die Ware erlangt hatte, ist sie in den deutschen Verkehr gebracht, RGStr im Blatt 21 (1915), 230. Nur wenn die Ware reines Transitgut ist, also auf durchgehenden Frachtbrief wieder ins Ausland geht, hat nach der herrschenden, wenn auch nicht unbestrittenen Meinung eine Übergabe in den deutschen Verkehr nicht stattgefunden. Aus dem Vorgetragenen folgt, daß Ware, die im Auslande hergestellt ist, deren Herstellung also ein deutsches Patent nicht verletzen kann, dennoch durch ihre Veräußerung im Inlande eine Patentverletzung herbeiführt (RGStr 10, 349).

Dieser Kommentar vermag nicht anzuerkennen, daß diese Rechtsprechung in allen Teilen glücklich ist. Offenbar schwankt sie, ob schon die reine Speditionsbewegung in Deutschland verletzt, oder ob erforderlich ist, daß die Verfügungsgewalt vorübergehend an einen Inländer übertragen wird. Die Einstellung erscheint zum Teil formell. Wird Ware, die sich im Ausland befindet, in Deutschland an der Hand eines Ausfallmusters veräußert, so liegt Verletzung vor. Wird dagegen eine im Auslande befindliche Maschine an der Hand eines kleinen Modelles oder einer Zeichnung veräußert, so ist das Gegenteil der Fall. Wird eine Maschine von der Schweiz nach Rußland auf durchgehenden Frachtbrief durch Deutschland befördert, so ist sie in Deutschland nicht in den Verkehr gebracht. Stellt die ausländische Versandstation einen durchgehenden Frachtbrief nicht aus und muß sie deshalb an einen deutschen Spediteur gesandt werden, so ist sie in den deutschen Verkehr gebracht, obgleich der Spediteur nichts anderes zu tun hat, als daß er einen neuen Frachtbrief ausschreibt. Die Entscheidungen sind also von Zufälligkeiten formaler Natur abhängig. Die Rechtsprechung läßt sich von dem Gesichtspunkte leiten, daß die Rechte des deutschen Patentinhabers in möglichst umfassendem Maße zu schützen sind. Das wird berechtigt sein, es kommen daneben aber auch weitere Interessen in Betracht. Jedes Land hat ein starkes Interesse, möglichst großen Transitverkehr an sich zu ziehen. Welche österreichische Fabrik wird ihre Waren in einem deutschen Seehafen verladen, welche Schweizer Anm. 4.

Maschinenfabrik ihre nach Polen oder Rußland bestimmten Maschinen durch Deutschland schicken, wenn sie sich der Gefahr aussetzt, daß der reine Durchtransport eine Patentverletzung enthalten kann, trotzdem z. B. die Exportware in verlöteten Kisten verpackt ist, die ein Öffnen nicht zulassen. Es könnte sich danach fragen, ob nicht bloßer Speditions- und Frachtverkehr freizugeben ist, während allerdings Verbraucher- und Handelsverkehr zweifellos unter das Gesetz fallen; ähnlich Stern-Oppenheimer, § 4 A 62; vgl. auch unten § 6 A 27.

Anm. 5. b) Ein **Verfahren wird in den Verkehr gebracht,** wenn das Rezept, die Verfahrensvorschrift veräußert wird. So die ständige Rechtsprechung des RG seit dem grundlegenden Urteil 46, 14; vgl. auch RGStr 37, 110; MuW Jahrg. 23 S. 50: Jedenfalls wird es dann in den Verkehr gebracht, wenn gleichzeitig das zu bearbeitende Material verkauft wird. — Gewöhnlich wird hinzugesetzt, die Veräußerung müsse gegen Entgelt erfolgen, so schon RG JW 1898, 439. Das wird nicht genau den springenden Punkt treffen. Natürlich bringt der das Verfahren nicht im Sinne des Gesetzes in Verkehr, der die Verfahrensvorschrift einem anderen beliebig, etwa unterhaltungsweise oder zur Kenntnisnahme mitteilt. Vielmehr muß irgendeine Beziehung dazu stattfinden, daß der andere das Verfahren ausführen kann, soll oder darf. Es genügt also z. B., wenn die Mitteilung aus irgendwelchen gewerblichen Rücksichten oder aus Erwerbsrücksichten erfolgt, JW 1903, 248 Ziff. 32; Blatt 9 (1903), 229 Sp. 2. Im übrigen genügt jede Art der Veräußerung, auch eine Lizenzerteilung (Gareis, Bd. 9 S. 214; RGStr 37, 110). — RG 75, 131 ist gesagt, ein Verfahren werde auch schon dadurch in Verkehr gebracht, daß es öffentlich zur Lizenzerteilung ausgeboten werde; das mag zweifelhaft sein, es wird richtiger nur Feilhalten angenommen werden müssen. Der Inhaber eines Verfahrenspatentes kann nicht verbieten, daß über die Herstellung von Erzeugnissen, die im Auslande nach dem geschützten Verfahren hergestellt werden sollen, im Inlande Verträge geschlossen werden. Dadurch wird das Verfahren im Inlande nicht in den Verkehr gebracht (Bolze Bd. 15 Nr. 109). Ebensowenig dadurch, daß ein inländischer Fabrikant es unternimmt, nicht verletzende, neutrale Teile im Inlande auf Bestellung anzufertigen und sie im Auslande durch einen dorthin geschickten Monteur in einer Weise bearbeiten zu lassen, die nicht im Auslande, wohl aber im Inlande geschützt ist (RG 75, 128). (Über den Begriff der neutralen Teile vgl. A 2.) Von einer teilweisen Anfertigung eines im Inlande geschützten, im Auslande fertigzustellenden Werkes, wie im Falle JW 1926, 368, Ziff. 2 ist dieser Fall in gewisser Weise allerdings unterschieden; einerseits teilweise Herstellung einer geschützten Vorrichtung, andererseits vorbereitende Herstellung einer Walze, die im Auslande entgegen einem deutschen Patente bearbeitet werden soll. Ob diese subtile Unterscheidung die entgegengesetzten Beurteilungen rechtfertigt, oder ob das Urteil Bd. 75 dadurch zu erklären ist, daß man früher hinsichtlich der Herstellung völlig neutraler Teile im Inlande eine liberalere Auffassung gelten ließ, mag dahingestellt bleiben. — In manchen Industrieländern ist die Herstellung neutraler Teile nicht verboten, z. B. nicht in England; nur wer die neutralen Teile zu dem geschützten Werk zusammenfügt, begeht eine Verletzung, und wer die Zusammenfügung im Auslande vornimmt, macht sich deshalb nicht der Verletzung eines englischen Patents schuldig, so daß auch Beihilfe des Inländers nicht in Frage kommt. Über Verkauf von Rezepten ins Ausland vgl. RG 46, 17.

Ein Verfahren wird nicht durch den bloßen Verkauf eines zu seiner Ausführung nötigen Stoffes in Verkehr gebracht (RG 101, 135). So bisher die ständige Rechtsprechung. Neuerdings abweichend RG Blatt 33 (1927), 153: 216 802 schützt Schuhkappen mit Verstärkungseinlage, dad. gek., daß letztere aus Steifleinen . . . besteht. Das Reichsgericht hat dies Sachpatent als ein Verfahrenspatent ausgelegt und angenommen, daß das Verfahren dadurch benutzt sei, daß eine Fabrik derartiges Steifleinen hergestellt und an Schuhfabriken zur Anfertigung von Schuhkappen verkauft hat. Der Fall liegt also so, daß der Lieferer nicht nur verkauft, sondern auch selbst hergestellt hat. Man wird nicht annehmen dürfen, daß damit die bisher einhellige Rechtsprechung (Lieferung von Material ist keine Benutzung des Verfahrens) grundsätzlich aufgegeben werden sollte. Auch die Lieferung einer zur Ausführung des Verfahrens nötigen Vorrichtung oder Maschine enthält nicht eine Benutzung des Verfahrens (RG 65, 157; 33, 152). Wohl aber kann darin eine Beihilfe zu einer Patentverletzung des Käufers unter Umständen erblickt werden (vgl. hierzu eingehender § 4, A 18). Hat jemand eine Vorrichtung veräußert, mit der zwar nach dem patentierten Verfahren, aber ebensowohl auch nach einem anderen Verfahren gearbeitet werden kann, so hat er damit das patentierte Verfahren erst recht nicht in den Verkehr gebracht (Gareis, Bd. 13 S. 64). RG 80, 17 ist angenommen, daß ein Ausländer seine Erfindung in Deutschland in Benutzung genommen hat, indem er die von ihm nach seinem Verfahren im Ausland hergestellten Waren in Deutschland verkauft hat. Daraufhin ist ihm ein Vorbenutzungsrecht auf Einführung und Verkauf der Waren in Deutschland nach § 5 gegenüber einem späteren gleichen deutschen Herstellungspatente zugebilligt. Ob das für § 5 zutrifft, ist hier nicht zu erörtern (vgl. § 5 A 4 Ziff. 2). Im Sinne des § 4 ist jedenfalls das Herstellungsverfahren selbst nicht in Verkehr gebracht, wenn dessen Erzeugnisse verkauft werden. Allerdings sind aber nach § 4 die unmittelbaren Erzeugnisse des Verfahrens mit geschützt. Dieser Schutz wird durch deren Verkauf verletzt, auch wenn die Erzeugnisse im Auslande hergestellt sind. Darin liegt aber noch nicht eine Benutzung des Verfahrens; diese Unterscheidung ist nach § 2 von Wichtigkeit, wenn das Verfahren nach Verkauf seiner Erzeugnisse zum Patent angemeldet wird, und es sich dann darum handelt, ob das Herstellungsverfahren durch vorherigen Verkauf der Erzeugnisse (offenkundig) vorbenutzt war, was für die Regel zu verneinen ist (§ 2, A 36, Ziff. 8).

Zu bemerken ist, daß das Patentamt, ebenso wie einige Schriftsteller auf einem grundsätzlich anderen Standpunkte stehen. Nach ihrer Meinung soll durch Veräußerung der Verfahrensvorschrift dem Erwerber nur die Möglichkeit verschafft werden, das Verfahren zu benutzen; eine Übergabe des Verfahrens in den Verkehr soll darin noch nicht erblickt werden können (vgl. Mitt 1919, 85). Allein wer ein Verfahren durch Veräußerung oder Lizenzerteilung ausnutzt, von dem muß man sagen, daß er es dadurch benutzt hat; nach der ratio legis des § 4 soll dem Unberechtigten die Veräußerung und die Lizenzerteilung untersagt sein.

In letzter Zeit sind, wie bereits erwähnt, Bestrebungen hervorgetreten, die Lieferung von Material und Vorrichtungen als Benutzung des Verfahrens anzusehen und sie, wenn sie zur Ausführung eines einem Dritten patentierten Verfahrens erfolgt, zu einem delictum sui generis zu stempeln. Der neue Gesetzentwurf von 1928 hat es abgelehnt, eine dahingehende Bestimmung aufzunehmen.

Unter **Feilhalten** wird verstanden, Waren in der Weise ausbieten und bereit halten, daß Reflektanten Gebote auf Überlassung (Kauf, Miete, Leihe) darauf abgeben können. Das Ausbieten kann durch Zirkulare, Zeitungsanzeigen, schriftliche Angebote, Ausstellen, Vorführung erfolgen. Auch hier nimmt die herrschende Meinung an, daß die Ware bereits vorhanden, bereits angefertigt sein muß (RG 93, 174; RGStr 11, 242). Diese Meinung wird vielfach angegriffen, vielleicht nicht ohne Recht (vgl. auch IndR Jahrg. 1915 S. 172, RG.). Ein Verfahren kann gleichfalls feilgehalten werden, namentlich durch Ausbieten zum Verkauf und zur Lizenzerteilung (RG 75, 131; RG in SeuffArch 54, 48). Feilhalten eines Gegenstandes ist vom Patentamt für den Fall geleugnet, daß das den Gegenstand schützende Patent oder Gebrauchsmuster zum Erwerb angeboten wird, der Gegenstand aber noch nicht angefertigt ist, Blatt 22 (1916), 75. In der Ausstellung von Gegenständen liegt ein Feilhalten, wenn sie zu Verkaufszwecken erfolgt, dagegen nicht, wenn sie zu wissenschaftlichen Zwecken, Lehrzwecken ohne erkennbares Verkaufsangebot erfolgt (vgl. Gareis Bd. 3 S. 135 f.). Im Feilhalten von Apparaten zur Ausführung eines Verfahrens liegt nicht Feilhalten des Verfahrens, Analogie von RG 65, 157; 33, 152; a. M.: RG MuW Jahrg. 15 S. 366. Wer in seinem Laden einen Ofen zum eigenen Gebrauch aufstellt, hält ihn nicht feil, auch wenn er in dem Laden andere Öfen verkauft (Gareis Bd. 6 S. 151). Streitig ist, ob derjenige ein deutsches Patent verletzt, der von Deutschland aus Waren der patentierten Art feilhält, die sich im Auslande befinden oder im Auslande angefertigt werden sollen. Die Frage wird bejaht von Isay, Komm. § 4 A 39, vgl. auch Fischer, MuW Jahrg. 25 S. 286 Sp. 2. Sie wird verneint von der herrschenden Meinung, RG 93, 172 ff. Die verneinende Meinung steht im Einklang mit dem anerkannten Grundsatze, daß inländische Verträge über ausländische Waren ein inländisches Patent nicht verletzen (A 22 f.). — Feilhalten von Verfahren kann auch erfolgen, indem man Lizenzen ausbietet (JW 1898, 439) oder indem man die Verfahrensvorschrift ausbietet. Anm. 6.

Gebrauchen heißt einen Gegenstand oder einen Stoff bestimmungsgemäß verwenden (nicht ihn vernichten oder derelinquieren), ein Arbeitsmittel arbeiten lassen, ein Verfahren ausführen. Wenn die Erfindung sich gerade darauf richtet, eine Sache oder ein Verfahren zu einem bestimmten Zwecke zu verwenden (Anwendungspatente und ähnliches), so wird die Erfindung nicht gebraucht, wenn man die Sache oder das Verfahren zu einem anderen Zwecke verwendet. Gebrauch liegt nicht nicht vor, wenn man eine Vorrichtung zur Schau stellt, wenn man sie zu Lehrzwecken oder wissenschaftlichen Zwecken vorführt, auch nicht, wenn man eine Maschine im Leerlauf gehen läßt, z. B. wenn man eine Häckselmaschine Papier schneiden läßt; es muß bestimmungsgemäßer Gebrauch stattfinden. Auch solche Waren werden im Sinne des Gesetzes gebraucht, die durch den Gebrauch verbraucht, vernichtet werden, Explosionsstoffe, Düngemittel usw. Versuchsweiser Gebrauch ist der Regel nach wirklicher Gebrauch. Wird ein technisches Verfahren in einer Fabrik im großen nachgearbeitet, um zu sehen, ob es die gewünschten Erfolge zeitigt, ob es rentabel arbeitet, ob die Erzeugnisse für die Zwecke der Fabrik brauchbar sind, so ist das Verfahren gebraucht (RGStr 27, 91). Anders ist die Sache anzusehen, wenn das Nacharbeiten im kleinen, im Laboratorium geschieht; dadurch wird die Erfindung nicht ausgenutzt; wollte man hier verbotenen Gebrauch annehmen, so würden der Industrie unnötig Fesseln angelegt. Aus einem englischen Urteil: Patente werden nicht erteilt, um intelligente Personen zu verhindern, ihre Talente in anständiger Weise auszuüben, z. B. um ein Verfahren zu verbessern. Anm. 7.

Wird ein patentierter Gegenstand in einer neuen Weise gebraucht, so kann diese Gebrauchsweise erfinderisch sein und patentiert werden (§ 1 A 89 ff). Sie darf dann von dem Inhaber des Patents auf den Gegenstand nicht ausgeführt werden und ist von diesem Patente abhängig.

Ist ein bestimmter Gebrauch eines Gegenstandes patentiert (Übertragungs- oder Anwendungspatent), so fällt ein andersartiger, deutlich unterschiedener Gebrauch nicht in den Schutzbereich eines Patents (§ 4 A 48).

Ein Verfahren wird, wie erwähnt, dadurch gebraucht, daß es ausgeführt wird. Streitig ist neuerdings geworden, ob es einen Verbrauch des Verfahrens enthält, wenn man Rohstoffe oder Vorrichtungen zur Ausführung des Verfahrens liefert. Über diese Frage vgl. § 4 A 19.

Anm. 8. Die in den vorstehenden Anmerkungen erörterten Benutzungsarten einer Erfindung sind nach dem Gesetze der Patentinhaber vorbehalten. Wird eine derartige Benutzung von einem Dritten vorgenommen, so stellt das nach dem Gesetze objektiv eine Verletzung des Patents dar, wenn die **Benutzung gewerbsmäßig erfolgt** ist. Der Gedanke liegt nahe, daß diese Gewerbsmäßigkeit nur dann gegeben sei, wenn die Benutzung als Gewerbe oder wenigstens in einem Gewerbebetriebe erfolgt; so der allgemeine Sprachgebrauch, auch viele Gesetze, vor allem die Gewerbeordnung. Die Rechtsprechung hat aber den patentrechtlichen Begriff der Gewerbsmäßigkeit nach § 4 weiter ausgedehnt; er umfaßt alles, was nicht zu rein privaten Zwecken geschieht, RG Blatt 3 (1897), 150; es ist also nicht nötig, daß ein auf Gewinn bedachter Gewerbebetrieb vorliegt. Deshalb verletzt der Staat, wenn er patentwidrige Vorrichtungen beim Bau eigener Kriegsschiffe, Heeresausrüstungen usw. verwendet. Er verletzt auch, wenn er geschützte Vorrichtungen in seinen Schreibstuben gebrauchen läßt, ebenso Kommunen, öffentliche Körperschaften usw. Eine Kirchengemeinde verletzt das Patent, wenn sie patentwidrig hergestellte Kirchenglocken in ihrer Kirche aufhängen und läuten läßt (RG 66, 164). Verletzungsfrei ist im wesentlichen nur der persönliche Gebrauch patentwidrig hergestellter Gegenstände oder Verfahren, so etwa der Kauf eines patentwidrigen Füllfederhalters zum persönlichen Bedarf und die Verwendung im privaten Haushalt. Verletzend ist dagegen der Gebrauch im Beruf, auch in freien Berufen, wenn sich der berufliche Gebrauch genügend sicher vom privaten Gebrauch unterscheiden läßt (einerseits ein Thermometer des Arztes, das nur beruflich gebraucht wird, andererseits Schreibzeug des Schriftstellers, das sowohl zum beruflichen, als zum privaten Gebrauch benutzt wird). Daß alles, was im Handelsgewerbe benutzt wird, gewerbsmäßige Benutzung enthält, ist ohnehin klar, ebenso, was der Hauseigentümer in seinen vermieteten Wohnungen verwendet, etwa Gardinenhalter (JW 1911, 250), auch was nur zur mittelbaren Förderung des Gewerbes dient, Beleuchtungskörper im Laden und Kontor. Gewinnabsicht ist nicht erforderlich. Wiederholungsabsicht ist gleichgültig (die Hausfrau, die mehrfach patentwidrige Staubsauger, Gaskocher usw. kauft und benutzt, verletzt nicht). Gewerbsmäßigkeit kann auch beim Feilhalten und bei der Übergabe in den Verkehr fehlen, was manchmal mit Unrecht bestritten wird (der Privatmann, der seinen patentwidrigen Haushaltungsgegenstand seinem Nachbarn verkauft). Schrifttum teilweise mit Änderungsvorschlägen GewR 31 (1926), 549; 32 (1927) S. 150, 151.

Anm. 9. 1. Das Gesetz bestimmt im § 4 Satz 2: Ist das Patent für ein Verfahren erteilt, so erstreckt sich die Wirkung auch auf die durch das Verfahren **unmittelbar hergestellten Erzeugnisse.** Der Begriff des Verfahrens ist im § 1 A 54 dargelegt. Die Vorschrift des § 4 umfaßt nur Patente auf Verfahren, nicht auch Patente auf Arbeitsmittel, mittels deren das Verfahren ausgeführt wird, Blatt 8 (1902), 156. Deshalb ist es von so großer Wichtigkeit, in welchen Fällen das Verfahren, in welchen die Vorrichtung zu schützen ist, wovon im § 1 A 59 eingehend gehandelt ist. Ist das Patent auf eine Vorrichtung erteilt, so sind die Erzeugnisse auch dann nicht geschützt, wenn der Verletzungsrichter meint, daß richtiger das Verfahren zu schützen gewesen wäre. Wie die Rechtslage ist, wenn im Nichtigkeitsverfahren ein Vorrichtungspatent aufrechterhalten wird, weil in Wahrheit ein Verfahren gegeben sei, das erfinderisch neu ist, § 10 A 23, ohne daß gleichzeitig der Anspruch richtig gestellt wird, ist völlig ungeklärt; ein Grund mehr im Nichtigkeitsverfahren für Richtigstellung zu sorgen. Patente auf: „Übertragung" oder „neue Anwendung" eines Verfahrens sind Verfahrenspatente und schützen die Erzeugnisse. — Während im allgemeinen die Regel gilt, daß der Schutz die Erzeugnisse nur insoweit erfaßt, als diese gerade in der besonderen patentierten Verfahrensart hergestellt werden, hat diese Beschränkung für manche Verfahrensarten, z. B. für Anwendungspatente, keinen Sinn. Ist patentiert worden, eine Chromnickelstahllegierung zur Herstellung von rostfreien Gegenständen zu verwenden, so werden von dem Patente alle Erzeugnisse erfaßt, die aus der genannten Legierung hergestellt sind, mag im übrigen das Verfahren so verschieden sein wie es will.

2. Was Erzeugnisse eines Verfahrens sind, ist in § 1 A 54 dargelegt. Erzeugnisse sind entweder körperlicher Art, Stoffe, Gebrauchsgegenstände, Vorrichtungen, Maschinen, oder unkörperlicher Art, Elektrizität, Magnetismus, Schwingungswellen. Im § 4 sind aber die Erzeugnisse unkörperlicher Art nicht gemeint. Das ergibt sich klar aus folgendem. § 4 ver-

leiht einen Schutz, der (nicht in seinen Voraussetzungen, wohl aber) in seinen Wirkungen dem Schutze eines Sachpatentes gleich steht. Man kann aber grundsätzlich nicht Elektrizität, magnetische Felder, drahtlose Schwingungswellen sachlich schützen, ebensowenig wie man ein optisches Signal, einen akustischen Ton sachlich schützen kann (§ 1 A 52). (Manche Schriftsteller sind anderer Meinung, hauptsächlich wohl weil das Publikum Elektrizität als fungible Sache anzusehen geneigt ist.) — Noch in anderen Fällen können die unmittelbaren Erzeugnisse keinen Schutz genießen. Wird ein neues Verfahren erfunden, Metall kolloidal zu zerstäuben, so genießt das zerstäubte Metall keinen Schutz, weil nicht ein neuer Körper entsteht, sondern nur eine physikalische Zustandsänderung des alten Körpers eintritt. Ebenso erstreckt sich der Schutz nicht auf sofort zerfallende Zwischenprodukte, etwa auf den in einem neuen Verfahren herzustellenden Wasserstoff in statu nascendi, der seinen wirksamen Zustand sofort verliert. Es darf also keines der durch Sachpatent nicht schutzfähigen Erzeugnisse vorliegen, die im § 1 A 52 erwähnt sind. — Die Erzeugnisse selbst brauchen nach dem Gesetzeswillen **nicht an sich** neu zu sein. Daß man aus dem Erzeugnis die Art des Verfahrens **erkennen** könne, ist selbstverständlich nicht erforderlich, RG Blatt 20 (1914), 136; unrichtig insoweit das Urteil Mitt 1913, S. 108.

3. Das Gesetz verleiht dem Erzeugnis nur dann Schutz, wenn ein **unmittelbares** Erzeugnis vorliegt; das Erzeugnis muß durch das Verfahren unmittelbar hergestellt sein. Das Wort „unmittelbar" fand sich im Entwurfe des Gesetzes vom 7. April 1891 noch nicht, wurde vielmehr von der Reichstagskommission eingefügt in der Absicht zu verhüten, daß der Schutz der Erzeugnisse zu weit ausgedehnt werde, daß insbesondere auch Gegenstände vom Schutz umfaßt würden, die mit Stoffen zusammen verarbeitet werden, die nach dem patentierten Verfahren hergestellt sind. — Danach ist, vgl. Schanze, Industr. Abh. Bd. 2 Heft 1 S. 50f., unmittelbares Erzeugnis eines geschützten Mahlverfahrens das Mehl, aber nicht mehr das Brot, ebenso des Herstellungsverfahrens von Soda die Soda, aber nicht mehr der mittels der Soda hergestellte Farbstoff usw. (vgl. RG 39, 32).

4. Im einzelnen ergeben sich Schwierigkeiten. Grundsätzlich muß für die Frage, ob das Erzeugnis durch das Verfahren unmittelbar hergestellt ist, immer die wirtschaftliche oder technische Auffassung des Verkehrs maßgebend sein. Das geht aus den Verhandlungen der Reichstagskommission, Bericht der XI. Kommission vom 26. 2. 1891, S. 10, zur Genüge hervor.

a) Ein Erzeugnis kann auch dann geschützt sein, wenn es in dem patentierten Verfahren nicht eigentlich **hergestellt** ist, vielmehr nur einer **Bearbeitung** unterzogen ist. Doch schwanken zu diesem Punkte die Meinungen. Wird Wolle gefärbt, Baumwollenstoff bedruckt, so liegt ein unmittelbar hergestelltes Erzeugnis des Färbe- oder Druckverfahrens im Sinne des § 4 vor, denn gefärbte Wolle, bedruckter Stoff sind wirtschaftlich ein anderes Erzeugnis, als ungefärbte Wolle, unbedruckter Stoff. Sogenannte Oberflächenbearbeitung ist auch im § 950 BGB der wirklichen Bearbeitung gleichgestellt, wenn nicht ihr Wert erheblich geringer ist, als der des Stoffes. — Mit Recht ist entschieden, daß ein imprägnierter Treibriemen nicht ein Produkt des Imprägnierverfahrens ist, denn der Treibriemen ist in den entscheidenden Eigenschaften unverändert geblieben, weil im wirtschaftlichen Verkehr nur die Form, die Zusammensetzung, die Eigenart im Grundstoff des Treibriemens ausschlaggebend sind, wie das Urteil RGStr Blatt 19 (1913), 124 feststellt. Mit Recht fügt das Urteil hinzu, allerdings könne es Bearbeitungsverfahren geben, die das Wesen des bearbeiteten Stoffes wirtschaftlich so stark verändern, daß man von einem neuen oder neu hergestellten Stoffe sprechen könne. Das sei aber bei der Imprägnierung von Treibriemen nicht der Fall. Ebenso Bolze Bd. 17 Nr. 191. Wenn hiergegen eingewandt ist, daß dann die Veredelungsindustrie schutzlos bleibe, so trifft das nicht zu. Das Verfahren bleibt immer geschützt; aber der gesteigerte Schutz, der Schutz des Erzeugnisses, tritt nur dann ein, wenn das Veredelungsverfahren so wichtig ist, daß der Verkehr die bearbeitete Sache als etwas wirtschaftlich anderes ansieht. Deshalb ist eine Glasschale mit einem eingeschliffenen Muster Erzeugnis des Schleifverfahrens; ob dasselbe für ein Hausstandsglas mit abgeschliffenem Rand gilt, ist zum mindesten zweifelhaft.

b) **Mischungen** mit einem einzelnen Stoffe, dessen Herstellungsweise geschützt ist. Geschützt war die Herstellung eines phosphorsauren Kalksalzes. Jemand vermischte es mit Buchweizenmehl und verkaufte es als Streupulver für Backformen mit der Bezeichnung Deutsches Reichspatent. Das RGStr 42, 357 sprach aus: Als unmittelbares Erzeugnis habe nur zu gelten, was durch das geschützte Verfahren ohne Anwendung eines weiteren Verfahrens hergestellt sei. Geringfügige Bearbeitung, die das Wesen des Stoffes nicht verändere, schade nicht, wohl aber wenn das Erzeugnis selbständiger Bestandteil einer anderen Sache geworden sei, oder wenn es nur Rohstoff oder Halbfabrikat sei, aus dem die fertige Sache gewonnen werde. Da der phosphorsauere Kalk nicht allein wesentlich für die Eigenschaften der Mischung war, ist diese nicht als unmittelbares Erzeugnis jenes Herstellungsverfahrens des Kalksalzes angesehen.

Entgegengesetzt ist entschieden RG Blatt 22 (1916), 135: Patentiert war die Herstellung eines Bindemittels für Malerfarben. Die angeriebene streichfertige Farbe ist als unmittelbares Erzeugnis jener Herstellung angesehen, weil das Bindemittel der Mischung die charakteristischen Eigenschaften verleiht.

c) In dem ersten der unter b angeführten Urteile ist bereits erwähnt, daß das Fertigfabrikat nicht unmittelbares Erzeugnis der Herstellung des Rohstoffes oder des Halbfabrikates ist, vgl. RG 39, 34. Vorausgesetzt ist dabei, daß bei der Fertigstellung eine verkehrswichtige Änderung der Eigenschaften, der Zusammensetzung stattfindet. Anders kann die Sache liegen, wenn ein hergestellter Stoff zum Schluß umkristallisiert wird, wenn ein Gewebe appretiert wird, u. dgl.; in derartigen Fällen einer nebensächlichen Umgestaltung ist das Fertigfabrikat unmittelbares Erzeugnis der ersten Herstellung. In dem Urteile des OLG Frankfurt, MuW Jahrg. 13 S. 571, wird ausgeführt, daß das Patent auf die Herstellung eines Zwischenproduktes dann auch das Endprodukt umfaßt, wenn letzteres aus dem Zwischenprodukt durch chemische Veränderung entstanden ist — vorausgesetzt, daß der Verkehr beide Produkte gleich behandelt. Das wird nur in seltenen Fällen vorkommen.

d) Teile einer zusammengesetzten Sache, die in patentierten Verfahren hergestellt sind. Jemand hatte Glühfäden, die unbefugt in einem geschützten Verfahren hergestellt waren, in elektrischen Glühlampen befestigt, die er fabriziert hatte. Das Kammergericht hat MuW Jahrg. 23 S. 58 ausgesprochen, der Gebrauch der Glühlampen verletze (in dritter Hand) jenes Verfahrenspatent; die Zusammenfügung sei patentrechtlich bedeutungslos. Dem ist zuzustimmen. Ähnlich RG Blatt 20 (1914), 136: Die Kohleneleftrode einer Bogenlampe ist unmittelbares Erzeugnis des geschützten Verfahrens, die im Innern des Kohlenstabes befindliche Metallader in wellenförmigem Zustande in die Seele des Stabes einzuführen, so daß sie die Wände fest berührt. Aus diesen Entscheidungen ergibt sich, daß das Herstellungspatent die zusammengesetzte Sache erfaßt, wenn der im patentierten Verfahren hergestellte Teil seine Individualität behält. Verliert dagegen der Teil seine Einzelexistenz, der Ziegelstein in der Mauer, die feuerfeste Eisenbalkendecke im Hause, so gilt das Gegenteil (RG 39, 34).

e) Ist ein Erzeugnis mittels einer Vorrichtung, deren Herstellungsweise patentiert war, bearbeitet oder hergestellt, so verletzt das Erzeugnis nicht; z. B. verletzt eine Maschine nicht, wenn bei ihrer Montierung Schrauben gebraucht sind, deren Herstellung patentiert ist. Ätznatron elektrolytisch hergestellt verletzt nicht, wenn bei der Elektrolyse eine Vorrichtung gebraucht ist, deren Herstellung patentiert war, engl. Fall (Rep. of Pat. Cases 1925 S. 79). Wohl aber verletzt natürlich Ätznatron, wenn dessen eigene Herstellung patentiert war.

5. Die Wirkungen des Schutzes eines Verfahrenserzeugnisses im Sinne des § 4 sind dieselben, als wenn für das Erzeugnis ein Sachpatent erteilt wäre, d. h. das Erzeugnis verletzt auch in der Hand eines dritten gutgläubigen Erwerbers. Etwas anders, wenn auch nur in der Art der Begründung, Kohler, Handbuch S. 465. Dies gilt auch für chemische Erzeugnisse. Vorausgesetzt ist dabei natürlich, daß nicht der Patentberechtigte die Sache in den freien Verkehr gebracht hatte. Die Voraussetzungen des Schutzes sind also andere als beim Sachpatent: Herstellung in dem bestimmten geschützten Verfahren; die Wirkungen sind dieselben. — Vorstehendes bezieht sich der Natur der Sache nach nur auf den Umfang des Schutzes der Erzeugnisse. Daß das Verfahrenspatent, auch wenn es die Erzeugnisse schützte, nicht im Sinne der §§ 3 und 10 Ziff 2 identisch mit dem Sachpatent auf die Erzeugnisse ist, ist selbstverständlich, PA Blatt 11 (1905), 98. Ebenso selbstverständlich ist es bei Anwendungspatenten anders: ein Verfahrenspatent auf die Anwendung von Nickelstahl zur Herstellung rostfreier Gegenstände und ein Sachpatent auf rostfreie Gegenstände hergestellt aus Nickelstahl sind identisch, § 3 A 14 Ziff 7 a. E.

6. Bolze, Entwurf einer Patentnovelle (von 1890), S. 167f, wirft die Frage auf, wie es werden soll, wenn im Bergbau ein Schacht mittels patentierten Abteufungsverfahrens oder ein Eisenbahntunnel mittels patentierten Bohrverfahrens hergestellt ist. In der Tat ergeben sich hier Schwierigkeiten. Unmittelbarkeit der Herstellung läßt sich nicht leugnen, Verletzung liegt also vor. Man kann in solchen Fällen nicht weiter gehen, als daß man den Hersteller zur Zahlung einer angemessenen Lizenz verurteilt. Das unbewegliche Erzeugnis selbst ist nicht geschützt, RG Blatt 4 (1898), 153.

7. Falls die Erzeugnisse stofflicher Art sind, also nicht Gebrauchsgegenstände, Maschinen usw., und falls sie „neu" sind, so gilt bis zum Beweise des Gegenteils jeder Stoff von gleicher Beschaffenheit als nach dem patentierten Verfahren hergestellt. Näheres vgl. zu § 35.

8. Selbstverständlich ist, daß derjenige, der das mittelbare oder das in Immobilien eingefügte (vorstehend d u. 6), also nicht geschützte Erzeugnis unter Benutzung einer patentierten Erfindung hergestellt hat, auf Unterlassung und evtl. auf Schadensersatz haftet, Blatt 3 (1897), 151.

Abschnitt II.
Verletzender Charakter der geschilderten Benutzungsarten.

Im vorstehenden sind diejenigen Handlungen erörtert worden, die vom Gesetze als Benutzungen einer Erfindung angesehen werden. Jetzt ist zu erörtern, unter welchen näheren Umständen diese Benutzungshandlungen eine Verletzung des Patents enthalten. Nicht jede Benutzungshandlung enthält eine Verletzung: das Gesetz selbst stellt ein Erfordernis auf, die Gewerbsmäßigkeit; was zur Gewerbsmäßigkeit gehört, ist in A 8 klargelegt. Weitere Einzelfragen sind in diesem Abschnitt zu betrachten. **Anm. 10.**

Der Begriff der Verletzung erfordert nicht, daß auf seiten des Täters ein **subjektives Schuldmoment** gegeben ist; vielmehr liegt Verletzung eines Patentes vor, wenn rein objektiv in den Schutzbereich desselben ein Eingriff erfolgt, wenn also der Täter eine Handlung begeht, die nach dem Gesetze allein dem Patentinhaber vorbehalten ist. Es ist nicht erforderlich, daß der Täter von dem Bestehen des Patents Kenntnis hat, oder daß er dessen Schutzbereich zutreffend zu bemessen in der Lage ist. Die Objektivität des Begriffs der Verletzung wirkt sich dahin aus, daß die Unterlassungsklage, die eine Verletzung unterbinden will, schon dann gewährt wird, wenn nur objektiv ein Eingriff vorliegt (vgl. § 4 A 74). Das subjektive Schuldmoment wird nur für andere Fragen von Bedeutung. Wenn Schadensersatz (und Rechnungslegung als Vorbereitung) gefordert wird, muß Fahrlässigkeit oder Arglist auf seiten des Beklagten gegeben sein und nachgewiesen werden. Das heutige Gesetz erfordert sogar grobe Fahrlässigkeit; vorgeschlagen ist, dies Erfordernis dahin zu ermäßigen, daß schon geringe Fahrlässigkeit genügt, doch ist es fraglich, ob dieser Vorschlag Gesetz werden wird. Für diese Fragen und die Frage der Herausgabe der Bereicherung des Täters und ihre Erfordernisse vgl. § 35. Subjektives Verschulden kommt auch dann in Frage, wenn Beihilfe zur Patentverletzung behauptet wird (§ 4 A 18). Es handelt sich dabei um Fälle (Lieferung von Vorrichtungen oder Stoffen zur Ausführung eines Verfahrens), die an sich nicht zu beanstanden sind, aber verletzenden Charakter annehmen, wenn der Lieferer weiß und will, daß der Käufer mit ihnen ein Verfahrenspatent verletzen wird. Endlich bedarf es, wenn auf seiten des Klägers eine ungewollte und unbeabsichtigte Benutzung einer patentierten Erfindung vorliegt, der Erörterung, ob eine Verletzung anzunehmen ist, wenn der Täter von dem Eintreten der durch das Patent geschützten Wirkung bei seiner Maßnahme keine Kenntnis gehabt hat, hierüber vgl. A 12.

Verletzung im Verhältnis zur Vorwegnahme. In Deutschland hat sich die Regel gebildet: **Anm. 11.**
Wenn eine Vorrichtung, ein Verfahren gegenüber einem später erteilten Patente keine neuheitsschädliche Vorwegnahme darstellt, so ist doch damit wohl vereinbar, daß die Vorrichtung, das Verfahren, wenn sie nach Erteilung eines Patents ausgeführt werden, eine Verletzung des Patents enthalten können. — In Nordamerika galt früher die entgegengesetzte Regel: was, wenn es vor dem Patente liegt, nicht vorwegnimmt, das verletzt auch nicht, wenn es nach dem Patente liegt, und umgekehrt. Man hat aber eingesehen, daß diese Regel unrichtig ist, und sie wird deshalb in der Rechtslehre nicht mehr gebilligt, findet sich aber trotzdem noch in vielen amerikanischen Urteilen. — Als Beweis für die Richtigkeit der deutschen Regel wird in der Regel angeführt, daß eine Vorrichtung, die nicht das Ganze der patentierten Maßnahme, vielmehr nur einen Teil derselben enthält, nicht neuheitsschädlich wirkt, daß sie aber trotzdem später eine Verletzung des Patents bildet, weil auch eine teilweise Nachbildung eine Verletzung enthält. Dies Beispiel trifft aber nur einen einzelnen Fall. Allgemeingültig ist zu sagen, daß die Anforderungen, die an eine Vorwegnahme gestellt werden, höher sind, als die Anforderungen an eine Verletzung. Was als Vorwegnahme gelten soll, muß nicht nur die später patentierte oder angemeldete Erfindung in ihrem ganzen Umfange verkörpern, sondern muß auch denselben Zweck erstreben, dieselbe Wirkung ausüben, sich auf demselben Gebiete bewegen, der Schritt zur späteren Erfindung darf nicht größer sein, als daß ein durchschnittlicher Sachverständiger ihn ohne weiteres tun konnte. Alles dies ist für die Annahme einer Verletzung nicht oder nicht in gleichem Grade erforderlich. — Ein bezeichnendes Beispiel MuW Jahrg. 10 S. 345. 97540 schützte ein Verfahren zur Befestigung von Glasscheiben durch Anwendung eines elektrolytischen Bades „zwecks Befestigung der Scheiben in dem Metallrahmen". Der Kläger will also die Scheiben durch den Metallniederschlag aus dem galvanischen Bade befestigen. Die Beklagten befestigen seit langem ihre Glasscheiben mechanisch, überziehen aber ihre Scheibenfassungen galvanisch mit Kupfer. Wegen des abweichenden Zweckes liegt keine Vorwegnahme vor, auch können ihre Maßnahmen nicht zu einer einschränkenden (engen) Auslegung des Patents Anlaß geben. Aber ihre Maßregel hat nach dem Urteil doch auch die Wirkung, daß die mechanische Befestigung durch den Metallniederschlag verstärkt wird. Deshalb haben sie das Patent verletzt. — Das Urteil hat vielleicht keine volle Überzeugungskraft, weil die Sache etwas auf der Spitze steht; immerhin dient es dazu, die Gedankenrichtung zu kennzeichnen. — Aus vorstehendem ergibt sich, daß das, was eine Vor-

wegnahme enthält, immer auch eine Verletzung darstellt, wenn es nach dem Patente liegt, nicht aber umgekehrt.

Anm. 12. Verletzt derjenige, der bei einer Fabrikation **unbewußt und ungewollt** die Benutzung einer geschützten Erfindung vornimmt? Die Frage ist von der Rechtsprechung teils bejaht, teils verneint. Folgende Fälle sind hervorgetreten.

222552 schützte die Herstellung von Guanidin durch trockenes Zusammenschmelzen von Dizyandiamid . . . mit Ammoniumsalzen. Der Beklagte setzte bei der Geschoßfabrikation den Geschoßfüllungen, die Ammoniumsalze enthielten, Dizyandiamid hinzu, weil es, wie bekannt war, den Schmelzpunkt der Füllung erniedrigt. Dabei bildete sich Guanidin. Objektive Verletzung ist angenommen ohne entscheidende Rücksicht darauf, ob der Beklagte die Bildung des Guanidins erkannt hatte und guthieß oder nicht (MuW Jahrg. 1921 S. 124).

262785 schützt ein Verfahren zur Reinigung der Kühlrohre von Oberflächenkondensatoren mittels Erhöhung der Geschwindigkeit des durch die Rohre laufenden Wassers, das bei großer Geschwindigkeit die abgesetzten Verunreinigungen wegschwemmt. Der Patentinhaber behauptete, sein Patent werde verletzt, auch wenn aus irgendwelchen anderen Betriebsrücksichten die Wassergeschwindigkeit erhöht werde, weil dadurch immer eine Reinigung der Rohre stattfinde. Das Reichsgericht wies diese Behauptung zurück; nur wenn der Zweck der Reinigung verfolgt werde, liege Patentverletzung vor. „In Fällen, in denen die reinigende Wirkung nur als eine nicht bezweckte Nebenerscheinung eintritt, kann von einer Verletzung keine Rede sein." (I 73/1920, Urt vom 27. 10. 20.)

101736 schützte eine Zündmasse für Zündhölzer, gekennzeichnet durch einen Gehalt an Schwefelphosphor P_4S_3. Die Zündmasse des Beklagten enthielt ebenfalls Schwefelphosphor. Das Reichsgericht führte aus: Ob der Schwefelphosphor absichtlich hinzugesetzt oder unabsichtlich entstanden sei, sei für das Produkt gleichgültig. Es handle sich um ein Gegenstandspatent. Wären nur Spuren von Schwefelphosphor vorhanden, so möchte das nicht verletzend sein. Der Gehalt betrage aber 25 % der Zündmasse. Es sei unerheblich, ob durch diesen Gehalt ein Einfluß auf die Eigenschaften des Erzeugnisses, nämlich auf die Entflammbarkeit der Zündmasse des Beklagten ausgeübt werde. (Zwei Sachverständige hatten diesen Einfluß verneint und daraufhin eine Verletzung geleugnet.) (Mitt 1913, 111.)

Isay (Komm. § 4 A 44) ist der Meinung, ein Verfahren sei nur dann benutzt, wenn der Handelnde den technischen Erfolg bewußt herbeiführe. Kohler, Handbuch S. 427: Ausführung des technischen Erfindungsgedankens verletze, auch wenn sie unbeabsichtigt oder gar unbewußt erfolge. — Zwei Punkte erscheinen klar. Schützt das Patent, wie in dem zweiten Beispiel, die Erreichung gerade eines einzelnen bestimmten Zweckes, will aber der Täter mit seiner äußerlich identischen Handlung einen anderen Zweck erreichen, so verletzt er das Patent dann nicht, wenn nur nebenher, unbeabsichtigt und in geringem Umfange der Zweck des Patents erreicht wird. Andererseits liegt Verletzung vor, wenn die technische Wirkung des Patents durch das Handeln des Täters herbeigeführt wird, und zum Erfolge seiner Maßnahmen in einem in Betracht kommenden Grade beiträgt, also diesen Erfolg objektiv fördert, möge das auch weder beabsichtigt, noch erkannt sein. Zweifel können also nur dann entstehen, wenn die Wirkung des Patents zwar herbeigeführt wird, aber für den Erfolg der Maßnahmen des Täters ohne Nutzen ist. Es sind mithin zwei Fragen nebeneinander zu betrachten, einmal die schon angeregte Frage, ob Verletzung vorliegt, wenn der Erfolg das Patents unbeabsichtigt herbeigeführt wird, und zweitens, ob Verletzung vorliegt, wenn der Erfolg des Patents nur in einem praktisch nicht in Betracht kommenden Grade herbeigeführt wird. Diese letztere Frage ist vielfach erörtert. Sie ist vom Reichsgericht ohne nähere Begründung verneint im Urteil Blatt 18 (1912), 227 Sp. 2. Bejaht ist sie in der soeben angeführten Entscheidung über die Zündmasse von Zündhölzern. Verneint wiederum IndR 8 (1913), 209; ebenso verneint I 195/1910, Urt vom 28. 6. 11: Beim Gillette-Rasierapparat ist die Einrichtung geschützt, daß die dünnen Klingen beim Einschrauben in den Halter gekrümmt werden. Ein Fabrikat der Konkurrenz krümmte die Klingen zwar auch, aber in so verschwindend kleinem Maße, daß es praktisch nicht in Betracht kam. Daraufhin ist die Verletzung verneint. — Einschränkungsweise ist sie verneint, falls nicht wenigstens teilweise und greifbare Übereinstimmung in den technischen Mitteln vorliegt, Blatt 17 (1911), 15. Letztere Einschränkung ist natürlich überall zu machen. Liegt keine Äquivalenz der Mittel oder des Verfahrens vor, dann ist die geschützte Maßnahme überhaupt nicht benutzt. Im übrigen kann nicht von entscheidender Bedeutung sein, ob das Patent ein Sachpatent oder ein Herstellungspatent ist, worauf in dem Urteil über die Zündmasse von Zündhölzern Wert gelegt ist. Denn das in dem bestimmten Verfahren (unmittelbar) hergestellte Erzeugnis ist durch das Verfahrenspatent genau so geschützt, als wenn ein Sachpatent erteilt wäre. — Eine allgemein anerkannte Lösung unserer Zweifelsfrage ist bisher nicht gefunden. Das Richtige wird sein, eine Verletzung dann zu verneinen, wenn erstens der Beklagte von der geschützten Erfindung in einem quantitativ nur geringen Umfange Gebrauch macht, und wenn zweitens gleichzeitig durch die Wirkung dieses Gebrauchs die Zwecke der beanstandeten Maßregel gar nicht oder nur in einem praktisch nicht ins Gewicht fallenden Grade gefördert werden; verletzungsfrei ist also eine Benutzung der geschützten Erfindung, wenn sie unbeabsichtigt, in geringem Umfange und ohne praktisch fördernde Wirkung erfolgt.

Aus englischen Urteilen, die die gleichen Grundsätze befolgen: Rep. of Pat. Cases Bd. 27 S. 134: Patentiert waren landwirtschaftliche Maschinen, die gemähtes Getreide umwenden und zusammenbinden. Es kommt darauf an, daß auch auf unebenem Boden die Greifer alles Getreide erfassen; die nötige Bewegung der Greifer war im Patent beschrieben. Der Beklagte stellte derartige Maschinen von anderer Bauart her. Obgleich bei diesen die Greifer sich auf kurze Momente, aber ohne Vorteil für die Wirkung, ebenso bewegten, wie die Greifer des Patents, ist eine Verletzung verneint. Rep. of Pat. Cases Bd. 24 S. 510: Daß eine Vorrichtung an Gasmessern, wenn eine Feder durch Zufall zerbricht, ebenso arbeitet, wie ein patentierter Gasmesser, enthält keine Verletzung. — Anders ist entschieden worden, wenn eine fördernde Wirkung eintritt. Rep. of Pat. Cases Bd. 20 S. 405: Eine Vorrichtung, Befestigung von Radfahrschläuchen an Rädern, die im Gebrauch bei normalem Verschleiß nach und nach ebenso arbeitet, wie eine patentierte Vorrichtung, verletzt. Rep. of Pat. Cases Bd. 29 S. 427: Das Patent wollte einen Vorgang in einer Atmosphäre von Gasen und Wasserdampf vornehmen. Der Wasserdampf war das wirksame Mittel. Der Beklagte wollte eine Verletzung vermeiden und trocknete seine Gase. Trotzdem blieb in ihnen unbemerkt gerade noch so viel Feuchtigkeit zurück, daß dadurch die Wirkung eintrat. Das war verletzend.

Wird eine Maschine oder eine Vorrichtung nachgebaut, wird aber dabei in zuverlässiger Anm. 13.
Weise Vorsorge getroffen, daß sie die **Wirkung der patentierten Maschine überhaupt nicht hervorbringen kann,** so verletzt sie nicht. Ist aber das dazu verwandte Mittel unzuverlässig, so daß jeder Gebraucher es leicht entfernen kann, dann ist Verletzung gegeben (MuW Jahrg. 25 S. 122f). Hingegen: Der Besitzer (einer als verletzend beanstandeten Kesselvorrichtung) müßte das Gerät völlig umbauen, wenn es ebenso wirken sollte, wie die patentierte Vorrichtung des Klägers und dafür könnte (der beklagte Lieferer der Vorrichtung) nicht verantwortlich gemacht werden; der Fall liegt anders als in dem Urteil MuW Jahrg. 25 S. 122, wo nur ein Keil beseitigt zu werden brauchte (I 51/1926, Urt vom 16. 3. 27). — Die Erklärung des Beklagten, daß er die verletzende Vorrichtung an seiner Maschine nie benutzt habe und nie benutzen werde, weil zu ihrer Anwendung keinerlei Bedürfnis bei ihm vorliege, hindert nicht, daß schon in ihrem Vorhandensein eine Patentverletzung liegt, nordamerik. Fall. Vorstehendes bezieht sich auf den Fall, daß die konstruktive Bauart einer Maschine oder eines Apparats in Frage steht. Ist nur die Betriebsart einer Maschine geschützt, so liegt die Sache natürlich anders. Wenn eine Maschine auf zwei verschiedene Weisen, eine verletzende und eine nichtverletzende, gebraucht werden kann, aber tatsächlich nur auf die nichtverletzende Weise gebraucht ist, so liegt kein Verstoß gegen den Patentschutz vor, wie in einem englischen Falle (Rep. of Pat. Cases Bd. 26 S. 539) überzeugend ausgeführt ist. Eine im wesentlichen gleiche Vorrichtung, die bei n o r m a l e m, bestimmungsgemäßem Gebrauch ebenso wirkt wie die patentierte, verletzt immer. Vgl. andererseits IndR Jahrg. 1913 S. 209.

Nicht selten beruft sich ein Beklagter — wahrheitsgemäß — darauf, daß er zu seiner be- Anm. 14.
anstandeten Vorrichtung durch **Weiterentwicklung** einer ähnlichen **gemeinfreien Vorrichtung** gelangt sei. Es entschuldigt ihn nicht, daß er auf diese Weise zu einem Eingriff in ein bestehendes Patent veranlaßt ist. Entscheidend ist nur, ob seine Vorrichtung in ihrer schließlichen Gestaltung mit der patentierten in deren erfinderischen Punkten übereinstimmt, wie das Reichsgericht in vielen Urteilen ausgeführt hat, z. B. IndR Jahrg. 16 S. 69. Neuerdings Urt vom 2. 6. 26, I 266/1925: Die Klägerin mache von dem dem Beklagten geschützten Kombinationsgedanken Gebrauch; das werde nicht dadurch ausgeschlossen, daß sie bei Herstellung ihrer Anlage eine bekannte Bauart verwandt habe, die das eine Element der Kombination schon verkörperte (und daß sie dann das andere, an sich bekannte Element, hinzufügte). Ähnlich MuW Jahrg. 21 S. 124 Sp. 1.

Ausbessern, Ersatz von Teilen. Es ist auffällig, daß in Deutschland über diese Fragen Anm. 15.
außerordentlich wenig Urteile von grundsätzlicher Bedeutung erlassen sind. In England, Nordamerika und Frankreich hat die Rechtsprechung einen sehr großen Umfang angenommen. In Deutschland hat sich fast nur die Anschauung herausgebildet, daß durch das Ausbessern oder den Ersatz von Teilen das Leben einer patentierten Vorrichtung oder Maschine gegenüber der normalen Dauer nicht verlängert werden dürfe. Gerade diese Regel ist außerhalb Deutschlands nirgends anerkannt. Die in Deutschland ergangenen Entscheidungen sind wesentlich nach den Interessen des Patentinhabers orientiert. Um sich klar zu werden, ob diese manches Mal einseitig erscheinende Auffassung zutreffend ist, ist eine Übersicht über die ausländische Rechtsprechung notwendig. Vorher ist zu bemerken, daß Ausbessern und Ersatz von Teilen

nicht in allen und jeden Beziehungen gleich zu behandeln sind. Im Auslande sind folgende Grundsätze entwickelt. 1. Teile einer Vorrichtung oder Maschine, die selbständigen Schutz genießen, dürfen zwar repariert, dürfen aber nicht ersetzt werden. Das liegt auf der Hand, denn die Herstellung von geschützten Teilen ist durch den Patentschutz untersagt. 2. Solche Teile von Maschinen, die sich rasch abnutzen und die deshalb ihrer Natur nach häufigen Ersatz fordern, können, wenn sie nicht selbständigen Schutz genießen, jederzeit beliebig erneuert werden. Solche Teile werden in England und Nordamerika perishable, verderblich, verbrauchbar genannt. 3. Eine Maschine, die als ganzes verbraucht und abgenutzt ist, kann nicht in der Weise neu gebaut werden, daß ihre einzelnen Teile, wenn auch nach und nach, ausgebessert oder ersetzt werden. — Diese Regeln rechtfertigen sich durch sich selbst; sie sind ohne weiteres auch für Deutschland anwendbar. Beispiele werden unten gegeben werden. Über die schon erwähnte Regel von der Verlängerung der Lebensdauer einer Maschine sind im Auslande folgende Grundsätze aufgestellt. Der bekannte Richter und Schriftsteller Earl of Halesbury hat in dem Urteile Rep. of Pat. Cases Bd. 24 S. 543 ausgesprochen: man kann das Leben eines patentierten Artikels verlängern, aber man darf ihn nicht neu herstellen unter dem Vorwande der Ausbesserung. Diese Regel bildet ein allgemein anerkanntes, klares Prinzip; freilich ist zuzugestehen, daß ihre Anwendung häufig Schwierigkeiten macht (nämlich in der Richtung, wann ein Neubau vorliegt). — Ebenso in Nordamerika (Fed. Rep. Bd. 112 S. 146): der Käufer kann das Leben der Maschine und ihre Nützlichkeit verlängern, solange ihre ursprüngliche Identität nicht verloren geht. Er darf nur nicht eine dem Wesen nach neue Maschine bauen unter dem Vorwande, daß das eine Reparatur sei. Nicht anders in Frankreich (Pouillet Nr 669): es ist in keiner Weise zweifelhaft, daß der Käufer einer patentierten Maschine das Recht hat, sie auszubessern und sie durch sachgemäße Reparaturen solange wie möglich in gutem Zustande zu erhalten. Aber er darf nicht eine wirkliche Neukonstruktion vornehmen. Ebenso die belgischen Kommentatoren Picard und Olin, Belgisches Patentrecht Nr 580. Diese leugnen, daß der Käufer nur das Recht habe, sich der Maschine während ihrer natürlichen Dauer zu bedienen und nicht den Gebrauch verlängern dürfe. Wenn der Gebrauch der Maschine sich durch vernünftige Reparaturen verlängern oder verewigen (perpétuer) läßt . . ., so ist nicht einzusehen, inwiefern sich der Erfinder über diese Möglichkeit beklagen könnte; er hatte ja beim Verkaufe die Gelegenheit, alles dieses vorauszusehen und sich dagegen zu schützen. — Es wird sich nicht leugnen lassen, daß dies billige und liberale Grundsätze sind, die nicht nur einseitig die Interessen des Patentinhabers schützen sollen, sondern ebensowohl die Interessen des Publikums berücksichtigen. Ihre Befolgung auch in Deutschland wird zu wünschen sein. — Besteht die geschützte Vorrichtung aus einer Kombination, so darf diese Kombination nicht dadurch neu hergestellt werden, daß ein wesentlicher Teil derselben ersetzt wird. Selbstverständlich muß es sich dabei um einen Teil der Kombination selbst handeln, nicht aber nur um einen Teil der Vorrichtung oder Maschine, der außerhalb der geschützten Kombination liegt. Daß der Teil der Kombination (nicht ersetzt, wohl aber) ausgebessert werden kann, ergibt sich aus den entwickelten Grundsätzen von selbst. Schwierigkeiten können dann entstehen, wenn nur ein selbständiger Teil einer Vorrichtung oder Maschine erfinderisch neu ist, aber die ganze Vorrichtung patentiert ist, was besonders dann vorkommt, wenn die übrigen Teile dem neuen Teile angepaßt werden müssen, weil sie mit ihm in organischer Verbindung stehen. Ein solcher Fall lag dem Urteil des RG GewR 31 (1926), 339 zugrunde. Nach dem Patent 174323 war ein Koksofen geschützt, dad. gek., daß der Wärmespeicher unter der Ofensohle angebracht ist. Der Ofen an sich war nicht neu. Teile desselben wurden erneuert. Das Reichsgericht hat ausgesprochen: eigentliche (kleinere) Reparaturen des Ofens seien zulässig. Aber es enthalte eine Verletzung, wenn erhebliche Teile des Ofens erneuert würden, da dieser nach dem Patente mitgeschützt sei. Vollständige Erneuerung der Heizwände und des Widerlagers des Ofens sei deshalb nicht erlaubt, weil darin eine neue Herstellung liege. — Die Entscheidung gründet sich darauf, daß Ofen und Wärmespeicher als eine Einheit anzusehen seien. Das Urteil scheint anzudeuten, daß die Entscheidung anders ausfallen könnte, wenn der Ofen und der Wärmespeicher unabhängige Bestandteile bildeten und nicht als organisatorische Einheit patentiert wären, vielmehr nur die Anbringung des Wärmespeichers unter dem Ofen unter Schutz gestellt sei. In solchem Falle würde in der Tat der teilweisen Erneuerung des Ofens nichts im Wege stehen. Bei komplexen Erfindungen (d. h. also, wenn ein zusammengesetzter Tatbestand patentiert ist, in welchem nur einzelne Teile oder Punkte erfinderisch neu sind) kann für die Zulässigkeit des Ersatzes eines Teiles nicht ohne weiteres entscheidend sein, ob der ganze Komplex im Anspruch erwähnt ist. Es ist vielmehr entscheidend, in wie engem Zusammenhange dasjenige, was erfinderisch neu ist, zu den übrigen Teilen steht. Bildet der erfinderische Teil einen selbständigen, abgeschlossenen Mechanismus, der beliebige Verwendung auch außerhalb dieser Vorrichtung, dieser Maschine finden kann, so können die übrigen Teile der Vorrichtung beliebig verändert und ersetzt werden. Man muß also das Wesen der konkreten Erfindung in Betracht ziehen und darf sich nicht nur an die Worte des Anspruchs halten, wenn dieser mehr als die wirkliche Erfindung wiedergibt. Das gilt mutatis mutandis auch für manche Kombinationspatente. Ist z. B. eine Dampfmaschine geschützt gekennzeichnet durch eine neue Ventilsteuerung, so ist nicht einzusehen, weshalb der Käufer nicht den Kondensator erneuern darf. So die gesamte ausländische Rechtsprechung, vgl. z. B. Picard und Olin Nr 567 und die daselbst angeführten französischen Urteile. — Ist eine selbständige Teilvorrichtung geschützt, die der Patentinhaber nur zusammen mit der ergänzenden Vorrichtung verkauft, so kann die letztere beliebig ersetzt werden (Fall des Soxleth-Flaschenverschlusses, § 4 A 2 unter b). Das Oberlandesgericht Hamm hat in seinem Urteile GewR 31 (1926), 434 ausgesprochen, der Ersatz von vitalen Teilen einer Vorrichtung sei unzulässig. Das wird nach den entwickelten Grundsätzen davon abhängen, ob der vitale Teil mit zur Erfindung gehört (was in jenem Urteile allerdings der Fall war), oder ob etwa die Erfindung nur an ihm und neben ihm angebracht ist. Erörterungen der Sachlage, die entsteht, wenn ausdrücklich erteilte Lizenzen hineinspielen, finden sich § 6 A 29g.

Von Interesse ist ein amerikanisches Urteil des höchsten Gerichtshofs (U. S. Bd. 152 S. 425ff), in dem besonders die Frage des Ersatzes von Teilen an der Hand von Beispielen erörtert wird. Patentiert war ein Verteiler von Papierblättern, bestehend aus dem Mechanismus und den in Form einer ovalen Rolle aufgewickelten Blättern. Darf derjenige, der die Vorrichtung nebst Papier rechtmäßig gekauft hat, sie mit selbst hergestelltem Papier versehen und so weiter verkaufen? Das hat der Gerichtshof bejaht. Im allgemeinen gelte zwar die Regel, daß die Herstellung und der Verkauf eines Teiles, damit er mit anderen Teilen zu einer geschützten Kombination zusammengefügt werde, verletzend sei. Aber im Streitfall erhöben sich zwei Fragen, erstens ob es sich wirklich um eine wahre Kombination handle; das wird verneint (wohl mit Recht, denn Vorrichtung und Arbeitsstoff bilden keine Kombination). Zweitens komme in Frage, daß der Ersatz eines verbrauchbaren und verzehrbaren Arbeitsstoffes, der also seiner Natur nach bestimmt sei, ersetzt zu werden, keine Verletzung enthalte. — Dieser Grundsatz, alles, was verbrauchbar (perishable) ist, kann beliebig ersetzt werden, wird in Amerika streng befolgt. Nach der Gedankenrichtung dieser und ähnlicher Entscheidungen erscheinen die Ausführungen Isays (4. Aufl § 4 A 27 S. 206), wenn zwei zusammengehörige Dinge, von denen eins patentiert ist, zusammen verkauft werden, dürfe das andere nicht beliebig ersetzt werden, in Rücksicht auf das Allgemeininteresse bedenklich (vgl. auch § 4 A 2b). — Das amerikanische Urteil führt weiter an: Es sind metallene Bandstreifen mit einer Art Schnalle, die zum Umschnüren von gepreßten Baumwollballen dienen, patentiert. Nach einmaligem Gebrauch sind sie verdorben. Jemand kaufte die gebrauchten Bänder nebst Schnallen auf, glättete sie und setzte sie passend neu zusammen. Das enthält eine Verletzung. — Ebenso wenn der intakt gebliebene Mantel eines gebrauchten patentierten Torpedos aufs neue mit Explosivstoff gefüllt und hergerichtet wird. — Eine Maschine hatte Messer, die alle 60 oder 90 Tage erneuert werden müssen. Diese darf der Käufer der Maschine beliebig oft ersetzen. — Eine Strickmaschine war patentiert und wurde mit gleichfalls patentierten Nadeln verkauft. Letztere durfte der Gebraucher durch selbsthergestellte Nadeln von gleicher Form nicht ersetzen, aber nur, weil die Nadeln dieser Form patentiert waren. — Soweit die in jener Entscheidung angeführten Fälle, deren Beurteilung auch nach deutscher Anschauung zutreffend erscheint.

Bearbeitung und Verarbeitung einer patentwidrig hergestellten Sache beseitigt die **Anm. 16.** Patentwidrigkeit nicht, solange als die Sache in ihrer Eigenart unversehrt bleibt. Bearbeitung oder Verarbeitung der patentwidrigen Sache enthält ihrerseits selbst eine Verletzung. Wird eine Glühlampe unberechtigt aus patentverletzenden Teilen hergestellt und an einen Händler verkauft, so begeht der Händler durch Weiterverkauf der Lampe eine objektive Patentverletzung (RG MuW Jahrg. 23 S. 58). Sollte es vorkommen, daß ein patentwidriger Stoff durch Verarbeitung seine Unversehrtheit und selbständige Existenz verloren hat, dann aber aus der Verbindung wieder ausgeschieden wird, so tritt sein patentverletzender Charakter wieder in die Erscheinung. Dieser Charakter geht verloren, wenn die Sache mit dem Boden dauernd fest verbunden wird, desgleichen wenn sie in ein Haus eingebaut wird, z. B. der Ziegelstein in der Hausmauer, die Zimmerdecke im Gebäude. Ist nach Verkehrsanschauung die Sache nicht Bestandteil des Gebäudes geworden (RG 50, 241), bleibt sie vielmehr leicht trennbar, etwa eine Vorrichtung zum Feststellen geöffneter Fenster, ein Gasbadeofen, so bleibt die verletzende Eigenschaft bestehen. Wie es mit verletzenden Maschinen ist, die in ein Fabrikgebäude fest eingebaut sind, ist zweifelhaft; überwiegend wird angenommen, daß sie ein Patent verletzen können. Vgl. auch folgendes Urt vom 23. 3. 21, I 300/1920: es handelte sich um einen Lüftungsapparat, der in einen Behälter zum Erweichen von Gerste eingeführt wird. Das Reichsgericht äußerte, die Vorrichtung wird nach ihrer Einfügung in den Behälter nicht wesentlicher Bestandteil des Brauereigebäudes, da sie leicht herausnehmbar bleibt; Verletzung ist bejaht.

Daß derjenige, der in der bezeichneten Weise verletzende Gegenstände einbaut, Schadensersatz zahlen muß, wenn er schuldvoll gehandelt hat, ist zweifellos. — Wird eine Vorrichtung mittels eines patentierten Werkzeugs oder eines geschützten Stoffes hergestellt, so erhält die Vorrichtung dadurch der Regel nach noch keinen verletzenden Charakter (A 9, 4e).

Anm. 17. In einigen Fällen ist wegen eines sog. **Zusammenhangs der Benutzungsarten** eine Benutzung der Erfindung nicht patentverletzend, trotzdem der Patentberechtigte sie dem Benutzer nicht ausdrücklich zugestanden hat. Man rechtfertigte dies früher vielfach aus dem Gesichtspunkt einer stillschweigenden Lizenz; doch paßt dieser Begriff nicht auf diejenigen Fälle, in denen eine bestimmte Benutzungsart entgegen dem Willen des Patentberechtigten als nicht verletzend anzusehen ist. Folgende Typen sind zu unterscheiden.

1. Ist eine Lizenz erteilt worden, so richtet sich der Umfang der Benutzungsberechtigung des Lizenznehmers nach dem auszulegenden Willen des Lizenzvertrags. Möglich ist, daß die Berechtigung des Lizenznehmers ausdrücklich nur auf bestimmte Benutzungsarten beschränkt ist, z. B. nur auf die Herstellung, etwa mit der weiteren Verpflichtung, die Fabrikate dem Lizenznehmer zu liefern, damit dieser sie verkauft; oder eine Lizenz ist beschränkt auf die Benutzung gewisser Erzeugnisse im eigenen Betriebe des Lizenznehmers, etwa mit der Verpflichtung, die Erzeugnisse vom Lizenzgeber zu beziehen; es können auch Beschränkungen hinsichtlich einer Maximalzahl der herzustellenden Fabrikate vorkommen usw. In derartigen Fällen ist die Rechtslage zweifellos. Nicht selten werden aber auch Lizenzen erteilt, ohne daß die einzelnen Benutzungen, die der Lizenznehmer vornehmen darf, ausdrücklich angegeben sind. In solchem Falle spricht eine starke Vermutung dafür, daß dem Lizenznehmer alle Benutzungsarten überlassen sind. Hat der Patentberechtigte einem Dritten eine unbeschränkte Lizenz zur Herstellung gewährt, so kann der Dritte also die hergestellte Ware im Zweifel verkaufen. Ware, die auf Grund einer Lizenz hergestellt ist, kann auch noch nach Erlöschen der Lizenz verkauft werden, Blatt 12 (1906), 167 Sp. 2. Hat der Lizenznehmer den ihm auferlegten Beschränkungen zuwidergehandelt, so enthält seine Handlung nicht nur eine Vertragsverletzung, sondern auch eine Patentverletzung, was z. B. für die Art der Schadensliquidation von Bedeutung werden kann.

2. Andere Fälle sind nicht aus dem Gesichtspunkt einer stillschweigenden Lizenz zu erklären. Für diese tritt der Begriff des Zusammenhangs der Benutzungsarten in Wirkung, obgleich auch dieser Ausdruck keineswegs bezeichnend gewählt ist. Es handelt sich hier fast ausschließlich um Fälle, die das Benutzungsrecht eines Dritten, meistens eines Nachmannes des Lizenznehmers regeln. Ist die Ware von einem Vorbenutzungsberechtigten (§ 5) erlaubtermaßen hergestellt, so hat der Vorbenutzer auch das Recht, sie in den Verkehr zu bringen, und Dritte haben dann das Recht, sie zu gebrauchen und weiterzuverkaufen (Kohler, Handbuch S. 453). Ist die Ware erlaubtermaßen hergestellt, so kann jeder dritte Erwerber sie auch dann benutzen und weiterveräußern, wenn er sein Recht an der Ware nicht von dem Hersteller ableitet, sondern Eigentum oder ein dingliches Recht originär erworben hat, etwa nach dem Grundsatze Hand wahre Hand. Auch örtliche oder zeitliche Beschränkungen des Lizenzvertrags ändern daran nichts; ist die Ware auf Grund einer Lizenz, die nur für einen bestimmten Bezirk verliehen ist, berechtigt hergestellt, so begeht der Dritte, der sie außerhalb dieses Bezirks benutzt oder veräußert, keine Patentverletzung. Selbstverständlich ist, daß dies dann nicht gilt, wenn die Ware ins Ausland verbracht wird und dort zugunsten eines anderen geschützt ist. Ist dagegen die Ware ohne Berechtigung hergestellt, so enthält ihre Benutzung durch einen Dritten auch dann objektiv eine Patentverletzung, wenn der Dritte das Eigentum gutgläubig erworben hat; Eigentumserwerb hindert nicht Patentverletzung. Vgl. für diese Fragen § 6 A 27, 28.

Von erheblicher Wichtigkeit in diesem Zusammenhange sind gewisse Beschränkungen, die häufig von dem Lizenzgeber seinen Lizenznehmern auferlegt werden. Örtliche und zeitliche Beschränkungen sind soeben erwähnt. Größere Bedeutung haben Beschränkungen hinsichtlich der Art des Weiterverkaufs. Es gilt die Regel, daß Verbote, Beschränkungen, Bedingungen, die der Patentberechtigte seinem ersten Abnehmer oder Lizenznehmer auferlegt, den dritten Erwerber nicht binden. Hatte also der Patentberechtigte beim Verkaufe der patentierten Ware dem Käufer auferlegt, die Ware nicht weiter zu verkaufen oder dies nur unter bestimmten dem dritten Käufer aufzuerlegenden Bedingungen zu tun, so begeht dieser Dritte keine Patentverletzung (sondern nur einen Vertragsbruch gegenüber seinem Vormann), wenn er diese Bedingungen nicht einhält, also die Ware in verbotener Weise benutzt, die ihm vorgeschriebenen Preise beim Weiterverkauf nicht einhält usw. Die Folge ist, daß der Patentberechtigte gegen den Dritten nicht vorgehen kann, weil dieser das Patent nicht verletzt hat, wenngleich er den Vertrag mit seinem Vormanne gebrochen hat. Unter Umständen kann dem Dritten, der die ihm vorgeschriebenen Einzelverkaufspreise nicht einhält, dem „Preisschleuderer", ein Verstoß gegen die guten Sitten zur Last fallen; doch ist neuerdings sehr streitig geworden, wann dieser Vorwurf berechtigt ist (vgl. Pinzger, MuW Jahrg.

27/28 S. 111 ff). Patentverletzung liegt jedenfalls auf seiten des Dritten nicht vor. Der erste Erwerber selbst macht sich dagegen bei einer unbefugten Veräußerung einer Patentverletzung schuldig, weil ihm nur eine beschränkte Patentberechtigung übertragen war. Erst in der Hand des Dritten wird die Ware frei. Der Grund dieser Regelung ist wirtschaftspolitischer Art; der Verkehr mit Waren, die zum Verkehr bestimmt sind, soll nicht ungebührlich in Fesseln geschlagen werden. Die Regel findet insbesondere Anwendung, wenn der Patentberechtigte dem von ihm kaufenden Händler vorgeschrieben hatte, nur zu bestimmten Kleinverkaufspreisen weiterzuverkaufen, oder seinen Kunden aufzuerlegen, Ersatzstücke u. dgl., etwa Papier und Tinte bei Schreibapparaten, nur vom Fabrikanten zu beziehen, oder die Ware nicht zum Export oder nur zum Export weiterzuverkaufen. Alles dies berührt den Dritten nicht. Die Regel findet auch dann Anwendung, wenn der deutsche patentberechtigte Fabrikant die Ware nach dem Auslande verkauft hatte, und der ausländische Käufer sie vertragswidrig wieder nach Deutschland einführt, weil sie nach der herrschenden, freilich formellen, Anschauung durch die Versendung vom Fabrikorte nach dem deutschen Seehafen oder an die Grenze bereits in den deutschen Verkehr gebracht war (§ 4 A 3). Die Regel findet keine Anwendung, wenn der deutsche Patentberechtigte einer deutschen Firma die Lizenz erteilt hatte, die Ware für den eigenen Gebrauch herzustellen, letztere sie aber verkauft; in solchem Falle hatte der Patentberechtigte die Ware nicht in den deutschen Verkehr gebracht (RG MuW Jahrg. 11 S. 319). Für alles weitere zu diesem Punkt vgl. ebenfalls § 6 A 27, 28.

Bekannt ist, daß in England und in Nordamerika die Auflegung von Bedingungen mit Wirksamkeit gegen Dritte — so daß also der Dritte gegebenenfalls vom Patentberechtigten wegen Patentverletzung in Anspruch genommen werden kann — in viel weiterem Umfange zugelassen wird. Die amerikanische Rechtsprechung ist § 6 A 26 und 28 angeführt. In England ist die Rechtslage durch das Ges von 1907 und 1919, section 38, 1 a und b dahin geregelt, daß nur gewisse genau bezeichnete Bedingungen für nichtig erklärt sind; die Bedingung, Ersatz- und Reparaturstücke nur vom Patentberechtigten zu beziehen, ist rechtsgültig gegenüber Dritten (a. a. O. 5 d); ebenso Bedingungen, die die Kleinverkaufspreise festsetzen.

In den A 5 und 7 ist dargelegt, daß nach der bis auf eine neue Entscheidung einhelligen **Anm. 18.** Rechtsprechung eine geschützte Verfahrenserfindung nicht in Verkehr gebracht noch gebraucht, also nicht verletzt wird, wenn jemand Vorrichtungen oder Stoffe, die zur Ausübung des Verfahrens nötig sind, herstellt oder verkauft. Es kann aber darin eine **Beihilfe zur Patentverletzung** gegeben sein. Wann liegt das vor? Ähnliche Zweifel, wie sich bei Beantwortung dieser Frage ergeben werden, entstehen auch bei Erörterung der anderen Frage, wann die Anfertigung von Teilen, besonders von neutralen Teilen, einer geschützten zusammengesetzten Vorrichtung eine Verletzung enthält. Davon ist oben in A 2 gehandelt; hier ist nur die Lieferung von Stoffen oder Vorrichtungen zur Ausführung eines geschützten Verfahrens zu erörtern. Die Rechtsprechung hat eine Entwicklung durchgemacht; sie soll zunächst kurz dargestellt werden. In einem Punkte ist sie konstant geblieben: sie geht davon aus, daß es sich in den angeführten Fällen um eine Beihilfe zu einer Patentverletzung handelt; es wird also, um von einer Verletzung durch Lieferung reden zu können, stets vorausgesetzt, daß der Käufer mit dem Stoffe oder der Vorrichtung das Verfahrenspatent auch wirklich verletzt. Hierin hat die Rechtsprechung nie geschwankt; RG 101, 140: für die Frage der Beihilfe zur Patentverletzung ... wäre es zunächst wesentlich, wenn ein Abnehmer das ... gelieferte Pulver zur gewerbsmäßigen Ausübung des der Klägerin geschützten Verfahrens ohne ihre Zustimmung gebraucht ... hätte; RG 65, 160: um eine solche Beihilfe annehmen zu können, ist aber nicht nur erforderlich, daß der Täter objektiv die Patentverletzung des anderen durch seine Handlungen befördert; RG im Blatt 30 (1924), 295: als unerlaubt könne die Beihilfe nur dann gelten, wenn die (Käufer) einen widerrechtlichen Eingriff in das klägerische Schutzrecht begingen. — Ob der Käufer sich seiner Patentverletzung bewußt sein muß, ist ausdrücklich nirgends erörtert; daß er gewerbsmäßig handeln muß, ist in dem angeführten Urteile RG 101, 140 erfordert. Weniger einheitlich ist die Rechtsprechung hinsichtlich der subjektiven Voraussetzungen auf seiten des Verkäufers. Viele Urteile verlangen ganz streng, der Verkäufer müsse gewußt haben, daß der Käufer mit den gelieferten Sachen eine Patentverletzung begehen werde; Bolze Bd. 6 Nr. 154: der Verkäufer muß wissen, daß der Käufer ein Patent benutzen will und daß er dazu nicht berechtigt ist (keine Lizenz hat); GewR 11 (1906), 262: eine Verletzung durch den Verkauf liegt nicht vor, wenn nicht festgestellt werden kann, daß der Verkauf bewußtermaßen gerade zum Zwecke der Patentverletzung erfolgt. Endlich ein Urteil aus neuester Zeit, MuW Jahrg. 25 S. 47: nach fester Rechtsprechung muß, um Patentverletzung annehmen zu können, der Lieferer gewußt oder damit gerechnet haben, der Empfänger werde die Vorrichtung ohne Erlaubnis des Patentinhabers in Benutzung nehmen, und daß er dies Tun fördern oder unterstützen wollte. Ausdrücklich abgelehnt wird, daß grobe Fahrlässigkeit genüge, um Patentverletzung annehmen zu können; RG Blatt 19 (1913), 122:

die Beihilfe muß wissentlich erfolgen, sonst ist keine verfolgbare Verletzung gegeben. Grobe Fahrlässigkeit genügt nur dann, wenn die Handlung des Verkäufers als Mittäterschaft angesehen werden kann. (Letztere Einschränkung ist ohne Bedeutung, denn es wird kaum jemals vorkommen, daß der Verkäufer die Verletzung des Käufers als eigene Tat gewollt hat.) In diesem Falle handelte es sich um Maschinen, auf denen im Auslande Glühkörper hergestellt werden sollten, die in Deutschland patentiert waren, und die sodann nach Deutschland eingeführt worden sind, also nicht um ein Verfahren, doch macht das für die Beurteilung der subjektiven Seite keinen Unterschied. Neben diesen Urteilen und im teilweisen Gegensatz zu ihnen geht nun eine Richtung her, die eine grobe Fahrlässigkeit für genügend erklärt. So RG 101, 140, woselbst für genügend erklärt wird, wenn der Verkäufer nur aus grober Fahrlässigkeit nicht gewußt habe, daß das beabsichtigte Vorgehen das Schutzrecht der Klägerin verletzen werde: grobe Fahrlässigkeit also hinsichtlich der Unkenntnis von der objektiv vorhandenen Verletzung und der mangelnden Erlaubnis des Patentinhabers. Dabei ist dann von Wichtigkeit, ob dem Lieferer in diesen Richtungen eine Erkundigungspflicht obliegt. Das ist mehrfach geleugnet: Bolze Bd. 11 Nr. 89: der Verkäufer von neutralen (dem Patent nicht besonders angepaßten) Teilen braucht sich nicht darum zu kümmern, wie der Käufer sich mit dem Patentberechtigten abfinden werde. Ebenso RG 65, 161: der Verkäufer hat sich nicht darum bekümmert, ob der Käufer eine Lizenz zur Ausübung des geschützten Verfahrens mittels der gekauften Vorrichtung hat oder nicht. „Darin würde ein rechtswidriges Verhalten nicht zu erblicken sein. Der Verkäufer habe keine Verpflichtung, die Interessen (des Patentinhabers) wahrzunehmen." Endlich ist das Urteil RG GewR 31 (1926), 163 zu erwähnen: Geschützt war eine Gesamtvorrichtung mit ungeschützten Einzelteilen. Verkauft waren Einzelteile, die der Gesamtvorrichtung angepaßt waren; festgestellt war bedingter Vorsatz des Verkäufers. Danach ist der Unterlassungsklage stattgegeben. Die Bedeutung des Urteils liegt darin, daß es angesichts der Anpassung für gleichgültig erklärt ist, ob die Einzelteile möglicherweise auch für andere ungeschützte Gesamtvorrichtungen verwendet werden konnten. Daß sie jedenfalls tatsächlich auch für die geschützte Gesamtvorrichtung verwandt waren, ist nicht erwähnt, weil es sich nach der Sachlage offenbar nicht bestreiten ließ. Der Stand der heutigen Rechtsprechung läßt sich danach wie folgt zusammenfassen. Objektiver Tatbestand: es muß feststehen, daß der gelieferte Gegenstand wirklich zu patentwidrigen Zwecken gebraucht worden ist oder gebraucht werden wird. Das wird vermutet, wenn der Gegenstand gerade diesen Zwecken angepaßt ist — so die Entscheidung GewR 31 (1926), 163 — oder wenn ein anderer Gebrauch außer dem Bereiche einer vernünftig zu beurteilenden Möglichkeit liegt (RG 101, 140). Daß der Gegenstand auch zu anderen Zwecken hätte gebraucht werden können, spielt keine entscheidende Rolle mehr, obgleich es noch MuW Jahrg. 12 S. 466 als maßgebend aufrechterhalten worden ist. Ist die Lage so, daß besondere Anzeichen für einen patentwidrigen Gebrauch nicht vorliegen, weil ein Gebrauch zu erlaubten Zwecken ebenso wahrscheinlich ist, dann liegt allerdings der objektive Tatbestand einer Verletzung nicht vor. — Subjektiver Tatbestand: es muß böse Absicht des Lieferers erhellen. Er muß wissen (und also wollen), daß der Gegenstand zu Zwecken gebraucht werden wird, die ein Patent verletzen. Die Absicht wird wiederum vermutet, wenn er den Gegenstand den Zwecken, deren verletzenden Charakter er kennt, angepaßt hat. Dem steht gleich, wenn sein behauptetes Nichtwissen nur auf grober Fahrlässigkeit beruhen kann (vgl. MuW Jahrg. 25 S. 47). Wer bewußt auf die Gefahr hin liefert, daß der Käufer mit den gelieferten Gegenständen ein Patent verletzen werde, handelt mit bedingtem Vorsatz (Urt vom 8./25. 1. 28, teilweise abgedruckt MuW Jahrg. 27/28 S. 314). Ebenda: die Anforderungen an die Sorgfalt der Prüfung eines entgegenstehenden Patents sind beim Lieferer und Käufer gleich hoch zu stellen (durch welchen Ausspruch übrigens die allgemeinen Grundsätze über die Erkundigungspflicht, § 35, nicht geändert werden).

Daß Beihilfe zur Patentverletzung nicht in Betracht kommt, wenn die hergestellten und gelieferten Teile einer Vorrichtung an sich selbst Patentschutz genießen und also schon ihre Herstellung eine Verletzung enthält (RG 40, 79), bedarf keiner Hervorhebung.

Seit einiger Zeit ist die Frage streitig geworden, ob die Lieferung von Stoffen oder Vorrichtungen zur Ausführung eines Verfahrens schon an sich eine Patentverletzung enthalten könne. Hierüber vgl. die nächste Anmerkung.

Auf eine Unterlassungsklage hatte das Berufungsgericht dem Lieferer auferlegt, seinen Beziehern mitzuteilen, daß sie die Gegenstände zu einem (naheliegenden) patentwidrigen Gebrauche nicht verwenden dürften. Das ist vom Reichsgericht gebilligt (JW 1927, 1557 Ziff 1). In Einzelfällen kann dies Mittel allerdings Abhilfe gegen Mißbrauch schaffen. Allgemeine Anwendung im großen Handelsverkehr wird freilich nicht möglich sein.

In A 4 Ziff 6 zu § 5 ist darauf hingewiesen, daß das Reichsgericht in der Entscheidung Blatt 33 (1927), 153 dem Fabrikanten und Lieferer einer Vorrichtung, die zu Zwecken gebraucht wurde, die nachträglich einem Dritten patentiert worden waren, ein Vorbenutzungsrecht dahin zugesprochen hat, daß er auch weiterhin liefern dürfe. Das Nähere über das Urteil in der angegebenen Anmerkung. Es ist fraglich, ob daraus der Schluß zu ziehen ist, daß das Reichsgericht die Lieferung als ein delictum sui generis ansehen wird. Davon wird abhängig sein, ob Voraussetzung der Haftung des Lieferers ist, daß der Käufer wenigstens schon einmal eine Verletzung wirklich vorgenommen hat. In dem Urteil JW 1927, 1557 war das nach der ausdrücklichen Feststellung der Fall; in den allgemeineren Ausführungen des Urteils ist hierauf kein Gewicht gelegt.

Die gleichen Fragen sind auch in Amerika hervorgetreten und in sehr zahlreichen Urteilen erörtert. Sie sind im wesentlichen so beantwortet, wie der noch als herrschend anzusehenden Auffassung des Reichsgerichts entspricht. Die amerikanische Rechtsprechung legt kein Gewicht darauf, ob der gelieferte Gegenstand nicht auch zur Verwendung für nicht verletzende Zwecke geeignet ist, falls nicht eine solche Verwendung annähernd ebenso möglich erscheint, wie eine verletzende Verwendung. Entscheidendes Gewicht wird darauf gelegt, ob der Lieferer böse Absicht gehabt hat. Ist das der Fall, so hat er sich einer Beihilfe zur Verletzung, einer contributory infringement, schuldig gemacht. Ein neueres Urteil Fed. Rep. 2. Reihe Bd. 11 S. 212 oben: eine Vorrichtung, die eines patentverletzenden Gebrauchs fähig ist, und die in der Absicht verkauft wird, daß sie so gebraucht werden soll, ist eine Verletzung auch dann, wenn sie an sich auch eines nichtverletzenden Gebrauchs fähig ist. Das Urteil Fed. Rep. Bd. 148 S. 866 macht eine Ausnahme für den Fall, daß neutrale Stoffe geliefert werden, die einen gebräuchlichen Handelsartikel bilden, also etwa Draht, Nieten, Schrauben. — Für den Patentberechtigten viel ungünstiger ist die englische Rechtsprechung. Sie nimmt an, daß der Lieferer nicht an der Verletzungshandlung des Käufers objektiv teilnimmt. Der Patentinhaber muß sich deshalb an den Käufer halten. Das ist in der heute maßgebenden Entscheidung Rep. of Pat. Cases Bd. 21 S. 274, 280 dargelegt.

Mittelbare Benutzung. Mehrere Schriftsteller nehmen an, daß die geschilderte Recht- Anm. 19.
sprechung den berechtigten Interessen des Patentinhabers nicht Genüge tut. Sie weisen darauf hin, daß eine Patentverletzung nicht vorliegt (und also auch eine Beihilfe zur Patentverletzung nicht angenommen werden kann), wenn die Benutzung der Erfindung nicht gewerbsmäßig, sondern etwa nur im privaten Haushalte oder von sog. Bastlern erfolgt. Wenn also ein Verfahren zur Herstellung von kohlensauren Bädern geschützt sei, und die Händler die dafür nötigen Ingredienzien verkauften, so sei der Patentinhaber wehrlos, da er nicht die privaten Zubereiter des Bades und infolgedessen auch nicht den Händler in Anspruch nehmen könne. Ebenso sei es, wenn ein Händler Radiovorrichtungen verkaufe, mit denen ein Bastler eine geschützte Schaltung vornehmen wolle. Ähnlich auch, wenn etwa Schneidbrenner, Wasserstoff und Sauerstoff zur Vornahme einer geschützten autogenen Schweißung verkauft würden; hier werde zwar die Benutzung der Erfindung gewerbsmäßig vorgenommen; aber der Patentinhaber könne die einzelnen Verletzer nicht ermitteln und deshalb gegen den Händler nicht vorgehen. Durch die Lieferung von Vorrichtungen oder Stoffen bringe man nicht etwa das geschützte Verfahren im Sinne des § 4 in den Verkehr, so daß deshalb die Schutzbestimmung des § 4 versage. Deshalb sei es erforderlich, daß in dem Vertriebe von Stoffen und Vorrichtungen zum Zwecke der Ausführung eines einem anderen geschützten Verfahrens schon an sich eine Patentverletzung, eine sog. mittelbare Erfindungsbenutzung, erblickt werde, was durch Gesetz festgelegt werden müsse. Der Wunsch nach einer derartigen Gesetzesergänzung ist zuerst von R. Isay (MuW Jahrg. 10 S. 79) geäußert worden, freilich noch in gemäßigtem Umfange. Die Meinung von H. Isay (Komm. § 4 A 35, 53) geht nicht unerheblich weiter. Das Justizministerium hatte in der Tat erwogen, ob eine derartige Gesetzesergänzung angezeigt sei, hat aber schließlich in dem Entwurf zur Abänderung des Patentgesetzes vom 4. 2. 28 doch davon abgesehen, weil ein ausreichendes Bedürfnis für eine derartige Änderung des geltenden Rechtszustandes nicht dargetan sei. Hinsichtlich der Lieferung von Vorrichtungen könne nach der Entwicklung, die die Rechtsprechung genommen habe, erwartet werden, daß alle wirtschaftlich bedeutungsvollen Eingriffe in die Ausnutzungsrechte des Patentinhabers unter dem Gesichtspunkt der Beihilfe zur Patentverletzung erfaßt werden könnten. — Es darf vermutet werden, daß die Rechtsprechung sich diesem Gedanken anschließen wird. In der Tat wird die herrschende Rechtsprechung den Interessen des Patentinhabers bis auf wenig bedeutende Einzelfälle gerecht. Das hat sich auch in sämtlichen ausländischen Industriestaaten gezeigt, namentlich in der sehr umfangreichen nordamerikanischen Rechtsprechung, wie bereits in voriger Anmerkung angeführt. Andererseits stehen der Annahme einer „mittelbaren Benutzung" als eines selbständigen Deliktes viele Bedenken entgegen, auf die der Verfasser im GewR 32 (1927), 846 hingewiesen hat.

Teilnachahmung. Grundlegende Regeln. 1. Man hat drei „Nachahmungstypen" auf- Anm. 20.
gestellt: alle — nicht identische — Nachahmung besteht entweder in Hinzufügung oder in Weglassung oder in Ersetzung eines Teiles. Diese Regel ist zuerst in England aufgestellt (Rep. of Pat. Cases Bd. 1 S. 61, 65); sie ist dann in deutsche Urteile übergegangen und wird

neuerdings von Schanze und von Wirth, Erfindung und Nachahmung, S. 204ff, hervorgehoben. Die Regel ist nicht ohne Wichtigkeit; sie ordnet die verwirrende Menge der Nachahmungsarten übersichtlich in drei Klassen. Diese Klassen unterliegen verschiedenartiger patentrechtlicher Behandlung. Hinzufügung eines Teiles ändert sehr häufig an dem Inhalte der Erfindung nichts; wird etwas hinzugefügt, so ist gleichwohl in vielen Fällen möglich, daß der Erfindungsgedanke der Erfindung auch in der Nachahmung vorhanden ist. Über die Bedeutung einer Weglassung ist die Rechtslehre in den verschiedenen Industrieländern verschiedener Ansicht. In England und Nordamerika herrscht die Anschauung, daß der Erfindungscharakter einer Kombination nicht gewahrt bleibt, wenn das Patent zur Erreichung des erstrebten Zieles drei Elemente braucht, die Nachahmung dagegen nur zwei. In Deutschland legt man allein Wert auf den Inhalt des sog. Kombinationsgedankens und hält es für möglich, daß dieser derselbe bleibt, wenn auch ein (unwesentlicheres) Element weggelassen ist. Hierüber vgl. § 4 A 61. Anders liegt es mit dem Ersatz eines Elements; es kann eintreten und tritt nicht selten ein, daß, wenn das Ersatzmittel nicht ein Äquivalent des Originalmittels ist, das Wesen der Erfindung durch die Ersetzung verändert werden kann. Alle diese Fragen sind A 61f ausführlicher behandelt. Hinzuzufüzen ist übrigens, daß die geschilderte Dreiteilung nicht ausnahmslos alle Arten der Nachahmung umfaßt. Sie beruht auf einem Vergleich der einzelnen Arbeitsmittel. Eine Nachahmung kann auch so vorgenommen werden, daß der Erfindungsgedanke des Patents benutzt und auf einem nicht gerade prinzipiell abweichenden, aber doch andersartigen Wege verkörpert wird, wobei eine andersartige Anordnung von Mitteln stattfinden kann, so daß deren Einzelvergleichung ausgeschlossen ist. Wird z. B. in der drahtlosen Telegraphie etwa eine Rückkoppelung durch eine andere aber ähnliche Schaltung bewerkstelligt, so kann man die angewandten Arbeitsmittel überhaupt nicht in Vergleich ziehen. Auf die große Mehrzahl der mechanischen, maschinellen Erfindungen und ihrer Nachahmungen trifft die Dreiteilung allerdings zu.

2. Es gilt die Regel, daß Vorzüge und Nachteile der Nachahmung, Verbesserungen oder Verschlechterungen der in dem Patente beschriebenen Erfindung weder entscheidend dafür, noch dagegen sprechen, daß eine Verletzung gegeben ist. Es ist zu beachten, daß Vorzüge und Nachteile nur Folgeerscheinungen sind. Liegen sie vor, so läßt das den Rückschluß zu, daß in der technischen Anweisung irgend etwas geändert ist. Die Frage der Verletzung ist nach dieser Veränderung der technischen Anweisung zu entscheiden. Das ist der springende Punkt. Vorteile können hervorgebracht werden durch Hinzufügung günstiger oder durch Weglassung schlecht wirkender Momente, auch natürlich durch völlige Änderung der Anweisung. Ebenso bei Nachteilen. Ist die technische Anweisung erheblich abgeändert, so liegt keine Identität der Erfindungen und also keine Verletzung vor. Handelt es sich nur um Hinzufügungen oder Weglassungen, so wird in der Mehrzahl der Fälle der verletzende Charakter der Nachbildung nicht gehindert. RGStr 43, 397: eine Patentverletzung gegenüber dem patentierten Verfahren liegt nicht erst dann vor, (wenn die beiden Verfahren identisch sind), sondern auch schon in dem Falle, daß es sich mit ihm teilweise deckt, gleichviel ob der sich damit nicht deckende Teil im Verhältnis zu dem patentierten Verfahren eine Verbesserung oder eine Verschlechterung darstellt. Das Vorliegen von Vorteilen oder Nachteilen an sich ist also nicht beweiskräftig; jedoch zeigen besonders große Vorteile oder große Nachteile unter Umständen, daß keine Verletzung vorliegt. — In zahlreichen Urteilen ist ausgeführt, daß es für die Frage der Verletzung nicht auf die Vorzüge oder Nachteile ankommt. Neben den bekannten deutschen seien einige ausländische Urteile angeführt. Patentiert war eine Vorrichtung zum Reinigen der Baumwollensaat von anhängender Baumwolle. Der Nachahmer baute seinen Apparat nach denselben Grundsätzen, fügte aber eine Vorrichtung hinzu, um die Baumwolle rascher durch den Apparat zu treiben. Diese vorteilhafte Hinzufügung hinderte die Verletzung nicht. — In einer Rechenmaschine zum Subtrahieren hatte ein Hebel eine gewisse Funktion zu verrichten. Der Nachahmer erteilte ihm in vorteilhafter Weise noch eine andere Funktion; auch das hinderte die Verletzung nicht. — Nur dann liegt die Sache anders, wenn, wie Robinson sich ausdrückt, durch die Verbesserung die Einheit und Identität der Vorrichtung zerstört wird. Das ist auch der Sinn des Urteils JW 1900, 554: die Äquivalenz fällt fort (so daß Verletzung zu verneinen ist), wenn sich der technische Effekt der neuen Anordnung mit dem der alten nicht mehr deckt ... Allerdings müssen die Unterschiede wesentlicher Art sein. Der entscheidende Gesichtspunkt liege in der gewerblichen Bedeutung. Dabei könne die Andersartigkeit des Effekts, aber auch schon eine starke Steigerung desselben Effekts von Wichtigkeit sein und unter Umständen die Annahme einer Verletzung unmöglich machen. — Das Endergebnis ist also: wenngleich eine bessere oder schlechtere Wirkung darauf hinweisen kann, daß eine Änderung in der Substanz der Erfindung vorgenommen ist, so ist doch immer die ganze oder teilweise Gleichheit der technischen Anweisung entscheidend. Unsere Regel will demnach sagen: wenn die völlige oder teilweise Benutzung des Erfindungsgedankens feststeht, so ist es im Zweifel ohne Bedeutung, ob — etwa durch Hinzufügung günstiger Mo-

mente — ein größerer Vorteil erzielt oder — etwa durch nicht völlige Ausführung der Regel des Patents — der Vorteil, den die geschützte Erfindung bietet, in der Nachbildung herabgemindert ist. — Vgl. noch MuW Jahrg. 13 S. 584: fallen die von dem Beklagten hergestellten Lampen nicht unter das Patent, so ist es völlig gleichgültig, . . . ob er auch die Vorteile des Patents, bessere Lichtwirkung . . ., herbeiführen wollte und erzielt hat. — Ebenda S. 440: es ist ohne Bedeutung, wenn der Nachahmer auf „einige Vorteile des Patents verzichtet" hat. — Über die weitere, manchmal allerdings schwankende Rechtsprechung siehe A 60, 3.

3. Auf Grund der vorstehenden Überlegungen hat sich die weitere Regel gebildet: wenn die Nachbildung mit der geschützten Erfindung nicht in allen Punkten übereinstimmt, so sind beide nicht nach ihren Abweichungen, sondern nach ihren Übereinstimmungen zu vergleichen. Diese Regel rechtfertigt sich dadurch, daß die Abweichungen durch Nebenumstände hervorgerufen, trotzdem aber der Erfindungsgedanke des Patents benutzt sein kann, was in den Übereinstimmungen zutage tritt. Dem Laien liegt die Anschauung nahe, daß eine nachgebildete Vorrichtung nicht identisch ist, wenn sie bessere oder andersartige Wirkung aufweist. Dabei wird übersehen, daß das durch Nebenumstände verursacht sein kann, und also mit der völligen oder teilweisen Benutzung des Erfindungsgedankens des Patents durchaus vereinbar ist. Natürlich ist auch dies cum grano salis zu verstehen; es darf nicht außer acht gelassen werden, wenn etwa infolge der Abweichungen die Wirkung des Gesamtkomplexes eine andere wird, so daß die Identität der Erfindungen aufgehoben wird. Das hat zutreffenden Ausdruck in einem Urteil des höchsten nordamerikanischen Gerichtshofs gefunden: es wäre schwer zu verstehen, daß ein Verfahren, das so kostspielig und unwirksam arbeitet, wie das des Beklagten nachweislich tut, von dem des Patents nicht seinem Wesen nach unterschieden sein sollte; über dies Urteil vgl. § 4 A 64 a. E. und A 38.

Der Kreis der **Teilnachahmungen** scheidet sich seinem Wesen nach in zwei Typen. **Anm. 21.** Entweder es wird ein quantitativer Teil des Erfindungsgegenstandes nachgeahmt — von einer zusammengesetzten Vorrichtung ein körperlicher Teil, von einem zusammengesetzten Verfahren eine Verfahrensstufe —, oder es wird die Regel, die das Patent aufstellt, nicht in allen Einzelheiten, nicht in vollem Umfange, nicht mit allen Modifikationen nachgeahmt, letzteres häufig unvollkommene Nachahmung genannt. — Einzuschalten ist, daß es von streng einheitlichen Erfindungen keine Teilnachahmung gibt: ist erfunden, den Halter für Glühfäden in Glühbirnen aus Molybdän herzustellen, so kann das nur ganz oder gar nicht nachgeahmt werden. — Die Nachahmung körperlicher Teile kann sich der Benutzung der Elemente einer Kombination annähern; die unvollkommene Nachahmung kann unter Umständen auf der Grenze zur Abänderung des geschützten Verfahrens in ein anderes unterschiedenes Verfahren stehen. Teile und Elemente: besteht bei einer einfachen Handwerksmaschine die Schmiervorrichtung aus einer Röhre und einer am oberen Ende angebrachten Erweiterung zum Eingießen von etwas Vorratsöl, so sind Röhre und Erweiterung „Teile" der Schmiervorrichtung; ist jedoch bei einer ausgedehnten Maschine ein besonders gestalteter Vorratsbehälter und ein weit verzweigtes kunstvolles selbständiges Röhrensystem vorhanden, so können sie als Elemente einer Kombination angesehen werden.

Die Rechtsprechung des Reichsgerichts hat seit langem — anfänglich im Gegensatz zum Patentamt — die Regel aufgestellt, daß das Patent auf eine zusammengesetzte Erfindung auch dann verletzt wird, wenn nur einzelne erfinderisch neue Teile der Erfindung nachgebildet werden. Das ist also ein richtiger „Teilschutz". Diese Regel hat ihren schärfsten Ausdruck in dem Urteil über die Hirsepoliermaschine vom 18. 1. 90 (Patentblatt 1892 S. 457) gefunden. Daselbst ist mit Zuspitzung ausgesprochen, daß auch Teile von Unterteilen geschützt sind, wenn sie erfinderisch neu sind, ohne daß der Teilschutz ausdrücklich begehrt zu sein braucht (für letzteres vgl. auch Blatt 15 [1909] S. 117). — Daneben gilt die Regel (a. a. O. S. 455, Ausziehtisch), das Patent wird verletzt, wenn mit wesentlich denselben Mitteln derselbe Zweck verfolgt und erreicht wird. Bei dieser zweiten Regel wird von dem Erfindungsgedanken des Gesamtkomplexes ausgegangen. Beides zusammengenommen ist also dem Schema nach dasselbe wie bei der Verletzung von Kombinationen. Die zweite Regel hat klaren Ausdruck in Ausführungen gefunden, die zu dem Urteile Bolze Bd. 6 Nr. 151 (Kinderstuhl zum Umklappen) gehören, daselbst aber nicht mit abgedruckt sind: „Wenn ein als Nachahmung angefochtenes Fabrikat im übrigen demjenigen, worauf sich der Patentschutz erstreckt, entspricht und nur in einem wesentlichen Merkmale davon abweicht, so kann deshalb die Identität . . . nicht schlechthin verneint werden. Denn die Verletzung des Patentrechts . . . erfordert nicht notwendig eine vollständige Nachbildung der patentierten Erfindung, sondern wird auch schon dadurch begangen, daß letztere in wesentlichen Teilen reproduziert wird, daß die Nachbildung auch nur in einzelnen wesentlichen Merkmalen, auf welche sich der Patentschutz erstreckt, mit dem Gegenstande der patentierten Erfindung übereinstimmt. Durch den Umstand, daß der Nachbildung von den mehreren Merkmalen der patentierten Erfindung ein einzelnes, sei es auch ein charakteristisches, fehlt, wird daher die Identität des Gegenstandes nicht ohne weiteres ausgeschlossen; dies ist vielmehr nur dann der Fall, wenn sich ergibt, daß jenes fehlende Merkmal in Wirklichkeit gerade dasjenige ist, welches durch das Patent als neu anerkannt und geschützt werden sollte, während die übrigen in der Patentschrift hervorgehobenen Eigenschaften nur als ... unwesentliche Bestandteile der Beschreibung anzusehen sind, welche das Patentamt ... nicht für patentfähig zu erklären und zu patentieren beabsichtigt hat." — Hieraus ergeben sich zwei Gesichtspunkte. Der erste: was nicht zu dem erfinderischen Teile der geschützten Vorrichtung gehört, kann frei nachgeahmt werden. Das ist selbstverständlich und auch sonst anerkannt, z. B. Patentblatt 1892 S. 456 Sp. 2. Aber der zweite Gesichtspunkt: von wesentlichen Teilen der Erfindung ist hier die Rede, nur wesentliche Teile dürfen nicht nachgeahmt werden, was auch in vielen anderen Urteilen betont wird (Bolze Bd. 15 Nr. 110; IndR Jahrg. 12 S. 135 usw.), wobei dann noch vielfach auseinandergesetzt wird, daß es sich keineswegs um beliebige Teile handle, die für die Vorrichtung und ihren Betrieb wesentlich seien, sondern vielmehr um Teile, in denen sich gerade ein wesentliches Stück der Erfindung verkörpere (Gareis Bd. 9 S. 602; der soeben erwähnte erste Gesichtspunkt). Wie stimmt das zu dem obigen Grundsatz, daß die Nachahmung jedes beliebigen erfinderischen Teiles eine Verletzung enthält? In der Tat ist hier eine Unstimmigkeit vorhanden. Man würde sie dahin lösen können, daß Nebenteile, „Teile von Unterteilen", geschützt sind, wenn sie neu sind, und daß die Regel von den „wesentlichen Teilen" sich nur auf solche Teile bezieht, die an sich alt sind. Gesagt ist das freilich nirgends. Es ist das auch keineswegs ohne Bedenken: die Kulissen des Ausziehtisches (Patentblatt 1892 S. 456 Sp. 2) waren zweifellos ein wesentlicher Teil des Tisches, trotzdem ist mit Recht anerkannt, daß sie frei nachgeahmt werden können, weil sie alt waren. Die Diskrepanz ist sicherlich wie folgt zu erklären. Die ganz überwiegende Mehrzahl der Urteile ging davon aus, daß Nachahmungen verboten sein sollten, die sich den Erfindungsgedanken des Patents aneigneten. Als ein Zeichen einer solchen Aneignung wurde es angesehen, wenn wesentliche Teile der Erfindung selbst — also nicht beliebige Teile des Gesamtkomplexes — nachgeahmt wurden. Deshalb die immer wiederholte Betonung: wesentliche Teile der Erfindung. Diesen Urteilen lag die Auffassung fern, daß Nebensachen, die sich später als neu erwiesen, vom Schutz auf die Gesamtheit ergriffen werden sollten; so weit auf die Spitze getrieben wurde die Lehre vom Teilschutz nicht. Weiter geht nur das oben angeführte Urteil über die Hirsepoliermaschine, und auch dieses nur in der Form, daß es über die Wesentlichkeit nichts sagt. Das war auch nach der Sachlage nicht einmal erforderlich, denn ohne Frage war die Lederbekleidung der Schlagleisten zu dem Zwecke, daß die Hirsekörner nicht zerschlagen würden, ein wesentlicher Teil der Erfindung, wenn auch seine Erfindungshöhe zum Schluß verneint wurde. Ob die heutige Rechtsprechung bei jener Auffassung verbleiben wird, steht dahin. — Lebhaften Widerspruch gegen das letztgenannte Urteil hat erhoben Häberlein, IndR Jahrg. 9 S. 89. Abschließend hierzu vgl. das Ende dieser Anmerkung.

Der zweite Typ, die unvollkommene Benutzung, besteht in der Hauptsache entweder darin, daß ein Verfahren nur mit geringerer Intensität, unter Weglassung wertsteigernder Momente nachgeahmt wird, oder darin, daß nur einzelne vorteilhafte „Eigenschaften" einer körperlichen Vorrichtung nachgebildet werden. — Hierin unterscheidet sich die unvollkommene Benutzung von der Nachahmung quantitativer Teile. — Die unvollkommene Benutzung einer Verfahrensregel bietet der Beurteilung in den meisten Fällen keine Schwierigkeiten. Verletzung ist zu bejahen. Kohlenstäbe für Bogenlicht sollen so hergestellt werden, daß der Kohlenstab der Länge nach durchbohrt und in die Bohrung Kohlenstaub eingeführt wird. Geschützt war, zu gewissen Zwecken Kohlenmantel und Kohlenstaub mit einer Lösung von Salzen zu tränken. Der Beklagte tränkte nur den Kohlenstaub. Obgleich durch diese Beschränkung Vorteile erreicht wurden, ist Verletzung bejaht worden (Bolze Bd. 15 S. 110). Wird ein Verfahren zur Spaltung von Fetten in Fettsäure und Glyzerin unter Anwendung von Druck und Hitze derart nachgeahmt, daß geringere Hitze und geringerer Druck angewendet wird als das Patent vorschreibt, so liegt Verletzung zutage. — Anders dann, wenn durch die unvollkommene Nachahmung ein anderes Erzeugnis oder Ergebnis erzielt wird. Zwar: wird die geschützte Nitrierung eines Körpers nur so weit getrieben, daß nicht eine Trinitroverbindung, sondern nur eine geringere Nitrierungsstufe erreicht wird, so ist Verletzung gegeben. Aber: wird durch die Herabminderung des Zusatzes von Cer zum Thor bis auf 1% diejenige neue, überragende Lichtstärke im Glühstrumpf erreicht, die dem Auerlicht zu seinem Erfolge verholfen hat, so liegt eine selbständige, unabhängige Erfindung vor, Blatt 5 (1889), 24. — Über die teilweise Nachahmung von Zahl- und Maßangaben vgl. weiter unten A 64. — Schwierigkeiten macht die Nachahmung einzelner „Eigenschaften" einer körperlichen Vorrichtung. Patentblatt 1892, 457 (das schon mehrfach angeführte Urteil): 20010 schützte die Erfindung, die Schlagleisten zum Polieren von Hirse 1. mit Leder zu überziehen, 2. dreikantig zu gestalten. Der Lederüberzug war nachgeahmt. Das Reichsgericht sprach aus, die Nachahmung des Lederbezugs allein würde verletzend gewesen sein, wenn dieser neuen Erfindung genügende Erfindungshöhe beigewohnt hätte (was verneint wurde). — Gareis, Bd. 5 S. 301: geschützt waren Knieblechröhren mit runder Biegung (nicht scharfer Brechung) am Knie, die 1. gewisse vorteilhafte Eigenschaften aufweisen, 2. im Innern am Knie glatte Flächen darbieten sollten. Die Nachahmung hatte im Innern des Knies keine glatten Flächen. Das Reichsgericht sprach aus: Es genüge zur Verletzung, wenn die Erfindung in den übrigen Eigenschaften nachgebildet sei; fehle ein einzelnes, sei es auch charakteristisches Merkmal, so werde die Identität nicht ohne weiteres ausgeschlossen. — Es läßt sich nicht sagen, daß die Nachbildung einer einzelnen, neuen Eigenschaft einer Vorrichtung allemal eine Verletzung enthält. Die Sache liegt hier anders als bei der Nachbildung eines neuen Kombinationselements. Letzteres hat eine gewisse Selbständigkeit (§ 1, A 121), während die einzelne Eigenschaft in viel engerer Verbindung mit der Gesamtvorrichtung steht. Viel eher kann deshalb ein Kombinationselement selbständigen Schutz genießen — innerhalb der durch die Natur der Sache gegebenen Grenzen (§ 4 A 62f). Dagegen wird es nicht angezeigt sein, jeder beliebigen Eigenschaft, die sich neben vielen anderen an einer Vorrichtung darstellt und die bisher noch nicht an gleichen Vorrichtungen hervorgetreten war, ohne weiteres Teilschutz zuzusprechen. Wenn sie erheblich zum Erfolge der Erfindung beiträgt, dann allerdings ist sie als geschützt anzusehen; so auch Gierke, Privatrecht, Bd. 1 S. 882 A 4: Teile sind insoweit geschützt, als sie einen für den Gesamterfolg wesentlichen Teil des Erfindungsgedankens in sich tragen.

Es ist am Platze, an vorstehendes anschließend den Unterschied zwischen dem Schutz von Kombinationselementen und dem von „Teilen" darzulegen. — Auszuscheiden ist vorweg die unvollkommene Nachahmung einer Verfahrensregel (geringere Intensität usw.). Zwischen einer solchen Nachahmung und der Nachbildung eines Kombinationselements besteht nicht einmal der äußeren Erscheinung nach eine Ähnlichkeit, viel weniger noch dem Wesen nach, wie ohne weiteres erhellt, so daß der Unterschied auf der Hand liegt. Dieser Punkt ist damit erledigt. — Schwieriger ist die Feststellung des Unterschiedes gegenüber dem Schutz und der Nachbildung quantitativer Teile. Mehrfach ist das Bestehen eines Unterschiedes ganz geleugnet; Kombinationen und aus Teilen bestehende Erfindungen seien in allen Beziehungen gleich zu behandeln. Das ist aber nicht richtig. Der Unterschied ist zwar gleitend und deshalb unter Umständen nicht groß, aber er besteht und muß beachtet werden, da er für viele Fälle von Bedeutung ist. Kombinationen bestehen aus Elementen von einer gewissen Selbständigkeit, die — einerlei ob sämtlich oder zum Teil alt oder neu — in gemeinsamer Arbeit zu einem einheitlichen Ziele mitwirken. Daraus folgt, daß die sämtlichen Elemente einer Kombination, wenn diese richtig bestimmt ist, immer wesentlich sind und also, soweit neu, nach der deutschen Auffassung immer eigenen Schutz genießen — ihre Mitarbeit ist für die Erreichung des Zieles nötig, also sind sie „wesentlich". Das liegt bei „Teilen" ganz anders. Wenn eine Gesamtvorrichtung geschützt ist, oder wenn auch nur ein erfinderischer Teil derselben geschützt ist, so hat dieser Teil nicht selten Unterteile; von diesen können einige neu sein, ohne daß es auf sie und ihre Neuheit für die Zwecke der Erfindung irgendwie ankommt. Dann genießen sie keinen Eigenschutz. — Jedes Ventil besteht aus einem durchbohrten Körper mit einer Durchlaßöffnung und einem Verschluß, der die Öffnung zu gegebener Zeit schließt. Eine neue Gestaltung dieses Verschlusses ist erfunden. Durch Zufall oder aus irgendeinem Grunde ist auch der Durchlaßkörper oder seine Bohrung neu gestaltet, ohne daß das für die Erfindung von Bedeutung ist. Dann ist letzteres nicht geschützt, und zwar auch dann nicht, wenn es sich für ein anderes Ventil demnächst als vorteilhaft erweist. Bei einer Kombination kann das nicht vorkommen. Der Grund ist schon angegeben: Jedes Element einer (richtig bestimmten) Kombination ist wesentlich, wogegen es neue Teile einer Vorrichtung gibt, die ganz unwesentlich sind. Deshalb kann der Schutz von Elementen und von „Teilen" nicht gleich behandelt werden.

Territorialer Charakter des Patentrechtes. A. Patente gelten und wirken nur für das **Anm. 22.** Gebiet desjenigen Staates, der sie erteilt hat. Nur für sein eigenes Gebiet garantiert der erteilende Staat dem Patentinhaber die Ausschließlichkeit des Benutzungsrechtes der patentierten Erfindung (RG 51, 266f). Das ist in allen Industrieländern anerkannt; England Rep. of Pat. Cases Bd. 17 S. 606: patent is a local force; Frankreich Pouillet Nr. 832. Aus diesen Grundsätzen ergibt sich zunächst folgendes. Eine im Inlande erfolgte Benutzung eines ausländischen Patents wird im Inlande nicht als Patentverletzung angesehen, ebensowenig im Auslande die dort erfolgte Benutzung eines inländischen Patents. Eine Klage auf Anerkennung des Klägers als rechtmäßigen Inhabers eines amerikanischen Patents ist unzulässig (RG JW 1894, 369 Ziff 24). (Der Beklagte hatte behauptet, daß der Kläger nicht der wahre Erfinder sei; dagegen richtete sich die Klage; es handelte sich nicht etwa um einen über das Patent geschlossenen Veräußerungsvertrag, siehe unten.) Ein Deutscher kann nicht gegen einen Deutschen klagen, daß dieser sich einer Verletzung eines englischen Patents in England zu enthalten habe (JW 1890, 281). Nichtigkeit eines ausländischen Patents kann ein inländisches Gericht nicht aussprechen, auch wenn beide Parteien Inländer sind. Als Inzidentpunkt kann über die Nichtigkeit entschieden werden, so wenn das Entgelt für die Übertragung eines ausländischen Patents eingeklagt wird und der Beklagte einwendet, das Patent sei nach dem ausländischen Rechte nichtig (Bolze, Bd. 8 Nr. 145; ähnlich Blatt 19 [1913], 298). — Für die Frage der Vorpatentierung, § 3, kommen Patente fremder Staaten nicht in Betracht, wohl aber für die Frage der Neuheit nach § 2, falls die fremden Patentschriften druckschriftlich veröffentlicht sind (vgl. § 2 A 20). Die Patente verschiedener Staaten sind voneinander unabhängig, besonders hinsichtlich der Gründe der Nichtigkeit und des Verfalles und hinsichtlich der gesetzmäßigen Dauer (Unionsvertrag Art 4b). Diese Regel schließt nicht aus, daß nach der Gesetzgebung eines Landes die Dauer des einheimischen Patents, falls ein ausländisches Patent früher genommen ist, sich nach der regelmäßigen Dauer jenes ausländischen Patents richtet, wie das in Amerika vorgeschrieben war (frühere Fassung d. Rev. Stat. 4887). Nur hinsichtlich des Prioritätsrechtes ist die Anmeldung in einem anderen Verbandsstaate von Einfluß (Unionsvertrag, Anhang zu § 3 A 2).

B. Zwischenstaatlicher Verkehr. Einführung eines im Auslande von dem dort Patentberechtigten hergestellten Gegenstandes ins Inland verletzt das inländische Sach- oder Herstellungspatent, wenn dieses einem anderen, einerlei ob Inländer oder Ausländer, zusteht. — Im Inlande geschlossene Lieferungsverträge, die nur im Auslande ausgeführt werden sollen, so daß die Ware das inländische Gebiet nicht berührt, verletzen das inländische, auf jene Ware erteilte Patent nicht (RG 30, 52). „Der Patentinhaber ist nicht berechtigt, einem Ausländer oder Deutschen zu verbieten, über die Herstellung chemischer Produkte, die durch ein im Deutschen Reiche patentiertes Verfahren im Auslande gewonnen werden, innerhalb des Deutschen Reiches Verträge abzuschließen, wenn diese Verträge den Zweck verfolgen, die ... Produkte vom Auslande aus nach dem Auslande zu vertreiben" (Patentblatt 1892, 755 Sp. 2). — Aber: Der vom Inlande aus nach dem Auslande getätigte Verkauf des Rezeptes eines im Inlande geschützten Verfahrens zur Ausführung des Verfahrens im Auslande verletzt das Verfahrenspatent (RG 46, 17). Mit Ausnahme des letzten Punktes ebenso die Rechtsprechung aller Industriestaaten, z. B. England Rep. of Pat. Cases Bd. 17 S. 606: Veräußerung ausländischer Ware nach einem Orte des Auslandes, die in England patentiert ist, enthält selbst dann keine Verletzung, wenn der englische Verkäufer wußte, daß der ausländische Käufer die im Auslande zu liefernde Ware nach England einführen wollte; ebenso die dritte Instanz (Rep. of Pat. Cases Bd. 23 S. 433). — Ein Ausländer, der Ware, die im Ausland berechtigterweise hergestellt ist, ins Inland verkauft und liefert, verletzt das inländische Patent, zwar nicht durch die Handlung des Verkaufes, wohl aber dadurch, daß er die Ware ins Inland einführt. Wer Ware, die im Inland patentverletzend hergestellt ist, im Inlande kauft und sie exportiert, verletzt das deutsche Patent. — Die Regel des inneren Zusammenhanges der Benutzungsarten, sog. stillschweigende Lizenz, daß z. B. derjenige, dem eine geschützte Ware verkauft ist, sie auch benutzen darf, gilt nur für den innerstaatlichen, nicht für den zwischenstaatlichen Verkehr; wer in Deutschland berechtigterweise hergestellte Gegenstände kauft, darf sie deshalb noch nicht in Amerika benutzen, wenn dort ein Patent entgegensteht (vgl. RG 51, 267). — Ist in Deutschland eine zusammengesetzte Vorrichtung patentiert und wird in Deutschland ein neutraler, also nicht selbständig geschützter, aber der Vorrichtung angepaßter Teil hergestellt, so wird dadurch das deutsche Patent verletzt, wenngleich der Teil mit den übrigen Teilen erst im Auslande zu der Vorrichtung zusammengesetzt werden soll und die Vorrichtung dort nicht patentiert ist. So die ständige deutsche Rechtsprechung (RG 40, 79; JW 1926, 368). Zur Begründung wird angeführt, daß die Herstellung des nicht geschützten, aber angepaßten Teiles eine teilweise Herstellung der Gesamtvorrichtung sei. — Die ausländische Rechtsprechung entscheidet anders: die Herstellung ungeschützter Teile einer Kombination und deren Export zur Zusammensetzung im Auslande ist keine Verletzung (**Frost**, Patentrecht, 2. Aufl. S. 495). Ähnlich auch das deutsche Urteil MuW Jahrg. 12 S. 466: Der alleinige Umstand, daß die Teile wegen der ihnen gegebenen Maße geeignet sind bei dem geschützten Modell (im Auslande) verwendet zu werden und die Absicht, daß dies geschehen soll, reicht nicht aus (um Verletzung anzunehmen). — Ein besonders gelagerter Fall findet sich RG 75, 128: Jemand hatte sich verpflichtet, ein Gabelwalzwerk nach Warschau zu liefern und die dazu gehörigen, von dem Besteller in Warschau beschafften Walzen durch einen Angestellten in Warschau kalibrieren zu lassen. Das Verfahren der Kalibrierung war in Deutschland patentiert, nicht aber in Warschau. Die Tätigkeit des deutschen Lieferers ist für nicht patentverletzend erklärt; teilweise Herstellung eines patentierten Gegenstandes kam nicht in Frage, da das Walzwerk selbst nicht patentiert war, die Walzen von dem Besteller im Auslande beschafft wurden und das allein patentierte Verfahren der Kalibrierung im Auslande vorgenommen werden sollte. — Die Einzelheiten waren hier also in der Tat etwas anders, als in den übrigen mitgeteilten Fällen; immerhin ist zu bemerken, daß der Ton dieser Entscheidung ein milderer ist. —

Über den reinen Fracht- und Speditionsverkehr, Durchfuhr durch das Inland u. dgl. vgl. § 4 A 3f. Ein englischer Fall: in England war ein Verschluß von Bierflaschen durch Kapseln patentiert, nicht aber in Schottland. Bierflaschen mit diesem Verschlusse wurden von

Schottland nach Indien verschifft. Das Schiff lief einen englischen Hafen an. Die Kisten wurden hier nicht geöffnet, jedoch teilweise umgeladen. Die englischen Gerichte nahmen Verletzung des englischen Patents an; zwar ist es in England nicht verletzend, patentierte Gegenstände unbefugt in Verkehr zu bringen, aber die Sache wurde so angesehen, daß der Flaschenverschluß während des Aufenthalts im englischen Hafen seine Funktion ausgeübt habe, also benutzt worden sei, Law Rep. 3, Chanc. Div. S. 439; Law Rep. 5, H. of Lords S. 1.

Im allgemeinen sind die geschilderten Grundsätze über den territorialen Charakter der Patente nicht streitig, wenn auch in Einzelheiten Übereinstimmung fehlt.

C. Ebensowenig besteht Streit, daß aus Verträgen, die ausländische Patente betreffen, im Inlande geklagt werden kann, wenn ein inländischer Gerichtsstand des Beklagten besteht. Ein Deutscher kann also gegen einen Deutschen in Deutschland Klage erheben auf Ausführung einer versprochenen Übertragung eines ausländischen Patents (wobei natürlich zweifelhaft bleibt, ob die ausländischen Behörden das Urteil vollstrecken werden), auf Zahlung der Gebühr für die auf ein ausländisches Patent gewährte Lizenz u. dgl. (In gleicher Weise kann aus Vertrag im Inlande gegen einen Ausländer geklagt werden, wenn er im Inlande einen Gerichtsstand hat). So sind ohne jedes Bedenken die deutschen Gerichte zuständig für die Vertragsklage auf Rückübertragung englischer Patente, die der deutsche Kläger einem anderen Deutschen zum Zwecke des Verkaufs der Patente in England übertragen hatte (MuW Jahrg. 11 S. 254).

Großer Streit besteht aber darüber, ob im Inlande wegen einer im Auslande begangenen Verletzung eines ausländischen Patents auf Unterlassung und Schadensersatz geklagt werden kann. Das Reichsgericht verneint die Frage wegen des — im Gegensatze zum Markenrechte — rein territorialen Charakters des Patentrechtes (RG 18, 28; 51, 267; ebenso Holland, GewR 33 [1928], 25f). Letzteres will Isay, 4. Aufl. § 4 A 31 S. 212 für die Gegenwart nicht mehr anerkennen, und bejaht deshalb die Frage. Sachgemäßer ist ohne Zweifel, die Entscheidung sowohl über die Unterlassungs- als auch über die Schadensersatzklage durch die Gerichte des Landes, das das verletzte Patent erteilt hat, vornehmen zu lassen. Nur das ausländische Gericht kann die Frage nach dem Stande der Technik in jenem Lande und nach Art und Höhe des Schadens aus eigener Anschauung beurteilen. Ein Gebot der inländischen Gerichte, die beanstandete Handlung zu unterlassen, würde sich in dem Lande des Patents auch jedenfalls nur dann erzwingen lassen, wenn seine Gerichte hinsichtlich der Patentverletzung zu derselben rechtlichen Beurteilung gelangen. Es wäre möglich, daß das Gebot der Unterlassung im Inlande ausgesprochen, im Auslande abgelehnt wird oder umgekehrt — alles Ergebnisse, die Verwirrung zu stiften geeignet sind, was im letzten Ende darauf zurückzuführen ist, daß die schwierigen und häufig zweifelhaften Fragen des Patentschutzes in hohem Maße lokal verankert sind. Das würde entscheidend gegen die Zuständigkeit der inländischen Gerichte sprechen, wenn nicht noch ein weiterer Punkt zu bedenken wäre. Wie soll es werden, wenn der im Inlande Wohnende, der im Auslande verletzt hat, dort keine Niederlassung und kein Vermögen mehr hat. Zwar wird im Auslande ein Gerichtsstand der Verletzung nach wie vor gegeben sein. Aber das Urteil kann nicht vollstreckt werden. Hinsichtlich der Unterlassung ist das ohne Bedeutung, wenn der Beklagte seinen Geschäftsverkehr nach jenem Lande aufgegeben hat, also der Anspruch auf Unterlassung der Verletzung im Auslande gegenstandslos ist. Schwierigkeiten macht dagegen die Behandlung der Schadensersatzklage (vgl. RG 18, 33). Sollte das deutsche Recht verlangen, daß wegen einer im Auslande begangenen Verletzung eines ausländischen Patentes auch dann im Auslande geklagt werden muß, wenn dort keine Vollstreckungsobjekte mehr vorhanden sind, so wäre der deutsche Verletzte rechtlos gestellt, bestenfalls wäre der ausländische Rechtsstreit nutzlos und überflüssig. In solchem Falle müssen also die deutschen Gerichte zuständig sein. Fraglich ist nur, ob man aus diesem Grunde das ganze Prinzip — wegen ausländischer Verletzung eines ausländischen Patentes muß im Auslande geklagt werden — für alle Fälle aufgeben soll. Das wird zu verneinen sein. Anm. 23.

Nicht unbestritten ist gleichfalls, ob ausländische Patente im Inlande gepfändet werden können. Die Frage wird zu bejahen sein, wie Seligsohn, Komm. § 6 A 12 ausführlich begründet hat. Doch wird es dem Gläubiger nicht viel nutzen, da die ausländischen Patentbehörden und Gerichte die Pfändung und weitere Zwangsvollstreckung nicht anerkennen werden, wie auch das deutsche Patentamt bei ausländischer Zwangsvollstreckung in ein deutsches Patent die Eintragung des Ersteigerers in die Patentrolle abgelehnt hat, Blatt 17 (1911), 215.

Abschnitt III.

Auslegung, Bestimmung des Schutzbereiches.

Teil 1. Sinnauslegung.

Patente müssen, wie alle Willenserklärungen, **ausgelegt** werden, wenn sie unklar sind. Anm. 24.
Für die Auslegung gilt heute die sog. Erklärungstheorie; die Willensäußerungen sind nicht so

auszulegen, wie der Erklärende sie innerlich gemeint hat, sondern so, wie sie nach außen hervortreten, d. h. wie sie von einem anderen gutgläubig verstanden werden müssen. Entscheidend ist dabei nicht, wie ein gänzlich Unbeteiligter sie verstehen muß, entscheidend kann vielmehr bei vertraglichen Erklärungen auch dasjenige Verständnis sein, das sich auf Grund der Vorverhandlungen ergibt. Neben dieser Erklärungstheorie und teilweise im Gegensatz zu ihr ordnet das BGB im § 133 an, daß der wirkliche Wille zu erforschen und nicht an dem buchstäblichen Sinn des Ausdrucks zu haften ist. Für die Auslegung von Patenten kommt in Betracht, daß es sich nicht um die Auslegung von vertraglichen Willenserklärungen handelt, sondern von Erklärungen, die von einer Behörde ausgehen und die von ihr an das unbeteiligte Publikum gerichtet sind; unbeteiligt ist dabei in dem Sinne zu verstehen, daß das Publikum von den Erörterungen, die im Prüfungsverfahren angestellt sind, und die zu der schließlichen endgültigen Fassung des Patentanspruchs geführt haben, keine Kenntnis hat. Andererseits kommt in Betracht, daß die Erklärung des Patentamtes sich nicht an Laien richtet, sondern an Gewerbetreibende, die über den Stand der Technik jedenfalls im allgemeinen unterrichtet sind. Aus vorstehenden Überlegungen ergibt sich, daß zwischen den Auslegungen von vertraglichen Willenserklärungen und von Patenten immerhin ein nicht unbedeutender Unterschied obwaltet.

Die Auslegung der Patente wird im Nichtigkeitsverfahren nach der augenblicklich herrschenden Rechtsprechung abgelehnt (vgl. § 10 A 5 ff); sie findet im Verletzungsstreite statt. In diesem kann die Patentfähigkeit der Erfindung, also namentlich Neuheit, Fortschritt, Erfindungshöhe, nicht mehr in Frage gestellt werden, es kann nicht mehr eingewandt werden, der Anspruch enthalte nicht die Lösung eines Problems, sondern nur die Stellung einer Aufgabe, Blatt 17 (1911), 272 und viele ähnliche Urteile.

Für die Auslegung der Patente ergeben sich zwei Besonderheiten, die auf keinem anderen Rechtsgebiete angetroffen werden.

Die erste Besonderheit entspringt aus der eigenartigen Form der in der Patenturkunde niedergelegten Erklärungen. Die Patenturkunde enthält erstens eine (in den deutschen Patenturkunden nicht mit Deutlichkeit ausgedrückte) Erklärung der Patentbehörde, wonach dem Anmelder für die angemeldete Erfindung Schutz gewährt wird. Sie enthält außerdem zweitens eine erzählende und erklärende Beschreibung der Erfindung, die am Schlusse in eine Angabe desjenigen, was als patentfähig unter Schutz gestellt werden soll, ausläuft, § 20. Letztere Angabe wird vom Patentamt genau geprüft. Sie wird als die eigentliche Willensäußerung des Patentamts anzusehen sein. Die Beschreibung ist dagegen eine Äußerung des Anmeldenden, die zwar wenigstens in ihren Grundzügen vom Patentamte gebilligt ist, die jedoch nicht selten mit dem Patentanspruche nicht völlig übereinstimmt, besonders dann, wenn er etwa auf Einspruch in der Beschwerdeinstanz abgeändert ist. Beide Äußerungen, die der Behörde und die des Anmelders, ergänzen und modifizieren sich gegenseitig, so daß nicht selten der Anspruch im Beihalt der Patentbeschreibung anders zu verstehen ist, als sein Wortlaut besagt.

Die zweite Besonderheit liegt in folgendem. In allen Industrieländern ist die Lehre und Rechtsprechung zu dem Ergebnis gelangt, daß zwar nicht in allen, aber doch in den meisten Fällen mehr geschützt ist, als was in der Patenturkunde als geschützt angegeben ist. Die Willensäußerung des Patentamtes enthält also eine bewußte und gewollte Selbstbeschränkung. Wenn man sie deswegen „lückenhaft" genannt hat, so ist das nicht so aufzufassen, als ob sie etwas nicht sagt, was sie besser hätte sagen sollen, wie dergleichen bei Rechtsgeschäften vorkommt. Vielmehr beschränkt sie sich grundsätzlich, sie will und kann nicht mehr sagen, als sie sagt, weil der Umfang des Patentschutzes bei der Patenterteilung nicht schon genau festgestellt werden kann, sie überläßt das weitere der Zukunft.

Diese beiden Besonderheiten machen die Auslegung der Patente zu einer so schwierigen Aufgabe.

Wie soeben angeführt, erfolgt die Feststellung des Schutzumfanges nicht bei der Patenterteilung, sondern später, zur Zeit im Verletzungsstreit. Auch diese Feststellung des Schutzumfanges wird allgemein heutzutage Auslegung genannt. Es ist ohne weiteres klar, daß sie mit dem, was man sonst Auslegung nennt, der Aufhellung des Inhaltes einer Willenserklärung schlechterdings gar nichts zu tun hat. Es soll nicht aufgeklärt werden, was das Patentamt oder der Anmelder gewollt haben, sondern es soll nach gewissen Regeln festgestellt werden, welcher weitere oder andere Schutz dem Patentinhaber zu gewähren ist. In den A 25—27 wird zunächst die Auslegung im eigentlichen Sinne erörtert, also die Feststellung, was vom Patentamt als gewollt in der Patenturkunde niedergelegt ist.

Anm. 25. Die Patenturkunde enthält als wichtigsten Teil eine **Anordnung des Patentamtes,** die im Patentanspruch Ausdruck findet. Sie ist in erster Reihe maßgebend für den Inhalt der urkundlichen Verlautbarung. Es gilt nicht die Regel des § 133 BGB., daß der wirkliche, d. h. der innere Wille des Erklärenden zu „erforschen" sei, abweichend RG JW 1914, 594

Nr. 12. Ebensowenig gelten die für die Auslegung von Gesetzen entwickelten Regeln (vgl. Enneccerus Bd. 1 §§ 48ff), denn der Patentbefehl steht nicht an Gesetzes Statt; allerdings liegt insofern eine Ähnlichkeit vor, als es sich in beiden Fällen um Gebote und Verbote an das breite Publikum handelt. Vielmehr ist die Patenterklärung so auszulegen, wie sie von denjenigen Personen, an die sie sich wendet, also von den Gewerbetreibenden desjenigen Gebietes, auf dem sich die geschützte Erfindung bewegt, verstanden werden muß. Diese Auslegungsregel ist überall anerkannt. Daraus folgt: Ausdrücke und technische Vorschriften haben nicht den Sinn, den die Wissenschaft oder den die Laien ihnen beilegen, sondern sie sind auszulegen, wie der Gewerbetreibende sie versteht. Das Verständnis des sog. durchschnittlichen Sachverständigen (vgl. § 2 A 38), ist maßgebend. Im Falle Blatt 17 (1911), 310 war vom Berufungsgericht Verletzung verneint, weil das Patent von zwangsläufiger Verbindung sprach, während der Apparat des Beklagten nicht streng zwangsläufig geführt wurde. Das Reichsgericht erklärte, es komme darauf an, wie die Vorschrift der Zwangsläufigkeit im Gewerbe aufgefaßt werde. — Die Regel, daß das Verständnis des durchschnittlichen Sachverständigen maßgebend ist, wird hin und wieder nicht genügend beachtet. In vielen Rechtsstreitigkeiten werden als Sachverständige Koryphäen der Wissenschaft hinzugezogen. Was diese aus der Patenturkunde herauslesen, wird häufig als genügend offenbart angesehen; man sagt, der „wirklich" Sachverständige könne die Patentschrift in diesem Sinne verstehen. Das geht unter Umständen zu weit; es kommt nur auf das Verständnis des durchschnittlichen Sachverständigen an.

Auch der Zeitpunkt, in dem ein Patent erteilt ist, kann für die Auslegung von Bedeutung sein, wenn der Sprachgebrauch sich nachträglich verändert oder differenziert hat. Vgl. Entsch der NichtAbt vom 10. 12. 26: 367393 betrifft eine Dieselmaschine. Das entgegengehaltene Patent 279750 betrifft eine Zweitaktgasmaschine. Die NichtAbt erklärte: Nach neuzeitlichem Sprachgebrauch bezeichnet man die Dieselmaschinen nicht mehr als Gasmaschinen, sondern man unterscheidet Gasmaschinen (auch Verpuffungsmaschinen genannt), d. h. Maschinen, die mit Gas-Luft-Gemisch geladen und gespült werden, und Dieselmaschinen, bei denen in eine verdichtete Luftladung flüssiger Brennstoff eingespritzt und mit reiner Luft gespült wird. Hätte der Urheber des Patentes 279750 nur an Gasmaschinen in vorstehendem Sinne gedacht, so wäre der Einwand berechtigt, daß in der Übertragung einer bei Gasmaschinen bekannten Einrichtung auf Dieselmaschinen unter Umständen eine Erfindung erblickt werden könnte ... Aber das Patent 279750 stammt aus dem Jahre 1912. Damals wurde nicht durchweg eine so scharfe Trennung vorgenommen, die Bezeichnung Gasmaschine vielmehr auch für Verbrennungskraftmaschinen aller Art gebraucht. So spricht 279750 in Überschrift und Anspruch von Gasmaschine, gibt aber in der Zeichnung als Beispiel eine Dieselmaschine ... Den wesentlichen Inhalt des angefochtenen Patentes bildet die Übertragung der (bei Gasmaschinen bekannten) Umkehrspülung auf Dieselmaschinen. Dies war aber bereits durch das Patent 279750 bekanntgeworden.

Finden sich wirkliche **Unklarheiten**, so können zu ihrer Aufklärung alle dienlichen Aufklärungsmittel herangezogen werden, besonders die Erteilungsakten (unten A 41), und der Stand der Technik (A 40). In einem amerikanischen chemischen Patente war aus Unachtsamkeit oder Unkenntnis des Patentanwaltes Nitrat statt Nitrit geschrieben; das wurde für unschädlich erklärt, da jeder Sachverständige den Irrtum erkennen konnte; unwesentliche Irrtümer oder Auslassungen können verbessert werden (Fed. Rep. Bd. 78 S. 910). Nicht auf den Wortverstand kommt es an, sondern auf den Sinn, soweit dieser aus der Patentschrift erkennbar ist; grammatikalische Regeln geben nur einen prima facie-Beweis, sagen amerikanische Urteile (Fed. Rep. Bd. 79 S. 331). Gelingt die Behebung der Unklarheiten mit den angegebenen Mitteln nicht, so ist nach einer in England und Amerika verbreiteten Regel diejenige Auslegun zu wählen, die die Rechtsbeständigkeit des Patents nicht in Frage stellt, magis valeat quam pereat. Diese Regel wird auch in Deutschland befolgt. „Schon an sich entspricht es dem Sinne des § 3 PatGes und einer vernünftigen Auslegung, daß älteren Anmeldungen gegenüber, die ... nicht als Vorveröffentlichungen in Betracht kommen, die Auslegung der jüngeren Anmeldung, wenn beide Anmeldungen zum Patent führen, möglichst so zu erfolgen hat, daß eine Identität der beiden Anmeldungen nicht zu vermuten ist (I 373/1921, Urt vom 1. 3. 22). — Dafür ob eine Patentschrift klar ist, ist nicht das Verständnis des Laien, sondern das des Sachverständigen maßgebend; dem Sachverständigen scheint nicht selten eine technische Anweisung zweifelhaft, die der Laie für klar hält (LeipzZ 10, 537 Nr. 14, 939 Nr. 14). — Hin und wieder wird als Auslegungsregel angeführt, man könne nicht annehmen, daß das Patentamt kurze Zeit hintereinander für dieselbe Erfindung zwei gleiche Patente habe erteilen wollen; deshalb sei das jüngere Patent so auszulegen, daß es womöglich mit dem älteren nicht kollidiere (MuW Jahrg. 22 S. 79; 27/28 S. 313). Die ähnliche Regel wird auch für die Identitätsprüfung im Nichtigkeitsverfahren aufgestellt (IndR Jahrg. 16 S. 89; § 10 A 6 gegen Ende). Die Berufung auf den präsumtiven Willen der Erteilungsbehörde mag freilich nicht immer unbedenklich erscheinen.

Anm. 26. Für die Auslegung der Patentschrift können die **Patentzeichnungen** von Bedeutung sein. Vorsicht ist dabei vonnöten. Folgende Regeln haben sich nach und nach herausgebildet. Patentzeichnungen sind keine Konstruktionszeichnungen, d. h. sie brauchen diejenigen Einzelheiten und Angaben nicht zu enthalten, die selbstverständlich sind oder auf die es für die Erfindung nicht ankommt (MuW Jahrg. 24 S. 203 Sp. 1 oben). Man sagt, Zeichnungen sind die Sprache des Ingenieurs. Jedoch gebührt das Primat auf alle Fälle der Patentbeschreibung. Nur bei ganz klarer Sachlage ist es zulässig, Angaben, die für die Klarlegung der Erfindung notwendig sind, aber in der Beschreibung fehlen, aus der Patentzeichnung zu ergänzen. Diese Regel gründet sich darauf, daß sich aus der Zeichnung nur selten entnehmen läßt, ob eine in ihr enthaltene Angabe für die Erfindung von entscheidender Wichtigkeit ist, einen integrierenden Bestandteil derselben bildet, oder ob sie zufällig getroffen ist. Hierfür ist das Verständnis des durchschnittlichen Fachmannes maßgebend. Fehler der Zeichnung, die auf der Hand liegen, können verbessert werden. Die Rechtsprechung hat in der Bedeutsamkeit, die sie zeichnerischen Angaben beilegt, in Deutschland eine Entwicklung durchgemacht, wie § 2 A 19 dargelegt. Der neuere Standpunkt findet sich in dem Urteile Blatt 31 (1925), 95 vertreten; etwas weitergehend MuW Jahrg. 26 S. 190. — In England wird der Primat der Beschreibung gegenüber der Zeichnung betont. Zwar schreibt das Gesetz von 1907 sect. 2 Abs 3 als allgemeine Regel vor, Zeichnungen seien als Teil der Beschreibungen anzusehen. Aber: Zeichnungen sind ein Hilfsmittel zum Verständnis der Beschreibung, nicht umgekehrt; der Anmelder darf sich nicht darauf verlassen, daß die Zeichnung die Beschreibung eines wesentlichen Teiles seiner Erfindung ersetzt (**Frost,** 2. Aufl. S. 254). Weiter Rep. of Pat. Cases Bd. 23 S. 750: In der vorzugsweise empfohlenen Ausführungsform seiner Erfindung, die der Patentinhaber in seiner Zeichnung offenbart, würde sich allerdings der behauptete Vorteil finden; aber es liegt nichts dafür vor, daß er damit den Umfang und Inhalt seiner Erfindung kennzeichnen wollte (weshalb das Patent nicht auf Grund der Zeichnung aufrechterhalten wurde). — Die Stellung der französischen Rechtsprechung ist nicht einheitlich. Einerseits: Die Zeichnung kann nur die Patentbeschreibung erläutern, nicht aber deren Sinn erweitern oder abändern. Jedenfalls muß klar und offenbar aus dem Text hervorgehen, daß auch das beansprucht wird, was in der Zeichnung dargestellt ist. Andererseits: Wenn die Zeichnung genügend deutlich ist, ist es nicht nötig, daß die Beschreibung das zeichnerisch Dargestellte noch besonders erwähnt (**Pouillet,** Nr. 113).

Bemerkenswert ist, daß Abweichungen der Zeichnungen vom Text eine etwas andere Bedeutung haben können, je nachdem es sich um Vorwegnahme nach § 2 handelt oder um Verletzung. Vorwegnahme erfordert, daß die Erfindung zweifelsfrei beschrieben ist (§ 2 A 15). Lassen jene Abweichungen einen vernünftigen Zweifel offen, so wird Vorwegnahme geleugnet. In Verletzungsfällen wird man eher annehmen können, daß es auf die Abweichung nicht entscheidend ankommt, und daß also verletzt, wer die Beschreibung nachahmt, nicht aber die Zeichnung, und umgekehrt; letzterenfalls, wenn nur die Zeichnung nachgeahmt wird, ist allerdings Voraussetzung, daß die Abweichungen der Zeichnung nicht auf einem Übersehen beruhen. Das englische Patent 24651 von 1913 schützte einen Flüssigkeitszerstäuber bestehend aus einem rotierenden diskusartigen Hohlkörper mit Löchern im Rande, durch die die Flüssigkeit eingespritzt wurde. Zum Mitnehmen der Flüssigkeit waren im Innern Längsrippen angebracht, nach der Beschreibung bis zur Peripherie, nach der Zeichnung nur bis zur halben Strecke. Der Unterschied war für die Wirkung erheblich. Es wird wegen der hervortretenden Zweifel zu verneinen sein, daß die Anbringung von Rippen bis zur Peripherie vorweggenommen ist. Für weitere Beispiele vgl. § 2 A 19.

Endlich ist darauf hinzuweisen, daß die Zeichnung größere, ja ausschlaggebende Bedeutung haben kann, wenn sich eine Anordnung leichter durch graphische Darstellung als durch Wortbeschreibung erklären läßt und deshalb die Patentbeschreibung auf wörtliche Erläuterung verzichtet, vielmehr nur auf die Zeichnung Bezug nimmt. Das ist z. B. der Fall, wenn es sich bei Webwaren um einen verwickelten Verlauf der Schuß- und Kettenfäden handelt, auch vielfach bei elektrischen Schaltungen.

Anm. 27. Einer besonderen Erörterung bedarf das Verhältnis von **Patentanspruch** zu **Patentbeschreibung.** Um die deutsche Auffassung klarzustellen, ist es vorteilhaft, zunächst die Auffassung der anderen Industrieländer zu betrachten. In Nordamerika gilt folgendes: Erstens soll der Anmelder nach der gesetzlichen Vorschrift (R. S. 4888) im Anspruch das, was er als seine Erfindung beansprucht und geschützt haben will, genau abgrenzen und deutlich kennzeichnen. (Es wird also nicht verlangt, daß der Patentanspruch den Inhalt der Erfindung zusammengefaßt b e s c h r e i b t; es wird nur verlangt, daß das, wofür Schutz beansprucht wird, auf irgendeine Weise klar gekennzeichnet wird.) Zweitens sollen die Gerichte nach den Entscheidungen des höchsten Gerichtshofs (z. B. U. S. Bd. 114 S. 447) zwar die gesamte Patentschrift im Zusammenhang lesen; aber es wird immer wieder betont, das Patent ist auf die Erfindung beschränkt, so wie sie im Anspruch Ausdruck gefunden hat; der Anspruch kann durch die Sprache anderer Teile der Beschreibung erläutert, aber nicht erweitert werden. Ausführlicher Fed. Rep.

Bd. 126 S. 476: es widerspricht der Rechtsprechung, in einen Anspruch Dinge hineinzutragen, die nicht in ihm enthalten sind, wenn sie auch in der Beschreibung sich finden . . . Man kann ohne Zweifel die Beschreibung und die Zeichnungen heranziehen, um die Ansprüche besser zu verstehen, . . . unter Umständen auch, um den Anspruch auf die besondere beschriebene Ausführungsform zu beschränken, aber man kann den Anspruch nicht erweitern und nicht in ihn Elemente hineintragen, die nicht als solche beansprucht sind . . . Bei Patentansprüchen handelt es sich um Beschränkung der Rechte des Publikums, und in solchen Fällen muß strikt, nicht elastisch ausgelegt werden. Wiederum der höchste Gerichtshof: der Patentanspruch ist ein gesetzliches Erfordernis, das gerade zu dem Zweck vorgeschrieben ist, daß die Erfindung genau klargestellt wird; es ist ungerecht gegen das Publikum und eine Umgehung des Gesetzes, ihn in einer anderen Weise auszulegen, als der klaren Tragweite seiner Fassung entspricht, U. S. Bd. 119 S. 47 (52). — In England ist der — erst seit 1883 gesetzlich eingeführte — Anspruch eine konzise Darlegung der hauptsächlichen Charakteristika der Erfindung, aus der der Leser, ohne auf die weitläufige Beschreibung zurückzugreifen, leicht und schnell erfahren kann, was die charakteristischen Züge der beanspruchten Erfindung sind (**Frost**, 2. Aufl. S. 220). Für die Auslegung der Ansprüche gilt dieselbe Regel wie in Nordamerika, die hier die besondere Fassung erhalten hat, der Anspruch (claim) wirkt als disclaimer, d. h. was in der Beschreibung steht, aber nicht in den Anspruch aufgenommen ist, gilt, auch wenn es neu erfunden ist, als nicht beansprucht, also als dem Publikum freigegeben. Ergänzende Auslegung des Sinnes des Patentanspruchs ist ausgeschlossen. Das Oberhaus hat als dritte Instanz definiert: die Funktion der Beschreibung ist, den patentierten Gegenstand zu beschreiben und seine Vorzüge klarzustellen; die Funktion des Anspruchs ist, zu definieren, was als Erfindung beansprucht wird, und das nicht Beanspruchte auszuscheiden (Rep. of Pat. Cases Bd. 42 S. 553). — G a n z   a n d e r s   i s t   d i e   d e u t s c h e   z u r   Z e i t   h e r r s c h e n d e   A u f f a s s u n g. Der Patentanspruch soll nach § 20 angeben, was als patentfähig unter Schutz gestellt werden soll. Er wird im Anschluß an Ziff. 5 der „Erläuterungen" vom 21. 11. 19 gewöhnlich so abgefaßt, daß von der nächst übergeordneten, allgemeineren technischen Vorstellung ausgegangen und, in der Regel eingeleitet mit den Worten dadurch gekennzeichnet, die Kennzeichen der neuen Erfindung angeführt werden. Für die Auslegung haben sich zwei Regeln herausgebildet. Erstens ist es gleichgültig, ob ein neu erfundenes Moment, dessen Angabe hinter die Worte dad. gek. gehört, versehentlich vor diese Worte geraten ist. Was in dem Anspruch an neuem Material vorhanden ist, wird als geschützt angesehen, einerlei ob der Anmelder oder das Patentamt seine Neuheit erkannt haben oder nicht. Wäre also patentiert eine Vakuumröhre mit zylindrischem Gitter dad. gek., daß auch die Anode zylindrisch gestaltet ist, und würde sich nachträglich herausstellen, daß das zylindrische Gitter neu war, so ist auch dieses geschützt. Die zweite Regel: der Sinn des Patentanspruchs und sein Umfang kann aus der Patentbeschreibung (nicht nur erläutert, sondern auch) ergänzt werden. Geschützt ist also auch dasjenige Neue, das sich nur in der Beschreibung findet. Vgl. hierfür das eingehende Urteil Mitt 14, 115, aus dem der Unterschied gegen eine andere, früher im Reichsgericht vertretene Richtung (A 43) und gegen England und Nordamerika kraß hervortritt. Nach der herrschenden Meinung ist die Ergänzung oder Berichtigung des Anspruchs aus der Patentbeschreibung nicht nur zulässig, sondern, wenn ihre Voraussetzungen vorliegen, auch geboten. Die Ergänzung muß also erfolgen, wenn nicht Anzeichen gegeben sind, daß eine Beschränkung gewollt war.

„Die Patentschrift bildet ein einheitliches Ganzes, und es erscheint zulässig und geboten, etwaige L ü c k e n des Anspruchs aus dem Inhalt der Beschreibung zu ergänzen." In der Anmeldung und in der Beschreibung (nicht im Anspruch) sei besonderes Gewicht darauf gelegt, daß (bei der Ammoniaksynthese neben der Anwendung von Druck, Hitze und Katalysatoren) die Strömungsgeschwindigkeit des Stickstoff-Wasserstoffgemisches bei der Reaktion eine verhältnismäßig große sei. Danach stelle sich Hitze, Katalysatoren und auch die gesteigerte Gasgeschwindigkeit als Inhalt des gewollten Schutzes dar — weshalb Vorveröffentlichungen, die über die Gasgeschwindigkeit nichts enthielten, für unschädlich erklärt sind. (I 388/1917, Urt vom 18. 10. 19).

Ein Zweifel könnte nur hineingetragen werden, wenn man den Patentanspruch für sich losgelöst von der Patentschrift betrachtet . . . Ein solcher Zweifel entbehrt aber bei Berücksichtigung des Inhalts der Patentschrift jeder Bedeutung (I 173/1918, Urt vom 25. 1. 19).

Um den Inhalt der Erfindung festzustellen, darf nicht entscheidendes Gewicht gelegt werden auf einzelne Ausführungen der Patentschrift und der Erteilungsakten und auf die Formulierung des Anspruchs, da nicht ersichtlich ist, daß hierdurch eine Beschränkung zum Ausdruck gebracht ist. Vielmehr ist zu fragen, was sich nach dem Gesamtinhalt d e r   P a t e n t s c h r i f t . . . als erkennbar gemachten Erfindungsinhalt darstellt (I 99/1915, Urt vom 3. 11. 15).

Für die Mehrzahl der Fälle ist die geschilderte Auslegung des Sinnes des Anspruchs nicht von großer Bedeutung, weil außerdem die noch weitergehende Feststellung des Schutzbereichs stattfindet, die bei ihrer Ausdehnung die Aufklärung des Sinnes des Patentanspruchs in der Regel unnötig macht, weil auf den Inhalt des Anspruchs danach geringerer Wert gelegt wird. Wenn dagegen eine Ausdehnung des Schutzbereichs nach dem Stande der Technik oder aus anderen Gründen abgelehnt werden muß (unten A 46), dann kann die Sinnauslegung des Anspruchs auch nach der herrschenden Rechtsprechung immerhin noch von Wichtigkeit werden. Ein solcher Fall liegt in dem Urt des RG JndR Jahrg. 11 S. 166 vor, woselbst bis S. 168 eine reine Auslegung des Sinnes der Patenturkunde vorgenommen und sodann in weiteren Ausführungen auf den Stand der Technik eingegangen wird, der aber jene Sinnauslegung nicht erschüttert. Schon an dieser Stelle ist zu betonen, daß in Deutschland der Widerspruch gegen die zu geringe Berücksichtigung des Inhalts des Patentanspruchs von Tag zu Tag zunimmt (unten A 66).

Teil 2. Mittel der Bestimmung des Schutzbereichs; dogmatisch.

Anm. 28. Wie soeben betont, ist die Sinnauslegung des Anspruchs häufig von untergeordneter Bedeutung. In den meisten Fällen geht der **Schutzbereich** über das, was im Anspruch Ausdruck gefunden hat, mehr oder weniger weit hinaus. Es wird in den Schutzbereich zum mindesten einbezogen, was gegenüber der beschriebenen Erfindung nur geringe, das Wesen der Sache nicht betreffende Änderungen aufweist. Das ist in allen Industrieländern der Fall, auch in England und in Nordamerika, trotz der größeren Bedeutung, die dort dem Anspruch beigelegt wird. Geringfügige Abänderungen müssen in den Bereich des gewährten Schutzes fallen, weil sonst die Patente mit Leichtigkeit umgangen werden könnten, also wertlos wären. Von derartiger untergeordneter Bedeutung sind z. B. in der Regel Änderungen der Größe, der Anordnung, des Materials einer Vorrichtung, des Mechanismus der Kraftübertragung usw. Entscheidend ist, ob die Abänderung für das Wesen und die Wirkung der Erfindung ohne Bedeutung ist. Daraus folgt, daß die Abänderung z. B. der Kraftübertragung in dem einen Falle gleichgültig sein, in einem anderen Falle das Wesen der Erfindung umgestalten kann. Nun ist in allen Ländern das Bestreben hervorgetreten, Regeln aufzustellen, nach denen bestimmt werden kann, was eine solche Abänderung ist, die als unwesentlich noch in den Schutzbereich des Patents fällt. Dabei hat man sich in England und in Nordamerika einerseits, in Deutschland andererseits verschiedener Betrachtungsweisen bedient. In England und Nordamerika tritt man von außen an die Prüfung der Erfindung heran und sagt, in den Schutzbereich des Patents fällt auch alles das, was einzelne Teile der geschützten Erfindung durch gleichwertige Vorkehrungen, Äquivalente, ersetzt hat. In Deutschland geht man von dem inneren Kern der Erfindung aus und sagt, in den Schutzbereich des Patents fällt, was sich dessen Erfindungsgedanken aneignet. Damit sind jedoch nur die Ausgangspunkte der beiden Betrachtungsweisen gekennzeichnet. Auch in Nordamerika, mehr noch in England zieht man daneben den Erfindungsgedanken, in Deutschland daneben die Äquivalenz in Rücksicht. Die englische Betrachtungsweise ist handlicher, die deutsche tiefgründiger.

Beide Begriffe, Erfindungsgedanke und Äquivalenz bedürfen der näheren Erörterung. Zunächst der Erfindungsgedanke in A 29—34, sodann die Äquivalenz in A 35—39. In den genannten Anmerkungen wird die dogmatische Grundlage beider Begriffe dargestellt, die Auswirkung in der Praxis folgt in den A 43ff.

Anm. 29. Der **Erfindungsgedanke** besteht, wie man sich auszudrücken pflegt, in einem allgemeineren Gedanken, der dem im Patentanspruch bezeichneten, konkreten Gegenstande oder Verfahren zugrunde liegt.

Man spricht vielfach noch in anderem Sinne davon, daß Gegenstand und Inhalt der Erfindung ein Gedanke sei, nämlich in dem Sinne, daß das Ergebnis einer Erfindung als einer geistigen Tätigkeit selbst wieder eine gedankliche Schöpfung ist, also nicht die körperliche Verwirklichung eines Gedankens. In diesem Sinne ist das Erfundene die Vorstellung eines genau spezialisierten Dinges oder Verfahrens. Vorstellung und körperliche Verwirklichung decken sich hier mit genau identischem Inhalte. Vorgestellt wird genau die Maschine, die im Patentanspruch beschrieben ist. Ganz anders bei dem Erfindungsgedanken, der im nachstehenden erörtert werden soll. Erfindungsgedanke und patentierte Verkörperung decken sich nicht. Erfindungsgedanke ist der allgemeine Begriff, von dem eine einzelne Verwirklichungsform dargestellt wird, die allgemeine Regel, die in einer einzelnen Anwendungsform verkörpert wird, das Schema, das dem konkreten Erfindungsgegenstand zugrunde liegt. Beispiele:

Wenn Ziegel gepreßt werden, bleiben an der Oberfläche Unebenheiten, „Grate", stehen, die maschinell durch Messer abgeschnitten werden. Patentiert war, die Messer pendelnd aufzuhängen, so daß sie die Oberfläche des Ziegels bestreichen und sich dann vom Ziegel fort in einem Kreisbogen nach hinten und oben bewegen, erste Ausführungsform. Der Erfindungsgedanke besteht darin, die Messer so fortzuführen, daß der Arbeiter den Ziegel nach Abschneidung der Grate ohne Gefährdung seiner Hände fortnehmen kann. Zweite (als verletzend angesehene) Ausführungsform: die Messer werden nicht pendelnd aufgehängt, sondern in bogenförmigen Gleitschienen vom Arbeiter fort nach hinten und oben geführt (GewR 27 [1922] S. 32).

159873 schützt einen Fahrpreisanzeiger für Taxameterdroschken, derart eingerichtet, daß die Fahnenstange, das Schaltrad, das den Kontrollapparat in Bewegung setzt, und ein Sperrad fest auf derselben Welle angebracht sind. Erfindungsgedanke: Fahnenstange, Schaltrad, Sperrad sollen zwangsläufig miteinander in Verbindung stehen, so daß das eine nicht ohne die anderen bewegt werden kann. Jede andere Ausführungsform dieses Gedankens, z. B. Verbindung der drei Teile durch Zahnräder, beruht auf demselben Erfindungsgedanken (und verletzt das Patent). (IndR Jahrg. 12 S. 72).

Bei den neuen Setz- und Druckmaschinen, in denen der Satz gegossen wird, bringt es Nachteile mit sich, wenn die Länge des Papierstreifens zwischen Lochvorrichtung und Taster starr unveränderlich ist; der Weg, den der Streifen zu durchlaufen hat, muß also veränderlich gestaltet werden. Dies war der Erfindungsgedanke, der dem Patent 273448 zugrunde lag. Die Ausführungsform ging dahin, daß die beiden genannten Maschinenteile gegeneinander verstellbar eingerichtet wurden. Eine andere Ausführungsform desselben Gedankens, die deshalb das Patent verletzte, war es, einen Anschlag anzubringen, der in die Bahn des Papierstreifens hineingeschoben oder aus ihr entfernt werden konnte und dadurch den Weg verlängerte oder verkürzte, weil der Streifen um den Anschlag herum eine gewinkelte, also verlängerte Bahn nehmen mußte (IndR 13 [1918], 73).

Diese drei möglichst einfach gewählten Beispiele zeigen, daß es sich bei dem Erfindungsgedanken um eine allgemeinere technische Anleitung handelt, die in verschiedener Weise verwirklicht werden kann.

Der Erfindungsgedanke muß zwei Erfordernissen genügen; er muß erstens ein bestimmtes technisches Problem angeben und zweitens die zur Lösung des Problems dienlichen Mittel (und damit den Lösungsweg) ihrem Prinzipe nach bezeichnen. Anm. 30.

Der Erfindungsgedanke muß ein bestimmtes technisches Problem angeben, mit dessen Lösung sich die Erfindung beschäftigt. Damit ist gesagt, daß es sich nicht nur um ein desideratum, um einen bloßen Wunsch handeln darf. Das allgemeine Bestreben, ein Arbeitsmittel zu verbessern, ein Verfahren zu verbilligen u. dgl. ist nicht ein konkretes technisches Problem, genügt also nicht zur Bestimmung des Erfindungsgedankens. Ebensowenig genügt eine sog. spekulative Idee, die das konkrete technische Problem noch nicht erhält. Diese Regel ist anerkannt; es fragt sich aber, ob sie in allen Fällen genau beachtet wird (hierüber vgl. unten A 67). Zahlreiche Beispiele, wann ein technisches Problem und dessen Lösung gegeben ist, finden sich in § 1 A 71f, 109f angeführt.

Der Erfindungsgedanke muß weiter das Prinzip der neuaufgefundenen, zur Lösung des Problems dienlichen Mittel angeben. Damit ist gesagt, daß die Stellung einer Aufgabe niemals einen Erfindungsgedanken ergibt; die bloße Aufgabe sagt nichts über den Lösungsweg. Für manche Probleme gibt es mehrere grundsätzlich unterschiedene Lösungswege und Lösungsarten. Das ist besonders bei chemischen Problemen häufig, aber auch bei mechanischen nicht selten. Der Erfindungsgedanke muß die Lösungsmittel des einen Lösungsweges ihrem Prinzipe, d. h. ihrer Funktion nach angeben. Er umfaßt also nicht alle Lösungen, die möglich sind. Vielmehr: soviel grundsätzlich unterschiedene Lösungswege, soviel selbständige Erfindungsgedanken. — Es folgen Beispiele für grundsätzlich voneinander abweichende Lösungen desselben technischen Problems.

Das Problem ist, in Bergwerken einen Sprengschuß aus größerer Entfernung abzufeuern. Zwei Lösungswege: entweder man betätigt mittels Reißens an einer langen Schnur eine Vorrichtung, die die Zündung bewirkt; oder man sendet durch eine lange Drahtleitung zu dem Zünder einen elektrischen Strom, der ihn in Tätigkeit setzt. Beides sind grundsätzlich verschiedene Lösungen. Bei der elektrischen Zündung ergibt sich ein neues Problem. Es entstehen in der Leitung durch äußere Einflüsse induzierte, sog. vagabundierende Ströme, die eine vorzeitige Zündung bewirken. Das Problem ist, die schädliche Wirkung dieser Ströme zu beseitigen. Zwei grundsätzlich verschiedene Lösungen: entweder man bringt kurz vor dem Zünder einen Kurzschluß zwischen den hin- und zurückführenden Leitungsdrähten an, durch den die vagabundierenden Ströme fließen, und reißt den Kurzschluß mittels einer langen Schnur heraus, unmittelbar ehe man den Zündstrom durch die Leitung schickt, 370768. Oder aber man bringt in gleicher Weise eine Kurzschlußvorrichtung an, läßt diese dauernd bestehen und schickt zum Zünden durch die Leitung einen hochfrequenten Wechselstrom, der nach seiner Natur auch durch den Zünder geht und diesen betätigt, 296447 (JW 1925, 1283).

Es ist entdeckt worden, daß gewisse Reaktionen vorteilhafterweise bei geringer Temperatur vorgenommen werden. Auf einem und demselben Erfindungsgedanken beruht es, wenn das Reaktionsgefäß in Eis gestellt wird, oder wenn kalte Luft durch das Reaktionsgemisch hindurchgeblasen wird. Auf einem anderen Erfindungsgedanken beruht es, wenn die Reagenzien so gewählt werden, daß überhaupt nur geringe Wärmetönung entsteht.

85368 schützt ein Verfahren zur Erzeugung von Seidenglanz auf Geweben, Tapeten u. dgl., indem das Gewebe mittels Kalanderwalzen mit feiner Riffelung gepreßt wird. Vorgeschrieben ist, daß 5—20 Riffelungen auf den Millimeter kommen sollen. Festgestellt ist im Rechtsstreit, daß 5—7 Riffelungen nur einen sehr unvollkommenen Glanz geben. Die Beklagte nimmt 4,8 Riffelungen auf den Millimeter. Damit würde sie, da die Abweichung gering ist, unter das Patent fallen. Aber sie stellt die Walzen so, daß die Riffelungen schräg zur Faser des Gewebes laufen. Damit erzielt sie trotz der geringen Zahl der Riffelungen einen ganz vollkommenen Glanz. „Hierin liegt ein neuer Erfindungsgedanke" (nach dem Zusammenhang: ein prinzipiell abweichender Lösungsweg). Deshalb ist Verletzung und Abhängigkeit verneint (I 245/1906, Urt vom 2. 2. 07).

Bei Maschinen zum Herstellen von Fußzeug ergibt sich die Aufgabe, die Lippe der Brandsohle für die weitere Bearbeitung aufzurichten und zu verdichten. 107905 schützt eine Maschine, die zu dem Zwecke gegen die Lippe kurze, scharfe Stöße nach Art eines Hammers führt. Nach einem amerikanischen Patente soll nicht ein solches stoßweises Hämmern stattfinden, sondern die Verdichtung der Lippe erfolgt durch den Druck einer beständig kreisenden Rolle. Letzteres ist im Urteil als eine Arbeitsweise bezeichnet, die von der des Patents wesentlich verschieden ist. Beide Maßregeln beruhen also auf verschiedenen Lösungswegen. — Dieses Beispiel wird angeführt, um zu zeigen, wie eng auf stark bearbeiteten Gebieten der Umkreis eines Erfindungsgedankens ist, und wie leicht eine abweichende Ausführung in solchen Fällen als auf einem prinzipiell abweichenden Gedanken beruhend angesehen wird (JW 1922, 409).

Diese Beispiele zeigen den pinzipiellen Unterschied verschiedener Lösungswege. Hinzuzufügen ist, daß der Erfindungsgedanke im Patentanspruch ausdrücklich geschützt werden kann; wenn das geschehen soll, so muß in der Patentschrift auch noch eine konkrete Ausführungsform des Gedankens angegeben werden (Nähe es § 1 A 111).

Anm. 31. Bei manchen Erfindungen gibt es **keinen** weiteren umfassenden **Erfindungsgedanken.** Das kann der Fall sein, wenn die Erteilungsbehörde den Erfindungsschutz gerade nur auf die eine Ausführungsform hat beschränken wollen (§ 4 A 44). Es kann weiter der Fall sein, wenn die Erfindung ihrem Wesen nach nicht auf einem allgemeineren Gedanken beruht. 88615 schützt die Entfärbung der an sich grünlichen Glasmasse durch Selen. Die Erfindung besteht in der Anwendung der Eigenschaft gerade des Selens (vermutlich darin bestehend, daß dasselbe rötliche Salze bildet). Die Anwendung jedes anderen Entfärbungsmittels, auch wenn es zur selben Gruppe wie Selen gehören sollte, würde auf einem anderen Erfindungsgedanken beruhen. — 162438 schützt den Gilette-Rasierapparat und zwar die Vorrichtung, durch die die dünnen Klingen gekrümmt werden, um eine feine „Adjustierung der Schneidekante" zu erreichen. Jede andere Vorrichtung, durch die ohne Krümmung der Klingen die gleiche Adjustierung erreicht wird, beruht auf einem anderen Erfindungsgedanken. — Endlich ist die Aufstellung eines Erfindungsgedankens unmöglich, wenn das allgemeine Prinzip, auf dem die konkrete Ausführung beruht, zur Zeit der Anmeldung noch nicht erkannt ist. Das kann bei verwickelten mechanischen Bewegungsvorgängen vorkommen; sehr häufig kommt es bei Verfahren der Chemie und der physikalischen Chemie vor. Es wäre durchaus wünschenswert, wenn in derartigen Fällen in der Patentschrift gesagt würde, daß die allgemeine Regel noch nicht erkannt ist. Hin und wieder, aber leider nur sehr selten, geschieht das: Edison hat das Patent 203284 erhalten auf einen elektrischen Sammler mit alkalischen Elektrolyten und Nickelsauerstoffverbindungen als wirksame Masse enthaltender positiver Polelektrode, dad. gek., daß der Elektrolyt einen geringen Gehalt an Lithiumhydroxyd besitzt. Offen und ehrlich ist in der Patentbeschreibung gesagt: der Erfinder ist außerstande, zu erklären, worauf die Wirkung des Zusatzes von Lithiumhydroxyd zum Elektrolyten beruht, und muß sich daher darauf beschränken, die bloße Tatsache festzustellen.

Anm. 32. Der Gegensatz des Erfindungsgedankens ist die **Ausführungsform.** Das ist eine der möglichen konkreten Gestaltungen des im Erfindungsgedanken angegebenen Prinzips. Die Ausführungsform kann gegenüber dem Erfindungsgedanken eine selbständige weitere erfinderische Qualität aufweisen, in welchem Falle sie gesondert patentfähig ist. Das Patent wird bei solcher Lage abhängig sein. Weiter ist zu betonen, daß der Erfindungsgedanke unter Umständen auch dann noch patentiert werden kann, wenn schon eine Ausführungsform patentiert worden war; das ist dann der Fall, wenn die Klarstellung des Erfindungsgedankens neue erfinderische Kraft erfordert. Über diese Fälle und das dann eintretende Verhältnis der beiden Patente zueinander vgl. § 1 A 112. An dieser Stelle ist noch zu zeigen, welch große Abweichungen die verschiedenen Ausführungsformen desselben Erfindungsgedankens voneinander haben können.

Bei der kinematischen Vorführung von Filmen muß die musikalische Orchesterbegleitung mit der Handlung des Films genau gleich im Schritt bleiben. Das zu erreichen, war eine schwierige Aufgabe, an deren Lösung sich viele Erfinder erfolglos versucht haben. Ein Erfindungsgedanke ging dahin, dem Orchesterdirigenten durch Lichtsignale Anleitung zu geben, wie rasch oder wie langsam er sein Orchester zu leiten hatte. Eine Ausführungsform: es wurden ihm taktmäßig Lichtzeichen gegeben, nach denen er sich richten konnte. Eine andere Ausführungsform: bei der photographischen Aufnahme der Handlung fand Musikbegleitung statt; die Taktierung des Dirigenten wurde mit photographiert, so daß bei der Aufführung im Kino der Dirigent sich an das Vorbild anschließen konnte (IndR Jahrg. 1922, S. 68).

Bei der Zigarettenfabrikation liegen die fertiggestellten Zigaretten hintereinander so, daß die erste mit dem Mundstück nach rechts zeigt, die zweite nach links, die dritte wieder nach rechts und so fort. Die Aufgabe ist, sie so zu stapeln, daß sie sämtlich mit dem Mundstück nach derselben Richtung zeigen, weil sie nur dann maschinell in Schachteln verpackt werden können. Der Erfindungsgedanke besteht darin, die rechtsgerichteten aus der Reihe zu entfernen derart, daß zwei Reihen entstehen, in dem die Zigaretten sämtlich entweder rechts oder links gerichtet sind. Folgende Ausführungsformen sind erdacht: der eine läßt jede zweite Zigarette durch einen sich drehenden Flügel herausschleudern; der zweite läßt, während die Zigaretten auf einem endlosen Bande fortbewegt werden, jede zweite durch Greifer ergreifen, die sie auf einem anderen danebenbefindlichen Bande niederlegen; der dritte läßt jede zweite auf eine Drehscheibe fallen, die um 180 Grad gedreht wird, worauf alle dieselbe Richtung haben, der vierte versieht das endlose Band dachartig von jeder Seite mit einer schrägen Fläche, worauf die erste Zigarette nach dieser, die zweite nach jener Seite heruntergestoßen wird und so fort; der fünfte läßt die Auslaufsrinne, in der die Zigaretten aus der Maschine hervorkommen, sich einmal nach rechts, einmal nach links je auf ein endloses Band bewegen. Jede dieser Ausführungsformen hat ihre Vorteile und ihre Nachteile. Einige sind patentiert (I 760/1922, Urt vom 9. 2. 24).

Problem: Aus der Luft in Fabriken die lästigen Staubbestandteile zu entfernen. Erster Erfindungsgedanke: die Entfernung geschieht durch elektrische Entladungen, die den Staub auf einer Metallwand niederschlagen. Zweiter Erfindungsgedanke: die Luft wird durch Röhren oder dergleichen getrieben, die mit Körp rn gefüllt sind, an denen der Staub haften bleibt. Ausführungsformen des letzten Gedankens: die Röhren, Rahmen usw. sind gefüllt mit ausgespannten trockenen oder feuchten Tüchern, mit Bändern, die mit Glyzerin befeuchtet sind, mit Schichten von Haar, Werg oder dgl; mit aufeinandergelegten Ketten, mit eisernen Flächen von durchbrochener Arbeit, mit Kohle, Koks, Schlacken, mit kleinen keramischen zylindrischen Hohlkörpern von verschiedenen Abmessungen usw.

Diese Beispiele zeigen die großen Verschiedenheiten, die bei der Ausführung desselben Erfindungsgedankens möglich sind. (Hinzuzufügen ist: die Verschiedenheit ist so groß, daß man die Ausführungsformen nicht sämtlich als im Sinne des § 3 identisch ansehen kann. Deshalb kann der mehrfach vertretenen Auffassung nicht zugestimmt werden, daß alle Ausführungsformen desselben Erfindungsgedankens nach § 3 identisch seien, sofern sie nicht etwa selbst erfinderische Eigenschaften aufweisen, vgl. § 3 A 14, 3.)

Gehört zum Begriff des Erfindungsgedankens, daß der **Erfinder den Gedanken erfaßt (und offenbart) hat?** Wer zum erstenmal an die Frage herantritt, möchte geneigt sein, sie zu bejahen, weil es auffällig sein könnte, etwas als Erfindungsgedanken zu bezeichnen, was der Erfinder nicht erkannt, also auch nicht offenbart hat. Die Sache liegt aber anders; man bezeichnet heute als Erfindungsgedanken nicht nur das, was der Erfinder subjektiv erfaßt hat, sondern was sich objektiv an allgemeineren Werten aus seiner Erfindung entnehmen läßt. Freilich hat die Rechtslehre und auch die Rech'sprechung geschwankt. Zwei extreme Meinungen: Kohler (Handbuch S. 216) sagt, empirische Erkenntnis des Lösungsgedankens ist gegeben, sobald man den Lösungsgedanken auch nur in einer Durchführungsform hergestellt und diese Herstellungsform beschrieben hat, sollte man auch nicht zur weiteren Kenntnis gelangt sein, daß der auf solche Weise beschriebene Gedanke nur der Lösungsgedanke ist, getrübt durch eine bestimmte Ausführungsform ... ebenso wie ein Fundstück gefunden ist, auch wenn man nicht erkennt, daß inmitten eines festen Schlammsteins ein Diamant steckt. (Diese Meinung geht, wie sich herausstellen wird, in ihrer Allgemeinheit zu weit.) Entgegengesetzt die Praxis in England und Nordamerika: Auer stellte nach einem seiner englischen Patente den Mantel des Anm. 33.

Gasglühlichts aus einer homogenen Mischung von zwei seltenen Erden her; ein Nachahmer machte den Mantel aus der einen Erde und überzog ihn mit einer dünnen Lage der anderen Erde; das wurde als nicht verletzend angesehen und ein über die geschützte Form hinausgehender Erfindungsgedanke nicht zugebilligt, weil er im Patente nicht offenbart war (Rep. of Pat. Cases Bd. 13 S. 345). Die deutsche Praxis hat geschwankt. In einem alten Urt vom 15. 12. 90 (Patentblatt 15 S. 102, 110) wird ausdrücklich vorausgesetzt, daß der Erfindungsgedanke dem Erfinder „bewußt“ geworden ist. Die gleiche Anschauung ist in der Entwicklung, die die deutsche Rechtsprechung von da an durchgemacht hat, nie ganz verschwunden. Blatt 17 (1911), 289: die Patentinhaberin ist sich des technischen Fortschritts ihrer Vorkehrung bewußt gewesen, deshalb ist das Patent über seinen Wortlaut hinaus auszulegen; I 247/1918, Urt vom 18. 1. 19: es ist feststehende Rechtsprechung des Reichsgerichts, daß der Anmelder Anspruch auf den Schutz hat, der ihm gemäß dem, was er offenbart hat, . . . gebührt; I 116/1919, Urt vom 14. 4. 20: der Patentinhaber macht geltend, daß seine Vorrichtung gleichzeitig den Zweck habe, die Explosion der Mine durch den Druck explodierender Nachbarminen zu verhindern, und daß dieser Erfindungsgedanke vom Beklagten benutzt werde; die Verletzung wurde verneint, weil ein solcher Erfindungsgedanke nirgends in der Patentschrift zum Ausdruck gekommen sei. — Hin und wieder wird der Erfindungsgedanke sogar auf Dinge erstreckt, die der Erfinder nicht nur nicht erkannt hat, sondern die er vermeiden wollte, weil er sie für schädlich hielt — wenn er nur nicht geradezu eine ausdrückliche Beschränkung seines Anspruchs vorgenommen hat. 85368 schützt (nach der im Nichtigkeitsverfahren bestimmten Fassung) ein Verfahren zur Erzeugung von Seidenglanz auf Geweben, dad. gek., daß auf ihnen mittels Walzen kleine Flächen in der Zahl von 5—20 Rillen auf den Millimeter erzeugt werden. Der Beklagte erzeugt 24 Rillen auf den Millimeter. Das hatte der Erfinder vermeiden wollen, weil er annahm, daß dann häßlicher unerwünschter „Speckglanz“ entstehe. Verletzung ist bejaht; der Erfinder habe die Feinheitsnorm angegeben, um gröbere Riffelung auszuschließen, da diese nicht die erstrebte Wirkung habe; feinere Riffelung falle unter das Patent, selbst wenn der Erfinder sie für schädlich gehalten haben sollte — wofern sie nur in Wirklichkeit nicht schädlich sei (Urt vom 23. 12. 05/10. 1. 06, I 221/1905).

In den letzten Jahrzehnten finden sich dagegen Urteile in zunehmender Zahl, in denen der Frage der Erkenntnis und der Offenbarung des Erfindungsgedankens keinerlei Beachtung geschenkt ist. Zutage liegt folgendes: hat der Erfinder das Prinzipielle in seiner Erfindung selbst erkannt, so wird er dem Ausdruck verleihen. Hat er letzteres nicht getan, so wird die Sachlage entweder so sein, daß er sich nicht gefragt hat, ob man das Prinzip auch in anderer Weise verkörpern könne, oder aber so, daß die Herausschälung des Prinzips seine Kräfte überstieg. Die Rechtsprechung der letzten Jahre steht nun auf dem Standpunkte, daß nach objektiven Gesichtspunkten beurteilt werden muß, ob neben der Ausführungsform der prinzipielle Erfindungsgedanke geschützt ist. Kann der durchschnittliche Sachverständige aus der Patentschrift entnehmen, daß der Erfindung ein allgemeinerer Gedanke zugrunde liegt, so ist dieser Gedanke mitgeschützt. — Weiter als soeben ausgedrückt, darf man aber nicht gehen. Entscheidend ist nur, was der durchschnittliche Fachmann aus der Patentschrift entnehmen konnte. Nicht maßgebend ist, was der selbst mit Erfindungskraft begabte Sachverständige, die Koryphäe der Wissenschaft aus dem offenbarten herauslesen und erschließen kann. Derartiges kann dem nichtsahnenden Erfinder nicht zugute gerechnet werden. Noch weniger kann ihm zugute gerechnet werden, was erst die weitere Entwicklung der Wissenschaft oder der Technik als Prinzip seiner Erfindung klarstellt. Als in dem Stahl-Kohle-Detektor zum erstenmal ein Detektor erfunden wurde, der ohne äußere elektromotorische Kraft arbeitete, konnte man dem nicht den Gedanken unterlegen, der sich erst durch die spätere Entwicklung ergeben hat, daß der Erfindung eine allgemeinere Regel zugrunde lag, die auch z. B. die heute gebräuchlichen Kristalle umfaßt. Dem Erfinder ist nur das geschützt, um was er die Technik bereichert hat. Bereichert hat er sie nur um das, was die Patentschrift dem Techniker sagt, zu dem sie spricht.

Anm. 34. Die Rechtsprechung erkennt an, daß, wenn die **Patentschrift** in sich **klar und zweifelsfrei** ist, der Erfindungsgedanke nur aus ihr zu entnehmen ist (vgl. MuW Jahrg. 12 S. 284 Sp. 1; ebenda Jahrg. 14 S. 139 und viele andere Urteile). Wann eine derartige, den Erfindungsgedanken genau umgrenzende Klarheit vorliegt, kann unter Umständen zweifelhaft sein (§ 4 A 44). Liegt dagegen eine Unklarheit vor, so ist die Weite des Erfindungsgedankens nach dem Stande der Technik zu bestimmen, wobei immer im Auge zu behalten ist, daß die Erkenntnismöglichkeit des durchschnittlichen Fachmanns maßgebend ist, und daß positive oder negative Erklärungen des Anmelders oder des Patentamts im Erteilungsverfahren von Bedeutung sein können (vgl. unten A 41, 42). Aber auch unter Berücksichtigung dieser Umstände läßt sich der Erfindungsgedanke noch nicht in jedem Falle scharf bestimmen. Es fragt sich nämlich, wieweit die in jedem Erfindungsgedanken liegende Verallgemeinerung zu treiben ist, ob etwa der Gedanke in jedem Falle auf das Ganze von der bisherigen Technik noch offengelassene Gebiet zu erstrecken ist. Dies ist die große Schwierigkeit, die sich in den meisten Fällen bei der Feststellung des Erfindungsgedankens ergibt. Man hat in diesem Sinne gesagt, daß dem Erfindungsgedanken ein „irrationales" Moment innewohne. Es handelt sich darum, klarzulegen, nach welchen Gesichtspunkten in derartigen Fällen zu verfahren ist. Diese Frage wird in A 56 Ziff. 4 gestreift und in A 67ff eingehend erörtert.

Äquivalente sind gleichwirkende Dinge, also nicht identische Dinge, wohl aber Dinge, **Anm. 35.** die in irgendeiner Richtung gleiche Wirkung auszuüben vermögen. Im allgemeinen gilt die Regel, daß Äquivalente der Arbeitsmittel eines Patents in dessen Schutzbereich fallen. Das wird A 60 näher dargelegt. Doch erleidet die Regel manche Ausnahmen (A 46ff, 50). Über die neuerdings hervorgetretene Rechtsprechung des Reichsgerichts vgl. A 60 a. E. — Hier ist der Begriff der Äquivalenz zu erörtern. Normalerweise spricht man nicht von Äquivalenz, wenn man zwei komplexe Erfindungen als Ganzes miteinander vergleicht, also zusammengesetzte Gegenstände oder Apparate, Anwendung mehrerer Arbeitsmittel, Verfahren, die aus mehreren Teilverfahren bestehen usw., obgleich auch das mißbräuchlich vorkommt: Blatt 15 (1909), 306, die patentrechtliche Äquivalenz der Maschine der Beklagten würde selbst dann zu bejahen sein, . . . Von Äquivalenz spricht man vielmehr, wenn man einzelne Arbeitsmittel oder Verfahren von ihrer funktionellen Seite vergleicht, d. h., wenn man untersucht, ob sie bei der Hervorbringung eines bestimmten Erzeugnisses oder Ergebnisses gleichartige technische Einzelwirkungen ausüben. „Der Begriff der Äquivalenz bezieht sich gar nicht auf die Gesamtlösung der Aufgabe, sondern auf die zur Lösung angewandten einzelnen Mittel" (Alexander Katz, IndR Jahrg. 7, S. 277).

Was heißt nun gleiche Wirkung? Es kommen hier nur Wirkungen einfacher, unmittelbarer Art als Ausfluß einfacher Mechanismen in Betracht, nicht Wirkungen als Resultante verschiedener und verschiedenartiger Kräfte, also nicht die „Wirkung" einer komplizierten Maschine. Das, was eine solche einfache Wirkung ausübt, nennt man patentrechtlich ein Arbeitsmittel. Nun ist zu betonen, daß sich die Arbeitsmittel in zwei Klassen teilen, die nach der Art ihrer Wirkung unterschieden sind. Das eine sind Arbeitsmittel mit immer und unter allen Umständen gleichbleibender Wirkung. Ein Zahnradgetriebe überträgt Drehbewegung von einer Welle auf eine andere Welle, immer wo man es auch anwenden mag. Eine Kurbel wandelt Drehbewegung einer Welle in hin- und hergehende Bewegung um, wie und wo man sie auch anwenden mag. — Ganz anders die geneigte Ebene. (Diese pflegt in der Physik eine Maschine genannt zu werden; jedenfalls ist sie ein Arbeitsmittel.) Die geneigte Ebene dient als Keil, um starre Massen auseinanderzutreiben, Holz zu spalten; sie dient als Schraube, um in feste Massen einzudringen; als Rutsche, Gleitfläche, um Massen vom oberen Teile nach dem unteren zu befördern. Ihre Wirkung ist also wesentlich von ihrer Anwendung abhängig. Diese Unterscheidung der Arbeitsmittel wird im Patentrecht wenig beachtet, und sie ist doch von so großer Bedeutung. Sie ist bereits erörtert in den Ausführungen über die Funktionen (§ 1 A 67); sie ist von Wichtigkeit für die Frage der Patentfähigkeit, ob nämlich Mittel von der Art wie die schiefe Ebene durch Sachpatent geschützt werden können, gestreift § 1 A 52, näher dargelegt zu § 20; sie ist von Wichtigkeit für Fragen der Vorwegnahme der Identität (§§ 2 und 3). Sie ist von ausschlaggebender Wichtigkeit auch für die Frage der Äquivalenz und damit der Verletzung. Es ist ganz gleichgültig, ob in zwei Maschinen zwei Mechanismen vorhanden sind, die an sich gleiche Eigenwirkung haben; es kommt darauf an, ob sie in gleicher Weise angewendet werden, d. h. ob sie auf den Betrieb der Maschine in gleicher Weise wirken. Das ist der Sinn des so häufig mißverstandenen (und auch nicht sehr bezeichnend gewählten) Satzes von der notwendigen Gleichheit der „funktionellen Bedeutung". Vgl. hierüber den Schluß dieser Anmerkung, weiter A 60, 2 und eingehend A 62 e und f. Äquivalenz liegt nur vor, wenn zwei Mittel in der Art ihrer Anwendung in zwei Vorrichtungen gleiche Wirkung hervorbringen.

In dieser Anmerkung ist zunächst nur der Begriff der Gleichwirkung dogmatisch näher zu entwickeln.

Man unterscheidet üblicherweise zwei Arten von Äquivalenten: die technischen und die patentrechtlichen.

1. Technische Äquivalente sind solche Gleichwerte, die allgemein als funktionell gleich wirkend anerkannt sind. Drehende Bewegung kann von einer Welle auf eine andere übertragen werden durch Transmissionen mittels Lederriemen oder durch Zahnräder. Diese Mittel sind deshalb technisch äquivalent. Gute, wenngleich nicht alles umfassende Definition eines technischen Äquivalents aus einem Gutachten von Reuleaux: es findet die Ersetzung eines an sich bekannten, gerade wegen seiner Bewegungsart ausgewählten Getriebes durch ein ebenfalls bekanntes, dieselbe Bewegungsart lieferndes und als solches auch anderweit benutztes Getriebe statt (Kammscheibe — Exzenter). Die Gleichwirkung pflegt nicht in sämtlichen möglichen Richtungen hervorzutreten. Maschinenelemente, Vorrichtungen, Verfahren, die in allen Beziehungen nur gleiche Wirkungen auszuüben vermögen, gibt es nicht. Vielmehr

kommt es darauf an, ob ihre Hauptfunktion, d. h. diejenige Funktion, zu der sie in der Regel angewendet werden, gleichartig ist. Ist das der Fall, dann liegt technische Äquivalenz vor. Aus dem Dargelegten ergibt sich, daß der Äquivalenz ein relatives Moment innewohnt: Gleichwirkung nur in der Hauptfunktion. Noch in anderer Richtung tritt ein relatives Moment zutage. Man kann die gleichartige Wirkung nicht in allen Anwendungsarten, die überhaupt möglich sind, ausnutzen. In einer Taschenuhr kann man die Drehbewegung von Welle zu Welle nicht durch eine Transmission, sondern nur durch Zahnräder übertragen. Die Äquivalenz kann also in mehrfachen Richtungen eingeschränkt sein. Aber diese Einschränkungen bilden nur Ausnahmen; sie hindern nicht, daß der Begriff der technischen Äquivalenz wertvoll ist und bleibt. Weitere Beispiele von technischer Äquivalenz: Schraube und Nagel (äquivalent für die Befestigung zweier Holzbretter aneinander, nicht zweier Eisenplatten); Entfernen von Wasser durch Druck, Zentrifugieren, Abdampfen, Filtrieren (hier also Verfahren, nicht Arbeitsmittel); Löten und Schweißen; Kraftübertragung durch Hebel oder Schraube; die verschiedenen Arten von Ventilen. Alle diese Vorrichtungen wirken anerkannterweise in der Hauptfunktion gleich; in Nebenfunktionen weichen sie ab; auch kann ihre Gleichwirkung nicht in allen Verwendungsarten ausgenutzt werden.

2. Wohnt somit dem Begriff der technischen Äquivalente ein objektives, in bestimmten Richtungen allgemeingültiges Moment inne, so ist das bei den patentrechtlichen Äquivalenten anders. Diese zeigen ihre Äquivalenz nur für die Zwecke einer einzelnen Erfindung. Patentrechtliche Äquivalente sind also nicht ein objektiv und allgemeingültig bestimmbarer Ausschnitt aus dem Gesamtgebiet der Äquivalente. Es handelt sich bei ihnen nicht um bekannte Elemente mit bekannter gleicher Wirkung, sondern um ad hoc für die Zwecke einer einzelnen Erfindung ersonnene oder zusammengebaute Vorrichtungen. Ihr Charakteristikum liegt darin, daß sie zwar dieselbe Wirkung ausüben müssen, daß sie aber nicht technologisch gleichwertig zu sein brauchen; entscheidend ist allein die Gleichheit der Wirkung. Beispiele:

165507 schützt Wärmekisten mit heißen Chamottesteinen zum Garkochen von Speisen. Ein anderer fertigt Garkocher aus Blechgefäßen an, die er mit Chamottemehl füllt. Das ist wärmetechnisch im Erfolge dasselbe. Es liegt patentrechtliche Äquivalenz (und also Verletzung) vor (I 93/1921, Urt vom 5. 10. 21).

Patentiert ist, bei Mähmaschinen zur Überwindung des toten Punktes die gewöhnliche Kurbelscheibe durch eine erheblich größere als Schwungrad dienende Kurbelscheibe zu ersetzen. Ein anderer vergrößert die gewöhnliche Kurbelscheibe zum selben Zwecke durch Aufsetzen von zwei halben Kreisbogen; das ist patentrechtlich äquivalent (I 55/1920, Urt vom 12. 6. 20).

244211 will die Schraubenflügel von Flugzeugen dadurch vor schädlichen Vibrationen bewahren, daß die vorderen Ränder der Flügel stärker und in größerer Ausdehnung nach hinten gebogen werden, als die hinteren Ränder nach vorn gebogen sind. Dieselbe Wirkung wird nach denselben Naturgesetzen dadurch erreicht, daß die Spitzen der Flügel abgeschrägt werden. Beides ist also patentrechtlich äquivalent (I 83/1914, Urt. vom 26. 10. 14).

Aus dem Dargelegten ergibt sich, daß patentrechtliche Äquivalente nicht (immer) technisch äquivalent sind; im weiteren Verlaufe wird sich zeigen, daß auch umgekehrt technische Äquivalente nicht in allen Fällen patentrechtlich äquivalent sind.

An dieser Stelle ist nochmals ein oben schon gestreifter Punkt hervorzuheben, der selbstverständlich erscheint, aber von besonderer Wichtigkeit ist. Zwei Konstruktionselemente können äquivalent sein, also dieselbe Wirkung hervorbringen, etwa eine Bewegung in gleicher Weise übertragen oder umgestalten, es kann aber diese ihre Wirkung in zwei komplexen Vorrichtungen zu ganz verschiedenen Zwecken angewandt werden. In solchen Fällen sagt die Äquivalenz der Mittel nichts über die Gleichheit der Vorrichtungen, also nichts darüber, ob die eine Vorrichtung das für die andere Vorrichtung erteilte Patent verletzt. Näheres hierüber unten A 60, 3. Ein vorläufiges Beispiel: eine Vorrichtung an einer Druckpresse zum Schutz der Arbeiter mittels sofortigen Anhaltens der Maschine hat als wichtigen Bestandteil eine Muffe mit konischen Gleitflächen. Eine ähnliche Druckpresse hat gleichfalls eine Muffe mit konischen Gleitflächen. Aber: bei der einen Presse dient die Muffe zur Auslösung der Tätigkeit gesonderter, entfernt liegender Bremsvorrichtungen; bei der anderen bremst sie selbst, indem sie sich mit ihren konischen Gleitflächen gegen rotierende Teile der Maschine legt, wozu es nicht darauf ankommt, ob die Muffe konische oder plane Flächen hat. Deshalb verletzt die eine Vorrichtung das Patent auf die andere nicht (Urt vom 21. 5. 13, I 208/1912; IndR Jahrg. 8 S. 206 Sp. 2). Das ist die Regel von der notwendigen Gleichheit der „funktionellen Bedeutung" der Elemente. Es kommt also für die Äquivalenz nicht nur auf die Gleichheit der Wirkung, sondern auch auf die Gleichheit der Verwendung der Wirkung an. Vgl. auch Kohler, Handbuch S. 110: dagegen ist es wohl gestattet, dieselbe Raumform zu gebrauchen, sobald dies nur für ein anderes Naturkräftespiel geschieht, sobald die Raumform eine andere funktionelle Bedeutung hat. — Für Vorstehendes vgl. eingehender A 62, 2 und A 60, 2.

3. Die vorstehend geschilderte Einteilung in technische und patentrechtliche Äquivalente ist die übliche Einteilung. Sie bedarf einer Ergänzung. Die Äquivalenz ist von Bedeutung einerseits für die Klarlegung, ob eine neue Vorkehrung gegenüber dem Vorbekannten einen erfinderischen Schritt enthält, also patentfähig ist, und andererseits für die sog. Auslegung eines Patents, ob nämlich eine neue Vorkehrung in den Schutzbereich eines schon bestehenden Patents fällt. Unterscheidet sich die neue Vorkehrung von dem Vorbekannten nur dadurch, daß ein Mittel durch sein **technisches** Äquivalent ersetzt ist, so liegt, von seltenen Fällen abgesehen, kein erfinderischer Schritt vor. Ebenso fällt in den Schutzbereich eines bestehenden Patents der Regel nach jede neue Vorkehrung, deren Abweichung nur darin besteht, daß ein Mittel durch sein technisches Äquivalent ersetzt ist. Es liegt nun aber zutage, daß diese Beurteilung nicht nur dann einzutreten hat, wenn es sich gerade um den Ersatz durch technische Äquivalente handelt, sondern auch dann, wenn die Abweichung in Maßnahmen besteht, deren Auffindung keinerlei Schwierigkeiten machte und deren Gleichwirkung auf der Hand lag. Das sind diejenigen Äquivalente, die man als **„glatte"**, **„notwendige"**, **„naheliegende"** Äquivalente bezeichnet hat. Ihr Charakteristikum liegt darin, daß sie zwar nicht, wie die technischen Äquivalente, in einer großen Mehrzahl von Fällen, sondern nur für die Zwecke einer einzelnen Vorkehrung gleichwirken, daß sie deshalb nicht als allgemeingültig gleichwirkend bekannt sein können, daß aber ihre Auffindung keine wesentlich größeren Schwierigkeiten macht als die Auswahl der technischen Äquivalente — weshalb sie diesen überall, wo es auf Erfindungshöhe ankommt, gleich zu behandeln sind. Beispiele: will man eine Wand eines Behälters nachgiebig gestalten, so kann man das machen, indem man die feste Wand durch eine Membran ersetzt oder indem man in der Wand einen in einem Hohlzylinder beweglichen Kolben anbringt. Beides sind keine technischen Äquivalente, denn man kann den Kolben und die Membran nicht als im allgemeinen oder wenigstens ihrer Hauptfunktion nach gleichwirkend bezeichnen. Aber der Ersatz des einen Mittels durch das andere ist so naheliegend, daß er weder einen erfinderischen Schritt enthält, noch aus dem Schutzbereich eines Patents herausbringen kann. — Bei Schrämmaschinen kann man die notwendige Drehung der Maschine entweder durch ein Getriebe mit Zahnradsektor oder durch eine Handhebelvorrichtung hervorbringen. Beides läßt sich nicht allgemein als technisches Äquivalent bezeichnen; aber der Ersatz der einen Vorrichtung durch die andere ist auch hier so naheliegend, daß sie weder einen erfinderischen Schritt enthält, noch einen für die Auslegung erheblichen Unterschied ausmacht, Blatt 15 (1909), 306. Bei Verkaufsautomaten ist eine Platte, die durch Federkraft bewegt wird, der patentierten Klappe, die sich durch ihre eigene Schwere bewegt, patentrechtlich glatt äquivalent (JW 1896, 643). — Bei der Herstellung von Methylenblau ist die Verwendung von alkoholischer Salzsäure und von wässeriger Salzsäure patentrechtlich äquivalent (Bolze Bd. 22 Nr. 126); beim Auswalzen die Benutzung von metallischen Kugeln oder aber von metallischen balligen Körpern, die nicht gerade Kugelform haben, Blatt 18 (1912), 135. — Es ergibt sich also, daß die glatten Äquivalente den technischen in beiden bezeichneten Richtungen gleich zu behandeln sind. Beide stellen nur eine verschleierte Umgehung des Patents dar und bieten deshalb der Beurteilung keine Schwierigkeit. Das liegt nun bei den übrigen patentrechtlichen Äquivalenten ganz anders. Diese zeigen nicht selten erheblich abweichende, unter Umständen komplizierte Bauart, deren Ersinnung zwar noch nicht erfinderische Kraft erforderte, von denen aber nicht im voraus zu sagen war, ob sie die gleiche Wirkung ausüben würden, wie die patentierte. Das macht ihre Beurteilung schwierig, besonders in der Richtung, ob sie noch auf demselben technischen Prinzip beruhen (vgl. A 37 und 60). Dies letztere Moment ist, wie sich nicht leugnen lassen wird, in der Rechtsprechung der letzten Jahrzehnte mehrfach zurückgetreten, man hat alles nur auf die Gleichheit der Wirkung abgestellt, wie in A 67 unter Anführung von Beispielen dargelegt ist. Anm. 36.

Daß der Austausch eines Arbeitsmittels durch sein technisches oder glattes Äquivalent grundsätzlich den Patentschutz immer verletzt, tritt besonders deutlich bei Konstruktionspatenten hervor. Konstruktionspatente sind solche, in denen der Erfindungsschutz grundsätzlich nur auf die konkrete Ausführungsform beschränkt ist. Auch bei diesen gilt aber die Regel, daß der Ersatz eines Mittels durch sein technisches oder glattes Äquivalent eine verschleierte Umgehung ist, also eine Verletzung enthält (A 49).

Von Interesse ist, daß der angeführte Unterschied zwischen naheliegenden Äquivalenten und solchen Äquivalenten, die eine neue erheblich abweichende Bauart aufweisen, auch in den übrigen Industrieländern als bedeutungsvoll hervorgetreten ist. In England und in Nordamerika ging man, wie bekannt, in der Lehre von der Äquivalenz von einem ganz anderen Standpunkte aus, als in Deutschland. Die Unterscheidung zwischen technischen und patentrechtlichen Äquivalenten ist dort unbekannt. Man unterscheidet zwischen bekannten und unbekannten Äquivalenten. Ersatz eines Mittels durch sein bekanntes Äquivalent enthält in der Regel eine

Verletzung des Patents, Ersatz durch ein unbekanntes Äquivalent dagegen nach der früher herrschenden Meinung niemals. Von dieser Meinung kommt man jedoch nach und nach ab. Schon Robinson (Bd. 1 S. 350) hat eingehend darauf hingewiesen, daß es auf jeden Fall unzulässig sein müsse, daß der Nachahmer sich die originale Erfindung, einerlei ob mittels bekannter oder auch unbekannter Äquivalente aneigne. Deshalb definiert er S. 347, die Äquivalenzeigenschaft müsse, um Verletzung annehmen zu können, zur Zeit des Datums des Patents bekannt gewesen sein, aber er fügt hinzu: oder sie müsse später ohne die Ausübung erfinderischer Geschicklichkeit bekanntgeworden sein. Damit ist er also auf die Unterscheidung zwischen glatten und weiter abliegenden Äquivalenten hinausgekommen. — Große Erfindungen werden in Nordamerika nach dem Erfindungsgedanken ausgelegt. Dabei ergab sich, daß dann die Regel von der Bekanntheit der Äquivalente nicht angewandt werden konnte, weil die Nachbildung durch solche Mittel erfolgte, die gerade erst für den einzelnen Zweck dieses Patents zusammengebaut waren, also gar nicht bekannt sein konnten. Aus diesem Grunde hat der höchste Gerichtshof (U. S. Bd. 129 S. 289f) angenommen, daß jene Regel bei großen Patenten einer Umgestaltung bedürfe; es komme darauf an, ob die Auffindung der Äquivalente nahegelegen oder aber erfinderische Kraft erfordert habe. Seither wird, wie in Deutschland, wenigstens in der Praxis die sich aus der Natur der Sache ergebende Anschauung befolgt, daß, wenn die Nachbildung sich eines auf der Hand liegenden, wenn auch bisher unbekannten Äquivalents bedient, stets eine verschleierte Umgehung des Patents und damit eine Verletzung vorliegt. Trotz des ganz verschiedenen Ausgangspunktes ist also die Lehre jener Länder genau zu dem gleichen Ergebnis gelangt, das sich auch in Deutschland durch die Erfordernisse des gewerblichen Lebens aufdrängt. Vgl. für vorstehendes auch **Walker**, Patentrecht 5. Aufl., § 354.

Über die Frage, wieweit es nach deutscher Auffassung für die Annahme einer Verletzung darauf ankommt, ob die Äquivalenz der Mittel bekannt war oder nicht, vgl. unten A 60, 4.

Anm. 37. Um eine Verletzung beim Ersatz eines Mittels durch sein Äquivalent annehmen zu können, ist es erforderlich, daß der **Lösungsweg prinzipiell derselbe** bleibt; andernfalls enthält Äquivalenz in einzelnen Elementen keine Verletzung. Blatt 18 (1912), 227f: der Berufungsrichter stellt fest, daß es sich hierbei ... um ein von demjenigen des Patents völlig verschiedenes Verfahren handelt ... Es kann daher bei dieser völligen Verschiedenheit der für die Schattierungsverfahren der Parteien wesentlichen Mittel keine Rede davon sein, daß eine Äquivalenz der Mittel vorliege. GewR 27 (1922), 134: von einer Äquivalenz kann hier keine Rede sein. Solche hätte zur Voraussetzung, daß die Lösung der gleichen Aufgabe mittels Ersatzes eines Elements der Kombination durch ein anderes Mittel herbeigeführt wird ohne wesentliche Änderung des Lösungsgedankens. Blatt 6 (1900), 235 Sp. 1: in bezug auf die Wirkung gleichwerte Mittel brauchen jedoch nicht gleich oder gleichwertig im technischen Sinne zu sein. Zwei Mittel können, bei völliger Gleichwertigkeit hinsichtlich ihrer Wirkung, so verschieden sein, daß bei der Ausführung des einen jede Benutzung des anderen ausgeschlossen ist. — Urt vom 27. 1. 26, I 55/25: in der Anordnung der Mittel weicht das ältere Patent von dem jüngeren grundsätzlich ab. Der Lösungsgedanke ist bei beiden Patenten ein ... grundsätzlich verschiedener, und deshalb kann von einer Abhängigkeit keine Rede sein, mögen sich auch bei dem jüngeren die vier ... Merkmale des älteren in ihrer allgemeinen Begriffsbestimmung wiederfinden ... Ebensowenig kommt es darauf an, ob beide Patente sich überhaupt der drei Mittel bedienen, sondern allein darauf, in welcher Weise die drei Mittel zur Erreichung des Erfindungszwecks verwendet werden. Darin besteht zwischen den beiden Patenten aber keine Ähnlichkeit, sondern grundsätzliche Verschiedenheit.

Anm. 38. Wird Äquivalenz dadurch ausgeschlossen, daß das **Ersatzmittel besser oder schlechter wirkt?** Äquivalenz heißt Gleichwirkung. Dogmatisch läßt sich über die gestellte Frage nur das folgende sagen. Durch den Begriff der Gleichwirkung wird die Annahme der Äquivalenz ausgeschlossen, wenn die Wirkung 1. qualitativ anders (ein aliud) ist, und wenn sie 2. sehr viel besser oder sehr viel schlechter ist. Auf diesen Standpunkt hat sich auch die Rechtsprechung gestellt. — Qualitativ andere Wirkung: Kohler, Handbuch S. 105, anders natürlich, wenn die Substitution (des Äquivalents) einen neuen Effekt erzielt. JW 1898, 543: die zweite Erfindung (mit dem Ersatzmittel) kann über die erste so weit hinausschreiten, daß, wenngleich sie sich auf demselben Gebiete bewegt, sie doch nicht als bloße Steigerung und Verbesserung, sondern als unabhängige Erfindung anzusehen ist. Blatt 18 (1912), 227: beide Verfahren sind ganz verschieden, also keine Äquivalenz der Mittel. Ähnlich GewR 27 (1922), 133. Ebenso Isay § 4 A 15. — Sehr viel bessere Wirkung: JW 1900, 554ff; Blatt 2 (1896) 293 Sp. 2 Mitte. Das war auch der Grund der Entscheidung über das Aristonpatent, in der für Musikinstrumente (Grammophone) die Äquivalenz einer drehbaren vollen Scheibe und eines drehbaren Plattenringes wegen gewisser Vorteile des letzteren verneint ist (Gareis Bd. 7 S. 187), welche Entscheidung freilich lebhaft angegriffen ist, weil die Nachbildung mittels Plattenringes sich den Erfindungsgedanken des Patents zunutze gemacht habe. — Sehr verschlechterte Wirkung: MuW Jahrg. 25 S. 174 Sp. 2 oben. Ähnlich das amerikanische Urteil des höchsten Gerichtshofs (Supr. Court Reporter Bd. 39 S. 496, 501). Es handelte sich um das bekannte Schwimm- (Schaum-) Verfahren zur Trennung des pulverisierten Erzes vom tauben Gestein. Das Patent schrieb vor, zur Bereitung des Schaumes einen Ölzusatz von 0,5 % zu nehmen, der Beklagte nahm einen Zusatz von 1,8%. Der Gerichtshof hielt das Verfahren des Beklagten für unbrauchbar und wertlos. Er verneinte aber die Äquivalenz mit folgenden Worten: es ist schwer zu verstehen, daß ein Verfahren, das so kostspielig und unwirksam arbeitet, wie das des Beklagten nachweislich tut, von dem des Patents nicht seinem Wesen nach unterschieden sein sollte. Über dies Urteil vgl. auch A 64 a. E. — Wann bei geringerer Abweichung in der Wirkung noch Äquivalenz angenommen werden kann, darüber läßt sich dogmatisch nichts sagen; das ist Sache der Rechtsprechung und wird A 60, 3 erörtert.

Äquivalente und Ausführungsform. Technische Äquivalente haben mit „Ausführungsformen" des Erfindungsgedankens nichts zu tun, denn Ausführungsformen verkörpern den gesamten Erfindungsgedanken, also die ganze Erfindung; technische Äquivalente dagegen sind nur ein einzelnes Glied eines Mechanismus oder eines Verfahrens. Ausführungsformen und patentrechtliche Äquivalente können identisch sein, wenn die äquivalente Maßnahme den gesamten Inhalt des Erfindungsgedankens, nicht nur einen Teil desselben verkörpert. Wird ein Luftreinigungsfilter einerseits mit Filtertüchern, andererseits mit angefeuchteten keramischen Füllkörpern betrieben, so sind das von der Seite des Erfindungsgedankens aus angesehen verschiedene Ausführungsformen, von der Seite der Mittel aus angesehen patentrechtliche Äquivalente. Die Auslegung eines Patents nach dessen Erfindungsgedanken oder nach patentrechtlichen Äquivalenten, soweit letztere nicht technische Äquivalente sind, führt deshalb in der Regel zu demselben Ergebnis, wenn auch die Ausgangspunkte verschieden sind. Denn wie zu wiederholen, patentrechtliche Äquivalente sind gerade solche Ersatzmittel, mittels deren der Erfindungsgedanke in einer der Form nach abweichenden, wenn auch prinzipiell gleichen Art und Weise verwirklicht werden kann. Man muß also, auch wenn man nur wissen will, ob eine patentrechtlich äquivalente Ausführung vorliegt, doch zunächst den Erfindungsgedanken bestimmen. Hat die Nachbildung einen anderen Erfindungsgedanken, so ist keine patentrechtliche Äquivalenz gegeben. Aus dieser Ähnlichkeit erklärt es sich, daß sich in Deutschland keine Regeln darüber gebildet haben, wann die Auslegung nach dem Erfindungsgedanken vorzunehmen ist und wann nach Äquivalenz der Mittel. Das liegt in England und Nordamerika ganz anders. Die Auslegung nach dem Erfindungsgedanken erfolgt dort nur bei großen und bedeutsamen Erfindungen, die ein ganz neues Erzeugnis oder Ergebnis hervorbringen. Die große Masse der Erfindungen, die nur eine Verbesserung bereits bekannter Vorrichtungen oder Verfahren enthalten, werden nach Äquivalenten ausgelegt. Dabei herrscht der streng befolgte Grundsatz, daß der Umkreis der Äquivalente sich nach der Größe, der Bedeutung, dem Werte dieser mittleren und kleineren Erfindungen richtet. Ganz kleine Erfindungen, die sich kaum von handwerksmäßigen Neuerungen unterscheiden, werden auf die mitgeteilte konkrete Form beschränkt mit der alleinigen Ausnahme, daß alles, was sich bloß als verschleierte Umgehung darstellt, noch in den Schutzbereich des Patents fällt. Auch bei den Erfindungen von mittlerer Bedeutung geht man nur so weit, daß immer noch eine starke technische Ähnlichkeit der einzelnen Ersatzmittel mit den entsprechenden Originalmitteln vorhanden sein muß. Es wird bei diesen also nicht, um Verletzung annehmen zu können, für ausreichend erachtet, daß die Wirkung des Patents erzielt wird, wofern nur nicht geradezu eine Abweichung im Prinzipe des Lösungsweges stattfindet. Dies ist in dem Aufsatze des Verfassers in den Abhandlungen zum Arbeitsgebiet des Reichspatentamtes (Festgabe) S. 53f im einzelnen dargelegt. Anm. 39.

In Deutschland sind Bestrebungen zutage getreten, die Auslegung nach dem Erfindungsgedanken als tiefergreifend und dem Wesen der Sache am meisten gerecht werdend anzusehen und deshalb die Auslegung nach Äquivalenten beiseite zu schieben. Es ist zweifelhaft, ob man diesen Bestrebungen Erfolg wünschen soll. Wenn zwei Ausführungsformen sich nur dadurch unterscheiden, daß ein Mittel durch sein technisches Äquivalent ersetzt ist, so ist damit die Frage der Verletzung für die ganz überwiegende Mehrzahl der Fälle ohne weiteres erledigt; es liegt so gut wie immer Verletzung vor. In solchen Fällen braucht man also nicht den Erfindungsgedanken zu bestimmen, dessen Weite und Ausdehnung in vielen Fällen so außerordentlich zweifelhaft sein kann, unten A 56 Ziff. 5; die Auslegung nach Äquivalenz ist das Gegebene.

Über die neueste Rechtsprechung des Reichsgerichts mit wichtigen Ausführungen, daß nicht allemal ein neu aufgefundenes Äquivalent in den Schutzbereich des Patents fällt, wenn schon andere Äquivalente vorbekannt sind, daß es vielmehr darauf ankommt, ob das beanstandete neue Äquivalent den Mitteln des Patents oder den vorbekannten Äquivalenten ähnlich ist, vgl. A 60 a. E.

Anm. 40. Im vorstehenden sind die beiden Begriffe, auf denen alle Patentauslegung — im Sinne der Feststellung des Schutzbereichs — grundlegend beruht, erörtert worden. In verschiedenen Richtungen kommen zwei weitere Momente in Betracht, deren Begriff festzustellen ist, ehe in die Einzelheiten der Auslegung eingegangen werden kann: Stand der Technik und Einfluß der im Erteilungsverfahren angestellten Erörterungen.

Stand der Technik. Daß der Stand der Technik eine wichtige Rolle spielt, ist vorstehend bei der Feststellung des Begriffs des Erfindungsgedankens bereits vielfach betont. Daß er außerdem für die Feststellung der Neuheit, des Fortschritts, der Erfindungshöhe in Fragen der Patentfähigkeit in Betracht kommt, liegt auf der Hand. Trotz der großen Bedeutung dieses Begriffs ist über ihn dognatisch nicht viel zu sagen. Er ist in seinen wesentlichen Zügen gegenüber früheren Schwankungen endgültig festgestellt. Man zweifelte früher, ob zum Stande der Technik alles gehört, was irgendwie bekannt geworden ist, oder nur dasjenige, was auf die im § 2 angegebene Weise bekannt geworden ist, also durch öffentliche Druckschriften oder durch offenkundige Benutzung im Inlande. Der Unterschied liegt darin, daß nach der zweiten Meinung gemäß § 2 als neu gilt und also nicht zum Stande der Technik gehört, was durch Vorträge, Schaustellungen u. dgl. bekannt geworden ist, was in Druckschriften vorveröffentlicht ist, die vor mehr als hundert (fünfzig) Jahren erschienen sind, und endlich, was in der ausländischen Praxis ausgeführt und angewandt ist, ohne durch öffentliche Druckschriften bekannt gegeben zu sein. Variationen dieser Meinung finden sich Schanze, MuW Jahrg. 11 S. 418; Dunkhase, Beiträge, Prüfung auf Patentfähigkeit, S. 32. Während für die Feststellung der Neuheit der Begriff des Standes der Technik durch das Gesetz festgelegt ist, wurde früher vielfach die Meinung vertreten, daß schon für Fortschritt und Erfindungshöhe, vor allem aber für die Auslegung eines Patents ein erweiterter Begriff des Standes der Technik in Betracht komme, daß also in diesen Richtungen alles zu berücksichtigen sei, was in beliebiger Weise bekannt geworden war, wobei dann noch wieder der Zweifel hervortrat, ob es auch in allgemeiner Benutzung gestanden haben müsse. Auch in früheren Urteilen des Reichsgerichts ist diese Meinung vertreten worden: für die Auslegung eines Patents ... wird ... der Stand der Technik ... verwertbar sein ... Damit hat der § 2 des PG nichts zu schaffen. Auf Grund des § 2 muß, soweit der Neuheitsmangel reicht, das Patent abgelehnt werden. Für eine einschränkende Auslegung des erteilten Patents bietet der § 2 keine Handhabe. Zu einer solchen ... durften die ... Patentschriften nicht schon aus dem Grunde herangezogen werden, weil sie im Sinne des § 2 ... öffentliche Druckschriften sind, Blatt 12 (1906), 41. Diese Meinung ist heute im Schrifttum überwiegend aufgegeben, in der Rechtsprechung gänzlich verlassen. Was Fortschritt und Erfindungshöhe angeht, ist auf § 1 A 40 zu verweisen. Für die Patentauslegung sind die Grundsätze in den Urteilen RG 84, 362 und IndR 9 (1914), 202f und in vielen gleichliegenden Entscheidungen aufgestellt, vgl. auch Isay, GewR 16 (1911), 156ff. Was nur durch Vorträge, Schaustellungen oder nur durch ausländische Gewerbepraxis bekannt geworden ist, wird also bei der Feststellung des Schutzbereichs eines Patents nicht beachtet. Das hat natürlich seine zwei Seiten, wie Schanze, MuW Jahrg. 11 S. 418, betont, und Isay, a. a. O., nicht leugnet, aber es läßt sich nach Lage der Gesetzgebung nicht vermeiden, denn noch schlimmer wäre die Inkonzinnität, wenn man das, was nach § 2 noch als neu zu patentieren ist, nun wieder im Verletzungsprozeß nach einem anderen Stande der Technik beschneiden müßte. — Wenngleich früher angemeldete Patente, die nicht vorveröffentlicht sind, für den Stand der Technik nicht in Betracht kommen, so können sie doch als Anzeichen dafür dienen, daß das Patentamt in einem umstrittenen Patent nicht dasjenige schützen wollte, was es schon in jenem anderen Patente geschützt hatte — wenigstens wenn beide Anmeldungen in derselben Klasse behandelt sind, vgl. Urt vom 22. 2. 28, MuW Jahrg. 27/28 S. 312f und IndR Jahrg. 16, S. 89, Sp. 2 oben.

In einem Punkte bestehen allerdings Zweifel. Ist als Stand der Technik in Auslegungsfragen nur genau dasjenige zu berücksichtigen, was vorveröffentlicht und vorbenutzt ist, oder auch was jeder Fachmann daraus weiterschließend entnehmen konnte? Soweit für die Patentfähigkeit Neuheit, Fortschritt, Erfindungshöhe in Betracht kommen, ist ein solcher Zweifel nicht möglich, denn als erfinderisch neu gilt nur dasjenige, was der Fachmann aus dem vorbekannten nicht ohne weiters entnehmen konnte (§ 2 A 3). Bei der Feststellung des Schutzbereiches ist die Sachlage aber nicht gleich klar. Man könnte sehr wohl daran denken, daß der Schutzbereich eines Patents nicht auf dasjenige zu erstrecken ist, was ein Fachmann aus dem Vorbekannten ohne weiteres erschließen kann. Diese Frage ist noch nicht geklärt; die Beantwortung ist zweifelhaft. Sie ist verneinend ausgefallen in dem Urteile des RG IndR 16 (1922), 69: der Beklagte behauptet, nicht bloß dasjenige, was wortdeutlich beschrieben und augenfällig gezeichnet sei, sondern auch dasjenige, was der gewöhnliche Fachmann ohne weiteres abweichend davon machen werde, gehöre zum Stande der Technik (so daß das klägerische Patent aus diesem Grunde nicht über seinen Wortlaut hinaus auszulegen sei) ... Das kann nicht für zutreffend erachtet werden ... Der Stand der Technik ist lediglich danach zu beurteilen, was tatsächlich der Technik zur Zeit der Anmeldung bereits bekannt war. Ebenso PA BeschwAbt Blatt 5 (1899), 191: bekannte Einrichtungen können nur in der Form entgegengehalten werden, in der sie tatsächlich vorliegen oder bekannt geworden sind. Unzulässig ist es... eine abweichende Form entgegenzuhalten, mag die Abänderung auch noch so naheliegend oder unerheblich sein. — Für die Frage der Patentfähigkeit ist übrigens dieser Ausspruch in seiner Allgemeinheit mit Rücksicht auf das Erfordernis der Erfindungshöhe bedenklich. — Des weiteren vgl. auch MuW Jahrg. 21 S. 124 Sp. 1. Andererseits hat das RG MuW Jahrg. 10 S. 380 ein Patent nach dem Stande der Technik nur gemäß dem Wortlaut des Anspruches, also nicht „erweiternd", ausgelegt; es sah sich daran durch das entgegengehaltene Patent 111585 gehindert, obgleich in diesem letzteren Patente dasjenige nicht beschrieben war, was der Kläger auf Grund erweiternder Auslegung seines Patents für sich in Anspruch nahm, vielmehr aus dem Vorpatente nur weiter entwickelnd geschlossen werden konnte. Beide Entscheidungen stehen nicht völlig im Einklang. Vielleicht geht die zweite Entscheidung etwas weit. Wirkliche Weiterbildung des Vorbekannten wird bei der Auslegung eines nachfolgenden Patents nicht zu berücksichtigen sein, wohl aber werden glatte Äquivalente des vorbekannten in Betracht kommen; auf diese hat, wenn das Vorbekannte patentiert ist, der erste Patentinhaber ein Recht. Ebenso v. Boehmer, Patentfähigkeit von Erfindungen S. 13 (auch Verh. des Vereins zur Beförderuug des Gewerbefleißes, 1911, Heft 1 u. 2).

Bedeutung des Inhalts der Erteilungsakten. Neben dem Stande der Technik muß bei der Patentauslegung — trotz des Widerspruchs Kohlers, GewR 17 (1912), 167 — in vielen Fällen auf die Erteilungsakten zurückgegriffen werden. Das wird in allen Industrieländern anerkannt; es ist nicht zu umgehen, wie die unten angeführten Entscheidungen ergeben. Aus den Erteilungsakten sind für die Auslegung des Patents von Wichtigkeit einerseits Erklärungen der Erteilungsbehörde, andererseits Erklärungen des Anmelders. Beide können, wie man sich auszudrücken pflegt, positiver oder negativer Art sein. Anm. 41.

Die negativen Erklärungen der Erteilungsbehörde richten sich darauf, daß die Erteilung des Patents mit dem gewünschten Inhalt ganz oder teilweise abgelehnt wird, sei es, daß ein Anspruch zurückgewiesen wird, sei es, daß die Erfindungstatsachen, die technische Anweisung, teilweise für nicht erfinderisch neu erklärt oder daß einzelne erfinderische Momente als nicht brauchbar, nicht wirksam oder in anderer Weise beanstandet werden. Trägt der Anmelder solchen Beanstandungen des Prüfers keine Rechnung, so wird sein Antrag ganz oder teilweise abgewiesen. Ein derartiger ausdrücklich abweisender Beschluß ist nach der herrschenden Meinung für das Verletzungsverfahren bindend. In der Regel läuft aber die Sache so, daß der Anmelder möglichst rasch ein Patent zu erhalten wünscht und deshalb abgeänderte Ansprüche mit abgeänderter Beschreibung einreicht. Dann erhebt sich im Verletzungsstreite die Frage, ob das im Erteilungsverfahren Geschehene, also das Abgewiesene oder Zurückgezogene, für die Auslegung bindend ist. Es hatte sich in Deutschland die Regel gebildet, daß nur unzweideutig erklärte Verzichte und absichtlich verfügte Einschränkungen bindend sind (RG 80, 57). Diese scharfe Fassung ist gewählt, um dem Verletzungsrichter im weitesten Umfange die Möglichkeit vorzubehalten, den Schutzumfang gemäß dem wahren Inhalt der Erfindung zu bestimmen, also möglichst ohne durch etwa unrichtige Ansichten des Prüfers gehindert zu sein. Anfangs wurde verlangt, daß die von der Erteilungsbehörde verfügte Einschränkung im Tenor eines Beschlusses Ausdruck gefunden haben müsse, IndR 19 (1015), 80f. Dies formelle Erfordernis ist jedoch neuerdings aufgegeben, GewR. 30 (1925), S. 243ff. Zwei Urteile, die den eingetretenen Fortschritt zeigen, sind gegenübergestellt, Blatt 31 (1925), 219ff, 221, Sp. 2 und 224 Sp. 1. Die neue Rechtsprechung ist ohne Frage berechtigt, denn es ist nicht einzusehen, warum es einen Unterschied machen soll, ob z. B. bei einem Kombinationspatent der Schutz eines Elementes im Tenor oder in den Gründen abgelehnt ist, wie freilich das Urteil IndR Jahrg. 10 (1915), 80 annimmt; vgl. auch GewR 33 (1928), 385 (Beschränkung, die in der Beschreibung zum Ausdruck gebracht ist). Allerdings muß aber die Äußerung der Erteilungsbehörde in sich klar und zweifelsfrei sein. Das ist bejaht in dem Urteil GewR. 31 (1926), 392, verneint in dem Urteile ebenda S. 438 (beide Urteile scheinen in der Gedankenrichtung nicht ganz übereinzustimmen), wiederum verneint GewR 31 (1926), 538f, hier weil die Beschwerdeabteilung, die das Patent endgültig und maßgebend erteilte, sich schwankend ausgedrückt hatte. — Auch wenn die Äußerung des Vorprüfers (Prüfers) nicht ganz klar ist, kann dem Umstande, daß der Anmelder sich gefügt hat, eine geringere Bedeutung zukommen, MuW Jahrg. 26 S. 87ff. — Ist im Einspruchsverfahren in einem Nebenpunkte für einen Konstruktionsteil anstatt eines weiteren ein engerer Ausdruck ohne erkennbare Absicht gebraucht, so liegt nicht eine Beschränkung auf diesen konkreten Konstruktionsteil vor (IndR Jahrg. 11 S. 254.) — Ohne Zutun abgegebene selbstbeschränkende Erklärungen des Anmelders sind ebenfalls bindend, falls der Anmelder sich über ihren Inhalt und Zweck klar war. Gewöhnlich nimmt, wie bereits erwähnt, die Sache den Verlauf, daß nach einer Beanstandung des Prüfers der Anmelder stillschweigend abgeänderte Ansprüche und Beschreibungen einreicht. Es ist unter Umständen schwer, das als einen Verzicht zu deuten. Andererseits wäre es aber offenbar untunlich, dem Anmelder, der sich den Beanstandungen des Prüfers fügt und dadurch vermeidet, daß eine abweisende Entscheidung desselben ergeht, nun nachträglich doch wieder zu gestatten, daß er dasjenige, was sonst abgewiesen worden wäre, in Anspruch nimmt. Deshalb ist nach und nach jene Regel weniger streng durchgeführt worden, vgl. RG IndR Jahrg. 10 (1915), 173, wo ausgesprochen ist, es brauche nicht gerade Verzichtswille vorzuliegen; Blatt 17 (1911), 274; MuW Jahrg. 22 S. 92, 93 Sp. 1; ebenda Jahrg. 26 S. 189, 190 Sp. 1; ebenda Jahrg. 10 S. 244; Isay § 4 A 29 S. 210. Die Tendenz geht mehr und mehr dahin, den Anmelder an seinen Erklärungen über den Inhalt der Erfindung festzuhalten und die Einwendung zurückzuweisen, daß er die Erklärungen nur abgegeben habe, um möglichst rasch ein Patent zu erhalten. Ebenso die einhellige Rechtsprechung der Industrieländer, z. B. Nordamerika: Wenn der Erfinder, der einen umfassenden Anspruch eingebracht hatte, sich bei dessen Beanstandung beruhigt und seinen Anspruch abändert, dann kann er nicht verlangen, daß dieser im Wege der Auslegung wieder auf das Beanstandete ausgedehnt wird (höchster Gerichtshof, U. S. Bd. 204 S. 609 und viele gleiche Urteile). Entscheidungen, die noch auf dem früheren Standpunkte stehen, erscheinen jetzt schon fast fremdartig. MuW Jahrg. 14 S. 330: Angemeldet war ein Verbandpflaster mit perforierter oder durchlässiger Schicht. Die Erteilungsbehörde strich das „durchlässig", der Anmelder fügte sich, im Patente stand nur durchlöchert. Auslegung: auch die Anbringung einer durchlässigen Schicht ist geschützt.

Daß es noch keinen Verzicht auf einen weitergehenden Schutz enthält, wenn nichts weiter vorliegt, als daß die Anmeldung sich nur mit einer einzelnen Ausführungsform befaßt, ist selbstverständlich und in zahlreichen deutschen und ausländischen Entscheidungen ausgesprochen, z. B. Mitt 1913, 113; Blatt 18 (1912), 183. — Weiter Urt vom 5. 5. 13, I 334/1912: Maßgebend ist nicht jede beliebige Äußerung, sondern nur das, was sich bis zum Beschlusse über die Bekanntmachung der Anmeldung als der wirkliche Wille des Anmelders ergibt. Zur Zeit des Beschlusses stand es aber fest, daß der Beklagte die Erteilung des Patents in dem Umfange begehrte, in dem es in die Patentansprüche aufgenommen ist.

Je nach Lage des Falles kann unter Umständen die Ablehnung eines zu weitgehenden Anspruchs auf die Auslegung der übrigen bewilligten Ansprüche von Einfluß sein. Ein Fall, in dem solcher Einfluß verneint wurde: RG MuW Jahrg. 23 S. 81.

Anm. 42. Von den im Erteilungsverfahren abgegebenen, sog. **bejahenden Erklärungen** des Patentamtes sind die Festsetzungen des Patentamtes über die Begrenzung des Schutzumfangs bindend, falls eine klare Entscheidung über diese Begrenzung abgegeben wird. Es sind hierunter nicht Fälle zu verstehen, in denen irgendein Anspruch abgewiesen wird, sondern Fälle, in denen das Patentamt positiv ausdrückt, in welchem Umfange es Schutz erteilen will. Hierher gehört vor allem die Feststellung derjenigen technischen Maßnahmen, die patentiert werden sollen, sog. „technische Vorstellung", auch die bindend erklärte Bestimmung des Inhalts des Erfindungsgedankens, Beispiel in A 44. Nicht bindend sind dagegen Erklärungen der Erteilungsbehörde, die sich in anderer Weise über die Würdigung der Erfindung auslassen, etwa Erklärungen, in welchem Punkte einer komplexen Erfindung das erfinderisch neue Moment zu erblicken sei. Diesen Gedanken hat das Reichsgericht vielfach dahin ausgedrückt, daß die „Entscheidungsgründe" des Patentamtes nicht bindend seien. Auch Erklärungen des Anmelders in dieser Richtung sind nicht bindend, Mitt 14,115: auf die Gründe, mit denen der Anmelder das Patentgesuch gerechtfertigt hat, oder auf die die Entscheidung der Erteilungsbehörde gestützt ist, kommt es . . . nicht an. Ebenso ist es unerheblich, ob die Fassung des Patentanspruchs . . . durchaus zutreffend erscheint.

Über das Verhältnis des Anmelders zum Prüfer läßt sich aus ein Urt I 56/1912 vom 22. 2. 1913: „Der Patentinhaber kann sich nicht darauf berufen, daß er durch das Eingreifen des Vorprüfers zu der zu weiten Fassung des Patentanspruchs veranlaßt sei. Allerdings wird ein Anmelder häufig geneigt sein, im Vertrauen auf die größere Erfahrung, die er dem Vorprüfer beimißt, und auch um die seinem Gesuch entgegenstehenden Schwierigkeiten tunlichst zu beseitigen, sich den Ratschlägen oder Anregungen jenes zu fügen. Er tut dies aber auf sein Risiko. Es ist und bleibt seine Sache, die Vorschläge des Vorprüfers zu kontrollieren und, soweit er sie sachlich nicht gerechtfertigt halten kann, Einwendungen zu erheben, evtl. die Entscheidung des Amtes herbeizuführen." — Diese Grundsätze sind beibehalten, doch ist ihre Bedeutung zeitweilig gesunken, als der Verletzungsrichter sich größere Freiheit gegenüber dem vorbehielt, was im Erteilungsverfahren erklärt war.

Teil 3. Die Bestimmung des Schutzbereiches in der Praxis.

Anm. 43. Es ist nunmehr klarzustellen, wie im einzelnen mittels der vorstehend entwickelten Begriffe des Erfindungsgedankens und der Äquivalenz der Schutzumfang eines Patents bestimmt wird. Vorauszuschicken ist eine kurze Übersicht über die **geschichtliche Entwicklung** der Rechtsprechung. In den ersten Jahrzehnten nach Erlaß des Patentgesetzes sah man als maßgebend den Patentanspruch an. Zwar schrieb erst das Gesetz von 1891 die Formulierung eines Patentanspruchs ausdrücklich vor, doch wurde auch schon vorher das, was der Erfinder als den Inhalt einer Erfindung beanspruchte, in einem kurzen Satz zusammengefaßt. Der Anspruch sollte den Inhalt der Erfindung und damit des Patents abgrenzen. Aber von Anfang an ist beachtet worden, daß bei bedeutenderen Erfindungen der Schutz über den Wortlaut des Anspruchs, über dessen „logischen Sinn" hinausgeht. Deshalb wurden die Äquivalente in den Schutz einbegriffen, und es wurde die Weitererstreckung des Schutzes nach der Bedeutung der Erfindung bemessen. Auch der Begriff des Erfindungsgedankens, wenn auch in anderem Wortausdruck, war jenen Zeiten nicht fremd, wenn er auch keineswegs so scharf zutage trat wie heute. Diese Grundsätze sind auch niemals wieder verlassen worden. Es ist deshalb nicht zutreffend, wenn häufig gesagt wird, bis 1910 habe man sich streng an den Wortlaut des Anspruchs gehalten. Das ist wie in allen übrigen Industrieländern, so auch in Deutschland niemals der Fall gewesen. Nur in der Beantwortung der Frage, wie weit man über den Anspruch hinausgehen dürfe, hat sich in Deutschland eine Entwicklung vollzogen. Zunächst einige Urteile aus jenen Zeiten. In einer ungedruckten Entscheidung, die eine der Nichtigkeitsklagen gegen das bekannte Aristonpatent abwies, heißt es: Nun sagt der logische Sinn des Patentanspruchs in Verbindung mit der Patentbeschreibung nichts weiter, als daß die Kombination in der speziellen Konstruktion, wie sie in der Patentschrift beschrieben wurde, patentiert ist. Das Patentamt ist hiernach bei weiteren Patenterteilungen verfahren; es hat auf abweichende Konstruktionen neue Patente an dritte Personen erteilt. Für Patentverletzungsprozesse wird die neue Darlegung der in früheren Prozessen nicht vorgelegten (d. h. in diesem Nichtigkeitsstreite zum erstenmal vorgelegten) älteren amerikanischen Patentschrift eine erhebliche Tragweite haben. Es wird sich daraus ergeben, daß die Beklagte keinen Anspruch auf einen über den logischen Sinn hinausgehenden Patentschutz, hergenommen aus einer weiterreichenden Bedeutung ihrer Erfindung, hat usw. (I 43/1889, Urt vom 29. 5. 89). Das ist also genau dasselbe, was heute gilt. Das Urteil sagt nach heutiger Ausdrucksweise: Der Schutzbereich kann über den „Gegenstand" des Patents (den logischen Sinn) hinausgehen. Das ist aber dann unmöglich, wenn nach einem vorveröffentlichten Patente („Stand der Technik") nur die geschützte Konstruktion erfinderisch neu war; es ist also die Wichtigkeit des Standes der Technik für die Bestimmung des Schutzbereichs durchaus erkannt. Zu beachten ist endlich, daß hier die Auslegung des Patents von der Bedeutung der Erfindung abhängig gemacht ist, im offenbaren Anschluß an die amerikanische und englische Rechtsprechung, vgl. A 39, die auch in vielen anderen Punkten der deutschen sich erst entwickelnden Rechtsprechung als Vorbild gedient hat. — In einer Entscheidung, die im Verletzungsprozeß über dasselbe Aristonpatent am 4. 5. 89 ergangen ist (Gareis Bd. 7, S. 180), tritt der Begriff des Erfindungsgedankens („Idee") klarer hervor und weiter die Regel, daß der Verletzungsrichter über den Schutzumfang zu entscheiden hat: kommt der Erfindung eine weitergehende Bedeutung zu, drückt sich in der konkreten Gestalt eine Idee aus, welche in verschiedenen Gestalten darstellbar ist, so daß aber immer derselbe Zweck ... erreicht wird, so muß man über den logischen Sinn des Patentanspruchs hinausgehen ... Die Ermittlung dieser Bedeutung der patentierten Erfindung ist aber recht eigentlich Aufgabe des Richters, welcher eben den Umfang des durch das Patent erworbenen Rechtes zu ermitteln hat. — Ebenso das Urteil über den Dreiwalzenstuhl (Gareis Bd. 7 S. 9). Allerdings aber hielt man sich damals, wie bereits erwähnt, strenger an den Anspruch als heutzutage geschieht. Man kleidete das in den Ausdruck, die Patenterteilung habe durch das Patentamt zu geschehen, also sei für den Umfang des Patents der Wille des Patentamtes maßgebend. Dieser „Wille" hat in den Erörterungen der nächsten Jahrzehnte eine erhebliche Rolle gespielt. Es traten bald im Reichsgericht zwei Richtungen hervor, eine strengere, die sich an diesen Willen der patenterteilenden Behörde hielt, wie er im Anspruch Ausdruck gefunden hatte — eine Richtung, deren Vertreter sich nicht leicht herbeiließen, aus Mitleid mit dem Erfinder die Erfindung in anderen Merkmalen zu erblicken, als er unter Billigung des Patentamts im Anspruch aufgezeigt hatte. Das beweist eine ganze Reihe von Urteilen, z. B. I 244/1905, Urt vom 9. 12. 05: Zutreffend ist allerdings, daß zur Auslegung des Patentanspruchs die Patentbeschreibung mit heranzuziehen ist. Dies darf aber nicht dahin führen, daß der Patentanspruch seiner gesetzlichen Bedeutung, dasjenige anzugeben, was als patentfähig unter Schutz gestellt werden soll (§ 20 Abs 1 Satz 5) entkleidet wird. Hier sind von den soeben angeführten vier Elementen ... die ersten drei im Patentanspruch überhaupt nicht, auch nicht andeutungsweise erwähnt. Sie finden sich nur in der Beschreibung und können schon deswegen nicht als wesentliche Bestandteile der Erfindung angesehen werden. Ebenso IndR Jahrg. 1907 S. 126 Sp. 1: allein für diese (abweichende) Art der Behandlung, welche (in der Patentbeschreibung) auch nur zur Wahl gestellt wird, findet sich in keinem der beiden Ansprüche die leiseste Spur, daß sie mitgeschützt sein sollte. — Ein Nachklang dieser Auffassung findet sich noch 1911, Blatt 17 (1911), 272. Diese Richtung verstummte, als ihre Vertreter um das Ende des ersten Jahrzehnts aus dem Patentsenate des Reichsgerichtes ausschieden. Jetzt gewann eine andere Richtung, die schon längere Zeit neben der vorerwähnten bestanden hatte, die Oberhand, deren Auffassung nun in dem bekannten und vielerörterten Urt vom 9. 2. 10, RG 80, 57 dargelegt wurde. Isay (Mitt 1925, 59f) meint, es sei jetzt der Wille der patenterteilenden Behörde ausgeschaltet worden. Das wollte die neue Richtung nicht, jedenfalls formell nicht und zunächst nicht. Hagens, der Verfasser des Urt vom 9. 2. 10, erklärte in dem Gutachten des ersten Zivilsenats noch im Jahre 1914: Das Reichsgericht hat grundsätzlich daran festgehalten, daß das Patentamt nicht nur den Gegenstand der Erfindung bestimmt, ... sondern daß es auch zuständig ist, das Schutzgebiet darüber hinaus abzugrenzen (S. 19ff)... Nach dem bewährten deutschen Systeme muß immer die Willensmeinung der Erteilungsbehörde für den Inhalt des Patentschutzes maßgebend bleiben (S. 24)... Es entspricht dem wahren Willen der Patenterteilungsbehörde, nichts zu patentieren, was Gemeingut der Technik ist (S. 26). Allerdings sollte der Wille der Erteilungsbehörde nicht in allen Richtungen und im vollen Umfange maßgebend sein. Er sollte maßgebend sein, wenn das Patentamt erkennbar und ausdrücklich eine genaue Abgrenzung des Schutzes hatte vornehmen wollen; maßgebend mußte er ohnehin sein hinsichtlich des technischen Tatsachenkomplexes, der in der Beschreibung des Patents unterbreitet wurde; aber in einem wichtigen Punkte, der „Würdigung" der Erfindung, sollte er nicht maßgebend sein, wie sogleich näher dargelegt werden wird. Außerdem sollte nicht der innere Wille des Patentamts maßgebend sein, sondern nur der in der Patentschrift erklärte Wille. Man berief sich auf die im BGB. zur Herrschaft gelangte Erklärungstheorie. Man folgerte aus dieser, daß man Freiheit in der objektiven Auslegung der Patentschrift habe, und nicht an den subjektiven inneren Willen des Patentamts gebunden sei, wie er sich etwa aus dessen Kenntnis oder Unkenntnis von dem wahren Stande der Technik ergebe. Blatt 19 (1913), 381: Die Patentschrift muß aus sich selbst ausgelegt werden (d. h. nicht nach dem inneren Willen und dem Kenntnisstande des Patentamts); einige Zeilen weiter erscheint dann freilich wieder der fiktive Wille des Patentamts: das Patentamt habe nicht mehr patentieren wollen, als objektiv berechtigt gewesen sei. Nun war der nächste Zweck der Ausführungen des Urt vom 9. 2. 10, die Möglichkeit zu begründen, daß ein Patent einschränkend ausgelegt werden könne, um der Gewissensnot (Gutachten S. 23) zu entgehen, daß etwas als geschützt angesehen werden müsse, was bereits gemeinfrei war. Dieses Ziel der „neueren Rechtsprechung" hat Hagens auch in seinem Aufsatze Mitt 1912, 178 betont. Im gleichen Sinne wurde in einem Urt vom 2. 5. 14, I 315/1913 erklärt: es liegt hier also einer der immerhin selteneren Fälle vor, daß die Auslegung nach dem Stande der Technik gegenüber dem Wortlaut des Patentanspruchs zu einer Erweiterung des Schutzumfanges führt. Diese Auffassung, daß die Fälle der Erweiterung selten seien, hat sich nun zwar in der Zukunft in keiner Weise verwirklicht. Die Fälle, in denen nach dem Stande der Technik eine einschränkende Auslegung erfolgt ist, sind stark in der Minderzahl geblieben; dagegen ist man sehr häufig sehr erheblich über den erkennbaren Sinn des Patentanspruches hinausgegangen. Das ist wie folgt gekommen. Die leitende Idee war, man wollte den mittleren und kleinen Erfindern helfen; man nahm an, daß sie und ihre Patentanwälte häufig nicht imstande seien, dem Vorprüfer (oder Prüfer) den wirklichen Inhalt ihrer Erfindung klarzumachen. Man wollte sich deshalb an eine schiefe Darstellung der wirklich gemachten Erfindung im Patentanspruch nicht mehr, als unumgänglich nötig, gebunden halten. Dazu bediente man sich folgender Handhaben. Man stellte den Inhalt der wirklich gemachten Erfindung nach dem Stande der Technik fest und nahm an, daß der Erfinder im Zweifel so viel habe anmelden und das Patentamt soviel habe schützen wollen, als nach der Tragweite der Erfindung gegenüber dem Stande der Technik objektiv geschützt werden konnte. Dieser Grundsatz von dem zu vermutenden Willen des Anmelders und des Patentamts findet sich schon in einem Urt vom 30. 12. 08, I 685/1907, und weiter RG 79, 188. In der weiteren Entwicklung hat man dann allerdings die Bezugnahme auf den Willen des Patentamts nach und nach ganz fallen lassen und hat schließlich den Umfang des Schutzes der gemachten Erfindung frei nach dem Stande der Technik ausgelegt. Daneben ging der andere bereits erwähnte Gedankengang her, der schon in dem Urt RG 80, 57, hervorgetreten war. Erfindungen bestehen häufig aus einer größeren Anzahl von einzelnen Momenten (Merkmalen), die nicht alle „für den Patentschutz unbedingt erforderlich sind". Der Ausspruch des Patentamts, in welchem dieser Momente der eigentlich erfinderische Punkt zu erblicken sei, wurde nicht für bindend erachtet; deshalb sagte das Gutachten des RG S. 24, die Gerichte seien an die „Entscheidungsgründe" des Patentamts, aus denen dieses das Patent erteilt habe, nicht gebunden. Die Erfindung konnte danach in einem Momente erblickt werden, der im Anspruch überhaupt keinen Ausdruck gefunden hatte, während man gleichzeitig dasjenige, was im Anspruch wirklich gesagt war, für nebensächlich erklärte. — Aus dem gleichen Bestreben heraus, der wirklichen Erfindung zu ihrem Rechte zu verhelfen, einerlei wie sich Patentanspruch oder Patentbeschreibung ausgedrückt hatten, ging man weiter dazu über, an die Klarheit und Vollständigkeit der Darlegung der Erfindung geringe Ansprüche zu stellen. Der Grundsatz, daß die Patentschrift so zu verstehen ist, wie der durchschnittliche Fachmann, zu dem sie spricht, sie versteht, wurde zwar niemals aufgegeben. Aber man nahm an, daß das, was der gerichtliche Sachverständige, häufig eine Koryphäe der Wissenschaft, aus der Patentschrift und den Erteilungsakten auf Grund seiner eigenen tiefergehenden Kenntnis entnehmen konnte, immerhin ausreichend offenbart sei. Die selbständige Feststellung des Inhalts der Erfindung frei nach dem Stande der Technik, die daraus sich ergebende Bemessung des Schutzbereichs und die geringen Anforderungen an die Klarheit der Offenbarung haben nun in manchen Fällen zu Patentauslegungen geführt, die den Schein einer Umdeutung eines Patents hervorriefen (A 52).

Gegen diese Rechtsprechung hat sich von Anfang an lebhafter Widerspruch erhoben, der z. B. im Augsburger Kongreß von 1914, Verhandlungsberichte S. 118ff, in die Erscheinung trat. Der Widerspruch richtete sich — dem Sinne nach — sowohl gegen die in der Regel erweiternde Bestimmung des Schutzumfangs, als auch vor allem gegen die in der A 52 geschilderte Umdeutung des von der Erteilungsbehörde gewährten Patents. Man beklagte sich, daß das Gewerbe vor der Erledigung des Verletzungsprozesses überhaupt nicht wissen könne, was der Inhalt eines Patents sei, was also die Allgemeinheit tun dürfe und was nicht. Der Widerspruch nahm nach und nach an Stärke zu; er trat unter anderem in Verhandlungen des Verbandes deutscher Patentanwälte (Mitt 1925 S. 10 u. 63) und in dem Tätigkeitsbericht der Industrie- u. Handelskammer zu Essen 1925 (vgl. auch Mitt 1926, 70) energisch zutage; ebenso Magnus, GewR 32 (1927), 206 Sp. 2 unten. Auch im Reichsgericht war die Freiheit in der „Auslegung" der erteilten Patente nicht von allen Seiten ohne alles Bedenken angesehen. Vielfach ist darauf hingewiesen, daß in den letzten Jahren, etwa seit 1924, eine Änderung in der Rechtsprechung des Reichsgerichts eingetreten sei. Über deren Umfang und inneren Grund sind jedoch unzutreffende Ansichten verbreitet; man spricht von „Patentfeindlichkeit", wovon keine Rede sein kann. Eine Reaktion ist in einzelnen Punkten eingetreten (vgl. A 52), man hat besonders das Interesse der Industrie an Rechtssicherheit in besseren Einklang mit den Interessen der Erfinder zu bringen gesucht; eine Änderung in den Auslegungsgrundsätzen ist gegenüber der bisherigen Rechtsprechung nicht erfolgt.

Für die Bestimmung des Schutzbereichs im Verletzungsstreite bleibt kein Raum, Anm. 44. wenn die Erteilungsbehörden oder Nichtigkeitsbehörden ihn bereits ihrerseits fest bestimmt haben. Daß die Erteilungs- und Nichtigkeitsbehörden zur festen Bestimmung des Schutzbereichs befugt sind, darüber herrscht in der Rechtsprechung Einverständnis. Dieser Grundsatz ist auch in dem Gutachten des ersten Zivilsenates aus 1914 S. 19 strikt anerkannt. Aus einem neueren Urteile: daß das Patentamt die Möglichkeit hat, den Schutzumfang ... im Erteilungsverfahren einzuschränken, entspricht der im Schrifttum herrschenden Ansicht, und auf diesem Boden steht seit langem die Rechtsprechung des Reichsgerichts. Zweifelhaft kann nur sein, welche Anforderungen an solche Erklärungen zu stellen sind, GewR 33 (1928), 385. Die Frage ist: wann liegt ein dahingehender Wille der Erteilungsbehörde oder der Nichtigkeitsbehörden vor? Ausdrücklich erklärt wird er nur sehr selten. Das Reichsgericht erkennt an, daß eine „Auslegung" des Patents nicht statthaft ist, wenn die Patentschrift mit Bewußtsein klar gefaßt ist; gewöhnlich umgekehrt ausgedrückt: die Auslegung nach dem Stande der Technik hat nur „im Zweifel" einzutreten, RG 80, 57; Blatt 17 (1911), 274. Wann aber ein solcher Zweifel vorliegt, darüber fehlt es an einer bestimmten Erklärung. Einmal ist vorgeschlagen worden, einen Zweifel nur dann auszuschließen, wenn die Erteilungsbehörde erkennbar den vollständigen Stand der Technik berücksichtigt habe und dann zu einer klaren und zweifelsfreien Fassung des Schutzempfanges gelangt sei (I 168/1914). Man scheint diese scharfe Formulierung aber doch für bedenklich gehalten zu haben; sie findet sich im Urteile nicht. Der Stand der Rechtsprechung ist danach so, daß ein Zweifel jedenfalls dann nicht gegeben ist, wenn im Erteilungsverfahren mit genügender Deutlichkeit ein Anspruch als unbegründet zurückgewiesen oder ein Merkmal als nicht erfinderisch abgelehnt ist. (Die formelle Frage, wann genügende Deutlichkeit vorliegt, ist A 41, 42 erörtert.) Demgemäß ist es in der Rechtsprechung für bindend erklärt, wenn der Anspruch auf einen allgemeinen Erfindungsgedanken zurückgewiesen und nur der Anspruch auf die konkrete Ausführungsform bewilligt ist, IndR 10 (1915), 164 und mehrfach, zuletzt MuW Jahrg. 1925 S. 205 (wodurch übrigens nicht ausgeschlossen ist, daß technische Äquivalente von Teilen jener Konstruktion dennoch verletzen, A 49); oder wenn bei Kombinationserfindungen der Schutz von Elementen abgelehnt ist, IndR 13 (1918), 13, neuerdings MuW Jahrg. 1925 S. 118f, GewR 33 (1928), 385; oder wenn im Nichtigkeitsverfahren festgestellt ist, daß bei einer Kombination ein einzelnes Element keine Rolle spielt, also nutzlos ist und nicht zur Kombination gehört, GewR 21 (1916), 27 Sp. 1, vgl. auch unten A 61; oder wenn das Verfahren und nicht der erzeugte Stoff geschützt ist, Blatt 25 (1919), S. 56, 58 Sp. 1; oder wenn das Verfahren und nicht das benutzte Arbeitsmittel für geschützt erklärt ist, Blatt 19 (1913), 12, vgl. hierfür übrigens § 10 A 23. Auch die Feststellung des Erfindungsgedankens seinem Inhalte nach ist mehrfach für bindend erklärt, wenn sie ausdrücklich erfolgt ist; so IndR Jahrg. 10 S. 164 Sp. 2:

das Patentamt hat die Übertragung für patentfähig gehalten, hat aber nicht dem allgemeinen Erfindungsgedanken geschützt, bei einer Stoßverbindung von Rillenschienen den Fahrkopf in seiner ganzen Breite durch eine Kopflasche zu ersetzen, sondern hat nur eine besondere Stoßkonstruktion für Rillenschienen geschützt. Das Reichsgericht hat das für bindend erachtet und hat geäußert, geschützt sei also nur die Anbringung einer Zwischenschiene . . ., die durch senkrechte Führungsflächen gesichert ist. — (Wenn der Erfindungsgedanke nicht zweifelsfrei festgelegt ist, tritt der andere Grundsatz an die Stelle, daß der Verletzungsrichter an die „Würdigung der Erfindung" nicht gebunden ist, A 43.)

Daß es, soweit tunlich, Aufgabe, Pflicht der Erteilungsbehörde ist, nach Möglichkeit den Schutzumfang abzugrenzen, wurde im Anfang der etwa mit 1910 einsetzenden Rechtsprechung vielfach betont, Blatt 20 (1914), 298 Sp. 2; später ist es kaum noch erwähnt.

Anm. 45. Soweit die geschilderte Rechtsprechung danach den **Ausschluß jeglicher Äquivalente** durch die Erteilungsbehörde für zulässig erklärt, wird sie von Isay, z. B. GewR 22 (1917), 131, angegriffen. Isay nennt das, was die Erteilungsbehörde im Patentanspruch als geschützt bezeichnet, den Gegenstand der Erfindung und scheidet davon den Umfang des Schutzbereichs, der im Verletzungsstreite festgestellt wird. Der Schutzbereich soll nur nach dem Stande der Technik ohne Rücksicht auf den Willen der Erteilungsbehörde festgesetzt werden; nur die „technische Vorstellung" der Patentschrift müsse maßgebend bleiben; der Erfindungsgegenstand bilde stets das Minimum des Schutzbereichs. Er behauptet weiter — worauf es hier ankommt —, daß es für den Verletzungsstreit nicht bindend sei, wenn die Erteilungsbehörde schon den Schutzumfang habe feststellen wollen, dazu sei sie nicht befugt und auch gar nicht in der Lage, weil ihr die Grundlagen für die Feststellung fehlten; die Verletzungsformen ließen sich nicht voraussehen, es könnten neue Äquivalente auftauchen, die Bedeutung der Erfindung könne sich durch die weitere Entwicklung der Technik steigern, so daß der Schutzbereich an Umfang zunehmen müsse usw. Dem Grundgedanken Isays ist nicht zuzustimmen, vielmehr ist eine scharfe Unterscheidung zu machen, was häufig bei den abstrakten Deduktionen übersehen wird. Selbstverständlich kann die Erteilungsbehörde nicht im einzelnen sagen: wenn ein Konkurrent seinen Apparat so oder so baut, dann fällt das in den Patentschutz — oder es fällt nicht darunter. In dieser Weise kann der Schutzbereich nicht abgegrenzt werden, weil sich die möglichen Verletzungsformen nicht voraussehen lassen. — Wohl aber kann der Schutzbereich in anderer Weise umschrieben werden, und zwar sind dafür zwei Möglichkeiten vorhanden. Die Erteilungsbehörde kann erstens den Erfindungsgedanken bindend feststellen. Dazu ist sie befugt. Sie kann also sagen, der Erfindung des Anmelders liegt dieses bestimmte allgemeinere Prinzip zugrunde und nur, was dieses Prinzip verwirklicht, soll geschützt sein. Hier handelt es sich nicht um eine scharfe Ziehung der Grenzen, sondern um eine Feststellung des Schutzbereichs seinem Grunde und Prinzipe nach. Die Bestimmung, ob eine spätere abweichende Ausführungsform von dem so festgelegten Erfindungsgedanken Gebrauch macht oder nicht, bleibt danach offen; nur die Richtlinien für die Entscheidung der Verletzungsfrage sind gegeben. In diesem Umfange und in dieser Art ist eine Abgrenzung des Bereichs des Schutzes durch die Erteilungsbehörde sowohl möglich, als auch zulässig. Sie ist befugt, die Grenzen des von ihr bewilligten Schutzes unter Zurückweisung weitergehender Anträge so genau zu bestimmen und so eng zu ziehen, wie es einerseits der Sachlage, dem Stande der Technik entspricht und andererseits, ohne die speziellen Verletzungsformen voraussehen zu können, möglich ist. Daß besonders auch die Festlegung des Erfindungsgedankens zulässig ist, wird vom Reichsgericht in ständiger Rechtsprechung anerkannt, vgl. Urt vom 4. 2. 14, MuW Jahrg. 14 S. 139: „es fragt sich nun, ob die patenterteilende Behörde, der an sich die Umgrenzung des Patentschutzes obliegt, Blatt 17 (1911), 274, in zweifelsfreier Weise zu erkennen gegeben hat, welchen erfinderischen Gedanken sie für schutzfähig erachtet hat. In dieser Hinsicht ist der Beschluß der Beschwerdeabteilung maßgebend . . . In diesen Worten liegt die deutliche Offenbarung des von der Beschwerdeabteilung für patentfähig erachteten Erfindungsgedankens" (welcher dann als maßgebend vom Reichsgericht den weiteren Erörterungen zugrunde gelegt ist). Vgl. weiter die in voriger Anmerkung angeführten Urteile. — Das Patentamt kann zweitens noch in anderer Weise den Schutz bindend normieren. Es kann sagen, als Entfärbungsmittel für grünes Glas schütze ich Selenverbindungen und nichts anderes; oder als Staubabsorbierungsmittel eine Mischung von Öl und Zement und nichts anderes. Denn wenn das Amt zuständig ist, das Patent zu versagen, so ist es auch zuständig, es zu begrenzen; darin liegt, wenn der Ausspruch des Amtes genügend klar ist, die Abweisung eines weitergehenden Antrags. Es handelt sich dabei in derartigen Fällen um eine wirkliche, feste Grenzbestimmung. Ebenso kann die Erteilungsbehörde sagen, an diesem Apparat ist nur diese eine Einrichtung neu, alles übrige ist vorbekannt oder nicht erfinderisch. Auch hierin liegt die Abweisung eines weitergehenden Antrags und eine scharfe Grenzbestimmung. Damit kollidiert nicht der Grundsatz, daß der Verletzungsrichter an die Entscheidungsgründe des Patentamts, an die Würdigung der Erfindung nicht gebunden ist (A 43); denn dieser Grundsatz gilt nur dann, wenn das Patentamt einen erbetenen Schutz nicht ausdrücklich, sei es ganz, sei es teilweise, zurückgewiesen hat.

Nach allem ist L. Fischer, GewR 29 (1924), 114, zuzustimmen, wenn er ausführt, jede Patentierung setze schon an sich gewisse Grenzen. Zutreffend ist auch in richtig verstandenem Sinne die Ausführung von Wirth, IndR Jahrg. 12 S. 109, daß die der Erteilungsbehörde mögliche Schutzgrenzenbestimmung sich von der Bestimmung des Erfindungsgegenstandes nur graduell unterscheidet, indem die Grenzen genauer definiert werden. — Mit vorstehendem scheint übereinzustimmen Damme-Lutter (S. 459). — Auch das Reichsgericht hat, wenigstens für den Nichtigkeitsstreit, den grundsätzlichen Unterschied zwischen Bestimmung des Erfindungsgedankens und des Schutzumfangs hervorgehoben: „im Nichtigkeitsverfahren dreht es sich nur darum, den Erfindungsgedanken klarzustellen, nicht den Schutzumfang gegen eine Nachahmung abzugrenzen; letzteres ist Sache der ordentlichen Gerichte im Verletzungsverfahren" (Urt vom 3. 11. 23, I 384/1921).

Hat die Erteilungsbehörde oder die Nichtigkeitsbehörde **den Umfang des Schutzbereichs nicht festgestellt,** so muß die Feststellung im Verletzungsstreite erfolgen. Diese Feststellung kann sich in zwei Richtungen bewegen; sie kann, wie man sich auszudrücken pflegt, gegenüber dem Patentanspruche erweiternd oder einschränkend sein. Es soll zunächst die „einschränkende" Auslegung erörtert werden. **Anm. 46.**

Unter einschränkender Auslegung versteht man zwei ganz verschiedene Dinge, die scharf auseinandergehalten werden müssen: einmal die Beschränkung des Schutzbereichs auf dasjenige, was im Patentanspruche klaren Ausdruck gefunden hat, also eine **enge Auslegung,** und zweitens eine Auslegung, die noch unter das im Patentanspruch ausgedrückte hinuntergeht.

Daß man es als „einschränkende" Auslegung bezeichnet, wenn man nur dasjenige als geschützt annimmt, was im Patentanspruch ausgedrückt ist, also in Wahrheit den Schutzbereich nicht über den sog. Erfindungsgegenstand hinaus erweitert, ist auffällig, doch ist der Sprachgebrauch allgemein. Daß die Erteilungsbehörde eine derartige Beschränkung vornehmen kann, ist in A 44 dargelegt; hier handelt es sich darum, ob auch der Verletzungsrichter es kann. Die Rechtsprechung hat diese Frage bejaht. Die Beschränkung auf den Erfindungsgegenstand erfolgt, wenn nach dem Stande der Technik für eine Erstreckung auf Äquivalente kein Raum mehr bleibt. Dieser Grundsatz ist maßgeblich ausgesprochen worden in dem Urt RG 79, 187 „für die Bestimmung des Schutzumfangs von Patenten ist es erheblich, ob die Erfindung innerhalb eines technisch noch nicht bearbeiteten Gebiets liegt, oder ab sie auf einem von der Technik bereits beschlagnahmten Felde wirksam werden soll. Im ersten Falle kann sich ein allgemeiner Gedanke frei entfalten, im zweiten Falle dagegen ist diese Entfaltung durch das Vorbekannte gehemmt und ist oft nur noch . . . für bestimmte Verbesserungen Raum freigeblieben. — Die Möglichkeit, ein Patent im Verletzungsstreit nicht über den konkreten Erfindungsgegenstand auszudehnen, wird nicht von allen Seiten zugegeben. Kohler, GewR 17 (1912), 169f ist der Meinung, daß wenigstens immer die „notwendigsten" Äquivalente mitgeschützt seien; Isay, GewR 17 (1912), 242 behauptet dasselbe von den „glatten" Äquivalenten. Die Rechtsprechung des Reichsgerichts hat sich auf einen anderen Standpunkt gestellt. Sie erkennt an, daß die Beschränkung auf den Erfindungsgegenstand im Verletzungsstreite erfolgen muß ohne Einbeziehung auch ganz naheliegender Äquivalente, wenn alles, was sich über den Gegenstand hinaus erstreckt, im Sinne des § 2 vorbekannt oder vorbenutzt ist. Zu bemerken ist, daß in den hier behandelten Fällen nicht in Frage kommen kann, ob dem Patente ein genügender Erfindungsinhalt belassen wird, eine Frage, die in den in der A 50 zu behandelnden Fällen eine große Rolle gespielt hat. Das Patentamt hat die konkrete Ausführungsform, also den Erfindungsgegenstand auf seine Patentfähigkeit geprüft und die letztere bejaht. Deshalb kann im Verletzungsstreite nicht in Zweifel gezogen werden, ob der bloße Erfindungsgegenstand patentfähig sei: seine Patentfähigkeit ist von der Erteilungsbehörde bindend festgestellt. — Einige Beispiele: „Da die ganze Kombination . . . durch den früheren Stand der Technik vorweggenommen wird, so liegt nicht der mindeste Grund vor, dem Patente mit Rücksicht auf die technische Tragweite der Erfindung einen über den Wortlaut des Anspruchs hinausgehenden Schutz zuzuerkennen, indem man ein Element streicht und die Kombination der übrigen Elemente für geschützt erachtet" (I 217/1913, Urt vom 4. 3. 14). Es lag hier der mehrerwähnte groteske Fall vor, daß der Patentinhaber — nach Ablauf der fünf Jahre — behauptete, sein Patent sei völlig vorweggenommen; alles, was ihm patentiert worden sei, sei altbekannt gewesen; dies müsse also ganz außer Betracht bleiben, und sein Patent sei ausdehnend auszulegen. Das Reichsgericht gab darauf (in diesem Falle!) die mitgeteilte Antwort. — Blatt 12 (1906), 191 Sp. 2: Ein Neuheitsmangel würde (im Verletzungsstreit) . . . die Folge haben, daß die Auslegung nicht über den bestimmt erkennbaren Inhalt hinauszugehen hat. Ähnlich Blatt 19 (1913), 381; MuW Jahrg. 24 S. 179.

Die englische und amerikanische Rechtsprechung geht erheblich weiter. Sie nimmt an, daß bei ganz kleinen Erfindungen ein Schutz der Äquivalente überhaupt niemals stattfindet. „Wenn der Inhalt der Erfindung klein ist, so kann die Lehre von der Äquivalenz (d. h. die Regel, daß die Äquivalente mit geschützt sind) nicht angerufen werden (Fed. Rep. Bd. 26 S. 449; Bd. 69 S. 1005). Die Befürchtung, daß die deutschen Patente bei dieser Auffassung entwertet würden, widerlegt sich einmal dadurch, daß in England und Nordamerika ohne Nachteil für das Gewerbe so entschieden wird, und weiter dadurch, daß die Frage nur bei kleinen Erfindungen auftauchen kann, die sich von dem bekannten nur um einen geringen Schritt entfernen. In Deutschland wird diese Regel bei kleinen Erfindungen bisher nicht befolgt (Mitt 13 S. 113, 115 Sp. 1).

Daß im Verletzungsstreite, wenn sich der allgemeinere Erfindungsgedanke als bekannt herausstellt, ein Patent als bloßes Konstruktionspatent (vgl. hierfür A 49) ausgelegt werden kann, liegt zutage und wird von keiner Seite bestritten.

Endlich ist darauf hinzuweisen, daß nach der neueren Rechtsprechung des Reichsgerichts, auch wenn die Äquivalente nicht vorbekannt sind, dennoch der Schutzbereich eines Patents sich nicht immer auf alle vorhandenen und möglichen Äquivalente erstreckt; vielmehr tritt je nach der Bedeutung der Erfindung, nach dem Fortschritt, den sie bringt, eine Beschränkung ein. Hierfür vgl. unten A 60 a. E.; A 68.

Anm. 47. In dem Urt RG 86, 203, ebenso wie schon in früheren Urteilen, z. B. Bd. 84 S. 363 a. E., ist eine von vorstehendem zum Teil abweichende Anschauung vertreten: ist alles, was über den Patentanspruch hinausgeht, vorweggenommen, so sollen die vorwegnehmenden Tatsachen doch nur dann Berücksichtigung finden dürfen, wenn der bloße Erfindungsgegenstand ihnen gegenüber noch erfinderisch erscheint; bleibt ihnen gegenüber kein erfinderischer Überschuß, so sollen diese nachträglich aufgefundenen, vorwegnehmenden Tatsachen gänzlich unberücksichtigt bleiben und dann der Schutzumfang auch auf die Äquivalente erstreckt werden. Gegen diese Entscheidung hat sich lebhafter Widerspruch erhoben; Gülland und Queck S. 150: je schwächer das Patent, desto stärker (umfassender) der Schutz; Osterrieth, GewR 18 (1913), 196: kein Ruhmestitel. Der Schluß jenes Urteils erscheint auch nicht zutreffend. Die Erteilungsbehörde hat die Patentfähigkeit des bloßen Erfindungsgegenstandes bejaht. Das kann nicht im Verletzungsstreite wieder in Zweifel gezogen werden, auch nicht auf Grund verbesserter Kenntnis des Standes der Technik. Ob die Erteilungsbehörde seinerzeit von der Vorwegnahme durch frühere Umstände etwas gewußt hat oder nicht, ist für den einmal erteilten Schutz gleichgültig, wie jetzt allgemein anerkannt ist. Vor allem beachte man die doch auffällige Logik. Man läßt sich von dem Gedanken leiten, daß das Patent sich von dem Stande der Technik um einen erfinderischen Schritt unterscheiden soll. Dafür ist es aber ganz ohne Bedeutung, ob die Äquivalente in den Schutz einbegriffen werden oder nicht. Die Einbeziehung der Äquivalente vergrößert den Unterschied nicht. Deshalb ist es nutzlos, zu dem bedenklichen Mittel zu greifen, daß man die in Wahrheit vorhandene Vorwegnahme ignoriert und in dieser Weise einen unrichtigen Stand der Technik fingiert. Daraufhin ist der Grundsatz jener Entscheidungen neuerdings vom Reichsgericht in Zweifel gezogen worden, GewR 30 (1925), 101 Sp. 2. Die Rücksicht auf das richtige Recht erfordert, daß man vorbekannte Äquivalente nicht in den Schutz einbegreift (vgl. Krauße, MuW Jahrg. 27/28 S. 197 und Osterrieth in der Festgabe für Cohn S. 509f).

Übrigens war die Rechtsprechung des Reichsgerichts keineswegs ganz einheitlich. MuW Jahrg. 12 S. 404: richtig ist, daß dem Patente (im Verletzungsstreite) nicht der ganze Inhalt geraubt werden darf . . . Die patentierte Einrichtung bringt einen Fortschritt mit sich. Auf die Frage, ob dieser Vorteil ausreichend groß ist, um die Erzielung des Patents als gerechtfertigt erscheinen zu lassen, kommt es im Verletzungsprozesse nicht an. — Ebenso die in voriger Anmerkung mitgeteilten Entscheidungen.

Anm. 48. Ob **Übertragungspatente** auf Grund der Art der Übertragung beschränkt (eng) ausgelegt werden können, darüber hat die Rechtsprechung geschwankt. Einerseits: das einmal erteilte Übertragungspatent muß, so lange als es nicht für nichtig erklärt ist, beachtet werden, ganz gleichgültig, ob die Übertragung der bekannten Anordnung auf das neue Anwendungsgebiet auf erfinderischer Tätigkeit beruhte oder nicht. Das Vorbekanntsein der Anordnung auf anderen Anwendungsgebieten kommt dann für den Schutzumfang des Patents überhaupt nicht in Betracht, vermag also auch nicht als Stand der Technik zu einer einschränkenden Auslegung des Patents zu führen (MuW Jahrg. 26 S. 191). Die Bedeutung dieses Urteils ist übrigens in dem späteren Urteile GewR 33 (1928), 213 erheblich eingeschränkt worden. Andererseits Blatt 17 (1911), 274 Sp. 1: das erfinderische Element ist ausschließlich in der Durchführung des Übertragungsgedankens, nicht schon in dem Gedanken an sich zu erblicken, denn an sich war es das Nächstliegende und Selbstverständliche, die Öffnungsmethoden der alten Schreibkassen auch bei den neuen Druckkassen zu verwenden; daraus schließt dann das Urteil, daß das Übertragungspatent sich nicht auf andere Ausführungsformen erstrecke, da der Erfindungsgedanke in seinem Prinzipe bereits auf dem alten Gebiete bekannt war, so daß nur die konkrete Anpassung der Vorrichtung an die neuen Kassen geschützt sei. — Ebenso: eine Vorrichtung zum sofortigen Anhalten der Maschine, die bei Farbdruckpressen bekannt war, hindert, daß der Schutzbereich des Patents auf eine gleiche Vorrichtung, die auf Tiegeldruckpressen übertragen ist, über die konkrete Konstruktion hinaus ausgelegt werden kann; beide Pressen gehören demselben technischen Gebiete an und unterscheiden sich nur durch die Stellung des Tiegels (I 1908, 208/1912, Urt vom 21. 5. 13). — Entsprechende Grundsätze in einem weiteren Urteile: das berühmte Patent Linde 173620 schützte bei der Sauerstoffherstellung die Übertragung der zur Zeit der Patentanmeldung bekannten Methoden zur Rektifikation von Alkohol auf die Gewinnung von Sauerstoff und flüssiger Luft. Diese Übertragung war für patentfähig erachtet. Das Reichsgericht führte aus, die Erteilungsbehörde habe die Übertragung für völlig neu gehalten; aber das sei nur ein „Entscheidungsgrund", der den Verletzungsrichter nicht binde. Zeige sich nachträglich auf Grund besserer Erkenntnis, daß bei gewissen vorbenutzten Verfahren das Rektifikationsprinzip in Wahrheit schon verwandt sei, so seien diese Verfahren frei, was auch dem präsumptiven Willen des Patentamts entspreche (I 29/1914, Urt vom 27. 6. 14). — In diesen Fällen ist also eine völlige oder teilweise Beschränkung des Übertragungspatents ausgesprochen. Man wird diesen Entscheidungen den Vorzug geben müssen; der Umstand, daß die Übertragung erfinderisch ist, wird nicht hindern können, daß nur eine oder einzelne Ausführungsformen als geschützt zu erachten sind.

In einer anderen Richtung ist der Schutzbereich eines Übertragungspatents grundsätzlich beschränkt: überträgt ein anderer die Vorrichtung auf ein drittes Gebiet, so fällt das nicht in den Schutzbereich jenes Patents; ebenso Seligsohn § 4 Ziff. 4.

Ist der einer Erfindung zugrunde liegende prinzipielle Gedanke bereits bekannt, so ist er nicht mehr schutzfähig. Ebenso wenn er nach dem Stande der Technik für den Fachmann so nahe lag, daß seine Aufdeckung nicht patentwürdig erscheint. Es kann dann aber noch die Ausführungsform, wenn sie ihrerseits erfinderisch ist, geschützt sein. **Solche Patente nennt man Konstruktionspatente.** Der Ausdruck wird nicht für Patente auf Verfahren, Stoffe u. dgl. gebraucht, sondern meistens für Patente auf formgestaltete Maschinen oder Vorrichtungen. Für diese Konstruktionspatente ist nun zu bemerken, daß ihr Schutzumfang doch wieder nicht ausschließlich auf die einzelne konkrete Form beschränkt ist, sondern daß er auch geringfügige Abweichungen, die das Wesen der Bauart unberührt lassen, erfaßt. In der Regel handelt es sich dabei um technische oder ganz naheliegende, sog. glatte Äquivalente. Ein Beispiel. 116195 schützte gewisse Windsichter, die dazu dienen, aus pulverartigen oder kleinkörnigen Stoffen, z. B. gemahlenem Getreide, Kohlengrus, gemahlenen Erzen die kleinsten Teile von den gröberen zu trennen. Die Bauart der geschützten Erfindung ging dahin, daß das zu sichtende Gut auf rotierende Streuteller geschüttet und von diesen durch die Zentrifugalkraft gegen Anwurfflächen geschleudert wurde, worauf durch einen richtig bemessenen Luftstrom die schwebenden feinen Teile fortgeblasen wurden, während die schwereren zu Boden sanken. In der Patentbeschreibung war auf Veranlassung des Patentamts ausdrücklich gesagt, daß das Schleudern des Sichtegutes mittels eines rotierenden Streutellers und die Verwendung eines Luftstroms bekannt sei und nicht den Gegenstand des Patents bilde, der vielmehr in der besonderen Konstruktion der Vorrichtung, namentlich der Streuteller und der Anwurfflächen bestehe. Der Beklagte benutzte diese nicht, sondern schleuderte das Gut nicht durch Streuteller, sondern durch passend bewegte winkelförmige Anwurfleisten und ersetzte die Anwurfflächen durch Prallringe und durch die innere Trichterwand der Ummantelung der Vorrichtung. Das Reichsgericht hat ausgesprochen, beides sei äquivalent, deshalb liege eine Verletzung vor, trotzdem nur ein Konstruktionspatent gewährt sei (I 128/1914, Urt vom 17. 10. 14). — Ebenso IndR Jahrg. 5 S. 223 Sp. 1 und weiter Urt vom 21. 1. 14, I 158/1913: 240893 schützt einen Luftfilter mit Filtertaschen, dad. gek., daß . . . das Filtertuch mit einer Randwulst versehen ist, die eingeklemmt wird. Das Reichsgericht führte aus, die Erfindung sei eine eng auszulegende Konstruktionserfindung; dennoch verletze der Beklagte das Patent durch seine Ausführungsform, weil er die Randwulst nur durch eine äquivalente Vorkehrung ersetzt habe, indem er die Einspannung auf ähnliche Weise vornehme. — Dieser Rechtsprechung muß zugestimmt werden. Denn wenn auch nur die besondere Bauart der Vorrichtung geschützt ist, so erscheint es doch nicht zulässig, daß ein anderer die Bauart benutzen dürfe, wenn er einzelne Teile derselben durch bekannte gleichwertige Mittel ersetzt. Weite Ausdehnung dieser Regel verbietet sich, weil man sonst doch wieder auf den Schutz des Erfindungsgedankens hinauskommen würde. Anm. 49.

Neben der in den vorigen Anmerkungen behandelten Auslegung, die den Schutzbereich des Patents auf den Erfindungsgegenstand, d. h. auf den Inhalt des Patentanspruchs beschränkt, die also in Wahrheit nicht eine einschränkende Auslegung, sondern eine „enge" Auslegung des Patents ist, findet sich eine andere Auslegung, die den Schutzbereich **unter dasjenige herabdrückt,** was im Anspruche Ausdruck gefunden hat. Diese in Wahrheit ein- Anm. 50.

schränkende Auslegung kommt in Frage, wenn nicht nur alles, was über den Erfindungsgegenstand hinausgeht, vorbekannt oder vorbenutzt ist, sondern wenn auch dieser selbst ganz oder teilweise vorweggenommen ist.

Für das Nichtigkeitsverfahren ergeben sich bei solcher Sachlage folgende Möglichkeiten. Der Erfindungsgegenstand ist ganz vorweggenommen; das Patent wird vernichtet. Er ist teilweise vorweggenommen; wenn dann das Patent unteilbar ist, so muß es gleichfalls ganz vernichtet werden. (Solche Fälle, unteilbare Erfindung, teilweise Vorwegnahme werden kaum vorkommen können.) Ist die Erfindung teilbar, so wird sie teilweise vernichtet. Unter Umständen unterbleibt aber die Teilvernichtung; das Patent wird nur in den Gründen beschränkt ausgelegt. Eines der bekanntesten Beispiele dieser Art ist das Patent 104872 für das von Nernst erfundene Glühlicht. Wenn Glühkörper aus Kalk oder Magnesia einmal zur Weißglut erhitzt sind, so kann die hellstrahlende Glut durch niedriggespannten, also billigen elektrischen Strom aufrechterhalten werden. Mit dieser Charakteristik war die Patentanmeldung bekanntgemacht. Auf die erhobenen Einsprüche und sodann in der Beschwerdeinstanz wurden Beschlüsse erlassen, in denen nur noch von Strom die Rede war, also das Kennzeichen der geringen Spannung ausgeschieden war und Wert auf eine getrennte Anheizvorrichtung gelegt wurde. Das Reichsgericht hat das in dieser Form erlassene Patent im Nichtigkeitsverfahren dahin ausgelegt, daß die Verwendung hochgespannten Stromes bereits bekannt sei, daß also der Schutzumfang nur auf die Verwendung niedriggespannten Stromes zu beschränken sei (und daß es auf die Anheizvorrichtung nicht ankomme), Blatt 9 (1903), 141 f. Man hat mehrfach angenommen, es liege in dieser Entscheidung eine reine Auslegung des wahren Willens des Patentamts, allein das Amt hatte das Moment der niedrigen Spannung gegenüber der bekanntgemachten Anmeldung, in der die niedrige Spannung betont war, bewußt und gewollt ausgeschieden. Es handelte sich also um eine den Anspruch beschränkende und abändernde Feststellung des Schutzumfangs. Für den Verletzungsstreit ergeben sich folgende Möglichkeiten. Ist der Erfindungsgegenstand völlig oder teilweise vorweggenommen und ist die Erfindung nicht teilbar, so findet zwar ein Schutz der Äquivalente nicht statt, dagegen muß der Schutz des Erfindungsgegenstandes bestehen bleiben. Letzteres ist, wenngleich von einem anderen Gesichtspunkte aus, anerkannt in dem Urt vom 25. 1. 1919, I 173/1918: die Vorinstanzen gehen rechtsirrtumsfrei davon aus, daß der Patentanspruch völlig klar und eindeutig ist, daß danach der Schutzumfang nach allen Seiten genau abgegrenzt ist und ein Zweifel in dieser Beziehung nicht besteht ... Für eine Bestimmung des Schutzumfangs nach dem Stande der Technik besonders im Hinblick auf die vorveröffentlichte, vom Patentamte übersehene Patentschrift 106358, welche den Gegenstand des streitigen Patents allerdings auch schon enthielt, war danach kein Raum. Wenn man aber auch der Beklagten die Möglichkeit eines Zweifels zugeben wollte, ... so kann doch nicht angenommen werden, daß der Überschuß des streitigen Patents gegen das vorveröffentlichte „vernünftigerweise noch den Gegenstand eines Patents bilden könnte. Es würde sich da nur um eine konstruktive, nicht erfinderische Änderung handeln. Für ein Patent konnte das nicht ausreichen". Aus diesen Gründen hat das Reichsgericht das vorveröffentlichte Patent im ganzen Umfange nicht berücksichtigt und also als geschützt angesehen, was vorveröffentlicht war. — Ist dagegen eine teilweise Beschränkung möglich, so findet bei teilweiser oder völliger Vorwegnahme des Erfindungsgegenstandes eine beschränkende Auslegung des Schutzes statt, die hinter dem Anspruch zurückbleibt. Das ist in dem in der vorigen Anmerkung angeführten Urt RG Bd. 86 auf S. 204 ganz ausdrücklich anerkannt. Ebenso Blatt 12 (1906), 41: es kann gerechtfertigt sein, den weitergehenden Wortlaut eines Patents in beschränkterem Sinne auszulegen. Ähnlich GewR 14 (1909), 173; auch MuW Jahrg. 12 S. 81, Maschinen zur Klebstoffauftragung, Beschränkung des Anspruchs auf Maschinen ohne Bogenwender. — 149437 ist entgegen seinem Wortlaute im Nichtigkeitsverfahren IndR Jahrg. 6 S. 139 — ohne Abänderung des Anspruchs — und im Verletzungsstreite MuW Jahrg. 1913 S. 584 beschränkt worden nur auf Lampen, die zwar höhere Belastung aus dem Stromnetz vertragen, die aber aus Rücksichten auf Stromersparnis mit herabgespanntem Strome gespeist werden.

Auch in diesen Fällen ist der Zweifel erhoben, ob das bei der Beschränkung Übrigbleibende gegenüber dem berichtigten Stande der Technik noch eine patentfähige Erfindung darstellen muß. Hier hat der Zweifel mehr Berechtigung, denn das Patentamt hat in der Tat nicht geprüft und nicht prüfen können, ob das Übrigbleibende patentfähig ist. Hier ist deshalb die Frage zu beantworten, ob es rechtlich vorzuziehen ist, die Allgemeinheit entgegen dem richtigen Rechte in größerem Umfange zu beschränken, oder aber einen Teil einer Vorkehrung geschützt zu lassen, der zwar neu ist und auf den deshalb niemand einen Anspruch hat, der aber allerdings bei strenger Prüfung nicht patentwürdig erscheint. Das letztere ist das objektiv bei weitem geringere Unrecht und ist deshalb vorzuziehen.

Einschaltend ist hinzuzufügen, wenngleich es mit der Auslegung unmittelbar nichts zu tun hat: noch in einzelnen anderen Fällen bleiben gewisse vorbekannte Maßnahmen von dem

Schutzbereich frei. Das tritt dann ein, wenn ein Patent mit weitem Erfindungsgedanken erteilt ist, aber einzelne besondere Ausführungsformen ohne Erkenntnis des Erfindungsgedankens bereits vorveröffentlicht, vorbenutzt oder gar bereits patentiert gewesen waren. Diese Fälle sind § 1 A 112 gegen Ende erörtert. — Hin und wieder kommt es übrigens vor, daß die bereits bekannten Ausführungsformen in dem Anspruch des späteren Patents ausdrücklich ausgenommen werden. 286430 schützt besondere Ausführungsformen zur Herstellung von Ammoniak, dad. gek., daß man die als Katalysatoren dienenden Metallmischungen so wählt, daß . . ., „wobei die — vorbekannten — Kombinationen Eisen-Molybdän usw. ausgenommen werden sollen".

Zusammenfassung. Die Beurteilung der rechtlichen Möglichkeit der Einschränkung von Patenten bietet zu Zweifeln im einzelnen keine Veranlassung. Alles beruht in dem einen Punkte, ob und in welchem Maße man eine Patentbeschränkung zulassen will. Das ist nicht von rechtlichen Grundsätzen, sondern von sozialwirtschaftlichen Erwägungen abhängig, nämlich davon, ob das Interesse des Erfinders an der vollen Aufrechterhaltung eines nicht mehr mit der Nichtigkeitsklage anzugreifenden Patents wichtiger ist, als das Interesse der Allgemeinheit, daß sie aus einem Gebiete, das ihr bereits gehört, nicht ausgeschlossen wird. Die Sach- und Rechtslage ist danach klar; für Zweifel im einzelnen ist kein Raum. Wenn eingewandt wird, der Inhalt des Erteilungsbeschlusses stelle immer das Minimum des Schutzumfangs dar, so ist das eben die Frage; diese Regel steht nicht anderweit fest, sondern sie wird aufgestellt, um das gewünschte Resultat, Unzulässigkeit der einschränkenden Auslegung, zu begründen.

Von viel größerer Wichtigkeit als die sog. einschränkende Auslegung, ist die **erweiternde** Auslegung der Patente. Man hat den Ausdruck erweiternde Auslegung getadelt, weil der Schutz nicht nachträglich erweitert werde, sondern sich von vornherein auf den ganzen Inhalt der Erfindung erstrecke (Wildhagen, Kisch und andere). Der Tadel dürfte nicht berechtigt sein; er geht davon aus, daß die gemachte Erfindung bei der Auslegung zugrunde zu legen sei. Richtigerweise wird man aber den Anspruch zugrunde zu legen haben, und wenn nun mehr geschützt wird, als der Anspruch schützen will, so läßt sich sehr wohl von einer „Erweiterung" des Schutzes sprechen. Außerdem ist es, wie sich im weiteren ergeben wird, unrichtig, daß der Schutz sich niemals weiter erstrecke als die wirklich gemachte Erfindung. Ist erfunden worden, eine Vorrichtung zu einem bestimmten neuen Zwecke zu verwenden, so kann sich der Schutz häufig auf die Verwendung zu ganz anderen Zwecken erstrecken, an die der Erfinder niemals gedacht hat. Auch die Antithese von Isay Erfindungsgegenstand und Schutzumfang wird getadelt (Düringer, LeipzZ 1914, 899 und andere). Gleichfalls mit Unrecht. Es liegt zutage, daß der Schutz sehr häufig weitergeht als der Anspruch. Der Unterschied zwischen Erfindungsgegenstand und Schutzumfang besteht also über jeden möglichen Zweifel hinaus. Ob alle Folgerungen, die Isay an das Bestehen dieses Gegensatzes knüpft, berechtigt sind, ist eine ganz andere Frage. Anm. 51.

Die Fälle, in denen eine erweiternde Auslegung des Patents vorgenommen ist, sind außerordentlich zahlreich. Sie geben ein Bild von überraschender Mannigfaltigkeit. Es ist, soweit ersichtlich, niemals versucht worden, Ordnung in diese Mannigfaltigkeit zu bringen. Ein solcher Versuch wird im folgenden unternommen. Welche Erfindungselemente sind von ihrer konkreten im Patente beschriebenen Gestalt auf einen größeren Kreis erweitert worden? Wie ist die Erweiterung vorgenommen? Erstreckung auf ähnliche Mittel? auf andere Gebiete, auf andere Anwendungsarten? Hinzufügungen zu dem, was im Patentanspruch steht? Weglassung beschränkender Bestimmungen? Das sind die Fragen, die der Klarstellung bedürfen. — Der Plan der A 52 ff ist folgender, nach „Auslegungstypen" geordnet. Vorweggenommen werden in A 52 Fälle, in denen nach der hier zu vertretenden Auffassung Erfindung und Patent umgedeutet sind; hiervon ist die heutige Praxis wie es scheint endgültig abgerückt. — Es folgen in A 54 u. 55 Weglassung beschränkender Bestimmungen des Patentanspruchs und Hinzufügung von gesonderten Erfindungsteilen, die nur in der Beschreibung, nicht im Anspruche enthalten sind. Weiter A 56—59 die normale erweiternde Auslegung nach dem Erfindungsgedanken und A 60 nach der Äquivalenz der Mittel. Von A 61 an Spezialfälle, Kombinationen, chemische Patente, Auslegung von Zahl- und Maßangaben.

Gemäß dem in voriger Anmerkung aufgestellten Plane sind zunächst Streitfälle anzuführen, deren Entscheidung auf eine **Umdeutung** der Erfindung und des Patents hinauskommt. Anm. 52

205763 schützte ein Verfahren zur Herstellung von Stärke in . . . Strahlenform, indem man die noch feuchte Stärke in Blöcke preßte, worauf diese Blöcke . . . der Einwirkung eines Stromes von warmer feuchter Luft ausgesetzt wurden, wodurch sie weiter austrocknen und dabei strahlenförmig auseinanderfallen sollten. Das Zusatzpatent 234421 schützte eine Ausführungsform, dad. gek., daß die Blöcke zunächst mit warmer trockener Luft und hierauf erst mit warmer feuchter Luft behandelt werden sollten. Nach dem Stande der Technik wurden die Blöcke 4—6 Wochen in Trockenräumen bei Außentemperatur getrocknet, wobei sie nach und nach zerfielen. Im Urteil wurde ausgeführt: „Daß der Luftstrom feucht sein muß, ist für den Erfindungsgedanken nichts Wesentliches", denn in der Beschreibung sei angegeben, daß Temperaturen und Feuchtigkeitsgehalt in ziemlich weiten Grenzen variiert werden können, aber in gewissem Maße voneinander abhängig seien. Deshalb enthalte es eine Verletzung, wenn nach dem Verfahren des Beklagten den Blöcken dadurch in beschleunigter Weise Wasser entzogen werde, daß sie unter Luftleere einer Temperatur von über 60 Grad Celsius ausgesetzt würden. — Die Anwendung von warmer feuchter Luft, auf die das Hauptpatent allein und das Zusatzpatent neben trockener Luft Wert legt, ist also für überhaupt gleichgültig erklärt. Auch die Zuführung eines Luftstroms ist für gleichgültig erklärt. Ja, es ist die Trocknung im Vakuum, also gerade die Entfernung und Fernhaltung von Luft, als verletzend angesehen. Es läßt sich nicht leugnen, daß damit die Erfindung des Patents in ihr Gegenteil verkehrt ist. Begründet ist die Entscheidung damit, daß es auf Beschleunigung der Trocknung ankomme; jedes Mittel, das das erreicht, sei dem Mittel der Erfindung äquivalent (I 163/1915, Urt vom 23. 2. 16).

120061 schützt ein Verfahren zum Überziehen metallener Flachdruckpressenplatten mit einer wasseranziehenden Schicht, gekennzeichnet durch die Anwendung der Elektrolyse in der Weise, daß die Platte die eine Elektrode bildet und daß gewisse chemische Verbindungen als Elektrolyte dienen. Zusatzpatente 148048 und 152593 schützen die Verwendung von komplexen Salzen und sauren Salzen (unter Hinzufügung von Oxydationsmitteln) als Elektrolyten. Das Reichsgericht nahm an, daß durch das Hauptpatent zwar nur die Verwendung eines besonderen elektrischen Stromes zur Elektrolyse geschützt sei. Für die Zusatzpatente sei das aber zweifelhaft, weil bei mehreren der in deren Patentbeschreibungen gegebenen Beispielen ein elektrischer Strom nicht besonders erwähnt sei. Aus den Verhandlungen des Erteilungsverfahrens wird dann hergeleitet, daß die bloße mechanische Auftragung der Salze auf die Metallplatte in den Zusatzpatenten geschützt sei. — Da alle drei Patente gerade die Elektrolyse mittels geeigneter Elektrolyten schützen wollten, hat eine wirkliche Umänderung des Schutzes dahin stattgefunden, daß ein elektrolytischer Vorgang gar nicht stattzufinden braucht, sondern daß der Schutz die rein mechanische Auftragung gewisser Salze umfaßt (I 259/1913, Urt vom 4. 3. 14; ein anderer Teil des Urteils ist abgedruckt Warneyer VII Nr. 170).

257809 schützt ein Verfahren zur Herstellung von hochkonzentrierter Salpetersäure durch Behandeln der mit Schwefelsäure . . . gemischten Salpetersäure im Gegenstrom mit einem Heizmittel, dad. gek., daß als Heizmittel Wasserdampf . . . verwandt wird. Es handelt sich um das bekannte Denitrierungsverfahren von Mischsäure. Bereits bekannt war, in den Turm, in dem die Mischsäure herabrieselt, unten Wasserdampf einzulassen, wodurch die Salpetersäure gasförmig ausgetrieben wird. Die Erfindung richtete sich darauf, die Salpetersäure in konzentrierter Form zu gewinnen. Der Sachverständige erklärte, dies Ziel werde erreicht, wenn der Turm hoch genug sei. Das Reichsgericht nahm im Nichtigkeitsstreite an, das sei vom Anmelder erkannt und offenbart, weil es in der Beschreibung an einer Stelle heiße, „bei genügender Bemessung des Gegenstroms erreiche man die gewünschten Endzustände". Daraufhin ist das Patent aufrechterhalten. — Es ist also das Charakteristikum des Anspruchs, Verwendung von Wasserdampf als Heizmittel eliminiert und anstatt dessen die Anordnung großer Höhe des Turmes eingeführt, die wortdeutlich auch nicht einmal in der Beschreibung offenbart war (Mitt 1922, 33; über dies Patent vgl. weiter A 69 letzter Abs.).

286122 schützt die Verwendung von zylindrischen Füllkörpern aus Metallblech für Reaktions- und Absorptionstürme, dad. gek., daß ihre Höhe annähernd gleich ihrem Durchmesser ist und zwischen 15 und 50 mm beträgt. Das Zusatzpatent 292622 schützte Füllkörper nach dem Hauptpatent, dad. gek., daß sie aus keramischen Stoffen hergestellt sind. Der Zweck der Füllkörper besteht darin, daß die Flüssigkeiten oder Gase zickzackförmige Wege durch die Hohlkörper hindurch oder um sie herum einschlagen müssen und sich dabei gegenseitig vielfach berühren und durchdringen. Das Kammergericht nahm an, daß die keramischen Füllkörper sich bei der Art, wie sie in die Türme eingeschüttet würden, von selbst regellos lagerten, und daß es dann nicht darauf ankomme, ob ihre Höhe und ihr Durchmesser annähernd gleich sei. Es verletze das Patent also schon, wer die keramischen Körper bei beliebigem Durchmesser 15—50 mm hoch mache. — Die Benutzung zylindrischer Hohlkörper an sich war bekannt. Der eine Teil der Vorschrift des Patents, Höhe gleich Durchmesser, ist also für überflüssig erklärt und eliminiert. Im Reichsgericht ist die Sache verglichen (I 15/1925, Urt des KG vom 1. 11. 24).

131976 schützte einen Gasglühlichtbrenner, ... dad. gek., daß Sieb und Brennerscheibe derartig vereinigt sind ..., so daß das Gasgemisch gezwungen wird, in wagerechter **Richtung** auszuströmen, damit die Flamme eine sich dem ... Glühkörper anpassende Gestalt annimmt. Das Reichsgericht nahm an, das wagerechte Ausströmen sei nicht der eigentliche Zweck der Erfindung, dieser liege vielmehr darin, daß die Flamme eine gewisse Gestalt annehme und die Lichtwirkung sich dadurch erhöhe. Es sei möglich, daß dieser Erfolg gar nicht durch das wagerechte Ausströmen bewirkt werde und letzteres in Wahrheit gar nicht stattfinde. Dann könne auch eine Einrichtung das Patent verletzen, bei der das Gas nicht wagerecht, sondern in anderer Weise ausströme (Blatt 12 [1906], 190).

Gichtstaub aus Hochöfen wird zu weiterer Verwendung brikettiert. 272087 schützte im Anspruch ein Verfahren zur Erhöhung der Bindefähigkeit von Gichtstaub zu Brikettierungszwecken, dad. gek., daß dem Gichtstaub katalytisch wirkende Stoffe (an Stelle der bis dahin üblichen Verwendung von Teer oder Pech als Bindemittel) zugegeben werden. Zusatzpatent 276250 schützte im Anspruch ein Verfahren zur Erhöhung der Bindefähigkeit gekennzeichnet durch den Ersatz von chemisch anregend wirkenden Stoffen durch physikalisch, bzw. mechanisch wirkende Mittel, z. B. Erwärmung des zu pressenden Staubes oder Behandlung der fertigen Briketts in der Wärme oder mit gespanntem Wasserdampf. In der Beschreibung war gesagt, daß die **Pressung frischen Gichtstaubes für sich allein keine genügende Bindefähigkeit hervorrufe** (**sein Bindevermögen sei ohne genügende praktische Bedeutung**), **sondern daß Zusatzmittel, katalytische wie Chlormagnesium oder mechanische hinzutreten müßten.** Die Beklagte verwendete weder zusätzliche Bindemittel, noch katalytisch oder mechanisch wirkende, leitete vielmehr den frischen Gichtstaub mit einer Temperatur von über 100 Grad unmittelbar in die Brikettierungsanlage und erzielte genügende Bindung. Das Reichsgericht hat angenommen, daß diese Arbeitsweise unter die Patente falle. Die Brikettierung des Gichtstaubes, solange als er noch frisch ist, allein würde allerdings keine Patentverletzung enthalten. Aber der frische Gichtstaub habe eine Temperatur von 100 Grad, und diese Temperatur werde durch das Pressen noch erhöht. Damit werde von den Mitteln des Patents Gebrauch gemacht, auch wenn der die Wärmesteigerung bewirkende Druck nicht in höherem Grade angewandt werde, als zur Brikettierung nötig sei. — Das Patent schrieb die zusätzliche Anwendung von Mitteln vor, weil, wie die Beschreibung betonte, die bloße Pressung von Gichtstaub, auch wenn er frisch ist, nicht genüge. Das Reichsgericht erklärte, solche Pressung genüge doch; wer sie anwende, verletze die Patente (I 194/1918, Urt vom 22. 2. 19).

217122 schützt eine Schaltungsanordnung für selbsttätige Fernsprecher, dad. gek., daß auf einem dritten Draht ein Ortsstrom zustandekommt, der gewisse Wirkungen auslösen soll. Die Anbringung des dritten Drahtes war vorbekannt, nicht aber seine Verwendung zu den Wirkungen des Patents. Die Sachverständigen und mit ihnen das Reichsgericht stellten fest, „der Erfinder gehe, wie das Patent in **Anspruch und Beschreibung** erkennen lasse, davon aus, daß der Ortsstrom ein Dauerstrom sei. Keine Stelle der Patentschrift weise darauf hin, daß der Erfinder sich die Sache anders gedacht habe, und besonders auch der Anspruch könne nicht anders gedeutet werden, als daß Dauerstrom fließen sollte ... Alle die Zwecke, die erreicht werden sollten, seien Dauerzustände; es müsse also angenommen werden, daß das Mittel zur Erreichung dieses Zweckes, der Durchfluß des Ortsstroms, ein dauernder sein solle. Damit sei aber nicht gesagt, daß dem Moment des dauernden Ortsstroms die Bedeutung beizulegen sei, daß der Erfinder sich nur auf den in der Patentzeichnung dargestellten Weg festlegen wollte. Es sei zwar nicht die Schaltung ausdrücklich als eine beispielsweise bezeichnet, wie das vielfach in Patentschriften geschehe". Da es für das erstrebte Ziel aber auch genüge, wenn je am Anfang und am Ende des Gesprächs ein kurzer Stromstoß erfolge, so sei auch eine solche Betriebseinrichtung als Äquivalent geschützt. — Die Vorschrift des Patents, daß Dauerstrom fließen müsse, ist also dahin ausgelegt, daß auch eine andersartige Schaltung, bei der nur zwei kurze Stöße stattfinden, vom Patent erfaßt werde (Urt vom 31. 5. 24, I 76/1923).

Es sind im vorstehenden zum Teil auch Nichtigkeitsurteile angeführt. Das ist geschehen, weil die Auslegung, wenn sie einmal ausnahmsweise im Nichtigkeitsstreite erfolgt, innerhalb der im § 10 A 26 angegebenen Grenzen auch für den Verletzungsstreit maßgebend ist.

Im übrigen wird ohne Bedenken angenommen werden können, daß eine derartige Abänderung oder Umdeutung der Erfindung oder des Anspruchs, wie sie sich aus den angeführten Beispielen vielleicht mit Ausnahme des letzten Falles ergibt, den heute herrschenden Anschauungen widerspricht. Eine weitere Erörterung der Beispiele erübrigt sich deshalb.

Den Übergang zu einer bloß erweiternden Auslegung bilden Fälle wie der folgende. GewR 17 (1912), 171: „Hiermit sind die Merkmale, die sich in dem Anspruche 1 aufgezählt finden, erschöpft. Wäre weiter nichts in dem Patente offenbart, so müßte dem angefochtenen Urteile Recht gegeben werden, daß die Erfindung ... vorweggenommen ist. Allein die Beschreibung des Patents enthält noch eine andere Vorschrift, nämlich die, daß die motorische Rückstellung des Flügels unabhängig von der Lage des Signalhebels stattfinden soll ... Damit war ein weiterer wichtiger Gedanke geäußert, und zugleich ein Fortschritt erzielt." — Jene Unabhängigkeit ist dann „zur Verdeutlichung" in den Patentanspruch aufgenommen (Nichtigkeitssache). Es ist klar, daß danach die neue Erfindung in einem anderen Punkte erblickt ist als im Erteilungsverfahren und daß also der Schutzumfang ein anderer geworden ist. Die Erfindung, auf die sich der Anspruch richtete, ist gestrichen. Aber dieser Fall unterscheidet sich von den oben angeführten dadurch, daß das, was das Reichsgericht als wirklichen Inhalt der Erfindung bezeichnete, wenigstens in der Beschreibung angeführt war, wenn es auch nicht zum Gegenstand des Patentschutzes gemacht war. Insofern bildet dieser Fall eine Überleitung zu der erweiternden Auslegung.

Anm. 53. **Grundsätzliches.** Die **normale erweiternde Auslegung** eines Patentanspruchs, die jetzt zu betrachten ist, erfolgt, wie in A 28 dargelegt, entweder nach dem Erfindungsgedanken der Erfindung oder nach der Äquivalenz der von der Erfindung einerseits, von der beanstandeten Verletzungsform andererseits angewandten Mittel. Der Schutzbereich umfaßt also, was von dem neuen Erfindungsgedanken Gebrauch macht, und was die Lösung des in Rede stehenden Problems durch Anwendung äquivalenter und funktionell gleichgerichteter Mittel herbeiführt. In welchen Fällen eine Auslegung nach dem Erfindungsgedanken oder nach der Äquivalenz der Mittel stattzufinden hat, darüber hat das deutsche Recht noch keine Grundsätze entwickelt. Eins ist selbstverständlich; ist der Erfindungsgedanke bereits vorbekannt, so kann die Auslegung des Patents nicht nach diesem Gedanken, sondern nur nach der Äquivalenz der Mittel erfolgen. Die Grundsätze, zu denen sich im übrigen die heutige Rechtsprechung bekennt, sind schon in der historischen Übersicht A 43 a. E. angedeutet. Der Hauptgrundsatz ist die Maßgeblichkeit des Standes der Technik. Über diesen Begriff vgl. vorstehend A 40. Zum Stande der Technik gehört, was auf die im § 2 PG angegebene Art und Weise bekanntgeworden ist. Davor muß die Auslegung halt machen; sie kann dem Patentinhaber nicht zusprechen, was bereits bekannt ist. Was nicht bekannt ist, kann ihm dagegen zufallen, soweit es in den Kreis seiner Erfindung eingeht. Die Frage ist aber, wieweit dieser Kreis auszudehnen ist. Zur Beantwortung dieser Frage hat die Rechtsprechung, wie gleichfalls schon in der geschichtlichen Darstellung gezeigt, sodann den weiteren Grundsatz aufgestellt, der Anmelder habe für alles das Schutz erbitten und die Erteilungsbehörde habe für alles das Schutz gewähren wollen, was nach dem Stande der Technik an der gemachten Erfindung überhaupt schutzfähig war (RG 79, 188). Dieser Grundsatz ist später nach und nach dahin umgewandelt worden, daß man unter Ausscheidung des „Willens" sagte: geschützt ist alles, was an der Erfindung objektiv schutzfähig ist, z. B. MuW Jahrg. 24 S. 176. Diese Regel hatte zur Folge, daß auf den Patentanspruch nur geringer Wert gelegt wird, weil er nicht selten die Erfindung nicht zutreffend und nicht umfassend genug darstellt. Wie sich nach diesen Grundsätzen die Auslegung der Patente gestaltet hat, das wird in den A 54—60 dargelegt, und zwar schließt sich die Darlegung an die zutage getretenen „Typen" der Auslegung an (vgl. A 51 a. E.).

Anm. 54. Folgende typenartigen Formen der „erweiternden Auslegung" sind hervorgetreten.

Es wird **ein einschränkendes Merkmal, das im Patentanspruch angeführt ist, weggelassen** und dadurch der Schutzumfang erweitert. — Blatt 23 (1917), 19: 167455 schützte ein Walzwerk zur Bearbeitung von Ton ..., dessen Walzenmäntel verschieden große Umfangsgeschwindigkeit haben, dad. gek., daß die Walzen während der Drehung seitlich hin und her bewegt werden. Das Reichsgericht hat ausgelegt, die verschiedene Umfangsgeschwindigkeit der Walzen sei zum Erfolge nicht durchaus erforderlich, wenn sie auch zu seiner Förderung beitrage; auch das andere Moment, die fortgesetzte Seitenverschiebung der Walzen während der Drehung, enthalte eine erfinderische Übertragung aus dem Gebiete der Maschinen zur Getreidezerkleinerung; wer dieses Moment allein benutze, verletze auch schon das Patent. (In einem weiteren Rechtsstreit, Urt vom 10. 7. 18, I 50/1918, ist sodann ausgesprochen, daß es auch nicht darauf ankommt, ob gerade beide Walzen während der Drehung seitlich hin und her bewegt werden; es genüge, wenn die eine seitlich verschoben werde, während die andere am Orte bleibe.) — Urt vom 10. 4. 18, I 12/1917: 275663 schützt die Herstellung von Ammoniak, dad. gek., daß man als Katalysatoren gewisse Metalle auf Kontaktträger (Asbest) fein verteilt niedergeschlagen hat. Auslegung: es komme nur auf die Art der Metalle an, die feinverteilte Niederschlagung sei zur Ausführung der geschützten Erfindung nicht erforderlich; dies Moment ist also gestrichen. — RG 86, 412f: 154807 schützt die Verwendung von pyrophoren Metalllegierungen bestehend aus einem oder mehreren Metallen der Edelerden mit einem Zusatze von etwa 30% eines schweren Metalles ... zum Zünden von ... Gasgemischen (Taschenfeuerzeug). Ausgelegt: Die Angabe, etwa 30%, ist ohne Bedeutung; in den Schutzbereich fällt jede Legierung von Edelerden und Schwermetallen, durch welche die Wirkung der Zündung von Gasgemischen erreicht wird. Über dieses Patent vgl. weiter unten A 64. MuW Jahrg. 22 S. 195 u. 196: 240078 schützt einen Plattenkondensator, dad. gek., daß die Platten, die Zwischenstücke ... die Träger aus einem metallischen Ganzen maschinell herausgearbeitet sind. Das Wort maschinell wurde in der Auslegung eliminiert und angenommen, daß es nicht auf die maschinelle Herausarbeitung aus einem bereits vorhandenen Ganzen ankomme, weshalb auch die Herstellung durch Guß oder im Spritzgußverfahren unter das Patent falle, wofern bisher Kondensatoren aus einer einheitlichen Masse nicht hergestellt sein sollten.

Bei einigen dieser Fälle grenzt die Auslegung schon an eine Umdeutung (A 52). — Bei anderen, z. B. dem ersten Falle, ähnelt die Erfindung einer Art von Kombinationserfindung, so daß in Frage kommen könnte, ob es sich bei der gewählten Auslegung um den Teilschutz eines neuen Elementes handeln sollte unter Beiseitelassung der bereits bekannten Elemente. Erwähnt ist dieser Gesichtspunkt freilich nirgends, auch ist nicht festgestellt, daß die ausgeschiedenen Elemente bekannt waren. Besonders bei den beiden letzten Beispielen kann übrigens von einer Kombination keine Rede sein.

Die Auslegung geht dahin, daß **zu der im Anspruch beschriebenen Erfindung eine weitere selbständige Erfindung, die in der Patentbeschreibung erwähnt ist, hinzugefügt wird.** — IndR Jahrg. 11, S. 177: 158182 schützte ein Geschütz ... mit langem Rohrrücklauf ... dad. gek., ... daß eine Ausgleichfeder in bestimmter Lage befestigt ist. Die Feder sollte die Gewichtsverschiebung des Rohres beim Rücklauf des Rohres, wenn der Schuß abgefeuert wird, ausgleichen. Auslegung: geschützt ist nicht nur die Ausgleichfeder, sondern auch der Gedanke, den konstanten Rücklaufsweg durch die Anordnung besonderer Schildzapfen nach Möglichkeit zu verlängern. Dieser Gedanke, der im Anspruch nicht enthalten war, wurde aus der Patentbeschreibung entwickelt und für geschützt erachtet. — Diese Auslegung unterscheidet sich von dem letzten in A 52 gegebenen Beispiele dadurch, daß in jenem Falle der im Patentanspruch ausgedrückte Schutz gestrichen und an seine Stelle der Schutz einer anderen, aus der Patentbeschreibung entnommenen Erfindung gesetzt wurde, während hier der Schutz der Erfindung, die im Patentanspruch beschrieben ist, bestehenbleibt, aber allerdings durch die Hinzunahme einer weiteren, aus der Patentbeschreibung entwickelten Erfindung vermehrt wird, supplierende Auslegung. — Beide Auslegungsarten nähern sich der abändernden Auslegung. Anm. 55.

Die normale erweiternde Auslegung nach dem Erfindungsgedanken. Anm. 56.

In den vorstehenden Anmerkungen ist dargelegt worden, wie der Schutzbereich in Einzelfällen gegenüber dem Patentanspruche durch Hinzufügung mehr oder weniger selbständiger Erfindungsteile oder durch Fortlassung einschränkender Bestimmungen erweitert worden ist. Das sind immerhin nur nicht allzu häufige Ausnahmefälle. Jetzt ist die normale Auslegung des Schutzbereichs zu erörtern, wie sie sich in der großen Masse der Streitfälle gestaltet hat, und zwar zunächst die Auslegung nach dem Erfindungsgedanken.

Sie erfolgt in der Weise, daß an der Hand des Patentanspruchs und der Patentbeschreibung der Erfindungsgedanke entwickelt, d. h. daß festgestellt wird, welches Problem gelöst ist und auf welchem prinzipiellen Wege die Lösung vorgenommen ist; alles was von dem so bestimmten Lösungsgedanken Gebrauch macht, fällt der Regel nach in den Schutzbereich des Patents. Daß der durch Auslegung gewonnene Erfindungsgedanke eines Patents die bereits bekannten Ausführungsformen freiläßt, folgt (a majore ad minus) aus den in A 112 (gegen Ende) zum § 1 angeführten Urteilen.

Wiederholt ist im Vorwege zu betonen, daß die Bestimmung des Erfindungsgedankens Schwierigkeiten bietet. Er besteht in der Regel in einer Verallgemeinerung des konkreten Erfindungsgegenstandes. Die Schwierigkeit liegt ganz hauptsächlich darin, wie weit die Verallgemeinerung zu treiben, wie hoch hinauf der Erfindungsgedanke zu verlegen ist. Wenn jemand eine Nähmaschine zum Sticken oder zum Aufnähen von Litzen geeignet machen will, wobei der Stoff in Kurven bewegt werden muß, so muß die Wirkung des Stoffschiebers, der den Stoff geradlinig vorwärtsschiebt, außer Spiel gesetzt werden. Angenommen, es wird erfunden, den Stoffschieber zu versenken, so daß die Zähne den Stoff nicht erreichen — was umfaßt nun der Erfindungsgedanke? auch eine Vorkehrung, den Mechanismus des Stoffschiebers herausnehmbar zu gestalten? auch eine Vorkehrung, den Stoff nicht auf die Zähne zu drücken, so daß er darüber hinweggleiten kann? auch eine Vorkehrung, auf die Stichplatte eine zweite Platte zu legen, so daß der Stoff außerhalb des Bereiches der Zähne bleibt? auch eine Vorkehrung, die aufwärtsgehende Bewegung der Zähne zum Stillstand zu bringen, so daß die Zähne sich nicht über die Stichplatte erheben? — Diese Schwierigkeiten werden in der heutigen Rechtsprechung wenig beachtet. Sie werden deshalb hier bei der Darstellung der herrschenden Rechtsprechung nur gestreift (Ziff. 4). Eingehender erörtert werden sie unten A 67 und 68.

1. Die Auslegung muß sich in den meisten Fällen **in zwei Stufen** bewegen. Der bedeutsamste Teil liegt in der Zurückführung der konkreten **Lösungsmittel auf ein allgemeineres Prinzip.** Es kann demgemäß der Schutz des mitgeteilten Arbeitsmittels erweitert, verallgemeinert werden auf Arbeitsmittel derselben Wirksamkeit, derselben Gattung, oder auch die Anwendung der geschützten Vorkehrung kann verallgemeinernd erstreckt werden auf andere Gebiete, andere Zwecke, andere Betriebsarten einer Vorrichtung (A 57—59 usw.). Die Fälle sind zahllos. Patentiert ist, bei Droschkenautomaten die anzeigende Fahne, das Schaltrad, das den Mechanismus einrückt, und ein Sperrad auf derselben Welle anzubringen. Die Auslegung geht dahin, daß jede zwangsläufige oder kraftschlüssige Verbindung der drei Teile geschützt ist. Es fallen also alle Ausführungsformen des Erfindungsgedankens der patentierten Erfindung in den Schutzbereich des Patents. — Neben dieser Verallgemeinerung und ihr zeitlich vorhergehend muß bei komplexen Erfindungen, also bei Erfindungen, die sich aus einer Mehrheit von Einzelvorrichtungen oder von Einzelverfahren zusammensetzen, eine weitere Feststellung vorgenommen werden; es muß festgestellt werden, in welchen einzelnen Punkten der komplexen Erfindung das erfinderisch Neue liegt. — Geschützt ist die Herstellung eines Grubenstempels, bei dem ein nachgiebiger Einsatzkörper und zugleich ein Bremsklotz anzubringen ist. Nach dem Stande der Technik ist festgestellt, daß der erfinderische Punkt in der Anbringung des nachgiebigen Einsatzkörpers liegt, während durch den Bremsklotz nur die Wirkung jenes Körpers ermöglicht wird, so daß also der Klotz eine Nebenrolle spielt und durch ein beliebiges Äquivalent ersetzt werden kann. Deshalb ist es als Verletzung angesehen, wenn der Beklagte sich des nachgiebigen Körpers, nicht aber des Klotzes bedient (JW 1925, 1282). — Geschützt ist ein Verfahren und eine Vorrichtung zur Herstellung von Perlenband, dad. gek., daß ein ... Perlenfaden ... um eine Unterlage gewunden wird, und zwar so, daß die Perlen nur auf der einen Seite der Unterlage liegen, ... und weiter dadurch, daß der Perlenfaden durch einen in entgegengesetzter Richtung ... um die Unterlage gewundenen zweiten Faden ... befestigt wird. Die Erfindung ist dahin ausgelegt: die sämtlichen Teile des Verfahrens sind alt; neu ist allein ihre Kombination, die bewirkt, daß die Perlen nur auf die eine Seite der Unterlage geführt werden; auch nur derjenige Teil der Vorrichtung, der dies bewirkt, ist neu, während alle übrigen Teile alt sind. Da diese erfinderischen Punkte vom Beklagten nachgeahmt sind, wenn auch in leichter Umgestaltung, liegt Verletzung vor, Blatt 8 (1902), 154.

Nicht selten wird schon im Erteilungsverfahren und im Anspruch aufgeführt, wo das Neue und Erfinderische der neuen Anordnung zu erblicken ist. Die Rechtsprechung nimmt nach einer schon vielfach angeführten Regel (§ 4 A 43) an, daß der Verletzungsrichter an diese Feststellung nicht gebunden ist; er kann das erfinderisch Neue in anderen Punkten erblicken, als die Erteilungsbehörde getan hat, z. B. Mitt 1914, 115. Diese Regel wird übrigens stillschweigend in allen Industrieländern befolgt.

2. Im wesentlichen ist in der Rechtsprechung anerkannt, daß die Bemessung des Schutzbereichs nach dem Erfindungsgedanken ausgeschlossen ist (so daß der Bereich auf die im Patente mitgeteilte Ausführungsform beschränkt bleibt), wenn die Auffindung jenes Gedankens das Können eines durchschnittlichen Fachmanns übersteigt, also selbst noch **erfinderische Kraft** erfordert. Und zwar kommt dafür das fachmännische Können zur Zeit der Erteilung des auszulegenden Patents in Betracht, denn es ist offenbar nicht angängig, daß der Erfinder aus einer späteren, von anderen gemachten Erfindung, der Aufhellung des zugrunde liegenden Prinzips, Vorteile zieht. Diese letztere Regel tritt in all den Fällen klar zutage, in denen eine Ausführungsform bereits patentiert war und nachträglich der Erfindungsgedanke, das Prinzip, patentiert wird (§ 1 A 112); sie muß aber auch sonst gelten, denn es kommt nicht darauf an, daß die zweite Erfindung gerade patentiert worden ist, sondern darauf, daß zur Ermittlung des Prinzips eine zweite Erfindung nötig war. — Als der erste der Detektoren, der Stahl-Kohle-Detektor, erfunden wurde, konnte man den Schutzbereich nicht nach dem diesen Detektor zugrunde liegenden Prinzipe bestimmen, weil das Prinzip damals unbekannt war. Ebenso wenig durfte später, als man der Klarlegung des Prinzips näher kam, der Schutzbereich jenes Patents etwa auf das Prinzip erstreckt werden, vielmehr war dieses selbständig patentfähig, ohne abhängig zu sein. — Bei der maschinellen Siebung von Stoffen wird das Sieb in einer Ebene kreisförmig schnell bewegt. Es ergab sich der Übelstand, daß bei Siebkanälen, bei denen das Siebgut sich automatisch vorwärts bewegen und so aus dem Siebkanal wieder fortgeschafft werden soll, dieser gewünschte Erfolg nicht eintrat, vielmehr das Gut die Kreisbewegung mitmachte und wieder auf dieselbe Stelle des Kanals gelangte. Um letzteres zu verhindern, wurden gemäß 46509 an den Kanalwänden Wurfleisten angebracht.

Ein anderer gestaltete zu demselben Zwecke den Boden des Kanals in besonderer Weise aus. Dies ist nicht als verletzend angesehen, weil in jenem Patente das unterliegende Prinzip, nämlich der Grund, weshalb das Gut nicht vorwärts befördert wurde, noch nicht erkannt war. „Der Kläger hat in seiner Patentschrift nicht zu erkennen gegeben, daß ihm das Prinzip als solches zum Bewußtsein gekommen sei, und daß Patentschutz für dasselbe beansprucht werde“ ... Die vom Beklagten angewandten Mittel seien nicht bloß in ihrer äußeren Erscheinung, sondern auch in ihrer Wirkungsweise verschieden von denen des Klägers. — Es handelte sich um ein nicht ganz einfaches Prinzip der Mechanik, das nicht ohne Schwierigkeiten zu erkennen war. Deshalb ist es in den Schutzbereich nicht einbezogen. Der Schutzbereich bleibt also auf den konkreten Erfindungsgegenstand beschränkt.

Ist dagegen die Sachlage so, daß der durchschnittliche Fachmann den Erfindungsgedanken erkennen kann, dann ist der Erfindungsgedanke geschützt, einerlei ob der Anmelder oder Erfinder ihn tatsächlich erkannt hat, oder nicht. Entscheidend ist die Erkenntnismöglichkeit des Fachmannes.

3. Die Rechtsprechung erkennt gemäß der in A 29f gegebenen Begriffsbestimmung des Erfindungsgedankens an, daß die Auslegung nach dem Erfindungsgedanken sich nur soweit erstrecken darf, als 1. noch das **gleiche Problem** gelöst wird und als 2. das Problem auf dem gleichen prinzipiellen Wege gelöst wird. Daß es sich um Lösung des gleichen Problems handeln muß, liegt zutage; anderes Problem — andere Erfindung; in dieser Richtung macht nur die richtige Bestimmung des Problems Schwierigkeiten, wie § 1 A 69ff, 75 dargelegt. Zu wiederholen ist, daß das Problem technischer Art sein muß: also nicht ein desideratum, nicht eine allgemeine Idee, nicht eine Aufgabe rein wirtschaftlicher Art (§ 1 A 70f). — Ebenso erkennt die Rechtsprechung an, daß der Lösungsweg auf demselben Prinzipe beruhen, die Lösungsmittel prinzipiell gleich sein müssen. „Äquivalenz hätte zur Voraussetzung, daß die Lösung der gleichen Aufgabe mittels Ersatz eines Elementes der Kombination durch ein anderes Mittel herbeigeführt wird ohne wesentliche Änderung des Lösungsgedankens. Das trifft hier nicht zu. Es handelt sich vielmehr um Verwendung des gleichen Mittels zu einem anderen Zweck, der auch eine wesentliche Änderung des Lösungsgedankens selbst darstellt“ (MuW Jahrg. 19 S. 229). Daraufhin ist Verletzung verneint, weil das Patent den anderen Lösungsgedanken nicht umfaßt. — „Nicht ohne weiteres fällt in den Schutzbereich, wer dieselbe Wirkung nebenbei erreicht. Wenigstens teilweise und greifbare Übereinstimmung in den technischen Mitteln ist erforderlich, um Benutzung annehmen zu können, Blatt 17 (1911), 15. — Ebenso IndR Jahrg. 9 S. 177: neue Lösung der Aufgabe, diesen Gedanken auf sich drehende Röhrentrockner zu übertragen. Diese Lösung ist erheblich anders als die des Klägers und deshalb nicht abhängig.

Daß es auf prinzipielle Abweichung im Erfindungsgedanken hinweist, wenn der Erfolg, die Wirkung der Maßnahme des Beklagten sehr erheblich größer ist, ist mehrfach angenommen. JW 1898, 543 Nr. 11: die neue Erfindung kann soweit über die ältere hinausschreiten, daß sie, wennschon sie sich auf demselben Gebiete bewegt, dennoch nicht als eine bloße Verbesserung und Steigerung derselben, sondern als etwas im wesentlichen anderes anzusehen ist. Ähnlich Blatt 2 (1896), 294; JW 1900, 554. — Erheblich gesteigerte Wirkung kann also dartun, daß ein anderer Erfindungsgedanke vorliegt; gleiche Wirkung dagegen besagt nichts, denn gleiche Wirkung kann auch auf einem prinzipiell verschiedenen Wege erzielt werden. — Im übrigen ist die Frage, ob der Lösungsweg noch prinzipiell gleich ist, unter Umständen nicht einfach zu entscheiden. Die Antwort kann von der Art des Gebietes abhängig sein, auf dem sich die Erfindung bewegt. Ist das Gebiet sehr stark bearbeitet, wie z. B. bei den neueren schnellaufenden sog. arbeitsparenden Maschinen, so kann eine geringe Abweichung in der Bau- oder Betriebsart schon eine grundlegende Änderung des Lösungsweges bedeuten, wie in Amerika, dem Heimatlande derartiger Maschinen, immer wieder betont wird. In der Schuhfabrikation ist auch in Deutschland ein stoßweises Hämmern des Leders für prinzipiell unterschieden von dem gleichmäßigen Drucke einer kreisenden Rolle erklärt worden (§ 4 A 30).

4. Geschwankt hat die Rechtsprechung in der Beantwortung der Frage, ob die erweiternde Auslegung nach dem Erfindungsgedanken in allen den Fällen einzutreten hat, in denen sie eintreten kann — weil auf dem in Rede stehenden Gebiete nach dem Stande der Technik, besonders nach bereits bestehenden Patenten, noch Platz für eine weitere Erstreckung des Schutzbereichs frei ist. Von selbst versteht sich, daß Pionierpatente eine erweiternde Auslegung verlangen können. Dasselbe gilt für **Ersterfindungen**, d. h. für Erfindungen, die nicht Pioniere sind, die sich aber auf einem, wenn auch engeren, Gebiete bewegen, das noch nicht bearbeitet ist. Man trug dagegen bis etwa um 1910 Bedenken, erweiternde Auslegung auch für kleinere Erfindungen zuzulassen, die sich auf bearbeitetem Gebiete neben anderen ähnlichen Erfindungen bewegten. „Es ist wohl möglich, daß der geschützte Erfindungsgedanke über die im Patentanspruche bestimmte Ausführungsform hinausgreift, und zwar ist das dann der Fall, wenn die Erfindung innerhalb eines technisch noch nicht bearbeiteten Gebietes liegt“

(MuW Jahrg. 12, 548). — Blatt 17 (1911), S. 272, 274 Sp. 1: Auslegung über den Wortlaut hinaus könnte nur eintreten, wenn die Beklagte die erste gewesen wäre, die den Erfindungsgedanken verwirklicht hätte. Ähnlich Blatt 10 (1904), 330f; Blatt 20 (1914), 159. Hier ist also für die Vornahme einer erweiternden Auslegung eine besondere Qualifikation der Erfindung zur Bedingung gemacht. Diese Auffassung ist mit Betonung verlassen in dem Urt des RG, Mitt 1913, 115 Sp. 1: Auch wenn die Erfindung keine bahnbrechende ist, fallen in ihren Bereich alle Äquivalente und alle Ausführungsformen ihres Erfindungsgedankens. — Diese neue Regel wurde nun vielfach auch auf ganz kleine Erfindungen angewandt, in dem eben genannten Urteile auf die Befestigung von Schulbänken am Fußboden, oder auf die Versenkung des Stoffschiebers bei Nähmaschinen, Blatt 17 (1911), 267 usw., in welchen Fällen von der Eröffnung eines neuen Gebietes nicht mehr die Rede sein konnte. Ob diese letztere Auffassung in allen Fällen zu gesunden Ergebnissen führt, wird unten in A 68 erörtert werden. Gemäß der früheren Rechtsprechung neuerdings wieder MuW Jahrg. 27/28 S. 220 Sp. 2 unten: das Klagpatent bringt keine bahnbrechende Erfindung ... Unter diesen Umständen ist es nicht angängig, den Anspruch über seinen Wortlaut hinaus auszulegen.

5. Eine große Rolle hat in der Rechtsprechung hinsichtlich der Ausdehnung des Erfindungsgedankens der vielfach angeführte Satz gespielt, der Anmelder habe im Zweifel soviel anmelden wollen, und das Patentamt habe ihm soviel schützen wollen, als ihm nach dem Stande der Technik habe unter Schutz gestellt werden können (vgl. z. B. RG 79, 188), welche Regel später unter Ausscheidung des „Willens" des Anmelders und des Patentamts dahin gefaßt ist: **geschützt ist soviel,** als von der offenbarten Erfindung nach dem Stande der Technik geschützt werden konnte (A 53). Diese Regel wirkte sich dahin aus, daß auf das, was im Anspruch als geschützt begehrt wurde, kein Gewicht mehr gelegt ist, sondern die offenbarte Erfindung ganz frei beurteilt wurde. Jener Satz ist im Urt des RG, JndR. Jahrg 2, S. 126 Sp. 1 — offenbar von zweifelnder Seite — als eine „unter Umständen verwertbare Leitregel" bezeichnet. In der Tat führt die Regel nur dann zu gesunden Ergebnissen, wenn sie nicht übertrieben wird, wenn also berücksichtigt wird, was der Anmelder, der seine Erfindung selbst doch am besten kennen muß, als deren Inhalt angegeben und offenbart hat. Die Rechtsprechung ist aber hin und wieder dazu gelangt als geschützt anzunehmen, was erst auf Grund späteren Fortschritts der Wissenschaft und Technik aus der Offenbarung des Patents entnommen werden konnte. Das ist im einzelnen unten in A 67 ausgeführt, woselbst Beispiele beigebracht sind.

6. Die Rechtsprechung hat bei der Auslegung die Erklärungen der Erteilungsbehörde und des Anmelders im Erteilungsverfahren immer in gewissem Umfange berücksichtigt. Das Maß dieses Umfanges hat freilich zu Zeiten stark geschwankt. Das ist bereits in A 41f ausgeführt, welchen Ausführungen an dieser Stelle nichts hinzuzufügen ist. Hervorzuheben ist nur, daß es nach der jetzigen Rechtsprechung nicht mehr darauf ankommt, ob Willensäußerungen des Patentamts gerade im entscheidenden Teil eines Beschlusses Ausdruck gefunden haben; auch wenn sie in anderer Weise zutage treten, sind sie von Bedeutung; allerdings wird verlangt und muß verlangt werden, daß sie klar und zweifelsfrei sind.

Zusammenfassung: Die Grundsätze, die die Rechtsprechung für die hier allein in Frage stehende normale Auslegung nach dem Erfindungsgedanken entwickelt hat, sind in ihren Grundzügen unanfechtbar. Die Zweifel und Bedenken, die entstehen können, beruhen in der Anwendung der Grundsätze und zwar in folgenden Punkten: ob stets genügend beachtet ist, daß das als Inhalt der Erfindung anzusehende Problem nicht in einem mehr oder weniger selbstverständlichen Wunsche oder in einer allgemeinen Idee bestehen darf, daß die Bestimmung des Schutzbereiches sich an die wirklich gemachte und offenbarte Erfindung zu halten hat, und endlich, ob es auch bei mittleren und kleineren Erfindungen angezeigt ist, den Erfindungsgedanken stets nach Möglichkeit auf das ganze von der bisherigen Technik noch freigelassene Gebiet auszudehnen — von welchen Punkten der letzte der weniger interessante, aber der wichtigere ist, weil er die große Masse der Erfindungen angeht. Über diese Punkte vgl. unten A 68.

Anm. 57. Aus den vorstehenden Darlegungen geht hervor, daß die erweiternde Auslegung nach dem Erfindungsgedanken in vielen Fällen in einer Verallgemeinerung der im Patente benutzten Arbeitsmittel besteht. Noch in anderer Weise kann eine Verallgemeinerung stattfinden.

Nach der herrschenden Rechtsprechung geht die Auslegung nicht selten dahin, daß das **Gebiet,** auf dem sich die Erfindung bewegt, **erweitert wird**. Es kann sich dabei der Natur der Sache nach nur um nahe verwandte Gebiete handeln; sind die Bedingungen, denen die übertragene Vorrichtung auf dem neuen Gebiete genügen muß, so verschieden, daß es sich um die Lösung eines neuen andersartigen Problems handelt, so kann der Schutzbereich nicht hierauf erstreckt werden. 315099 schützte einen Kammerofen mit einem besonders ausgestalteten und angeordneten Generator. Der Beklagte hatte die geschützte Anordnung an einem Retortenofen angebracht; beide Öfen dienen demselben Zwecke und sind nahe verwandt. Das Reichsgericht erklärte, es hänge vom Stande der Technik ab, ob der für einen Kammerofen gewährte Schutz auf Retortenöfen zu erstrecken sei; da eine Anordnung, wie die geschützte, für Retortenöfen nicht als bekannt nachgewiesen sei, rechtfertige es sich, auch auf solche den Schutzumfang zu erstrecken (I 266/1925, Urt vom 2. 6. 26). — Flüssige Hochofenschlacke wird zerstäubt (granuliert) und dann zur Zementfabrikation benutzt. Man unterscheidet Luftgranulation (entgegengeführte heiße Luft verbrennt beim Granulieren gewisse Teile der Schlacke) und Wassergranulation (Wasser mit gelösten Chemikalien wird der flüssigen Schlacke entgegengespritzt). „Allerdings geht die Patentschrift von dem Luftgranulationsverfahren aus; dies ist aber nicht ausschlaggebend. Auch der Stand der Technik läßt die ... Beschränkung des Schutzumfangs nicht begründet erscheinen". Die Benutzung des Verfahrens bei Wassergranulation ist deshalb als Verletzung angesehen (I 52/1914, Urt vom 18. 6. 14). — Schutz der Laufringe ist im Patente nur verlangt, insofern sie an den im Anspruch 1 gekennzeichneten Seilklemmen angeordnet sind. Sie sind aber in gleicher Weise bedeutsam und vorteilhaft bei anderen Seilklemmen, u. a. bei denen des Beklagten. Deshalb ist Verletzung angenommen, RG GewR 14 (1909), 174. — Selbstverständlich ist, daß der Patentschutz ein neues Gebiet dann nicht umfassen kann, wenn die Anwendung der Erfindung auf dem neuen Gebiete selbst noch weitere Erfindungskraft erfordert, sei es in der Idee der neuen Anwendung, sei es in der Ausführung dieser Idee, vgl. z. B. IndR Jahrg. 11 S. 151 (152). Ebenso selbstverständlich ist, daß die Erfindung auf dem neuen Gebiete nicht bereits bekannt gewesen sein darf. Aber noch eine weitere Einschränkung ist zu machen. Besteht die Erfindung nicht in einer an sich neuen Vorrichtung, nicht in einem neuen Verfahren, ist vielmehr nur die Verwendung patentiert, sei es eines bekannten Stoffes oder einer bekannten Vorrichtung, so kann der Schutzbereich des Patents die Verwendung auf einem anderen verwandten Gebiete nur dann erfassen, wenn sie auch auf diesem Gebiete gleiche Vorteile bringt. 293497 schützt die Verwendung von bestimmten Ölen für Gasmesser mit schnellaufender Trommel (Öle anstatt Wassers als Absperrflüssigkeit, um Verdunsten und Gefrieren zu verhüten). „Liegen somit die Vorteile, die die Erfindung für Schnelläufer bietet, bei Langsamläufern nicht vor, dann ist es nicht angängig, den Schutzbereich ... auch auf letztere zu erstrecken. Der Schutzbereich bemißt sich nach der Weite des Erfindungsgedankens. Letzterer geht nur soweit, als die Voraussetzungen eines erfinderischen Charakters noch gegeben sind, also ein technischer Fortschritt noch vorliegt", GewR 31 (1926) 538. Ebenso folgender Fall: 143620 schützte ein Verfahren zur Verhinderung der Staubentwicklung ... auf Wegen, Bahnkörpern, Höfen, gekennzeichnet durch die Verwendung von Ölen, Harzen usw., die in Seifenlösungen aufgeschwemmt (emulgiert) sind. Ein anderer brachte die gleichen Mittel in den Handel zur Verwendung auf Bretterböden. Das fällt nicht in den Schutzbereich des Patents und enthält keine Verletzung, weil das Verfahren für Bretterböden keinen technischen Vorteil bietet (I 252/1914, Urt vom 2. 1. 15).

Ist das Patent ein Übertragungspatent, schützt es also die Übertragung einer an sich bekannten Vorkehrung auf ein neues Gebiet, so ergreift sein Schutzbereich nicht die Übertragung auf ein drittes Gebiet, ebenso Seligsohn, § 4 Ziff. 4. Das ist als grundsätzliche Regel in allen Industriestaaten anerkannt. Nur bei der Übertragung auf ein ganz nah verwandtes Gebiet, auf eine andere Unterart derselben Maschinengattung mag unter Umständen eine andere Auffassung vertreten werden können; vgl. auch A 48.

Nach der herrschenden Rechtsprechung kann der Patentschutz auf eine **neue Zweckverwendung** der geschützten Erfindung ausgedehnt werden, ein vielfach vorkommender Fall der ausdehnenden Auslegung. Häufig wird der Satz angeführt, durch das Patent seien alle „neuen Brauchbarkeiten" der Erfindung geschützt. Auch im Gutachten des RG aus 1914 ist S. 18 gesagt: es würde die größte Ungerechtigkeit sein, den Erfinder an ... denjenigen Gebrauchszweck zu binden, (der) ihm zunächst vorgeschwebt (hat). — § 1 A 90f ist dargelegt, daß dieser Anschauung nicht in ganzem Umfange beigestimmt werden kann, daß vielmehr immer mehr Erfindungen hervortreten, bei denen der Verwendungszweck der Erfindungen inhärent ist, mit anderen Worten, bei denen der Kern der Erfindung nicht in der Gestaltung der Vorrichtung oder des Verfahrens, sondern in ihrer Verwendung liegt. Aber allerdings gibt es andererseits auch viele Erfindungen, bei denen nicht die Verwendung, sondern die Gestaltung der Vorrichtung oder des Verfahrens die maßgebende Rolle spielt. In solchen Fällen ist auch nach der hier zu vertretenden Anschauung eine Erstreckung des Schutzbereichs auf andere Verwendungszwecke zulässig. — Zahlreiche Belege und Beispiele sind § 1 A 90f angeführt; zwei seien wiederholt, in denen angenommen ist, daß die neue Zweckverwendung in den Schutzbereich des Patents fällt. **Anm. 58.**

Geschützt war durch 248038 ein Filterpressenrost für Bier..., dad. gek., daß die Rippen in der Nähe des Rahmens Erhöhungen aufweisen zum Zweck, die Pressung der benachbarten (d. h. anliegenden) Filterschicht auf ihren Rand zu beschränken. Das Reichsgericht führte aus, die Vorrichtung sei völlig neu; der Schutzbereich des Patents umfasse „daher" jegliche Verwendung der Vorrichtung bei ihrem bestimmungsgemäßen Gebrauch. Daß als Zweck angegeben wäre, der Rost solle die Pressung der benachbarten Filterschichten auf den Rand beschränken, ändere hieran nichts. Damit werde nur erklärt, worin in erster Linie der technische Fortschritt erblickt werde. Wenn der Erfinder andere Brauchbarkeiten der Vorrichtung nicht erkannt hätte, würde das den Umfang des Schutzbereichs nicht schmälern. Die Gestaltung des Rostes der Beklagten sei wesentlich gleich, ihre Wirkungsweise allerdings etwas anders: sie bewirkten kein eigentliches Pressen des Kuchenrandes; Verletzung liege also vor. (Die Erhöhungen bei dem Roste der Beklagten dienten dazu, sich dem konkaven Filterkuchen anzupassen und ihn zu stützen). I 104/1913, Urt vom 17. 10. 13; GewR 20 (1915), 168. Von Interesse sind die abweichenden Urteile der ersten und zweiten Instanz a. a. O. S. 165ff, in denen Verletzung verneint ist, weil die Erhöhungen bei der Beklagten die soeben erwähnte „andere Funktion" ausübten. Übrigens scheint es, als ob in diesem Falle die Zulässigkeit der Ausdehnung nicht von allen Seiten als ganz sicher angesehen ist; wenigstens hat das Reichsgericht den später erhobenen Anspruch auf Schadensersatz abgewiesen und dabei in dem abschließenden Urt vom 25. 1. 15, I 274/1914 geäußert: daß die Frage der objektiven Patentverletzung höchst zweifelhafter Natur war, wird (vom Berufungsgericht) mit Recht schon daraus gefolgert, daß zwei Instanzen anders entschieden haben. — RG 85, 98: Ist ... das Patent erteilt worden, so beschränkt sich der Patentschutz regelmäßig nicht auf den in der Patentschrift bekannt gegebenen Verwendungszweck, vielmehr umfaßt er auch die Ausnutzung der Erfindung für andere als die vom Erfinder selbst erkannten Zwecke ... Vor allem würde bei der Beschränkung auf den in der Patentschrift angegebenen Zweck das schöpferische Verdienst des Erfinders keine gerechte Entlohnung erfahren, da die Anwendung einer Erfindung für andere Zwecke sich häufig als eine naheliegende Maßnahme ergibt. — Die in den A 90f zu § 1 angeführten Beispiele zeigen jedoch, daß in nicht seltenen Fällen die Zweckverwendung eine wichtige Rolle spielt, wofür an dieser Stelle nur auf die genannten Anmerkungen Bezug genommen werden kann.

Anm. 59. Die Auslegung kann nach der Rechtsprechung auch dahin gehen, daß der Schutzbereich eine **neue Betriebsart oder eine neue Funktion** (Wirkungsweise) des Arbeitsmittels umfaßt. Für den Schutz einer neuen Betriebsart vgl. das in A 52 gegebene Beispiel: Das Patent 217122 hatte vorgeschrieben, durch die dritte Leitung einen Dauerstrom fließen zu lassen; ausgelegt wurde, daß es in den Schutzbereich auch fällt, wenn durch die Leitung je bei Anfang und Ende eines Gespräches ein kurzer Stromstoß geschickt wird. Für die Ausdehnung auf andere Funktionen vgl. das in der vorigen Anmerkung gegebene Beispiel des Filterpressenrostes.

Abschließend ist zu bemerken, daß die in den letzten Anmerkungen behandelte Ausdehnung auf andere Gebiete, andere Zweckverwendung, andere Betriebsart meistens bei Vorrichtungen, die Arbeitsmittel darstellen, vorkommt, viel weniger bei Verfahren, gar nicht bei chemischen Verfahren, selten bei mechanischen Verfahren. Das rührt daher, daß Verfahren in der Regel (chemische Verfahren so gut wie immer) als ein abgeschlossenes Ganzes patentiert werden, bei denen nicht zum Inhalt der Erfindung gehört, zu welchem weiteren Zwecke oder auf welchem Gebiete ihre Erzeugnisse angewandt werden sollen. Ist ein neues Verfahren patentiert, irgendeinen bestimmten Stoff herzustellen, so ist das Herstellungsverfahren damit abgegrenzt und abgeschlossen; zu welchem Zweck der Stoff verwendet werden soll, hat in der Regel mit dem Verfahren nichts zu tun. Anders dagegen (nicht immer, aber sehr häufig) bei Arbeitsmitteln, z. B. Maschinen. Ist eine maschinelle Vorrichtung zum Enthülsen von Getreide patentiert, so kommt in Frage, ob sich das Patent auch auf die Verwendung der Vorrichtung zum Zupfen von Werg oder zum Zerreißen von Papier erstreckt, zu welchen Zwecken sich dieselbe Vorrichtung tatsächlich verwenden läßt. Den Arbeitsmitteln stehen wieder gleich gewisse allgemeine Verfahrensarten, besonders der physikalischen Chemie: Wird ein neues Verfahren patentiert, Kalium durch Schmelzelektrolyse herzustellen, so kann sich fragen, ob sich das Patent auch auf die gleiche Herstellung von Kalzium erstreckt.

Auslegung nach Äquivalenz der Lösungsmittel.

Anm. 60. 1. In der A 56 ist die Auslegung nach dem Erfindungsgedanken erörtert. Es ist daselbst und in den folgenden Anmerkungen dargelegt, daß diese Auslegung in einer Verallgemeinerung gegenüber dem konkreten Erfindungsgegenstand besteht. Sie kann führen zu einer Erweiterung des Kreises der Arbeitsmittel, zu einer Erweiterung des Gebietes der Technik, das das Patent in Anspruch genommen hat, einer Erweiterung der Zweckverwendung, einer Veränderung der Betriebsart der geschützten Vorrichtung. In dieser Anmerkung, bei Erörterung der Äquivalenz, wird wieder angeknüpft an die Erweiterung des Kreises der Arbeitsmittel. Es wird dargelegt, wann andere Arbeitsmittel noch in den Bereich des Patents fallen. Beim ersten Anblick möchte es scheinen, als ob Auslegung nach Erfindungsgedanken, also nach dem inneren Kern der Erfindung, und Auslegung nach Äquivalenz, also nach einer gewissen äußeren Ähnlichkeit der Lösungsmittel, etwas Grundverschiedenes seien. Das ist auch zutreffend. Beide Arten treten einander aber doch wieder näher, insofern als die Äquivalenz der Mittel nur dann von Bedeutung ist, nur dann eine Verletzung enthält, wenn der Erfindungsgedanke, das Lösungsprinzip in der patentierten Erfindung und in der beanstandeten Nachbildung gleich ist, unten Ziff. 2.

Der Begriff der technischen, glatten und patentrechtlichen Äquivalente ist bereits oben A 35ff dargelegt. Vorkehrungen sind äquivalent, wenn sie die gleiche Wirkung hervorbringen. Qualitative Verschiedenheiten der Wirkung hindert die Annahme der Äquivalenz und damit einer Verletzung. Da es — jedenfalls in erster Reihe — auf die Gleichheit der Wirkung ankommt, kann es sich also ereignen, daß die als patentrechtlich äquivalent angesehene Vorrichtung dem Äußeren nach, der Gestaltung, der Bauart nach von der geschützten Vorrichtung erheblich abweicht. Andererseits: wenn die als verletzend beanstandete Vorrichtung eine andere Wirkung hervorbringt, so verletzt sie nicht trotz äußerlicher Ähnlichkeit in der Bauart, IndR Jahrg. 8 S. 205 (Sandstreuer). — Es ist in folgendem zu erörtern, wie sich die Bestimmung des Schutzbereiches nach Äquivalenz der Mittel in der Rechtsprechung darstellt. Handelt es sich um technische und glatte Äquivalente, so ist die Rechts- und Sachlage klar. Technisch und glatt äquivalent können immer nur vereinzelte Lösungsmittel, einzelne Konstruktionselemente sein; von verwickelten Verfahrensabschnitten und Maschinenbestandteilen gibt es keine technischen Äquivalente. In der ganz überwiegenden Mehrzahl der Fälle ändert der Ersatz eines Mittels durch sein technisches Äquivalent an dem Erfindungsgedanken nichts. Das bedarf keiner näheren Darlegung. Unterscheidet sich die beanstandete Form vom Patente nur dadurch, daß zur Übertragung der Drehbewegung einer Welle statt eines Zahnradgetriebes eine Transmission gewählt wird, so liegt die Verletzung zutage; es bedarf nur der Vergleichung der äußeren Erscheinungsform der Mittel, der Erfindungsgedanke braucht nicht geprüft zu werden, denn er kann durch jene Abweichung nicht ein anderer geworden sein.

2. Wesentlich anders liegt die Sache bei den sog. patentrechtlichen Äquivalenten. Unter diesen werden in diesem Kommentar solche Äquivalente verstanden, die nicht allgemeingültig gleichwirken, die nicht für die Regelfälle — abgesehen von besonderen, speziellen Ausnahmen — austauschbar sind, also nicht als austauschbar anerkannt sind, wie eine Transmission und ein Zahnradgetriebe, sondern die individueller Natur sind, die sich nur in einer bestimmten Erfindung ersetzen können, die häufig nur für den einen Fall erdacht und ersonnen sind. Ebenso Kohler, Handbuch S. 153—156. Hin und wieder wird der Kreis der patentrechtlichen Äquivalente weiter gezogen: man versteht nach dieser Meinung darunter alle Ersatzmittel, die für die Zwecke eines einzelnen Patents austauschbar sind, begreift also auch die technischen Äquivalente ein, soweit sie nicht etwa im Einzelfall sich nicht ersetzen können. — Diese Abweichung in der Nomenklatur ist an sich ohne Bedeutung. Es ist nur wünschenswert, daß in jedem Falle gesagt wird, in welchem Sinne der Ausdruck gemeint ist. — Es ist nun schon oben A 35 darauf hingewiesen, daß zum Begriffe der patentrechtlichen Äquivalenz noch ein weiteres gehört. Selbstverständlich ist, daß patentrechtliche Äquivalenz ausgeschlossen ist, wenn durch den Ersatz der Mittel das Prinzip des Lösungswegs verändert wird. Das wird auch heute überall anerkannt, GewR 27 (1922), 134: ohne wesentliche Änderung des Lösungsgedankens. Aber es muß nach der früher einhellig befolgten Anschauung noch ein weiteres hinzutreten: das äquivalente Mittel muß funktionell gleich wirken. An einer solchen funktionellen Gleichwirkung fehlte es, wenn an einer Geschützlaffette nach 95336 ein Schutzblech angebracht war, dessen Funktion darin bestand, die gleitenden Teile des Mechanismus für den Rohrrücklauf vor Einbeulungen durch äußere Gewalt zu bewahren, während in der Nachbildung Schutzbleche angebracht waren, die nach ihrem Material, ihrer Gestaltung und Anbringung keinen Schutz gegen Einbeulungen gewähren konnten, vielmehr zur Abhaltung von Staub und Schmutz dienten (MuW Jahrg. 8 S. 85). — Ebenfalls fehlte es an der Gleichheit der funktionellen Wirkung, wenn an einer Druckpresse zum Schutz der Arbeiter mittels sofortigen Anhaltens der Maschine eine Muffe mit konischen Gleitflächen angebracht war, die bei der einen Presse zur Auslösung der Tätigkeit gesonderter, entferntliegender Bremsvorrichtungen bestimmt war, bei der anderen aber selbst bremste, indem sie sich mit ihren Gleitflächen gegen rotierende Teile der Maschine legt (IndR Jahrg. 8 S. 206 Sp. 2). — Auf diesem Standpunkt steht die auswärtige Rechtsprechung noch heute (vgl. die unten angeführte Stelle aus **Walker**). — Fehlte es daran, daß das Ersatzmittel (nicht nur im Endresultat, sondern auch) in der Art und Weise, wie seine Kraftäußerung benutzt wurde, gleich wirkte, so wurde also die Äquivalenz verneint. Die Rechtsprechung der letzten 15 Jahre hat jedoch dieses Moment mehrfach außer acht gelassen und das alleinige Gewicht auf die Gleichheit der Endwirkung gelegt. Natürlich konnte das nicht etwa dahin führen, daß man nur in Betracht zog, ob gleichgestaltete und gleichwirkende Mittel überhaupt vorhanden waren; in gewissem Umfange mußte die Art ihrer Wirkung, besonders die Art des Zusammenwirkens

mehrerer Mittel in Rücksicht gezogen werden. „Es kommt nicht darauf an, ob beide Patente sich der drei Mittel — Nutzstrom, Transformator und Spannungsunterschied — überhaupt bedienen, sondern allein darauf, in welcher Weise die drei Mittel zur Erreichung des Erfindungszwecks verwendet werden. Darin besteht zwischen den beiden Patenten aber keine Ähnlichkeit (Urt vom 27. 1. 26, I 55/1925). Bei der großen Mehrzahl aller elektrischen Vorrichtungen sind immer wieder dieselben Einzelmittel vorhanden, Spulen, Kondensatoren, Schalter usw. In solchen Fällen liegt auf der Hand, daß es für die Gleichheit oder Abweichung der Gesamtvorrichtung allein darauf ankommt, in welchem Zusammenhang die Einzelmittel gebracht werden, ob sie also die „gleiche funktionelle Bedeutung" haben. Aber in manchen anderen Fällen ist entgegen den beiden oben angeführten Beispielen in der neueren Rechtsprechung der Art der funktionellen Wirkung der Mittel keine Bedeutung beigelegt worden.

Gegen diese Anschauung ist lebhafter Widerspruch erhoben worden von L. Fischer, dem Leiter eines der größten deutschen Patentbureaus, GewR 29 (1924), 114 Sp. 1: heute dehnen die Gerichte bei der Auslegung von Patenten vielfach auch den Begriff der Äquivalenz so weit, daß schließlich eine Anordnung noch als äquivalent und geschützt erscheint, die das Wesen des im Patentanspruch Definierten ganz und gar ändert und weit außerhalb seiner Grenze liegt. — Gewisse Änderungen in der neuesten Rechtsprechung des Reichsgerichts sind zum Schlusse dieser Anmerkung angeführt.

Die vorstehend dargelegten Grundsätze sind in früheren Urteilen des Reichsgerichts häufig zusammengefaßt in die Worte: Äquivalenz verlangt, daß im wesentlichen dieselben Mittel zum selben Zweck mit annähernd gleichem Erfolge benutzt werden, z. B. I 213/1901, Urt vom 6. 11. 01.

3. Nach der herrschenden Rechtsprechung fallen im allgemeinen auch solche Ersatzmittel in den Schutzbereich des Patents, die **verbesserte oder verschlechterte Wirkung** hervorbringen; Äquivalenz wird dadurch nicht gehindert. Der Grund ist oben A 20 dargelegt. Der Kernpunkt dieser Überlegungen ist auch hier nochmals zu wiederholen: bessere und schlechtere Wirkungen sind nur Folgeerscheinungen, nämlich Folgen der anderen Gestaltung der Vorrichtungen, des Verfahrens, oder der Betriebsart usw. Für die Beurteilung kommt es nicht auf jene Folgen an, sondern auf ihre Ursachen, also auf die Gestaltung, die Betriebsart, mit anderen Worten auf die technische Anweisung des Patents. Bessere oder schlechtere Wirkung dient nur als adminikulierendes Beweismoment. Dies hat jedoch nach beiden Richtungen seine Grenzen, wie A 38 schon dargelegt. Qualitativ andere Wirkung hindert die Äquivalenz. Ebenso ist **sehr** erheblich bessere oder **sehr** erheblich schlechtere Wirkung nicht mehr mit dem Begriffe der Äquivalenz verträglich; Beispiele A 38. Hier ist zu erörtern, wie die Rechtsprechung sich gegenüber geringeren Abweichungen verhalten hat. Grundsätze lassen sich nicht angeben; die Rechtsprechung schwankt. Bei geringfügigen Verschlechterungen wird in der Regel Äquivalenz angenommen, denn die Geringfügigkeit zeigt, daß sie nur auf äußeren Momenten beruht, daß der Inhalt der technischen Anweisung nicht davon ergriffen wird. Die Beispiele sind zahllos, etwa Blatt 18 (1912), 159 Sp. 1. Ausnahmsweise abweichend MuW Jahrg. 25 S. 174 Sp. 2: wenn der Erfolg allein das Moment abgeben soll, die Gleichwertigkeit der (beanstandeten) Maschine zu begründen, dann darf nicht damit operiert werden, daß der Erfolg nicht im Umfange des Optimums nach dem Patent erreichbar zu sein brauche, sondern auch ein geringerer sein könne. Verzichtet jemand auf den Erfolg einer gleich guten Wirkung, dann kann nicht mehr davon gesprochen werden, daß er mit seiner Konstruktion etwas Äquivalentes mache. — Anders vielfach bei Verbesserungen. Zwar Blatt 17 (1911), 311: es ist unbedenklich, ... den (neuen) Preßkörper bei allen ihm zukommenden Vorzügen für ein patentrechtlich äquivalentes Mittel zur Herstellung des gleichmäßigen Seidenglanzes zu erklären. Der Widerspruch der Revision beruht auf dem nicht haltbaren Gedanken, daß jede Verbesserung des Erfolgs den Tatbestand der Verletzung ausschließe. Aber Bolze Bd. 19 Nr. 124: dem Kläger ist nur eine Ausführungsform geschützt, gegenüber der die der Beklagten technisch vollkommener und deshalb nicht als äquivalent anzusehen ist. — Urt vom 13. 3. 20, I 144/1919: es handelt sich nicht, wie der Gutachter anzunehmen scheint, um den bloßen Ersatz durch ein Äquivalent, sondern um eine im Hinblick auf die erzielbare wesentliche Vereinfachung und Verbilligung graduell wertvolle Abweichung, durch die die Übertragung der Wechselräderanordnung ... auf eine Drehbank ... für die Technik einen nennenswerten Fortschritt brachte (Gebrauchsmustersache). — Wenn man die Tatbestände miteinander vergleicht, so wird man nicht finden, daß in den beiden letzten Fällen der Fortschritt sehr viel größer war als in dem ersten. Das zeigt, daß gerade bei Verbesserungen vieles vom Ermessen abhängig ist. Wie erwähnt, bei Verbesserungen wird viel häufiger eine Überschreitung der Äquivalenz angenommen, als bei Verschlechterungen.

4. Ob das **Äquivalent als solches** zur Zeit der Anmeldung der patentierten Erfindung **bekannt** war, darauf hat die deutsche Rechtsprechung keinen Wert gelegt. Es finden sich deshalb nur wenige Urteile zu diesem Punkte. Das folgende sei angeführt. 170788 will Gegen-

stände gegen Hitze und chemische Reagenzien widerstandsfähig machen durch Überziehen mit chinesischem Holzöl und darauffolgendes Erhitzen. Das Patent des Beklagten 217026 will einen isolierenden Überzug auf Gegenständen durch Überziehen mit Stearinpech herstellen. Der Inhaber des älteren Patents beantragte Vernichtung des jüngeren wegen Identität. Das Reichsgericht äußerte, Identität würde gegeben sein, wenn das Stearinpech technisch identisch wäre. Entscheidend sei der Stand der Technik (gemeint wird sein: der Erkenntnis) zur Zeit der Anmeldung des angefochtenen Patents. Solche Kenntnis habe damals nicht bestanden. Erst der Erfinder des angefochtenen Patents habe ermittelt, daß unter den verschiedenen Arten von Stearinpech sich eine einzelne Art finde, die sich beim Erhitzen in eine elastische . . . Masse verwandle. Stearinpech sei also nicht als Ersatzmittel von Stearinpech bekannt gewesen, so daß keine Identität vorliege (Urt vom 15. 1. 13, I 384/1912). Es handelte sich zwar nur um eine Identitätsklage. Die Ausdrucksweise zeigt aber, daß auch Äquivalenz geleugnet werden sollte.

5. Verfolgt die zweite Erfindung in der Hauptsache einen anderen Zweck, als ein früheres Patent, und tritt eine Gleichwirkung nur nebenbei und in einem praktisch nicht in Betracht kommenden Grade ein, so liegt nach der deutschen Rechtsprechung (und der aller übrigen Länder) keine Verletzung vor, Blatt 17 (1911), 15. Ob man hier nun sagen will, die Mittel sind, soweit sie die (nicht in Betracht kommende) Gleichwirkung ausüben, äquivalent, ist wiederum Sache der Nomenklatur.

6. Nach der herrschenden Rechtsprechung, der das Schrifttum überwiegend zustimmt, kann die Erstreckung des Schutzbereichs nicht auf solche äquivalente Ausführungsformen der Erfindung stattfinden, die an sich und in ihrer Äquivalenzeigenschaft vorher bereits bekannt waren, sog. enge oder einschränkende Patentauslegung. Alles Nähere ist hierüber bereits in A 46, 50 gesagt.

7. Aus allem Vorstehenden ergibt sich, daß Schwierigkeiten nur hinsichtlich der Behandlung der patentrechtlichen Äquivalente auftreten, und zwar in der Richtung, wieweit deren „funktionelle Bedeutung" zu berücksichtigen ist. Hierfür sei noch aus der neuesten Auflage von **Walker** (Nordamerika) §§ 352ff angeführt: der Umstand, daß ein Ding dieselbe Funktion ausübt, wie ein anderes, ist zwar notwendig, aber für sich allein nicht genügend, um Äquivalenz annehmen zu können . . . Ein Ersatzmittel muß, um als Äquivalent zu gelten, seine Funktion in einer im wesentlichen gleichen Wirkungsweise ausüben, wie das Original. Diese Gleichheit der Wirkungsweise ist nicht notwendig eine theoretisch wissenschaftliche Gleichheit. Im wissenschaftlichen Sinne wirkt eine Schraube immer in einer wesentlich anderen Weise als ein Hebel und in wesentlich gleicher Weise wie ein Keil. Schrauben und Keile sind gleicherweise schiefe Ebenen, während ein Hebel eine ganz andere „Elementarkraft" ist. Dennoch können Schrauben und Hebel viel häufiger gegeneinander getauscht werden, als Schrauben und Keile. Wenn eine Schraube und ein Hebel ausgetauscht werden und dieselbe Funktion mit einem gleichen Endergebnis ausüben, dann sagt man, daß sie dieselbe Funktion in einer wesentlich gleichen Wirkungsweise verrichten. — Es wird sich nicht sagen lassen, daß die verlangte Gleichheit der Wirkungsweise damit in scharfer Weise umschrieben ist. Aber soviel ist deutlich: es wird eine gewisse — wie wir mit einem gleichfalls nicht übermäßig klaren Ausdruck zu sagen pflegen — technologische Ähnlichkeit der beiden Mittel gefordert, damit sie als Äquivalente gelten können.

Gedanken, die sich in der gleichen Richtung bewegen, sind neuerdings in der deutschen Rechtsprechung hervorgetreten. RG 119, 70: im Urt vom 9. 12. 16 heißt es, . . . der Schutz erstrecke sich im Zweifel auch auf gleichwertige Mittel, und nur, wenn sie vorbekannt seien, entstehe die Frage, ob das Patent auf den unmittelbar beschriebenen Gegenstand zu beschränken sei . . . Dieser Grundsatz könne fernerhin nicht mehr vollinhaltlich aufrechterhalten werden . . . Ist die Aufgabe schon vielfach und mit vielerlei Mitteln gelöst worden und zeigt der Erfinder nun ein neues Mittel, das eine bessere Lösung verspricht, . . . so wird es oft als eine durch nichts begründete Bevorzugung zum Schaden der Allgemeinheit erscheinen, wollte man ihm ausschließlich die Benutzung von Mitteln vorbehalten, die mit den von ihm vorgeschlagenen Mitteln, abgesehen davon, daß sie zu dem gleichen Ziele führen, wenig oder nichts gemein haben, dagegen vorbekannten Mitteln nahestehen. Dann kann es vorkommen, daß mehrere, die nacheinander verschiedene gleichwertige Mittel zur Lösung derselben Aufgabe offenbaren, einen voneinander unabhängigen Patentschutz genießen. Es läßt sich nicht sagen, daß dadurch das ältere Patent praktisch aller Wirksamkeit entkleidet werde; es wird damit vielmehr nur auf seine wahre Bedeutung zurückgeführt. Eine Überholung durch nachfolgende bessere Erfindungen droht jedem Patent. — Gleiche Gedanken finden sich in einem Urt vom 27. 6. 28, I 10/1928: Wie der Senat bereits ausgeführt hat, erstreckt sich der Patentschutz nicht stets auf alle gleichwertigen Mittel, sondern es muß bei der Frage, ob und inwieweit dies der Fall ist, auf das Verdienst Rücksicht genommen werden, das sich der Erfinder um die Förderung der Technik erworben hat. Dieses

Verdienst besteht hier nach der Annahme des Kammergerichts nicht darin, daß er gezeigt hat, wie man unter Verwendung einer geringen Metallmenge eine brauchbare Gußmasse erhalten kann. Sein Verdienst besteht vielmehr nur in der Bekanntgabe eines bisher wertlosen, bei der Reinigung von Gußstücken verbleibenden Abfalls als eines zur Verwendung für eine Schwefelgußmasse ... geeigneten Stoffes. Unter solchen Umständen erstreckt sich der Schutzumfang seines Patents nicht auf einen Stoff, der in einem anderen Zweige der Industrie abfällt ... und von anderer chemischer und physikalischer Beschaffenheit ist. — In diesen Urteilen ist zum erstenmal mit Bestimmtheit der Gedanke vertreten worden, daß der Schutzumfang von Patenten nicht schematisch auf das ganze von anderen Patenten noch freigelassene Gebiet zu erstrecken ist, soweit dies logisch nach dem Inhalte des Patents überhaupt noch einigermaßen möglich erscheint, sondern daß es für die Weite des Schutzbereichs entscheidend darauf ankommt, wie wertvoll und verdienstlich die neue Lehre des Patents für die Allgemeinheit, namentlich für die Förderung der Technik ist. Dieser Kommentar hält das für einen sehr wertvollen Fortschritt der Rechtsprechung. Vgl. darüber unten A 68.

Kombinationen.

Anm. 61. Bei der Auslegung und Bestimmung des Schutzes von **Kombinationen** ist zu unterscheiden zwischen dem Schutze der Kombination selbst und dem Schutz der Elemente.

I. Der Schutz der Kombination selbst (für deren Begriff vgl. § 1 A 114ff) bemißt sich nach dem sog. Kombinationsgedanken. Kombinationsgedanke ist die Regel, mehrere Elemente von gerade denjenigen Funktionen, die sich aus der Erfindung ergeben, zur Erreichung einer bestimmten einheitlichen Wirkung zusammenzufügen (vgl. für das Nähere § 1 A 115ff). Die Kombination wird also verletzt, wenn diese Regel, das Gesetz der Kombination, benutzt wird. Blatt 5 (1899), 34: richtig ist, daß ein Kombinationspatent auch dann verletzt wird, wenn die unberechtigte Nachbildung sich zwar nicht auf die Gesamtheit aller zusammengefügten Teile erstreckt, dennoch aber das Wesen der Kombination als solcher nachgebildet ist; dagegen kann, wenn nur die Kombination geschützt ist, die einzelnen Teile aber, weil schon vorbekannt, nicht unter Schutz gestellt sind, die Nachbildung eines einzelnen Teiles keine Patentverletzung enthalten, gleichviel welche Rolle der einzelne Teil in der Kombination spielt (d. h. Verletzung liegt nicht vor, wenn der vorbekannte Teil allein nachgebildet ist, sollte er auch etwa in der Kombination der wesentlichste Teil sein). Die Nachbildung eines einzelnen Elements kann naturgemäß nie den Kombinationsgedanken verletzen. — JW 1908, 437, Wabenpapier: trotz Bestehens wesentlicher Unterschiede in dem Verfahren des Beklagten und trotz wesentlicher Zutaten sei der Gedanke des „Zusammenwirkens" der Verfahrensteile und der Arbeitsmittel des Patents benutzt. — Ähnlich JW 1896, 643. — 108477 schützte eine Kombination, ein Gefäß zur Aufnahme von explosibeln Flüssigkeiten, das bei eintretender Explosion durch die Explosionsgase nicht gesprengt werden sollte. Drei Elemente waren kombiniert, 1. Anbringung eines Siebzylinders, 2. ..., 3. Anbringung eines Kegelventils, das den Gasen Auslaß gewähren sollte. Festgestellt wurde, daß die Unterkombination aus 1 und 3 erfinderisch neu und deshalb geschützt sei. Der Beklagte brachte an Stelle des Siebzylinders eine ähnliche Vorrichtung und an Stelle des Ventils eine Öffnung an, die mit Weichlot zugeschmolzen war; das Lot sollte in der Explosionshitze schmelzen und den Gasen Auslaß gewähren. Beide Ersatzmittel wurden als patentrechtlich äquivalent bezeichnet; die Unterkombination wurde als verletzt angesehen (da der Kombinationsgedanke benutzt sei), trotzdem beide Elemente ersetzt waren (Mitt 1913, 157). Geschützt ist eine Lafette mit U-förmigem Oberteil. Sie und die Nachbildungen gehen von verschiedenen Grundlagen der Bauart aus; daraus folgt schon, daß die Art der Panzerung nicht nach den gleichen technischen Gesichtspunkten bestimmt werden kann; also nicht derselbe Kombinationsgedanke (besonders klares Urteil), MuW Jahrg. 8 S. 84f.

Unter welchen Umständen zieht die Änderung in den Elementen eine Änderung des Kombinationsgedankens nach sich? Alle Nachbildungen einer Kombination bestehen darin, daß entweder ein Teil fortgelassen, oder ein Teil hinzugesetzt, oder ein Teil durch ein anderes Element ersetzt ist (§ 4 A 20). In England und Nordamerika nimmt man an, daß der Ersatz eines Elements durch sein Äquivalent den Charakter der Kombination, also den Kombinationsgedanken nicht stört, mithin die patentierte Kombination verletzt. Auch der Zusatz eines Elements braucht nach dortiger Anschauung den Charakter der Kombination nicht notwendig abzuändern; es ist möglich, daß der Kombinationsgedanke erhalten bleibt und nur eine zusätzliche Vermehrung erfährt. Das Fortlassen eines Elements soll dagegen die Identität der Kombination aufheben; wenn der Erfinder angibt, daß er zur Erreichung einer gewünschten Wirkung drei Elemente braucht, und der Gegner nur zwei braucht, so nimmt man an, daß seine Kombination ihrem Wesen nach anders ist. Diese Gedanken haben in Deutschland keinen Eingang gefunden. Man hat sich nicht auf derartige schematische Regeln festgelegt, sondern betrachtet, wie die angeführten Urteile zeigen, die Kombinationen als Ganzes miteinander und beurteilt, ob sie ihrem Wesen nach gleich sind oder nicht. Dafür ist häufig ausschlaggebend, ob gerade die bedeutungsvollsten Elemente nachgeahmt sind. Zwar gibt es bei Kombinationen keine Elemente, die „unwesentlich" sind (anders als bei „Teilen", A 21); alle Elemente müssen zum Erfolge beitragen, sonst gehören sie nicht zur Kombination, also sind alle wesentlich. Das hindert aber nicht, daß gewisse Elemente bedeutungsvoller sind als andere. Daß die Hinzufügung eines weiteren Elements das Wesen einer Kombination sehr häufig nicht verändert, ist in Deutschland anerkannt. Was Auslassungen angeht, so hat das RG Blatt 15 (1909), 306 ausgesprochen, daß es darauf ankommt, welche Bedeutung der ausgelassene Teil im Zusammenhang der Kombination habe. Die Kombination sei ein Ganzes, das, weil es nicht identisch mit der Summe seiner Glieder sei, auch nicht notwendig zerfalle, wenn ein Glied ausgelassen wird. Der Kombinationsgedanke könne trotzdem wirksam bleiben. Vgl. einerseits: GewR 26 (1921), 186 Sp. 1, Herstellung von Ketten aus Lötdraht in einem kombinierten Verfahren; ein Teil, das Brechen, ist ausgelassen, weil nach dem Verfahren des Beklagten unnötig; die wichtigsten Teil sind nachgeahmt; deshalb Verletzung. — Andererseits: MuW Jahrg. 10 S. 149, Holzbalkenzwischendecke; der wesentlichste Teil der patentierten Kombination ist fortgelassen, also keine Verletzung. — Durch den Ersatz eines Elements durch eine andere Vorrichtung wird der Charakter der Kombination in der Regel dann nicht geändert, wenn das Ersatzmittel dieselbe Funktion ausübt. 186688 schützte ein Becherwerk, bei welchem die Becher an den Achsen der Laufrollen pendelnd aufgehängt und die Achsen durch eine Zugkette verbunden sind, so daß die Becher „jeden Punkt im Raume" erreichen können, d. h. daß sie nach rechts und links, sowie nach oben und unten beweglich sind. Dem Gegner war ein ähnliches Becherwerk patentiert, bei welchem die Becher nicht in der geschilderten Weise durch eine Zugkette, sondern durch ein Kreuzgelenk verbunden waren, das dieselbe Bewegungsfreiheit ermöglicht. Außerdem waren andere Unterschiede von geringerer Wichtigkeit vorhanden. Das Reichsgericht hat ausgesprochen: entscheidend für die Bejahung der Verletzung falle ins Gewicht, daß die Vorrichtung des Gegners dieselbe funktionelle Bedeutung habe, wie die Kombination des erstgenannten Patents (IndR Jahrg. 10 S. 174). — Andererseits: geschützt war eine Lafette, an welcher Schutzbleche zum Schutz gegen Einbeulungen angebracht waren. Die Bauart des Beklagten wies andersartige Bleche auf, die nach ihrer Anordnung Einbeulungen nicht zu verhindern brauchten und nicht verhindern sollten. Das Reichsgericht leugnete Identität des Kombinationsgedankens und fügte hinzu, es liege keine äquivalente Nachbildung und keine Verletzung vor, da die konstruktiven Teile des Beklagten ... nicht die ihnen im Rahmen der geschützten Kombination zukommende Funktion ausüben könnten (MuW Jahrg. 8 S 84). — Entscheidend ist also, daß das Ersatzelement dieselbe Funktion ausübt, wie das ersetzte, mit anderen Worten, daß es ihm in Wirkungsweise und Anwendungsart äquivalent ist. Vgl. hierfür die nächste Anmerkung unter f 1 und weiter JW 1891, 19: das Äquivalent in einer Kombination muß in derselben Weise wirken. Das Lösungsprinzip muß dasselbe bleiben, andernfalls ist die Identität des Kombinationsgedankens nicht gewahrt. — Ist die Wirkung eine beträchtlich bessere, so ist gleichfalls jene Identität nicht vorhanden. I 463/1897, Urt vom 26. 3. 98: in jedem einzelnen Falle ist zu prüfen, ob diese Gestaltung (einer Kombination) durch eine andere äquivalente Gestaltung ohne neuen technischen Effekt ersetzt ist. — Zu bemerken ist, daß alles dies auch dann gilt, wenn die geschützte Kombination aus lauter bekannten Elementen besteht; auch dann kann der Kombinationsgedanke bestehenbleiben, trotzdem einzelne Elemente durch ihre Äquivalente ersetzt werden (MuW Jahrg. 27/28 S. 126 Sp. 2 unten; JW 1896, 643 Sp. 1; scharf entgegengesetzt freilich RG JW 1885, 299 Ziff. 9 a. E.).

In seltenen Fällen kann die Identität des Kombinationsgedankens schon dadurch aufgehoben werden, daß ein Element durch sein technisches Äquivalent ersetzt wird, namentlich dann, wenn dieses eine erheblich bessere Wirkung hervorbringt, JW 1900, 554, auch Blatt 6 (1900) 277.

II. **Schutz der Elemente einer Kombination,** vielfach Teilschutz genannt. Die Kombination wird, wenn sie als solche erfinderisch neu ist, also der Kombinationsgedanke neu ist, unter Schutz gestellt, einerlei ob die einzelnen Elemente neu oder alt sind. Außerdem genießen durch das Kombinationspatent aber auch diejenigen Elemente, die an sich erfinderisch neu sind, gesonderten Schutz, ohne daß dieser Schutz ausdrücklich beantragt oder gewährt zu sein braucht. Bloße Neuheit allein genügt nicht. Vielfach wird gelehrt, Voraussetzung sei, daß das Element alle diejenigen Erfordernisse erfülle, die in §§ 1 und 2 für die Patentfähigkeit aufgestellt sind. Es wird sich im weiteren Verlaufe ergeben, daß das nicht streng richtig ist; die Elemente müssen erfinderisch sein, sie brauchen aber keine vollen selbständigen Erfindungen zu sein. **Anm. 62.**

a) Historisches. Jene Regel ist wie folgt entstanden. Man empfand es von Anfang an als ungerecht, eine patentierte Erfindung, die in einzelnen Richtungen oder Teilen neu war, nur dann als verletzt anzusehen, wenn sie in allen Teilen nachgeahmt war. Schon in einem Urt vom 22. 2. 86 heißt es ohne weitere Begründung kurz: es ist ein rechtsirrtümlicher Satz, daß ein für die originelle Kombination mehrerer konstruktiver Faktoren zu einem . . . maschinell wirkenden Ganzen erteiltes Patent dadurch gar nicht verletzt werden könne, daß diese Konstruktion nur teilweise nachgeahmt werde. — Dem Urteile lag folgender Tatbestand zugrunde. Patentiert war: an einer Formmaschine für Lagerkasten . . . die Anordnung eines Kernhalters, der auf dem Boden des Kernkastens aufliegt, mit dem Stege des Kernkastens verbunden ist und erst nach der Drehung der Form . . . abgenommen wird. Bei der Verletzungsform des Beklagten war die Verbindung zwischen Kernhalter und Steg anders, auch wurde die Drehung der Form anders vorgenommen. Es lag also der typische Fall einer teilweisen Nachahmung vor. In gleichem Sinne Rosenthal, Patentgesetz, 1881: der Schutz erstreckt sich auf alle Teile des Gegenstandes der Erfindung, sofern dieselben an und für sich einen Bestandteil der Erfindung bilden. — Bald darauf erfolgte die Anwendung derselben Regel auf Kombinationserfindungen. (Über den Unterschied zwischen Teilen eines erfinderischen Gegenstandes und Elementen einer Kombination vgl. § 4 A 21.) Unsere Regel ist für Kombinationen, soweit ersichtlich, zum erstenmal bewußt ausgesprochen worden 1890 in dem Urt Bolze Bd. 11 Nr. 92: bei Kombinationspatenten können auch abweichende Konstruktionen eine Verletzung darstellen . . . Es kommt darauf an, 1. ob nicht einzelne Elemente für sich betrachtet neu sind und eine Erfindung darstellen; 2. ob die Idee (der Kombinationsgedanke) nicht auch der abweichenden Konstruktion zugrunde liegt. — Schon in dem Urteil, teilweise abgedruckt bei Bolze Bd. 9 Nr. 95, wurde weiter dargelegt: bei Patenten auf Maschinen usw. sind auch die einzelnen neuen Teile geschützt, ohne daß ein Anspruch auf diesen Schutz gerichtet ist. Es handelte sich um ein Patent auf Schlagleisten, die mit Leder überzogen und dreikantig gestaltet waren. Die Lederbekleidung war nachgemacht, die Gestaltung dagegen nicht. Das Reichsgericht sagte, an und für sich könne auch in der Nachahmung nur der Lederbekleidung eine Verletzung liegen; aber diese sei zwar neu, jedoch nicht erfinderisch, deshalb sei sie nicht an sich geschützt. Diese Grundsätze sind dann vom Reichsgericht stets weiter befolgt worden, während das Patentamt anfänglich eine Verletzung nur durch Nachahmung des ganzen Gebildes anerkennen wollte. In der Rechtsprechung ist längere Zeit hindurch betont worden, daß der Elementenschutz nur dann eine Nachbildung ergreife, wenn in dieser das Element in der gleichen „funktionellen Bedeutung" angewandt sei, wie in der Kombination, vgl. § 4 A 60 2 u. 7. Diese Auffassung ist vielfach getadelt worden. Trotzdem ist sie für diejenigen Fälle, für die sie gemeint war, zutreffend, wie sich unten bei d ergeben wird.

b) Schutz der Elemente ist nicht möglich, wenn der Schutz im Erteilungsverfahren oder im Nichtigkeitsverfahren versagt ist. Für das Erteilungsverfahren erforderte das Reichsgericht früher, daß die Versagung durch den Tenor eines Beschlusses erfolgt sei, so noch GewR 21 (1916), 26 Sp. 1. Dies Erfordernis ist jetzt aufgegeben; es genügt, wenn die Versagung in der Begründung eines Beschlusses, durch einen Zwischenbescheid oder in anderer Form erfolgt ist. Sie muß aber klar und unzweideutig sein. Es genügt auch, wenn der Prüfer erklärt hatte, daß der Schutz nicht „gewährbar" sei und der Anmelder sich dem gefügt hat, indem er etwa einen Anspruch hat fallen lassen oder andere Ansprüche eingereicht hat oder die Beschreibung abgeändert hat. Für alles dieses vgl. A 41 f und weiter hauptsächlich folgende Entscheidungen: MuW Jahrg. 25 S. 45, 119; GewR 30 (1925), 243. — Blatt 31 (1925), 219 sind zwei Urteile gegenübergestellt, die den Wechsel der Anschauungen zeigen.

Ist die Beschränkung, die der Prüfer für notwendig erachtet, in der Patentbeschreibung zum Ausdruck gekommen, so ist die Lage allemal zweifellos: bei der Erteilung des Patents 299328, Einrichtung zum Abhören der Zeichen der drahtlosen Signalübertragung, hatte der Prüfer erklärt, nur die Kombination dreier Elemente sei schutzfähig, und hatte darauf bestanden, daß in der Beschreibung ausgesprochen werde, daß nur für diese Kombination Schutz erbeten werde. Das Reichsgericht hat darauf abgelehnt, im Verletzungsprozesse die Möglichkeit des Schutzes zweier von jenen drei Elementen in Rücksicht zu ziehen, GewR 33 (1928), 385.

Um andererseits die Elemente als geschützt ansehen zu können, ist nicht erforderlich, daß ein dahingehender positiver Wille des Anmelders erkennbar ist. Auch ein Wille des Patentamts braucht nicht vorzuliegen, wie mehrfach ausgesprochen ist. Ein solcher kann übrigens auch gar nicht vorliegen, da das Patentamt gemäß seiner Entscheidung Blatt 19 (1913), 296 stets ablehnt, die Elemente zu beliebiger Verwendung in dem auf die Kombination erteilten Patent gleichzeitig zu schützen. Es wird also ohne Rücksicht darauf, was der Anmelder anmelden und was das Patentamt schützen wollte, vielmehr nur nach objektiver Beurteilung der Kombinationselemente diesen im Verletzungsstreite Schutz zugebilligt oder versagt. Die angegebenen Grundsätze sind seit langem in vielen Urteilen entwickelt, z. B. GewR 14 (1909), 174; IndR Jahrg. 11 S. 124.

Im Nichtigkeitsverfahren kommt eine Versagung des Schutzes der Elemente nur selten vor; der Elementenschutz wird hier in der Regel nicht geprüft, auch nicht wenn das

Patentamt auf ein Element (zur Verwendung in dieser Kombination!) durch einen Unteranspruch Schutz gewährt hatte (§ 10 A 5). Es kann aber vorkommen, daß im Nichtigkeitsverfahren festgestellt wird, ein bestimmtes Element sei gar nicht Teil der Kombination, weil es in derselben nutzlos sei; das ist für den Verletzungsstreit bindend, GewR 21 (1916), 27 Sp. 1.

In dem Urt Mitt 1913, 159 hat das Reichsgericht freilich angenommen, daß ein Element, das zwar vernichtet ist, in Wahrheit aber patentfähig war, trotz der Vernichtung doch noch dazu dienen kann, die Patentfähigkeit der Kombination, in der es ursprünglich geschützt war, zu begründen. Die Berechtigung dieser Auffassung dürfte nicht unzweifelhaft sein.

c) Auch wenn der Schutz der Elemente nicht ausdrücklich versagt ist, kann er doch unzulässig sein. Das ist dann der Fall, wenn das Element bereits bekannt war, wie selbstverständlich. Es ist aber auch dann der Fall, wenn es Teil einer bereits patentierten und vorveröffentlichten Kombination ist und in dieser schon Elementenschutz genießt. Ebenso und unter derselben Voraussetzung auch dann gemäß § 3, wenn es Teil einer Kombination ist, auf die ein zwar nicht vorveröffentlichtes, aber doch früher angemeldetes Patent gewährt ist (vgl. § 3 A 17).

d) Wenn der Elementenschutz weder versagt, noch formell unzulässig ist, so kommt es darauf an, ob das Element an sich neu ist, d. h. ob seine Bauart, Gestaltung oder deren Wirkung neu ist, oder ob es an sich bekannt und nur in der Verwendung in der vorliegenden Kombination und Maschinenart neu ist. In letzterem Falle ist selbständiger Elementenschutz zu beliebiger Verwendung natürlich unmöglich. Wenn in einer bestimmten Maschine zum erstenmal eine Kreuzgelenkkuppelung in Kombination mit anderen Vorrichtungen angewandt wird, so ist selbstverständlich das Kreuzgelenk, das bereits bekannt ist, nicht auch für die Anwendung in ganz anderen Kombinationen und ganz anderen Maschinen geschützt. Allerdings kann in Frage kommen, ob seine Verwendung in ähnlichen Maschinen derselben Art geschützt ist. Das hat aber im Grunde, wie zutage liegt, mit Elementenschutz nichts zu tun, sondern regelt sich nach der Gleichheit des Kombinationsgedankens. Die ähnliche Maschine gleicher Art fällt unter das Patent, nicht weil sie dasselbe eine Element enthält — das würde vielmehr gar nichts besagen — sondern weil und soweit sie auf demselben Kombinationsgedanken beruht, wofür allerdings unter Umständen die Benutzung desselben Elements, wenn dies einen sehr wesentlichen Teil der patentierten Kombination bildet, mit beweisend sein kann. Die Frage nach dem selbständigen Schutze eines Elements zu beliebiger Verwendung kann sich also nur bei Elementen erheben, die an sich, nach ihrer Ausgestaltung, neu sind und nicht nur in ihrer Verwendung in der geschützten Kombination oder in der vorliegenden Maschine neu sind.

e) Alles Vorstehende wird keinen ernstlichen Zweifeln unterliegen können. Jetzt ist auf Erörterungen einzugehen, deren Berechtigung nicht anerkannt ist. Vielfach wird gelehrt, alle an sich neuen Elemente genössen Schutz zu jeder beliebigen Verwendung, also auch zur Verwendung in einer ganz anderen Kombination oder zu selbständiger Anwendung. Das ist aber nicht richtig. Es ist zu unterscheiden. Der springende Punkt liegt in folgendem. Elemente, die selbständigen Gebrauchswert, „Eigenwert", haben, genießen unbeschränkten Schutz; sie sind volle Erfindungen. Alle übrigen Elemente genießen, auch wenn sie neu sind, nur beschränkten Schutz, beschränkt auf ähnliche Kombinationen, auf Vorrichtungen oder Maschinen derselben Art und Gattung. — Über die genannte Unterscheidung vgl. § 1 A 122; § 20. Aufgabe des Nachstehenden ist der Nachweis, daß diese Sätze in der deutschen Rechtsprechung befolgt werden, wenn auch vielleicht nicht immer mit klarem Bewußtsein.

Neue Elemente, die eigenen Gebrauchswert haben, werden zu beliebiger Verwendung geschützt, z. B. ein neues Ventil, ein Weberschiffchen, ein automatischer Stromregler, eine Vorrichtung zum Vorrücken des zu bearbeitenden Werkstücks. Jede beliebige Verwendung des Stromreglers ist dem Patentinhaber vorbehalten. Kombinationspatente mit solchen Elementen sind selten. Man wird nicht leicht das Ventil in Kombination mit einer bestimmten Gasmaschine, das Weberschiffchen mit einem bestimmten Webstuhl, den Stromregler mit dem Dynamo oder der Arbeitsmaschine patentieren lassen und so von vornherein Zweifel über den Schutzumfang in das Patent hineintragen. Alle diese Vorrichtungen könnten durch selbständiges Sachpatent geschützt werden. Es steht also nichts im Wege, ihnen den gleichen Schutz zuteil werden zu lassen, wenn sie neu sind und mit einer anderen Vorrichtung kombiniert patentiert sein sollten. Mitt 1927, 77 findet sich eine patentierte Kombination angeführt, die aus vier Elementen mit selbständigem Eigenwert besteht: Vorverdichtungspumpe, Viertaktverbrennungsmaschine, Behälter zur Aufnahme der teilweise entspannten Gase, Dehnungsmaschine. Die Art der Patentierung rührt daher, daß in diesem Falle alle vier Elemente alt waren.

Auf dem entgegengesetzten Ende stehen Elemente, die überhaupt keinen selbständigen Schutz (außerhalb der bestimmten Kombination) genießen, weil sie außerhalb der Kombination zu nichts zu gebrauchen sind. Darunter gibt es Erfindungen ersten Ranges. Eine Verstärkerröhre besteht aus der Kombination zweier Schwingungskreise. Der Gitterkreis ist weiter nichts als ein Drahtkreis, in den ein Gitter (oder eine Spirale) eingefügt ist. Eine Verwendung außerhalb der Röhre ist nicht gegeben und nicht erfinderisch; selbständiger Schutz kommt nicht in Frage. — 405349 schützt eine Maschine zum Schneiden von Kegelrädern ... gekennzeichnet (gemäß der Feststellung des Berufungsurteils) durch die Kombination 1. einer gemeinsam bewirkten Abwälzung (Fortschaltung) von Werkzeug und Werkstück und 2. einer pendelnden Bewegung des Werkzeugstahls. — Sollte eins der beiden Elemente neu sein (im Nichtigkeitsurteil ist nur festgestellt, daß die Kombination neu ist), so ist klar, daß das Element nur für eine Maschine wie die patentierte verwandt werden kann, so daß ein selbständiger Schutz auch hier nach der Natur der Erfindung nicht in Frage kommt (I 318/1926, Urt vom 1. 2. 28). — Die Ausführungen dieses Absatzes enthalten nur einen tatsächlichen Hinweis; sollte für eins der genannten Elemente entgegen der Annahme eine andere Verwendung gefunden werden, so tritt die in den folgenden Ausführungen angezeigte Beurteilung ein.

f) Zwischen diesen beiden Extremen liegt die große Masse der Kombinationserfindungen. Diese setzt der Beurteilung des Elementenschutzes manches Mal erhebliche Schwierigkeiten entgegen. Es ist daran zu erinnern, daß die Kombinationen, bei denen die Elemente nicht an sich neu, sondern nur in ihrer Verwendung gerade in der vorliegenden Vorrichtung neu sind, bereits oben unter d ausgeschieden sind, weil diese einen selbständigen Schutz zu beliebiger Verwendung nicht genießen können; das Charakteristikum der jetzt zu behandelnden Kombinationen besteht also darin, daß die Elemente an sich neu sind, daß sie zwar keine vollständigen Erfindungen mit einer in sich abgeschlossenen Wirkung in dem oben gekennzeichneten Sinne sind, daß aber eine anderweitige Verwendung möglich ist. Um anschaulich zu werden, ein Beispiel. Eine Papierschneidemaschine schneidet eine Papierbahn in schmale Streifen, wie sie für Telegraphenpapier gebraucht werden. Die Papierbahn ist auf einer Walze aufgerollt, wird abgerollt, geschnitten und auf einer zweiten Walze wieder aufgewickelt. Befindet sich auf der ersten Walze nur noch wenig Papier, auf der zweiten demgemäß schon viel, so ist die Peripheriegeschwindigkeit der ersten klein, der zweiten groß, das Papier wird gespannt und zerreißt. Diesem Übelstande will das Patent 300683 abhelfen. Es wendet zwei Mittel in Kombination an; es ordnet zwischen den beiden Walzen eine nachgiebige sog. Reibungskuppelung an und lagert die zweite Walze, gleichfalls in nachgiebiger Weise, in einem Schwunghebel. Die Reibungskupplung ist alt; die Lagerung der Walze in einem Schwunghebel ist neu. Gleichwohl kann die letztere nicht selbständig Schutz zu beliebiger Verwendung genießen. Nachgiebige Lagerung von Walzen ist auch in vielen anderen Maschinen erforderlich, z. B. bei Farbendruckwalzen, bei Walzen zum Mahlen von körnigen Stoffen, um harte Stöße abzuschwächen. Wird in derartigen Maschinen die gleiche Lagerung in einem Schwunghebel vorgenommen, so kann man nicht sagen, daß die Farbendruckmaschine das Patent auf die Papierschneidemaschine verletzt. In solchen Fällen handelt es sich hauptsächlich um Konstruktionselemente oder Maschinenelemente, die nach ihrer Natur unselbständig sind. Sie wandeln z. B. eine einzelne Bewegungsart in eine andere einzelne Bewegungsart um — was man zu allen möglichen Zwecken gebrauchen kann. Sie sind Elemente ohne „markierten Abschluß". Ihr Charakteristikum liegt also (neben ihrer Bauart und ihrer dadurch bedingten Wirkung) ganz wesentlich mit in ihrer Verwendungsart. Das ist der entscheidende Punkt. Für diese, nicht für Elemente, die selbständige, volle Erfindungen sind, hat nun das Reichsgericht in manchen Urteilen die Regel aufgestellt, der Schutz reiche nur so weit, als die Elemente in derselben „funktionellen Bedeutung" verwandt würden. Diese Regel ist mehrfach beanstandet; gleichwohl ist sie richtig, wenn auch den Worten nach nicht erschöpfend. Sie will zweierlei sagen, jedenfalls kommen zweierlei Gesichtspunkte in Betracht, die auseinandergehalten werden müssen.

1. Ist ein neues unselbständiges Element geschützt, so erstreckt sich in der Tat der Schutz nicht auf beliebige Verwendung des Elements, sondern nur auf Verwendung unter Ausübung der gleichen Funktion, die es im Patente ausübt. Übt es in der Nachbildung eine andere Funktion aus, so liegt keine Verletzung vor. Die Regel rechtfertigt sich dadurch, daß dergleichen unvollkommene Teilvorrichtungen in der Regel zu den verschiedensten Zwecken gebraucht werden können, daß deshalb der im Patente angegebene Verwendungszweck der geschützten Erfindung inhärent ist. Das schon erwähnte Patent 95336 schützte an U-förmigen Lafetten mit offener Wiege eine Kombination von Vorkehrungen, die einen vollen Panzerschutz des Bremsmechanismus gewährleisten sollte. Das eine neue Element bestand in Schutzblechen, deren Funktion war, die gleitenden Teile des Mechanismus vor Einbeulungen durch äußere Gewalt zu bewahren. Die Beklagte hatte gleichfalls Schutzbleche angebracht, die aber nach ihrem Material, ihrer Gestaltung und Anbringung gegen Einbeulungen Schutz nicht gewähren sollten und konnten, vielmehr zur Abhaltung von Staub

und Schmutz dienten. Das Reichsgericht leugnete Verletzung, weil die Funktion (Wirkung) der Bleche bei der Beklagten eine andere war — offenbar mit Recht (MuW Jahrg. 8 S. 85). — Geschützt war, zur Reinigung des Kesselwassers im Dampfkessel eine Kombination von terrassenförmigen Becken und einem schrägen in den unteren Teil des Kessels führenden Rohr anzubringen. Der Beklagte hatte in seinem Kessel gleichfalls ein schräges Rohr. Dieses diente aber nicht der Reinigung des Wassers, sondern hatte — wenn überhaupt — eine andere Wirkung. Trotzdem das Rohr der patentierten Vorrichtung neu war, ist wegen der abweichenden Funktionswirkung eine Verletzung verneint (IndR Jahrg. 8 S. 209 Sp. 2 unten). — Ebenso das schon in A 60 2 angeführte Urteil, das vielleicht noch etwas weiter geht. Eine geschützte Vorrichtung an einer Druckpresse zum Schutze der Arbeiter mittels sofortigen Anhaltens der Maschine hat als wichtigen Bestandteil eine Muffe mit konischen Gleitflächen. Eine andere Druckpresse hat gleichfalls eine Muffe mit konischen Gleitflächen. Aber: bei der geschützten Presse dient die Muffe zur Auslösung der Tätigkeit gesonderter, entferntliegender Bremsvorrichtungen; bei der anderen bremst sie selbst, indem sie sich mit ihren konischen Flächen gegen rotierende Teile der Maschine legt, wofür es übrigens nicht darauf ankommt, ob die Flächen konisch oder plan sind. Deshalb verletzt die eine Vorrichtung das Patent auf die andere nicht (IndR Jahrg. 8 S. 206 Sp. 2). Ebenso: 158033 schützt ein Verfahren zur Befestigung von Leitvorrichtungen an Turbinen, dad. gek., daß die Leitapparate nicht mit dem Gehäuse . . . sondern mit eingebauten Körpern verbunden sind, die an möglichst neutralen Stellen befestigt sind . . . Die Wirkung dieser Anordnung ist die: bei der Temperatur des Betriebs dehnen die verschiedenen Teile sich verschieden stark aus. Die stehenden und die bewegten Teile können sich dann gegenseitig hindern. Die Wirkung des Patents ist, daß die Ausdehnungen so geleitet werden und so verlaufen, daß Störungen nicht eintreten. — Das Reichsgericht hat angenommen, daß Verletzung durch eine ganz ähnliche Anordnung nicht erfolge, weil diese funktionell anders wirkt. „Mit Recht konnte vom Berufungsgericht . . . darauf hingewiesen werden, daß die Merkmale der Konstruktion, die, folgerichtig im Sinne des Patents durchgeführt, dessen Bedingungen (?) erfüllen würden, hier einen ganz anderen Zweck haben, nämlich den, . . . die Turbinen möglichst kurz und gedrungen zu halten. — Verletzung ist also verneint, weil eine andere funktionelle Bedeutung der wesentlich gleichen Vorkehrung gegeben war (Urt vom 4. 3. 14, I 217/1913). In anderen zahlreichen Urteilen, in denen es sich um die Äquivalenz der Elemente von Kombinationen handelt, ist immer wieder das Hauptgewicht darauf gelegt, ob in der Nachbildung die Funktion des Elements dieselbe ist. Die Regel von der Gleichheit der funktionellen Bedeutung ist also (in ihrem richtigen Wortsinne) für die hier behandelten unselbständigen Kombinationselemente zutreffend.

2. Es kommt noch eine zweite Einschränkung in Frage, die oben schon angedeutet ist. Unselbständige neue Elemente sind noch in anderem Sinne nicht zu beliebiger Verwendung geschützt, nämlich nicht zur Verwendung in einer ganz anderen Maschinenart. Das rührt daher, daß derartige Elemente nach ihrer Natur, weil sie eben unselbständig sind, in engster Verbindung mit der Vorrichtung stehen, in der sie angewandt sind. Freilich gibt es auch Elemente dieser Kategorie, die schon etwas größere Eigenheit und Selbständigkeit haben und auf dem Wege zu den Vollerfindungen stehen, denen Schutz zu beliebiger Verwendung gebührt. Derart mag die oben erwähnte nachgiebige Lagerung einer Walze in einem Schwunghebel in gewissem Grade sein. Man könnte allenfalls daran denken, daß diese Art der Lagerung schon einen weiteren Schutz verdiente, weil sie sich auch bei gewissen anderen Maschinen anwenden ließe. Das würde aber doch zu weit gehen. Solche neuen unselbständigen Elemente sind immer an den speziellen Verwendungszweck gebunden und ihm angepaßt. Ist an einem Brenner für Leuchtgas das Mundstück neu (die übrigen Teile alt), so läßt das Mundstück sich der Regel nach nicht zum Brennen des stark rußenden Azetylens verwenden, ebensowenig für einen Bunsenbrenner. Ist die Verwendung in einem Ausnahmefall doch möglich, so wird durch die Anwendung in dem anderen Brenner das Patent auf den Leuchtgasbrenner nicht verletzt. Deshalb gilt die Regel: die Verwendung neuer unselbständiger Kombinationselemente ist, auch bei gleicher Funktion, nur für gleichartige Vorrichtungen geschützt. — Diese Regel ist keineswegs allgemein gebilligt. Von einigen Seiten wird sie anerkannt. Tolksdorf, GewR 24 (1919), 117: wenn an einer Schreibmaschine neu erfunden ist, die Schwingbewegung der Taste in die geradlinige Hubbewegung des Farbbandhalters umzuwandeln, so wird das für die Anwendung dieses Bewegungsmechanismus an einer Nähmaschine nicht geschützt; dazu bedürfe es einer erfinderischen Übertragung, die durch das Patent nicht erfaßt werde. Benjamin (MuW Jahrg. 11 S. 109) betont einen ähnlichen Gesichtspunkt für das Verhältnis zwischen Hauptanspruch und Unteranspruch; wer ein neues Konstruktionselement in Verbindung mit einer Maschine anmeldet, könne nicht verlangen, daß es ihm in Verbindung mit einem Photographenapparat geschützt sei. R. Isay (MuW Jahrg. 8 S. 185): es ist völlig angemessen, daß der Erfinder die von ihm gefundene Kombination innerhalb der Aufgabe, die er sich gestellt hat, allein für sich beanspruchen darf . . . Dagegen ist nicht einzu-

sehen, warum er möglicherweise ihm ganz fernliegende Gebiete beherrschen soll, weil zufällig ohne daß er es ahnte, die von ihm gefundene Maßnahme auch noch andere Probleme löst. — Endlich ist darauf hinzuweisen, daß der Ingenieur-Verein anläßlich der Abänderung des Patentgesetzes um 1890 eine Bestimmung vorgeschlagen hat: wenn eine Erfindung aus mehreren Teilen zusammengesetzt ist, die auch einzeln deren Zwecke dienen, so sollen auch die Teile geschützt werden können, jedoch nur mit der Maßgabe, daß ihre Anwendung bei Verfahren oder Vorrichtungen derselben Art geschützt ist. — Man wird danach annehmen müssen, daß die in Rede stehende Beschränkung jedenfalls der Auffassung der technischen Kreise durchaus geläufig ist. — Was heißt nun gleichartige Vorrichtungen? Gemeint sind Vorrichtungen derselben Art, wenigstens derselben Gattung. Hinzuzufügen ist, daß die Anforderungen, die an das Element gestellt werden, dieselben bleiben müssen. — Es ist noch der Nachweis zu erbringen, daß dies auch der Rechtsprechung des Reichsgerichts gemäß ist. Das Reichsgericht ist nicht selten sogar noch weitergegangen und hat den Schutz der Elemente nicht einmal auf alle Vorrichtungen derselben Art ausgedehnt. Um die Zahl der Anführungen nicht zu sehr anschwellen zu lassen, wird nur auf solche Urteile hingewiesen, die eine derartige weitgehende Beschränkung eintreten lassen.

138253 schützt einen rotierenden Feldmagneten, gekennzeichnet durch die Kombination zweier Elemente: 1. die Windungen des Magneten sollen durch Unterteilung und Einlegung in Nuten geschützt werden und 2. der Magnet soll breite massive windungslose Polschuhe haben. Das erste Element war neu, das zweite alt. Die beanstandete Form eines Magneten wies beide Elemente auf, wich aber in anderen Richtungen ab. Das Reichsgericht nahm Verletzung an, erklärte jedoch dabei, die Ausgestaltung nach einem schweizerischen Patente, bei dem das erste Element vorhanden war, aber der Magnet keine windungslosen Polschuhe hatte, würde allerdings nicht verletzen. — Ein Schutz des neuen Elements ist also sogar für eine Vorrichtung verneint, die ganz eng derselben Art angehört — wofern nicht auch das andere (alte) Element vorhanden ist; Blatt 18 (1912) S. 324, 325 Sp. 2.

Geschützt ist ein „Sandstreuer" mit Druckluft- oder Dampfbetrieb kombiniert aus Sandzuführungsrohr, „Aufwühldüse" und Abfallröhren. Der Beklagte hat bei seinem Sandstreuer die übrigen Elemente, nicht aber ein Sandzuführungsrohr im Sinne des Patents. Da infolge dieses letzteren Umstandes die Vorrichtung etwas anders wirkte, ist Verletzung verneint; der Nachahmung der anderen Elemente ist keine entscheidende Bedeutung beigemessen; eigener Schutz dieser unselbständigen Elemente ist also sogar für eine ganz nah verwandte Vorrichtung verneint (IndR Jahrg. 8 S. 205).

Der Klägerin war eine Lafette für Geschütze mit Rohrrücklauf patentiert, dad. gek., daß das Rohr in der Wiege vermittels eines besonderen Schlittens verschiebbar gelagert ist und der Schlitten . . . die ganze Gleitbahn bedeckt, daß jedoch die Länge des Schlittens die Länge der Geschützbahn nicht übersteigt. In Anspruch 2 ist weiter geschützt, die Verbindung des Rohres mit der Lafette (mit dem Schlitten) leicht lösbar zu gestalten. In der Lafette des Beklagten fanden sich alle neuen Elemente, jedoch nicht die vorgeschriebene Länge des Schlittens. Das Berufungsgericht erachtete Verletzung als gegeben, äußerte aber unter demnächstiger Billigung des Reichsgerichts: die leichte Lösbarkeit, die der Beklagte nachgeahmt habe, sei zwar nicht nur in genau der gleichen Kombination geschützt; aber andererseits lasse sich auch keineswegs sagen, daß sie bei jeder Verwendung in jeder beliebigen Lafette geschützt sei; es müsse ein Mittelweg gefunden werden, man müsse annehmen, daß es nicht gerade darauf ankomme, ob der Schlitten die vorgeschriebene Länge habe (Mitt 1912, 129). — Auch hier ist also mit klaren Worten ein Schutz des neuen Elements zu beliebiger Verwendung sogar in einer gleichartigen Vorrichtung verneint.

Es sei noch darauf hingewiesen, daß in den zahlreichen Fällen, in denen Verletzung wegen Nachahmung eines neuen unselbständigen Elements bejaht ist, es sich immer um gleichartige Vorrichtungen handelte, ohne daß freilich der entscheidende Punkt betont ist: IndR Jahrg. 8 S. 175 (Becherwerke mit Kreuzgelenk); ebenda 8 S. 177 (Drahtklemmvorrichtung); ebenda 11 S. 30 (Kopiermaschine); MuW Jahrg. 23 S. 52 (Schlauchbinder); Blatt 18 (1912), 108 (Sterilisierapparat); Blatt 19 (1913), 125 (Schlauchverbindung). — Es mag sein, daß in einigen dieser Fälle die Entscheidung nach gefühlsmäßiger Billigkeit ohne Bewußtsein einer Regel getroffen ist.

Daß die entwickelten Regeln in der Tat zutreffend sind, tritt klar hervor, wenn man sich immer die drei Kernpunkte vor Augen hält: 1. es ist durchaus plausibel, daß ein Kombinationselement mit vollem selbständigen Gebrauchswert einen anderen und weitergehenden Schutz verdient, als ein unselbständiges Element, das seinem Wesen nach immer nur als Teil eines größeren Komplexes wirken kann. 2. Wenn eine Nähmaschine patentiert wird, bei der die schwingende Bewegung des Hebels, an dem die Nadel befestigt ist, in die vorwärtsschiebende

Bewegung des Stoffschiebers umgewandelt wird, so kann von diesem Patent nicht die weitere Erfindung abhängig sein, daß bei einer Schreibmaschine in gleicher Weise die schwingende Bewegung der Tasten in die vorwärtsschiebende Bewegung des Farbbandes umgewandelt wird, Regel von der notwendigen Gleichartigkeit der Gesamtvorrichtungen. 3. Wenn patentiert ist, in einer Turbine gewisse Vorkehrungen zu treffen, um die relative Ausdehnung der Teile gegeneinander unschädlich verlaufen zu lassen, so verletzt es dieses Patent nicht, wenn in einer ähnlichen Turbine eine ähnliche Vorkehrung getroffen wird, um die Bauart gedrungener zu gestalten; Gleichartigkeit der funktionellen Bedeutung.

Es soll nicht verschwiegen werden, daß durch diese Regeln der vielgelästerte Begriff der Totalitätserfindung wieder zu einigen Ehren gelangt. Was unter Totalitätserfindung verstanden werden soll, ist nicht zweifellos; die Ausführungen Kohlers, Handbuch S. 272f erscheinen nicht in allen Punkten klar, viel klarer ArchBürgR Bd. 36, S. 15ff. Kohler hält eine Totalitätserfindung für vorliegend, wenn nicht jedes Element einer Zusammenfügung, „nicht jeder Akt zu einem bestimmt markierten Abschluß führt" oder wenn dies wenigstens nicht vom Erfinder erkannt ist. S. 16: die Folge (davon) ist, daß andere zwar diesen Weg für sonstige Ziele betreten dürfen, aber nicht um das Kombinationsresultat zu erreichen. Übereinstimmungen und Abweichungen mit vorstehenden Regeln liegen zutage. Was der Erfinder erkannt hat, darauf kommt es nicht an; entscheidend ist der objektive Befund. Sind neue Elemente unselbständig im gekennzeichneten Sinne, so können sie in der Tat von anderen „für sonstige Ziele" benutzt werden.

Die vorstehend entwickelten Unterscheidungen treffen nur dann zu, wenn die patentierte **Anm. 63.** Erfindung sich mehrerer zusammenwirkender, kombinierter Arbeitsmittel bedient. Sie finden der Natur der Sache nach keine Anwendung, wenn das Patent eine **einheitliche Vorkehrung, ein einheitliches Verfahren** schützt, denn ein solches ist an sich immer selbständig, ist immer eine volle Erfindung, z. B. wenn patentiert wird, Wolfram durch Hämmern zu bearbeiten, zur galvanischen Vergoldung eine bestimmtes Goldsalz anzuwenden. In derartigen Fällen finden allein die Grundsätze über die Äquivalenz Anwendung (A 60). Analoge Anwendung finden die Regeln dagegen auf den Schutz von „Teilen" (A 21).

Auslegung von **Zahl- und Maßangaben** in Patenten. Die entscheidende Frage ist, wie **Anm. 64.** genau die Auslegung sich an die im Patente gegebenen Zahlenangaben zu halten hat, und wieweit sie nach oben oder unten von diesen Angaben abweichen darf. Mit Recht hat Isay darauf hingewiesen, daß es für die Beantwortung dieser Frage darauf ankommt, ob der Nachdruck gerade auf der bestimmten Zahlenangabe liegt, oder ob die Angabe nur die Bedeutung hat, eine allgemeine Erläuterung der wünschenswerten Verhältnisse zu geben. Ist ein Verfahren oder eine Stoffzusammensetzung neu erfunden, so werden Zahlenangaben unter Umständen nur im Sinne einer allgemeinen Erläuterung gemeint sein. Ist dagegen das Verfahren und die Zusammensetzung bekannt, und wird etwa nur eine neue Gesetzmäßigkeit, ein neues Optimum innerhalb des Bekannten aufgedeckt, so kann es auf die Zahlenangaben entscheidend ankommen. Einen Fall der letzteren Art erörtert folgendes Urteil.

149793 schützte ein Verfahren zur Herstellung einer Spiritusseife (das ist sog. fester Spiritus), dad. gek., daß man dem Spiritus erhebliche Mengen fester Natronseife (entsprechend 6—20% wasserfreier Seife) hinzusetzt. Spiritusseife an sich war bekannt; der Nachdruck der Erfindung lag auf der Mengenabgabe, und deshalb verletzte ein Zusatz von beträchtlich mehr als 20% das Patent nicht (MuW Jahrg. 11 S. 45).

Fälle der entgegengesetzten Art sind die folgenden.

153562 schützt eine Rücklaufbremse für fahrbare Geschütze, dad. gek., daß die Vorholfeder durch eine schraubenförmige Federsäule gebildet wird . . ., (die derart gebaut ist), daß sie beim Schuß mindestens um das Zwölffache des Geschützrohrkalibers zusammengedrückt werden kann. Der Beklagte stellt Bremsen her, bei denen die Zusammendrückung der Federn nur das 11,33fache beträgt. Das Reichsgericht hat ausgeführt: Die Zahlangabe hat nicht die Bedeutung, daß der Patentschutz nach unten abgegrenzt werden soll. Das Verdienst des Patents lag in der Anwendung einer besonderen Art von Feder mit rechteckigem Querschnitt. Der Schutz geht bis zu dem Punkte, wo die bis dahin gebräuchlichen Federn mit rundem Querschnitt versagen. Deshalb enthält eine Feder, die auf das 11,33fache zusammengedrückt werden kann, eine Verletzung. — Wenngleich die Entscheidung über die Verletzung keinerlei Bedenken unterliegen wird, so ist doch das Hervortretende an diesem Urteil der Umstand, daß auf die Zahlenangabe überhaupt kein Gewicht mehr gelegt wird, und die Frage der Verletzung gemäß der Urteilsbegründung nach anderen Gesichtspunkten, dem Querschnitt der Feder, geregelt werden soll (I 45/1914, Urt vom 23. 9. 14). — Noch weiter in dieser Richtung geht das Urt RG 86, 4131:

154807 schützte die Verwendung von pyrophoren Metallegierungen aus Cer mit einem Zusatz von etwa 30% . . . Eisen (Zündsteine für Taschenfeuerzeuge). Cereisen an sich war bekannt. Die Erfindung lag in der Verwendung desselben zum Zünden von Benzindämpfen. Deshalb war es von sekundärer Bedeutung, wenn dem Anspruch hinzugefügt war, daß die Legierung aus einem Zusatz von etwa 30% Eisen zu dem Cer bestehen sollte. Das Berufungsgericht war der Ansicht, daß der Zusatz auf einen Bereich von 28—32% Eisengehalt abzugrenzen sei. Das Reichsgericht dagegen legte auch in diesem Falle auf die Zahlenangabe überhaupt keinen Wert, sondern erklärte, daß jeder Eisenzusatz eine Verletzung darstelle, der Benzindämpfe zu entzünden vermöge; danach würden auch Zusätze von 17,7% bis 72% verletzen. Die Grenze ist also außerordentlich weit über die Zahlenangabe des Patents hinaus gezogen worden; dabei ist noch zu berücksichtigen, daß das Patent ursprünglich auf einen Eisenzusatz ohne jede Zahlenangabe erteilt war, dann aber im Nichtigkeitsverfahren ausdrücklich auf einen Zusatz von etwa 30% beschränkt worden war.

235461 schützte ein Verfahren zur Erhöhung der Legierfähigkeit des Titans . . ., dad. gek., daß das Titan in Form einer Eisen-Titan-Aluminiumlegierung benutzt wird, in der das Aluminium mindestens etwa 10% vom Titangehalt einer 15—35%igen Eisentitanlegierung ausmacht. Der Beklagte vertrieb Legierungen mit 23,7—24,8% Titan und 7,2—7,6% Aluminium. Das sind über 30% des Titangehalts. Der Beklagte behauptete, nicht zu verletzen, da das Patent dahin aufzufassen sei, daß das Aluminium 10% oder etwas mehr betragen müsse, sich aber von diesem Prozentsatze nicht allzuweit entfernen dürfe; das entspreche auch dem Stande der Technik. Das Reichsgericht erklärte, der Stand der Technik komme nicht in Betracht, da das Patent klar sei; alles, was über 10% liege, verletze nach der bindenden Vorschrift des Patents (I 70/1914, Urt vom 11. 7. 14).

310580 schützt ein Verfahren zur Gewinnung gärkräftiger Preßhefe im Dauerbetriebe, dad. gek., daß die organisch stickstoffhaltige Nahrung zu etwa 10—50% des Stickstoffs durch Ammoniak-Stickstoff ersetzt wird. Die Beklagte setzt 65% anorganischen Stickstoff hinzu. Das fällt in den Schutzbereich des Patents. Der erfinderische Punkt lag in dem teilweisen Ersatz der organischen Nahrung; die Verhältniszahlen spielten eine Nebenrolle (I 238/1927, Urt vom 10. 3. 28).

Im Nichtigkeitsverfahren war der Anspruch des Patents 85368 dahin gefaßt worden, Verfahren zur Erzeugung eines Seidenglanzes auf Geweben, dad. gek., daß auf ihnen mittels Walzen zahlreiche kleine Flächen in der Zahl von 5—20 Rillen auf den Millimeter erzeugt werden. Der Beklagte erzeugt 24 Rillen auf den Millimeter. Verletzung ist bejaht. Die Feinheitsnorm 5—20 Rillen ist in den Anspruch aufgenommen, um gröbere Riffelung auszuschließen. Feinere Riffelung fällt in den Schutzbereich selbst dann, wenn der Erfinder angenommen haben sollte, daß dies einen unerwünschten Speckglanz hervorbringe — wofern nur in Wirklichkeit diese unerwünschte Wirkung nicht eintritt (I 221/1905, Urt vom 23. 12. 05/10. 1. 06).

Bei großen Erfindungen urteilen die auswärtigen Gerichte ebenso frei wie das Reichsgericht. Es war erfunden, Fette in Fettsäuren und Glyzerin zu spalten, indem man sie mit Wasser unter starkem Druck und hoher Temperatur behandelte. Als Temperatur war in der Beschreibung 612 Grad Fahrenheit angegeben. Der Beklagte arbeitete nach derselben Vorschrift, wandte jedoch nur eine Temperatur von 310 Grad Fahrenheit an. Das wurde als Patentverletzung angesehen, da das ganze Verfahren damals grundsätzlich neu war, und die Arbeitsweise des Beklagten nur eine verschlechterte Ausführung darstellte (Urteil des höchsten Nordamerikanischen Gerichtshofs, U. S. Bd. 102 S. 707, 732).

Bei anderem Tatbestand eine anders lautende höchstrichterliche englische Entscheidung. Erfunden war ein Staubsauger, der mit einem Vakuumdruck von 5 Pfund auf den Quadratzoll arbeiten sollte. Der Beklagte wandte nur einen Druck von 2—3 Pfund an. Verletzung wurde verneint, da es sich bei dem Patent um eine Verbesserung bekannter Vorrichtungen handelte und die Verbesseruug gerade unter anderem in der Anwendung hohen Druckes bestand. Die Meinung, daß der Druck von 5 Pfund nur anleitungsweise (directory), „beispielsweise" angeführt sei, wurde zurückgewiesen (Rep. of Pat. Cases Bd. 32 S. 424, 440).

In Österreich wird es mit Zahlenangaben streng genommen:

Patentiert war ein pyrophores Streichfeuerzeug, gekennzeichnet durch eine Reibfläche mit einer Reiblänge von über 30 mm. Feuerzeuge mit einer geringeren Reiblänge verletzen nicht nach der Entscheidung des Patentgerichtshofs. Hat der Anmelder sich versehen und kann auch schon bei geringerer Länge dieselbe Wirkung erzielt werden, so muß er die Folgen seines Mißgriffes tragen. Abgelehnt wurde, daß es sich bei der Zahlenangabe nur um die Angabe eines Optimums handele (die Entscheidung hat sich offenbar mit Recht durch die Rücksicht auf die minimale Bedeutung des Patents beeinflussen lassen; Österr. Patentblatt 1922, 74ff).

Von Interesse ist noch folgender amerikanischer Fall. Die Trennung von Metallerzen in metallhaltige Teile und in taubes Gestein, Sand," erfolgt neuerdings in großem Umfange durch das Schwimmverfahren und eine Abart desselben, das Schaumverfahren. Die Erze werden pulverisiert. Man bereitet aus geeigneten Fetten oder Ölen mit angesäuertem Wasser einen Schaum, der infolge der vielen kleinen eingeschlossenen Luftblasen sehr tragfähig ist, und die metallhaltigen Teile des pulverisierten Erzes benetzt und trägt, während das taube Gestein zu Boden sinkt. Die Kunst besteht in der richtigen Herstellung der Schaumflüssigkeit. Patentiert war (835120), zur Bereitung des Schaumes nur etwa 0,3—0,5% Fett oder Öl berechnet auf das Gewicht des Erzes zu nehmen. Der Beklagte nahm mehr als 1%. Seine Ölsubstanz bestand aus einer Mischung von Harzöl und gewissen Petroleumprodukten. Der Kläger behauptete, nur das Harzöl sei wirksam; dieses betrage weniger als 1%; der Rest sei nur hinzugesetzt, um die Patentumgehung zu verschleiern. Der höchste amerikanische Gerichtshof verneinte die Verletzung. Auch die Petroleumprodukte hätten eine gewisse, wenn auch geringere Affinität zu den metallhaltigen Teilen. Der Beklagte wende also in der Tat mehr als 1% an. Die Aussagen der vielen vernommenen Zeugen, die Versuche mit dem Schaumverfahren angestellt hätten, zeigten, daß man bei den verschiedensten Ölen nur mit einem Zusatz von weniger als 0,5% Erfolg erzielt habe. Woran es liege, daß der Beklagte mit mehr als 1% Erfolg habe, sei nicht aufzuklären. Jedenfalls verletze sein Verfahren nicht, da er von der Vorschrift des Patents abweiche (Urt des Supreme Court vom 2. 6. 19, Supr. Court Reporter Bd. 39 S. 496).

Auslegung chemischer Patente. Anm. 65.

a) Auch bei chemischen Patenten ist die Frage der Verletzung nach den beiden Gesichtspunkten zu erörtern, ob der Erfindungsgedanke des Patents benutzt wird, und ob äquivalente Mittel angewandt werden. Jedoch macht hier die Erörterung aus zwei Gründen Schwierigkeiten, die in gleicher Weise bei mechanischen Erfindungen nicht hervortreten.

1. Worin der Erfindungsgedanke eines chemischen Patents liegt und namentlich wie weit er zu erstrecken ist, ist bei chemischen Patenten in vielen Fällen außerordentlich zweifelhaft; ebenso ist vielfach zweifelhaft, ob ein Ersatzmittel als Äquivalent des vom Patente angewandten Mittels angesehen werden muß.

2. Das Gesetz schreibt vor, daß chemische Erfindungen nur dann patentiert werden können, wenn sie ein bestimmtes Verfahren zur Herstellung der Stoffe betreffen. In der A 131 zu § 1 ist dargelegt, was unter Bestimmtheit des Verfahrens zu verstehen ist. Es muß sich um ein einzelnes individualisiertes Verfahren aus dem Kreise mehrerer zum gleichen Ziele führender Verfahren handeln. Dieses Erfordernis hat jedoch in der Rechtsprechung eine nicht unerhebliche Abschwächung in zweierlei Richtung erfahren. Erstens wird allgemein angenommen, daß sowohl die Ausgangsstoffe, als auch die Erzeugnisse nicht bestimmte Individuen zu sein brauchen, sondern daß es sich um ganze Gruppen gleichartiger chemischer Verbindungen handeln kann. Zweitens ist in der Rechtsprechung mehrfach angenommen, daß das „individualisierte Verfahren" nicht genau nachgemacht zu sein braucht, sondern daß auch ähnliche, nicht stark abweichende Verfahrensarten eine Verletzung enthalten können, namentlich dann, wenn das beanstandete Verfahren von den gleichen Ausgangsstoffen zu den gleichen Enderzeugnissen führt.

Immer aber ist streng daran festzuhalten, daß das patentierte und das beanstandete Verfahren nach allen drei Richtungen, nämlich nach Ausgangsstoffen, nach Reaktionsverlauf, nach Enderzeugnissen verglichen werden muß.

b) Erfindungsgedanken. Staedel, Zeitschr. für angewandte Chemie 23 (1910), 1669 weist darauf hin, daß in vielen Fällen der Erfindungsgedanke eines chemischen Patents schwer zu bestimmen ist. Er geht weiter und behauptet, es gäbe Fälle, in denen sich der Schutzbereich über das hinaus erstrecke, was der Sachverständige aus der Patentschrift entnehmen könne, Fälle, in denen er sich auf Verallgemeinerungen erstrecke, die erst im Anschluß an das Patent — oft erst durch jahrelange Arbeit — erkannt werden könnten. Dem ist jedoch nicht zuzustimmen. Erfordert es erfinderische Kraft, das allgemeine Gesetz zu erkennen, das einer Einzelerfindung zugrunde liegt, so kann das dem Patentinhaber nicht zugute gerechnet werden. Geschützt ist auch durch ein chemisches Patent, das eine einzelne Reaktion betrifft, nur dasjenige, was der durchschnittliche Sachverständige aus ihm an allgemeineren Gedanken entnehmen konnte. Nur in dieser Beschränkung kann also der Schutzbereich einer patentierten Einzelreaktion auf analoge Ausgangsstoffe derselben Gruppe erstreckt werden. Erforderlich ist in allen Fällen, daß das Verfahren zu demselben Erzeugnis oder wenn es sich, wie soeben angegeben, auf analoge, Ausgangsstoffe erstreckt, zu analogen Enderzeugnissen führt. Dies Erfordernis wird allgemein anerkannt, RG 22, 16f; vgl. auch die folgenden Urteile. Von Interesse sind hauptsächlich die

Entscheidungen, in denen auf die Bestimmtheit des Verfahrens, nämlich auf die Gleichheit des Reaktionsverlaufs, kein Wert gelegt ist. Blatt 18 (1912), 255, Litholrot: die Beklagte kombiniert miteinander die wesensgleichen Ausgangsprodukte und gelangt zum selben Enderzeugnis. Die Beklagte arbeitet allerdings in **einer** Operation, die Klägerin in zwei Teilverfahren; die Reihenfolge der Kombinationen ist anders. Das ist nicht für wesentlich erachtet, vielmehr Verletzung angenommen, weil die Abweichungen nicht groß waren und der Nachdruck auf der Gleichheit der Ausgangsstoffe und des Enderzeugnisses liegt. — MuW Jahrg. 22 S. 32 Sp. 1, blaue nachchromierbare Farbstoffe: mögen auch die Mittel, deren sich die Parteien zur Bearbeitung der Ausgangsstoffe bedienen, als patentrechtlich gleichwertig nicht anzusehen sein, so genügt doch die Übereinstimmung, die hinsichtlich der Ausgangsstoffe und des erzielten Erzeugnisses besteht, um die jüngeren Patente der Klägerin als abhängig erscheinen zu lassen. — Das Hervorragende an diesem Patente war, 1. daß es blaue nachchromierbare Farbstoffe hervorbrachte, die in gleicher Vorzüglichkeit noch nicht bekannt waren, und 2. daß dies Ziel durch die Auswahl der bestimmten Ausgangsstoffe erreicht wurde. Demgegenüber trat der Gang des Reaktionsverfahrens zurück. — Ähnlich Urt vom 10. 10. 14, I 49/1914: die Verfahren gleichen sich in Ausgangspunkt, Schlußerzeugnis und den wesentlichen Komponenten. Die Reihenfolge der Vornahme der Kuppelung einer Diazoverbindung und eines Phenolradikals an das Zwischenprodukt ist gleichgültig. — Im Urt Blatt 2 (1896), 249, Methylenblau 46805, ist ein Fall behandelt, von welchem Staedel a. a. O. S. 1668 annimmt, der Erfindungsgedanke des Patents bestehe darin, daß das erforderliche Schwefelatom zunächst mit dem einen Benzolkern verbunden und dann erst der andere Benzolkern angelagert werde. Ob dieser scharf definierte Gedanke für den Schutzbereich maßgebend ist, ist in dem Urteile nicht zur Entscheidung gelangt, weil angenommen wurde, daß im Patente nichts weiter als die einzelne beschriebene Reaktion offenbart und geschützt sei. — Blatt 16 (1910), 190 ist im Nichtigkeitsverfahren anscheinend ein strengerer Standpunkt eingenommen: Die Ausgangs- und Endstoffe seien dieselben, aber das Verfahren selbst sei technisch abweichend, deshalb liege keine Äquivalenz und keine Identität vor.

Aus den angeführten Urteilen ist ersichtlich, daß die im § 1 so stark betonte Notwendigkeit der Bestimmtheit des Verfahrens weniger streng im Verletzungsstreite beachtet wird. Patentiert werden kann das Herstellungsverfahren nur, wenn es nach Ausgangs- und Endprodukten und nach der Verfahrensart genau individualisiert ist, aber der für die Verletzungsfragen maßgebende Schutzbereich wird doch wieder weiter erstreckt. Man könnte annehmen, daß das unlogisch sei, weil auf diese Weise die Bestimmung des § 1 in einem Hauptpunkte gegenstandslos gemacht wird. Doch trifft das nicht im vollen Umfange zu. Es ist immerhin miteinander verträglich, daß zwar im Interesse der Sicherheit des Verkehrs nur ein genau umschriebenes Verfahren patentiert werden kann, daß aber doch Schutz gegen verschleierte Umgehungen, die sich den Kern der Erfindung aneignen, gewährt werden soll. (Nebenbei bemerkt, liegt hierin ein klares Beispiel für die von einigen Seiten bestrittene Auffassung, daß der Schutzbereich eine **Erweiterung** der patentfähigen Erfindung darstellt, § 4 A 51.) Allerdings wird es geboten sein, mit Rücksicht auf den Zweck des § 1 in der Erstreckung des Schutzumfangs Maß zu halten.

c) Eine Verletzung kann auch dann vorliegen, wenn die **Mittel** des **Patents** durch ihre **Äquivalente** ersetzt werden (Witt, Deutsche chem. Industrie, S. 23ff, 27). Der Begriff der chemischen Äquivalenz ist wenig entwickelt. Allgemein anerkannt ist der Grundsatz, daß von Äquivalenz nur dann gesprochen werden kann, wenn durch den Ersatz der Mittel der Verlauf der chemischen Reaktion nicht geändert wird. Dieser Grundsatz ist festzuhalten: verläuft die Reaktion anders, so mag unter Umständen der Erfindungsgedanke noch derselbe bleiben, vgl. vorige Anmerkung, Äquivalenz ist aber nicht vorhanden. Es ist darauf hinzuweisen, daß es äquivalente Arbeitsmittel in dem bei mechanischen Verfahren üblichen Sinne in der Chemie nur in geringem Umfange gibt. Wenn zwei oder mehrere Stoffe miteinander reagieren, so kann man nicht von Arbeitsmitteln sprechen. Vakuum, hoher Druck, Temperatursteigerung usw. sind allerdings Arbeitsmittel, allenfalls Katalysatoren auch noch, dagegen nicht mehr Destillieren, Sublimieren und andere häufig vorkommende Arbeitsmethoden. **Technische Äquivalente** im eigentlichen Sinne (§ 4 A 35) gibt es in der Chemie nicht; es gibt keine Mittel, die sich grundsätzlich oder in der großen Mehrzahl der Fälle gegenseitig ersetzen können, vielmehr ist alles von der Lage des Einzelfalles abhängig. Die Existenz sog. patentrechtlicher Äquivalenz wird anerkannt; jedoch ist wohl zu beachten, daß nicht, wie in der Mechanik, die Gleichheit der Wirkung allein entscheidend ist, sondern daß auch der Reaktionsverlauf derselbe bleiben muß. Fernliegende, chemisch nicht verwandte Mittel, mit deren Gleichwirkung nicht zu rechnen war, werden nicht als patentrechtlich äquivalent angesehen. — Man kommt also auf die etwas vage Begriffsbestimmung hinaus: äquivalent sind Mittel, die ohne Änderung des Reaktionsverlaufs zu gleichen Erzeugnissen führen (also gleich wirken), **wenn** mit ihrer Gleichwirkung als immerhin wahrscheinlich zu rechnen war. Einen solchen Fall betrifft die Entscheidung Blatt 2 (1896), 293ff, soweit sie sich mit dem Patent 40379 befaßt. Das Patent verwandte als Reaktionsmittel alkoholische Salzsäure, der Beklagte wässerige Salzsäure. Beides ist nach Lage des Falles als äquivalent angesehen, weil die Reaktion nur vom Chlorwasserstoff, nicht vom Lösungsmittel zustande gebracht wurde.

In Gegenüberstellung mit äquivalenten Verfahren werden meistens die Analogieverfahren behandelt. Der Begriff der chemischen Analogie ist nicht klar. Im weiteren Sinne versteht man unter Analogie die Fälle, in denen irgendein anderer Körper dieselbe Reaktion auszulösen vermag, im engeren Sinne den Austausch von solchen Körpern, die der gleichen homologen Reihe angehören. Für den Begriff der Homologie vgl. § 1 A 131 ff. Benachbarte Verbindungen mancher homologen Reihen haben ähnliche Eigenschaften, so daß es nichts Überraschendes bietet, wenn sie sich gegenseitig ersetzen können. Besonders ist das bei den Gliedern der aliphatischen Reihe der Fall, weniger bei denen der aromatischen. Witt, Chem. Homologie, S. 61 erklärt, die Ausdehnung des Patentschutzes auch auf die aus der Verwendung homologer und isomerer Verbindungen und auf Grund erkannter Gesetzmäßigkeiten hervorgehenden Analogiefälle sei notwendig — aber nur bis zu einem gewissen Grade. Er spricht an dieser Stelle nur von der Möglichkeit der Patentfähigkeit (ohne sich freilich mit dem Erfordernis der Bestimmtheit des Verfahrens auseinanderzusetzen). Aus S. 93 ist aber ersichtlich, daß er den Schutzbereich, wenn nur eine Einzelreaktion patentiert ist, in gleichem Umfange ausdehnen will. „Eine beliebige chemische Erfindung erstreckt sich auch ohne weiteres auf alle, auch die zur Zeit der Erfindung noch unbekannten, Homologen und Isomeren des erfundenen Körpers, wenn dieselben den gleichen Zweck in derselben Weise erreichen, wenn sie also in der gleichen Erfindungskonzeption liegen. Es wird dies für die zur Zeit der Ersterfindung noch nicht bekannten Homologen und Isomeren der von dem Ersterfinder benutzten Agentien der Fall sein, wenn dieselben zur Zeit der Ersterfindung auf Grund der bekannten oder durch die Erfindung nachgewiesenen Gesetzmäßigkeiten als Äquivalente der von dem Erfinder benutzten Agentien a priori hätten erkannt werden können." Diese Erstreckung des Schutzbereichs wird reichlich weit gehen. Jedenfalls ist zu beachten, daß von den aromatischen Homologen und von den Isomeren die gleiche Wirkung kaum mit erheblicherer Sicherheit vorauszusagen ist. R. Isay, MuW Jahrg. 8 S. 183 will aus dem Schutzbereich alle analogen Verfahren ausnahmslos ausschließen. Er wird dabei vielleicht nicht beachtet haben, daß auch bei manchen Analogieverfahren die Gleichwirkung ohne Reaktionsänderung sich vorhersehen läßt. Jedenfalls wird, wenn ein Reagens durch ein anderes ersetzt wird, die Möglichkeit, eine Gleichwirkung klar voraussagen zu können, immer die äußerste Grenze bilden, bis zu der man den Äquivalenzbereich erstrecken darf. Nicht empfehlenswert ist die Annahme von Witt, daß es bei später aufgefundenen gleichwirkenden Stoffen darauf ankomme, ob man ihre Gleichwirkung zur Zeit der Erfindung hätte erkennen müssen, wenn sie damals schon vorhanden gewesen wären. Ein derartiger in ferne Zeit zurückverlegter Schluß kann niemals zuverlässig sein.

Abschnitt IV.

Bedenken und Vorschläge.

Es ist bekannt, und schon in A 43 erwähnt, daß gegen die herrschende Rechtsprechung in **Anm. 66.** Patentauslegungsfragen **von vielen Seiten lebhafter Widerspruch** erhoben wird. Der Hauptvorwurf geht dahin, daß große Rechtsunsicherheit entstanden sei; kein Gewerbetreibender könne im voraus wissen, welcher Schutzbereich einem ihm gehörigen oder einem ihm entgegenstehenden Patente beigemessen werden werde. Niemand wisse also, was er tun dürfe oder was nicht. Darüber erhalte er erst Klarheit, wenn er seinen Gegner auf Verletzung verklage oder wenn er selbst auf Verletzung verklagt werde. — Es nützt nichts, sich dabei zu beruhigen, die Unsicherheit sei nicht so schlimm; dazu sind die Klagen zu allgemein. Diese Klagen hier in Ausführlichkeit zu wiederholen, ist nicht angebracht, vielmehr ist nur anzuführen, was im einzelnen beanstandet wird und welche Besserungsvorschläge gemacht werden.

1. Die Schwenkung in der Rechtsprechung des Reichsgerichts, die zur größeren Freiheit in der Auslegung des Patentanspruchs führte, ist in den Jahren 1910—1912 eingetreten. Schon auf dem Augsburger Kongreß 1914 wurden Bedenken dagegen laut, die nur ganz auszugsweise wiedergegeben werden können. Verhandlungsberichte S. 103, Marquardt: es sei jetzt schon die Erfahrung gemacht, daß durch die Rechtsprechung das konstitutive Prinzip der Patentverleihung erschüttert werde, daß tatsächlich die Richter das tun, was dem Patentamt zugewiesen sei, nämlich Patente erteilen. — S. 122 f, A. Seligsohn: Maßgebend sei das Interesse der Rechtssicherheit. Mit dem bisherigen Rechtszustande seien zu schlechte Erfahrungen gemacht, als daß nicht ausdrücklich im Gesetze ausgesprochen werden sollte, daß dasjenige, was das Patentamt als neue Erfindung feststellt, die Gerichte binde. Besonders müsse die Feststellung des Standes der Technik bindend sein. — S. 138, Magnus: Das jetzige System verkenne total die soziale Funktion der Vorprüfung. Der kleine Industrielle müsse sich an den Anspruch halten, er könne nicht etwa selbständig den Stand der Technik ermitteln.

2. Tätigkeitsbericht der Industrie- und Handelskammer zu Essen, 1925 S. 60: Geradezu lähmend aber sind die Zustände auf dem Gebiete des Patentrechts durch die Rechtsunsicherheit geworden, die eingerissen ist, nachdem das Reichsgericht in jener bekannten, viel besprochenen grundlegenden Entscheidung die Aufgabe, den Schutzumfang von Patenten festzustellen, allein den ordentlichen Gerichten überwiesen und dem Patentamte lediglich die Aufgabe gelassen hat, den Patentgegenstand festzustellen. Diese Rechtsunsicherheit ist dadurch noch unerträglicher geworden, daß die Gerichte — wie zahllose Urteile zeigen — zu einer stark extensiven Auslegung der Patente neigen, daß selbst hervorragende Sachverständige des Patentrechts daher eingestehen müssen, verbindliche Gutachten über den Schutzumfang von Patenten nicht mehr abgeben zu können. Die Folge ist die Belastung der Produktion mit Lizenzgebühren, die lediglich zu dem Zwecke gezahlt werden, Störungen durch Klagandrohung und Klagen sich fernzuhalten.

3. Wildhagen in der Festgabe für das Patentamt, S. 26 ff: keinesfalls lasse sich mit Grund die Notwendigkeit und unbedingte Überlegenheit einer Nachprüfung der im Erteilungsverfahren getroffenen Entscheidung durch die ordentlichen Gerichte behaupten. Alle Beteiligten hätten ein Interesse an einer möglichst baldigen Entscheidung darüber, was durch das Patent geschützt werden solle... Der Patentinhaber und seine Konkurrenz erfahren möglicherweise erst, nachdem sieben Instanzen durchlaufen seien, was durch das Patent geschützt werde... Wenn der Anspruch richtig gefaßt werde, könne sich die Auslegung der Patente auf wirkliche Auslegung beschränken; sie habe zu prüfen, welches der Inhalt der technischen Anleitung sei, der im Erteilungsverfahren der Schutz gewährt wurde, ob der gewählte Wortlaut für die Arbeitsanleitung treffend, und besonders auch, ob er erschöpfend sei.

4. Gülland und Queck, Sonderabdruck, S. 149: Die Ermittlung des Schutzes sei jetzt unsicherer als je. Die neue Rechtsprechung erziehe zur Fassung verschwommener Patentansprüche auf Kosten der Wahrheit. Die ganze Bewegung dürfte an einer Überschätzung der Bedeutung der Erfindungen und an einer Unterschätzung einer ruhigen Entwicklung der Industrie kranken.

5. Pinzger, GewR 27 (1922), 167: Man gewinne den Eindruck, als wollte das Reichsgericht bei der Auslegung das Patent in einem Umfange schützen, wie es vielleicht hätte beansprucht und erteilt werden können, aber weder begehrt, noch erteilt sei. Statt dessen habe zu gelten: was nicht angemeldet ist, kann nicht geschützt werden; was patentiert ist, muß geschützt werden, auch wenn es nicht hätte patentiert werden sollen. Wir müssen zurückkehren zu einer klaren und unzweideutigen Anerkennung des Patentanspruchs als des rechtsbegründenden Faktums... Völlig verfehlt wäre es, den im Patentanspruch zum Ausdruck kommenden Willen des Patentanmelders und des Patentamts durch den höchst problematischen Begriff des Standes der Technik e r s e t z e n zu wollen.

6. Verhandlungen im Verbande deutscher Patentanwälte (Mitt 1925, S. 11), E. Katz: Die Gerichte geben eine über den Anspruch hinausgehende oder hinter ihn zurückbleibende Auslegung; das steht in unmittelbarem Widerspruch mit dem Geist des Patentgesetzes. Die Einführung des Standes der Technik als Mittel der Auslegung ist eine Ungereimtheit und führt zur Rechtsunsicherheit. Der Anspruch muß maßgebend bleiben. S. 20, Magnus: Gerade die loyalen Industriellen empfinden am schwersten die Unsicherheit, was als geschützt angesehen werden wird. Es wird zu sehr vom Wortlaut des Patents abgesehen. Die heutige Auslegung nach dem Stande der Technik beachtet zu wenig, wie im Erteilungsverfahren das Patent genommen worden ist. S. 63 Wiegand betont die Unsicherheit. Karsten: Die Auslegung darf nicht dahin führen, daß unter das Patent fällt, was schon Allgemeingut der Technik war. Magnus: Die Erteilungsakten sind zu berücksichtigen. Sie enthalten, besonders in den Erklärungen, des Anmelders selbst und des Patentamts zuverlässige Gutachten über den Sinn und die Tragweite der Erfindung.

7. Julius Seligsohn, MuW Jahrg. 22 S. 34: Der Erfinder sollte alles erhalten, was ihm gebührte, und so erhielt er gelegentlich auch das, woran er bei seiner Erfindung am wenigsten gedacht, worum nicht er die Technik bereichert hatte, sondern was eine spätere Zeit in seine Erfindung hineinverlegte. Noch schärfer L. Fischer, GewR 29 (1924), 115.

Weitere wesentliche Gesichtspunkte sind, soweit ersichtlich, nicht hervorgehoben worden. Z u s a m m e n g e f a ß t: Hauptgegenstand der Beschwerden ist die herrschende Rechtsunsicherheit; sie soll dadurch hervorgerufen sein, daß die Gerichte sich das Amt der Erteilungsbehörde anmaßen, daß sie die Patente „neu schreiben“, daß der Schutzbereich in einer nicht vorhersehbaren Weise weit ausgedehnt wird, daß dem Erfinder zugesprochen wird, woran er selbst am wenigsten gedacht habe, daß die Aufstellung verschwommener Patentansprüche gefördert werde. Als Mittel zur Behebung der Unsicherheit wird empfohlen strengere Beschränkung des Schutzbereiches auf das, was wirklich im Patentanspruch steht, und größere Berücksichtigung der Verhandlungen des Erteilungsverfahrens, einmal weil der Erfinder selbst der beste Gutachter für das sei, was er mit seiner Erfindung gewollt habe, und also seinen Erklärungen erhebliches

Gewicht beigemessen werden müsse, zweitens weil der wahre Stand der damaligen Technik im Erteilungsverfahren zuverlässiger festgestellt werde, als das durch Erörterungen in viel späterer Zeit möglich sei.

Alle diese Ausführungen kranken daran, daß sie allgemein gehalten sind, daß — sehr bedauerlicherweise — keine Beispiele beigebracht sind, an deren Erörterung man diskutieren könnte, wie und in welchen Punkten die Auslegung zu weit gegangen ist. Das ist nötig, wenn man zu klaren und anschaulichen Ergebnissen gelangen will; dann wird auch eine Verständigung leichter möglich sein.

In diesem Kommentar wird die Meinung vertreten, daß die sog. Auslegung in der Tat manches Mal zu weit gegangen ist, daß in die Erfindungen Dinge hineingeheimnißt sind, die nicht darin lagen. Ehe hierauf im einzelnen eingegangen wird, ist auf einen prinzipiellen Punkt hinzuweisen, dessen Bedeutung zwar hin und wieder erwähnt, aber nur sehr selten als ausschlaggebend anerkannt ist. Die gesamte Einstellung zu den streitigen Fragen ist grundlegend abhängig von der Auffassung, was eigentlich das Patentrecht will. Daß der letzte Zweck die Förderung der Industrie ist, wird niemand bestreiten wollen. Aber die große Frage ist, mit welchen Mitteln soll das erreicht werden, welche Mittel sind zur Erreichung des Zweckes dienlich. Darüber gibt es zwei stark verschiedene Auffassungen, wie bereits in den A 6ff zum § 1 dargelegt ist. Die eine Auffassung sagt, fördere auf alle mögliche Weise die Interessen der Erfinder; dabei fährt die Allgemeinheit am besten; wer das weniger auffällig ausdrücken will, pflegt zu sagen, starker Patentschutz ist vonnöten. Die rechtliche Form, in die diese Meinung gekleidet wird, ist die folgende: der Erfinder hat als Urheber ein Recht auf das, was er erfunden hat, und was damit in näherer Kausalverbindung steht, einerlei ob das im Patente ganz klaren Ausdruck gefunden hat; ihm ist geschützt, was an seiner Erfindung schutzfähig ist. — Die zweite Auffassung steht auf einem anderen Standpunkt. Sie ist nicht der Meinung, daß die Beachtung der Interessen des Erfinders allein in erster Reihe zu stehen hat — aus den verschiedensten Gründen. Das Patentrecht ist nicht auf urheberrechtlichen Grundsätzen aufgebaut, denn nicht jeder Urheber erhält nach Patentrecht den Lohn seiner Arbeit, sondern auf lange Jahre hinaus nur der, der seine Erfindung zuerst zum Patentamte bringt. Dieser schließt alle seine Vorarbeiter, auf deren Schultern er steht, und auch den, der gleichzeitig mit ihm oder vor ihm dasselbe erfunden hat, vom Genusse des Erfolges ihrer eigenen Arbeit aus; er selbst hat nur das Verdienst, der erste Anmelder zu sein, vielleicht der erste Erfinder, keineswegs aber der einzige, denn es ist mit Sicherheit zu sagen, hätte er die Erfindung nicht gemacht, so hätte sie in kürzerer oder längerer Frist ein anderer gemacht, wie die tägliche Erfahrung lehrt; er hindert also durch sein Patent die Industrie, das zu tun, was sie demnächst aus eigenem hätte tun können. Deshalb muß sein Vorrecht in bestimmte Grenzen eingeschlossen werden. Die Grenzen sind nach dem Gesetze zeitlicher Art; sie sind nach dem Gesetze ebenfalls sachlicher Art Nur was er erfunden und offenbart und wofür er Schutz erbeten hat, ist ihm geschützt. Vollends kann ihm nicht geschützt werden (unter dem Titel, es komme auf die objektive Bedeutung der Erfindung an), was eine spätere Zeit in seine Erfindung hineingelegt hat, oder was aus ihr ein Sachverständiger, der die Technik besser übersieht als der Erfinder, weiterschreitend entwickelt. Deshalb muß der Patentanspruch maßgebend sein, der nur auf das erweitert werden darf, was jeder durchschnittliche Sachverständige zur Zeit der Anmeldung aus ihm entnehmen konnte.

Jede der beiden Auffassungen führt zu Unheil, wenn sie auf die Spitze getrieben wird. Selbstverständlich muß die „urheberrechtliche Theorie" auch berücksichtigen, wie sie auf die Industrie wirkt, und die „volkswirtschaftliche Theorie" darf nicht außer Augen setzen, ob der Ansporn zu neuen Erfindungen nicht abgestumpft wird. Die Rechtsprechung des Reichsgerichts wurde von dem Grundsatz geleitet: Gerechtigkeit für den Erfinder. Selbstverständlich hat sie daneben die Wirkung dieses Grundsatzes auf den Fortschritt der Industrie erwogen, wenn das in den Urteilen auch nicht oder nicht immer zum Ausdruck gekommen ist. In den Vorarbeiten zu dem Urt IndR Jahrg. 3 S. 142 (Wabenpapier) ist erwogen worden: es handele sich um eine schwierige und zweifelhafte patentrechtliche Frage, nämlich der Abgrenzung der Benutzung einer älteren Erfindung durch einen späteren Erfinder von der bloßen Anregung desselben durch erstere, mit anderen Worten um die richtige Abwägung des öffentlichen Interesses daran, daß neue Erfindungen durch ältere Patente nicht zu sehr eingeengt werden, gegenüber dem Interesse daran, daß ältere verdienstliche Patente nicht durch neue Verbesserungen völlig entwertet werden. Das Urteil stellt dann fest, daß zwischen dem patentierten Verfahren und dem Verfahren der Beklagten „wesentliche Unterschiede" vorhanden seien, und daß die technische Überlegenheit des späteren Verfahrens das patentierte Verfahren völlig entwerten würde, wenn die Benutzung des letzteren freistände. Das sei aber nicht der Fall, und, da die Beklagten greifbare technische Teilerfolge des Patents mit gleichen technischen Mitteln herbeiführten, sei ihre Erfindung abhängig. — Die Interessen des ersten Erfinders haben hier also den Sieg davongetragen; daß das „wesentlich verschiedene" Verfahren der

Beklagten technisch viel wertvoller war, ist nicht für entscheidend erachtet. — Das Reichsgericht ließ sich, wie in diesem Falle, so mit wenigen Ausnahmen von urheberrechtlichen Gesichtspunkten leiten.

Noch in einem anderen Falle sind neben den urheberrechtlichen auch volkswirtschaftliche Rücksichten in Betracht gezogen, hier mit entgegengesetztem Erfolge. 217339 schützt eine Schaltungsanordnung, durch die die Dämpfung elektrischer Schwingungen möglichst herabgesetzt werden soll, dad. gek., daß die Spannungsquelle nicht im Schwingungskreise, sondern in einem Nebenkreise angebracht ist. Das Reichsgericht hielt die Erfindung für wenig brauchbar; die Hauptursache der Dämpfung, der Öffnungsfunke, bleibe wirksam, die erzielte Besserung „falle kaum ins Gewicht". Die Gründe sagen: Das Patent verspricht viel mehr als es leisten kann, indem es das gesamte Gebiet der drahtlosen Telegraphie für sich in Anspruch nimmt; nur für gewisse Zwecke der Strommessung biete es Vorteile. „Es liegt um so weniger ein Grund vor, das ganze Gebiet der Patentinhaberin für den Fall, daß die Nutzbarmachung (Vervollkommnung der Erfindung) in Zukunft gelingen sollte, schon jetzt zuzuweisen, als die von ihr angegebene Schaltung an sich nicht neu war, und als die mit ihr zu erzeugenden Schwingungen bereits mehrfach Gegenstand wissenschaftlicher Untersuchung gewesen sind" (Urt vom 7. 6. 13, I 174/1912). In klarer Weise ist hier die Entscheidung von volkswirtschaftlichen Erwägungen abhängig gemacht. Das ist aber gegenüber der großen Menge der Entscheidungen eine Ausnahme. — Ernstlich streitig kann für jede der beiden Anschauungen nur sein — nicht daß etwa die entgegenstehenden Interessen der anderen Seite auszuschalten seien, sondern — bis zu welchem Grade sie Berücksichtigung verdienen. Das Reichsgericht hat 1910—1925 die volkswirtschaftlichen Interessen der Allgemeinheit gegenüber den urheberrechtlichen Interessen des Erfinders stark zurücktreten lassen.

In diesem Kommentar wird die oben dargestellte zweite Anschauung vertreten. Diese Anschauung war auch, wie besonders hervorzuheben ist, beim Erlaß des Patentgesetzes maßgebend, vgl. Motive zum Gesetzesentwurf von 1877 S. 16: als allgemeiner Gesichtspunkt hat der Gestaltung des Entwurfes . . . die Voraussetzung zugrunde gelegen, daß auch für die Regelung des Schutzes der Erfindungen die allgemeinen Verkehrsinteressen, mit denen das Interesse des Erfinders keineswegs immer zusammenfällt, in erster Reihe stehen. — Die Gründe für diese Auffassung liegen (außer den schon erwähnten Rücksichten auf die Rechtssicherheit) weiter darin, daß der wirkliche Erfindungsinhalt zur Geltung zu kommen hat, und daß es eine ungerechtfertigte Beeinträchtigung der Industrie wäre, ihr ein größeres Gebiet zu entziehen, als der wirklich gemachten Erfindung entspricht. Der letzte Grund: Die Weite des Schutzbereichs hat im Verhältnis zu der Bedeutung der Erfindung zu stehen, im Verhältnis zu dem Fortschritt, den sie der Technik gebracht hat. — Diese Gesichtspunkte sind (in anderer Reihenfolge) zu erörtern.

Anm. 67. **Das Prinzip des wirklichen Erfindungsinhalts.** Es kann grundsätzlich nicht die maßgebende Aufgabe des Patentrechts sein, dem Patentinhaber ein so großes Gebiet zur alleinigen Bearbeitung zu überweisen, wie man glaubt, gerade noch verantworten zu können. Die Aufgabe des Patentrechts ist nicht, dem Patentinhaber, der so häufig gar nicht mehr der Erfinder ist, ein Höchstmaß an Einkünften sicherzustellen, sondern die Aufgabe ist, zwar noch genügenden Ansporn zu neuen Erfindungen zu geben, im übrigen aber den Fortschritt der gesamten Technik zu fördern und vor allen Dingen keinerlei Stagnation aufkommen zu lassen. Jedes Patent hindert in irgendeiner Weise die Industrie. Es ist schädlich, diese Hinderung weitergehen zu lassen, als durch die Rücksicht auf das Hervortreten neuer Erfindungen geboten ist. — Deshalb ist die grundlegende Regel, daß dem Erfinder durch die (in gewissem Umfange gerechtfertigte und gebotene) ausdehnende Auslegung nicht mehr zugesprochen werden darf, als der durchschnittliche Sachverständige, der Fachmann der Technik aus den Offenbarungen der Patentschrift entnehmen kann. Das ist der entscheidende Punkt nach dem altbewährten, in allen Ländern anerkannten Satz, der Schutz erstreckt sich nur soweit, als die Erfindung die Technik bereichert hat. Es kommt also nicht darauf an, was ein Fachmann von besonderer Intelligenz aus der Patentschrift weiterschließend herleiten kann. Es darf nicht berücksichtigt werden, wenn sich durch die Weiterentwicklung der Technik zeigt, daß die Anleitung, die das Patent gegeben hat, nicht genau richtig ist, daß sie umgestaltet, ja auch nur vereinfacht werden muß. Hat der Erfinder das nicht gesehen, so darf ihm das nicht zugute gerechnet werden. — Zwei Beispiele aus A 52. Geschützt war die Verwendung von zylindrischen Füllkörpern aus Metallblech für Reaktionstürme, dad. gek., 1. daß ihre Höhe annähernd gleich ihrem Durchmesser ist und 2. daß sie zwischen 15 und 50 mm beträgt. Ein Zusatzpatent schützte Füllkörper nach dem Hauptpatent, dad. gek, daß sie aus keramischen Stoffen hergestellt sind. Wenn sich nachträglich herausstellt, daß keramische Füllkörper sich beim Einbringen in die Türme von selbst regellos lagern und es deshalb bei ihnen nicht erforderlich sei, daß ihre Höhe ihrem Durchmesser gleichkommt, so ist es unzulässig, das Patent dahin auszulegen, daß keramische Körper nur eine der beiden Bedingungen zu erfüllen und also nur 15 bis

50 mm hoch zu sein brauchen, denn das war nicht erfunden. — Geschützt war ein Verfahren zur Erhöhung der Bindefähigkeit von Gichtstaub zu Brikettierungszwecken, dad. gek., daß katalytisch wirkende Stoffe hinzugefügt werden. In der Beschreibung war gesagt, daß das Bindevermögen frischen Gichtstaubes allein praktisch ohne Bedeutung sei. Wenn sich nachher herausstellt, daß diese Annahme unrichtig ist und frischer Gichtstaub beim Pressen soviel Wärme entwickelt, daß genügende Bindung eintritt, so ist es nicht angängig, das Patent dahin auszulegen, daß entgegen der Vorschrift des Patents weder der Zusatz von Katalysatoren, noch eine besondere Erhitzung des Staubes nötig sei. — Aus den angegebenen Gründen kann auch Kohler, Handbuch S. 216 nicht zugestimmt werden, insofern er behauptet, daß es identisch sei, wenn man zunächst eine Reaktion in der Wärme vorgenommen habe und sich nachher herausstelle, daß sie auch bei Kälte vor sich gehe. —

Alle jene Gedankengänge sind mit dadurch beeinflußt, daß man es für unerlaubt hält (oder wenigstens glaubt, es nach Möglichkeit beschränken zu müssen), wenn ein anderer versucht, das neue Erzeugnis oder Ergebnis einer patentierten Vorkehrung auf abweichende Weise zu erreichen. Dieser Gedanke ist zutreffend, wenn der Nachahmer eine verschleierte Umgehung des Patents beabsichtigt. Der Gedanke trifft aber dann nicht zu, wenn versucht wird, einen selbständigen neuen Weg zu eröffnen, um zu demselben Ziele zu gelangen. An der Eröffnung neuer Wege hat die Technik sehr häufig großes Interesse. Witt, Deutsche chem. Industrie, S. 95: Häufig wird versucht, das wertvolle Erzeugnis eines älteren patentierten Verfahrens mit neuen Mitteln zu erreichen. Dagegen ist nichts einzuwenden. Sehr häufig führt das zu einem entschiedenen technischen Fortschritt. Die Nacharbeitung des berühmten Methylenblau-Patents von Caro hat zur Steigerung der Ausbeute auf mehr als das Doppelte geführt. Gerade darin besteht ja der Zweck der Patentgesetzgebung, die bei aller Wahrung der Rechte des Ersterfinders . . . zu immer neuem Schaffen auf dem Gebiete der Industrie anregen will. Ebenso E. Katz, GewR 8 (1903), 192 Sp. 2.

Es ist zu zeigen, wie sich diese Grundsätze bei den einzelnen Auslegungstypen auswirken.

Bei der Auslegung nach dem **Erfindungsgedanken** ergeben sich häufig Zweifel, wie hoch hinauf der Erfindungsgedanke zu verlegen ist. Regel muß sein, daß der Gedanke immer noch einen prinzipiell bestimmten Lösungsweg eines Problems bezeichnet; das wird klarer durch den Gegensatz, er darf nicht nur ein bloßes Schema ohne Angabe des Wirkungszweckes, eine allgemeine Idee, vor allem nicht nur eine Aufgabe, ein längst bekanntes desideratum enthalten. Man darf auch nicht bei einer zusammengesetzten Erfindung aus dem Gesamtkomplex einzelne zusammenhanglose Punkte herauspflücken, sie zusammenschreiben und als Erfindungsgedanken mit der Nachbildung vergleichen. Ähnliches wird Isay meinen mit der von ihm sog. „dialektischen" Auslegung, GewR. 30 (1925), 32. — Wenn Bogenlampen große Arbeitsräume erhellen sollen, wird über ihnen ein Reflektor angebracht, der das Licht nach unten wirft. Das zurückgeworfene Licht ist zerstreut, angenehm gleichmäßig, das unmittelbar aus der Lampe fallende Licht blendet. Die ganze Lampe wird in eine gläserne Umhüllung eingeschlossen, um Staub abzuhalten. Diese Hülle muß an ihrem unteren Teile so gestaltet sein, daß sie das zurückgeworfene Licht ungehindert durchläßt, das direkte blendende Licht aber, etwa durch Mattglas, zerstreut. Zahllose Lampen waren gebaut, die diesen Anforderungen mit mehr oder weniger Erfolg zu genügen suchten. 230677 schützt eine Bauart, nach der die untere Umhüllung aus konzentrischen Wellenringen besteht; die dem Reflektor zugekehrte Seite der Ringe hat eine glatte, durchlässige Oberfläche, die andere, der Lampe zugekehrte Seite eine matte, zerstreuende Oberfläche. Entschieden ist, der Schutzbereich sei nicht auf Wellenringe beschränkt; der Erfindungsgedanke liege darin, das direkte Licht durchzulassen, das indirekte zu verteilen. Eine Bauart, die dies Ziel, wenn auch auf andere Weise erreiche, verletze das Patent (Urt vom 8. 7. 14, I 32/1914). — Gibt jenes Ziel, direktes Licht zu zerstreuen, indirektes durchzulassen, wirklich schon einen Lösungsweg an? ist es nicht ein auf der Hand liegendes, allbekanntes desideratum? eine reine Aufgabe? kommt es nicht entscheidend darauf an, wie man das macht? kann die bloße Aufgabe für die Bestimmung des Schutzbereichs maßgebend sein? Es wird in diesem Falle auch der Gedanke der Ersterfindung hineinspielen, über den die nächste Anmerkung zu vergleichen ist. — Ähnliche Bedenken über zu allgemeine Fassung des Erfindungsgedankens werden noch bei den in den nächsten Anmerkungen anzuführenden Beispielen hervortreten.

Für gewisse **andere Auslegungstypen** (vgl. A 57ff) Ausdehnung auf ein anderes Gebiet, auf eine andere Zweckverwendung, auf eine andere Betriebsart, z. B. Erstreckung des Schutzes für eine neu erfundene Vorkehrung beim Wagenbau auf das Gebiet des Luftschiffbaues, sind allgemeine Regeln nicht aufzustellen. Hier ist alles in besonderem Maße Sache des Ermessens im Einzelfalle. Nur zwei Punkte sind zu beachten: das neue Gebiet, die neue Verwendung darf nicht zu entfernt liegen, und vor allem, das neue Gebiet darf keine neuen Aufgaben stellen; letzterenfalls ist eine ausdehnende Auslegung völlig ausgeschlossen.

Dagegen bedürfen die sog. patentrechtlichen Äquivalente wiederum einer Betrachtung. Heute nimmt die Rechtsprechung ausnahmslos an, patentrechtliche Äquivalente fallen in den Schutzbereich des Patents. Früher war das ganz anders. Geschützt war, an Waagen zu gewissen Zwecken ein Kniegelenk anzubringen; der Beklagte brachte zu gleichen Zwecken eine Klinkvorrichtung an. Das Kammergericht äußerte Blatt 6 (1900), 234: in bezug auf die Wirkung gleichwertige Mittel brauchen nicht gleichwertig im technischen Sinne zu sein, und schloß daraus, daß der Ersatz eines Mittels durch ein technisch ungleichwertiges Mittel das Patent nicht verletze. Widerspruch gegen die Gleichstellung derjenigen Mittel, die man patentrechtlich Äquivalente nennt, ist vielfach erhoben, am schärfsten von L. Fischer GewR 29 (1924), 114 Sp. 1: heute dehnen die Gerichte bei der Auslegung von Patenten vielfach auch den Begriff der Äquivalenz soweit, daß schließlich eine Anordnung noch als äquivalent und geschützt erscheint, die das Wesen des im Patentanspruch Definierten ganz und gar ändert und weit außerhalb seiner Grenze liegt. — In der Tat läßt sich ein Zirkelschluß nicht verkennen. Die erste Regel alles Patentrechts ist: nicht die Wirkung darf patentiert werden, sondern nur die Mittel, die die Wirkung hervorbringen. Andererseits sind patentrechtliche Äquivalente gerade solche, die die gleiche Wirkung hervorbringen. Fallen diese sämtlich in den Schutzbereich, so ist das Ergebnis, daß die Wirkung patentiert ist. Dies Ergebnis muß natürlich auf alle Fälle vermieden werden. Eine hierdurch gegebene gewisse Einschränkung des Kreises der patentrechtlichen Äquivalente ist also ohne Frage geboten. Sie ist auch noch aus anderem Grunde geboten (vgl. nächste Anmerkung). — Zu welchen auffälligen Ergebnissen es führen kann, wenn man die Äquivalenz allein nach der Gleichheit der Wirkung bemißt, zeigt ein in A 52 ausführlicher mitgeteiltes Urteil. Es handelt sich um die Herstellung von Stärke in Strahlenform. Die noch feuchte Stärke wird in Blöcke gepreßt, und diese Blöcke sollen so behandelt werden, daß sie beim Trocknen strahlenförmig auseinanderfallen. Das Patent schlug vor, die Blöcke der Einwirkung eines Stromes von warmer feuchter Luft auszusetzen. Ausgelegt wurde, daß unter das Patent auch die Trocknung in Luftleere falle; auch solche Trocknung bewirke ein Auseinanderfallen der Blöcke in Strahlenform, weshalb beide Behandlungsarten äquivalent seien. Dem dürfte entgegenstehen, daß es auf das Mittel ankam, durch das das Ziel erreicht wurde; Trocknung unter Zuführung von warmer Luft und Trocknung im Vakuum sind wissenschaftlich und technisch geradezu konträre Gegensätze. Der Patentschutz ist also ausgedehnt auf ein ganz andersartiges Mittel, von dem der Erfinder nichts gewußt hatte.

In einer anderen Richtung hat die neueste Rechtsprechung des RG 119, 73 eine Einschränkung des Kreises der geschützten Äquivalente eintreten lassen. Ist das Problem des Patents bereits mehrfach gelöst und besteht das Verdienst des Patents darin, daß es ein weiteres, vielleicht besseres Mittel vorschlägt, so fallen in den Schutzbereich nicht diejenigen Äquivalente, die den Mitteln der früheren Problemlösungen nahestehen, mit dem neu vorgeschlagenen Mittel aber wenig oder nichts gemein haben. — Die Ausführungen des Urteils sind völlig überzeugend und bewegen sich in Gedankengängen, die in der nächsten Anmerkung näher erörtert werden.

Anm. 68. **Die Bedeutung des Patents für den Fortschritt der Technik.** Große Erfindung, großer Schutzbereich; kleine Erfindung, kleiner Schutzbereich — man sollte meinen, diese Regel sei ohne weiteres einleuchtend, jeder würde zugestehen müssen, daß sie allein zu einer vernünftigen und gerechten Ordnung der gewerblichen Schutzrechte führen kann. Deshalb ist sie auch in England und in Nordamerika anerkannt. Macomber, fixed Law of Patents, S. 27: die Lehre (von der verschiedenartigen Bemessung des Umkreises der Äquivalente je nach der Größe der Erfindung) ist Schritt für Schritt von den Gerichten aufgebaut, und sie ist vielleicht die wohltätigste aller Regeln. Sie gibt den Gerichten die Möglichkeit, umfassenden Erfindungen den Lohn zu gewähren, den sie verdienen. Sie gibt aber auch den Gerichten die sehr notwendige Möglichkeit, kleine Erfindungen und Verbesserungen auf einen Schutzbereich zu beschränken, der der geringen Vermehrung der allgemeinen Kenntnis, die sie bringen, angemessen ist. — Auch in Deutschland war die Regel bis etwa 1910 anerkannt, und zwar in der Form, daß man sagte: Auslegung über den Wortlaut hinaus könnte nur eintreten, wenn die Beklagte die erste gewesen sei, die den Erfindungsgedanken verwirklicht hätte, Blatt 17 (1911), 274 Sp. 1. Bald aber trat eine Änderung dahingehend ein, daß auch kleinste Erfindungen und Verbesserungen nach dem Erfindungsgedanken ausgelegt wurden. Den Gegensatz kennzeichnen folgende Urteile. Blatt 17 (1911), 268 Sp. 1: ist das Patent ein Konstruktionspatent, so erstreckt sich der Schutz auch auf die der Zunge äquivalenten Konstruktionsmittel; handelt es sich aber um ein Pionierpatent, so wird der Patentschutz nach dem wirklichen Inhalt der Erfindung, nach dem Erfindungsgedanken bemessen. Andererseits Mitt 1913, 115 Sp. 1: auch wenn die Erfindung keine bahnbrechende ist, fallen in ihren Bereich alle Äquivalente und alle Ausführungsformen ihres Erfindungsgedankens. — Neuerdings ist das Reichsgericht wieder zu der früheren Auffassung zurückgekehrt, MuW Jahrg. 27/28

S. 220 Sp. 2 unten: das Klagpatent bringt keine bahnbrechende Erfindung . . . Unter diesen Umständen ist es nicht angängig, den Anspruch über seinen Wortlaut hinaus auszulegen. — Da anzunehmen ist, daß die Rechtsprechung des Reichsgerichts sich jetzt wieder in diesen Bahnen bewegen wird, würde es keiner weiteren Auseinandersetzung bedürfen. Es ist aber doch noch auf einige Punkte hinzuweisen. Der Begriff des Ersterfinders ist festzustellen. Jede Erfindung bringt etwas Neues, und dieses Neue findet sich in dem Patente zum erstenmal dargestellt. Insofern ist jede Erfindung eine Ersterfindung. Das ist aber natürlich mit jener Regel nicht gemeint. Gemeint ist vielmehr eine solche Sachlage, daß nicht nur ein ganz beschränktes Problem (nämlich das dem Patente zugrunde liegende) zum erstenmal gelöst ist, sondern daß die Erfindung sich auf einem weiteren oder engeren technischen Gebiete bewegt, das bisher überhaupt noch nicht in Angriff genommen war. Hin und wieder hat man den Begriff auch in jenem ersteren zu engen Sinne aufgefaßt und daraus dann Folgerungen gezogen, die zu weit gehen. Das dürfte in dem vorstehend angeführten Urt Blatt 17 (1911), 267 geschehen sein. Es handelte sich darum, eine Nähmaschine, wenn man auf ihr sticken wollte, diesem Zwecke geeignet zu machen. Da man beim Sticken den Stoff in Kurven bewegen muß, mußte die geradlinig vorwärtsschiebende Wirkung des Stoffschiebers außer Tätigkeit gesetzt werden. Mit dieser Aufgabe hatten sich schon mehrfache Erfindungen beschäftigt. Es war vorgeschlagen und ausgeführt worden, den Stoffschieber so zu gestalten, daß man ihn aus der Maschine herausnehmen konnte, oder auch auf die Stichplatte eine weitere Platte zu legen, so daß die Zähne des Schiebers den zu bestickenden Stoff nicht mehr erreichen konnten. Das Patent des Klägers schlug vor, den Stoffschieber so zu versenken, daß seine Zähne unterhalb der Stichplatte blieben. Das Reichsgericht erklärte: es lag für die Erfindertätigkeit nicht mehr die allgemeine Aufgabe vor, eine beliebige Einrichtung zur Umwandlung zu suchen, die die Nähmaschine zum Sticken geeignet machte, aber es blieb ihr frei, den bisher nicht betretenen Weg zu beschreiten, daß der Stoffschieber versenkt wird. Auf diesem beschränkten Gebiete war sie dann als Ersterfinderin anzusehen. Ihr sind deshalb nicht nur die Äquivalente ihrer Einrichtung, sondern ihr ist der Erfindungsgedanke geschützt. — Die Beklagte hebt die auf- und abgehende Bewegung der Zähne durch eine Verstellvorrichtung auf, und das Reichsgericht hat nun angenommen, daß diese Aufhebung der Bewegung den gleichen Erfindungsgedanken habe wie die geschützte Versenkung des Stoffschiebers. Es möchte scheinen, als ob damit der Begriff der Ersterfindung in starker Weise abgeschwächt ist; das Gebiet der Umwandlung der Nähmaschine war bereits bearbeitet, und es wird nicht angängig erscheinen dürfen, die konkrete neue geschützte Einrichtung doch noch wieder als Ersterfindung mit den sich daraus ergebenden Folgen anzusehen. Die Folgen sind, daß die neue Vorrichtung der Beklagten, die technisch etwas wesentlich anderes war als die geschützte Einrichtung, in den Patentbereich einbezogen wurde. Damit dürfte dem Patentinhaber zum Nachteil der Industrie ein erheblich zu großes Gebiet zugesprochen sein.

Die Hauptsache wird immer sein, daß man von dem Standpunkte abgeht, schematisch und kritiklos den ganzen durch Patente und vorbekannte Maßnahmen noch nicht gedeckten Raum (vgl. hierfür RG 79, 187) dem Erfinder einer einzelnen konkreten Vorkehrung als Äquivalent zuzusprechen. Vielmehr darf er nur so viel des noch freien Gebiets erhalten, als dem Verdienste seiner Erfindung adäquat ist. Ein verheißungsvoller Anfang dazu ist in dem in der vorigen Anmerkung angeführten Urt RG 119, 70ff gemacht, woselbst ausgesprochen ist, daß der Schutzbereich sich nicht auf Einrichtungen zu erstrecken hat, die den vorbekannten Einrichtungen viel ähnlicher sind, als der geschützten. Man wird hierbei auch nicht einmal an dem Trennungsstrich zwischen Ersterfindung und Konstruktionserfindung halt zu machen haben. Es gibt Konstruktionserfindungen, also z. B. Verbesserungen, von erheblicher Bedeutung; ihnen wird ein größerer Schutz zuteil werden müssen, als kleinen Erfindungen, die auf der Grenze zur Patentunfähigkeit stehen. Die Rücksicht auf das Verdienst, das die geschützte Erfindung sich erworben hat, ist ganz neuerdings noch wieder betont in einem Urt vom 27. 1. 28 (gleichfalls schon in A 60 a. E. erwähnt): wie der Senat bereits ausgeführt hat, erstreckt sich der Patentschutz nicht stets auf alle gleichwertigen Mittel, sondern es muß bei der Frage, ob und inwieweit dies der Fall ist, auf das V e r d i e n s t Rücksicht genommen werden, das sich der Erfinder um die Förderung der Technik erworben hat. Dieses Verdienst besteht hier . . . nicht darin, daß er gezeigt hat, wie man . . . eine brauchbare Gußmasse erhalten kann. Sein Verdienst besteht vielmehr nur in der Bekanntgabe eines bisher wertlosen, bei der Reinigung von Gußstücken verbleibenden Abfalls als eines zur Verwendung für eine Schwefelgußmasse . . . geeigneten Stoffes. — Daraus wird geschlossen, daß sich der Schutzumfang des Patents nicht auf andere Stoffe, die in anderen Industriezweigen abfallen, erstrecken kann. Damit ist die Bedeutung des Verdienstes einer Erfindung um den Fortschritt der Technik hinsichtlich der Weite des Schutzumfangs klar anerkannt. Ähnliche Gedanken sind auch früher schon in Urteilen und im Schrifttum gelegentlich geäußert worden. Mit stärkerer Betonung neuerdings A. Seligsohn, JW 1928, 331 Note: man muß eben — wie dies mit Recht in allen Kulturländern geschieht — bei der Feststellung des Umfangs des Patentschutzes die Bedeutung der patentierten Erfindung berücksichtigen und danach den Kreis der mitgeschützten Äquivalente abstecken.

Einen guten Anhalt für die Weite des Schutzbereichs und demnach für die Frage der Verletzung gibt eine in Amerika, z. B. Fed. Rep. Bd. 118 S. 144 aufgestellte Regel: eine Verletzung liegt nicht vor, wenn die beanstandete Form sich von der geschützten Erfindung um ebensoviel unterscheidet, wie die geschützte Erfindung sich von der früheren Technik unterschieden hat. Diese Regel ist von Pilenko, Recht des Erfinders, S. 532f aufgenommen worden und als das Gesetz der gleichen Abstände bezeichnet: der Begriff der Nachahmung muß in Verbindung gebracht werden mit der jeweiligen Menge von Schöpfungskraft, die der Erfinder an den Tag gelegt hat. An und für sich kann die Vergleichung einer Nachbildung mit der geschützten Erfindung noch nicht die Grundlagen für die Entscheidung geben, ob die Nachbildung eine Verletzung enthält. Zur Entscheidung ist es vielmehr nötig, auch die geschützte Erfindung mit dem Stand der Technik zu vergleichen, den sie vorgefunden hatte. Ist der Fortschritt der geschützten Erfindung nur gering, so braucht auch der Fortschritt der Nachbildung nur gering zu sein, um aus dem Schutzbereich des Patents herauszukommen; sie braucht dazu nur einen gleich großen oder einen größeren Schritt zu machen, als die Erfindung selbst ihrerseits gemacht hatte. — Auch diese Regel gibt natürlich keinen scharfen Maßstab, man kann danach nicht mit der Elle messen, aber sie gibt einen wertvollen Gesichtspunkt, der bei der Beurteilung nicht außer acht zu lassen ist.

Selbstverständlich ist, daß die Bedeutung des Standes der Technik mit vorstehendem in keiner Weise angetastet wird. Der Stand der Technik spielt immer die wichtige Rolle, daß nur aus ihm bestimmt werden kann, wie die offenbarte Erfindung aufzufassen ist, was an ihr neu ist, welche Bedeutung sie für den Fortschritt der Industrie hat. Wenn der Satz, geschützt ist an der Erfindung alles, was an ihr schutzfähig ist, aufrechterhalten werden soll, so wird er mit der Betonung zu lesen sein, daß es auf die Erfindung ankommt, wie sie offenbart ist. — Es darf die Vermutung ausgesprochen werden, daß die entwickelten Grundsätze sich nach und nach, vielleicht langsam, durchsetzen werden. Sie gelten mit ähnlichem Inhalt in allen Industrieländern mit alter und mit blühender Industrie. Dadurch rechtfertigen sie sich. Daß das Interesse des einzelnen Erfinders der Pharus ist, nach dem alle Schiffe zu segeln haben, das wird nur möglich sein, solange die Erfindungen vereinzelt und gering an Zahl sind. Wenn die Erfindungen und die Erfinder sich drängen, wird immer mehr hervortreten, daß sie mit der sie umgebenden Industrie in Gemeinschaft verbunden sind, und daß die Berücksichtigung der Interessen jedes Teiles nur nach den höherstehenden Interessen des Ganzen zu bemessen ist.

Anm. 69. **Das Prinzip der Rechtssicherheit.** Dies Prinzip soll zur Erfüllung der Forderung dienen, daß die Allgemeinheit aus der Patentschrift wenigstens im wesentlichen und innerhalb gewisser Grenzen erkennen könne, wieweit der Schutzbereich des Patents geht, was das Gewerbe tun darf oder zu lassen hat. Wenn die in den beiden vorstehenden Anmerkungen aufgestellten Grundsätze befolgt werden, wird die Forderung erfüllt sein, soweit sie überhaupt erfüllt werden kann. Im vollen Umfange läßt sie sich nicht erfüllen, wie sich sogleich ergeben wird. Im besonderen geht die Forderung dahin, daß dem Patentanspruche mehr Beachtung geschenkt werden möge, als bisher vielfach geschehen ist. Vorbedingung dazu ist natürlich, daß der Anspruch klar ist. Das Gesetz gibt keine Vorschrift, wie er abgefaßt werden soll. Nach § 20 ist im Anspruch anzugeben, was als patentfähig unter Schutz gestellt werden soll. Die deutsche Praxis des Patentamts legt das dahin aus, daß der patentfähige Inhalt der Erfindung zusammenfassend beschrieben wird, wobei auf bekannte Weise herausgehoben wird, was neu ist. England und Amerika verlangen keine zusammenfassende Beschreibung; sie verlangen aber, daß die einzelnen Erfindungsstücke, die erfinderisch neu sind, im Anspruch genau aufgeführt werden, was nicht durch Beschreibung zu geschehen braucht, sondern auch durch Bezugnahme auf die Patentbeschreibung geschehen kann. Es genügt also eine Fassung: eine Röntgenröhre mit einer Antikathode, wie in der Beschreibung auseinandergesetzt, betrieben mit einer Spannung, wie auseinandergesetzt. Was nicht auf diese Weise im Anspruch gekennzeichnet ist, ist nicht geschützt; diese Regel wird aufs strengste eingehalten. Es liegt zutage, daß damit die einzelnen erfinderischen Punkte klarer gestellt werden, daß man aber zum Verständnis die Patentbeschreibung in höherem Grade zu Hilfe nehmen muß, als bei uns. Auch bei uns fand sich bis gegen 1900 nicht selten eine ähnliche Bezugnahme auf die Patentbeschreibung. Heute wird bei uns lebhafte Klage über die vom Patentamt verlangte Fassung — Oberbegriff und davon getrennt Angabe des erfinderisch Neuen — geführt. Es ist sehr fraglich, ob diese Klagen den springenden Punkt treffen. Die verlangte sprachliche Einkleidung ist höchstens eine Unbequemlichkeit. Der Kernpunkt liegt in der Klarheit oder Unklarheit der Gedanken. Sehr häufig ist sich der Erfinder nicht darüber klar, wo der springende Punkt seiner Erfindung ist, obgleich sich das doch bei der großen Masse der Erfindungen unschwer ergeben würde, wenn er die beiden Fragen beantworten würde: was will er gegenüber dem Bisherigen bessern? Welche neuen Vorkehrungen hat er dazu getroffen? Nur wenn die Erfindung ein ganz neues Gebiet eröffnet, mögen größere Schwierigkeiten entstehen. Nicht ganz selten ist übrigens die Lage anders, der Erfinder weiß wohl, wo der Kern seiner Erfindung steckt, er will es aber nicht sagen, siehe das am Ende dieser Anmerkung ausführlich dargelegte Beispiel. Alle diese Fragen werden zu § 20 ausführlich behandelt; sie können hier nur angedeutet werden, um zu zeigen, daß man vor allen Dingen Klarheit im Anspruch herbeiführen muß, wenn die Allgemeinheit Klarheit über den Umfang des Schutzes erhalten soll.

Die im Schrifttum gemachten Vorschläge, Klarheit zu schaffen, verfangen nicht. W. Fischer, Festgabe für das Patentamt, S. 47ff steht in voller Übereinstimmung mit der herrschenden Meinung auf dem Standpunkte, daß Rechtssicherheit und Klarheit über den Schutzbereich die erste Bedingung sind. Er fordert, daß der Erteilungsbeschluß als Minimum des Schutzes anerkannt wird. Da der Erteilungsbeschluß, außer wenn im Beschwerdeverfahren ergangen, in der Regel nichts sachlich Relevantes enthält, wird der Anspruch gemeint sein. Es darf darauf hingewiesen werden, daß das nicht den eigentlich springenden Punkt trifft. Auslegung, die unter den Wortlaut und Sinn des Anspruchs hinuntergeht (A 50), kommt außerordentlich selten vor, kaum in 1% der streitigen Fälle; sie spielt also keine ernstlich in Betracht kommende Rolle. Wenn im Schrifttum von „einschränkender" Auslegung die Rede ist, so ist fast immer darunter der Ausschluß der Äquivalente verstanden, also eine „enge" Auslegung (A 46). Die Klagen, die in erster Reihe in Betracht kommen, gehen aber vom Publikum aus und richten sich darauf, daß das Maß der Ausdehnung nicht vorherzusehen ist. Die Art und Weite der Ausdehnung des Schutzumfangs, also die Antwort auf die Frage, ob die Äquivalente (und weitere Anwendungsgebiete der Erfindung) geschützt sein sollen, will Fischer durch Gesetz festlegen. Damit dürfte dem Gesetzgeber eine Aufgabe gestellt sein, die er unmöglich erfüllen kann, wenigstens nicht in einer Weise, daß für die Allgemeinheit im Einzelfalle Klarheit geschaffen wird. Gerade bei den Äquivalenten ist ja die schwierige Frage, inwieweit patentrechtliche Äquivalenz, also Dinge, die dieselbe Wirkung erzielen, ohne technologisch gleichartig zu sein, mit geschützt sind. Dies, ebenso wie die Ausdehnung auf andere Gebiete, andere Zweckverwendung, andere Betriebsart usw. kann unmöglich durch Gesetz geregelt werden, weil rein von der Lage des Einzelfalls abhängig. — Wildhagen, ebenda S. 34, fordert Betonung der technischen Anleitung, der Arbeitsanweisung und meint S. 37, daß sich dann die Auslegung der Patente auf eine reine Sinnermittlung des Anspruchs beschränken kann. Auch demgegenüber muß der Zweifel erhoben werden, ob durch die Klarlegung der Regel, der Anleitung schon fest bestimmt ist, wieweit sich der Erfindungsgedanke erstreckt, welche Mittel anderer Art als die im Patentanspruch aufgeführten mitgeschützt sind, ob Ausdehnung auf andere Gebiete und Zweckverwendungen ausgeschlossen oder zulässig ist. — Auf die eindringlichen Ausführungen von Wirth einzugehen, ist hier nicht der Ort. Es wird sich nicht sagen lassen, daß die erwähnten Vorschläge wirklich über die beklagten Schwierigkeiten hinweghelfen. Aber besonders aus den Ausführungen von Wildhagen ist ein Punkt zu entnehmen, der in der Tat große Bedeutung hat. Die Anforderungen, die das Patentamt im Erteilungsverfahren stellt, müssen in zwei Richtungen gesteigert und verschärft werden. Es muß ganz anders, als heute geschieht, auf wirkliche anschauliche Klarstellung der Erfindung gedrungen werden. Es muß verlangt werden, daß der Erfinder konkret und in allen Einzelheiten beschreibt, wie die neuen Teile seiner Maschine eingerichtet sind, was man (bei Verfahrenserfindungen) tun muß, um zu dem erstrebten Ziele zu gelangen. Keine unklaren Schematismen, keine abstrakten Gedankengänge, sondern Anschaulichkeit und genaue Konkretisierung der Erfindung. Der heutige Zustand ist unleidlich, daß man die englischen und amerikanischen Patentschriften zu Rate ziehen muß, wenn man zu erfahren wünscht, wie die Erfindung eigentlich beschaffen ist. Genaue Konkretisierung kann allein die Grundlage einer vernünftigen Auslegung geben. Das Zweite ist: es muß vom Erfinder verlangt werden, daß er genau angibt, in welchen Teilen einer komplexen Maßnahme das erfinderisch Neue liegt. Die Einwendungen dagegen sind bekannt; man sagt, der Erfinder wisse unter Umständen selbst nicht genau, wie der Stand der Technik sei, und das dürfe ihm nicht zum Schaden gereichen. Diese Einwendungen sind nicht stichhaltig, wie das Beispiel Englands und Nordamerikas klar erweist. Dort muß er im Anspruch genau die Punkte kennzeichnen, die er geschützt haben will; was er nicht in dieser Weise gekennzeichnet hat, wird nicht geschützt. Was in jenen Ländern möglich ist, ist auch in Deutschland möglich. Allerdings wird vom Erfinder damit verlangt, daß er über den Inhalt seiner Erfindung zur Klarheit gelangt und die Schaffung dieser Klarheit, die seine Aufgabe ist, nicht den Gerichten überläßt. Wie heute die Sachlage ist, dafür dient ein von Wirth gegebenes Beispiel als Prototyp, Erfindung und Nachahmung, S. 54. Erfunden ist ein Verfahren einer besonderen Behandlung von Bier; der Erfinder meldet das an und sagt sich: ob das Verfahren sich auch für Wein verwenden läßt, das werden mir die Gerichte im Verletzungsstreite schon sagen. In der Tat werden in solchen Fällen darüber dann nicht selten Beweise erhoben. Die Gerichte vervollständigen derart die Erfindung. Bei großen Erfindungen auf ganz neuen, unübersichtlichen Gebieten mag das angezeigt sein; bei der großen Masse der mittleren und kleineren Erfindungen dürfte es zuungunsten des Publikums zu weit gehen.

Mit diesen Forderungen geschieht dem Erfinder kein Unrecht. Mit der ersten, Genauigkeit der Beschreibung, sicherlich nicht, wie keiner Darlegung bedarf. Aber auch mit der zweiten nicht: es soll nichts weiter verlangt werden, als daß er im Anspruch klar und deutlich sagt, was er erfunden hat. Damit soll verhindert werden, daß aus Wohlwollen für den Erfinder aus nebensächlichen Erwähnungen in der Patentbeschreibung ganz andere Erfindungen aufgebaut werden als der Erfinder selbst angegeben hatte. „Der Erfinder ist selbst der beste Gutachter für seine Erfindung."

Einzuschalten ist: bei sehr großen Pioniererfindungen können die Forderungen abgeschwächt werden — aus den verschiedensten Gründen, die hier nicht alle aufzuzählen sind. Bei solchen kann es im allgemeinen Interesse liegen, daß der Erfinder selbst seine Erfindung weiter entwickelt usw. Hier liegt ein entgegenstehendes Interesse des großen Publikums nicht vor. Dies sind aber seltene Ausnahmen.

Allerdings ist nun vorstehendes zum Teil Zukunftsmusik. Bisher sind bei uns Erfindungen nach anderen Grundsätzen patentiert worden, und man kann nicht heute schon alle Patente vernichten, die jenen Anforderungen nicht genügen. Das ist richtig. Aber was man schon heute tun kann, ist: berücksichtigen, daß auch die Interessen des Gewerbes ebensosehr wie die des Erfinders in Frage kommen müssen; Dinge, die der Erfinder verschwiegen hat, außer acht lassen; Dinge, die im Anspruch überhaupt keine Erwähnung gefunden haben, bei der Auslegung nicht berücksichtigen; die erweiternde Auslegung nur auf das erstrecken, was der durchschnittliche Sachverständige (nicht der sog. „wirklich Sachverständige") aus dem Patentanspruch im Beihalt der Patentbeschreibung, die nur zur Erläuterung des Anspruchs dient, entnehmen kann. Man wird nicht bezweifeln wollen, daß schon damit den meisten der lautgewordenen Beschwerden die Spitze abgebrochen wäre.

Es läßt sich an einem konkreten Beispiel klar zeigen, zu welchen Ergebnissen die den Erfindern bei der Offenbarung ihrer Erfindung gewährte Nachsicht führt. Es handelt sich um das in A 52 bereits angeführte Beispiel, Abscheidung von Salpetersäure; das Urteil ist abgedruckt Mitt 1922, 33. Bei der Herstellung von Explosivstoffen bleibt als Rückstand ein Gemisch von Schwefel- und Salpetersäure übrig; es handelt sich darum, aus diesem Gemisch die Salpetersäure in konzentriertem Zustande zu gewinnen. Patentiert war, die Mischsäure in einem Turme von oben nach unten rieseln zu lassen und Wasserdampf oder stark wasserhaltige Gase im Gegenstrome von unten nach oben zu führen; dann sollte konzentrierte Salpetersäure oben entweichen. Der Patentanspruch schützte also ein Verfahren, das in dem Behandeln der Mischsäure im Gegenstrom mit einem Heizmittel bestand, dad. gek., daß als Heizmittel . . . Wasserdampf verwendet werden sollte. Der Sachverständige legte dar, daß dies patentierte Verfahren längst bekannt sei, daß man aber allerdings durch gewisse Abänderungen, nämlich richtige Bemessung des Dampfes und vor allem der Höhe des Turmes, konzentrierte Salpetersäure erhalten könne; diese Abänderung habe aber das Patent nicht angegeben, vielmehr nur die längst bekannten Grundprinzipien angeführt. Das Reichsgericht hat das Patent trotzdem aufrechterhalten, weil in einem Satze der Beschreibung von „genügender Bemessung des Gegenstroms" die Rede sei, und hat also das Patent völlig anders ausgelegt, als der Anspruch lautet. Da es sich um einen Erfinder von Ruf handelte, entstand der Verdacht, daß er wohl gewußt habe, worauf es ankomme, dies aber habe im dunkeln lassen wollen. Dieser Verdacht hat sich bestätigt. In Amerika ist über das identische Patent 1031864 eingehend verhandelt worden (Fed. Rep. 2. Reihe Bd. 9 S. 69ff). In der Beweiserhebung ist bekundet worden, der Patentinhaber habe bei den Vorversuchen seinen Assistenten erklärt, die bisherigen Denitriertürme seien alle falsch gebaut; der Weg in der Kolonne sei nicht lang genug, um den vollen Erfolg (Konzentration der Salpetersäure) zu erzielen, der sich erzielen lasse. Die Verlängerung des Weges sei dann in der Weise bewirkt, daß in die Behälter kleine zylindrische gläserne Hohlkörper geschüttet worden seien, so daß Gase und Säure nicht den geraden Weg nehmen konnten, sondern vielfache Zickzackbewegungen ausführen mußten (a. a. O. S. 72). In der amerikanischen Patentbeschreibung ist gesagt, der Prozeß finde in der ganzen Länge des Weges in der Kolonne statt, und wenn man den Weg lang genug mache, erhalte man Salpetersäure von der höchstmöglichen Konzentration. Die besten Resultate würden erzielt, wenn das Gemisch frei von Verunreinigungen, von organischer Substanz, Stickoxyden usw. sei. Die einfachste Ausführungsform bestehe in einer vertikalen Kolonne, die mit einer passenden Füllmasse gefüllt sei. Sodann folgen Vorschriften über Art und Menge des Wasserdampfes. Von aller dieser unentbehrlichen Anleitung steht im deutschen Patent kein Wort; in der Beschreibung ist sie komprimiert in den Satz, bei genügender Bemessung des Gegenstroms erreiche man die gewünschten Endzustände. — Das Patent ist wie gesagt von den deutschen Nichtigkeitsbehörden aufrechterhalten worden. Kann man es den Erfindern verargen, daß sie den Kern ihrer Erfindung in deutschen Patenten geheimhalten, wenn sie wissen, daß sie in Deutschland damit durchkommen und daß das, was fehlt, wohlwollend ergänzt und richtiggestellt wird? Es wird in der Tat zu überlegen sein, ob dieser Zustand nicht einer Änderung bedarf. Hinzuzufügen ist, daß das Patent in Amerika (anders als in Deutschland) wegen Vorwegnahme für unwirksam erklärt ist.

Abschnitt V.
Unteransprüche.

Welcher Schutz wird durch Unteransprüche verliehen? Die eingehendere Darlegung des Unterschieds zwischen Nebenansprüchen und Unteransprüchen bleibt der Erörterung des § 20 vorbehalten. Durch Nebenansprüche werden mehrere selbständige Erfindungen geschützt, die zwar in einer tatsächlichen Verbindung miteinander stehen, wobei aber die Ansprüche in keiner Weise abhängig voneinander sind. Hauptfall: ein Herstellungsverfahren ist neu, neu sind auch die Arbeitsmittel und neu ist das Erzeugnis. In solchem Falle können in einem Patente drei selbständige Nebenansprüche gewährt werden, Blatt 19 (1913), 294. Für die Auslegung macht ein solches Patent keine besonderen Schwierigkeiten. Die Auslegung erfolgt so, als wenn Verfahren, Arbeitsmittel und Erzeugnis je in selbständigen Patenten geschützt wären. Dies gilt also, wenn feststeht, daß alles drei selbständige unabhängige Erfindungen sind. Anm. 70.

Unteransprüche sind solche Ansprüche, die in Abhängigkeit vom Hauptanspruche stehen; z. B. Vorrichtung nach Anspruch 1 — es folgt die Beschreibung einer speziellen Ausgestaltung für einen besonderen Zweck. Was im Unteranspruch steht, gehört also nicht zum Inhalt der Haupterfindung, Blatt 23 (1917), 100. Für derartige Unteransprüche sind in der herrschenden Rechtsprechung zwei wichtige Regeln entwickelt: was in dem Unteranspruch beschrieben ist, kann eine selbständige Erfindung sein, die also gegenüber dem Stande der Technik erfinderisch neu ist, es braucht aber keine Erfindung zu sein; der Unteranspruch braucht nur eine praktische Ausgestaltung der Erfindung des Hauptanspruchs zu enthalten, die also ihrerseits weder gegenüber dem Stande der Technik, noch gegenüber der Erfindung des Hauptanspruchs eigenen erfinderischen Charakter zu haben braucht. Die zweite Regel geht dahin: die Entscheidung, ob das im Unteranspruch derart Beschriebene eine selbständige Eigenerfindung ist, die allgemein Schutz genießt, wie jede andere patentfähige Erfindung, oder ob es eine bloß handwerksmäßige, praktische, nicht selbständig, sondern nur in Verbindung mit dem Hauptanspruch geschützte Ausgestaltung der Haupterfindung ist — diese Entscheidung erfolgt erst im Verletzungsstreit.

Folgende Typen von Unteransprüchen sind hervorgetreten. Der Hauptanspruch schützt eine Kombination, der Unteranspruch Elemente derselben; Hauptanspruch: ein Erfindungsgedanke, Unteranspruch: eine Ausführungsform desselben; weiter Zusammenstellungen von Verfahren, Arbeitsmitteln, Erzeugnissen, von denen eins oder das andere nicht neu ist, z. B. Hauptanspruch: ein neues Verfahren, Nebenanspruch: auszuführen mit einem — an sich bekannten — Arbeitsmittel; endlich Hauptanspruch: eine in ihren Grundzügen beschriebene Vorrichtung, Unteranspruch eine Sondergestaltung derselben. (Eine andere Unterscheidung von Unteransprüchen ist angegeben von Schanze, LeipzZ 4, 801; vgl. auch Rathenau, GewR 14 [1909], 293.)

Welche Folgen es nach sich zieht, wenn einer der Ansprüche, namentlich der Hauptanspruch vernichtet wird, ist § 10 A 20 dargelegt. Hier ist die Auslegung zu erörtern.

1. Unteransprüche auf Elemente der im Hauptanspruch geschützten Kombination. Das Patentamt hat in einer als grundlegend gedachten Entscheidung Blatt 19 (1913) S. 292, 296 Sp. 1 ausgesprochen: Unteransprüche auf Elemente als selbständige Erfindungen seien in einem Kombinationspatent unzulässig, weil damit die Einheitlichkeit der Erfindung zerstört würde. Das soll heißen, man könne in ein und demselben Patente nicht neben der Kombination auch noch erfinderisch neue Elemente zu unbeschränkter und beliebiger Verwendung, etwa in einer anderen Kombination oder als selbständige Arbeitsmittel, schützen; zulässig sei es nur, erfinderisch neuen Elementen zur Verwendung in der Kombination des Hauptpatents Schutz zu gewähren, weshalb also bei Anmeldung einer Kombination die Elemente auf selbständigen Erfindungsinhalt überhaupt nicht zu prüfen seien. Das Reichsgericht nimmt eine andere Stellung ein. Sind die Elemente in einem Unteranspruch geschützt (und auch, wenn sie es nicht sind), so wird im Verletzungsstreite geprüft, ob sie erfinderischen Gehalt haben; je nachdem wird ihnen allgemeiner Schutz oder nur Schutz innerhalb der Kombination beigelegt. Das Reichsgericht nimmt keine Rücksicht darauf, daß das Patentamt nach seiner angeführten Entscheidung sich über den selbständigen Erfindungscharakter der Elemente nicht ausgesprochen hat und nicht aussprechen wollte, also seinerseits selbständigen Schutz nicht verleihen wollte. Nur wenn das Patentamt den beantragten selbständigen Elementenschutz ausdrücklich ab-

gelehnt hat, hält das Reichsgericht sich hieran gebunden, vgl. das ausführliche Urt GewR 14 (1909), 173. Die Bezugnahme des Unteranspruchs auf die Kombination des Hauptanspruchs steht der Annahme eines selbständigen Schutzes nicht entgegen, sie wird vielmehr ignoriert. Die Entscheidung, ob selbständiger Schutz oder nicht, erfolgt wie erwähnt, im Verletzungsstreit; im Nichtigkeitsverfahren wird der Erfindungscharakter der Unteransprüche nicht geprüft.

Früher wurde anders entschieden. Das Reichsgericht hat Blatt 6 (1900), 57 einen Unteranspruch vernichtet, der zwar auf den erfinderischen Hauptanspruch Bezug nahm, aber seinerseits gegenüber dem Stande der Technik nichts erfinderisch Neues enthielt.

Die Formulierung des Unteranspruchs auf das Element einer Kombination erfolgt nach dem Schema: Vorrichtung nach Anspruch 1, dad. gek., daß der Vorrichtung (folgt die Bezeichnung des weiteren Elements) hinzugefügt wird. Diese Formulierung wird in allen Fällen gewählt, weil das Patentamt nach seinen geschilderten Grundsätzen in einem Kombinationspatent den Elementen niemals selbständigen Schutz verleihen will. Wollte das Patentamt, wie in A 72 empfohlen wird, prüfen und zum Ausdruck bringen, ob das Element selbständigen Schutz genießen soll, dann müßte die Formulierung anders lauten. Hinzuzufügen ist, daß einem Elemente, das keinen selbständigen Gebrauchswert hat, im Verletzungsstreite, wie zutage liegt, in der Regel kein selbständiger Schutz beigelegt werden kann (vgl. § 4 A 61f). 89774 schützt eine Einrichtung zum Kokslöschen, dad. gek., daß vor den Retorten eine knieartige Rinne angebracht ist. Die knieartige Rinne könnte, auch wenn sie neu gewesen sein sollte, nicht selbständig geschützt werden. Wohl aber würde sie in einer gleichartigen Kombination Schutz genießen, vgl. Blatt 18 (1912), 107; weiter § 1 A 121, § 4 A 61.

2. Die übrigen Fälle, in denen Unteransprüche erteilt werden können, lassen sich gemeinsam behandeln. Beispiele für den Schutz von Erfindungsgedanken und Ausführungsform finden sich § 1 A 108ff angeführt. Fälle des Schutzes eines Verfahrens und einer zur Ausführung desselben geeigneten Vorrichtung sind so zahlreich, daß sie nicht erwähnt zu werden brauchen. Fälle der Spezialisierung des Verfahrens oder der Vorrichtung des Hauptanspruchs: der Unteranspruch kann enthalten eine technisch und wirtschaftlich wichtige Verwertung des Erzeugnisses des Anspruchs 1, Blatt 23 (1917), 99; Hauptanspruch 1: Hochhubsicherheitsventil, gek. durch das Fehlen gewisser Führungsteile, Anspruch 6 Ventil nach Anspruch 1 (und 2), gek. durch die Anbringung einer Einstellungsschraube, Mitt 1924, 59; eine zweckmäßige Maßnahme zum vorteilhaften Betriebe des durch den Hauptanspruch geschützten Verfahrens, Mitt 1925, 164. — In all diesen Fällen gilt die Regel, daß der Unteranspruch für sich, losgelöst vom Hauptanspruch, sich vom Stande der Technik nicht erfinderisch zu unterscheiden braucht; ebenso braucht er sich vom Hauptanspruch nicht erfinderisch zu unterscheiden: es genügt, wenn er eine praktische Ausgestaltung der Erfindung des Hauptanspruchs enthält, wenn er die Erreichung des Zweckes des Hauptanspruchs wesentlich unterstützt, den in diesem enthaltenen Erfindungsgedanken in besonders zweckmäßiger Weise verwirklicht. Allerdings muß er mehr enthalten, als einen Gedanken, der nur technisch Selbstverständliches bringt, und nur als eine sich von selbst ergebende Überlegung zu werten ist, vgl. RG Blatt 33 (1927), 257f; GewR 21 (1916), 119, ferner die Anführungen von Hüfner, MuW Jahrg. 16 S. 179 Sp. 2 und viele gleichlautende Urteile. (Wird dagegen die Ausgestaltung nachträglich besonders angemeldet, so kann sie nur patentiert werden, wenn sie erfinderisch ist, Blatt 32 [1926], 146.) Ist das, was im Unteranspruch steht, erfinderisch neu — was auch in diesen Fällen nicht im Nichtigkeitsverfahren, sondern erst im Verletzungsstreite geprüft wird —, so ist, wer es in irgendeiner Weise benutzt, einer Verletzung schuldig. Dagegen macht sich keiner Verletzung schuldig, wer nicht die Erfindung des Hauptanspruchs, wohl aber die nicht erfinderische Maßregel des Unteranspruchs benutzt. — Um zu rechtfertigen, daß auf diese Weise Ausgestaltungen der Haupterfindung, die selbst keine Erfindungen sind, in Unteransprüchen geschützt werden, hat man vielfach darauf hingewiesen, daß der Inhalt des Unteranspruchs — gemäß der Bezugnahme auf den Hauptanspruch — mit dem letzteren eine Kombination bilde. Für die meisten Fälle ist das ohne weiteres unrichtig. Bei Erfindungsgedanken und Ausführungsform, sowie bei Verfahren und Vorrichtung kann von einer Kombination überhaupt keine Rede sein. Für die übrigen Fälle vgl. RG GewR 14 (1909), 174: „Es wird hier ein Teil für sich unter Schutz gestellt und die Verweisung auf den Anspruch 1 dient nur zur Bestimmung des Ganzen, zu dem der Teil gehört; wollte man mit dem Kombinationsgedanken Ernst machen, so geriete man in Schwierigkeiten, wenn man einen einheitlichen Erfolg der Verbindung beider Ansprüche nachweisen sollte."

Zweifellos gibt es andererseits Fälle, in denen Hauptanspruch und Unteranspruch eine Kombination bilden, so bei dem Patente, das in der nächsten Anmerkung behandelt wird. Wenn hier zu den hohlen Wanderrosten eine seitliche Luftzuführungskammer hinzugefügt wird, so läßt sich annehmen, daß eine kombinierte Feuerung entsteht. Aber das sind seltenere Ausnahmen. Wenn, wie in dem obenstehenden Beispiele, an einem Ventil eine Einstellungsschraube angebracht wird, so kann von einer Kombination keine Rede sein, vgl. Rathenau, GewR 14 (1909), 294.

Das Charakteristikum der Lehre über den durch Unteransprüche verliehenen Schutz ist also, daß die Patentschrift nichts darüber zu sagen braucht, ob die Maßnahmen des Unteranspruchs eine über den Rahmen einer nebensächlicheren, wenn auch nützlichen Ausgestaltung hinausgehende Bedeutung haben und welcher Schutz demnach eigentlich für sie beansprucht wird. Anm. 71.

Regeln, die **strengere Anforderungen** stellen, sind neuerdings vom Reichsgericht in dem Urt GewR 30 (1925), 159 ausgesprochen. Es handelte sich um Wanderroste. Anspruch 1 und 2 schützten den Gedanken, dieselben hohl herzustellen. Anspruch 3 schützte Wanderroste nach Anspruch 1 oder 2, dad. gek., daß seitliche Luftzuführungskammern angebracht sind. Der Beklagte benutzte nicht Anspruch 1 oder 2, verwendete also nicht hohle Roste, hat aber seitliche Luftzuführungskammern angebracht, die mit dem Roste verbunden und mit ihm ausfahrbar sind. Die Klägerin behauptete, das sei gerade der Inhalt ihres Anspruchs 3. Das Reichsgericht nahm an, aus dem Text der Patentschrift gehe das nicht hervor, höchstens eine Zeichnung weise darauf hin. Ein selbständiger Schutz könne dem Anspruch 3 nicht zugesprochen werden, da über die Vorteile einer solchen Bauart gar nichts offenbart sei, vielmehr sei es möglich, daß der Erfinder den Anspruch 3 als eine bloße bauliche Maßnahme ohne besondere Bedeutung angesehen habe. — Der springende Punkt der Begründung ist: wenn der Anmelder für einen derartigen Unteranspruch selbständigen Schutz beanspruchen will, dann muß er zum mindesten die Tatsachen angeben, aus denen die Erfindungsqualität hervorgeht. — Ähnlich MuW Jahrg. 25 S. 41 Sp. 2: zu berücksichtigen ist, daß es sich um einen Nebenanspruch (Unteranspruch?) handelt, . . . bei dem verlangt werden muß, daß der Erfindungsgedanke für den Fachmann in irgendeiner Weise zum genügenden Ausdruck kommt. Das ist hier nicht der Fall; denn dafür, daß der Technik gesagt (werden sollte), daß nicht bloß ein Klemmschieber, sondern jede Haltevorrichtung aus starrem Material in Betracht komme, dafür fehlt es an jedem genügenden Anhalt.

Es möchte scheinen, als wenn die Anschauung dieser Urteile aus einer gewissen **Reaktion gegen die bisherige Rechtsprechung** über die Behandlung der Unteransprüche hervorgegangen ist. In der Tat lassen sich Bedenken nicht von der Hand weisen. Die Rechtsprechung leidet an einem Gebrechen, das auch sonst hervortritt. Unnötigerweise wird das Publikum im dunkeln darüber gelassen, ob es die Einrichtung des Unteranspruchs außerhalb der Erfindung des Hauptanspruchs gebrauchen darf oder nicht. Nach der herrschenden Meinung braucht der Anmelder nicht zu sagen, ob er für das, was im Unteranspruch steht, selbständigen Schutz verlangt; das Patent sagt ebenfalls nicht, ob es dafür Schutz gewähren will. Diese Rätsel zu lösen, wird dem Publikum aufgegeben. Die Feststellung, wieweit der Schutz eigentlich geht, wird auf die lange Bank geschoben. Für den Anmelder ist das erwünscht, für das Patentamt ist es bequem; im übrigen ergeben sich nur Nachteile. Das Publikum hat kein Mittel, sich Klarheit zu verschaffen. Vielmehr bleibt ihm überlassen, von der im Unteranspruch beschriebenen Anordnung Gebrauch zu machen. Erst wenn es das getan hat, wird ihm im Verletzungsstreite gesagt, ob es damit im Unrechte ist, woraus sich dann ergibt, ob die eingerichtete Fabrikation wieder aufgegeben und Schadensersatz gezahlt werden muß. Dieser Zustand kann nicht als erfreulich angesehen werden. Das Patentamt könnte unschwer auf diesem Gebiete Ordnung schaffen — wenn es prüfte, ob die Anordnungen selbständigen Eigenschutz verdienen, und nur dann, wenn das der Fall ist, einen gesonderten Anspruch dafür gewährte. So ist das Patentamt früher verfahren, Blatt 10 (1904), 8 Sp. 1, auch das Reichsgericht hat lange Zeit so entschieden, Blatt 6 (1900), 57. Weshalb man von dieser klaren Rechtsprechung abgegangen ist, läßt sich nicht sagen. Formelle Bedenken wegen Einheitlichkeit des Patentierten müssen hier, wo es sich um viel wichtigere Dinge handelt, entschieden zurücktreten. Nachteile für den Anmelder können nicht entstehen. Wenn er die unselbständige Anordnung in der Patentbeschreibung anführt, so erlangt er damit den Schutz, auf den er Anspruch hat: niemand darf die Anordnung in Verbindung mit der Erfindung des Hauptanspruchs benutzen. Eventuell würde es genügen, wenn das Patentamt die Regel befolgte, daß bei der Patentierung von solchen Nebenanordnungen, denen es selbständigen Schutz gewähren will, nicht auf den Hauptanspruch Bezug genommen wird. Die Hauptsache ist, daß Klarheit geschaffen wird; die Formen sind Nebensache. — Wenn das Reichsgericht die Anschauungen, die es bei der in der vorigen Anmerkung angeführten Entscheidung vertreten hat, weiter befolgt, so wäre ein erster Schritt zur Klarheit getan; es müßten dann in der Beschreibung diejenigen Momente angegeben werden, aus denen sich mit einiger Sicherheit entnehmen läßt, ob die Anordnung des Unteranspruchs selbständigen Schutz verdient. Anm. 72.

Einzelnes. Ein Mittelding zwischen selbständigem Eigenschutz und Schutz nur in Verbindung mit der Erfindung des Hauptanspruchs ist in dem Falle Mitt 1912, 130 Sp. 2 angenommen: Ein Unteranspruch, Ausführungsform der Vorrichtung nach Anspruch 1, kann Anm. 73.

zulässigerweise so ausgelegt werden, daß die Form auch für Verwendung an Vorrichtungen geschützt ist, die nicht alle erfinderischen Merkmale des Anspruchs 1 aufweisen, besonders wenn dasjenige Merkmal, dessen Ausführungsform in dem Unteranspruch enthalten ist, sich auch in der streitigen (beanstandeten) Vorrichtung vorfindet. Es ist hier also nicht ein ganz selbständiger Schutz des Inhalts des Unteranspruchs angenommen, aber der Schutz ist doch auch nicht genau auf die Verbindung mit der Erfindung des Hauptanspruchs beschränkt. Gleiche Beurteilung tritt auch dann ein, wenn ein neues, also schutzfähiges Element einer Kombination keinen selbständigen Gebrauchswert hat. Es kann dann keinen selbständigen Schutz genießen, genießt aber Schutz in einer gleichartigen Kombination, vgl. etwa Blatt 18 (1912), 107f und oben A 62. — Genügende Offenbarung der selbständigen Bedeutung der Maßnahme des Unteranspruchs ist in dem Falle GewR 14 (1909), 174 angenommen. — In dem Falle Blatt 30 (1924), 8 ist ein Patent erörtert, dessen Unteranspruch mit dem Hauptanspruch überhaupt nicht vereinbar ist. Hauptanspruch: Impfung der Menschen mit lebenden, aber avirulent gemachten Schildkrötenbazillen. Unteranspruch: Impfung mit dergleichen Bazillen, die durch Hämmern getötet sind. Da beide Ansprüche nichts miteinander zu tun haben, wird man annehmen müssen, daß durch den Unteranspruch selbständiger Schutz verliehen werden sollte. — Ein Patent von verwickelter Struktur ist 353469. Hauptansprüche: 1. Universalschloß, dad. gek., daß das Schloß . . . zum Gebrauch von rechts und links verwendbar gemacht ist. 2. Universalschloß, dad. gek., daß das Schloß durch eine Stulpe zum Gebrauch sowohl als Einsteck-, wie auch als Einlaßschloß verwendbar gemacht ist. 3. und 4 geben weitere Einzelheiten des Schlosses. Sodann Neben- oder Unteransprüche: 5. Schlüssel zu jenem Schloß, gekennzeichnet durch eine Aussparung. 6. Schlüssel . . ., gekennzeichnet durch eine Verstärkungsrippe. Endlich: 7. Verfahren zur Herstellung der Schlüssel, Mitt 1925, 81. Dies ist eins der neueren Patente mit artikulierten Ansprüchen, die zu § 20 erörtert sind. Wie derartige Patente auszulegen sind, ist, da sie erst vor kurzem hervorgetreten sind, in der Rechtsprechung noch nicht untersucht. Schwierigkeiten können in der Richtung entstehen, ob die sämtlichen einzeln aufgeführten Kennzeichen für den Inhalt der Erfindung wesentlich und notwendig sind oder nicht. Ob es sich um Neben- oder um Unteransprüche handelt, und wie deren Schutz anzulegen ist, ergibt sich durch Anwendung der obigen Regeln. Übrigens sind vor längeren Jahren schon hin und wieder derartige Patente erteilt worden, 2216, 123508, Mitt 1907, 111.

Schrifttum: Rathenau, GewR 14 (1909), 291 mit Beispielen. Benjamin, MuW Jahrg. 11 S. 109: durch Bezugnahme auf den Hauptanspruch ist ein bindender Hinweis gegeben, auf welchem Gebiete sich der Unteranspruch bewegt, so daß ein Maschinenelement zwar für verschiedene Maschinen, aber nicht für Photographenapparate geschützt ist. Derselbe, IndR 3 (1908), 25. Heimann, Mitt 1907, 109. Ephraim, IndR 2 (1907), 122. Wirth, Mitt 1917, 73. Heimann, GewR 22 (1917), 44.

Abschnitt VI.

Schutzmittel gegen Patentverletzungen.

Anm. 74. Gegen den Verletzer eines Patents kann der Patentberechtigte mit **Unterlassungs-, Feststellungs- und Schadensersatzklagen** vorgehen. Die Klagen auf Zahlung von Schadensersatz (und Rechnungslegung) werden zu § 35 erörtert. Hier sind die Unterlassungs- und Feststellungsklagen zu erörtern.

Die ganze Lehre von den Unterlassungsklagen erschöpfend zu behandeln, ist in diesem Kommentar nicht die Stelle. Es werden die Grundzüge dargelegt, Einzelheiten nur insoweit, als sie für patentrechtliche Streitigkeiten von Bedeutung sind.

Im Bürgerlichen Gesetzbuch sind nur für vereinzelte Fälle Unterlassungsklagen ausdrücklich vorgesehen, so im § 12 (Namensrecht), § 862 (Besitzstörungen), § 1004 (Eigentumsstörungen), außerdem bei dinglichen Rechten §§ 1027, 1227 usw. Durch die Rechtsprechung ist das Gebiet der Unterlassungsklagen viel weiter ausgedehnt. Folgende Kategorien sind aufgestellt worden.

1. Der negatorische Unterlassungsanspruch. Er dient zum Schutze von Eigentum, dinglichen Rechten, Besitz, Namen und allen absoluten Rechten im Sinne von § 823 Abs 1 BGB. Als ein solches Recht soll auch der Gewerbebetrieb gelten, soweit er bereits eingerichtet ist und ausgeübt wird. — Grundlage des Anspruchs ist, daß ein Eingriff gegen diese Rechte bereits erfolgt ist. Daher der Name „abwehrende Klage"; die Klage richtet sich aber nicht nur darauf, daß die Rechtswidrigkeit eines bereits erfolgten Eingriffs festgestellt wird, sondern ebensowohl darauf, daß weitere Eingriffe „unterlassen" werden, wie § 1004 ausdrücklich bestimmt; insofern regelt die Klage auch die Zukunft. Nun kommt noch hinzu, daß an dem Erfordernis eines bereits wirklich erfolgten Eingriffs nicht immer festgehalten ist, wodurch dann der Unterschied gegen den zu 2 behandelten Anspruch, abgesehen von dem verletzten

Rechtsgut, verwischt wird. — Der Eingriff muß sich **unmittelbar** gegen den Gewerbebetrieb richten; so wird gefordert, und darunter wird verstanden: der Betrieb muß tatsächlich gehindert sein, oder es muß seine rechtliche Zulässigkeit verneint und seine Schließung oder Einschränkung verlangt werden (RG 79, 226) und viele gleichlautende Entscheidungen. — Objektive Rechtswidrigkeit genügt, subjektives Schuldmoment wird nicht erfordert.

2. Der sog. **quasinegatorische Unterlassungsanspruch**, im Schrifttum mehrfach auch quasideliktisch genannt. Der Anspruch dient zum Schutze aller vom Gesetz geschützten **Rechtsgüter**, besonders des Kredits, des Erwerbs, des Fortkommens (§ 823 Abs 2), auch der geschäftlichen Ehre, sei es, daß der Eingriff durch üble Nachrede, oder durch andere rechtswidrige Maßregeln in gewerblichen Interessenkämpfen erfolgt. Die aus diesem Anspruch folgende Klage wird als vorbeugende Klage bezeichnet. — Der Eingriff braucht nicht **unmittelbar** gegen den Bestand des Gewerbebetriebs gerichtet zu sein; es genügt, daß gewerbliche Interessen beeinträchtigt werden, auch schon daß auf den Ertrag des Geschäfts nachteilig eingewirkt wird (RG 77, 219), z. B. durch Abspenstigmachung von Kunden, durch die unwahre Behauptung des Eingreifenden, daß ihm gewerbliche Auszeichnungen verliehen seien (RG 109, 51f) u. dgl. Der Eingriff muß seiner Sonderart oder seinen Mitteln nach rechtlich unzulässig sein; Beispiel: mit erlaubten Mitteln darf man Kunden abspenstig machen, nicht aber mit unerlaubten. — Es ist nicht erforderlich, daß ein Eingriff bereits vorgenommen ist; es genügt, daß ein Eingriff droht; die sog. Wiederholungsgefahr muß vorliegen. — Auch hier genügt objektive Rechtswidrigkeit, subjektives Schuldmoment wird nicht erfordert.

3. Der **deliktische Unterlassungsanspruch**. Es muß eine unerlaubte Handlung im Sinne des Bürgerlichen Gesetzbuchs oder des Strafgesetzbuchs vorliegen. Diese Klage soll zwei Besonderheiten aufweisen: sie kann sich auch auf **Beseitigung** eines bestehenden rechtswidrigen Zustandes richten, und es soll ein besonderer Gerichtsstand gegeben sein. — Objektive Rechtswidrigkeit genügt nicht, subjektives Schuldmoment muß vorliegen.

4. Der **Anspruch** aus § 826 BGB. Es muß ein Verstoß gegen die guten Sitten vorliegen, es muß Schaden zugefügt sein und zwar vorsätzlich.

So die herrschende Rechtsprechung. Sie ist in mehrfachen Beziehungen angegriffen worden, zu einem Teile vielleicht mit Recht. Die Unterscheidung in der Benennung, abwehrende und vorbeugende Klage, sei nicht gerechtfertigt, da beide Klagen sich gleicherweise in die Zukunft richteten, vgl. unten A 75a und c. Weiter wird getadelt, daß bei der negatorischen Klage das Vorliegen eines eingerichteten und ausgeübten Gewerbebetriebs gefordert werde; das sei ein unklarer Begriff; er sei nicht zu den Rechten des § 823 Abs. 1 zu zählen. Auch die Unterscheidung zwischen unmittelbarem und mittelbarem Eingriff wird beanstandet, vgl. z. B. A. Rosenthal, Unterlassungsklage, S. 1ff, 17, 34ff.

Für die patentrechtlichen Streitigkeiten braucht hierauf nicht eingegangen zu werden. Denn das Endergebnis, der springende Punkt der herrschenden Grundsätze liegt in folgendem, wenn man den Kern der Sache betrachtet und von den Wendungen und Windungen absieht, mit denen die Grundsätze den Einzelbestimmungen des Bürgerlichen Gesetzbuchs angeglichen werden sollen. Richtet sich der Eingriff gegen ein absolutes Recht des Verletzten oder gegen seine freie Gewerbebetätigung überhaupt, so ist der Eingriff schon seinem Zweck und Wesen nach rechtswidrig, und die Art der Mittel ist dann ohne Bedeutung. Deshalb wird bei einer Unterlassungsklage nach § 823 Abs. 1 auf die Art der Mittel kein Wert gelegt. Ist dagegen der Eingriff an sich und seinem Charakter nach nicht rechtswidrig, dann kommt es darauf an, ob die Mittel, durch die er verwirklicht wird, unerlaubt und rechtswidrig sind; solchenfalls muß der Unterlassungskläger die Unlauterkeit jener Mittel nachweisen. Zieht jemand Kunden des Klägers zu sich herüber, so kann das durch erlaubten Wettbewerb geschehen sein; deshalb muß der Kläger nachweisen, daß die vom Gegner angewandten Mittel des Kundenfanges unlauter sind, z. B., daß unwahre Behauptungen aufgestellt sind. Diese durch die Rechtsprechung entwickelten Grundsätze haben in der angegebenen Form allen Ansprüchen der patentrechtlichen Praxis genügt. Ebenso wie hier das neuere Urteil RG 115, 416 (wenigstens im ersten Absatz, während im weiteren Verlauf zuviel Nachdruck auf die subjektive Seite beim Verletzer gelegt sein mag). Ob nun freilich der Trennungsstrich zwischen diesen beiden Arten von Eingriffen an derselben Stelle liegt, wie der Trennungsstrich zwischen den in der Rechtsprechung entwickelten Kategorien, nämlich zwischen einem eingerichteten Gewerbebetriebe und einem bloßen Rechtsgut nach § 823 Abs. 2, oder wie der Trennungsstrich zwischen unmittelbarem und mittelbarem Eingriff, das mag dahingestellt bleiben.

Über den viel getadelten Begriff eines **Eingriffs in einen eingerichteten und ausgeführten Gewerbebetrieb** ist das folgende zu sagen. Wie kann ein solcher Eingriff erfolgen? Sicherlich durch tätliche Gewalt; daran wird hier aber nicht gedacht, denn dagegen gewährt die Polizei Abhilfe. Gedacht ist also an Einwirkung auf den Willen des Angegriffenen. So sind auch alle Tatbestände gestaltet, in denen ein Eingriff in die freie Gewerbebetätigung angenommen ist, z. B. RG 58, 24, woselbst der Angreifer behauptet hatte, er habe Schutzrechte auf die Herstellung von Juteplüsch, also dürfe sein Gegner nicht weiter Juteplüsch herstellen, wie er bisher getan habe. Im Urteile ist erklärt: da der Gewerbebetrieb bereits eingerichtet sei und ausgeführt werde, sei ein subjektives „Recht an diesem Betriebe" gegeben; der gegen dies Recht gerichtete Eingriff falle also unter § 823 Abs. 1, er sei widerrechtlich, solange der Angreifer nicht nachweise, daß sein Schutzrecht wirksam sei und den behaupteten Inhalt habe. — Daß in solchen Fällen Abhilfe gegen schädigende Äußerungen gewährt werden muß, ist ohne weiteres klar; der Begriff des eingerichteten Gewerbebetriebs dient nur dazu, das notwendige Abhilfemittel aus § 823 Abs. 1 herzuleiten. Daraus darf aber nun keinesfalls geschlossen werden, daß, wenn ein Gewerbebetrieb noch nicht eingerichtet ist, vielmehr erst aufgenommen werden soll, Abhilfe gegen derartige abträgliche Äußerungen nicht gegeben ist. Abhilfe ist auch in solchen Fällen nötig, wie zutage liegt, da derjenige, der einen Gewerbebetrieb einrichten will, wissen muß, ob er das darf, oder ob ihm Schutzrechte anderer, wie behauptet, hindernd entgegenstehen. Solche Klagen werden denn auch angestellt, häufig freilich nicht in Form einer Unterlassungs-, sondern vielmehr einer Feststellungsklage. In der Sache I 760/1922 wollte Klägerin eine Maschine zum Sondern von Strangzigaretten herstellen und verkaufen und hat, ehe sie mit dem Betrieb begann, auf Feststellung geklagt, daß sie das dürfe und ihre Maschine nicht von dem Patent eines Dritten abhängig sei, wie dieser behauptet habe. Die Klage ist in erster Instanz aus materiellen Gründen abgewiesen und hat sich in zweiter Instanz erledigt, da der Gegner Widerklage auf positive Feststellung der Abhängigkeit erhoben hatte. Von keiner Seite ist behauptet worden, daß eine solche Klage unzulässig sei. Ob auf Feststellung oder auf Unterlassung geklagt wird, ist hinsichtlich des Klaggrundes materiell dasselbe; die Heranziehung des § 823 soll nicht dazu dienen, die Form der Klage, sondern das Bestehen des Anspruchs zu rechtfertigen. Ein solcher Anspruch besteht also über die Grenze des eingerichteten Gewerbebetriebes hinaus. Übrigens ergibt vorstehendes, daß die sogleich zu erwähnende Meinung Hellwigs keineswegs so rasch und so völlig zu verwerfen ist, wie vielfach geschieht.

Von den Schriftstellern, die die Unterlassungsklage auf anderer Grundlage aufbauen, seien genannt: Eltzbacher, Unterlassungsklage, S. 90, 155ff, der eine Klage auf dem Wege der Analogie überall da geben will, wo irgendein Privatrecht verletzt ist, wobei, wenn es sich um die Verletzung eines Forderungsrechts handelt, eine Abmahnung vorausgegangen sein muß, und Hellwig, System, Bd. 1, § 104, der die Unterlassungsklage bei bereits erfolgtem Eingriff auf die Analogie nach §§ 12, 862, 1004 BGB stützt, bei noch nicht erfolgtem Eingriff dagegen auf § 259 ZPO. Beider Meinungen haben wenig Anklang gefunden.

Die rechtswidrigen Eingriffe gliedern sich im Patentrecht in drei Typen: 1. die Benutzung der dem Kläger patentierten Erfindung durch Herstellung, Veräußerung, Gebrauch, oder durch Vorbereitungen hierzu; 2. die mündliche oder schriftliche Verneinung oder Herabsetzung der Patentrechte, der Waren oder des Betriebes des Klägers; 3. die rechtswidrige Anmaßung eigener Patentrechte von seiten des Beklagten. Diese drei Typen werden im folgenden in ihren Einzelheiten erörtert.

Verletzung durch Benutzung der geschützten Erfindung.

Anm. 75. a) Der Eingriff braucht **nicht bereits vollzogen zu sein,** wie bereits mehrfach erwähnt; es genügt, daß **er erst droht.** Die Drohung kann aus gegenständlichen Vorbereitungen zur rechtswidrigen Herstellung, Veräußerung usw. der geschützten Erfindung zu entnehmen sein, aber auch aus mündlichen oder schriftlichen Äußerungen, JW 1900, 301; 1903, 249. Die Sachlage muß ergeben, daß der Gegner willens und befähigt ist, in kürzerer Zeit den rechtswidrigen Eingriff vorzunehmen. In solchen Fällen braucht der Berechtigte nicht abzuwarten, daß der Eingriff vonstatten geht und er selbst erst geschädigt wird. Immerhin muß für die Befürchtung, daß der Eingriff erfolgen werde, eine begründete, nicht zu gering zu bemessende Wahrscheinlichkeit vorliegen. Vorstehendes entspricht der langjährigen Rechtsprechung des Reichsgerichts, die sich von dem Urt Bolze, Bd. 8 Nr. 148 (1889) bis zu RG 101, 138 und 104, 379 erstreckt. Von manchen Seiten wird geleugnet, daß eine Unterlassungsklage ohne bereits erfolgten Eingriff zulässig sei, Eltzbacher, S. 162; Rosenthal in LeipZ 1910, 588. Doch besteht in ernsten Fällen offenbar das Bedürfnis, nicht erst die vollendete Schadenszufügung abzuwarten. Das Urt RG 101, 338 scheint anzunehmen, daß in jedem Falle für die Zulassung einer Unterlassungsklage ein bereits erfolgter Eingriff vorliegen müsse, wozu freilich unter Umständen eine mündliche Androhung genügen könne. Sollten diese Grundsätze weiter gehen, als vorstehend erörtert, so könnte ihnen in diesem Kommentar nicht zugestimmt werden, vgl. RG 104, 379 (Handlungen, die den Gebrauch . . . „vorbereiten oder bezwecken"); RG 109, 215 (ein „beabsichtigtes" rechtswidriges Tun). In diesen beiden Fällen handelte es sich um absolute Rechte des Klägers, § 823 Abs 1 BGB, so daß also auch für die negatorische Klage das Bevorstehen des Eingriffs genügt, was (wenigstens für diese) hin und wieder in Zweifel gezogen ist.

b) Es braucht nur objektive Rechtswidrigkeit, nicht aber subjektives Verschulden gegeben zu sein. Diese Regel ist allgemein anerkannt; sie wird vom Lebensbedürfnis erfordert, denn dem Angegriffenen soll gegen einen rechtswidrigen An- und Eingriff Schutz gewährt werden, wofür es gleichgültig ist, wie der Angreifende subjektiv zu seinem Angriff steht. Objektive Rechtswidrigkeit liegt nicht vor, wenn der Eingriff auf Grund Notstandes geschieht, oder wenn der Staat ihn auf Grund Hoheitsrechts vornimmt; vgl. hierfür die Rechtsprechung zu § 904 BGB; Kohler im MuW 1912/13 S. 394; Isay im GewR 18 (1913) S. 25; GewR 24 (1919) S. 50; § 5 A 23f. Auch wenn der Eingreifende in Wahrung berechtigter Interessen handelt, z. B. bei Abwehr unlauteren Wettbewerbs, und dabei die Grenzen des zum Schutze seiner Interessen Notwendigen nicht überschreitet, liegt keine objektive Rechtswidrigkeit vor (RG 95, 342f). Daß Rechtswidrigkeit fehlt, wenn der Verletzte zur Duldung des Eingriffs gesetzlich (z. B. im Falle des § 5) oder vertraglich (z. B. auch gegenüber dem Rechtsnachfolger des Inhabers einer ausschließlichen Lizenz) verpflichtet ist, versteht sich von selbst. — Im Anfang der Entwicklung der Rechtsprechung wurde vielfach für die quasinegatorische Unterlassungsklage ein Verschulden auf seiten des Eingreifenden für erforderlich gehalten, weil man die Unterlassungspflicht als ein Korrelat der Schadensersatzpflicht nach § 824 BGB ansah (RG 48, 118f; 58, 286). Dieser Standpunkt ist heute verlassen (RG 95, 342 und viele gleiche Entscheidungen). Bei Verletzung eines absoluten Rechtes ist von Anfang an nur objektive Rechtswidrigkeit erfordert worden (RG 24, 395).

c) Wiederholungsgefahr muß vorliegen. Im soeben erörterten Falle, erst drohender Eingriff, wird der Nachweis einer begründeten Befürchtung für die Zukunft schon begriffsmäßig erfordert. In den übrigen Fällen, also wenn ein Eingriff bereits erfolgt, das Recht oder das Rechtsgut bereits beeinträchtigt ist, wird vermutet, daß Wiederholungsgefahr vorliegt, wenn nicht die Sachlage klar auf das Gegenteil hinweist, wofür der Angreifer beweispflichtig ist. Über die Frage der Beweislast vgl. eingehend RG 96, 244, welches Urteil zwar grundsätzlich die ganze Beweislast dem Kläger aufbürdet, aber auf dem Wege der Beweiswürdigung doch dahin gelangt, daß aus der Beschaffenheit des Eingriffs auf Wahrscheinlichkeit der Wiederholung geschlossen werden kann. Ebenso RG 78, 213. Bei Eingriffen auf gewerblichem Gebiete wird der Eingriff in der Regel jene „Beschaffenheit" aufweisen, RG 108, 10; Blatt 20 (1914), 354; GewR 16 (1911), 276. So wenig es angezeigt ist, in den Fällen, in denen ein Eingriff noch nicht erfolgt ist, jeder Ängstlichkeit des sich bedroht Fühlenden nachzugeben, so sehr ist es geboten, bei bereits erfolgtem Eingriffe an den Beweis der Wiederholungsgefahr nicht zu strenge Anforderungen zu stellen. Von Bedeutung kann namentlich sein, ob der Eingreifende fahrlässig oder böswillig oder aber bloß objektiv rechtswidrig gehandelt hat (RG 98, 269). Für die Beseitigung der Wiederholungsgefahr durch den Verletzer selbst vgl. A 77 Ziff. 5.

d) Die Anschauung, daß eine Unterlassungsklage unzulässig sei, wenn der Eingriff strafrechtlich, sei es auch nur durch Privatklage, verfolgt werden kann, ist unbegründet. Sie ist aufgegeben worden in dem Urt RG 116, 151. Der erste Zivilsenat hat jene Auffassung nie vertreten: „es handelt sich um die Anwendung des § 1004 BGB und, da dies der Fall ist, kann der Zulassung des Unterlassungsanspruchs nicht entgegenstehen, daß die zu unterlassende Handlung nach dem Vorbringen des Klägers, weil Wissentlichkeit vorliege, zugleich auch mit öffentlicher Strafe bedroht ist." (I 137/16, Urt vom 18. 11. 16.)

e) Außer der Klage auf Unterlassung ist bei Eingriffsstörungen unter Umständen ein Anspruch und eine Klage auf Beseitigung gegeben, nämlich dann, wenn durch eine Handlung des Beklagten ein Zustand herbeigeführt ist, aus dem Verletzungen der Rechte oder der Rechtsgüter des Klägers automatisch hervorzugehen drohen. Beispiel: Ein Fabrikbesitzer hat zu Unrecht Arbeiter ausgesperrt, ein Gewerkverein hat zu Unrecht über eine Fabrik die Sperre verhängt; es genügt nicht, daß weitere Sperrmaßregeln unterlassen werden, sondern die erfolgten Maßregeln müssen beseitigt werden. Ein Konkurrent klebt Plakate an die Mauern, daß bei dem Ausverkauf des Klägers dauernd neue Waren nachgeschoben werden. Es genügt nicht, daß die Anbringung weiterer Plakate unterlassen wird; die alten müssen beseitigt werden. Das Ziel der Klage ist also nicht ein Unterlassen des Beklagten, sondern eine positive Handlung, weshalb es richtiger ist, die Beseitigungsklage nicht als eine Abart der Unterlassungsklage anzusehen. Das Gegenteil geschieht gleichwohl nicht selten. Das ist schließlich auch nicht so unerklärlich, wie manche Kritiken neuerdings glauben machen wollen. Beide Arten stehen in gewissem Zusammenhange; historisch: die Beseitigungsklage ist an der Hand der Unterlassungsklage nach § 1004 entwickelt, und es ist nicht zu verwundern, daß man für jede Variation nicht sofort eine neue Kategorie einführen wollte; der Grundlage nach: die Beseitigungsklage will ebenfalls erreichen, daß die durch die geschaffene Lage in Zukunft weiter möglichen Verletzungen unterbleiben. Das ist der entscheidende Punkt. Beseitigung kann nur verlangt werden, insofern weitere Verletzung droht, d. h. soweit der geschaffene Zustand das Recht oder das Rechtsgut der Angegriffenen weiter zu beeinträchtigen droht; nur in diesem Umfange ist die Beseitigungsklage zulässig. — Die Voraussetzungen des Anspruchs und der

Klage auf Beseitigung sind im wesentlichen dieselben, wie die der Unterlassungsklage. Die zu schützenden Rechte oder Rechtsgüter sind dieselben. In der Regel wird ein Eingriff schon erfolgt sein; anders, wenn denkbarerweise ein Zustand geschaffen ist, der noch nicht verletzt hat, aber zu verletzen droht. In diesem Sinne ist auch Wiederholungsgefahr erforderlich. Objektive Rechtswidrigkeit muß vorliegen, subjektives Schuldmoment ist nicht erforderlich. Letzteres wird von der herrschenden Rechtsprechung nicht anerkannt, jedoch mit Unrecht. RG 77, 219 behauptet, der volle ... subjektive Tatbestand der unerlaubten Handlung müsse erfüllt sein, ebenso anscheinend RG 91, 267. Allein es gibt unerlaubte Handlungen ohne subjektiven Tatbestand (§§ 827 Satz 1, 828, 833ff BGB). Vor allem: jene Urteile berufen sich auf § 249 BGB, jedoch hat der Beseitigungsanspruch mit Schadensersatz schlechterdings gar nichts zu tun; er will nicht einen bereits entstandenen Schaden wettmachen, sondern er will verhüten, daß aus einem Zustande in Zukunft weiterer Schaden entsteht. Der Kommentar von RGR § 1004 A 7, letzter Satz, hält gleichfalls subjektives Verschulden nicht für erforderlich. — Mit Recht wird angenommen, daß ein Beseitigungsanspruch sich in manchen Fällen schon ohne weiteres aus dem Unterlassungsanspruch ergebe, ja mit ihm identisch sei: wenn ein Bauunternehmer verpflichtet ist, sich der Bezeichnung als Architekt zu enthalten, so liegt darin eingeschlossen, daß er das Schild mit der Aufschrift Architekt von seiner Haustür entfernen muß, weil er sonst die unrichtige Bezeichnung fortsetzt (a. M. OLG Celle in MuW Jahrg. 7 S. 115). Im übrigen treten Beseitigungsansprüche auf patentrechtlichem Gebiete verhältnismäßig selten hervor, vgl. die Klaganträge IndR 1907, 247 und auf anderem Gebiete RG 56, 286.

Zivilprozessuales.

Anm. 76. **Örtlicher Gerichtsstand.** Der Gerichtsstand der Unterlassungsklage ist der allgemeine Gerichtsstand des Verletzers gemäß § 12 ZPO. Daneben kann der besondere Gerichtsstand der gewerblichen Niederlassung in Betracht kommen.

Streitig ist, in welchen Fällen der deliktische Gerichtsstand des § 32 ZPO gegeben ist. Ohne Frage ist er gegeben, wenn eine unerlaubte Handlung und subjektives Verschulden in der Person des Täters vorliegt. Streitig ist, ob auch in anderen Fällen im Gerichtsstande des § 32 geklagt werden kann. Isay behauptet Komm. 4. Aufl. § 4, A. 57, daß der genannte Gerichtsstand auch für die negatorischen und die quasinegatorischen Klagen zulässig sei. Nach der in diesem Kommentar vertretenen Meinung muß dem zugestimmt werden. Es ist zu berücksichtigen, daß zu den unerlaubten Handlungen nach ausdrücklicher Bestimmung des BGB auch schuldfrei rechtswidrige Handlungen gehören, §§ 827, 828, 833, 835. Wenn für diese der Gerichtsstand des § 32 zulässig ist, so ist nicht einzusehen, warum dasselbe nicht für die hier in Frage stehenden Eingriffe gegen Rechte oder Rechtsgüter gelten soll. Die ratio legis drängt dazu, die genannten bloß rechtswidrigen Handlungen den sogenannten unerlaubten Handlungen hinsichtlich der örtlichen Zuständigkeit gleichzustellen. Denn der Gerichtsstand des § 32 ist nicht um eines subjektiven Momentes des Täters willen geschaffen, sondern um die rechtswidrige Handlung da zu erfassen, wo sie geschehen ist. Auch sonst werden Handlungen von bloß objektiv rechtswidrigem Charakter unter die unerlaubten Handlungen gerechnet (RG 70, 157). Eine Übersicht über die Rechtsprechung gibt Gülland, GewR 20 (1915), 117. Stein-Jonas 32 III läßt unter § 32 anscheinend die quasinegatorischen, nicht aber die rein negatorischen fallen. Das Urt RG 24, 394 will den Gerichtsstand des § 32 für negatorische Klagen auch dann versagen, wenn Arglist des Täters behauptet sei, weil Klaggrund immer das absolute Recht bleibe. Das begegnet sich zwar mit Gedankengängen Isays a. a. O., wird aber dennoch nicht zu billigen sein. Die Grundsätze jenes Urteils sind in der Entscheidung JW 1915, 1023, wenigstens den Worten nach, aufrechterhalten.

Anm. 77. 1. Selbstverständlich ist, daß bei Unterlassungsklagen die beanstandeten Handlungen des Beklagten genau substanziiert und nachgewiesen werden müssen. Das ergibt sich schon daraus, daß dem Beklagten im Urteile nur die Wiederholung (oder Vornahme) bestimmter Handlungen, die bereits vorgenommen sind (oder deren Vornahme droht), verboten werden kann, A 78. Die Regeln über die Fassung des Urteils gelten auch für die Fassung der Klage. Doch schadet in der Regel ungenaue Fassung des Klagantrags nicht, da die Gerichte die Fassung des Urteils selbständig vorzunehmen pflegen. — Unterlassungsklagen auf gewerblichem Gebiete sind vermögensrechtliche Klagen (RG 86, 254), was für die Festsetzung des Streitwertes und die Revisionsfähigkeit in Betracht kommt (RG 61, 90f). Derartige Unterlassungsansprüche können mit dem Patente, mit dem Erwerbsgeschäfte veräußert und vererbt werden (RG 86, 253f). Daß nur das Klagrecht allein veräußert werden kann, wird zu verneinen sein (RG 89, 83). Wohl aber kann ein Dritter bevollmächtigt werden, für Rechnung des Patentinhabers zu klagen (RG 53, 275). Insbesondere kann ein Lizenzinhaber dazu bevollmächtigt werden, der dann sein eigenes Interesse der Schadensersatzforderung zugrunde legen kann, weil der Patentinhaber berechtigt ist, das Interesse des Lizenznehmers geltend zu machen (§ 6 A 29).

2. Aktiv legitimiert ist der Patentinhaber; jedoch nur, falls er in die Rolle eingetragen ist (RG 89, 83); der Nehmer einer ausschließlichen Lizenz, soweit seine Rechtssphäre verletzt ist; für seine Klagbefugnis ist es gleichgültig, ob der Patentberechtigte, der ihm die Lizenz gewährt hat, in die Rolle eingetragen ist oder nicht, RG in Blatt 16 (1910) 153; RG 89, 83); nicht der Nehmer einer einfachen Lizenz oder einer Zwangslizenz. Passiv legitimiert ist der Verletzer. Einige Schwierigkeiten hinsichtlich der Passivlegitimation ergeben sich bei Vertretungsverhältnissen. Hat der gesetzliche Vertreter einer Gesellschaft, eines Vereins den Eingriff in die fremde Rechtssphäre vorgenommen, so haftet sowohl er, als auch die vertretene Gesellschaft, beide können nebeneinander verklagt werden, RG in Blatt 23 (1917) 51. Auch eine physische Einzelperson kann durch ihren Willensvertreter verhaftet werden, z. B. durch Prokuristen, Abteilungsleiter, Geschäftsführer (JW 1903, 128 Ziff. 16). Selbständige Abteilungsleiter, ebenso also auch die anderen genannten Kategorien können strafrechtlich verantwortlich gemacht werden (RGStr in MuW Jahrg. 16 150). Läßt der Prinzipal patentierte Gegenstände durch seine Arbeiter anfertigen, so haftet selbstverständlich er, nicht dagegen haften die Arbeiter, auch nicht die Handlungsangestellten, weil und soweit sie nach Vorschrift oder unter Billigung ihres Prinzipals oder von dessen Willensvertretern handeln, A. Seligsohn, GewR 24 (1919), 52. Wenn jemand im Stücklohn in seinem Raum aus seinem Material durch einen nicht fest angestellten Gewerbearbeiter patentierte Gegenstände herstellen läßt, so haftet er (Bolze Bd. 14 Nr 110). In diesem Falle mag es zweifelhaft sein, ob auch der nicht angestellte Arbeiter haftet.

Als Nebenintervenient kann beitreten, wessen Rechtslage durch die Entscheidung des Rechtsstreites beeinflußt oder verändert wird. Nicht erfordert wird, daß die Rechtskraft der Entscheidung sich unmittelbar auf ihn erstreckt. Bloßes tatsächliches Interesse genügt nicht, besonders nicht das Interesse dessen, der in einem gleichliegenden, aber auf einem selbständigen Tatbestande beruhenden Rechtsstreite befangen ist, RG 111, 238; ebenso RG Blatt 18 (1912) 323.

3. Mit der Unterlassungsklage kann die Klage auf Schadensersatz und die vorbereitende Klage auf Rechnungslegung verbunden werden. Von dieser Möglichkeit wird allgemein Gebrauch gemacht. In der großen Mehrzahl der Fälle geht der Klaganspruch 1. auf Unterlassung bei Vermeidung einer Geldstrafe, 2. auf Rechnungslegung und 3. auf Zahlung des aus der Rechnungslegung sich ergebenden Betrages oder aber auf Feststellung der Verpflichtung zur Zahlung dieses Betrages. Letzteres bietet den Vorteil, daß die Feststellung der Verpflichtung zur Zahlung gleichzeitig mit dem Unterlassungsurteil erfolgen kann, wodurch die Möglichkeit ausgeschieden wird, im Verfahren über den Ersatzanspruch die Frage der Patentverletzung aufs neue gemäß RG 49, 33 in Zweifel zu ziehen; über letzteres siehe auch A 78. Die Gerichte entscheiden, falls der Klaganspruch sich als begründet erweist und ein Antrag auf Feststellung der Zahlungspflicht nicht vorliegt, zunächst durch Teilurteil über den Antrag auf Unterlassung und Rechnungslegung und später nach erfolgter Rechnungslegung über den Schadensersatzanspruch (RG 109, 279). Im Falle der erwähnten Klageverbindung gilt der Gerichtsstand nach § 32 ZPO, der sich auf das für die Schadensersatzklage erforderliche Verschulden gründet, nach der herrschenden Meinung ohne weiteres auch für die verbundene Unterlassungsklage (RG 24, 394f; Warneyer 1915 Nr. 246).

4. Klagänderung. Bei den Unterlassungs- und Beseitigungsklagen können neue verletzende Tatsachen, auch wenn sie sich erst während des Rechtsstreites ereignet haben, nachgeschoben werden. Bedingung ist aber, daß sie sich im Rahmen des ursprünglichen Klagvorbringens halten (RG 99, 177; 108, 169). Letzteres soll heißen: sie müssen den Klagantrag aus demselben rechtlichen Gesichtspunkt, den die Klage anführt, stützen. Das wird bei den hier zu erörternden Klagen aus patentrechtlichen Verhältnissen so gut wie immer der Fall sein. Nach der Rechtsprechung des Reichsgerichts enthält der Übergang von der Unterlassungsklage zur Schadensersatzklage eine Klagänderung (RG 88, 132; Gruchot 64, 731); keine Klagänderung dagegen der Übergang von der Schadensersatzklage zur Unterlassungsklage nach den liberalen Grundsätzen des Urt Warneyer Bd. 2 Nr. 247; Klagänderung desgleichen nicht, wenn die Änderung des Antrags durch Umstände hervorgerufen ist, die nach Klagerhebung eingetreten sind (RG 88, 132; 61, 254; Warneyer 1918, 41); Übergang von der Unterlassungsklage zur Beseitigungsklage scheint in dem Urt RG 88, 133 als Klagänderung angesehen zu werden, was in diesem Kommentar nicht gebilligt werden kann. Übergang von der Beseitigungsklage zur Schadensersatzklage ist nach RG in der JW 1897, 51 Ziff. 8 keine Klagänderung, weil beides sich aus § 249 BGB herleiten soll; das Ergebnis erscheint berechtigt, die Begründung nach heutiger Auffassung zweifelhaft, vgl. A 75e. Härten der formalen und bisher manchesmal formal ausgelegten Bestimmungen können jetzt nach § 264 ZPO gemildert werden, wenn das Gericht die Klagänderung für sachdienlich erachtet. Die heute herrschende Rechtsprechung sucht die Einrede der Klagänderung nach Möglichkeit zu beschränken.

5. Beweisfragen. Wenn in den Gerichtsständen der §§ 29ff, besonders dem des § 32, geklagt wird, so muß grundsätzlich das Vorliegen dieser Gerichtsstände vom Kläger nachgewiesen werden. Ergibt das zur materiellen Begründung des Anspruchs nötige Vorbringen bereits, daß der behauptete besondere Gerichtsstand gegeben ist, so braucht dieser nicht noch besonders nachgewiesen zu werden; in diesem Falle genügt die bloße Behauptung; die Beweiserhebung über die Berechtigung des Anspruches erledigt zugleich die Frage des Gerichtsstandes (RG 29, 371; 61, 70; MuW Jahrg. 13 S. 15). Eine grundlose Behauptung, daß der Gerichtsstand gegeben sei, genügt natürlich nicht; vielmehr müssen die tatsächlichen Behauptungen so sein, daß aus ihnen bei ihrer rechtlichen Würdigung die Begründung des Gerichtsstandes hervorgeht (RG 95, 270). Das ist hinsichtlich des Gerichtsstandes des § 32 nach der herrschenden Meinung der Fall außer bei Schadensersatzklagen auch bei Beseitigungsklagen, da bei diesen Verschulden verlangt wird. Nach der in diesem Kommentar vertretenen Ansicht ist es auch noch bei Unterlassungsklagen der Fall, da § 32 bei derartigen Klagen überhaupt kein Verschulden erfordert (vgl. A 76). Die materiellen Voraussetzungen der Unterlassungs- und Beseitigungsklagen, also daß prima facie ein rechtswidriger Eingriff in die Rechtssphäre des Klägers vorliegt, muß der Kläger nachweisen. Behauptet der Beklagte, daß er zum Eingriff berechtigt sei, etwa nach einem Vertrage oder zur Wahrung berechtigter Interessen, so ist er hierfür beweispflichtig. Über die Beweispflicht hinsichtlich der Wiederholungsgefahr vgl. vorstehend A 75c. Behauptet der Beklagte, daß die Wiederholungsgefahr inzwischen weggefallen sei, so muß er das nachweisen. Die Wiederholungsgefahr ist nicht schon dann beseitigt, wenn der Beklagte erklärt, er werde den Eingriff nicht wiederholen, oder wenn der Eingriff unterbrochen oder eingestellt ist, JW 1924, 1158; RG 60, 154; GewR 16 (1911) 276. Vor allem genügt dies alles nicht, wenn der Beklagte gleichzeitig behauptet seine Handlungsweise sei berechtigt gewesen, Blatt 20 (1914), 354; MuW Jahrg. 12 S. 416 Ziff. 3. In der Regel wird in gewerblichen Streitigkeiten Anerkenntnis des Klaganspruchs gefordert werden müssen, da die Umstände, die den Eingriff veranlaßt haben, meistens weiter bestehen. In dem Urteile RG 104, 376 ist die Wiederholungsgefahr bei einem gewerblichen Eingriff nicht einmal dann als beseitigt angesehen, wenn der Beklagte sein Gewerbe aufgegeben hatte. Die Wiederholungsgefahr muß bis zur Zeit des Berufungsurteils bestehen (MuW Jahrg. 12 S. 416). Wenn in verschiedenen Gerichtsbezirken Eingriffshandlungen vorgenommen sind, ist das für einen einzelnen Eingriff zuständige Gericht befugt, über die Ansprüche aus sämtlichen Eingriffen zu entscheiden (RG 72, 41). Erlöschen des verletzten Patents beseitigt die Wiederholungsgefahr.

Anm. 78. Über die **Fassung des entscheidenden Teiles** des Urteils gelten folgende Regeln. Ist die Berechtigung des Beklagten zur Benutzung des klägerischen Patents streitig (also etwa ob der Beklagte eine rechtswirksame Lizenz zur Benutzung der Erfindung erhalten hat), so geht das Urteil auf Unterlassung der Benutzung, wobei das klägerische Patent durch Anführung seines Anspruchs bezeichnet werden kann. Ist nicht eine Berechtigung streitig, sondern ist streitig, ob die Maßnahme des Beklagten in den Schutzbereich des Patents des Klägers fällt, so ist das Urteil nicht darauf zu richten, daß der Beklagte die Benutzung jenes Patents, sondern vielmehr darauf, daß er die weitere Ausführung seiner verletzenden Maßnahme zu unterlassen hat. Das Reichsgericht hält streng darauf, daß dem Beklagten nur das zu tun verboten wird, was er bereits getan hat, und dessen Wiederholung zu befürchten steht. Dieser Grundsatz ist zuerst ausgesprochen RG 48, 241 und wird seitdem ständig befolgt, z. B. MuW Jahrg. 11 S. 143. Jedoch darf jene Beschränkung nicht übertrieben werden. In dem Urt Blatt 20 (1914), 135 Sp. 2 ist, trotzdem der Beklagte nur hergestellt und vertrieben hatte, auch verboten worden, die Erfindung zu gebrauchen, was nicht zu beanstanden sein wird. Weniger leicht ist anzunehmen, daß, wer gebraucht hat, nun auch zu verkaufen droht; vgl. auch die strengere Meinung des Urt Blatt 8 (1902), 154. Es ist der Wunsch geäußert worden, daß das Unterlassungsurteil nicht streng auf die Verletzungsform beschränkt werden möge, sondern daß die Grundsätze anzuführen seien, aus denen sich ergebe, was der Beklagte zu unterlassen habe. Die Gerichte sind wenig geneigt, diesem Wunsche zu entsprechen, vgl. MuW Jahrg. 23 S. 49, 50 a. E., weil die Art der weiteren Verletzungsformen sich nicht im voraus übersehen läßt. Abhilfe läßt sich unter Umständen in der Weise schaffen, daß der Kläger festzustellen beantragt, daß dem Beklagten die Benutzung des (genau anzugebenden) Erfindungsgedankens des klägerischen Patents nicht zustehe, zu welchem Antrage Anlaß vorliegt, wenn der Beklagte den Umfang des Erfindungsgedankens bestritten hatte. Schwierigkeiten kann besonders bei verwickelten Maschinen und Verfahren die Kennzeichnung der Verletzungsform bieten. Wenn es nicht anders möglich ist, kann dafür auf Beschreibungen, Zeichnungen und Modelle, die amtlich zu verwahren sind, Bezug genommen werden, LeipzZ 1919 S. 975, 978 unten; Blatt 20 (1914), 135 Sp. 2. Die Beschreibung der Verletzungsform kann im Tenor abweichend von den Anträgen gefaßt werden, Blatt 8 (1902), 154; ebenda 15 (1909), 12. Hat die Verletzung darin bestanden, daß Gegenstände verkauft sind, die zwar zu anderen Zwecken, naheliegenderweise aber auch zu einer Patentverletzung gebraucht werden können, so kann dem Käufer auferlegt werden, seine Kunden vor einer solchen Verwendung zu warnen (JW 1927, 1557).

Rechtskraft des Urteils. Das Urteil über die Unterlassung schafft nach der bisher einhelligen Annahme keine Rechtskraft für den Grund des Anspruchs in der Schadensersatzklage (RG 49, 33); dieselben Einreden können also aufs neue erhoben werden. Neuerdings hat das Reichsgericht dahingestellt gelassen, ob an dieser Regel weiterhin streng festzuhalten ist (MuW Jahrg. 26 S. 391 Sp. 1). Es ist empfehlenswert, durch Anträge darauf hinzuwirken, daß nicht zuerst ein Teilurteil über die Unterlassung erlassen wird, sondern daß gleichzeitig die Schadensersatzpflicht dem Grunde nach festgestellt wird, vgl. RG GewR 20 (1915), 119.

Zwangsvollstreckung. Die Vollstreckung des Unterlassungsurteils erfolgt nicht durch unmittelbaren Zwang, sondern durch Strafandrohung gemäß §§ 890, 891 ZPO, die im Urteile ausgesprochen werden kann und, wenn dies unterlassen ist, auf Antrag durch Beschluß des Prozeßgerichtes erster Instanz nachgeholt wird. — Im Zwangsvollstreckungsverfahren macht nicht selten in unübersichtlichen Fällen die Auslegung des Urteils Schwierigkeiten, besonders wenn auf Zeichnungen und Beschreibungen Bezug genommen ist. Können diese Schwierigkeiten durch die Vollstreckungsorgane nicht beseitigt werden, so muß durch neue Feststellungsklage aufgeklärt werden, wie das Urteil zu verstehen ist. Diese Klage ist keine Vollstreckungsgegenklage nach § 767 ZPO. Denn eine solche betrifft nur Einwendungen des Schuldners, die den Anspruch ganz oder teilweise, dauernd oder zeitweilig aufheben (Stein-Jonas, § 767 II). Vielmehr handelt es sich um eine Feststellung des wahren Sinnes des erlassenen Urteils; dazu bedarf es einer materiell neuen Feststellungsklage, was für die örtliche Zuständigkeit von Bedeutung sein kann (vgl. RG Mitt 1914, 22ff; Stein-Jonas, Vorbem. vor § 704, II, 3, a).

Aussetzung und **Konkurs.** Die Unterlassungsklage kann gemäß § 148 ZPO vom Gericht ausgesetzt werden, falls bereits ein Nichtigkeitsverfahren gegen das Patent, auf das sich die Klage stützt, eingeleitet ist. Da in der Regel die Antwort des Beklagten auf die Unterlassungs- und Schadensersatzklage in der Stellung des Nichtigkeitsantrages besteht, wird die Aussetzung nur dann anzuordnen sein, falls erhebliche Gründe für die Nichtigkeit des Patents beigebracht werden. Die Aussetzung kann nur auf Grund mündlicher Verhandlung beschlossen werden. **Anm. 79.**

Der Rechtsstreit wird durch Eröffnung des Konkursverfahrens über das Vermögen des Klägers stets unterbrochen (IndR Jahrg. 12 S. 47, 121). Gerät der Beklagte in Konkurs, so tritt Unterbrechung ein, wenn der Ausgang des Rechtsstreits für den Umfang oder die Bewertung der Konkursmasse von Bedeutung ist. Das ist besonders dann der Fall, wenn der Beklagte ein eigenes Recht zur Vornahme der inkriminierten Handlung zu haben behauptete, z. B. ein eigenes Patent, um dessen Abhängigkeit es sich handelt, oder ein Lizenzrecht (RG 89, 114), aber auch dann, wenn zur Ausführung der streitigen Fabrikation etwa Einrichtungen und Anstalten getroffen sind, die für die Masse wertlos werden, falls die Fabrikation untersagt wird, oder wenn Erzeugnisse bereits angefertigt sind, die bei Untersagung nicht verkauft werden dürfen oder in ähnlichen Fällen. Über abweichende Meinungen berichtet Isay, GewR 22 (1917), 17ff.

Von den **Einreden,** die der Beklagte erheben kann, sind nur diejenigen zu erwähnen, die patentrechtliches Interesse haben. Jegliche Einrede, daß das Patent des Klägers wegen Fehlens der Voraussetzungen der §§ 1 und 2 oder wegen Vorpatentierung nichtig sei, ist ausgeschlossen. Nur in dem Falle (der Vorpatentierung), daß das früher angemeldete identische Patent gerade dem Beklagten selbst zusteht, ist diesem eine klagvernichtende Einrede zuzugestehen, denn nach der herrschenden — freilich nicht durchgebildeten — Meinung hat der Inhaber des früher angemeldeten Patents gegen den Inhaber des zweiten versehentlich erteilten Patents ein obligatorisches Recht, daß dieser sich der Ausnutzung seines Patents enthalte, RG 33, 154; RG Blatt 6 (1900), 152; Bolze, Entwurf einer PatNov 130ff; Seligsohn, § 3 Ziff. 15; Allfeld S. 63; Isay, § 10 A 6. Das ist erst recht der Fall, wenn das Klagepatent von dem des Beklagten abhängig ist, soweit der Klaganspruch auf das gerichtet ist, was beiden Patenten gemeinschaftlich ist. Der aus der Abhängigkeit folgende Anspruch ist ein obligatorischer, der einredeweise und durch Widerklage geltend gemacht werden kann (RG 33, 151f; JW 1902, 222 Nr 32). Soweit der Unterlassungsanspruch auf das gerichtet ist, was das klägerische abhängige Patent an Neuem hinzugebracht hat, ist natürlich keine Einrede gegeben. Endlich kann die Einrede, daß der Kläger oder sein Rechtsvorgänger die Erfindung dem Beklagten rechtswidrig entnommen habe, erhoben werden (Kohler, Handbuch, § 156). Aus der rechtswidrigen Entnahme entstehen schuldrechtliche Ansprüche u. a. auf Unterlassung der Ausführung der Erfindung und auf Übertragung des Patents, die die Klage zu Fall bringen (§ 3 A 34). Selbstverständlich ist, daß auch Einreden aus Vertrag zulässig sind, z. B. daß der Beklagte vom Kläger (oder dessen Rechtsvorgänger) eine Lizenz erhalten habe.

Über die — zulässige — Einrede, daß das Patent des Klägers erschlichen sei, vgl. § 10 A 14; über die Einrede, daß der Kläger seine Rechte durch Schweigen verloren habe, § 10 A 13.

Beweiserhebung. Vom Beweis durch Zeugen ist nichts dem Patentrechte Eigentümliches **Anm. 80.**
zu erwähnen außer folgendem Punkte. Für den Stand der Technik, der für die Feststellung

des Schutzbereichs des angeblich verletzten Patents in Betracht kommt, wird nicht selten Bezug genommen auf vereinzelte, mehr oder weniger weit zurückliegende Fälle von offenkundiger Vorbenutzung, die durch Zeugen bewiesen werden sollen. Derartige Zeugenaussagen sind, wenn sie nicht durch Urkunden oder sonstiges sachliches Material unterstützt werden, mit Vorsicht anzusehen. Dieser Grundsatz wird besonders in der nordamerikanischen Rechtsprechung immer wieder betont und muß auch für Deutschland gelten. Näheres findet sich § 2 A 33 angeführt. Eine große Bedeutung hat im Verletzungsstreite der Beweis durch Sachverständige. Zwei Punkte sind zu betonen. Erstens die Auswahl der Sachverständigen. Die Hauptfrage ist: Wissenschaftler oder Praktiker? Bei Fragen von prinzipieller Bedeutung, besonders auf Gebieten, die in starker Entwicklung begriffen sind, drahtlose Telegraphie, Hochvakuumröhren u. dgl. ist der Wissenschaftler bei weitem vorzuziehen, also Lehrer von Universitäten oder technischen Hochschulen. Es ist in solchen Fällen viel wichtiger, daß der Sachverständige über der Sache steht, als ob er einmal aus dem Gedächtnis über irgendeine kleine technische Einzelheit nicht Bescheid weiß. Es ist sehr auffällig, wie viel schwerer es häufig dem Praktiker wird, sich über den Standpunkt zu erheben, auf den er sich infolge von Zufälligkeiten einmal gestellt hat. Dem Wissenschaftler wird es auch erfahrungsgemäß viel leichter, sich bei Fragen der Neuheit und ähnlichem in die Kenntnislage zur Zeit der Anmeldung des Patents zurückzuversetzen. Natürlich ist es nicht möglich, wegen jedes kleinen Verbesserungspatents einen Hochschullehrer in Tätigkeit zu setzen. Für Streitigkeiten von nicht grundsätzlicher, rein technischer Art mögen Praktiker, auch Patentanwälte angezeigt sein. Zu warnen ist davor, zu Sachverständigen Personen zu ernennen, die ihr Wissen von der Sache erst ad hoc aus Büchern zusammentragen müssen. Der zweite wichtige Punkt ist, welche Fragen sollen dem Sachverständigen vorgelegt werden. Natürlich darf er nicht allgemein gefragt werden, ob eine Verletzung vorliegt, denn die Antwort hierauf ist zum Teil von rechtlichen Gesichtspunkten abhängig. Mehrfach wird angenommen, das Gericht habe die technischen Fragen herauszuschälen. Das führt immer dann zu Mißständen, wenn erst der technische Sachverstand erkennen kann, auf welche Fragen es ankommt. An die Parteibehauptungen kann man sich dafür nicht halten, denn sie widersprechen sich häufig, weil sie von einseitigen Standpunkten ausgehen. Angezeigt ist, dem Sachverständigen drei Fragen zu stellen: 1. wie war der Stand der Technik bei Anmeldung des Patents (gegebenenfalls wird die voraufgegangene Entwicklung der Technik vom Sachverständigen darzulegen sein); 2. Was hat das Patent Neues und Fortschrittliches gebracht (gegebenenfalls: lag darin ein Schritt von erfinderischer Höhe); 3. inwieweit hat der Verletzer von diesem Neuen und Fortschrittlichen Gebrauch gemacht. Einzelfragen mögen je nach den Parteibehauptungen hinzugefügt werden. — Vielfach wird erörtert, ob der Richter von seinem privaten Wissen in Verletzungsstreitigkeiten Gebrauch machen darf. Die Frage erledigt sich in der Regel von selbst. Einreden supplieren darf er nicht. Dagegen darf er (und soll er) seine Zweifel den Parteien und dem Sachverständigen kundgeben. Mündliche Vernehmung des Sachverständigen ist bei nicht ganz einfacher Sachlage geboten. — Große Schwierigkeiten bestehen auf manchen Gebieten, die nur von wenigen Unternehmen bearbeitet werden, dadurch, daß nicht leicht Sachverständige zu finden sind, die mit keiner der Parteien in Verbindung stehen; immerhin sind das Ausnahmefälle. — Ein Ablehnungsgrund wegen Befangenheit liegt nicht darin, daß der Sachverständige seine Ansicht bereits wissenschaftlich geäußert hat, wohl aber darin, daß er einer der Parteien ein Privatgutachten erstattet hat. — Die Hinzuziehung zweier Sachverständigen (etwa eines Wissenschaftlers, eines Praktikers) in wichtigen Sachen ist bei den meisten Gerichten wenig beliebt, obgleich sie zur Aufklärung erheblich beitragen kann. — Bei abweichenden Gutachten kann das Gericht nach § 18 ein Obergutachten des Patentamts einziehen. Von dieser Möglichkeit wird nicht mehr allzu häufig Gebrauch gemacht; andernfalls würde eine erhebliche Belastung des Patentamts eintreten. Das Patentamt läßt sich nicht darauf ein, sein Gutachten in der mündlichen Verhandlung zu vertreten. — Nicht selten wünscht der Sachverständige, die Maschinen oder Verfahren der einen Partei zu besichtigen, wozu diese dann die Gegenpartei nicht zulassen will. Erscheint letzteres gerechtfertigt, weil sonst Fabrikgeheimnisse offenbart würden, so steht nichts im Wege, daß der Sachverständige die Besichtigung ohne Hinzuziehung der Parteien vornimmt. Parität muß gewahrt bleiben; auch darf der Sachverständige Fabrikgeheimnisse, die er bei der Besichtigung kennen lernt und die die Partei zu verschweigen wünscht, in seinem Bericht nicht erwähnen, einerlei, welche Folgen für die Beurteilung daraus entstehen.

Anm. 81. **Einstweilige Verfügungen.** Einstweilige Verfügungen können zur Regelung eines einstweiligen Zustandes erlassen werden, sofern diese zur Abwendung wesentlicher Nachteile oder aus anderen Gründen notwendig erscheint. Dieser Tatbestand liegt bei Patentstreitigkeiten häufig vor; dennoch sind einstweilige Verfügungen hier nur mit äußerster Vorsicht zu erlassen. Dafür sind zwei Gründe maßgebend. Einmal liegt zutage, daß ein einstweiliges Verbot der Herstellung in den Betrieb einer Fabrik einschneidend eingreift und stark schädigende Folgen nach sich zieht. Weiter ist es notwendig, den Schutzumfang des Patents festzustellen, um zu wissen, ob die Maßnahme des Antragsgegners das Patent verletzt. In der Regel kann aber der Schutzumfang mit irgendwelcher Sicherheit nur unter Zugrundelegung des Standes der Technik festgestellt werden, was im beschleunigten Verfahren über eine einstweilige Verfügung jedenfalls in den meisten Fällen so gut wie unmöglich ist. Etwa eingereichte schriftliche Gutachten müssen mit der äußersten Vorsicht angesehen werden, da sie meistens aus einseitigen Gesichtspunkten heraus abgefaßt sind. Eine gute Darlegung dieser Bedenken und eine Übersicht über die Rechtsprechung des Kammergerichts gibt J. Seligsohn, MuW Jahrg. 24 S. 193. Niemals kann eine einstweilige Verfügung erlassen werden, wenn eine Nichtigkeitsklage gegen das klägerische Patent eingeleitet ist, die Erfolg verspricht. Es ist zwar zuzugeben, daß der Vertrieb der patentierten Erzeugnisse sehr ernstlich geschädigt werden kann, wenn die Konkurrenz verschlechterte Nachahmungen auf den Markt bringt. Aber in sehr vielen Fällen handelt es sich nicht um böswillige Nachahmungen. Die Interessenlage bei Patentstreitigkeiten ist häufig ganz anders als bei dem gewöhnlichen unlauteren Wettbewerb, ja selbst als bei Markenschutzstreitigkeiten. Weitergehende Ansichten werden vertreten von Ephraim, MuW Jahrg. 24 S. 220, vgl. auch Goldbaum, MuW Jahrg. 25 S. 10.

Im Schrifttum wird mehrfach auf die englische und nordamerikanische Injunktion Bezug genommen. In der Tat ist die Rechtsprechung dieser Länder über einstweilige Verfügungen bei weitem ausgebreiteter als die deutsche. Einige dort entwickelte Grundsätze sind auch für Deutschland von Interesse. Injunction ist ein Verbot an den Beklagten, bestimmte verletzende Handlungen vorzunehmen. Einstweilige Verfügung heißt interlocutary injunction, auch interim inj. Großer Wert wird in beiden Ländern darauf gelegt, daß die Unanfechtbarkeit des zu schützenden Patents nachgewiesen wird. Auf Grund von Patenten, die erst wenige Jahre bestehen und also ihre Feuerprobe weder in der Praxis, noch in gerichtlichen Verfahren abgelegt haben, wird niemals eine einstweilige Verfügung gegeben. Die Grundsätze hierüber sind in allen Einzelheiten entwickelt, werden aber für Deutschland weniger von Bedeutung sein. Folgendes dürfte auch für uns wichtig sein. In England muß der verletzende Charakter der beanstandeten Handlung prima facie feststehen. Es muß ferner genau feststehen, daß dem Interesse des Antragstellers gerade nur mit sofortigem Verbot gedient ist. Dies wird ohne weiteres verneint, wenn der Antrag verzögerlich gestellt ist. Damit wird es außerordentlich streng genommen; wer Zeit ins Feld gehen läßt, zeigt, daß er an einem einstweiligen Verbot kein großes Interesse hat: ein Antrag ist abgewiesen, der am 2. 12. gestellt wurde, nachdem die Verletzung am 13. und 23. 11. erfolgt und dem Antragsteller bekannt geworden war. In irgendwie zweifelhaften Fällen wird die Verfügung nicht gewährt. Mündliche Verhandlung wird in der Regel angeordnet, ebenso Sicherheitsleistung.

Ähnlich ist die Rechtsprechung in Nordamerika. Auch hier genügen Patente nicht, die erst kürzlich erteilt sind. Die Verletzung muß über jeden vernünftigen Zweifel glaubhaft sein. Privatgutachten werden mit erheblichem Mißtrauen angesehen: „keine Art von Beweisführung ist so unzuverlässig, wie die Beibringung von Gutachten ohne mündliche Verhandlung." — „Es würde höchst unweise sein, das große Kapital und die Interessen, die in dem Unternehmen des Antraggegners investiert sind, durch eine einstweilige Verfügung zu gefährden oder voraussichtlich ganz zu vernichten, wenn der Schaden des Antragstellers durch Geldzahlung gut gemacht werden kann." Verzögerung in der Antragstellung wird weniger scharf angesehen als in England.

Eingriff durch abträgliche Äußerungen.

In den vorstehenden Anmerkungen sind Fälle behandelt, in denen der Beklagte durch Benutzung einer Erfindung (Herstellung, Veräußerung, Gebrauch) in den Schutzbereich des klagenden Patentinhabers eingegriffen hat. Die Unterlassungsklage ist auch dann zulässig, wenn der Beklagte durch wörtliche oder schriftliche Kundgebungen in den Schutzbereich eingegriffen hat. Anm. 82.

Erfolgen die Kundgebungen nur gegenüber dem Patentinhaber, so wird nicht die Unterlassungsklage, sondern eine Anerkennungs- oder Feststellungsklage das richtige Abwehrmittel sein, wofern nicht etwa Umstände vorliegen, die befürchten lassen, daß die Kundgebungen auch Dritten gegenüber wiederholt werden (vgl. auch RG 101, 338f); der Patentinhaber hat kein Interesse an der Unterlassung, sondern an der Anerkennung oder Feststellung seines Rechtes. Für das Nähere vgl. unten A 84. Das Reichsgericht hat freilich Bolze 8 Nr. 148 eine Unterlassungsklage zugelassen, als der Beklagte nur ihm gegenüber seine Berechtigung behauptet hatte und über seine als verletzend angesprochenen Handlungen, die der Patentinhaber nicht streng nachweisen konnte, keine Aufklärung gegeben hatte. Bei verletzenden Kundgebungen an Dritte ist dagegen die Unterlassungsklage stets gegeben. Der Inhalt der Kundgebungen kann dahin gehen, daß öffentlich oder einem bestimmten Personenkreise oder auch nur einzelnen Personen gegenüber aus geschäftlichen Rücksichten behauptet wird, das Patent sei rechtsunwirksam, es habe einen beschränkten Inhalt, es sei für die Praxis unbrauchbar, er dürfe die patentierte Erfindung benutzen, er habe ein identisches Patent mit früherer Priorität u. dgl. Insbesondere gehören auch Warnungen an Dritte, mit dem Patentinhaber in Verbindung zu treten, seine patentierte Ware zu kaufen, von ihm eine Lizenz zu erwerben usw. hierher. Streitig ist, ob die Befürchtung hinzukommen müsse, daß der Dritte der Warnung Gehör geben werde oder daß der Täter seinerseits das Patent benutzen werde. Derartiges ist angedeutet RG 54, 145, vgl. auch Kisch, § 97, S. 423f. Diese Zweifel sind jedoch unberechtigt. Bei Warnungen an dritte Personen läßt sich ein verursachtes Verhalten dieser dritten nicht beweisen. Der Patentinhaber kann nicht nachweisen, daß unbekannte Dritte infolge der Warnungen nicht von ihm gekauft, nicht von ihm eine Lizenz genommen haben. Vielmehr genügt die begründete Vermutung, daß die unzutreffenden Behauptungen einen tatsächlichen Schaden für den Patentinhaber nach sich gezogen haben können. Selbstverständlich ist, daß es sich nicht um eine wissenschaftliche oder abstrakte Kritik der Patentlage des Klägers handeln darf, RG Blatt 4 (1898), 146, sondern um Kundgebungen, die einen praktischen Zweck verfolgen. Wann das eine, wann das andere vorliegt, läßt sich unschwer daraus entnehmen, an wen sich die Kundgebung richtet. Mit der Unterlassungsklage kann eine Feststellungsklage verbunden werden (vgl. unten A 84). Die Klägerin baut Maschinen zum Abläutern von Bierwürze; die Beklagte ist Inhaberin des Patentes 171 170 auf ein Verfahren zur Bereitung von Bierwürze aus Malz. Sie hat in Rundschreiben den Interessenten mitgeteilt, daß das Arbeiten mit der Maschine der Klägerin ihr Verfahrenspatent verletze. Die Klägerin hat beantragt, die Beklagte zur U n t e r l a s s u n g dieser Mitteilungen zu v e r u r t e i l e n und weiter f e s t z u s t e l l e n, daß Maschinen wie die von ihr hergestellten zur Ausübung jenes patentierten Verfahrens nicht geeignet seien. Beiden Anträgen ist in allen drei Instanzen stattgegeben (I 40/1920, Urt vom 2. 4. 21). Auch bei der hier behandelten Unterlassungsklage ist Verschulden des Beklagten nicht erforderlich. Wiederholungsgefahr wird gemäß der allgemeinen Regel zu fordern sein, ist aber in diesen Fällen ganz besonders zu präsumieren. Auch erst drohende, schon vorbereitete Kundgebungen können unter Umständen zur Klage berechtigen. Besonders zu betonen ist, daß einstweilige Verfügungen hier nicht den Bedenken unterliegen, die ihnen bei Eingriffen in einen Fabrikationsbetrieb entgegenstehen (A 81).

Anm. 83. Die vorstehenden Erörterungen über die Zulässigkeit einer Unterlassungsklage gegenüber objektiv unberechtigten Kundgebungen und Warnungen werden nicht allgemein als richtig anerkannt.

In einzelnen Urteilen wird die Zulässigkeit der Unterlassungsklage gegen abträgliche Äußerungen verneint, wenn diese Äußerungen sich nicht gegen einen bereits eingerichteten Gewerbebetrieb richten (RG 58, 28f). Diese Rechtsprechung ist heute überholt; die quasinegatorische Klage setzt keinen eingerichteten Gewerbebetrieb voraus, wie oben dargelegt (vgl. auch RG 109, 52).

Das Urt RG 94, 276 erklärt: wenn der beklagte Patentinhaber sich nach gewissenhafter Prüfung eine Überzeugung von dem Umfange seines Patents gebildet habe, so sei es sein gutes Recht, das Publikum vor Verletzungen dieses Patents durch unbefugten Gebrauch der Erfindung zu warnen. Daraus wird zwar nur gefolgert, daß der Anspruch des Klägers auf Schadensersatz, weil die Warnung objektiv unbegründet gewesen sei, mangels Verschuldens des Beklagten zurückgewiesen werden müsse. Aber die Gründe des Urteils lauten so allgemein, daß sie eine wenngleich objektiv unbegründete Warnung als ein gutes Recht des Patentinhabers erklären. Dieser Auffassung ist nicht beizustimmen; die Rechtsprechung des 1. Zivilsenats läßt ausnahmslos eine Unterlassungsklage zu, wenn derartige Warnungen oder Kundgebungen unrichtig sind.

In anderen Entscheidungen (RG 88, 438) wird eine Unterlassungsklage nur dann als gegeben angesehen, wenn in der Warnung Tatsachen behauptet, nicht nur Urteile enthalten sind. Das hätte zur Folge, daß öffentliche Kundgebungen eines Patentinhabers, in denen behauptet wird, daß sein Patent einen viel weiteren Umfang habe, als es in Wahrheit hat, nicht untersagt werden könnten; so auch RG im MuW Jahrg. 22 S. 75. Diese Auffassung ist für Patentsachen nach der ständigen und sehr ausgebreiteten Rechtsprechung des 1. Zivilsenats unbegründet. „Die Veröffentlichung des Beklagten enthält nicht bloß eine Kritik, sondern einen sehr ernsten Eingriff in den klägerischen S c h u t z b e r e i c h .... Angriff auf den I n h a l t und U m f a n g d e s P a t e n t s c h u t z e s." Der Unterlassungsanspruch ist daraufhin durch einstweilige Verfügung geschützt, Blatt 10 (1904) 74. In der Sache I 40/1920 ist durch Urt vom 2. 4. 21 die Beklagte verurteilt worden, Warnungen zu unterlassen, die dahingegangen waren, daß das Arbeiten mit den von der Klägerin hergestellten Maschinen in ein Verfahrenspatent der Beklagten e i n g r e i f e; daneben ist festgestellt, daß ein derartiges Eingreifen nicht stattfindet, daß jene Maschinen vielmehr zur Ausübung des patentierten Verfahrens nicht geeignet sind. In der Sache I 55/1914, Urt vom 1. 4. 15 ist nicht beanstandet, daß ein Berufungsgericht dem Beklagten die Behauptung untersagt hatte, die (vom Kläger hergestellten) Gegenstromapparate fielen unter das Patent des Beklagten. In der Sache I 85/1926 hatte der Beklagte erklärt, die Herstellung von Grudeöfen nach dem Gebrauchsmuster des Klägers verletze sein (des Beklagten) früher erteiltes Patent. Das Berufungsgericht hatte zur Unterlassung verurteilt. Das hat das Reichsgericht in seinem Revisionsurteile vom 19. 2. 27 nicht beanstandet. — Besonders klar ein Urt vom 1. 4. 14, I 55/1914: der Beklagte hatte behauptet, daß die vom Kläger angebotenen Heizröhrenapparate unter sein (des Beklagten) Patent 186532 fielen. Der Kläger beantragte u. a., dem Beklagten die Aufstellung dieser Behauptung zu untersagen. Das Reichsgericht sagt: die Frage, ob dieser Apparat des Klägers unter das Patent fällt, kann nur durch eine auf Grund Auslegung zu ermittelnde Feststellung der durch das Patent unter Schutz gestellten Erfindung beantwortet werden. Bei dieser Auslegung ist das Berufungsgericht zu dem Ergebnis gelangt, daß das, worin der Beklagte den Erfindungsgegenstand seines Patents erblickt und worauf allein er seine Behauptung einer Verletzung stützen kann, bereits bekannt war. Es sei nur eine Kombination geschützt; diese benutze der Kläger nicht. Das Unterlassungsgebot ist daraufhin erlassen.

Die Verkehrsbedürfnisse erfordern unbedingt, daß ein Gewerbetreibender Warnungen, sich mit ihm geschäftlich einzulassen, mögen als Begründung Tatsachen oder Qualifikationen seines Betriebes und seiner Waren angeführt werden, untersagen kann, falls er die Unrichtigkeit der Begründung nachzuweisen vermag. Die entgegenstehenden Urteile berücksichtigen meistens nicht, daß zwar § 824 BGB und § 14 UnlWG Angabe von Tatsachen erfordern, daß aber die Rechte und Rechtsgüter des § 823 durch beliebige Äußerungen verletzt werden können, wogegen ein Versagungsanspruch durchführbar sein muß.

Anerkennungsklage, Feststellungsklage und ihr Verhältnis zur Untersagungsklage. Die hier in Betracht kommenden Feststellungsklagen haben zum Zweck, ein auf Patente Bezug habendes Rechtsverhältnis oder eine Rechtslage festzustellen. Sie können vom Patentinhaber gegen eine andere Person, oder von einer anderen Person gegen einen Patentinhaber, oder gegen einen Patentanmaßer, oder von mehreren Patentinhabern gegeneinander gerichtet werden. Sie haben zum Anlaß, daß rechtswidrig in den Patentschutz durch Benutzung des Patents oder durch drohende, warnende, herabsetzende Äußerungen eingegriffen wird, oder daß der Patentinhaber sich Rechte oder Befugnisse beilegt, die ihm nicht zustehen, oder daß jemand sich ein Patent anmaßt. Die materielle Beurteilung derartiger Streitfälle ist aus dem gesamten materiellen Patentrecht, §§ 1—12, besonders aus den Erörterungen über Patentfähigkeit, Patentverletzung, Patentauslegung, Unterlassungsklagen, Patentanmaßung je nach Lage der Sache zu entnehmen. Für die Formalien der Feststellungsklage gilt folgendes. Anm. 84.

1. Voraussetzung der Klage ist, daß der Kläger ein Interesse an alsbaldiger Feststellung hat. Das Interesse kann wirtschaftlicher Natur sein; auch ein solches gilt im Sinne des § 256 ZPO als ein rechtliches (RG 35, 392). Das RG hat 95, 306 ausgesprochen, das Interesse an der Feststellung müsse dahin gehen, daß diese alsbald vorgenommen werde, was noch nicht ohne weiteres dann vorliege, wenn sich zwei Patente mit behaupteter Abhängigkeit gegenüberständen. Doch darf es mit diesem Erfordernis auf keinen Fall zu scharf genommen werden. Im Zweifel liegt auf gewerblichem Gebiete die Notwendigkeit alsbaldiger Schlichtung von Streitfragen ohne weiteres vor. Denn es ist zu vermuten, daß Patente, die man sich erteilen läßt oder die man erwirbt, sofort ausgenutzt werden sollen, sei es durch Herstellung oder durch Veräußerung oder Lizenzgewährung. In allen diesen Fällen ist die sofortige Entscheidung über die Abhängigkeit von maßgebender Bedeutung. Alle Zweifel werden gehoben, wenn wegen der Abhängigkeit beim Gegner brieflich angefragt wird; bei unbefriedigender Antwort ist jenes Interesse gegeben, wie auch RG 95, 307 anerkannt ist. Daß bei öffentlichen oder privaten Warnungen, Verdächtigungen, Herabsetzungen die Feststellungsklage ohne weiteres zulässig ist, liegt zutage. Die Gefahr der Wiederholung eines bereits erfolgten Eingriffs läßt alsbaldige Feststellung geboten erscheinen (RG 101, 138); ebenso die ernstliche und dringende Gefahr, daß ein noch nicht erfolgter Eingriff demnächst vorgenommen wird (vgl. auch RG 95, 207, 3; und RG 95, 306).

2. Die Klage kann auch noch zulässig sein, wenn das Patent fortgefallen ist; bei Abhängigkeit, wenn eines der Patente oder beide fortgefallen sind; denn die Feststellung der vergangenen Rechtslage gibt den Grund für die Erhebung von Schadensersatzansprüchen (JW 1900, 555 Nr 8).

3. Die Feststellungsklage muß genau angeben, was dem Beklagten vorgeworfen wird. Klagen mit rein hypothetischem Inhalte, daß es verletzend sein würde, wenn der Gegner gewisse Handlungen vornehmen sollte, sind nicht gestattet (wobei jedoch Ziff. 1 a. E. zu beachten ist), Bolze Bd. 17 Nr. 110; GewR 27 (1922), 199. Ist dem Kläger die Herstellung eines „neuen Stoffes" patentiert und wird dem Beklagten vorgeworfen, diesen neuen Stoff hergestellt zu haben, so braucht die verletzende Herstellungsart wegen der Vermutung des § 35 Abs 2 nichtsubstantiiert behauptet zu werden.

4. Die Feststellungsklage ist auch in der sogenannten negativen Fassung zulässig: Feststellung, daß der Beklagte auf Grund seines älteren Patents der Ausführung des klägerischen Patents nicht widersprechen könne, Blatt 7 (1901), 64.

5. Aktiv legitimiert ist jeder, der sein Interesse in materieller und in formeller Beziehung nachweisen kann, also jeder Verletzte. Das ist bei Eingriffen in die Schutzsphäre eines Patents der Patentinhaber und der Inhaber einer ausschließlichen Lizenz; aber auch der Inhaber einer einfachen Lizenz, soweit er etwa durch Warnungen verletzt ist. Passiv legitimiert ist der Verletzer. Das kann beim Streit über Abhängigkeit auch der Inhaber einer einfachen Lizenz am zweiten Patent sein, z. B. wenn dieser behauptet, daß er gegen den Widerspruch des Klägers fabrizieren dürfe. Es liegt kein Grund vor, hier in jedem Falle nur die Untersagungsklage zuzulassen.

6. Liegen die bezeichneten Voraussetzungen vor, so kann die Feststellungsklage neben der Unterlassungsklage erhoben werden, soweit das Interesse des Klägers dies erfordert. Das ist der Fall, wenn durch die Unterlassungsklage nur die Ausführung der einzelnen, bereits erfolgten Verletzungsform verboten wird, während der Kläger ein Interesse daran hat, daß der volle Schutzumfang seines Patents festgestellt wird, GewR 26 (1921), 185, Abhängigkeitsklage auf Unterlassung und Feststellung; für den Fall, daß auf Unterlassung von Warnungen geklagt ist, vgl. das in A 83 angeführte Urt vom 2. 4. 21: Unterlassung der Warnungen und Feststellung, daß das Arbeiten mit der Maschine des Klägers in das Verfahrenspatent der Beklagten nicht eingreift; vgl. weiter RG 101, 138. Im Falle RG im IndR Jahrg. 1907 S. 247 ist die Zulässigkeit der Häufung der Klagen nach der Lage des Falles bezweifelt.

7. Klagen auf Anerkennung des Rechtes des Klägers werden nur selten noch erhoben. Beispiel: es wird beantragt, den Beklagten zu verurteilen, anzuerkennen, daß der Kläger berechtigt ist, Zimmerdecken einer besonderen Bauart herzustellen (I 153/08). In der Regel wird anstatt dessen auf Feststellung des Rechtes geklagt. Dagegen ist auch nichts einzuwenden. Wie eine Feststellungsklage, so könnte auch eine Anerkennungsklage nur dann erhoben werden, wenn ein besonderes Interesse an der Verurteilung zur Anerkennung gegeben ist, RG im Blatt 4 (1898) 146b.

Anm. 85. **Patentanmaßung** liegt vor, wenn jemand mit Unrecht behauptet, daß ihm für gewisse Sachen oder Maßnahmen Patentschutz zustehe.

Ein Teil der unter diesen Begriff fallenden Tatbestände findet sich im § 40 aufgeführt, und zwar derjenige Teil, der beim Vorliegen weiterer Voraussetzungen straffällig ist. Zwei Kategorien von Tatbeständen werden genannt: die Erweckung des falschen Anscheins eines deutschen Patentschutzes einerseits durch eine auf Gegenständen oder deren Verpackung angebrachte Bezeichnung, andererseits durch den Inhalt von öffentlichen Anzeigen, Aushängeschildern, Empfehlungskarten oder ähnlichen Kundgebungen. Für beide Kategorien gemeinschaftlich gilt folgendes: der Patentschutz kann niemals bestanden haben, er kann erloschen sein, die Patentanmeldung kann bekanntgemacht, das Patent aber noch nicht erteilt sein (RGStr 46, 429); die Lage kann so sein, daß nicht der bezeichnete oder beschriebene Gegenstand, sondern etwas anderes, damit im Zusammenhang Stehendes geschützt ist, z. B. ein Treibriemen ist als geschützt bezeichnet, während nur das Imprägnierungsverfahren geschützt ist, RGStr Bd. 46 S. 262; eine Mischung kann als geschützt bezeichnet sein, während nur das Herstellungsverfahren eines Elementes der Mischung geschützt ist, RGStr 42, 357, umgekehrt Blatt 22 (1916), 135; eine Vorrichtung ist als patentiert bezeichnet, während nur ein Teil derselben von so geringer Bedeutung patentiert ist, daß die Bezeichnung der ganzen Vorrichtung als patentiert unberechtigt ist, RGStr 38, 245; RG 108, 129; RG 84, 195; anders Blatt 7 (1901), 117; die Ausführung des Gegenstandes weicht von der patentierten Ausführung in beträchtlichem Maße ab, Blatt 8 (1902), 177; es ist für den Gegenstand nicht ein Patent, sondern ein Musterschutz erteilt (RGStr 26, 192), oder nur ein ausländisches Patent erteilt. In allen diesen Fällen liegt rechtswidrige Patentanmaßung vor. Eine irreführende Patentanmaßung liegt nicht vor, wenn mehrere Patentnummern angeführt werden, von denen nur eine noch in Kraft ist, RGStr 28, 14, wenn der Bezeichner nur eine Lizenz an dem Patente hat. Sie liegt aber auch dann vor, wenn die Ware nicht patentfähig ist (Genußmittel), RGStr in MuW Jahrg. 14 S. 326.

Die irreführende Bezeichnung kann in mannigfachen Formen erfolgen, z. B. durch die übliche Buchstabenbezeichnung DRP oder DRPa (es gilt als nicht allgemein bekannt, daß das a bedeuten soll „angemeldet", RGStr 38, 245; wird dies Wort ausgeschrieben, so liegt kein Bedenken vor) oder DRPAmt oder patentamtlich geschützt oder durch Verbindung des Wortes Patent mit der Warenbezeichnung, z. B. Patentkonservenglas (RG 108, 129), oder auch allein durch den Aufdruck Patent oder patentiert. Die Bezeichnungen sind nach der Auffassung des Publikums, nicht der Händlerkreise auszulegen, Blatt 4 (1898), 12; RGSt- 26, 194.

Die irreführende Bezeichnung muß nach den ausdrücklichen Bestimmungen des § 40 entweder auf den Gegenständen oder deren Verpackung angebracht sein oder aber sich in öffentlichen Anzeigen, auf Aushängeschildern, auf Empfehlungskarten oder in ähnlichen Kundgebungen vorfinden. Der Unterlassungsanspruch ist, wenn es sich um Bezeichnung der Waren oder der Verpackung handelt, nur gegen den gegeben, der die Bezeichnung vornimmt, also nur in der Regel nur gegen den Fabrikanten, nicht aber gegen den, der die irreführend bezeichneten Waren weiterverkauft, verleiht, vermietet (Patentbiersiphons), RG Blatt 11 (1905), 264; RGStr 25, 78. Irreführende Kundgebung liegt vor, wenn die Schriftstücke ihrer Natur nach zur Kenntnisvermittelung an Dritte bestimmt sind; es genügt, wenn die Empfehlungskarte nur einmal abgegeben, das Briefformular nur einmal benutzt ist. Genaue Prüfung, ob eine Zeitungsanzeige geeignet ist, Irrtümer über den Gegenstand des Patentschutzes hervorzurufen, fordert RG MuW Jahrg. 25 S. 204. Kassenbons mit dem Aufdruck patentiert können die Kundgebung enthalten, daß die verkaufte Ware patentiert sei (RGStr 49, 230). Unter Umständen (wenn eine besondere „Veranstaltung" getroffen ist — wobei zweifelhaft ist, was gemeint ist) soll die Kundgebung sich auch auf der Ware selbst befinden können (RGStr 25, 78), was von Bedeutung werden kann, wenn ein Zwischenhändler für die irreführende eigentliche Warenbezeichnung nicht haftet. Anpreisungen, Gebrauchsanweisungen, die mit der Ware versandt werden, sind Kundgebungen. So lange als die Möglichkeit einer Kenntnisnahme durch Dritte nicht vorliegt, also etwa die bezeichnten Waren die Fabrik nicht verlassen, tritt keine Haftung ein.

Liegt einer dieser Tatbestände vor, so hat jeder „Interessent" die Unterlassungsklage; das ist in vielen Urteilen ausgesprochen, RG Bolze Bd. 23 Nr. 143; Blatt 8 (1902) 177; Blatt 7 (1901) 117. Wer ist Interessent? Jedenfalls jeder Konkurrent; das ist in den genannten Urteilen bejaht. Aber nicht quivis ex populo (RG 45, 62). Es muß irgendein gewerbliches oder geschäftliches Interesse vorliegen, weshalb die Klage wegen Patentanmaßung z. B. auch dem stillen Gesellschafter eines Konkurrenzunternehmens zustehen muß. Auch Interessenverbänden steht sie zu.

Subjektives Verschulden ist nicht Voraussetzung, ebensowenig Wiederholungsgefahr, die nach § 40 nicht erfordert, vielmehr vermutet wird; auch nicht, daß durch die irreführende Bezeichnung eine Täuschung wirklich hervorgerufen wird. Insofern hat § 40 den Charakter eines Polizeigesetzes (RGStr 26, 192; 49, 230), wenngleich durch seine Tatbestände auch Privatrechte verletzt werden.

Der rechtliche Grund der Unterlassungsklage ist hergeleitet worden: 1. allein aus § 40 (wenn eine Handlung verboten und unter Strafe gestellt ist, so sei das Korrelat ein Anspruch des Verletzten (JW 1896 709); 2. aus dem Rechte auf ungestörten Betrieb eines eingerichteten Gewerbebetriebes, wobei dann freilich die mehrfach ausgesprochene, aber durchaus nicht immer befolgte Meinung in Betracht kommt, daß der Bestand, nicht nur die Ertragsfähigkeit des Betriebs gefährdet sein müsse, RG GewR 21 (1916), 95; 3. aus § 1 GewO, RG JW 1894, 520 Ziff. 19. Diese letzte Meinung trifft sicherlich nicht zu.

Zu bemerken ist, daß einige der vorstehend erörterten Tatbestände unter Umständen schon aus dem Kreise der Patentanmaßung heraustreten können und zum Gebiete der streitigen Patentauslegung (A 83) gehören, z. B. wenn behauptet wird, das Patent auf den Teil einer Vorrichtung erstreckte sich auch auf die ganze, dem Teile angepaßte Vorrichtung und ähnliche Fälle.

§ 40 führt diejenigen Fälle der Patentanmaßung an, die das Gesetz bei Vorliegen subjektiven Verschuldens unter Strafe stellen will. Es gibt noch weitere, freilich weniger wichtige Fälle, in denen die Unterlassungsklage gegeben ist. Der Hauptgesichtspunkt ist, daß § 40 nur die in gewisser Weise urkundliche Patentanmaßung erfaßt. Das Gesetz betr. den unlauteren Wettbewerb gibt in weiteren Fällen eine Unterlassungsklage. Nach dessen § 1 kann in Anspruch genommen werden, wer im geschäftlichen Verkehr zu Zwecken des Wettbewerbes sittenwidrige Handlungen vornimmt. Auch mündliche Äußerungen können sittenwidrig sein, (Rosenthal § 1 A 41, RGStr 40, 130). Es haftet also auf Unterlassung, wer mündlich selbst behauptet oder behaupten läßt, daß er für seine Erzeugnisse, für sein Verfahren Patentschutz erlangt oder angemeldet habe. Es haftet auf Unterlassung, wer wahrheitswidrig schriftlich oder mündlich behauptet, daß er ausländische Patente erlangt habe. Ob auch § 3 „Auszeichnungen" auf Patentanmaßungen angewandt werden kann, war früher streitig (RGStr 38, 245); jetzt ist der Streit gegenstandslos (RGStr 49, 230). Die Anwendungsmöglichkeit des § 14 ist aus den in A 83 bereits gegebenen Ausführungen zu entnehmen. Zu bemerken ist, daß § 1 und § 13, § 14 „Zwecke des Wettbewerbs" erfordern, § 3 dagegen nicht (über den Begriff des Wettbewerbs vgl. Rosenthal, § 1 Note 6—14), sowie daß § 3 nicht nur Tatsachen, sondern auch Werturteile, die einer täuschenden Reklame dienen, umfaßt (Rosenthal, § 3 Note 2). Das Wettbewerbgesetz bietet dem Kläger die Vorteile, daß der Erlaß einstweiliger Verfügungen erleichtert ist, § 25. Hinsichtlich der Beweislast tritt in der Praxis kein Unterschied hervor. Die Verjährung beträgt sechs Monate seit Kenntnis des Verletzten, § 21.

Außer auf die bisher behandelten Gesetzesstellen kann die Unterlassungsklage wegen Patentanmaßung unter geeigneten Umständen auf § 826 BGB gestützt werden.

§ 5.

Die Wirkung des Patents tritt gegen denjenigen nicht ein, welcher zur Zeit der Anmeldung bereits im Inland die Erfindung in Benutzung genommen oder die zur Benutzung erforderlichen Veranstaltungen getroffen hatte. Derselbe ist befugt, die Erfindung für die Bedürfnisse seines eigenen Betriebs in eigenen oder fremden Werkstätten auszunutzen. Diese Befugnis kann nur zusammen mit dem Betriebe vererbt oder veräußert werden.

Die Wirkung des Patents tritt ferner insoweit nicht ein, als die Erfindung nach Bestimmung der Reichsregierung für das Heer oder für die Flotte oder sonst im Interesse der öffentlichen Wohlfahrt benutzt werden soll. Doch hat der Patentinhaber in diesem Falle gegenüber dem Reiche oder dem Staate, welcher in seinem besonderen Interesse die Beschränkung des Patents beantragt hat, Anspruch auf angemessene Vergütung, welche in Ermangelung einer Verständigung im Rechtsweg festgesetzt wird.

Auf Einrichtungen an Fahrzeugen, welche nur vorübergehend in das Inland gelangen, erstreckt sich die Wirkung des Patents nicht.

Im Gesetzentwurf betr. Abänderung des Patentgesetzes vom 4. 2. 28 ist vorgeschlagen, daß im § 5 Abs. 1 folgende Vorschrift als Satz 4 hinzugefügt wird: Steht dem Patentinhaber nach einem Staatsvertrag ein Prioritätsanspruch (§ 20a) oder nach dem Gesetze betr. den Schutz von Erfindungen... auf Ausstellungen vom 18. 3. 04 ein zeitweiliger Schutz zu, so ist an Stelle der im Satz 1 bezeichneten Anmeldung die vorangegangene ausländische Anmeldung oder der Beginn der Schaustellung der Erfindung maßgebend. — Wenn der Entwurf Gesetz wird, so ist damit für beide Fälle der Erwerb eines Vorbenutzungsrechts im sog. Intervall abgeschafft.

Übersicht.

Abschnitt I.

Voraussetzungen des Vorbenutzungsrechts.

Was ist die **ratio legis**? Will das Gesetz das Interesse der allgemeinen Volkswirtschaft schützen, die Zerstörung geschaffener Werte verhindern und deshalb anordnen, daß Anlagen zur Ausführung einer Erfindung nicht brach gelegt werden sollen, wenn dieselbe Erfindung einem anderen patentiert wird? Oder will das Gesetz die Interessen des Vorbenutzers schützen, aus Billigkeit diesem gegenüber und ihm deshalb gestatten, weiter zu tun, was er unter Aufwand von Arbeit und Geld bisher getan hatte? Beide Rücksichten können nebeneinander bestehen, können auch ineinander übergehen und sind deshalb in den Vorarbeiten des Gesetzes nicht auseinandergehalten, obgleich die Unterscheidung für den Umfang des Rechtes von Bedeutung sein kann. Die Motive zum Gesetze von 1877, S. 21, äußern sich kurz dahin, es solle der berechtigte Besitzstand gegen die Einwirkung des später verliehenen Privilegiums gesichert werden. In der Enquetekommission von 1886 wurde das Hauptgewicht auf den Schutz der Interessen des Vorbenutzers gelegt, vgl. stenogr. Berichte, S. 112—117. Ein so hervorragender Mann, wie Dr. Caro, trat dafür ein, daß derjenige gegenüber dem Patente geschützt werde, der bereits zur Zeit der Anmeldung „die Erfindung in einem patentfähigen Grade der Ausbildung besessen habe". Zur Begründung wurde von ihm und von anderen ausgeführt: die Zivilingenieure, also eine große Klasse von Technikern, fertigten Zeichnungen von neuen Maschinen für ihre Kunden an; es sei unrecht, daß die Anmeldung eines Dritten ihnen alle Rechte nehmen solle, wenn zufällig der Bau der Maschinen noch nicht begonnen sei; es sei unrecht, dem Erfinder, der einen Tag später anmeldet, als sein Konkurrent, die Ausführung seiner Erfindung zu verbieten; besonders sei es gesetzespolitisch verkehrt, den, der zuerst zum Patentamte laufe, so stark gegenüber dem anderen zu begünstigen, der seine Erfindung ausreifen lasse. — Hier war also alles auf den Schutz der Interessen des Vorerfinders abgestellt. Die Begründung zum Gesetzentwurf von 1891, S. 16, hat es abgelehnt, den Kreis der Berechtigten zu erweitern und das Recht desjenigen, der die Erfindung bereits ausgebildet oder die Benutzung vorbereitet hatte, schärfer auszugestalten, jedoch solle ihm beliebige Erweiterung der Ausnutzung für die Zwecke seines Betriebs, aber auch nur für diese, gestattet sein. Diesem Gedanken ist durch die Bestimmung Ausdruck verliehen, daß das Vorbenutzungsrecht mit dem Betriebe, nicht mit der Person zusammengehen solle. Der Reichstagsausschuß von 1891 hat diesen Standpunkt gebilligt. Das Gesetz ist also auf die gewünschte Ausdehnung des Kreises der Berechtigten nicht eingegangen, ist vielmehr dabei geblieben, daß der Grundgedanke die Aufrechterhaltung eines schon vorhandenen Besitzstandes sei, hat das Recht an den Betrieb geknüpft, hat aber eine Erweiterung des Betriebs zugelassen. Danach muß als Inhalt des Gesetzes gelten: das erteilte Patent soll nicht in die Entwicklung eines bereits bestehenden Gewerbebetriebs eingreifen, auch wenn sich die Entwicklung noch in den ersten Anfängen befand. Es soll aber nicht, wenn ein Patent Erfolg hat, ein anderer sich erinnern dürfen, daß auch er schon einmal versucht hatte, etwas Ähnliches zu unternehmen, und daraufhin jetzt mit der Konkurrenz einsetzen. Anm. 1.

Die hauptsächlich zweifelhaften oder wenigstens in Zweifel gezogenen Punkte der Gesetzesauslegung sind die folgenden: darf derjenige, der mit dem Erzeugnisse der Erfindung Handel getrieben hatte, nach Erteilung des Patents anfangen zu fabrizieren? A 18. — Welche Erkenntnis muß der Vorbenutzer von der Erfindung gehabt haben? A 7. — Ist dem Vorbenutzer erlaubt, seinen Betrieb nicht nur auszudehnen, sondern auch umzuändern? A 18.

Erste Voraussetzung der Anwendung des § 5 ist, daß die **vorbenutzte Erfindung und die patentierte Erfindung gleich** sind. Der Begriff der Gleichheit ist hier in weitem Sinne aufzufassen. Die Erfindungen müssen gleich sein; es kommt nicht auf die Art an, in der die Erfindung patentiert ist. Benutzung liegt auch dann vor, wenn ein Arbeitsmittel patentiert ist, während in Wahrheit ein Verfahren erfunden war und dies letztere vorbenutzt worden ist. Nur wenn die Art des Verfahrens durch das neu patentierte Arbeitsmittel geändert wird, erwirbt der Vorbenutzer kein Recht auf diese neue Art, wenn er sie nicht angewandt hatte. Ist die Betriebsart einer Maschine patentiert, so muß der Vorbenutzer dieselbe Betriebsart angewandt haben. Ist die Zweckverwendung eines bekannten Arbeitsmittels oder Verfahrens patentiert, so muß Benutzung zum selben Zwecke stattgefunden haben. Entscheidend ist in allen Fällen die Identität der Erfindung. Geringfügige Abweichungen schaden, wie überall, so auch hier nicht. Das Vorbenutzte braucht nicht mit dem Gegenstand des Anspruches des Patentes übereinzustimmen; Vorbenutzungsrecht auch dann, wenn es in dessen Schutzbereich fällt. Anm. 2.

Die zweite Voraussetzung ist, daß die Maßnahmen des Vorbenutzers sich **nicht im Versuchsstadium** befanden, sondern eine vollendete technische Erfindung verkörperten, die geeignet ist, ein **praktisches** Resultat zu zeitigen (RG 56, 225; Warneyer Jahrg. 9 S. 276; IndR Jahrg. 8 S. 333). Allerdings genügen auch Veranstaltungen zur Erfindungsausführung, die vorbereitender Art sind und also eine Fabrikation noch nicht zulassen, unten A 13. Aber es darf sich dabei nicht um tastende Versuche handeln, die die Möglichkeit eines Erfolges erst erproben sollen, vielmehr muß die Erfindung fertig sein und ihre Ausführungsmöglichkeit feststehen, nur daß die Herstellung der Arbeitsmittel noch nicht zu Ende geführt ist.

Der festen Rechtsprechung des Reichsgerichts entspricht es, daß derjenige, der ein Vorbenutzungsrecht für sich in Anspruch nimmt, zur Zeit der Anmeldung des fremden Patents den Erfindungsgedanken bereits erfaßt und die Erfindung seinerseits vollendet haben muß (Warneyer 1916 Nr 177). Vorrichtungen, die erst Versuchszwecken dienen und noch der Erprobung bedürfen, sind nicht ausreichend, um den Erfindungsbesitz des Vorbenutzers zu verkörpern. Wenn das Berufungsgericht ... den Schluß gezogen hat, daß die Beklagte zur Zeit der Patentanmeldung noch die Ausprobierung ihres Apparates nötig gehabt und sich damit erst im Versuchsstadium befunden habe, so ist es mit Recht zur Verneinung des Vorbenutzungsrechts gelangt (I 202/1918, Urt vom 26. 2. 19).

Doch ist zu bemerken, daß nur diejenige Lösung, die das Patent mitteilt, auf seiten des Vorbenutzers „fertig" sein mußte. Hatte sich letzterer eine weitere Aufgabe gestellt, die ungelöst blieb, so schadet ihm das nicht, Blatt 18 (1912), 276 Sp. 1.

Ob der Vorbenutzer seine Maßnahmen selbst erfunden oder aus anderer Quelle geschöpft hatte, ist ohne Belang, vgl. jedoch A 5B.

Ein Vorbenutzungsrecht ist auch dann gegeben, wenn der Patentinhaber auf seine Erfindung neben dem Patent einen Musterschutz erwirkt hatte, obgleich das Gebrauchsmustergesetz ein Vorbenutzungsrecht nicht anerkennt (JW 1908, 247).

Daß die Vorbenutzungshandlungen in dem Umfange, in dem sie vom Gesetz erfordert werden, vor der Patentanmeldung vollendet sein müssen, sagt das Gesetz und bedarf keiner Erörterung.

Anm. 3. Die erforderlichen **Benutzungsarten** sind die im § 4 aufgezählten, Herstellen, Gebrauchen, Feilhalten, Inverkehrbringen. So die herrschende Meinung (RG 80, 15; RGStr 5, 365; 27, 51). Über Herstellen und Gebrauchen ist nichts weiteres zu erwähnen; die Kasuistik dieser Begriffe ist im § 4 A 2ff dargelegt. Auffällig ist aber, daß auch Feilhalten und Inverkehrbringen ein Vorbenutzungsrecht gewähren soll. Diese Auffassung hat seit Kohler manche Gegner gefunden. Gleichwohl ist sie nach dem Gesetze berechtigt. § 5 steht mit § 4 in unmittelbarem Zusammenhange, da er eine Einschränkung der im § 4 dem Patentinhaber vorbehaltenen Benutzungsarten vorschreibt. Wenn im § 5 unter Benutzung etwas anderes verstanden werden sollte, hätte es gesagt werden müssen. (Die Sachlage ist hier also gesetzespolitisch anders, als bei der offenkundigen Vorbenutzung nach § 2, vgl. § 2 A 25.) Die angeführte Auffassung, daß auch Feilhalten und Inverkehrbringen ein Vorbenutzungsrecht verleihen, ist für den deutschen Inlands- und Ausfuhrhandel von geringer oder von keiner Bedeutung. Denn da nach Patenterteilung nur der Patentinhaber in Deutschland herstellen darf, so fehlt es dem Inlands- und Ausfuhrhandel an Möglichkeit, sich in Deutschland aus anderen Quellen die patentierten Artikel zu verschaffen und sie dann auf Grund eines Vorbenutzungsrechts zu verkaufen. Der vorbenutzungsberechtigte Binnenhändler und Exporteur steht sich also nicht besser, als jeder andere Händler. Er ist für den Bezug der Artikel von dem fabrizierenden Patentinhaber abhängig. Von Bedeutung ist jene Auffassung dagegen für den Einfuhrhandel. Es können deutsche, aber auch ausländische Handelshäuser trotz Patentierung nach wie vor die ausländischen Fabrikate im Inlande verkaufen. Das ist die unausbleibliche Folge der Gesetzesbestimmung. De lege ferenda hat die Sache natürlich ein anderes Ansehen. Kein anderes Land gestattet einem Deutschen, Waren, die seinen Staatsangehörigen patentiert sind, einzuführen. Die wirtschaftspolitischen Erwägungen RG 80, 18 sind nicht überzeugend. Zu bemerken ist, daß die Begünstigung des Importhandels über die ratio legis, Schutz von bereits geschaffenen, wirtschaftlichen Sachwerten, vgl. A 1, erheblich hinausgeht, soweit nicht etwa deutsche Veredelung oder Fertigstellung ausländischer Halbfabrikate in Frage kommt. Über alles dieses vgl. Anhang II. Die Frage, ob der, der bisher Handel getrieben hat, auf Grund seines Vorbenutzungsrechts fabrizieren darf, ist zu verneinen, A 18.

Anm. 4. 1. Isay § 5 A 6 weist darauf hin, daß nicht **neben** dem Vorbenutzungsrecht des Herstellers, dessen Waren durch Händler vertrieben sind, auch noch dieser Händler ein Vorbenutzungsrecht erwerben könne; das würde dem Sinne des Gesetzes widersprechen. — Allein die Sache erscheint zweifelhaft. Der Hersteller erwirbt ohne Frage ein Weiterbenutzungsrecht, er darf also seine hergestellten Waren auch vertreiben; weshalb sollte er sie nicht an Händler absetzen können, die sie weiterverkaufen, wie das bisher geschehen war? Ein entgegenstehendes Interesse des neuen Patentinhabers — daß der bisherige Hersteller jetzt selbst verkaufen müsse, nicht aber mehr durch Händler vertreiben dürfe — ist nicht ersichtlich. Der Händler darf die Waren auch an neue Kunden absetzen, denn auch der Hersteller darf das auf Grund seines Vorbenutzungsrechts. — Die Schwierigkeiten hinsichtlich des Vorbenutzungsrechts der Händler liegen in anderen Fällen vor, dann nämlich, wenn die Händler Waren aus dem freien Markte zu einem bestimmten Verwendungszwecke verkauft hatten und die Verwendung der

Waren zu diesem Zwecke nun einem Dritten patentiert wird; hierüber vgl. unten Ziff. 6, vgl. auch das daselbst angeführte neue Urt Blatt 33 (1927), 153.

2. Ist in Deutschland ein Herstellungsverfahren patentiert, so sind damit gleichzeitig die unmittelbar in dem Verfahren hergestellten Erzeugnisse geschützt. Hat jemand vor Erteilung des Patents solche Erzeugnisse, die im Auslande hergestellt waren, ins Inland eingeführt und verkauft, so erwirbt er trotz des Herstellungspatentes ein Vorbenutzungsrecht auf weitere Einführung und Veräußerung jener Erzeugnisse (RG 80, 15). Zwar läßt sich nicht sagen, daß er das Verfahren im Inlande benutzt hat, und § 5 spricht nur von der Erfindung, die solchenfalls allein im Herstellungsverfahren liegt, während der Schutz der Erzeugnisse akzessorischer Natur ist. Deshalb sind manche Einwendungen gegen jene Entscheidung erhoben; Erfolg haben sie bisher nicht gehabt. — Das Verfahren im Inlande auszuführen, ist er auf Grund seines Vorbenutzungsrechtes als Händler jedenfalls nicht berechtigt, A 18. — Zu bemerken ist, daß es sich hier nur um den Verkauf der Erzeugnisse handelt, nicht um die Lieferung von Rohstoffen und Vorrichtungen zur Herstellung der Erzeugnisse; über letzteres vgl. unten Ziff. 6.

3. Gleichgültig ist es, ob die Vorbenutzung im geheimen oder offenkundig erfolgt ist, vgl. hierzu noch A 8; gleichgültig ist desgleichen, ob der Vorbenutzer seine Maßnahmen selbst erfunden hatte.

4. Der Umfang der Vorbenutzung ist ohne Bedeutung; auch einmalige Benutzung genügt. Sie braucht nicht gewerbsmäßig erfolgt zu sein; trotzdem kann der Vorbenutzer nach der Patentierung die Erfindung für die Bedürfnisse seines Betriebs gewerbsmäßig benutzen, auch wenn er den gewerbsmäßigen Betrieb erst jetzt eröffnet. Doch ist hierbei Vorsicht erforderlich; soll derjenige, der einmal eine Maschine aus Amerika eingeführt hat, berechtigt sein, nachdem die Maschine in Deutschland patentiert ist und eine neue Industrie entsteht, die amerikanischen Maschinen in ungemessenen Mengen einzuführen? Vgl. hierfür A 18.

5. Der Patentinhaber kann gegenüber dem Vorbenutzungsberechtigten nicht einwenden, daß in Wahrheit keine Erfindung vorliege (und infolgedessen jener auch keine Erfindung vorbenutzt haben könne), vielmehr ihm das Patent zu Unrecht erteilt sei. Daß eine solche Einwendung unmöglich ist, liegt zutage; denn der Wille des Gesetzes geht dahin, daß der Vorbenutzer durch ein nun einmal erteiltes Patent nicht gehindert werden soll.

6. Streitig ist, ob, wenn ein Verfahren oder eine Anordnung patentiert ist, derjenige, der vor der Patentierung Stoffe, Apparate oder andere Arbeitsmittel zur Ausführung des Verfahrens vertrieben hatte, ein Vorbenutzungsrecht erwirbt, also weiter verkaufen darf. Das ist der Fall der sog. mittelbaren Benutzung. Das Reichsgericht hat die Frage in den Holzmehlprozessen verneint, Blatt 13 (1907), 131; Einwendungen gegen den Standpunkt des Reichsgerichts sind erhoben MuW Jahrg. 10 S. 81; vgl. auch § 4 A 18f. Neuerdings ist gegenüber dem Sachpatent 216802 auf Schuhkappen mit Verstärkungseinlage, dad. gek., daß letztere aus Steifleinen bestehen, welches Patent als ein Verwendungs-, also Verfahrenspatent ausgelegt ist, einer Fabrik ein Vorbenutzungsrecht zugesprochen, die derartiges Steifleinen vor Patenterteilung hergestellt und an Schuhfabriken veräußert hatte, Blatt 33 (1927), 153. Etwa entgegenstehende Auffassungen des erwähnten Urt Blatt 13 (1907), 131 sind aufgegeben. Ob danach die Meinung ist, daß auch der bloße Händler (im Streitfalle handelte es sich um eine Fabrik) ein Vorbenutzungsrecht in derartigen Fällen erwerben kann, ist nicht gesagt. — Die Entscheidung wird davon abhängig sein, ob ein volkswirtschaftlich zu billigendes Bedürfnis in der angegebenen Richtung anzuerkennen ist. Das erscheint, abgesehen von einer sogleich zu erwähnenden Voraussetzung, zweifelhaft. Praktisch liegt die Sache wie folgt. Ist die Erfindung offenkundig vorbenutzt worden, so bedarf der Händler überhaupt keines Vorbenutzungsrechts; er kann die Nichtigkeitsklage erheben, um seinen Weitervertrieb zu sichern. Ist keine öffentliche Vorbenutzung erfolgt, hat aber ein Fabrikant ein Vorbenutzungsrecht auf Herstellung erworben, so ist er berechtigt, weiter zu fabrizieren, und also offensichtlich auch berechtigt, die nötigen Vorrichtungen und Rohmaterialien einzukaufen; der Händler darf sie ihm liefern. Schwierigkeiten können also nur dann entstehen, wenn keine Vorbenutzungsrechte auf Herstellung erworben sind. Dann aber ist die ganze Frage gegenstandslos; der Fabrikant darf nicht herstellen und hat also keinen Bedarf nach Rohmaterialien. Nur wenn man in diesem letzteren Punkte anderer Meinung ist, hat die ganze Frage überhaupt Bedeutung. Das ist der springende Punkt der Sache. In der Tat nimmt nun R. Isay, MuW Jahrg. 10 S. 82 Sp. 2 an, daß der Händler auf Grund seines Vorbenutzungsrechts in der Lage sei, auch solchen Fabrikanten, die bisher nicht hergestellt haben, jetzt eine Lizenz zur Herstellung zu übertragen. Das kann aber nicht gebilligt werden, denn dadurch könnte ein Herstellungspatent durch das Vorbenutzungsrecht eines einzigen Händlers unter Umständen völlig entwertet werden. Das wäre eine Regelung, die volkswirtschaftlich für ungesund erklärt werden müßte. Fällt diese Voraussetzung fort, so ist die Frage, wie erwähnt, gegenstandslos. Das angeführte neue Urteil des Reichsgerichtes hat sich über diesen Punkt nicht ausgesprochen; vgl. auch Dunkhase,

IndR Jahrg. 11, S. 107. — Hinzuzufügen ist: der oben unter Ziff. 1 behandelte Fall lag wesentlich anders als der vorstehende. Dort wurden auf Grund eines Hersteller-Vorbenutzungsrechts Waren, die patentiert sind, rechtmäßig hergestellt. Die hergestellten Waren mußten und durften vertrieben werden. Deshalb war kein Grund ersichtlich, dem Händler, der sie bisher vertrieben hatte, ein Vorbenutzungsrecht zu verweigern, auf Grund dessen er sie weiter vertreiben konnte. Dadurch wurden die Interessen des Patentinhabers in keiner Weise beeinträchtigt. Hier aber handelt es sich darum, ob ein Händler, der Waren aus dem freien Markte zu bestimmter Weiterverarbeitung vertrieben hatte, jetzt, nachdem diese Weiterverarbeitung patentiert ist, allen möglichen neuen Kunden, die kein Vorbenutzungsrecht haben, Lizenz an dem Patente erteilen darf, so daß sie die nunmehr einem anderen patentierte Weiterverarbeitung neu aufnehmen können. Das ist, was volkswirtschaftlich bedenklich erscheint, weshalb die Ansicht von R. Isay nicht gebilligt werden kann.

Anm. 5. A. Das gesetzliche Vorbenutzungsrecht entsteht nur, wenn der **Vorbenutzer** die **Kenntnis** der Erfindung **unabhängig, selbständig,** nicht von dem Patentinhaber erlangt hat (RG 37, 44; 45, 117 f).

Der Hauptfall selbständiger Kenntnis ist der Fall der Doppelerfindung. Es klingt auffällig, daß das der Hauptfall sein soll, denn Doppelerfindungen sind selten. Immerhin kommen sie doch auf dem Gebiete rein technischer Maßregeln, die „in der Luft liegen", mehrfach vor. Haben zwei Personen gleichzeitig die Erfindung gemacht und hat der eine die Erfindung zum Patent angemeldet, so steht dem anderen das Vorbenutzungsrecht zu, wenn er vor der Anmeldung die Erfindung benutzt oder Anstalten zur Benutzung getroffen hatte (RG 26, 65).

Die Doppelerfindung ist aber nicht der einzige Fall unabhängiger Kenntnis. Die Sache kann auch so liegen, daß der Patentinhaber und der Vorbenutzer ihre Kenntnis selbständig aus derselben Quelle oder aus unabhängigen Quellen geschöpft hatten. Man kann nicht einwenden, daß solchenfalls ein Patent nicht habe erteilt werden können; die Quelle kann in der auswärtigen, nicht veröffentlichten Praxis liegen, die bei der Patenterteilung nicht zu berücksichtigen ist, es können Vorveröffentlichungen bei der Patenterteilung übersehen sein usw. Ein Fall, in dem der Patentinhaber und der Vorbenutzer aus der ausländischen Praxis geschöpft hatten, lag der Entscheidung RG 45, 116 zugrunde; terminologisch dürfte nicht zu billigen sein, daß die Sachlage daselbst als Doppelerfindung bezeichnet ist.

Unselbständige Kenntniserlangung liegt vor, wenn der Vorbenutzer oder seine Vormänner, von denen er die Kenntnis erhalten hat, ihre Kenntnis aus den Verlautbarungen des Patentinhabers geschöpft hatten; ist das gegen oder ohne den Willen des Patentinhabers geschehen, so liegt rechtswidrige Entnahme vor; hiervon handelt die nächste Anmerkung. Ist es mit dem Willen des Patentinhabers geschehen, so liegt „Mitteilung" der Erfindung vor, welcher Fall sogleich erörtert wird.

Hier nicht näher zu erörtern ist die Entstehung eines Vorbenutzungsrechtes bei der Ausstellungspriorität, § 3 A 6; bei der Priorität nach dem Unionsvertrage, Anhang zu § 3, Unionsvertrag A 11 h; Weiterbenutzungsrecht nach Art. 308 Vers. Vertrag und nach dem Berner Abkommen, ebenda A 12; nach dem Patentverlängerungsgesetz.

B. Benutzungsrecht auf Grund von Mitteilungen der Erfindung. Hat **A** dem **B** eine Erfindung mitgeteilt, damit letzterer sie benutzen kann, so wird er an seinem Benutzungsrecht nicht dadurch gehindert, daß **A** später ein Patent erwirbt. Widerspricht die Benutzung dem Sinne der Mitteilung, ist dem **B** etwa die Erfindung anvertraut, so erwirbt er kein Recht auf Benutzung. Desgleichen nicht, wenn ihm vertraglich die Benutzung nur auf Zeit überlassen war und diese Zeit abgelaufen ist (RG 37, 44). Im umgekehrten Falle, wenn der Patentinhaber **A** seine Kenntnis von **B** erhalten hatte und es sich jetzt um das Benutzungsrecht des mitteilenden **B** handelt, so kommt es in gleicher Weise auf das zwischen ihnen bestehende Rechtsverhältnis an. War dem Patentinhaber **A** die Erfindung, als sie noch nicht patentiert war, verkauft oder war ihm eine ausschließliche Lizenz erteilt, so hat der Veräußerer **B** kein Benutzungsrecht, § 6 A 31. Ist die Erfindung dem **A** vertraulich, nicht zur Ausnutzung mitgeteilt und entnimmt er ein Patent, so liegt rechtswidrige Entnahme vor, **B** behält sein Benutzungsrecht.

In allen diesen Fällen der Mitteilung handelt es sich nicht um das gesetzliche Vorbenutzungsrecht, sondern um ein vertragliches Benutzungsrecht, unter Umständen um rechtswidrige Entnahme, was zwar nirgends geleugnet, aber häufig nicht beachtet wird. Die einschränkenden Bestimmungen des § 5 finden also keine Anwendung. Das Benutzungsrecht ist hier nicht davon abhängig, daß zur Zeit der Patentanmeldung bereits eine Benutzung stattgefunden hatte oder Anstalten dazu getroffen waren.

Anm. 6. Erwirbt der Vorbenutzer ein Vorbenutzungsrecht, wenn seine **Vorbenutzung rechtswidrig** ist? Es ist zu unterscheiden. Handelt der Vorbenutzer nicht gegenüber dem Patentinhaber, sondern gegenüber dritten Personen rechtswidrig, so entsteht ein wirksames Vorbenutzungsrecht (RGStr 28, 28). Das ist der Fall, wenn der Vorbenutzer oder seine Vormänner ihre Kenntnis nicht den Verlautbarungen des Patentinhabers, sondern einem anderen selbständigen Besitzer der gleichen Erfindung entnommen haben. Hat dagegen der Vorbenutzer oder haben seine Vormänner, von denen er die Kenntnis der Erfindung erhalten hat, die Erfindung dem Patentinhaber rechtswidrig entnommen, so erlangt er kein Recht aus seiner Vorbenutzung. Um Rechtswidrigkeit gegenüber dem Patentinhaber annehmen zu können, ist nicht erforderlich, daß die Verletzung eines Vertrages oder eine unerlaubte Handlung vorliegt, die die Aneignung rechtswidrig erscheinen läßt; es genügt, wenn die Entnahme aus den Verlautbarungen des Patentinhabers ohne dessen Erlaubnis erfolgt ist (RG JW 1912, 697 Nr 27). Hat der Vorbenutzer einen Angestellten des Erfindungsberechtigten nach dessen Entlassung engagiert und macht er sich dessen Erfahrungen zu eigen, so ist keine rechtswidrige Entnahme gegeben, wenn dem Angestellten keine weitere Geheimhaltung vertraglich zur Pflicht gemacht war, oder wenn wenigstens der Vorbenutzer in dieser Richtung im guten Glauben war. Wegengagieren aus ungekündigter Stellung zum Zwecke, sich durch den Angestellten durch Benutzung von dessen bei seinem bisherigen Arbeitgeber erlangten Kenntnissen einen Gewerbebetrieb neu einrichten oder einen bestehenden Gewerbebetrieb verbessern zu lassen, ist dagegen sittenwidrig und bewirkt Rechtswidrigkeit der Vorbenutzung. — Schwierigkeiten macht die Beantwortung der Frage, ob und wann es rechtswidrig ist, eine im Auslande patentierte Erfindung nachzuahmen, für den Fall, daß der ausländische Patentinhaber nach dem Unionsvertrage auch im Inland ein Patent erlangt. Das RG hat JW 1927, 1557 entschieden, daß Rechtswidrigkeit dann nicht gegeben ist, wenn der Benutzer nicht damit zu rechnen brauchte, daß der Ausländer auch in Deutschland ein Patent anmelden werde. Bedenken sind ebenda von Kisch geäußert; für das Nähere vgl. Anhang zu § 3 A 11h.

Bei rechtswidriger Entnahme kann der Verletzte gegen den Entnehmer, der die Erfindung zum Patent angemeldet hat, mit Einspruch, Nichtigkeitsklage und Zivilklage, diese gerichtet auf Unterlassung der Ausübung oder Übertragung des Patents und auf Schadensersatz, vorgehen. Er kann aber in diesen Fällen sich darauf beschränken, sein eigenes Benutzungsrecht geltend zu machen. Man sollte glauben, daß das unpraktisch ist, weil jene anderen Klagen weiter führen; es kommt aber vor, GewR 9 (1904), 305. In solchem Falle handelt es sich auch hier, wie in voriger Anmerkung, nicht um das gesetzliche Vorbenutzungsrecht; der Kläger braucht also nicht zu behaupten, daß er seinerseits die Erfindung schon benutzt oder Anstalten dazu getroffen hat. Dagegen muß er, wenn er die Zivilklage anstellt, Verschulden oder Dolus des Beklagten nachweisen. Er kann, wenn seine Klage sich nicht etwa auf Übertragung des Patents gerichtet hat, nachträglich auch noch auf Nichtigkeit klagen, vgl. die A a. a. O.

Welche Erkenntnis muß der Vorbenutzer gehabt haben? Wie immer, wenn es sich um die Erkenntnis einer Erfindung handelt, entstehen in der Praxis unnötige Schwierigkeiten. Es wird häufig nicht genügend beachtet, daß die Erkenntnis des Vorbenutzers nur empirisch zu sein und sich nur darauf zu richten braucht, daß durch das angewandte Arbeitsmittel oder Verfahren in irgendeiner Weise eine bestimmte Wirkung hervorgebracht wird. Einige Fälle. Jemand nahm ein Vorbenutzungsrecht auf eine bestimmte Herstellung von Puppenköpfen oder anderen Hohlkörpern aus Zelluloid in Anspruch. Die zwei Hälften jedes Kopfes wurden besonders gepreßt. An den zu vereinigenden Rändern blieben flanschartige Umbörtelungen stehen. Mit diesen wurden die zwei Hälften zusammengepreßt, worauf die überstehenden Flanschen abgeschnitten wurden. Nun gab es im Rechtsstreit lange Erörterungen, ob der Vorbenutzer genügend erkannt habe, daß durch dies Verfahren die zwei Hälften an ihren Rändern aneinander hafteten. Welch ein Zweifel ist möglich? Der Vorbenutzer sah, daß die Hälften nach dem Zusammenpressen und nach Entfernung der Flanschen nicht auseinander fielen, daß vielmehr die Ränder hafteten. Damit hatte er sein Vorbenutzungsrecht erworben. Er durfte weiter tun, was er bisher getan hatte. Ob die Vereinigung dauerhaft war, ob sie Vorteile oder Nachteile hatte, darauf kommt es für das Vorbenutzungsrecht nicht an. Das hat das Reichsgericht ausgesprochen, es hat das Vorbenutzungsrecht in seiner Entscheidung anerkannt und nun allerdings hinzugefügt, das Recht könne auch dann nicht versagt werden, wenn der Vorbenutzer die Wirkung der festen Vereinigung . . nicht bewußt erreicht hätte. Mit letzterem Ausspruch sollte offenbar nur gesagt werden, es sei nicht nötig, daß er das Verfahren planvoll ersonnen oder bewußt ausgearbeitet hätte. Das ist in der Tat nicht erforderlich; es ist gleichgültig, ob die Erkenntnis klar erfaßt oder empirisch dumpf gefühlt ist (I 268/1903, Urt vom 11. 11. 03). — Nicht ganz scharf ist die Ausdrucksweise eines Urteils aus derselben Zeit: Für die Anwendung des § 5 ist . . . entscheidend, daß (der Vorbenutzer) in Erkenntnis des Wesens der Erfindung, ihrer Vorteile, sie in Benutzung genommen hat (I 173/1905, Urt vom 28. 10. 05). Ob die Vorteile der Maßnahme erkannt sind, ist gleichgültig; nur ihre Wirkung muß ausgenutzt sein. — Ein anderer Fall, in dem wenigstens ein Zweifel möglich war. Eine Geschützfabrik hatte im Auftrag einer fremden Regierung nach Anm. 7.

deren Zeichnungen Geschütze mit Schutzschilden hergestellt. An den Schutzschilden befanden sich Schartenblenden; auf letztere nahm die Fabrik gegenüber einem späteren Patente ein Vorbenutzungsrecht in Anspruch. Eingewandt wurde, sie habe die Funktion der Vorrichtungen als Schartenblenden nicht erkannt, habe sie vielmehr als Versteifungen der Schutzschilde angesehen. Das Reichsgericht nahm an, sie habe die Funktion in der Tat erkannt und ließ dahingestellt, ob für die Begründung des Vorbenutzungsrechts die tatsächliche Benutzung genügen würde, „auch wenn die Wirkungen der benutzten Einrichtung nicht mit Bewußtsein erzielt worden" seien. Daß der Vorbenutzer das weiter tun durfte, was er bisher getan hatte, wird auch hier nicht zweifelhaft sein können. Hatte er die Vorrichtungen wirklich nur für Versteifungen gehalten, so durfte er sie als solche weiter anbringen, selbst wenn sie gleichzeitig als Blenden dienen könnten. Die Erfindung des Patents beschränkte sich dann dem Vorbenutzer gegenüber nur darauf, daß sie an der vorbenutzten Einrichtung eine neue Funktion erkannt hatte, die der Vorbenutzer nicht erkannt hatte. Zweifel können nur entstehen, wenn er etwa eine abweichende Ausführung herstellen wollte, die die Wirkung einer Versteifung nicht erzielte. Dann — aber auch nur dann — kommt es allerdings darauf an, ob er die Funktion als Schartenblende erkannt und ausgenutzt hatte. Dies ist der Blatt 14 (1908), 188 auszugsweise abgedruckte Fall. Anders ist dagegen die Sachlage, wenn eine Fabrik in einem chemischen Verfahren den Stoff **a** (Martiusgelb) hergestellt und nicht gemerkt hatte, daß gleichzeitig der Stoff **b** entsteht, § 1 A 85f. Dann darf sie die Herstellung dieses letzteren Stoffes auf Grund eines Vorbenutzungsrechts nicht vornehmen, weil sie es bisher nicht getan hatte. Ein englischer Fall: Geschützt war, durch Funkenentladung Stickstoffperoxyd herzustellen und damit Getreide zu bleichen. Ein anderer hatte schon bisher durch Funkenentladung Getreide gebleicht, hatte aber nichts von Stickstoffperoxyd gewußt; er hat ein Vorbenutzungsrecht, weiter Getreide durch Funkenentladung zu bleichen, Potts, **on patents**, S. 35. Über die Erkenntnis des Erfindungsgedankens durch den Vorbenutzer vgl. unten A 17.

Anm. 8. Grundsätzliche Fragen von Interesse sind in einem Urteil des Landgerichts I Berlin aufgeworfen worden, Blatt 32 (1926), 172. Patent 279250 schützt eine Schneidevorrichtung für Stacheldrahtmaschinen. Erfinderisch neu war eine besondere Bewegungsart des beweglichen Messers. Die Beklagte nahm ein Vorbenutzungsrecht für sich in Anspruch. Die von ihr gebaute Vorrichtung habe zwar eine andere Bewegung des Messers gehabt, aber die dem Gegner geschützte Bewegung sei ein Äquivalent der von ihr benutzten; sie habe auf Grund von § 5 einen Anspruch auf Benutzung des Äquivalents. Das Gericht stellte fest, daß die Vorbenutzung offenkundig erfolgt sei; der geheime Vorbenutzer habe zwar ein Recht auf die Äquivalente seiner Konstruktion, der offenkundige Benutzer dagegen nicht. Dieser stehe jedem Dritten gleich; gerade das, was das alleinige Neue und Schutzfähige an dem Patente bilde, sei nicht vorbenutzt. — Bedenken gegen die Art der Begründung lassen sich nicht von der Hand weisen. Mit der herrschenden Meinung ist anzunehmen, daß auch der offenkundige Vorbenutzer ein Vorbenutzungsrecht erwirbt. Allerdings kann auf Grund einer offenkundigen Vorbenutzung eine Nichtigkeitsklage gegen das Patent erhoben werden, falls die Frist dafür nicht verstrichen ist. Aber das ist kein Grund, dem offenkundigen Vorbenutzer gegenüber dem noch bestehenden Patent ein Weiterbenutzungsrecht zu versagen. Die Vertreter der Gegenmeinung (z. B. Starck, GewR 24 [1919], 204) berufen sich auf Äußerungen der Gesetzesbegründung; diese hat jedoch den hier in Frage stehenden Fall nicht im Auge. Warum sollte man den offenkundigen Vorbenutzer mittelbar zwingen, die Nichtigkeitsklage zu erheben, statt das denen zu überlassen, die ein Interesse an der Nichtigkeit haben? Der Patentinhaber müßte überdies im Rechtsstreite über die Vorbenutzung zu seiner Verteidigung die Offenkundigkeit der gegnerischen Maßnahmen behaupten und beweisen, also Material für die Nichtigkeit seines eigenen Patents beibringen. Geheime und offenkundige Vorbenutzung sind vielmehr gleich zu behandeln. Viel schwieriger ist die andere Frage zu beantworten, ob nämlich der Benutzer die Äquivalente seiner Einrichtung auch dann benutzen darf, nachdem diese einem anderen patentiert worden sind. Daß er die technischen und die auf der Hand liegenden Äquivalente benutzen darf, also etwa eine Transmission gegen ein Zahnradgetriebe auswechseln darf, wird ihm nicht verwehrt werden können; aber weitgehende Abänderungen wird er allerdings nicht vornehmen dürfen, wenn diese inzwischen einem anderen patentiert sind; vgl. auch A 17.

Anm. 9. Die Vorbenutzung braucht **nicht durch den Vorbenutzer selbst** erfolgt zu sein, wenn auch freilich Benutzung in eigenem, nicht in fremdem Interesse vorliegen muß, Blatt 14 (1908), 190. Es liegt auf der Hand, daß es genügt, wenn die Benutzung im Betriebe des Vorbenutzers erfolgt ist. Die Benutzung im eigenen Betriebe genügt aber nur dann, wenn sie vom Eigentümer, seinem Willensvertreter, seinem Betriebs- oder selbständigen Abteilungsleiter angeordnet oder gutgeheißen ist. Hat ein unterer Angestellter oder Arbeiter die Benutzung auf eigene Faust vorgenommen, so erwirbt der Betriebseigner kein Vorbenutzungsrecht (RG 78, 437). Desgleichen nicht, wenn er einem Angestellten die Benutzung in dessen Interesse und zu dessen Vorteil, sei es auch mit Mitteln der Fabrik, gestattet hatte (RG 56, 223). Der Angestellte, der die Benutzung in der Fabrik, einerlei ob auf Anordnung der Leitung oder auf eigene Faust vornimmt, erwirbt seinerseits kein Vorbenutzungsrecht (RG 52, 91). Ist dem Angestellten dagegen die Benutzung in dessen Interesse oder zu dessen Vorteil von der Leitung gestattet, so erwirbt derselbe, unter Umständen gemeinsam mit dem Fabrikeigner, das Recht des § 5 (RG 56, 228). Ist mit dem Angestellten vereinbart, daß dessen Erfindungen selbsttätig in den Besitz des Geschäftsherrn übergehen, so ist zu schließen, daß das Vorbenutzungsrecht dem letzteren erworben wird, auch wenn der Angestellte ohne Wissen der Betriebsleitung die Benutzung vornimmt (RG 56, 226).

Hat der Vorbenutzer die Vorbenutzung nicht selbst oder durch eigene Leute vorgenommen, sondern einen **selbständigen Gewerbetreibenden** beauftragt, für ihn tätig zu werden, so erwirbt der Auftraggeber ein Vorbenutzungsrecht dann, wenn die technische Idee der Maßnahme von ihm ausgegangen ist. Hat eine Schuhfabrik eine Gerberei beauftragt, nach ihren Angaben das Leder im Lohn zu gerben, so erwirbt die Schuhfabrik das Vorbenutzungsrecht auf diese Art zu gerben. Der Gerber erwirbt kein Recht, wenn er das Verfahren nicht etwa auch zu eigenen Zwecken oder für andere Auftraggeber angewandt hat. Hat der Gerber dagegen nach seiner eigenen Erfindung gegerbt, so erwirbt nur er, nicht die Schuhfabrik das Recht. Haben beide das Verfahren gemeinschaftlich ausgearbeitet, so sind beide nach § 5 berechtigt, wenn nicht ihre vertraglichen Vereinbarungen anderes bestimmt haben. Ähnlich in dem mehrfach erörterten Falle, daß jemand sich eine Maschine nach seinen Angaben bauen läßt. Entscheidend ist, von wem die technische Idee stammt, die dem später einem Dritten erteilten Patent entspricht. Keineswegs darf gesagt werden, daß der Auftraggeber niemals ein Recht erwerbe, weil eine Stellvertretung in der Vorbenutzung nicht zulässig sei. Vielmehr ist entscheidend, wer die Herstellung als „eigene" bezeichnen und beanspruchen kann. Das kann der nicht, der im Lohn, also in fremdem Auftrage und nach fremden Vorschriften herstellt. Anders aber dann, wenn er als selbständiger Gewerbetreibender, also nach eigenen Ideen den Auftrag ausführt. Zu betonen ist, daß es sich hier nur um den Erwerb eines Vorbenutzungsrechts handelt; eine ganz andere Frage ist, wie das Verhältnis zwischen Auftraggeber und Beauftragten zu regeln ist, wer etwa von ihnen beiden den Anspruch auf eine bei der Ausführung gemachte neue Erfindung hat, hierüber vgl. § 3, A 40, 1. Für derartige Vorbenutzungsfälle vgl. gegenüber manchen Entscheidungen die die Rechte des Ausführenden einzuschränken suchen, folgende Darlegungen: es ist die Frage, ob die Beklagte, indem sie die Herstellung der Geschütze im Auftrage der ... Regierung ausführte, und zu dieser Ausführung die ihr von der Bestellerin mitgeteilte Erfindung in Benutzung nahm, diese Benutzung für sich als eigene Benutzung könne geltend machen. Diese Frage muß unbedenklich bejaht werden. Nach dem unstreitigen Sachverhalt ist es ausgeschlossen, daß die Beklagte nur als unselbständiges Ausführungsorgan der Bestellerin angesehen werden dürfte. Vielmehr hatte sie die Herstellung der Geschütze in ihrem eigenen Fabrikationsbetriebe auf eigene Rechnung übernommen. Daraufhin hat das Reichsgericht ein Vorbenutzungsrecht bejaht, Blatt 14 (1908), 188ff. Im übrigen vgl. Neumann GewR 25 (1920), 32, andererseits Starck GewR 24 (1919), 202; Burlage MuW Jahrg. 17 S. 40 (mit Zitaten) und ebenda S. 55, RG. Anm. 10.

Liegt Vorbenutzung vor, wenn auf ein Geheimverfahren **Lizenzen** erteilt sind? Kohler, Handbuch S. 475, bejaht die Frage sowohl für den Lizenznehmer, wie für den Lizenzgeber. Dem ist zuzustimmen, denn in der Erteilung von Lizenzen liegt wie in dem Verkauf eines Rezeptes eine Benutzung der Erfindung (RG 46, 16; 75, 131). Für Einzelheiten vgl. Zeller GewR 29 (1924), 198ff. Anm. 11.

Die Vorbenutzung darf nicht zur Zeit der Anmeldung bereits **wieder aufgegeben sein** (RG 75, 327). Ob freiwillig oder durch die Verhältnisse gezwungen, etwa weil die Moderichtung dem Absatz der Erzeugnisse entgegenstand, ist gleichgültig; erforderlich ist aber, daß das Aufgeben endgültig war, also etwa, wenn die Fabrikation nicht befriedigende Erzeugnisse lieferte, nicht rentabel war usw. und deshalb der Betrieb eingestellt ist. Einzelheiten sind nach der Eigenart des Betriebes zu beurteilen. Bei Saisonartikeln steht die längere Unterbrechung des Betriebes nicht entgegen; wohl aber der Regel nach, wenn die zur Herstellung nötigen Einrichtungen entfernt sind. Bei der Benutzung durch Feilhalten können Schwierigkeiten entstehen, weil es häufig, z. B. wenn nicht fortlaufend Offerten gemacht werden, an einem objektiven Maßstabe fehlt, um zu erkennen, ob das Feilhalten aufgegeben ist. Letzteres wird nicht schon der Fall sein, wenn ein Importeur jährlich eine Maschine auf Bestellung importierte und nun die letzten zwei Jahre keine Bestellung erfolgt ist. Im Interesse der Allgemeinheit wird man gut tun, vereinzeltes Feilhalten oder Verkaufen nicht als fortdauernde Benutzung anzusehen. Anm. 12.

Die **Benutzung** braucht nicht **vollendet** zu sein, wenngleich die Erfindung vollendet sein muß, Anm. 2; es genügt nach dem Gesetze, wenn die zur Benutzung erforderlichen Veranstaltungen getroffen sind. Die Reichstagskommission, die diese Bestimmung in das Anm. 13.

Gesetz aufnahm, hat geäußert: es wäre unbillig und namentlich dem Erfinder gegenüber, der Kraft, Zeit und Kapital für die Erfindung aufwandte, eine ungerechtfertigte Härte, wenn in solchem Falle aus dem Grunde, daß zufällig die Erfindung noch nicht ausgeführt und in Anwendung gebracht wurde, das Recht der Benutzung entzogen werden sollte. — Der Bericht der 7. Komm. des Reichstags betr. Patentgesetz, Drucksache Nr. 144, 3. Legisl.-Per., 1. Sess. 1877 erklärte: Der Richter werde das richtige treffen, wenn er als entscheidend annehme, ob die Person die Erfindung in ihrem wesentlichen Teile auszuführen beschäftigt sei. — Der Inhalt der Gesetzesbestimmung ist vom RG 78, 439 zutreffend dahin entwickelt: es müssen erstens Veranstaltungen vorliegen, welche die Erfindungen im wesentlichen auszuführen bestimmt sind, und es muß zweitens daraus der ernstliche Wille erhellen, die Erfindung sofort zu benutzen.

1. **Das objektive Moment.** Es brauchen nicht alle Veranstaltungen, die nötig sind, getroffen zu sein (RG 30, 64). Die Herrichtung von einigen erforderlichen Anlagen und Maschinen genügt, unter Umständen auch schon die Vorbereitung solcher Herrichtung (RG 78, 439). Ebenso genügt der Beginn der Bauten, Fertigstellung von Modellen (RG 30, 65), Herstellung von Gußformen u. dgl. Die Veranstaltungen brauchen nicht schon einen erheblichen Aufwand an Arbeit und Kapital erfordert zu haben, Blatt 14 (1908), 189. Der Vorbenutzer muß nachweisen, daß die Veranstaltungen gerade zur Ausführung dieser Erfindung bestimmt waren, wenn sich das nicht schon aus der Art der Veranstaltung von selbst ergibt. Folgende Punkte haben zu Erörterungen Anlaß gegeben. Wie ist es, wenn die vorhandenen Anlagen bereits genügen und deshalb *keine neuen* hergestellt werden? Dann ist der Tatbestand des § 5 nicht erfüllt; der Grundsatz, daß investierte wirtschaftliche Werte geschützt werden sollen, versagt, besonders wenn nicht klargestellt ist, weshalb nicht sofort mit der Fabrikation begonnen ist, vgl. nächste Anmerkung. Es muß in solchem Falle irgend etwas Positives hinzukommen, z. B. Beginn der Fabrikation (RG 30, 66). Wie ist es, wenn *Zeichnungen* hergestellt sind? Es kommt auf die gesamten Umstände an. Skizzen, schematische Entwürfe genügen auf keinen Fall, Blatt 25 (1919), 43; Werkstattzeichnungen genügen, Blatt 14 (1908), 189; Blatt 17 (1911), 313; ebenso Zeichnungen neuer Maschinen von Zivilingenieuren. Die Sachlage muß so sein, daß mit der Anfertigung der Zeichnungen wirklich schon ein Anfang der Ausführung der Erfindung gemacht ist (I 109/1906, Urt vom 25. 1. 07). In dem Aufsatze GewR 18 (1913), 171 ist verlangt, daß ein Vorbenutzungsrecht schon dann anerkannt werde, wenn eine Maschinenfabrik Pläne und Entwürfe mit patentfähigen Ideen für Einrichtungen, die dem Aufstellungsort angepaßt waren, einem Besteller eingereicht habe, ohne daß es zur Ausführung gekommen sei; es gehe nicht an, daß ein Konkurrent, der von den Plänen Kenntnis erhalte, sich die Ideen aneigne, sie zur Ausführung bringe und sie sich patentieren lasse. Das Reichsgericht habe zwar Blatt 17 (1911), 313 eine Vorbenutzung in ähnlichen Fällen auch anerkannt, jedoch mit unzureichender Begründung. Es wird dann eine weitergehende Auslegung des Begriffs Benutzen einer Erfindung empfohlen. Der herrschenden Rechtsprechung entspricht diese Auffassung nicht. — Wie ist es, wenn die Veranstaltungen *nicht technischer Natur* sind? Das RG 45, 118 hat angenommen, daß eine technische Veranstaltung vorliegen muß. Das Schrifttum sieht es als genügend an, wenn Anstellungsverträge geschlossen, Bestellungen in Auftrag gegeben sind u. dgl. Die Entscheidung ist nicht unzweifelhaft. Die Anforderungen jenes Urteils des Reichsgerichts erscheinen reichlich scharf. Andere Urteile gehen weniger weit. 165965 schützte ein Verfahren zur Herstellung von Aluminiumfolie u. a. dad. gek., daß die Blätter nach dem Auswalzen unter Luftleere ausgeglüht werden. Die Beklagte hatte zunächst einen gewöhnlichen Schmelzofen, in dem nicht unter Luftleere gearbeitet wurde, zum Ausglühen benutzt, hatte aber schon vor Anmeldung des Patents erkannt, daß das Glühen im luftleeren Raume vorteilhaft sei, und Schritte zur Erwerbung eines dazu geeigneten Glühofens getan. Gekauft hat sie einen solchen Ofen erst nach Anmeltung des Patents. Daraufhin ist ihr ein Vorbenutzungsrecht zugesprochen (RG I 200/1914, Urt vom 28. 11. 14).

Wiederholt zu betonen ist, daß in allen Fällen die Erfindung selbst bereits fertig sein muß (I 123/1923, Urt vom 17. 10. 23).

Anm. 14. 2. **Das subjektive Moment.** Es muß *der ernstliche Wille vorhanden sein, die Erfindung sofort zu benutzen* (RG 30, 64). Der Wille wird sich in der Regel aus dem Fortschreiten der Veranstaltungen entnehmen lassen, kann aber auch auf andere Weise nachgewiesen werden. Der Wille muß auf *sofortige* Ausführung der Erfindung gehen und die Ausführung darf nicht ungebührlich verzögert sein. Das ist in mehrfachen Entscheidungen anerkannt (I 16/1900, Urt vom 28. 5. 00) und ist berechtigt. Denn wenn die Sache auf die lange Bank geschoben und etwa gar Willensänderung vorbehalten wird, liegt noch keine „Veranstaltung" vor, vgl. auch Warneyer, 1916, 278; IndR Jahrg. 11 S. 55 Sp. 2 (Kammergericht) u. S. 178. Ein Ausnahmefall: Blatt 17 (1911), 313, wozu weiter zu vergleichen der Aufsatz GewR 18 (1913), 171.

Die Benutzung oder Veranstaltung muß im Inlande vorgenommen sein. Was die Zeit angeht, so braucht die (wirkliche) Benutzung nicht ununterbrochen bis zum Zeitpunkt der Anmeldung fortgesetzt zu sein; sie darf nur nicht endgültig aufgegeben sein, A 12. Zurückliegende bloße Veranstaltungen dagegen sind ohne Erheblichkeit, da auf die Veranstaltung eine Benutzung ohne Verzug folgen muß, widrigenfalls kein Vorbenutzungsrecht erworben wird. Anm. 15.

Abschnitt II.

Das aus der Vorbenutzung folgende Recht.

Wer eine Erfindung gemacht hat, genießt in einigen Beziehungen Rechtsschutz. Über den Umfang dieses Rechtsschutzes vgl. Anhang I. Selbstverständlich ist, daß er seine eigene Erfindung ausführen kann, wenn nicht einem anderen die gleiche Erfindung geschützt ist oder gesetzliche Verbote entgegenstehen. Hat jemand die Erfindung nicht selbst gemacht, vielmehr ohne Rechtswidrigkeit von der nicht geschützten Erfindung eines anderen Kenntnis erhalten, so darf er sie gleichfalls ausführen. Beide haben, was Kohler eine Fakultätsbefugnis nennt. Wird nun einem Dritten ein Patent auf die gleiche Erfindung erteilt, haben jene aber die Erfindung im Sinne der vorstehenden Anmerkungen vorbenutzt oder Anstalten dazu getroffen, so verwandelt sich ihre Fakultätsbefugnis in ein ius quaesitum, das Vorbenutzungsrecht (Kohler, Handbuch S. 468f). Das Vorbenutzungsrecht hat zum Zweck, den gewerblichen Besitzstand, wie er vor der Patentierung bestand, zu schützen. Es fällt in keine der anerkannten Rechtskategorien, es ist ein Recht eigener Art. Man hat es mit einer Lizenz in Vergleich gestellt, auch mit einer Servitut, weil es ein Recht (nicht an einem Patent, sondern) an einer Erfindung sei. In der Tat hat es mit beiden Rechtsgebilden Ähnlichkeiten. Jedoch führen diese Vergleichungen nicht weiter, weil aus ihnen rechtliche Folgerungen doch nicht zu ziehen sind. Gegen die Gleichstellung mit einer (gesetzlichen) Lizenz spricht, daß das Vorbenutzungsrecht ein originäres, nicht von dem subjektiven Rechte des Patentinhabers abgeleitetes Recht ist (RG 78, 366). Gegen die Gleichstellung mit einer Servitut spricht, daß der Begriff eines dinglichen Rechtes verschwimmt, wenn man ein dingliches Recht an einem Gedankeninhalt, denn das ist eine Erfindung, nach Analogie der zwischen Grundstücken möglichen Belastungsrechte anerkennen will, mag auch die Erfindung einen Handelswert haben und ein Rechtsgut darstellen. Nur eine äußerliche Ähnlichkeit in den Rechtsbeziehungen zweier Personen liegt vor. Wenn man das Vorbenutzungsrecht eine **servitus fabricae**, die an das Unternehmen geknüpft ist, nennen will (Zoll, Grünhuts Ztschr. Bd. 21, S. 563), so muß doch im Auge behalten werden, daß die Rechtsregeln über Servituten auf das Vorbenutzungsrecht samt und sonders keine Anwendung finden, daß dieses vielmehr seinen eigenen Regeln folgt (§§ 1059, 1092 BGB; vgl. auch Gierke, DPrR Bd. 1, S. 885, A 16). Anm. 16.

Die eingangs erwähnte Meinung Kohlers wird nicht überall anerkannt; es wird behauptet, daß sich die Art des Rechtes des „Erfindungsbesitzers" in seiner rechtlichen Natur als eines unvollkommenen absoluten Rechtes durch das einem anderen erteilte Patent nicht ändere. Hiergegen ist zu bemerken, daß die Charakterisierung eines Rechtes als eines unvollkommenen absoluten Rechtes nur eine einzelne Seite der Sache berücksichtigt. Berücksichtigt wird nur, wie das Recht nach außen hin wirkt, gegen welche Personen es wirkt. Der Inhalt des Rechtes, der doch in erster Reihe das Recht charakterisiert, bleibt dabei außer Ansatz. Daß der Inhalt des Rechtes des Benutzers vor und nach der Patentierung zugunsten eines Dritten ein anderer ist, läßt sich nicht verkennen. Das zeigt sich in der Möglichkeit der Veräußerung oder Übertragung des Rechtes. Der Vorbenutzer kann nach der Patentierung sein Recht mit seinem Unternehmen auf einen Dritten übertragen und diesem Dritten ein ius quaesitum verschaffen. Das wirkt sich dahin aus, daß der Dritte, auch wenn er oder sein Vormann die Erfindung dem Berechtigten rechtswidrig entnommen hatte, durch die Übertragung ein Recht auf Weiterbenutzung der Erfindung erlangt. Der Besitzer kann vor der Patentierung die Stellung des Dritten in dieser Weise nicht verbessern, wie zutage liegt. Dies eine Beispiel zeigt überzeugend, daß die Rechtslage des Benutzers vor und nach der Patentierung ihrem Inhalte nach eine ganz andere ist. Außerdem erscheint nun aber die Bezeichnung des Rechtes des Vorbenutzers vor der Patentierung als eines unvollkommenen absoluten Rechtes nicht zutreffend. Ebenso Osterrieth, Lehrbuch des gewerbl. Rechtsschutzes, S. 82: der Erfindungsschutz ist nicht absolut; die Erfindung ist geschützt, so lange sie geheim ist, aber auch nur so lange. Das Charakteristikum eines absoluten Rechtes ist, daß es Wirkungen gegen alle, gegen jeden Beliebigen äußern kann. Das ist beim Rechte des bloßen Erfindungsbenutzers nicht der Fall. Nur gegen Diebstahl, gegen rechtswidrige Entnahme ist er geschützt. Hiergegen wird eingewandt, die „Ausschließlichkeit" gehöre nicht zum Begriffe des absoluten Rechtes. Die servitus altius non tollendi richte sich ihrer Natur nach nur gegen einen beschränkten Personenkreis. Allein sie ist bloß tatsächlich beschränkt; grundsätzlich richtet sie sich gegen jeden, der in die Lage kommt, die schädliche Handlung des Höherbauens vornehmen zu können. Wer aber bloß Diebstahl nicht zu dulden braucht, der hat noch nicht deshalb ein absolutes Recht; andernfalls würde der Begriff des absoluten Rechtes vollkommen verschwimmen. Jedenfalls aber hat, wie gezeigt, die Rechtsstellung des Erfindungsbenutzers vor und nach dem einem dritten erteilten Patente einen ganz anderen Inhalt. Das ist das Entscheidende. Ebenso Em. Adler, Grünhuts Ztschr. Bd. 27 S. 579.

Früher wurde mehrfach angenommen, § 5 verleihe nicht ein subjektives positives Recht, sondern nur eine Einrede gegen den Anspruch des Patentinhabers auf Unterlassung der Patentbenutzung (Laband, Reichsstaatsrecht. 3. Aufl. Bd. 2 S. 222 Note 7). Diese Ansicht wird dem positiven Inhalte des Vorbenutzungsrechtes nicht gerecht, der sich u. a. in der geschilderten Möglichkeit einer Rechtsübertragung zeigt.

Anm. 17. Seinem Inhalte nach geht das Vorbenutzungsrecht **soweit, wie die Vorbenutzung.** Das zeigt sich in zwei Richtungen. Ist in dem späteren Patente die Erfindung mit Verbesserungen oder Erweiterungen geschützt, so darf der Vorbenutzer diese Verbesserungen oder Erweiterungen nicht benutzen (IndR 1913 S. 205, 208). Die Vorbenutzung eines einzelnen Elements einer patentierten Kombination berechtigt also nicht zur Benutzung dieser Kombination, besonders dann nicht, wenn das Element in einer anderen Kombination vorbenutzt war, in der es einem anderen Zwecke diente. Das Vorbenutzungsrecht erfaßt also nur den einzelnen vorbenutzten Teil, nicht den gesamten Komplex, zu dem er in der geschützten Erfindung mit anderen Teilen vereinigt ist. — Größere Schwierigkeit macht die Antwort auf eine zweite Frage: darf der Vorbenutzer, dessen Maßnahmen ein allgemeinerer Erfindungsgedanke zugrunde liegt, andere Verkörperungen dieses Gedankens, also Ausführungsformen und Äquivalente, benutzen, wenn diese nachträglich patentiert sind? Zunächst wird ihm die Verwendung der technischen und glatten Äquivalente der konkreten von ihm vorbenutzten Form freistehen. Andererseits wird ihm die Ausnutzung des Erfindungsgedankens verwehrt sein, wenn die Auffindung des seiner Benutzungsform zugrunde liegenden technischen Prinzips und die daraus folgende Möglichkeit anderer Ausführungsformen selbst erst erfinderische Qualitäten erforderte. Aber wie ist es in den dazwischen liegenden Fällen? Kohler, Handbuch S. 481 erachtet, daß ihm die Benutzung des Erfindungsgedankens nur dann gestattet ist, wenn „ihm das Wesentliche des Gedankens gegenüber dem Unwesentlichen der Form klar geworden“ ist. Es ist darauf hinzuweisen, daß Kohler diese Meinung von der Beschränkung des Vorbenutzungsrechtes in der angegebenen Richtung vertritt, obgleich der Schutzumfang eines Patents den Erfindungsgedanken auch dann ergreift, wenn dieser vom Erfinder nicht erkannt war, wie Kohler a. a. O. ausführt. Gleiche Grundsätze werden in der Rechtsprechung des Reichsgerichts verfolgt. In dem Urteile Blatt 17 (1911), 291 ist entschieden: Der Umfang des Rechtes des Vorbenutzers bestimmt sich nach der in seinem Besitzstande zum Ausdruck gebrachten Erfindungsidee. Enthält das bisher Ausgeführte einen technischen Gedanken, der ohne weiteres über die vorhandene Formgebung hinausgeht, und, einmal offenbart, auch in abweichender Form wiedergegeben werden kann, so wird auch die abweichende Ausführung durch das Vorbenutzungsrecht gedeckt. — Es könnte scheinen, als ob diese Meinung weiter gehe als die Kohlers; gegen Ende der Begründung ist jedoch wieder ausdrücklich für erforderlich erklärt, daß der Vorbenutzer den über seine Ausführungsform hinausgehenden allgemeineren Erfindungsgedanken erkannt haben muß. — Ebenso RG Blatt 8 (1902), 180: Beruht die vorbenutzte Form auf einem weitergehenden Erfindungsgedanken, dann umfaßt das Recht des Vorbenutzers auch die abweichende aber gleichwertige Form, vorausgesetzt natürlich, daß er den Erfindungsgedanken überhaupt erfaßt und nicht etwa etwas dargestellt hat, über dessen Bedeutung er sich nicht klar war. Auch Blatt 20 (1914), 160 ist das Vorbenutzungsrecht an einer nicht vorbenutzten Ausführungsform abgesprochen, weil der Erfindungsgedanke nicht erkannt war. In verschärftem Maße muß vorstehendes gelten, wenn der Vorbenutzer die neue Form und ihre Möglichkeit erst durch das Patent kennengelernt hatte. Diese Anschauungen rechtfertigen sich durch die grundlegende Erwägung, daß das Vorbenutzungsrecht sich nicht auf das erstreckt, was erst nachträglich als das Prinzip der vorbenutzten Maßnahmen aufgedeckt wird, sondern nur das umfaßt, was vom Vorbenutzer wirklich ausgenutzt war; ebenso Oberlandesgericht Hamm GewR 31 (1926) S. 216 Sp. 1, 6. Die Auslegung eines Patents geht also inbezug auf den Erfindungsgedanken und dessen Verkörperungen weiter als der Umfang des Vorbenutzungsrechts. Zu wiederholen ist in diesem Zusammenhange, daß der Vorbenutzer sich nachträglich erfundene, geschützte Verbesserungen natürlich nicht aneignen darf.

Wenn die Übertragung der vorbenutzten Vorrichtung auf ein anderes Gebiet für den Fachmann nahe lag, so wird das Recht auch für die Benutzung auf diesem anderen Gebiete erworben, wenngleich sie auf diesem noch nicht erfolgt war, Zylinderdruckpresse — Tiegeldruckpresse, RG MuW Jahrg. 10 S. 380 Sp. 1 = Blatt 17 (1911) S. 291 Sp. 1. Das wird aber dahin zu beschränken sein, daß es sich nur um ganz nah verwandte Gebiete, auf denen die technischen Anforderungen identisch sind, handeln darf, vgl. Kohler, Handbuch S. 431.

Das Vorbenutzungsrecht darf nur zur Befriedigung der **Bedürfnisse des eigenen Betriebes** des Vorbenutzers ausgeübt werden. Unter Betrieb ist die organisierte Erwerbstätigkeit sowohl technischer Art einschließlich Landwirtschaft und Tierzucht, als auch kaufmännischer Art verstanden (weil ja auch Feilhalten und Inverkehrbringen ein Vorbenutzungsrecht verleiht). War die Vorbenutzung nicht in einem Gewerbe, nicht gewerbsmäßig, vorgenommen, so ist maßgebend die Art der Bedürfnisse, die bisher befriedigt wurden. Im Regelfalle kommt es also auf die Art des Betriebes an, die im Augenblicke der Patentanmeldung bestand. Nebeneinander können der Fabrikant, der Händler, der den Gegenstand gebrauchende Abnehmer das Vorbenutzungsrecht erwerben (Lutter), vgl. A 4 Ziff. 1 und Ziff. 6. Das Recht kann auch dann noch von Nutzen sein, wenn das Klagerecht auf Nichtigkeit wegen offenkundiger Vorbenutzung nach fünf Jahren erloschen ist. Anm. 18.

a) Der Vorbenutzer darf die Art seines bisherigen Betriebes nicht qualitativ ändern. Der Grundgedanke ist: es geht nicht an, daß der Vorbenutzer aus der Arbeit des Patentinhabers, aus der Sachlage, die erst dieser geschaffen hat, aus seiner Einführung des patentierten Gegenstandes usw. Nutzen zieht. Das würde jeder Gerechtigkeit widersprechen; a. M. Seligsohn, § 5 Ziff. 8; Kisch, S. 196. Der Vorbenutzer darf nicht das Absatzgebiet, das der Patentinhaber eröffnet hat, durch eingreifende Änderung seines eigenen Betriebes ausnutzen. Daraus folgt: hat der Vorbenutzer bisher in seinem Handelsgeschäfte verkauft, so darf er nicht anfangen zu fabrizieren, Kohler, Handbuch S. 479. Wer mittels eines bestimmten Verfahrens ein Erzeugnis hergestellt hatte, darf nicht mittels desselben, inzwischen patentierten Verfahrens ein ganz anderes Erzeugnis herstellen, um dem Patentinhaber Konkurrenz zu machen. Hatte ein Fabrik für ihre eigenen Zwecke ein Haustelephon hergestellt, so darf sie nicht eine Telephonfabrik gründen. Hat eine Maschinenfabrik für ihre Zwecke die Schmiermittel selbst gemischt, so darf sie das weiter tun, auch wenn sie die Fabrikation von Automobilen oder Flugzeugen neu aufnimmt; sie darf sich aber nicht in eine Schmierölfabrik umgestalten. Mit anderen Worten: der Besitzstand soll gewahrt bleiben, er soll aber nicht zugunsten des Vorbenutzers seiner Art nach umgestaltet werden. — Diese Grundsätze sind nicht überall anerkannt. Die Entscheidung GewR 8 (1903), 146 dürfte zu weit gehen. In den Ausführungen GewR 26 (1921), 44 wird aus den Vorarbeiten der Gesetzgebung eine weitergehende Folge herzuleiten gesucht, jedoch mit Unrecht. Es ist nirgends von einer Änderung des Betriebs, sondern nur von der Art der Benutzung (vgl. unten d) die Rede. Das Vorbenutzungsrecht beruht nicht auf dem persönlichen „Besitze" der Erfindung in ihrer Gesamtheit, sondern auf dem, was bisher ausgenutzt ist, und das Recht ist — auch nach Satz 3 — aufs engste an den Betrieb geknüpft, d. h. an den bestehenden Betrieb. — Ohne Berücksichtigung der entgegenstehenden grundsätzlichen Bedenken ist vom Reichsgericht ein weitergehender Standpunkt vertreten, — auch für § 5 — in dem Urt JW 1924, 1159, Nr 23. Ähnlich wie hier Kent am soeben genannten Orte, S. 1511 in der Anmerkung.

b) Den Umfang des Betriebes darf der Vorbenutzer beliebig verändern, wenn nur die Art des Betriebes im Sinne der Ausführungen der vorigen Anm. gewahrt bleibt. Der Vorbenutzer kann beispielsweise vom handwerksmäßigen Betrieb zum fabrikmäßigen übergehen.

c) Auch der Ort des Betriebes kann unter der soeben angeführten Voraussetzung beliebig verändert werden. Der Vorbenutzer kann sogar an anderen Orten Filialfabriken errichten, kann auch den gesamten Betrieb verlegen.

d) Unter der gleichen Voraussetzung kann auch die Art der Benutzung verändert werden. Daß der Vorbesitzer nicht vom Verkauf fremder Erzeugnisse zur eigenen Herstellung der Erzeugnisse übergehen kann, ist bereits erwähnt. Aber: wer Vorsatzapparate für Klaviere gebaut und in Klaviere eingebaut hatte, kann die Vorsatzapparate verkaufen, ohne sie in Klaviere einzubauen; wer die Erfindung nur in einem seiner Betriebe benutzt hatte, darf sie auch in einem zweiten andersartigen Betriebe benutzen usw. Aus dem gleichen Gesichtspunkte heraus ist auch die Übertragung einer vorbenutzten Maßnahme auf ähnliche Verfahren und Vorrichtungen innerhalb der in A 17 a. E. dargelegten, engen Grenzen dem Vorbenutzer gestattet, vgl. die schon angeführte Entscheidung Blatt 17 (1911), 289; dabei darf jedoch auf keinen Fall eine Änderung der Art des Betriebes selbst stattfinden, vorstehend a.

Der Vorbenutzer kann die „Ausnutzung" der Erfindung für die Bedürfnisse seines eigenen Betriebes nicht nur in eigenen, sondern auch in fremden Werkstätten vornehmen. Der Grundgedanke dieser Bestimmung ist: im selben Umfange und unter denselben Voraussetzungen, unter denen der Vorbenutzer selbst herstellen darf, darf er auch in fremden Werkstätten, Fabriken usw. herstellen lassen. Daß die fremden Werkstätten seinem eigenen Betriebe „eingegliedert" seien, wie hin und wieder behauptet ist, wird vom Gesetze nicht vorgeschrieben. Es ist auch nicht ersichtlich, wie eine Eingliederung fremder selbständiger Fabriken stattfinden könnte (JW 1908, 247 ff). Anm. 19.

Das Vorbenutzungsrecht kann nur **zusammen mit dem Betriebe veräußert** oder vererbt werden. Die Bestimmung ist in sich klar und bedarf nur weniger Hinzufügungen. Anm. 20.

Lizenzen erteilen darf der Vorbenutzer nicht. Wird ein selbständiger Teil des Betriebes veräußert, so kann das Vorbenutzungsrecht, falls die Vorbenutzung in diesem Teile stattgefunden hatte, mit übertragen werden. Der Veräußerer kann in solchem Falle nicht daneben das Vorbenutzungsrecht auch noch für sich zurückbehalten; eine Zweiteilung des Rechtes ist unzulässig. Veräußerung einzelner Bestandteile des Betriebes, der Gebäude oder der Maschinen oder der Kunden, ist keine Veräußerung des Betriebes. Wird der Betrieb veräußert, so wird im Zweifel als gewollt anzunehmen sein, daß das Vorbenutzungsrecht mit übergeht. Ist bei Veräußerungen des gesamten Betriebes die Übertragung des Rechtes vertraglich ausgeschlossen, so geht das Recht unter. Ist ein Betrieb nicht vorhanden (Benutzung der Erfindung zu persönlichen Zwecken), so kann nach der überwiegend herrschenden, obgleich nicht durchaus unzweifelhaften Meinung das Recht für sich veräußert und vererbt werden. Derartige Fälle werden übrigens selten sein. Für den Übergang des Vorbenutzungsrechtes mit dem Betriebe vgl. folgenden Fall. Eine Handelsgesellschaft fabrizierte und verkaufte auf Grund eines Vorbenutzungsrechtes. Die beiden Gesellschafter trennten sich und vereinbarten, der erste solle weiterfabrizieren und seine ganze Produktion dem zweiten käuflich liefern; der zweite solle diese vertreiben und dürfe eine gewisse Menge auch selbst fabrizieren. Diese Vereinbarung ist gegenüber dem Patentinhaber unwirksam. Das Herstellungsrecht konnte nur auf einen übertragen werden. Es ist entschieden, daß es auf den ersten übergegangen ist. Zum Vertriebe brauchte der zweite kein Vorbenutzungsrecht, weil die Ware durch die erlaubte Herstellung des ersten frei war. Das Ergebnis, daß der zweite auch selbst fabrizieren durfte, läßt sich nicht erreichen (MuW Jahrg. 25 S. 174ff).

Anm. 21. Schutz des Vorbenutzungsrechtes. Eine Verletzung oder Beeinträchtigung des Vorbenutzungsrechts durch Dritte wird kaum vorkommen. Grundsätzlich ist ein Schutz gegen Verletzung durch Dritte gegeben, wenn ein Eingriff in das eigene Vorbenutzungsrecht erfolgt. Gegenüber dem Patentinhaber hat der Berechtigte die Klage auf Anerkennung seines Rechtes, auf Unterlassung, evt. auf Beseitigung der Störungen und auf Schadensersatz, vgl. Bolze Bd. 10 Nr. 175. Gegen Dritte, die das Patent verletzen, hat der Vorbenutzer keine Rechte.

Anm. 22. Durch die neue Fassung des § 7, Gesetz vom 9. 7. 23, Art. II, und durch das Verlängerungsgesetz ist eine Verlängerung der Patentdauer eingeführt. Denjenigen, die im Vertrauen auf das demnächstige Erlöschen des Patents bereits Anstalten zur Ausführung der Erfindung getroffen hatten, ist in gewissen Grenzen ein Weiterbenutzungsrecht an der Erfindung durch jene Gesetze (§ 7 des VerlGes.) eingeräumt. Diese Bestimmungen haben als Übergangsbestimmungen in den neugefaßten Wortlaut des Patentgesetzes (RGBl 1923, II S. 437) keine Aufnahme gefunden. Dies Weiterbenutzungsrecht ist nicht identisch mit dem Vorbenutzungsrecht des § 5.

Abschnitt III.

Absatz 2. **Zwangslizenzen zugunsten des Reiches oder der Länder.**

Anm. 23. Der Abs 2 ordnet die Möglichkeit von Zwangslizenzen (RG 102, 391) zugunsten des Reiches oder eines Landes an. (Das RG hat Bd. 79, S. 430 die Befugnis auch als Enteignungsrecht bezeichnet.) Voraussetzung ist einerseits, daß ein Interesse des Heeres oder der Marine oder der öffentlichen Wohlfahrt vorliegt, andererseits daß eine Bestimmung, eine Anordnung der Reichsregierung erlassen wird. Die Frage, ob das bezeichnete Interesse gegeben ist, kann von den Gerichten nicht nachgeprüft werden. Die Zwangslizenz kann zugunsten des Reiches, zugunsten eines Landes auf dessen Antrag, aber auch zugunsten einer privaten oder öffentlich rechtlichen Persönlichkeit erteilt werden. Es kann eine gewöhnliche, aber auch eine ausschließliche Lizenz angeordnet werden. Die Lizenz muß nach dem Zweck des Gesetzes auch schon dann erteilt werden können, wenn nur der einstweilige Schutz nach § 23 eingetreten ist. Die Einzelheiten der Anordnung, Dauer der Lizenz, ob die Lizenz sich nur auf Teile der geschützten Erfindung erstrecken soll, ob alle Benutzungsarten in Anspruch genommen werden sollen usw., ist Sache der Bestimmung der Reichsregierung oder der Verwaltungsbehörde. Daß die Zwangslizenz auch gegenüber einer vom Patentinhaber bereits erteilten ausschließlichen Lizenz durchgreift, versteht sich nach dem Zweck des Gesetzes von selbst.

Für die Inanspruchnahme der Erfindung schuldet das Reich oder das Land eine angemessene Vergütung. Forderungsberechtigt ist der Patentinhaber. Streitig ist, ob der Lizenznehmer an dessen Stelle tritt, falls ihm eine ausschließliche Lizenz bestellt war (Kisch, S. 202 Note 7, Isay, § 5 A. 25). Die Frage wird zu bejahen sein. Für die Forderung der Vergütung ist, falls eine Verständigung nicht erfolgt, vom Gesetze der Rechtsweg eröffnet, vgl. im einzelnen RG 77, 14; 79, 427; Mitt. 1912, 113; Gülland u. Queck, gesetzgeb. Reform, S. 228f. Es handelt sich bei der Vergütung um eine angemessene, richtige Gegenleistung, nicht um Schadensersatz; es ist deshalb nicht etwa erforderlich, daß nach § 35 der benutzenden Behörde grobes Verschulden nachgewiesen wird, was besonders für die Fälle der nächsten Anmerkung von Wichtigkeit ist. Für die Bemessung der Höhe der Vergütung können, freilich unter Berücksichtigung der gesamten Interessen des Patentinhabers, die für Zwangslizenzen zu § 11 entwickelten Grundsätze herangezogen werden. Für das Nähere vgl. A. Seligsohn, GewR 24 (1919), 50.

Von der Möglichkeit, die durch Abs. 2 des § 5 gegeben ist, ist vor dem Kriege, soweit bekannt geworden, gar nicht und während des Krieges nur in vereinzelten Fällen Gebrauch gemacht worden. Dagegen ist es im Kriege sehr häufig vorgekommen, daß das Reich patentierte Erfindungen ohne weiteres selbst ausgeführt oder Fabrikanten angewiesen hat, sie ohne Rücksicht auf das erteilte Patent auszuführen. In beiden Fällen schuldet das Reich (im letzteren Falle nicht auch der Fabrikant) angemessene Vergütung, und zwar volle Vergütuug, also z. B. auch entgangenen Gewinn, RG 79, 427; 102, 390. Gegen den Fabrikanten besteht in solchem Falle auch nicht ein Unterlassungsanspruch. Hat dagegen ein Fabrikant, ohne daß auf ihn ein Zwang ausgeübt würde, die geschützte Erfindung benutzt, so schuldet er Schadensersatz, Blatt 30 (1924), 146. Die Verjährung beträgt 30 Jahre; § 39 — Verjährung von drei Jahren bei Verletzungsfragen — findet keine Anwendung. Anm. 24

Abs 3 gibt zu eingehenderen Erörterungen keinen Anlaß. Die Wirkung des Patents soll sich nicht auf Einrichtungen an Fahrzeugen erstrecken, die nur vorübergehend in das Inland gelangen. Man pflegt auch hier die Rechtslage so anzusehen, als ob dem Eigentümer des Fahrzeuges eine Zwangslizenz erteilt wäre, ohne daß freilich durch diese Konstruktion irgend etwas gewonnen wäre. Nach dem Wortlaut des Gesetzes kann das Fahrzeug mit patentierten Einrichtungen in Deutschland auch ungehindert verkauft werden, ein Fall, der bei Seeschiffen leicht eintreten kann und nicht selten eintritt. Auch die Ausbesserung der Fahrzeuge muß erlaubt sein; es hätte keinen Sinn, Seeschiffen und Automobilen den Eintritt ins Reichsgebiet zu gestatten, wenn sie nicht bei Beschädigung repariert werden könnten; man denke an den Fall, daß das Schiff eine patentierte Steuervorrichtung, Motor, Turbine hat und sich ohne Reparatur nicht weiter bewegen kann. Anm. 25.

Die Bestimmungen des deutschen Gesetzes müssen auch für Flugzeuge und Luftschiffe Geltung haben und entsprechen dann den Beschlüssen der Haager Konferenz vom 6. 11. 25, Art. 5 ter, Deutsches Gesetz vom 31. 3. 28, RGBl 1928, II S. 175ff.

Die Bestimmungen des Abs 3 beziehen sich nicht auf deutsche Schiffe, die dauernd zwischen Deutschland und dem Auslande hin- und herfahren (Gareis Bd. 6 S. 205). Dagegen treffen sie zu auf Schiffe, die im Auslande beheimatet sind und regelmäßig Fahrten nach Deutschland unternehmen.

§ 6

Der Anspruch auf Erteilung des Patents und das Recht aus dem Patente gehen auf die Erben über. Der Anspruch und das Recht können beschränkt oder unbeschränkt durch Vertrag oder durch Verfügung von Todes wegen auf andere übertragen werden.

Im Entwurf zur Abänderung des Patentgesetzes vom 4. 2. 28 ist vorgeschlagen, daß die Worte „durch Vertrag oder durch Verfügung von Todes wegen" als entbehrlich fortfallen; eine sachliche Änderung tritt dadurch nicht ein.

Übersicht.

Abschnitt I
Allgemeines.

Der Anspruch auf Erteilung des Patents ist nach der herrschenden Meinung ein Anspruch von öffentlich-rechtlicher Natur, der sich gegen den Staat richtet, und der zum Inhalt hat, daß der Staat dem Anmelder gemäß den gesetzlichen Bestimmungen Patentschutz für die angemeldete Erfindung erteilen muß. Das Recht aus dem erteilten Patent ist ein subjektives Privatrecht, das sich grundsätzlich gegen die Allgemeinheit richtet, und das zum Inhalte hat, daß kein anderer die patentierte Erfindung im Rahmen des § 4 benutzen darf. Ob das Recht auch zum Inhalt hat, daß der Patentinhaber selbst die Erfindung benutzen darf, ist theoretisch streitig. Anm. 1.

§ 6 bestimmt erstens, daß Anspruch und Recht vererblich sind. Beide gehen also im Wege der gesetzlichen Erbfolge auf die Erben über, und können durch letztwillige Verfügung übertragen werden. Sie gehen auch auf den Fiskus als gesetzlichen Erben über. Daß dieser dann die Erfindung freizugeben habe, wenn keine staatlichen Interessen, z. B. die Interessen staatlicher Betriebe, die Aufrechterhaltung des Patents mehr fordern, wird vielfach angenommen. Doch handelt es sich dabei jedenfalls nur um eine moralische Pflicht; Rechte Dritter auf Freigabe bestehen nicht. Über Komplikationen bei Ungewißheit über die Person des wahren Erben s. Bolze, Zeitschr. f. gew. R. 1892, 162.

§ 6 bestimmt zweitens, daß Anspruch und Recht unter Lebenden veräußert werden können.

Die **Veräußerungen** teilen sich in drei Kategorien. Erstens die Veräußerung der Rechte aus einer Patentanmeldung. Zweitens die Veräußerung eines erteilten Patents. Diese beiden Veräußerungen schließen die Veräußerung der Verfügung über die Erfindung ein. Drittens wird auch als Veräußerung angesehen oder wenigstens unter diesem Titel abgehandelt, die Bestellung einer einfachen oder einer ausschließlichen Lizenz an einer zum Patent angemeldeten oder bereits patentierten Erfindung. Hier wird die volle Verfügung über Anmeldung, Patent und Erfindung nicht übertragen, bleibt vielmehr beim Lizenzgeber. Anm. 2.

Zwei Punkte bedürfen im Vorwege an dieser Stelle der Hervorhebung. 1. Die entgeltliche Veräußerung einer angemeldeten Erfindung, einer patentierten Erfindung und die Bestellung einer ausschließlichen Lizenz werden in der Regel als Verkauf betrachtet. Definitionsgemäß ist dagegen nichts einzuwenden. Der § 433 BGB erkennt an, daß Rechte den Gegenstand eines Verkaufs bilden können. Die Sache ist aber keineswegs so, daß deshalb die Bestimmungen des BGB über den Verkauf von Rechten Anwendung auf die genannten patentrechtlichen Veräußerungen finden. Das ist zum Teil gar nicht, zum Teil nur mit Beschränkungen der Fall. Jeder patentrechtlichen Veräußerung wohnt in gewissem Umfange ein gewagtes Moment bei, wenn auch selbstverständlich kein reiner Hoffnungskauf vorliegt. Gewagt ist das Geschäft um deswillen, weil z. B. niemand wissen kann, ob nicht ein Vorbenutzungsrecht nach § 5 besteht, ob nicht eine Zwangslizenz auf das Patent erteilt werden wird, ob das Patent mit Erfolg angegriffen werden wird usw. Da jeder Käufer weiß, daß mit derartigen Eventualitäten gerechnet werden muß, ist die Risikoverteilung zwischen Verkäufer und Käufer bei patentrechtrechtlichen Veräußerungen anders als nach den Bestimmungen des BGB. — a) Das bürgerliche Recht bestimmt in den §§ 433, 437, 440, daß der Verkäufer eines Rechtes dafür einzustehen hat, daß er das verkaufte Recht dem Käufer verschafft. Erfüllt er diese Pflicht nicht, so kann der Käufer nach § 440 im Falle des § 325 Schadensersatz fordern oder zurücktreten. Dies letztere gilt für patentrechtrechtliche Veräußerungen nur mit erheblichen Einschränkungen. — b) Gleichfalls nur mit Einschränkungen ist die Regelung des § 434 über das Einstehen für Belastung mit Rechten Dritter anwendbar. — c) Hat der Verkäufer dem Käufer das „Recht" verschafft, erweist sich aber die Erfindung als mangelhaft, so spricht man häufig vom „Sachmangel" im Sinne der §§ 459 ff BGB. Dabei ist zu bemerken, daß § 459 sich nur auf Sachen, d. h. körperliche Sachen, nicht auf Gegenstände, zu denen „Rechte" gehören können, bezieht. Die Anführung des § 459 ist also nur im Sinne einer ganz vagen Analogie berechtigt. Deshalb finden auch die Bestimmungen der §§ 462 Wandelung, § 477 Verjährung keine oder nur beschränkte Anwendung. Die im BGB für den Verkauf von Rechten aufgestellten Normen werden also bei patentrechtlichen Veräußerungen sehr stark modifiziert. Das Nähere hierüber findet sich in den A 9 ff, 20 ff.

Über die Rechtsprechung des Reichsgerichts werden nicht selten irrtümliche Anschauungen geäußert. Man sagt, das Reichsgericht behandele, einerlei ob das Recht mangelhaft sei oder ob die Erfindung mangelhaft sei, die Rechtslage immer nach den Normen über Rechtsgewähr. Das wäre unverständlich, ist auch nicht richtig (RG 82, 155). Daselbst ist S. 158 der Unterschied deutlich hervorgehoben, wenn auch ohne endgültige Stellungnahme. (S. 159 ist zutreffend bemerkt, daß die Grundsätze über „Geschäftsverkäufe" mit einer Patentveräußerung gar nichts zu tun haben.) Bd. 78 S. 365 ist bei nachträglichem Hervortreten eines einem Dritten zustehenden Vorbenutzungsrechts die Anwendung der §§ 433, 434, 437 abgelehnt. — Andererseits bei Fehlern der Erfindung: „es trifft aber auch zu, daß die praktische Unbrauchbarkeit der Erfindung nicht als ein Fehler des Patents i. S. des § 459 BGB angesehen werden könnte"; so wörtlich in dem Urteile LeipzZ 1908 Sp. 162 Ziff. 29. — Ähnlich LeipzZ 1909 Sp. 165 Ziff 8: auch der Versuch, den Anspruch auf die Gewährleistungspflicht des Verkäufers zu stützen, erscheint verfehlt. Dem Kläger ist nicht eine Sache, sondern ein Recht verkauft, und das Recht ist ihm im vollen Bestande und unbeschränkt geliefert. — Das Reichsgericht unterscheidet also auch bei Patentveräußerungen zwischen Rechtsmängeln und Sachmängeln; es wendet aber weder auf die ersteren die §§ 433ff, noch auf die letzteren die §§ 459ff an.

2. Der zweite schon hier zu betonende Punkt betrifft die Unterscheidung zwischen schuldrechtlichem Veräußerungsvertrag und, wie man zu sagen pflegt, dinglichem Ausführungsvertrag. Die genannte Unterscheidung wird im bürgerlichen Recht, manchmal in übertriebener Weise, durchgeführt. Bei patentrechtlichen Veräußerungen fällt der Verpflichtungsvertrag mit der Ausführung desselben häufig, man kann sagen in der Regel, zusammen — wie auch sonst meistens, wenn es zur Ausführung der Übertragung des Rechtes einer besonderen Form nicht bedarf. Dies Zusammenfallen von Verpflichtung zur Übertragung eines Rechtes und der wirklichen Übertragung tritt vielfach auch dann ein, wenn es sich um Verträge über zukünftige, erst zu erwirkende Patente handelt. In solchen Fällen kann die Willensmeinung der Parteien sein entweder, daß der Übergang des Rechtes bei Gewährung des Patents automatisch erfolgt, oder daß eine Übertragung seinerzeit durch neue Rechtshandlung vorgenommen werden soll. Die Frage, welche dieser beiden Möglichkeiten der Willensmeinung der Parteien entspricht, taucht u. a. auf bei Verträgen mit Angestellten hinsichtlich der von diesen zu machenden Erfindungen, bei Verträgen mit Fabriken über Herstellung von Maschinen hinsichtlich der bei dieser Herstellung etwa zu machenden Spezialerfindungen, desgleichen bei Patentverkäufen, wenn vereinbart wird, daß der Käufer Anspruch auf Verbesserung habe, die der Verkäufer machen und sich patentieren lassen werde, usw. Die Vereinbarung, daß die Rechte an zukünftigen Erfindungen und an zukünftigen Patenten unmittelbar bei Entstehen auf den Gegenkontrahenten übergehen sollen, ist zulässig und rechtswirksam, vgl. RG 100, 37f; 84, 53 und weiter folgende Entscheidung:

> Irgendwelche rechtlichen Bedenken stehen dem unmittelbaren Rechtserwerbe nicht entgegen. Ob es sich um einen Werkvertrag mit einem unabhängigen Gewerbetreibenden oder um einen Anstellungsvertrag handelt, macht für die Möglichkeit, den unmittelbaren Anfall von Erfindungen an den Besteller oder den Dienstberechtigten wirksam zu vereinbaren, keinen wesentlichen Unterschied. Insbesondere finden Rechtsvorschriften, die für körperliche Gegenstände gegeben sind (§ 855 BGB) auf Erfindungsrechte keine Anwendung (I 183/1916, Urt vom 28. 3. 17).

Im Zweifel ist automatischer Rechtsübergang, nicht Verpflichtung zur demnächstigen Übertragung als gewollt anzusehen, vgl. A 7 a. E.

Für das Nähere über die Abtretung zukünftiger Schutzrechte und über Zuwiderhandlungen gegen den vereinbarten Rechtsübergang vgl. A 6 und 7.

Abschnitt II.

Angemeldete Patente.

Anm. 3. **Veräußerungsverträge über Erfindungen, die zum Patent angemeldet sind.** Veräußerungsverträge übertragen die Verfügung über die Erfindung und über den Anspruch auf das Patent in vollem Umfange auf den Erwerber. An dieser Stelle werden nur derartige Verträge behandelt; für Lizenzen an angemeldeten Erfindungen vgl. A 15. Veräußerungsverträge werden als Verkäufe angesehen, nicht von Sachen, sondern von Rechten, wie bereits A 2 erwähnt; ebenda ist dargelegt, daß automatischer Übergang des materiellen Patentrechts auf den Erwerber bei Erteilung des Patents rechtlich möglich ist. Der Vertrag bedarf keiner Form, sowohl der schuldrechtliche Vertrag, als ein etwaiger sog. dinglicher Vertrag. Ist die Veräußerung des Anspruchs auf Patenterteilung dem Patentamte nicht angezeigt und wird demgemäß das Patent auf Namen des Veräußerers erteilt und in die Rolle eingetragen, so entsteht für den Erwerber der Anspruch auf Umschreibung in der Rolle, Blatt 25 (1919), 5. Daß die Übertragung durch reinen Vertrag erfolgen kann, ist für angemeldete Erfindungen unstreitig. Für nichtangemeldete Erfindungen (Geheimverfahren) wird von manchen Seiten angenommen, daß zum Übergang des Rechtes auch noch eine besondere Offenbarung der Erfindung an den Erwerber erforderlich sei, A 41.

Der Veräußerer hat bis zum vollen Erfüllungsinteresse des Erwerbers dafür einzustehen, daß er zur Verfügung über die Erfindung und über die Anmeldung befugt ist, daß er also z. B.

die Erfindung nicht einem anderen rechtswidrig entnommen hat, daß er seine Rechte nicht bereits anderweit veräußert hat usw. Er ist verpflichtet, dem Erwerber Mitteilung zu machen, wenn ihm bekannt ist, daß Vorbenutzungsrechte Dritter nach § 5 bestehen oder daß seine Erfindung von einem anderen Patente abhängig ist. Ebenso muß er mitteilen, wenn der Prüfer erklärt hat, daß nicht die volle Erfindung, sondern nur ein Teil patentiert werden werde, oder wenn die Anmeldung zurückgewiesen ist und das Beschwerdeverfahren schwebt. Verletzt der Veräußerer diese Pflichten, so kann der Erwerber vom Vertrage zurücktreten; er kann auch Schadensersatz fordern, jedoch kann nicht Ersatz des Gewinnes verlangt werden, den der Erwerber durch Ausnutzung der Erfindung zu erzielen hoffte und nun nicht erzielen kann, A 35.

Die Hauptfrage bei der Veräußerung angemeldeter Erfindungen ist immer: wie ist die **Anm. 4.** Rechtslage, **wenn das Patent nicht erteilt wird**? Meistens wird dieser Fall vertraglich geregelt, häufig läßt man es aber daran fehlen. Das Reichsgericht erkennt an, der Wille der Kontrahenten könne dahingehen, daß die Patenterteilung nicht Bedingung der Wirksamkeit des Veräußerungsvertrags sein solle, wenngleich der Veräußerer alles daransetzen muß, um die Patenterteilung zu erreichen (Gareis Bd. 13 S. 273). Der Vertrag kann also unter Umständen dahin ausgelegt werden, daß der Erwerber die Gefahr der Patentversagung übernimmt. In der Regel liegt die Sache aber anders. So ist auch in dem letzterwähnten Urteile schließlich doch angenommen, daß es für die Rechtswirksamkeit des Vertrags entscheidend auf die Patenterteilung ankommt, obgleich das im Vertrage keinen deutlichen Ausdruck gefunden hatte. Wird eine angemeldete Erfindung zur „ausschließlichen“ Benutzung übertragen, so ist Patenterteilung Voraussetzung, denn sonst kann die Ausschließlichkeit nicht gewährleistet werden. Für die Entscheidung, was gewollt ist, sind folgende Umstände maßgebend. Wer eine angemeldete Erfindung kauft, geht im Zweifel davon aus, daß sie neu ist. Allerdings werden daneben die Höhe des Entgeltes und die größere oder geringere Möglichkeit, das Geheimnis der Erfindung auch ohne Patentierung zu wahren, für die Willensauslegung in Betracht kommen. Wird die Patentierung aus Mangel an Neuheit versagt, so ist die Voraussetzung nicht erfüllt; der Erwerber kann im Zweifel zurücktreten. Wird die Patentierung aus anderen Gründen versagt, z. B. mangels Fortschritts oder Erfindungshöhe, so ist die Rechtslage zweifelhafter. - Ist in Aussicht genommen, daß der Erwerber die Erfindung durch Lizenzerteilung an Dritte ausbeuten soll, so spricht das dafür, daß Patenterteilung Voraussetzung ist. Werden die Patentanmeldungen für die einzelnen Länder aufgezählt, Blatt 5 (1899), 205, so wird Patenterteilung wenigstens in den Hauptländern Voraussetzung sein. Fortsetzung des Vertrages nach Patentversagung zeigt, daß Patenterteilung nicht Voraussetzung war, Blatt 20 (1914), 353. — Wird der angemeldete Anspruch nachträglich im Erteilungsverfahren abgeändert, so kommt es darauf an, welche Bedeutung die Abänderung hat. Rein formale Abänderungen sind ohne Bedeutung. Wird aber der wirtschaftliche Wert der Erfindung durch die Abänderung beeinträchtigt, etwa wenn nur eine einzelne konkrete Ausführungsform patentiert wird, die von der Konkurrenz leicht umgangen werden kann, so kann der Erwerber zurücktreten; vgl. I 233/1913, Urt vom 25. 2. 14: es komme auf das Wesen des Unterschieds zwischen dem nachgesuchten und dem erteilten Patente an; ... der Kläger habe dem Beklagten im Kern und Wesen das gewährt, worauf die Vertragsabsicht der Parteien gerichtet gewesen sei; das sei das Entscheidende.

Fälle, in denen die Gefahr der Versagung des Patents vom Erwerber übernommen wird, kommen hin und wieder vor. Veräußert wurde ein teils durch Geheimnis geschütztes, teils zum Patente angemeldetes Verfahren zur Herstellung von Emballagen fest auf fünf Jahre gegen fünf jährliche Zahlungen. Der Schutz durch Geheimhaltung und die feste Zeitbestimmung spricht dafür, daß die Patenterteilung nicht notwendige Voraussetzung war.

Vor längeren Jahren hat das Reichsgericht entschieden, daß der Erwerber wegen Versagung des Patents auch dann zurücktreten dürfe, wenn er selbst das Patentamt auf entgegenstehende neuheitsschädliche Druckschriften hingewiesen hat, denn er habe ein berechtigtes Interesse daran, ein Patent zu erhalten, das nicht der Vernichtung ausgesetzt sei. — Das darf aber nicht dahin führen, ein Loskommen des Erwerbers von dem eben geschlossenen Vertrage durch Intrigen zu begünstigen.

Die **Haftung** des Veräußerers einer angemeldeten Erfindung für **Mängel der Erfindung** **Anm. 5.** regelt sich nach den in A 12 dargelegten Grundsätzen, jedoch mit der Einschränkung, die sich aus der Natur der Sache ergibt, daß die Erfindung durch die Patentbehörde auf Neuheit und die übrigen Voraussetzungen der Patentfähigkeit noch nicht oder noch nicht vollständig geprüft ist. Es wird dadurch in die Sachlage ein Moment der Ungewißheit hineingetragen, dessen Risiko dem Veräußerer nicht in vollem Umfange aufzubürden ist. Es handelt sich dabei also um die sogenannten „Sachmängel“ der Erfindung. Der Veräußerer haftet für seine Zusagen über Eigenschaften der Erfindung bis zum Erfüllungsinteresse des Erwerbers (RG 82, 156). Sind keine Zusagen gegeben, so haftet er für „Ausführbarkeit“ und für „Brauchbarkeit“, jedoch nicht für Konkurrenzfähigkeit und Rentabilität (RG 33, 103). Fehlt es der Erfindung an Ausführbarkeit und Brauchbarkeit, für diese Begriffe vgl. A 12, so kann der Erwerber vom Vertrage zurücktreten und bereits gezahlte Vergütung (Kaufpreis) zurückfordern. Da er bei Mangel an Ausführbarkeit und Brauchbarkeit Vorteile aus der Erfindung nicht gezogen haben kann, so kann hier nicht in Frage kommen, daß etwa ein Teil des gezahlten Preises dem Veräußerer als Gegenwert für gezogenen Gewinn zu belassen sei, wie das in anderen Fällen möglich ist. Auf Schadensersatz haftet der Veräußerer nicht, wenn ihm nicht ein vertragliches Verschulden zur Last fällt (RG 68, 293; 51, 92f). Die Bestimmungen des BGB über Wandelung (§ 462) und Verjährung (§ 477) finden keine Anwendung (vgl. A 2). Wird das Patent nach Erteilung wieder vernichtet, so gilt das in A 10 Ausgeführte. Für alle diese Haftungsfragen vgl. weiter den Überblick A 35.

Anm. 6. Für den Fall, daß der Veräußerer seinen Vertragspflichten hinsichtlich Gewährung der Rechte aus der Anmeldung oder der Rechte aus dem demnächstigen Patent zuwiderhandelt, gelten folgende Regeln. Veräußert **A** seine angemeldete Erfindung zunächst an **B** und sodann rechtswidrig an **C**, so kann der Ersterwerber **B** von dem Veräußerer **A** Abtretung von dessen Rechten an **C** verlangen, z. B. auf Zahlung des mit diesem vereinbarten Kaufpreises. Er kann aber auch Umschreibung des dem Veräußerer **A** inzwischen erteilten Patents auf sich (**B**) verlangen (Bolze Bd. 22 Nr. 124). Abtretung des Patents braucht er von **A** nicht zu verlangen, denn da **A** ihm seine Rechte aus der Anmeldung auf das Patent abgetreten hatte, so sind die Patentrechte bei Entstehung im Zweifel sofort automatisch auf ihn übergegangen, auch wenn das Patent formell auf Namen des **A** erteilt war; der Klageanspruch ist also hier auf Umschreibung des Patents in der Patentrolle auf **B** zu richten. Alle diese Rechte des **B** gehen aus dem Veräußerungsvertrage hervor. Wie ist aber die Rechtslage dem Zweiterwerber **C** gegenüber, wenn das Patent auf dessen Namen erteilt war, oder wenn **A** das Patent inzwischen auf ihn übertragen hatte? War **C** bösgläubig, wußte er also, daß **A** vorher mit **B** einen Veräußerungsvertrag abgeschlossen hatte, so hat **A** gegen **C** einen Anspruch auf Abtretung und Umschreibung des Patents. Ist dagegen **C** gutgläubig, so ist zu unterscheiden. War zwischen **A** und **B** nicht automatischer Übergang der Patentrechte vereinbart, hatte sich **A** vielmehr nur obligatorisch verpflichtet, die Patentrechte demnächst auf **B** zu übertragen, so hat **B** offenbar keinen Anspruch gegen **C**. (Um Mißverständnisse zu verhüten: es handelt sich hier nur um den Fall, daß der Veräußerer selbst der Erfinder ist oder ein Recht zur Veräußerung hat. Hat er oder einer seiner Vormänner die Erfindung rechtswidrig entwandt, so haften seine Nachmänner — auch wenn sie gutgläubig sind — stets dem Bestohlenen, § 3 A 30.) Anders dagegen wenn automatischer Übergang vereinbart war. Dann war **B** Inhaber des Patents sofort bei dessen Erteilung geworden. **A** konnte nichts mehr auf **C** übertragen. **B** kann Feststellung seiner Inhaberschaft und Umschreibung in der Patentrolle gegenüber **C** verlangen (in dieser Weise ist der Klageantrag zu formulieren, RG 75, 226f). **C** kann sich nicht auf seinen guten Glauben berufen, denn gutgläubigen Patenterwerb vom Unberechtigten gibt es nicht. Diese Rechte des **B** gegen **C** werden vielfach **Patentvindikation** genannt. Die Rechtsprechung des Reichsgerichtes über derartige Fälle hat zu Zweifeln Anlaß gegeben, jedoch ohne Grund. Im Falle RG 31, 52 hatte sich ein Erfinder verpflichtet, seine zukünftigen Erfindungen einer Gesellschaft zum Erwerbe anzubieten. Er hatte dann, nachdem er weitere Erfindungen gemacht hatte, auf diese selbst Patente genommen und die Patente auf eine andere Gesellschaft, die Beklagte, übertragen. Das Reichsgericht hat angenommen, daß die Patente nicht bei Entstehung sofort automatisch auf die erste Gesellschaft übergegangen seien, weil es an der (damals für nötig erachteten) Umschreibung in der Patentrolle gefehlt habe. Demgemäß hielt es den Klageanspruch der ersten Gesellschaft nur dann für berechtigt, wenn der Beklagten Arglist zur Last falle, sie also von der Rechtswidrigkeit der Übertragung der Patente auf sie Kenntnis gehabt habe. Da mithin der Eigentumserwerb der Klägerin verneint wurde, kam eine Vindikation überhaupt nicht in Frage, und deshalb hat das Reichsgericht keine Grundsätze über die weiteren Voraussetzungen der Vindikation entwickelt. Im Urt 75, 225 lag wiederum der Fall vor, daß ein Erfinder der Klägerin versprochen hatte, ihr seine demnächstigen Patente zu übertragen, sie dann aber, nachdem sie auf seinen Namen erteilt waren, auf die Beklagte übertragen und in der Rolle umgeschrieben hatte. Automatischer Übergang der Patente auf die Klägerin ist wiederum abgelehnt, dieses Mal auch aus tatsächlichen Gründen, und demgemäß ist auch hier angenommen, daß eine Vindikation nicht in Frage kommen könne, vielmehr die behauptete Arglist der zweiten Gesellschaft zu prüfen sei. Die Voraussetzungen der Zulässigkeit einer Patentvindikation sind also in beiden Urteilen gar nicht erörtert, weil es an dem ersten Erfordernis, dem Eigentum der Klägerinnen, fehlte. Bejaht ist die Zulässigkeit der Vindikation in dem Urt MuW Jahrg. 22 S. 90, andeutungsweise auch RG 75, 227 (dingliche Begründung). Ebenso Urt vom 29. 5. 18, I 164/1917: ein Erfinder hatte mit der Klägerin vereinbart, daß alle seine Rechte ... aus Patentanmeldungen auf die Klägerin „hiermit" übertragen sein sollten. Nach Patenterteilung auf seinen Namen hat er das Patent an Dritte, u. a. an die

Beklagte abgetreten und auf deren Namen in der Patentrolle umschreiben lassen. Die Beklagte war gutgläubig. Es wurde angenommen, daß automatischer Übergang des Patents auf die Klägerin vereinbart sei. Die gutgläubige Beklagte ist zur Umschreibung des Patents auf Namen der Klägerin verurteilt. Damit ist die Vindikation gegen gutgläubige Dritte anerkannt. Das unterliegt auch keinerlei Bedenken. Der deutschrechtliche Grundsatz Hand wahre Hand ist auf die Veräußerung von Erfinder- und Patentrechten nicht anwendbar. Gülland u. Queck, Gesetzgeb. Reform, S. 12f geben gleichfalls eine Klage gegen den gutgläubigen Dritten, falls die Rechte bereits automatisch auf den Ersterwerber übergegangen waren. Eine Klage aus § 823 BGB kommt gegen den gutgläubigen Dritten nicht in Frage, da sie Verschulden voraussetzt. Gleichfalls ist eine Nichtigkeitsklage wegen rechtswidriger Entnahme nach § 10 Ziff 3 nicht möglich; zweifelhaft ist schon, ob in den hier behandelten Fällen der Tatbestand der rechtswidrigen Entwendung vorliegt, obgleich freilich zu deren Begriff eigenes Verschulden des Beklagten nicht gehört, § 3 A 30; vor allem aber ist in unseren Fällen die Entscheidung aus den vertraglichen Abmachungen der in Betracht kommenden Personen zu entnehmen, und für Vertragsauslegung ist die Nichtigkeitsklage nicht das gegebene Rechtsmittel, § 10 A 17 Ziff. 10. Auf keinen Fall kann nach jetzigem deutschen Recht mit der Nichtigkeitsklage Übertragung (oder Neuerteilung) des Patents verlangt werden — ein Mangel, der in ausländischen Rechten vermieden ist.

In der Art der Begründung abweichend, im Ergebnis gleich folgendes Urteil: mit einem Angestellten war abgemacht, daß „das Eigentumsrecht an seinen Erfindungen" der anstellenden Firma zustehe. Das ist ausgelegt als Vereinbarung automatischen Überganges. Der Angestellte hat seine Erfindungen auf den Namen eines von der Sachlage unterrichteten Dritten zum Gebrauchsmusterschutz angemeldet. Er und der Dritte sind zur Übertragung des Schutzes verurteilt, und zwar auf Grund von § 687 Abs. 2, weil sie das der Firma zustehende Geschäft der Anmeldung als ihr eigenes behandelt hätten (I 181/1913, Urt vom 14. 1. 14).

Der Entwurf zur Abänderung des PG vom 4. 2. 28 hat eine Bestimmung vorgeschlagen, daß die Patentvindikation gegen den gutgläubigen Erwerber nur innerhalb eines Jahres von der Bekanntmachung über die Patenterteilung an zulässig ist.

Veräußerung von Erfinderrechten, deren Patentanmeldung noch nicht erfolgt, aber in Aussicht genommen ist. (Die Veräußerung von sog. Geheimverfahren, die also nicht durch Patenterbittung kundgemacht werden sollen, wird in A 41 erörtert werden.) Die Frage der Rechtsmängel und der Sachmängel der Erfindung regelt sich nach den gleichen Gesichtspunkten, die in A 3—5 dargelegt sind. Schwierigkeiten macht die Beantwortung der Frage, wie bestimmt der Umkreis derartiger zukünftiger, noch nicht angemeldeter Erfindungen abgegrenzt sein muß. Das RG hat 75, 227 ausgeführt, daß gehörige Individualisierung nur dann vorliege, wenn der Inhalt der zukünftigen Erfindung genau angegeben wird. Diese Ausführungen erscheinen zu eng, vgl. auch Burlage, MuW Jahrg. 17 S. 42. Dieser Inhalt kann ja in der Regel noch gar nicht bekannt sein. Jedenfalls muß es genügen, wenn das zu lösende Problem angeben wird, RG 100, 38; Hübner, IndR Jahrg. 7 (1912) S. 121. Aber auch der Angabe des Problems bedarf es nicht einmal, wie in den mehrfachen Entscheidungen über rechtswirksam erachtete Vertragsklauseln betreffend den Übergang von Angestelltenerfindungen anerkannt ist, vgl. Blatt 10 (1904), 298: Alle von der Beklagten hergestellten Präparate; auch MuW Jahrg. 22 S. 174f: Antrag 1, alle Erfindungsgedanken hinsichtlich des Baues von Offsetmaschinen. Es muß genügen, wenn das Gebiet, auf dem sich die Erfindungen zu bewegen haben, bestimmt ist. Anm. 7.

Lebhafter Streit herrscht darüber, ob in den Fällen automatischen Übergangs das Recht zunächst in der Person des Veräußerers entsteht und dann auf den Erwerber übergeht, oder ob es sofort in der Person des Erwerbers entsteht. Das RG scheint Bd. 100 S. 38 das letztere anzunehmen (unmittelbarer Rechtserwerb); das Gegenteil ist scharf ausgesprochen in dem Urt JW 1913, 132 Nr. 8. Die Sache ist praktisch von gar keiner und dogmatisch nur von geringer Bedeutung.

Auch die Gründer einer noch nicht bestehenden, erst ins Leben zu rufenden Gesellschaft können mit einem Mitgründer oder einem Dritten rechtswirksam vereinbaren, daß deren Erfindungsrechte oder Patente auf die Gesellschaft bei Entstehen automatisch übergehen, wenngleich im Einzelfalle zweifelhaft sein mag, ob automatischer Übergang wirklich gewollt ist (RG 96, 215 steuerrechtliches Urteil).

Im Zweifel ist in allen Fällen Vereinbarung automatischen Überganges, nicht Verpflichtung zur demnächstigen Übertragung als gewollt anzunehmen, besonders wenn das Entgelt sofort bezahlt ist. Ersteres ist die klarere Rechtsform, die zugleich den berechtigten Interessen beider Vertragsteile am besten entspricht. Über die Rechte, die dem Erwerber zustehen, falls der Veräußerer das Patent vertragswidrig auf seinen eigenen Namen entnimmt, vgl. A 6.

Abschnitt III.
Veräußerung von Patenten.

Anm. 8. Patente, d. h. die aus der Patentgewährung hervorgehenden subjektiven Privatrechte, können Gegenstand von **Kaufverträgen** sein. Ein Kaufvertrag liegt vor, wenn die Verfügung über das Patent, nicht nur die Benutzung desselben, übertragen wird. Der Käufer hat das Recht, daß der Verkäufer das Patent in der Patentrolle auf ihn übertragen läßt. Der Kaufvertrag ist formlos. Umschreibung in der Patentrolle ist nicht Bedingung seiner Rechtswirksamkeit. Mängel des Kaufvertrags oder des dinglichen Entäußerungsvertrags werden durch die Umschreibung in der Patentrolle nicht geheilt. Gutgläubigen Patenterwerb bei Veräußerung durch einen Unberechtigten gibt es nicht. Veräußert der Veräußerer das Patent rechtswidrig zum zweiten Male und läßt es in der Patentrolle auf den zweiten Erwerber umschreiben, so kann der Berechtigte von diesem Umschreibung auf seinen Namen unter den in A 6 dargelegten Voraussetzungen verlangen. Der Verkäufer hat dem Käufer diejenige Anleitung zu geben, die zur Ausführung der patentierten Erfindung nötig ist, wenn dazu die Patentbeschreibung nicht genügt. Verschweigt der Verkäufer wissentlich, daß Patente Dritter bestehen, die die Ausführung der Erfindung hindern (Identität, Abhängigkeit) oder unrentabel machen (verbesserte Erfindungen), oder hat er gar selbst solche Patente, so handelt er arglistig, denn es ist seine Vertragspflicht, über die ihm bekannten, die Interessen des Erwerbers berührenden tatsächlichen und rechtlichen Momente Aufklärung zu geben. Es versteht sich bei Patentveräußerungen nicht von selbst, daß weitere Erfindungen des Veräußerers, die objektiv von den veräußerten Patenten „abhängig" sind, mit veräußert sein sollen (MuW Jahrg. 12 S. 244f). Er muß sagen, wenn er weiß, daß die Erfindung trotz des Patents noch nicht fertig ist, daß Dritte Abhängigkeit oder Vorbenutzungsrechte in Anspruch nehmen, auch wenn er diese Ansprüche für unbegründet hält, daß er Lizenzen erteilt hat, daß eine Zwangslizenz bewilligt ist oder gefordert wird, daß ein Nichtigkeitsverfahren schwebt oder angedroht ist, vgl. z. B. Blatt 7 (1901), 231. Der Verkäufer eines Patents auf eine Maschine muß mitteilen, wenn die herzustellenden Fabrikate einem Dritten patentiert sind (Bolze Bd. 5 Nr 466). Im Falle der Arglist und des Verschuldens haftet der Verkäufer auf Schadensersatz, jedoch nicht auf Ersatz des Gewinns, den der Käufer andernfalls hätte ziehen können; die Gewinnaussichten sind bei Patenten immer unsicher, A 35.

Ein Patent kann an mehrere Personen derart veräußert werden, daß sie gemeinschaftlich patentberechtigt sind. Es kann auch derart teilweise veräußert werden, daß Veräußerer und Erwerber gemeinschaftlich patentberechtigt sind. Es kann nach deutscher Auffassung nicht in der Weise veräußert werden, daß der Erwerber nur für ein örtlich begrenztes Gebiet patentberechtigt sein soll; ein solcher Vertrag ist nichtig. (Anders bei Lizenzen; anders auch viele fremde Rechte.) Die Veräußerung einzelner Patentansprüche ist nichtig. Die Veräußerung eines Patents auf Zeit ist als rechtlich zulässig anerkannt, RG Blatt 16 (1910), 132. Das Patent fällt nach Ablauf der Zeit automatisch an den Veräußerer zurück.

Anm. 9. Auch ohne daß eines der in der letzten Anmerkung erörterten vertraglichen subjektiven Schuldmomente vorliegt, haftet der Verkäufer eines Patents einerseits für den Bestand und die Integrität des verkauften Patentrechts, andererseits für gewisse Mängel der Erfindung. Zur Analogie werden im Schrifttum die Bestimmungen des BGB über Haftung für Rechtsmängel (§§ 433, 434, 437, 440) und für Sachmängel (§§ 459ff) herangezogen. Doch ist im Anschluß an A 2 zu betonen, daß sich bei Patentverkäufen die Art der Haftung für Mängel im Recht anders als im BGB vorgesehen regelt, und daß auch die Bestimmungen des BGB über die Haftung für Sachmängel weder direkte, noch unbeschränkte Anwendung finden, da der Verkauf eines Patents nicht der Verkauf einer „Sache" im Sinne des § 459 ist. Die Haftung für Bestand des Rechtes wird in A 10, für Integrität des Rechtes in A 11, für Mängel der Erfindung in A 12 erörtert; für diese sämtlichen Fragen vgl. weiter den Überblick Anm. 35.

Anm. 10. Was zunächst den **Bestand des Rechtes** angeht, so haftet der Verkäufer dafür, daß ihm das Patent zusteht, daß er über dasselbe verfügungsberechtigt ist, daß das Patent für die verkaufte Erfindung erteilt ist, daß es rechtsbeständig ist, d. h. nicht vernichtet wird. Nur der letzte Punkt bedarf einer näheren Erörterung. Ist der Kaufvertrag noch nicht erfüllt, sind also die Patentrechte noch nicht übertragen, so braucht der Käufer, wenn eine Nichtigkeitsklage zugestellt wird, den Kaufpreis einstweilen nicht zu zahlen. Er kann auch, da er ein angefochtenes Patent nicht als Vertragserfüllung zu übernehmen braucht, der Verkäufer also in Verzug gerät, eine Frist nach § 326 BGB mit dem bekannten Rechtsfolgen setzen. Ist das Patent bereits übertragen, so kann der Käufer den ganz oder teilweise ausstehenden Kaufpreis zurückbehalten. Er kann dem Verkäufer die Verteidigung des Patents überlassen. — Der Hauptfall: ist der Vertrag beiderseits erfüllt und wird das Patent für nichtig erklärt, so kann der Käufer vom Vertrage zurücktreten und den Kaufpreis zurückfordern;

jedoch nicht unter allen Umständen zum vollen Betrage. Vielmehr ist in feststehender Rechtsprechung folgendes anerkannt: der Käufer hat bis zur Rechtskraft des Nichtigkeitsurteils den tatsächlichen Schutz des Patents genossen, und deshalb muß der Betrag des zurückzugewährenden Kaufpreises in entsprechender Weise gekürzt werden. Das trifft natürlich nicht für die Fälle zu, wo die Erfindung der „Ausführbarkeit" ermangelte oder die Erzeugnisse schlecht und deshalb unverkäuflich waren usw., der Käufer also keinen Gewinn ziehen konnte, ebensowenig für die Fälle, wo der Käufer aus anderen Gründen keinen Gewinn erzielt hat, etwa weil der Schutz nur kurze Zeit bestanden hat (MuW Jahrg. 15 S. 319 Sp. 1; JW 1904, 157; Urt vom 18. 3. 16, I 169/1915). Häufig wird die Kürzung pro rata temporis erfolgen können. Durch schuldhaftes Verhalten der einen oder anderen Partei kann aber der Betrag weiter vermindert oder erhöht werden. Es kann auch in Rücksicht zu ziehen sein, daß die ersten Jahre nur kargen Gewinn abgeworfen haben, daß in Aussicht auf Herstellung während der ganzen Patentdauer kostspielige Einrichtungen getroffen sind, daß schon die Androhung einer Nichtigkeitsklage, etwa seitens des Inhabers eines konkurrierenden Patents die Einstellung oder die weniger Gewinn bringende Abänderung oder Einschränkung des Betriebes bewirkt haben kann (RG 86, 56). So seit dem Urt RG 20, 128 in ständiger Rechtsprechung. Weiter kann auf die Bemessung des zurückzuzahlenden Betrags von Einfluß sein, ob der Kaufpreis auch ein Äquivalent für die erfolgte Mitteilung von Verbesserungen, die der Käufer weiter ausnutzen kann, oder für andere Verpflichtungen enthielt (Bolze Bd. 6 Nr. 577—579). Ist das Patent nur teilweise vernichtet, so ist zu berücksichtigen, ob der aufrechterhaltene Teil noch von Nutzen ist (Bolze Bd. 22 Nr. 471). Schadensersatz kann der Käufer nur fordern, wenn dem Verkäufer ein vertragliches Verschulden zur Last fällt, etwa wenn er wissen mußte, daß die Patenterteilung auf einem reinen Versehen beruht (vgl. RG 51, 92). Schadensersatz für entgangenen Gewinn, den er aus dem Patent zu ziehen hoffte, kann er nicht fordern (RG 78, 367). In dem Urt 82, 155, 158 oben ist Schadensersatz in Höhe des Erfüllungsinteresses zugesprochen; die Ersatzforderung gründete sich hier aber auf die Nichterfüllung einer Zusage über die Eigenschaften der Erfindung, es handelte sich also nicht um den Ersatz für Rechtsmängel; über diesen Punkt vgl. weiter A 12. Das Urt RG 68, 165 nimmt einen weitergehenden Standpunkt für den Verkauf (nicht von Patenten, sondern) von patentierten Maschinen ein. Auch für solche entspricht es übrigens nicht der Lebenserfahrung, daß sie stets in Mengen und zu Preisen verkauft werden können, die Gewinne lassen.

Blatt 22 (1916), 68 ist vom Reichsgericht scheinbar ausgesprochen, daß die Aufhebung eines Lizenzvertrags auch schon dann erfolgen könne, wenn eine Nichtigkeitsklage erst drohe. In Wirklichkeit sollte gesagt werden, daß, wenn Vernichtung des Patents demnächst erfolgt, die schon vorher erklärte Vertragsaufhebung wirksam wird und also, wie zu ergänzen ist, es dann dem Lizenznehmer oder Käufer nicht zum Nachteile gereichen darf, wenn er die Ausnutzung des Patents eingestellt und infolgedessen keinen Gewinn mehr gezogen hatte. So die Rechtsprechung des Reichsgerichts: dem Lizenzgeber verbleiben die Lizenzgebühren bis zu dem Zeitpunkt, für den die Berechtigung des Rücktritts festgestellt wird (I 80/1915, Urt vom 13. 11. 15). Das gilt auch für Patentverkäufe.

Zweitens haftet der Verkäufer für **Integrität des Rechtes.** Diese kann beeinträchtigt werden 1. durch Abhängigkeit des Patents, 2. durch Vorbenutzungsrechte, 3. durch bereits erteilte Lizenzen. In diesen Fällen liegt ein Mangel im Recht vor, denn der Verkäufer hat das ausschließliche und unbeschränkte Recht zur Benutzung der Erfindung nicht gewährt. Es tritt hier die Abweichung von den Bestimmungen des BGB klar zutage. Für den Fall, daß ein Vorbenutzungsrecht besteht, ist in dem Urt RG 78, 363 angenommen, daß §§ 433, 434, 437 BGB keine Anwendung zu finden hätten, trotzdem die Erteilung einer ausschließlichen Lizenz, die der Kläger dem Beklagten erteilt hatte, als Kauf aufgefaßt wurde. Die Ausführungen, daß zwar ein Mangel im Rechte vorliege, aber doch der rechtliche Bestand des Patentrechts dadurch nicht berührt werde und in Wahrheit das Patentrecht frei von Rechten Dritter gewährt sei, sind nicht überzeugend. Sie sind anscheinend nur angestellt, um Rücktritt vom Vertrage und Schadensersatzansprüche für jenen Fall auszuschließen. Dazu wird es aber der rechtlichen Schlußfolgerung des Urteils nicht bedürfen. Die Vorschriften der §§ 433ff sind nach § 443 nachgiebigen Rechtes. Der Interessenlage der Kontrahenten und deshalb der allgemeinen Rechtsüberzeugung und dem präsumptiven von der Rechtsprechung gebilligten Willen der Parteien bei Patentkäufen entspricht es, daß nicht wegen verhältnismäßig belangloser Beschränkung der Rechte eines Käufers der ganze Vertrag aufgehoben wird und dann Schadensersatzansprüche gestellt werden können. Der Grund für diese Regelung ist, daß, wie wiederholt zu betonen, jeder Patentkauf ein gewagtes Moment enthält, und deshalb auch der Käufer einen Teil des Risikos zu tragen hat. Entscheidend ist deshalb der Umfang der Beeinträchtigung der Interessen des Käufers. Ist diese Beeinträchtigung geringfügig, dann kann der Käufer nicht mehr als eine Preisminderung im Sinne des angeführten Urteils verlangen. Ist die Beeinträchtigung erheblich, etwa derart, Anm. 11.

daß die Fabrikation verlustbringend wird, dann muß dem Käufer der Rücktritt zugestanden werden — was wohl auch in jenem Urteile nicht geleugnet werden soll, vgl. auch Blatt 7 (1901), 171. Danach läßt sich über die genannten drei Kategorien das Folgende sagen. Bei der Abhängigkeit kommt es auf das Verhalten des Inhabers des Vorpatents an. Verbietet dieser die Fabrikation und steht nicht etwa sein Patent dicht vor dem Erlöschen, dann darf der Käufer zurücktreten. Gestattet er die Fabrikation gegen eine Lizenzgebühr, so wird in der Regel mit einer Minderung des Kaufpreises auszukommen sein. Ähnliches muß für den Fall eines Vorbenutzungsrechts gelten. Hier wird es darauf ankommen, wie weit die Rechte des Vorbenutzers auszudehnen sind, ob er etwa, wenn er bisher für den eigenen Bedarf hergestellt hatte, berechtigt ist, einen ausgedehnten Fabrikations- und Verkaufsbetrieb einzurichten, worüber die Meinungen schwanken (vgl. § 5 A 18a). Herstellung des Vorbenutzers nur für den eigenen Bedarf wird in der Regel nicht zur Rückgängigmachung des Patentkaufs berechtigen. Stellt sich nach dem Kaufabschlusse heraus, daß vertragliche oder Zwangslizenzen bereits bestehen, dann liegt in der Regel Arglist des Verkäufers vor. Anders dann, wenn etwa der Rechtsvorgänger des Verkäufers ohne dessen Wissen Lizenzen erteilt hatte. In allen Fällen kommt es auch hier für die Berechtigung zum Rücktritt darauf an, in welchem Grade durch die Lizenz oder die Zwangslizenz eine Beeinträchtigung der Interessen des Käufers erfolgt. Ist die Beeinträchtigung gering, so kann nicht mehr als eine Minderung des Kaufpreises verlangt werden. Für Zwangslizenzen, die erst nach Kaufabschluß bewilligt werden und auch nicht vorher angedroht waren, haftet der Verkäufer nicht, denn der Käufer nimmt das durch das öffentliche Recht bestimmte Schicksal des Kaufgegenstandes auf sich.

Anm. 12. Vorstehend sind sog. Rechtsmängel erörtert. Auch für **gewisse Fehler** (nicht des Rechtes, sondern) **der Erfindung** haftet der Verkäufer im gewissen Umfange, sog. Sachmängel. Seine Haftung für zugesagte Eigenschaften, die sich als nicht vorhanden herausstellen, steht außer Zweifel. Betreffen die nichterfüllten Zusagen Nebensachen, so erstreckt sich der Umfang der Haftung nur auf Minderung des Kaufpreises. Betreffen sie wesentliche Eigenschaften, so kann der Käufer den Vertrag aufheben und den gezahlten Kaufpreis zurückfordern, soweit er nicht bereits Vorteile aus der Patentbenutzung gezogen hat (RG MuW Jahrg. 21 S. 215). Der Verkäufer haftet auch für positiven Schaden des Käufers, für entgangenen Gewinn dagegen nicht, namentlich nicht für den Gewinn, den der Käufer hätte ziehen können, wenn die Zusage erfüllt wäre (vgl. unten Übersicht A 35). Zwar hatte das RG 82, 158 ausgeführt, daß der Verkäufer — es wurde Vorliegen eines Kaufes angenommen — auf das „Erfüllungsinteresse" hafte, doch handelte es sich nur um die Zurückforderung des gezahlten Kaufpreises. Sind keine Zusagen erteilt, so haftet der Käufer nicht für Konkurrenzfähigkeit der Erzeugnisse und nicht für Rentabilität der Fabrikation. Das ist allgemein anerkannt (RG 33, 103; 75, 402f) und beruht darauf, daß der Käufer einen Teil des Risikos selbst zu tragen hat. Dagegen haftet der Verkäufer, wie zutage liegt, für Ausführbarkeit der Erfindung, d. h. dafür, daß sie mit den der gegenwärtigen Technik zur Verfügung stehenden Mitteln ausgeführt werden kann. Vor allem haftet er für Brauchbarkeit der Erfindung. Darunter ist folgendes zu verstehen. Die verkaufte Erfindung muß die Aufgabe lösen, das Ziel erreichen, dessen Erreichung sie sich vorgesetzt hat. Sie muß diejenige Wirkung haben, die die Patentschrift verspricht. Handelt es sich um ein Patent auf eine feuerfeste Decke, so muß die Decke feuerfest sein; es genügt nicht, daß sie etwa besonders tragfähig ist oder andere vorteilhafte Eigenschaften hat. In diesem Sinne ist hier der Ausdruck Brauchbarkeit gebraucht (§ 1 A 19), nicht in dem Sinne, daß der Erfindungsgegenstand nützlich ist, ein soziales Bedürfnis erfüllt; letzteres zu beurteilen ist eigene Sache des Käufers (oder des Lizenznehmers), vgl. für vorstehendes RG 106, 366, woselbst aber gewerbliche Verwertbarkeit im uneigentlichen Sinne verstanden ist. Im übrigen ist der Grad der Brauchbarkeit, für den gehaftet wird, nach dem Wesen der Erfindung zu bemessen.

Der zwischen den Parteien geschlossene Vertrag ist als Lizenzvertrag anzusehen. Die Klägerin muß also dafür einstehen, daß der Taschenschirm (ein der Länge nach zusammenklappbarer Schirm) technisch ausführbar ist (RG 75, 400; 82, 157). Zu weit geht das Berufungsgericht, wenn es verlangt, die Klägerin müsse dafür aufkommen, daß sich ein absolut zuverlässiger Taschenschirm herstellen lasse. Das Berufungsgericht lehnt sich hier im Ausdrucke an die Entscheidung Bd. 75 S. 400 an, übersieht aber dabei die besondere Lage des dort abgeurteilten Falles. Jene Entscheidung betrifft einen Entschirrungsapparat. Bei Entschirrung von durchgehenden Pferden handelt es sich um Leben und Tod oder doch schwerste Gefährdung der Wageninsassen. Das Verlangen absoluter Zuverlässigkeit läßt sich aus dem Zwecke einer sicheren Entschirrung zur Abwendung großer Not herleiten. So weitgehende Anforderungen können dagegen nicht an einen Taschenschirm gestellt werden, bei dessen Gebrauche Güter von erheblich geringerem Werte in Betracht kommen . . . Gerade wenn man sich bei Lizenzerteilung darüber einig gewesen sei, daß die Konstruktion noch verbesserungsbedürftig sei, so sei es an sich durchaus möglich, daß die Lizenznehmerin das weitere Risiko auf sich genommen habe, worüber an der Hand des Briefwechsels nähere Feststellungen getroffen werden müssen (IndR 1919, 12).

In ähnlicher Weise hat das Reichsgericht, als ein Guttaperchaersatz erfunden war, Brauchbarkeit nicht um deswillen verneint, weil das Ersatzmittel sich bei Verwendung zur Umhüllung von Seekabeln weniger dauerhaft erwiesen hatte, Blatt 17 (1911), 250. Zweifelhaft kann die Sachlage sein, wenn die Erfindung zwar das gestellte Ziel erreicht, aber Nachteile hat, die die Anwendung beeinträchtigen (vgl. § 1 A 24). Sind die Nachteile so groß, daß die Erfindung nicht ausgenutzt werden kann, so kann der Käufer den Vertrag aufheben, — ein Mittel, das Strohhüte bleicht, aber das Stroh verdirbt, GewR 19 (1914), 223. — Was hier als mangelnde Brauchbarkeit bezeichnet ist, ist in dem Urt MuW Jahrg. 12 S. 284 technische Wertlosigkeit genannt. Inwieweit der Verkäufer außer dafür, daß die verkaufte Erfindung patentiert ist, auch noch für wirkliche Neuheit der Erfindung haftet, ist nach der Lage des einzelnen Falles zu beurteilen. Im allgemeinen kann aus der Tatsache der Patenterteilung der Schluß gezogen werden, daß die Erfindung neu ist (RG 82, 157). Nur wenn ganz klar zutage liegt, daß ein Versehen der Erteilungsbehörde vorliegt, und man demnach damit rechnen muß, daß das Patent vernichtet werden wird, falls es angegriffen werden sollte, kann eine andere Beurteilung eintreten.

Hagens hat GewR 19 (1914), 241 darauf hingewiesen, daß die Rechtsprechung des Reichsgerichts in diesen Fragen geschwankt habe. Zuzugeben ist, daß das Wort gewerbliche Verwertbarkeit in verschiedenem Sinne gebraucht ist, manchmal gleich Brauchbarkeit, manchmal gleich Bewährung in der Praxis, z. B. Bd. 33 S. 103 in der Einleitung gleich Brauchbarkeit, später gleich Bewährung (vgl. auch RG 75, 402f).

Der Umfang der Haftung des Verkäufers für die vorstehend behandelten Fälle, in denen besondere Zusagen nicht vorliegen, ist wie oben und A 11 auseinandergesetzt.

Die Bestimmungen des § 477 BGB über Verjährung finden keine Anwendung, wie allgemein anerkannt (RG 82, 159).

Verquickung eines Kaufvertrags mit einem **gesellschaftsähnlichen Verhältnis** findet Anm. 13. sich nicht selten. Der Kläger hat dem Beklagten sein Patent übertragen, wogegen letzterer sich verpflichtet hat, die Patentgebühren zu bezahlen, die Fabrikation zu übernehmen und dem Kläger 20% von dem Bruttoumsatze zu vergüten; vom Reichsgericht als eine Art von Gesellschaft angesehen (Urt vom 27. 4. 1904, I 512/1903). Ähnlich, wenn der Verkäufer eines Patents sich die Benutzung im eigenen Betriebe vorbehält, den Kaufpreis in Gestalt einer Beteiligung am Gewinn des Gegners erhält und beide Kontrahenten versprechen, sich gegenseitig Verbesserungserfindungen mitzuteilen.

Die Frage, ob und wann eine gesellschaftsartige Gestaltung eines Patentverkaufs vorliegt, ist hauptsächlich dafür von Bedeutung, ob wegen Verfehlungen der Gegenseite oder wegen Eintretens gewichtiger Umstände eine Aufhebung des Vertrags nach § 723 BGB ausgesprochen werden kann. Es könnte auf den ersten Augenblick auffällig erscheinen, daß von einer Aufhebung eines Kaufvertrags aus nachträglich eingetretenem wichtigem Grunde überhaupt die Rede sein sollte. Jedoch ist in solchen Fällen nicht ein reiner Kaufvertrag gegeben, er ist vielmehr Teil eines weitergehenden Vertrags, der auf gewisse Dauer berechnet ist. Derartige dauernde Vertragsverhältnisse können unter Umständen, wenn ein wichtiger Grund vorliegt, aufgehoben werden (RG 78 S. 385, 389).

Die Grundsätze, wann bei Patentverkäufen mit gesellschaftsartigem Einschlag Aufhebung des Vertragsverhältnisses erfolgen kann, sind noch nicht mit Schärfe herausgearbeitet. Folgende Gesichtspunkte werden in Betracht kommen. Liegt nichts weiter vor, als eine partiarische Festsetzung des Kaufpreises, d. h. besteht der Kaufpreis in einem Prozentsatz des vom Käufer zu erzielenden Umsatzes oder Bruttogewinnes oder Reingewinnes, so ist dabei ein gegenseitiges Vertrauensverhältnis und mithin eine Gesellschaft noch nicht gegeben. Gesellschaftsartiger Charakter liegt nur dann vor, wenn beide Kontrahenten zu einem gemeinschaftlichen Ziele zusammenwirken sollen, also wenn abgemacht ist, daß Verbesserungen gegenseitig mitzuteilen sind, daß Konstruktionszeichnungen auszutauschen sind, daß die Ausnutzung der Erfindung für gemeinschaftliche Rechnung erfolgen soll, daß weitere Patente gegenseitig überlassen werden sollen, daß Aufträge, die der eine Teil nicht ausführen will oder kann, dem anderen Teile zuzuweisen sind u. dgl. In solchen Fällen kann der eine Kontrahent zurücktreten, wenn der andere das Vertrauen gröblich mißbraucht; er kann auch zurücktreten, wenn ein „wichtiger Grund" vorliegt, ohne daß es darauf ankommt, ob dem Gegner ein Verschulden zur Last fällt. Aber alle diese Gedankengänge werden durch einen anderen Gedankengang durchkreuzt. Soll nach dem Vertrage der Käufer die Erfindung selbst ausnutzen, selbst fabrizieren, so muß er nicht selten erhebliche Kapitalien aufwenden für Herstellung der Fabrikanlagen, Anschaffung von Maschinen usw. Wird der Vertrag aus wichtigem Grunde aufgehoben und ihm das Patent entzogen, so sind die hineingesteckten Gelder mehr oder weniger verloren. Das nötigt zu dem Schlusse, daß bei Patentverkäufen der geschilderten Art die Aufhebung des Vertrags nicht leicht und nicht ohne sehr gewichtigen Grund auszusprechen ist, jedenfalls viel weniger leicht, als bei irgendeiner Handelssozietät, die unter Umständen ohne erheblichen positiven Verlust liquidiert werden kann. Vor allem müssen diese Momente starke Berücksichtigung finden, wenn der wichtige Grund allein oder hauptsächlich in der Person des Verkäufers vorliegt und er seine Interessen bei Vertragsschluß besser hätte wahren können.

Für weitere Einzelheiten vgl. unten Anm. 23, woselbst Beispiele angeführt sind.

Abschnitt IV.
Patentlizenzen.

Anm. 14. Eine größere Rolle noch als Patentverkäufe spielen **Patentlizenzen.** Eine Lizenz liegt vor, wenn, in der Regel gegen Entgelt, die Benutzung der patentierten Erfindung einem anderen erlaubt wird. Die Benutzung wird erlaubt — aber die Verfügung über Patent und Erfindung wird nicht übertragen, also nicht das Recht zum Verkauf, zur Verpfändung usw. Das ist der hauptsächlichste Unterschied zwischen Lizenzerteilung und Patentverkauf, wenngleich die Erteilung einer ausschließlichen Lizenz einem Verkaufe sowohl in rechtlicher, als auch in wirtschaftlicher Beziehung sich annähern kann.

Es gibt verschiedene Arten von Lizenzen; die bedeutsamste Einteilung ist die in einfache und ausschließliche Lizenzen. Ausschließliche Lizenz: der Patentinhaber gewährt dem Lizenznehmer das Recht, entweder allgemein oder in einem bestimmten Gebiete oder in einem bestimmten Umfange das Patent ausschließlich auszunutzen, worin also das Versprechen des Lizenzgebers enthalten ist, eine kollidierende Lizenz nicht zu erteilen. Die ausschließliche Lizenz gewährt dem Lizenznehmer Rechte gegen dritte Verletzer des Patents nach Art eines dinglichen Rechtes. Einfache Lizenz: Gewährung der Benutzungsberechtigung unter dem ausdrücklichen oder stillschweigenden Vorbehalte, auch anderen die gleiche Berechtigung gewähren zu dürfen. Weitere Einteilungen: Herstellungslizenzen (die zugleich die Befugnis in sich schließen können, die hergestellten Gegenstände zu verkaufen), Gebrauchslizenzen, Betriebslizenzen (gewöhnlich in der Art, daß der Lizenznehmer die Erfindung nur für seinen Betrieb ausnutzen, sie aber mit diesem veräußern darf) usw. Lizenz nach Verlagsrecht nennt man diejenige Lizenz, durch die der Lizenznehmer nicht nur die Befugnis zur Benutzung erhält, sondern auch die Verpflichtung übernimmt, sie tatsächlich auszunutzen.

Das Entgelt (Lizenzgebühr, Lizenzprämie) kann bestehen 1. in einer einmaligen Abfindung, 2. in einer einmaligen Zahlung, und in einer fortlaufenden Zahlung für Herstellung oder Benutzung oder Verkauf jedes unter das Patent fallenden Stückes (Stücklizenz), 3. in Zahlung einer reinen Stücklizenz, 4. in einer von vornherein festgesetzten jährlichen Zahlung, die gestaffelt sein kann, 5. in einer Quote von Gewinn oder vom Umsatz. So weit Zahlung einer Quote oder einer Stücklizenz vereinbart ist, kann eine jährliche Mindestsumme bestimmt werden (Mindestlizenz). Hin und wieder wird die Vergütung nicht in Geld ausgedrückt, zum Beispiel beim gegenseitigen Austausch von Lizenzen oder wenn die Lizenzerteilung als Entgelt für den Verzicht auf eine angedrohte Nichtigkeitsklage erfolgt oder dgl. Art und Höhe der Lizenzgebühr werden stets vereinbart; sollte das einmal unterlassen sein, so erfolgt Festsetzung durch Richterspruch unter Berücksichtigung der Grundsätze § 11 A 21, wobei freilich die Höhe einer Zwangslizenzgebühr nicht immer maßgebend zu sein braucht, vgl. auch IndR 8 (1913), 208. Ist neben fortlaufenden Gebühren eine einmalige Zahlung vereinbart, so entsteht, wenn der Vertrag gekündigt oder auch sonst aufgehoben wird, nicht selten der Streit, ob jene Zahlung ein für allemal fest gegeben oder als eine vorausgenommene Gebühr anzusehen ist. Es lassen sich keine Anhaltspunkte für die Schlichtung eines solchen Streites geben. Beides kommt vor. Die Entscheidung ist lediglich von der Auslegung des Vertrags abhängig. Man wird annehmen dürfen, daß im Zweifel die Vermutung für Gebührencharakter spricht (vgl. MuW Jahrg. 19 S. 232 Sp. 1; IndR Jahrg. 14 S. 45f).

Anm. 15. **Lizenzen auf angemeldete Erfindungen.** Lizenzen auf noch nicht geschützte, aber schon zum Patent angemeldete Erfindungen kommen nicht selten vor. Der mehrfach angeführten Entscheidung RG 78, 363 lag ein solcher Fall zugrunde. Der Vertrag ist formlos. Hinsichtlich der allgemeinen Verpflichtung des Lizenzgebers, tatsächliche und rechtliche Momente, die das Interesse des Lizenznehmers berühren, mitzuteilen, gilt das oben beim Patentverkauf Dargelegte, nur wird man hier nicht verlangen können, daß der Lizenzgeber die bereits erfolgte Gewährung von Lizenzen mitteilt, da der Lizenznehmer damit ohnehin rechnen muß, falls keine ausschließliche Lizenz vereinbart wird. Ähnlich liegt es mit dem Bestehen eines Vorbenutzungsrechts, da dies kaum anders wirkt, als eine Lizenz. Abhängigkeit muß der Lizenzgeber dagegen wegen ihrer größeren Wichtigkeit mitteilen, wenn sie ihm bekannt ist. Auch hier ist die Hauptfrage: wie ist es, wenn das Patent nicht erteilt wird? Ist abgemacht, wie im Falle RG 78, 363, daß die Lizenz für die Dauer des Patents erteilt wird, so ist Patentgewährung klar zur Bedingung gemacht. Patentgewährung ist der Regel nach auch in anderen Fällen Bedingung, denn eine Lizenz an einem ungeschützten Geheimverfahren ist wirtschaftlich etwas ganz anderes, als die Lizenz an einem Patente. Im übrigen vgl. A 4. Die Lizenz an dem Patente entsteht selbsttätig bei Patenterteilung, A 2.

Viel häufiger und wichtiger ist die **Lizenzgewährung an bereits erteilten Patenten.** Anm. 16. Die Lizenzgewährung erfolgt formlos. Sie wird nicht in die Patentrolle eingetragen. Mitteilungspflicht des Lizenzgebers hinsichtlich der Momente, die für die Entschließung des Lizenznehmers ausschlaggebend sind, besteht, wie in A 15 u. 6 dargelegt. Wegen der Formlosigkeit der Lizenzerteilung fallen obligatorischer Verpflichtungsvertrag und sog. dinglicher Ausführungsvertrag in der Regel zusammen. Im Zweifel ist nicht anzunehmen, daß die Parteien, wenn sie Lizenzgewährung vereinbaren, sich vorbehalten, daß die wirkliche Konstituierung der Lizenz erst zu einem späteren Zeitpunkt erfolgen solle. Vereinbarung der Lizenz an zukünftigen Erfindungen ist in demselben Umfange zulässig, wie die Vereinbarung des Übergangs der Verfügungsrechte über zukünftige Erfindungen (vgl. A 2 u. 7).

Welchen rechtlichen Charakter hat die Lizenz? Ist sie ein dingliches oder ein obligatorisches Recht? Wenn man so fragt, will man Antwort auf zwei verschiedene Fragen gewinnen: erstens ob der Lizenznehmer berechtigt ist, gegen Verletzer des Patents, die ihn schädigen, vorzugehen, zweitens ob die Lizenz gegen den gutgläubigen Dritterwerber des Patents, der von der Lizenzerteilung nichts gewußt hat, wirksam ist; es wird sich zeigen, daß sich die gewünschte Antwort so nicht gewinnen läßt. Der Weg geht umgekehrt. Nur aus den Rechten des Lizenznehmers läßt sich der Charakter der Lizenz bestimmen. Die Rechte des Lizenznehmers ergeben sich aus den Bedürfnissen der Volkswirtschaft. Folgende Auffassungen über die Natur der Lizenz sind hervorgetreten.

a) Früher herrschte die Auffassung, daß der Lizenzvertrag „nicht in der Übertragung einer Art dinglichen Rechtes an der patentierten Erfindung", sondern in der dem anderen erteilten Erlaubnis zur Benutzung der Erfindung bestehe (RG 17, 54), daß also die Lizenz nur negativen Charakter habe, indem der Lizenzgeber gegenüber dem Lizenznehmer auf sein Verbietungsrecht (§ 4) verzichte. Diese Anschauung war noch nicht aufgegeben in dem Urt RG 54, 273. Verlassen ist sie mit Entschiedenheit, freilich auch nur für den Fall der ausschließlichen Lizenz, in dem Urt 57, 38. Es wird angenommen, dem Lizenznehmer werde jedenfalls bei der ausschließlichen Lizenz ein positives Recht verliehen, die Erfindung für sich auszunutzen. Diese Auffassung herrscht jetzt auch im Schrifttum und wird u. a. damit begründet, daß andernfalls nicht zu erklären wäre, weshalb der Lizenznehmer die Zahlung der Lizenzgebühr weigern könne, wenn das Patent sich als abhängig von einem anderen Patente erweist, die Lizenz mithin unter Umständen praktisch wertlos ist. In einem steuerrechtlichen Urt RG 82, 432, VII. Zivilsenat ist noch wieder ausgesprochen, daß bei einer einfachen Lizenz der Wille der Beteiligten dahingehen möge, der Lizenzgeber solle von seinem Untersagungsrecht gegenüber dem Lizenznehmer keinen Gebrauch machen. In der Linie der Rechtsprechung des I. Senates wird es liegen, mit dem Schrifttum anzunehmen, daß auch bei einfachen Lizenzen die Übertragung eines positiven Benutzungsrechts anzunehmen ist, jedenfalls der Regel nach; daß die Vertragsteile, wenn sie es wollen, auch vereinbaren können, daß nur auf das Verbietungsrecht verzichtet werde, ist zweifellos. — Goldbaum, IndR Jahrg. 7 S. 99c will, je nach dem das eine oder das andere vorliegt, verschiedene praktische Folgerungen ziehen.

b) Hin und wieder wurde die Meinung vertreten, der Lizenzvertrag sei ein Mietevertrag. Diese Meinung ist heute verlassen; es ist nicht erforderlich, etwas darüber zu sagen.

c) Manche Anhänger hat noch heute die Auffassung, der Lizenzvertrag sei ein Pachtvertrag. Sie wird darauf gestützt, daß bei der Lizenz, wie nach § 581 BGB bei der Pacht, der Gebrauch des Gegenstandes und der Genuß der Früchte zu gewähren ist. Die Auffassung wird heute hauptsächlich in steuerrechtlichen Urteilen des Reichsgerichts vertreten (76, 236; 90, 162; Blatt 33 [1927] S. 234, 236; vgl. auch RG 115, 20). Für das Steuerrecht hat jene Auffassung einen guten Sinn, da die Pacht diejenige Rubrik ist, unter die die Lizenz am besten paßt. Aber im übrigen ist zu beachten, daß von den Vorschriften, die das BGB für die Pacht in den §§ 582 bis 597 gibt, kaum eine einzige auf die Lizenz Anwendung finden kann. Das gilt auch für die allgemeineren Bestimmungen über Pfandrecht §§ 585, 590, Kündigung § 595 f. Danach wird es gegenstandslos sein, die Lizenz der Pacht gleichzustellen. In dem Urteile des VI. Zivilsenates, Warneyer Bd. 2 Nr. 155 ist sogar die ausschließliche Lizenz als Pacht angesehen; das ist vom I. Zivilsenat mißbilligt, freilich wieder nur für die ausschließliche Lizenz (JW 1907, 136). Im übrigen vgl. Starck, Mitteilungen 1914, 163 und Kloeppel in der unter e angeführten Schrift.

d) Die Lizenzerteilung ist hin und wieder als Verkauf eines Benutzungsrechts angesehen. Das Reichsgericht hat in dem eben angeführten Urteil JW 1907, 136 ausgesprochen: es komme darauf an, ob bei Übertragung eines Benutzungsrechts, ebenso wie bei

Übertragung des ganzen Patents der Vertrag auf einmalige, endgültige Begründung eines absoluten Rechtes in der Person des Erwerbers oder auf die periodische Benutzung gerichtet war. In ersterem Falle solle Kauf angenommen werden. — Es ist nicht klar, was unter periodischer Benutzung zu verstehen ist. Jedenfalls kann die Lizenzerteilung für die Dauer des Patents nicht als Kauf angesehen werden. Allerdings wird der Begriff des Kaufes heute außerordentlich weit ausgedehnt, u. a. auf die entgeltliche Mitteilung eines Geheimnisses, Kauf des „Geheimnisbesitzes", J. Seligsohn, Geheimnis und Erfindungsbesitz, S. 117 f, ja auf die entgeltliche Befreiung von einer persönlichen oder dinglichen Last, Windscheid-Kipp, § 385 A 4. Dennoch ist die Auffassung, daß die Lizenzerteilung ein Kauf sei, unmöglich. Kaufgegenstand wäre das Benutzungsrecht. Diesen Kaufgegenstand könnte der Patentinhaber erstens sich selbst vorbehalten und zweitens an eine unbegrenzte Anzahl von Personen, und zwar an jede pro toto verkaufen. Das verträgt sich nicht mit dem Wesen des Kaufvertrags. Hinzu kommt, daß, wie mehrfach erwähnt, u. a. A 2, die Bestimmungen über Verjährung, Gewährleistung usw. keine Anwendung finden können.

e) Eine letzte Meinung hält den Lizenzvertrag für einen Vertrag eigener Art. Dies trifft zu, da alle übrigen Kategorien versagen. Es trifft auch um deswillen zu, weil die Regeln über den Lizenzvertrag nur aus dem eigenen Wesen dieses Vertrags entnommen werden können, dessen Haupteigenart darin besteht, daß das mit jeder Lizenzerteilung verbundene Risiko zwischen den Vertragschließenden in richtiger Weise zu verteilen ist. Diese Ansicht ist u. a. vertreten von Kloeppel, Patentrecht und Gebrauchsmuster-Recht, S. 99, von Gierke, DPrR Bd. 1 S. 890 A 14; Seligsohn, § 6 Ziff. 6 S. 177; Isay, § 6 A 9.

Anm. 17. Streitig ist, ob Lizenz und Lizenzvertrag **dinglichen Charakter** haben. Die vorherrschende Meinung leugnet den dinglichen Charakter. Im übrigen vgl. Kohler, Lehrbuch S. 185: das Lizenzrecht ist ein absolutes, ein gegenständliches, wenn man will ein quasidingliches Recht. Früher erklärte Kohler viel positiver im Handbuch, S. 508: Das Lizenzrecht ist ein quasidingliches Gebrauchsrecht; freilich gleich wieder eingeschränkt S. 510: Der Lizenznehmer hat mindestens eine actio in rem scripta gegen den Dritterwerber des Patents. Dieser Wechsel zeigt die Zweifelhaftigkeit der Sache. Der Ausdruck quasidinglich wird heute in verschwommener Bedeutung gebraucht. Vielfach wird jedes Ausführungsgeschäft, durch das Rechte konstituiert oder übertragen werden, im Gegensatz zum bloßen Verpflichtungsgeschäft dinglich genannt, auch wenn nur rein obligatorische Rechte übertragen werden. Auch im Patentrecht wird gelehrt, die Lizenz habe zwar dinglichen (oder quasidinglichen) Charakter und der Vertrag, durch den die Lizenz bestellt wird, sei dinglicher Art, aber das sage nichts darüber, ob die Lizenz auch gegen gutgläubige Dritterwerber des Patents gelte, denn eine solche Wirkung könne auch bei obligatorischen Rechten eintreten; andererseits sage der dingliche Charakter auch darüber nichts, ob der Lizenznehmer gegen dritte Verletzer vorgehen könne, denn auch bei unzweifelhaft dinglichem Rechte, z. B. bei Wegerechten, sei das ausgeschlossen. Es fragt sich, was dann an dinglichem Charakter noch übrigbleibt. Kent meint, daß die Lizenz „keine dingliche Berechtigung im gewöhnlichen Sinne" sei, § 6 Ziff. 153, 155; Kisch, § 49 S. 215: Die einfache Lizenz ist ein obligatorisches Recht.

Man kann über diese Fragen nur zur Klarheit gelangen, wenn man zuvor weiß, welche Rechte der Lizenznehmer aus dem Lizenzvertrage erlangt. Die Schlußfolgerung kann nur so sein, daß man aus seinen subjektiven Rechten auf den Charakter der Lizenz schließt; es ist nach Sachlage nicht angängig, den Charakter der Lizenz theoretisch zu bestimmen, und daraus den Umfang der Rechte, die sie verleiht, zu folgern.

Es ist im Auge zu behalten, daß es sich bei diesen Erörterungen bis zu A 30 nur um die einfache, nicht um die ausschließliche Lizenz handelt. Von Bedeutung sind die beiden folgenden Punkte, auf die schon oben hingedeutet wurde.

Anm. 18. 1. Nach der herrschenden Meinung kann der Lizenznehmer **nicht gegen rechtswidrige Patentverletzungen** vorgehen. Ihm stehen weder die Unterlassungs-, noch die Schadensersatzklage zu (IndR Jahrg. 11 S. 111; RG 83, 95). Das nehmen vielfach selbst diejenigen an, die der einfachen Lizenz dinglichen Charakter zuschreiben — mit der Begründung, daß der Verletzer den Lizenznehmer zwar wirtschaftlich schädige, aber nicht sein Benutzungsrecht verletze, das vielmehr trotz der Patentverletzung unverkürzt ausgeübt werden könne. Die Deduktionen, mit denen unsere Regel — kein Klagerecht des Inhabers einer einfachen Lizenz gegen dritte Verletzer — theoretisch hergeleitet wird, bedürfen keiner Erörterung. Der wahre Grund der Aufstellung der Regel ist das Erfordernis der Praxis, wie RG 83, 95 dargelegt ist.

2. Muß der gutgläubige Dritterwerber des Patents die Lizenz, von der er bei Erwerb des Patents nichts wußte, gegen sich gelten lassen? Die Beantwortung dieser Frage, die jeden Tag brennend wird, war lange Zeit zweifelhaft. Zweifel entstanden aus folgendem Grunde. Ist der Dritterwerber an die ihm unbekannte Lizenz, die unter Umständen erst später zutage tritt, gebunden, so können seine Interessen erheblich gefährdet werden, wenn er den Kaufpreis bereits entrichtet hat. Die gleiche Gefahr läuft, falls der Dritte nicht

gebunden ist, der Lizenznehmer, der die Lizenzgebühr in einer einmaligen Zahlung entrichtet hat, wenn der Patentinhaber sein Patent an einen gutgläubigen Dritten verkauft. Zur Geltung gelangt ist die Anschauung, die den gutgläubigen Patenterwerber an die ihm unbekannte Lizenz bindet. Diese Meinung ist auch zu billigen. Das Interesse des Lizenznehmers erscheint schutzwürdiger, da die Lizenzerteilung volkswirtschaftlich erwünscht ist, also gesichert werden muß, da sie wirtschaftlich eine bei weitem größere Rolle spielt als der Patentverkauf, also der Schutz des Lizenznehmers dringlicher ist, da endlich die Arglist des Patentinhabers nicht gegenüber dem Lizenznehmer, sondern gegenüber dem späteren Patenterwerber begangen wird. Eine Lösung, die den Interessen aller Teile gerecht wird, kann de lege ferenda in der Weise gefunden werden, daß die Eintragung von Lizenzen in die Patentrolle gestattet wird und daß nur eingetragene Lizenzen den Patenterwerber binden, vgl. Anhang 2. Auch wenn ein Patent wegen rechtswidriger Entnahme auf den Verletzten übertragen wird, bleiben nach einer mehrfach vertretenen Meinung die vorher erteilten Lizenzen bestehen, falls der Lizenznehmer gutgläubig war, d. h. von der rechtswidrigen Entnahme nichts wußte, § 10 A 18. Über die Lizenzen in der Zwangsversteigerung des Patents vgl. § 6 A 39.

Ist danach die einfache Lizenz ein dingliches Recht? Überwiegende Gründe sprechen dagegen. Nach keiner von beiden Seiten entscheidend ist die Geltung der Lizenz gegenüber dem Rechtsnachfolger des Patentinhabers. Das kommt auch bei obligatorischen Rechtsverhältnissen vor, z. B. bei den Rechten, aus denen eine actio in rem scripta erwächst. Mit entscheidender Wirkung gegen den dinglichen Charakter der Lizenz spricht der Mangel an Rechten gegen den Verletzer. Gegen diese Schlußfolgerung wird eingewandt, auch bei einer Wegegerechtigkeit — mit der Kohler von Anfang an die Lizenz verglichen hat — könne trotz ihres dinglichen Charakters der Berechtigte nicht gegen den vorgehen, der den Weg unbefugt benutze, falls dieser ihn nur nicht störe; in gleicher Weise lasse der Verletzer das Recht des Lizenznehmers unangetastet, wenngleich er ihn indirekt schädigen möge. Allein das ist nicht richtig. Der Lizenznehmer wird in seinem Benutzungsrecht, wozu auch der Absatz der hergestellten Waren gehört, sehr erheblich gestört, wenn Patentverletzer hervortreten, die keine Lizenzgebühr zahlen, deshalb die Preise niedriger stellen können und in der Regel das Fabrikat diskreditieren. Das ist übersehen in dem Urt des RG Bolze Bd. 4 Nr. 745, woselbst gesagt wird, die Sache sei nicht anders, als wenn der Patentinhaber weitere Lizenzen vergeben hätte. Sie ist durchgreifend anders. Sie ist so, als wenn der unbefugte Wegebenutzer den Weg des Berechtigten ruinieren würde, wogegen dieser sich auf Grund seines dinglichen Rechtes zur Wehr setzen könnte. Das kann der Lizenznehmer nicht.

Die Lizenz ist also ein obligatorisches Recht. Sie ist weiter ein positives Recht; das entspricht dem Wesen der Sache; es liegt nicht etwa nur eine Exemption des Lizenznehmers von dem Verbietungsrechte des Patentinhabers vor (RG 57, 39f). In dem Urt RG GewR 21 (1916), 62 findet sich der Satz: Der Lizenzvertrag bezweckt nicht die Übertragung des Rechtes, sondern die Gewährung der tatsächlichen wirtschaftlichen Ausnutzung der . . . Erfindung. Der Satz ist nach der mit Recht herrschenden Auffassung vom Wesen der Lizenz nicht richtig. Die Lizenz ist ein positives Recht. In dem Urt RG 75, 402—404, sind die Begriffe positives Recht und quasidingliches Benutzungsrecht promiscue gebraucht. Das ist nicht genau. Auch ein obligatorisches Benutzungsrecht ist ein positives Recht und steht als solches im Gegensatz einerseits zu einem dinglichen Recht, andererseits zu einem bloßen Verzichte des Patentinhabers auf sein Untersagungsrecht. Ist die einfache Lizenz ein absolutes Recht? Die Frage ist schon damit verneinend beantwortet, daß die Lizenz vorstehend als obligatorisches Recht erklärt ist. Nach der herrschenden, wenn auch nicht unangefochtenen Meinung, besteht das Wesen des absoluten Rechtes darin, daß es sich gegen jeden dritten Beeinträchtiger, abgesehen von Ausnahmen, durchzusetzen vermag. Das kann der Nehmer einer einfachen Lizenz nicht, wie bereits dargelegt. Seinem Recht fehlt daher zweifellos jeglicher absolute Charakter.

Zur **Einräumung einer einfachen Lizenz** sind befugt der Patentinhaber, der Nießbraucher für die Dauer seines Nießbrauches, der Inhaber einer ausschließlichen Lizenz, nicht dagegen der Pfandnehmer, der Inhaber einer einfachen Lizenz. Ob der Fiduziar befugt ist, hängt von dem Inhate des Fiduziarvertrags ab; soll er das Patent im Interesse der Gläubiger des Patentinhabers verwerten oder verwalten, so ist er befugt. Soll er nur die Interessen des Patentinhabers wahren, so ist er ohne dessen Einwilligung nicht befugt. **Anm. 19.**

Haftung des Lizenzgebers für **Bestand und Integrität des Patentrechts,** für Rechtsmängel. Vorwegzunehmen ist, daß für die allgemeine Pflicht zur Mitteilung rechtlicher oder tatsächlicher Momente, die die Interessen des Patentnehmers berühren, das in A 8 u. 8 Ausgeführte gilt. Im übrigen betrifft der Hauptpunkt auch hier die Regelung der Rechtsverhältnisse, wenn das Patent vernichtet wird. Der Lizenznehmer kann dann den Lizenzvertrag aufheben. Er kann die Erfindung nach dem Inhalte des Patents frei benutzen. Jedoch ist eine im Lizenzvertrag getroffene Vereinbarung formell rechtsgültig, daß die Gebührenzahlung auch nach etwaiger Vernichtung des Patents fortdauern solle; sie kann innerlich **Anm. 20.**

berechtigt sein, wenn sich der Lizenzvertrag auf mehr erstreckt, als auf den geschützten Gegenstand, z. B. auf Weiterverarbeitung eines geschützten Stoffes, auf Geheimnisse der Herstellung u. dgl. Die Frage der Rückforderung der gezahlten Lizenzgebühr regelt sich nach den gleichen Grundsätzen wie beim Patentverkauf, vgl. A 10. Es ist eine nach der Lage des Einzelfalles zu schätzende Vergütung für die Zeit bis zur Nichtigkeitserklärung zu belassen oder, wenn noch nichts gezahlt ist, jetzt zu zahlen, RG 86, 56ff; GewR 21 (1916), 62. Was Schadensersatz angeht, so kann der Lizenznehmer Ersatz des entgangenen Gewinns, den er bei Weiterbestand des Patents zu ziehen hoffte, jedenfalls nicht verlangen, weil sich die Gewinnmöglichkeit bei Patenten niemals objektiv feststellen läßt (RG 78, 367 oben). Schadensersatz für gehabte Auslagen kann er dann verlangen, wenn dem Lizenzgeber ein vertragliches Verschulden zur Last fällt. Ob auch sonst, oder ob dem Lizenznehmer das Risiko seiner Spesen und Auslagen aufzubürden ist, ist zweifelhaft, vgl. analog RG 51, 92. In diesem Falle handelte es sich nicht um Vernichtung des Patents; Schadensersatzpflicht ist bejaht, weil der Patentinhaber sich schuldhaft so verhalten hatte, daß der Lizenznehmer mit einer zu langen Dauer des Patents rechnen mußte. Von dem Gesichtspunkte ausgehend, daß die Lizenzgewährung normalerweise ein positives Recht zu übertragen hat, ist in dem Urt RG 78, 10 ausgeführt, daß die ganze gezahlte Vergütung zurückzugeben ist, wenn die Lizenz für eine Sache oder ein Verfahren gewährt wurde, deren Schutz bei richtiger Auslegung des Patents nicht in dessen Bereich lag. Diese Entscheidung ist viel angegriffen; ihre Darlegung gründet sich auf Erwägungen formaler Art und mag zweifelhaft sein, vgl. insbesondere Rabel in der Rhein. Ztschr. 3, 478, der ausführt: der Verkauf eines nichtbestehenden Patentschutzes sei nicht nach § 306 BGB nichtig, da es sich um den Verkauf eines Rechtes handele, für dessen rechtlichen Bestand der Verkäufer nach § 437 einzustehen habe. — Daraus würde folgen, daß der Käufer das gesamte Erfüllungsinteresse fordern könne. Das trifft nun aber für den Fall RG 78, 10 nicht zu, weil es sich hier nicht um einen Kauf, sondern um einen Vertrag über eine einfache Lizenz handelte, und ist auch für Patentkäufe zweifelhaft (RG 68, 293). Dem Urteil R 78, 10 kann vielmehr nur der Einwurf entgegengehalten werden, daß die Versagung der Vorteilsanrechnung auf rein formellen Gründen beruht; vgl. im übrigen eingehend Goldbaum, IndR Jahrg. 7 S. 97f. — Enthielt die Lizenzgebühr auch eine Vergütung für andere Leistungen, die nicht unmittelbar das Patent betrafen, z. B. über Geheimverfahren, inzwischen verbesserte Herstellung u. dgl., und will der Lizenznehmer von dieser Mitteilungen weiter Gebrauch machen, so hat er dafür ohne Frage trotz Vernichtung des Patents eine Gebühr, wenn auch im verminderten Umfange, nach Billigkeit weiter zu zahlen. Das ist der Fall der vielerörterten Mitscherlichprozesse (Bolze Bd. 6 Nr. 577—579). Aus gleichem Grunde kann der Lizenzgeber in allen Fällen die Rückzahlung bereits entrichteter Gebühren verweigern, soweit sie für anderes als genau für die patentierte Erfindung validieren.

Anm. 21. Hinsichtlich der **Integrität** des zu gewährenden Benutzungsrechts kommen hier wie beim Patentverkauf in Frage Abhängigkeit des Patents, Vorbenutzungsrechte, bereits erteilte Lizenzen. Es gelten die in A 11 gegebenen Ausführungen jedoch mit den Einschränkungen, die sich aus der Natur des Lizenzvertrags ergeben. Namentlich ist rechtlich unerheblich, ob bereits andere Lizenzen erteilt sind; damit wie mit der späteren Erteilung weiterer Lizenzen muß der Lizenznehmer rechnen. Hatte der Lizenzgeber versprochen, keine weiteren Lizenzen mehr zu erteilen, und handelt er dem zuwider, so schuldet er Schadensersatz; die vertragswidrig erteilten Lizenzen sind aber rechtswirksam (RG 83, 95f). Erweist sich das Patent als abhängig, so kann der Lizenznehmer Aufhebung des Vertrags verlangen, wenn der Lizenzgeber ihm nicht binnen angemessener Frist das Recht zur Ausführung der Erfindung verschafft. Der Lizenzgeber kann dies Recht zur Aufhebung nicht dadurch beseitigen, daß er für den Fall der Inanspruchnahme des Lizenznehmers durch den Dritten Garantie leistet und Schadensersatz verspricht, RG Blatt 7 (1901), S. 169. Treten Vorbenutzungsrechte hervor, so kann der Lizenznehmer je nach deren Bedeutung Minderung der Gebühr verlangen, wie für Lizenzen ausdrücklich anerkannt ist RG 78, 363f. Trotz dieses Urteils kann er, wenn die Fabrikation infolge der Vorbenutzungsrechte verlustbringend wird, den Vertrag aufheben und Rückzahlung des auf die Zukunft entfallenden Teiles einer etwa schon gezahlten einmaligen Gebühr verlangen. Für die Folgen einer nachträglich einem Dritten zugebilligten (nicht etwa schon vorher angedrohten) Zwangslizenz hat der Lizenzgeber nicht aufzukommen, denn in der Regel wirkt die Zwangslizenz nicht anders als eine gewöhnliche Lizenz, mit der der Lizenznehmer rechnen mußte. Über besondere Fälle, die für den Lizenznehmer besonders erschwerend oder verlustbringend sind, vgl. Wertheimer, GewR 22 (1917), 29.

Anm. 22. Für **mangelnde Qualitäten der Erfindung**, sog. Sachmängel, haftet der Lizenzgeber in dem in A 12 angeführten Umfange. Die Sachlage ist in dieser Richtung beim Patentkauf und bei Lizenzerteilung gleich. Der Lizenzgeber haftet für seine Zusagen über die Eigenschaften der Erfindung, und zwar haftet er hier auf Ersatz positiven Schadens; ebenfalls haftet er auf positiven Schaden, wenn ihm ein Verschulden zur Last fällt (RG 82, 158; 51, 92, vgl. aber auch analog MuW Jahrg. 21 S. 215). In allen Fällen haftet er für Ausführbarkeit und für Brauchbarkeit der Erfindung, nicht aber für Konkurrenzfähigkeit und Rentabilität. Auf Schadensersatz wegen entgangenen Gewinnes haftet auch der Lizenzgeber nicht, wie der Verkäufer (RG 78, 367). Tritt bei Abschluß des Lizenzvertrags zutage, daß die Ausarbeitung der Erfindung noch verbessert werden muß, so wird im Zweifel anzunehmen sein, daß der Lizenznehmer zurücktreten kann, wenn die Verbesserung nicht gelingt; doch ist hier alles davon abhängig, was die Parteien nach der Lage des Einzelfalles verständigerweise gewollt haben können (Bolze Bd. 7 Nr. 598; Bd. 16 Nr 449; vgl. auch MuW Jahrg. 12 S. 554). Wenn der Lizenznehmer berechtigt erscheint, den Lizenzvertrag aufzuheben, was auch hier von der Bedeutung des Minderwerts der Erfindung abhängt, so kann er die bezahlte Lizenzgebühr zurückfordern, muß aber schon gezogenen Gewinn in Anrechnung bringen (I 295/1921, Urt vom 4. 3. 22).

Für alles weitere ist auf A 12 Bezug zu nehmen.

Die Anwendung des § 477 BGB, Verjährung, kommt hier schon aus dem Grunde nicht in Frage, weil überhaupt kein Kaufvertrag vorliegt.

Häufiger noch als beim Patentverkauf tritt bei der einfachen Lizenz eine Interessenverknüpfung der Kontrahenten hervor. Die Lizenz gewinnt dann häufig, wenn auch nicht immer, den Charakter eines **gesellschaftsähnlichen Rechtsverhältnisses.** Ein solches ist nicht schon dann anzunehmen, wenn nur eine partiarische Lizenzvergütung vereinbart ist, wenn also die Vergütung in einer Quote des Umsatzes oder des Reingewinns des Lizenznehmers besteht (RG 116, 82 unten). Wohl aber dann, wenn andere wirklich gesellschaftsartige Momente hinzutreten, wie in A 13 dargelegt. Das hat dann zur Folge, daß eine Kündigung auf sofort aus wichtigem Grunde nach Analogie des § 723 BGB zulässig ist. — Beispiele: Anm. 23.

Ein Syndikat hatte einer Werft Lizenz für Patente auf gewisse Turbinen erteilt. Zeichnungen, Erfahrungen, Patente sollten ausgetauscht werden. Die Lizenzvergütung bestand in einer einmaligen festen Zahlung und einer Quote des Verkaufspreises der Turbinen. Die Werft durfte keine anderen Turbinen herstellen, in Schiffe einbauen, verkaufen. Das Syndikat durfte nur eine bestimmte Anzahl weiterer Lizenzen erteilen. Aufträge, die die Werft nicht ausführen konnte, hatte sie dem Syndikat anzubieten. Die Werft machte geltend, es habe sich nach Vertragschluß herausgestellt, daß die Turbinen zwar technisch brauchbar, aber zu schwer seien und zu unwirtschaftlich arbeiteten, weshalb sie für den Schiffsantrieb völlig ungeeignet seien. Bleibe sie an den Vertrag gefesselt, so könnte sie sich überhaupt nicht mehr mit dem Bau von Turbinenschiffen abgeben. Das Reichsgericht nahm an, daß zwar nicht ein eigentlicher Gesellschaftsvertrag, aber doch eine so weitgehende Interessengemeinschaft vorliege, daß in entsprechender Anwendung des § 723 BGB eine sofortige Aufhebung des Vertrags berechtigt sei, wenn die Behauptungen der Werft erwiesen werden könnten (Mitt 1914, 165).

Zwei Firmen und ein Erfinder hatten einen auf mehrjährige Dauer berechneten Vertrag geschlossen. Der Erfinder räumte den Firmen die Benutzung seiner Patentrechte ein. Es wurde Austausch von Verbesserungserfindungen vereinbart, die Zahl der zumindest abzunehmenden Apparate bestimmt, die Aufbringung der Patentgebühren geregelt und die Höhe der Vergütungen festgesetzt. Das Reichsgericht erklärte: es handelt sich bei diesem Vertragsverhältnis um eine gesellschaftsähnliche Interessenverknüpfung der Parteien von längerer Dauer, bei der ein gedeihliches Zusammenarbeiten nur möglich war, solange das wechselseitige Vertrauen nicht erschüttert wurde, und bei der in sinngemäßer Anwendung der §§ 723ff BGB ein Recht zur sofortigen Kündigung gegeben ist, wenn das ... Vertrauen von einem Vertragschließenden verletzt ist. Dabei kommt es nicht darauf an, daß etwa der dem Vertragszweck durch Vertrauensbruch Entgegenhandelnde im bösen Glauben gewesen ist, sondern nur darauf, daß objektiv ein Vertrauensbruch von solcher Bedeutung vorliegt, daß dem anderen Vertragschließenden ein Festhalten am Vertrage nach Treu und Glauben nicht zugemutet werden kann. (I 232/1920, Urt vom 23. 2. 1921.)

Der Kläger hatte ein neues Modell einer Schreibmaschine konstruiert und dies der Beklagten zur Patentierung und demnächstigen Ausbeutung durch Fabrikation und Vertrieb von Maschinen überlassen. Er wurde bei der Beklagten gegen Gehalt und Provision in ihrer Schreibmaschinenabteilung als Disponent angestellt. Auch wurde ihm eine Lizenzgebühr für jede verkaufte Maschine zugesagt; das Anrecht auf die Lizenzgebühr sollte bestehen vom Vertragschluß 1910 bis 1925. Das Reichsgericht legte dar, es handle sich um eine von gegenseitigem Vertrauen getragene Interessenverknüpfung beider Parteien bis 1925, für das in analoger Anwendung des § 723 BGB ein Recht auf sofortige Kündigung gegeben wäre, wenn die Beklagte das Vorliegen eines wichtigen Grundes hätte nachweisen können (I 223/19, Urt vom 17. 12. 19).

Ähnlich I 291/25, Urt vom 15. 5., 9. 6. 26: Die Parteien haben von Vertrauen zueinander getragen ihre Interessen miteinander verknüpft (durch Gewährung einer Prämie von etwa

3% auf den Erlös und das Versprechen, Verbesserungserfindungen mitzuteilen). Deshalb kann § 723 Anwendung finden (MuW Jahrg. 26 S. 88 u. 153).

Lizenzverträge mit gesellschaftlicher Interessenverknüpfung finden sich weiter RG 76, 236 Bolze Bd. 8 Nr. 507, woselbst die Interessenverknüpfung so eng erachtet wurde, daß es keinen der Kontrahenten ohne Einwilligung des Gegenkontrahenten frei stand, Fabrikate zu führen, die dem letzteren Konkurrenz machten; MuW Jahrg. 18 S. 112; Bolze Bd. 17 Nr. 486 usw..

Wann ein wichtiger Grund nach § 723 gegeben ist, darüber sind noch wenige feststehende Grundsätze entwickelt. MuW Jahrg. 26 S. 89: grobfahrlässige oder vorsätzliche Versäumung der Rechnungslegung; ebenda S. 153: die Erzeugnisse sind unbrauchbar, und es ist mit ihnen kein Gewinn zu erzielen; daselbst ist auch ausgesprochen, daß, wenn als Kündigungsgrund eine Vertragsklausel angeführt worden ist, nicht nachträglich nach § 723 ein anderer wichtiger Grund nachgeschoben werden kann; doch ist dies cum grano salis zu verstehen, denn, wenn ein wichtiger Grund vorliegt, kann jedenfalls daraufhin die Kündigung wiederholt werden. Im Streitfalle war freilich die Sachlage so, daß der Kündigende seine Zahlungen eingestellt hatte, woraufhin die Patente verfallen waren, also ein irreparabler Zustand eingetreten war. Dann mag es unzulässig sein, einen anderen Kündigungsgrund nachzuschieben, wenn der bei der Kündigung angeführte versagt.

Anm. 24. Die **Dauer der Lizenz** erstreckt sich, wenn nichts anderes abgemacht ist, bis zum Erlöschen des Patents. Das Ges vom 9. 6. 23, Blatt 29 (1923), 94, das die Patentdauer von 15 auf 18 Jahre erhöhte, hat im Art V Ziff. 4 Übergangsbestimmungen gegeben, nach welchen bereits erteilte Lizenzen zwar grundsätzlich mit der bisherigen gesetzlichen Dauer des Schutzrechts (von 15 Jahren) im Zweifel ablaufen, wogegen der Lizenznehmer jedoch durch Erklärung gegenüber dem Patentinhaber, die binnen drei Monaten nach Inkrafttreten des Gesetzes erfolgen muß, Verlängerung der Lizenz bis zum Ablauf der neuen Schutzfrist von 18 Jahren erwirken kann. Die Lizenzgebühr für die hinzukommenden drei Jahre wird mangels Einigung durch Richterspruch festgesetzt. — Es kommt auch vor, daß Lizenzzahlung über das Erlöschen des Patents hinaus vereinbart ist (RG 86, 47); das ist nicht etwa sittenwidrig. Im Falle RG 51, 92 ist die Nichtigkeit des Lizenzvertrages nur um deswillen angenommen, weil der Lizenzgeber den Lizenznehmer über die Dauer des Patents schuldhaft in Irrtum versetzt hatte. Zulässig ist auch die Abmachung, daß der Lizenznehmer bei vorzeitigem Erlöschen des Lizenzvertrags sich der Ausführung der patentierten Erfindung zunächst bis zum Ablauf des Patents und dann noch auf drei weitere Jahre zu enthalten haben (MuW Jahrg. 11 S. 45ff).

Dem Orte nach erstreckt sich die Lizenz im Zweifel auf dasjenige Land, in welchem das Patent in Geltung ist. Örtliche Beschränkung ist zulässig. Die Lizenz verleiht im Zweifel nicht das Recht, die Erzeugnisse in ein anderes Land einzuführen, in dem der Patentinhaber etwa gleichfalls Patentschutz für seine Erfindung erlangt hat; ebensowenig ist bei örtlicher Beschränkung Lieferung in einen anderen Gebietsteil gestattet, in dem der Lizenzgeber andere Lizenzen vergeben hatte. Klageberechtigt gegen unbefugte Hineinlieferung ist, wenn eine ausschließliche Lizenz für den anderen Gebietsteil erteilt war, der Lizenznehmer, andernfalls der Lizenzgeber.

Anm. 25. **Der materielle Umfang** der Lizenz wird in der Regel genau vereinbart. Ist das nicht geschehen, so gelten folgende Regeln. Die einfache Lizenz ist im Zweifel, wenn nichts anderes ausgemacht ist, eine unbeschränkte Lizenz, so daß der Lizenznehmer zur Fabrikation und zum Verkaufe der Erzeugnisse befugt ist. Doch läßt sich das nur nach dem Inhalte des gesamten Vertrags endgültig beurteilen. Häufig wird eine Betriebslizenz erteilt; dann darf der Lizenznehmer die Erfindung nur für die Zwecke seines Betriebes benutzen; dazu ist er auch dann berechtigt, wenn infolge von Umänderung oder Erweiterung des Betriebes sich das Bedürfnis vergrößert. Die Betriebslizenz kann mit dem Betriebe veräußert und vererbt werden, aber nicht ohne den Betrieb. Die Betriebslizenz kann nicht unter Teilung des Betriebes an mehrere Personen veräußert oder vererbt werden. Ist die Lizenz dem Nehmer persönlich erteilt, was seltener vorkommt, so kann letzterer sie weder veräußern, noch vererben. Das wird mehrfach, wenigstens zum Teil, bestritten (Seligsohn, § 6 Note 6 S. 179); allein mit Unrecht, denn die Person des Lizenznehmers ist für den Geber von rechtlich anzuerkennendem Interesse (zutreffend Kohler, Handbuch, S. 516). Der Nehmer darf die geschützten Erzeugnisse für seine Rechnung in fremden Werkstätten herstellen lassen. Verkaufslizenzen pflegen erteilt zu werden, wenn der Fabrikant sich nicht mit der Organisation des Vertriebes, Reklame, Reisende, Vorführung des Apparats oder Verfahrens, zu befassen wünscht, hierzu vielmehr Händlerfirmen, häufig distriktweise eingeteilt, Lizenzen gewährt, Beispiel Blatt 20 (1914), 365. Verkaufslizenzen sind nicht ohne weiteres mit der Firma und dem Handelsgeschäft veräußerlich, denn es kommt auf die persönlichen Qualitäten des Nehmers einer Verkaufslizenz an. Jedenfalls muß das gelten, wenn die Person des Erwerbers des Handelsgeschäfts zu Beanstandungen Anlaß bietet. Vgl. für obiges auch A 28 stillschw. Lizenz.

Daß der Umfang der Lizenz durch Vertrag zeitlich wie örtlich beschränkt werden kann, z. B. auf einzelne Gebietsteile, ist bereits erwähnt. Auch eine gegenständliche Beschränkung ist möglich. Es war ein Patent auf Metallbearbeitung mittels direkten elektrischen Stromes erteilt, die Lizenz erstreckte sich nur auf Verwendung des Verfahrens zur Herstellung eiserner Fässer (RG 57, 38). Die Menge der herzustellenden Erzeugnisse kann beschränkt werden. Es kann bestimmt werden, daß die herzustellenden Vorrichtungen nur für den eigenen Betrieb des Lizenznehmers verwendet werden dürfen, ein häufig vorkommender Fall, während im allgemeinen die Herstellungslizenz die Berechtigung zum Verkauf der hergestellten Vorrichtung gibt. — Handelt derjenige, dessen Lizenz örtlich oder gegenständlich beschränkt ist, der Beschränkung zuwider, indem er in ihm verbotene Gebiete liefert oder ihm verbotene Fabrikate herstellt, so kann derjenige andere, dem auf diesen örtlichen oder gegenständlichen Gebieten eine einfache Lizenz erteilt ist, nicht gegen den Übertreter vorgehen, sondern muß sich an seinen Lizenzgeber halten. Wenn dagegen der Verletzte auf seinem Gebiete eine ausschließliche Lizenz hat, so kann er seinerseits gegen den Verletzer vorgehen, denn die Überschreitung der dem Verletzer vertraglich gesteckten Grenzen ist eine wirkliche Patentverletzung, nicht nur eine Vertragsverletzung, die allein dem Gegenkontrahenten Rechte gäbe. Geht der Patentinhaber gegenüber dem Patentverletzer vor, so kann er das Interesse des verletzten Nehmers der einfachen Lizenz geltend machen (vgl. für vorstehendes RG 54, 272). Hat der Lizenznehmer die ihm vertraglich gesetzten Grenzen überschritten, so schuldet er seinem Lizenzgeber für die vertragswidrig hergestellten oder veräußerten Fabrikate auch dann Lizenzprämie, wenn er gutgläubig ist. Er kann sich nicht darauf berufen, daß für gutgläubige Patentverletzung kein Schadensersatz geschuldet werde. Denn das gilt nur, wenn der gute Glaube dahin geht, daß die Erfindung dem Verletzten gegenüber überhaupt nicht geschützt sei.

Es kommen weiter **beschränkende Nebenberedungen** anderer — zum Teil sehr einschneidender — Art vor. Anm. 26. Dem Lizenznehmer kann auferlegt werden, das Erzeugnis nur aus bestimmtem solidem Material herzustellen, beim Verkauf bestimmte Preise einzuhalten, die zur Fabrikation nötigen Rohmaterialien oder Maschinen nur vom Lizenzgeber zu beziehen, desgleichen Ersatzteile nur vom Lizenzgeber zu beziehen. Ja, es kann dem Lizenznehmer geboten werden, seinen Abnehmern solche Beschränkungen gleichfalls aufzuerlegen, z. B. daß sie die zum Gebrauch nötigen Materialien, bei Maschinen etwa Schmiermittel, bei Schreibmaschinen Tinte und Farbbänder usw. nur vom Lizenzgeber beziehen. Über solche Nebenabreden vgl. Kohler, Handbuch § 206; Isay, Komm. § 6 A 30f. Solche Abreden sind innerhalb gewisser Grenzen zwischen den Parteien zulässig. Es fragt sich aber, ob die Einhaltung dieser Abrede Bedingung der Lizenzerteilung ist, ob also der Lizenznehmer, wenn er die Abrede nicht einhält, sich nicht nur einer Vertragsverletzung, sondern einer Patentverletzung schuldig macht, weil er die Erfindung benutzt, ohne in dieser Art dazu berechtigt zu sein. Gegenüber dem Lizenznehmer ist diese Frage von geringerer Bedeutung. Auch wenn ihm nur Vertragsverletzung zur Last fällt, ist er schadensersatzpflichtig, auch kann sein Gegner unter Umständen den Vertrag aufheben. Von großer Bedeutung aber ist die Frage, soweit die Beredungen dahin gehen, daß den dritten Abnehmern Verpflichtungen auferlegt werden sollen. Legt der Lizenznehmer seinen Abnehmern diese Verpflichtungen nicht auf, oder handeln sie den Verpflichtungen zuwider, so kann der Patentinhaber sie dann und nur dann in Anspruch nehmen, wenn es sich um eine Bedingung der Lizenzerteilung handelt, da sie ihm aus einem Vertrage nicht haften. Dergleichen Abreden haben in Nordamerika einen großen Umfang angenommen. Sie führen dahin, daß dem Verkehr unerträgliche Fesseln angelegt werden und ganze Gebiete von Handel und Industrie den großen Monopolisten ausgeliefert werden. Es hat sich deshalb bald großer Widerstand gegen derartige Abmachungen erhoben, der aber in Nordamerika nur zum Teil Erfolg gehabt hat. Über die Sachlage unterrichten am besten Kohler, MuW Jahrg. 11 S. 361 und Rathenau, DJZ 1913 Sp. 1292. Der Fabrikant eines patentierten Apparats, anscheinend Vervielfältigungsapparats, erteilte Verkaufslizenzen nur unter der Bedingung, daß die Tinte von ihm bezogen werde. Auf dem Apparat war diese Bedingung wörtlich angeführt. Der Eigentümer eines solchen Apparats kaufte seine Tinte bei einem Händler, der keine Lizenz hatte, aber über die Bedingung Bescheid wußte. Der Oberste Bundesgerichtshof in Washington hat den Händler wegen Patentverletzung (vermutlich Beihilfe dazu) verurteilt mit einer Majorität von vier gegen drei Stimmen. Ein Auszug aus der Begründung, die die Minorität für ihre unterlegene Meinung gab, findet sich angeführt Blatt 19 (1913), S. 384ff und Kartell-Rundschau 1912, I S. 509. Dieses Urteil erregte großes Aufsehen. Andere Gerichte, u. a. ein Distriktsgericht, sind ihm nicht gefolgt, Blatt 19 (1913) 243. Auch der Bundesgerichtshof hat später wenigstens die Bindung dritter Personen an die vom Lizenzgeber vorgeschriebenen Preise mit der zutreffenden Begründung verneint: Patente werden nicht erteilt, um die Preise hochzuhalten und den Wettbewerb auszuschalten, mögen auch die Waren den Hinweis des Fabrikanten tragen, zu welchen Preise sie ausschließlich weiterverkauft werden dürfen (MuW Jahrg. 12 S. 641). Jedoch hat der höchste Gerichtshof noch keineswegs im vollen

Umfange anerkannt, daß dritte Personen an die im Lizenzvertrag getroffenen Abreden nicht gebunden sind. Vgl. hierfür im einzelnen das Handbuch von **Walker**, 5. Aufl. §§ 314aff. Neuerdings ist die sog. Clayton Act vom 15. 10. 14 von Bedeutung geworden, die verhindern will, daß der Wettbewerb unterbunden oder ein Monopol geschaffen wird, **Walker**, §§ 314if. Für das englische Recht vgl. die eingehenden Bestimmungen des Gesetzes von 1919, Sektion 38, 1a u. b.

Die deutsche Rechtsprechung verneint, daß derartige Bedingungen mit Wirkung gegen dritte vereinbart werden können. Ist eine Maschine, ein Apparat in rechtmäßiger Weise in den freien Verkehr gebracht, so sind die Käufer an die Abmachungen, die zwischen dem Patentinhaber und seinem Lizenznehmer getroffen sind, nicht gebunden. Das ist grundlegend ausgesprochen in dem Urteile RG 51, 139 und aufrechterhalten RG in SeufA Bd. 60 Nr. 174 S. 330. Ebenso RG Strafsenat I, Blatt 10 (1904), 36; RGStr 46, 92; OLG Karlsruhe Blatt 11 (1905) 142. Ferner hinsichtlich Preisbeschränkungen für Bücher RG Blatt 12 (1906), 30. Anders RG Strafsenat III, Blatt 8 (1902), 157, der die Möglichkeit der Setzung einer Bedingung mit Wirkung gegen Dritte für rechtlich gegeben hielt. Dies Urteil ist vereinzelt geblieben. Sehr weitgehende Beschränkungen pflegen besonders die nordamerikanischen Fabrikanten von Maschinen für Schuhherstellung aufzuerlegen, Blatt 13 (1907), 211f.

Anm. 27. Ähnliche Fragen erheben sich, wenn ein deutscher Fabrikant seine patentierten Erzeugnisse an eine deutsche Händlerfirma nur zum Export vergeben hat und die Firma die Erzeugnisse in Deutschland absetzt. Beschränkungen hinsichtlich des Exportes (einerseits: nur für Export, andererseits nicht für Export) kommen insbesondere bei Medikamenten, Farben usw. häufig vor. Nach den dargelegten Grundsätzen ist der Abnehmer des Händlers an die zwischen jenem und dem Fabrikanten vereinbarten Klauseln nicht gebunden. Er kann also die „nur für Export" bestimmte Ware in Deutschland verkaufen, ohne sich einer Patentverletzung schuldig zu machen; denn der Fabrikant hatte die Ware in den deutschen Verkehr gebracht, indem er sie an den inländischen Händler lieferte. Umgekehrt liegt die Sache, wenn der Fabrikant die Ware im Ausland an einen ausländischen Händler verkauft und der letztere sie nach Deutschland trotz eines vertraglichen Verbots an inländische Abnehmer liefert. Dem kann der Fabrikant auf Grund seines Patents widersprechen, da er die Ware nicht in den deutschen Verkehr gebracht hatte; der deutsche Abnehmer, der die Ware in Deutschland weiterverkauft, macht sich einer Patentverletzung schuldig. In dem Urt RG 51, 139 wird angenommen, daß der deutsche Fabrikant, der seine Ware von seiner Fabrik nach einem Seehafen schickt, um sie zu exportieren, sie dadurch in den deutschen Verkehr gebracht hat, so daß sie ohne Patentverletzung trotz aller Verbote wieder eingeführt werden kann. Die gezogene Folgerung ist unausbleiblich, wenn man mit der herrschenden Meinung annehmen zu müssen glaubt, daß Ware, die seemäßig verpackt, also in verlöteten Blechkisten, vom Fabrikationsort nach einem Seehafen zum Export geschickt wird, dadurch in den inländischen Verkehr im Sinne des Gesetzes gebracht ist § 4 A 4. Das Unbefriedigende dieses Ergebnisses zeigt in hervorragender Weise, wie wenig die erwähnte Anschauung, daß die Ware auf solche Weise in den deutschen Verkehr gebracht sei, den Erfordernissen des Lebens entspricht.

Nicht in den Verkehr gebracht ist die Ware, wenn der Inhaber eines Herstellungspatentes eine Lizenz derart erteilt, daß der Lizenznehmer das Erzeugnis nur für den eigenen Gebrauch herstellen darf, dieser aber trotzdem die Erzeugnisse verkauft. Die Sache liegt hier anders, weil der Lizenzgeber die Ware überhaupt nicht in den Verkehr gebracht hat. Deshalb begeht in solchem Falle der dritte Käufer eine Patentverletzung, die, wenn er von der Sachlage Kenntnis hat, schuldhaft sein kann (MuW Jahrg. 11 S. 319). Daß das Patentrecht des Inhabers nicht schon dann endgültig untergeht, wenn er die von ihm hergestellte, patentierte Maschine vermietet, hat das RG MuW Jahrg. 9 S. 142 ausgeführt. Allerdings verleiht die Vermietung der Maschine eine stillschweigend Lizenz zu deren Gebrauch, aber nach Beendigung der Vermietung erlischt die Lizenz und das Verbietungsrecht des Patentinhabers tritt wieder in Kraft. Ob andere Beurteilung eintritt, wenn der Mieter die Maschine unter Zustimmung des Patentinhabers in das Fabrikgrundstück einfügt, ist a. a. O. dahingestellt geblieben, weil der Mieter dann Eigentum erwirbt. Klar ist, daß das dingliche Patentverbietungsrecht wieder auflebt, sobald der Mieter die Verbindung der Maschine mit dem Grundstück wieder löst, denn der Patentinhaber hatte die Maschine nicht etwa in den Verkehr gebracht. Zweifelhaft mag die Lage sein, wenn der Mieter sein Grundstück mit der Maschine verkauft. Vgl. zu diesen Fragen auch die folgende Anmerkung.

Anm. 28. **Stillschweigende Lizenz** nennt man vielfach, wenn auch wenig bezeichnend, die Rechtslage, wenn eine Lizenz eine über ihren Wortlaut hinausgehende Erlaubnis des Lizenzgebers in sich schließt oder zur Folge hat. Wird eine Herstellungslizenz erteilt, so schließt das im Zweifel in sich, daß der Lizenznehmer die hergestellten Gegenstände gebrauchen und verkaufen darf. Ebenso wenn die Lizenz auf die Anwendung eines Verfahrens geht. Bei Gebrauchs- oder Verkaufslizenzen ist im Zweifel die Meinung, daß die Gegenstände vom Lizenzgeber oder Patentinhaber, wenn diese fabrizieren, bezogen werden sollen, denn um Gegenstände, die sich bereits rechtmäßig im freien Verkehr befinden, zu gebrauchen oder zu verkaufen, bedarf es keiner Lizenz. Gegenstände, die sich unrechtmäßig im Verkehr befinden, dürfen auf Grund einer Gebrauchslizenz nicht gebraucht, auf Grund einer Verkaufslizenz nicht verkauft werden. Weitere allgemeine Regeln lassen sich nicht aufstellen; alles ist Sache der Vertragsauslegung im Einzelfall. RG 86, 440 ist ausgeführt, der Gebrauch von Gegenständen, die rechtmäßig in den freien Verkehr gelangt sind, enthalte dann dennoch eine Patentverletzung, wenn zugleich ein Patent auf das Verfahren, zu dem der Gegenstand gebraucht werden soll, bestehe. Das ist für den Fall gesagt, daß eine Zwangslizenz an einem Sachpatent bewilligt ist. Hat aber der Inhaber des Sachpatents selbst die Sache in den Verkehr gebracht, so hat er damit eine stillschweigende Lizenz an dem Verfahrenspatent erteilt. Vgl. zu vorstehendem auch § 4 A 17.

Naturgemäß ist die nordamerikanische Rechtsprechung über stillschweigende Lizenzen (implied licences) sehr umfangreich. Sie weicht in Einzelheiten von vorstehendem ab. Nach dem Handbuch von **Walker**, 5. Aufl., §§ 297 ff sei folgendes angeführt: eine ausdrückliche Lizenz, zu fabrizieren, verleiht im Zweifel kein Recht, zu verkaufen, wenn angenommen werden konnte, daß der Lizenznehmer die Sachen in seinem Betriebe gebrauchen würde. Besteht ein solcher Betrieb nicht, so hat er das Recht zu verkaufen. Die Herstellungslizenz verleiht im Zweifel aber nicht das Recht, sowohl zu gebrauchen, als auch zu verkaufen. Eine Gebrauchslizenz auf eine bestimmte oder unbestimmte Zahl patentierter Gegenstände verleiht das Recht, die Gegenstände herzustellen oder herstellen zu lassen (wobei Voraussetzung sein wird, daß die zu gebrauchenden Gegenstände nicht gleichzeitig dem Lizenznehmer vom Lizenzgeber verkauft oder geliefert sind). Wenn die Gebrauchslizenz sich auf einen Zeitraum erstreckt, der länger ist als die normale Lebensdauer des Gegenstandes, so hat der Lizenznehmer das Recht, den Gegenstand zu reparieren oder neu zu bauen oder anderweit anzuschaffen. — Eine Verkaufslizenz berechtigt die Abkäufer des Lizenznehmers, zu gebrauchen und weiter zu verkaufen. — Verkauft der Patentinhaber seinen patentierten Apparat, so ist der Käufer berechtigt, ihn zu jedem beliebigen Zweck zu gebrauchen — auch wenn der Patentinhaber weitere Verfahrenspatente hat, oder wenn der Apparat sich auch zu nicht patentierten Zwecken gebrauchen läßt. — Der Käufer einer Vorrichtung, die nur in Verbindung mit einer weiteren, dem Verkäufer patentierten Vorrichtung gebraucht werden kann, erlangt das Recht, die Vorrichtung in Verbindung mit der weiteren patentierten Vorrichtung, aber auch mit anderen, von anderen Fabrikanten beschafften Vorrichtungen zu gebrauchen (Fed. Rep. Bd. 152 S. 631).

Einzelheiten. Anm. 29.

a) Lizenz nach Verlagsrecht nennt man (nach der etwas weit hergeholten Analogie des Verlagsvertrags) eine einfache Lizenz, wenn der Lizenznehmer verpflichtet wird, nach Kräften seines Betriebs oder seiner Person die Lizenz auszunutzen, also möglichst viel Erzeugnisse herstellen oder zu verkaufen. Derartige Bestimmungen finden sich häufig, wenn die Lizenzgebühr nach Stückzahl zu entrichten ist, oder in einer Quote des Umsatzes oder des Reingewinns besteht. Sie haben auch neben einer Mindestlizenz noch einen guten Sinn, denn der Lizenzgeber wünscht, daß die Mindestlizenz überschritten werde. Bei Stücklizenz oder der erwähnten partiarischen Art der Lizenzvergütung entsteht die Frage, ob sich die Verpflichtung zur möglichst großen Ausnutzung von selbst versteht. Die Antwort ist zweifelhaft. Man wird nicht ohne weiteres sagen können, daß der Lizenznehmer die Wahrung der Interessen des Lizenzgebers stets seinen eigenen Interessen voranstellen muß. Schrifttum Pinzger, MuW Jahrg. 10 S. 238.

b) Ist der Patentinhaber im Interesse des Lizenznehmers ohne dahingehende Abmachungen verpflichtet, gegen Patentverletzer vorzugehen? Die Frage ist zu verneinen (MuW Jahrg. 18 S. 58). Es ist nicht zu verlangen, daß der Patentinhaber Kostenrisiko im Interesse des Lizenznehmers eingeht. Nebenbei ist nicht anzunehmen, daß er den Prozeß mit der für den Lizenznehmer wünschenswerten Energie führen wird. Allen Interessen wird am besten gedient, wenn man den Patentinhaber für verpflichtet erachtet, seine Rechte dem Lizenznehmer abzutreten. Klagt der letztere, so wird er vom Verletzer nicht immer Herausgabe des ganzen aus der Verletzung gezogenen Gewinnes fordern können, denn wenn mehrere Lizenzen vergeben sind, könnte der zweite, dritte Lizenznehmer dasselbe verlangen. Wegen des zutage liegenden Interesses des Lizenznehmers, daß Verletzungen nicht geduldet werden, wird in Lizenzverträgen häufig ausdrücklich vereinbart, daß der Lizenzgeber gegen die Verletzer vorzugehen hat. Handelt jener dieser Verpflichtung zuwider, so macht er sich schadensersatzpflichtig (I 122/25, Urt vom 28. 11. 25).

c) Bei der einfachen Lizenz liegt die Gebührenzahlung für das Patent dem Patentinhaber ob. Ob letzterer die Pflicht hat, das Patent bis zum Ablauf der Schutzfrist durch Gebührenzahlung aufrechtzuerhalten, hängt vom Inhalte des Lizenzvertrags ab. Es läßt sich nicht allgemein bejahen. Es ist vom Reichsgericht verneint worden in einem Falle, wo einem Nichtigkeitskläger gegen Zurücknahme der Nichtigkeitsklage gebührenfreie Lizenz an dem angegriffenen Patente gewährt war (IndR Jahrg. 1916 S. 189).

d) Bei der Stücklizenz und bei der partiarischen Lizenz hat der Lizenznehmer auf Verlangen Rechnung zu legen und die gelegte Rechnung durch einen geeigneten Buchsachverständigen bestätigen zu lassen. Es würde zu weit gehen, dem Lizenzgeber selbst Einsicht in die Bücher des Lizenznehmers zuzugestehen. Jener hat auch kein Recht auf Vorlegung oder Einsichtnahme der Konstruktionszeichnungen des Lizenznehmers, um zu prüfen, wieweit nach seinem Patente gearbeitet ist (IndR Jahrg. 1919 S. 179, KG). Bei Stücklizenz sind auch die Stücke lizenzpflichtig, die bei Erlöschen des Patents bestellt, aber noch in Arbeit waren, GewR 8 (1903) 145; dasselbe gilt für Stücke, die bei Erlöschen des Patents auf Vorrat gearbeitet waren.

e) Nach der herrschenden Ansicht kann der Lizenznehmer gegen den Lizenzgeber auf Nichtigkeit des Patents klagen (vgl. z. B. MuW Jahrg. 12 S. 333). Das englische Recht verbietet das dem Lizenznehmer; es nimmt an, daß ein Angriff auf das Patent nach Treu und Glauben dem Sinne des Lizenzvertrags widerspricht. Auch in Deutschland wird nicht zuzulassen sein, daß der Lizenznehmer gegen seinen Vertragsgegner intrigiert, besonders da zwischen Lizenzgeber und Lizenznehmer häufig eine gesellschaftsartige Bindung besteht, oben A 23. Deshalb hat das RG 101, 237 die Entscheidung von der gutgläubigen Auslegung des Lizenzvertrages abhängig gemacht. Daß bei gesellschaftsähnlicher Interessenverknüpfung die Nichtigkeitsklage des Lizenznehmers unzulässig sein kann, ist anerkannt in dem Urt LeipZ 1912 S. 80 Nr. 4. Jedenfalls ist die Nichtigkeitsklage unzulässig, wenn der Lizenznehmer sich zur Aufrechterhaltung des Patents verpflichtet hat. Hat er bei Erwerb der Lizenz gewußt, daß das Patent anfechtbar sein möge, so hat er keinen Anspruch auf Nichtigkeitserklärung.

f) Der Lizenzgeber kann sich obligatorisch verpflichten, keine weiteren Lizenzen zu erteilen. In dieser obligatorischen Verpflichtung liegt nicht eine ausschließliche Lizenz, besonders dann nicht, wenn der Lizenzgeber bereits Lizenzen erteilt hatte und dies dem Lizenznehmer bekannt war. Erteilt der Lizenzgeber entgegen seiner obligatorischen Verpflichtung weitere Lizenzen, so sind diese rechtsgültig (RG 54, 273; 83, 95f); jedoch haftet der Lizenzgeber auf Schadensersatz. Unter Umständen, z. B. wenn die Fabrikation wegen der weiter erteilten Lizenzen ertragslos wird, ist der Lizenznehmer zur Aufhebung des Lizenzvertrags berechtigt, A 30.

g) Schwierigkeiten macht unter Umständen die Frage, ob der Lizenznehmer verpflichtet ist, Reparaturen nur durch den Lizenzgeber vornehmen zu lassen, nur von ihm Ersatzstücke zu beziehen oder wenigstens für anderweit bezogene Ersatzstücke Lizenz zu zahlen. Bei reinen Verfahrenslizenzen kann dergleichen nicht in Frage kommen, vielmehr nur bei Patenten auf Vorrichtungen. Auch bei diesen nicht, wenn eine Herstellungslizenz erteilt ist; wohl aber wenn an geschützten Vorrichtungen eine Gebrauchs- oder Verkaufslizenz erteilt ist. Es gelten die Grundsätze, die zu § 4 A 15 entwickelt sind. Reparaturen sind danach zulässig. Sie dürfen jedoch nicht einen solchen Umfang annehmen, daß dadurch nach und nach die ganze Vorrichtung neu hergestellt wird. Sie dürfen auch nicht in der Neuherstellung eines Teiles bestehen, der für sich selbst patentiert ist. In Deutschland wird mehrfach angenommen, sie dürften nicht so weit gehen, daß dadurch die Lebensdauer der gesamten Vorrichtung verlängert würde. Dieser Grundsatz wird in keinem der außerdeutschen Industrieländer anerkannt, wie § 4 A 15 dargelegt. Ist, wie nicht selten vorkommt, das Patent auf eine Gesamtvorrichtung gerichtet, obgleich an ihr nur ein einzelner Teil neu ist, so dürfen auch die anderen wesentlichen Teile der Gesamtvorrichtung nicht ersetzt werden, GewR 31 (1926) 339. — Anders dagegen, wenn eine patentierte, einigermaßen selbständige Teilvorrichtung (mit stillschweigender Lizenz zur Benutzung) zusammen mit der ergänzenden Vorrichtung verkauft ist; die letztere kann ersetzt und mit der patentierten Teilvorrichtung weiter gebraucht werden, falls nicht Gegenteiliges abgemacht ist; Fall des Sorleth-Flaschenverschlusses, § 4 A 2 unter b; vgl. auch oben A 28.

Zweifel erwecken Fälle, wie folgender: ein Verfahren ist geschützt (nicht eine Vorrichtung). Der Patentinhaber nützt sein Patent aus, indem er die Gesamtapparatur verkauft. Ein (nicht geschützter) Teil derselben wird schadhaft. Darf dieser Teil durch einen Dritten ersetzt werden? Die Antwort wird davon abhängig sein, ob nach dem Sinne des Vertrags die Benutzung des geschützten Verfahrens nur mit Apparaten, die der Lizenzgeber selbst geliefert hat, erlaubt sein sollte. Hierüber vgl. die Meinungsäußerungen, die Mitt. 1918, 89ff wiedergegeben sind. Da nach der Annahme das Verfahren geschützt ist, wird der Lizenznehmer, wenn er das Verfahren weiter benützen will, unter Umständen Ersatzteile vom Patentinhaber beziehen müssen. Immer ist aber zu beachten, wie der Lizenznehmer den Vertrag gutgläubig verstehen mußte. Das ist zutreffend betont von Starck (Mitt. 1919, 18). Nicht ohne Grund bezweifelt Basch, ebenda S. 20, daß die Beschränkung der Erfindungsbenutzung auf die Lebensdauer jedes nicht geschützten Teiles der Gesamtanlage Teil der vertraglichen Abmachungen geworden sei. Sache des Verkäufers ist es, seine Rechte klarzustellen. Unterläßt er es, so liegt der Grund darin, daß er sonst Schwierigkeiten beim Vertragschluß befürchtet. Vgl. übrigens folgende Urteile:

Der Beklagten war eine ausschließliche Lizenz an Lampen System L für Herstellung und Verkauf übertragen. Die Lizenzgebühr war auf einen Prozentsatz des Verkaufspreises aller Apparate System L festgesetzt; diese Verpflichtung sollte sich auch „auf alle Zubehörteile erstrecken, die mit den Lampen System L verkauft würden". Durch weitere Verträge wurde bestimmt, daß „die Gebühr auf die Nettoverkaufspreise für Lampen und Lampenteile, jedoch mit Ausnahme von ... Glühstrümpfen" zu zahlen sei. Das Reichsgericht hat die Annahme des Berufungsgerichtes gebilligt, daß nach den Bestimmungen des Vertrags die Nachlieferung von Ersatzstücken an Kunden, die solche Lampen gekauft hatten, lizenzfrei sei (Urt vom 29. 9. 24, I 405/1923).

Der Kläger hatte Patente auf Bügeleisen mit selbstheizendem Bolzen und auf Spiritusbrenner für Heizung hohler Bügeleisen. Der Vertrag bestimmte: der Lizenzgeber erhält vom Lizenznehmer für jedes Bügeleisen, welches verkauft wird (soll heißen: welches nebst Brenner verkauft wird) eine Lizenzgebühr von x Pf. Die Brenner nutzten sich nach einiger Zeit ab und die Kunden bestellten Ersatzbrenner. Das Berufungsgericht hatte angenommen, daß für die Lieferung von Ersatzbrennern Lizenz nicht geschuldet werde; das ist vom Reichsgericht nicht beanstandet worden (IndR Jahrg. 11 S. 165).

Außer auf normale Weise (Vernichtung oder Ablauf des Patents, Verzicht usw.) kann die Lizenz auf gewisse dem Patentrechte eigentümliche Weise **vorzeitig erlöschen.** Im einzelnen sind die hier einschlagenden Fragen noch nicht durchgearbeitet und bieten vielfachen Zweifeln Raum. Der Lizenzgeber kann ein Interesse am Erlöschen der Lizenz haben, wenn der Lizenznehmer schlecht fabriziert, nicht für genügenden Absatz sorgt, mit der Zahlung der Gebühren säumig ist usw. — Weit häufiger hat der Lizenznehmer ein Interesse am Aufhören des Vertrags, nämlich immer dann, wenn die Herstellung nicht mehr gewinnbringend ist, die Erfindung überholt wird u. dgl. Kein Interesse hat er, wenn er nicht zu fabrizieren braucht (keine Verlagslizenz vorliegt) und die Gebühr nur als reine Stücklizenz oder nur als Prozentsatz vom Umsatz oder vom Gewinn bemessen ist. Namentlich aber wenn eine feste jährliche Zahlung oder eine Mindestlizenz vereinbart ist, hat er ein großes Interesse daran, ob er den Lizenzvertrag aufheben darf oder nicht. Als Erlöschungsgründe sind zu nennen, 1. wenn der ganze Industriezweig, für den das Patent bestimmt ist, durch die Fortentwicklung der Technik „ertötet" wird oder wenn diese Art der Fabrikation aufhört wegen Unmöglichkeit des Betriebes — nicht aber immer schon, wenn das Patent durch neue Erfindungen überholt wird, selbst wenn diese Erfindungen vom Lizenzgeber selbst gemacht sind und von ihm ausgenutzt werden (Kohler, GrünhutsZ Bd. 25 S. 260, 265f). 2. Wenn so viele und weitgehende Zwangslizenzen auf das Patent verteilt werden, daß die Fabrikation verlustbringend wird und dem Lizenznehmer nicht mehr zugemutet werden kann (Wertheimer, GewR 22 [1917], 29). Beide Ereignisse wirken nach Art einer höheren Gewalt. Das in ihnen liegende Risiko kann dem Lizenznehmer nicht aufgebürdet werden. 3. Wenn sich nachträglich herausstellt, daß die Ausführung der Erfindung gegen Gesetz oder gute Sitten verstößt, gefährlich für die Umgebung, gesundheitsschädlich ist. Der Kläger hatte ein Verfahren erfunden zur Herstellung atembarer, dosierbarer Quecksilberluft. Die Beklagte übernahm die geschäftliche Verwertung der Erfindung. Sie behauptete, auf Lizenzgebühr in Anspruch genommen, das Heilverfahren sei lebensgefährlich. Das Reichsgericht hat erklärt, wenn der Beweis hierfür erbracht werde, liege ein Grund zur sofortigen Aufhebung des Lizenzvertrags vor (Urt vom 20. 5. 25, I 484/1924). 4. Wenn der Lizenznehmer sich dauernder oder erheblicher Vertragswidrigkeiten schuldig macht, z. B. falscher Buchungen zum Zwecke der Lizenzhinterziehung — auch ohne daß ein besonderes auf Interessenverknüpfung beruhendes Vertrauensverhältnis vorzuliegen braucht (RG MuW Jahrg. 1911 S. 111). Auch dauernde erhebliche Säumigkeit in der Zahlung laufender Lizenzgebühren wird den Lizenzgeber zur Aufhebung des Vertrags berechtigen. Daß dazu stets Verzug mit zwei aufeinander folgenden Raten genügt (§§ 581, Abs. 2, 554 BGB), ist entgegen Kohler, Handbuch § 237 nicht anzunehmen, da weder Pacht noch Miete vorliegt. — Unterlassung der Abrechnung, wenn keine lizenzpflichtigen Geschäfte geschlossen sind, berechtigt den Lizenzgeber nicht zum Rücktritt (Urt vom 23. 9. 25, I 476/1924). Über einen besonders gearteten Einzelfall vgl. MuW Jahrg. 27/28 S. 209. Über die Frage, wann bei einer Lizenz mit gesellschaftlicher Interessenverknüpfung ein wichtiger Grund zum sofortigen Rücktritt nach § 723 BGB gegeben ist, vgl. oben A 23. Folgende Schwierigkeit tritt zutage. In der Regel wird angenommen, daß bei gesellschaftsähnlicher Interessenverknüpfung der Lizenznehmer den Vertrag lösen kann, wenn die Herstellung sich dauernd verlustbringend erweist (MuW Jahrg. 26 S. 153). Der gewöhnliche Anm. 30.

Lizenznehmer kann den Vertrag aus solchem Grunde nicht lösen, vgl. vorstehend. Ist es gerecht, zwischen beiden Arten von Lizenzen einen so weitgehenden Unterschied zu machen, der von den größten finanziellen Folgen begleitet sein kann?

Nach der herrschenden Meinung, die wohlbegründet ist, haftet der Lizenzgeber nicht für Rentabilität und Konkurrenzfähigkeit der Erfindung, A 22. In Übereinstimmung mit diesem Grundsatze steht die oben wiedergegebene Meinung Kohlers, daß ein Lizenzvertrag nicht schon dann gelöst werden kann, wenn die Erfindung durch andere Erfindungen überholt wird. Unter Umständen kann das zu großen Härten führen, z. B. wenn der Lizenznehmer achtzehn Jahre lang Mindestlizenz oder feste jährliche Gebühren zahlen muß, ohne fabrizieren zu können, weil die Erfindung überholt und deshalb nicht mehr konkurrenzfähig ist. Über derartige Fälle wird noch nicht das letzte Wort gesprochen sein. Es muß ein billiger Ausgleich zwischen den Interessen der beiden Seiten gefunden werden. Über einen solchen Fall vgl. die Entscheidung JW 1897, 371. Liegt eine Verlagslizenz vor, d. h. eine Verpflichtung des Lizenznehmers die Erfindung auszubeuten, dann wird diese Verpflichtung zur Ausbeutung aufhören, sobald die Erfindung überholt ist (Pinzger, MuW Jahrg. 10 S. 238). Es kann dem Lizenznehmer nicht zugemutet werden, andauernd zu fabrizieren, wenn die Fabrikate unverkäuflich sind. Die Schwierigkeit liegt darin, ob die Lizenzgebühren, wenn solche als jährliche Mindestgebühr oder als jährliche feste Zahlung abgemacht sind, weiter gezahlt werden müssen. Dadurch allein, daß der Lizenznehmer in solchen Fällen nicht weiter zu fabrizieren braucht, ist ihm wenig geholfen; es werden ihm dadurch nur die Fabrikationskosten erspart. Empfehlenswert ist, für solche Eventualitäten in den Lizenzverträgen Vorsorge zu treffen, was sehr häufig übersehen wird.

Abschnitt V.
Ausschließliche Lizenzen.

Anm. 31. Eine **ausschließliche Lizenz** liegt vor, wenn der Lizenznehmer innerhalb des Umfangs der ihm überlassenen Benutzung der Erfindung der einzige Benutzer bleiben soll. Ausschließung der Konkurrenz ist das Entscheidende. Der Ausschließlichkeit der Benutzung steht es nicht entgegen, wenn die überlassene Benutzung nur eine beschränkte ist; nur muß auf dem überlassenen beschränkten Gebiete der Lizenznehmer der einzige Benutzer sein. Es gibt also beschränkte ausschließliche Lizenzen. Die Beschränkung kann örtlich, zeitlich, gegenständlich sein. Örtlich: dem Lizenznehmer wird eine ausschließliche Lizenz für bestimmte Gebietsteile gewährt (RG 54, 273), oder zur Lieferung ins Ausland (so in dem nicht abgedruckten Teile des Urt RG 75, 128). Zeitlich: sie wird für eine bestimmte Zeitspanne gewährt (JW 1911, 668). Gegenständlich: der Lizenzgeber hat ein Patent auf Metallbearbeitung mittels elektrischen Stromes, er erteilt eine ausschließliche Lizenz auf Benutzung der geschützten Erfindung nur zur Herstellung eiserner Fässer (RG 57, 39). Klar ist, daß nicht jede beliebige gegenständliche Beschränkung mit dem Charakter der ausschließlichen Lizenz vereinbar ist. Wird die Benutzung der Erfindung nur für den eigenen Bedarf überlassen, so ist von Ausschließlichkeit keine Rede; der gegenteiligen beiläufigen Bemerkung RG 76, 237 kann nicht zugestimmt werden. Für Vorstehendes vgl. ferner die klaren Ausführungen RG 83, 94. In dem genannten Urt 76, 236 hat das Reichsgericht die Erteilung mehrerer ausschließlicher Lizenzen in einem steuerrechtlichen Urteile für rechtlich und begrifflich zulässig erachtet. Das erscheint nicht für alle Fälle zutreffend. Wenn gleichzeitig mehreren Personen, und zwar jeder für sich, die Benutzung auf demselben räumlichen Gebiete übertragen wird und der Patentinhaber sich auch noch die gleiche Benutzung vorbehält, so hat in Wahrheit niemand ein ausschließliches Benutzungsrecht. Solchenfalls kann nicht die Rede davon sein, daß jeder der Lizenznehmer das Recht habe, Unterlizenzen zu erteilen, wie an sich bei der ausschließlichen Lizenz zulässig ist. Es liegt nahe, gesellschaftliche Bindung anzunehmen mit vertraglicher Befugung der Lizenznehmer, gegen Verletzer vorzugehen. Auch wenn sich der Geber einer ausschließlichen Lizenz eigene Benutzung der Erfindung vorbehält, kann in Wahrheit von einer ausschließlichen Lizenz nicht gesprochen werden (vgl. für alle diese Fragen besonders RG 83, 94, sowie IndR Jahrg. 1916 S. 112 Sp. 1). Die Meinung von Munck, Patentrechtl. Lizenz, S. 110, daß im Zweifel der Geber einer ausschließlichen Lizenz die Erfindung ohne weiteres selbst benutzen dürfte, ist nicht zu billigen.

In A 21, 29f ist bereits darauf hingewiesen, daß, auch wenn eine ausschließliche Lizenz nicht erteilt ist, der Lizenzgeber sich schuldrechtlich verpflichten kann, den Lizenznehmer auf dem ihm überlassenen Gebiete von Störungen durch Dritte freizuhalten, und auf diesem Gebiete keine weiteren Lizenzen zu erteilen. So ist die Rechtslage — ohne ersichtlichen eigentlich zwingenden Grund — angesehen worden in den Urt RG 54, 273. Im Zweifel wird Erteilung einer ausschließlichen Lizenz anzunehmen sein, da das den Interessen beider Parteien gerecht wird; der Lizenzgeber braucht keine Prozesse im Interesse eines Dritten, seines

Lizenznehmers, zu führen, der letztere hat den Vorteil, daß der Lizenzgeber nicht imstande ist, rechtswidrig konkurrierende Lizenzen mit Wirksamkeit zu erteilen, vgl. nächste Anmerkung Ziff. 1 u. 2.

In folgenden Punkten unterliegt die ausschließliche Lizenz einer **anderen rechtlichen Behandlung,** als die einfache Lizenz. **Anm. 32.**

1. Der Nehmer einer ausschließlichen Lizenz kann aus eigenem Rechte gegen diejenigen vorgehen, die sein ausschließliches Benutzungsrecht verletzen. Verletzung liegt objektiv vor, wenn die Ausschließlichkeit seines Benutzungsrechtes innerhalb des übertragenen Umfangs beeinträchtigt wird; also auch dann, wenn der Lizenzgeber etwa nachträglich rechtswidrig und vertragswidrig einem Dritten eine Lizenz erteilt und diese von dem Dritten gutgläubig ausgenutzt wird (vgl. auch JW 1914, 406; Gareis Bd. 12 S. 99). Da der Erwerber einer ausschließlichen Lizenz gegen Dritte vorgehen kann, die in den Bereich seiner Lizenzberechtigung einbrechen, besteht im Zweifel keine Pflicht des Lizenzgebers, gegen die Dritten vorzugehen; vertraglich kann eine solche Pflicht bedungen werden (vgl. das A 31 a. E. angeführte Urt RG 54, 273). Der Lizenznehmer kann auch gegen den Lizenzgeber vorgehen, wenn dieser selbst rechtswidrig die Erfindung benutzt. Ob das eine Klage wegen Patentverletzung oder wegen Vertragsverletzung ist, kann zweifelhaft sein. Jedenfalls kann er Schadensersatz auf eine der drei für Patentverletzungen zugelassenen Weisen fordern, Zahlung des ihm selbst entgangenen Gewinnes, Herausgabe des Gewinnes, den der Gegner gezogen hat, Zahlung von Lizenzgebühr. Gegen Dritte, die vor ihm von dem Patentinhaber eine einfache oder ausschließliche Lizenz erhalten haben und daraufhin die Erfindung ausnutzen, hat er kein Klagerecht; der Patentinhaber konnte ihm nicht mehr Rechte verleihen als er selbst noch hatte. Die ausschließliche Lizenz wird, ebenso wie die einfache, nicht in die Patentrolle eingetragen. Das Klagerecht ist also im Gegensatz zu dem des Patentinhabers nach der herrschenden Meinung nicht von der Eintragung abhängig (RG 67, 184).

2. Der Geber einer ausschließlichen Lizenz darf keine weiteren Lizenzen vergeben. Rechtswidrig trotzdem erteilte Lizenzen sind rechtsunwirksam. Liegt dagegen eine einfache Lizenz vor, und hat der Lizenzgeber einer vertraglich übernommenen Verpflichtung zuwider weitere Lizenzen gewährt, so sind diese Lizenzen rechtswirksam (RG 83, 95f; A 31 a. E.). Der Lizenzgeber haftet in solchem Falle schuldrechtlich auf Schadensersatz. Auch ist gegen ihn eine Klage gegeben, sich der weiteren Erteilung von Lizenzen zu enthalten (Gareis Bd. 10 S. 137).

3. Der Nehmer einer ausschließlichen Lizenz darf Unterlizenzen erteilen. Er kann die ausschließliche Lizenz mit dem Betriebe, für den sie erteilt ist, veräußern (letzteres gilt auch schon für die einfache Betriebslizenz). Vielfach wird gelehrt, daß er sie überhaupt ganz nach Belieben veräußern könne. Das ist besonders für die Fälle nicht unzweifelhaft, in denen nicht eine ein für allemal bestimmte Vergütung vereinbart ist. Veräußert der Lizenznehmer, der die Fabrikation aufgeben will, die Lizenz an irgendeine ungeeignete kapitalschwache Firma, so können die Interessen des Lizenzgebers erheblich beeinträchtigt werden. Die Veräußerung darf also den Interessen des Lizenzgebers nicht zum Nachteil gereichen. Im Lizenzvertrage kann die Befugnis, Unterlizenzen zu erteilen, ausgeschlossen werden; dadurch wird der Charakter der Lizenz als einer ausschließlichen nicht beseitigt (I 161/1915, Urt vom 26. 2. 16). Ob die erteilten Unterlizenzen untergehen, wenn die ausschließliche Lizenz, etwa wegen unterlassener Gebührenzahlung, untergeht, ist für die Regel zu bejahen. Bleiben sie bestehen, so steht die Gebühr dem Patentinhaber zu.

4. Der Patentinhaber kann, solange die ausschließliche Lizenz in Kraft ist, nicht auf das Patent verzichten. Ein Verzicht ist nichtig.

5. Der Lizenznehmer hat, wenn die ausschließliche Lizenz unbeschränkt ist, im Zweifel die Patentgebühren zu zahlen.

Dagegen besteht u. a. in folgenden Punkten keine Abweichung von der einfachen Lizenz. Der Patentinhaber kann das Patent veräußern. Das ist ohne weiteres klar, wenn eine örtlich, zeitlich oder gegenständlich beschränkte ausschließliche Lizenz erteilt ist, gilt aber grundsätzlich auch bei unbeschränkter ausschließlicher Lizenz; freilich ist in solchem Falle kaum noch ein wirtschaftlicher Wert vorhanden, der veräußert werden könnte. Der allgemeine oder besondere Rechtsnachfolger des Patentinhabers ist an die erteilte ausschließliche Lizenz gebunden. Nichtigkeitsklagen und Zwangslizenzanträge sind gegen den Patentinhaber zu richten. Die Abhängigkeitsklage kann gegen den Patentinhaber und gegen den Inhaber der ausschließlichen Lizenz gerichtet werden. War der Patentinhaber, der die ausschließliche Lizenz erteilt hat, nicht in die Rolle eingetragen, war vielmehr noch sein Rechtsvorgänger eingetragen, so hat gleichwohl der Nehmer der ausschließlichen Lizenz ein Klagerecht gegen den Verletzer (RG 89, 83). Daß der Lizenzinhaber selbst nicht eingetragen ist, hindert sein Klagerecht nicht, da Lizenzen, auch ausschließliche, überhaupt nicht eingetragen werden (RG 67, 181).

Anm. 33. **Dinglicher und absoluter Charakter der ausschließlichen Lizenz.** Da die ausschließliche Lizenz, ebenso wie einfache Lizenz den allgemeinen und den besonderen Rechtsnachfolger des Patentinhabers bindet, da sie außerdem, im Gegensatz zu der einfachen Lizenz, ein Klagerecht gegen dritte Verletzer verleiht, steht nichts im Wege, sie als ein positives, dingliches Benutzungsrecht an der Erfindung anzusehen. Auch absoluter Charakter des Rechtes liegt vor; sie wirkt gegen jedermann. Definitionsgemäß (§ 433 BGB) läßt sich dann die Bestellung einer ausschließlichen Lizenz als Kaufvertrag betrachten, doch muß man sich bewußt bleiben, daß wesentliche Regeln des Kaufvertrags (§§ 437, 440, 462, 477 BGB) keine oder nur beschränkte Anwendung finden, A 2 Ziff. 1. In steuerrechtlichen Urteilen ist (nicht nur die einfache, sondern auch) die ausschließliche Lizenz als Pacht angesehen, vgl. vorstehend A 17c.

Was die Haftung für die sog. Rechts- und Sachmängel angeht, so gilt in den wesentlichen Punkten das in den A 10ff und 20ff Ausgeführte. Bereits erfolgte Gewährung einer einfachen Lizenz muß der Patentinhaber mitteilen, da dies die Ausschließlichkeit hindert. Unterläßt er die Mitteilung, so kann der Lizenznehmer Minderung der Lizenzgebühr verlangen oder den Vertrag aufheben und Ersatz positiven Schadens fordern, da der Patentinhaber arglistig, jedenfalls fahrlässig gehandelt haben muß. Zweifelhaft sind die Rechtsfolgen, wenn nachträglich eine Zwangslizenz bewilligt wird. Beim Patentverkaufe haftet solchenfalls der Veräußerer nicht, wenn nicht etwa der Anspruch auf Zwangslizenz zur Zeit des Verkaufs schon angedroht war, denn wer einen Gegenstand kauft, nimmt das durch das öffentliche Recht bestimmte Schicksal desselben auf sich. Bei der Erteilung einer einfachen Lizenz haftet der Lizenzgeber der Regel nach gleichfalls nicht, denn der Lizenznehmer muß mit der Gewährung weiterer Lizenzen außer seiner eigenen rechnen, A 21. Bei der Gewährung einer ausschließlichen Lizenz ist die Sache dagegen zweifelhaft. Das Risiko kann nicht allein dem Lizenznehmer aufgebürdet werden, da der Lizenzgeber als Patentinhaber Gebühr für die Zwangslizenz erhält. Ein berechtigtes Interesse des Lizenznehmers, vom Vertrage zurückzutreten, wird nur in seltenen Fällen anerkannt werden können. Regelmäßig wird deshalb der Lizenzgeber eine Minderung der Lizenzgebühr zugestehen müssen. Eine Vertragsstrafe, die der Lizenzgeber für Nichtgewährung der ausschließlichen Benutzung versprochen hat, ist durch die Zwangslizenz nicht verfallen. Hinsichtlich Vorbenutzungsrecht und Abhängigkeit gelten die in A 21 entwickelten Regeln (vgl. RG 78, 363), ebenso für Patentvernichtung und Mängel der Erfindung die Regeln der A 20 und 22.

Verpflichtung zur Ausführung der Erfindung ist in höherem Maße als bei der einfachen Lizenz anzunehmen. Das gilt selbst dann, wenn die Gebühr in völlig festen Bezügen besteht, denn der Patentinhaber kann ein Interesse an der Ausführung seiner Erfindung haben. Weigert der Lizenznehmer die Ausführung, so muß dem Lizenzgeber das Recht zugestanden werden, den Lizenzvertrag zu lösen. Es ist nicht angängig, daß eine ausschließliche Lizenz erbeten wird, um aus irgendwelchen Interessen des Lizenznehmers die Ausführung der Erfindung zu hintertreiben. Für den Patentkauf gilt das Gegenteil.

Ist eine ausschließliche Lizenz an einem nicht im vollen Umfange patentierten Verfahren gewährt, so genügt der Lizenzgeber im Zweifel seiner Verpflichtung, wenn derjenige Teil des Verfahrens patentiert ist, ohne den das Gesamtverfahren nicht ausgeführt werden kann (I 238/1906, Urt vom 16. 1. 07).

Endlich ist auf den Fall IndR 8 (1913) S. 239 zu verweisen. Der Patentinhaber hatte eine ausschließliche Verkaufslizenz für Rußland an Motoren, die er in Deutschland herstellte, gegen Garantie eines Mindestumsatzes verliehen. Sodann hatte er einer russischen Fabrik ein Herstellungslizenz erteilt. Das ist trotz der Ausschließlichkeit der Verkaufslizenz und trotz der vom Lizenznehmer übernommenen Garantie für Mindestumsatz als zulässig erachtet. Dieser Grundsatz darf nicht verallgemeinert werden.

Anm. 34. **Gesellschaftlicher Einschlag** findet sich auch bei ausschließlichen Lizenzen, vgl. JW 1911, S. 668, Nr. 53. Es gelten die in den A 13 u. 23 entwickelten Regeln.

Anm. 35. Nachdem die Grundsätze über Patentverkäufe und Patentlizenzen im einzelnen erörtert sind, ist es angezeigt, einen **zusammenfassenden Rückblick** auf den schwierigsten und in Einzelheiten noch nicht grundsätzlich geklärten Punkt, die Haftung des Patentinhabers für sog. Rechts- und Sachmängel, zu werfen. Wie schon vielfach betont, regelt sich die Haftung anders als nach den vom BGB. für den Kauf aufgestellten Grundsätzen, weil der Patent- oder Lizenzerwerb immer ein gewisses Risiko enthält und dieses Risiko nicht im ganzen Umfange dem Veräußerer aufgebürdet werden kann. (Auch im gemeinen Recht gelangten bei einer emptio spei die Kaufregeln nicht voll zur Anwendung, z. B. nicht für Eviktion, laesio enormis.) Die billige Verteilung des Risikos ist der springende Punkt. Zu unterscheiden ist einerseits, in welchem Falle und bei welcher Sachlage haftet der Veräußerer? andererseits, von welcher Art und von welchem Umfange ist seine Haftung? Die erste Frage macht geringere Schwierigkeiten. Für den Bestand des Patentrechts hat der Veräußerer und Lizenzgeber aufzukommen, und zwar sowohl dafür, daß es tatsächlich besteht, für die in Rede stehende Erfindung erteilt ist und daß er verfügungsberechtigt ist, als auch dafür, daß es sich in Zukunft nicht als nichtig erweist. Desgleichen haftet der Veräußerer für die Integrität des versprochenen Rechtes, d. h. dafür, daß es nicht durch Vorbenutzungsrechte Dritter, durch Abhängigkeit des Patents, und beim Verkauf und bei Erteilung einer ausschließlichen Lizenz auch dafür, daß es nicht durch erteilte freiwillige Lizenzen, in gewissen Umfange auch nicht durch Zwangslizenzen beeinträchtigt wird. Endlich haftet der Veräußerer für Ausführbarkeit und Brauchbarkeit der Erfindung, für sog. Sachmängel der Erfindung, selbstverständlich auch für Zusagen. Hinsichtlich der Haftung für Lizenzen, die der Patentinhaber erteilt hat oder erteilt, muß an dieser Stelle auf die Einzelausführungen in A 11 u. 21 verwiesen werden. Die zweite Frage, von welcher Art und von welchem Umfange ist die Haftung des Veräußerers, d. h. welche ungünstigen Rechtsfolgen treffen ihn auf Grund seiner Haftung? ist bei weitem schwieriger zu beantworten. Die Schwierigkeit liegt darin, daß, wie bereits vielfach betont, jede Veräußerung von Patenten, sei es Verkauf oder Lizenzerteilung, ein gewagtes Moment enthält und daß deshalb das Risiko zwischen Veräußerer und Erwerber angemessen verteilt werden muß. Für den Grad und die Art der Haftung des Veräußerers ist entscheidend die Größe der Beeinträchtigung der dem Erwerber übertragenen Rechte. Dies ist grundsätzlich vom Reichsgericht in vielen Entscheidungen anerkannt, besonders klar in dem Urt 78, 367 f. In Einzelfällen können Zweifel entstehen. Eltzbacher, Handlungsfähigkeit, S. 348, hat eine Aufzählung der im Gesetze angeordneten, für Rechtswidrigkeiten eintretenden Rechtsfolgen gegeben (die freilich hinsichtlich der Folgen von Vertragswidrigkeiten nicht vollständig ist). Es ergibt sich daraus, daß Rechtswidrigkeiten Folgen der verschiedensten Art nach sich ziehen. So ist es auch in unseren Fällen. Bei diesen kommen als Rechtsfolgen in Betracht: Minderung des Kaufpreises oder der Lizenzgebühr, Aufhebung des Kauf- oder Lizenzvertrages, Schadensersatz in verschiedenem Umfange, wie nachstehend erörtert werden wird. Bei nachträglicher Vernichtung des Patents kann der Käufer oder Lizenznehmer den Vertrag aufheben und Kaufpreis oder Lizenzgebühr ganz oder teilweise zurückfordern, wie in A 10 und 20 dargelegt. Man muß ihm auch das Recht zugestehen, bei dem Vertrage stehenzubleiben und Minderung des Preises oder der Gebühr zu verlangen, z. B. in dem Falle, daß Gegenstand des Vertrags mehrere Patente sind und nicht alle vernichtet werden, oder daß im Vertrage weitere Verpflichtungen übernommen sind, etwa Lieferung von Rohmaterialien oder Maschinen usw. Wird das Patent nur teilweise vernichtet, so kommt es auf die Bedeutung des vernichteten und des aufrechterhaltenen Teiles an. Ist die teilweise Vernichtung nur aus formellen Gründen vorgenommen, ist etwa ein Anspruch vernichtet, weil er zu allgemein lautete, und bleibt der Patentschutz inhaltlich trotzdem wesentlich derselbe, so muß der Erwerber den Vertrag gelten lassen (vgl. Bolze Bd. 9 Nr. 416). Wird durch die teilweise Vernichtung der Patentschutz quantitativ oder qualitativ verringert, so kann der Regel nach der Kaufpreis oder die Lizenzgebühr vermindert werden. Ist der übrigbleibende Patentschutz für den Käufer oder Lizenznehmer ohne Interesse, so kann er den Vertrag lösen und die gezahlte Vergütung abzüglich eines Betrags für bereits erzielte Vorteile zurückfordern. Treten Vorbenutzungsrechte Dritter zutage, so kann je nach deren Bedeutung die Vergütung gemindert werden. Sind sie derart, daß die Fabrikation für den Käufer oder Lizenznehmer unrentabel wird, so kann letzterer den Vertrag lösen. Ob in solchem Falle die Weiterbenutzung der Erfindung ohne Zahlung einer Vergütung verlangt werden kann, wie RG 78, 368 erwähnt, ist jedenfalls für die große Mehrzahl aller Fälle zweifelhaft. Erweist sich das Patent als abhängig, so kann grundsätzlich der Käufer, wie der Lizenznehmer den Vertrag lösen, denn das veräußerte Verfügungs-, wie das Benutzungsrecht sind mit einem Hauptmangel behaftet; die Möglichkeit der Ausnutzung der Erfindung ist nicht gegeben. Anders, wenn etwa das Vorpatent dicht vor dem Erlöschen steht, oder wenn es dem Verkäufer oder Lizenzgeber gelingt, die Erlaubnis zur Benutzung seines Patents binnen angemessener Frist von dem Inhaber des Vorpatents gegen Vergütung zu erlangen. Wird nachträglich eine Zwangslizenz an einem verkauften Patent bewilligt, so haftet der Verkäufer überhaupt nicht, A 11 a. E. Wird bei einer ausschließlichen Lizenz eine Zwangslizenz bewilligt, so haftet der Lizenzgeber grundsätzlich, denn er hat die Ausschließlichkeit nicht gewährt. Es kommt aber viel auf die Lage des einzelnen Falles an. Wird die Zwangslizenz für eine Ausführungsart der patentierten Erfindung gewährt, die dem Lizenznehmer keinerlei Konkurrenz macht, dann hat er unter Umständen keinerlei Grund zur Beschwerde, jedenfalls wird ihm nicht die Lösung des Vertrags freistehen. Liegt eine einfache Lizenz vor, so haftet der Lizenzgeber nicht für die Erteilung einer Zwangslizenz, denn diese wirkt in der Regel nicht anders als die (solchenfalls erlaubte) Erteilung einer zweiten Lizenz. Über selten vorkommende Fälle, in denen eine andere Beurteilung geboten sein kann, vgl. Wertheimer, GewR 22 (1917) S. 29. Der Fall, daß nachträglich freiwillige Lizenzen erteilt werden, macht keine Schwierigkeiten. Die Erteilung ist dem Käufer und dem Nehmer einer ausschließlichen Lizenz gegenüber rechtsunwirksam; Ersatz entstandenen Schadens, etwa Klagekosten, können sie von dem Veräußerer fordern, wenn ihn ein Verschulden trifft. Dem Nehmer einer einfachen Lizenz gegenüber ist die Erteilung einer weiteren einfachen Lizenz erlaubt, die nachträgliche Erteilung einer ausschließlichen Lizenz dagegen rechtsunwirksam, denn der Patentinhaber konnte nicht mehr Rechte übertragen, als ihm noch zustanden. Bei Nichteinhalten von Zusagen kann Rücktritt vom Vertrage erfolgen, wenn es sich nicht etwa nur um Nebenpunkte handelt. Bereits geleistete Zahlungen können zurückgefordert werden, wobei jedoch zu berücksichtigen ist, ob der Rücktritt ex nunc oder ex tunc erfolgt (RG MuW Jahrg. 21 S. 215) und ob gezogene Vorteile anzurechnen sind; bei Verschulden kann Schadensersatz gefordert werden. Was endlich die Haftung für Ausführbarkeit und Brauchbarkeit der Erfindung angeht, so kann der Käufer wie der Lizenznehmer den Vertrag lösen und die gezahlte Vergütung zurückfordern, vgl. A 12 u. 22. Sie können auch, etwa wenn sie die Erfindung verbessert haben und deshalb weiter fabrizieren wollen, unter Minderung der Vergütung beim Vertrage stehenbleiben. Hervorzuheben ist, daß in allen bisher erörterten Fällen, soweit nicht ausdrücklich das Gegenteil angeführt ist, Schadensersatzansprüche ausgeschlossen sind, was vom Reichsgericht für den Fall einer Vernichtung (Bolze Bd. 6 Nr. 578) und für den Fall eines Vorbenutzungsrechtes (RG 78, 366ff) anerkannt ist; die daselbst entwickelten Grundsätze sind auf die übrigen Fälle analog anzuwenden. Wann sind nun Schadensersatzansprüche zulässig? Erstens dann, wenn dem Patentinhaber Arglist oder vertragliches Verschulden zur Last fällt. Ein solches liegt vor, wenn er rechtlich oder tatsächlich relevante Momente dem Erwerber nicht mitgeteilt hat, wenn er über die Erfindung nicht verfügen konnte, wenn er die bereits erfolgte Erteilung von Lizenzen rechtswidrig verschwiegen hat und in ähnlichen Fällen, die oben bei den Einzelerörterungen bereits angeführt sind. Schadensersatzansprüche sind zweitens zulässig bei Garantieübernahmen und bei schuldvoll unrichtigen Zusagen über die Eigenschaften der Erfindung und die Eigenschaften des Patents, z. B. über dessen Dauer und Umfang. Natürlich darf es sich nicht nur um allgemeine Anpreisungen handeln (MuW Jahrg. 16 S. 143). Schadensersatzansprüche sind vom Reichsgericht anerkannt bei unrichtigen Zusicherungen über die Erfindung (RG 82, 157), bei unrichtigen Angaben über die Dauer des Patentes (RG 51, 93). Daß außer den hiererörterten Fällen der Rechts- und Sachmängel bei anderen Vertragsverletzungen, z. B. wenn der vertraglichen Pflicht zur Aufrechterhaltung des Patents zuwider gehandelt ist, Schadensersatz gefordert werden kann, ist selbstverständlich. Welchen Umfang hat die Schadensersatzpflicht? In keinem unserer Fälle haftet der Verkäufer oder Lizenznehmer dem Erwerber für Schadensersatz in der Richtung, daß dieser nun das Patent gar nicht oder nicht ungeschmälert ausnutzen kann. Das ist für den Fall einer Patentvernichtung vom Reichsgericht anerkannt Bd. 78 S. 367 oben und gilt desto stärker für alle übrigen Fälle, die für den Erwerber von geringerer Bedeutung sind. Es gilt sogar für den Fall einer Arglist. Es beruht darauf, daß niemand mit genügender Sicherheit sagen kann, ob das Patent in der Hand des Käufers oder Lizenznehmers Gewinn abgeworfen hätte, ob es nicht binnen kurzer Zeit überholt und wertlos gemacht wird usw. Die Schadensersatzpflicht erstreckt sich also nur auf den Ersatz von positivem Schaden, z. B. für nutzlos aufgewandte Patentgebühren, Anschaffungen, Frachtkosten, vgl. Blatt 10 (1903), S. 13 (dieser Teil der Gründe ist RG 54, 273f nicht mit abgedruckt), ebenso RG 51, 93; auch 82, 158. Zu erwähnen ist, daß der Fall RG 101, 236, in welchem Falle Schadensersatz zugesprochen ist, nicht hierher gehört, denn der Schaden ging daraus hervor, daß der Lizenzträger dem Patentinhaber nicht, wie abgemacht, ein Quantum der herzustellenden Fabrikate geliefert hatte, was in dem Abdruck anscheinend nicht klar zum Ausdruck gekommen ist. Es handelte sich dort also um eine Forderung des Lizenzgebers, nicht des Lizenznehmers, und außerdem war der Schaden durch die Nichterfüllung einer Nebenverpflichtung entstanden. Liegt ein solcher Ersatzgrund vor, dann kann Ersatz des entgangenen Gewinns gefordert werden, den auch der Lizenznehmer in gleicher Weise fordern könnte, wenn der Lizenzgeber gegen ausdrücklich übernommene Verpflichtungen verstößt, z. B. seiner Zusage zuwider nicht die Konkurrenz fernhält, die versprochenen Rohmaterialien nicht liefert oder dergleichen.

Auch wenn in den hier behandelten Fällen der Rechts- und Sachmängel § 326 BGB Anwendung finden kann, wie z. B. nach § 440, evtl. auch bei Sachmängeln, Staub, Anhang zu § 374 A 42, so hat der Erwerber das ihm in § 326 freigestellte Wahlrecht gleichwohl nur in den oben dargelegten Grenzen und, falls danach ein Schadensersatzanspruch zulässig sein sollte, beschränkt dieser sich der Höhe und dem Umfange nach wie oben angegeben. Diese Regel bezieht sich aber nur auf die hier behandelten Fälle. Liegt dagegen z. B. Verzug mit einer weiteren, vertraglich übernommenen Leistung vor, etwa wenn sich der Patentveräußerer verpflichtet hat, Maschinen zur Fabrikation zu liefern, die anderweit nicht zu beschaffen sind, dann kann das freie Wahlrecht des § 326 BGB. eintreten, es kann also bei Nichterfüllung einer sog. Hauptleistung Rücktritt erfolgen, auch kann in adäquatem Umfange grundsätzlich Ersatz des entgangenen Gewinns gefordert werden.

Patente können auch in der Weise verwertet werden, daß sie in eine zu ihrer Ausnutzung gegründete **Gesellschaft**, offene Handelsgesellschaft oder G. m. b. H. **eingebracht** werden. Solche Gesellschaften werden häufig zwischen Erfinder und Kapitalisten geschlossen. Die Einbringung kann zu Eigentum oder nur zur Benutzung erfolgen. In ersterem Falle bilden die Patente einen Teil des verantwortlichen Gesellschaftskapitals, werden deshalb in der Bilanz als Aktivum aufgeführt und müssen bei der Liquidation realisiert werden. Diese letzte, für den Erfinder unter Umständen sehr harte Folge hofft Isay durch Auslegung des Gesellschafterwillens beseitigen zu können, GewR 30 (1925), S. 172. — Im zweiten Falle sind sie bei der Liquidation dem einbringenden Gesellschafter zurückzugewähren (§ 732 BGB). Will die Gesellschaft selbst fabrizieren und die Erzeugnisse verkaufen, so gilt sie als bis zum Ablauf der Patente geschlossen (MuW Jahrg. 14 S. 328). Sollen die Patente durch Veräußerung des Schutzrechts oder durch Lizenzerteilung verwertet werden, so erlischt die Gesellschaft, sobald die Verwertungshandlungen abgewickelt sind. Erfolgt die Verwertung gegen laufende Lizenzgebühren, so ist zweifelhaft, ob die Gesellschaft solange bestehen muß, bis die letzte Lizenzgebühr eingegangen ist (vgl. MuW Jahrg. 10 S. 243), was z. B. von Bedeutung werden kann, wenn ein Gesellschafter für Gesellschaftsführung eine jährliche Vergütung zu verlangen hat. Häufig kommt es vor, daß der eine Gesellschafter das Patent einbringt, der andere die Tragung der Spesen übernimmt; solche Vereinbarung wird nicht ohne weiteres hinfällig (so daß etwa der zweite ganz oder teilweise Spesenersatz vom ersten fordern könnte), wenn sich die Erfindung schließlich als unbrauchbar erweist (RG IndR Jahrg. 9 S. 177). Wird das eingebrachte Patent für nichtig erklärt, so steht der Gesellschaft gegen den einbringenden Gesellschafter im Zweifel nicht ein Anspruch auf Rückzahlung des Betrages zu, mit dem er für die Einbringung kreditiert ist (RG MuW Jahrg. 12 S. 570). Diese Entscheidungen beruhen darauf, daß auch die Schließung einer derartigen Gesellschaft für alle Gesellschafter ein Risiko enthält, mit dem nicht im Endeffekt ein einzelner belastet werden darf. Ein Mitgesellschafter darf nicht gegen den einbringenden Gesellschafter auf Nichtigkeit des Patents klagen (RG LeipzZ 1912 S. 80 Ziff. 4). Selbstverständlich ist, daß die zur Verwertung geschlossene Gesellschaft erlischt, wenn das Patent für nichtig erklärt wird oder abläuft, sowie daß sie aus wichtigem Grunde gekündigt werden kann, wenn z. B. die Verwertung endgültig mißlungen ist, vielleicht auch unter Umständen, wenn sich das Patent als unbrauchbar erweist, nicht aber immer schon dann, wenn es schwer verkäuflich ist oder die Fabrikation zunächst keinen Gewinn bringt (MuW Jahrg. 26 S. 154 Sp. 1). Anm. 36.

Die Bestellung eines **Nießbrauchs** an einem Patente ist nach §§ 1068, 1069 Abs. 2 BGB rechtlich zulässig, kommt aber im Wirtschaftsleben selten vor, fast nur dann, wenn in einer nach Erbrecht oder Familienrecht einem Nießbrauch unterliegenden Vermögensmasse sich ein Patent befindet. Es gelten die Regeln §§ 1068ff BGB. Hervorzuheben ist, daß der Patentinhaber, so lange als der Nießbrauch besteht, nicht auf das Patent nach § 9 rechtswirksam verzichten kann. Eintragung in die Patentrolle findet nicht statt. Der Nießbraucher kann gegen dritte Verletzer vorgehen. Er hat die Patentgebühren zu tragen. Er kann Lizenzen erteilen, die mit dem Ende des Nießbrauchs erlöschen. Daß bei Veräußerung des Patents der Erwerber an den bestellten Nießbrauch gebunden ist, folgt aus dessen dinglicher Natur. Schrifttum: Herrmann, Nießbrauch und Pfandrecht an einem Patente. Anm. 37.

Patente können **verpfändet** werden. Der Vertrag ist formlos. Eintragung in die Patentrolle ist nach der herrschenden Meinung nicht erforderlich, wird auch vom Patentamt nicht vorgenommen. Der Pfandgläubiger darf das Pfand zur Befriedigung seiner Forderung realisieren und in diesem Umfange also über die Substanz des Patents verfügen; Nutzungsrecht steht ihm im Zweifel nicht zu. Der Patentinhaber kann nicht nach § 9 auf das Patent rechtswirksam verzichten. Er kann das Patent veräußern, wodurch auch bei gutgläubigem Erwerbe seines Rechtsnachfolgers das Pfandrecht nicht beeinträchtigt wird; er kann Lizenzen bestellen, die die Realisierung durch den Pfandgläubiger aber nicht hindern. Die Realisierung erfolgt nach Erwirkung eines Schuldtitels im Wege der Zwangsvollstreckung; abweichende Vereinbarungen sind zulässig, dürfen jedoch nicht gegen §§ 1229, 1245 Abs. 2 BGB verstoßen. Das Pfandrecht erlischt, wenn das Patent für nichtig erklärt wird. Eine Zwangslizenz hindert die Realisierung durch den Pfandgläubiger nicht, bindet aber den gutgläubigen Ersteher des Patents wegen ihres öffentlich-rechtlichen Charakters. Ob diese Bindung des Erstehers auch für freiwillige Lizenzen zutrifft, ist streitig (Herrmann, S. 86; Isay, § 6 A 34). Durch Nichtzahlung der Gebühren erlischt das Patent und mit ihm das Pfandrecht; dagegen kann sich der Pfandgläubiger nur schützen, indem er seinerseits die Gebühren rechtzeitig zahlt. Schrifttum wie in A 37. Anm. 38.

Zwangsvollstreckung kann sowohl in den Anspruch auf Erteilung des Patents, als in das erteilte Patent erfolgen (RG 52, 229). Sie ist auch in ausschließliche Lizenzen zulässig, nicht dagegen in einfache Lizenzen. Die Pfändung erfolgt gemäß § 857 ZPO. Sie wird wirksam mit der Zustellung des Pfändungsbeschlusses an den Schuldner. Zustellung an einen Dritt- Anm. 39.

schuldner kann nicht erfolgen, da ein solcher nicht vorhanden ist. Wenn der Patentinhaber im Auslande wohnt, ist für die Pfändung, falls ein Inlandsvertreter bestellt ist, das Amtsgericht des Wohnsitzes desselben zuständig, andernfalls das Amtsgericht Berlin Mitte, vgl. § 12 A 7. Zeigt der Pfändungspfandgläubiger die erfolgte Pfändung dem Patentamt an, so gibt dieses ihm Kenntnis von der Fälligkeit der Gebühren. Ob der Patentinhaber sein Patent nach Pfändung veräußern kann, ist streitig; verneinend PA JW 1917, 940 und Hüfner, MuW Jahrg. 17 S. 114 (die Veräußerung könne jedenfalls gegen den Widerspruch des Pfändungsgläubigers nicht in die Rolle eingetragen werden); bejahend Kohler, JW 1917, 940 Anmerkung; M. Seligsohn, GewR 24 (1919), 54; Lutter, PatG § 19 A 3a. Die klarste Lösung ist die von Kohler angegebene, die vom Patentamt aber abgelehnt wird. Die Verwertung des gepfändeten Patents erfolgt nach § 844 ZPO ohne Formvorschrift, vielmehr so, daß die Interessen der Beteiligten am besten gewahrt werden, d. h. daß ein möglichst großer Erlös erzielt wird. Ob dazu eine Zwangsverwaltung geeignet ist (Herrmann, Nießbrauch und Pfandrecht an einem Patente, S. 85), ist zweifelhaft; sie wird nicht gegen den Willen des Pfändungsgläubigers angeordnet werden dürfen, falls dessen Befriedigung dadurch hinausgezögert wird. Hatte der Patentinhaber das Patent vor der Zwangsversteigerung rechtswirksam veräußert, so erlangt der Ersteher kein Recht auf das Patent, OLG Hamm, Blatt 24 (1918), 107. Die Pfändung und Überweisung eines deutschen Patents durch ausländische Behörden ist gegenüber dem Deutschen Rechte unwirksam, PA Blatt 17 (1911), 215. Über Lizenzen bei Zwangsversteigerung des Patents oder einer Verwertung nach § 844 ZPO, die in ihrer Wirkung der Zwangsversteigerung gleichsteht, vgl. vorige Anmerkung. Schrifttum: Wertheimer, LeipzZ 2 S. 297, 351. Interessant und eingehend, vielleicht nicht in jeder Einzelheit überzeugend über Zwangsvollstreckung in Erfinder- und Patentrechte E. Adler, GewR Jahrg. 24 (1919), 18ff.

Anm. 40. Im **Konkurse** über das Vermögen des Patentinhabers fallen der Anspruch auf Patenterteilung und das erteilte Patent in die Konkursmasse. Der Anspruch auf Patenterteilung ist zwar ein öffentlich-rechtlicher, aber zugleich ein vermögensrechtlicher und wird deshalb vom Konkurse ergriffen. Daraus folgt, daß eine nach Konkursbeginn vom Anmelder und Gemeinschuldner versuchte Zurücknahme der Anmeldung den Konkursgläubigern gegenüber nach § 7 KO unwirksam ist (Jäger, KO § 1 A 12; anders RG 52, 232). Das Erfinderrecht (vor Anmeldung zum Patente) gehört nicht zur Masse, da es ein Persönlichkeitsrecht ist. Ist jedoch das Erfinderrecht an einen Dritten veräußert, so fällt es in die Konkursmasse des Dritten, weil es jetzt seines Charakters als eines Persönlichkeitsrechtes entkleidet ist. Eine einfache Lizenz fällt nicht in die Masse des Lizenznehmers, wohl aber eine ausschließliche Lizenz. Hinsichtlich einer solchen hat M. Seligsohn in der Festgabe für Kohler, S. 281 den Standpunkt vertreten, daß, wenn zwar die ausschließliche Lizenz bei Ausbruch des Konkurses bereits übertragen, der Kaufpreis aber noch nicht oder noch nicht völlig gezahlt ist, z. B. weil eine ratenweise Zahlung oder eine Stücklizenz vereinbart wurde, der Konkursverwalter sich erklären muß, ob er die Erfindung weiter ausbeuten will, in welchem Falle er die volle Lizenzgebühr, nicht nur Dividende auf diese, zu zahlen hat, oder ob er die weitere Ausbeutung ablehnt, in welchem Falle der Lizenzvertrag ex nunc aufgehoben wird. Diese Auffassung lehnt sich an § 36 des Verlagsgesetzes an, widerspricht aber dem § 17 KO. Ob sie sich durchsetzen wird, steht dahin. Zustellungen des Patentamtes für den Patentinhaber müssen nach Eröffnung des Konkurses an den Konkursverwalter erfolgen; andernfalls vermögen sie z. B. nicht eine Frist in Lauf zu setzen.

Anm. 41. Über die entgeltliche **Veräußerung von Geheimverfahren** haben sich folgende Grundsätze entwickelt. In Frage kommen hier nur solche Anweisungen und Vorschriften, die nicht zum Patent angemeldet sind. Über angemeldete Erfindungen vgl. A 3ff. Es handelt sich nicht immer um eigene Erfindungen des Veräußerers. Es wird ein ausgebreiteter Handel mit Rezepten, Verfahrensvorschriften u. dgl. getrieben, die in einigen Fabriken ausprobiert und dem Veräußerer irgendwie zur Kenntnis gelangt sind, ohne daß sie gerade schon der Öffentlichkeit preisgegeben wurden. Die hauptsächlichsten Entscheidungen des Reichsgerichtes finden sich RG 82, 155 und Blatt 20 (1914), 251. In letzterem Urteile ist ausgeführt, daß die Veräußerung eines Geheimverfahrens nicht ein Kauf ist, da weder eine Sache, noch ein Recht veräußert wird, daß vielmehr ein Vertrag eigener Art vorliegt. Daraus folgt, daß auch hier, ebenso wie bei Patentveräußerungen weder die Vorschriften des BGB über die Gewährleistungsansprüche, § 459, noch die über die Verjährung, § 477, unmittelbare Anwendung finden, noch auch, jedenfalls was die Verjährung angeht, analog anzuwenden sind. Letzteres ist in dem Urt Blatt 20 (1914), 251 überzeugend dargelegt. Was die sogenannten Rechtsmängel angeht, so wird der Veräußerer nur dafür einzustehen haben, daß die Ausnutzung des Verfahrens nicht von einem bestehenden Patente abhängig, also unmöglich ist. Ist das Verfahren als eigene Erfindung des Veräußerers bezeichnet, ist die ausschließliche Benutzung zugesagt, oder ist die Bezeichnung als Geheimverfahren in dem Sinne gemeint, daß das Verfahren niemanden als dem Veräußerer bekannt sei, so muß dieser dafür einstehen, daß es keinem Dritten bekannt geworden ist, — jedenfalls daß e r es keinem Dritten mitgeteilt hat. Ist das Verfahren als ein solches veräußert, das zwar in einzelnen Fabriken bereits ausgeführt ist, aber nicht allgemein bekannt geworden ist, so ist die Haftung nach dem Sinne des Vertrags zu bemessen. Sind die Zusagen über den geheimen Charakter des Verfahrens nicht erfüllt, so kann der Erwerber den Vertrag aufheben, geleistete Zahlungen zurückfordern und bei Verschulden des Veräußerers Schadensersatz verlangen (RG 82, 157). Der Veräußerer hat nicht das Recht, das Verfahren nachträglich selbst zum Patent anzumelden (MuW Jahrg. 13 S. 589). Führen Verhandlungen über Veräußerung eines Geheimverfahrens nicht zum Ziele, so darf der Reflektant das ihm bei den Verhandlungen bekannt gegebene Verfahren nicht seinerseits benutzen (MuW Jahrg. 14 S. 11). Die Einbringung eines Geheimverfahrens in Gesellschaften (bürgerlichen Rechtes, G. m. b. H., A.-G.) ist zulässig; vgl. auch vorstehend A 36. — Was die sog. Sachmängel angeht, so muß der Veräußerer in jedem Falle für Ausführbarkeit und Brauchbarkeit einstehen. — An Geheimverfahren werden auch Lizenzen bestellt, namentlich ausschließliche. Ein solcher Lizenzvertrag lag dem Urt RG 82, 155 zugrunde. Wirtschaftlich haben Lizenzen an Geheimverfahren Ähnlichkeiten mit den Lizenzen an Patenten; rechtlich weisen sie Verschiedenheiten auf. Beim Geheimverfahren findet nicht die Übertragung oder Bestellung eines Benutzungsrechtes statt; das Benutzungsrecht hat der Lizenznehmer ohne weiteres, denn der Lizenzgeber hat kein Verbietungsrecht. Die entscheidende Hauptsache ist die Mitteilung des Geheimnisses, ebensowohl bei der Veräußerung als auch bei der Lizenzgewährung. In diesem Hauptpunkte ähneln sich beide, in Nebenabreden unterscheiden sie sich häufig. Das Verfügungs- oder Verwirklichungsgeschäft (im Gegensatz zum Verpflichtungsgeschäft) liegt in der Mitteilung des Geheimnisses. Verpflichtungsgeschäft und Verfügungsgeschäft fallen hier häufiger, als bei Patenten, nicht zusammen. Zwangsvollstreckung ist insoweit möglich, als der Veräußerer gezwungen werden kann, sein Geheimnis dem Erwerber zu offenbaren. Wer versprochen hat, eine Niederschrift seines Geheimverfahrens bei einer Bank zu hinterlegen, kann durch Geldstrafen angehalten werden, die Niederschrift anzufertigen, Blatt 4 (1898), 3. Ob Geldgläubiger ein Geheimverfahren ihres Schuldners pfänden können, ist bestritten; es wird von der herrschenden Meinung verneint. Daraus folgt, daß das Geheimverfahren, das erheblichen Wert haben kann, auch nicht in die Konkursmasse fällt. Das kann aber zu erheblichen Schädigungen der Gläubiger führen, wenn Inhaber des Geheimverfahrens ein Gewerbetreibender ist und sein Verfahren mittels Maschinen ausgeführt hat, die die Konkursgläubiger ohne Kenntnis des Verfahrens nicht benutzen oder verwerten können. Daß unter solchen Umständen das Geheimverfahren zur Konkursmasse gezogen werden kann, ist noch nicht allgemein anerkannt. Dagegen neigt die herrschende Meinung wenigstens dazu, ein Geheimverfahren, daß der Gemeinschuldner nicht selbst erfunden vielmehr gekauft hat, als Teil der Masse anzusehen, weil dann der Grund für die Exemption, der angebliche Charakter als Persönlichkeitsrecht, fortgefallen ist.

Über alle diese Fragen verbreitet sich eingehend J. Seligsohn, Geheimnis und Erfindungsbesitz, §§ 36—39.

§ 7.

Die Dauer des Patents ist achtzehn Jahre; der Lauf dieser Zeit beginnt mit dem auf die Anmeldung der Erfindung folgenden Tage. Bezweckt eine Erfindung die Verbesserung oder sonstige weitere Ausbildung einer anderen, zugunsten des Patentsuchers durch ein Patent geschützten Erfindung, so kann dieser die Erteilung eines Zusatzpatents nachsuchen, welches mit dem Patente für die ältere Erfindung sein Ende erreicht.

Fällt das Hauptpatent durch Erklärung der Nichtigkeit, durch Zurücknahme oder durch Verzicht fort, so wird das Zusatzpatent zu einem selbständigen Patente; seine Dauer bestimmt sich nach dem Anfangstage des Hauptpatents.

Im Entwurf zur Abänderung des PG vom 4. 2. 28 ist vorgeschlagen, dem Abs. 2 folgenden Satz hinzuzufügen: Von mehreren Zusatzpatenten wird nur das erste selbständig; die übrigen gelten als Zusatzpatente dazu. — Durch diese Bestimmung soll bewirkt werden, daß nicht für jedes der mehreren Zusatzpatente, sondern nur für eines von ihnen in Zukunft Gebühren zu zahlen sind. — Wenn mehrere **neben**geordnete Zusatzpatente vorhanden sind (unten A 4), besteht auch nach Wegfall des Hauptpatents zwischen ihnen untereinander materiell kein Zusatzverhältnis; nur für die Gebührenpflichtigkeit soll es so angesehen werden, als ob ein Zusatzverhältnis bestände.

Übersicht.

Anm. 1. Bis zum Jahre 1923 betrug die **Patentdauer** fünfzehn Jahre; durch Ges vom 9. 7. 23 (RGBl 1923, II 297) ist sie auf 18 Jahre verlängert. (Zu dieser Verlängerung tritt die Verlängerung des sogenannten Verlängerungsgesetzes vom 27. 4. 20 hinzu, so daß die gesamte Dauer, wenn das Patent verlängert ist, 23 Jahre betragen kann.) Die Verlängerung auf 18 Jahre tritt nur zugunsten solcher Patente ein, die am 15. 7. 23 noch nicht erloschen waren oder infolge einer Wiedereinsetzung in den vorigen Stand wieder aufleben. Die Gründe für die Verlängerung auf achtzehn Jahre waren fiskalischer Natur. Daß alle Patente nur auf eine bestimmte Zeitdauer erteilt werden können, liegt in der Natur der Sache; ein ewig dauerndes Einzelrecht an Kulturgütern ist undenkbar und unmöglich. Es ist bekannt, daß nur recht wenige Patente ihr natürliches Lebensende durch Zeitablauf erreichen.

Der Lauf der Patentfrist beginnt mit dem auf die Anmeldung folgenden Tage, auch wenn dieser ein Sonn- oder Feiertag ist; er endet mit dem Ende des Tages, der durch seine Benennungszahl dem Anmeldetage entspricht. Würde danach die Frist in einem Nichtschaltjahre am 29. Februar endigen, so endet sie am 28. Der letzte Tag der Patentdauer kann auf einen Sonn- oder Feiertag fallen.

Anm. 2. Die Verlängerung der Patentdauer von 15 auf 18 Jahre hat — neben anderen, vgl. § 6 A 24 — folgende Übergangsbestimmung nötig gemacht, die im Art. V 3 des Ges vom 9. 7. 23 enthalten ist:

Wer vor dem 15. 7. 23 hinsichtlich einer Erfindung, für welche die Dauer des Schutzes durch die Vorschrift des Art. II Nr. 1a (des Ges vom 9. 7. 23) verlängert ist, im Inland die zur Benutzung der Erfindung erforderlichen Veranstaltungen getroffen hat, ist nach Ablauf der bisherigen gesetzlichen Schutzdauer berechtigt, die Erfindung für die Bedürfnisse seines eigenen

Betriebes gegen eine angemessene Vergütung zu benutzen. Das Benutzungsrecht kann nur mit dem Betriebe vererbt oder veräußert werden.

Diese Bestimmung verfolgt einen gleichen Zweck wie § 7 des Patentverlängerungsgesetzes. Wer im Vertrauen darauf, daß ein Patent demnächst ablaufen werde, Veranstaltungen zur Ausführung der Erfindung getroffen hat, soll sie gegen angemessene Vergütung ausführen dürfen, trotzdem daß das Patent nicht erlischt — damit nicht wirtschaftliche Werte verloren gehen. Der Begriff der Veranstaltungen ist zu § 5 A 13 erörtert. Es ist nur zu bemerken, daß nach dem Sinne der Bestimmung hier nicht zum Begriffe der Veranstaltung gehört, daß die Ausführung der Erfindung sofort in Angriff genommen werden soll. Die Festsetzung der Vergütung erfolgt im Rechtswege.

Zusatzpatent. Weil die Dauer eines Zusatzpatentes der Regel nach (vgl. A 7) gleichzeitig mit dem Hauptpatent endet, sind an die Bestimmung über die Patentdauer die Bestimmungen über das Zusatzpatent (sogar im selben Absatz) angeschlossen. Die Fassung des Abs 2 beruht auf dem bereits genannten Ges vom 9. 7. 23. Anm. 3.

Ein Zusatzpatent wird auf Antrag für eine **Zusatzerfindung** erteilt. Das Zusatzpatent bietet den Vorteil, daß es bis auf die Anmeldegebühr und die erste Jahresgebühr gebührenfrei ist. Es hat den Nachteil, daß seine Dauer in gewisser Weise (vgl. A 7) von der Dauer des Hauptpatents abhängig ist. Eine Zusatzerfindung liegt vor, wenn eine zweite Erfindung sich an eine erste anschließt, und zwar in so enger Weise, daß beide durch ein einziges Patent hätten geschützt werden können. Die Zusatzerfindung braucht nicht wirtschaftlich nebensächlich zu sein. Es gibt Zusatzpatente, die wirtschaftlich wichtiger sind, als das Hauptpatent. Zusatzpatente werden in erheblicher Anzahl erteilt, gegen 10% sämtlicher Patente.

Die Zusatzerfindung muß, um patentfähig zu sein, den im § 1 dargelegten Erfordernissen — gleich wie jede andere Erfindung — gerecht werden. Sie muß also Neuheit, Fortschritt, Erfindungshöhe usw. aufweisen. Für die Feststellung der Neuheit, des Fortschrittes usw. ist der Zeitpunkt der Anmeldung des Zusatzpatents, nicht der des Hauptpatents maßgebend. Auch gegenüber dem Hauptpatent muß das Zusatzpatent erfinderische Eigenschaften haben. Es genügt nicht, daß es eine bloße praktische Ausgestaltung der Erfindung des Hauptpatents enthält. In dieser Richtung liegt die Sache hier anders als beim Verhältnis von Hauptanspruch zu einem in demselben Patente gewährten Unteranspruch (§ 4 A 70f; Bolze Bd. 5 Nr. 178). Ob das Erfordernis des erfinderischen Überschusses gegenüber dem Hauptpatente auch dann gilt, wenn das letztere nicht vorveröffentlicht ist, ist zweifelhaft; nach richtiger Meinung ist die Frage, wie bei jedem anderen selbständigen Patente, zu verneinen.

Verhältnis zum Hauptpatent. Das Zusatzpatent kann nur demjenigen erteilt werden, der Inhaber des Hauptpatents ist, also nicht dem Nießbraucher, Lizenznehmer u. dgl. Die Identität beider Personen muß im Zeitpunkt der Anmeldung des Zusatzpatents und der Erteilung desselben vorhanden sein. Nicht erforderlich ist, daß der Anmelder der Zusatzerfindung der Urheber der Haupterfindung ist; auch wer ein Hauptpatent vom Erfinder erworben hat, kann ein Zusatzpatent anmelden. Wer das Hauptpatent veräußert hat, kann aber nicht mehr ein Zusatzpatent anmelden. Dagegen kann er mit dem Hauptpatent seine Zusatzerfindung nebst deren Anmeldung übertragen. Entscheidend für die Frage, wer als Inhaber des Hauptpatents gilt, ist nach der herrschenden Meinung hier die Eintragung in die Patentrolle, § 19 Abs. 2. Steht das Hauptpatent auf Namen mehrerer Personen, so müssen diese sämtlich die Anmeldung der Zusatzerfindung bewirken. — Nach Erteilung des Zusatzpatents kann dieses an a, das Hauptpatent an b übertragen werden. Anm. 4.

Ein Zusatzpatent kann nicht als Zusatz zu mehreren Hauptpatenten erteilt werden (MuW Jahrg. 9 S. 151). Dagegen können zu einem Hauptpatente mehrere Zusatzpatente erteilt werden, z. B. mehrere selbständige Verbesserungen der Haupterfindung. Desgleichen ein zweites Zusatzpatent zu einem ersten Zusatzpatent, z. B. eine weitere Verbesserung der ersten Verbesserung. Endlich auch ein Zusatzpatent gleichzeitig zum Hauptpatent und zu einem ersten Zusatzpatent (vgl. 262823). Über die Behandlung der mehreren Zusatzpatente bei Erlöschen des Hauptpatents vgl. unten A 7.

Verhältnis des Inhalts beider Patente. Nach dem Gesetze geht der Inhalt der Zusatzerfindung dahin, daß die Haupterfindung entweder verbessert oder weiter ausgebildet wird. Daraus ergibt sich, wie übrigens selbstverständlich ist, daß die Erfindungen beider Patente nicht die nämlichen sein dürfen. Anm. 5.

Verbesserung. Es kann ein Verfahren vereinfacht, verbilligt, ein Arbeitsmittel wirksamer, ein Erzeugnis wertvoller gemacht werden. Die Verbesserung kann sowohl in der Lösungsidee, als auch in dem Lösungsmittel liegen. Liegt sie in der Lösungsidee, so ist darauf zu achten, daß das gelöste Problem und das Prinzip der Lösung dasselbe geblieben sein muß; andernfalls ist ein Zusatzverhältnis nicht gegeben.

Eine „Ausgestaltung", eine weitere Ausbildung der Haupterfindung liegt vor, wenn etwa ein Verfahren oder ein Arbeitsmittel auf einen weiteren Anwendungskreis übertragen wird, Blatt 7 (1901), 129, oder wenn für ein Verfahren oder eine Vorrichtung eine besonders günstige Ausführungsform oder für ein Verfahren ein geeignetes Arbeitsmittel gefunden wird oder dgl.

Beispiele. Ein Verfahren zum elektrischen Schmelzen von Eisen wird erfunden. Zusätzlich wird der für das Verfahren geeignete Ofen und sodann die Übertragung des Verfahrens auf das Schmelzen von Aluminium erfunden. — Es wird die synthetische Herstellung von Ammoniak aus den Elementen mittels Kontaktmassen, die aus Eisen — und aus Alkaliverbindungen bestehen, erfunden. Erstes Zusatzpatent: die Alkaliverbindungen können durch andere Beimengungen ersetzt werden. Zweitens Zusatzpatent: die Kontaktmasse kann noch in anderer Weise verändert werden. Dieses Patent (262823) ist als Zusatzpatent zum Hauptpatent und zum ersten Zusatzpatent bezeichnet, was unter Umständen für die weiteren Schicksale dieses Patents von Bedeutung sein kann, A 7. Ist das Hauptpatent ein Verfahrenspatent, so kann das Erzeugnis nicht durch Zusatzpatent geschützt werden. Ist der Gegenstand des Hauptpatents eine konkrete Ausführungsform, fällt aber in dessen Schutzbereich ein allgemeinerer Erfindungsgedanke, oder ist dieser sogar ausdrücklich geschützt, so kann eine nicht erfinderische Ausführungsform nicht zusätzlich geschützt werden, weil überhaupt keine Erfindung vorliegt (Bolze Bd. 5 Nr. 178). Dagegen kann eine neue Ausführungsform mit eigener erfinderischer Qualität zusätzlich geschützt werden. Ist das Hauptpatent beschränkt auf eine einzelne konkrete Ausführungsform, so kann ein allgemeiner Erfindungsgedanke nach der herrschenden (nicht unzweifelhaften) Meinung zusätzlich geschützt werden; es soll weitere Ausbildung vorliegen. So schützt das Zusatzpatent 218216 einen allgemeinen Erfindungsgedanken betr. den Koppelungsgrad zweier abgestimmter Kreise in der drahtlosen Telegraphie, während das Hauptpatent 217731 nur einen Spezialfall schützt, wie in der Nichtigkeitssache I 158/1915 durch Gutachten festgestellt ist. Ist ein Verfahren in Anwendung auf einzelne Körper geschützt, so kann die neu erfundene Anwendung auf die ganze Klasse, zu der jene Körper gehören, zusätzlich geschützt werden, Blatt 7 (1901) 129; österr. Patentblatt 1924, 88.

Anm. 6. **Erteilungsverfahren.** Selbstverständlich kann ein Zusatzpatent nur erteilt werden, wenn zur Zeit der Erteilung das Hauptpatent noch in Kraft ist. Die Erklärung zum Zusatzpatent erfolgt nur auf ausdrücklichen Antrag (Bolze Bd. 9 Nr. 105). Anmeldungen eines Zusatzpatents werden vor Erteilung des Hauptpatentes zugelassen GewR 14 (1909), 71. Die Bekanntmachung des Zusatzpatents kann nicht vor der Bekanntmachung des Hauptpatents erfolgen, also z. B. nicht solange als die letztere ausgesetzt ist. Ebenso kann die Erteilung nicht vor Erteilung des Hauptpatents erfolgen, GewR 13 (1908), 144. Die Bezeichnung als Zusatzpatent kann auch noch nach der Bekanntmachung beantragt werden, aber nicht nach Erlaß des rechtskräftigen Erteilungsbeschlusses. Auf eine als Zusatz angemeldete Erfindung kann auch noch nach Bekanntmachung auf einen abändernden Antrag ein selbständiges Patent erteilt werden, wenn dadurch der Inhalt der Erfindung nicht verändert wird, Blatt 20 (1914), 36. Ist ein Patent als Zusatzpatent zu einem anderen erteilt, so kann es nicht nachträglich auch noch als Zusatz zu einem dritten Patent erklärt werden, Blatt 8 (1902), 204. Ist ein Patent als Zusatzpatent erteilt, das Hauptpatent aber sodann erloschen, so kann ersteres vor Rechtskraft des Erteilungsbeschlusses auf Beschwerde in ein selbständiges Patent umgewandelt werden, Blatt 17 (1911), 310. Über Erteilung von Zusatzpatenten bei beanspruchter Unionspriorität des Hauptpatents vgl. Hüfner, GewR 22 (1917), 217. Ein Zusatzpatent unterliegt nicht um deswillen der Vernichtung im Nichtigkeitsverfahren, weil es in Wahrheit ein selbständiges Patent ist, Blatt 5 (1899), 27.

Anm. 7. **Weitere Schicksale des Zusatzpatents.** Das Zusatzpatent kann durch Nichtzahlung der Gebühren, Nichtigkeitserklärung, Verzicht, Zurücknahme, erlöschen; das Hauptpatent wird davon nicht berührt.

Erlischt das Hauptpatent, so ist zu unterscheiden. Erlischt es durch Zeitablauf, so erlischt gleichzeitig das Zusatzpatent. Ein zweites Zusatzpatent, sei es zum Hauptpatent oder zum ersten Zusatzpatent oder zu beiden, erlischt ebenso. — Erlischt das Hauptpatent durch Nichtzahlung der Gebühren, so erlöschen ebenfalls die Zusatzpatente gleichzeitig. Diese Regel ist jedoch neuerdings vom Patentamt geleugnet für den Fall, daß hinsichtlich des Zusatzpatents die in der Benachrichtigung (§ 8 Abs 3) gesetzte Zahlungsfrist noch nicht abgelaufen ist, Blatt 31 (1925), 17.

Erlischt das Hauptpatent durch Nichtigkeitserklärung, durch Zurücknahme, durch Verzicht, so bleibt das Zusatzpatent als selbständiges Patent bestehen; seine Dauer bemißt sich dann nach dem Anfangstage des Hauptpatents. So die neue Bestimmung des Gesetzes, durch die früher bestehende Zweifel gelöst sind. Sind mehrere Zusatzpatente zu einem Hauptpatente erteilt, so werden diese sämtlich selbständig. Hieran wird durch die in Aussicht genommene neue Gesetzesbestimmung (siehe § 7 im Eingang) nichts geändert; trotz ihrer Fassung bezieht sie sich nur auf die Gebührenzahlung. Ist zum ersten Zusatzpatente ein zweites Zusatzpatent erteilt, so wird das erste selbständig, das zweite bleibt dessen Zusatz. Ebenso wenn das zweite Zusatzpatent als Zusatz zum Hauptpatente und zum ersten Zusatzpatente erteilt war. — Erlischt das Hauptpatent durch Nichtigkeitserklärung usw. nur teilweise, so sollen nach der herrschenden Meinung die Zusatzpatente als Zusatz bestehenbleiben. Für viele Fälle ist das unmöglich. Ist z. B. durch das Hauptpatent ein aus mehreren Stufen bestehendes Verfahren patentiert, z. B. vom Stoffe a über b nach c zu gelangen, und wird der Weg a bis b vernichtet, nachdem er durch Zusatzpatent verbessert ist, so wäre es sinnlos, die Verbesserung von a bis b als Zusatz zu b bis c bestehenzulassen. Das Zusatzpatent muß also selbständig werden. Zu weitgehend deshalb Blatt 14 (1908), 259. In zweifelhaften Fällen mag das Zusatzverhältnis bestehenbleiben.

Hauptpatent und Zusatzpatent können zusammen **übertragen** werden. Es kann auch jedes für sich übertragen werden. Das Zusatzverhältnis erlischt dann. Unter Umständen kann bei gesonderter Übertragung die Frage nach der Abhängigkeit des bisherigen Zusatzpatents entstehen, so, wenn das Zusatzpatent eine Verbesserung der Erfindung des Hauptpatents enthielt. — Ist auf das Hauptpatent eine Lizenz erteilt, so umfaßt diese im Zweifel nicht auch die Erlaubnis zur Benutzung der Erfindung des Zusatzpatents. Umgekehrt im Zweifel, wenn eine Lizenz auf das Zusatzpatent gewährt ist, und diese ohne Benutzung der Haupterfindung nicht ausgeführt werden kann. **Anm. 8.**

Streitig war lange Zeit, ob das Zusatzpatent, auch wenn es selbständig geworden ist, nur einen **beschränkten Schutz** verleiht. Das Hauptpatent schützt einen Dampfpflug, das Zusatzpatent einen dazu gehörigen Mechanismus, mittels dessen man die Tiefe der Furchen verschieden regeln kann. Es entsteht die Frage, ob jedermann das Recht hat, den Mechanismus an Pflügen, die von Pferden gezogen werden, anzubringen und sich an der Rechtslage nach der einen oder der anderen Seite etwas ändert, wenn das Zusatzpatent selbständig geworden ist? Robolski, Theorie und Praxis, S. 126 vertritt die Meinung, daß Verbesserungspatente, auch wenn selbständig geworden, sich nur auf die Verbesserung des Gegenstandes des Hauptpatents erstrecken. Ebenso das Reichsgericht noch im Jahre 1916, IndR Jahrg. 11 S. 137 Sp. 1 unten, welches Urteil weiter unten erörtert wird. Das Reichsgericht folgt, mit Ausnahme jener Entscheidung, der entgegengesetzten Meinung, GewR 19 (1914), 148; IndR Jahrg. 8 S. 205, hier freilich mit einer gewissen Beschränkung; Warneyer 1914 Nr 170. Immerhin wird das nicht übertrieben werden dürfen. Es handelte sich in den angeführten Fällen darum, daß die Verbesserung von Sandstreuern und Kopiermaschinen einer besonderen Konstruktion zusätzlich geschützt war; das Reichsgericht hat ausgesprochen, daß die Anwendung dieser Verbesserung auf Sandstreuer usw. ähnlicher Konstruktion nicht jedem freistehe. Diesen Standpunkt hat das Reichsgericht noch neuerdings aufrechterhalten: die Ansicht der Revision, daß jede Zusatzpatentierung die Beschränkung des Schutzumfangs auf den Gegenstand des Hauptpatents zur Folge habe, ... findet im Gesetze keine Stütze (MuW Jahrg. 24 S. 20 Sp. 1 unten). Hin und wieder kann man dabei freilich zu auffälligen Ergebnissen gelangen. In dem Urteile, daß bei Warneyer 1914 Nr 170 teilweise abgedruckt ist, handelt es sich darum, Metallplatten für den lithographischen Druck mit einer Schicht zu überziehen, die an den dazu bestimmten Stellen das Haften der Druckfarbe verhindert. Früher waren dazu Lösungen von Phosphorsäure usw. verwandt. 120061 führte die Neuerung ein, daß Lösungen verwandt werden sollten, die durch den Strom einer äußeren elektrischen Stromquelle elektrolysiert werden. Zusatzpatente waren erwirkt, die besonders geeignete Elektrolyten bezeichneten. Das Reichsgericht hat angenommen, daß die in den Zusatzpatenten bezeichneten Lösungen auch insoweit geschützt seien, als sie durch rein mechanische Auftragung wirken, ohne daß irgendwelche elektrolytischen Vorgänge auftreten. Nach dieser Auffassung macht das Zusatzpatent von dem Erfindungsgedanken des Hauptpatents, der Verwendung der Elektrolyse, also überhaupt keinerlei Gebrauch mehr, gibt keine Verbesserung oder Ausbildung der Erfindung des Hauptpatents, hat mit ihr vielmehr nichts zu tun (I 259/1913, Urt vom 4. 3. 14). Es finden sich auch Urteile, die weniger weit gehen. 152354 schützte ein Verfahren zum Schleifen von Holz für die Papierfabrikation mittels Zuführung von heißem Wasser. Dieses sollte die Flächen des Schleifsteines und des zu schleifenden Holzstückes benetzen, wodurch gewisse Vorteile erzielt werden. In dem Patente, jedenfalls im Anspruche, war nichts davon gesagt, daß man das Schleifwasser in der Vorrichtung immer wieder zirkulieren lassen und so die andauernde Zuführung von heißem Wasser zum Teil ersparen könne. Das Zusatzpatent 227064 schützte den Zusatz von Bleichmitteln zu dem heißen Wasser. Behauptet wurde vom Kläger, daß dieses Zusatzpatent nach richtiger Auslegung auch noch das soeben erwähnte Verfahren schützte, das heiße Schleifwasser in der Vorrichtung zirkulieren zu lassen zu dem angegebenen Zwecke, die andauernde Zufuhr heißen Wassers zu ersparen. Das lehnte das Reichsgericht ab, indem es darauf hinwies, daß das Zusatzpatent nur eine Verbesserung des Hauptpatents, also eine Verbesserung der andauernden Zufuhr des heißen Wassers schützen könne. Das Reichsgericht äußerte: abgesehen davon, daß der Schutz des Zirkulationsverfahrens als solchen im Zusatzpatente gar nicht erfolgen könnte, da sich das Patent nur auf eine Verbesserung des im Hauptpatente geschützten Verfahrens bezieht . . . usw. (JndR Jahrg. 11 S. 137). Hier ist also verneint, daß durch das Zusatzpatent ein selbständiger, mit der Erfindung des Hauptpatents nicht in Zusammenhang stehender Schutz gewährt werden könne. — Es ist ersichtlich, daß die Rechtsprechung nicht ganz einheitlich ist; wie ist zu entscheiden? Wenn man die zur Erörterung gelangten Streitfälle durchgeht, so zeigt sich klar, daß es sich um Fälle ganz verschiedener Art handelt. Diese Verschiedenheiten können bei der Beurteilung nicht unberücksichtigt bleiben. Ist die Sachlage so, daß im Hauptpatent ein Sandstreuer oder eine Kopiermaschine von einzelner, besonderer Bauart und im Zusatzpatent eine Verbesserung oder Ausgestaltung dieser Vorrichtungen geschützt ist, so wird der Annahme sicherlich nichts im Wege stehen, daß diese Verbesserung oder Ausgestaltung von dem Zusatzpatente auch dann erfaßt wird, wenn sie auf Sandstreuer oder Kopiermaschinen ganz ähnlicher Art, die sich nur in Einzelheiten unterscheiden, angewandt werden soll. Zwei Gesichtspunkte sind maßgebend: der rein formelle Standpunkt, daß das Zusatzpatent sich ausnahmslos stets nur auf die konkrete Bauart des Hauptpatents beziehe, läßt sich nicht aufrechterhalten, denn wenn die Verbesserung in das Hauptpatent aufgenommen wäre, so würde dessen Schutzumfang auch die Anbringung an Vorrichtungen, die in den wesentlichen Punkten ähnlich sind, also etwa an Maschinen derselben Gattung umfassen. Der zweite Gesichtspunkt: die Sachlage darf aber nicht etwa so sein, daß, wenn die Verbesserung in das Hauptpatent aufgenommen wäre, nach den Grundsätzen über die Auslegung eine Erstreckung von dessen Schutzbereich in der in Frage stehenden Weise unzulässig wäre. Die Erfindung des Zusatzpatents kann also nicht auf neue Gebiete, die neue Probleme darbieten, erstreckt werden. Es erscheint auch nicht zulässig, die Erstreckung auf ein weit entlegenes Gebiet vorzunehmen, mögen auf diesem auch nicht gerade neue Probleme für die Verbesserung hervortreten. Das ist zutreffend von Benjamin (MuW Jahrg. 11 S. 109) zum Ausdruck gebracht: Wer ein neues Konstruktionselement in Verbindung mit einer Maschine sich durch Zusatzpatent schützen läßt, kann nicht verlangen, daß es ihm dadurch stillschweigend auch in Verbindung mit einem Photographenapparat geschützt ist. Ähnlich Tolksdorf GewR 24 (1919), 117: Wenn an einer Schreibmaschine neu erfunden ist, die Schwingbewegung der Taste in die gradlinige Hubbewegung des Farbbandhalters umzuwandeln, so ist für die Anwendung dieses Bewegungsmechanismus an einer Nähmaschine nicht stillschweigend Schutz gewährt. In dem erwähnten Falle des Sandstreuers (JndR Jahrg. 8 S. 205) hat das Reichsgericht sogar ausgesprochen, daß sich die Zusatzerfindung nicht einmal auf jeden Sandstreuer, sondern nur auf einen solchen erstreckt, der eine „Aufwühldüse" enthält. — Zweitens wird es nicht zulässig sein, das Zusatzpatent seinem Inhalte nach soweit auszulegen, daß die Zugehörigkeit zum Hauptpatent überhaupt aufgehoben wird. Wenn im Hauptpatente geschützt ist, beim lithographischen Druck elektrolytische Vorgänge anzuwenden, so muß es nach der in diesem Kommentar zu vertretenden Meinung Bedenken erregen, ein Zusatzpatent, das die Elektrolyse verbessern will und zu dem Zwecke geeignete Elektrolyten benennt, dahin auszulegen, daß dieses Zusatzpatent auch Vorgänge umfaßt, die nicht elektrolytisch, sondern rein mechanisch wirken. — Ebenso muß es Bedenken erregen, ein Zusatzpatent, das beim Schleifen vom Holz den Zusatz von Bleichmitteln zu dem heißen Wasser empfiehlt, dahin auszulegen, daß stillschweigend eine Einrichtung geschützt sei, die darauf abzielt, das Wasser zirkulieren zu lassen — wie das auch vom Reichsgericht in dem oben angeführten Falle zurückgewiesen ist. — Der Grund für diese Beschränkung liegt darin, daß andernfalls das Publikum irregeführt werden würde. Wer ausdrücklich erklärt, daß er die Erfindung des Hauptpatents verbessern will, ist an dem erkennbaren Sinn dieser seiner Erklärung festzuhalten und kann nicht verlangen, daß seinem Zusatzpatent eine Bedeutung beigemessen wird, die mit dem Hauptpatent überhaupt nichts mehr zu tun hat. Besonders muß das gelten, wenn der Anspruch des Zusatzpatents lautet: Vorrichtung nach Patent . . . (folgt Nummer des Hauptpatents), dad. gek., daß . . ., wenn also das Zusatzpatent noch ganz ausdrücklich darauf hinweist, daß es sich nur mit der Ausgestaltung der im Hauptpatente beschriebenen Vorrichtung befassen will und dieser angepaßt ist.

Anm. 10. **Zusatzpatent und Patentverlängerung.** Die herrschende Meinung nimmt an, daß die Verlängerung eines Hauptpatents nach dem Ges vom 27. 4. 20 sich nicht selbsttätig auf die Zusatzpatente erstreckt, daß es vielmehr zu deren Verlängerung einer besonderen Beschlußfassung bedarf. Dann würde ein nach dem 31. 7. 19 angemeldetes Zusatzpatent überhaupt nicht verlängert werden können, denn § 1 Abs 1 des Verlängerungsgesetzes bestimmt, daß der Zeitraum vom 1. 8. 14 bis zum 31. 7. 19 nicht auf die gesetzliche Dauer angerechnet werden soll. Einen solchen Zeitraum gibt es für Zusatzpatente nicht, die erst nach dem 31. 7. 19 angemeldet sind. Das Zusatzpatent würde also früher erlöschen als das Hauptpatent. Dies Ergebnis ist wenig befriedigend (MuW Jahrg. 23 S. 176) und widerspricht der grundlegenden Bestimmung des § 7 Abs 1. Die Richtigkeit der herrschenden Meinung ist nicht unzweifelhaft.

Anm. 11. Über die für Zusatzpatente zu zahlenden Gebühren vgl. § 8 A 3.

§ 8.

Für jedes Patent ist vor der Erteilung die erste Jahresgebühr (§ 24 Abs 1), mit Beginn des zweiten und jedes folgenden Jahres der Dauer des Patents eine weitere Jahresgebühr nach Maßgabe des Tarifs zu entrichten.

Zusatzpatente (§ 7) sind von den Gebühren für das zweite und jedes folgende Jahr der Dauer des Patentes ausgenommen. In den Fällen des § 7, Abs. 2 tritt jedoch, sobald die Gebührenzahlung für das Hauptpatent fortfällt, für das selbständig gewordene Zusatzpatent die Gebührenpflicht ein, wobei sich der Fälligkeitstag und der Jahresbetrag der Gebühr nach dem Anfangstage des bisherigen Hauptpatentes bestimmt.

Die für das zweite und die folgenden Jahre zu zahlende Gebühr ist innerhalb zweier Monate nach der Fälligkeit zu entrichten. Nach dem Ablauf der Frist kann die Gebühr nur unter Zahlung des tarifmäßigen Zuschlags entrichtet werden. Das Patentamt gibt dem Patentinhaber Nachricht, daß das Patent erlischt, sofern nicht bis zum Ablauf eines Monats nach Zustellung die Gebühr nebst Zuschlag gezahlt wird (§ 9).

Einem Patentinhaber, welcher seine Bedürftigkeit nachweist, können die Gebühren für das erste und zweite Jahr der Dauer des Patents bis zum dritten Jahre gestundet und, wenn das Patent im dritten Jahre erlischt, erlassen werden.

Die Zahlung der Gebühren kann vor Eintritt der Fälligkeit erfolgen. Wird auf das Patent verzichtet oder dasselbe für nichtig erklärt oder zurückgenommen, so erfolgt die Rückzahlung der nicht fällig gewordenen Gebühren.

In dem Entwurf zur Abänderung des Patentgesetzes vom 4. 2. 28 sind folgende Vorschläge gemacht: Anm. 1.

a) Im Abs 1 wird das Wort „Erteilung" durch das Wort „Bekanntmachung" ersetzt. — Dieser Vorschlag will bestimmen, daß die erste Jahresgebühr in Zukunft bereits vor der Bekanntmachung der Anmeldung entrichtet werden soll.

b) Im Abs. 3 treten an die Stelle der Worte „das Patentamt gibt" die Worte „nach Ablauf der zwei Monate gibt das Reichspatentamt". — In Art. 5bis der Haager Konvention ist vorgesehen, daß für die Gebührenzahlung eine Nachfrist von mindestens drei Monaten gewährt werden muß. Das geltende Recht entspricht dieser Bestimmung bereits. Jedoch ist bisher nicht mit genügender Deutlichkeit zum Ausdruck gebracht, daß die vorgeschriebene Nachricht des Patentamts erst nach Ablauf der ersten zwei Monate abgesandt werden darf. Dies soll durch den neuen Vorschlag klargestellt werden. Anm. 2.

c) Abs. 4 soll folgende Fassung erhalten: wenn der Anmelder oder Patentinhaber seine Bedürftigkeit nachweist, kann ihm das Reichspatentamt die Gebühren für die ersten vier Jahre bis zum Beginn des fünften stunden. Gestundete Gebühren sind erlassen, wenn das Patent innerhalb der ersten fünf Jahre erlischt. — Diese Vorschrift bezweckt eine weitere Erleichterung für die kleinen und mittleren Erfinder. Weiter soll der Erlaß der gestundeten Gebühren im angegebenen Falle kraft Gesetzes eintreten.

Übersicht.

Anm. 1. Abs. 1 ist durch das Ges vom 9. 7. 23 (RGBl II S. 297) normiert, Abs. 2 durch das neue Ges vom 26. 3. 26, Blatt 32 (1926), 58. Auch Abs. 3 war durch das ersterwähnte Gesetz normiert, ist jedoch durch die Verordnung vom 29. 10. 23 (RGBl II, S 399) wieder abgeändert und lautet jetzt so, wie vorstehend angegeben. Abs. 4 und 5 sind geblieben, wie früher, vgl. Verordnung vom 7. 3. 24 (RGBl II S. 63). Ein früherer weiterer Absatz scheint mit Rücksicht auf Art. 1 Abs. 2 des Ges vom 9. 7. 23 stillschweigend verschwunden zu sein.

Anm. 2. Die herrschende Meinung nimmt an, daß die Gebühren das sind, als was sie sich bezeichnen, nämlich Gebühren, nicht Steuern. Sie können nicht zwangsweise beigetrieben werden. Werden sie nicht entrichtet, so wird das Patent nicht erteilt oder es erlischt. Sie können rechtswirksam von einem Dritten ohne Einwilligung des Patentinhabers entrichtet werden.

Im Abs. 1 ist vorgeschrieben, daß die Gebühren nach Maßgabe eines Tarifs entrichtet werden. Ein solcher Tarif war in der Verordnung vom 28. 2. 24 (RGBl II S. 45) enthalten. Er ist jetzt durch das bereits erwähnte Ges vom 26. 3. 26 festgestellt, dessen Sätze im folgenden mitgeteilt sind. Es sind zu zahlen eine Anmeldegebühr von 25 RM, dann Jahresgebühren in Höhe von je 30 RM für die ersten drei Jahre, bis zu 1200 RM für das 18. Patentjahr, unten Ziff 3.

Nach dem Ges vom 9. 7. 23 konnte bis zum Ablauf von fünf Jahren nach dem Inkrafttreten dieses Gesetzes die Höhe der Gebühren durch die Reichsregierung im Falle einer wesentlichen Änderung der wirtschaftlichen Verhältnisse mit Zustimmung des Reichsrats anderweitig festgesetzt werden, Art 1 Abs 2. Von dieser Befugnis war durch den Erlaß des erwähnten Tarifs vom 28. 2. 24 Gebrauch gemacht worden. Im neuen Ges vom 26. 3. 26 ist diese Befugnis nicht wiederholt worden.

Im übrigen befindet sich die Ordnung des Gebührenwesens augenblicklich gesetzestechnisch in einem wenig übersichtlichen Zustand. Es ist im Interesse des Publikums wünschenswert, daß irgendwo eine authentische klare Übersicht gegeben wird. Dieser Wunsch ist durch die im amtlichen Auftrage erfolgte Veröffentlichung Blatt 30 (1924) 180ff noch nicht vollkommen erfüllt.

1. Mit der Anmeldung ist eine **Anmeldegebühr** zu zahlen (§ 20 letzter Satz). Deren Höhe beträgt nach dem geltenden Tarif 25 RM. Erfolgt die Zahlung nicht mit der Anmeldung, so setzt das Patentamt eine Frist zur Nachholung der Zahlung. Verläuft diese ungenutzt, so weist es die Anmeldung zurück. Die Anmeldegebühr kann nicht etwa beigetrieben werden. Erfolgt die Anmeldung innerhalb der Frist, so berechnet sich die Priorität nach dem Eingange der Anmeldung, nicht der Zahlung.

2. Die **erste Jahresgebühr** beträgt 30 RM und ist vor der Erteilung des Patents (nach dem neuen Gesetzesvorschlage vor der Bekanntmachung) zu entrichten, § 8 Abs. 1. Nach § 24 Abs 1 ist außerdem bestimmt, daß sie innerhalb einer Frist von zwei Monaten nach der Veröffentlichung (§ 23) zu entrichten ist. Beide an so verschiedenen Stellen des Gesetzes sich findenden Bestimmungen gelten nebeneinander. Ist die Frist von zwei Monaten abgelaufen, so gibt das Patentamt dem Patentsucher Nachricht, daß die Anmeldung als zurückgenommen gelten wird, sofern nicht bis zum Ablauf eines (weiteren) Monats nach Zustellung der Mitteilung die Gebühr nebst einem tarifmäßigen Zuschlage von 5 RM entrichtet wird. Erfolgt die Einzahlung nicht binnen dieser Frist, so gilt die Anmeldung als zurückgenommen (§ 24). Die Berechnung der beiden Fristen regelt sich nach §§ 187, 188 BGB. Der Patentsucher hat also achtzugeben, daß er die zwei Monate nach Veröffentlichung nicht verstreichen läßt. Versäumt er diese Frist, so erhält er eine Mahnung, keine zweite. Versäumt er auch die zweite Frist (von einem Monat nach der Mahnung), so ist seine Anmeldung erledigt. Ziehen sich die Erörterungen bis zur Veröffentlichung lange hin, so ist es möglich, daß Jahre vergehen, bis die erste Jahresgebühr fällig wird.

3. Die **zweite und die folgenden Jahresgebühren** betragen:

für das	2. Jahr		30	RM
„ „	3.	„	30	„
„ „	4.	„	30	„
„ „	5.	„	50	„
„ „	6.	„	75	„

für das	7. Jahr	100	RM
„ „	8. „	150	„
„ „	9. „	200	„
„ „	10. „	300	„
„ „	11. „	400	„
„ „	12. „	500	„
„ „	13. „	600	„
„ „	14. „	700	„
„ „	15. „	800	„
„ „	16. „	900	„
„ „	17. „	1000	„
„ „	18. „	1200	„

Diese Gebühren werden fällig mit dem Beginne des zweiten und jedes folgenden Jahres der Dauer des Patents (§ 8 Abs. 1), auch wenn dies ein Sonn- oder Feiertag ist; der Beginn jedes Jahres ist derjenige Tag, der die gleiche Bezeichnung trägt wie der auf die Patentanmeldung folgende Tag. Die Gebühren sind innerhalb zweier Monate nach der Fälligkeit zu entrichten (§ 8 Abs 3). Nach dem Ablaufe dieser Frist von zwei Monaten gibt das Patentamt dem Patentinhaber Mitteilung, daß das Patent erlischt, sofern nicht bis zum Ablaufe eines weiteren Monats nach Zustellung der Mitteilung die Gebühr nebst einem Zuschlage, der 10%, mindestens jedoch 5 RM beträgt, gezahlt wird. Erfolgt die Zahlung der Gebühr nebst Zuschlag nicht innerhalb dieser Monatsfrist, so erlischt das Patent (§ 9). Zieht sich die Patenterteilung über den Beginn des zweiten Jahres hinaus, so wird die zweite Jahresgebühr mit der Rechtskraft des Erteilungsbeschlusses fällig. Ebenso bei der dritten Jahresgebühr, die unter diesen Umständen also gleichzeitig mit der zweiten Gebühr fällig werden kann.

Im Entwurf zur Abänderung des Patentgesetzes vom 4. 2. 28 sind folgende Vorschriften in Aussicht genommen, wie teilweise bereits erwähnt.

Der Patentsucher hat vor der Bekanntmachung die erste Jahresgebühr zu entrichten (§ 8 Abs. 1, § 24 Abs. 1).

§ 24 Abs. 1 soll als § 23a folgende Fassung erhalten: Die erste Jahresgebühr (§ 8 Abs. 1, § 23 Abs. 1) ist binnen zwei Monaten seit Zustellung des Beschlusses über die Bekanntmachung einzuzahlen. Wird die Frist versäumt, so muß der tarifmäßige Zuschlag gezahlt werden. Nach Ablauf der zwei Monate gibt das Reichspatentamt dem Patentsucher Nachricht, daß die Anmeldung als zurückgenommen gilt, wenn Gebühr und Zuschlag nicht binnen einem Monat nach Zustellung gezahlt werden. Unterbleibt die Zahlung in dieser Frist, so gilt die Anmeldung als zurückgenommen. — Die erste Jahresgebühr ist also vor der Bekanntmachung, bei der eine Drucklegung erfolgen soll, zu entrichten, damit Sicherheit für die Kosten der Drucklegung vorhanden ist. Die erste Jahresgebühr muß aber weiter auch noch binnen zwei Monaten seit der Zustellung des Beschlusses, durch die die Bekanntmachung angeordnet wird, eingezahlt werden. Die weiteren Vorschriften des neuen § 23a sollen klarstellen, daß das Deutsche Reich den Vorschriften der Haager Konvention auch insofern entspricht, daß die Nachricht des Reichspatentamts erst nach Ablauf der zwei Monate gegeben werden darf. — Daß die Bestimmungen über die Zahlung der ersten Jahresgebühr sich n zwei verschiedenen Paragraphen getrennt durch andere Bestimmungen finden, dürfte im Interesse der Klarheit gesetzestechnisch nicht erwünscht sein.

4. Gebühren für verlängerte Patente. Art. 1 § 6 des Verlängerungsgesetzes bestimmte: Wird die Verlängerung eines Schutzrechts beschlossen, so ist die in der Zeit vom 1. August 1914 bis einschließlich 31. Juli 1919 eingetretene Fälligkeit einer Gebühr ohne Wirkung. Diese Bestimmung ist durch Ges vom 27. 6. 22, Art. VI Ziff. 2 ergänzt, und es ist zusätzlich bestimmt: an Stelle der für unwirksam erklärten Fälligkeitstermine treten hinsichtlich der Gebührenberechnung die entsprechenden Kalendertage der auf den 31. Juli 1919 folgenden fünf Jahre. Eine Gebühr, die für ein in der Zeit vom 1. August 1914 bis einschließlich 31. Juli 1919 begonnenes Patentjahr gezahlt worden ist, muß durch Nachzahlung auf den Betrag ergänzt werden, der für den neuen Fälligkeitstermin vorgeschrieben ist. — Mit der wie vorstehend festgestellten Fälligkeit der Gebühren tritt auch bei verlängerten Patenten der Lauf der beiden Fristen von zwei Monaten und einem weiteren Monat ein, wie zu Ziff. 3 dargelegt.

Gebühren für Zusatzpatente. Bis zum Ges vom 9. 7. 23 waren Zusatzpatente bis auf die Anmeldegebühr und die erste Jahresgebühr gebührenfrei. Sodann wurden Zusatzpatente mit der halben Jahresgebühr belastet. Dies ist durch das Ges vom 26. 3. 26 wieder in Wegfall gebracht, so daß für Zusatzpatente jetzt nur die Anmeldegebühr und die erste Jahresgebühr zu zahlen sind. Auch für den jetzigen Zustand ist folgender Teil der Begründung des Ges vom 9. 7. 23 von Wichtigkeit geblieben. „Hinsichtlich der selbständig werdenden Zusatzpatente er- Anm. 3.

scheint es zweckmäßig und angemessen, die Gebührenpflicht in den verschiedenen Fällen des Wegfalls des Hauptpatents (Nichtigkeitserklärung, Zurücknahme, Verzicht) einheitlich dahin zu regeln, daß die Gebührenlast des Hauptpatents nunmehr auf das Zusatzpatent übergeht. Der jeweilige Fälligkeitstag bleibt unverändert, nur ist nach dem Wegfall des Hauptpatents für das Zusatzpatent der volle Gebührensatz zu zahlen, der bei Fortdauer des Hauptpatents für dieses zu entrichten wäre, und zwar regelmäßig zum ersten Male an dem Fälligkeitstage, der auf den Wegfall des Hauptpatents folgt; tritt der Wegfall allerdings nach einem Fälligkeitstage noch innerhalb der beiden Zahlungsfristen ein, so ist die volle Gebühr des Hauptpatents bereits für das Patentjahr zu zahlen, das mit dem Fälligkeitstage begonnen hat. Der Fall, daß das Hauptpatent infolge Nichtzahlung einer Jahresgebühr erlischt, bedarf keiner besonderen Regelung, da durch rechtzeitige Zahlung der vollen Gebühr des Hauptpatents für das Zusatzpatent in Verbindung mit dem Verzicht auf das Hauptpatent das Zusatzpatent in jedem Falle als selbständiges Patent aufrechterhalten werden kann."

Neuerdings ist in Aussicht genommen, gesetzlich zu bestimmen, daß bei Fortfall des Hauptpatents für mehrere bestehenbleibende Zusatzpatente nur eine einzige Gebühr zu zahlen ist; die Sache soll so angesehen werden, als ob jetzt ein Hauptpatent mit einem oder mehreren Zusatzpatenten bestände, vgl. den im Eingange mitgeteilten Gesetzesentwurf.

Anm. 4. Über die **Rechtzeitigkeit der Zahlung einer Gebühr,** die nach § 8 Abs. 2, 3 des PG vom 7. 4. 91 zu entrichten ist, entscheidet ausschließlich das Patentamt. So der Wortlaut der Verordnung vom 8. 3. 17, § 2 (RGBl 1917, 222). Die genannten Bestimmungen handelten von der Zahlung der zweiten und der weiteren Jahresgebühren. Die Verordnung gilt trotz der inzwischen erfolgten Abänderung der Gebühren auch heute; sie gilt auch für die Zahlung der Gebühren für Zusatzpatente und verlängerte Patente. Für die Zahlung der ersten Gebühr kommt sie nach § 8, erste Zeile, nicht in Frage.

Anm. 5. **Die Arten der Zahlung.** Die Verordnung vom 8. 3. 17 (RGBl 1917, 222) bestimmt im § 1: Das Patentamt kann Bestimmungen darüber erlassen, welche Zahlungsformen bei der Zahlung der an das Patentamt zu entrichtenden Gebühren der Barzahlung gleichgestellt werden. Auf Grund dieser Ermächtigung hat das Patentamt durch Bestimmungen vom 12. 3. 17, Blatt 23 (1917), 26, und vom 27. 6. 17, Blatt 23 (1917), 70, der Barzahlung gleichgestellt:

a) den Eingang eines Postschecks bei demjenigen Postscheckamt, bei welchem der Einzahler sein Konto hat, oder beim Patentamt zur Bewirkung der Gutschrift auf das Postscheckkonto des Patentamts,

b) den Eingang eines Bankschecks, Wechsels oder einer sonstigen Anweisung beim Patentamt, sofern die Einlösung innerhalb eines Monats, vgl. Blatt 29 (1923), 131, nach Eingang erfolgt,

c) den Eingang des Auftrags zur Gutschrift auf das Reichsbankgirokonto der Kasse des Patentamts bei der Reichshauptbank oder einer Reichsbankanstalt — wozu hinzuzufügen ist: falls der Auftraggeber ein Giroguthaben hat, aus dem die Zahlung geleistet werden kann,

d) den Eingang des Auftrags zur Gutschrift auf das Reichsbankgirokonto der Kasse des Patentamtes bei einer Bank, die dem Abrechnungsverkehr der Reichshauptbank oder einer Reichsbankanstalt angeschlossen ist — ebenfalls unter der Bedingung, daß ein genügendes Guthaben vorhanden ist.

Der Tag des Einganges des Schecks, Auftrages usw. bei den bezeichneten Stellen gilt also als Tag der Zahlung.

Neben vorstehendem sind in Kraft die Bestimmungen des Patentamtes über die Anmeldung von Erfindungen vom 21. 11. 19 nebst Erläuterungen dazu vom selben Tage, Blatt 25 (1919) S. 101, 104, in denen es unter Ziff. 1 heißt: Zahlungen können in bar erfolgen, jedoch wird Überweisung auf Reichsbankgirokonto oder Postscheckkonto erbeten. Schecks sollen zweckmäßigerweise mit dem Vermerke „nur zur Verrechnung" versehen werden.

Barzahlung kann erfolgen durch Einzahlung an der Kasse des Patentamts oder bei einer deutschen Postanstalt. Der Tag der Zahlung an letztere gilt als Tag der Zahlung an das Patentamt (§ 9). Übergabe eines Geldbriefes oder eines Einschreibebriefes mit der Summe an das Postamt steht der Barzahlung nicht gleich, ebensowenig Einzahlung bei einer ausländischen Postanstalt.

Endlich kann die Zahlung durch Verrechnung aus einem Guthaben bei der Kasse des Patentamtes erfolgen; hierüber vgl. Blatt 18 (1912), 343 und Blatt 5 (1899), 313, Kassenverkehr des Reichspatentamtes; manche der daselbst mitgeteilten Bestimmungen, namentlich betreffend Banküberweisungen usw., sind nach der oben a—d angeführten Verordnung richtigzustellen. Der Mindestbetrag des Guthabens ist 300 RM, nicht mehr als 2000 RM.

Über Einzelheiten der Zahlung vgl. noch Blatt 15 (1909), 32; Blatt 12 (1906), 247 (falsche Angabe des Aktenzeichens); Blatt 14 (1908), 204 (wenn der letzte Tag für die Einzahlung am Aufenthaltsort des Schuldners ein Feiertag ist); Blatt 20 (1914), 207 (Verlangen, die

Scheine über die Einzahlung der Gebühren einzusehen); Blatt 12 (1906), 183 und Batt 19 (1913), 189 (über die Rechtskraft des Erteilungsbeschlusses, der für die Fälligkeit der ersten Gebühren von Wichtigkeit sein kann).

Irrtümlich gezahlte Gebühren sollten zurückgezahlt werden, wenn der Beweis, daß die Zahlung auf einen tatsächlichen entschuldbaren Irrtum zurückzuführen ist, wirklich erbracht wird. Das allein entspricht einer vernünftigen Regelung für diejenigen Fälle, in denen die Zahlung einer Gebühr überhaupt in Frage kommen kann, also etwa für den Fall, daß ein Patentinhaber sein bestehendes Patent verfallen lassen wollte, die Zahlung aber trotzdem aus Versehen erfolgt ist. Die weitergehenden privatrechtlichen Grundsätze des BGB über Konditionen können keine Anwendung finden. Ebensowenig läßt sich andererseits sagen, daß Zahlungen als Prozeßhandlungen jeder Anfechtung entzogen seien; denn einmal sind Zahlungen keine Prozeßhandlungen und zweitens sind Prozeßhandlungen in weitem Umfange widerruflich, fast alle Anträge, Geständnisse, manche Eideszuschiebungen usw. In der Entscheidung Blatt 31 (1925), 18 hat das Patentamt — entgegen vorstehenden Ausführungen — verneint, daß „aus Billigkeitsrücksichten" eine Rückzahlung erfolgen könne, wenn der Patentinhaber sein Patent verfallen lassen wollte, sein Vertreter aber aus Versehen gezahlt hat. — An den Beweis, daß ein Versehen vorlag, sind auf jeden Fall strenge Anforderungen zu stellen; Zweifelhaftigkeit der Sachlage geht zu Lasten des Zahlenden. — Kommt eine Gebührenpflicht überhaupt nicht in Frage, ist z. B. eine Gebühr bezahlt, ohne daß eine Anmeldung oder ein Patent vorliegt, so muß bedingungslos Rückzahlung erfolgen. Welche Schwierigkeiten unter Umständen entstehen können, dafür vgl. Mitt 1918, 85; 1919, 52. Anm. 6.

Vorauszahlungen von Gebühren vor Eintritt der Fälligkeit sind zulässig (§ 8 Abs 5); Verordnung vom 7. 3. 24, (RGBl II S. 63), und zwar — da das Gesetz nichts anderes bestimmt — in beliebiger Höhe. Stellt sich heraus, daß die Gebühren endgültig nicht mehr geschuldet werden, so sind sie in Höhe des nichtverbrauchten Überschusses zurückzuzahlen.

Wiedereinsetzung in den vorigen Stand gegen die Folgen der unterbliebenen Zahlung ist nach Maßgabe des Verlängerungsgesetzes vom 27. 4. 20 (RGBl 1920, 675) und der Verordnung vom 10. 9. 14 (RGBl 1914, 403) zulässig. Anm. 7.

Stundung und Erlaß der Gebühren. Bei Bedürftigkeit des Anmelders oder Patentinhabers können die erste und die zweite Jahresgebühr bis zum Beginne des dritten Patentjahres gestundet werden, nicht also die Anmeldegebühr. Mit Ablauf der zweiten Frist nach normaler Fälligkeit jener Gebühren (vorstehend Ziff. 2 und 3) ist die Anmeldung erledigt oder das Patent erloschen. Daraus folgt, daß ein Stundungsgesuch gegenstandslos ist, wenn es nicht vor Ablauf der zweiten Frist beim Patentamt (nicht bei einer Postanstalt) eintrifft. Trifft es nach Ablauf der ersten Frist (aber vor Ablauf der zweiten Frist) ein, so kann auch die Stundung des Zuschlages von 10% beantragt werden. Der Antrag muß von dem Anmelder oder von dem in die Rolle eingetragenen Inhaber gestellt werden. Handelt es sich um mehrere Anmelder oder Inhaber, von denen nur einer das Gesuch stellt, so werden die übrigen gelöscht, falls sie nicht rechtzeitig gezahlt haben; die Berechtigung dieser vom Patentamt befolgten Anschauung ist zweifelhaft, vgl. GewR 20 (1915), 217. Die Bedürftigkeit kann auf beliebige Weise, nicht nur durch obrigkeitliche Bescheinung nachgewiesen werden. Ob das Patentamt, falls die Angaben oder Glaubhaftmachungen des Antragstellers nicht genügen, von Amts wegen Ermittlungen anzustellen hat, erscheint nicht unzweifelhaft; die Frage ist dem Sinne nach bejaht Blatt 11 (1905), 99f. Jedenfalls wird das Patentamt, ehe es den Antrag abweist, dem Antragsteller Gelegenheit zur Ergänzung seiner Angaben geben müssen. Geht das Recht aus der Anmeldung auf einen anderen über, so kann sich dieser auf die seinem Vormanne gewährte Stundung nicht berufen. Gestundete Gebühren werden mit der dritten Jahresrate, richtiger mit Beginn des dritten Patentjahres fällig. Die Fälligkeit tritt nicht erst nach Ablauf der Zahlungsfristen ein, wie der Gesetzestext ergibt, a. M. Blatt 11 (1905), 100. Erlischt das Patent vorher, so sind die gestundeten Gebühren nicht zu zahlen, Blatt 24 (1918), 98. Erlischt das Patent während des dritten Jahres, so können die gestundeten Gebühren erlassen werden, und zwar auch dann, wenn sie während des dritten Jahres bereits gezahlt sind. Sind sie vor Fälligkeit, also im ersten oder im zweiten Jahre gezahlt, so muß das als Verzicht auf die Stundung gelten. Der Erlaß, soweit er nach vorstehendem zulässig ist, muß besonders beantragt werden. Erlaß oder Stundung der Gebühren des dritten Jahres und der folgenden Jahre gibt es bis jetzt nicht. Anm. 8.

§ 9.

Das Patent erlischt, wenn der Patentinhaber auf dasselbe verzichtet oder wenn die Gebühren nicht rechtzeitig nach Zustellung der amtlichen Nachricht (§ 8 Abs 3) bei der Kasse des Patentamts oder zur Überweisung an dieselbe bei einer Postanstalt im Gebiete des Deutschen Reichs eingezahlt sind.

Anm. 1. Die Folgen der nicht rechtzeitigen oder ordnungswidrigen Einzahlung der Patentgebühren sind bereits zu § 8 erörtert. Es bedarf deshalb hier nur einer Darlegung des Wesens des Verzichtes; die Darlegung kann kurz sein, denn Verzichte auf ein Patent kommen verhältnismäßig nicht häufig vor, da sich der mit ihnen verfolgte Zweck (Erlöschen des Patentrechtes) einfacher durch Unterlassung der Gebührenzahlung erreichen läßt.

Anm. 2. Verzicht ist die einseitige Erklärung des Patentinhabers, auf das subjektive Patentrecht nicht weiter Anspruch machen zu wollen. Nach der Annahme des Patentamts kann — anders als bei der Löschung — nur der materiell Berechtigte, nicht also der in der Patentrolle Eingetragene, wenn er nicht materiell berechtigt ist, eine gültige Verzichtserklärung abgeben. Sie muß dem Patentamte gegenüber abgegeben werden, ist also das, was man im Verhältnisse zwischen Privatparteien eine empfangsbedürftige Willenserklärung nennt; sie braucht nicht angenommen zu werden, muß aber dem Amte „zugehen". Nach den tatsächlichen Verhältnissen muß sie schriftlich erfolgen und kann nicht zu Protokoll gegeben werden. Wegen Irrtums kann sie angefochten werden, Blatt 23 (1917), 50, aber nur bis zur nächsten Gebührenfälligkeit; von da an nur, wenn zugleich die Voraussetzungen der Wiedereinsetzung in den früheren Stand vorliegen. Die Anfechtung des Verzichts hat *keine Rückwirkung* gegenüber Dritten, die die Erfindung inzwischen benutzt haben, etwa mit der Wirkung, daß der Zwischenbenutzer wegen Verletzung hafte. Der Verzichtende muß einerseits geschäftsfähig sein, darf andererseits nicht in der Verfügung über das Patentrecht rechtlich behindert sein, z. B. durch bestellte dingliche Rechte, durch eine erteilte ausschließliche Lizenz, durch Pfändungspfandrechte u. dgl. Verzichte sind in diesen Fällen nichtig, vgl. für ausschließliche Lizenzen § 6 A 32, 4). Die Zulässigkeit eines Verzichts wird dagegen durch die erfolgte Erteilung einer einfachen Lizenz nicht gehindert. — Nach richtiger, aber nicht unbestrittener Ansicht sind Verzichte auch dann nichtig, wenn sie ausgesprochen werden zu dem alleinigen Zweck, einen anderen zu schädigen, z. B. bei drohender Zwangsvollstreckung, etwa wenn der Patentinhaber vertragsgemäß oder wegen rechtswidriger Entnahme zur Übertragung des Patents verpflichtet ist. Im bürgerlichen Rechte tritt solchenfalls die Nichtigkeit eines Verzichts nicht ein (oder jedenfalls in der großen Mehrzahl der Fälle nicht ein). Dort wird durch die Möglichkeit der Anfechtung geholfen. Im Patentrecht kann dagegen durch eine *Anfechtung* nicht die Wirkung erzielt werden, daß das infolge des Verzichts gelöschte Patent wieder auflebt. Nun ist aber das Ergebnis, das sonst durch die Anfechtung erzielt wird, auch im Patentrecht gesetzespolitisch erforderlich. Deshalb müssen hier derartige Verzichte nichtig sein.

Viel häufiger als der gänzliche Verzicht auf ein Patent kommt der Verzicht auf einzelne von mehreren Patentansprüchen vor, z. B. um ein Nichtigkeitsverfahren, das sich nur gegen einen einzelnen Anspruch richtet, zu erledigen. Ein solcher Verzicht ist gleichfalls erst dann rechtswirksam, wenn er dem Patentamte gegenüber erklärt wird. Die bloße Erklärung im Rechtsstreite genügt also nicht.

Eine Möglichkeit, den Schutzbereich eines Patents durch einen andersartigen Verzicht, der sich nicht auf gesonderte Ansprüche bezieht, einzuschränken, ist nicht gegeben. Es ist also nicht möglich, wenn das geschützte Verfahren sich auf eine ganze Klasse von Körpern richtet, einen Verzicht dahin auszusprechen, daß nur einzelne Körper dieser Klasse beansprucht würden, Blatt 17 (1911), 28. Im englischen und nordamerikanischen Rechte ist eine solche Möglichkeit durch den sog. disclaimer gegeben, der sich nicht auf einen einzelnen Anspruch in seiner Gesamtheit zu richten braucht, sondern auch innerhalb eines einzelnen Anspruchs gewisse Einzelmomente ausscheiden kann. Bei den Verhandlungen über Abänderung des Patentgesetzes im Jahre 1927 ist die Einführung eines derartigen disclaimers für wünschenswert erklärt; die Einführung ist jedoch nicht erfolgt — mit Recht: denn in England und Nordamerika ergibt sich, wenn innerhalb eines Anspruches zuviel beansprucht ist, sehr häufig die Wirkung, daß der ganze Anspruch rechtsunwirksam wird. Diese Folge abzuwenden, ist der Zweck des disclaimers. Diese Folge wird jedoch in Deutschland nicht gezogen, vielmehr wird ein Beschränkung im Nichtigkeitsverfahren entweder ausdrücklich durch Teilvernichtung, oder wenigstens in den Gründen der Entscheidung vorgenommen. Auch noch im Verletzungsverfahren kann eine solche Einschränkung erfolgen, vgl. § 4 A 50, 46. Der disclaimer würde also in Deutschland keine irgendwie bedeutungsvolle Rolle spielen.

Durch rechtsgültigen Verzicht wird die Erfindung gemeinfrei; das Patent wird in der Rolle gelöscht.

Steht ein Patent mehreren Personen gemeinschaftlich zu, so kann nicht ein einzelner durch seinen Verzicht das Patent zum Erlöschen bringen. Ob ein solcher Verzicht als Erklärung gegenüber den Genossen aufzufassen ist, daß er seinen Anteil ihnen zur Verfügung stelle, ist Tatfrage.

Nach der Entscheidung des Patentamtes Blatt 17 (1911), 28 sollen bei Verzicht auf den Hauptanspruch die Unteransprüche bestehen bleiben. Das ist jedoch nicht für alle Fälle zweifellos, z. B. wenn der Hauptanspruch eine Kombination schützt, dann auf diese verzichtet wird und das im Unteranspruch geschützte Element vorbekannt ist.

Kann der Patentberechtigte sich dagegen schützen, daß der Patentinhaber die Zahlung der Anm. 3
Gebühren unterläßt? Wenn es sich um einen Pfändungspfandgläubiger handelt und dieser dem Patentamte von seinem Pfandrechte Anzeige macht, so setzt das Patentamt ihn von den Fälligkeitsterminen der Gebühren in Kenntnis, § 6, A 39. In den anderen Fällen bleibt nichts übrig, als daß derjenige, der ein Interesse an der Aufrechterhaltung des Patentes hat, sich selbst vergewissert, ob die Gebühren rechtzeitig entrichtet sind, und gegebenen Falles die Zahlung seinerseits leistet.

§ 10.

Das Patent wird für nichtig erklärt, wenn sich ergibt:

1. daß der Gegenstand nach §§ 1 und 2 nicht patentfähig war,

2. daß die Erfindung Gegenstand des Patents eines früheren Anmelders ist,

3. daß der wesentliche Inhalt der Anmeldung den Beschreibungen, Zeichnungen, Modellen, Gerätschaften oder Einrichtungen eines anderen oder einem von diesem angewendeten Verfahren ohne Einwilligung desselben entnommen war.

Trifft eine dieser Voraussetzungen (1 bis 3) nur teilweise zu, so erfolgt die Erklärung der Nichtigkeit durch entsprechende Beschränkung des Patents.

Übersicht.

Einleitung.

Anm. 1. Patente werden hin und wieder mit Unrecht erteilt. Das wird sich nie ganz vermeiden lassen. Die Prüfer des Patentamts können auf vielen Gebieten keine genaue Kenntnis von dem Stande der Technik aus der letzten Zeit vor einer Anmeldung haben. Sie können überhaupt nicht wissen, ob die Erfindung einem anderen rechtswidrig entwendet ist; am ehesten wird sich noch vermeiden lassen, daß eine bereits patentierte Erfindung nochmals patentiert wird. Es fragt sich, wie das Publikum vor einer Beschränkung seiner Betätigungsfreiheit durch zu Unrecht erteilte Patente geschützt werden soll. Ein Schutzmittel liegt darin, daß die Anmeldungen bekanntgemacht werden und gegen die Erteilung Einspruch, evtl. Beschwerde erhoben werden kann. Dies Mittel ist jedoch nicht ausreichend. Man kann nicht der gesamten Industrie zumuten, alle bekanntgemachten Anmeldungen daraufhin zu prüfen, ob sie einen unrechtmäßigen Eingriff in die eigene Betätigung enthalten. Das läßt sich nicht durchführen. Deshalb wird die Frage, ob ein Patent zu Unrecht erteilt ist, häufig erst dann hervortreten, wenn der Patentinhaber seinem Konkurrenten die Betätigung verbietet oder von ihm Schadensersatz wegen Verletzung des Patents fordert. Noch zu diesem Zeitpunkte muß dem letzteren Gelegenheit gegeben werden, geltend zu machen, daß das Patent zu Unrecht erteilt und deshalb nichtig ist. Das erkennt die Gesetzgebung aller Länder an, auch derjenigen, in denen die einen teilweisen Schutz ermöglichende Bekanntmachung der Anmeldungen im Erteilungsverfahren vorgeschrieben ist. Die Wege, die zur Geltendmachung der Nichtigkeit eröffnet sind, sind aber in den verschiedenen Ländern verschieden.

In England und Nordamerika kann der wegen Patentverletzung Verklagte im Rechtsstreite einwenden, daß das Patent nichtig sei. Das Gericht hat dann über die Rechtsbeständigkeit desselben zu entscheiden. Daneben gibt es in beiden Ländern vor den Patentbehörden ein Verfahren zur Revokation eines Patents; jedoch ist dieses von erheblich geringerer Bedeutung als im deutschen Recht, Fl. Moulton S. 211; Michaelis, Amer. PatentR S. 377.

In Frankreich kann die Einrede der Nichtigkeit gleichfalls im Verletzungsstreite erhoben werden, Mainié Nr. 2870; es gibt aber auch ein besonderes Nichtigkeitsverfahren vor den bürgerlichen Gerichten, Mainié Nr. 2155ff, und es scheint, als ob von diesem häufiger Gebrauch gemacht wird als in Amerika.

Nach heutigem deutschem Recht ist die Sache wesentlich anders. Im Verletzungsstreite kann nicht geltend gemacht werden, daß das Patent nichtig sei, vgl. schon Bericht der 7. Kommission des Reichstags betr. Patentges., Drucksachen Nr. 144, III. Legisl.-Periode, I. Session 1877 S. 29f: über die Nichtigkeit sei nicht durch die ordentlichen Gerichte zu entscheiden, weil sonst auf Gewinnung und Festhaltung einheitlicher Grundsätze in allen Teilen des Deutschen Reichs nicht zu rechnen sei. — Der Schutzumfang, die „Auslegung" des Patents kann in Zweifel gezogen werden, nicht aber dessen Rechtsbeständigkeit. Über diese zu entscheiden ist lediglich Sache des Nichtigkeitsverfahrens, das sich vor dem Patentamte als erster und dem Reichsgericht als zweiter Instanz abspielt. Die ordentlichen Gerichte dürfen das rechtswirksame Bestehen des Patents und seines Schutzes nicht in Frage stellen; sie müssen das Patent seiner Existenz nach und auch in der Form hinnehmen, wie es von den Patentbehörden erteilt und aufrechterhalten oder beschränkt ist, Blatt 17 (1911), 272. Nur der Einwand rechtswidriger Entnahme kann auch im Verletzungsstreite erhoben werden (§ 10 A 17, 9). Diese Bestimmungen haben zur Folge, daß die Nichtigkeitsverfahren in Deutschland einen außerordentlich viel größeren Umfang angenommen haben als in irgendeinem anderen Lande. Fast jeder, der wegen Patentverletzung verklagt wird, erhebt seinerseits die Nichtigkeitsklage und sucht bis zur Entscheidung über diese die Aussetzung des Verletzungsstreites zu erlangen, was ihm nicht selten gelingt.

Selbstverständlich ist, daß das Nichtigkeitsverfahren sich nur gegen deutsche Patente richten kann.

Im Schrifttum wird angenommen, daß in äußersten Fällen — die jedenfalls nur ganz selten vorkommen — Patente aus sich selbst nichtig sein können, z. B. wenn ein Patent jemandem erteilt ist, der keinen Antrag auf Patenterteilung gestellt hatte usw., vgl. auch Blatt 15 (1909), 302ff; Kohler, Handbuch S. 355. Es steht nicht fest, ob die Annahme einer solchen aus sich selbst hervorgehenden Nichtigkeit begründet ist. Anm. 2.

Wenn man von derartigen Ausnahmefällen absieht, so kann ein erteiltes Patent nur auf einen ausdrücklich gestellten Antrag, in der Regel Nichtigkeitsklage genannt, für nichtig erklärt werden. Über das Wesen dieser Klage in prozessualer Hinsicht vgl. § 28. Hier sind nur die materiellen Klaggründe zu erörtern, auf die die Klage gestützt werden kann. Drei solcher Klaggründe führt das Gesetz an: 1. mangelnde Patentfähigkeit des „Gegenstandes" nach §§ 1 und 2; 2. Vorpatentierung der Erfindung durch ein anderes früheres Patent; 3. Widerrechtliche Entnahme.

Abschnitt I.

Klagen nach § 10, Ziff. 1 u. 2.

Es sollen zunächst die Klagen aus Ziff. 1 u. 2 des § 10 (mangelnde Patentfähigkeit des Gegenstandes nach §§ 1 und 2, Vorpatentierung der Erfindung durch ein früher angemeldetes — nicht: durch ein früher erteiltes — Patent) erörtert werden. Anm. 3.

Beide Klagen sind Popularklagen, vgl. § 28. Auch Ausländer können sie erheben.

Es wird angenommen, daß der Kläger das Interesse der Allgemeinheit wahrnimmt; er braucht deshalb ein eigenes Interesse nicht nachzuweisen, ja nicht zu haben. (In Wahrheit nimmt er freilich so gut wie immer sein eigenes Interesse oder das eines interessierten Dritten wahr.) Es ist ausdrücklich für zulässig erklärt, daß er das Interesse eines Dritten offen wahrnimmt (RG 74, 209). Nur darf er nicht bloßer Strohmann eines bereits abgewiesenen Nichtigkeitsklägers oder gar des Patentinhabers sein; vgl. folgenden Fall: die Beklagte hatte das

Patent 240208 vom Anmelder gekauft und brauchte nach dem Kaufvertrage die noch ausstehenden Raten des Kaufpreises nicht zu zahlen, wenn das Patent für nichtig erklärt werden würde. Sie hat durch einen Strohmann die Nichtigkeitsklage erheben lassen; die Klage ist als unzulässig abgewiesen (Urt vom 31. 1. 14, I 245/1913). — Dolos handelt, wer die Nichtigkeitsklage wegen mangelnder Neuheit erhebt, wenn er selbst die Erfindung rechtswidrigerweise druckschriftlich veröffentlicht hatte (§ 2 A 14).

Ein Patent muß nach Ziff. 1 auf Antrag für nichtig erklärt werden, wenn der Erfindung auch nur eines der in §§ 1 und 2 aufgeführten Erfordernisse fehlt, das sind also besonders Brauchbarkeit, gewerbliche Verwendbarkeit, Neuheit, Fortschritt, Erfindungshöhe. Es darf ferner nicht die Patentierung der Erfindung nach den Bestimmungen des § 1 Abs 2 Ziff. 1 u. 2 verboten sein. Für die Begriffsbestimmungen der einzelnen Erfordernisse ist auf die eingehenden Darlegungen zu §§ 1 und 2 zu verweisen. Daß auch die Erfindungshöhe nachzuprüfen ist, was früher bezweifelt wurde, ist jetzt außer Streit. Ein Patent muß weiter nach Ziff. 2 auf Antrag für nichtig erklärt werden, wenn die Erfindung Gegenstand des Patents eines früheren Anmelders ist. Das ist der Fall des § 3. Auch hier ist für die Frage, wann Identität vorliegt, in allen Richtungen auf die Erörterungen zu § 3 Bezug zu nehmen, also auch für die Fragen nach der Bedeutung der andersartigen Wirkung, Vorteile, Funktion der Arbeitsmittel, Zweckverwendung. — Jene beiden Gründe der Nichtigkeit beruhen auf solchen Umständen, deren Vorliegen schon die Erteilung des Patents hätte hindern sollen.

Über das Verhältnis der beiden Klagen vgl. Urt vom 17. 4. 18, I 25/1918: entgegengehalten wird dem angegriffenen Patente lediglich, das Patent 235515, und zwar aus dem Gesichtspunkte der Vorpatentierung wie auch dem Gesichtspunkte der Vorveröffentlichung. Einer näheren Erörterung bedarf aber nur die Frage der Vorveröffentlichung. Denn wenn sich herausstellt, daß aus der älteren Patentschrift der Erfindungsgegenstand des jüngeren Patents für den Sachverständigen nicht erkennbar war, so kann auch keine Rede davon sein, daß die Erfindung des jüngeren Patents bereits Gegenstand des älteren sei.

Daß bei der Identitätsklage nach Ziff. 2 alle Fragen der Patentfähigkeit der jüngeren Erfindung auszuscheiden sind, also die Fragen, ob die Erfindung brauchbar, erfinderisch ist, Fortschritt enthält, liegt zutage. „Das jüngere Patent traf zur Erreichung eines gleichen oder ähnlichen Endzieles Einrichtungen, die grundsätzlich und planmäßig von dem älteren Patente abwichen. Wie groß der Fortschritt ... ist, braucht nicht untersucht zu werden, denn im Identitätsstreite bildet die Patentwürdigkeit der jüngeren Erfindung keine Voraussetzung für die Abweisung der Nichtigkeitsklage. Es dürfen freilich Mittel, deren sich das jüngere Patent bedient, nicht äquivalent sein mit den von dem älteren Patent angewandten Mitteln. Das ist nicht der Fall; das angegriffene Patent zeigt somit einen neuen Gegenstand" (Urt vom 5. 1. 18, I 305/1917).

Außerdem kann ein Patent für nichtig erklärt werden — was sich aus den Worten des Gesetzes zu Ziff. 1 u. 2 nicht ohne weiteres ergibt — wenn die Erfindung in dem Patente nicht in gehöriger Weise offenbart ist, vgl. unten A 16.

Die Prüfung in den angegebenen Richtungen erfolgt im Nichtigkeitsverfahren materiell nach denselben Grundsätzen wie im Erteilungsverfahren, weshalb man zu sagen pflegt, das Nichtigkeitsverfahren enthalte eine Nachprüfung des Erteilungsverfahrens (RG 85, 232). Nur in der Richtung liegt ein Unterschied vor, daß im Erteilungsverfahren die Prüfung auf Patentfähigkeit und auf Vorpatentierung in beiden Richtungen von Amts wegen erfolgen muß, während im Nichtigkeitsverfahren sich der Umfang der Prüfung nach den Anträgen zu richten hat, je nachdem also entweder mangelnde Patentfähigkeit oder aber Vorpatentierung oder beides geltend gemacht wird. Trotzdem sind beide Verfahren innerhalb der gestellten Anträge Offizialverfahren.

Anm. 4. **Beweisfragen.** Die Beweisfragen im Nichtigkeitsverfahren nach § 10 Ziff. 1 u. 2 werden von zwei maßgebenden Gesichtspunkten beherrscht.

1. Strengerer Beweis, als im Anmeldeverfahren zur Erteilung erfordert wird, wird auch im Nichtigkeitsverfahren zur Aufrechterhaltung nicht erfordert. In mancher Richtung ist also nur eine Glaubhaftmachung nötig (vgl. § 1 A 49), was insbesondere für die Erfordernisse der Brauchbarkeit und des Fortschritts von Wichtigkeit ist.

2. Nachdem das Patent erteilt ist, spricht im Nichtigkeitsverfahren die Präsumtion für das Vorliegen sämtlicher Patenterfordernisse. Der Angreifer hat also seinerseits die Beweislast; er muß nachweisen, daß die geschützte Erfindung den einzelnen Erfordernissen nicht Genüge tut. Mit dieser Beweisregel wird es in Deutschland (wie in den übrigen Industrieländern) streng genommen. Der Angreifer muß die durch die Tatsache der Patentierung zugunsten der Patentfähigkeit der Erfindung erbrachte Vermutung widerlegen. Das ist besonders hinsichtlich des Erfordernisses der Brauchbarkeit vielfach erörtert worden. Das Reichsgericht hat Bolze Bd. 9 Nr. 104 ausgeführt:

Wollten die Nichtigkeitskläger das Gericht von der gänzlichen Unbrauchbarkeit des Patentes überzeugen, so hätte es dazu eines sehr stringenten Beweises bedurft. Denn es liegt in der Natur jeder Erfindung, die neue Bahnen eröffnet, daß sie mit einem anderen Maßstabe gemessen werden muß als das bis dahin Sichere, durch eine lange Praxis . . . Bestätigte. Bloße theoretische Untersuchungen werden selten ausreichen, um die Unzulänglichkeit einer patentierten Erfindung zu beweisen; derselben ist Zeit zu lassen, durch vielfache Anwendung unter veränderten Umständen ihre praktische Brauchbarkeit zu beweisen. Das ganze Patentwesen würde in seinem Grunde erschüttert werden, wollte man von dem Erfinder fordern, daß er die Grenzen seiner Erfindung genau bezeichne, die Umstände, unter denen sie wirkt und nicht wirkt, im einzelnen mit völliger Bestimmtheit darzulegen imstande ist . . . Ist es auch dem Sachverständigen nicht ausgeschlossen, daß durch gewisse Änderungen die Vorrichtung die Wirkung erzielen kann, die er bisher vermißt, so würde es sich fragen, ob diese Änderungen innerhalb des . . . Rahmens der Erfindung liegen und weiter, ob ihre Verwirklichung die Folge weiterer Ausprobierung wäre, in welcher Weise am wirksamsten die Erfindung darzustellen wäre: oder ob sie sich als eine neue Erfindung charakterisieren würde. Erst wenn hierüber eine dem Erfinder ungünstige Evidenz vorläge, wäre zu schließen, daß die Erfindung noch nicht fertig war. — Weiter: Nach den Feststellungen der Sachverständigen hat Aluminium-Wolle gegenüber Aluminium-Pulver, wenn es Sprengstoffen aus salpetersaurem Ammon hinzugefügt wird, manchmal bessere, manchmal die gleiche Wirkung. Die Bedingungen, unter denen das eine eintritt oder das andere, haben sich nicht feststellen lassen. Im Nichtigkeitsverfahren ist daraufhin die Annahme der Erteilungsbehörde, daß die Wolle besser wirke, also die bessere Brauchbarkeit, auf Grund deren das Patent erteilt war, nicht als widerlegt erachtet (I 583/1907, Urt vom 24. 6. 11).

Spricht die Sachlage schon an sich ohne weiteres zugunsten des Beweispflichtigen, so hat er den ihn obliegenden Beweis erbracht, und der Gegner muß nun den Gegenbeweis führen, vgl. RG Blatt 10 (1904), 170; Blatt 12 (1906), 219. Im Zweifel ist zugunsten des Patentinhabers zu entscheiden.

Zu bemerken ist, daß die Vermutung der Patentfähigkeit, besonders der Neuheit, nur so weit gelten kann, als im Erteilungsverfahren eine Prüfung stattgefunden hat; sie gilt also z. B. nicht für die Elemente einer Kombination, die im Erteilungverfahren nicht geprüft werden.

Für die Untersuchung auf Patentfähigkeit und auf Vorpatentierung sind in der Rechtsprechung des Reichsgerichts zwei Regeln entwickelt, die zunächst erörtert werden müssen. Anm. 5.

1. Zu prüfen ist nur der sogenannte **Gegenstand des angegriffenen Patents**, d. h. dasjenige, was nach den § 3 entwickelten Grundsätzen in dem Patentanspruch als geschützt bezeichnet ist einschließlich der sogenannten glatten Äquivalente. Das besagt in anderer Fassung: der Schutzbereich des angegriffenen Patents, sein zugrunde liegender Erfindungsgedanke kommt im Nichtigkeitsstreite nicht in Betracht, außer wenn letzterer im Anspruche ausdrücklich als geschützt bezeichnet ist, wie das in manchen Fällen vorkommt, vgl. § 1 A 108f. Jene Regel gilt sowohl für Nichtigkeitsfälle nach Ziff. 1 (mangelnde Erfindungseigenschaft), als nach Ziff 2 (Vorpatentierung), als nach Ziff. 3 (rechtswidrige Entnahme). Die Regel ist für Ziff. 3 selbstverständlich, denn für die Feststellung einer rechtswidrigen Entnahme ist es ohne Belang, wie weit sich der Schutzumfang des entwendeten erstreckt; vgl. freilich die vereinzelte Entscheidung § 3 A 39. Für Ziff. 1 u. 2 ist sie weniger selbstverständlich; sie gilt aber nach der herrschenden Rechtsprechung auch hier. Die Sache wird also zu diesem Punkte im Nichtigkeitsverfahren genau so gehandhabt, wie im Erteilungsverfahren. Im Erteilungsverfahren liegt weder ein Anlaß, noch auch nur die Möglichkeit vor, die neue Anmeldung auf etwas anderes zu prüfen, als ob ihr Anspruch sich von dem Vorbekannten und Vorpatentierten genügend unterscheidet. Wie weit sich ihr Schutzumfang erstrecken wird, das kann im Erteilungsverfahren niemand wissen. Im Nichtigkeitsverfahren liegt die Sache allerdings anders. Hier tritt nicht selten das Bedürfnis hervor, die beiden Patente miteinander zu vergleichen und gegeneinander abzugrenzen. Dieser Forderung tut unsere Regel kein Genüge. Denn ihre Anwendung wirkt sich in der Praxis wie folgt aus. Wird ein Patent angegriffen, weil es teilweise nicht neu sei, Bekanntes umfasse, zu weit reiche, so bittet häufig der Patentinhaber, man möge ihm eine authentische Interpretation seines Patents geben, ihm sagen, wie weit sich sein Schutz erstrecke. Auch der Angreifer bittet häufig, man möge ihm klar sagen, was er tun dürfe und woran er durch das entgegenstehende angegriffene Patent gehindert sei. Eine Antwort auf diese Fragen wird im Nichtigkeitsverfahren abgelehnt. Es wird nur festgestellt, ob das angegriffene Patent ganz oder teilweise berechtigt ist. Was an der Erfindung im einzelnen schutzfähig ist, wie weit sich der Schutz über das im Anspruch bezeichnete hinaus erstreckt, wird nicht festgestellt, ebensowenig

wie der Erfindungsgedanke. Diese Regel wird noch heute aufrechterhalten. In den nächsten Anmerkungen ist dargelegt, daß sie sich freilich in einer immerhin beträchtlichen Zahl von Fällen nicht durchführen läßt. Beispiele für die Anwendung der Regel.

Zweifel darüber, wieweit sich der Patentschutz (des angegriffenen Patents) angesichts des älteren Patents erstreckt, und ob insbesondere einzelne Elemente ... für sich den Patentschutz genießen, sind in einem etwaigen Patentverletzungsprozeß zu erledigen, Blatt 16 (1910), 188, gegen Ende.

Bei der Identitätsklage nach § 10 Ziff 2 kann nur der unmittelbare Gegenstand der zu vergleichenden Patente in Betracht gezogen werden (I 111/1917, Urt vom 22. 9. 17).

Dagegen ist im Nichtigkeitsstreit keine Entscheidung über den Umfang des Patents zu treffen, insbesondere auch nicht darüber, ob und inwieweit den Einzelelementen der Kombination Patentschutz zusteht (I 301/1914, Urt vom 4. 1. 15).

Geschützt war, Zirkonoxyd oder zirkonhaltige Stoffe als Trübungsmittel des Emails bei der Herstellung von emaillierten Gegenständen zu verwenden (an Stelle von Zinnoxyd, wie meistens üblich). Im Nichtigkeitsstreit ist erklärt: der Gegenstand des Patentschutzes sei richtig bezeichnet (und sei eine patentfähige Erfindung); ob chemische Zirkonverbindungen unter das angegriffene Patent fielen, könne nicht im Nichtigkeitsverfahren, sondern nur in einem möglichen Verletzungsstreite entschieden werden. (RG Mitt 1914, 12.)

Früher war das Reichsgericht entschieden anderer Meinung: „Die Nichtigkeitsklägerin hat mit vollem Recht Sicherheit darüber gefordert, wo nach der Beschreibung das patentierte Verfahren aufhöre ... Einem solchen Begehren kann man sich nicht dadurch entziehen, daß man behauptet, das Nichtigkeitsverfahren sei nicht die Stelle für eine derartige Auslegung der Patentschrift (Gareis Bd. 8 S. 205).

Findet sich entgegen obiger Regel im Nichtigkeitsurteil ein Ausspruch über den Schutzumfang des angegriffenen Patents, so ist das, wie früher vielfach betont wurde, für den Verletzungsstreit nicht bindend, wenigstens wenn der Ausspruch nur nebenbei und beiläufig getan ist, RGBl 17 (1911), 273; auch ebenda 9 (1903), 306; 10 (1904), 329. Davon gibt es aber viele Ausnahmen, A 26 u. 7. Eine Nichtigkeitsklage, die nur den Zweck hat, den Schutzbereich des angegriffenen Patents feststellen zu lassen, wird abgewiesen, JW 1894, 400. Daß das der alleinige Zweck ist, wird sich freilich meistens schwer nachweisen lassen.

Für Kombinationspatente ergibt sich nach der dargelegten Regel, daß nur die Kombination auf erfinderische Neuheit und Identität zu prüfen ist. Die Elemente sind nur dann zu prüfen, wenn sie in einem Unteranspruch selbständig geschützt sind. In dem Urt Blatt 19 (1913), 239 hat das Reichsgericht angenommen, daß in einem und demselben Anspruch nicht nur die Kombination geschützt sei, sondern nach dem Inhalt der Patentbeschreibung auch für ein Element Schutz begehrt sei. Es hat daraufhin auch das Element geprüft, es für alt erachtet und sodann den Anspruch abgeändert. — Ob im Nichtigkeitsverfahren darauf eingegangen werden muß, wenn der Kläger behauptet, daß ein Element in der Kombination nutzlos und nur zum Schein hinzugefügt sei, weil der Rest vorweggenommen oder vorpatentiert sei, ist zweifelhaft; die Frage ist nach richtiger Meinung zu bejahen, weil die Behauptung das Wesen der Kombination betrifft.

Anm. 6. Auch **beim entgegengehaltenen Patent** ist im Nichtigkeitsverfahren nach § 10 Ziff 2, also bei der Identitätsprüfung nur der sog. **Gegenstand,** nicht der Schutzbereich zu prüfen, ebenso wie auch im Erteilungsverfahren nur der Gegenstand eines entgegengehaltenen Patents geprüft wird, wenn letzteres nicht etwa vorveröffentlicht ist, § 3 A 12ff; mit anderen Worten, es wird nicht festgestellt, ob das angegriffene Patent in den Schutzbereich des entgegengehaltenen Patents fällt. Danach kann es also vorkommen und kommt nicht selten vor, daß die Ausführung eines aufrechterhaltenen Patents vom Inhaber des Vorpatents verboten werden kann, weil sie in seinen Schutzbereich eingreift; für diese Fälle vgl. einerseits die Ausführungen über die Abhängigkeit, § 3 A 19ff, andererseits unten A 11. Vorstehendes bezieht sich, wie bemerkt, auf die Identitätsprüfung. Im Falle des § 10 Ziff. 1, also namentlich bei der Neuheitsprüfung, liegt die Sache anders. Hier kommt es nicht nur auf den Gegenstand eines entgegengehaltenen, vorveröffentlichten, also zum Stande der Technik gehörenden Patents an. Die Neuheitsprüfung erstreckt sich darauf, ob sich das Neue vom Alten erfinderisch unterscheidet, d. h. sich der Fortschritt für den durchschnittlichen Sachverständigen nicht ohne weiteres ergab. Diese Prüfung beschränkt sich also nicht auf den Gegenstand, umfaßt vielmehr etwas weiteres, nämlich gerade dasjenige, was den Schutzbereich des Vorpatents ausmacht, nur daß bei der Neuheitsprüfung der Zeitpunkt der Anmeldung des neuen Patents für die Kenntnislage des Fachmanns in Betracht kommt, was bei der Feststellung des Schutzbereichs zweifelhaft sein kann. Zu betonen ist: Bei der Neuheitsprüfung des zweiten Patents wird nicht etwa der Schutzbereich des ersten Patents bindend festgestellt, aber es finden dieselben Überlegungen wie bei dieser Feststellung statt.

Beispiele: Bei der zu entscheidenden Frage kommt es allein darauf an, ob die Erfindung des angefochtenen Patents Gegenstand des entgegengehaltenen Patents ist (I 384/1912, Urt vom 15. 1. 13).

Dagegen liegt die Prüfung der Frage, ob die neuangemeldete Erfindung in den Schutzbereich eines schon bestehenden Patents eingreift, ganz außerhalb der Aufgabe des Patentamts. Sie kann nur im Verletzungsprozeß entschieden werden. (Identitätsfall.) RGBl 20 (1914), 320, und viele gleichlautende Urteile.

Für die Identitätsprüfung hat sich in der Rechtsprechung des Reichsgerichts außerdem der allgemeine Grundsatz entwickelt: es entspricht dem Sinne des § 3 und einer vernünftigen Auslegung, daß älteren Anmeldungen gegenüber, die nicht als Vorveröffentlichungen in Betracht kommen, die Auslegung der jüngeren Anmeldung möglichst so zu erfolgen hat, daß eine Identität nicht zu vermuten ist (IndR Jahrg. 16 S. 89). Derselbe Grundsatz gilt in England und Amerika, woselbst er in die Worte gekleidet wird res magis valeat quam pereat.

Eine Ausnahme von der dargelegten Regel: wird im Identitätsstreite behauptet, daß der patentierte Gegenstand bereits durch ein früheres Kombinationspatent patentiert sei, so muß das Kombinationspatent daraufhin geprüft werden, ob in ihm der Gegenstand in der Tat bereits Elementenschutz genießt, vgl. hierfür auch § 4 A 62c.

Im übrigen vgl. für weitere Beispiele noch § 3 A 12ff.

In der Praxis hat sich nun herausgestellt, daß, auch abgesehen von der Neuheitsprüfung, die beiden soeben erörterten **Regeln sich in vielen Fällen nicht durchführen lassen.** Durch ein früheres Patent war ein Verfahren zum Trocknen „von Milch u. dgl." geschützt. Das spätere Patent betraf ein ähnliches Verfahren zum Eindampfen oder Verdicken von Lösungen, besonders auch zum Trocknen von Blutserum, Typhusimpfstoff, Hefepreßsaft, Auszug von Quebrachoholz usw. Beide Patente waren angefochten, sind aber vom Reichsgericht aufrechterhalten. Dabei ist im Nichtigkeitsurteil ausgesprochen, daß das erste Patent nur das Eindampfen oder Trocknen von Milch, nicht von anderen Flüssigkeiten schütze; der Zusatz „und dgl." habe keine Bedeutung. Das zweite Patent dagegen schütze nur das Eindicken oder Trocknen der angeführten anderen Flüssigkeiten, Blutserum usw. (I 325/1917 und 365/1917, Urt vom 2. 7. 19). Damit ist also der Schutzumfang beider Patente festgesetzt und einander gegenübergestellt — es blieb ja auch in diesem Fall nichts anderes übrig. Ein weiterer Fall: 275663 schützte ein Verfahren zur synthetischen Herstellung von Ammoniak, dad. gek., daß man als Kontaktkörper (Katalysatoren) ein Gemisch von bestimmten Metallen verwendet, nachdem man das Metallgemisch zuvor auf Kontaktträger (z. B. Asbest) feinverteilt niedergeschlagen hat. Der Beklagten war später ein ähnliches Verfahren patentiert, das jedoch zwei Abweichungen aufwies: es wurden teilweise andere Metallgemische verwandt und diese wurden nicht feinverteilt niedergeschlagen. Das Reichsgericht hat den Schutzumfang des ersten Patents dahin bestimmt, daß es die Verwendung der in ihm genannten Metallgemische auch dann schütze, wenn sie nicht auf Kontaktträger niedergeschlagen seien. Das zweite Patent ist daraufhin teilweise vernichtet und nur insoweit aufrechterhalten, als es andere Metallgemische verwandte (I 12/1917. Urt vom 10. 4. 18). Hätte man nur auf den „Gegenstand" beider Patente Wert gelegt, so hätten beide Patente nebeneinander bestehen können. — Weiter ist darauf hinzuweisen, daß in den früher viel besprochenen Urt RG 85, 230 und 86, S. 197, 412 erörtert wird, wann eine in den Gründen einer Nichtigkeitsentscheidung ausgesprochene einschränkende Auslegung eines Patents für den Verletzungsstreit bindend sei. Es ist also hier davon ausgegangen, daß eine Auslegung des Patents im Nichtigkeitsverfahren stattfinden kann und stattgefunden hatte, und zwar handelte es sich dabei nicht um die klarstellende Auslegung eines unklar gefaßten Patentanspruchs, sondern um eine wirkliche Feststellung des Schutzumfangs der Patente; über diese Fälle vgl. weiter unten A 26. — Diese Beispiele zeigen, daß in gar nicht seltenen Fällen schon die eigenen Zwecke des Nichtigkeitsverfahrens nach § 10 Ziff. 2 die Prüfung des Erfindungsgehalts des entgegengestellten Vorpatents nötig machen. Anm. 7.

Jene Regeln haben sich in ihrer vollen Schärfe erst in den letzten 15—20 Jahren entwickelt. Anm. 8. Früher betonte man zwar, eine Nichtigkeitsklage könne nicht zu dem Zwecke erhoben werden, den Umfang des Patents authentisch festzustellen. Aber man bestritt nicht, daß die Auslegung des Patents als Vorfrage für die Nichtigkeitsentscheidung zulässig und geboten sei. RGBl 9 (1903), 306: Gewiß ist es für die Frage, ob eine Nichtigkeitsklage ... abzuweisen ... ist, von Bedeutung, welches Herrschaftsgebiet das Patent beansprucht und ob es dasselbe mit Recht beansprucht. Isay, 1. Aufl. (1903), § 10 A 5: Um prüfen zu können, ob Nichtigkeit ... vorliegt, bedarf es der Auslegung des Patents ... Findet der Nichtigkeitsrichter, daß bei richtiger Auslegung das Patent z. B. das (vom Kläger) als frei bezeichnete Gebiet gar nicht in Anspruch nimmt, so erfolgt die Abweisung der Klage. — Die sodann eingetretene Änderung, daß das Herrschaftsgebiet nicht geprüft werden soll, ist in beachtenswerter Weise von manchen Seiten abgelehnt worden, z. B. von Kohler, GewR 18 (1912), 172 und mit starker Betonung Arch BürgR 36, 23ff. Auch Wildhagen, GewR 20 (1915) S. 105, 117, bemängelt, daß im Nichtigkeitsverfahren nur der Gegenstand festgestellt und nicht der Gedankeninhalt der Erfindung bestimmt werde; vgl. auch Mittelstaedt, GewR 32 (1927), 760. Das Reichsgericht hat jene Regeln befolgt, weil es zu der Meinung gelangt ist, daß erst im Verletzungsprozesse ausreichendes Material vorliege, um den Erfindungsgedanken und den Schutzumfang mit Sicherheit feststellen zu können. Immerhin wird sich nicht leugnen lassen, daß das Ergebnis eines häufig so lange Zeit dauernden und so viel Mühe und Unkosten verursachenden Nichtigkeitsverfahrens ein etwas mageres ist, wenn den Parteien zum Schlusse nur gesagt wird, daß in dem angegriffenen Patente irgend etwas Neues und Erfinderisches enthalten sei ohne nähere Angabe, worin denn nun genauer die Erfindung bestehe. Wenn, wie jetzt im Nichtigkeitsverfahren in der ganz überwiegenden Mehrzahl der Fälle geschieht, kompetente Sachverständige hinzugezogen werden, so sollte es möglich sein, die Neuheit und den Fortschritt der Erfindung gegenüber dem bisherigen Stande der Technik so genau zu bestimmen, daß die Parteien daraus entnehmen können, was sie zu tun und zu lassen haben. Zu bemerken ist übrigens, daß einige Aussprüche des Reichsgerichtes jene Regeln auch weniger scharf betonen: Im Nichtigkeitsurteil ist zwar nicht die Erfindung nach allen Seiten abzugrenzen, aber doch insoweit, als etwa aus der Unmöglichkeit der Abgrenzung gegen früher Bekanntes oder allgemein Zugängliches Bedenken gegen die Patentfähigkeit entnommen werden können (RG IndR Bd. 6 S. 141 Sp. 1). Weiter: Zu einer Abänderung des Anspruchs besteht kein Anlaß. Es ist nicht die Aufgabe des Nichtigkeitsverfahrens, den Schutzbereich des Patents so fest zu umgrenzen, daß für die Auslegung des Anspruchs in Verletzungsprozessen kein Raum übrigbleibt. Vielmehr ist in der Rechtsprechung des Reichsgerichts stets daran festgehalten worden, daß die endgültige Auslegung des Schutzbereichs zu den Obliegenheiten des Gerichts in Verletzungsprozessen gehört, und daß dieser Befugnis des ordentlichen Richters ... nicht vorgegriffen werden darf (I 565/1921, Urt. vom 14. 6. 22). Neuerdings: muß hiernach die Entscheidung des Patentamts aufgehoben und die Nichtigkeitsklage abgewiesen werden, so ist doch hervorzuheben, daß die vom Beklagten in der Berufungsinstanz kundgegebene Auffassung über den Schutzumfang des Patents nicht gebilligt werden kann. Es wird dann dargelegt, in welchen Punkten die Ausführungen des Beklagten, worauf sich sein Schutz erstrecke, zu weit gehen (I 162/1925, Urt vom 17. 3. 26). Vgl. auch Urt vom 3. 11. 23, I 384/21: im Nichtigkeitsverfahren dreht es sich nur darum, den Erfindungsgedanken klarzustellen, nicht den Schutzumfang gegen eine Nachahmung abzugrenzen.

Die Fragen der letzten Anmerkungen werden im Anhang 2 weiter behandelt.

Anm. 9. Außer den beiden vorstehend erörterten Grundsätzen kommt für das Verfahren nach Ziff. 1 und 2 des § 10 folgende Regel in Betracht. Das Verfahren soll erörtern, ob das Patent im Hinblick auf Patentfähigkeit der Erfindung oder Vorpatentierung materiell mit Recht erteilt ist; es soll nicht erörtern, ob das Erteilungsverfahren formell richtig gehandhabt ist. Daraus folgt zweierlei.

1. Die Nichtigkeitsbehörden haben die Patentfähigkeit **innerhalb der durch die Patenterteilung gezogenen Grenzen** zu prüfen. Sie können nicht, wie besonders die Amerikaner sich ausdrücken, das Patent „neu schreiben". Sie können nicht ein Patent von weiterem Umfange oder von anderer Art, Blatt 19 (1913), 12, verleihen, als die Erteilungsbehörde getan hat; sie können nur aufheben oder beschränken. An das, was das Wesen eines Patents ausmacht, an die technische Anweisung, die der Erfinder gegeben hat, sind sie gebunden. Insoweit ist also eine Abänderung des Patentanspruchs unzulässig, unten A 21 f. Mitt 1913, 109 ist ausgesprochen, ein Patent könne aufrechterhalten werden, wenn zwar der angegebene Fortschritt oder Erfindungsgehalt nicht vorliege, dafür aber ein anderer, der die Patenterteilung rechtfertige. — Das Wort „Erfindungsgehalt" ist unglücklich gewählt; ein anderer Erfindungsgehalt kann dem Patente nicht untergelegt werden. — Dagegen sind die Gerichte **nicht an die Qualifikation der Erfindung** gebunden, die die Erteilungsbehörde ihrer Patenterteilung zugrunde gelegt hat, vgl. für das folgende § 1 A 82 nebst Belegstellen. Sie können also die Neuheit in anderen Punkten finden, als bei der Erteilung geschehen ist. Ebenso kann der gewerbliche Fortschritt anders aufgefaßt werden. Sie sind nach der jetzigen — richtigen — Anschauung nicht gehindert, Vorzüge und Vorteile der Erfindung als patentbegründend anzusehen, die weder der Erfinder noch der Prüfer erkannt hatte, denn die richtige Erkenntnis der Vorzüge ist nicht ein Erfordernis der Patentfähigkeit (§ 1 A 68). Vgl. Urt vom 22. 1. 16, I 29/1915: 270324 schützt die Herstellung von Filtermassen für Wasserreinigung, sog. Aluminatsilikate, und schreibt vor, diese Herstellung in Gegenwart von Natriumsalzen vorzunehmen. Der Anmelder hatte behauptet, daß gerade nur auf diesem Wege das Ziel erreicht werde. Das Reichsgericht führt aus, das sei nun zwar nicht richtig, man könne das Ziel auch ohne Zusatz von Natriumsalzen erreichen. Damit könne aber nicht das Patent zu Fall gebracht werden. Denn als patentbegründend komme nicht nur das Verfahrensergebnis, sondern auch, ohne daß das vom Anmelder . . . besonders betont zu werden brauchte, die Vorteile des Verfahrensgangs in Betracht. (Diese seien vorhanden und genügten zur Aufrechterhaltung des Patents.) Vor-

stehendes wurde nach der früher herrschenden Ausdrucksweise des Reichsgerichtes mit den Worten bezeichnet, die Gerichte sind nicht an die Gründe des Erteilungsentschlusses gebunden. An rechtskräftige Entscheidungen sind sie dagegen gebunden: ist bei einem Kombinationspatent im Erteilungsverfahren der beantragte Schutz von Elementen oder Unterkombinationen zurückgewiesen, so wird der abweisende Beschluß rechtskräftig und ist für das Nichtigkeitsverfahren bindend, GewR 21 (1916), 26; hierfür vgl. weiter § 4 A 41 u. 62b.

Daß die Nichtigkeitsbehörden stets an denjenigen der drei Klaggründe des § 10 gebunden sind, auf den die Nichtigkeitsklage gestützt ist, ist selbstverständlich und schon oben A 3 a. E. erwähnt. Sie können z. B. ein nach § 10 Ziff. 1 angegriffenes Patent nicht um deswillen vernichten, weil ein früher angemeldetes aber nicht vorveröffentlichtes Patent identisch ist, vgl. auch § 28.

2. Formalien des Erteilungsverfahrens. Aus dem oben mitgeteilten Grundsatze, daß im Nichtigkeitsverfahren nur zu prüfen ist, ob das Patent materiell mit Recht erteilt ist, also ob Patentfähigkeit nach §§ 1 u. 2 vorlag und ob keine Vorpatentierung nach § 3 erfolgt war, schließt die jetzt herrschende Rechtsprechung mit Recht, daß die Einhaltung der vorgeschriebenen Formalien des Erteilungsverfahrens nicht nachzuprüfen ist. Früher wurde eine andere Auffassung vertreten. Besonders wurden Patente für nichtig erklärt, wenn nach Abschluß des im § 23 angeordneten Aufgebotverfahrens eine durchgreifende Abänderung der Anmeldung, d. h. also der Patentansprüche — etwa im Beschwerdeverfahren — erfolgte, und diese abgeänderten Ansprüche nun nicht veröffentlicht und ausgelegt waren (RG 46, 175; 50, 196). Die Umkehr trat mit der Entscheidung 76, 394 ein, woselbst ausgesprochen ist, daß jedenfalls das mangelnde Aufgebot oder die mangelnde Übereinstimmung zwischen dem ausgelegten und dem erteilten Patente nicht zur Patentvernichtung führt. Gleiches gilt für jeden formalen Fehler des Erteilungsverfahrens. Ein Patent kann also wegen solcher Fehler weder im Nichtigkeitsstreite vernichtet, noch im Verletzungsstreite als unwirksam angesehen werden. **Anm. 10.**

Schuldrechtliche Klagen. Da bei der Identitätsprüfung weder im Erteilungsverfahren, noch im Nichtigkeitsverfahren der Schutzumfang des älteren Patents berücksichtigt wird, kann es vorkommen, daß ein späteres Patent erteilt werden und aufrechterhalten werden muß, das in den Schutzbereich des älteren Patents eingreift. Dann kann der Inhaber des älteren Patents dem des jüngeren die Ausführung seines Patents verbieten lassen, also u. a. die Abhängigkeitsklage erheben, § 3 A 31. Die Unterlassungsklage steht ihm auch dann zu, wenn bei teilweiser Identität die teilweise Vernichtung des jüngeren Patents unmöglich ist, weil es unteilbar, z. B. ein Kombinationspatent ist, § 10 A 19 u. 23. Durch solche Klagen wird also das Interesse des Inhabers eines älteren Patents in den Fällen gewahrt, in denen ihm eine Nichtigkeitsklage keinen Erfolg bringen kann. Die vorstehenden Grundsätze sind anerkannt RG 33, 154; JW 1896, 710; 1902, 222; sowie die Anmerkung im GewR 9 (1904), 305; ebenso Bolze in den stenogr. Berichten der Patentkommission von 1886 S. 83; Kohler, Abhandlungen aus dem Patent- . . ., recht S. 69. In diesen Urteilen ist die Unterlassungsklage, die sich auf Verletzung eines Patents des Klägers stützte, gegen jemand, der behauptete, nur nach seinem eigenen Patente gearbeitet zu haben, an sich für zulässig erklärt; die ordentlichen Gerichte haben zu prüfen, in welchem Verhältnisse die Patente zueinander stehen und wie sich danach die Privatrechte der Patentinhaber ordnen. — Auch in anderen Nichtigkeitsfällen, z. B. bei rechtswidriger Entnahme, ist es dem Patentinhaber unbenommen, nicht auf Nichtigkeit, sondern auf Unterlassung der Ausführung des jüngeren kollidierenden Patents zu klagen; vgl. § 3 A 15. — Die Unterschiede der schuldrechtlichen Klage gegenüber der Nichtigkeitsklage bestehen außer dem Hauptpunkte, daß die schuldrechtliche Klage das Patent bestehen läßt, in folgendem. Die Klage ist nur gegeben, wenn zwei kollidierende Patente einander gegenüberstehen; der Inhaber des älteren Patents kann sich also nur darauf stützen, daß die Ausführung des jüngeren Patents in den Schutzbereich seines älteren Patents eingreift, nicht aber etwa darauf, daß das jüngere Patent gegenüber seinem älteren Patente keine Neuheit aufweist; denn der einzige Zweck der Klage kann naturgemäß sein, einen Eingriff in den Bereich des älteren Patents zu verhindern. Beide Patente müssen, anders als bei der Nichtigkeitsklage, noch in Kraft sein; der Inhaber eines erloschenen Patents kann dem Gegner nichts mehr verbieten lassen. Klagberechtigt ist nur der Inhaber des älteren Patents, nicht ein Dritter. Dieselbe Klagberechtigung wird man auch dem Nehmer einer ausschließlichen Lizenz an dem älteren Patente zugestehen müssen. Viel zweifelhafter ist das hinsichtlich des Nehmers einer einfachen Lizenz; da dieser gegen Verletzer nicht vorgehen kann, wird er auch dann nicht klagen können, wenn der Verletzer sich auf ein eigenes Patent stützt. Die Klage richtet sich auf Unterlassung eines bereits erfolgten oder ernstlich drohenden Eingriffs in den Bereich des älteren Patents. Subjektives Schuldmoment auf seiten des Beklagten ist, wie bei allen patentrechtlichen Unterlassungsklagen, auf seiten des Beklagten nicht erforderlich. **Anm. 11.**

Diese Klage verhält sich zur Abhängigkeitsklage in folgender Weise. Die Abhängigkeitsklage in ihrer regelmäßigen und grundsätzlichen Gestaltung ist gegen ein jüngeres Patent gegeben, das eine Abänderung oder Verbesserung der älteren Erfindung schützt, aber von dem Erfindungsgedanken des älteren Patents Gebrauch macht. Sie bildet also einen Unterabschnitt der hier behandelten Klagen.

Von der Möglichkeit, bei Identität zweier Patente eine solche Zivilklage zu erheben, wird verhältnismäßig selten Gebrauch gemacht.

Anm. 12. **Einzelheiten** bedürfen noch der Hervorhebung.

1. Ob die Gründe, auf die die Nichtigkeitsklage gestützt wird, bereits im Einspruchsverfahren (§ 24) hätten geltend gemacht werden können, oder ob sie im Einspruchsverfahren geltend gemacht, aber nicht anerkannt sind, ist ohne Bedeutung.

2. Der Nichtigkeitsgrund nach Ziff. 1 (wie nach Ziff. 2) muß zur Zeit der Anmeldung des angegriffenen Patents vorhanden gewesen sein, wenn daraufhin die Nichtigkeit ausgesprochen werden soll. Hat die Anmeldung anfangs den zwingenden gesetzlichen Vorschriften in der Weise nicht entsprochen, wie § 3 A 5 dargelegt, namentlich also, wenn es an der genügenden technischen Offenbarung der Erfindung gefehlt hat, so kommt der Zeitpunkt der Nachholung in Betracht. Nachträglich eintretende Nichtigkeitsgründe sind unschädlich. Nur die Frage der Gesetzwidrigkeit und der Sittenwidrigkeit sind nach dem Zeitpunkte des Erlasses des Nichtigkeitsurteils zu prüfen (bestritten und vom Reichsgericht noch nicht entschieden). Bei dem Nichtigkeitsgrunde nach Ziff. 2 des § 10 kommt es gleichfalls auf die Zeitpunkte der beiden Anmeldungen an. Wann auf die erste Anmeldung das Patent erteilt worden ist oder werden wird, ist gleichgültig. Daraus folgt, daß der Nichtigkeitsstreit über das zweite Patent ausgesetzt werden muß, wenn das auf die erste Anmeldung eingeleitete Erteilungsverfahren noch in der Schwebe ist. Schwebt über das erstangemeldete Patent ein Nichtigkeitsverfahren, so ist das Nichtigkeitsverfahren über das zweitangemeldete Patent nicht auszusetzen, weil es für die Nichtigkeit dieses in der Regel ohne Bedeutung ist, ob jenes vernichtet wird (§ 3 A 8).

3. Kombinationen. Wann Identität von Kombinationen vorliegt, ist im § 3 A 17 eingehend dargelegt. Daß ein Kombinationspatent nicht vernichtet werden darf, wenn nur die Elemente sich als alt erweisen, mögen sie auch im Erteilungsverfahren als neu angesehen sein, bedarf kaum der Erwähnung (MuW Jahrg. 19 S. 186 Sp. 1). Der Schutz der Einzelelemente wird im Nichtigkeitsverfahren nicht geprüft, oben A 5 Beispiele. Schwierigkeiten können in der Richtung entstehen, ob es im Nichtigkeitsverfahren zulässig ist, das Patent auf eine Kombination in ein Patent auf eines der Elemente zu „beschränken" und umgekehrt, hierüber vgl. unten A 23.

4. Die Nichtigkeitsklage kann auch gegen Patente angestellt werden, die bereits durch Zeitablauf, durch Nichtzahlung der Gebühren, durch Verzicht, durch Zurücknahme erloschen sind (nicht gegen Patente, die bereits in einem anderen Nichtigkeitsverfahren für nichtig erklärt sind), LeipzZ 8, 754. „Die Frage, ob der Kläger, der die Nichtigkeitsklage gegen ein erloschenes Patent erhebt, ein besonderes Interesse nachweisen muß, ist streitig" (I 51/1914; Urt vom 18. 3. 14). Klagt der Erfinder selbst gegen den, der ihm die Erfindung rechtswidrig entwandt hatte, so wird sein Interesse in der Regel ohne weiteres als gegeben anzusehen sein, vgl. Blatt 11 (1905), 162. In anderen Fällen muß Glaubhaftmachung gefordert werden, um frivole Prozesse zu vermeiden. Schwebt bereits ein Verletzungsprozeß gegen den Nichtigkeitskläger, so ist sein Interesse ohne weiteres glaubhaft (I 79/1920, Urt vom 6. 11. 20). Im übrigen vgl. RG im IndR Jahrg. 16 S. 12.

5. Ob der Nichtigkeitsanspruch nach § 10 Ziff 1 u. 2 vererblich und veräußerlich ist, ist eine alte Streitfrage, die selten praktisch wird, weil es sich um eine Popularklage handelt, die jeder ohnehin erheben kann. Nach der herrschenden Auffassung wird die Frage verneint; der Anspruch unterliegt nicht der Zwangsvollstreckung und fällt nicht in die Konkursmasse, Blatt 11 (1905), 184; 10 (1904), 213.

6. Kann derjenige, der durch ein später vernichtetes Patent in seinem Geschäftsbetriebe gehindert wurde, Schadensersatzansprüche erheben? Die Frage ist im allgemeinen zu verneinen. Auch wenn der Patentinhaber selbst Zweifel an der Patentfähigkeit seiner Erfindung hatte, so ist dies doch kein Grund für eine Schadensersatzpflicht. Anders im Falle der Patenterschleichung, vgl. unten A 14.

7. Ist eine Vorrichtung nicht eine Vorwegnahme einer Erfindung, so schließt das doch nicht aus, daß die gleiche Vorrichtung, wenn nach Erteilung des Patents hergestellt, eine Verletzung enthält, Blatt 15 (1909), 306. Näheres hierüber § 4 A 11.

8. Im Verletzungsprozesse kann die nach Erlaß des Berufungsurteils ausgesprochene Nichtigkeit des Patents noch in der Revisionsinstanz geltend gemacht werden. Ständige, gesetzespolitisch gebotene Rechtsprechung des Reichsgerichts, deren formelle Begründung Schwierigkeiten macht (vgl. z. B. RG 63, 140; MuW Jahrg. 10, 197; auch § 1 A 2 u. 5, 3).

„**Erschleichen der Patentruhe**". Nach deutscher Auffassung widerspricht es nicht den guten Sitten, wenn derjenige, der wegen Verletzung seines Patents auf Unterlassung oder Schadensersatz klagen will, damit wartet, bis die fünfjährige Ausschlußfrist nach § 10 Ziff 1, § 28 Abs 3 abgelaufen ist, bis also der Verletzer nicht mehr eine Nichtigkeitsklage gegen das Patent des Klägers wegen mangelnder Patentfähigkeit, Neuheit, erheben kann, Blatt 12 (1906), 257. Doch ist dabei folgendes zu bedenken. Sind die behaupteten Verletzungen geraume Zeit unter den Augen des Patentinhabers vor sich gegangen, ohne daß dieser sich rührte, so kann unter Umständen daraus geschlossen werden, daß dem Verletzer keine grobe Fahrlässigkeit zur Last fällt, also keine Schadensersatzpflicht obliegt. Das Zuwarten des Patentinhabers kann zu erheblichen Mißständen führen. Dem angeblichen Verletzer gelingt es, die Erfindung in die Industrie einzuführen; nach fünf Jahren klagt der Patentinhaber, um jenem die Früchte seiner Arbeit zu entreißen. Jener ist machtlos, da er nicht mehr geltend machen kann, daß das Patent zu Unrecht erteilt sei. Diese Mißstände sind mehrfach erörtert, ohne daß jedoch Abhilfe geschaffen ist, obgleich die Klagen sehr lebhaft geäußert wurden. In Nordamerika wird in der Weise geholfen, daß Klagen wegen Patentverletzung, die ohne rechtfertigenden Grund verspätet erhoben sind, abgewiesen werden können. „Die Gerichte helfen dem nicht, der auf seinen Rechten geschlafen hat" (Michaelis, Amerik. Patentrecht S. 380). Aus einem Urt Fed. Rep. Bd. 24 S. 604: Das ganze Verhalten des Patentinhabers zeugt von Gleichgültigkeit gegen die Verletzungen und versetzte die Verletzer in den Glauben, daß sein Patent rechtsunwirksam oder bedeutungslos sei . . . Es ist demgegenüber geltend gemacht, daß er von den Verhältnissen keine Kenntnis gehabt habe. Wenn er sich darum gekümmert hätte, ob die Konkurrenz sein Patent verletzte, so hätte er es ohne Schwierigkeiten erfahren können. — Die Schadensersatzklage ist daraufhin abgewiesen. Hat der Patentinhaber die Verletzungen positiv gekannt, ohne sich geraume Zeit hindurch zu rühren, so wird ausnahmslos in dieser Weise entschieden; so neuerdings wieder Fed. Rep. 2. Reihe Bd. 2 S. 157, wo der Patentinhaber 15 Jahre lang die Verletzungen, die ihm bekannt waren, stillschweigend mit angesehen hatte und nun Schadensersatz verlangte. In einem solchen Falle hat auch das Reichsgericht den Schadensersatzanspruch abgelehnt (JW 1903, 188). Dasselbe muß aber auch gelten, wenn der Patentinhaber zwar behauptet, von den Verletzungen keine Kenntnis erhalten zu haben, diese sich jedoch hätte verschaffen können, besonders da solche Behauptung bei jahrelanger Dauer der Verletzungen nur schwer glaubhaft erscheint. Im übrigen vgl. Kohler, Handbuch S. 392 und GewR 11 (1906), 222. Natürlich wird viel von der Lage des einzelnen Falles abhängen. Man wird es dem Patentinhaber nicht verargen können, daß er geraume Zeit zugewartet hat, ehe er sich auf das immerhin vorhandene Risiko eines Rechtsstreits einließ, wofern der Wettbewerb des Beklagten anfangs wenig fühlbar war und erst nach und nach an Bedeutung zunahm. Mag auch in solchem Falle der Schadensersatzanspruch für die Vergangenheit möglicherweise verloren sein, so ist doch jedenfalls der Unterlassungsanspruch geblieben. Zuungunsten des Beklagten wird es sprechen, wenn die Umstände so lagen, daß er einsehen mußte, ein riskantes Spiel zu spielen. Unerklärliches Verhalten des Patentinhabers, besonders wenn es den Verdacht nahelegt, daß er den Ablauf der fünf Jahre abwarten wollte, kann, wenn der Gegner erhebliches Kapital investiert hat, das beim Siege des Patentinhabers verloren wäre, dazu führen, auch den Unterlassungsanspruch für verfallen zu erklären; jedenfalls wird bei solcher Sachlage die Erteilung einer Zwangslizenz zulässig und geboten sein. Anm. 13.

Die herrschende Meinung lehrt, daß es weitere Nichtigkeitsgründe, als die im § 10 aufgeführten, nicht gibt. Darüber ist folgendes zu sagen. Anm. 14.

1. **Patenterschleichung.** Eine Nichtigkeitsklage mit der Begründung, daß der Patentinhaber durch bewußt wahrheitswidrige Angabe von Tatsachen die Erteilung seines Patents erschlichen habe, und mit der Wirkung, daß die Erhebung einer solchen Nichtigkeitsklage noch nach Ablauf der fünfjährigen Frist des § 28 zulässig sei, gibt es nicht (RG 84, 263). Die Praxis hatte vor diesem Urteile geschwankt, Blatt 9 (1903), 7; 10 (1904), 36. Dagegen kann im Verletzungsstreite der auf Unterlassung oder auf Schadensersatz Verklagte sich einredeweise darauf berufen, daß der Kläger sein Patent durch einen dem Patentamte gegenüber verübten Betrug erschlichen habe, Blatt 17 (1911), 246; RG 84, 264. Die Einrede gründet sich auf § 826 BGB. Streitig ist, ob diese Einrede der Erschleichung auch schon dann zuzulassen ist, wenn eine Nichtigkeitsklage nach §§ 1 u. 2 noch angestellt werden kann, vgl. Blatt 12 (1906), 39; Blatt 9 (1903), 5; Kohler, GewR 11 (1906), 222f. Die herrschende Meinung verneint die Frage. Arglist liegt nur dann vor, wenn positiv schädliche Tatsachen bewußt verschwiegen sind, nicht aber wenn Bedenken über die Güte der Erfindung u. dgl. nicht geäußert sind, RG Blatt 12 (1906), 39, 164. Einen besonderen favor iudicis wird die Einrede nur in selteneren Fällen verdienen.

2. **Wegelagererpatente.** Können oder müssen Defensiv-, Sperr-, Wegelagererpatente vernichtet werden? Das sind Patente, die der Inhaber mit mehr oder weniger bewußter Anm. 15.

Absicht genommen hat, nicht zu dem Zwecke, um selbst gemäß der geschützten Erfindung zu arbeiten, sondern vielmehr, um andere von dem Gebiete fernzuhalten. Solche Patente findet man heutzutage nicht selten. Da sie unter Umständen erheblichen Schaden bringen können, ist die Erörterung von Wichtigkeit, wie sich die Industrie gegen sie schützen kann. Diese Frage ist in der Kommission des Reichstags, die im Mai 1911 über die neue Fassung des § 11 zu beraten hatte, überlegt, jedoch wenig eingehend und ohne greifbares Ergebnis, vgl. Blatt 17 (1911), 187. Nach der augenblicklichen Lage der Gesetze und der Rechtsprechung ist die Sache wie folgt. Handelt es sich um sog. „Scheinpatente", so können sie nach § 10 vernichtet werden. Damit werden die Fälle getroffen, daß Erfindungen patentiert sind, die nicht durchgearbeitet und wirklich ausprobiert sind, bei denen vielmehr nur vermutet wird, daß der angegebene Weg zum Ziele führt, ferner Patente, die unzulässig ausgedehnt sind, z. B. Gattungspatente, bei denen die Anwendung eines Verfahrens auf eine oder zwei Körper ausgearbeitet ist und der Schutz auf die ganzen Klassen, denen jene Körper angehören, in unzulässiger Weise ausgedehnt ist (§ 1 A 101), Patente, in denen in unzulässiger Weise ein Einzelverfahren als allgemeine Methode geschützt ist (§ 1 A 102) usw. In derartigen Fällen kann § 10 Ziff. 1 Hilfe bringen, wobei freilich zwei Übelstände hervortreten, einmal, daß die Klage auf fünf Jahre beschränkt ist, zweitens, daß der Angreifer die Beweislast hat; doch kann in letzterer Hinsicht eine Milderung eintreten, wenn der Patentinhaber für die Berechtigung der verallgemeinernden Ausdehnung seines Schutzes nichts Erhebliches vorzubringen vermag, Blatt 12 (1906), 219. Größere Schwierigkeiten noch, als wenn ein Patent in unzulässiger Verallgemeinerung erteilt ist, machen die Fälle, in denen Patente, die berechtigterweise erteilt sind, nicht ausgeführt werden, vielmehr nur zu dem Zwecke genommen (oder erworben) sind, um die Konkurrenz zu verhindern, dieselbe Erfindung zu machen und sie auszuführen. Das kann volkswirtschaftlich ungesund sein. Volkswirtschaftlich nicht ungesund ist es, wenn ein Erfinder ein neues Gebiet eröffnet, wenn er dann alle Wege, die zum Ziele führen ausarbeitet und sich patentieren läßt, in der Praxis aber nur den einen besten Weg anwendet. Dagegen läßt sich nichts einwenden. Die Allgemeinheit hat kein Interesse daran, daß auch weniger vorteilhafte Herstellungsmethoden ausgeführt werden. Anders liegt aber die Sache, wenn Patente erworben und nicht ausgeführt werden, etwa weil die Umstellung der Industrie Umständlichkeiten und Kosten macht, und wenn auf diese Weise der Fortschritt gehindert wird. Große Verbände kaufen manchmal Patente auf, um Außenseiter an ihrer Ausführung zu hindern. Das ist ein volkswirtschaftlich ungesunder Zustand. Derartige Fälle kommen vor; es tritt hier eine wirkliche Sperrwirkung ein. Ein Mittel gegen derartiges ist bisher nicht gefunden. Die Kommission von 1911 meinte, daß nach § 226 (Schikaneverbot) und § 826 BGB (Verstoß gegen die guten Sitten) geholfen werden könne. Es ist jedoch klar, daß diese Mittel erfolglos bleiben müssen. Man versucht zu helfen, indem man die Patente nicht so auslegt, daß sie unangebrachte Sperrwirkung hervorrufen. Dies Mittel versagt, wenn der sperrende Umfang des Patents im Anspruch Ausdruck gefunden hat. Zurücknahme des Patents, § 11, könnte unter Umständen möglich sein, kommt aber heute kaum noch vor. Abhilfe läßt sich nur schaffen, wenn in den Fällen einer nach § 28 unangreifbar gewordenen, wirklich unzulässigen und das Gemeinwohl schädigenden Sperrwirkung die Möglichkeit einer Zwangslizenz innerhalb gewisser Grenzen stark erleichtert wird, vgl. hierüber § 11 A 14. Gesetzliche Maßnahmen gegen Wegelagererpatente wären erwünscht, werden sich aber kaum erreichen lassen.

Anm. 16. 3. **Ungenügende Offenbarung der Erfindung.** In der ungenügenden Offenbarung ist ein weiterer Nichtigkeitsgrund zu erblicken. Es ist nicht überzeugend, wenn man versucht hat, diesen Grund unter die Ziff. 1 des § 10 zu bringen. Daß Vernichtung eintreten muß, wenn die Erfindung so fehlerhaft offenbart ist, daß ein Fachmann sie nicht ausführen kann, darüber herrscht grundsätzlich Einverständnis. In den letzten 15 Jahren ist aber von der Möglichkeit einer Vernichtung aus diesem Grunde nur sehr selten Gebrauch gemacht worden; man versucht zu helfen, indem man weitgehend annimmt, das was fehle, könne dem Ausprobieren überlassen bleiben u. dgl. Das geschieht auch dann, wenn ein Vergleich mit den englischen und amerikanischen Patenten desselben Erfinders lehrt, daß er sehr wohl imstande war, seine Erfindung vollständig zu enthüllen, daß er das aber aus Konkurrenzgründen in seinem deutschen Patent unterlassen hat, weil er weiß, daß er in Deutschland damit durchkommt. Vgl. hierüber z. B. § 4 A 69 a. E., woselbst ein solcher Fall dargelegt ist. Hin und wider wird unsere Regel anerkannt:

210251 schützte eine Kathode für Bogenlampen hoher Stromstärken, welche aus einem mit festem Metallmantel versehenen Kohlekern besteht, gekennzeichnet durch so geringen Querschnitt, daß der Metallmantel, ehe er in die unmittelbare Nähe des Lichtbogens kommt, schmilzt und abtropft. Die Angaben der Patentschrift wurden für nicht genügend erachtet. Im Rechtsstreite, so führt das Reichsgericht aus, habe die Patentinhaberin erklärt, das neue liege in der Entdeckung, daß ein Mantel von 0,1 mm Stärke für einen starken Strom ein vollkommen ruhiges Brennen des Bogens gewährleistete. Das sei in der Tat das Wesentliche. Es sei aber im Patent nicht zum Ausdruck gebracht, weshalb Vernichtung erfolgen müsse (I 82/1914, Urt vom 17. 6. 14); vgl. auch Blatt 6 (1900), 55.

Sind im Hauptanspruch nicht die sämtlichen Voraussetzungen für den Eintritt des Erfolges, den das Patent erstrebt, vollständig angegeben, ein Teil vielmehr nur im Unteranspruch, so muß der Hauptanspruch vernichtet werden (es ist nicht erwogen, ob durch Zusammenziehung der Ansprüche geholfen werden könnte, vgl. § 10 A 21), Blatt 13 (1907), 113.

Daß Vernichtung erfolgen muß, wenn das Wesen der Erfindung, d. h. die vollständige technische Anweisung — nicht nur verschwiegen, sondern auch — nicht erkannt ist, § 1 A 78, 80, versteht sich von selbst, denn ein solcher Tatbestand fällt ohne weiteres unter die Ziff. 1 des § 10.

Kein Nichtigkeitsgrund ist, daß ein Patent als Zusatzpatent erteilt ist, ohne daß in Wahrheit ein Zusatzverhältnis vorliegt, § 7 A 6 a. E.

Kein Nichtigkeitsgrund ist, daß einem Patente im Erteilungsverfahren eine unrichtige Priorität beigelegt ist, § 3 A 9.

Kein Nichtigkeitsgrund ist das Bestehen eines identischen älteren Gebrauchsmusters, RG 61, 400.

Abschnitt II.

Klage wegen widerrechtlicher Entnahme.

Im vorstehenden ist die Nichtigkeitsklage behandelt, soweit sie sich auf mangelnde Patentfähigkeit und Vorpatentierung stützt. Ziff 3 des § 10 läßt weiter eine Nichtigkeitserklärung wegen widerrechtlicher Entnahme zu, deren Begriff § 3 A 27f auseinandergesetzt ist. Es gelten hier die vorstehend entwickelten Grundsätze, jedoch mit folgenden Besonderheiten. Anm. 17.

1. Widerrechtliche Entnahme liegt vor, wenn der wesentliche Inhalt des Patents den Verlautbarungen, Gerätschaften, Ausführungen eines anderen entnommen ist. Nur dieser andere, nicht quivis ex populo ist klagberechtigt, § 28 Abs 2. Daß er materiell erfindungsberechtigt ist, ist nach der herrschenden Meinung für die Klage aus § 10 nicht erforderlich; es genügt, daß er verletzt ist, d. h. daß die Erfindung ihm rechtswidrig entnommen ist. Hat der Entnehmer ein Recht auf die Erfindung, auch wenn er es erst nachträglich vom materiell Berechtigten durch Abtretung erlangt hat, so kommt die Klage zu Fall. Der Anspruch auf Nichtigkeitserklärung steht dem Kläger nur dann zu, wenn der wesentliche Inhalt des angegriffenen Patents gerade ihm selbst entnommen ist, nicht wenn er einem Dritten entnommen ist, § 3 A 33.

2. Auch hier ist nicht erforderlich, daß der Verletzte versucht habe, seine Rechte im Einspruchsverfahren durchzusetzen; es schadet nicht, wenn er es unterlassen hat oder wenn ein solcher Versuch mißlungen ist.

3. Der Anspruch auf Nichtigkeitserklärung ist vererblich und veräußerlich (JW 1906, 206).

4. Das Reichsgericht prüft im Falle der widerrechtlichen Entnahme den Schutzumfang des angegriffenen Patents, § 3 A 39. Doch steht nicht fest, ob man in diesem Punkte schon von einer konstanten Rechtsprechung reden kann.

5. Das Klagerecht erlischt nicht in fünf Jahren, § 28 A 3.

6. Ob der Beklagte einwenden kann, der Kläger selbst habe seine Kenntnis der Erfindung einem Dritten widerrechtlich entnommen, ist jedenfalls für den Fall, daß auf Übertragung des Patents geklagt wird, nicht völlig unzweifelhaft, § 10 A 18 a. E.

7. Die Klage aus § 10 Ziff. 3 wird ebenso, wie die aus Ziff. 1 u. 2 in der Regel als Offizialverfahren angesehen. Jedenfalls ist sie das aber nur in viel geringerem Maße, da sie nur private Interessen verfolgt. Das kann z. B. für die Frage der Wirksamkeit eines Anerkenntnisses bedeutsam werden, vgl. § 28 und § 10 A 24 g. E.

8. Ist jemand von einem anderen durch Betrug veranlaßt worden, für seine Erfindung diesem die Einwilligung zur Patentnahme zu geben, so kann er gegen ihn nicht die Nichtigkeitsklage erheben, ist vielmehr darauf beschränkt, gegen ihn im ordentlichen Verfahren auf Übertragung des Patents oder auf Verzicht auf das Patent oder auf Schadensersatz usw. zu klagen. Das Nichtigkeitsverfahren ist nicht der richtige Ort zur Entscheidung, ob dem Patentinhaber ein Betrug zur Last fällt, Blatt 3 (1897), 144.

9. Rechtswidrige Entnahme kann im Verletzungsstreite unter Umständen einredeweise geltend gemacht werden (im Gegensatz zur mangelnden Patentfähigkeit und zur Vorpatentierung). Gegen die Verletzungsklage des Patentinhabers ist die Einrede des Schadensersatzes oder des Rechtes auf Patentübertragung wegen rechtswidriger Entnahme zulässig;

diese Ansprüche sind subjektive Privatrechte, deren Geltendmachung im Wege der Einrede nicht zu beanstanden ist, Kohler, Handbuch § 156, S. 397f. Diese Möglichkeit wird häufig übersehen.

10. Wie bereits § 3 A 40 angeführt, werden als rechtswidrige Entnahme auch angesehen die rechtswidrige Patentanmeldung eines Fabrikanten hinsichtlich der Erfindungen, die er bei Ausarbeitung oder Anfertigung eines ihm in Auftrag gegebenen Gegenstandes, Maschine oder dgl. gemacht hat, und die rechtswidrige Anmeldung eines Angestellten hinsichtlich einer von ihm gemachten, dem Geschäftsherrn gebührenden Erfindung. In diesen Fällen kann demgemäß der Besteller oder der Geschäftsherr die Nichtigkeitsklage nach Ziff. 3 erheben, Ebenda ist aber auch bereits ausgeführt, daß die Entscheidung in anderen Fällen (Miterfinder, Gesellschafter, Nichtigkeit des Veräußerungsgeschäfts usw.) den ordentlichen Gerichten gebührt. In letzteren Fällen ist also die Nichtigkeitsklage unzulässig.

Anm. 18. Außer mit der Nichtigkeitsklage kann der Erfindungsberechtigte gegen den Entwender auch mit einer **Klage des bürgerlichen Rechtes gemäß** § 823 BGB vorgehen, vgl. Gutachten des RG, Zivilsenat 1 zum Entwurf von 1913 S. 48ff. Die Klage richtet sich in der Regel auf Übertragung des Patents; sie wird als eine Klage auf Schadensersatz in der Form der Naturalrestitution angesehen, um daraus ihre Berechtigung herzuleiten (Kohler, Handbuch S. 267). Die Klage hat den Vorteil, daß das Patent bestehenbleibt und der obsiegende Kläger es ausnutzen kann; sie hat den Nachteil, daß er ein Verschulden des Beklagten nachweisen muß, also gegen den gutgläubigen Rechtsnachfolger des Entwenders nicht durchdringt. Lizenzen, die der Patentinhaber vor Rechtskraft des die Übertragung aussprechenden Urteils erteilt hat, bleiben nach der vorherrschenden, immerhin nicht unzweifelhaften Meinung bestehen, wenn der Lizenznehmer gutgläubig war, also von der rechtswidrigen Entnahme nichts gewußt hat. Es fragt sich, ob der Patentberechtigte beide Klagen, Nichtigkeits- und Übertragungsklage, nebeneinander oder nacheinander anstrengen kann. Nach richtiger Meinung kann er es nicht; er hat vielmehr nur das Wahlrecht zwischen beiden (Kohler, Handbuch S. 402). Diese Meinung ist aber keineswegs allgemein anerkannt. Das Reichsgericht hat mit folgenden Ausführungen entgegengesetzt entschieden: es gibt keinen Rechtssatz, welcher die Klägerin hinderte, beide Ansprüche nebeneinander zu verfolgen, indem sie das einemal die objektiv widerrechtliche Entnahme behauptet, das andere Mal diese Behauptung dahin erweitert, daß zugleich die Beklagte ein subjektives Verschulden trifft ... Auch steht dem Ausgange beider Verfahren dahin, daß in dem einem auf Patentübertragung, in dem anderen gleichzeitig auf Patentnichtigkeit erkannt wird, ein rechtliches Hindernis nicht entgegen. Dieser Erfolg dürfte allerdings nicht dem Interesse der Klägerin entsprechen, der es dann aber zu überlassen wäre, ihm durch geeignete Maßnahmen vorzubeugen. Der Ansicht des Patentamts, daß die Erhebung des Anspruchs auf Patentübertragung eine der Einwilligung in die Patentanmeldung gleichstehende Genehmigung der letzteren enthalte, kann nicht zugestimmt werden ... Die Frage, ob etwa die Nichtigkeitsklage hinfällig wäre, wenn bereits im Zivilprozeß rechtskräftig auf Patentübertragung erkannt wäre, steht jetzt nicht zur Entscheidung. (I 9/1918, Urt vom 27. 3. 18). Folgende Bedenken erheben sich. Ist es erstens zulässig, daß der Angreifer zwei selbständige, miteinander unvereinbare Ansprüche erhebt? In der Form eines Eventualantrags wäre es zulässig; dann forderte er entweder das eine, oder das andere. Hier fordert er in positiver Form sowohl das eine, als auch das damit unvereinbare andere. Zweitens berücksichtigt das Urteil nur den Fall, daß beide Gerichte gleich entscheiden. Es kann aber die Nichtigkeitsklage abgewiesen werden, weil die Entnahme verneint wird, und die Übertragung ausgesprochen werden, weil die Entnahme bejaht wird. Es kann auch die Nichtigkeit ausgesprochen werden, nachdem aus entgegengesetzter Beweiswürdigung die Übertragung versagt worden ist. Das sind doch unmögliche Ergebnisse. Drittens wird auch dem Beklagten nicht zuzumuten sein, sich auf zwei Prozesse mit doppeltem Kostenrisiko einzulassen. Diese Erwägungen führen dazu, daß die Klagen nicht kumulativ, sondern nur alternativ angestellt werden können. Das Interesse des Angreifers wird dadurch nicht beeinträchtigt; er muß sich überlegen, ob er dem Beklagten ein Verschulden nachweisen kann, was z. B. zweifelhaft sein mag, wenn das Patent auf einen Dritten übertragen ist und dieser verklagt wird. Höchstens kann man zulassen, daß die Nichtigkeitsklage noch angestrengt werden kann, wenn die Übertragungsklage nur aus formellen Gründen abgewiesen ist.

Außer der Klage nach § 823 Abs 2 BGB kann unter Umständen eine Vertragsklage gegeben sein, so bei Gesellschaften, Miterfindern (Übertragung auf die Gesellschaft oder die Gesellschafter oder auf sämtliche Miterfinder). Über diese und ähnliche Fälle vgl. § 3 A 40.

Hat der Entwender dem Entwendeten aus eigenem etwas hinzugefügt, z. B. ein Patent auf eine Kombination mit einem entwendeten Element erhalten, so kann er, da das Patent unteilbar ist, Übertragung desselben nicht verlangen. Er kann nur Abhängigkeit geltend machen.

In vorstehendem ist nur von dem Erfindungsberechtigten die Rede gewesen. Durchaus zweifelhaft ist, ob die Übertragungsklage auch dem bloß Verletzten, nicht Berechtigten zusteht. Kohler, Handbuch, S. 265f leitet die Klage aus dem Immaterialgüterrecht ab und spricht infolgedessen nur von dem Erfindungsberechtigten, nicht ohne Grund. A. M. Kisch, S. 128, IV, S. 249, 3: der Verletzte; ähnlich Isay, S. 131ff. Ist es angemessen, daß der Dieb, dem die Erfindung wiederum gestohlen ist, Übertragung des vom zweiten Entwender genommenen Patents auf sich verlangen kann?

Abschnitt III.

Teilnichtigkeit.

Liegt nur **teilweise Vorwegnahme** nach dem Stande der Technik oder teilweise Vorpatentierung (Identität) vor, so erfolgt die Erklärung der Nichtigkeit durch „entsprechende Beschränkung" des Patents. Der Begriff der teilweisen Identität ist § 3 A 18 auseinandergesetzt. Erforderlich ist, daß die neue Erfindung teilbar ist. Einheitliche Erfindungen sind niemals teilbar; deshalb können nur zusammengesetzte Erfindungen nach § 10 Abs 2 quantitativ beschränkt werden. Es kann z. B. eine quantitative Beschränkung eintreten, wenn das Patent mehrere Ansprüche enthält, von denen einer nichtig ist (RG Mitt 1916, 106); wenn ein Gattungspatent erteilt ist und nur ein Teil der Gattung, z. B. eine Unterklasse, patentfähig ist, GewR 25 (1920), 144; Bolze Bd. 12 Nr. 116; wenn mehrere Lösungsmittel patentiert sind und nur eines derselben vorweggenommen ist; wenn mehrere in gleicher Weise zum Ziele führende Verfahren patentiert sind, von denen eines alt ist usw. Sind Ausführungsformen vorbekannt und wird nachträglich das Erfindungsprinzip patentiert, so muß Teilbeschränkung erfolgen, wenn in dem späteren Patente auch vorbekannte Ausführungsformen als geschützt beansprucht sind; ist letzteres nicht der Fall, so kann das auf das Prinzip erteilte Patent unbeschränkt aufrechterhalten werden, § 1 A 112. Auch bei Kombinationen kann eine richtige Teilvernichtung vorkommen. Im Falle Gareis Bd. 1 S. 41 war geschützt ein Bruchband verbunden mit einer federnden Pelote. Das Patent ist durch teilweise Vernichtung beschränkt worden auf die Verwendung einer Spiralfeder (im Gegensatz zu der für den gleichen Zweck schon bekannten Verwendung einer Blattfeder). Hat a ein Patent auf ein Erzeugnis und b später ein Patent auf das Erzeugnis und das Herstellungsverfahren erhalten; so muß das spätere Patent auf das Verfahren beschränkt werden; hat c sodann ein Patent auf das Verfahren und ein Arbeitsmittel erhalten, so muß dieses Patent auf das Arbeitsmittel beschränkt werden (Damme-Lutter). Außer derartigen quantitativen Beschränkungen können auch qualitative Beschränkungen eintreten. Häufig wird dann dem Anspruch ein weiteres Merkmal eingefügt. Dadurch wird der Umfang des Anspruchs auf diejenigen Vorkehrungen beschränkt, die außer den übrigen auch noch das neu eingefügte Merkmal aufweisen, vgl. Mitt 1916, 106; Blatt 10 (1904), 216; GewR 26 (1921), 133. Ist eine Einrichtung unbeschränkt geschützt, so kann sie auf die Benutzung „zu den in der Beschreibung angegebenen Zwecken" beschränkt werden (Bolze Bd. 19 Nr. 131; ähnlich MuW Jahrg. 12 S. 82 oben). Selbstverständlich ist, daß eine Beschränkung durch Hinzufügung eines einengenden Merkmals dann nicht erfolgen kann, wenn dadurch der Inhalt und Charakter der Erfindung verändert werden würde. Patentiert war die Herstellung von Kalzium- und anderem Karbid durch Erhitzen von Erdalkalioxyd und Kohlenstoff im elektrischen Ofen. Es wurde nachgewiesen, daß dies bekannt war. Der Patentinhaber wünschte Beschränkung des Anspruchs auf die Vorschrift bestimmter Mischungsverhältnisse von Oxyd und Kohlenstoff. Das Reichsgericht nahm an, daß das ein **aliud** sei, und vernichtete das Patent, Blatt 5 (1899), 201. In gleicher Richtung bewegen sich die weiter unten angeführten Urteile. Ähnlich auch Blatt 5 (1899), 315: 93609 schützte die Formgebung von Hausteinen durch Schleifen, während sie bis dahin von Hand oder durch maschinelle Formung erfolgt war. Nachgewiesen wurde, daß auch das Schleifen vorbekannt war. Der Patentinhaber beantragte Beschränkung auf gewisse Modalitäten der Anwendung des Schleifens. Das Patentamt lehnte das ab, da es „außerhalb des Rahmens des streitigen Patents liegen" würde; ähnlich das RG daselbst S. 318 Sp. 1. — Blatt 13 (1907), 36f: bei Staubsaugern war die Anwendung einer Pumpe patentiert; die Beschränkung auf eine Kolbenpumpe ist abgelehnt. Andererseits I 293/1912; Urt vom 19. 4. 13: 179903 schützte (bei Ampere- und Voltmetern) die Erzielung (nicht eines Zeigerausschlagers auf der Skala eines Kreises, sondern eines) geradlinigen Zeigerausschlages, dad. gek., daß das Ausschlagen des drehbaren Systems . . . auf einen durch einen Lenkermechanismus in einem Punkte geradegeführten Zeiger übertragen wird. Die Verwendung eines solchen Lenkmechanismus wurde als bekannt nachgewiesen. Das Patent ist beschränkt auf eine besondere Ausführungsform, die in den Zeichnungen dargestellt war, dahingehend, daß der geradegeführte Zeiger an der Außenseite des Lenkersystems liegt und

Anm. 19.

seine Geradeführung an der Spitze erfolgt. Diese besondere Form sei aus dem vorbekannten nicht ohne Erfindungskraft zu entnehmen gewesen.

Bei Teilvernichtungen entsteht häufig die Frage, ob das Übrigbleibende auf Patentfähigkeit geprüft werden muß, oder ob diese Prüfung in einem Nichtigkeitsverfahren nicht stattzufinden hat. Im Erteilungsverfahren kann eine gleiche Frage nicht entstehen, denn dort ist selbstverständlich, daß das, was patentiert werden soll, auch wenn es nur ein Rest ist, patentfähig sein muß. Für das Nichtigkeitsverfahren ist die Beantwortung der Frage nicht ganz so zweifellos. Sie muß aber auch hier bejaht werden, denn es ist nicht angängig, daß die Allgemeinheit in irgendeiner Weise beschränkt wird, ohne daß die Voraussetzungen der Patentfähigkeit vorliegen. So auch RG I 293/1912, Urt vom 19. 4. 13: es ist davon auszugehen, daß das Patent, wenn es im Erteilungsverfahren einen zu weit gehenden Umfang erhalten hat, im Nichtigkeitsverfahren auf das richtige Maß zurückzuführen ist, sofern dasjenige, was übrigbleibt, für sich allein noch eine volle patentfähige Erfindung im Sinne des § 1 PG darstellt.

Lautet der Antrag auf gänzliche Vernichtung, so ist kein Zweifel, daß ihm durch Teilvernichtung teilweise stattgegeben werden, er aber im übrigen abgewiesen werden kann. Fraglich ist das Umgekehrte, ob nämlich auf gänzliche Vernichtung erkannt werden kann, wenn nur teilweise Vernichtung beantragt ist. Diese Frage entsteht namentlich dann, wenn die Patentfähigkeit des Restes zweifelhaft ist. Das RG hat Blatt 4 (1898), 101 ausgesprochen, wenn sich aus der Erörterung der beantragten Teilvernichtung ergebe, daß das ganze Patent nichtig ist, so müsse es — aus Rücksicht auf das öffentliche Interesse — ganz vernichtet werden. Diesem Grundsatze wird zugestimmt werden müssen, da das Nichtigkeitsverfahren nicht reines Parteiverfahren ist (vgl. auch Bolze Bd. 13 Nr. 116). — In einem anderen Falle (Gareis Bd. 9, S. 22) hat das Reichsgericht bei ähnlicher Sachlage die Klage abgewiesen: die Kläger hätten nach Sachlage Nichtigkeit des ganzen Patents beantragen können. Sie haben nur teilweise Vernichtung beantragt. Das dann Übrigbleibende würde aber „dem ganzen Charakter des Patentes widersprechen". Deshalb ist — nicht etwa das Patent im ganzen Umfange vernichtet, sondern — die Klage abgewiesen. Diese Entscheidung ist nach heutiger Anschauung bei der Lage des Falles nicht ohne Bedenken. — Ist die Schutzfähigkeit des vom Kläger nicht angegriffenen Teiles zweifelhaft, so bleibt nichts übrig, als darüber von Amts wegen Beweis zu erheben.

Anm. 20. Über die **Vernichtung von Unteransprüchen** gelten folgende Regeln. Unteransprüche enthalten meistens praktische Einzelausführungen der allgemeineren Erfindung des Hauptanspruchs, oder Ausführungsformen eines Erfindungsgedankens, der im Hauptanspruch geschützt ist, oder Elemente einer im Hauptanspruch patentierten Kombination oder dgl. Sie stehen also der Regel nach in einer abhängigen Verbindung mit der Haupterfindung. In solchem Falle ist regelmäßig der Unteranspruch nichtig, wenn der Hauptanspruch nichtig ist. Die Sachlage kann aber auch so sein, daß der Unteranspruch eine zwar mit der Haupterfindung tatsächlich in Verbindung stehende, aber doch selbständige volle Erfindung enthält. Das kommt z. B. vor, wenn das im Unteranspruch geschützte Element einer Kombination oder die Ausführungsform eines Erfindungsgedankens selbst erfinderische Qualität hat; in solchem Falle muß der Unteranspruch für sich allein bestehenbleiben; es müssen also bei Vernichtung eines Hauptanspruchs etwaige Unteransprüche immer auf eigene erfinderische Qualität geprüft werden. Wenn ein Anspruch vernichtet wird, können auch „die anderen ins Wanken geraten", wenn nämlich der Unteranspruch keine selbständige Erfindung enthält (PA, MuW Jahrg. 16 S. 177); vgl. auch § 4 A 4ff und folgende Urteile: War hiernach der Anspruch 1 zu vernichten, so ergibt sich dasselbe auch für die Unteransprüche 2 u. 3, deren Gegenstand nur zweckmäßige Einzelheiten für die Ausführung des allgemeinen Gedankens des Anspruches 1 betrifft, die aber einen selbständigen erfinderischen Gehalt nicht haben (I 76/17; Urt vom 12.1.18). — Vgl. ferner einen Fall, in dem der Hauptanspruch teilweise vernichtet wurde: Es handelt sich um Unteransprüche, die für sich einen erheblichen Erfindungsgehalt nicht haben, und nur deshalb bestehen können, weil sie den Inhalt des Anspruchs 1 in sich aufnehmen und weiter entwickeln. In den Grenzen, in denen der Anspruch 1 wegen teilweiser Identität mit dem früheren Patente . . . fallen (d. h. beschränkt werden) muß, muß auch der Anspruch 2 fallen. Der Wortlaut des Anspruchs 2 (Ausführungsform der Schaltung nach Anspruch 1) kann aber aufrechterhalten bleiben, weil die beabsichtigte Beschränkung automatisch mit der Abänderung der Fassung des Anspruch 1 eintritt (I 223/1917, Urt vom 6. 3. 1918). — Der Unteranspruch muß trotz Bestehenbleibens des Hauptanspruchs vernichtet werden, wenn er nicht einmal eine praktische Ausgestaltung der Haupterfindung, sondern nur eine platte Selbstverständlichkeit darbietet, Blatt 33 (1927) S. 258 Sp. 1; MuW Jahrg. 16 S. 179 Sp. 2.

Ist Vernichtung des Anspruchs 1 beantragt, so kann nach Ablauf der Frist des § 28 Abs 3 der Antrag nicht durch Klagerweiterung auf Nichtigkeitserklärung weiterer Ansprüche erstreckt werden, RG Blatt 32 (1926), 117.

Abschnitt IV.

Richtigstellung der Patentansprüche.

Abänderung des Patentanspruchs. Grundsätzlich gilt die Regel, daß das Patent im Nichtigkeitsverfahren nicht neu geschrieben, dem Anspruch also nicht ein anderer Inhalt gegeben werden kann, als die Erteilungsbehörde ihm gegeben hat (MuW Jahrg. 27/28 S. 129 Sp. 1). — Vgl. auch Urt vom 4. 7. 92, I 126/1892: was die angefochtene Entscheidung (der Nichtigkeitsabteilung) als den allein patentfähigen Inhalt des Patentanspruchs durch die eingeschränkte Formulierung desselben aufrechterhält, ist nicht Gegenstand der Patenterteilung gewesen und hat es nicht sein sollen. Im Nichtigkeitsverfahren kann ein solcher Inhalt nicht aufrechterhalten und damit zum Gegenstand einer Patenterteilung gemacht werden. — Es kommen aber nicht selten Fälle vor, in denen der Anspruch formell unrichtig gefaßt ist, also den wirklichen Inhalt der Erfindung nicht richtig wiedergibt. In derartigen Fällen entstehen Schwierigkeiten. Einerseits hat es Bedenken, einen unrichtigen Anspruch bestehen zu lassen, weil dadurch die Allgemeinheit über das, was sie tun darf oder zu lassen hat, irregeführt wird; andererseits ist die Bestimmung des § 10 nur auf eine Beschränkung, nicht auf eine Umänderung des Anspruchs zugeschnitten. Soll man es danach bei einer anderen richtiggestellten Auslegung des unrichtig gefaßten Patentanspruches bewenden lassen, von welcher Auslegung die Allgemeinheit keine Kenntnis erlangt? Anm. 21.

Besonders bei Komplexerfindungen, d. h. bei Erfindungen, die aus einer Reihe von Teilvorrichtungen oder Verfahrensstufen bestehen, kann es vorkommen und kommt es häufig vor, daß die Nichtigkeitsbehörden das erfinderisch Neue in anderen Teilen oder Verfahrensstufen erblicken, als bei der Erteilung geschehen ist. Nicht selten stimmt dann der Anspruch mit der Auffassung der Nichtigkeitsbehörden nicht mehr überein. Hauptsächlich in solchen Fällen wird die Frage brennend, ob der Anspruch geändert werden darf. Das Reichsgericht steht zur Zeit auf dem Standpunkt, daß Abänderungen nur in äußersten Fällen vorzunehmen sind, nur wenn die dringendste Furcht besteht, daß die Allgemeinheit ernstlich irregeleitet wird. I 49/1915, Urt vom 19. 5. 15: Es konnte bei der wenig glücklichen Fassung des Patentanspruchs in Frage kommen, ob dieser zu berichtigen sei. Notwendig erschien dies aber nicht, da der Gegenstand des Patentes aus der Patentschrift in Verbindung mit der Zeichnung für den Fachmann zweifelsfrei erkennbar ist und die Fassung zu einem Mißverständnis keinen Anlaß gibt.

In den meisten Fällen wird also die Richtigstellung nur in den Gründen angedeutet. Das geschieht auch dann, wenn das Patent in sich widerspruchsvoll ist. Das vor einigen Jahren viel besprochene Tuberkuloseheilmittel Friedmanns bestand nach der ausdrücklichen Angabe der Beschreibung des Patents 336051 darin, daß der erkrankte Mensch mit lebenden, aber avirulent gemachten Schildkrötenbazillen behandelt werden sollte. Trotzdem lautete ein Unteranspruch: Impfung mit dgl. Bazillen, die durch Hämmern getötet sind. Das Patent ist in dieser Form aufrechterhalten, Blatt 30 (1924), 8. Dasselbe geschieht auch hin und wieder, wenn ein Anspruch geradezu falsch und unsinnig ist. 305794 schützt die Benutzung eines Vortriebzylinders mit Brustschild zur Ölgewinnung in ölführenden Gebirgsschichten. Außen vor dem Brustschilde sollte ein Vakuum erzeugt werden, um das Öl aus den Schichten dorthin zu ziehen, damit es dort gesammelt werden konnte. Nach Unteranspruch 4 war vorgesehen, außen vor das Brustschild gepreßte Luft zu treiben. Die Sachverständigen waren einig, daß das unsinnig sei, da dann das Öl in das Gebirge zurückgedrückt werde; vermutlich werde ein Irrtum in der Ausdrucksweise vorliegen. Patentamt und Reichsgericht haben den Anspruch bestehen lassen (Urt vom 8. 10. 21, I 77/1919). — Die geschilderte Rechtsprechung des Reichsgerichts ist aus dem Bestreben hervorgegangen, eine Umänderung auf alle Fälle soweit irgend möglich dann zu vermeiden, wenn sich ihre Folgen für den Verletzungsstreit nicht genau übersehen lassen.

Hin und wieder sind freilich Abänderungen vorgenommen. In neuerer Zeit ist z. B. im Patente 297131 der Anspruch 1 zur Klarstellung abgeändert worden, da er den Erfindungsgedanken „nur unvollkommen und höchst unklar zum Ausdruck bringt und beide Parteien sich mit der Neufassung einverstanden erklärt haben ... Eine Beschränkung oder teilweise Vernichtung des Patents liegt darin nicht", Urt vom 5. 7. 19, I 242/1918; ähnlich Mitt 1921, 29 und ganz neuerdings: 413654 schützt die Herstellung von Rohren durch Schleuderguß; in den Anspruch ist eingefügt „unter Anwendung von Metallformen" — im Gegensatz zu Sandformen; betont ist, daß nicht Teilvernichtung, sondern Verdeutlichung vorliegt, MuW Jahrg. 27/28 S. 220. — Derartige Verdeutlichungen sind sicherlich zu billigen; erster Grundsatz bei Patentfassungen muß die Klarheit sein. Früher wurde viel häufiger in dieser Weise verfahren, vgl. Blatt 19 (1913), 238 und die Anführungen GewR 26 (1921), 133f, auch Gareis Bd. 5 S. 23, woselbst Ansprüche ohne Bedenken umgeändert sind, um die wirkliche Meinung klarer hervortreten zu lassen.

„Für Verdeutlichungen und Ergänzungen der Patentbeschreibung ist im Nichtigkeitsverfahren kein Raum" (RG MuW Jahrg. 26 S. 115). Gemeint wird sein, dafür ist kein Raum, wenn das Patent bestehenbleibt. Weshalb es aber unzulässig sein soll, bei teilweiser Vernichtung des Anspruchs diejenigen Teile der Patentbeschreibung zu durchstreichen, die sich nur auf den vernichteten Anspruchsteil beziehen, ist schlechterdings nicht einzusehen; in England wird beim disclaimer jeden Tag so verfahren.

Anm. 22. Besondere Beachtung verdient die Möglichkeit einer **Abänderung der Kategorien** des Patents (Erzeugnis, Verfahren, Arbeitsmittel). Sie wird grundsätzlich von der herrschenden Rechtsprechung für unzulässig erachtet. In der Tat kann sie auch jedenfalls nicht unbeschränkt zugelassen werden. So kann man im Nichtigkeitsstreite ein Patent auf ein Herstellungsverfahren nicht in ein Patent auf das Erzeugnis umändern, und zwar schon deshalb nicht, weil der Schutz des letzteren — von seltenen Ausnahmen abgesehen — umfassender ist, § 1 A 55. In dem Falle Blatt 33 (1927), 153 ist neuerdings (im Streit über ein Vorbenutzungsrecht) ein Patent auf das Erzeugnis als ein Patent auf das Herstellungsverfahren ausgelegt worden. Wenn somit grundsätzlich eine Abänderung des Anspruchs in eine andere Patentkategorie unzulässig sein mag, so kommt es doch im Nichtigkeits- und im Verletzungsstreite recht häufig vor, daß im Wege der Auslegung eine Erfindung einer anderen Kategorie zugewiesen wird, als die Erteilungsbehörde getan hat. Besonders ist das der Fall, wenn es sich um die Frage handelt, Arbeitsmittel oder Verfahren. Beide gehen häufig ineinander über. Ob man patentiert: Erzeugung von künstlichem Zug bei Feuerungen mittels Preßluft, dad. gek., daß . . . eine Kammer in das Abzugsrohr eingeschaltet ist, oder aber: Anbringung einer Kammer im Abzugsrohr zur Erzeugung künstlichen Zuges, das unterscheidet sich fast nur durch die Stellung der Worte. Das Reichsgericht hat in diesem Falle, Blatt 18 (1912), 276, die Vorrichtung als geschützt erachtet, obgleich das Patent auf die Erzeugung von Zug, also auf ein Verfahren, lautete, und hat das Patent insoweit vernichtet, als die Vorrichtung mit einer anderen entgegengehaltenen Vorrichtung identisch war. Trotz der Auslegung, daß die Erfindung in einer Vorrichtung bestehe, hat man aber bei der Beschränkung die Fassung des Anspruchs (als ein Verfahren schützend) nicht geändert. — Auch in nicht seltenen anderen Fällen hat das Reichsgericht eine abändernde Auslegung des Anspruchs (ohne Abänderung der Fassung desselben) eintreten lassen, z. B. Blatt 7 (1910), 234. In dem Falle jedoch, daß die Erteilungsinstanzen ein Patent auf eine Vorrichtung endgültig abgelehnt hatten und nur der Anspruch auf das Verfahren bekannt gemacht war, oder umgekehrt, ist auch die abändernde Auslegung abgelehnt worden, Blatt 19 (1913), 12; GewR 28 (1923), 44 f. Ebenso folgender Fall: 225195 schützte die Herstellungen chemischer Verbindungen aus Gasgemischen, dad. gek., daß brennbare Stoffe in das Gemisch eingespritzt und entzündet würden. Letzteres sollte mittels einer „Schichtdüse" geschehen. Der Patentinhaber behauptete, daß sein Schutz auf die Düse durch den Beklagten verletzt werde. Das Reichsgericht äußerte: dem Kläger ist die fragliche Vorrichtung (Düse) nicht als solche patentiert. Es kommt nicht selten vor, daß in Patentschriften neue und erfinderische Gedanken offenbart werden, ohne daß sich der Patentschutz darauf erstreckt. Keine Auslegungskunst kann dahin führen, den unzweideutig gefaßten (auf ein Verfahren gerichteten) Patentanspruch auch unter Berücksichtigung der Beschreibung als auf eine Vorrichtung gerichtet anzuerkennen (Urt vom 22. 9. 15, I 39/1915).

Im allgemeinen dürfte es sich empfehlen, bei der abändernden Bestimmung der Kategorien nicht engherzig zu verfahren, falls nicht etwa eine Irreführung des Publikums in Frage kommt. Ist beispielsweise eine Mischung durch Sachpatent geschützt worden, und stellt sich im Nichtigkeitsverfahren heraus, daß nicht eine Mischung, sondern eine durch Sachpatent nicht schutzfähige chemische Verbindung vorliegt, so wird eine Umdeutung des Anspruchs, ja hier auch eine Abänderung nicht zu vermeiden sein. Es muß zur Erwägung verstellt werden, ob man nicht auch trotz sogenannter abweisender Beschlüsse des Prüfers in geeigneten Fällen so zu verfahren hat. Angemeldet ist ein Verfahren, auszuführen mit einer bestimmten Vorrichtung. Der Prüfer weist das zurück und schützt: Vorrichtung zur Ausführung des Verfahrens. Materiell ist damit gar nichts zurückgewiesen; die Erfindung ist nur anders rubriziert. Der Verletzungsrichter sollte die Freiheit haben, die Erfindung so zu behandeln, wie sie sich auf Grund berichtigter Überlegung darstellt. Anders natürlich, wenn von dem angemeldeten Anspruch wirklich etwas abgestrichen ist; vgl. hierzu im allgemeinen § 1 A 58. Ja, es muß auch überlegt werden, ob nicht eine Abänderung des Anspruchs, wenigstens in manchen Fällen, stattzufinden hat. Geschützt ist eine Vorrichtung; ausgelegt wird, daß das mittels der Vorrichtung auszuführende Verfahren geschützt ist: dann sind auch die unmittelbaren Erzeugnisse geschützt. Wie soll das Publikum wissen, daß es diese Erzeugnisse nicht beliebig gebrauchen und verkaufen darf, wenn das Patent als Vorrichtungspatent bestehenbleibt?

Das Patentamt, Nichtigkeitsabteilung, weigert sich in der Regel, im Nichtigkeitsverfahren auch nur eine abändernde Auslegung vorzunehmen, weil darin eine unzulässige Änderung des Erfindungsgegenstandes, unter Umständen, wie in dem soeben hier angeführten Falle, auch eine weitere Erstreckung des Schutzbereichs zu erblicken sei, vgl. das Beispiel § 1 A 57 a. E.

In England und Nordamerika herrschen folgende Grundsätze. Es kommt in erster Reihe auf den materiellen Inhalt der Patentbeschreibung an, der frei ausgelegt wird. Zwar kann ein Patent, das den Worten nach eine Vorrichtung schützen will, nicht als ein Verfahrenspatent ausgelegt werden, wenn das Verfahren nicht in genügender Ausführlichkeit beschrieben ist usw. Ist aber die Voraussetzung genügender Beschreibung erfüllt, und hat die Erteilungsbehörde auch nicht etwa einen relevanten Teil für nicht neu, nicht patentwürdig erklärt, also den Inhalt dessen, was es schützen will, nicht materiell beschränkt, dann ist der Richter vollkommen frei und nicht an die Rubrizierung gebunden, die die Erteilungsbehörde als zutreffend erachtet hat.

Abänderungen bei Kombinationspatenten. Können Patente auf eine Kombination, wenn sich diese als nicht patentfähig herausstellt, in Patente auf die Einzelelemente, oder Patente auf die Einzelelemente in Patente auf die Kombination umgewandelt werden? Die Beantwortung dieser Frage ist eine crux. Es ist leicht, den Grundsatz aufzustellen, Kombination und Einzelelemente sind etwas ganz Verschiedenes, also ist die Umwandlung unzulässig. Es ist aber sehr schwer, diesen Grundsatz anzuwenden. Geschützt ist eine Kombination aus lauter alten Elementen; die Kombination erweist sich als nicht patentfähig. Ein Zweifel ist nicht möglich: das Patent muß vernichtet werden. — Die Kombination enthält ein neues Element; dann wird zwar die Kombination als neu zu gelten haben; aber es ist möglich, daß keine Erfindungshöhe, kein Fortschritt oder keine wahre patentfähige Kombination vorliegt, und deshalb das Patent auf die Kombination nichtig ist. Ist dann das neue Element in einem Unteranspruch geschützt, so ist die Lage gleichfalls klar, der bisherige Unteranspruch wird als alleiniger Anspruch aufrechterhalten. Dem steht nicht entgegen, daß das Patentamt nach seinen Grundsätzen Blatt 19 (1913), 296 Sp. 1 das Element nicht selbständig, sondern nur innerhalb der Kombination schützen wollte. Wie aber, wenn das neue Element nicht durch besonderen Anspruch geschützt ist? Hier beginnen die Zweifel. Man wird annehmen müssen, daß die Umwandlung des Kombinationspatents in ein Patent auf das neue Element zulässig ist. Denn wenn nach der herrschenden deutschen Auffassung das Kombinationspatent dem erfinderisch neuen Element implizite selbständigen Schutz verleiht, so wäre es offensichtlich übertrieben formell, anders zu verfahren. Nur dies entspricht auch der materiellen Gerechtigkeit; andernfalls wäre das neu erfundene Element für immer schutzlos, es könnte nicht aufs neue angemeldet werden. Größere Schwierigkeiten ergeben sich, wie nicht zu leugnen ist, im umgekehrten Falle. Es sind mehrere Vorrichtungen an einer Maschine einzeln geschützt, die sich sämtlich als alt erweisen, die aber zusammen eine patentfähige Kombination bilden würden. Kann das Patent in ein Kombinationspatent umgewandelt werden? Dieser Kommentar bejaht die Frage entgegen Kohler, Handbuch S. 372. Denn die Sachlage ist doch immer so, daß irgendwelche Zusammengehörigkeit der Elemente sich schon aus ihrer Anbringung an einer einheitlichen Vorrichtung oder in einem einheitlichen Verfahren ergibt, und daß diese Zusammengehörigkeit auch dem Publikum dadurch erkennbar gemacht ist, daß sie in einem einzigen Patente geschützt sind. Eine Irreführung kann also nicht entstehen. Voraussetzung ist natürlich, daß materiellrechtlich eine wahre Kombination vorliegt, also nicht, wenn an einer Taschenuhr eine Verbesserung einerseits am Uhrglase, andererseits an den Lagern der Wellen der Zahnräder vorgenommen ist, § 1 A 125. Sind die Verbesserungen dagegen in verschiedenen Patenten geschützt, so läßt sich eine Vereinigung nicht herbeiführen. — Aus der Rechtsprechung: Im letzten Jahrzehnt sind kaum irgendwelche charakteristischen Urteile ergangen. In früheren Zeiten entschied das Reichsgericht nach gesunder Vernunft, ohne sich durch formelle Bedenken gehindert zu fühlen. 95336 schützte an Geschützlafetten in Anspruch 1 eine Kombination aus zwei Vorkehrungen, in Anspruch 2 eine dritte Vorrichtung. Die beiden ersten Vorkehrungen waren bekannt, auch die Kombination war mangels einer besonderen Wirkung nicht patentfähig, die dritte Vorrichtung war neu. Das Reichsgericht war der Meinung, daß alle drei Vorrichtungen zusammen schutzfähig seien, und hat deshalb durch Teilvernichtung beide Ansprüche in einen Kombinationsanspruch zusammengezogen. Das Patent ist angeführt Mitt 1909, 32; Urt vom 21. 10. 03. Im Falle Blatt 19 (1913), 238 waren an einem Gleitflugzeug gleichfalls in zwei Ansprüchen zwei Vorrichtungen geschützt, 1. eine Vorrichtung zum Verwinden der Tragflächen, 2. eine Kupplung dieser mit dem Schwanzruder. Die erste Vorrichtung wurde auch hier für alt erachtet, die zweite für neu. Darauf ist der erste Anspruch in den sog. Oberbegriff, vor dad. gek., aufgenommen und auf diese Weise das Patent auf die Kombination beschränkt. — In beiden Fällen sind also Elementansprüche in einen Kombinationsanspruch umgewandelt. Anm. 23.

Urteile, in denen bewußt und zweifelsfrei ein Anspruch auf die Kombination in Ansprüche auf die Elemente verwandelt ist, lassen sich nicht ausfindig machen. — Dagegen finden sich noch mehrfach Urteile, in denen mehrere Ansprüche in einen einzigen zusammengezogen sind,

wenn auch nicht in einen Kombinationsanspruch, z. B. Bolze Bd. 12 Nr. 116: 1. Veresterung von Harzsäuren; 2. Verwendung der Produkte zur Lackherstellung; da in Wahrheit nicht zwei Verfahren vorlagen, sind die Ansprüche in einen einzigen verwandelt. Ähnlich Bolze Bd. 10 Nr. 167; Bd. 21 Nr. 134.

Anm. 24. Die **Einwendungen** des Beklagten können erstens dahin gehen, daß der Klaggrund geleugnet wird; dazu gehört bei Klagen aus § 10 Ziff. 1 auch die Einwendung, daß die fünfjährige Ausschlußfrist abgelaufen ist. Letzteres muß auch von Amts wegen berücksichtigt werden, vgl. § 28. Es können zweitens materielle Einreden erhoben werden. Dahin gehören die Einrede der rechtskräftig entschiedenen Sache, der Arglist, der vertragswidrigen Klagerhebung usw. Einer besonderen Erörterung bedürfen an dieser Stelle die Einrede des Vergleichs oder Verzichts und der Arglist. Daß im Nichtigkeitsstreit wegen rechtswidriger Entnahme Vergleiche jeglicher Art möglich sind, liegt auf der Hand. Denn wenn der Verletzte sich mit dem Entnehmer verständigt, so hört die Entnahme auf, rechtswidrig zu sein, und der Klaggrund fällt fort. In den Fällen § 10 Ziff. 1 u. 2 sind Bedenken gegen die Zulässigkeit eines Vergleichs daraus hergeleitet, daß es sich um eine Popularklage und ein Offizialverfahren handelt, und deshalb nach der herrschenden Lehre jedenfalls ein irgendwie gestaltetes Anerkenntnis des Klaganspruchs unwirksam sei. Allein der Abschluß von Vergleichen in Nichtigkeitsprozessen ist an der Tagesordnung. Sehr häufig geht das gemeinsame Interesse der Parteien dahin, lieber eine Verständigung zu suchen, als die den beiden Parteien schädliche Vernichtung des Patents herbeizuführen. Wollte man diesen Interessen nicht entgegenkommen, so würde die Klage zurückgezogen und der Vergleich privatschriftlich abgeschlossen werden. Das von den Parteien erwünschte Ergebnis würde also doch erreicht. Die Einrede des vor oder nach Klagerhebung geschlossenen Vergleichs mit der Verpflichtung, nicht zu klagen oder die Klage zurückzunehmen, kann deshalb im Nichtigkeitsstreite selbst vorgeschützt werden, Blatt 20 (1914), 348. Die alte, anscheinend abweichende Entscheidung Blatt 8 (1902), 179 unten, 180 ist überholt. — Hat man sich verglichen, daß die Klage zurückgezogen werden soll, so kann sie nach Zurücknahme nicht sofort aufs neue angestellt werden. Es muß deshalb auch ein für alle Zukunft geltender Verzicht auf Anstellung der Nichtigkeitsklage wirksam sein. Das ist auch anerkannt in dem Urt GewR 28 (1923), 16. Es kommen häufig Verträge vor, in denen eine Partei sich verpflichtet, die Patente der anderen überhaupt nicht anzugreifen. In dem Urt des OLG Dresden, Blatt 12 (1906), 309 ist ausgesprochen, ein Verzicht auf die Klage auf Löschung eines Gebrauchsmusters sei unwirksam, wenn der Musterschutz nicht zu Recht bestehe. Dies ist zweifelhaft. — Der Verzicht kann noch in zweiter Instanz rechtswirksam ausgesprochen werden, Urt vom 5. 5. 20, I 250/1918 (unter Bezugnahme auf RG 27, 407); er kann auch stillschweigend erklärt sein, z. B. beim Erwerb einer Lizenz in Kenntnis der Anfechtbarkeit des Patents, vgl. § 6 A 29e, ebenso kann der Verkäufer eines Patents, wenn es ihm nachher besser anders paßt, nicht die Nichtigkeitsklage gegen das Patent, das er selbst verkauft hat, erheben; im Verkauf liegt ein Verzicht auf die Geltendmachung der Nichtigkeit. Was hier soeben als stillschweigender Verzicht bezeichnet ist, kann auch schon als Arglist aufgefaßt werden. Weiter liegt Arglist vor, wenn der Kläger selbst unbefugt die Erfindung veröffentlicht hatte und nun auf Grund dieser Veröffentlichung die Nichtigkeitsklage nach Ziff. 1 anstrengt, § 2 A 14. Für das Zeichenrecht ist angenommen worden, daß gegen eine Popularklage die Einrede der Arglist nicht zulässig sei, RG 114, 279; 120, 404; vgl. auch Jul. Seligsohn, GewR 32 (1927), 647. Für das Patentrecht ist die Einrede der Arglist, besonders der Schikane, stets zugelassen. Zwar hat man zugegeben, daß der Nichtigkeitskläger das Interesse der Allgemeinheit geltend macht (obgleich er in Wahrheit immer aus eigenem Interesse oder wenigstens aus dem Interesse einer bestimmten anderen Person zu handeln pflegt). Aber das Nichtigkeitsverfahren wird als ein wahres Streitverfahren angesehen. Deshalb darf der Kläger mit der Klagerhebung nicht gegen seine Vertragspflicht verstoßen, deshalb darf er nicht im alleinigen Interesse eines anderen früher bereits abgewiesenen Nichtigkeitsklägers tätig werden, und dem entspricht, daß er überhaupt nicht arglistig handeln darf. Niemand hat ein Recht darauf, unbekümmert um seine Rechtsverhältnisse zum Gegner eine Popularklage gegen diesen erheben zu können. Vgl. für vorstehendes eingehend Kohler, Handbuch S. 378ff. — Zurücknahme der Klage ist zulässig.

Unwirksam ist dagegen ein Anerkenntnis des Beklagten, daß sein Patent nichtig sei. I 147/1914, Urt vom 23. 6. 15: Die Beklagte habe im Nichtigkeitsverfahren, nachdem ihr das entgegengehaltene Material bekannt gegeben war, anerkannt, daß ihr Patent der Neuheit ermangele. Dies Anerkenntnis sei zwar nicht maßgebend, da es sich um ein Offizialverfahren handelt. Aber da keinerlei Verdacht einer Kollusion zwischen den Parteien vorliege, und da die Beklagte ohne Zweifel sachverständig sei, so könne ihre Erklärung als ein Beweis für den Neuheitsmangel ihrer Erfindung angesehen werden. — Die Nichtigkeit ist sodann auf Grund sachlicher Würdigung ausgesprochen; teilweise abgedruckt RG 86, 441; vgl. RG 71, 442.

Abschnitt V.
Wirkungen der Nichtigkeitserklärung.

Wie es streitig ist, ob die Nichtigkeitsklage eine Feststellungs- oder eine Rechtsgestaltungsklage ist, so ist auch streitig, ob das Wesen des Nichtigkeitsurteils in einer Feststellung oder in einer Rechtsgestaltung zu finden ist. Die Gründe, die für und wider angeführt werden, sind aus der Lehre des bürgerlichen Rechtsstreits entnommen, und passen z. T. nicht auf Entscheidungen im Verwaltungsstreitverfahren. Fest steht, daß durch die Entscheidung, die ein Patent vernichtet, dem Patentinhaber unmittelbar Rechte genommen werden. Dem unbefangenen Verständnis liegt es deshalb näher, wie der Patenterteilung, so auch der Patentvernichtung konstitutiven, also rechtsgestaltenden Charakter zuzuschreiben. Anm. 25.

Ist ein Anspruch vernichtet, so genießt die in ihm beschriebene Erfindung keinen Schutz. Bemerkenswert folgendes einschränkende Urteil des Reichsgerichtes. Das Patentamt hat aus dem Patente 181277 den Anspruch 1 (und 3) vernichtet; den Anspruch 2 hat es bestehen lassen. Der Kläger verlangte mit der Berufung Vernichtung auch des Anspruchs 2, der auf den Anspruch 1 Bezug nahm (Einrichtung nach Anspruch 1). Das Reichsgericht erklärte: Die Erfindung des Anspruchs 1 sei nicht mehr geschützt und könne auch in Kombination mit Anspruch 2 (Schaltungsweise nach Anspruch 1, gekennzeichnet durch bestimmte Anbringung eines Kondensators) nicht Elementenschutz genießen. Aber das hindere nicht, die Kombination aus Anspruch 1 u. 2 als schutzfähig u. a. um deswillen anzusehen, weil die Erfindung des Anspruchs 1 in Wahrheit neu sei und einen technischen Fortschritt bringe. — Wenn auch die Rechtskraft sich im Zivilprozeß nicht auf die Gründe erstreckt, so ist es doch fraglich, ob die Anwendung dieses Grundsatzes im Nichtigkeitsverfahren sich in allen Fällen empfiehlt (Mitt 1913, 159).

Der Hauptgrundsatz ist: Die Vernichtung hat rückwirkende Kraft, wenn auch nicht in vollem Umfange. Daß die Wirkungen eines Patents durch das Nichtigkeitsurteil für die Zukunft aufgehoben werden, die Erfindung also frei ist, versteht sich von selbst. Aber auch manche Wirkungen, die es in der Vergangenheit ausgeübt hat, und manche Wirkungen, die es bei Weiterbestehen noch für die Vergangenheit ausüben würde, werden beseitigt. Die Hauptfälle sind: Es kann wegen einer Verletzung, die in der Vergangenheit liegt, nicht mehr auf Unterlassung und Schadenersatz geklagt werden; schwebende Klagen sind abzuweisen; Vollstreckung darf nicht mehr erfolgen, gezahlter Schadenersatz und Bußen können wegen ungerechtfertigter Bereicherung zurückgefordert werden, Blatt 11 (1905), 27, und zwar zum vollen Betrage (in letzterem Punkte anscheinend a. M. Seligsohn, ZHR Bd. 85, S. 483); gegen ein rechtskräftig gewordenes Strafurteil findet das Wiederaufnahmeverfahren statt. Ein Wiederaufnahmeverfahren gegen Zivilurteile ist nach § 580 ZPO nicht angängig (RG 48, 384).

In folgenden Richtungen finden keine Rückwirkungen statt. Lizenzgebühren bis zur Rechtskraft des Nichtigkeitsurteils bleiben geschuldet und können, wenn gezahlt, bis zu diesem Zeitpunkt nicht zurückgefordert werden, vgl. § 6 A 20.

Ein Vergleich, der geschlossen ist, um Zweifel über die Rechtsbeständigkeit des Patents zu beheben, kann nicht angefochten werden, wenn das Patent später für nichtig erklärt wird; wohl aber ein Vergleich, bei dem beide Teile die Rechtsbeständigkeit des Patents vorausgesetzt haben, und der ohne diese Voraussetzung nicht geschlossen wäre. (Das ist die praktische schließliche Folge der etwas zugespitzten Formulierung des § 779 BGB.)

Welche Wirkung hat es, wenn im Nichtigkeitsverfahren ein Patent nicht im Tenor der Entscheidung beschränkt ist, wenn vielmehr in den Gründen angenommen ist, daß eine beschränkende Auslegung des Patents sich aus der Sach- und Rechtslage von selbst ergibt? Anm. 26.

Wird einer Nichtigkeitsklage stattgegeben, so ist die Einwirkung auf einen schwebenden Verletzungsstreit klar; dem Schadenersatzanspruch und dem Unterlassungsanspruch ist der Boden entzogen. Weniger klar ist die Sachlage, wenn die Nichtigkeitsklage abgewiesen ist. Es fragt sich, ob dann die in den Gründen des abweisenden Urteils ausgesprochene Auffassung über Inhalt, Wesen und Umfang des Patents für den Verletzungsrichter bindend ist. Diese Frage hat zu vielen Erörterungen Anlaß gegeben. Der Standpunkt des Reichsgerichtes ist in den Urt RG 85, 232; 86, 202; 86, 415 dargelegt. In vielen Urteilen ist zunächst ausgesprochen, daß die Auslegung eines Patents im Nichtigkeitsstreite nicht allemal für den Verletzungsstreit bindend sei, weil beide Verfahren sich mit ganz verschiedenen Aufgaben zu befassen hätten, Blatt 17 (1911), 272; 9 (1903), 306: beiläufig erfolgte Äußerungen über die Patentunfähigkeit der Elemente einer Kombination sind für den Verletzungsstreit nicht bindend; 10 (1904), S. 329. Bindung soll dagegen eintreten, wenn ein Patent im Nichtigkeitsstreite letzter Instanz einschränkend ausgelegt und nur wegen dieser einschränkenden Auslegung von einer teilweisen Vernichtung des Patents Abstand genommen ist. Die Sache soll dann so angesehen werden, als wenn von vornherein die Erteilung gemäß der einschränkenden

Auslegung erfolgt wäre. Nötig ist aber, daß eine Entscheidung der letzten Instanz vorliegt. Liegt eine Entscheidung erster Instanz vor, die mangels Einlegung einer Berufung rechtskräftig geworden ist, dann ist die in den Gründen enthaltene einschränkende Auslegung für den Verletzungsstreit nicht maßgebend, weil der Patentinhaber nicht in der Lage war, Berufung einzulegen, da ihm im Tenor nichts abgesprochen ist, wenn auch die Gründe ihm ungünstig sind. Wie die Sache liegt, wenn der Angreifer Berufung eingelegt hat, diese aber zurückgewiesen ist — ob nämlich in solchem Falle der Angreifer im Verletzungsstreite geltend machen kann, daß das Patent noch weiter einzuschränken sei, als im Nichtigkeitsstreite geschehen ist, darüber hat sich das Reichsgericht nicht ausgesprochen; die Frage ist zu verneinen. Alles Vorstehende gilt, wie erwähnt, nur dann, wenn die einschränkende Auslegung nur in den Gründen vorgenommen ist. Eine andere Sachlage betraf die Entscheidung RG 86, 415, die mehrfach erörtert, GewR 20 (1915), 160; 21 (1916), 14, und manchmal mißverstanden ist, weil die Meinung des Gerichts in einzelnen Punkten keinen ganz klaren Ausdruck gefunden hat. Hier hatte die erste Instanz das Patent nicht in den Gründen einschränkend ausgelegt, sondern hatte es im Tenor teilweise vernichtet. Der Angreifer hatte sich dabei beruhigt, der Patentinhaber hatte Berufung eingelegt. Die Berufung war zurückgewiesen, weil das Patent nach der damaligen Auffassung des Reichsgerichtes sogar im ganzen Umfange nichtig war. Diese in den Gründen geäußerte Ansicht ist im Verletzungsstreite vom Reichsgericht, das auf Grund neuen Vorbringens jetzt anderer Ansicht geworden war, nicht als bindend angesehen, weil die Tragweite, die dem Patente nach dem rechtskräftigen Tenor, der nur teilweise einschränkte, verblieben war, nicht durch die weitergehenden Gründe des Berufungsurteils im Nichtigkeitsstreite noch weiter eingeschränkt werden konnte. Gegenüber dem teilweise einschränkenden rechtskräftigen Tenor sollten also die Gründe keine Rolle spielen, und deshalb hat sich das Reichsgericht im Verletzungsstreite in der Lage gesehen, das Patent, soweit es rechtskräftig teilweise aufrechterhalten war, nach dem Stande der Technik und der inzwischen berichtigten Erkenntnis vom Wesen der Erfindung frei auszulegen. Recht auffällig ist freilich, daß das Reichsgericht sich befugt erachtet hat, über die von der Nichtigkeitsabteilung durch teilweise Vernichtung rechtskräftig verfügte Beschränkung nun wieder weit hinauszugehen.

Die dargestellten Grundsätze sind in sich folgerichtig. Eine andere Frage ist es, ob sie empfehlenswert sind, oder ob es angemessener wäre, jede wirkliche Einschränkung auch im Tenor zum Ausdruck zu bringen. Es würde dann vermieden, daß die einschränkende Auslegung manchmal maßgebend ist, manchmal nicht; das Publikum würde wissen, was es tun darf und was nicht, während die in den Gründen ausgesprochene Einschränkung ein Geheimnis der Parteien bleibt.

Maßgeblichkeit der einschränkenden Auslegung besteht nur für den Verletzungsstreit über das gleiche Patent, nicht für einen — wenn auch zwischen denselben Parteien geführten — Streit über ein ähnliches Patent (RG 86, 199).

Die Urt Blatt 17 (1911), 273; 9 (1903), 306 (nur der Tenor der Nichtigkeitsentscheidung ist maßgebend, nicht die in den Gründen vorgenommene Auslegung) sind überholt.

Die dargelegten Grundsätze sind weiter vertreten in der Entscheidung des RG GewR 21 (1916), 25. Das letztinstanzliche Nichtigkeitsurteil hatte in den Gründen über eine Kombination a, b, c, d gesagt, das Element d sei an der geschützten Maschine überhaupt gar nicht vorhanden; die ohne dieses Element verbleibende Kombination a, b, c sei noch eines Patents würdig. Die Nichtigkeitsklage war daraufhin ohne Änderung des Patentanspruchs abgewiesen. Im Verletzungsstreite erklärte das Reichsgericht: Diese ... Entscheidung, mag sie auch von Irrtum beeinflußt sein, ist für den Verletzungsrichter bindend ... Das Merkmal d scheidet demnach von vornherein aus.

Übrigens haben die entwickelten Grundsätze im letzten Jahrzehnt nicht häufig Anwendung gefunden gemäß der immer mehr hervorgetretenen Neigung der Rechtsprechung, sich im Nichtigkeitsverfahren, soweit irgend möglich, von jeder Auslegung fernzuhalten.

§ 11

Verweigert der Patentinhaber einem andern die Erlaubnis zur Benutzung der Erfindung auch bei Angebot einer angemessenen Vergütung und Sicherheitsleistung, so kann, wenn die Erteilung der Erlaubnis im öffentlichen Interesse geboten ist, dem andern die Berechtigung zur Benutzung der Erfindung zugesprochen werden (Zwangslizenz). Die Berechtigung kann eingeschränkt erteilt und von Bedingungen abhängig gemacht werden.

Das Patent kann, soweit nicht Staatsverträge entgegenstehen, zurückgenommen werden, wenn die Erfindung ausschließlich oder hauptsächlich außerhalb des Deutschen Reichs oder der Schutzgebiete ausgeführt wird. Die Übertragung des Patents auf einen andern ist insofern wirkungslos, als sie nur den Zweck hat, der Zurücknahme zu entgehen.

Vor Verlauf von drei Jahren seit der Bekanntmachung der Erteilung des Patents kann eine Entscheidung nach Abs 1, 2 gegen den Patentinhaber nicht getroffen werden.

Nach dem Gesetzentwurf zur Abänderung des Patentgesetzes vom 4. Februar 1928 sollen in Abs 2 die Worte „oder der Schutzgebiete" wegfallen; weiter soll als Satz 2 eingefügt werden: die Zurücknahme findet nicht statt, sofern dem öffentlichen Interesse durch Erteilung einer Zwangslizenz (Abs 1) genügt werden kann. — Durch letzteren Vorschlag soll das Deutsche Recht dem Art V, Abs 3 der Haager Konvention angeglichen werden. Der Grundsatz ist übrigens in der Rechtsprechung bereits befolgt, RG Bd 116, 4.

Übersicht.

Anm. 1. Der Wortlaut der neuesten Veröffentlichung des Patentgesetzes (RGBl. 1922, II S. 437) weicht aus irgendeinem Grunde insofern ab, als es im Abs. 3 nicht mehr heißt: vor Ablauf von drei Jahren, sondern: vor Verlauf von drei Jahren.

§ 11 lautete im Patentgesetze von 1877 (auch in der Fassung von 1891):

Das Patent kann nach Ablauf von drei Jahren, von dem Tage der über die Erteilung des Patents erfolgten Bekanntmachung (§ 27 Abs. 1) berechnet, zurückgenommen werden:

1. wenn der Patentinhaber es unterläßt, im Inlande die Erfindung in angemessenem Umfange zur Ausführung zu bringen, oder doch alles zu tun, was erforderlich ist, um diese Ausführung zu sichern;

2. wenn im öffentlichen Interesse die Erteilung der Erlaubnis zur Benutzung der Erfindung an andere geboten erscheint, der Patentinhaber aber gleichwohl sich weigert, diese Erlaubnis gegen angemessene Vergütung und genügende Sicherstellung zu erteilen.

Damit war also ein mittelbarer Zwang sowohl zur Ausführung der Erfindung, als auch zur Lizenzerteilung gegeben. Besonders gegen den Zwang zur Ausführung unter Androhung der Zurücknahme des Patents richtete sich eine anwachsende Bewegung. Deren Wünschen hat die Novelle vom 6. 6. 11 durch die jetzt gültige Fassung des § 11 im wesentlichen Rechnung getragen. Gegen die jetzigen Normierungen sind keine berechtigten Bedenken zu erheben. Die Zahl der Gesuche um Zwangslizenzen bewegt sich in ansteigender Reihe. Zurücknahme von Patenten erfolgt kaum noch, vgl. unten A 26.

Anm. 2. Für die Erteilung einer Zwangslizenz sind vom Gesetze zwei Erfordernisse ausdrücklich aufgestellt; ein drittes ist selbstverständlich. Diese drei Erfordernisse werden in folgender Reihenfolge erörtert werden: 1. Verweigerung der Benutzungserlaubnis; 2. technische Notwendigkeit der Benutzung; 3. öffentliches Interesse an der Erteilung der Erlaubnis.

Von vornherein ist zu bemerken, daß nur eine gewöhnliche Lizenz, nicht aber eine ausschließliche Lizenz zwangsweise erteilt werden kann. Über den Umfang der durch Zwangslizenz verliehenen Befugnis, namentlich über die Frage, ob eine Zwangslizenz zur Erteilung von Unterlizenzen an Dritte befugen kann, vgl. unten A 15 Ziff 6.

Anm. 3. Die Erlaubnis muß trotz angemessenen Angebots verweigert sein. Die erfolgte Verweigerung ist nicht materielle Voraussetzung der Entstehung des Rechts auf Zwangslizenz; die Klage auf Zwangslizenz ist deshalb nicht a limine abzuweisen, wenn eine Bitte um Benutzung der Erfindung und eine Verweigerung der Gewährung nicht voraufgegangen sein sollte (RG MuW Jahrg. 26 S. 18). Vielmehr ist die Verweigerung nur eine prozessuale Voraussetzung der Erlassung des Urteils auf Zwangslizenz. Deshalb kann diese Voraussetzung auch erst während der Dauer des Rechtsstreits zur Entstehung gelangen. Demgemäß spielt sich das Verfahren wie folgt ab. Erscheint der Beklagte im Termine nicht, so gilt das als Weigerung; Versäumnisfolgen treten nicht ein, da ein Verwaltungsverfahren vorliegt; es wird sachlich entschieden. Erscheint der Beklagte und erbietet sich zur Erlaubniserteilung unter Bedingungen, die der Kläger annimmt, so ist die Hauptsache damit erledigt; die Kosten treffen den Kläger, wenn er nicht vorher zu den gleichen Bedingungen um die Erlaubnis nachgesucht hatte. Verweigert der Beklagte die Erlaubnis oder stellt er Bedingungen, die der Kläger nicht annimmt, so wird sachlich entschieden. Genau ebenso wird verfahren, wenn der Kläger vorher keinerlei Angebot oder ein nicht genügendes Angebot hinsichtlich Vergütung und Sicherstellung gemacht hatte. Macht der Kläger im Rechtsstreit ein ungenügendes Angebot, so muß klargestellt werden, ob er höhere Leistungen endgültig verweigern will, falls diese für angemessen erachtet werden sollten. Verweigert er höhere Leistungen, etwa weil dann die Lizenz wirtschaftlich für ihn keinen Wert mehr haben würde, so ist seine Klage abzuweisen, falls höhere Leistungen dennoch angemessen erscheinen. Es ist nicht angezeigt, dem Kläger in all diesen Richtungen die Nachholung der prozessualen Voraussetzungen des Urteils zu verbieten oder zu erschweren, da berechtigte Interessen des Beklagten in der Sache selbst niemals entgegenstehen werden; ein Einfluß auf die Kostenentscheidung ist natürlich anzuerkennen. Ebenso RG Blatt 23 (1917), 39; Mitt 1912, 80. Vielleicht abweichend eine Entscheidung des Patentamts vom 14. 9. 22: die Klage sei außer aus anderen Gründen auch um deswillen abzuweisen, weil der Kläger weder vor noch in der mündlichen Verhandlung Vergütung und Sicherheitsleistung angeboten habe.

Anm. 4. Die zweite (selbstverständliche) Voraussetzung ist, daß der Kläger zur Ausführung dessen, was er auszuführen beabsichtigt, überhaupt der Einwilligung des beklagten Patentinhabers bedarf. Der Hauptfall ist, daß sein Patent oder seine Erfindung, falls diese nicht patentiert sein sollte, von dem Patente des Beklagten abhängig ist, d. h. daß er zur Ausführung seiner Erfindung den Erfindungsgedanken des Beklagten oder einen geschützten Teil von dessen Erfindung benutzen muß. Nicht selten liegt der Fall so, daß er nicht genau das, was dem Beklagten geschützt ist, benutzen will, sondern einen Teil desselben oder eine Modifikation oder dergleichen. Immer kommt es darauf an, ob er in den Schutzbereich des Patents des Beklagten eingreift. Es kann auch vorkommen, daß dem Kläger ein Arbeitsmittel geschützt ist, das er nicht anwenden kann, ohne mit einem dem Beklagten geschützten Arbeitsverfahren zu kollidieren. Es können also auch Fälle der sog. teilweisen oder unechten Abhängigkeit (§ 3 A 20) zur Zwangslizenz berechtigen.

Nun wurde früher vielfach angenommen, der Kläger müsse nachweisen, daß Abhängigkeit in der geschilderten Weise vorliege. Das führte zu Mißständen, weil dabei eine Feststellung des Schutzbereichs des Patents des Beklagten notwendig wurde. Jene Annahme ist deshalb in der ausführlich begründeten Entscheidung RG 91, 188ff aufgegeben. Es genügt, daß der Beklagte bloß behauptet, daß Abhängigkeit vorliege. Stellt sich später heraus, daß das, was der Kläger ausführt, nicht abhängig ist, so büßt das Lizenzurteil seine maßgebliche Bedeutung ein. Der Kläger ist frei. Bereits gezahlte Lizenzgebühren kann er zurückfordern wegen ungerechtfertigter Bereicherung (dahingestellt gelassen RG 91, 190). Dagegen muß er dem Beklagten einen diesem entstandenen Schaden vergüten, denn es geht zu seinen Lasten, wenn er objektiv unbegründeterweise die Notwendigkeit einer Zwangslizenz behauptet hatte. Daß das Lizenzbegehren abgewiesen werden kann, wenn die Abhängigkeit „äußerst unwahrscheinlich" erscheint, ist a. a. O. S. 193 angenommen, fällt aber wohl etwas aus dem übrigen Gedankengange des Urteils heraus. Es ist nicht erforderlich, dem Kläger das immer noch vorhandene Risiko aufzubürden, falls sich später doch noch Abhängigkeit ergeben sollte. Ebenso wird es nicht angezeigt sein, das Lizenzverfahren zur rechtskräftigen Erledigung eines bereits anhängigen Abhängigkeitsstreites auszusetzen. Das Lizenzverfahren verträgt keine Verzögerung, vgl. A 5 Abs. 2.

Abschnitt II.

Das öffentliche Interesse.

Das dritte Erfordernis ist, daß ein **öffentliches Interesse** an Erteilung der Zwangslizenz gegeben ist. Dieser Punkt spielt im Lizenzverfahren in der Regel die Hauptrolle und ist deshalb eingehend zu erörtern. Öffentliches Interesse ist das Interesse der Allgemeinheit, gerichtet auf die Förderung der Volkswohlfahrt und Volkswirtschaft Deutschlands. Die Zwangslizenz ist eine Art von Ventil gegen die Spannungen, die durch das Patentmonopol hervorgerufen werden, soweit sie der Allgemeinheit schädlich sind. Der Gegensatz ist das private Interesse einzelner Unternehmungen. Die Zwangslizenz soll nicht dazu dienen, private Interessen zu fördern, namentlich nicht Interessen rein finanzieller Art, Wettbewerbsinteressen u. dgl. Als öffentliches Interesse kommt im einzelnen in Betracht Hebung der Technik, Verschaffung von Arbeitsgelegenheit, Befriedigung des inländischen Bedarfs, häufig auch Hebung des Exports usw. In der Regel ist das öffentliche Interesse von dem privaten Interesse verschieden. Dann kann es vorkommen, daß das öffentliche Interesse die Versagung einer Lizenz gebietet, trotzdem die nachstehend aufgeführten Einzelvoraussetzungen gegeben sind. Andererseits kann die Sache auch umgekehrt liegen. Das öffentliche Interesse kann mit dem privaten Interesse eines Fabrikunternehmens parallel gehen und in diesem konzentriert sein, etwa wenn die inländische Industrie auf einem bestimmten Gebiete in der Hand eines einzigen Unternehmens vereinigt ist, RG Blatt 5 (1899), 290; PA Blatt 10 (1904), 361. In einem anderen Falle ist es als im öffentlichen Interesse liegend erachtet worden, daß ein Patent, das damals als Pionierpatent angesehen wurde, einem Unternehmen ungeschmälert erhalten blieb, trotzdem die normalen Voraussetzungen der Gewährung einer Zwangslizenz vorlagen. Aus Vorstehendem ergibt sich, daß für die Gewährung von Zwangslizenzen das Interesse der Allgemeinheit entscheidend ist, und daß dieses sowohl in volkswirtschaftlichen Rücksichten allgemeiner Art, als auch in Rücksichten auf die Förderung der Industrie bestehen kann. Alles in den nächsten Anmerkungen Mitgeteilte sind demgemäß nicht Rechtsregeln, sondern Leitsätze, die je nach den Bedürfnissen der Volkswirtschaft Änderungen unterliegen können. Anm. 5.

In einer großen Anzahl von Fällen ist der Tatbestand so, daß dem Lizenzsucher eine Erfindung patentiert ist, die er ohne Einwilligung des Inhabers eines entgegenstehenden Patents nicht ausführen kann. Entweder besteht die Erfindung des Lizenzsuchers darin, daß er eine neue Ausführungsform des bereits geschützten allgemeinen Erfindungsgedankens ersonnen hat, oder darin, daß er an der Erfindung des entgegenstehenden Patents eine Verbesserung vorgenommen hat, oder daß er einen Teil derselben zu den Zwecken seiner eigenen Erfindung benutzen muß. In all diesen Fällen kann die Zwangslizenz der Regel nach nur erteilt werden, wenn die Erfindung des Lizenzsuchers der Technik erhebliche Vorteile darbietet. Früher herrschte Streit darüber, ob das schon dann erwiesen sei, wenn der Lizenzsucher auf seine Erfindung ein Patent erhalten hatte. Für die Bejahung wurde geltend gemacht: das Zwangslizenzverfahren bedürfe einer raschen Erledigung wegen der verhältnismäßig kurzen Dauer der Schutzrechte; in der Regel habe die Öffentlichkeit ein Interesse daran, daß Erfindungen nicht brach lägen, deren Bedeutung durch die Patentierung anerkannt sei; wollten

Patentamt und Reichsgericht, wenn der Beklagte die Patentwürdigkeit bestreitet, sich auf eine erschöpfende Beweiserhebung hierüber einlassen, so würden häufig Jahre vergehen und das Interesse der Allgemeinheit, der an der Verwirklichung guter Erfindungen liege, schwer beeinträchtigt werden. Deshalb müsse in solchen Fällen die Lizenz erteilt und dem Beklagten überlassen bleiben, den Mangel der Patentwürdigkeit in einem Nichtigkeitsverfahren nachzuweisen. Die Berechtigung dieser Anschauung wurde stark bestritten; heute wird anders entschieden. Allerdings bedarf das Lizenzverfahren einer Beschleunigung. Aber bei der großen Anzahl der Patente, die heutzutage erteilt werden, läßt sich nicht sagen, daß die Allgemeinheit an der Verwirklichung jedes einzelnen ein Interesse habe. Die Rechtsprechung prüft in jedem Einzelfalle die Bedeutung der Erfindung des Lizenzsuchers. Zutreffend wird in England hervorgehoben, daß es entscheidend ist, welche der beiden Erfindungen für die Förderung der Technik ein „größeres Verdienst" aufweist, z. B. Rep. of Pat. Cases Bd. 15 S. 732. Arbeitet die Erfindung des Beklagten nicht zufriedenstellend und führt die Erfindung des Lizenzsuchers erst einen praktisch brauchbaren Erfolg herbei, so wird die Zwangslizenz zu erteilen sein. Umgekehrt, wenn eine wenig bedeutende Verbesserung der patentierten Erfindung vorliegt. Immer ist derjenige lizenzberechtigt, der die Technik grundlegender gefördert hat, als der andere. Deshalb wird an einer Pioniererfindung nur selten eine Zwangslizenz erteilt werden können, wenn ein anderer eine Einzelheit verbessert hat — viel eher umgekehrt. In besonderen Fällen wird es möglich sein, daß bei zwei entgegenstehenden Patenten jedem Inhaber Zwangslizenz an dem anderen Patente gewährt wird. Eine solche Bestimmung ist im österreichischen PG vom Januar 1897 § 21 vorgesehen; ebenso unter gewissen Beschränkungen in der Schweiz, Art. 22 Abs. 2. In Deutschland kann das jedoch, wie erwähnt, nur für einzelne besondere Fälle gelten, nämlich wenn das öffentliche Interesse gerade die Ausführung beider Erfindungen fordert. Im allgemeinen gilt hier die Regel, daß nur der, der das Allgemeinwohl am meisten fördert, die Lizenz erhält. — Eine Zwangslizenz kann auch dann erteilt werden, wenn die Erfindung des Lizenzsuchers nicht patentiert ist, Entsch. der NichtAbt vom 27. 1. 27: Daß die Lizenzsucherin ihre Wähler auf Grund eines noch bestehenden Patents herstellt, ist nicht Erfordernis der Erteilung einer Zwangslizenz. Auch wer durch eine nicht geschützte oder nicht mehr geschützte Neuerung einen erheblichen Fortschritt erzielt hat, an dessen Ausnutzung die Öffentlichkeit ein Interesse hat, soll bei Ausnutzung der von ihm geleisteten wertvollen Arbeit nicht durch ein entgegenstehendes Patent gehindert sein. — Allerdings kann in solchen Fällen der beklagte Patentinhaber unter Umständen die Erfindung des Lizenzsuchers benutzen (RG 83, 10) und, wenn er dies tut, kann in Betracht kommen, ob die Erteilung der Zwangslizenz an den Kläger noch im öffentlichen Interesse liegt. Jedenfalls ist in solchen Fällen die Prüfung des öffentlichen Interesses scharf vorzunehmen, besonders wenn etwa dem Kläger ein nachgesuchtes Patent aus materiellen Gründen versagt ist.

Anm. 6. Übersicht über einige Hauptfälle, in denen Zwangslizenzen erteilt sind.

Schreibmaschinen. Das Patentamt hat entschieden: Das Patent des Beklagten sei grundlegender Art, die Patente des Klägers alltäglicher Natur. Die Lizenz ist daraufhin versagt (Mitt 1917, 20). Das Reichsgericht hat dagegen die Lizenz erteilt. Es hat sich über die größere oder geringere Bedeutung der Patente des Lizenzsuchers nicht ausgesprochen, sondern sich darauf gestützt, daß die Beklagte, eine amerikanische Firma, während des Krieges den dringenden deutschen Bedarf nicht zu befriedigen vermöge (Mitt 1918, 58).

Deckelverschluß von Kübeln zur Beschickung von Hochöfen. Beide Parteien hatten Patente. Daß der Kläger das Gebiet der Hochöfenaufzüge, wenn ihm die Lizenz erteilt werde, besser ausnutzen könne, sei nicht ohne weiteres ein öffentliches Interesse. Die dem Kläger geschützten Verbesserungen seien nicht erheblich gegenüber den bekannten Bauarten. Ein einzelnes Patent bringe allerdings eine größere Verbesserung, aber nur für ganz besondere, nicht häufig vorkommende Verhältnisse. Zwangslizenz ist versagt; die Voraussetzung des § 11, daß „die Erteilung der Zwangslizenz geboten" sein muß, dürfe nicht verschoben werden (Mitt 1921, 59).

Sauerstoffgewinnung. Die praktische Brauchbarkeit des der Klägerin geschützten Apparates ist dargetan. Die Sauerstoffgewinnung ist von erheblicher Bedeutung. „Unhaltbar ist der Zustand, daß zwei Patentinhaber sich gegenseitig und die Allgemeinheit an der Benutzung einer wertvollen Vorrichtung hindern." Der Lizenzsucher bietet dem Gewerbe eine neue praktische Vorrichtung dar zur Gewinnung des so wichtigen Sauerstoffs, mit der zugleich Argon abgeschieden wird. Zwangslizenz ist daraufhin erteilt (Entsch. des PA vom 6. 1. 16; im Reichsgericht verglichen).

Zementschachtbrennöfen. Dem Beklagten ist ein sich drehender, kegelförmig gestalteter Rost, um das beim Brennen zusammenbackende Gut zu zerkleinern und auszubringen, geschützt, dem Kläger ein zweiteiliger, beweglicher Planrost. Das Patentamt hat anerkannt, daß die klägerische Bauart Vorteile habe, z. B. hinsichtlich geringerer

Beanspruchung der Ofenwände, und hat Zwangslizenz gewährt. (Im Reichsgericht verglichen.)

Aluminiumlegierungen. Das Patentamt hat angenommen, die Legierung des Klägers habe gewisse Vorteile vor der des Beklagten. Bei dem schweren Ringen der deutschen Industrie (Entsch. aus 1920) sei es von großer Wichtigkeit, daß nur die besten Erzeugnisse hergestellt würden. Deshalb ist Zwangslizenz erteilt. Im Reichsgericht ohne Entscheidung erledigt (I 159/1921).

In der vorigen Anmerkung ist dargelegt, daß die Tatsache der Patentierung der (jüngeren) abhängigen Erfindung des Lizenzsuchers nicht schon das öffentliche Interesse an der Erteilung der Zwangslizenz dartut. Urteile des Reichsgerichts, in denen dies positiv und grundsätzlich ausgesprochen ist, lassen sich nicht auffinden. Es muß der Hinweis genügen, daß in einigen der bereits angeführten Fälle (Schreibmaschinen, Deckel für Kübel an Hochöfen) die Zwangslizenz trotz der Patente des Lizenzsuchers versagt ist, und daß in allen Fällen das öffentliche Interesse trotz vorliegender Patente neu geprüft ist, so RG 91, 193 f; vgl. auch folgenden Fall.

Glühlampen. Die Beklagte ist Inhaberin eines Patents auf die dauernde mechanische Bearbeitung von Wolframdraht, namentlich durch Hämmern, um als Glühfäden für elektrische Glühlampen zu dienen. Der Lizenzsucherin ist eine andersartige Bearbeitung von Wolframdraht zum selben Zwecke patentiert. Sie erbat eine Lizenz, die ihr trotz ihres Patents versagt wurde, weil die Vorteile ihres Verfahrens gering an Zahl und von unbedeutender Art seien (I 345/1923; Urt vom 19. 1. 24.).

Ein Fall, in dem Zwangslizenz an einer Erfindung erteilt ist, die immerhin grundlegende Bedeutung hat, betrifft den Gleichrichter für Wechselstrom von Cooper Hewitt. Der Beklagte hatte ein Patent auf einen Quecksilbergleichrichter erhalten. Das Vakuumgefäß bestand aus Glas. Der Kläger wollte das Vakuumgefäß aus Metall bauen, um den Gleichrichter auch für höhere Stromstärken brauchbar zu machen, wobei er die Erfindung des Beklagten benutzen mußte; Einzelheiten seines Metallgefäßes waren ihm patentiert. Das Patentamt hat die Zwangslizenz versagt. Das Patent des Beklagten sei ein Pionierpatent. Es gebe bereits andersartige Gleichrichter für alle Stromstärken. Die Erfindung des Klägers sei nicht bahnbrechend, nicht von sehr erheblicher Bedeutung. Die deutschen Lizenznehmer des Beklagten arbeiteten auch schon an der Herstellung von Gleichrichtern für hohe Energien und hätten schon praktische Erfahrungen gesammelt. Danach sei ein öffentliches Interesse nicht genügend nachgewiesen. Im Gegensatz dazu hat das Reichsgericht die Zwangslizenz gewährt. Die Entscheidung ist abgedruckt RG 83, 274 ff. Hauptgewicht ist darauf gelegt, daß die Anpassung der Quecksilbergleichrichter an hohe Stromstärken auf einem Wege erstrebt werde, den der Beklagte nicht eingeschlagen habe und nicht einschlagen wolle, vgl. hierzu nächste Anmerkung.

Für Fälle, in denen sich die Vorzüge der Erfindung des Lizenzsuchers nicht auf dem Papier nachweisen lassen, ist folgende Entscheidung des Patentamts von Interesse, Mitt 1916, 71 (Wanderstützen für Eisenbahnschienen). Bei manchen Erfindungen genügt ein Laboratoriumsversuch, eine Modellvorführung, die Ausführung eines einzigen Stückes oder dergleichen, um die Bedeutung der Erfindung für die Öffentlichkeit darzutun. Die Einrichtungen des Eisenbahnoberbaues bedürfen der Erprobung im Betriebe auf längere Strecken und während längerer Zeit, weil erst die dauernde Beanspruchung durch die Züge die Güte der Erfindung beweisen kann. In letzteren Fällen hat die Öffentlichkeit ein Interesse daran, eine neue Erfindung, die sich nicht von vornherein als wertlos erweist, zu erproben, wenn nicht etwa schon der Bedarf an Gegenständen derselben Art in ausreichender Zahl und kaum zu überbietender Güte gedeckt ist. — Daraufhin ist die Zwangslizenz erteilt. — Selbstverständlich sind diese Grundsätze nicht zu verallgemeinern. Die Lizenz kann nur in Ausnahmefällen und jedenfalls einstweilen nicht über die Zwecke der Erprobung hinaus (Beschränkung nach Zeit, Zahl der herzustellenden Stücke usw.) erteilt werden.

Öffentliches Interesse an Erteilung einer Zwangslizenz kann auch dann gegeben sein, wenn keine echte Abhängigkeit der Patente vorliegt, z. B. wenn an einer Vorrichtung durch ein früheres Patent der Teil a geschützt ist, während dem Lizenzsucher Patentschutz auf Verbesserung eines anderen Teils b gewährt ist, die Vorrichtung aber ohne Verwendung des Teils a nicht gangbar und unverkäuflich ist. Genaue Prüfung der Verdienste der beiden Erfindungen ist in solchen Fällen nötig.

In der vorstehenden Anmerkung sind Fälle behandelt, in denen die Erfindung des Lizenzsuchers technische Vorteile vor der des Beklagten hat. Zwangslizenz wird hin und wieder auch in anderen Fällen gewährt. Zunächst dann, wenn der Lizenzsucher einen qualitativ **anderen Weg zur Erreichung des Ziels** beschreitet (in welchem Falle natürlich das Vorliegen eines öffentlichen Interesses besonders genau zu prüfen ist) oder wenn der Lizenzsucher ein Anm. 7.

Gebiet bearbeiten will, das der Gegner brachliegen läßt. Schon das Urteil über den Quecksilbergleichrichter (vorige Anmerkung) gehört teilweise hierher. Weiter:

Autogenschneidbrenner. Den Beklagten ist ein Schneidbrenner geschützt, der mit Wasserstoff gespeist wird, der Klägerin das Verfahren, für Schneidbrenner flüssige Brennstoffe, namentlich Benzol zu verwenden. Sie muß den Apparat der Beklagten benutzen. Zwangslizenz darauf ist ihr gewährt; das öffentliche Interesse sei gegeben; das autogene Schneidverfahren habe hohen wirtschaftlichen und technischen Wert; daß der Allgemeinheit zwei Schneidbrenner verschiedener Einrichtung zur Verfügung gestellt werden, bedeute eine Förderung öffentlicher Interessen. Dieser Teil der Gründe ist RG 86, 438 nicht mit abgedruckt.

Chemische Farben. Die Klägerin hat ein Patent auf Herstellung einer synthetischen Farbe erhalten, Beklagte ein älteres Patent auf eine andere Herstellung desselben wertvollen Farbstoffs. Das Reichsgericht hat die Lizenz erteilt; die Beschreitung zweier Wege liege im öffentlichen Interesse (wobei auf die Entscheidung über den Quecksilbergleichrichter verwiesen wird), besonders wenn es sich um eine wichtige technische Neuerung handle, und wenn Stoffe als Reagenzien verwendet würden, die — wie hier bei der Klägerin — in größeren Mengen bei anderen Prozessen abfielen, möge auch die Betriebseinrichtung weniger einfach und die Herstellung nicht ebenso billig sein (RG I 96/1920; Urt. vom 8. 3. 20).

Zweifeln in dieser Richtung gibt Raum das Urteil MuW Jahrg. 26 S. 194 Sp. 2. Es wird sich auch nicht leugnen lassen, daß in derartigen Fällen, wie bereits erwähnt, das Vorhandensein des öffentlichen Interesses sehr genau zu prüfen ist, damit man den berechtigten Interessen des Lizenzgegners nicht zu nahe tritt, wenn dieser den Bedarf in zufriedenstellender Weise deckt. Viel weniger zweifelhaft liegen die folgenden Fälle, in denen der Lizenzgegner ein Teilgebiet unbearbeitet läßt.

Röntgenröhren. Bei diesen müssen Drähte in den gläsernen Vakuumkörper eingeführt und dazu in die Glaswand eingeschmolzen werden. Man benutzte dazu u. a. teure Platindrähte. Die Beklagte verwandte Drähte aus billigerem Metall, mußte dann aber mit Rücksicht auf die Ausdehnungskoeffizienten besondere Glassorten benutzen. Dies war ihr patentiert. Sie baute jedoch nur Röhren für hohe Belastung mit der patentierten Vorrichtung, weil sie der Meinung war, daß Röhren für schwache Belastung, wenn nach dem alten Verfahren gebaut, allen billigen Anforderungen genügten. Der auf Lizenz klagenden Röhrenfabrik ist eine Lizenz beschränkt auf schwachbelastete Röhren gewährt, weil auf Grund eines Sachverständigengutachtens angenommen wurde, daß auch die Bearbeitung dieses Gebiets, das die Beklagte brach liegen lasse, für die Technik von öffentlichem Interesse sei (RG 106, 214).

Addier-, Sortier- und Lochmaschinen zur Aufnahme von schriftlichen Statistiken. Der Lizenzsucher will die Maschinen mechanisch betreiben, während der beklagte Patentinhaber Elektrizität verwendet. Welches der beiden Prinzipien sich schließlich als vorteilhafter erweisen wird, läßt sich heute noch nicht übersehen. Auch das mechanische Prinzip, so führt das Reichsgericht aus, ist mit Nutzen für die Allgemeinheit zu verwenden. Deshalb darf dessen Entwicklung nicht hintangehalten werden. Der Entfaltung eines lauteren Wettbewerbs ist die Bahn frei zu machen. Die Konstruktion des Lizenzsuchers weist eine weit fortgeschrittene technische Entwicklung auf. Das Patent des Beklagten hat das mechanische Prinzip nur nebenbei erwähnt. Daraufhin hat das Reichsgericht die Zwangslizenz für mechanisch arbeitende Maschinen erteilt, Blatt 23 (1917), 41.

Andererseits folgender schon erwähnter Fall. Glühlampen. Die Beklagte bearbeitete Wolframdraht durch andauerndes maschinelles Hämmern, um ihn als Glühdraht für elektrische Glühlampen geeignet zu machen. Die Klägerin wollte dasselbe Ziel durch Walzen des Drahtes erreichen und erbat dafür Zwangslizenz. Dieselbe ist ihr versagt. „Wenn die Klägerin endlich darauf hingewiesen hat, das Interesse der Allgemeinheit gebiete, die Ausarbeitung des Walzens des Wolframs, von dem die Beklagte keinen Gebrauch machen wolle, anderen Fabriken zu überlassen, so steht dem die unwiderlegte Behauptung der Beklagten entgegen, daß sie von der Anmeldung des Walzverfahrens nur um deswillen absehe, weil die Hämmermaschine größere Leistungsfähigkeit habe" (I 345/1923; Urt vom 19. 1. 24).

Es ist besonders davor zu warnen, daß man nicht etwa, weil vorstehend hauptsächlich bejahende Entscheidungen angeführt sind, zu leicht Zwangslizenzen für abweichende Verfahrensarten mit nicht besserem Erzeugnis erteilt; es ist in jedem Falle zu prüfen, ob ein gebieterisches Interesse der Allgemeinheit vorliegt.

Anm. 8. Immer ist es ein Grund für die Erteilung einer Zwangslizenz, wenn der Patentinhaber den **inländischen Bedarf nicht zu decken** vermag. Es ist ohne Bedeutung, ob ihn dabei ein Verschulden trifft oder nicht, z. B. wenn er nicht die genügenden Kapitalien aufbringen kann.

Alles dies ist allgemein anerkannt, in sich klar und bedarf keiner näheren Erörterung. Nur soweit die Allgemeinheit nicht darunter leidet, wird man billige Rücksicht auf die Interessen des Patentinhabers nehmen müssen. Lizenz wird also nicht erteilt werden, wenn es sich um Artikel handelt, für die ein ernst zu nehmender Bedarf überhaupt nicht vorhanden ist, z. B. Modetorheiten, Schmuckartikel, Spielzeug u. dgl. Die Zwangslizenz soll nicht dazu dienen, das Wettbewerbsinteresse der Konkurrenz zu befriedigen, sondern nur einem Interesse der Allgemeinheit Genüge zu tun, was in solchen Fällen fehlt. Besteht Aussicht, daß der Patentinhaber einem gerechtfertigten Bedarf nach und nach gerecht werden wird, so wird ihm derart zu helfen sein, daß die Gebühren mit den Jahren ansteigen, daß eine abgestufte Höchstgrenze der Mengen, die der Lizenzsucher herstellen darf, festgesetzt wird usw.

Rücksichten auf **Sicherheit des Betriebs**, namentlich auf Sicherheit der Arbeiter geben einen Anspruch auf Zwangslizenz; die Frage ist nur, wem die Lizenz zu erteilen ist, dem Inhaber des Patents auf die Herstellung des Artikels oder dem Erfinder der Schutzvorrichtung. Wünscht der Fabrikant Lizenz an der geschützten Sicherheitsvorrichtung, so wird seinem Gesuch zu entsprechen sein. PA Entsch vom 2. 10. 19: Bei der großen Bedeutung der in Betracht kommenden Industrie ist es für das Gemeinwohl wichtig, ... daß vor allen Dingen auch die Sicherheit der Arbeiter gegen Betriebsgefahren mit allen der Technik zur Verfügung stehenden Mitteln gefördert wird. — Im Reichsgericht ist die Sache nicht zur Entscheidung gelangt, vgl. aber RG 54, 5. — Zweifelhafter ist der umgekehrte Fall, daß derjenige, der ein abhängiges Patent auf eine Schutzvorrichtung erlangt hat, die größere Betriebssicherheit bietet, daraufhin nun eine Lizenz auf das patentierte Verfahren wünscht. Das wird in der Regel nicht angängig sein. Anders folgender Fall. Anm. 9.

Der Beklagte ist Inhaber des Patents 240187 auf einen nachgiebigen Grubenstempel, der Kläger hat die ausschließliche Lizenz auf das Patent 306178 erworben, das gleichfalls nachgiebige, aus zwei Teilen bestehende Grubenstempel schützt. Die Abhängigkeit dieses Patents des Klägers vom Patente des Beklagten ist rechtskräftig festgestellt. Dem Kläger ist auf seinen Antrag Zwangslizenz gewährt. Ein großer Teil der Bergarbeiter habe ein höheres Gefühl der Sicherheit beim Arbeiten mit dem Grubenstempel des Klägers. Dieser Stempel biete auch tatsächlich größere Sicherheit bei seinem Entfernen, da dieses allmählich, nicht ruckweise geschehe und die Arbeiter deshalb besser vor Steinschlag hüten könne. Aus diesem Grunde liege ein öffentliches Interesse vor, daß der Stempel des Klägers ausgeführt werden könne. Dies Interesse werde nicht dadurch beseitigt, daß der Beklagte neuerdings einen Stempel zur Patentierung angemeldet habe, der die gleichen Vorzüge besitzen möge; der Stempel des Klägers sei nun einmal in die Praxis eingeführt, und es verschlage auch nicht, daß diese Einführung unter Verletzung des Patents des Beklagten geschehen sei (MuW Jahrg 26 S. 193ff).

Zu beachten ist, daß diese Entscheidung allein von der Rücksicht auf die Sicherheit der Arbeiter diktiert, auf andere Fälle also nicht anzuwenden ist.

In ähnlicher Richtung bewegt sich ein Urt vom 27. 6. 28 (I 271/1927), in welchem es sich um ein Patent von Edison betr. alkalische Akkumulatoren (Sammler) handelt, das in Deutschland nicht ausgeführt wird: die alkalischen Sammler haben ein unzerbrechliches Gehäuse; in Bergwerken kommt in erster Reihe die Betriebssicherheit in Frage. Will man aus derartigen Gründen der Betriebssicherheit alkalische Sammler anwenden, so kann es sich nur um die Benutzung gerade der Sammler nach dem Patente des Beklagten handeln. Nur diese gewährleisten auch einen ungestörten Betrieb. — Daraufhin ist die Zwangslizenz bewilligt.

Aufrechterhaltung eines Betriebs, der nach dem Kriege auf behördliche Anregung umgestellt ist, ist vom Reichsgericht als öffentliches Interesse erachtet (MuW Jahrg. 26 S. 18). Anm. 10.

Ist es ein Grund für Erteilung einer Zwangslizenz, wenn der Lizenzsucher ein Verfahren erfunden hat, das gestattet, gewisse Erzeugnisse **erheblich billiger** herzustellen? Die Frage wird auffälligerweise heute vielfach beschränkungslos verneint. Sie ist in der Kommission von 1911 erörtert worden (Bericht S. 16f). Ein Abgeordneter äußerte, es sei geradezu ungerecht, es auf dem Wege der Zwangslizenz zu ermöglichen, daß die Erfolge der Mühen und der Aufwendungen eines Fabrikanten, die sich für ihn schließlich in der Erzielung und Festhaltung eines gewissen Preises verkörperten, von einem Konkurrenten vernichtet würden, indem derselbe durch sein Erbieten zu billigerer Preisstellung eine Lizenz erzwinge und auf solche Weise die Früchte der Arbeit an sich risse. Vom Standpunkte der gesamten Volkswirtschaft betrachtet, sei es überhaupt kein erstrebenswertes Ziel, solche Fabrikate, die den Schutz eines Patents genössen, möglichst zu verbilligen. Ein anderer Abgeordneter stimmte dem bei, und auch ein Regierungsvertreter erklärte, zu dem Zweck, die Preise des patentierten Gegenstandes zugunsten der Konsumenten herabzudrücken, werde, sofern nicht etwa die Preisstellung der Vorenthaltung des Gegenstandes geradezu gleichkomme, eine Lizenz nicht gefordert werden Anm. 11.

können, da ein öffentliches Interesse hierfür nicht gegeben sei. — Diese letztere Äußerung des Regierungsvertreters ist in ihrer Allgemeinheit wenig verständlich. Die ganzen Erörterungen werden den Rücksichten auf das Allgemeinwohl nicht gerecht und waren einseitig eingestellt. Wenn erfunden wird, Gegenstände eines (wirklich!) täglichen Bedarfs, die fabrikweise hergestellt werden, also etwa Margarine, Backwaren, Kleider, Schuhe, Seife durch technisch verbesserte Fabrikation billiger herzustellen, so liegt die Verwirklichung einer solchen Erfindung im allerdringendsten Interesse der Allgemeinheit; Zwangslizenz wird also ohne Frage gewährt werden müssen, wenn der Erfinder dazu der Benutzung einer bereits patentierten Vorkehrung bedarf. Nicht anders würde es liegen, wenn erfunden würde, Glühlampen herzustellen, die erheblich weniger Strom gebrauchen oder längere Lebensdauer haben als die heute üblichen usw. Das wird sich im Ernst nicht bestreiten lassen. Viel zutreffender der höchste nordamerikanische Gerichtshof, Urt vom 26. 5. 13: Patente werden nicht erteilt, um die Preise hochzuhalten und den Wettbewerb auszuschalten (MuW Jahrg. 12 S. 641 ff). Hat allerdings der Lizenzsucher nichts, was technisch vorteilhafter ist, erfunden, sondern stützt er sein Gesuch nur darauf, daß er das Fabrikat billiger verkaufen werde als der Patentinhaber, so kann von einer Zwangslizenz keine Rede sein, vgl. u. a. RG 83, 14.

Anm. 12. Ist es ein Grund für Erteilung einer Zwangslizenz, wenn der Patentinhaber durch sein Patent ein **Monopol** für ein ganzes technisches Gebiet erlangt? Die Beantwortung dieser Frage rührt an die Grundlagen des Patentrechts und ist von außerordentlicher Bedeutung. Es können hier nur allgemeine Gesichtspunkte kurz angedeutet werden. Bei oberflächlicher Betrachtung ließe sich sagen, mit jedem Patent ist eine Art von Monopolstellung verknüpft, also muß man diese in den Kauf nehmen, wenn man überhaupt Patentschutz zulassen will. Demgemäß erklärt die heutige Rechtsprechung: eine Monopolstellung des Patentinhabers begründet an und für sich nicht die Gewährung einer Lizenz; es muß etwas Weiteres hinzutreten, was sich in Rücksicht auf das allgemeine Wohl schädlich erweist, Vorenthaltung der Erfindung, Mißbrauch der Stellung des Patentinhabers, indem er anderen unbillige und drückende Bedingungen vorschreibt. Von dieser Auffassung gehen die Darlegungen des Urt RG 83, 14 aus. Wenn die Darlegungen allgemein gemeint und nicht nur in bezug auf den damals zur Entscheidung stehenden Fall gedacht sind, so werden sie den Erfordernissen der Volkswirtschaft nicht gerecht. Sie berücksichtigen nicht die vielfach erörterten Schäden, die durch die Monopolisierung eines ganzen Gebiets zugunsten eines einzelnen Unternehmens entstehen. In der Glühlampenfabrikation hatte sich in Deutschland eine größere Industrie entwickelt. Es trat die schon erwähnte amerikanische Erfindung auf, Wolfram durch Hämmern in der Kälte ziehbar zu machen. Diese Erfindung wurde patentiert. Die deutsche Lizenznehmerin erteilte einzelnen Fabriken Unterlizenzen; im übrigen konnte sich die selbständige Industrie nicht halten und ging zugrunde. Daß das ein höchst bedenklicher Schaden ist, liegt zutage und ist in der Kommission von 1911 anerkannt, vgl. RG 83, 12 unten. Zwangslizenzen, die von einzelnen Fabriken nachgesucht wurden, wurden von den zur Entscheidung berufenen Behörden verweigert. Wie bereits angeführt, geschah das, weil bei einer auf den einzelnen Fall eingestellten Betrachtung allerdings die Voraussetzungen einer Zwangslizenzerteilung nicht gegeben waren. Aber es fragt sich, ob in solchen Fällen nicht eine allgemeinere Betrachtung, die die Gesamtlage der Industrie im Auge hat, eintreten muß. Es sind dies Fragen allgemeiner Art, die sich in allen Ländern erhoben haben, in denen eine monopolartige Vertrustung von Industriezweigen großen und gefährlichen Umfang angenommen hat. Von diesem Gesichtspunkte der Gefahren der Vertrustung aus ist die Frage der Zwangslizenz neuerdings mehrfach von H. Isay erörtert worden, z. B. in der Schrift Die Funktion der Patente im Wirtschaftskampf, S. 18, 36. Es kann auf alle diese Fragen hier im einzelnen nicht eingegangen werden. Es ist nur zu betonen, daß sie in allen den Fällen, in denen Monopolisierung eines ganzen Gebiets durch ein Patent droht, sehr eingehender Berücksichtigung bedürfen. Nur ein Punkt ist noch hervorzuheben. Es wird eingewandt, ein technischer Fortschritt werde nur durch Arbeitsteilung erzielt und nicht durch parallele Bearbeitung derselben Aufgabe durch verschiedene Stellen und in verschiedenen Laboratorien. Den kleineren Firmen könnten Teilgebiete zur Bearbeitung überwiesen werden, die dann auf ihren Gebieten ausgiebige Erfahrungen zu sammeln und die Technik zu entwickeln imstande seien. Die Bearbeitung der Hauptaufgaben müsse aber in einer Hand bleiben. So werde es z. B. in England und in Frankreich auf dem Gebiete der drahtlosen Telegraphie gehandhabt. — Hinter diese Ausführungen in *ihrer Allgemeinheit* ist ein Fragezeichen zu setzen. Die geschilderten Arbeitsteilungen mögen angemessen sein und sich von selbst einstellen auf Gebieten, auf den Forschungen und Versuche Kapitalien verschlingen, die kleine Fabriken nicht aufbringen können, man denke an Ammoniaksynthese, an drahtlose Telegraphie u. dgl. Voraussetzung muß aber immer sein, daß dann die großen Unternehmungen aus eigner Kraft arbeiten, und nicht Tributäre der Gedankenarbeit fremder Länder werden. Es ist bekannt, daß von sehr beachtenswerter Seite Klagen geäußert sind, daß das seit dem Kriege auf *einzelnen* Gebieten nicht ausreichend geschehen ist. Mehr noch als dieses muß aber der Gesichtspunkt beachtet werden, daß die wünschenswerte Selbständigkeit verschiedener einzelner Industrieunternehmungen durch ein einzelnes Patent nicht vernichtet werden darf. Nebenbei ist zu bemerken, daß das obenerwähnte Wolframpatent z. B. in England vernichtet worden ist; es ist nicht ganz von der Hand zu weisen, daß dabei Gedankengänge wie die vorstehend entwickelten im Unterbewußtsein mitgewirkt haben mögen.

Sind Rücksichten auf **Steigerung des Exports** Grund zur Erteilung von Zwangslizenzen? **Anm. 13.** Der Patentinhaber exportiert nicht oder nur in geringem Grade, der Lizenzsucher hat aussichtsreiche Exportverbindungen. Die Frage ist vom Patentamt in mehrfachen Entscheidungen bejaht; sie wird vom Reichsgericht verneint (RG 106, 214). — Als alleiniger Grund werden Exportrücksichten in der Tat nicht genügen, wohl aber können sie dazu dienen, das Gewicht anderer Gründe zu verstärken. Denn auf Jahre hinaus wird die Hebung des Exports im allgemeinen Interesse Deutschlands liegen. Von Bedeutung muß sein, ob sich dem Patentinhaber überhaupt keine erfolgversprechende Aussicht auf Export bietet, z. B. weil er keine auswärtigen Verbindungen hat, weil sein Geschäft nicht auf Export eingestellt ist, weil er den Export vernachlässigt u. dgl. — In einem Urt vom 27. 6. 28 (I 271/1927), betr. die alkalischen Sammler von Edison, wurde neben anderen Gründen der Betriebssicherheit (vgl. A 9) ausgeführt: die Klägerin hat große Mengen der streitigen Sammler nach dem Auslande geliefert und hat große laufende Bestellungen auf derartige Sammler. Durch Ausführung dieser Bestellungen würde sich die deutsche Handelsbilanz bessern. Darin liegt ein starkes öffentliches Interesse. — Wie bereits erwähnt, führt Edison sein Patent in Deutschland nicht aus. — Unter Umständen wird die Lizenz ausdrücklich auf Exportzwecke, evtl. nach bestimmten Ländern beschränkt werden können. Daß die Lizenz nur Fabrikunternehmungen, die herstellen wollen, nicht reinen Handelsunternehmungen erteilt werden kann, versteht sich von selbst. — Auch darin kann ein ausreichendes öffentliches Interesse erblickt werden, daß durch Erteilung der Zwangslizenz die Einfuhr ausländischer Rohstoffe oder Halbfabrikate vermieden wird (RG 106, 216).

Handelt es sich um ein **Sperr- oder Wegelagererpatent**, das nicht oder nicht mehr vernichtet **Anm. 14.** werden kann (§ 10 A 15) so werden Zwangslizenzen ohne viel Bedenken zu erteilen sein. Es ist nach der Einstellung der heutigen Rechtsprechung der einzige Weg, dergleichen schädlichen Patenten beizukommen. Die Sachlage muß aber so sein, daß das Patent irgendein Gebiet ohne volkswirtschaftlich rechtfertigenden Grund mit Beschlag belegt und vom Inhaber nicht bearbeitet wird. Es genügt nicht, wenn dem Patentinhaber mehrere Wege, die zum selben Ziele führen, geschützt sind und er mit seiner Fabrikation nur den einen vorteilhaftesten Weg beschreitet, oder wenn ihm mehrere Erzeugnisse geschützt sind, die demselben Zwecke dienen, und er nur eines herstellt. Das Patent muß also volkswirtschaftlich schädlich sein.

Einzelfragen. 1. Die Erteilung *mehrerer Zwangslizenzen* auf dasselbe Patent ist **Anm. 15.** zulässig, wenn auf seiten mehrerer Personen die Voraussetzungen des § 11 gegeben sind und mehrfache Lizenzerteilung geboten erscheint, also z. B. nicht eine unwirtschaftliche Zersplitterung eintritt.

2. Der Lizenzsucher braucht nach der Lizenzerteilung *keinen Gebrauch* von der Zwangslizenz zu machen. Der Patentinhaber kann ihn nicht zwingen, nach dem Patente zu fabrizieren (RG 91, 192). Zwar wird hin und wieder die Zwangslizenz als ein unentziehbares Recht bezeichnet (RG 93, 52). Dennoch ist es in Fällen, in denen der Lizenzsucher nicht fabriziert, ein unabwendbares Bedürfnis, daß der Patentinhaber nach Ablauf einer angemessenen Frist das Recht hat, sich von der Zwangslizenz frei zu machen, da diese ihn in der Verwertung seines Patents hindert. Das Patentgesetz hat einen Weg zur Rücknahme der Zwangslizenz nicht eröffnet. Es bleibt deshalb nichts übrig, als daß der Patentinhaber auf Feststellung klagt, daß der Gegner Rechte aus der Zwangslizenz nicht mehr herleiten kann — obgleich es angemessener wäre, wenn auch diese Frage durch die Nichtigkeitsbehörden erledigt würde.

3. Der Lizenzerteilung steht nicht entgegen, daß der Patentinhaber *bereits eine ausschließliche Lizenz* auf sein Patent durch Privatvertrag einem Dritten erteilt hatte, Blatt 22 (1916), 124, ebensowenig, daß er sich obligatorisch verpflichtet hatte, keine weiteren Lizenzen zu erteilen. Eine bedungene Vertragsstrafe verfällt nicht durch die Gewährung einer Zwangslizenz, JW 1897, 371.

4. Hin und wieder ist angenommen, daß Zwangslizenz nicht zu gewähren sei, wenn die *Erfindung des Klägers* durch bessere Maschinen oder Verfahren *bereits überholt* sei (PA, Mitt 1909, 18). Dieser Grundsatz kann nicht allgemein gelten. Nicht selten können Vorrichtungen, die nicht mehr auf der Höhe stehen, noch in erheblichem Umfange abgesetzt werden; es kann ein dringendes öffentliches Interesse an ihrer Herstellung bestehen, weil sie billiger oder einfacher sind oder sich den bestehenden Betrieben besser anpassen. Die Beurteilung ist Sache des einzelnen Falles.

5. Nicht nur ein Patentinhaber oder Erfinder, sondern auch sein *Lizenznehmer* kann *Anspruch auf Zwangslizenz* gegenüber einem anderen haben. Wer an einer abhängigen

Erfindung eine freiwillige einfache oder ausschließliche Lizenz erworben hat, ist legitimiert, eine Zwangslizenz an dem Patente nachzusuchen, von dem die Erfindung, die er ausführen will, abhängig ist. Es kommt nur darauf an, daß er die Erfindung ausnutzen darf und will; ob aus eigenem oder fremden Rechte, ist gleichgültig (vgl. RG 91, 195). Dagegen kann der Anspruch nur gegen den Inhaber des Patents, an dem eine Zwangslizenz erbeten wird, gerichtet werden, nicht gegen dessen ausschließlichen Lizenznehmer (PA, IndR Jahrg. 16 S. 59). — Ist dasjenige Patent, an dem eine Zwangslizenz erteilt wird, von einem anderen Patente abhängig, so muß der Lizenzsucher auch an diesem eine freiwillige Lizenz oder eine Zwangslizenz nachsuchen. Andernfalls nützt ihm die erteilte Zwangslizenz nichts. Ist das Patent von einem Gebrauchsmuster abhängig, so ist die Rechtslage zweifelhaft, weil das Gesetz Zwangslizenzen an Gebrauchsmustern nicht kennt, Wertheimer, GewR 22 (1917), 32.

6. Wer eine Zwangslizenz erhalten hat, kann nicht einem Dritten eine Unterlizenz erteilen, RG 83, 276; Blatt 20 (1914), 87; vgl. zu diesem Gesichtspunkte auch unten Ziff. 9.

7. Der Erteilung einer Zwangslizenz steht nicht entgegen, daß der Lizenzsucher selbst kein Fachmann ist, vgl. PA, Mitt 1916, 71: allerdings darf die Zwangslizenz nicht einem technisch Unbefähigten erteilt werden. Aber es ist nicht nötig, daß der Lizenzsucher persönliche technische Befähigung besitzen muß. Es genügt, wenn er sich die technische Unterstützung eines Dritten, der auf dem Gebiete beschlagen ist, in ausreichender Weise gesichert hat.

8. Der Erteilung einer Zwangslizenz steht nicht entgegen, daß der Lizenzsucher bisher schon etwa das Patent verletzt hatte. Das ist bereits in dem Falle der Grubenstempel (A 9) bemerkt; auch in dem Falle des Patents von Edison (A 9 und 13) stellte sich heraus, daß die lizenzsuchende Fabrik das Patent bereits benutzt hatte.

9. Wer eine Zwangslizenz erhalten hat, braucht die Herstellung nicht oder nicht völlig in seiner eigenen Fabrik vorzunehmen; er kann einen Dritten damit beauftragen (RG 83, 276). Jedoch darf die Sache nicht so sein, daß der Lizenzsucher überhaupt keine eigene Herstellungsmöglichkeit hat, vielmehr den Gegenstand durch Dritte herstellen lassen und seinerseits nur damit Handel treiben will. Die Lizenz darf nur zu eigenen technischen Zwecken gewährt werden.

10. Erlischt das Patent auf irgendeine Weise (Vernichtung, Verzicht, Unterlassung der Gebührenzahlung), so erlischt auch die Bedeutung des ergangenen Urteils. Der Lizenzsucher kann die Erfindung ohne weitere Zahlung von Lizenzgebühren frei und unbeschränkt ausführen (RG 91, 192); über den Fall, daß sich nachträglich herausstellt, daß Abhängigkeit der Erfindung des Lizenzsuchers überhaupt gar nicht vorliegt, vgl. oben A 4.

10. Wenn das Patent des Beklagten verlängert ist und der Lizenzsucher vor der Verlängerung zur Ausübung der Fabrikation bereits Anstalten getroffen und Kosten aufgewendet hatte, so ist das kein Grund zur Erteilung einer Zwangslizenz nach § 11, vielmehr ist die Rechtslage durch das Verlängerungsgesetz § 7 geregelt.

Anm. 16. Die Rechte des § 11 können von einem **Ausländer,** der in Deutschland fabrizieren will, nach Sicherheitsleistung ausgeübt werden. Sie können ebenso gegen einen Ausländer, der ein deutsches Patent erworben hat, ausgeübt werden, insbesondere wenn er trotz des ihm gewährten deutschen Patents den deutschen Inlandsbedarf nicht befriedigt. Zu Zwecken oder aus Gründen politischer Art soll die Gewährung oder Versagung einer Zwangslizenz nicht benutzt werden (RG 93, 52). Nach dem Vertrage mit den Vereinigten Staaten vom 23. 2. 09, der von den Vereinigten Staaten vom 8. 5. 22 an wieder in Kraft gesetzt ist (RGBl 1922 II, 137), kann die Gewährung einer Lizenz nicht darauf gestützt werden, daß ein Nordamerikaner sein deutsches Patent in Deutschland nicht ausführt (wohl aber auf andere Gründe, die nach deutschem Recht zur Gewährung einer Zwangslizenz berechtigen), RG 93, 50; MuW Jahrg. 12 S. 505; ebenso neuerdings Urt vom 27. 6. 28 (I 271/28) woselbst ausgeführt ist, daß die Erteilung einer Zwangslizenz zwar eine Beschränkung des Patents sei, also an sich unter den Art 1 des Vertrags falle, daß die Erteilung aber aus andern Gründen auch dann erfolgen könne, wenn diese im Zusammenhange mit der Nichtausführung stehen sollten. — Mit andern ausländischen Staaten sind Verträge dieses Inhalts nicht geschlossen, besonders hat Art 2 des Vertrags mit der Schweiz vom 26. 5. 02 einen andern Inhalt, ebenso auch das Abkommen mit Griechenland aus 1925; beide sprechen von „Rechtsnachteilen", wozu eine Zwangslizenz nicht zu rechnen sein wird; jedenfalls ist an einem deutschen Patent, das einer schweizerischen Gesellschaft zusteht, eine Zwangslizenz bewilligt, A 7, Beispiel chemische Farben, freilich nicht wegen unterlassener Ausführung in Deutschland. — Der Vertrag mit den russischen Republiken enthält im Art 1 nur eine allgemeine Gleichstellung der beiderseitigen Staatsangehörigen. Vgl. auch A 31.

Anm. 17. Aus dem Worte „kann" im Gesetzestexte (so kann ... zugesprochen werden) ist kein diskretionäres Ermessen zu entnehmen. Die Behörden haben die Sachlage nach allen Richtungen zu prüfen. Gebietet danach das öffentliche Interesse die Gewährung der Lizenz, so muß sie gewährt werden; andernfalls muß sie versagt werden.

Die Zwangslizenz ist nur zu erteilen, wenn bis zur **Entscheidung drei Jahre** seit der Bekanntmachung der Erteilung des Patents verflossen sind. Die Frist kann an sich nicht verlängert werden; wenn aber die Behörden nach Ablauf von drei Jahren der Meinung sind, daß die Voraussetzungen der Erteilung noch nicht vorliegen, wohl aber vielleicht später vorliegen werden, so ist die Lizenz zur Zeit (in materieller Entscheidung) zu versagen. Im praktischen Ergebnisse kommt also die gesetzliche Bestimmung auf die Setzung einer Mindestfrist hinaus. Anm. 18.

Beschränkungen, Bedingungen der Zwangslizenz, Arten der Lizenz. Häufig kommt es vor, daß Zwangslizenz nicht an dem ganzen Patent, sondern nur an einzelnen Patentansprüchen erteilt wird, so z. B., wenn die Lizenzsucher nur an einer von mehreren geschützten Ausführungsformen Interesse hat u. dgl. (MuW Jahrg. 26 S. 20, 3b). Ebenso kommt es häufig vor, daß die Lizenz zur Benutzung der patentierten Erfindung nur für ganz bestimmte Zwecke gewährt wird, so im Falle I 96/20, A 7, wo die Benutzung nur für ein genau umschriebenes chemisches Verfahren erlaubt wurde, in welchem Abfallprodukte anderer Fabrikationen der Lizenzsucherin Verwendung finden sollten, oder im Falle RG 106, 214, wo die Benutzung auf die Herstellung schwach belasteter Röntgenröhren beschränkt wurde, die die Patentinhaberin ihrerseits ohne die patentierte Vorrichtung herstellte. Weiter kann, was übrigens selten vorkommt, eine Beschränkung zeitlicher oder räumlicher Art erfolgen (vgl. RG 93, 54 letzter Absatz), z. B. auf ein bestimmtes Gebiet, nur für Export. Sodann können in geeigneten Fällen, was auffallenderweise gleichfalls selten beantragt wird, Festsetzungen über den Mindestverkaufspreis der Artikel des Lizenzsuchers vorgenommen werden, damit dieser den Patentinhaber nicht in einen preisdrückenden Konkurrenzkampf verwickelt. In einem Falle (Schreibmaschinen mit Billingvorrichtung, Mitt 1918, 58) ist dem Lizenzsucher auferlegt worden, auf den Maschinen den Vermerk „U Erfindung" anzubringen (U ist der Name der Patentinhaberin). Anm. 19.

Selbstverständlich ist, daß die Lizenz auf die Herstellung einer Vorrichtung beschränkt werden kann oder daß sie auf die Benutzung derselben im eigenen Betriebe ohne Verkaufserlaubnis beschränkt werden kann.

Schwierigkeiten haben Fälle gemacht, in denen ein Patent **auf ein Verfahren und daneben** ein Patent auf eine zur Ausführung des Verfahrens dienliche **Vorrichtung** erteilt war. Im Falle RG 86, 437 hatten die Beklagten Patente erhalten erstens auf ein von ihnen erfundenes Verfahren, und zwar ging das Hauptpatent auf ein Verfahren, durch Schneidbrenner Rückstände abzulösen, die sich an den Wänden von Hochöfen festgesetzt hatten; in einem Zusatzpatente war allgemein geschützt, Metalle mittels eines Brenners zu schneiden, bei dem eine unter Druck stehende Flamme angewandt wurde. Zweitens war den Beklagten ein Brenner zur Ausführung des Verfahrens geschützt, der mittels Wasserstoff und Sauerstoff gespeist werden sollte. Der Klägerin waren Patente erteilt auf einen Brenner, der mittels Benzin oder Benzol gespeist werden sollte. Die Klägerin rühmte ihrem Brenner Vorteile gegenüber dem Wasserstoffbrenner nach und erbat eine Zwangslizenz auf Benutzung des den Beklagten geschützten Brenners, dessen Schutzbereich den von ihr erfundenen Brenner umfaßte, und weiter eine Zwangslizenz auf Ausführung des den Beklagten geschützten Schneidverfahrens. Sie wollte ihre Brenner verkaufen und auf Grund der Zwangslizenz ihre Kunden befugen, mit demselben Metall zu schneiden. — Das Reichsgericht hat die Zwangslizenz auf das Brennerpatent erteilt, die Zwangslizenz auf das Verfahrenspatent dagegen abgelehnt. Die leitenden Gesichtspunkte waren, wie besonders aus dem a. a. O. nicht mit abgedruckten Teile des Urteils hervorgeht, die folgenden. Es wurde für angemessen gehalten, denjenigen Interessenten, die von den Beklagten bereits eine Lizenz auf Ausführung des geschützten Schneidverfahrens erhalten hatten, die Möglichkeit zu geben, von der Klägerin einen Benzinbrenner zu kaufen und zu benutzen. Aus der erteilten Zwangslizenz ergab sich weiter, daß die Klägerin in der Lage war, ihren Benzinbrenner nach Gebieten zu verkaufen, in denen den Beklagten ein Patent auf das Schneideverfahren nicht zustand. Dagegen wurde es nach der Lage des Falles nicht für angemessen erachtet, der Klägerin für andere Gebiete die Möglichkeit zu geben, daß sie ihre Kunden befugte, mit dem Benzinbrenner das Schneidverfahren der Beklagten auszuüben. Freilich fragt sich, ob mit dieser Entscheidung viel geholfen ist; denn vermutlich würden die Beklagten in Zukunft eine Lizenz zur Ausführung des Schneidverfahrens nur denjenigen Personen geben, die sich verpflichteten, mit dem Brenner der Beklagten zu arbeiten. Nun enthält das Urteil aber über die Würdigung des einzelnen Falles hinaus Ausführungen allgemeiner Art. Es ist ausgesprochen, daß es über die mit dem § 11 verfolgten Ziele weit hinaus greife, wenn die Klägerin geichsam als ebenbürtige Machthaberin neben dem Beklagten stünde und in gleicher Weise wie die Beklagten selber die Interessen einer unbestimmten Zahl von Gewerbetreibenden befriedigen könnte. — Dieser allgemeine Ausspruch ist mehrfach angegriffen. In der Tat ist auch zu bedenken, daß, wenn nur eine Vorrichtung, nicht aber das mit ihr auszuführende Verfahren patentiert ist, Anm. 20.

der Zwangslizenznehmer in der Regel eine ebenbürtige Machtstellung neben dem Patentinhaber erlangt und diesem freie Konkurrenz machen kann. Es fragt sich, ob die Sachlage in allen Fällen um deswillen anders anzusehen ist, weil auch ein Patent auf das Verfahren erteilt ist. Jedenfalls wird man nicht sagen können, daß grundsätzlich niemals eine Zwangslizenz zugleich an Vorrichtungs- und Verfahrenspatenten möglich ist. — Auf einem anderen Standpunkte scheint auch das Urt RG 91, 188 zu stehen. Zwar handelt es sich hier nicht um ein Verfahrenspatent neben einem Vorrichtungspatent, vielmehr war nur ein Patent auf eine Vorrichtung, einen Gleisrücker erteilt. Das Reichsgericht sprach S. 194 aus: Der Kläger gebraucht freilich die Gleisrücker nicht in eigenen Betrieben, sondern überläßt sie gegen Entgelt an andere Betriebe zur Benutzung ... Es wäre in hohem Grade unzweckmäßig, etwa die Inhaber der einzelnen Betriebe zur Anstrengung von Lizenzprozessen zu veranlassen. — Hier ist also anerkannt, daß es nach dem Gesetze nicht unzulässig ist, eine Lizenz dahin zu erteilen, daß der Lizenznehmer beliebige Kunden zur Benutzung der Vorrichtung befugen kann.

Anm. 21. Die Gesetzesbestimmung, daß die Zwangslizenz unter Auflegung einer Bedingung erteilt werden kann, findet ihre hauptsächliche Anwendung darin, daß dem Lizenzsucher in der Entscheidung die Zahlung einer **Vergütung** und die Leistung einer Sicherheit auferlegt werden kann.

Die Vergütung kann, ebenso wie beim Lizenzvertrage, bestehen 1. in einer einmaligen Abfindung, 2. in einer einmaligen Zahlung und in einer fortlaufenden Zahlung für Herstellung oder Benutzung oder Verkauf jedes unter das Patent fallenden Stückes (Stücklizenz), 3. in der Zahlung einer reinen Stücklizenz, 4. in einer von vornherein festgesetzten jährlichen Zahlung, die gestaffelt sein kann. Soweit Stücklizenz auferlegt wird, kann eine jährliche Mindestsumme dafür bestimmt werden (Mindestlizenz).

In Lizenzverträgen wird die Vergütung manchmal nicht in Geld ausgedrückt, z. B. beim gegenseitigen Austausch von Lizenzen und in ähnlichen Fällen. Bei der Zwangslizenzerteilung kommt dergleichen nicht vor.

Der häufigste Fall ist der der reinen Stücklizenz. Die Grundsätze für die Bemessung der Höhe derselben sind entwickelt in der Entscheidung RG 92, 331. Die Stücklizenz bewegt sich in der Regel in dem Raume zwischen 1 % und 10 %. Handelt es sich um Massenartikel, so nähert sie sich der unteren Grenze. Der oberen Grenze nähert sie sich, wenn es sich um verwickelte, teure Apparate handelt, die nur in wenigen Exemplaren hergestellt werden. In solchen Fällen sind auch schon Lizenzgebühren von 20 % bestimmt worden. Hauptgrundsatz ist, daß die Gebühr nicht prohibitiv für den Verkauf wirken darf. Im übrigen kommen in Betracht die technische und wirtschaftliche Bedeutung des Patents, die Größe seiner Vorzüge. Da der Verkaufspreis und der Verdienst des Fabrikanten mit der Typengröße relativ fällt, ist für große Typen in der Regel eine geringere Lizenz angemessen. Ist die Erfindung nur mit Schwierigkeiten und nur allmählich in die Praxis einzuführen, so wird die Lizenzgebühr nicht zu hoch bemessen werden dürfen und zeitlich zu staffeln sein. Auch auf den Verdienst aus Verkauf von Ersatzteilen, Zubehör u. dgl. kann die Zahlung der Lizenzprämie erstreckt werden. So war im Falle der Addier- und Sortiermaschine für Statistiken die prozentual festgesetzte Prämie auch vom Verkaufspreise der zur Betätigung der Maschinen erforderlichen Papierkarten zu zahlen, Blatt 23 (1917), 41.

In der Chemie werden Lizenzgebühren in der Regel vom Reingewinn berechnet, seltener vom Umsatz. Letztere Methode kann keine Rücksicht darauf nehmen, ob und in welcher Höhe Gewinn erzielt wird. Ein kleiner Prozentbetrag vom Umsatz soll schon eine sehr erhebliche Belastung darstellen können. Der Maximalsatz soll 10—15 % vom Reingewinn (bei normalem Verdienst gleich 1 % vom Umsatz) sein. Für eine synthetische Farbe ist in dem in der A 7 angeführten Falle I, 96/1920 die danach hohe Gebühr von 5 % vom Verkaufspreise festgesetzt.

Hin und wieder ist entschieden, daß die Gebühr von jedem hergestellten Gegenstande (einerlei ob er Absatz findet) zu zahlen sei.

Hat der Patentinhaber bereits eine ausschließliche Lizenz erteilt und sich bei einer Vertragsstrafe verpflichtet, keine weitere Lizenzen zu gewähren, so kommt die Vertragsstrafe für die Höhe der Zwangslizenzgebühr nicht in Betracht, Blatt 9 (1903), 281; die Strafe ist durch die Bewilligung der Zwangslizenz nicht verfallen (JW 1897, 371).

Handelt es sich um einfache Apparate, die sehr große Vorteile bringen, z. B. wenn durch eine besondere Schaltung ein großes, kostspieliges Leitungsnetz geschützt wird, so kann die Gebühr ein vielfaches des Herstellungspreises betragen, eingehend dargelegt von Fischer, GewR 23 (1918), 133. So auch das Patentamt in einer Entscheidung vom 2. 10. 19: Die von der Klägerin erstrebte Festsetzung eines mäßigen Prozentsatzes vom Verkaufspreise kann nicht als gerecht angesehen werden. Für andere Fälle mag ein Satz von 10 % des Verkaufspreises angemessen sein; hier aber, wo es sich um einen einfachen, nur in geringer Stückzahl benötigten Gegenstand handelt, der aber einen erheblichen Fortschritt darstellt und einen beträchtlichen Erfindungswert besitzt, erscheint es geboten, eine im Verhältnis zum Preise hohe Lizenzgebühr (*M* 200 je Stück) zu bewilligen. —

Schwierigkeiten ergeben sich häufig in der Richtung, ob eine prozentuale Gebühr nicht nur von dem eigentlich geschützten Gegenstande, sondern etwa auch von der Maschine, von der jener ein Teil ist, von Nebenmaschinen, Antriebsvorrichtungen u. dgl. zu zahlen ist. Geschützt ist die Anbringung eines Drehrostes an Zementschachtöfen. Ist die Gebühr nur von dem Drehrost, oder auch von der Maschine, die den Rost dreht, oder gar von dem ganzen Ofen zu zahlen? Es wird nichts übrigbleiben, als auf eine feste (nicht prozentuale) Gebühr zu erkennen, wenn der geschützte Gegenstand Teil einer Maschine ist — weil ein anderer Modus sich kaum finden läßt. Im allgemeinen ist maßgebend, in wie enger Verbindung die Nebenvorrichtungen zu der Hauptmaschine stehen. Selbständige Nebenmaschinen oder Antriebsvorrichtungen werden in der Regel für die Lizenzberechnung nicht in Betracht kommen, z. B. bei dem in A 6 erwähnten Metallgleichrichter nicht die Transformatoren, wohl aber die mit dem Gleichrichter in enger Verbindung stehenden Drosselspulen, die Anlaßvorrichtung, unter Umständen auch die Luftpumpe. Allgemein scheint sich die Anschauung durchgesetzt zu haben, daß, wenn Zubehörteile nicht nur in äußerlichen Momenten, also etwa ihrer Dimensionierung und ihrer Leistung, sondern auch ihrer konstruktiven Bauart nach von dem Gegenstande des Patentes abhängig sind, die Gebühr auch von ihnen zu zahlen ist. Auch im übrigen wird, wie schon bemerkt, für die Entscheidung die engere oder weitere Beziehung der Nebenvorrichtung zum Gegenstande des Patents maßgebend sein; vgl. Entsch der NichtAbt vom 27. 1. 27: da die Wähler, (einer Telephonanlage) einen durchaus selbständigen und auswechselbaren Teil der Gesamtanlage darstellen und ihre Konstruktion keine Änderung der übrigen Teile bedingt, ist die Lizenzgebühr nur vom Wert der Wählereinrichtung allein zu bemessen.

Hin und wieder wird eine jährliche Mindestlizenz festgesetzt, die zeitlich gestaffelt sein kann. „Der Patentinhaber soll bei einer Zwangslizenz nicht schlechter gestellt werden, als er bei einer vernünftig bemessenen, freiwilligen Lizenz stehen würde. Deshalb ist eine Mindestlizenz grundsätzlich zulässig. Trotz der wirtschaftlich unsicheren Lage (die eine zuverlässige Schätzung der Absatzmöglichkeit nicht zuließ) ist sie geboten, da das öffentliche Interesse überhaupt nur dann vorliegt, wenn die Klägerin mit Erfolg Apparate mit der patentierten Vorrichtung herzustellen vermag" (I 324/1921, Urt vom 24. 11. 23).

Hat der Zwangslizenzberechtigte unter Überschreitung der ihm in der Entscheidung gestellten gegenständlichen, örtlichen oder zeitlichen Grenzen fabriziert, so schuldet er auch hierfür die festgesetzte Vergütung, und zwar auch dann, wenn er gutgläubig ist. Er kann sich nicht etwa darauf berufen, daß für gutgläubige Patentverletzung kein Schadensersatz gefordert werde. Denn das gilt nur, wenn der gute Glaube dahin geht, daß die Erfindung ungeschützt, also gemeinfrei sei. Zweifellos würde es dem Sinne einer Zwangslizenz widersprechen, gutgläubige Überschreitungen der festgesetzten Grenzen gebührenfrei zu lassen.

Ob **Sicherheit** geleistet werden muß, ist dem Ermessen der entscheidenden Behörde an- Anm. 22.
heimgestellt. Sie wird geleistet werden müssen, wenn die Sachlage nicht ganz klar derart ist, daß die Durchsetzung der Rechte des Lizenzgebers keinerlei Schwierigkeiten begegnen kann. Die Höhe hat sich in der Mehrzahl der Fälle zwischen *M* 5000 und *M* 20000 bewegt. Doch kommt hier alles auf die Lage des Einzelfalles an, z. B. auf die Größe der Erfindung, die Höhe des zu erwartenden Umsatzes, die Solvenz des Lizenznehmers usw. Die Art der Sicherheitsleistung richtet sich nach den Bestimmungen des BGB, §§ 232 ff. Sie haftet für alles, was der Patentinhaber auf Grund der Zwangslizenzerteilung vom Gegner zu fordern hat, also auch für Schadensersatzforderungen, z. B. wenn der Lizenznehmer die ihm auferlegten Beschränkungen schuldvoll nicht innegehalten hat. Sie wird frei, wenn die Lizenz ihr Ende erreicht und keine Forderungen des Patentinhabers mehr bestehen. Wenn nicht ausdrücklich anders bestimmt wurde, darf die Benutzung des Patents erst nach Stellung der Sicherheit erfolgen.

Rechtliche Natur der Zwangslizenz. Daß die Zwangslizenz stets nur eine einfache Anm. 23.
niemals eine ausschließliche Lizenz ist, ist bereits hervorgehoben. Es handelt sich also nur um eine obligatorische Lizenz. Deshalb kann der Lizenznehmer nicht gegen Dritte vorgehen, die ihm unter Verletzung des Patents unbefugt Konkurrenz machen; ebensowenig kann er Unterlizenzen vergeben. Sein Recht auf Benutzung des Patents ist nicht beliebig veräußerlich, vererbbar und pfändbar, denn es ist nötig, daß in der Person des Nachfolgers die Erfordernisse vereinigt sind, die in den vorstehenden Anmerkungen als Voraussetzungen der Erteilung dargelegt sind. Wird der Gewerbebetrieb veräußert und ist die Zwangslizenz gerade mit Rücksicht auf die Art dieses Betriebes erteilt, so kann nach der herrschenden Meinung die Zwangslizenz mitveräußert werden. Eine Vervielfältigung der Lizenz (bei Veräußerung eines Betriebes in verschiedenen Teilen an mehrere Personen) ist stets ausgeschlossen. Wird das Patent veräußert, so muß der gutgläubige Erwerber die Zwangslizenz gegen sich gelten lassen, auch wenn er von deren Bestehen keine Kenntnis hatte. Das gleiche gilt bei Veräuße-

rung des Patents im Zwangsvollstreckungsverfahren und bei Gewährung einer (ausschließlichen) Lizenz an dem Patent, bei Verpfändung desselben usw. Die Zwangslizenz geht wegen ihres öffentlichen Charakters immer vor. Der Lizenznehmer kann jederzeit gegen den Patentinhaber auf Nichtigkeit des Patents klagen; ebenso kann er auf Feststellung vor den bürgerlichen Gerichten klagen, daß seine Maßnahmen von dem Patente nicht abhängig seien; diese Punkte bleiben bei Lizenzerteilung dahingestellt und können nachträglich entschieden werden. Der Patentinhaber ist dem Zwangslizenznehmer gegenüber nicht verpflichtet, das Patent aufrechtzuerhalten, noch gegen Patentverletzer vorzugehen.

Mehrfach wird Erteilung einer Zwangslizenz als eine Art von Enteignung angesehen. Jedenfalls ist sie ein öffentlich-rechtlicher Akt der Staatsgewalt. Dieser hat sich nur auf die Erlaubnis zur Benutzung des Patents, so wie es erteilt ist, zu beschränken, er darf nicht weiter ausgedehnt werden, z. B. nicht darauf, daß der Patentinhaber dem Lizenznehmer die Erfindung näher darzulegen, ihm von Verbesserungen Kenntnis zu geben habe u. dgl. Die aus dem Hoheitsakt für beide Teile erwachsenden Rechte sind privatrechtlicher Art und können also vor den bürgerlichen Gerichten verfolgt werden.

Anm. 24. **Verfahren.** Für die Klagen auf Erteilung einer Zwangslizenz ist in erster Instanz das Patentamt, Nichtigkeitsabteilung, in der Berufungsinstanz das Reichsgericht (erster Zivilsenat) zuständig. Auf das Verfahren und die Entscheidung finden nach Art 2 des Ges vom 6. 6. 11 die Vorschriften des Patentgesetzes über die Zurücknahme des Patents Anwendung. Das Verfahren ist ein Verwaltungsstreitverfahren, zum Teil mit Partei-, zum Teil mit Offizialbetrieb. Die Verfahrensvorschriften werden zu den §§ 28—34 erörtert. An dieser Stelle sind nur einige Punkte zu erwähnen, die zugleich mehr oder weniger von materiellrechtlicher Bedeutung sind.

1. Der „Anspruch" auf Erteilung der Zwangslizenz wird nicht als ein privatrechtlicher Anspruch gegen den Patentinhaber, sondern als ein öffentlich-rechtlicher Anspruch g gen den Staat angesehen. Dazu stimmt, daß § 28 von der „Einleitung des Verfahrens", die nur auf „Antrag" erfolgt, spricht. Das Verfahren wird dann aber in die Formen eines Parteistreites mit Klage gegen den Patentinhaber, Klagbeantwortung (vielfach Widerspruch genannt), Berufung usw. gekleidet.

Anm. 25. 2. Es ist streitig, ob vor Erlaß der Entscheidung über das Zwangslizenzgesuch eine **einstweilige Verfügung** ergehen kann, durch die der Antragsteller befugt wird, die Erfindung einstweilen gegen eine (gleichzeitig oder später) festzusetzende Vergütung zu benutzen. Allgemein ist anerkannt, daß ein dringendes Bedürfnis hierfür besteht, Seligsohn, GewR 27 (1922), 130; Mittelstaedt, GewR 21 (1916), 309; Isay, Komm. § 11 A 7; Gutachten des RG (Hagens), S. 32. Ob der Erlaß einer Verfügung schon nach jetzigem Recht zulässig ist, darüber sind die Meinungen geteilt. Die Gerichte — die heute allein dafür zuständig sein könnten — lehnen sie ab, KG, Blatt 23 (1917), 47. — Um dem anerkannten Bedürfnis Genüge zu tun, hat der Entwurf zur Abänderung des Patentgesetzes vom 4. 2. 28 vorgeschlagen, daß als § 31a folgende Vorschriften eingestellt werden: in dem Verfahren wegen Erteilung der Zwangslizenz kann dem Antragsteller in dringenden Fällen zur Abwendung wesentlicher Nachteile für die Allgemeinheit auf seinen Antrag die Benutzung der Erfindung durch einstweilige Verfügung gestattet werden, wenn er das Vorliegen dieser Voraussetzungen und der des § 11 Abs 1 glaubhaft macht. Mit dem Antrag ist eine Gebühr nach dem Tarif zu zahlen. Wird sie nicht gezahlt, so gilt der Antrag als nicht gestellt. Der Erlaß der einstweiligen Verfügung kann davon abhängig gemacht werden, daß der Antragsteller wegen der dem Patentinhaber drohenden Nachteile Sicherheit leistet. Der Beschluß über den Antrag ergeht nach Ladung und Anhörung der Beteiligten. Die Vorschriften in §§ 26, 31 gelten entsprechend. Erweist sich die Anordnung der einstweiligen Verfügung als von Anfang an ungerechtfertigt, so ist der Antragsteller verpflichtet, dem Patentinhaber den Schaden zu ersetzen, der ihm aus der Durchführung der einstweiligen Verfügung entstanden ist. Die Entscheidung, durch welche die Zwangslizenz zugesprochen wird, kann auf Antrag gegen oder ohne Sicherheitsleistung für vorläufig vollstreckbar erklärt werden, wenn glaubhaft gemacht wird, daß die alsbaldige Vollstreckung im öffentlichen Interesse dringend geboten ist. Wird die Entscheidung aufgehoben oder abgeändert, so ist der Antragsteller zum Ersatz des Schadens verpflichtet, der dem Patentinhaber durch die Vollstreckung entstanden ist. — Es ist anzunehmen, daß dieser Vorschlag zum Gesetz erhoben wird. Der Vorschlag enthält zwei getrennte Bestimmungen. Erstens über den Erlaß einer einstweiligen Verfügung, zweitens über die vorläufige Vollstreckbarkeitserklärung der Entscheidung zur Hauptsache. Die Begründung des Entwurfs erklärt nur, daß beide Einrichtungen in enger Anlehnung an die entsprechenden Vorschriften der ZPO ausgestaltet sind. Das bezieht sich besonders auf die Anordnung, unter welchen Umständen der Antragsteller, wenn sich sein Antrag später als unbegründet herausstellt, Schadensersatz leisten muß. Hervorzuheben ist, daß in beiden Fällen das Interesse der Allgemeinheit maßgebend ist: die einstweilige Verfügung kann nur zur Abwendung wesentlicher Nachteile, die sonst der Allgemeinheit drohen würden, erlassen werden; die vorläufige Vollstreckbarkeit kann nur erklärt werden, wenn glaubhaft gemacht wird, daß die alsbaldige Vollstreckung im öffentlichen Interesse dringend geboten ist. Die einstweilige Verfügung kann weiter nur nach Ladung und Anhörung der Beteiligten erlassen werden; es muß also mündliche Verhandlung stattfinden; schriftliches Verfahren ist ausgeschlossen; das Wichtigste: bloße schriftliche Begutachtung genügt nicht zur Glaubhaftmachung, diese ist (nach amerikanischer Auffassung) eins der unzuverlässigsten Beweismittel, die es gibt. Hinsichtlich der vorläufigen Vollstreckung ist zweifelhaft, ob sie nur dann eintreten soll, wenn die Entscheidung (erster Instanz) noch nicht rechtskräftig ist, oder auch dann, wenn in der Entscheidung die Stellung einer Sicherheit angeordnet, diese aber noch nicht gestellt ist. Es würde sich fragen, wie letzterenfalls die Stellung der Sicherheit erzwungen werden soll. Dem Sinne des Gesetzes wird es voraussichtlich entsprechen, daß der Lizenzsucher mit der Fabrikation immer erst dann beginnen darf, wenn er die in der Entscheidung zur Hauptsache angeordnete Sicherheit gestellt hat. Praktisch wird deshalb die Vollstreckbarkeitserklärung so zu handhaben sein, daß, wenn in der Entscheidung eine Sicherheit angeordnet ist, auch die vorläufige Vollstreckung nur gegen Leistung mindestens derselben Sicherheit erklärt wird. Dabei ist noch folgendes zu bemerken. Die Sicherheit, die für die Gewährung der Zwangslizenz zu leisten ist, soll dem Patentinhaber nur gewährleisten, daß er die Lizenzgebühren erhalten wird. In dieser Richtung ist sein Risiko in der Regel nicht beträchtlich. Deshalb wird auch meistens als Sicherheit in diesem Sinne eine nicht zu hohe Summe festgesetzt. Sehr viel höher kann aber das Schadenrisiko sein, daß der Patentinhaber bei vorläufiger Vollstreckbarkeit läuft, wenn der Antrag des Lizenzsuchers sich später als ungerechtfertigt erweist. Deshalb wird es häufig angezeigt sein, die Sicherheit für die vorläufige Vollstreckbarkeit erheblich höher zu bemessen.

3. Nicht selten wird eine Art Zwischenentscheidung über den Grund in der Weise erlassen, daß die Zwangslizenz gegen eine demnächst festzusetzende Vergütung und Sicherheitsleistung erteilt werden soll, die Höhe der Vergütung und Sicherheitsleistung festzusetzen aber vorbehalten bleibt (RG 106, 214; 83, 278). Es soll den Parteien Gelegenheit gegeben werden, sich über die Höhe der Vergütung näher auszusprechen oder womöglich zu einigen. Dann erhebt sich die Frage, ob diese Zwischenentscheidung schon das Recht zur Benutzung des Patents gibt. Die Frage ist zu verneinen. Die Verneinung ergibt sich ohne weiteres, wenn die Zwischenentscheidung vom Patentamte erlassen ist, da diese einstweilen nicht rechtskräftig ist. Dasselbe gilt aber auch für die Zwischenentscheidung des Reichsgerichts, denn es kann in der Schlußentscheidung noch auf Sicherheitsleistung erkannt werden, und dann darf die Benutzung nicht stattfinden, ehe die Sicherheit geleistet ist.

4. Fälle sind denkbar, in denen eine Abänderung der Entscheidung notwendig wird. Solche Fälle sind zutage getreten, wenn eine in Papiermark bestimmte Lizenzgebühr auf Goldmark umgestellt werden mußte oder die hinterlegte Sicherheit entwertet wurde. Es ist auch denkbar, daß ein Teil der Ansprüche des Patents vernichtet wird oder daß der Patentinhaber auf einen Teil verzichtet. Eine Erledigung derartiger Fälle im Patentverfahren ist nicht vorgesehen; trotzdem wird man die Zuständigkeit der Nichtigkeitsbehörden bejahen müssen, da die neue Festsetzung der Gebühr oder der Sicherheit nicht zur Kompetenz der ordentlichen Gerichte gehört. Ebenso hat der Patentinhaber ein schutzwürdiges Interesse, daß die Zwangslizenz aufgehoben wird, wenn der Lizenznehmer den Fabrikationsbetrieb aufgibt, wenn er andauernd von der Lizenz keinen Gebrauch macht, wenn er andauernd die Gebühren nicht zahlt, wenn er in Konkurs gerät usw. Auch hierüber gibt das Patentgesetz keine Regelung. Es ist durchaus wünschenswert, daß das bei einer neuen Redaktion des Gesetzes nachgeholt wird (Gutachten des Reichsgerichts, herausgegeben von Hagens, S. 32).

Abschnitt IV.

Zurücknahme des Patents.

Ein Antrag auf Zurücknahme des Patents ist, soweit bekannt geworden, seit der Neufassung des § 11 im Jahre 1911 nur in einem einzigen Falle gestellt, das zu dem Urteile RG 116, 2 geführt hat. Die Materie wird deshalb nachstehend nur kurz erörtert. Anm. 26.

Die Zurücknahme wird auf Antrag (Klage) im Verwaltungsstreitverfahren von den Nichtigkeitsbehörden (Patentamt und Reichsgericht) ausgesprochen.

Die Entscheidung kann vor Verlauf von drei Jahren nach Bekanntmachung der Erteilung des Patents nicht getroffen werden.

Nach der Begründung des Regierungsentwurfs von 1911 S. 4 will das Gesetz die Ausführung der patentierten Erfindung „nicht mehr allgemein fordern", weil insbesondere ein amerikanischer Staatsangehöriger nach dem Vertrage mit Nordamerika vom 23. 2. 09

zur Aufrechterhaltung seines deutschen Patents die Erfindung in Deutschland nicht auszuführen brauchte, also besser gestellt war als ein Deutscher, dem das bis dahin geltende Gesetz die Zurücknahme des Patents androhte, wenn er eine Ausführung in angemessenem Umfange im Inlande unterließ. Die Regelung ist deshalb seit 1911 so getroffen, daß die Zurücknahme des Patents nur dann ausgesprochen werden darf, wenn die Ausführung der Erfindung ausschließlich oder hauptsächlich im Auslande, in Deutschland also gar nicht oder nur zum geringen Teile stattfindet. Bestritten ist die Frage, ob auch noch die Erfüllung einer weiteren stillschweigend gesetzten Bedingung vorliegen muß, daß nämlich die gänzlich oder hauptsächlich im Auslande hergestellte Ware nach Deutschland eingeführt wird. Die Frage wird zu verneinen sein. Das Gesetz sagt nichts über die Einführung. Wenn man geltend macht, Deutschland habe ein Interesse an der Ausführung der patentierten Erfindung im Inlande nur insofern, als die Einfuhr der patentierten Artikel verhindert werden solle, so erscheint das nicht zutreffend. Deutschland hat ein großes Interesse daran, daß nicht etwa ausländische Fabrikanten den deutschen Markt unversorgt lassen und gleichzeitig durch ihre deutschen Patente die deutsche Industrie hindern, der deutschen Nachfrage gerecht zu werden.

Ist das Patent im Besitze eines Ausländers, so kann nach den Beschlüssen der Haager Konvention und dem Deutschen Gesetz vom 31. 3. 28 die Zurücknahme des Patents nur dann ausgesprochen werden, wenn ein „Mißbrauch" des Patents nicht durch Erteilung von Zwangslizenzen abgestellt werden kann; vgl. hierüber das Urt RG 116, 2. Der Entwurf zur Abänderung des Patentgesetzes vom 4. 2. 28 schlägt vor, eine gleiche Vorschrift für das innere Deutsche Recht zu erlassen. Die Ausführung nur im Auslande stellt einen „Mißbrauch" dar.

Anm. 27. **Einzelheiten.** Das Gesetz setzt nicht voraus, daß die Erfindung im Auslande genau in der patentierten Form, oder in allen Teilen, oder in allen Ausführungsformen ausgeführt wird; es genügt, daß das im Auslande Ausgeführte ein wesentlicher oder erheblicher Teil desjenigen Gebietes technischer Betätigung ist, der durch das deutsche Patent und seinen Schutzbereich beschlagnahmt wird. Nach diesem selben Grundsatze ist auch die Frage zu entscheiden, ob eine in Deutschland unter Abweichungen und in andersartiger Gestaltung erfolgende Ausführung noch als Ausführung des Patents anzusehen ist (RG 75, 217f). Die Ausführung eines mehr oder weniger belanglosen Teiles des Patents in Deutschland genügt nicht; deshalb genügt bei Kombinationspatenten die Zusammenfügung der im Auslande hergestellten Elemente dann nicht, wenn diese Zusammenfügung gegenüber der Herstellung der Elemente von geringer wirtschaftlicher oder technischer Bedeutung ist; insbesondere gilt letzteres, wenn durch das deutsche Patent auch alle oder einzelne Elemente geschützt sind. Herstellung im Auslande liegt auch dann vor, wenn sie durch einen Unberechtigten erfolgt und der Berechtigte sie nicht hindern kann oder will. Ebenso liegt Herstellung in Deutschland vor, wenn sie durch Unberechtigte vorgenommen wird. So auch das englische Recht, Blatt 17 (1911), 256f.

Anm. 28. Im Art 5 des Unionsvertrags ist bestimmt, daß der Verfall eines Patents wegen Nichtausübung in einem Verbandslande ... nur dann ausgesprochen werden kann, wenn der Patentinhaber Gründe für seine Untätigkeit nicht dartut. Die Rechtsprechung nimmt an, daß das in Deutschland auch für deutsche Patentinhaber gilt. Als genügende Entschuldigung ist angesehen: Krankheit, Mittellosigkeit, Mangel an geeigneten Arbeitern, Lizenzverträge, falls dem Lizenznehmer die Ausführung der Erfindung zur Pflicht gemacht ist und der Patentinhaber ihn zur Erfüllung dieser Pflicht nach Kräften anhält, vergebliche Lizenzangebote zu sachgemäßen Bedingungen u. dgl., nicht aber Schwierigkeit der Ausführung, Befürchtungen ausbleibenden Ertrags. Über die inzwischen durch deutsches Gesetz bestätigten Beschlüsse der Haager Konvention vgl. vorstehend Anm. 26 und Anhang zu § 3 A 14.

Anm. 29. Die Rechtsprechung nimmt weiter an, daß die Zurücknahme des Patents im **öffentlichen Interesse** liegen muß, Blatt 18 (1912), 257; RG 116, 4 — trotzdem das Gesetz hierüber kein Wort sagt. Fälle, in denen das öffentliche Interesse der Zurücknahme eines nicht ausgeführten Patents widerspricht, sind nicht hervorgetreten außer etwa in der letztgenannten Entscheidung.

Anm. 30. Die Zurücknahme hat **konstitutive, aber nicht rückwirkende Kraft.** Über prozessuale Fragen vgl. § 28, desgl. über Fragen der Beweislast.

Anm. 31. Verträge mit fremden Staaten. Der Vertrag mit der Schweiz vom 13. 4. 1892/26. 5. 1902 bestimmt im Art. V: Die Rechtsnachteile, welche nach den Gesetzen der vertragschließenden Teile eintreten, wenn eine Erfindung nicht ausgeführt ... wird (d. h. also die Zurücknahme des Patents), sollen auch dadurch ausgeschlossen werden, daß die Ausführung ... in dem Gebiete des andern Teils erfolgt. Ob dabei Voraussetzung ist, daß die Ausführung in der Schweiz auf Grund eines Schweizer Patents erfolgt, ist streitig; das RG bejaht die Frage, 37, 49; 41, 81. Im Schlußprotokoll ist vereinbart, daß die angeführten Bestimmungen des Art. V auf diejenigen Erfindungen nicht Anwendung finden, welche nach den Gesetzen eines der vertragschließenden Teile vom Patentschutz ausgeschlossen sind. Im Abkommen mit Nordamerika vom 23. 2. 1909, welches nach dem Kriege mit Wirkung vom 8. 5. 22 wieder in Geltung gesetzt ist, ist u. a. bestimmt, die Ausführung des Patents in dem Gebiete des einen Teils wird der Ausführung in dem Gebiete des andern Teils gleichgestellt. Beschränkungen infolge von Nichtausführung dürfen auf die Angehörigen des andern Teils nur in dem Umfange der von diesem Teile seinen eigenen Angehörigen auferlegten Beschränkungen Anwendung finden. Das will also sagen: da Amerika dem amerikanischen Patentinhaber, falls dieser seine Erfindung in Nordamerika nicht ausführt, nicht die Zurücknahme des Patents androht, darf auch Deutschland dem Amerikaner, der ein deutsches Patent erworben hat und seine Erfindung in Deutschland nicht ausführt, die Zurücknahme des deutschen Patents nicht androhen. Das RG 72, 248 hat entschieden, daß dies auch dann gilt, wenn der Amerikaner in Amerika überhaupt kein Patent besitzt. Dann kann es auch nicht von Bedeutung sein, wenn er in Amerika gar nicht fabriziert. Immerhin ist letzteres zweifelhaft. Die Entscheidung hängt davon ab, ob der zweite Satz des Art I des Vertrags (die Ausführung des Patents in dem Gebiete des einen Teils wird der Ausführung in dem Gebiete des andern Teils gleichgestellt) eine Erläuterung und Ergänzung des vorhergehenden oder aber eine davon losgelöste Bestimmung darstellen soll. Überträgt der Amerikaner sein deutsches Patent auf den Angehörigen eines andern Staats, so findet die Bestimmung keine Anwendung, wohl aber, wenn er ein deutsches Patent von einem Deutschen oder von dem Angehörigen eines andern Staats erwirbt. Erfolgt der Erwerb nur zum Schein, so wird er nicht beachtet. Wird ihm ein deutsches Patent zwar ernstlich, aber nur zu dem Zwecke übertragen, um der Gefahr zu entgehen, daß die Zurücknahme gegen den bisherigen Patentinhaber ausgesprochen wird, so ist die Übertragung insofern wirkungslos, als die Zurücknahme dennoch ausgesprochen werden kann. Im übrigen, z. B. gegenüber dritten, bleibt die Übertragung wirksam; vgl. auch Anm. 16.

Mit **Griechenland** ist 1925 (RGBl 1926 II, S. 255, 427) ein Abkommen getroffen, nach welchem (unter der Voraussetzung der Gegenseitigkeit) in Deutschland die Rechtsnachteile ausgeschlossen sind, welche die deutschen Gesetze für den Fall vorsehen, daß der Inhaber eines Patents seine Erfindung in einer bestimmten Frist nicht ausführt. — Man wird nicht annehmen müssen, daß zu diesen „Nachteilen" auch die Gewährung einer Zwangslizenz gehört, obgleich dies immerhin zweifelhaft sein kann. Rücknahme des Patents kann jedenfalls unter keinen Umständen erfolgen.

§ 12.

Wer nicht im Inland wohnt, kann den Anspruch auf die Erteilung eines Patents und die Rechte aus dem Patente nur geltend machen, wenn er im Inland einen Vertreter bestellt hat. Der letztere ist zur Vertretung in dem nach Maßgabe dieses Gesetzes stattfindenden Verfahren sowie in den das Patent betreffenden bürgerlichen Rechtsstreitigkeiten und zur Stellung von Strafanträgen befugt. Der Ort, wo der Vertreter seinen Wohnsitz hat, und in Ermangelung eines solchen der Ort, wo das Patentamt seinen Sitz hat, gilt im Sinne des § 23 der Zivilprozeßordnung als der Ort, wo sich der Vermögensgegenstand befindet.

Unter Zustimmung des Reichsrats kann durch Anordnung der Reichsregierung bestimmt werden, daß gegen die Angehörigen eines ausländischen Staates ein Vergeltungsrecht zur Anwendung gebracht werde.

Übersicht.

Anm. 1. Im allgemeinen behandelt das deutsche Patentrecht den Ausländer ebenso wie den Inländer. Im Abs 2 ist jedoch bestimmt, daß ein **Vergeltungsrecht** gegen die Angehörigen eines ausländischen Staates zur Anwendung gebracht werden kann. Es ist ohne Belang, wo jene Angehörigen wohnen. Das Vergeltungsrecht darf sich nicht in Widerspruch zu den Bestimmungen des Unionsvertrags setzen.

Anm. 2. Außerdem bestimmt § 12 Abs 1, daß Personen, **die im Auslande wohnen,** gewisse Ansprüche nur geltend machen können, wenn sie im Inlande einen Vertreter bestellt haben. Das Gesetz macht nicht zur Voraussetzung, daß die Personen ausländische Staatsangehörigkeit haben. Es richtet sich also auch gegen Deutsche, die im Auslande wohnen. Es richtet sich nicht gegen Personen, die neben dem ausländischen Wohnsitz auch einen Wohnsitz im Inlande haben. Dagegen richtet es sich wieder gegen Personen, die weder im Inlande, noch im Auslande einen Wohnsitz haben. Das Gesetzeswort „wohnen" ist gleichbedeutend mit dem Ausdrucke „einen Wohnsitz haben", d. h. nach § 7 BGB: sich an einem Orte ständig niedergelassen haben. Daß ein im Auslande Wohnender in Deutschland eine Handelsniederlassung hat, kommt danach nicht in Betracht. Anders aber, wenn die inländische Handelsniederlassung die Form einer juristischen Person hat, z. B. eine GmbH, deren Geschäftsanteile in Händen von auswärts wohnenden Personen sind. Der Wohnsitz einer juristischen Person oder eines ähnlichen Personenvereins, z. B. einer offenen Handelsgesellschaft, ist da, wo ihr Sitz ist, d. h., wo ihre Verwaltung geführt wird. Inlandsvertreter ist auch dann nötig, wenn der auswärts Wohnende die Ansprüche und Rechte in Gemeinschaft mit einem im Inlande Wohnenden geltend macht. Art 2 u. 3 des Unionsvertrags kommen gegenüber § 12 nicht in Betracht, da sie nur die Gleichstellung ausländischer Staatsangehöriger mit inländischen Staatsangehörigen fordern, § 12 aber von Staatsangehörigkeit überhaupt nicht spricht, vgl. Art 2 Abs 3 Unionsvertrag Haager Fassung.

Anm. 3. **Welche Ansprüche und Rechte** können auswärts wohnende Personen nicht ohne Bestellung eines Inlandsvertreters geltend machen?

a) Nicht den Anspruch auf Erteilung eines Patents. Dieser Anspruch wird geltend gemacht durch die Anmeldung. Es muß also gleichzeitig mit der Anmeldung ein Inlandsvertreter bestellt werden. Wird die Bestellung versäumt, so kann das Patentamt dem Anmeldenden eine Frist zur Nachholung der Bestellung bestimmen und verläuft die Frist ungenutzt, so wird die Anmeldung ohne Eingehen auf die Sache zurückgewiesen. Wird die

Bestellung vor Zurückweisung nachgeholt, so ist die Verspätung der Bestellung ohne Einfluß auf die Priorität, denn letztere ist nicht von der Bestellung abhängig. Bestellung eines Inlandsvertreters ist nicht erforderlich für die Erhebung eines Einspruchs, einer Beschwerde des Einsprechenden (§ 26), wohl aber des Anspruchs aus § 3 Abs 2 wegen widerrechtlicher Entnahme, denn hier ist Anmeldung erforderlich, ebenso nach dem Sinne des Gesetzes für Erhebung von Unterlassungs- und Schadensersatzansprüchen gemäß § 23 Abs 1 nach Bekanntmachung, aber vor Erteilung des Patents. Wiederum nicht für Klagen auf Nichtigkeit aus § 10 Ziff. 1 bis 3 und für Anträge auf Zurücknahme eines Patents § 11 Abs 2, sowie für Klagen auf Zwangslizenz § 11 Abs 1, denn in diesen Fällen handelt es sich nicht um Ansprüche auf Patenterteilung, noch um Rechte aus einem Patent.

b) Bestellung eines Inlandsvertreters ist weiter erforderlich bei Geltendmachung der Rechte aus einem Patente. Es ist gleichgültig, ob das Patent dem auswärts Wohnenden erteilt, oder ob es ihm vom bisherigen Inhaber übertragen ist, oder ob ihm ohne Übertragung des Patents einzelne Rechte aus demselben übertragen sind oder ob er Inhaber einer ausschließlichen Lizenz oder Nutznießer ist. Geltendmachung der Rechte aus einem Patente liegt vor, wenn auf Grund eines Patents gegen einen Verletzer auf Unterlassung, Schadensersatz, Feststellung geklagt wird. Nach der herrschenden Meinung ebenfalls, wenn der Patentinhaber auf Nichtigkeit oder Zwangslizenz verklagt wird (macht solchenfalls der Patentinhaber Rechte aus dem Patente geltend?); auch wenn der Patentinhaber sich gegen einen Antrag auf Zurücknahme verteidigt? Inlandsvertreter ist nötig, wenn ein Patentinhaber gegen ein anderes Patent auf Abhängigkeit klagt; ob auch, wenn der ausländische Inhaber eines deutschen Patents auf Abhängigkeit verklagt wird, ist streitig; verneinend RG 42, 94. Der Vorbenutzer braucht keinen Inlandsvertreter zu stellen, denn er macht kein Recht aus einem Patente geltend; auch dies ist bestritten. Auf Klagen aus einem über ein Patent geschlossenen Vertrage findet § 12 nach seinem klaren Wortlaute überhaupt keine Anwendung, also nicht auf Klagen aus Veräußerungsverträgen, aus Erbschafts- und Gemeinschaftsverhältnissen, aus Lizenzverträgen u. dgl.

Daß das geschilderte bunte Hin und Her gesetzespolitisch empfehlenswert ist, wird sich nicht behaupten lassen. Gesetzesrevision ist erwünscht, vgl. Anhang 2.

Der Vertreter und seine Befugnis, vgl. Verordnung zur Ausführung des PG vom 1. 6. 91 § 28. Der Vertreter wird in die Patentrolle eingetragen, § 19 A 1. Seine Bestellung kann formlos erfolgen. Schriftliche Vollmacht, die nicht beglaubigt zu sein braucht, ist dem Patentamt einzureichen. Die Vollmacht muß auf prozeßfähige, mit ihrem bürgerlichen Namen bezeichnete Personen lauten. Sind mehrere Personen bevollmächtigt, so können diese sowohl gemeinschaftlich, als auch einzeln rechtswirksame Vertretungshandlungen vornehmen. Ist der Vertreter in die Rolle eingetragen, so kann eine Entziehung der Vollmacht und Übertragung derselben auf einen anderen Vertreter nur beglaubigt erfolgen, wie aus § 19 A 2 geschlossen wird. Es ist zulässig, den Vertreter zu weiteren Vertretungshandlungen als den im § 12 vorgesehenen zu bevollmächtigen. Es ist nicht zulässig, den im § 12 vorgesehenen Umfang der Vollmacht zu verkürzen. Eine Generalvollmacht erfüllt die Voraussetzungen des § 12. Der Vertreter muß im Deutschen Reiche seinen Wohnsitz haben; er braucht nicht Deutscher zu sein. **Anm. 4.**

Die Vertretungsmacht des Vertreters ist im Gesetze ihrem Mindestumfange nach festgesetzt; sie kann, wie soeben bemerkt, durch private Abmachung beliebig erweitert werden. Sie erstreckt sich nach dem Gesetze auf das „nach Maßgabe dieses Gesetzes stattfindende Verfahren". Welches Verfahren gemeint ist (Anmeldung, Nichtigkeit, Zurücknahme, Zwangslizenz), ist nicht gesagt. Man nimmt an, daß die gesetzliche Vollmacht sich auf alle im Patentgesetze geregelten Verfahren erstreckt. Sie erstreckt sich weiter auf die Stellung von Strafanträgen, worunter nach der herrschenden Meinung auch der Beitritt als Nebenkläger und die Stellung von Anträgen auf Buße verstanden wird. Sie erstreckt sich drittens auf die Vertretung in den das Patent betreffenden bürgerlichen Rechtsstreitigkeiten. Dazu gehören Rechtsstreitigkeiten über Patentverletzung, über Abhängigkeit, über Vorbenutzung eines Dritten gegenüber dem Patente des Ausländers, Klagen auf Abtretung dieses Patents, Klagen über einen vom Patentinhaber vorgenommenen Verkauf des Patents, über eine an dem Patente gewährte Lizenz usw. Immer muß es sich um das individuelle Patent handeln; deshalb erstreckt sich die Vertretungsmacht nicht auf die Anmeldung eines Zusatzpatents, ebensowenig auf die Geltendmachung eines Vorbenutzungsrechts gegenüber einem anderen Patent. Soweit der Vertreter befugt ist, den Auswärtigen, falls dieser verklagt wird, zu vertreten, kann die Klage an den Vertreter zugestellt werden. RG 42, 92 — vollständiger Blatt 5 (1899), 30 — führt aus, im Bestreitungsfalle sei es nicht erforderlich, zu prüfen, ob der Vertreter eines auswärtigen Personenvereins von dem zuständigen Organe bestellt sei. Das ist 'edenklich; man kann nicht zulassen, daß eine nicht legitimierte Person mit Wirkung gegen den angeblich Vertretenen Prozesse führt. — Die Rechtslage ist also so, daß, wenn ein Vertreter nach § 12 bestellt ist, er die soeben geschilderte Vertretungsmacht hat. Diese Fälle machen aber nicht sämtlich die Bestellung eines Vertreters nötig; nötig wird die Bestellung nur in den in A 3a u. b erörterten Fällen.

Anm. 5. Hat der Vertreter gesetzliche **Vollmacht** über das Patent oder andere Interessen des Patentinhabers in der Art materiell zu verfügen, daß er im Nichtigkeitsverfahren oder im Verletzungsstreit usw. Vergleiche abschließt, Anerkenntnisse ausspricht u. dgl.? Die Frage muß verneint werden; vgl. PA Mitt 14, 169. Es liegt in der Linie des Gedankenganges des § 12, daß der Vertreter rein auf die eigentliche Prozeßführung beschränkt ist. Die Art der Prozeßführung, z. B. wenn Angriffs- oder Verteidigungsmittel nicht vorgebracht werden, muß der Vertretene gegen sich gelten lassen; das belastet ihn nicht, da er zu eigenem Eingreifen jederzeit in der Lage ist. Weiter reicht aber die gesetzliche Vollmacht des Vertreters nicht.

Anm. 6. Was darf **der Vertretene** in den angeführten Verfahren und Rechtsstreitigkeiten **selbst tun,** wenngleich er einen Vertreter bestellt hat? Das Gesetz schreibt nur vor, daß ein Vertreter bestellt werden muß. Es schreibt nicht vor, daß der Vertretene nur durch den Vertreter handeln kann. Er kann also in den Verfahren selbst Anträge stellen, in den Rechtsstreitigkeiten Schriftsätze einreichen, Berufung einlegen usw., gleich als ob ein Vertreter nicht vorhanden wäre. Die einzige Beschränkung besteht darin, daß er Handlungen, die der Vertreter befugtermaßen vornimmt oder die befugtermaßen gegen ihn vorgenommen werden, gegen sich gelten lassen muß. Diese Regelung beruht darauf, daß die Bestellung des Vertreters im Interesse der inländischen Behörden und des Prozeßgegners gefordert wird (RG 42, 95), daß aber eine weitergehende Beschränkung der Handlungsfähigkeit des Vertretenen nicht beabsichtigt ist Blatt 5 (1899), 239.

Anm. 7. Der Wohnsitz des Vertreters, in Ermangelung eines solchen Wohnsitzes der Sitz des Patentamts (Berlin) gilt im Sinne des § 23 ZPO als der Ort, wo sich der Vermögensgegenstand befindet; es können also gegen den Ausländer, der in Deutschland keinen Wohnsitz hat, wenn er einen Inlandsvertreter bestellt hat, an den angegebenen Orten vermögensrechtliche Klagen beliebiger Art erhoben werden, auch Klagen, die mit dem Patent nichts zu tun haben. Handelt es sich um Klagen, die nicht in die Vertretungsbefugnis des Vertreters fallen, so vertritt dieser den Ausländer nicht; die Klage muß also dem Ausländer persönlich zugestellt werden. In sollen Fällen erschöpft sich die gesetzliche Bestimmung allein in der Festsetzung eines örtlichen Gerichtsstandes. Die für den Sitz des Patentamts zuständigen Gerichte sind das Amtsgericht Berlin Mitte und das Landgericht Berlin I. Die Bestimmungen des § 12 sind eingehend erläutert von Kisch, Handbuch § 37.

Sachregister.

Abkürzungen.

Ptt = Patent. Erfdg = Erfindung.

V

W

FSC
www.fsc.org
MIX
Papier | Fördert gute Waldnutzung
FSC® C083411

Kolibri 360 GmbH
Ferdinand-Jühlke-Straße 7
99095 Erfurt, Deutschland
produktsicherheit@kolibri360.de